Großkommentare der Praxis

W DE G
RECHT

Strafgesetzbuch

Leipziger Kommentar

Großkommentar

12., neu bearbeitete Auflage

herausgegeben von

Heinrich Wilhelm Laufhütte
Ruth Rissing-van Saan
Klaus Tiedemann

Zehnter Band

§§ 284 bis 305a

Bearbeiter:

§§ 284–287: Christoph Krehl
§§ 288–290: Bernd Schünemann
§ 291: Hagen Wolff
§§ 292–297: Bernd Schünemann
§§ 298–302: Klaus Tiedemann
§§ 303–305a: Hagen Wolff

De Gruyter Recht · Berlin

Stand der Bearbeitung: Juni 2008

Redaktor: Klaus Tiedemann
Sachregister: Friederike Gerber

ISBN 978-3-89949-529-4

Bibliografische Information der Deutschen Nationalbibliothek

Die Deutsche Nationalbibliothek verzeichnet diese Publikation in der Deutschen Nationalbibliografie; detaillierte bibliografische Daten sind im Internet über http://dnb.d-nb.de abrufbar.

Datenkonvertierung/Satz: WERKSATZ Schmidt & Schulz GmbH, 06773 Gräfenhainichen
Druck und Bindung: Hubert & Co., Göttingen
Printed in Germany

Verzeichnis der Bearbeiter der 12. Auflage

Dr. **Dietlinde Albrecht**, Referentin im Innenministerium des Landes Mecklenburg-Vorpommern, Schwerin

Gerhard Altvater, Bundesanwalt beim Bundesgerichtshof, Karlsruhe

Dr. **Georg Bauer**, Oberstaatsanwalt beim Bundesgerichtshof, Karlsruhe

Dr. **Gerhard Dannecker**, Universitätsprofessor an der Ruprecht-Karls-Universität Heidelberg

Dr. **Karlhans Dippel**, Vorsitzender Richter am Oberlandesgericht a. D., Kronberg i. Ts.

Dr. **Robert Esser**, Universitätsprofessor an der Universität Passau

Dr. **Klaus Geppert**, Universitätsprofessor an der Freien Universität Berlin

Dr. **Ferdinand Gillmeister**, Rechtsanwalt, Freiburg

Duscha Gmel, Oberstaatsanwältin beim Bundesgerichtshof, Karlsruhe

Michael Grotz, Bundesanwalt beim Bundesgerichtshof a.D., Nationales Mitglied von Eurojust, Den Haag

Dr. **Georg-Friedrich Güntge**, Oberstaatsanwalt bei bei der Generalstaatsanwaltschaft in Schleswig

Joachim Häger, Richter am Bundesgerichtshof, Karlsruhe

Dr. **Ernst-Walter Hanack**, em. Universitätsprofessor an der Johannes-Gutenberg-Universität Mainz

Dr. Dr. **Eric Hilgendorf**, Universitätsprofessor an der Julius-Maximilians-Universität Würzburg

Dr. Dr. h.c. **Thomas Hillenkamp**, Universitätsprofessor an der Ruprecht-Karls-Universität Heidelberg

Dr. **Tatjana Hörnle**, Universitätsprofessorin an der Ruhr-Universität Bochum

Dr. **Kristian Hohn**, Wissenschaftlicher Assistent an der Bucerius Law School, Hamburg

Dr. **Jutta Hubrach**, Richterin am Oberlandesgericht Düsseldorf

Dr. **Florian Jeßberger**, Universitätsprofessor an der Humboldt-Universität zu Berlin

Dr. **Peter König**, Richter am Bundesgerichtshof, Karlsruhe, und Honorarprofessor an der Ludwig-Maximilians-Universität, München

Juliane Krause, Staatsanwältin als Gruppenleiterin bei der Staatsanwaltschaft Hof

Dr. **Matthias Krauß**, Oberstaatsanwalt beim Bundesgerichtshof, Karlsruhe

Dr. **Christoph Krehl**, Oberstaatsanwalt beim Bundesgerichtshof, Karlsruhe

Perdita Kröger, Regierungsdirektorin im Bundesministerium der Justiz, Berlin

Annette Kuschel, Richterin am Landesgericht Hamburg

Heinrich Wilhelm Laufhütte, Vorsitzender Richter am Bundesgerichtshof a.D., Berlin

Dr. **Hans Lilie**, Universitätsprofessor an der Martin Luther-Universität Halle-Wittenberg

Dr. **Manfred Möhrenschlager**, Ministerialrat a.D., Bonn

Dr. **Jens Peglau**, Richter am Oberlandesgericht, Hamm

Dr. **Ruth Rissing-van Saan**, Vorsitzende Richterin am Bundesgerichtshof, Karlsruhe

Dr. **Thomas Rönnau**, Universitätsprofessor an der Bucerius Law School, Hamburg

Verzeichnis der Bearbeiter der 12. Auflage

Ellen Roggenbuck, Richterin am Bundesgerichtshof, Karlsruhe

Dr. **Henning Rosenau**, Universitätsprofessor an der Universität Augsburg

Dr. **Wolfgang Ruß**, Vorsitzender Richter am Bundesgerichtshof a. D., Karlsruhe

Wilhelm Schluckebier, Richter am Bundesverfassungsgericht, Karlsruhe

Johann Schmid, Oberstaatsanwalt beim Bundesgerichtshof, Karlsruhe

Dr. **Wilhelm Schmidt**, Bundesanwalt beim Bundesgerichtshof, Karlsruhe

Dr. **Hendrik Schneider**, Universitätsprofessor an der Universität Leipzig

Dr. **Heinz Schöch**, Universitätsprofessor an der Ludwig-Maximilians-Universität München

Dr. Dr. h.c. **Friedrich-Christian Schroeder**, em. Universitätsprofessor an der Universität Regensburg

Dr. Dres. h.c. **Bernd Schünemann**, Universitätsprofessor an der Ludwig-Maximilians-Universität München

Dr. **Christoph Sowada**, Universitätsprofessor an der Universität Rostock

Werner Theune, Richter am Bundesgerichtshof a. D., Karlsruhe

Dr. Dr. h.c. mult. **Klaus Tiedemann**, em. Universitätsprofessor an der Albert-Ludwigs-Universität Freiburg

Dr. **Brian Valerius**, Wissenschaftlicher Mitarbeiter an der Julius-Maximilians-Universität Würzburg

Dr. **Joachim Vogel**, Richter am Oberlandesgericht Stuttgart, Universitätsprofessor an der Eberhard-Karls-Universität Tübingen

Dr. Dr. **Thomas Vormbaum**, Universitätsprofessor an der Fern-Universität Hagen

Dr. **Tonio Walter**, Universitätsprofessor an der Universität Regensburg

Dr. **Thomas Weigend**, Universitätsprofessor an der Universität zu Köln

Dr. **Gerhard Werle**, Universitätsprofessor an der Humboldt-Universität zu Berlin

Hagen Wolff, Vorsitzender Richter am Oberlandesgericht a. D. Celle

Dr. **Frank Zieschang**, Universitätsprofessor an der Julius-Maximilians-Universität Würzburg

Vorwort

Band 10 enthält die Erläuterungen des 25., 26. und 27. Abschnitts des Strafgesetzbuchs.

Die schon vom Reichsstrafgesetzgeber gewählte Sammelbezeichnung des 25. Abschnitts als „Strafbarer Eigennutz“ gilt traditionell als Verlegenheitslösung und gibt für die Auslegung der Straftatbestände nichts her. Immerhin trägt aber heute neben dem *Wucher* (vgl. § 74c Abs. 1 Nr. 6 GVG) auch die öffentliche Veranstaltung von *Glücksspielen und Lotterien* unternehmerische Züge und weist in der Wirklichkeit zudem Bezüge zur organisierten Kriminalität auf, so dass unter kriminologischem und kriminalpolitischem Blickwinkel eine Nähe zur Wirtschaftskriminalität vorliegt. Die *Vereitelung der Zwangsvollstreckung* ist zwar durch eine theoretische Verwandtschaft mit dem Bankrott gekennzeichnet, spielt im Vergleich zu diesem aber – anders als teilweise im Ausland – keine erhebliche praktische Rolle. – Für den 26. Abschnitt mit seinen *Absprachen bei Ausschreibungen* sowie der *Bestechlichkeit und Bestechung im geschäftlichen Verkehr* ergibt sich die Einordnung als Wirtschaftsdelikte aus § 74c Abs. 1 Nr. 4a GVG und dem vom Gesetzgeber in der Abschnittsüberschrift hervorgehobenen dogmatischen Gesichtspunkt der Verletzung des kollektiven Rechtsguts „Wettbewerb“ als Institution der Wirtschaftsverfassung sowie dem wirtschaftsethischen Maßstab der Fairness im Geschäftsverkehr. – Aber auch die *Betriebssabotage* und die sachbeschädigungsähnlichen *Computerdelikte* im 27. Abschnitt gehören teilweise in diesen systematischen Umkreis, wie die Anführung der Unternehmenszugehörigkeit der Datenverarbeitung und der Belange öffentlicher Versorgung in §§ 303b, 305a andeutet. Letztere sind ein Kollektivrechtsgut, erstere nimmt essentielle Betriebsmittel des modernen Wirtschaftslebens in den Blick.

Die genannten Materien unterliegen aufgrund ihrer Ausrichtung am Wirtschaftsrecht und ihrer häufig grenzüberschreitenden Implikationen zunehmend dem Einfluss internationaler, insbesondere europarechtlicher Rechtsinstrumente. Die 12. Auflage des Leipziger Kommentars trägt dieser Internationalisierung und Modernisierung Rechnung und legt mit dem 10. Band eine in mehrfacher Hinsicht besonders aktuelle Darstellung vor:

Der am 1.1.2008 in Kraft getretene Staatsvertrag zum Glücksspielwesen und das Sportwetten-Urteil des Bundesverfassungsgerichts vom 28.3.2006 werden ebenso eingehend berücksichtigt wie die auf der Cybercrime Convention des Europarats und auf EU-Rahmenbeschlüssen beruhende Ausdehnung der Strafbarkeit von Eingriffen in Datenverarbeitungsabläufe durch das 41. Strafrechtsänderungsgesetz vom 7.8.2007. Die ebenfalls auf ein (Korruptions-)Abkommen des Europarats sowie einen EU-Rahmenbeschluss zurückgehende geplante Erweiterung der Strafbarkeit von Wirtschaftskorruption (Gesetzentwurf BTDrucks. 16/6558 vom 4.10.2007) wird bereits ausführlich kommentiert. Auch das erste Urteil des Bundesgerichtshofs vom 29.8.2008 im Siemens-Bestechungsskandal konnte noch in den Druckfahnen berücksichtigt werden.

Neben der Verarbeitung derartiger Neuerungen ist es selbstverständlich, dass dieser Großkommentar nicht nur veröffentlichte und – insbesondere zum Glücksspielrecht i.w.S. sowie zur Wirtschaftskorruption – unveröffentlichte Rechtsprechung sowie die wichtigsten Ansichten des Schrifttums referiert, sondern auch bei höchstrichterlich noch nicht entschiedenen Problemfragen nach eigenen sachgerechten Lösungen sucht. Als Beispiele seien aus dem vorliegenden Band insoweit nur genannt:

- Einbeziehung von sog. Vertikalabsprachen – zum Beispiel zwischen Bieter und Veranstalter einer Ausschreibung oder zwischen Bieter und dem den Veranstalter beratenden Architekten – in § 298 seit der Neufassung des GWB von 2005;
- Erfassung von niedergelassenen Vertragsärzten der gesetzlichen Krankenversicherung durch § 299 in Fällen der sog. Pharmakorruption oder bei Rabattgewährung durch Labor- und Röntgendienstleister unter Auswertung der Boykottrechtsprechung der Kartellsenate sowie der RG-Rechtsprechung zum Bezug medizinischer Hilfsmittel;
- Bestechung von Berufssportlern (Fußball, Rad- und Pferderennen);
- Neuorientierung (teleologische Reduktion) abstrakter Gefährdungstatbestände nach der Rechtsprechung insbesondere des Europäischen Gerichtshofs und des Bundesverfassungsgerichts zum Verhältnismäßigkeitsprinzip.

Zur *richesse* des Leipziger Kommentars gehört es schließlich, dass sein Besonderer Teil überall dort, wo infolge der Globalisierung des Wirtschaftsverkehrs Auslandssachverhalte typischer Gegenstand von Strafverfahren geworden sind, Darstellungen oder zumindest weiterführende Hinweise zum *ausländischen Strafrecht* gegeben werden, da und soweit dieses für die Anwendung deutschen Strafrechts nach § 7 StGB relevant werden kann. Es bedarf also nicht des mühsamen (und nicht stets sicheren) Umwegs der individuellen Anfrage des Rechtsanwenders oder -gutachters bei ausländischen Kollegen, um etwa – ein reales Beispiel aus dem neuesten Schrifttum zu einem frühen Teilstück des Siemens-Bestechungsskandals! – in Erfahrung zu bringen, ob das italienische Recht Schmiergeldzahlungen mit Strafe bedroht. Ebenso mag der deutsche Gesetzgeber bei den Beratungen zur Erweiterung des § 299 einen Blick auf das griechische Gesetz Nr. 3560/2007 werfen, um die während des laufenden Gesetzgebungsverfahrens gerügte Unbestimmtheit des deutschen Reformentwurfs abzumildern.

Im Übrigen sei aus den früheren Bänden dieser Auflage der Hinweis wiederholt, dass der Verlag bei Erscheinen eines jeden Bandes die in den Kommentartexten und Fußnoten nach Fundstellen in amtlichen Sammlungen und Zeitschriften zitierten Gerichtsentscheidungen chronologisch aufgelistet nach Band oder Jahrgang der einzelnen Sammlungen und Zeitschriften, jedoch ergänzt um Datum und Aktenzeichen der zitierten Entscheidung, auf hierfür eigens eingerichteten Internetseiten bereit hält. Dies mag zeitgemäßen Arbeitstechniken entgegen kommen.

Auch bei den Materien des 10. Bandes hat ein teilweiser Wechsel der Kommentatoren stattgefunden: Eckart *von Bubnoff*, Karl *Schäfer* und Klaus *Tolksdorf* wirken nicht mehr mit. Ihnen gilt für ihre frühere Mitarbeit, die in den nun vorliegenden Bearbeitungen fortwirkt, der aufrichtige Dank des Verlages und der Herausgeber. An ihre Stelle treten Christoph *Krehl* und Hagen *Wolff*, der schon in der 11. Auflage den Wuchertatbestand gemeinsam mit Karl *Schäfer* erläutert hat.

Der hiermit vorgelegte Band befindet sich durchweg auf dem Bearbeitungsstand von Juni 2008.

Freiburg im Breisgau, August 2008 *Klaus Tiedemann*

Inhaltsübersicht

Vorwort VII
Abkürzungsverzeichnis XI
Literaturverzeichnis XXXIII

ERLÄUTERUNGEN

BESONDERER TEIL

Fünfundzwanzigster Abschnitt
Strafbarer Eigennutz

Vor §§ 284 ff	Vorbemerkungen	1
§ 284	Unerlaubte Veranstaltung eines Glücksspiels	28
§ 285	Beteiligung am unerlaubten Glücksspiel	57
§ 286	Vermögensstrafe, Erweiterter Verfall und Einziehung	62
Vor § 287	Progressive Werbe- und Vertriebssysteme	83
§ 287	Unerlaubte Veranstaltung einer Lotterie oder einer Ausspielung	87
§ 288	Vereiteln der Zwangsvollstreckung	104
§ 289	Pfandkehr	131
§ 290	Unbefugter Gebrauch von Pfandsachen	145
§ 291	Wucher	147
§ 292	Jagdwilderei	186
§ 293	Fischwilderei	231
§ 294	Strafantrag	239
§ 295	Einziehung	242
§ 296	*(weggefallen)*	
§ 297	Gefährdung von Schiffen, Kraft- und Luftfahrzeugen durch Bannware	248

Sechsundzwanzigster Abschnitt
Straftaten gegen den Wettbewerb

Vor §§ 298 ff	Vorbemerkungen	261
§ 298	Wettbewerbsbeschränkende Absprachen bei Ausschreibungen	277
§ 299	Bestechlichkeit und Bestechung im geschäftlichen Verkehr	312
§ 300	Besonders schwere Fälle der Bestechlichkeit und Bestechung im geschäftlichen Verkehr	351
§ 301	Strafantrag	354
§ 302	Vermögensstrafe und Erweiterter Verfall	359

Siebenundzwanzigster Abschnitt
Sachbeschädigung

§ 303	Sachbeschädigung	363
§ 303a	Datenveränderung	386
§ 303b	Computersabotage	416
§ 303c	Strafantrag	437
§ 304	Gemeinschädliche Sachbeschädigung	442
§ 305	Zerstörung von Bauwerken	454
§ 305a	Zerstörung wichtiger Arbeitsmittel	459

Sachregister 465

Abkürzungsverzeichnis

AA	Auswärtiges Amt
aA	anderer Ansicht
aaO	am angegebenen Ort
AbfG	Gesetz über die Vermeidung und Entsorgung von Abfällen (Abfallgesetz)
AbfVerbrG	Gesetz über die Überwachung und Kontrolle der grenzüberschreitenden Verbringung von Abfällen (Abfallverbringungsgesetz)
Abg.	Abgeordneter
AbgO	Reichsabgabenordnung
abgedr.	abgedruckt
Abk.	Abkommen
abl.	ablehnend
ABl.	Amtsblatt
AblEU	Amtsblatt der Europäischen Union (ab 2003); Ausgabe C: Mitteilungen und Bekanntmachungen; Ausgabe L: Rechtsvorschriften
AblKR	Amtsblatt des Kontrollrats
Abs.	Absatz
Abschn.	Abschnitt
abw.	abweichend
AbwAG	Abwasserabgabengesetz
AcP	Archiv für civilistische Praxis (zit. nach Band u. Seite)
AdVermiG	Gesetz über die Vermittlung der Annahme als Kind und über das Verbot der Vermittlung von Ersatzmüttern (Adoptionsvermittlungsgesetz)
AE	Alternativ-Entwurf eines StGB, 1966 ff
a.E.	am Ende
ÄndG	Änderungsgesetz
ÄndVO	Änderungsverordnung
Anh	Anhang
a.F.	alte Fassung
AFG	Arbeitsförderungsgesetz
AfP	Archiv für Presserecht
AG	Amtsgericht; in Verbindung mit einem Gesetz: Ausführungsgesetz
AGBG/AGB-Gesetz	Gesetz zur Regelung des Rechts der Allgemeinen Geschäftsbedingungen
AHK	Alliierte Hohe Kommission
AIDP	Association Internationale de Droit Pénal
AktG	Gesetz über Aktiengesellschaften und Kommanditgesellschaften auf Aktien (Aktiengesetz)
AktO	Anweisung für die Verwaltung des Schriftguts bei den Geschäftsstellen der Gerichte und der Staatsanwaltschaften (Aktenordnung)
allg.	allgemein
allg. M.	allgemeine Meinung
Alt.	Alternative
aM	anderer Meinung
A&M	Arzneimittel und Recht (Zeitschrift für Arzneimittel und Arzneimittelpolitik)
AMG	Arzneimittelgesetz
amtl. Begr.	amtliche Begründung

and.	anders
Angekl.	Angeklagte(r)
Anh.	Anhang
AnhRügG	Gesetz über die Rechtsbehelfe bei Verletzung des Anspruchs auf rechtliches Gehör (Anhörungsrügengesetz)
Anl.	Anlage
Anm.	Anmerkung
Annalen	Annalen des Reichsgerichts
AnwBl.	Anwaltsblatt
ao	außerordentlich
AO 1977	Abgabenordnung
AöR	Archiv des öffentlichen Rechts
AOStrÄndG	Gesetz zur Änderung strafrechtlicher Vorschriften der Reichsabgabenordnung und anderer Gesetze
AP	Arbeitsrechtliche Praxis (Nachschlagewerk des Bundesarbeitsgerichts)
AR	Arztrecht
ArchKrim.	Archiv für Kriminologie
ArchPF	Archiv für Post- und Fernmeldewesen
ArchPR	Archiv für Presserecht
ArchPT	Archiv für Post und Telekommunikation
ARSP	Archiv für Rechts- und Sozialphilosophie (zit. nach Band u. Seite)
Art.	Artikel
AT	Allgemeiner Teil des Strafgesetzbuches
AtG/AtomG	Gesetz über die friedliche Verwendung der Kernenergie und den Schutz gegen ihre Gefahren (Atomgesetz)
AÜG	Arbeitnehmerüberlassungsgesetz
Auff.	Auffassung
aufgehob.	aufgehoben
Aufl.	Auflage
AuR	Arbeit und Recht
ausdrückl.	ausdrücklich
ausführl.	ausführlich
AusfVO	Ausführungsverordnung
ausl.	ausländisch
AuslG	Ausländergesetz
AusnVO	Ausnahmeverordnung
ausschl.	ausschließlich
AV	Allgemeine Verfügung
AVG	Angestelltenversicherung
AWG	Außenwirtschaftsgesetz
AWG/StÄG	Gesetz zur Änderung des Außenwirtschaftsgesetzes, des Strafgesetzbuchs und anderer Gesetze
Az.	Aktenzeichen
b.	bei
BA	Blutalkohol, Wissenschaftliche Zeitschrift für die medizinische und die juristische Praxis
BAK	Blutalkoholkonzentration
BÄK	Bundesärztekammer
BÄO	Bundesärzteordnung
BAG	Bundesarbeitsgericht
BAK	Blutalkoholkonzentration
BAnz.	Bundesanzeiger
BauGB	Baugesetzbuch
BauR	Zeitschrift für das gesamte öffentliche und private Baurecht

Bay.	Bayern, bayerisch
BayBS	Bereinigte Sammlung des Bayerischen Landesrechts (1802–1956)
BayLSG	Bayerisches Landessozialgericht
BayObLG	Bayerisches Oberstes Landesgericht
BayObLGSt	Sammlung von Entscheidungen des Bayerischen Obersten Landesgerichts in Strafsachen
BayVBl.	Bayerische Verwaltungsblätter
BayVerf.	Verfassung des Freistaates Bayern
BayVerwBl.	Bayerische Verwaltungsblätter
BayVerfGHE	s. BayVGHE
BayVGH	Bayerischer Verwaltungsgerichtshof
BayVGHE	Sammlung von Entscheidungen des Bayerischen Verwaltungsgerichtshofs mit Entscheidungen des Bayerischen Verfassungsgerichtshofes, des Bayerischen Dienststrafhofs und des Bayerischen Gerichtshofs für Kompetenzkonflikte (zit. nach Band u. Seite)
BayZ	Zeitschrift für Rechtspflege in Bayern (1905–1934)
BB	Betriebs-Berater
BBG	Bundesbeamtengesetz
BBodSchG	Gesetz zum Schutz vor schädlichen Bodenveränderungen und zur Sanierung von Altlasten (Bundes-Bodenschutzgesetz)
Bd., Bde	Band, Bände
BDH	Bundesdisziplinarhof
BDO	Bundesdisziplinarordnung
BDSG	Bundesdatenschutzgesetz
Bearb.	Bearbeitung
begl.	beglaubigt
BegleitG zum TKG	Begleitgesetz zum Telekommunikationsgesetz
Begr., begr.	Begründung, begründet
Bek.	Bekanntmachung
Bekl., bekl.	Beklagter, beklagt
Bem.	Bemerkung
ber.	berichtigt
bes.	besonders, besondere(r, s)
Beschl.	Beschluss
Beschw.	Beschwerde
Bespr.	Besprechung
Best.	Bestimmung
bestr.	bestritten
betr.	betreffend
BeurkG	Beurkundungsgesetz
BewH	Bewährungshilfe
BezG	Bezirksgerichte
BFH	Bundesfinanzhof
BfJG	Gesetz über die Errichtung des Bundesamtes für Justiz = Art. 1 des Gesetzes zur Errichtung und zur Regelung der Aufgaben des Bundesamtes für Justiz
BG	Bundesgericht (Schweiz)
BGB	Bürgerliches Gesetzbuch
BGBl. I, II, III	Bundesgesetzblatt Teil I, II und III
BGE	Entscheidungen des schweizerischen Bundesgerichts (Amtliche Sammlung)
BGH	Bundesgerichtshof
BGHGrS	Bundesgerichtshof, Großer Senat
BGHSt	Entscheidungen des Bundesgerichtshofes in Strafsachen (zit. nach Band u. Seite)

BGHZ	Entscheidungen des Bundesgerichtshofes in Zivilsachen (zit. nach Band u. Seite)
BG Pr.	Die Praxis des Bundesgerichts (Entscheidungen des schweizerischen Bundesgerichts)
BImSchG	Bundes-Immissionsschutzgesetz
BImSchVO	Bundes-Immissionsschutzverordnung
BinnSchiffG/BinSchG	Gesetz betr. die privatrechtlichen Verhältnisses der Binnenschiffahrt (Binnenschiffahrtsgesetz)
BJagdG	Bundesjagdgesetz
BJM	Basler Juristische Mitteilungen
BK	Basler Kommentar zum Strafgesetzbuch (auch: Bonner Kommentar zum Grundgesetz)
BKA	Bundeskriminalamt
BKAG/BKrimAG	Gesetz über die Einrichtung eines Bundeskriminalpolizeiamtes (Bundeskriminalamtes)
Bln.	Berlin
Bln.GVBl.Sb.	Sammlung des bereinigten Berliner Landesrechts, Sonderband I (1806–1945) und II (1945–1967)
Blutalkohol	Blutalkohol, Wissenschaftliche Zeitschrift für die medizinische und juristische Praxis
BMI	Bundesminister(ium) des Inneren
BMJ	Bundesminister(ium) der Justiz
BNatSchG	Gesetz über Naturschutz und Landschaftspflege (Bundesnaturschutzgesetz)
BNotÄndG	Drittes Gesetz zur Änderung der Bundesnotarordnung und anderer
BNotO	Bundesnotarordnung
BR	Bundesrat
BRAGO	Bundesgebührenordnung für Rechtsanwälte
BRAK	Bundesrechtsanwaltskammer
BranntwMG/BranntwMonG	Branntweinmonopolgesetz
BRAO	Bundesrechtsanwaltsordnung
BRAOÄndG	Gesetz zur Änderung der Bundesrechtsanwaltsordnung, der Patentrechtsanwaltsordnung und anderer Gesetze
BRD	Bundesrepublik Deutschland
BR-Drs./BRDrucks.	Bundesrats-Drucksache
BReg.	Bundesregierung
Brem.	Bremen
BRProt.	Protokolle des Bundesrates
BRRG	Beamtenrechtsrahmengesetz
BRStenBer.	Verhandlungen des Bundesrats, Stenographische Berichte (zit. nach Sitzung u. Seite)
BS	Sammlung des bereinigten Landesrechts
BSeuchG	Bundes-Seuchengesetz
BSG	Bundessozialgericht
BSHG	Bundessozialhilfegesetz
Bsp.	Beispiel
BStBl.	Bundessteuerblatt
BT	Besonderer Teil des StGB (auch: Bundestag)
BTDrucks.	Bundestags-Drucksache
BtMG	Gesetz über den Verkehr mit Betäubungsmitteln (Betäubungsmittelgesetz)
BTProt.	s. BTVerh.
BTRAussch.	Rechtsausschuss des Deutschen Bundestags
BTStenBer.	Verhandlungen des deutschen Bundestag, Stenographische Berichte (zit. nach Wahlperiode u. Seite)

BTVerh.	Verhandlungen des Deutschen Bundestags
Buchst.	Buchstabe
BVerfG	Bundesverfassungsgericht
BVerfGE	Entscheidungen des Bundesverfassungsgerichts (zit. nach Band u. Seite)
BVerfGG	Gesetz über das Bundesverfassungsgericht
BVerwG	Bundesverwaltungsgericht
BVerwGE	Entscheidungen des Bundesverwaltungsgerichts (zit. nach Band u. Seite)
BVwVfG	(Bundes-)Verwaltungsverfahrensgesetz
BW	Baden-Württemberg
bzgl.	bezüglich
BZR	Bundeszentralregister
BZRG	Gesetz über das Bundeszentralregister und das Erziehungsregister (Bundeszentralregistergesetz)
bzw.	beziehungsweise
ca.	circa
ChemG	Gesetz zum Schutz vor gefährlichen Stoffen (Chemikaliengesetz)
CR	Computer und Recht
CWÜAG	AusführungsG zum Chemiewaffenübereinkommen (CWÜ-AG)
DA	Deutschland Archiv
DÄBl.	Deutsches Ärzteblatt
dagg.	dagegen
DAR	Deutsches Autorecht
DAV	Deutscher Anwaltsverein
DB	Der Betrieb
DDevR	Deutsche Devisen-Rundschau (1951–1959)
DDR	Deutsche Demokratische Republik
DDT-G	Gesetz über den Verkehr mit DDT
DepotG	Gesetz über die Verwahrung und Anschaffung von Wertpapieren (Depotgesetz)
ders./dies.	derselbe/dieselbe
dgl.	dergleichen
DGVZ	Deutsche Gerichtsvollzieher-Zeitung
d.h.	das heißt
dies.	dieselbe(n)
Diff., diff.	Differenzierung, differenzierend
Diss.	Dissertation
DJ	Deutsche Justiz, Rechtspflege und Rechtspolitik
DJT	Deutscher Juristentag
DJZ	Deutsche Juristenzeitung (1896–1936)
DMW	Deutsche Medizinische Wochenschrift
DNA-AnalysG	Gesetz zur Novellierung der forensischen DNA-Analyse
DNutzG	Gesetz zur effektiven Nutzung von Dateien im Bereich der Staatsanwaltschaften
DÖV	Die Öffentliche Verwaltung
DOGE	Entscheidungen des Deutschen Obergerichts für das Vereinigte Wirtschaftsgebiet
DR	Deutsches Recht, Wochenausgabe (vereinigt mit Juristische Wochenschrift) (1931–1945)
DRechtsw.	Deutsche Rechtswissenschaft (1936–1943)
DRiB	Deutscher Richterbund
DRiG	Deutsches Richtergesetz

DRiZ	Deutsche Richterzeitung
DRM	Deutsches Recht, Monatsausgabe (vereinigt mit Deutsche Rechtspflege)
DRpfl.	Deutsche Rechtspflege (1936–1939)
Drs./Drucks.	Drucksache
DRsp.	Deutsche Rechtsprechung, hrsg. von Feuerhake (Loseblattsammlung)
DRZ	Deutsche Rechts-Zeitschrift (1946–1950)
DSB	Datenschutzberater
DStrR	Deutsches Steuerrecht
DStR	Deutsches Strafrecht (1934–1944)
DStrZ	Deutsche Strafrechts-Zeitung (1914–1922)
DStZ A	Deutsche Steuerzeitung, bis Jg. 67 (1979): Ausgabe A
dt.	deutsch
DtZ	Deutsch-Deutsche Rechts-Zeitschrift
DuD	Datenschutz und Datensicherheit
DuR	Demokratie und Recht
DVBl.	Deutsches Verwaltungsblatt
DVJJ	Deutsche Vereinigung für Jugendgerichte und Jugendgerichtshilfen e.V.
DVO	Durchführungsverordnung
DVollzO	Dienst- und Vollzugsordnung
DVP	Deutsche Verwaltungspraxis
DVR	Datenverarbeitung im Recht (bis 1985, danach vereinigt mit IuR)
DWW	Deutsche Wohnungswirtschaft
E	Entwurf bzw. Entscheidung
E 1927	Entwurf eines Allgemeinen Deutschen Strafgesetzbuches nebst Begründung (Reichstagsvorlage) 1927
E 62	Entwurf eines Strafgesetzbuches mit Begründung 1962
EAO	Entwurf einer Abgabenordnung
ebd.	ebenda
ebso.	ebenso
ed(s)	editor(s)
EEGOWiG	Entwurf eines Einführungsgesetzes zum Gesetz über Ordnungswidrigkeiten
EEGStGB	Entwurf eines Einführungsgesetzes zum Strafgesetzbuch (EGStGB)
EFG	Entscheidung der Finanzgerichte (zit. nach Band u. Seite)
EG	Einführungsgesetz bzw. Europäische Gemeinschaft(en) bzw. Erinnerungsgabe
EGBGB	Einführungsgesetz zum Bürgerlichen Gesetzbuch
EG-FinanzschutzG/ EGFinSchG	Gesetz zum Übereinkommen v. 26.8.1995 über den Schutz der finanziellen Interessen der Europäischen Gemeinschaften
EGGVG	Einführungsgesetz zum Gerichtsverfassungsgesetz
EGH	Ehrengerichtliche Entscheidungen der Ehrengerichtshöfe der Rechtsanwaltschaft des Bundesgebiets und des Landes Berlin (zit. nach Band u. Seite)
EGInsO	Einführungsgesetz zur Insolvenzordnung
EGInsOÄndG	Gesetz zur Änderung des Einführungsgesetzes zur Insolvenzordnung und anderer Gesetze
EGKS	Europäische Gemeinschaft für Kohle und Stahl
EGMR	Europäischer Gerichtshof für Menschenrechte
EGOWiG	Einführungsgesetz zum Gesetz über Ordnungswidrigkeiten
EGStGB	Einführungsgesetz zum Strafgesetzbuch
EGStPO	Einführungsgesetz zur Strafprozeßordnung
EGV	Vertrag zur Gründung der Europäischen Gemeinschaft

EheG	Ehegesetz
ehem.	ehemalig
EhrenGHE	Ehrengerichtliche Entscheidungen (der Ehrengerichtshöfe der Rechtsanwaltschaft des Bundesgebietes und des Landes Berlin)
Einf.	Einführung
eingeh.	eingehend
einschl.	einschließlich
einschr.	einschränkend
Einl.	Einleitung
EJF	Entscheidungen aus dem Jugend- und Familienrecht (1951–1969)
EKMR	Europäische Kommission für Menschenrechte
EmmingerVO	Verordnung über Gerichtsverfassung und Strafrechtspflege
EMRK	Europäische Menschenrechtskonvention
entgg.	entgegen
Entsch.	Entscheidung
entspr.	entsprechend
Entw.	Entwurf
Erg.	Ergebnis bzw. Ergänzung
ErgBd.	Ergänzungsband
ErgThG	Ergotherapeutengesetz
Erl.	Erläuterung
Erw.	Erwiderung
ESchG	Embryonenschutzgesetz
EStG	Einkommensteuergesetz
etc.	et cetera
Ethik Med.	Ethik in der Medizin
ETS	European Treaty Series
EU	Europäische Union
EUBestG	Gesetz zum Protokoll v. 27.9.1996 zum Übereinkommen über den Schutz der finanziellen Interessen der Europäischen Gemeinschaften (EU-Bestechungsgesetz)
eucrim	The European Criminal Law Associations' Forum
EuGH	Gerichtshof der Europäischen Gemeinschaft
EuGHE	Entscheidungen des Gerichtshofs der Europäischen Gemeinschaften – Amtliche Sammlung
EuGRZ	Europäische Grundrechte-Zeitschrift
EuHbG	Gesetz zur Umsetzung des Rahmenbeschlusses über den Europäischen Haftbefehl und die Übergabeverfahren zwischen den Mitgliedstaaten der Europäischen Union (Europäisches Haftbefehlsgesetz – EuHbG)
EuR	Europarecht
EurGHMR	Europäischer Gerichtshof für Menschenrechte
EurKomMR	Europäische Kommission für Menschenrechte
europ.	europäisch
EuropolG	Europol-Gesetz
EUV	Vertrag über die Europäische Union
EuZW	Europäische Zeitschrift für Wirtschaftsrecht
EV	Vertrag zwischen der Bundesrepublik Deutschland und der Deutschen Demokratischen Republik über die Herstellung der Einheit Deutschlands – Einigungsvertrag
EV I bzw. II	Anlage I bzw. II zum EV
evtl.	eventuell
EWG	Europäische Wirtschaftsgemeinschaft
EWGV	Vertrag zur Gründung der Europäischen Wirtschaftsgemeinschaft
EWiR	Entscheidungen zum Wirtschaftsrecht

EWiV	Europäische wirtschaftliche Interessenvereinigung
EWR	Schriftenreihe zum europäischen Weinrecht (auch: Europäischer Wirtschafts-Raum)
EzSt	Entscheidungssammlung zum Straf- u. Ordnungswidrigkeitenrecht, hrsg. von Lemke (zit. nach Band u. Seite)
f, ff	folgende, fortfolgende
FA	Fachanwalt für Arbeitsrecht
FAG	Gesetz über Fernmeldeanlagen
FamRZ	Ehe und Familie im privaten und öffentlichen Recht. Zeitschrift für das gesamte Familienrecht
FAO	Fachanwaltsordnung
FAZ	Frankfurter Allgemeine Zeitung
Festschr.	Festschrift
FG	Finanzgericht (auch: Festgabe)
FGG	Gesetz über die Angelegenheiten der freiwilligen Gerichtsbarkeit
FGO	Finanzgerichtsordnung
fin.	finanziell
FinVerwG/FVG	Gesetz über die Finanzverwaltung
FlaggRG/FlRG	Gesetz über das Flaggenrecht der Seeschiffe und die Flaggenführung der Binnenschiffe (Flaggenrechtsgesetz)
FlRV	Flaggenrechtsverordnung
Fn.	Fußnote
Forens Psychiatr Psychol Kriminol	Forensische Psychiatrie, Psychologie, Kriminologie
Fortschr Neurol Psychiat	Fortschritte der Neurologie. Psychiatrie
fragl.	fraglich
FS	Festschrift
G bzw. Ges.	Gesetz
G 10	Gesetz zur Beschränkung des Brief-, Post- und Fernmeldegeheimnisses (Gesetz zu Artikel 10 Grundgesetz)
GA	Goltdammer's Archiv für Strafrecht, zit. nach Jahr u. Seite (bis 1933: Archiv für Strafrecht und Strafprozeß, zit. nach Band u. Seite)
GBA	Generalbundesanwalt
GBG	Gesetz über die Beförderung gefährlicher Güter
GBl.	Gesetzblatt
GebFra	Geburtshilfe und Frauenheilkunde (zit. nach Band u. Seite)
GedS	Gedächtnisschrift
gem.	gemäß
Gemeinsame-Dateien-Gesetz	Gesetz zur Errichtung gemeinsamer Dateien von Polizeibehörden und Nachrichtendiensten des Bundes und der Länder
GenG	Gesetz betreffend die Erwerbs- und Wirtschaftsgenossenschaften
GenStA	Generalstaatsanwalt
GerS	Der Gerichtssaal
GeschlKG/GeschlkrG	Gesetz zur Bekämpfung der Geschlechtskrankheiten
GeschO	Geschäftsordnung
gesetzl.	gesetzlich
GesR	Gesundheitsrecht (Zeitschrift für Arztrecht, Krankenrecht, Apotheken- und Arzneimittelrecht)
GewArch	Gewerbearchiv, Zeitschrift für Gewerbe- und Wirtschaftsverwaltungsrecht
GewO	Gewerbeordnung
GewVerbrG	Gesetz gegen gefährliche Gewohnheitsverbrecher und über Maßregeln der Sicherung und Besserung

gg.	gegen
GG	Grundgesetz für die Bundesrepublik Deutschland
ggf.	gegebenenfalls
GjS/GjSM	Gesetz über die Verbreitung jugendgefährdender Schriften und Medieninhalte
GKG	Gerichtskostengesetz
gl.	gleich
GmbHG	Gesetz betreffend die Gesellschaften mit beschränkter Haftung
GmbHR/GmbH-Rdsch	GmbH-Rundschau (vorher: Rundschau für GmbH)
GMBl.	Gemeinsames Ministerialblatt
GnO	Gnadenordnung (Landesrecht)
grdl.	grundlegend
grds.	grundsätzlich
GrS	Großer Senat
GrSSt.	Großer Senat in Strafsachen
GRUR	Gewerblicher Rechtsschutz und Urheberrecht
GS	Der Gerichtssaal (zit. nach Band u. Seite)
GSNW	Sammlung des bereinigten Landesrechts Nordrhein-Westfalen (1945–1956)
GSSchlH	Sammlung des schleswig-holsteinischen Landesrechts, 2 Bde (1963)
GÜG	Gesetz zur Überwachung des Verkehrs mit Grundstoffen, die für die unerlaubte Herstellung von Betäubungsmitteln mißbraucht werden können
GV	Gemeinsame Verfügung (mehrerer Ministerien) (auch: Grundlagenvertrag)
GVBl.	Gesetz- und Verordnungsblatt
GVBl. I–III	Sammlung des bereinigten Hessischen Landesrechts
GVG	Gerichtsverfassungsgesetz
GWB	Gesetz gegen Wettbewerbsbeschränkungen
GwG	Gesetz über das Aufspüren von Gewinnen aus schweren Straftaten (Geldwäschegesetz)
h.A.	herrschende Ansicht
HaagLKO/HLKO	Haager Abkommen betr. die Gesetze und Gebräuche des Landkriegs
Halbs./Hbs.	Halbsatz
Hamb.	Hamburg
HambJVBl	Hamburgisches Justizverwaltungsblatt
HannRpfl	Hannoversche Rechtspflege
Hans.	Hanseatisch
HansGZ bzw. HGZ	Hanseatische Gerichtszeitung (1889–1927)
HansJVBl	Hanseatisches Justizverwaltungsblatt (bis 1946/47)
HansOLGSt	Entscheidungen des Hanseatischen Oberlandesgerichts in Strafsachen (1879–1932/33)
HansRGZ	Hanseatische Rechts- und Gerichtszeitschrift (1928–43), vorher:
HansRZ	Hanseatische Rechtszeitschrift für Handel, Schiffahrt und Versicherung, Kolonial- und Auslandsbeziehungen sowie für Hansestädtisches Recht (1918–1927)
Hdb.	Handbuch
HdbStR	Isensee/Kirchhof (Hrsg.), Handbuch des Staatsrechts der Bundesrepublik Deutschland
HeilPrG	Gesetz über die berufsmäßige Ausübung der Heilkunde ohne Bestallung (Heilpraktikergesetz)
Hess.	Hessen

HESt	Höchstrichterliche Entscheidungen, Sammlung von Entscheidungen der Oberlandesgerichte und der Obersten Gerichte in Strafsachen (1948–49) (zit. nach Band u. Seite)
HFR	Höchstrichterliche Finanzrechtsprechung
HGB	Handelsgesetzbuch
hins.	hinsichtlich
Hinw.	Hinweis
h.L.	herrschende Lehre
h.M.	herrschende Meinung
HöchstRR	Höchstrichterliche Rechtsprechung auf dem Gebiete des Strafrechts, Beilage zur Zeitschrift für die gesamte Strafrechtswissenschaft (1 zu Bd. 46, 2 zu Bd. 47, 3 zu Bd. 48)
HRR	Höchstrichterliche Rechtsprechung (1928–1942), bis 1927: Die Rechtsprechung, Beilage zur Zeitschrift Juristische Rundschau
HRRS	Höchstrichterliche Rechtsprechung zum Strafrecht
Hrsg. bzw. hrsg.	Herausgeber bzw. herausgegeben
h. Rspr.	herrschende Rechtsprechung
HWiStR	Krekeler/Tiedemann/Ulsenheimer/Weinmann (Hrsg.) Handwörterbuch des Wirtschafts- und Steuerstrafrechts
i. Allg.	im Allgemeinen
i. allg. S.	im allgemeinen Sinn
i.d.F.	in der Fassung
i.d.R.	in der Regel
i.d.S.	in diesem Sinne
i.E./i. Erg.	im Ergebnis
i.e.S.	im engeren Sinn
IGH	Internationaler Gerichtshof
i. gl. S.	im gleichen Sinn
i. Grds.	im Grundsatz
IHK	Industrie- und Handelskammer
i.H.v.	in Höhe von
ILC	International Law Commission
ILM	International Legal Materials
IM	Innenminister(ium)
IMT	International Military Tribunal (Nürnberg)
inl.	inländisch
insb./insbes.	insbesondere
insges.	insgesamt
InsO	Insolvenzordnung
IntBestG	Gesetz zur Bekämpfung internationaler Bestechung
inzw.	inzwischen
IPBPR	Internationaler Pakt über bürgerliche und politische Rechte
i.R.d.	im Rahmen der/des
i.R.v.	im Rahmen von
IStGH	Internationaler Strafgerichtshof
IStGH-Statut	Internationaler Strafgerichtshof – Statut
IStR	Internationales Strafrecht
i.S.	im Sinne
i.S.d.	im Sinne der/des
i.S.e.	im Sinne einer(s)
IStGH	(ständiger) Internationaler Strafgerichtshof (Den Haag)
i.S.v.	im Sinne von
ITBR	Der IT-Berater
i. techn. S.	im technischen Sinne

i.U.	im Unterschied
i. üb.	im übrigen
IuKDG	Gesetz zur Regelung der Rahmenbedingungen für Informations- und Kommunikationsdienste (Informations- und Kommunikationsdienstegesetz)
IuR	Informatik und Recht
i.V.m.	in Verbindung mit
i.w.	im wesentlichen
i.w.S.	im weiteren Sinne
i.Z.m.	im Zusammenhang mit
JA	Juristische Arbeitsblätter für Ausbildung und Examen
JahrbÖR	Jahrbuch des öffentlichen Rechts der Gegenwart
JahrbPostw.	Jahrbuch des Postwesens (1937–1941/42)
JA-R	Juristische Arbeitsblätter – Rechtsprechung
JAVollzO	Jugendarrestvollzugsordnung
JBeitrO	Justizbeitreibungsordnung
JBl.	Justizblatt
JBlRhPf.	Justizblatt Rheinland-Pfalz
JBl Saar	Justizblatt des Saarlandes
jew.	jeweils
JFGErg.	Entscheidungen des Kammergerichts und des Oberlandesgerichts München in Kosten-, Straf-, Miet- und Pachtschutzsachen (= Jahrbuch für Entscheidungen in Angelegenheiten der freiwilligen Gerichtsbarkkeit und des Grundbuchrechts. ErgBd.)
JGG	Jugendgerichtsgesetz
JK	Jura-Kartei
JKomG	Gesetz über die Verwendung elektronischer Kommunikationsformen in der Justiz (Justizkommunikationsgesetz – JKomG)
JM	Justizminister(ium)
JMBlNRW/JMBlNW	Justizministerialblatt für das Land Nordrhein-Westfalen
JÖSchG	Gesetz zum Schutze der Jugend in der Öffentlichkeit
JOR	Jahrbuch für Ostrecht
JR	Juristische Rundschau
JRE	Jahrbuch für Recht und Ethik
JSt	Journal für Strafrecht
JStGH	Internationaler Strafgerichtshof für das ehemalige Jugoslawien
JStGH-Statut	Internationaler Strafgerichtshof für das ehemalige Jugoslawien – Statut
1. JuMoG	Erstes Gesetz zur Modernisierung der Justiz (1. Justizmodernisierungsgesetz)
2. JuMoG	Zweites Gesetz zur Modernisierung der Justiz (2. Justizmodernisierungsgesetz)
JurA	Juristische Analysen
Jura	Juristische Ausbildung
JurBl./JBl.	Juristische Blätter
JurJahrb.	Juristen-Jahrbuch
JurPC	Internet-Zeitschrift für Rechtsinformatik und Informationsrecht
JuS	Juristische Schulung. Zeitschrift für Studium und Ausbildung
Justiz	Die Justiz. Amtsblatt des Justizministeriums von Baden-Württemberg
JuV	Justiz und Verwaltung
JVA	Justizvollzugsanstalt
JVBl.	Justizverwaltungsblatt
JVKostO	Gesetz über Kosten im Bereich der Justizverwaltung
JVollz.	Jugendstrafvollzugsordnung: s. auch JAVollzO

JW	Juristische Wochenschrift
JWG	Jugendwohlfahrtsgesetz
JZ	Juristenzeitung
JZ-GD	Juristenzeitung – Gesetzgebungsdienst
Kap.	Kapitel
KastG/KastrG	Gesetz über die freiwillige Kastration
KE	Kommissionsentwurf
Kfz.	Kraftfahrzeug
KG	Kammergericht bzw. Kommanditgesellschaft
KGJ	Jahrbuch für Entscheidungen des Kammergerichts in Sachen der freiwilligen Gerichtsbarkeit, in Kosten-, Stempel- und Strafsachen (1881–1922) (zit. nach Band u. Seite)
KindRG	Gesetz zur Reform des Kindschaftsrechts
KJ	Kritische Justiz
KO	Konkursordnung
KorBekG/KorrBekG/KorrBG	Gesetz zur Bekämpfung der Korruption
K&R	Kommunikation und Recht
KRABl.	s. ABlKR
KreditwesenG/KWG	Gesetz über das Kreditwesen
KRG	Kontrollratsgesetz
KriegswaffKG/KWKG	Gesetz über die Kontrolle von Kriegswaffen
KrimAbh.	Kriminalistische Abhandlungen, hrsg. von Exner
KrimGwFr	Kriminologische Gegenwartsfragen (zit. nach Band u. Seite)
Kriminalistik	Kriminalistik, Zeitschrift für die gesamte kriminalistische Wissenschaft und Praxis
KrimJournal	Kriminologisches Journal
krit.	kritisch
KritJ/Krit. Justiz	Kritische Justiz
KritV/KritVj	Kritische Vierteljahresschrift für Gesetzgebung und Rechtsprechung
KrW-/AbfG	Gesetz zur Förderung der Kreislaufwirtschaft und Sicherung der umweltverträglichen Beseitigung von Abfällen (Kreislaufwirtschafts- und Abfallgesetz)
KunstUrhG/KUrhG	Kunsturhebergesetz
KuT	Konkurs-, Treuhand- und Schiedsgerichtswesen
KuV/k+v/K+V	Kraftfahrt u. Verkehrsrecht, Zeitschrift der Akademie für Verkehrswissenschaft, Hamburg
KWG	siehe KreditwesenG
LegPer.	Legislaturperiode
LFGB	Lebens- und Futtermittelgesetzbuch
LG	Landgericht
lit.	littera (Buchstabe)
Lit.	Literatur
LM	Nachschlagewerk des Bundesgerichtshofs, hrsg. v Lindenmaier/Möhring u.a. (zit. nach Paragraph u. Nummer)
LMBG	Gesetz über den Verkehr mit Lebensmitteln, Tabakerzeugnissen, kosmetischen Mitteln und sonstigen Bedarfsgegenständen (Lebensmittel- und Bedarfsgegenständegesetz)
LPG	Landespressegesetz
LPK	Lehr- und Praxiskommentar
LRA	Landratsamt
LRE	Sammlung lebensmittelrechtlicher Entscheidungen
LS	Leitsatz
lt.	laut

LT	Landtag
LuftSiG	Gesetz zur Neuregelung von Luftsicherheitsaufgaben (Luftsicherheitsgesetz)
LuftVG	Luftverkehrgesetz
LuftVO/LuftVVO	Verordnung über den Luftverkehr
LuftVZO	Luftverkehrs-Zulassungs-Ordnung
LVerf.	Landesverfassung
LZ	Leipziger Zeitschrift für Deutsches Recht (1907–1933)
m.	mit
m. Anm.	mit Anmerkung
Mat.	Materialien zur Strafrechtsreform (1954). Band I: Gutachten der Strafrechtslehrer. Band II: Rechtsvergleichende Arbeiten
m.a.W.	mit anderen Worten
m. Bespr.	mit Besprechung
MdB	Mitglied des Bundestages
MdL	Mitglied des Landtages
MDR	Monatsschrift für Deutsches Recht
MDStV	Staatsvertrag über Mediendienste
MedR	Medizinrecht
MedSach	Der Medizinische Sachverständige
MfS	Ministerium für Staatssicherheit
MiStra	Anordnung über Mitteilungen in Strafsachen
mißverst./missverst.	mißverständlich/missverständlich
Mitt.	Mitteilung
MittIKV	Mitteilungen der Internationalen Kriminalistischen Vereinigung (1889–1914; 1926–1933)
MK	Münchener Kommentar zum Strafgesetzbuch
m. krit. Anm.	mit kritischer Anmerkung (von)
MMR	MultiMedia und Recht
MMW	Münchner Medizinische Wochenschrift
MRG	Militärregierungsgesetz
MschrKrim./MonKrim.	Monatsschrift für Kriminologie und Strafrechtsreform
MschrKrimBiol/ MonKrimBiol.	Monatsschrift für Kriminalbiologie und Strafrechtsreform
MschrKrimPsych/ MonKrimPsych.	Monatsschrift für Kriminalpsychologie und Strafrechtsreform (1904/05–1936)
MStGO	Militärstrafgerichtsordnung
m.w.N.	mit weiteren Nachweisen
m. zust./abl. Anm.	mit zustimmender/ablehnender Anmerkung
Nachtr.	Nachtrag
Nachw.	Nachweis
NATO-Truppenstatut/NTS	Abkommen zwischen den Parteien des Nordatlantikvertrags v. 19.6.1951 über die Rechtsstellung ihrer Truppen (NATO-Truppenstatut)
Nds.	Niedersachsen
NdsRpfl./Nds.Rpfl	Niedersächsische Rechtspflege
NEhelG	Gesetz über die Rechtsstellung der nichtehelichen Kinder
n.F.	neue Fassung
Niederschr./Niederschriften	Niederschriften über die Sitzungen der Großen Strafrechtskommission
Nieders.GVBl. (Sb. I, II)	Niedersächsisches Gesetz- und Verordnungsblatt, Sonderband I und II, Sammlung des bereinigten niedersächsischen Rechts
NJ	Neue Justiz

NJW	Neue Juristische Wochenschrift
NJW-CoR	Computerreport der Neuen Juristischen Wochenschrift
NJW-RR	NJW-Rechtsprechungs-Report Zivilrecht
NK	Nomos Kommentar zum Strafgesetzbuch
NKrimP	Neue Kriminalpolitik
NPA	Neues Polizei-Archiv
Nr.(n)	Nummer(n)
NRW	Nordrhein-Westfalen
NStE	Neue Entscheidungssammlung für Strafrecht, hrsg. von Rebmann, Dahs und Miebach
NStZ	Neue Zeitschrift für Strafrecht
NStZ-RR	NStZ-Rechtsprechungs-Report Strafrecht
NuR	Natur und Recht
NVwZ	Neue Zeitschrift für Verwaltungsrecht
NWB	Neue Wirtschaftsbriefe für Steuer- und Wirtschaftsrecht
NWVBl	Nordrhein-Westfälische Verwaltungsblätter
NZA	Neue Zeitschrift für Arbeits- und Sozialrecht
NZA-RR	NZA-Rechtsprechungsreport Arbeitsrecht
NZM	Neue Zeitschrift für Miet- und Wohnungsrecht
NZG	Neue Zeitschrift für Gesellschaftsrecht
NZS	Neue Zeitschrift für Sozialrecht
NZV	Neue Zeitschrift für Verkehrsrecht
NZWehrr/NZWehrR	Neue Zeitschrift für Wehrrecht
o.	oben
o.ä.	oder ähnlich
ob. dict.	obiter dictum
OBGer	Obergericht (Schweizer Kantone)
öffentl.	öffentlich
ÖJZ/ÖstJZ	Österreichische Juristenzeitung
Öst OGH	Österreichischer Oberster Gerichtshof; ohne Zusatz: Entscheidung des Öst OGH in Strafsachen (zit. nach Band u. Seite)
o.g.	oben genannt
OG	Oberstes Gericht der DDR
OGDDR	Entscheidungen des Obersten Gerichts der DDR
OGH	Oberster Gerichtshof (Österreich)
OGHSt	Entscheidungen des Obersten Gerichtshofes für die Britische Zone in Strafsachen (1949/50) (zit. nach Band u. Seite)
OHG	Offene Handelsgesellschaft
OLG	Oberlandesgericht
OLGSt	Entscheidungen der Oberlandesgerichte zum Straf- u. Strafverfahrensrecht (zit. nach Paragraph u. Seite, n.F. nach Paragraph u. Nummer)
OrgK	Organisierte Kriminalität
OrgKG	Gesetz zur Bekämpfung des illegalen Rauschgifthandels und anderer Erscheinungsformen der Organisierten Kriminalität
OrgKVerbG	Gesetz zur Verbesserung der Bekämpfung der Organisierten Kriminalität
OVG	Oberverwaltungsgericht
OWiG	Gesetz über Ordnungswidrigkeiten
PartG	Gesetz über die politischen Parteien (Parteiengesetz)
PartGG	Partnerschaftsgesellschaftsgesetz
PatG	Patentgesetz
PAuswG	Gesetz über Personalausweise
PflanzenSchG/PflSchG	Gesetz zum Schutz der Kulturpflanzen (Pflanzenschutzgesetz)

PharmR	PharmaRecht
PHI	Produkthaftpflicht International
PolG	Polizeigesetz
polit.	politisch
Polizei	Die Polizei (seit 1955: Die Polizei – Polizeipraxis)
PolV/PolVO	Polizeiverordnung
PostG	Gesetz über das Postwesen (Postgesetz)
PostO	Postordnung
Pr.	Preußen
PrG	Pressegesetz
PrGS	Preußische Gesetzessammlung (1810–1945)
ProdSG	Produktsicherheitsgesetz
Prot.	Protokolle über die Sitzungen des Sonderausschusses für die Strafrechtsreform
Pr. OT	Preußisches Obertribunal
PrPVG	Preußisches Polizeiverwaltungsgesetz
Prot. BT-RA	Protokolle des Rechtsausschusses des Deutschen Bundestages (zit. nach Nummern)
PrOVG	Preußisches Oberverwaltungsgericht
PrZeugnVerwG	Gesetz über das Zeugnisverweigerungsrecht der Mitarbeiter von Presse und Rundfunk
PStG	Personenstandsgesetz
psych.	psychisch
PsychThG	Gesetz über die Berufe des psychologischen Psychotherapeuten und des Kinder- und Jugendlichenpsychotherapeuten (PsychotherapeutenG)
qualif.	qualifizierend
R	Rechtsprechung des Reichsgerichts in Strafsachen (zit. nach Band u. Seite)
R & P	Recht und Psychiatrie
RabgO/RAO	Reichsabgabenordnung
RAussch.	Rechtsausschuß/Rechtsausschuss
RBerG	Gesetz zur Verhütung von Mißbrauch auf dem Gebiet der Rechtsberatung
RdA	Recht der Arbeit
RdErl.	Runderlaß/Runderlass
RdJB	Recht der Jugend und des Bildungswesens
RdK	Das Recht des Kraftfahrers, Unabhängige Monatsschrift des Kraftverkehrsrechts (1926–43, 1949–55)
Rdn.	Randnummer
Rdschr./RdSchr.	Rundschreiben
RDStH	Entscheidungen des Reichsdienststrafhofs (1939–41)
RDStO	Reichsdienststrafordnung
RDV	Recht der Datenverarbeitung
Recht	Das Recht, begründet von Soergel (1897–1944)
RechtsM	Rechtsmedizin
rechtspol.	rechtspolitisch
RechtsTh	Rechtstheorie
rechtsvergl.	rechtsvergleichend
Reg.	Regierung
RegBl.	Regierungsblatt
rel.	relativ
RfStV	Rundfunkstaatsvertrag

RG	Reichsgericht
RGBl., RGBl. I, II	Reichsgesetzblatt, von 1922–1945 Teil I und Teil II
RGRspr.	Rechtsprechung des Reichsgerichts in Strafsachen (1879–1888)
RGSt	Entscheidungen des Reichsgerichts in Strafsachen (zit. nach Band u. Seite)
RGZ	Entscheidungen des Reichsgerichts in Zivilsachen (zit. nach Band u. Seite)
RHG	Rechnungshofgesetz
RHilfeG/RHG	Gesetz über die innerdeutsche Rechts- und Amtshilfe in Strafsachen
RhPf.	Rheinland-Pfalz
RiAA	Grundsätze des anwaltlichen Standesrechts – Richtlinien gem. § 177 Abs. 2 Satz 2 BRAO
RIDP	Revue internationale de droit pénal
RiJGG	Richtlinien der Landesjustizverwaltungen zum Jugendgerichtsgesetz
RiOWiG	Gemeinsame Anordnung über die Zuständigkeit der Staatsanwaltschaft zur Verfolgung von Ordnungswidrigkeiten und über die Zusammenarbeit mit den Verwaltungsbehörden
RiStBV	Richtlinien für das Strafverfahren und das Bußgeldverfahren
RiVASt	Richtlinien für den Rechtshilfeverkehr mit dem Ausland in strafrechtlichen Angelegenheiten
RJW	Recht der Internationalen Wirtschaft
RKG/RKnappschG	Reichsknappschaftsgesetz
RKGE	Entscheidungen des Reichskriegsgerichts (zit. nach Band u. Seite)
RMBl.	Reichsministerialblatt, Zentralblatt für das Deutsche Reich (1923–45)
RMG/RMilGE	Entscheidungen des Reichsmilitärgerichts (zit. nach Band u. Seite)
RöntgVO/RöV	Röntgenverordnung
ROW	Recht in Ost und West. Zeitschrift für Rechtsvergleichung und interzonale Rechtsprobleme
R & P	Recht und Psychiatrie
Rpfleger	Der Deutsche Rechtspfleger
RpflG	Rechtspflegergesetz
Rspr.	Rechtsprechung
RStGH	Internationaler Strafgerichtshof für Ruanda
RStGH-Statut	Internationaler Strafgerichtshof für Ruanda – Statut
RT	Reichstag
RTDrucks.	Drucksachen des Reichstags
RTVerh.	Verhandlungen des Reichstags
RuP	Recht und Politik. Vierteljahreshefte für Rechts- und Verwaltungspolitik
RVO	Reichsversicherungsordnung
s.	siehe; auch: section (bei ausländischen Gesetzestexten)
S.	Seite oder Satz
s.a.	siehe auch
SA	Sonderausschuss für die Strafrechtsreform
SaarRZ	Saarländische Rechts- und Steuerzeitschrift
SaBremR	Sammlung des bremischen Rechts (1964)
SächsArch.	Sächsisches Archiv für Rechtspflege, seit 1924 (bis 1941/42). Archiv für Rechtspflege in Sachen, Thüringen und Anhalt
SächsOLG	Annalen des Sächsischen Oberlandesgerichts zu Dresden (1880–1920)
ScheckG/SchG	Scheckgesetz

SchiedsmZ	Schiedsmannszeitung (1926–1945), seit 1950 Der Schiedsmann
SchKG	Gesetz zur Vermeidung und Bewältigung von Schwangerschaftskonflikten (Schwangerschaftskonfliktgesetz)
SchlH	Schleswig-Holstein
SchlHA	Schleswig-Holsteinische Anzeigen
Schriften der MGH	Schriften der Monumenta Germanica historica
SchwangUG	(DDR-)Gesetz über die Unterbrechung der Schwangerschaft
schweiz.	schweizerisch
SchwJZ	Schweizerische Juristen-Zeitung
SchwZStr.	Schweizer Zeitschrift für Strafrecht (zit. nach Band u. Seite)
SeemannsG	Seemannsgesetz
SeeRÜbk./SRÜ	Seerechtsübereinkommen der Vereinten Nationen; Vertragsgesetz
Sen.	Senat
SeuffBl.	Seufferts Blätter für Rechtsanwendung (1836–1913)
SexualdelikteBekG	Gesetz zur Bekämpfung von Sexualdelikten und anderen gefährlichen Straftaten – Sexualdeliktebekämpfungsgesetz –
SFHÄndG	Schwangeren- und Familienhilfeänderungsgesetz
SFHG	Gesetz zum Schutz des vorgeburtlichen/werdenden Lebens, zur Förderung einer kinderfreundlicheren Gesellschaft, für Hilfen im Schwangerschaftskonflikt und zur Regelung des Schwangerschaftsabbruchs (Schwangeren- und Familienhilfegesetz)
SG/SoldatG	Gesetz über die Rechtsstellung der Soldaten
SGB I, IV, V, VIII, X, XI	I: Sozialgesetzbuch, Allgemeiner Teil IV: Sozialgesetzbuch, Gemeinsame Vorschriften für die Sozialversicherung V: Sozialgesetzbuch, Gesetzliche Krankenversicherung VIII: Sozialgesetzbuch, Kinder- und Jugendhilfe X: Sozialgesetzbuch, Verwaltungsverfahren, Zusammenarbeit der Leistungsträger und ihre Beziehung zu Dritten XI: Soziale Pflegeversicherung
SGb.	Sozialgerichtsbarkeit
SGG	Sozialgerichtsgesetz
SGV.NW	Sammlung des bereinigten Gesetz- und Verordnungsblatts für das Land Nordrhein-Westfalen (Loseblattsammlung)
SichVG	Gesetz zur Rechtsvereinheitlichung der Sicherungsverwahrung
SJZ	Süddeutsche Juristen-Zeitung (1946–50), dann Juristenzeitung
SK	Systematischer Kommentar zum Strafgesetzbuch
s.o.	siehe oben
sog.	sogenannt(e)
Sonderausschuß	Sonderausschuß des Bundestags für die Strafrechtsreform, Niederschriften zitiert nach Wahlperiode und Sitzung
SortenSchG	Gesetz über den Schutz von Pflanzensorten (Sortenschutzgesetz)
SozVers	Die Sozialversicherung
spez.	speziell
SprengG/SprengstoffG	Gesetz über explosionsgefährliche Stoffe (Sprengstoffgesetz)
SpuRT	Zeitschrift für Sport und Recht
ss.	sections
StA	Staatsanwalt(schaft)
StaatsGH	Staatsgerichtshof
StaatsschStrafsG	Gesetz zur allgemeinen Einführung eines zweiten Rechtszuges in Staatsschutz-Strafsachen
StÄG	s. StRÄndG
StAZ	Das Standesamt. Zeitschrift f. Standesamtswesen, Personenstandsrecht, Ehe- u. Kindschaftsrecht, Staatsangehörigkeitsrecht
StB	Der Steuerberater

StenB/StenBer	Stenographischer Bericht
StGB	Strafgesetzbuch
StPO	Strafprozeßordnung
str.	streitig, strittig
StrAbh.	Strafrechtliche Abhandlungen
StRÄndG	Strafrechtsänderungsgesetz (1. vom 30.8.1951) 18. ~ Gesetz zur Bekämpfung der Umweltkriminalität 27. ~ – Kinderpornographie 28. ~ – Abgeordnetenbestechung 31. ~ – Zweites Gesetz zur Bekämpfung der Umweltkriminalität 37. ~ – §§ 180b, 181 StGB 40. ~ – Gesetz zur Strafbarkeit beharrlicher Nachstellungen
StraffreiheitsG/StrFG	Gesetz über Straffreiheit
StraFo	Strafverteidigerforum
strafr.	strafrechtlich
StrafrAbh.	Strafrechtliche Abhandlungen, hrsg. von Bennecke, dann von Beling, v. Lilienthal und Schoetensack
StraßVerkSichG/	1. Gesetz zur Sicherung des Straßenverkehrs (Straßenverkehrssicherungsgesetz – StraßenVSichG)
StrEG	Gesetz über die Entschädigung für Strafverfolgungsmaßnahmen
StREG	Gesetz über ergänzende Maßnahmen zum 5. StrRG (Strafrechtsreformergänzungsgesetz)
StrlSchuV/StrlSchVO	Strahlenschutzverordnung
StrRG	Gesetz zur Reform des Strafrechts (1. ~, 2. ~, … 6. ~)
st. Rspr.	ständige Rechtsprechung
StS	Strafsenat
StuR	Staat und Recht
StV/StrVert.	Strafverteidiger
StVE	Straßenverkehrsentscheidungen, hrsg.von Cramer, Berz, Gontard, Loseblattsammlung (zit. nach Paragraph u. Nummer)
StVG	Straßenverkehrsgesetz
StVGÄndG	Gesetz zur Änderung des Straßenverkehrsgesetzes und anderer Gesetze
StVj/StVJ	Steuerliche Vierteljahresschrift
StVK	Strafvollstreckungskammer
StVO	Straßenverkehrsordnung
StVollstrO	Strafvollstreckungsordnung
StVollzÄndG	Gesetz zur Änderung des Strafvollzugsgesetzes
StVollzG	Gesetz über den Vollzug der Freiheitsstrafe und der freiheitsentziehenden Maßregeln der Besserung und Sicherung – Strafvollzugsgesetz
StVollzK	Blätter für Strafvollzugskunde (Beilage zur Zeitschrift „Der Vollzugsdienst")
1. StVRG	Erstes Gesetz zur Reform des Strafverfahrensrechts
1. StVRErgG	Erstes Gesetz zur Ergänzung des 1. StVRG
StVZO	Straßenverkehrs-Zulassungs-Ordnung
s.u.	siehe unten
SubvG	Subventionsgesetz
SV	Sachverhalt
TDG	Gesetz über die Nutzung von Telediensten
TerrorBekG	Gesetz zur Bekämpfung des internationalen Terrorismus (Terrorismusbekämpfungsgesetz)
TerrorBekErgG	Gesetz zur Ergänzung des Terrorismusbekämpfungsgesetzes (Terrorismusbekämpfungsergänzungsgesetz)

TierschG/TierschutzG	Tierschutzgesetz
Tit.	Titel
TKG	Telekommunikationsgesetz
TPG	Gesetz über die Spende, Entnahme und Übertragung von Organen – Transplantationsgesetz
TV	Truppenvertrag
Tz.	Textziffer, -zahl
u.	unten (auch: und)
u.a.	unter anderem (auch: andere)
u.ä.	und ähnliche
u.a.m.	und anderes mehr
UdG	Urkundsbeamter der Geschäftsstelle
Üb.	Überblick; Übersicht
Übereink./Übk.	Übereinkommen
ÜbergangsAO	Übergangsanordnung
ü. M.	überwiegende Meinung
UFITA	Archiv für Urheber-, Film-, Funk- und Theaterrecht
U-Haft	Untersuchungshaft
umstr.	umstritten
UmwRG	Umweltrahmengesetz der DDR
UNO	United Nations Organization (Vereinte Nationen)
UNTS	United Nations Treaty Series
unv.	unveröffentlicht
UPR	Umwelt- und Planungsrecht
UrhG	Gesetz über Urheberrecht und verwandte Schutzrechte (Urheberrechtsgesetz)
UStG	Umsatzsteuergesetz
usw.	und so weiter
UTR	Umwelt- und Technikrecht, Schriftenreihe des Instituts für Umwelt- und Technikrecht der Universität Trier, hrsg. von Rüdiger Breuer u.a.
u.U.	unter Umständen
UVNVAG	Ausführungsgesetz v. 23.7.1998 (BGBl. I S. 1882) zu dem Vertrag v. 24.9.1996 über das umfassende Verbot von Nuklearversuchen – Zustimmungsgesetz
UWG	Gesetz gegen den unlauteren Wettbewerb
UZwG	Gesetz über den unmittelbaren Zwang bei Ausübung öffentlicher Gewalt durch Vollzugsbeamte des Bundes
UZwGBw	Gesetz über die Anwendung unmittelbaren Zwanges und die Ausübung besonderer Befugnisse durch Soldaten der Bundeswehr und zivile Wachpersonen
v.	von, vom
VAE	Verkehrsrechtliche Abhandlungen und Entscheidungen
VAG	Versicherungsaufsichtsgesetz
v.A.w.	von Amts wegen
VBlBW	Verwaltungsblätter für Baden-Württemberg
VDA bzw. VDB	Vergleichende Darstellung des deutschen und ausländischen Strafrechts, Allgemeiner bzw. Besonderer Teil
VE	Vorentwurf
VerbrBekG	Gesetz zur Änderung des Strafgesetzbuches, der Strafprozeßordnung und anderer Gesetzte (Verbrechensbekämpfungsgesetz)
VerbringungsverbG	Gesetz zur Überwachung strafrechtlicher und anderer Verbringungsverbote

VereinfVO	Vereinfachungsverordnung 1. ~, VO über Maßnahmen auf dem Gebiet der Gerichtsverfassung und Rechtspflege 2. ~, VO zur weiteren Vereinfachung der Strafrechtspflege 3. ~, Dritte VO zur Vereinfachung der Strafrechtspflege 4. ~, Vierte VO zur Vereinfachung der Strafrechtspflege
VereinhG	Gesetz zur Wiederherstellung der Rechtseinheit auf dem Gebiete der Gerichtsverfassung, der bürgerlichen Rechtspflege, des Strafverfahrens und des Kostenrechts
VereinsG	Gesetz zur Regelung des öffentlichen Vereinsrechts (Vereinsgesetz)
VerfGH	Verfassungsgerichtshof
VerglO	Vergleichsordnung
Verh.	Verhandlungen des Deutschen Bundestages (BT), des Deutschen Juristentages (DJT) usw.
VerjährG	Gesetz über das Ruhen der Verjährung bei SED-Unrechtstaten 2. VerjährG., Gesetz zur Verlängerung strafrechtlicher Verjährungsfristen vom 27.9.1993 3. VerjährG., Gesetz zur weiteren Verlängerung strafrechtlicher Verjährungsfristen vom 22.12.1997
VerkMitt/VerkMitt./VM	Verkehrsrechtliche Mitteilungen
VerkProspektG	Wertpapiere-Verkaufsprospektgesetz
vermitt.	vermittelnd
VerpflG	Gesetz über die förmliche Verpflichtung nichtbeamteter Personen (Verpflichtungsgesetz) idF v. Art. 42 EGStGB
VerschG	Verschollenheitsgesetz
VersG	Gesetz über Versammlungen und Aufzüge (Versammlungsgesetz)
VersR	Versicherungsrecht, Juristische Rundschau für die Individualversicherung
VerwArch.	Verwaltungsarchiv
VG	Verwaltungsgericht
VGH	Verwaltungsgerichtshof
vgl.	vergleiche
Vhdlgen	s. Verh.
VN	Vereinte Nationen
VN-Satzung	Satzung der Vereinten Nationen
VO	Verordnung
VOBl.	Verordnungsblatt
VOR	Zeitschrift für Verkehrs- und Ordnungswidrigkeitenrecht
Voraufl.	Vorauflage
Vorbem.	Vorbemerkung
vorgen.	vorgenannt
VRS	Verkehrsrechts-Sammlung, Entscheidungen aus allen Gebieten des Verkehrsrechts (zit. nach Band u. Seite)
VStGB	Völkerstrafgesetzbuch
VuR	Verbraucher und Recht
VVDStRL	Veröffentlichungen der Vereinigung deutscher Staatsrechtslehrer (zit. nach Heft u. Seite)
VVG	Gesetz über den Versicherungsvertrag
VwGO	Verwaltungsgerichtsordnung
VwVfG	Verwaltungsverfahrensgesetz
VwVG	Verwaltungsvollstreckungsgesetz
VwZG	Verwaltungszustellungsgesetz
WaffG/WaffenG	Waffengesetz

Warn./WarnRspr	Sammlung zivilrechtlicher Entscheidungen des RG, hrsg. von Warneyer (zit. nach Jahr u. Nummer)
WDO	Wehrdisziplinarordnung
WehrpflG	Wehrpflichtgesetz
WeimVerf./WV	Verfassung des Deutschen Reichs (sog. „Weimarer Verfassung")
WeinG	Weingesetz
weitergeh.	weitergehend
WHG	Gesetz zur Ordnung des Wasserhaushalts (Wasserhaushaltsgesetz)
WiB	Wirtschaftsrechtliche Beratung
1. WiKG	1. Gesetz zur Bekämpfung der Wirtschaftskriminalität
2. WiKG	2. Gesetz zur Bekämpfung der Wirtschaftskriminalität
WiStG	Gesetz zur weiteren Vereinfachung des Wirtschaftsstrafrechts (Wirtschaftsstrafgesetz 1954)
wistra	Zeitschrift für Wirtschaft, Steuer, Strafrecht
WiVerw	Wirtschaft und Verwaltung
WK	Wiener Kommentar zum Strafgesetzbuch
WM	Wertpapier-Mitteilungen
w.N.b.	weitere Nachweise bei
WoÜbG	Gesetz zur Umsetzung des Urteils des Bundesverfassungsgerichts vom 3. März 2004 (akustische Wohnraumüberwachung) v. 24.6.2005
WuM	Wohnungswirtschaft und Mietrecht
WPg	Die Wirtschaftsprüfung
WpHG	Gesetz über Wertpapierhandel
WRP	Wettbewerb in Recht und Praxis
WStG	Wehrstrafgesetz
WZG	Warenzeichengesetz
z.	zur, zum
(Z)	Entscheidung in Zivilsachen
ZahlVGJG	Gesetz über den Zahlungsverkehr mit Gerichten und Justizbehörden
ZAkDR	Zeitschrift der Akademie für Deutsches Recht (1934–1944)
ZaöRV	Zeitschrift für ausländisches öffentliches Recht und Völkerrecht
z.B.	zum Beispiel
ZBB	Zeitschrift für Bankrecht und Bankwirtschaft
ZbernJV/ZBJV	Zeitschrift des Bernischen Juristenvereins
ZDG	Gesetz über den Zivildienst der Kriegsdienstverweigerer (Zivildienstgesetz)
ZfBR	Zeitschrift für deutsches und internationales Baurecht
Z. f. d. ges. Sachverst.wesen	Zeitschrift für das gesamte Sachverständigenwesen
ZFIS	Zeitschrift für innere Sicherheit
ZfJ	Zentralblatt für Jugendrecht
ZfRV	Zeitschrift für Rechtsvergleichung, Internationales Privatrecht und Europarecht
ZfS/ZfSch	Zeitschrift für Schadensrecht
ZfStrVo	Zeitschrift für Strafvollzug und Straffälligenhilfe
ZfW	Zeitschrift für Wasserrecht
ZfWG	Zeitschrift für Wett- und Glücksspielrecht
ZfZ	Zeitschrift für Zölle und Verbrauchssteuern
ZGR	Zeitschrift für Unternehmens- und Gesellschaftsrecht
ZHR	Zeitschrift für das gesamte Handelsrecht und Wirtschaftsrecht, begr. v. Goldschmidt
Zif./Ziff.	Ziffer(n)
ZIP	Zeitschrift für Wirtschaftsrecht

ZIS	Zeitschrift für Internationale Strafrechtsdogmatik
zit.	zitiert
ZMR	Zeitschrift für Miet- und Raumrecht
ZollG	Zollgesetz
ZPO	Zivilprozeßordnung
ZRP	Zeitschrift für Rechtspolitik
ZSchwR	Zeitschrift für Schweizerisches Recht
ZStW	Zeitschrift für die gesamte Strafrechtswissenschaft (zit. nach Band u. Seite)
z.T.	zum Teil
ZUM	Zeitschrift für Urheber- und Medienrecht/Film und Recht
zusf.	zusammenfassend
zust.	zustimmend
ZustErgG	Gesetz zur Ergänzung von Zuständigkeiten auf den Gebieten des Bürgerlichen Rechts, des Handelsrechts und des Strafrechts (Zuständigkeitsergänzungsgesetz)
ZustG	Zustimmungsgesetz
ZustVO	Verordnung über die Zuständigkeit der Strafgerichte, die Sondergerichte und sonstige strafverfahrensrechtliche Vorschriften
zutr.	zutreffend
z.V.b.	zur Veröffentlichung bestimmt
ZVG	Gesetz über die Zwangsversteigerung und die Zwangsverwaltung (Zwangsversteigerungsgesetz)
ZVgR	Zeitschrift für das Vergaberecht
zw.	zweifelhaft (auch: zweifelnd)
ZWehrR	Zeitschrift für Wehrrecht (1936/37–1944)
z.Z.	zur Zeit
ZZP	Zeitschrift für Zivilprozeß (zit. nach Band u. Seite)

Schrifttum und abgekürzt zitierte Literatur

Das Schrifttum zum Kernstrafrecht sowie sämtliche strafrechtlich relevanten Festschriften und vergleichbare Werke stehen unter 1. Es folgt in alphabetischer Reihenfolge das Schrifttum zum Nebenstrafrecht und zu nichtstrafrechtlichen Gebieten usw.: 2. Betäubungsmittelstrafrecht, 3. Bürgerliches Recht und InsO, 4. DDR-Strafrecht, 5. Europäisches Recht, 6. Jugendstrafrecht, 7. Kriminologie, 8. Ordnungswidrigkeitenrecht, 9. Presserecht, 10. Rechtshilfe, 11. Rechtsmedizin und Arztrecht, 12. Strafprozess- und Strafvollzugsrecht, 13. Strahlenschutzrecht, 14. Straßenverkehrsrecht, 15. Verfassungsrecht, 16. Wettbewerbs- und Kartellrecht, 17. Wirtschafts- und Steuerstrafrecht, 18. Zivilprozessrecht, 19. Sonstiges (einschließlich Völkerrecht und Waffenrecht).

1. Strafrecht (StGB) und Festschriften

Ambos	Internationales Strafrecht (2006)
AK	Kommentar zum Strafgesetzbuch – Reihe Alternativkommentare, hrsg. v. Wassermann, Bd. 1 (1990), Bd. 3 (1986)
Appel	Verfassung und Strafe (1998)
Arzt/Weber BT	Strafrecht, Besonderer Teil, Lehrbuch (2000) (Überarbeitung der in fünf Heften erschienenen Ausgabe)
v. Bar	Gesetz und Schuld im Strafrecht, 1. Bd. (1906), 2. Bd. (1907), 3. Bd. (1909)
Baumann	Strafrecht, Allgemeiner Teil, 7. Aufl. (1975)
Baumann/Weber/Mitsch	Strafrecht, Allgemeiner Teil, Lehrbuch, 11. Aufl. (2003)
Beling	Die Lehre vom Verbrechen (1906)
Binding, Grundriß	Grundriß des Deutschen Strafrechts, Allgemeiner Teil, 8. Aufl. (1913)
Binding, Handbuch	Handbuch des Strafrechts (1885)
Binding, Lehrbuch I, II	Lehrbuch des gemeinen Deutschen Strafrechts, Besonderer Teil, 2. Aufl. Bd. 1 (1902), Bd. 2 (1904/05)
Binding, Normen	Die Normen und ihre Übertretung, 2. Aufl., 4 Bände (1890–1919)
BK	Basler Kommentar zum Strafgesetzbuch, hrsg. von Niggli/Wiprächtiger (2003) (s. aber auch 15. Verfassungsrecht) einzeln 2003 / Gesamtwerk 2002
Blei I, II	Strafrecht I, Allgemeiner Teil, 18. Aufl. (1983); Strafrecht II, Besonderer Teil, 12. Aufl. (1983)
Bochumer Erläuterungen	Bochumer Erläuterungen zum 6. Strafrechtsreformgesetz, hrsg. v. Schlüchter (1998)
Bockelmann BT 1, 2, 3	Strafrecht, Besonderer Teil, Bd. 1: Vermögensdelikte, 2. Aufl. (1982); Bd. 2: Delikte gegen die Person (1977); Bd. 3: Ausgewählte Delikte gegen Rechtsgüter der Allgemeinheit (1980)
Bockelmann/Volk	Strafrecht, Allgemeiner Teil, 4. Aufl. (1987)
Bringewat	Grundbegriffe des Strafrechts, 2. Aufl. (2008)
Bruns, Strafzumessungsrecht	Strafzumessungsrecht: Gesamtdarstellung, 2. Aufl. (1974)
Bruns, Recht der Strafzumessung	Das Recht der Strafzumessung, 2. Aufl. (1985)

Bruns, Reflexionen	Neues Strafzumessungsrecht? „Reflexionen" über eine geforderte Umgestaltung (1988)
Coimbra-Symposium	s. Schünemann/de Figueiredo Dias
Dalcke/Fuhrmann/Schäfer	Strafrecht und Strafverfahren, 37. Aufl. (1961)
Dölling/Duttge/Rössner	StGB, StPO, Nebengesetze – Handkommentar (2008)
Ebert	Aktuelle Probleme der Strafrechtspflege: Beiträge anläßlich eines Symposiums zum 60. Geburtstag von E. W. Hanack, hrsg. v. Ebert (1991)
Ebert AT	Strafrecht, Allgemeiner Teil, 3. Aufl. (2001
Einführung 6. StrRG	Einführung in das 6. Strafrechtsreformgesetz (1998) (bearb. v. Dencker u.a.)
Erbs/Kohlhaas	Strafrechtliche Nebengesetze, Loseblattausgabe, 4. Aufl. (1988 ff), 5. Aufl. (1993 ff)
Erinnerungsgabe Grünhut	Erinnerungsgabe für Max Grünhut (1965)
Eser (et al.), Rechtfertigung und Entschuldigung I– IV	Rechtfertigung und Entschuldigung: rechtsvergleichende Perspektiven. Beiträge aus dem Max-Planck-Institut für ausländisches und internationales Strafrecht, Bd. 1, hrsg. v. Eser/Fletcher (1987); Bd. 2, hrsg. v. Eser/Fletcher (1988); Bd. 3: Deutsch-Italienisch-Portugiesisch-Spanisches Strafrechtskolloquium 1990 in Freiburg, hrsg. v. Eser/Perron (1991); Bd. 4: Ostasiatisch-Deutsches Strafrechtskolloquium 1993 in Tokio, hrsg. v. Eser/Nishihara (1995)
Eser/Koch	Schwangerschaftsabbruch im internationalen Vergleich, Bd. 1: Europa (1988); Bd. 2: Außereuropa (1989); Bd. 3: Rechtsvergleichender Querschnitt – rechtspolitische Schlußbetrachtungen – Dokumentation zur neueren Rechtsentwicklung (1999)
Festgabe BGH 25	25 Jahre Bundesgerichtshof
Festgabe BGH 50	50 Jahre Bundesgerichtshof, Festgabe aus der Wissenschaft, Band V: Straf- und Strafprozeßrecht (2000)
Festgabe Frank	Festgabe für Reinhard von Frank zum 70. Geburtstag: 16. August 1930, 2 Bde. (1930)
Festgabe Kern	Festgabe für Eduard Kern zum 70. Geburtstag (1957)
Festgabe Peters	Wahrheit und Gerechtigkeit im Strafverfahren: Festgabe für Karl Peters aus Anlaß seines 80. Geburtstages (1984)
Festgabe RG I–VI	Die Reichsgerichtspraxis im deutschen Rechtsleben: Festgabe der juristischen Fakultäten zum 50jährigen Bestehen des Reichsgerichts (1. Oktober 1929) (1929)
Festgabe Schultz	Lebendiges Strafrecht: Festgabe zum 65. Geburtstag von Hans Schultz (1977)
Festgabe Schweizer JT	Festgabe zum Schweizerichen Juristentag (1963)
Festschrift Androulakis	Festschrift für Nikolaos Androulakis zum 70. Geburtstag, (2003)
Festschrift Augsburg	Recht in Europa – Festgabe zum 30-jährigen Bestehen der Juristischen Fakultät Augsburg (2002)
Festschrift Baumann	Festschrift für Jürgen Baumann zum 70. Geburtstag (1992)
Festschrift Bemmann	Festschrift für Günter Bemmann zum 70. Geburtstag (1997)
Festschrift BGH 50	Festschrift aus Anlaß des fünfzigjährigen Bestehens von Bundesgerichtshof, Bundesanwaltschaft und Rechtsanwaltschaft beim Bundesgerichtshof (2000)
Festschrift Blau	Festschrift für Günter Blau zum 70. Geburtstag (1985)
Festschrift Bockelmann	Festschrift für Paul Bockelmann zum 70. Geburtstag (1979)
Festschrift Böhm	Festschrift für Alexander Böhm zum 70. Geburtstag (1999)

Festschrift Böttcher	Festschrift für Reinhard Böttcher zum. 70 Geburtstag (2007)
Festschrift Boujong	Verantwortung und Gestaltung, Festschrift für Karlheinz Boujong zum 65. Geburtstag (1996)
Festschrift Brauneck	Ehrengabe für Anne-Eva Brauneck (1999)
Festschrift Bruns	Festschrift für Hans-Jürgen Bruns zum 70. Geburtstag (1978)
Festschrift Burgstaller	Festschrift für Manfred Burgstaller zum 65. Geburtstag (2004)
Festschrift v. Caemmerer	Festschrift für Ernst von Caemmerer zum 70. Geburtstag (1978)
Festschrift Celle I	Göttinger Festschrift für das Oberlandesgericht Celle: zum 250jährigen Bestehen des Oberlandesgerichts Celle (1961)
Festschrift Celle II	Festschrift zum 275jährigen Bestehen des Oberlandesgerichts Celle (1986)
Festschrift Dahs	Festschrift für Hans Dahs zum 70. Geburtstag (2005)
Festschrift DJT	Hundert Jahre deutsches Rechtsleben: Festschrift zum hundertjährigen Bestehen des Deutschen Juristentages 1860–1960, 2 Bde. (1960)
Festschrift Dreher	Festschrift für Eduard Dreher zum 70. Geburtstag (1977)
Festschrift Dünnebier	Festschrift für Hans Dünnebier zum 75. Geburtstag (1982)
Festschrift Engisch	Festschrift für Karl Engisch zum 70. Geburtstag (1969)
Festschrift Ermacora	Fortschritt im Bewußtsein der Grund- und Menschenrechte, Festschrift für Felix Ermacora zum 65. Geburtstag (1988)
Festschrift Eser	Menschengerechtes Strafrecht, Festschrift für Albin Eser zum 70. Geburtstag (2005)
Festschrift Friebertshäuser	Festgabe für den Strafverteidiger Dr. Heino Friebertshäuser (1997)
Festschrift GA	140 Jahre Goltdammer's Archiv für Strafrecht: eine Würdigung zum 70. Geburtstag von Paul-Günter Pötz (1993)
Festschrift Gallas	Festschrift für Wilhelm Gallas zum 70. Geburtstag (1973)
Festschrift Geerds	Kriminalistik und Strafrecht: Festschrift für Friedrich Geerds zum 70. Geburtstag (1995)
Festschrift Geilen	Bochumer Beiträge zu aktuellen Strafrechtsthemen: Festschrift für Gerd Geilen zum 70. Geburtstag (2003)
Festschrift Geiß	Festschrift für Karlmann Geiß zum 65. Geburtstag (2000)
Festschrift Germann	Rechtsfindung – Beiträge zur juristischen Methodenlehre: Festschrift für Oscar Adolf Germann zum 80. Geburtstag (1969)
Festschrift Gleispach	Gegenwartsfragen der Strafrechtswissenschaft: Festschrift zum 60. Geburtstag von Graf W. Gleispach (1936) (Nachdruck 1995)
Festschrift Göppinger	Kriminalität, Persönlichkeit, Lebensgeschichte und Verhalten: Festschrift für Hans Göppinger zum 70. Geburtstag (1990)
Festschrift Gössel	Festschrift für Karl Heinz Gössel zum 70. Geburtstag (2002)
Festschrift Graßhoff	Der verfasste Rechtsstaat, Festgabe für Karin Graßhoff (1998)
Festschrift Grünwald	Festschrift für Gerald Grünwald zum 70. Geburtstag (1999)
Festschrift Grützner	Aktuelle Probleme des internationalen Strafrechts – Beiträge zur Gestaltung des internationalen und supranationalen Strafrechts: Heinrich Grützner zum 65. Geburtstag (1970)

Festschrift Hamm	Festschrift für Rainer Hamm zum 65. Geburtstag (2008)
Festschrift Hanack	Festschrift für Ernst-Walter Hanack zum 70. Geburtstag (1999)
Festschrift Heidelberg	Richterliche Rechtsfortbildung: Festschrift der Juristischen Fakultät zur 600-Jahr-Feier der Universität Heidelberg (1986)
Festschrift Heinitz	Festschrift für Ernst Heinitz zum 70. Geburtstag (1972)
Festschrift Henkel	Grundfragen der gesamten Strafrechtswissenschaft: Festschrift für Heinrich Henkel zum 70. Geburtstag (1974)
Festschrift v. Hentig	Kriminologische Wegzeichen: Festschrift für Hans v. Hentig zum 80. Geburtstag (1967)
Festschrift Herzberg	Strafrecht zwischen System und Telos, Festschrift für Rolf Dietrich Herzberg zum 70. Geburtstag (2008)
Festschrift Heusinger	Ehrengabe für Bruno Heusinger (1968)
Festschrift Hilger	Datenübermittlungen und Vorermittlungen, Festgabe für Hans Hilger (2003)
Festschrift Hirsch	Festschrift für Hans Joachim Hirsch zum 70. Geburtstag (1999)
Festschrift Honig	Festschrift für Richard M. Honig zum 80. Geburtstag (1970)
Festschrift Hruschka	Jahrbuch für Recht und Ethik: Festschrift für Joachim Hruschka zum 70. Geburtstag (2006)
Festschrift Hubmann	Beiträge zum Schutz der Persönlichkeit und ihrer schöpferischen Leistung; Festschrift für Heinrich Hubmann zum 70. Geburtstag (1985)
Festschrift Hübner	Festschrift für Heinz Hübner zum 70. Geburtstag (1984)
Festschrift Jacobs	Festschrift für Günther Jakobs zum 70. Geburtstag (2007)
Festschrift Jauch	Wie würden Sie entscheiden? Festschrift für Gerd Jauch zum 65. Geburtstag (1990)
Festschrift Jescheck	Festschrift für Hans-Heinrich Jescheck zum 70. Geburtstag, 2 Bde. (1985)
Festschrift Jung	Festschrift für Heike Jung zum 65. Geburtstag (2007)
Festschrift JurGes. Berlin	Festschrift zum 125jährigen Bestehen der Juristischen Gesellschaft zu Berlin (1984)
Festschrift Kaiser	Internationale Perspektiven in Kriminologie und Strafrecht: Festschrift für Günther Kaiser zum 70. Geburtstag, 2 Bde. (1998)
Festschrift Arthur Kaufmann I	Jenseits des Funktionalismus: Arthur Kaufmann zum 65. Geburtstag (1989)
Festschrift Arthur Kaufmann II	Strafgerechtigkeit: Festschrift für Arthur Kaufmann zum 70. Geburtstag (1993)
Festschrift Kern	Tübinger Festschrift für Eduard Kern (1968)
Festschrift Kleinknecht	Strafverfahren im Rechtsstaat: Festschrift für Theodor Kleinknecht zum 75. Geburtstag (1985)
Festschrift Klug	Festschrift für Ulrich Klug zum 70. Geburtstag, 2 Bde. (1983)
Festschrift Koch	Strafverteidigung und Strafprozeß, Festgabe für Ludwig Koch (1989)
Festschrift Kohlmann	Festschrift für Günter Kohlmann zum 70. Geburtstag (2003)
Festschrift Kohlrausch	Probleme der Strafrechtserneuerung: Eduard Kohlrausch zum 70. Geburtstage dargebracht (1944; Nachdruck 1978)
Festschrift Köln	Festschrift der Rechtswissenschaftlichen Fakultät zur 600-Jahr-Feier der Universität zu Köln (1988)

Festschrift Krause	Recht und Kriminalität: Festschrift für Friedrich-Wilhelm Krause zum 70. Geburtstag (1990)
Festschrift Küper	Festschrift für Wilfried Küper zum 70. Geburtstag (2007)
Festschrift Lackner	Festschrift für Karl Lackner zum 70. Geburtstag (1987)
Festschrift Lampe	Jus humanum: Grundlagen des Rechts und Strafrechts, Festschrift für Ernst-Joachim Lampe zum 70. Geburtstag (2003)
Festschrift Lange	Festschrift für Richard Lange zum 70. Geburtstag (1976)
Festschrift Laufs	Humaniora, Medizin – Recht – Geschichte, Festschrift für Adolf Laufs zum 70. Geburtstag (2006)
Festschrift Leferenz	Kriminologie – Psychiatrie – Strafrecht: Festschrift für Heinz Leferenz zum 70. Geburtstag (1983)
Festschrift Lenckner	Festschrift für Theodor Lenckner zum 70. Geburtstag (1998)
Festschrift Lüderssen	Festschrift für Klaus Lüderssen zum 70. Geburtstag (2002)
Festschrift Maihofer	Rechtsstaat und Menschenwürde: Festschrift für Werner Maihofer zum 70. Geburtstag (1988)
Festschrift Maiwald	Fragmentarisches Strafrecht, Für Manfred Maiwald aus Anlass seiner Emeritierung (2003)
Festschrift Mangakis	Strafrecht – Freiheit – Rechtsstaat: Festschrift für Georgios Mangakis (1999)
Festschrift Maurach	Festschrift für Reinhart Maurach zum 70. Geburtstag (1972)
Festschrift H. Mayer	Beiträge zur gesamten Strafrechtswissenschaft: Festschrift für Hellmuth Mayer zum 70. Geburtstag (1966)
Festschrift Meyer-Goßner	Festschrift für Lutz Meyer-Goßner zum 65. Geburtstag (2001)
Festschrift Mezger	Festschrift für Edmund Mezger zum 70. Geburtstag (1954)
Festschrift Middendorff	Festschrift für Wolf Middendorff zum 70. Geburtstag (1986)
Festschrift Miyazawa	Festschrift für Koichi Miyazawa: dem Wegbereiter des japanisch-deutschen Strafrechtsdiskurses (1995)
Festschrift E. Müller	Opuscula Honoraria, Egon Müller zum 65. Geburtstag (2003)
Festschrift Müller-Dietz I	Das Recht und die schönen Künste: Heinz Müller-Dietz zum 65. Geburtstag (1998)
Festschrift Müller-Dietz II	Grundlagen staatlichen Strafens: Festschrift für Heinz-Müller-Dietz zum 70. Geburtstag (2001)
Festschrift Nehm	Strafrecht und Justizgewährung, Festschrift für Kay Nehm zum 65. Geburtstag (2006)
Festschrift Nishihara	Festschrift für Haruo Nishihara zum 70. Geburtstag (1998)
Festschrift Odersky	Festschrift für Walter Odersky zum 65. Geburtstag (1996)
Festschrift Oehler	Festschrift für Dietrich Oehler zum 70. Geburtstag (1985)
Festschrift Otto	Festschrift für Harro Otto zum 70. Geburtstag (2007)
Festschrift Pallin	Strafrecht, Strafprozeßrecht und Kriminologie: Festschrift für Franz Pallin zum 80. Geburtstag (1989)
Festschrift Partsch	Des Menschen Recht zwischen Freiheit und Verantwortung, Festschrift für Karl Josef Partsch zum 75. Geburtstag (1989)
Festschrift Peters	Einheit und Vielfalt des Strafrechts: Festschrift für Karl Peters zum 70. Geburtstag (1974)
Festschrift Pfeiffer	Strafrecht, Unternehmensrecht, Anwaltsrecht: Festschrift für Gerd Pfeiffer zum Abschied aus dem Amt als Präsident des Bundesgerichtshofes (1988)

Festschrift Pfenniger	Strafprozeß und Rechtsstaat, Festschrift zum 70. Geburtstag von H. F. Pfenniger (1976)
Festschrift Platzgummer	Festschrift für Winfried Platzgummer zum 65. Geburtstag (1995)
Festschrift Pötz	s. Festschrift GA
Festschrift Rasch	Die Sprache des Verbrechens – Wege zu einer klinischen Kriminologie: Festschrift für Wilfried Rasch (1993)
Festschrift Rebmann	Festschrift für Kurt Rebmann zum 65. Geburtstag (1989)
Festschrift Reichsgericht	Die Reichsgerichtspraxis im deutschen Rechtsleben, Festgabe der juristischen Fakultäten zum 50jährigen Bestehen des Reichsgerichts, Bd. 5, Strafrecht und Strafprozeß (1929)
Festschrift Reichsjustizamt	Vom Reichsjustizamt zum Bundesministerium der Justiz, Festschrift zum 100jährigen Gründungstag des Reichsjustizamtes am 1.1.1877 (1977)
Festschrift Richterakademie	Justiz und Recht: Festschrift aus Anlaß des 10jährigen Bestehens der Deutschen Richterakademie in Trier (1983)
Festschrift Rieß	Festschrift für Peter Rieß zum 70. Geburtstag (2002)
Festschrift Richter	Verstehen und Widerstehen, Festschrift für Christian Richter II zum 65. Geburtstag (2006)
Festschrift Rittler	Festschrift für Theodor Rittler zu seinem 80. Geburtstag (1957)
Festschrift Rolinski	Festschrift für Klaus Rolinski zum 70. Geburtstag (2002)
Festschrift Rosenfeld	Festschrift für Ernst Heinrich Rosenfeld zu seinem 80. Geburtstag (1949)
Festschrift Roxin	Festschrift für Claus Roxin zum 70. Geburtstag (2001)
Festschrift Rudolphi	Festschrift für Hans-Joachim Rudolphi zum 70. Geburtstag (2004)
Festschrift Salger	Straf- und Strafverfahrensrecht, Recht und Verkehr, Recht und Medizin: Festschrift für Hannskarl Salger zum Abschied aus dem Amt als Vizepräsident des Bundesgerichtshofes (1995)
Festschrift Sarstedt	Festschrift für Werner Sarstedt zum 70. Geburtstag (1981)
Festschrift Sauer	Festschrift für Wilhelm Sauer zu seinem 70. Geburtstag (1949)
Festschrift G. Schäfer	NJW-Sonderheft für Gerhard Schäfer zum 65. Geburtstag (2002)
Festschrift K. Schäfer	Festschrift für Karl Schäfer zum 80. Geburtstag (1980)
Festschrift Schaffstein	Festschrift für Friedrich Schaffstein zum 70. Geburtstag (1975)
Festschrift Schewe	Medizinrecht – Psychopathologie – Rechtsmedizin: diesseits und jenseits der Grenzen von Recht und Medizin: Festschrift für Günter Schewe zum 60. Geburtstag (1991)
Festschrift Schleswig-Holstein	Strafverfolgung und Strafverzicht: Festschrift zum 125jährigen Bestehen der Staatsanwaltschaft Schleswig-Holstein (1992)
Festschrift Schlüchter	Freiheit und Verantwortung in schwieriger Zeit: kritische Studien aus vorwiegend straf(prozeß)rechtlicher Sicht zum 60. Geburtstag von Ellen Schlüchter (1998)
Festschrift Schmid	Recht, Justiz, Kritik: Festschrift für Richard Schmid zum 85. Geburtstag (1985)
Festschrift Eb. Schmidt	Festschrift für Eberhard Schmidt zum 70. Geburtstag (1961)
Festschrift Schmidt-Leichner	Festschrift für Erich Schmidt-Leichner zum 65. Geburtstag (1977)

Festschrift Schmitt	Festschrift für Rudolf Schmitt zum 70. Geburtstag (1992)
Festschrift Schneider	Kriminologie an der Schwelle zum 21. Jahrhundert: Festschrift für Hans Joachim Schneider zum 70. Geburtstag (1998)
Festschrift Schreiber	Strafrecht, Biorecht, Rechtsphilosophie, Festschrift für Hans-Ludwig Schreiber zum 70. Geburtstag (2003)
Festschrift Schroeder	Festschrift für Friedrich-Christian Schroeder (2006)
Festschrift Schüler-Springorum	Festschrift für Horst Schüler-Springorum zum 65. Geburtstag (1993)
Festschrift Schwind	Kriminalpolitik und ihre wissenschaftlichen Grundlagen, Festschrift für Hans-Dieter Schwind zum 70. Geburtstag (2006)
Festschrift Schwinge	Persönlichkeit in der Demokratie: Festschrift für Erich Schwinge zum 70. Geburtstag (1973)
Festschrift Sendler	Bürger-Richter-Staat, Festschrift für Horst Sendler zum Abschied aus seinem Amt (1991)
Festschrift Spendel	Festschrift für Günter Spendel zum 70. Geburtstag (1992)
Festschrift Spinellis	Die Strafrechtswissenschaft im 21. Jahrhundert: Festschrift für Dionysios Spinellis, 2 Bde. (2001)
Festschrift Stock	Studien zur Strafrechtswissenschaft: Festschrift für Ulrich Stock zum 70. Geburtstag (1966)
Festschrift Stree/Wessels	Beiträge zur Rechtswissenschaft: Festschrift für Walter Stree und Johannes Wessels zum 70. Geburtstag (1993)
Festschrift Stutte	Jugendpsychiatrie und Recht: Festschrift für Hermann Stutte zum 70. Geburtstag (1979)
Festschrift Tiedemann	Strafrecht und Wirtschaftsstrafrecht: Dogmatik, Rechtsvergleich, Rechtstatsachen; Festschrift für Klaus Tiedemann zum 70. Geburtstag (2008)
Festschrift Trechsel	Strafrecht, Strafprozessrecht und Menschenrechte, Festschrift für Stefan Trechsel zum 65. Geburtstag (2002)
Festschrift Triffterer	Festschrift für Otto Triffterer zum 65. Geburtstag (1996)
Festschrift Tröndle	Festschrift für Herbert Tröndle zum 70. Geburtstag (1989)
Festschrift Tübingen	Tradition und Fortschritt im Recht: Festschrift gewidmet der Tübinger Juristenfakultät zu ihrem 500jährigen Bestehen 1977 von ihren gegenwärtigen Mitgliedern (1977)
Festschrift Venzlaff	Forensische Psychiatrie – Entwicklungen und Perspektiven: Festschrift für Ulrich Venzlaff zum 85. Geburtstag (2006)
Festschrift Waseda	Recht in Ost und West: Festschrift zum 30jährigen Jubiläum des Instituts für Rechtsvergleichung der Waseda-Universität (1988)
Festschrift Wassermann	Festschrift für Rudolf Wassermann zum 60. Geburtstag (1985)
Festschrift v. Weber	Festschrift für Hellmuth von Weber zum 70. Geburtstag (1963)
Festschrift Weber	Festschrift für Ulrich Weber zum 70. Geburtstag (2004)
Festschrift Welzel	Festschrift für Hans Welzel zum 70. Geburtstag (1974)
Festschrift Wolf	Mensch und Recht: Festschrift für Erik Wolf zum 70. Geburtstag (1972)
Festschrift Wolff	Festschrift für E. A. Wolff zum 70. Geburtstag (1998)
Festschrift Würtenberger	Kultur, Kriminalität, Strafrecht: Festschrift für Thomas Würtenberger zum 70. Geburtstag (1977)
Festschrift Würzburger Juristenfakultät	Raum und Recht, Festschrift 600 Jahre Würzburger Juristenfakultät (2002)
Festschrift Zeidler	Festschrift für Wolfgang Zeidler (1987)

Festschrift Zweibrücken	175 Jahre Pfälzisches Oberlandesgericht: 1815 Appellationshof, Oberlandesgericht 1990 (1990)
Fischer	Strafgesetzbuch und Nebengesetze, Kurzkommentar, 55. Aufl. (2008); bis zur 54. Auflage *Tröndle/Fischer*
Forster/Joachim	Alkohol und Schuldfähigkeit (1997)
Frank	Das Strafgesetzbuch für das Deutsche Reich nebst dem Einführungsgesetz, 18. Aufl. (1931)
Freiburg-Symposium	s. Tiedemann
Freund AT	Strafrecht, Allgemeiner Teil (1998
Frisch, Vorsatz und Risiko	Vorsatz und Risiko: Grundfragen des tatbestandsmäßigen Verhaltens und des Vorsatzes (1983)
Frisch, Tatbestandsmäßiges Verhalten	Tatbestandsmäßiges Verhalten und Zurechnung des Erfolgs (1988)
Frister	Strafrecht Allgemeiner Teil, 2. Aufl. (2007)
Gallas, Beiträge	Beiträge zur Verbrechenslehre (1968)
Gedächtnisschrift Delitala	Gedächtnisschrift für (Studi in memoria di) Giacomo Delitala (3 Bde.) (1984)
Gedächtnisschrift Armin Kaufmann	Gedächtnisschrift für Armin Kaufmann (1989)
Gedächtnisschrift H. Kaufmann	Gedächtnisschrift für Hilde Kaufmann (1986)
Gedächtnisschrift Keller	Gedächtnisschrift für Rolf Keller (2003)
Gedächtnisschrift Meurer	Gedächtnisschrift für Dieter Meurer (2002)
Gedächtnisschrift K. Meyer	Gedächtnisschrift für Karlheinz Meyer (1990)
Gedächtnisschrift Noll	Gedächtnisschrift für Peter Noll (1984)
Gedächtnisschrift H. Peters	Gedächtnisschrift für Hans Peters (1967)
Gedächtnisschrift Radbruch	Gedächtnisschrift für Gustav Radbruch (1968)
Gedächtnisschrift Schlüchter	Gedächtnisschrift für Ellen Schlüchter (2002)
Gedächtnisschrift Schröder	Gedächtnisschrift für Horst Schröder (1978)
Gedächtnisschrift Tjong	Gedächtnisschrift für Zong Uk Tjong (1985)
Gedächtnisschrift Vogler	Gedächtnisschrift für Theo Vogler (2004)
Gedächtnisschrift Zipf	Gedächtnisschrift für Heinz Zipf (1999)
Gimbernat u.a.	Internationale Dogmatik der objektiven Zurechnung und der Unterlassungsdelikte: Spanisch-Deutsches Symposium zu Ehren von Claus Roxin, hrsg. v. Gimbernat u.a. (1995)
Gössel I, II	Strafrecht, Besonderer Teil, Bd. 1: Delikte gegen immaterielle Rechtsgüter des Individuums (1987), 2. Aufl. (1999); Bd. 2: Straftaten gegen materielle Rechtsgüter des Individuums (1996)
Gössel/Dölling	Strafrecht, Besonderer Teil, Bd. 1: Straftaten gegen Persönlichkeits- und Gemeinschaftswerte, 2. Aufl. (2004)
Gropp AT	Strafrecht, Allgemeiner Teil, 3. Auflage (2005)
Grundfragen	Grundfragen des modernen Strafrechtssystems, hrsg. v. Schünemann (1984)
Haft AT, BT	Strafrecht, Allgemeiner Teil, 9. Aufl. (2004); Besonderer Teil I, 8. Aufl. (2004); Besonderer Teil II, 8. Aufl. (2005)
Hanack-Symposium	s. Ebert
Hefendehl	Empirische Erkenntnisse, dogmatische Fundamente und kriminalpolitischer Impetus. Symposium für Bernd Schünemann zum 60. Geburtstag, hrsg. v. Hefendehl (2005)
Heinrich	Strafrecht AT I und II (2005)
v. Hippel I, II	Deutsches Strafrecht, Bd. 1 (1925), Bd. 2 (1930)
Hruschka	Strafrecht nach logisch-analytischer Methode, 2. Aufl. (1988)
Jakobs AT	Strafrecht, Allgemeiner Teil, 2. Aufl. (1993)

Jescheck, Beiträge I, II	Strafrecht im Dienste der Gemeinschaft: ausgewählte Beiträge zur Strafrechtsreform, zur Strafrechtsvergleichung, zum internationalen Strafrecht, 1953–1979 (1980) (I); Beiträge zum Strafrecht 1980–1998 (1998) (II), jew. hrsg. v. Vogler
Jescheck/Weigend	Lehrbuch des Strafrechts, Allgemeiner Teil, 5. Aufl. (1996)
Joecks	Strafgesetzbuch, Studienkommentar, 7. Aufl. 2007
Kienapfel AT	Strafrecht, Allgemeiner Teil, 4. Aufl. (1984)
Kienapfel, Urkunden	Urkunden und andere Gewährschaften (1979)
Kindhäuser AT, BT I, II	Strafrecht, Allgemeiner Teil, 3. Aufl. (2008); Besonderer Teil I: Straftaten gegen Persönlichkeitsrechte, Staat und Gesellschaft, 3. Aufl. (2007); Besonderer Teil II: Straftaten gegen Vermögensrechte, 5. Aufl. (2008)
Kindhäuser LPK	Strafgesetzbuch, Lehr- und Praxiskommentar, 3. Aufl. (2006)
Köhler AT	Deutsches Strafrecht, Allgemeiner Teil (1997)
Kohlrausch/Lange	Strafgesetzbuch mit Erläuterungen und Nebengesetzen, 43. Aufl. (1961)
Krey AT I, II	Deutsches Strafrecht, Allgemeiner Teil, Bd. 1: Grundlagen, Tatbestandsmäßigkeit, Rechtswidrigkeit, Schuld, 3. Aufl. 2008; Bd. 2: Täterschaft und Teilnahme, 2. Aufl. (2005)
Krey/Heinrich	Strafrecht, Besonderer Teil, Bd. 1: Besonderer Teil ohne Vermögensdelikte, 13. Aufl. (2005)
Krey/Hellmann	Strafrecht, Besonderer Teil, Bd. 2: Vermögensdelikte, 14. Aufl. (2005)
Kühl AT	Strafrecht, Allgemeiner Teil, 6. Aufl. (2008)
Küper BT	Strafrecht, Besonderer Teil, 7. Aufl. (2008)
Küpper BT	Strafrecht, Besonderer Teil, Bd. 1: Delikte gegen Rechtsgüter der Person und Gemeinschaft, 3. Aufl. (2007)
Lackner/Kühl	Strafgesetzbuch mit Erläuterungen, 26. Aufl. (2007)
v. Liszt, Aufsätze	Strafrechtliche Aufsätze und Vorträge, 2 Bde. (1925)
v. Liszt/Schmidt AT, BT	Lehrbuch des deutschen Strafrechts, Allgemeiner Teil, 26. Aufl. (1932); Besonderer Teil, 25. Aufl. (1925)
LK^{11}	Strafgesetzbuch, Leipziger Kommentar, hrsg. v. Jähnke/Laufhütte/Odersky, 11. Aufl. (1992–2006), Bd. 1–4, 12. Aufl. (2006–2008)
Lutz	Strafrecht AT, 4. Aufl. (2008)
Madrid-Symposium	s. Schünemann/Suárez
Manoledakis/Prittwitz	Strafrechtsprobleme an der Jahrtausendwende: Deutsch-Griechisches Symposium in Rostock 1999, hrsg. v. Manoledakis/Prittwitz (2000)
Matheus	Strafrecht BT 2 (2008)
Maurach AT, BT	Strafrecht, Allgemeiner Teil, 4. Aufl. (1971); Besonderer Teil, 5. Aufl. (1969) mit Nachträgen von 1970/71
Maurach/Zipf	Strafrecht, Allgemeiner Teil, Teilbd. 1: Grundlehren des Strafrechts und Aufbau der Straftat, 8. Aufl. (1992)
Maurach/Gössel/Zipf	Strafrecht, Allgemeiner Teil, Teilbd. 2: Erscheinungsformen des Verbrechens und Rechtsfolgen der Tat, 7. Aufl. (1989)
Maurach/Schroeder/Maiwald I, II	Strafrecht, Besonderer Teil, Teilbd. 1: Straftaten gegen Persönlichkeits- und Vermögenswerte, 9. Aufl. (2003); Teilbd. 2: Straftaten gegen Gemeinschaftswerte, 9. Aufl. (2005)

H. Mayer AT	Strafrecht, Allgemeiner Teil (1953)
H. Mayer, Strafrecht	Das Strafrecht des deutschen Volkes (1936)
H. Mayer, Studienbuch	Strafrecht, Allgemeiner Teil, Studienbuch (1967)
Mezger, Strafrecht	Strafrecht, Lehrbuch, 3. Aufl. (1949) (ergänzt durch: Moderne Wege der Strafrechtsdogmatik [1950])
Mitsch BT 1, 2	Strafrecht, Besonderer Teil, Bd. 2: Vermögensdelikte, Teilbd. 1: Kernbereich, 2. Aufl. (2003); Teilbd. 2: Randbereich (2001)
MK	Münchener Kommentar zum Strafgesetzbuch, hrsg. von Joecks/Miebach (ab 2003)
Naucke	Strafrecht, Eine Einführung, 11. Aufl. (2008)
Niederschriften I–XIV	Niederschriften über die Sitzungen der Großen Strafrechtskommission, 14 Bde. (1956–1960)
Niethammer	Lehrbuch des Besonderen Teils des Strafrechts (1950)
NK	Nomos-Kommentar zum Strafgesetzbuch, hrsg. von Kindhäuser/Neumann/Paeffgen, 1. Auflage Loseblatt (1995 ff); 2. Aufl. gebunden (2005)
Oehler	Internationales Strafrecht, 2. Aufl. (1983)
v. Olshausen	Kommentar zum Strafgesetzbuch für das Deutsche Reich, 12. Aufl. (§§ 1–246) bearb. von Freiesleben u.a. (1942 ff); sonst 11. Aufl. bearb. von Lorenz u.a. (1927)
Otto AT, BT	Grundkurs Strafrecht: Allgemeine Strafrechtslehre/Die einzelnen Delikte, jeweils 7. Aufl. (2005)
Pfeiffer/Maul/Schulte	Strafgesetzbuch, Kommentar an Hand der Rechtsprechung des Bundesgerichtshofes (1969)
Preisendanz	Strafgesetzbuch, Lehrkommentar, 30. Aufl. (1978)
Puppe	Strafrecht Allgemeiner Teil, Band 1 (2002); Band 2 (2005)
Rengier BT 1, 2	Strafrecht, Besonderer Teil, Bd. 1: Vermögensdelikte, 10. Aufl. (2008); Bd. 2: Delikte gegen die Person und Allgemeinheit, 9. Aufl. (2008)
Rostock-Symposium	s. Manoledakis/Prittwitz
Roxin AT I	Strafrecht, Allgemeiner Teil, Bd. 1: Grundlagen – Der Aufbau der Verbrechenslehre, 4. Aufl. (2006)
Roxin AT II	Strafrecht, Allgemeiner Teil, Bd. 2: Besondere Erscheinungsformen der Straftat (2003)
Roxin TuT	Täterschaft und Tatherrschaft, 8. Aufl. (2006)
Roxin/Stree/Zipf/Jung	Einführung in das neue Strafrecht, 2. Aufl. (1975)
Roxin-Symposium	s. Gimbernat
Sack	Umweltschutz-Strafrecht, Erläuterung der Straf- und Bußgeldvorschriften, Loseblattausgabe, 4. Aufl. (1997 ff)
Sauer AT, BT	Allgemeine Strafrechtslehre, 3. Aufl. (1955); System des Strafrechts, Besonderer Teil (1954)
Schäfer/v. Dohnanyi	Die Strafgesetzgebung der Jahre 1931 bis 1935 (1936) (Nachtrag zur 18. Aufl. von Frank: das Strafgesetzbuch für das Deutsche Reich [1931])
Schmidt	Strafrecht, Allgemeiner Teil, 7. Aufl. (2008)
Schmidt/Priebe	Strafrecht Besonderer Teil I und II, jeweils 7. Aufl. (2008)
Schmidt-Salzer	Produkthaftung, Bd. 1: Strafrecht, 2. Aufl. (1988)
Schmidhäuser	Einführung in das Strafrecht, 2. Aufl. (1984)
Schmidhäuser AT, BT, StuB	Strafrecht, Allgemeiner Teil, 2. Aufl. (1975); Besonderer Teil, 2. Aufl. (1983); Studienbuch: Allgemeiner Teil, 2. Aufl. (1984)
Schöch	Wiedergutmachung und Strafrecht: Symposium aus Anlaß des 80. Geburtstages von Friedrich Schaffstein, hrsg. v. Schöch (1987)

Schönke/Schröder	Strafgesetzbuch, Kommentar, 27. Aufl. (2006)
Schroth BT	Strafrecht, Besonderer Teil, 4. Aufl. (2006)
Schünemann/de Figueiredo Dias	Bausteine des Europäischen Strafrechts: Coimbra-Symposium für Claus Roxin, hrsg. v. Schünemann/de Figueiredo Dias (1995)
Schünemann/Suárez	Bausteine des europäischen Wirtschaftsstrafrechts: Madrid-Symposium für Klaus Tiedemann, hrsg. v. Schünemann/Suárez (1994)
Sieber	Verantwortlichkeit im Internet (1999)
SK	Systematischer Kommentar zum Strafgesetzbuch, Loseblattausgabe, Bd. 1: Allgemeiner Teil, 8. Aufl. (2001 ff); Bd. 2: Besonderer Teil, 7. Aufl. (1999 ff)
Stratenwerth/Kuhlen AT	Strafrecht, Allgemeiner Teil, Bd. 1: Die Straftat, 5. Aufl. (2004)
Tendenzen der Kriminalpolitik	Neuere Tendenzen der Kriminalpolitik, Beiträge zu einem deutsch-skandinavischen Strafrechtskolloquium, hrsg. v. Cornils/Eser (1987)
Tiedemann	Wirtschaftsstrafrecht in der Europäischen Union, Harmonisierungsvorschläge zum Allgemeinen und Besonderen Teil (Freiburg-Syposium), hrsg. v. Tiedemann (2002)
Tiedemann, Tatbestandsfunktionen	Tatbestandsfunktionen im Nebenstrafrecht (1969)
Walter, Kern des Strafrechts	Der Kern des Strafrechts (2006)
v. Weber	Grundriß des deutschen Strafrechts, 2. Aufl. (1948)
Welzel, Strafrecht	Das Deutsche Strafrecht, 11. Aufl. (1969)
Welzel, Strafrechtssystem	Das neue Bild des Strafrechtssystems, 4. Aufl. (1961)
Wessels/Beulke	Strafrecht, Allgemeiner Teil, 37. Aufl. (2007)
Wessels/Hettinger	Strafrecht, Besonderer Teil 1: Straftaten gegen Persönlichkeits- und Gemeinschaftswerte, 31. Aufl. (2007)
Wessels/Hillenkamp	Strafrecht, Besonderer Teil 2: Straftaten gegen Vermögenswerte, 30. Aufl. (2007)
WK	Wiener Kommentar zum Strafgesetzbuch – StGB; hrsg. v. Höpfl/Ratz, 2. Aufl. (1999 ff)
Zieschang AT	Strafrecht, Allgemeiner Teil (2005)
Zieschang Gefährdungsdelikte	Die Gefährdungsdelikte (1998)
Zöller/Fornoff/Gries	Strafrecht, Besonderer Teil II (2008)

2. Betäubungsmittelstrafrecht

Franke/Wienroeder	Betäubungsmittelgesetz, Kommentar, 3. Aufl. (2008)
Joachimski/Haumer	Betäubungsmittelgesetz (mit ergänzenden Bestimmungen), Kommentar, 7. Aufl. (2002)
Körner	Betäubungsmittelgesetz, (ab 4. Aufl.) Arzneimittelgesetz, Kurzkommentar, 6. Aufl. (2007)
Webel	Betäubungsmittelstrafrecht (2003)
Weber	Betäubungsmittelgesetz, Verordnungen zum BtMG, Kommentar, 2. Aufl. (2003)

3. Bürgerliches Recht und InsO

FK InsO	Frankfurter Kommentar zur Insolvenzordnung, hrsg. v. Wimmer, 5. Aufl. (2008)
HK InsO	Heidelberger Kommentar zur Insolvenzordnung, hrsg. v. Eickmann, 4. Aufl. (2006)

Jaeger, InsO	Insolvenzordnung, Großkommentar, hrsg. v. Henckel/Gerhardt (2004 ff)
MK BGB	Münchener Kommentar zum Bürgerlichen Gesetzbuch, 4. Auflage (ab 2000); 5. Aufl. (ab 2008), hrsg. von Rebmann/Säcker/Rixecker
MK InsO	Münchener Kommentar zur Insolvenzordnung, 2. Aufl. (ab 2007), hrsg. von Kirchhof/Lwowski/Stürner
Palandt	Bürgerliches Gesetzbuch mit Einführungsgesetz (Auszug), Gesetz zur Regelung des Rechts der Allgemeinen Geschäftsbedingungen, Verbraucherkreditgesetz, Gesetz über den Widerruf von Haustürgeschäften und ähnlichen Geschäften, Kurzkommentar, 67. Aufl. (2008)
RGRK	Das Bürgerliche Gesetzbuch, Kommentar, mit besonderer Berücksichtigung der Rechtsprechung des Reichsgerichts und des Bundesgerichtshofes (Reichsgerichtsrätekommentar), hrsg. v. Mitgliedern des Bundesgerichtshofes, 12. Aufl. (1975–1999)
Smid InsO	Insolvenzordnung (InsO) mit Insolvenzrechtlicher Vergütungsverordnung (InsVV), Kommentar, 2. Aufl. (2001)

4. DDR-Strafrecht

StGB-Komm.-DDR	Strafrecht der Deutschen Demokratischen Republik, Kommentar, 5. Aufl. (1987)
StGB-Lehrb.-DDR AT, BT	Strafrecht der DDR, Lehrbuch: Allgemeiner Teil, 2. Aufl. (1976); Besonderer Teil (1981)
StGB-Lehrb.-DDR 1988	Strafrecht der DDR, Lehrbuch, Allgemeiner Teil (1988)
StPO-Komm.-DDR	Strafprozeßrecht der Deutschen Demokratischen Republik, Kommentar, 3. Aufl. (1989)
StPO-Lehrb.-DDR	Strafverfahrensrecht, Lehrbuch, 3. Aufl. (1987)

5. Europäisches Recht

Bleckmann	Europarecht, 6. Aufl. (1997)
Geiger	EUV, EGV, Kommentar 4. Aufl. (2004); (1. und 2. Aufl. unter dem Titel: EG-Vertrag)
Grabitz/Hilf	Das Recht der Europäischen Union, Kommentar, Loseblattausgabe, Altbd. I, II, hrsg. v. Grabitz/Hilf (1983 ff) (jew. bearb. v. Bandilla u.a.); Bd. 1 EUV/EGV, hrsg. v. Meinhard Hilf (bearb. v. Bandilla u.a.); Bd. 2 EUV/EGV, hrsg. v. Meinhard Hilf (bearb. v. Brühann u.a.); Bd. 3 Sekundärrecht: A EG-Verbraucher- und Datenschutzrecht, hrsg. v. Manfred Wolf; Bd. 4 Sekundärrecht: E EG-Außenwirtschaftsrecht, hrsg. v. Hans Günter Krenzler, 35. Aufl. (2008)
Hailbronner/Klein/Magiera/Müller-Graff	Handkommentar zum Vertrag über die Europäische Union (EUV/EGV), Loseblattausgabe (1991 ff)
HdEuropR	Handbuch des Europäischen Rechts, Loseblattausgabe, hrsg. v. Bieber/Ehlermann (1982 ff)
Hecker	Europäisches Strafrecht, 2. Aufl. (2007)
Immenga/Mestmäcker EG	Wettbewerbsrecht EG, 2 Bde., hrsg. v. Immenga/Mestmäcker, 4. Aufl. (2007) (bearb. v. Basedow u.a.)

Satzger	Internationales und Europäisches Strafrecht, 2. Aufl. (2008)
Schweitzer/Hummer	Europarecht, 6. Aufl. (2008)
Streinz	Europarecht, 8. Aufl. (2008)

6. Jugendstrafrecht

AK JGG	Kommentar zum Jugendgerichtsgesetz – Reihe Alternativkommentare, hrsg. v. Wassermann (1987)
Brunner	Jugendgerichtsgesetz, Kommentar, 9. Aufl. (1991)
Brunner/Dölling	Jugendgerichtsgesetz, Kommentar, 12. Aufl. (2008)
Böhm	Einführung in das Jugendstrafrecht, 4. Aufl. (2004)
Diemer/Schoreit/Sonnen	Jugendgerichtsgesetz, Kommentar, 5. Aufl. (2008)
Eisenberg JGG	Jugendgerichtsgesetz, Kommentar, 12. Aufl. (2007
Laubenthal/Baier	Jugendstrafrecht (2006)
Ostendorf JGG	Jugendgerichtsgesetz, Kommentar, 7. Aufl. (2007)
Schaffstein/Beulke	Jugendstrafrecht, 14. Aufl. (2002)
Streng	Jugendstrafrecht (2003)
Walter, Jugendkriminalität	Jugendkriminalität: eine systematische Darstellung, 3. Aufl. (2005)

7. Kriminologie

Dittmann, Volker	Kriminologie zwischen Grundlagenwissenschaften und Praxis, hrsg. von Volker Dittmann (2003)
Eisenberg, Kriminologie	Kriminologie, 6. Aufl. (2005)
Göppinger	Kriminologie, 4. Aufl. (1980)
Göppinger/Bock	Kriminologie, 6. Aufl. (2008)
HwbKrim	Handwörterbuch der Kriminologie, hrsg. v. Sieverts/Schneider, Bd. 1–3, Ergänzungsband (4. Bd.), Nachtrags- und Registerband (5. Bd.), 2. Aufl. (1966–1998)
Kaiser	Kriminologie, Lehrbuch, 2. Aufl. (1988), 3. Aufl. (1996)
Kaiser, Einführung	Kriminologie: eine Einführung in die Grundlagen, 10. Aufl. (1997)
Meier	Kriminologie, 3. Aufl. (2007)
Mezger, Kriminologie	Kriminologie, Studienbuch (1951)
Schneider	Kriminologie, Lehrbuch, 3. Aufl. (1992)
Schwind	Kriminologie, 17. Aufl. (2007)

8. Ordnungswidrigkeitenrecht

Bohnert	Kommentar zum Ordnungswidrigkeitenrecht, 2. Aufl. (2007)
Bohnert, Grundriss	Ordnungswidrigkeitenrecht, Grundriss für Praxis und Ausbildung, 2. Aufl. (2004)
Göhler	Gesetz über Ordnungswidrigkeiten, Kurzkommentar, 14. Aufl. (2006)
HK OWiG	Heidelberger Kommentar zum Ordnungswidrigkeitengesetz, hrsg. v. Lemke u. a. (1999)
KK OWiG	Karlsruher Kommentar zum Gesetz über Ordnungswidrigkeiten, hrsg. v. Boujong, 3. Aufl. (2006)

Mitsch OWiG	Recht der Ordnungswidrigkeiten, 2. Aufl. (2005)
Rebmann/Roth/Hermann	Gesetz über Ordnungswidrigkeiten: Kommentar, Loseblattausgabe (2002 ff)

9. Presserecht

Groß	Presserecht, 3. Aufl. (1999)
Löffler	Presserecht, Kommentar, Bd. 1: Allgemeine Grundlagen, Verfassungs- und Bundesrecht, 2. Aufl. (1969); Bd. 1 (in der 2. Aufl. noch Bd. 2): Die Landespressegesetze der Bundesrepublik Deutschland, 5. Aufl. (2006)
Soehring	Presserecht, 3. Aufl. (2000)

10. Rechtshilfe

Grützner/Pötz	Grützner/Pötz, Internationaler Rechtshilfeverkehr in Strafsachen, Loseblattausgabe, 2. Aufl. (1980 ff)
Hackner/Lagodny/Schomburg/Wolf	Internationale Rechtshilfe in Strafsachen (2003)
Schomburg/Lagodny/Gleß/Hackner	Internationale Rechtshilfe in Strafsachen, 4. Aufl. (2006)
Vogler/Wilkitzki	Gesetz über die Internationale Rechtshilfe in Strafsachen (IRG), Kommentar, Loseblattausgabe (1992 ff) als Sonderausgabe aus Grützner/Pötz (siehe dort)

11. Rechtsmedizin und Arztrecht

Forster	Praxis der Rechtsmedizin (1986)
Forster/Ropohl	Rechtsmedizin, 5. Aufl. (1989)
HfPsych I, II	Handbuch der forensischen Psychiatrie, hrsg. v. Göppinger/Witter, Bd. 1: Teil A (Die rechtlichen Grundlagen) und B (Die psychiatrischen Grundlagen); Bd. 2: Teil C (Die forensischen Aufgaben der Psychiatrie) und D (Der Sachverständige, Gutachten und Verfahren) (jew. 1972)
Laufs	Arztrecht, 6. Aufl. (2001)
Laufs, Fortpflanzungsmedizin	Fortpflanzungsmedizin und Arztrecht (1992)
Psychiatrische Begutachtung	Ein praktisches Handbuch für Ärzte und Juristen, hrsg. v. Venzlaff, 4. Aufl. (2004)
Rieger	Lexikon des Arztrechts, Loseblatt, 2. Aufl. (2001 ff)
Ulsenheimer	Arztstrafrecht in der Praxis, 4. Aufl. (2008)

12. Strafprozeß- und Strafvollzugsrecht

AK StPO	Kommentar zur Strafprozeßordnung – Reihe Alternativkommentare, hrsg. v. Wassermann, Bd. 1 (1988), Bd. 2 Teilbd. 1 (1992), Bd. 2 Teilbd. 2 (1993), Bd. 3 (1996)
AK StVollzG	Kommentar zum Strafvollzugsgesetz – Reihe Alternativkommentare, hrsg. v. Wassermann, 3. Aufl. (1990)
Arloth/Lückemann	Strafvollzugsgesetz, Kommentar, 2. Aufl. (2008)
Beulke	Strafprozeßrecht, 10. Aufl. (2008)
Bringewat	Strafvollstreckungsrecht: Kommentar zu den §§ 449–463d StPO (1993)

Calliess/Müller-Dietz	Strafvollzugsgesetz, Kurzkommentar, 11. Aufl. (2008)
Eisenberg	Beweisrecht der StPO, Spezialkommentar, 6. Aufl. (2008)
HK StPO	Heidelberger Kommentar zur Strafprozeßordnung, hrsg. v. Lemke u.a., 3. Aufl. (2001)
Isak/Wagner	Strafvollstreckung, 7. Aufl. (2004); vormals: Wetterich/Hamann
Jessnitzer	Der gerichtliche Sachverständige, 12. Aufl. (2007)
Joecks	Studienkommentar StPO (2006)
Kamann	Handbuch für die Strafvollstreckung und den Strafvollzug, 2. Aufl. (2008)
Kammeier	Maßregelvollzugsrecht, Kommentar, 2. Aufl. (2002
KK	Karlsruher Kommentar zur Strafprozeßordnung und zum Gerichtsverfassungsgesetz mit Einführungsgesetz, hrsg. v. Pfeiffer, 6. Aufl. (2008)
Kleinknecht/Meyer-Goßner	Strafprozeßordnung, Gerichtsverfassungsgesetz, Nebengesetze und ergänzende Bestimmungen, Kurzkommentar, 46. Aufl. (2003); nunmehr: Meyer-Goßner
KMR	Kleinknecht/Müller/Reitberger (Begr.), Kommentar zur Strafprozeßordnung, Loseblattausgabe, 8. Aufl. (1990 ff), ab 14. Lfg. hrsg. von v. Heintschel-Heinegg/Stöckel
Kramer	Grundbegriffe des Strafverfahrensrechts: Ermittlung und Verfahren, 6. Aufl. (2004)
Kühne, Strafprozeßlehre	Strafprozeßlehre, 4. Aufl. (1993)
Kühne, Strafprozessrecht	Strafprozessrecht, 7. Aufl. (2007)
LR	Löwe-Rosenberg, Die Strafprozeßordnung und das Gerichtsverfassungsgesetz mit Nebengesetzen, Großkommentar, 26. Aufl. (2006 ff)
Marschner/Volckart	Freiheitsentziehung und Unterbringung, 4. Aufl. (2001) (vormals Saage/Göppinger)
Meyer-Goßner	Strafprozeßordnung, Gerichtsverfassungsgesetz, Nebengesetze und ergänzende Bestimmungen, Kurzkommentar, 51. Aufl. (2008) vormals Kleinknecht/Meyer-Goßner
Müller	Beiträge zum Strafprozessrecht (2003)
Peters	Strafprozeß, Ein Lehrbuch, 4. Aufl. (1985)
Pfeiffer	Strafprozeßordnung und Gerichtsverfassungsgesetz, 6. Aufl. (2008)
Pohlmann/Jabel/Wolf	Strafvollstreckungsordnung, Kommentar, 8. Aufl. (2001)
Putzke	Strafprozessrecht (2005)
Roxin, Strafverfahrensrecht	Studienbuch, 25. Aufl. (1998)
Roxin/Arzt/Tiedemann	Einführung in das Strafrecht und Strafprozeßrecht, 5. Auflage (2006)
Saage/Göppinger	Freiheitsentziehung und Unterbringung, 3. Aufl. (1994) (ab der 4. Auflage Marschner/Volckart)
Sarstedt/Hamm	Die Revision in Strafsachen, 6. Aufl. (1998)
Schäfer, Strafverfahren	Die Praxis des Strafverfahrens, 7. Aufl. (2007)
Schäfer, Strafzumessung	Die Praxis der Strafzumessung, 4. Aufl. (2008)
Schätzler	Handbuch des Gnadenrechts, 2. Aufl. (1992)
Eb. Schmidt, Lehrkommentar I–III	Strafprozeßordnung, Lehrkommentar, Bd. 1: Die rechtstheoretischen und die rechtspolitischen Grundlagen des Strafverfahrensrechts, 2. Aufl. (1964); Bd. 2: Erläuterungen zur Strafprozeßordnung und zum Einführungsgesetz zur Strafprozeßordnung (1957) (mit Nachtragsband 1 [1967] und 2 [1970]); Bd. 3: Erläuterungen zum Gerichtsverfassungsgesetz und zum Einführungsgesetz zum Gerichtsverfassungsgesetz (1960)

Schwind/Böhm/Jehle	Strafvollzugsgesetz, Kommentar, 4. Auflage (2005)
SK StPO	Systematischer Kommentar zur Strafprozeßordnung und zum Gerichtsverfassungsgesetz, Loseblattausgabe (1986 ff)
sLSK	Systematischer Leitsatzkommentar zum Sanktionenrecht, hrsg. v. Horn, Loseblattausgabe (1983 ff)
Volckart	Maßregelvollzug, 6. Aufl. (2002)
Volk	Grundkurs StPO, 6. Aufl. (2008)
Walter, Strafvollzug	Strafvollzug, 2. Aufl. (1999)

13. Strahlenschutzrecht

Fischerhof	Deutsches Atomgesetz und Strahlenschutzrecht; Bd. 1 und 2, 2. Aufl. (1978)
Haedrich	Atomgesetz mit Pariser Atomhaftungs-Übereinkommen, Kommentar (1986)
Mattern/Raisch	Atomgesetz, Kommentar (1961)
Winters	Atom- und Strahlenschutzrecht, Kommentar, mit Atomgesetz, Atomhaftungsübereinkommen, Strahlenschutzverordnung, Deckungsvorsorgeverordnung, Verfahrensverordnung, Kostenverordnung und Röntgenverordnung (1978)

14. Straßenverkehrsrecht

Bär/Hauser	Unfallflucht, Kommentar, Loseblattausgabe (1978 ff)
Cramer	Straßenverkehrsrecht, Bd. 1: StVO, StGB, 2. Aufl. (1977)
Full/Möhl/Rüth	Straßenverkehrsrecht: Kommentar (1980) mit Nachtrag (1980/81)
Hentschel, Straßenverkehrsrecht	Straßenverkehrsrecht: Straßenverkehrsgesetz, Straßenverkehrs-Ordnung, Strassenverkehrs-Zulassungs-Ordnung, Fahrerlaubnis-Verordnung, Bußgeldkatalog, Gesetzesmaterialien, Verwaltungsvorschriften und einschlägige Bestimmungen des StGB und StPO, 39. Aufl. (2007), vormals Jagusch/Hentschel
Hentschel	Trunkenheit, Fahrerlaubnisentziehung, Fahrverbot im Straf- und Ordnungswidrigkeitenrecht, 10. Aufl. (2006)
Hentschel/Born	Trunkenheit im Straßenverkehr, 7. Aufl. (1996)
Himmelreich/Bücken	Verkehrsunfallflucht: Verteidigerstrategien im Rahmen des § 142 StGB, 4. Aufl. (2005)
Himmelreich/Hentschel	Fahrverbot, Führerscheinentzug; Bd. 1: Straf- und Ordnungswidrigkeitenrecht, 8. Aufl. (1995)
HK StVR	Heidelberger Kommentar zum Straßenverkehrsrecht, hrsg. v. Griesbaum u.a. (1993)
Janker	Straßenverkehrsdelikte: Ansatzpunkte für die Verteidigung (2002)
Jagow/Burmann/Heß	Straßenverkehrsordnung, Kommentar, 20. Aufl. (2008); vormals: Janiszewski/Jagow/Burmann
Jagusch/Hentschel	Straßenverkehrsrecht, Kurzkommentar, 35. Aufl. (1999)
Janiszewski	Verkehrsstrafrecht, 5. Aufl. 2004
Mühlhaus/Janiszewski	Straßenverkehrsordnung, Kommentar, 15. Aufl. (1998); nunmehr: Janiszewski/Jagow/Burmann

Müller I–III	Straßenverkehrsrecht, Großkommentar, 22. Aufl., Bd. 1 (1969) mit Nachtrag 1969, Bd. 2 (1969), Bd. 3 (1973)
Rüth/Berr/Berz	Straßenverkehrsrecht, Kommentar, 2. Aufl. (1988)

15. Verfassungsrecht

BK	Kommentar zum Bonner Grundgesetz (Bonner Kommentar), Loseblattausgabe, hrsg. v. Dolzer/Vogel (1954 ff)
Dreier I–III	Grundgesetz, Kommentar, Bd. 1: Art. 1–19 (1996), 2. Aufl. (2004); Bd. 2: Art. 20–82 (1998); Bd. 3: Art. 83–146 (2000); Bd. 2 2. Aufl. (2008)
HdStR I–IX	Handbuch des Staatsrechts der Bundesrepublik Deutschland, hrsg. v. Isensee/Kirchhof, Bd. 1, 3. Aufl. (2003); Bd. 2, 3. Aufl. (2004); Bd. 3, 3. Aufl. (2005); Bd. 4, 3. Aufl. (2006); Bd. 5, 3. Aufl. (2007); Bd. 6, 2. Aufl. (2001); Bd. 7 (1992); Bd. 8 (1995); Bd. 9 (1997); Bd. 10 (2000)
Jarass/Pieroth	Grundgesetz für die Bundesrepublik Deutschland: Kommentar, 9. Aufl. (2007)
v. Mangoldt/Klein/Starck	Kommentar zum Grundgesetz, Bd. 1 (Artt. 1–19), Bd. 2 (Artt. 20–82), Bd. 3 (Artt. 83–146), 5. Aufl. (2005); früherer Titel: Das Bonner Grundgesetz
Maunz/Dürig	Grundgesetz, Kommentar, Loseblattausgabe, 7. Aufl. (1991 ff) (bearb. v. Badura u.a.), 51. Aufl. (2008)
Maunz/Schmidt-Bleibtreu/Klein/Ulsamer	Bundesverfassungsgerichtsgesetz, Kommentar, Loseblattausgabe, 3. Aufl. (1992 ff)
v. Münch/Kunig	Grundgesetz, Kommentar, Bd. 1, 5. Aufl. (2000); Bd. 2, 4./5. Aufl. (2001); Bd. 3, 5. Aufl. (2003)
Sachs	Grundgesetz-Kommentar, 4. Auflage (2007)
Schmidt-Bleibtreu/Klein	Kommentar zum Grundgesetz, 11. Aufl. (2008)
Stern I–V	Das Staatsrecht der Bundesrepublik Deutschland, Bd. 1, 2. Aufl. (1984); Bd. 2 (1980); Bd. 3/1 (1988); Bd. 3/2 (1994); Bd. 4 (1997); Bd. 5 (2000)

16. Wettbewerbs- und Kartellrecht

Baumbach/Hefermehl	Wettbewerbsrecht, Kurzkommentar, ab 23. Aufl. als Hefermehl/Köhler/Bornkamm: Wettbewerbsrecht weitergeführt
Emmerich, Kartellrecht	Kartellrecht, Studienbuch, 11. Aufl. (2008)
Emmerich, Wettbewerbsrecht	Unlauterer Wettbewerb, 7. Auflage (2004)
FK Kartellrecht [GWB]	Frankfurter Kommentar zum Kartellrecht, mit Kommentierung des GWB, des EG-Kartellrechts und einer Darstellung ausländischer Kartellrechtsordnungen, Loseblattausgabe, hrsg. v. Glassen u.a. (2001 ff) bis zur 44. Lfg. unter dem Titel: Frankfurter Kommentar zum Gesetz gegen Wettbewerbsbeschränkungen
Fezer	Lauterkeitsrecht (Kommentar zum UWG) 2 Bände (2005)
v. Gamm	Gesetz gegen den unlauteren Wettbewerb, 3. Aufl. (1993)
Immenga/Mestmäcker GWB	Wettbewerbsrecht, Kommentar, hrsg. v. Immenga/Mestmäcker, 4. Aufl. (2007)
Hefermehl/Köhler/Bornkamm	Wettbewerbsrecht: Gesetz gegen den unlauteren Wettbewerb, Preisangabenverordnung 26. Aufl. (2008)

Köhler/Piper	Gesetz gegen den unlauteren Wettbewerb, Kommentar, 4. Aufl. (2006)
Rittner/Kulka	Wettbewerbs – und Kartellrecht, 7. Aufl. (2008)

17. Wirtschafts- und Steuerstrafrecht

Achenbach/Ransiek	Handbuch Wirtschaftsstrafrecht, hrsg. v. Achenbach/Ransiek, 2. Aufl. (2008)
Bender	Zoll- und Verbrauchssteuerstrafrecht (2006)
Bittmann	Insolvenzstrafrecht, hrsg. von Bittmann (2004)
Franzen/Gast/Joecks	Steuerstrafrecht: mit Steuerordnungswidrigkeiten und Verfahrensrecht; Kommentar zu §§ 369–412 AO 1977 sowie zu § 80 des ZollVG, 6. Aufl. (2005)
Geilen, Aktienstrafrecht	Erläuterungen zu §§ 399–405 AktG von Gerd Geilen, Erläuterungen zu § 408 AktG von Wolfgang Zöllner (1984) (Sonderausgabe aus der 1. Aufl. des Kölner Kommentars zum Aktiengesetz)
Greeve/Leipold	Handbuch des Baustrafrechts (2004)
Hellmann/Beckemper	Wirtschaftsstrafrecht, 2. Aufl. (2008)
Hübschmann/Hepp/Spitaler	Abgabenordnung, Finanzgerichtsordnung, Kommentar, Loseblattausgabe, 10. Aufl. (1995 ff) (bearb. v. Söhn u.a.)
HWiStR	Handwörterbuch des Wirtschafts- und Steuerstrafrechts, Loseblattausgabe (1985–1990), hrsg. v. Krekeler/Tiedemann u.a.
Joecks	Steuerstrafrecht, 3. Aufl. (2003)
Klein, AO	Abgabenordnung einschließlich Steuerstrafrecht, Kommentar, 9. Aufl. (2006)
Kohlmann	Steuerstrafrecht, Kommentar zu den §§ 369–412 AO 1977, Loseblattausgabe, 7. Aufl. (1997 ff)
Müller-Gugenberger/Bieneck	Wirtschaftsstrafrecht, 4. Aufl. (2006)
Otto, Aktienstrafrecht	Erläuterungen zu den §§ 399–410 AktG (1997) (Sonderausgabe aus der 4. Aufl. des Großkommentars zum Aktiengesetz)
Park	Kapitalmarktstrafrecht, Handkommentar, 2. Aufl. (2008)
Rolletschke	Steuerstrafrecht, 2. Aufl. (2008)
Schröder (Chr.)	Kapitalmarktstrafrecht (2007)
Tiedemann, GmbH-Strafrecht	GmbH-Strafrecht (§§ 82–85 GmbHG und ergänzende Vorschriften), 4. Aufl. (2002)
Tiedemann, Wirtschaftsstrafrecht AT, BT	Wirtschaftsstrafrecht, Einführung und Allgemeiner Teil, 2. Aufl. (2007), Besonderer Teil, 2. Aufl. (2008)
Tiedemann, Wirtschaftsstrafrecht I, II	Wirtschaftsstrafrecht und Wirtschaftskriminalität, Bd. 1: Allgemeiner Teil; Bd. 2: Besonderer Teil (jew. 1976)
Wabnitz/Janovsky	Handbuch des Wirtschafts- und Steuerstrafrechts, 3. Aufl. (2007)
Weyand/Diversy	Insolvenzdelikte, 7. Aufl. (2006)
Ziouvas	Das neue Kapitalmarktstrafrecht (2005)

18. Zivilprozessrecht

Baumbach/Lauterbach/Albers/Hartmann	Zivilprozessordnung, 66. Aufl. (2008)
MK ZPO	Münchner Kommentar zur ZPO, 3. Aufl. (2007)
Musielak	Kommentar zur Zivilprozessordnung, 6. Aufl. (2008)

Rosenberg/Schwab/Gottwald	Zivilprozessrecht, 16. Aufl. (2004)
Stein/Jonas/Bearbeiter	Kommentar zur Zivilprozeßordnung, 22. Aufl. (2002 ff)
Zöller	Zivilprozessordnung, Kommentar, 26. Aufl. (2007)

19. Sonstiges (einschließlich Völkerrecht und Waffenrecht)

Brownlie	Principles of Public International Law, 7. Aufl. (2008)
Corpus Juris	The implementation of the Corpus Juris in the Member States/La mise en œuvre du Corpus Juris dans les Etats Membres, hrsg. v. Delmas-Marty/Vervaele (2000); Deutsche Version der Entwurfsfassung von 1997: Delmas-Marty (Hrsg.), Corpus Juris der strafrechtlichen Regelungen zum Schutz der finanziellen Interessen der Europäischen Union, Deutsche Übersetzung von Kleinke und Tully, Einführung von Sieber (1998)
Dahm/Delbrück/Wolfrum	Völkerrecht, 2. Aufl., Band I/1 (1989), Band I/2 (2002), Band I/3 (2002)
Fuhr/Stahlhacke	Gewerbeordnung, Kommentar, Gewerberechtlicher Teil, Loseblattausgabe, hrsg. v. Friauf (2001 ff)
Götz/Tolzmann	Bundeszentralregistergesetz, Kommentar, 4. Aufl. (2000); Nachtrag (2003)
Herdegen	Völkerrecht, 7. Aufl. (2008)
HMmR	Handbuch Multimedia-Recht, Loseblattausgabe, hrsg. v. Hoeren/Sieber (1998 ff)
HwbRW I–VIII	Handwörterbuch der Rechtswissenschaft, hrsg. v. Stier-Somlo u.a., Bd. 1 (1926), Bd. 2 (1927), Bd. 3 (1928), Bd. 4 (1927), Bd. 5 (1928), Bd. 6 (1929), Bd. 7 (1931), Bd. 8 (1937) (unter dem Titel: Die Rechtsentwicklung der Jahre 1933 bis 1935/36)
Ipsen	Völkerrecht, 5. Aufl. (2004)
Keller/Günther/Kaiser	Embryonenschutzgesetz, Kommentar (1992)
Kröger/Gimmy	Handbuch zum Internetrecht, 2. Aufl. (2002)
Landmann/Rohmer I, II	Gewerbeordnung und ergänzende Vorschriften, Kommentar, Loseblattausgabe, Bd. 1: Gewerbeordnung; Bd. 2: Ergänzende Vorschriften (jew. 1998 ff)
LdR	Lexikon des Rechts: Strafrecht, Strafverfahrensrecht, hrsg. v. Ulsamer, 2. Aufl. (1996)
Lüder	Materialien zum Völkerstrafgesetzbuch: Dokumentation des Gesetzgebungsverfahrens (2002)
Michalke	Umweltstrafsachen 2. Aufl. (2000)
Rebmann/Uhlig	Bundeszentralregister, Gewerbezentralregister, Verkehrszentralregister und ergänzende Bestimmungen, Kommentar (1985)
Schölz/Lingens	Wehrstrafgesetz, Kommentar, 4. Aufl. (2000)
Seidl-Hohenveldern	Lexikon des Rechts – Völkerrecht, 2. Aufl (1992)
Seidl-Hohenveldern/Stein	Völkerrecht, 11. Aufl. (2005), vormerkbar 12. Aufl. (2009)
Shaw	International Law, 5. Aufl. (2003)
Steindorf	Waffenrecht: Waffengesetz mit Durchführungsverordnungen, Kriegswaffenkontrollgesetz und Nebenbestimmungen, Kurzkommentar, 8. Aufl. (2007)
Strupp/Schlochauer	Wörterbuch des Völkerrechts, 2. Aufl., Band 1 (1960), Band 2 (1961), Band 3 (1962)

Tolzmann	Bundeszentralregistergesetz, Kommentar, Zentralregister, Erziehungsregister und Gewerbezentralregister, Nachtrag zur 4. Aufl. mit Verwaltungsvorschriften (2003)
Verdross/Simma	Universelles Völkerrecht, 3. Auflage (1984)
Vitzthum	Völkerrecht, 4. Aufl. (2007)
Werle	Völkerstrafrecht, 2. Aufl. (2007)

Strafgesetzbuch

vom 15. Mai 1871 (RGBl 1871, 127);
neugefasst durch Bek. v. 13.11.1998 (BGBl. I 3322);
zuletzt geändert durch Gesetz v. 8.4.2008 (BGBl. I 666)

BESONDERER TEIL

FÜNFUNDZWANZIGSTER ABSCHNITT

Strafbarer Eigennutz

Vorbemerkungen zu den §§ 284 ff

Die im **25. Abschnitt** enthaltenen Bestimmungen haben **keinen einheitlichen Grundgedanken.** Unter der Abschnittsbezeichnung „Strafbarer Eigennutz" werden verschiedenartige Straftatbestände ohne gemeinsames Schutzgut erfasst. Ihre Regelungsmaterie ist ganz unterschiedlich und ohne Sachzusammenhang (vgl. *Bohnert* JuS **1982** 258). Die Schutzaspekte betreffen u.a. das Vermögen, die Verhinderung einer wirtschaftlichen Ausbeutung, die Sicherung der Gläubigerbefriedigung, Pfand-, Besitz- und ähnliche Gläubigerrechte sowie Aneignungsrechte des Jagdberechtigten. Die Zusammenfassung der Vorschriften ist darauf zurückzuführen, dass sie in andere Abschnitte des StGB nicht hineinpassen. Diese Zufälligkeit lässt Auslegungsfolgerungen für den äußeren und inneren Tatbestand der verschiedenen Vorschriften aus der Abschnittszuordnung nicht zu (vgl. RGSt **10** 220, 223 ff; *Sch/Schröder/Eser/Heine* vor § 284).

Dem **unerlaubten Glücksspiel** hat der Gesetzgeber mit *Art. 1 Nr. 21, 22 des OrgKG* (BGBl. 1992 I S. 1304) durch die Bewertung als gefährliche kriminelle Begleiterscheinung der Organisierten Kriminalität insbesondere des Rotlichtmilieus (LK Vorbem. § 284 Rdn. 6) jedenfalls in den Formen bandenmäßiger und gewerbsmäßiger Begehung (LK § 284 Rdn. 24) erhöhte Aufmerksamkeit zugewendet. Eine Umbezifferung und Ergänzung der Glücksspielvorschriften erfolgte durch *Art. 1 Nr. 72–75 des 6. StrRG* (BGBl. 1998 I S. 164, 180; zu den Gesetzesmaterialien s. Vorbem. § 284 Rdn. 1). Der Begriff des Veranstaltens wird in *§ 287* durch Hervorhebung „typischer" Begehungsformen beispielhaft erläutert. Durch Schaffung eines strafbewehrten Verbots der Werbung wurde eine Auffangvorschrift vor allem gegen ausländische Anbieter geschaffen.

Die bedeutsamste Änderung in diesem Abschnitt war die Neuregelung des § 302a über den **Wucher**, die durch *Art. 1 Nr. 6 des 1. WiKG* vom 29.7.1976 (BGBl. I S. 2034) in das StGB eingefügt worden ist. Sie ist vor allem gekennzeichnet durch die Zusammenfassung der Verbotssachverhalte in *einer* Strafvorschrift, die Hervorhebung der als besonders sozialschädlich angesehenen Erscheinungsformen des Wuchers über eine generelle Beschreibung der Wuchermerkmale hinaus und die Einfügung der sog. *Additionsklausel*, mit der Fälle der Auffächerung der vom Schuldner zu erbringenden Leistungen vor allem im Kreditgewerbe erfasst werden sollen. Durch Art. 1 Nr. 2 des Gesetzes zur Bekämpfung der Korruption (BGBl. 1997 I S. 2038) wurde der bisherige § 302a ohne Änderungen im 25. Abschnitt als **§ 291** eingestellt.

Die Vorschriften über die **Ausbeutung Minderjähriger** (§§ 301, 302 a.F.) sind durch *Art. 19 Nr. 159 EGStGB* aufgehoben worden. Ein fortbestehendes kriminalpolitisches Bedürfnis wurde im Hinblick auf den umfassenden zivilrechtlichen Schutz gegen unüberlegte Geschäfte Minderjähriger, die größere Selbständigkeit Minderjähriger im Geschäftsleben und die Wirksamkeit der Wuchervorschrift verneint (EEGStGB BTDrucks. 7/550 S. 263).

Die Vorschriften über die **Vereitelung der Zwangsvollstreckung** und die **Pfandkehr** (zu **§§ 288, 289** vgl. *Geppert* Jura **1987** 427, 429, 432) sollten nach EEGStGB BTDrucks. 7/550 S. 255, 263 – in enger Anlehnung an §§ 268, 269 E 1962 – umgestaltet und im Zusammenhang mit der Neuregelung der Konkursstraftatbestände in den 24. Abschnitt („Vereitelung von Gläubigerrechten" – EEGStGB BTDrucks. 7/550 S. 26) eingestellt werden. Zu dieser Änderung ist es indes nicht gekommen (vgl. Bericht BTDrucks. 7/1261 S. 19, 20). Die durch Art. 19 Nr. 152, 153 EGStGB erfolgten Änderungen in §§ 288 Abs. 2, 289 Abs. 3 sind lediglich redaktionelle Anpassungen. Die Streichung des § 289 Abs. 4 ergab sich als Folge der Neufassung des § 247. **§ 296a** wurde durch § 12 des SeefischereiG vom 12.7.1984 (BGBl. I S. 876) aufgehoben.

Die Straftaten gegen den **persönlichen Geheimnisbereich** (§§ 298–300 a.F.) wurden durch *Art. 19 Nr. 85, 158 EGStGB* in den eigenständigen 15. Abschnitt ausgegliedert und dort in den §§ 201 bis 205 erfasst.

Die Vorschriften über die **Jagd- bzw. Fischwilderei** wurden durch *Art. 1 Nr. 76, 77 des 6. StrRG (BGBl.* 1998 I S. 164, 180) neu gefasst. Es wird klargestellt, dass die Tat nicht nur unter Verletzung des Jagdrechts, sondern auch des Jagd*ausübungs*rechts begangen werden kann und dass eine Zueignung an *Dritte* genügt. Die Strafrahmen wurden neu geordnet, insbesondere der Regelstrafrahmen in Absatz 1 herabgesetzt sowie die bisherigen Absätze 2 und 3 in einer einheitlichen Strafzumessungsvorschrift für besonders schwere Fälle mit Regelbeispielen zusammengefasst. Das dritte Regelbeispiel der gemeinschaftlichen Begehung bei Schusswaffenausrüstung wurde durch Aufnahme des auch Teilnehmer umfassenden Begriffs der „Beteiligten" (an Stelle „der Täter") erweitert.

Die **Schiffsgefährdung durch Bannware** *(§ 297)* wurde durch das 6. *StrRG* (Art. 1 Nr. 79) neu gefasst und hinsichtlich des Täterkreises und der Schutzobjekte erheblich erweitert. Mangels eines weitergehenden kriminalpolitischen Bedürfnisses wurde die Anwendbarkeit der Absätze 1 und 2 auf *deutsche* Schiffe beschränkt. Angesichts der Entwicklung der Luftfahrt in den letzten Jahrzehnten werden die Vorschriften auch auf *Luftfahrzeuge* erstreckt (Absatz 4) und Kraftwagen im Hinblick auf deren Verkehrsfunktion und den Wert vor allem von Lastkraftwagen in den Schutzbereich einbezogen (vgl. Bericht BTDrucks. 13/9064 S. 22). Die unübersichtliche und komplizierte Neufassung gilt als grob missglückt (*Fischer* § 297 Rdn. 1).

Schrifttum

Achenbach Rechtsprechung zum Wirtschaftsstrafrecht, hier § 284, NStZ **1989** 504; *Ahlf/Spiegelberger* „Bedenkliche Spiele", zur Auslegung des § 33e GewO, GewArch **1977** 321; *Arendts* Auswirkungen des Placanica-Urteils auf Deutschland, ZfWG **2007** 79; *ders.* Quo vadis, Europäisches Glücksspielrecht? Neue Vorlageverfahren vor dem Europäischen Gerichtshof, ZfWG **2007** 347; *ders.* Strafrechtliche Beurteilung der Vermittlung privater Sportwetten während der vom Bundesverfassungsgericht festgesetzten Übergangszeit, ZfWG **2007** 457; *Aubin/Kummer/Schroth/Wack* Die rechtliche Regelung der Glücksspiele und Spielautomaten in europäischen Ländern (1981), zit. Landesberichte; *Backu* Anmerkungen zur Entscheidung des EuGH vom 6.3.2007 in der Rechtssache

Placanica ua, GewArch **2007** 225; *ders.* Zulässigkeit des Abschlusses und der Vermittlung von Online-Sportwetten, ITRB **2004** 161; *ders./Karger* Online-Games, ITRB **2007** 13; *Bahr* Glücks- und Gewinnspiele in den Medien – Die Entwicklung der Rechtsprechung und Gesetzgebung in den Jahren 2005 und 2005 in Deutschland, K&R **2006** 145; *ders.* 0190-Telefonnummern und Gewinnspiele – ein Verstoß gegen § 1 UWG? WRP **2002** 501; *Barton/Gercke/Janssen* Die Veranstaltung von Glücksspielen durch ausländische Anbieter per Internet, wistra **2004** 321; *Baumgärtner* Illegales Glücksspiel ist organisierte Kriminalität, Der Kriminalist **1989** 191; *Belz* Das Glücksspiel im Strafrecht (1993); *Berg* Verbot und Erlaubnismöglichkeit für Glücksspiele in geschlossenen Gesellschaften, GewArch **1976** 249; *ders.* Zur Konkurrenz zwischen öffentlichen Spielbanken und privaten Glücksspielvereinen, MDR **1977** 277; *Bethge* Die rechtlichen Konsequenzen der Entscheidung des Bundesverfassungsgerichts vom 28. März 2006 (Oddset) zur Zulässigkeit gewerblicher Veranstaltung und Vermittlung von Sportwetten in den Ländern, ZfWG **2007** 169, 245; *ders.* Entscheidungswirkungen und Konsequenzen des Sportwetten-Urteils des Bundesverfassungsgerichts, DVBl **2007** 917; *Bohnert* Der Wegnahmebegriff bei der Pfandkehr, JuS **1982** 258; *Bornemann* Werbung für Betandwin, ZUM **2006** 726; *Brandl* Spielleidenschaft und Strafrecht (2003); *Brugger* Die technische Umsetzbarkeit des Verbotes von Sportwetten im Internet – zugleich eine Anmerkung zum Beschluss des VGH Bayern vom 7.5.2007 – 24 Cs 07/10, ZfWG **2007** 302; *Dietlein* Das staatliche Glücksspiel auf dem Prüfstand, BayVbl **2002** 161; *ders.* Zur strafrechtlichen Relevanz ungenehmigter Internet-Glücksspielangebote aus dem Ausland, CR **2004** 616; *ders.* Rechtsfragen der übergangsweisen Fortgeltung des Sportwettenrechts der Länder; das Sportwettenurteil des BVerfG im Spiegel erster fachgerichtlicher Entscheidungen, K&R **2006** 307; *ders.* Zur Gemeinschaftsrechtskonformität der hessischen Regelungen über Sportwetten, CR **2004** 372; *ders./Woester* Zu den rechtlichen Problemen so genannter Internet-Casinos, K&R **2003** 458; *Dietz* Zur Problematik des Glücksspielstrafrechts (1993); *Dübbers/Kartal* Kommentar zum Sportwetten-Urteil des Bundesverfassungsgerichts vom 28.3.2006, ZfWG **2006** 33; *Eichmann/Sörup* Das Telefongewinnspiel – Zwischen Strafbarkeit und Wettbewerbsverstoß, MMR **2002** 142; *Ennuschat* Vor dem Ende des Staatsmonopols im Glücksspielbereich? Anm. zu BVerfG Beschl. v. 27.4.2005 – 1 BvR 223/05, DVBl. **2005** 1288; *ders.* Kommentar zum Sportwetten-Urteil des Bundesverfassungsgerichts vom 28.3.2006, ZfWG **2006** 31; *ders.* Nichts Neues aus Europa?! Anmerkung zu EuGH, Urt. vom 6.3.2007 – C-338/04 – Placanica und zu EFTA-Gerichtshof, Urteil vom 14.3.2007 – E – 1/06, ZfWG **2007** 77; *Ernst* Telefonrechnungen mit 0137-9-Verbindungen aus TV-Sendungen, MMR **2005** 735; *ders.* Zur Finanzierung von TV-Quizsendungen durch MABEZ-Rufnummern, ITRB **2006** 86; *Fackler* Die normative Kraft des Faktischen – Eine kritische Analyse zur Entscheidung des BVerfG in Sachen Sportwetten, K&R **2006** 313; *Fink/Rübenstahl* Placanica&Co – „Rien ne va plus": das Ende der Anwendbarkeit von § 284 StGB und der Abschied vom Sportwettenmonopol, European law reporter **2007** 275; *Fischhaber/Manz* Grenzen der Zulässigkeit von Pokerturnieren, GewArch **2007** 405; *Fritzemeyer(Rinderle* Rien ne va plus, CR **2004** 367; *dies.* Das Glücksspiel im Internet, CR **2003** 599; *Füllkrug* Verbotenes Glück – kriminalistische Probleme bei der Bekämpfung des unerlaubten Glücksspiels, Kriminalistik **1990** 101; *ders.* Die Bekämpfung der Glücksspielkriminalität, Taschenbuch für Kriminalisten (1991) S. 40; *Füllkrug/Wahl* Kein Bargeld mehr auf dem Spieltisch, Kriminalistik **1984** 533; *Fruhmann* Strafbarkeit gewerblicher Spielgemeinschaften, MDR **1993** 822; *Gabriel/Barth* Rechtsprobleme bei Gewinnspielen mit Mehrwertdiensten, VuR **2006** 301; *German* Gefahrenabwehr und Strafverfolgung im Internet (2000); *Geerds* Bespr. von *Pfister* Rechtsprobleme der Sportwette (1989), GA **1990** 375; *Gomille* Zur Wettbewerbswidrigkeit von Fernsehwerbung, die nicht über die erforderliche Erlaubnis im Inland verfügt, ZUM **2007** 544; *ders.* Sportwetten im Internet – wettbewerbsrechtliche Ansprüche gegen konzessionierte Buchmacher aus dem EU-Ausland? ZfWG **2006** 206; *Gülzow* Die Pokerrunde, Jura **1983** 49, 102; *Hecker* Kommentar zum Sportwetten-Urteil des Bundesverfassungsgerichts vom 28.3.2006, ZfWG **2006** 35; *ders.* Das Bundesverfassungsgericht am 28.3.2006: Pythia von Karlsruhe oder selbsterklärender Richterspruch? ZfWG **2006** 89; *ders./Ruttig* Zur Unlauterkeit der Veranstaltung von Sportwetten ohne Erlaubnis einer deutschen Behörde, WRP **2006** 307; *dies.* Versuchen Sie es noch einmal, GRUR **2005** 393; *ders./Schmitt* Zur Strafbarkeit des privaten Anbietens von Sportwetten gemäß § 284 StGB, ZfWG **2006** 59, 301; *dies.* § 284 StGB im Spiegel des Verfassungsrechts: Das Urteil des BGH v. 16.8.2007 – 4 StR 62/07 zur Strafbarkeit unerlaubter Sportwettenvermittlung vor und nach dem Sportwettenurteil des Bundesverfassungsgerichts vom 28.3.2006, ZfWG **2007** 364; *ders./Steegmann* Zur Mithaftung von Kreditinstituten und sonstigen Teilnehmern am illegalen Glücksspiel (gem. §§ 284, 287 StGB), WRP **2006** 1293; *Heine* Oddset-Wetten und § 284 StGB, wistra **2003** **441**; *Hermes/Horn/Pieroth* Der Glücksspielstaatsvertrag: 3 verfassungs- und europarechtliche Gutachten (2007); *Höpfel* Probleme des Glücksspielstrafrechts, ÖJZ **1978** 421 und 458; *ders.* Zum Beweisthema der Abhängigkeit eines Spiels vom Zufall, Jahrbuch Überblicke Mathematik 1978, S. 185; *Höxter/Bahr* Deutsche Glücksspielgesetze (2008); *Hofmann/Mosbacher* Finanzprodukte für den Fußballfan: strafbares Glücksspiel? NStZ **2006** 249; *Holznagel/Ricke* BVerfG: Sportwetten, MMR **2006** 303; *Horn* Zum Recht der gewerblichen Veranstaltung und Vermittlung von Sportwetten, NJW **2004** 2047; *ders.* Die Rechtsprechung des BVerfG zum staatlichen Sportwettenmonopol, JZ **2006** 789; *ders.* Anmerkung zum Urt. des EuGH v. 6.3. 2007 – „placanica", JZ **2007** 736; *ders./Fischer* Rechtsfragen der Werbung für privat veranstaltete Sportwetten, GewArch **2005** 217; *Hund* Beteiligung verdeckter Ermittler am Glücksspiel, NStZ **1993** 571; *Hübsch* Veranstaltung und Vermittlung von Sportwetten ohne Erlaubnis – ein Glücksspiel? GewArch **2004** 313; *Janz* Rechtsfragen der Vermittlung von Oddset-Wetten usw., NJW **2003** 1694; *ders.* 1:0 für private Wettanbieter? – Die Sportwettenentscheidung des BVerfG vom 28.3. 2006, 1 BvR 1054/01, NWVBl **2006** 248; *Jens* Der nationale Strafrechtsanwender unter dem Einfluss des Europäischen Gemeinschaftsrechts (2006); *Kendziur* Wettbewerbswidrige Sportwettenangebote auch bei rechtswidriger Versagung einer Genehmigung? ZUM **2007** 193; *Klam* Die rechtliche Problematik von Glücksspielen im Internet (2002); *Kleinschmidt* Interaktive Gewinnspielshows im TV – Eine illegale Glücksspielveranstaltung? MMR **2004** 654; *Klengel/Heckler* Geltung des deutschen Strafrechts für vom Ausland aus im Internet angebotenes Glücksspiel, CR **2001** 243; *Klenk* Der Lotteriebegriff in straf- und steuerrechtlicher Sicht, GA **1976** 361; *Korte* Das staatliche Glücksspielwesen (2003); *Kretschmer* Karlsruhe, die Sportwetten und das Strafrecht – ein verfassungs- und europarechtliches Glücksspiel? ZfWG **2006** 52; *ders.* Poker – Ein Glücksspiel, ZfWG **2007** 93; *Kühne* Einige Bemerkungen zu Fragen des Glücksspiels bei Sportwetten, Festschrift für Friedrich-Christian Schroeder (2006) 545; *Lampe* Falsches Glück – BayObLG NJW 1993, 2820, JuS **1994** 737; *ders.* Urteilsanm. zu BGHSt **34** 171, JR **1987** 383; *Lange* Das Glücksspielrecht – ein Stück steckengebliebener Strafrechtsreform, Festschrift Dreher (1977) 573; *Leipold* Die Sportwette – ein strafrechtliches Problem, NJW-Spezial **2005** 183; *Lenckner* Behördliche Genehmigungen und der Gedanke des Rechtsmißbrauchs im Strafrecht, Festschrift Pfeiffer (1988) 27; *Lesch* Die Sportwette als Glücksspiel im Sinne des § 284 StGB? GewArch **2003** 321; *ders.* Sportwetten via Internet, wistra 2005 241; *ders./Wallau* Glücksspiel trotz fehlender Gewinnmöglichkeit, GewArch **2002** 447; *Leupold/Walsh* Rien ne va plus? Die Entwicklung des deutschen Sportwettenmarktes nach dem Urteil des BVerfG vom 28.03.2006, Az 1 BvR 1054/01, WRP **2006** 973; Lüderssen Aufhebung der Straflosigkeit gewerblicher Spielvermittler durch den neuen Staatsvertrag zum Glücksspielwesen, NStZ **2007** 15; *ders.* Keine Strafdrohung für gewerbliche Spielvermittler (2006); *Lukes* Rechtliche Schranken für Glücksspiele, Lotterien und Ausspielungen, Festschrift Stree/Wessels (1993) 1013; *Mankowski* Vermittlung von Internetsportwetten für ausländische Veranstalter, MMR **2002** 552; *Meurer/Bergmann* Tatbestandsalternativen beim Glücksspiel, JuS **1983** 668; *Meyer* Verbotsirrtum im Ordnungswidrigkeitenrecht, JuS **1983** 515; *Meyer* Sportwetten als illegales Glücksspiel, JR **2004** 447; *Möhrenschlager* Das OrgKG – eine Übersicht nach amtlichen Materialien, wistra **1992** 281, 326; *Mosbacher* Ist das ungenehmigte Veranstalten und Vermitteln von Sportwetten noch strafbar? NJW **2006** 14; *Mülbert/Böhmer* Ereignisbezogene Finanzprodukte, WM **2006** 985; *Nolte* Hinterziehung verfassungswidriger und „verfassungswidrig" genannter Steuern (2005); *Odenthal* Die Strafbarkeit der regelwidrigen Veranstaltung gewerberechtlich erlaubter Spiele, GewArch **1989** 222; *ders.* TV-Gewinnspiele – unerlaubtes Glücksspiel, GewArch **2002** 315; *ders.* Virtuelle Geldspielgeräte im Internet, GewArch **2006** 58; *ders.* Gewinnabschöpfung und illegales Glücksspiel, NStZ **2006** 14; *Ohlmann* Lotterien und Glücksspiele in Deutschland, ZfWG 2007 101; *Otto* Gewerbliche Spielgemeinschaften als Lotterie, Jura **1997** 385; *ders.* Spielgewinn ohne Spiel. Strafrecht als Mittel der Bekämpfung sozial lästiger Verhaltensweisen, Gedächtnisschrift Meurer (2002) 263; *Petropoulos* Die Strafbarkeit des Sportwettens mit festen Gewinnquoten, wistra **2006** 332; *Pfeifer/Fischer* „Glücksspiel trotz fehlender Gewinnmöglichkeit?" GewArch **2003** 21; *Pfister* Rechtsprobleme der Sportwette (1989); *Pischel* Verfassungsrechtliche und europarechtliche Vorgaben für ein staatliches Glücksspielmoopol – Aktuelle Entwicklungen und Tendenzen, GRUR **2006** 630; *ders.* Das Glücksspielmonopol im Dickicht deutscher Verwaltungsgerichte, WRP **2006** 1413; *Postel* Glücksspiel im europäischen Binnenmarkt nach „Gambelli" und „Placanica" und vor „Winner Wetten", EuR **2007**

317; *ders.* Das Glücksspielstrafrecht im Fokus des Gemeinschafts- und Verfassungsrechts, WRP **2006** 703; *ders.* Konformität der deutschen Rechtslage mit Gemeinschaftsrecht – was bringt die Entscheidung des EuGH in dem Vorabentscheidungsersuchen „Placanica"? ZfWG **2006** 93; *ders.* Glücksspielrechtliche Wirkungen des tatsächlichen Inhalts der nach dem DDR-Gewerbegesetz erteilten Erlaubnisse, ZfWG **2007** 181, 328; *Rausch* Die verfassungsrechtliche Unzulässigkeit staatlicher Monopole bei Sportwetten GewArch **2001** 109; *Rengier* Die öffentlich-rechtliche Genehmigung im Strafrecht, ZStW **101** (1989) 874; *Rossen-Stadtfeld* Sportwettenwerbung im Programm privater Fernsehveranstalter, ZUM **2006** 793; *Ruttig* Das staatliche Monopol für Sportwetten und das BVerfG, ZUM **2006** 400; *ders.* „Verkaufsverlosungen" – Verkaufsförderung zwischen Gewinnspiel und Sonderangebot, WRP **2005** 925; *Sack* Das Hütchenspiel – ein eindeutiger Betrug, NJW **1992** 2540; *Scheidler/Büttner* Das „ODDSET"-Urteil des Bundesverfassungsgerichts und seine Folgen, GewArch **2006** 401; *Schild* Die Öffentlichkeit der Lotterie des § 286, NStZ **1982 446**; *D. Schmidt* Zum Begriff des Werbens in § 284 IV und § 287 II StGB n.F. ZRP **1999** 308; *F. Schmidt* „Liberalisierung" des Glücksspielmarktes durch Rechtsbruch, WRP **2005** 721; *ders.* Privates Glücksspielmonopol für Sportwetten auf der Grundlage von DDR-Genehmigungen, WRP **2004** 1145; *Schmitt* Strafrechtlicher Schutz des Opfers vor sich selbst? Festschrift Maurach (1972) 113; *Schmitt* Vermittlung von Sportwetten – Straftat oder Bagatelle, ZfWG **2006** 11; *Schoene* Zum Begriff „Veranstaltung" i.S.d. § 286 StGB, NStZ **1991** 469; *Scholz/Weidemann* Das Staatsmonopol für Veranstaltung und Vermittlung von Sportwetten und anderen Glücksspielen – Zur Verfassungsmäßigkeit des Entwurfs für einen Staatsvertrag zum Glücksspielwesen, WiVerw **2007** 105; *dies.* Die bundesweite Tatbestandswirkung von DDR-Sportwettenerlaubnissen und ihre Konsequenzen für den geplanten Glücksspielstaatsvertrags – Zur Kritik des BVerwG-Urteils vom 1. Juni 2006, ZfWG **2007** 83; *Schulz* Call In Shows mit Mehrwertdiensten, CR **2006** 164; *Siara* Zur Legalität und Illegalität von Sportwetten – Eine Bestandsaufnahme, ZfWG **2007** 1; *Sieber* Logistik der Organisierten Kriminalität in der Bundesrepublik Deutschland, JZ **1995** 758; *Sieber/Bögel* Logistik der organisierten Kriminalität (1993) – Glücksspiel S. 234; *Sievers* Werbung für Glücksspielangebote, ZfWG **2006** 104; *Sievers* Werbung für Glücksspielangebote, ZfWG **2006** 104; *Steegmann* Sportwetten zu festen Gewinnquoten als Glücksspiele im Sinne des § 284 StGB, ZfWG **2007** 410; *Stein* Anmerkung zum Urteil des EUGH im Fall „Placanica" u.a., ZfWG **2007** 133; *Stein/v. Butlar* Europarechtliche Konsequenzen eines begrenzten Lizenzierungsmodells für die (private) Veranstaltung von Sportwetten, ZfWG **2006** 273; *Stögmüller* Glücksspiele, Lotterien und Sportwetten im Internet, K&R **2002** 27; *Streinz* Rechtsprechungsübersicht zur Placanica-Entscheidung des EuGH, JuS **2007** 1040; *Summerer* Zur Zulässigkeit, Verbindlichkeit und Bewerbung von Sportwetten, SpuRt **1999** 117; *Thalmair* Wettgeschäft ohne Grenzen? GewArch **1995** 274; *Tettinger* Grenzüberschreitendes Glücksspiel – Internetangebote und europäischer Binnenmarkt, GewArch **2005** 49; *Tettinger/Ennuschat* Grundstrukturen des deutschen Lotterierechts (1999); *Thumm* Strafbarkeit des Anbietens von Internetglücksspielen gemäß § 284 StGB (2004); *Tolkemit* Die deutsche Glücksspielindustrie (2002); *Uwer* Monopolisierung und Pathologisierung – Ein Länder-Trauerspiel über das Glücksspiel, NJW **2006** 3257; *Volk* Glücksspiel im Internet (2005); *Voßkuhle/Baußmann* Die Veranstaltung und Vermittlung von Sportwetten auf der Grundlage einer DDR-Gewerbegenehmigung, GewArch **2006** 395; *Voßkuhle/Bumke* Rechtsfragen der Sportwette (2002); *Wallau* Einordnung so genannter Fun Games als Glücksspiel, GewArch **2004** 301; *Wettling* Die behördliche Erlaubnis zur Veranstaltung von Glücksspielen in Vereinen, GewArch **1977** 9; *Weber* Strafrechtliche Aspekte der Sportwette, in: Pfister (Hrsg.) Rechtsprobleme der Sportwette (1989) 39; *Widmaier* Strafrechliche Konsequenzen aus dem Urteil des BVerfG v. 28.3.2006 (1 BvR 1054/01) für die Zeit bis zur Neuregelung des Rechts der Sportwetten, Parteigutachten vom 5.5.2006 einsehbar unter www.vewu.com [Stand 17.6.2007]; *Wiring* Das deutsche Glücksspielmonopol – Politisch gewollt, gemeinschaftsrechtlich nicht haltbar? ZfWG **2007** 203; *Wohlers* Der Tatbestand der unerlaubten Veranstaltung eines Glücksspiels, JR **2003** 388; *ders.* Die Qualifizierung von Sportwetten als Glücksspiele im Sinne des § 284 StGB, JZ **2003** 860; *Wolf* Zur strafrechtlichen Problematik des Glücksspiels (1973); *Wrage* Allgemeine Oddset-Sportwetten: Zur Strafbarkeit des Buchmachers, JR **2001** 405; *ders.* Anmerkungen zu den neu geschaffenen Werbungsverboten gem. § 284 IV, § 287 II StGB, ZRP **1998** 426.

Vgl. auch die Schrifttumsverzeichnisse bei Vorbem. zu § 284 Rdn. 13 sowie bei Vorbem. zu § 287 vor Rdn. 1.

Älteres Schrifttum

Astl/Rathleff Das Glücksspiel (1965); *Bockelmann* Zur Strafbarkeit der Scheinausspielung, NJW **1952** 855; *Bundeskriminalamt* (Hrsg.) Bekämpfung von Glücks- und Falschspiel (1955); *Delius* DStrZ **1920** 192; *Epple* Das strafbare Glücksspiel, Diss. Tübingen 1932; *Eschenbach* Glücks- und Falschspiel, Handwörterbuch der Kriminologie Bd. **1** S. 350; *Fiedler* Die strafrechtliche Beurteilung des Hydrasystems, Diss. Breslau 1929; *Geiger* Das Glücksspiel im geltenden Strafrecht und nach den neuesten Strafgesetzentwürfen, Diss. Tübingen 1932; *Groebe* Wann sind Preisausschreiben strafbare Ausspielung, verlorene Zugabe oder unlauterer Wettbewerb? NJW **1951** 133; *Holp* Glücksspiele und ihre Gewinnchancen (1914); *Hennke* Die Gültigkeit der Strafbestimmungen in den Sportwettengesetzen der Länder; *Kern* Neue Formen erlaubter und unerlaubter Ausspielung (1925); *Kriegsmann* Das Glücksspiel, VDB Bd. **6** S. 373; *Kraus* Spielbankverbot und Bonner Grundgesetz (1952); *ders.* Buch der Glücksspiele (1952); *Mansfeld* Die strafrechtliche Beurteilung der Preisausschreiben, JW **1924** 1704; *Magenau* Die strafrechtliche Würdigung des Hydrasystems, Diss. Tübingen 1933; *Örtel* Die strafrechtliche Behandlung der Geldspielautomaten, DJZ **1909** 1240; *Roehler* Die strafbaren Handlungen betr. das Glücksspiel (1927); *Rönnberg* Die Beschränkung der Lotterieerlaubnis, JW **1911** 436; *ders.* Auszahlung der Gewinne von Wertlotterien in bar, JW **1911** 794; *Roth* Das Große Los (1965); *Sander* Die rechtliche Behandlung des modernen Hydrasystems (1931); *Schiffer* Zur Lehre vom Glücksspiel, GS **51** (1895) 184; *Eb. Schmidt* Das Gesetz gegen das Glücksspiel v. 23.12.1919, ZStW **41** (1920) 612; *Sprung* Roulette, Spiel und Betrug (1967); *Stenglein* Glücksspiel und Wette, ZStW **3** (1883) 111; *Votteler* Das strafbare Glücksspiel im geltenden Recht, Diss. Tübingen 1931; *Weiss* Das Gesetz gegen das Glücksspiel, DStrZ **1920** 27; *Weiser* Begriff, Wesen und Formen des strafbaren Glücksspiels, Leipziger rechtswissenschaftliche Studien, Heft 49 (1930).

Entstehungsgeschichte

Das Glücksspiel in geschlossenen Gesellschaften blieb noch unter Geltung des **Strafgesetzbuches von 1871** straffrei. §§ 284–286 RStGB a.F. pönalisierten allein das gewerbliche, öffentliche Glücksspiel. Durch die Gesetzesnovelle vom 23. Dezember 1919 („**Gesetz gegen Glücksspiel**", RGBl. I 1919, S. 2145) erhält das RStGB einen im wesentlichen den heutigen Vorschriften entsprechenden Straftatbestand (Darstellung bei *Belz* Glücksspiel S. 5), in dem das öffentliche Glücksspiel unter Genehmigungsvorbehalt für strafbar erklärt wird. Die Verschärfungen gegenüber der bisherigen Glücksspielnorm erfolgt durch die Ausweitung der Strafbarkeit auch auf das Veranstalten und Durchführen öffentlicher und in Vereinen oder geschlossenen Gesellschaften veranstalteter Glücksspiele und umfasst nunmehr auch die Beteiligung an diesen Glücksspielen. Durch Einführung des Genehmigungsvorbehaltes sollte ein staatlich kontrollierbares Ventil zur Freilassung des Spieltriebes geschaffen werden (*Lange* FS Dreher, S. 573 ff). Hintergrund dieser verschärften Regelung war die nach dem verlorenen Ersten Weltkrieg als bedrohlich empfundene Ausbreitung des Glücksspiels einerseits und die allgemeine Not breiter Bevölkerungsschichten andererseits (vgl. *Berg* GewArch 1976, 249, *Brandl* Spielleidenschaft S. 15, *Volk* Glücksspiel S. 6). Erst mit dem **Gesetz über die Zulassung öffentlicher Spielbanken** vom 14. Juli 1933 wurde der Betrieb von Spielbanken wieder ermöglicht. Im Jahre 1952 diskutierte der Bundestag erneut über das 1933 aufgehobene generelle Verbot von Spielbanken (BTDrucks. 1 WP, Nr. 2996), allerdings wird ein entsprechendes Gesetz nicht verabschiedet.

Durch das **EGStGB** haben die einschlägigen Vorschriften eine nur geringfügige redaktionelle Änderung bzw. Anpassung an den Allgemeinen Teil erfahren; die gleichzeitige Streichung der Vorschriften über das gewerbsmäßige Glücksspiel (§§ 285, 285a) wurde mit deren in mehrfacher Hinsicht unbefriedigenden Fassung und dem für ausreichend gehaltenen Strafrahmen der Grundtatbestände begründet (EEGStGB BTDrucks. 7/550

S. 263; *Göhler* NJW **1974** 833), eine Einschätzung, die der Gesetzgeber zwischenzeitlich revidiert hat. Denn durch das **OrgKG 1992** (Art. 1 Nr. 21) wurde im Hinblick auf die OK-Relevanz der illegalen Veranstaltung von Glücksspiel in den derzeitigen Gestaltungsformen ein *Qualifikationstatbestand* (§ 284 Abs. 3) mit verschärftem Strafrahmen für die *gewerbsmäßige* und *bandenmäßige* Begehung/Veranstaltung vorgesehen. Der Zielsetzung, die erzielten erheblichen Einnahmengewinne abzuschöpfen und damit der organisierten Kriminalität finanzielle Ressourcen für weitere Straftaten zu entziehen (EOrgKG BTDrucks. 12/989 S. 20, 29), wurde durch die Einfügung des § **286** (§ 285b a.F.) Rechnung getragen. Diese Vorschrift dehnte den Anwendungsbereich der Vermögensstrafe und des erweiterten Verfalls auf den Bereich gewerbsmäßigen und bandenmäßigen Handelns nach § 284 Abs. 1, 3 aus. Als *flankierende gesetzgeberische Maßnahme* ist die im *GewOÄndG* 1993 (Rdn. 19) vorgesehene Schaffung weiterer Versagungsgründe für die Unbedenklichkeitsbescheinigung des BKA (UB BKA) und damit für die gewerberechtliche Genehmigung (vgl. §§ 33d, e GewO) zu sehen, die von den Tätern als Alibi zur Verschleierung unerlaubten Glücksspiels missbraucht wurde, um dem Spielbetrieb einen legalen Anstrich zu verschaffen (zu den Umgehungsmodalitäten vgl. *Sieber/Bögel* Logistik S. 325). Im Rahmen des § **287 Abs. 1** (§ 286 Abs. 2 a.F.) stand lange die umstrittene Beurteilung und Erfassbarkeit *progressiver Werbe- und Absatzsysteme* im Vordergrund des Interesses. Die Rechtsprechung hat versucht, die dem viel allgemeineren Zweck der Verhinderung nicht genehmigter Ausspielungen dienende Vorschrift des § 286 Abs. 2 a.F. möglichst weitgehend gegen diese Formen unlauteren Wettbewerbs einzusetzen. Diese gesetzliche Grundlage hat jedoch nach den Erfahrungen der Praxis für ein wirksames Einschreiten nicht ausgereicht.

Gesetzesmaterialien. OrgKG 1992: Gesetzentwurf des Bundesrats zur Bekämpfung des illegalen Rauschgifthandels und anderer Erscheinungsformen der organisierten Kriminalität, BTDrucks. 12/989; Beschlußempfehlung und Bericht des Rechtsausschusses, BTDrucks. 12/2720.

6. StrRG: Reg. Entwurf BTDrucks. 13/8587; Stellungnahme Bundesrat BRDrucks. 164/97 (Beschluß); Beschlußempfehlung des RAussch. BTDrucks. 13/8991; Schriftl. Bericht BTDrucks. 13/9064; Gesetzesbeschluß BRDrucks. 931/97.

Lotterie-Staatsvertrag vom 18.12.2003/13.2.2004, der mit Wirkung zum 1.1.2008 durch den **Glücksspielstaatsvertrag** vom 14.12.2006 ersetzt worden ist.

Übersicht

	Rdn.
I. Unerlaubtes Glücksspiel und seine tatbestandliche Erfassung im StGB	
1. Derzeitiger Regelungsstand nach dem 6. StRG und weitergehende Änderungsbestrebungen	1
2. Begriffliche Aspekte und Entwicklung des Glücksspielrechts	2
3. Statistische Übersicht	4
4. Kriminologische und kriminalpolitische Aspekte	5
5. Rechtsgut – Meinungsspektrum	6
6. Diskussion um Schutzzweck und Strafgrund	7
a) Reformbestrebungen und ältere Diskussion	7
b) Die Entscheidung des BVerfG vom 28. März 2006	8
c) Die Rechtsprechung des EuGH	8c
d) Der neue Staatsvertrag zum Glücksspielwesen (GlüStV)	9
e) Einschlägige Schutzbelange	10
f) Der Schutz des § 287 StGB	11
II. Progressive Systeme	12
III. Spielrecht – Übersicht und Regelungszusammenhänge	13
1. Gewerberechtliche Regelung der Spiele (Regelungsbereich der GewO)	14
a) Aufstellung von Spielgeräten mit Gewinnmöglichkeit (§ 33c GewO)	15
b) Zulassungsfähige andere Spiele (§ 33d GewO)	17
aa) Abweichung von zugelassenen Spielbedingungen	18
bb) Mangelnde Genehmigungsfähigkeit (§ 33e GewO) bei	

	Rdn.
manipulationsanfälligen Spielen (GewOÄndG 1993)	19
c) Erlaubnisbefreite Spiele (§ 5a SpielV)	20
d) Unterhaltungsautomaten, Weiterspielmarken	20a
e) Reisegewerbe und Lotterielose . .	21
2. Staatlich konzessioniertes Glücksspiel, insbesondere Spielbanken	22
3. Rennwettgesetz	24
4. Wettbewerbsrechtliche Schranken . .	25
IV. Auswirkungen exzessiver Spielmotivation auf die Schuldfähigkeit	26

I. Unerlaubtes Glücksspiel und seine tatbestandliche Erfassung im StGB

1 **1. Derzeitiger Regelungsstand nach dem 6. StRG und weitergehende Änderungsbestrebungen.** Die Materie des unerlaubten Glücksspiels ist trotz anerkannter Reformbedürftigkeit keiner grundlegenden Neuregelung unterzogen worden. Das 6. StrRG (BGBl. **1998** I S. 164, 180; in Kraft getreten am 1.4.1998) hat in Art. 1 Nr. 73–75 mit dem Zweck einer Rechtsbereinigung die einschlägigen Vorschriften umbeziffert: § 284a a.F. in *§ 285* n.F., § 285b a.F. in *§ 286* n.F., § 286 a.F. in *§ 287* n.F. Auf Anregung des Bundesrats (BRDrucks. 164/97 [Beschluss] S. 27 f; BTDrucks. 13/8587 S. 67 f) kam es mit der Neufassung der §§ 284, 287 weitergehend zu **sachbezogenen** Änderungen bzw. Ergänzungen, die die *Handlungsmodalitäten* (Art. 1 Nr. 75) und ergänzende *Werbungsalternativen* (Art. 1 Nr. 72 und 75) betreffen. **a) § 287 Abs. 1** fasst nunmehr zum einen Lotterie und Ausspielung in *einem* Absatz redaktionell zusammen. Zum anderen werden neben dem Veranstalten *weitere* Handlungsmodalitäten aufgeführt, die dem *Veranstaltungsbereich* zugerechnet werden. Die Neufassung zielt nach der Begründung der Bundesratsstellungnahme (BRDrucks. 164/97 [Beschluss] S. 28) und dem Bericht (BTDrucks. 13/9064 S. 20 f) vor allem auf Anbieter aus dem Ausland, die eine der umschriebenen Handlungen gegenüber einem Spielinteressenten in Deutschland vornehmen und damit ihr Vertriebsgebiet ohne behördliche Erlaubnis nach Deutschland ausdehnen. Die auf den Abschluss von Spielverträgen bezogenen Handlungsbeschreibungen dienen ersichtlich der *beispielhaften* Bestimmung des Veranstaltungsmerkmals. Der sachliche Anwendungsbereich der Strafvorschrift soll durch die Änderung lediglich klargestellt, *nicht* aber erweitert werden (Bericht BTDrucks. 13/9064 S. 21). **b)** Die vom Bundesrat angeregte Neufassung führt ferner zu einem **strafbewehrten Werbungsverbot** für nicht behördlich erlaubte Ausspielungen/Lotterien *(§ 287 Abs. 2)*, das bereits die allgemein werbende Ankündigung erfasst. Diese Ergänzung hat **Auffangfunktion**, zielt vor allem auf Werbeaktivitäten von ausländischen Anbietern in Deutschland und soll einer entsprechenden Werbung in deutschen Publikationen entgegenwirken. Sie soll mögliche Schwierigkeiten bei der Durchsetzung des in § 287 Abs. 1 neu gefassten Veranstaltungsverbots schon im Vorfeld strafrechtlich abfedern. Eine entsprechende Regelung ist auch bei § 284 als *Absatz 4* mit der Begründung eingefügt worden, dass sich die Angebote über neue Medien nicht nur auf Lotterien, sondern auch auf andere Glücksspiele erstrecken. **c)** Das weitergehende Bestreben, die Tathandlungen in § 287 Abs. 1, 2 durch eine vorauszusetzende **gewerbsmäßige** Begehung einzuschränken (Änderungsantrag Nr. 13, Bericht BTDrucks. 13/9064 S. 8), hat im Rechtsausschuss keine Mehrheit gefunden; ebenso wenig ein noch weitergehender Änderungsvorschlag des Bundesrats (BTDrucks 13/8587 S. 67), der sich an den Handlungsmodalitäten von § 6 RennwettG orientierte (s. dazu im Einzelnen *v. Bubnoff* LK 11. Aufl. vor § 284 Rdn. 2). Der **wettbewerbsrechtlich ausgerichtete** Tatbestand des **§ 16 Abs. 2 UWG** (in Kraft getreten am 8. Juli 2004 im Rahmen der UWG-Reform; § 6c UWG a.F., eingefügt durch das **2. WiKG 1986**), hat hier zwar in wesentlichem Umfang zur Schließung von Lücken im Strafschutz beigetragen. Er hat sich allerdings als unzureichend zur Bewältigung aller strafwürdigen progressiven Gestaltungsformen erwiesen (LK

Vorbem. § 287 Rdn. 11 ff); die strafrechtliche Erfassbarkeit der Kettenbriefsysteme ist weiterhin Diskussionsgegenstand (vgl. BGHSt **34** 171, 179), ebenso die der sog. **Geldgewinnspiele/Pyramiden-Gewinnsysteme** (LK Vorbem. § 287 Rdn. 2, 5, 15; OLG Celle NJW **1996** 2661; *Otto* wistra **1997** 81; *Finger* ZRP **2006** 159, 160 zusammenfassend *Brandl* Spielleidenschaft S. 168 ff.).

2. **Begriffliche Aspekte und Entwicklung des Glücksspielstrafrechts.** Das von den §§ 284–287 erfasste Glücksspiel hat mit dem **Spiel im ursprünglichen Sinne** kaum etwas zu tun. Letzteres ist ein bereits dem Kleinkind innewohnender Hang, der als ziellose Funktionsausübung, als selbstzweckhafte Tätigkeit aus Freude an ihr selbst ohne praktische Zielsetzung (vgl. *Kummer* in Aubin, Landesberichte S. 15) bezeichnet wird. Das Glücksspiel hat dagegen, wenn es auch vielfach nur der Unterhaltung dient, ein bestimmtes Ziel; meist ist es auf die Erlangung wirtschaftlicher Vorteile gerichtet (vgl. RGSt **40** 21, 32 f). Es hat eine lange Geschichte und ist schon früh mit staatlichen Mitteln bekämpft oder mindestens gelenkt oder kontrolliert worden.[1] Umfang und Bedeutung haben je nach den Zeitverhältnissen gewechselt. Bei Schaffung des StGB hielt sich die Strafsanktion in engeren Grenzen als heute und erfasste im § 284 nur die – wegen der Möglichkeit des Falschspiels allerdings besonders gefährliche – gewerbsmäßige Ausübung (vgl. *Eschenbach* Glücksspiel S. 350, 363). Die Ausuferung der Spielleidenschaft nach dem Ersten Weltkrieg führte zu einer wesentlichen Verschärfung der Kernbestimmungen, die durch das Gesetz vom 23.12.1919 (RGBl. I S. 2145) bis auf geringfügige spätere Änderungen ihre jetzige Fassung erhielten. Die Gründe für diese Verschärfung wurden vom Reichsjustizministerium unter Berücksichtigung der Nachkriegsfolgen deutlich umrissen und gekennzeichnet (*Astl/Rathleff* Glücksspiel S. 12). Andererseits hat sie sehr bald auch Kritik hervorgerufen; es ist darauf hingewiesen worden, dass der Strafschutz, insbesondere in § 284 Abs. 2, übermäßig weit in die Privatsphäre eingreife und kaum geeignet sei, eine Änderung der Auswüchse herbeizuführen.[2] Zur Entwicklung des Glücksspiels, seiner zunehmenden Begrenzung und Sanktionierung vgl. *Brandl* Spielleidenschaft S. 9–15; *Lampe* JuS **1994** 737 f. Die Annahme, dass die Spielleidenschaft/der Spieltrieb in der Bevölkerung heute weitgehend durch legale Spielmöglichkeiten, durch volkstümliche, genehmigte Spiele wie Zahlenlotto, Sportwetten, Geldspielautomaten und gewerberechtlich zugelassene Gewinnspiele (Rdn. 14 f) aufgefangen werden, dürfte aufgrund der langjährigen Erkenntnisse der Kriminalämter, der indiziellen statistischen Erhebungen zu den auf §§ 284, 285 gestützten polizeilichen Ermittlungsverfahren (Rdn. 5) unter Berücksichtigung der insoweit naturgemäß hohen Dunkelziffer sowie der Angebotslage illegaler Veranstaltungen nicht unwesentlich relativiert sein. Das Interesse am (unerlaubten) Glücksspiel mit Gewinnmöglichkeiten scheint in Teilen der Bevölkerung nach wie vor stark ausgeprägt. Bedeutung und Gefahrenpotential der derzeitigen Glücksspielszene sind nicht zuletzt im Hinblick auf den festgestellten OK-Bezug und die bedeutenden Einnahmemöglichkeiten illegaler Glücksspielveranstaltungen nicht gering zu schätzen (EOrgKG BTDrucks. 12/989 S. 21, 28; *Sieber/Bögel* Logistik S. 234). Das zeigen auch die auf Eindämmung gerichteten gesetzgeberischen Maßnahmen im OrgKG 1992 und im GewOÄndG 1993 (Rdn. 13). Allerdings ist die Zahl der Verfahren im Bereich der OK in Bezug auf Straftaten mit dem Nachtleben, worunter auch das illegale Glücksspiel gefasst wird, in den letzten Jahren rückläufig. So war das Glücksspiel im Jahr 2005 nur in einem Verfahren, im Jahr 2004 in drei Verfahren relevant (vgl. BKA Lageberichte OK 2005 S. 22; 2004 S. 28; 2003: keine Angabe; 2002: zwei Verfahren, S. 22). 2

---

1 Vgl. *Kraus* Buch der Glücksspiele S. 1 ff; *Liszt/Schmidt*[25] S. 693; RGSt **40** 21, 33 ff.

2 *Weiss* DStrZ **1920** 27; *Delius* DStrZ **1920** 197; *Eberhard Schmidt* ZStW **41** (1920) 612.

3 Das **Lagebild** zum illegalen Glücksspiel (vgl. BKA-Lagebericht 1994 u.a.) ist – unter Außerachtlassung der Veranstaltung unerlaubter Lotterien und Ausspielungen – vor allem durch folgende Erscheinungsformen gekennzeichnet:

a) Illegales Glücksspiel in offiziell **angemeldeten Spielcasinos** durch **Abänderung der Spielregeln** der genehmigten Beobachtungsspiele, vor allem in Form des klassischen Roulette, Black Jack und Baccara (*Sieber* JZ **1995** 758 f), aber auch durch den Betrieb von sog. „einarmigen Banditen" (vgl. BayVGH GewArch **1995** 375). Auf die gesetzgeberischen Maßnahmen zur Eindämmung im Wege der Einschränkung des genehmigungsfähigen Bereichs (§ 33e Abs. 1 Satz 2 und 3 GewO n.F.) reagiert die Glücksspielszene mit Verlagerungs-, Abschottungs- und Umgehungsmaßnahmen sowie mit Warn- und Informationssystemen.

b) (Weiter-)Betrieb derartiger, gewerberechtlich nicht mehr genehmigungsfähiger (Rdn. 19) Spielstätten als **gewerberechtlich nicht genehmigungspflichtiger Verein**, etwa als Verein „zur Pflege von Geschicklichkeitsspielen aller Art" oder als Backgammon-Verein zur Verschleierung des tatsächlich veranstalteten Glücksspiels (vgl. VGH BaWü GewArch **1990** 149).

c) **Kartenspiele mit hohem Einsatz** oder andere unerlaubte Glücksspiele in *nach außen getarnten und abgeschotteten* Räumen (Hinterzimmern etc.) mit speziellen Informationssystemen für Stammspieler über die jeweiligen Spielstätten, der Einsatz mobiler Roulettetische etc.

d) Das in der Regel auf der Straße gespielte **Hütchenspiel**. Zu dessen Spielgestaltung und Organisationsgrad vgl. BGHSt **36** 74 und *Sieber/Bögel* Logistik S. 238, 247, 251, 258, zugleich zur Logistik des illegalen Glücksspiels insgesamt (S. 237 ff). Die Kriminalität im Zusammenhang mit *diesem* Spiel wird als derzeit rückläufig gekennzeichnet.

4 **3. Statistische Übersicht.** Die *polizeiliche Kriminalstatistik* ergibt für die unter dem rechtlichen Gesichtspunkt der Veranstaltung unerlaubten Glücksspiels (§§ 284, 287) erfassten Fälle folgende Zahlen:

1987	3491	**1997**	1677
1988	2690	**1998**	1485
1989	2216	**1999**	1378
1990	2899	**2000**	2282
1991	2852*	**2001**	1345
1992	1670*	**2002**	1322
1993	2019**	**2003**	1249
1994	1598	**2004**	1674
1995	1788	**2005**	1822
1996	1879	**2006**	1968

* einschl. Gesamtberlin

** einschl. der neuen Bundesländer ab 1993

Der Glücksspielbereich weist im Hinblick auf zunehmende Abschottungs- und Umgehungsmaßnahmen der Glücksspielszene zur Verhinderung wirksamer polizeilicher Kontrollen und die dadurch eingeschränkten Ermittlungs- und Zugriffsmöglichkeiten eine hohe Dunkelziffer auf. Darauf weist auch die hohe Aufklärungsquote von 98,5 % im Jahre 2006 (2005: 97,5 %)[3] hin.[4] Der Zahlenrückgang seit 1992 dürfte jedenfalls auch auf die gesetzgeberischen Aktivitäten zur Eindämmung des Missbrauchs im gewerberechtlichen Bereich (Rdn. 19), auf eine Verunsicherung und ein reaktives Abtauchen der illegalen Glücksspielszene, eine noch nicht abgeschlossene Neuformierung und möglicherweise auch auf Aufklärungserfolge in der Bevölkerung als potentiellem Opfer zurückzuführen sein.

Nach der **Rechtspflegestatistik** des Statistischen Bundesamtes liegen die Verurteiltenzahlen für den Zeitraum von 1988–1998 um die 700 Fälle, seither sind sie tendenziell rückläufig und liegen nunmehr unter 500 Fällen: **1988** 728; **1989** 648; **1990** 633; **1991** 765; **1992** 701; **1993** 746; **1994** 654; **1995** 530; **1996** 666; **1997** 585; **1998** 640; **1999** 519; **2000** 388; **2001** 435; **2002** 357; **2003** 302; **2004** 293; **2005** 470. Die geringe Verurteilungsquote dürfte einmal auf nicht unerhebliche Beweisprobleme mit der Folge eines Freispruchs, zum anderen auf eine häufige strafprozessuale Ausscheidung der Glücksspielstraftaten im Hinblick auf schwerer wiegende Delikte (§§ 154, 154a StPO) oder auch auf Einstellungen wegen geringer Schuld (§§ 153, 153a StPO) zurückzuführen sein (hierzu *Füllkrug* Kriminalistik **1990** 101).

4. Kriminologische und kriminalpolitische Aspekte. Die Glücksspielszene agiert naturgemäß ohne jegliche missbrauchs- und gefahreneindämmende Kontrolle bezüglich Einsatz, Gewinnchance und Teilnehmerregistrierung zwecks möglichen Spielerausschlusses. Anknüpfend an den vermögensbezogenen Gefahrenansatz (Rdn. 10) kann die hier einschlägige Straftat indes nicht isoliert gesehen, muss vielmehr in einen weiteren kriminellen Bezugszusammenhang gestellt werden. Die illegale Veranstaltung von Glücksspielen in illegalen Spielcasinos und Scheinvereinen (vgl. BGH Beschl. v. 26.1.1993 – 2 ARs 548/92) wie auch das sog. „Hütchenspiel" ist nach der gesetzgeberischen Einschätzung (EOrgKG BTDrucks. 12/989 S. 24, 28) ein spezifischer Deliktsbereich der OK, entspricht nach dem Lagebild OK deren Qualifikationsmerkmalen (vgl. LK Vorbem. § 129 Rdn. 3) und stellt eine bedeutende Einnahmequelle organisierter Straftätergruppen dar. Zu den OK-relevanten Logistikelementen und den immensen Glücksspielerträgen vgl. *Sieber* JZ **1995** 764 und *Sieber/Bögel* Logistik S. 234, 281 ff. Unerlaubtes Glücksspiel ist oft milieutypische Begleitkriminalität, meist gewerbsmäßig (vgl. BGH Beschl. v. 26.1.1993 – 2 ARs 548/92) oder in bandenmäßiger Begehungsform (z.B. BGH NJW **1992** 1518 und bei *Schmidt* MDR **1993** 505), als solche durch eine qualifizierte Strafdrohung (§ 284 Abs. 3 i.d.F. des Art. 1 Nr. 21 OrgKG) herausgehoben; es steht vor allem in engem Zusammenhang mit der kriminellen Szene des Nacht- und Rotlichtmilieus.[5] Hier besteht in besonderem Maße die Gefahr einer Ausbeutung unerfahrener Personen und daher ein entsprechendes Schutzbedürfnis. Unter *Begleit- und Folgeaspekten* nicht außer Betracht bleiben dürfen hier auch einerseits die Nutzung des Glücksspielbetriebs zur Geldwäsche und die Erklärung „schmutziger" Gelder als Glücksspielgewinne (vgl. *Füllkrug* Kriminalistik **1990** 101; *Sieber* JZ **1995** 764) sowie die gezielt eingesetzte Korruption zwecks Konzessionserhalt, Sperrstundenverlängerung, Razzienverschonung etc., andererseits das – allerdings dem Glücksspiel generell anhaftende – Phänomen der Beschaffungskriminalität zur Erlangung von Geld für weitere Spieleinsätze (vgl. VGH BaWü GewArch **1990** 149, 150; *Meyer* Kriminalistik **1986** 212, 216). 5

[3] Polizeiliche Kriminalstatistik **2006** S. 40.

[4] Vgl. *Groeschke/Hohmann* MK Vor § 284 Rdn. 3.

[5] Vgl. EOrgKG BTDrucks. 12/989 S. 21, 24; BGHSt **36** 74; *Sieber/Bögel* Logistik S. 234.

6 5. **Rechtsgut – Meinungsspektrum.** Nicht einheitlich wird die Frage nach dem Schutzzweck der §§ 284 ff beantwortet. Nicht zuletzt die Eingrenzung der Tatbestandsfassung und damit der Reichweite bedingt eine kontroverse Meinungsvielfalt. Teilweise wird als **Angriffsgegenstand** das Vermögen der Spieler angesehen,[6] die vor der Ausuferung ihrer eigenen Leidenschaft (**and.** BGH MDR **1968** 938), vor allem aber vor der Ausbeutung durch andere bewahrt werden sollen (vgl. auch *Dietz* S. 12 ff, 28 ff, der als geschützte Rechtsgüter auch die Gesundheit des Einzelnen und seine wirtschaftliche Existenz ansieht; zur Gesundheit des Spielers s. auch BVerwG DÖV **2001** 961). Weiter werden (teilweise zusätzlich) Interessen, die der staatlichen Kontrolle zugrunde liegen, etwa die Absicherung eines ordnungsgemäßen Spielbetriebs (*Sch/Schröder/Eser/Heine* § 284 Rdn. 2c: *Barton/Gercke/Janssen* wistra **2004** 321, 325) bzw. die Gewährleistung einer manipulationsfreien Spielchance,[7] der Schutz vor Manipulationsanfälligkeit und heimlicher Manipulation (*Lampe* JR **1987** 384 und JuS **1994** 737, 741) angeführt (**krit.** hierzu neben Kindhäuser Vor §§ 284 Rdn. 5 auch *Herzog* EzSt § 284 Anm. zu Nr. 2, der hierin eine verschleierte Tatbestandsumwandlung in eine Strafvorschrift gegen das Falschspiel sieht) oder die staatliche Kontrolle der kommerziellen Ausbeutung der natürlichen Spielleidenschaft in den Vordergrund gestellt.[8] Als weitere Gesichtspunkte werden in der zumeist älteren Literatur die Verhinderung von Störungen des Wirtschaftslebens (wirtschaftliche Ordnung, Wirtschaftsmoral etc.),[9] Aspekte der Volksgesundheit (*Dietz* aaO) und der öffentlichen Sittlichkeit (vgl. *Kriegsmann* Glücksspiel S. 378) und des fiskalischen Nutzens (BRDrucks. 164/97 [Beschluss] S. 28 zu dem Entwurf eines 6. StrRG) genannt, wobei die letztgenannten Erwägungen aber in den Hintergrund treten und „nur am Rande vermerkt" werden. Schrifttumsnachweise zum Meinungsspektrum bei *Brandl* Spielleidenschaft S. 16–25; *Belz* Glücksspiel S. 11 ff. Nach der Zielsetzung des Gesetzgebers soll eine übermäßige Anregung der Nachfrage nach Glücksspielen verhindert, die wirtschaftliche Ausbeutung der natürlichen Spielleidenschaft unter staatliche Aufsicht gestellt und ein nicht unerheblicher Anteil der Einnahmen (mindestens 25%) für gemeinnützige Zwecke abgeschöpft werden (BTDrucks. 13/8587 S. 67; vgl. BVerfGE **115** 276, 304 ff). Eine nicht unwesentliche Rolle in der komplexen Rechtsgutdiskussion spielen auch Aspekte der öffentlichen Ordnung (vgl. E 1962 Begr. S. 544), präventiv-polizeiliche Schutzzwecke (BVerwG GewArch 1995 25, 26), der Schutz der Allgemeinheit vor den negativen Folgen (Beschaffungs-, Begleit- und Folgekriminalität) des der staatlichen Kontrolle entzogenen Glücksspiels.[10] Es liegt auf der Hand, dass die Bestimmung des Rechtsguts für die nähere Auslegung und Begrenzung der Tatbestandsmerkmale von Bedeutung ist; etwa ob die Bestrafung wegen verbotenen Glücksspiels einen Einsatz des Spielers und gegebenenfalls welchen voraussetzt (vgl. RGSt **65** 194). Zum Schutzzweck speziell des § 287 vgl. auch *Lampe* GA **1977** 33 ff.

---

[6] Vgl. *Gülzow* Jura **1983** 102; *Lampe* JR **1987** 384 f und JuS **1994** 737, 740; *Hoyer* SK § 284 Rdn. 3; s.a. *Meurer/Bergmann* JuS **1983** 668, 671; *Barton/Gercke/Janssen* wistra **2004** 321, 325; ferner: BVerwG DÖV **2001** 961, 962.

[7] *Groeschke/Hohmann* MK Rdn. 4; *Maurach/Schroeder/Maiwald* BT 1 § 44 I Rdn. 3; *Schmidhäuser* BT 11/90; *Wohlers* NK Rdn. 4.

[8] BGHSt **11** 209, 210; BayObLGSt **1993** 11; vgl. BGH(Z) NJW-RR **2002** 395, 396; BVerwG GewArch **2002** 76, 78; **krit.** *Lesch* GewArch **2003** 321, 322.

[9] Vgl. *Weiser* Glücksspiel S. 83; *Wolf* Glücksspiel S. 92 f; s. auch *Dietz* aaO.

[10] *Füllkrug* Kriminalistik **1990** 101; vgl. auch OLG Hamm JR **2004,** 479; hiergegen eingehend: *Wohlers* NK Rdn. 3.

6. Diskussion um Schutzzweck und Strafgrund

a) **Reformbestrebungen und ältere Diskussion.** Die Frage einer Reformbedürftigkeit der Regelungsmaterie Glücksspiel, die im Schrifttum zunehmend kritisch beleuchtet wird, wurde sowohl bei der Neufassung des StGB durch das EGStGB als auch im Rahmen der Ergänzung des § 284 durch das OrgKG offen gelassen. Die Regelung des – generell unerwünschten (BVerfGE **28** 119, 148) – Glücksspiels im **Entwurf 1962** (Begr. S. 544), die dort dem Abschnitt über den Schutz der öffentlichen Ordnung zugeordnet ist, enthält – abgesehen von einer weitergehenden Verschärfung der Strafe für Gewerbsmäßigkeit (§ 359 Abs. 2 E 1962) – keine wesentlichen sachlichen Änderungen. Im **kritischen Schrifttum** werden Strafwürdigkeit und Strafbedürftigkeit der unerlaubten Glücksspielveranstaltung bezweifelt,[11] die Berechtigung einer Kriminalisierung in Frage gestellt,[12] der Bedarf für derart „fragwürdige Tatbestände“ bzw. „Fremdkörper“ im Kernstrafrecht verneint (*Herzog* EzSt Anm. zu § 284 Nr. 2; *Lange* FS Dreher, S. 573).[13] Die in der Rechtsprechung[14] bereits seit längerem umschriebene und der Entwurfsbegründung der Bundesregierung zu Grunde gelegten Zweckbestimmung der Vorschrift, die wirtschaftliche Ausbeutung der natürlichen Spielleidenschaft unter staatliche Kontrolle und Zügelung zu nehmen (zust. *Gössel/Dölling* BT 1 § 82, 1; vgl. auch. *Lackner/Kühl* Rdn. 1), wird aus heutiger Sicht häufig als ungenügend zur Rechtfertigung einer Einstufung als kriminelles Unrecht angesehen.[15] Gegen einen Schutz des Spielers wird vorgebracht, dass der mündige Bürger nicht gegen seine eigene Vermögensdisposition geschützt zu werden brauche und dürfe (*Brandl* Spielleidenschaft S. 17 f; *Sch/Schröder/Eser/Heine* Rdn. 2b; *Wohlers* NK Rdn. 4). Auch der Versuch, die Legitimität der Pönalisierung aus gravierenden sozialen Folgekosten abzuleiten, ist angesichts des Umstands, dass es an einer für die Gesellschaft relevanten finanziellen Gefahrensituation fehlen dürfte, Einwänden ausgesetzt (*Wohlers* NK Rdn. 5; *Sch/Schröder/Eser/Heine* Rdn. 2b). Dem strafbegründenden Aspekt einer Verleitung zu vermögensgefährdendem Glücksspiel ohne Erlaubnis[16] wird von kritischen Schrifttumsstimmen (vgl. nur *Belz* Glücksspiel S. 122, 125) mangelnde Tragfähigkeit entgegengehalten, ebenso dem Funktionshinweis auf die ordnungsrechtliche bzw. Ventilfunktion (dazu BVerfGE **28** 119, 148; BVerwG GewArch **1995** 26; BayObLGSt **1993** 11) als dosierte Bereitstellung staatlich überwachter Glücksspielmöglichkeiten. Der Unrechtsgehalt des unerlaubten Glücksspiels wird auf einen Verstoß gegen die staatlichen Konzessionsvorschriften reduziert, hinter denen in erster Linie fiskalische Interessen gesehen werden.[17] Als Ergebnis einer solchen Einstufung als Verwaltungsunrecht (*Hund* NStZ **1993** 571) wird eine Umstellung der Tatbestände des uner- 7

---

11 *Heine* wistra **2003** 441; 442 f; *Lesch* GewArch **2003** 321 f; *Otto* BT § 55 Rdn. 2 und JZ **1985** 69, 74; **aA** aber *Brandl* Spielleidenschaft S. 198 ff.

12 Vgl. *Göhler* NJW **1974** 825, 833; *Lange* FS Dreher, S. 573 ff und GA **1953** 8 f; *Peters* ZStW 77 (1965) 482; *Schmitt* FS Maurach, S. 113 f; *Arzt/Weber* BT § 24 Rdn. 38.

13 Vgl. weiter *Fischer* Rdn. 2a; *Wohlers* NK Rdn. 5; *ders.* JZ **2003** 860, 862.

14 RGSt **65** 195, BGHSt **11** 210 und BayObLG NJW **1993** 2820; vgl. BGH(Z) NJW-RR **2002** 395, 396; BVerwG GewArch **2002** 76, 78.

15 **Krit.** *Belz* Glücksspiel S. 40, 118, 123; *Herzog* EzSt § 284 StGB Nr. 2; *Meurer/Bergmann* JuS **1983** 668; *Otto* BT § 55 Rdn. 2; *Heine* wistra **2003** 441; *Wrage* ZRP **1998** 426, 427; *Lesch* GewArch **2003** 321, 322; *Wohlers* NK Rdn. 2–6.

16 Vgl. BayObLGSt **1993** 8, 11; *Lampe* JuS **1994** 737, 741; *Meurer/Bergmann* JuS **1983** 668, 671.

17 *Weber* Sportwette S. 39, 44; *Otto* BT § 55, 2, S. 291; vgl. zu den fiskalischen Interessen BVerfGE **115** 276, 311; LG München NJW **2004** 171.

laubten Glücksspiels zur bloßen Ordnungswidrigkeit für geboten erachtet.[18] Der Gesetzgeber hat indes durch die Einführung der Absätze 3, 4 bzw. des § 287 Absatz 2 neue Straftatbestände in das Glücksspielrecht eingefügt und dadurch dessen Zugehörigkeit zum Strafrecht bestätigt (vgl. BayVGH GewArch 2003, 115, *Brandl* Spielleidenschaft S. 183 f). Entkriminalisierungsforderungen wurde damit zumindest vorläufig eine Absage erteilt.

8 **b) Die Entscheidung des Bundesverfassungsgerichts vom 28. März 2006.** Schutzzweck und Strafgrund müssen schließlich vor dem Hintergrund neuester verfassungs- und gemeinschaftsrechtlicher Rechtsprechung bestimmt werden. Sowohl das BVerfG als auch der EuGH haben strenge Anforderungen entwickelt, die das staatliche Wettmonopol und die Sanktionsnormen des Strafrechts unter erheblichen Rechtfertigungsdruck stellen. Mit seinem Urteil vom 28. März 2006 hat das **Bundesverfassungsgericht** entschieden, dass die damalige Ausgestaltung des Sportwetten-Monopols und die Praxis der Landes-Lotterieanstalten **verfassungswidrig** ist (BVerfGE **115** 276, 303 mit **krit.** Anm. *Pestalozza* NJW **2006 1711**)[19]. Zwar lägen dem staatlichen Wettmonopol legitime Gemeinwohlziele zugrunde; eine verhältnismäßige Beschränkung der in Art. 12 GG geschützten Berufsfreiheit setze aber eine konsequente und wirkliche Ausrichtung an der Bekämpfung und Begrenzung der Wettsucht und der damit einhergehenden Gefahren voraus. Fiskalische Interessen des Staates als Rechtfertigung des Wettmonopols schieden demgegenüber aus. Eine tatsächliche und konsequente Ausrichtung der veranstalteten Wetten am Ziel der Bekämpfung von Wettsucht und problematischem Spielverhalten sowie der Begrenzung der Spiel- und Wettleidenschaft sei gegenwärtig nicht gegeben. Die rechtliche Ausgestaltung des in Bayern bestehenden, in den anderen Bundesländern ganz ähnlich geregelten[20] staatlichen Wettmonopols durch den LoStV in Verbindung mit § 284 StGB genüge diesen verfassungsrechtlichen Anforderungen nicht. Nach Ansicht des Bundesverfassungsgerichts verfolge die Veranstaltung der Sportwette „Oddset" erkennbar auch fiskalische Zwecke, insbesondere sei der Vertrieb dieser Sportwette nicht aktiv an einer Bekämpfung von Spielsucht und problematischem Wettverhalten ausgerichtet. Das tatsächliche Erscheinungsbild entspreche vielmehr dem der effektiven wirtschaftlichen Vermarktung einer grundsätzlich unbedenklichen, sozialadäquaten Freizeitbeschäftigung (BVerfGE **115** 276, 314).

8a Das **staatliche (Sport-)Wettmonopol** war damit in seiner bisherigen Form verfassungswidrig. Dabei hat das Bundesverfassungsgericht das staatliche Wettmonopol für mit Art. 12 GG für unvereinbar, aber nicht für nichtig erklärt. Als Gesetzgebungsauftrag hat es dem Gesetzgeber aufgetragen, in einer von ihm gesetzten Übergangsfrist bis zum 31.12.2007 (BVerfGE **115** 276, 319) entweder das staatliche Monopol unter Berücksichti-

---

[18] So *Belz* aaO S. 125; *Herzog* aaO S. 10; *Otto* aaO S. 291; *Weber* aaO S. 44; *Berberich* Internet-Glücksspiel S. 192; *Arzt*/Weber BT § 24 Rdn. 8.

[19] Zur Entscheidung des Bundesverfassungsgerichts weiter: *Dietlein* K&R **2006** 307; *Dübbers/Kartal* ZfWG **2006** 33; *Ennuschat* ZfWG **2006** 31; *Fackler* K&R **2006** 313; *Hecker* ZfWG **2006** 35; *Horn* JZ **2006** 789; *Janz* NWVbl **2006** 248; *Kretschmer* ZfWG 2006 52; *Leupold/Walsh* WRP 2006 973; *Petropoulos* wistra **2006** 332; *Pischel* GRUR **2006** 630; *Siara* ZfWG **2007** 1; *Stein/v.Buttlar* ZfWG **2006** 273.

[20] Zu Sachsen-Anhalt vgl. BVerfG WM **2007** 473 f; zu Baden-Württemberg vgl. BVerfG WM **2006** 1644, 1645; zu Nordrhein-Westfalen BVerfG NJW **2007** 1521, 1523; zu Niedersachsen BVerfG, Beschl. der 2. Kammer des Ersten Senats vom 22. Oktober 2007 – 1 BvR 973/05; zu Thüringen BVerfG, WM 2008 566.

gung der verfassungsrechtlichen Kriterien aufrechtzuerhalten oder die gewerbliche Veranstaltung von Sportwetten durch private Wettunternehmen gesetzlich und kontrolliert zuzulassen. Das Bundesverfassungsgericht hat es dabei den Strafgerichten überlassen, ob in der Übergangsfrist bis zur Neuregelung eine Strafbarkeit nach § 284 StGB gegeben sei (BVerfGE **115** 276, 319; NJW **2007** 1521, 1523). Das Gericht hat das zugrunde liegende Landesrecht damit nicht für nichtig, sondern für vorläufig weiterhin anwendbar erklärt, allerdings nur unter der Bedingung, dass ein Mindestmaß an Konsistenz zwischen dem Ziel der Begrenzung der Wettleidenschaft und der Bekämpfung der Wettsucht einerseits und der tatsächlichen Ausübung seines Monopols andererseits hergestellt ist (so in deutlicher Klarheit BVerfG ZfWG **2007** 421 mit Anm. *Weidemann* NVwZ **2008** 278). Zur Anwendbarkeit des § 284 StGB bis zur Herstellung verfassungsgemäßer Regelungen s. § 284 Rdn. 6b/c.

Die Übergangsregelungen gelten nicht unmittelbar für **Lotterieveranstaltungen**, da es **8b** sich dabei um einen anderen Bereich des Glücksspielwesen handelt, der auch vom Bundesverfassungsgericht nicht ausdrücklich in seine Entscheidung einbezogen wurde. Die Erwägungen des Bundesverfassungsgerichts und die von ihm entwickelten Anforderungen sind aber entsprechend zu berücksichtigen, da sich der Schutzzweck auf die gleichen Erwägungen stützt. Der für den Staat bestehende Beurteilungsspielraum reicht angesichts des insgesamt wohl geringer als bei Sportwetten zu wertenden Gefährdungspotentials möglicherweise weiter als bei der Absicherung eines umfassenden Staatsmonopols für Sportwetten (vgl. BVerfGE **115** 276, 305; VG Köln Urt. v. 14.3.2007 – 18 K 5215/05 Rdn. 121 mit weit. Nachw.; zum Suchtpotenzial von Lotterien *Diegmann* ZRP **2007** 126, 127).

c) **Die Rechtsprechung des Europäischen Gerichtshofs.** Das Bundesverfassungsgericht **8c** hat in seiner Entscheidung mehrfach auf Urteile des EuGH Bezug genommen und festgestellt, dass die Anforderungen des deutschen Verfassungsrechts parallel zu denen des **europäischen Gemeinschaftsrechts** laufen. Auch unter Beachtung der Rechtsprechung des EuGH (dazu ausführlich *Postel* EuR **2007** 317 ff; *Stein/v. Buttlar* ZfWG **2006** 273) ergeben sich aus dem Gemeinschaftsrecht keine wesentlichen Unterschiede zu den als rechtfertigend angesehenen Zielen in den Entscheidungen des Bundesverfassungsgerichts. Voranzustellen ist, dass der EuGH bisher noch kein nationales Dienstleistungsmonopol im Bereich des Glücksspiels- und Wettwesen für im Widerspruch zum Gemeinschaftsrecht stehend angenommen hat. Dem EuGH liegen allerdings weitere Verfahren zur Entscheidung vor (vgl. dazu *Arendts* ZfWG **2007** 347 ff).

Für den Glücksspielmarkt in der Europäischen Gemeinschaft gilt die Dienstleistungs- und die Niederlassungsfreiheit gemäß Art. 43, 49 EGV. Sekundärrechtlich ergingen bisher keine Konkretisierungen das Glücksspielwesen betreffend, dieses wurde vielmehr ausdrücklich von einer Harmonisierung ausgenommen (ausführlich *Postel* WRP **2006** 712 ff). So gilt das gemeinschaftsrechtliche Herkunftslandprinzip, sofern man dieses überhaupt als das Strafrecht überlagernd ansieht (vgl. *Barton/Gercke/Janssen* wistra **2004** 321, 323 f), gemäß Art. 1 V Buchst. d) 3. Spiegelstrich der E-Commerce-Richtlinie (vom 8.6.2000, ABl. Nr. L 178, 1; vgl. innerstaatlich § 3 Abs. 4 Nr. 4 TMG) nicht im Glücksspielbereich. Auch in der Richtlinie 2006/123/EG des Europäischen Parlaments und des Rates vom 12. Dezember 2006 über Dienstleistungen im Binnenmarkt sind Glücksspiele in Art. 2h) ausdrücklich aus dem Anwendungsbereich ausgenommen (vgl. eingehend *Postel* WRP **2006** 703, 713: sekundäres Gemeinschaftsrecht nicht anwendbar). Einer entsprechenden Forderung des Generalanwalts *Colomer* in seinem Schlussantrag im Placanica-Verfahren, die in einem anderen Mitgliedstaat erteilte Genehmigung als ausreichend anzuerkennen, hat der EuGH in seinem Urteil nicht entsprochen (Schlussantrag in der verbundenen Rs. C-338/04, C 359-04 und 360/04 „Placanica", ZfWG **2006** 117 ff, insbes. 126 ff)[21].

8d Der EuGH hat mit seinem Urteil in dem Placanica-Verfahren (Urteil v. 6.3.2007 – C-338/04, C-359/04 und C-360/04 *Placanica, Palazzese* und *Sorricchio NJW* ***2007*** 1515 m. Anm. *Haltern* S. 1520)[22] erneut bestätigt, dass das strafbewehrte Verbot von Glücksspielen sowohl eine Beschränkung der Niederlassungs- als auch der Dienstleistungsfreiheit nach Art. 43, 49 EGV darstellen kann, selbst wenn dieses nicht-diskriminierend wirkt. Diese Beschränkungen der Grundfreiheiten können nach ständiger Rechtsprechung des EuGH nur aus zwingenden Gründen des Allgemeininteresses gerechtfertigt werden (*EuGH aaO* 1517 Rdn. 46 *mit weit. Nachw.*; EuGH Rs. 243/01, „Gambelli" u.a., NJW **2004** 139 Rdn. 60). Als zwingende Gründe des Allgemeininteresses hat der Gerichtshof den Verbraucherschutz, die Betrugsvorbeugung und die Vermeidung von Anreizen für die Bürger zu überhöhten Ausgaben für das Spiel sowie die Verhütung von Störungen der sozialen Ordnung im Allgemeinen anerkannt (vgl. EuGH „Placanica" aaO Rdn. 46 f). Insoweit billigt der EuGH aufgrund der „Besonderheiten des Glücksspiels" den Mitgliedstaaten grundsätzlich zu, das angestrebte Schutzniveau selbst zu bestimmen; den Mitgliedstaaten kommt damit ein erheblicher Beurteilungs- und Gestaltungsspielraum zu, welche Erfordernisse sich aus dem Schutz des Einzelnen und der Gesellschaft ergeben (ständige Rspr., s. „Placanica" Rdn. 48, „Gambelli" Rdn. 63; vgl. *Ennuschat* DVBl. **2005** 1288, 1292). Dieser Ermessenspielraum hat sich aber an den gemeinschaftsrechtlichen Anforderungen an die Beschränkungen der Grundfreiheiten zu orientieren: sie müssen somit geeignet, verhältnismäßig und nicht-diskriminierend sein („Placanica" Rdn. 49 m.w.N.; EuGH Rs. C-19/92, „Kraus", Slg. **1993** I-1663, Rdn. 32; EuGH Rs. C-55/94, „Gebhard", Slg. **1995** I-4165, Rdn. 37). Beschränkungen, die auf derartige Gründe gestützt werden, müssen daher geeignet sein, die Verwirklichung dieser Ziele derart zu gewährleisten, dass sie kohärent und systematisch zur Begrenzung der Wetttätigkeiten beitragen (Rs. „Gambelli" Rdn. 62 und 67; Rs. „Placanica" Rdn. 53). Das Ziel, zum einen durch die staatliche Kontrolle des Wettwesens Straftaten vorzubeugen und zum anderen die Gelegenheiten zum Spiel zu vermindern, können als solche Rechtfertigungsgründe herangezogen werden. Demgegenüber rechtfertigen fiskalische Motive, wie etwa das Ziel, die Staatseinnahmen zu erhöhen und dies nicht nur eine „erfreuliche Nebenfolge" („Gambelli" Rdn. 62) darstellt, die Beschränkungen nicht. Ob die Beschränkung der Anzahl von Wirtschaftsteilnehmern in einem begrenzten Lizenzierungsmodell unter Berücksichtigung dieser Voraussetzungen gerechtfertigt werden kann, bleibt den nationalen Gerichten zur Prüfung überlassen. Dies wird dann zu bejahen sein, wenn den Spielern durch die Ausgestaltung des Monopols eine attraktive und erlaubte Spiel- oder Wettteilnahme als Alternative zu verbotenen und geheimen Spielen angeboten wird. Auch wenn der EuGH ausdrücklich festgestellt hat, dass eine kontrollierte Expansion im Glücksspielbereich vor dem Hintergrund dieser Zielsetzung grundsätzlich zulässig sein kann („Placanica" Rdn. 55), so erfüllt doch eine offensive bzw. aggressive Vermarktung diese Anforderungen nicht. Zur strafrechtlichen Absicherung des Glücksspielmonopols stellt der EuGH fest, dass eine strafrechtliche Regelung, die die Durchführung von Wetten ohne eine nach nationalem Recht erforderliche Erlaubnis vorsieht, gemeinschaftswidrig sei, wenn sich die Veranstalter die nötige Konzession deshalb nicht

---

21 Vgl. in diesem Sinne schon Schlussantrag des Generalanwalts Alber in der Rs. C-243/01 „Gambelli", Slg. 2003 I-13031 Rdn. 100 und 118 ff.

22 Dazu weiter: *Ennuschat* ZfWG **2007** 77; *Arendts* ZfWG **2007** 79; *Backu* GewArch **2007** 225; *Horn* JZ **2006** 736.

beschaffen konnten, weil der Mitgliedsstaat es unter Verstoß gegen Gemeinschaftsrecht abgelehnt hatte, sie ihnen zu erteilen („Placanica" Rdn. 71).

d) **Der neue Staatsvertrag zum Glücksspielwesen** (**GlüStV**). Der **LoStV** ist zum 1. Januar 2008 durch den neuen **GlüStV** vom 14.12.2006 ersetzt worden. Er nimmt die Vorgaben des Bundesverfassungsgerichts zur Neuordnung des Sportwettenrechts auf und hält am staatlichen Wettmonopol fest (§ 10 Abs. 2). Ziele der Neuordnung, die sich auch auf das Normverständnis des § 284 StGB auswirken, sind es, das Entstehen von Glücksspiel- und Wettsucht zu verhindern und die Voraussetzungen für eine wirksame Suchtbekämpfung zu schaffen, das Glücksspielangebot zu begrenzen und den natürlichen Spieltrieb der Bevölkerung in geordnete und überwachte Bahnen zu lenken, insbesondere ein Ausweichen auf nicht erlaubte Glücksspiele zu verhindern, den Jugend- und Spielerschutz zu gewährleisten und sicherzustellen, dass Glücksspiele ordnungsgemäß durchgeführt, die Spieler vor betrügerischen Machenschaften geschützt und die mit Glücksspielen verbundene Folge- und Begleitkriminalität abgewehrt werden (§ 1). Wichtigstes Ziel ist die Verhinderung von Glücksspiel- und Wettsucht (Erläuterungen zu § 1, S. 10). Dazu ist u.a. ein Verbot des Glücksspiels im Internet vorgesehen (§ 4 Abs. 4); Werbung ist nur in eingeschränktem Umfang, im Fernsehen gar nicht erlaubt (§ 5). Veranstalter und Vermittler von öffentlichen Glücksspielen haben gegenüber den Spielern Aufklärungspflichten (u.a. zur Gewinn- und Verlustwahrscheinlichkeit und den Suchtrisiken, vgl. § 7) und müssen Sozialkonzepte (§ 6) vorhalten, mit denen sie zu verantwortungsbewusstem Spiel anhalten und der Entstehung von Glücksspielsucht vorbeugen. Ob die vorgesehenen Neuerungen in allen Einzelheiten mit dem Gemeinschaftsrecht vereinbar sind, muss bezweifelt werden.[23] Auch die EU-Kommission hat schon Bedenken gegen den vorgelegten Entwurf, insbesondere gegen das Onlineverbot von Sportwetten, geäußert.[24] **9**

e) **Einschlägige Schutzbelange.** Die Bestimmung des Strafgrundes der Vorschrift ist unter Berücksichtigung der verfassungs- und gemeinschaftsrechtlichen Vorgaben vorzunehmen (*Sch/Schröder/Eser/Heine* Rdn. 2b). Abzustellen ist wesentlich auch auf die mit der Neuordnung des Glücksspielwesens verfolgten Zwecke, ohne dass es insoweit allerdings darauf ankäme (**aA** wohl *Sch/Schröder/Eser/Heine* Rdn. 2b: Umstand, dass staatliche Anbieter expandierende Werbung mit sachfremden Zusammenhängen betreiben, sei zu berücksichtigen), ob und in welcher Weise sich hierdurch an dem Umgang mit einem in der Vergangenheit vor allem von Einnahmeinteressen bestimmten staatlichen Wettmonopol tatsächlich etwas ändert (skeptisch nicht zu Unrecht *Fischer* Rdn. 2a, der darin eher weitreichende Absichtserklärungen und programmatische Aussagen als zu tatsächlicher Veränderung führende Regelungen sieht). Während die gegen die zu weit greifenden § 284 Abs. 2 und § 285 (insoweit **abw.** BayObLGSt **1993** 11 f) erhobenen Bedenken[25] **10**

23 Vgl. die Einschätzungen hierzu von *Kim/Dübbers* ZfWG **2006** 220 ff; *Backu* GewArch **2007** 225 ff; *Wiring* ZfWG **2007** 203 ff, 205; auch *Lüderssen* NStZ **2007** 17 ff; zur Verfassungsmäßigkeit eingehend *Scholz/Weidemann* WiVerw **2007** 105 ff.

24 Vgl. hierzu die Äußerungen der Europäischen Kommission in dem ergänzenden Aufforderungsschreiben im Vertragsverletzungsverfahren Nr. 2003/4350 und in der Stellungnahme zum Entwurf eines Staatsvertrags zum Glücksspielwesen in Deutschland (Notifizierung 2006/658/D) aus März 2007, ZfWG **2007** 106 bzw. 108; s. auch ZfWG **2007** 268 und 418; ferner die Reaktion der Regierung der Bundesrepublik Deutschland ZfWG **2007** 210 f; vgl. dazu *Hecker* ZfWG **2007** 120 ff; *Stein* ZfWG **2007** 397 ff; *Streinz/Kruis* ZfWG **2007** 402 ff.

25 Vgl. *Lange* FS Dreher S. 576, 581; *Berg* MDR **1977** 277; *Schmitt* FS Maurach, S. 114; *Wohlers* NK § 285 Rdn. 1.

berechtigt sein dürften, erscheint demgegenüber die Kriminalisierung des unkonzessionierten Spielbetriebs im Rahmen von § 284 Abs. 1 und 3 gerechtfertigt (**aA** *Fischer* Rdn. 2a). Im Vordergrund eines Bündels von Schutzzwecken steht dabei allgemein, die Gefahren des Glücksspiels „möglichst gering zu halten" (BayObLG NJW **2004** 1057, 1058), etwa das Entstehen von Wett- und Glücksspielsucht zu verhindern, die Spielbegeisterung Einzelner in geordnete Bahnen zu lenken und sie vor betrügerischen Machenschaften zu schützen, die ordnungsgemäße Durchführung von Glücksspielen zu gewährleisten und durch die angebotsbegrenzende staatliche Kanalisierung die mit Glücksspielen verbundene Folge- und Begleitkriminalität möglichst zu vermeiden. Dabei zielt die Norm durch die innerstaatliche Absicherung eines ordnungsgemäßen Spielbetriebs auf den Schutz vor Ausbeutung und Manipulation[26] des Spielers zum Nachteil seines Vermögens (ähnlich wohl *Lackner/Kühl* Rdn. 1: staatliche Kontrolle der wirtschaftlichen Ausbeutung der natürlichen Spielleidenschaft), dies auch unter Berücksichtigung der gravierenden sozialen Folgen eines potentiellen Vermögensverlustes des Spielers für Familie und staatliche Gemeinschaft (Sozialfürsorge). Bereits im Vorfeld soll Gefahren begegnet werden, die dem Vermögen des Spielers durch die Verleitung zu vermögensgefährdendem Glücksspiel erwachsen (*Brandl* Spielleidenschaft S. 25). Es handelt sich insoweit um ein **abstraktes Gefährdungsdelikt.** Allerdings erlangt der Gefährdungssachverhalt nur bei fehlender behördlicher Erlaubnis tatbestandliche Relevanz. Diese im Gesetz deutlich werdende Strafwürdigkeitsabstufung und Strafbarkeitsbegrenzung berührt indes nicht das geschützte Rechtsgut, sondern begrenzt lediglich die Art der **strafbaren** Rechtsgutsverletzung;[27] sie beruht ersichtlich auch auf Zweckmäßigkeitserwägungen, insbesondere zu der Ventilfunktion einer in eingeschränktem Rahmen eröffneten Glücksspielmöglichkeit unter staatlicher Kontrolle, sowie auf einer jedenfalls verfassungsrechtlich hinzunehmenden gesetzgeberischen Einschätzung, die von einer unterschiedlichen Gefahrenintensität und einem gestuften Gefährdungsunwert bei behördlich erlaubtem bzw. unkonzessioniertem Glücksspiel ausgeht.[28] Der risikoerhöhende (*Lampe* JuS **1994** 737, 741) Mangel staatlicher Kontrolle als eines im weitesten Sinne gefahreneindämmenden Mittels tangiert für sich (entgegen BayObLGSt **1993** 11) keine eigenständigen, isoliert zu betrachtenden Schutzbelange, sondern vermögensbezogene Schutzaspekte (vgl. *Lampe* JR **1987** 384 f). Vor allem hinsichtlich der „organisationsindiziellen" (EOrgKG BTDrucks. 12/989 S. 24, 28) Begehungsformen (Absatz 3) dürften Bestrebungen im Schrifttum, das Fehlen der behördlichen Erlaubnis auf die ordnungsrechtliche Ebene herabzustufen oder einen rechtfertigenden Grund für die Strafvorschrift des § 284 insgesamt mit dem Hinweis auf die fehlende Schutzbedürftigkeit des mündigen Bürgers vor sich selbst zu relativieren, deren kriminalpolitischem Stellenwert im Rahmen der gesamtkonzeptionellen OK-Bekämpfung nicht hinreichend Rechnung tragen. Gerade in diesem – nach der gesetzgeberischen Einschätzung – typischerweise OK-bezogenen Bereich des Absatzes 3 treten verstärkt als zusätzlicher Aspekt auch Schutzbelange der Allgemeinheit mit in das Blickfeld (Rdn. 6; *Brandl* Spielleidenschaft S. 24; **krit.** *Herzog* EzSt Nr. 2 zu § 284 Anm. S. 10).

11 **f) Der Schutz des § 287 StGB.** Auch bei § 287 (§ 286 a.F.) steht der individual- und vermögensbezogene Schutzaspekt gegen die Verleitung potentieller Lotterieteilnehmer

---

26 Darauf stellen allein *Sch/Schröder/Eser/Heine* Rdn. 2c, *Wohlers* NK Rdn. 5 und *Groeschke/Hohmann* MK Rdn. 1 ab.

27 Vgl. *Meurer/Bergmann* JuS **1983** 668, 671 Fn. 41; auch *Sch/Schröder/Eser/Heine* Rdn. 2c: Unwert wird auch geprägt durch fehlende potentielle Kontrollmöglichkeit.

28 *Wohlers* NK Rdn. 5 bezweifelt, dass dem staatlich nicht konzessionierten Glücksspiel tatsächlich die Tendenz zum Falschspiel immanent sei.

durch überzogene Lotterie- und Gewinnangebote und gegen Übervorteilung durch den Veranstalter im Vordergrund. Das Schutzanliegen besteht primär darin, einerseits den spezifischen Gefahren einer unkontrollierten Gewinnauslosung zu begegnen und andererseits Manipulationen bei der Weiterleitung und Verteilung von Lotteriegewinnen zu verhindern (LK[11] § 287 Rdn. 1; OLG München NStZ-RR **1997** 328). In der Stellungnahme der Bundesregierung (auszugsweise Wiedergabe bei *Ossenbühl* VerwArch **1995** 193 f) zu einem englischen Vorlageverfahren beim EuGH (NJW **1994** 2013: Vorabentscheidungsersuchen des High Court of Justice – Queen's Bench Division vom 3.4.1992 zur Anwendbarkeit nationaler Verbotsnormen bei grenzüberschreitendem Lotterieangebot) werden allerdings Lotterie und Glücksspiel im engeren Sinne hinsichtlich der möglichen schutzzweckbezogenen Schwerpunkte (vgl. hierzu Rdn. 7, 10) gleichgestellt. Die gestaltungsbedingt unterschiedliche Ausprägung der Gefahrenansätze dürfte indes eine hinsichtlich bestimmter Einzelaspekte (z.B. manipulierte Spielgestaltung, kriminelles Milieu, potentieller OK-Bezug) differenzierende Schutzzweckbetrachtung und eine teilweise eingrenzende Gewichtung gegenüber dem Glücksspiel im engeren Sinn nahe legen (vgl. dazu aber auch die neuere Diskussion zur kohärenten und widerspruchsfreien Gestaltung des gesamten Glücksspielsektors, als Beispiel mit weit. Nachw. etwa Hess. VGH ZfWG **2007** 438). Das öffentliche Interesse an der Begrenzung und Kanalisierung von Lotterien wird im übrigen auch von der Erwägung mitbestimmt, dass die Durchführung von Lotterien zu gewerblichen oder privaten finanziellen Gewinnzwecken ein erhöhtes Missbrauchsrisiko enthält; es wird deshalb verknüpft mit der Gewährleistung einer gemeinwohlorientierten/gemeinnützigen Verwendung der erzielten Erträge aus der Betätigung des Spieltriebs (vgl. hierzu Ziff. 5 der in der Stellungnahme der BReg., zit. bei *Ossenbühl* aaO S. 193, angeführten Gründe für die Steuerung und Kontrolle; EuGH NJW **1994** 2016; *Fruhmann* MDR **1993** 825; *Schild* NStZ **1982** 447).

Zu § 287 (§ 286 a.F.) hat die Sachverständigenkommission zur Bekämpfung der Wirtschaftskriminalität darauf hingewiesen, dass das dort erfasste Verhalten/Glücksspiel im weiteren Sinne (BGHSt **34** 179) strafwürdiges Unrecht sei und nicht dem Ordnungswidrigkeitenrecht zugeordnet werden könne (Tagungsberichte [Vorbem. § 287 vor Rdn. 1] XI S. 42). Dem wird im Schrifttum (vgl. *Ossenbühl* VerwArch **1995** 187, 194, 201) entgegengehalten, dass bei den Lotterien – im Gegensatz zu dem durch spezifische Spielsituationen gekennzeichneten Glücksspiel – alle das Lotterieverbot (§ 287) tragenden Gefahrenerwägungen durch präventive behördliche Kontrolle vermieden und in Grenzen gehalten werden könnten.

II. Progressive Systeme

Die strafrechtlichen Aspekte progressiver Werbe- und Absatzsysteme, der Pyramiden- **12**
Gewinnsysteme sowie der Kettenbriefaktionen werden in der Vorbemerkung zu § 287 erörtert. Zu deren Sozialschädlichkeit und Strafbedürftigkeit vgl. auch *Raube* Kettenbriefmodelle S. 16 ff.

III. Spielrecht – Übersicht und Regelungszusammenhänge

Schrifttum

Aubin/Kummer/Schroth/Wack Die rechtliche Regelung der Glücksspiele und Spielautomaten in europäischen Ländern, zit. Landesberichte (1981); *Backherms* Die Spielhallenerlaubnis, GewArch **1984** 49; *Berg* Zur Konkurrenz zwischen öffentlichen Spielbanken und privaten Glücksspielvereinen, MDR **1977** 277; *Dahs/Dierlamm* Unterhaltungsautomaten ohne Gewinnmöglichkeit mit Ausgabe von Weiterspielmarken – unerlaubtes Glücksspiel? GewArch **1996** 272; *Diefenbach* Die Rechtsprechung des BVerwG zum gewerblichen Spielrecht, GewArch **1991** 287; *Diegmann/Hoffmann/Ohlmann* Praxishandbuch für das gesamte Spielrecht (2008); *Ebner* „Zwickel"-Erlaß für Spielhallen? GewArch **1990** 343; *Fruhmann* Das Spiel im Spiel – Strafbarkeit gewerblicher Spielgemeinschaften, MDR **1993** 822; *Höfling* Gewerbliches Spielrecht und Lotterierecht, GewArch **1987** 222; *Hahn* Neuregelungen zum gewerblichen Spielrecht, GewArch **2007** 89; *Kummer* Zur Entwicklung des gewerblichen Spielrechts, GewArch **1988** 264; *ders.* Das Recht der Glücksspiele und der Unterhaltungsautomaten mit Gewinnmöglichkeit (1977); *ders.* Gewerbliches Spielrecht in der Bundesrepublik, mit Rechtsvorschriften und Begründung in zeitlicher Abfolge (1988); *Landeskriminalamt Baden-Württemberg* Jahresbericht 1995 S. 130; *Lauer* Staat und Spielbanken (1993); *Marcks* Zur Abgrenzung des Geldspielgeräts vom anderen Spiel, GewArch **1987** 328; *ders.* Änderungsgesetze zur GewO, GewArch **1994** 444; *ders.* Änderungen des Spielrechts, GewArch **1984** 353; *Odenthal* Die Strafbarkeit der regelwidrigen Veranstaltung gewerberechtlich erlaubter Spiele, GewArch **1989** 222; *ders.* Die Veranstaltung erlaubnisfreier Spiele, GewArch **1990** 165; *ders.* Zur Reform des gewerblichen Spielrechts, GewArch **2001** 276; *ders.* Rechtsprobleme der neuen Spielverordnung, ZfWG **2006** 286; Genehmigung öffentlicher Lotterien, VerwArch **1995** 187; *Ossenbühl* Gutachten zum GlücksspielstaatsV, DVBl. **2003** 881; *Peter* Zur Änderung des gewerblichen Spielrechts, GewArch **1994** 187; *Pfister* (Hrsg.) Rechtsprobleme der Sportwette (1989), darin: Zivilrechtliche Probleme der Sportwette S. 75; *Reitz v. Frentz/Masch* Glücksspiele, Sportwetten, Geschicklichkeitsspiele, Lotterien, Unterhaltungsspiele, Spielbanken, Spielhallen und Gewinnspiele in Deutschland, ZUM **2006** 189; *Robinski* Spielhallen – und kein Ende? GewArch **1988** 317; *Schaeffer* Erlaubnisfähige andere Spiele i.S.d. § 33d Abs. 1 GewO und Glücksspiele i.S.d. § 284 StGB, GewArch **1980** 112; *Sieber/Bögel* Logistik des illegalen Glücksspiels, BKA-Forschungsreihe Bd. 28 (1993) S. 234; *Stober* Gesetzesentwicklung im Gewerberecht, Neuordnung des Spielrechts, NJW **1980** 2335 und **1982** 806; *Thalmair* Deutsche Buchmacher: Wettgeschäft ohne Grenzen? GewArch **1995** 274; *Wagner* Lotto und Toto in der Praxis, in Pfister (Hrsg.) Rechtsprobleme der Sportwette S. 1; *Weber* Strafrechtliche Aspekte der Sportwette, in Pfister (Hrsg.) Sportwette S. 39; *Wettling* Spielclubs und Spielbanken, GewArch **1978** 361.

Gesetzesmaterialien

Gesetz zur Änderung der Gewerbeordnung und der Spielordnung (GewOÄndG 1993) vom 20.12.1993 (BGBl. I S. 2254); Entwurf des Bundesrats BRDrucks. 738/92, BTDrucks. 12/4488; RAusschußbericht und Beschlußempfehlung BTDrucks. 12/6129; Gesetzesbeschluss BRDrucks. 854/93; Gesetz zur Änderung der Gewerbeordnung vom 23.11.1994 (BGBl. I S. 3475); Gesetz zur Änderung des Rennwett- und Lotteriegesetzes vom 17.5.2000 (BGBl. I S. 715); Drittes Gesetz zur Änderung der Gewerbeordnung und sonstiger gewerberechtlicher Vorschriften vom 24.8.2002 (BGBl. I S. 3412); Fünfte Verordnung zur Änderung der Spielverordnung vom 17.12.2005 (BGBl. I S. 3495).

Entschließung des Bundesrats zur Eindämmung von Geldspielgeräten mit Gewinnmöglichkeiten in Spielhallen, BRDrucks. 640/89.

13 **Das Spielrecht** ist gekennzeichnet durch ein Nebeneinander und das Zusammenspiel von **strafrechtlichen** Bestimmungen (§§ 284, 287), die die Erfassung der Veranstaltung von Glücksspielen, Lotterien und Ausspielungen „ohne behördliche Erlaubnis" bezwecken, von **gewerberechtlichem** Spielrecht (Rdn. 14) und **staatlich konzessioniertem** Glücksspiel (Rdn. 22). Öffentlich-rechtliche und strafrechtliche Aspekte sind verknüpft in den verwaltungsrechtlichen Genehmigungen und deren Voraussetzungen. Für die einzelnen Sondergebiete sind verschiedene Gesetze und Verordnungen ergangen (Rdn. 22 f). Schwierig sind die Gesetzgebungskompetenzen von Bund und Ländern im Spielrecht unter wirtschafts- und ordnungsrechtlichen Aspekten (bei teilweisen Überschneidungen) abzugrenzen.[29] Aus dieser Regelungsvielfalt ergaben sich rechtliche Unsicherheiten und

---

[29] Vgl. etwa §§ 33c, 33h Nr. 2 GewO; vgl. *Landmann/Rohmer/Marcks* GewO § 33h Rdn. 1 und BayVGH GewArch **1981** 90.

Abgrenzungsschwierigkeiten, die durch die Grauzone (HessVGH GewArch **1995** 198, 199) zwischen strafbarem Glücksspiel und gewerberechtlich erlaubten Spielen verstärkt werden (Rdn. 18). Im Rahmen der Föderalismusreform ist durch das Gesetz zur Änderung des Grundgesetzes vom 28.8.2006 (BGBl. I S. 2034) auch auf dem Gebiet des Gewerberechts eine Ausweitung der Länderkompetenzen erfolgt. Nunmehr ist durch Art. 74 Absatz 1 Nr. 11 GG geregelt, dass sich die konkurrierende Gesetzgebung zwar weiterhin auf das Recht der Wirtschaft erstreckt, davon u.a. jedoch das Recht der Spielhallen ausgenommen ist. Gemäß Art. 125 GG gilt das bundesrechtliche Spielhallenrecht als Bundesrecht fort, kann aber im Rahmen der Gesetzgebungskompetenz der Länder durch Landesrecht ersetzt werden (vgl. *Hahn* GewArch **2007** 89 f). Die *zivilrechtliche* Regelung von Spiel und Wette findet sich in den §§ 762 f BGB. Zu Art und Inhalt der Spielverträge vgl. *Lukes* FS Stree/Wessels S. 1014 und *Palandt/Sprau* BGB § 762 Rdn. 1; zu dem Grund des zivilrechtlichen Schutzes *Habersack* MK BGB § 762 Rdn. 1. Ein Verbot, Kindern und Jugendlichen die Teilnahme an Spielen mit Gewinnmöglichkeiten in der Öffentlichkeit zu gestatten, enthält § 6 Abs. 2 JuSchG (vgl. BVerwG GewArch **2005** 292, 293 zum Jugendschutz als Anliegen des gewerblichen Spielrechts). **Wettbewerbsrechtliche** Schranken sog. **aleatorischer** Werbung ergeben sich aus dem UWG. Zur **Rechtsvergleichung** vgl. *Aubin* Landesberichte S. 51 ff.

1. Die **gewerbliche Regelung der Spiele** ist in § 33c bis § 33h GewO sowie in der Verordnung über Spielgeräte und andere Spiele mit Gewinnmöglichkeit (*SpielV*)[30] enthalten, die die früher geltende SpielV a.F., die VO über unbedenkliche Spiele und die Spielgerätezulassungs VO zusammenfasst. Hierauf bezogene Bußgeldtatbestände sieht § 19 SpielV vor (abgedr. bei *Erbs/Kohlhaas* G 59 GewO § 33 f Rdn. 3) i.V.m. § 144 GewO für das stehende Gewerbe und § 145 GewO für das Reisegewerbe. Die SpielV wurde durch die Verordnung vom 17.12.2005 umfassend novelliert (vgl. *Hahn* GewArch **2007** 89 f). Hinzugefügt wurde § 6a, welcher der zunehmenden Verbreitung von sog. „Fun Games" entgegenwirken soll (vgl. hierzu § 284 Rdn. 12). Die gewerberechtlichen Bestimmungen unterscheiden zwischen erlaubnisgebundenen *Spielgeräten* mit Gewinnmöglichkeit (§ 33c GewO; Rdn. 15), erlaubnisgebundenen sog. *anderen Spielen* mit Gewinnmöglichkeit (§ 33d GewO; Rdn. 17) sowie den *erlaubnisfreien* Spielen mit Gewinnmöglichkeit (§ 5a SpielV; unten Rdn. 20; **krit.** zu dieser Differenzierung *Dickersbach* GewArch **1998** 265 ff). Es handelt sich insoweit um die alternativen Möglichkeiten gewerberechtlich zulässiger Spiele. Im Falle **behördlich nicht gestatteter** oder **regelwidriger Veranstaltung** solcher Spiele ist jeweils eine etwaige strafrechtliche Relevanz i.S. der **§§ 284 ff** zu prüfen (vgl. Rdn. 16, 19). Zu den Zulassungsvoraussetzungen für das Betreiben einer Spielhalle vgl. § 33i GewO (hierzu *Diefenbach* GewArch **1991** 288); zu den Bestrebungen ihrer Eindämmung durch rechtliche Restriktionen vgl. die Bundesratsentschließung BRDrucks. 640/89 (hierzu Gesetzgebungsreport ZRP **1990** 246). Nähere Einzelheiten zur Entwicklung des gewerblichen Spielrechts finden sich bei *Hahn* in Friauf, GewO Vorbem vor § 33c Rdn. 4–10h; *Marcks* in Landmann/Rohmer, GewO Vor § 33c Rdn. 1–7. Die ungeachtet glücksspielspezifischer Elemente erfolgte Einbeziehung der Spielautomaten mit Gewinnmöglichkeit (§ 33c GewO) und Jahrmarktausspielungen (§ 33h Nr. 2 GewO) in die gewerberechtliche Regelung ergibt sich aus der gesetzgeberischen Zuerkennung einer vorrangigen **wirtschaftlichen** Bedeutung der Veranstaltung gegenüber der länderkompetenzbegründenden ordnungsrechtlichen Komponente (vgl. EGewOÄndG 1979, BTDrucks. 8/1863 S. 10; hierzu *Marcks* in Landmann/Rohmer, GewO § 33h Rdn. 1). 14

[30] I.d.F. der Bekanntmachung vom 11.12.1985 (BGBl. I S. 2244); zuletzt geändert durch die Verordnung vom 17.12.2005 (BGBl. I S. 3495).

15 a) Die nach § 33c GewO erlaubnispflichtige Aufstellung von **Spielgeräten mit Gewinnmöglichkeit** bezieht sich auf solche mit einer den Gewinnausgang ausschlaggebend beeinflussenden technischen Vorrichtung (vgl. hierzu *Ambs* in Erbs/Kohlhaas G 59, GewO § 33c Rdn. 4). Es handelt sich insoweit um Spiele, bei denen die Entscheidung über Gewinn und Verlust hauptsächlich vom Zufall abhängt (zur Qualifizierung des Spielcharakters unter dem Glücksspielaspekt vgl. *Dickersbach* GewArch **1998** 265, 267 f; *Marcks* GewArch **1987** 328; *Odenthal* GewArch **1989** 222, 223[31]). Die grundsätzliche Erlaubnisfähigkeit solcher mechanischer Glücksspielgeräte bei Ausschluss unangemessener Verlustgefahren und die abweichende Behandlung anderer Glücksspiele mit Gewinnmöglichkeit (§ 33h Nr. 3 GewO) beruhen auf einer unterschiedlichen gesetzgeberischen Gefahreneinschätzung (vgl. BVerwG GewArch **1983** 60). Die gewerbemäßige Aufstellung dieser Geräte ist nur zulässig, wenn der Aufsteller im Besitz einer allgemeinen behördlichen Aufstellerlaubnis ist (§ 33c Abs. 1 Satz 1, Abs. 2 GewO), eine behördliche Bestätigung der ortsbezogenen Eignung vorliegt (§ 33c Abs. 3 GewO) und die Bauart des Spielgeräts von der Physikalisch-Technischen Bundesanstalt zugelassen (§ 33c Abs. 1 Satz 2 GewO), d.h. das Spiel als solches durch eine behördliche Erlaubnis freigegeben ist. Die Erteilung einer Bauartzulassung wird bedingt durch den in § 33e GewO vorausgesetzten Ausschluss der Gefahr unangemessen hoher Verluste in kurzem Spielzeitraum.

16 Ungeachtet einer allgemeinen personen- und ortsbezogenen Aufstellerlaubnis für den Aufsteller (vgl. *Diefenbach* GewArch **1991** 288) und der Frage der Zulassungsfähigkeit des Spielgeräts hat die Aufstellung solcher Gewinnspielgeräte **ohne** die erforderliche **Bauartzulassung** wie auch die Betreibung des Spielgeräts **abweichend von der zugelassenen Bauart** (durch Manipulationen) tatbestandliche Relevanz i.S.d. **§ 284** (vgl. *Ambs* in Erbs/Kohlhaas, GewO § 33c Rdn. 7; *Odenthal* GewArch **1989** 226 f). Entsprechendes gilt erst recht für die Betreibung **nicht zulassungsfähiger** Glücksspielgeräte (*Hahn* in Friauf, GewO § 33c Rdn. 38; *Kummer* in Aubin [Hrsg.] Landesberichte S. 33). Eine fehlende **Aufstellerlaubnis** bzw. Bestätigung nach § 33c Abs. 1, 3 GewO macht das Betreiben eines bauartzugelassenen Spielgeräts dagegen nicht zum unerlaubten Glücksspiel nach § 284, sondern erfüllt lediglich die Bußgeldtatbestände des § 144 Abs. 1 Nr. 1d, Abs. 2 Nr. 4 GewO bzw. bei beharrlicher Zuwiderhandlung die Strafnorm des § 148 Nr. 1 GewO.

17 b) Bei den behördlich zulassungsfähigen **anderen Spielen** mit Gewinnmöglichkeit i.S.d. *§ 33d GewO* handelt es sich regelmäßig um **Geschicklichkeitsspiele** (vgl. BayVGH GewArch **1981** 89, 90; *Ambs* in Erbs/Kohlhaas, GewO § 33d Rdn. 2, 9); weitergehend *Hahn* in Friauf, GewO § 33d Rdn. 1; *Marcks* in Landmann/Rohmer, GewO § 33d Rdn. 3, 10 und GewArch **1987** 328, die der Spielgruppe i.S.d. § 33d GewO inhaltlich u.a. auch (erlaubnisfreie) Ausspielungen („übliche" Glücksspiele) zuordnen (vgl. hierzu *Odenthal* GewArch **1990** 165 und *Marcks* aaO, der in § 33d GewO einen durch § 33h Nr. 2 und 3 GewO begrenzten gewerberechtlichen Auffangtatbestand sieht). Die Einordnung eines Spiels als Glücks- oder Geschicklichkeitsspiel kann von dessen Schwierigkeitsniveau in der konkreten Gestaltung abhängig sein (vgl. BGHSt **36** 74, 80: Hütchenspiel; BVerwGE **115** 179, 184 ff: Krangreiferspiel). Die behördliche Zulassung „anderer Spiele" setzt voraus, dass das Bundeskriminalamt (BKA) ihre Unbedenklichkeit bescheinigt,[32]

---

[31] Abw. *Kummer* in: Aubin (Hrsg.) Landesberichte S. 32 f und GewArch **1988** 264, 267 f.

[32] Vgl. die VO über die Erteilung von Unbedenklichkeitsbescheinigungen i.d.F. der ÄndVO vom 10.4.1995 (BGBl. I S. 508); vgl. hierzu *Peter* GewArch **1994** 187, 188.

eine der Bauartzulassung bei Spielgeräten (§ 33c GewO) entsprechende Gewährleistung. Die gewerbemäßige Veranstaltung von für eine Unbedenklichkeitserklärung (UB BKA) geeigneten Spielen ohne behördliche Erlaubnis tangiert den Anwendungsbereich des § 284 nicht; einschlägige Bußgeld- und Strafvorschriften enthalten insoweit § 144 Abs. 1 Nr. 1d, Abs. 2 Nr. 3, 4 und § 148 GewO.

aa) Ungeachtet des Regelspielcharakters dieser Spielgruppe erhellt ihre Bedeutung für den Glücksspielsektor daraus, dass nach den langjährigen Erkenntnissen des Bundes- und der Landeskriminalämter Spiele insoweit überwiegend bzw. **häufig in Glücksspiele umfunktioniert**, d.h. unter Missbrauch der behördlichen Erlaubnis und entgegen den Spielbedingungen der UB BKA sowie mit überhöhten Einsätzen Glücksspiele betrieben werden. Das hat den Gesetzgeber in Art. 1 Nr. 1 GewOÄndG 1993 (BGBl. I S. 2254) dazu veranlasst, durch Erweiterung der Versagungsgründe/Beschränkung der Genehmigungsfähigkeit (vgl. § 33e GewO) zwecks vorbeugender Abwehr der Missbrauchsgefahr und zum Schutze der Allgemeinheit bzw. der Spieler (vgl. HessVGH GewArch **1995** 199) der Veranstaltung unerlaubter Glücksspiele unter dem Deckmantel des Beobachtungs- und Geschicklichkeitsspiels entgegenzuwirken (vgl. Bericht BTDrucks. 12/4488 S. 5); dies allerdings mit unerwünschten Anpassungsreaktionen (Abschottung, Abtauchen etc.) der Glücksspielszene und den sich daraus ergebenden Rückwirkungen auf Kontroll-, Zugriffs-, Ermittlungs- und Schließungsmöglichkeiten durch die Strafverfolgungsbehörden (vgl. Lagebild des BKA 1994). Zu Möglichkeiten deliktsspezifischer Strukturprävention *Sieber/Bögel* Logistik S. 325. Damit wurde die restriktive Gesetzesauslegung der Rechtsprechung (BVerwG GewArch **1983** 60, 63 und **1985** 59, 62) überwunden, nach der die bloße Möglichkeit einer Spielregelabweichung als für eine UB-Versagung unzureichend angesehen wurde. Die (Neu-)Regelung des § 33e Abs. 1 Sätze 2 und 3 GewO genügt auch dem Bestimmtheitserfordernis, soweit es um die Veränderungen der Spielbedingungen geht.[33] 18

bb) Eine **Versagung** der UB BKA kommt danach – neben dem Nichterteilungsgrund einer dem Regelspielverlauf immanenten, unangemessenen Verlustgefahr für den Spieler (vgl. § 33e Abs. 1 GewO) – nicht nur dann in Betracht, wenn das Spiel ein Glücksspiel i.S. des § 284 *ist* (vgl. § 33h Nr. 3 GewO; hierzu *Marcks* GewArch **1987** 328), sondern schon dann, wenn das Spiel durch Veränderung der Spielbedingungen (1. Alt.) oder durch Veränderung der Spieleinrichtung mit einfachen Mitteln (2. Alt.) als verbotenes Glücksspiel veranstaltet werden kann (vgl. zum Ganzen *Hahn* GewArch **2007** 87, 96 f). Den hier einschlägigen Spielen ist gemeinsam, dass sie in der Regel von (unerlaubten) Glücksspielen (Ursprungsform) abgeleitet sind und durch leichte Abänderung des Spielverlaufs wieder in dieser illegalen Form betrieben werden können (Beispiele bei HessVGH GewArch **1995** 198). Dies kann bei **Kartenspielen** durch die Unterlassung der Verwendung eines Teils des Spielgeräts (z.B. Nichtbenutzung einer Kartentafel), bei **Würfelspielen** durch Abänderung der regelgerechten Spielbedingungen, bei rouletteartigen **Kugelspielen** schon durch leichte Veränderung des Spielablaufs geschehen.[34] Glücksspielcharakter i.S. des **§ 284** haben etwa die nach den Regeln des klassischen Roulettes abgeänderten Kesselbeobachtungsspiele, die zu einem reinen Blindspiel ausgestalteten/umfunktionierten Kartenspiele sowie Pokerautomaten, bei denen die gewonnenen Spiel- 19

---

[33] BVerwG GewArch **1997** 287, 288; **zweifelnd** hinsichtlich Geschicklichkeitsautomaten *Dickersbach* GewArch **1998** 265, 270 ff.

[34] Vgl. *Peter* GewArch **1994** 188; *Sieber/Bögel* Logistik S. 239 ff.

punkte in Form von Geld und Warenleistungen ausgezahlt werden (vgl. *Odenthal* GewArch **1989** 224 f). Die mögliche Veränderung „mit einfachen Mitteln" muss im jeweiligen Einzelfall näher konkretisiert werden. Der neue, nach dem Gesetzeszusammenhang **zwingende** (vgl. BVerwG GewArch **1997** 287, 289; HessVGH GewArch **1995** 199) **Versagungsgrund** (§ 33e Abs. 1 *Satz* 2 GewO) wird durch zwei Regelbeispiele (*Satz 3*) näher erläutert, bei denen die Eignung zur Veranstaltung des Spiels als verbotenes Glücksspiel unwiderleglich vermutet wird. Dies ist insbesondere dann der Fall, wenn es sich um ein Karten-, Würfel- oder Kugelspiel handelt, das von einem Glücksspiel abgeleitet ist (*Nr. 1*) oder wenn die zur Prüfung eingereichten Bedingungen mangelnde wirtschaftliche Betreibbarkeit ausweisen und damit einen Missbrauch indizieren (Nr. 2; vgl. *Peter* GewArch **1994** 188). Diese Versagungsgründe statuieren indes kein Totalverbot. Erfasst werden davon nur Spiele, die wegen ihrer Nähe zum Glücksspiel **manipulationsanfällig** sind und daher der Gefahr des Missbrauchs unterliegen. Gefahrlose Formen unterhaltsamer Geschicklichkeitsspiele mit Gewinnmöglichkeit (§ 33d GewO), insbesondere neuere elektronisch gesteuerte und manipulationssichere Spiele, sind weiterhin zulassungsfähig (Bericht BTDrucks. 12/4488 S. 5). Die Beurteilung von nachweislich als Glücksspiel betriebenen Umgehungsveranstaltungen mit mangelnder Eignung für die Erteilung einer UB BKA bestimmt sich hingegen nach **§ 284**.

20 c) Von der **behördlichen Erlaubnispflichtigkeit** und Unbedenklichkeitsbescheinigung **befreit** (§ 5a SpielV) ist die gewerbliche Veranstaltung von Preis- und Gewinnspielen, wenn der Gewinn in Waren besteht und die Voraussetzungen der Anlage zu § 5a SpielV[35] erfüllt sind. Zu Wesen und Systematik der SpielV vgl. *Odenthal* ZfWG **2006** 286 ff und GewArch **2001** 276 ff; *Hahn* GewArch **2007** 87 ff. Es handelt sich hierbei im Wesentlichen um Geschicklichkeitsspiele i.S. des § 33e GewO, die wegen der Besonderheiten des Veranstaltungsorts (Volksfest, Jahrmarkt etc.) und der Veranstaltungsform privilegiert sind. Erlaubnisfrei gestellt sind aber auch Jahrmarktausspielungen als veranstaltungsbezogen „übliche" Glücksspiele, die wegen der örtlich eingegrenzten Veranstaltungsmodalitäten und der Beschränkung der Gestehungskosten eines Gewinns keine Relevanz haben. § 33h Nr. 2 GewO ist insofern eine Ausnahme von dessen Nr. 3 (vgl. hierzu EGewOÄndG 1979 BTDrucks. 8/1863 S. 10). Zur Grenze des „Üblichen" vgl. *Marcks* GewArch **1984** 357. Diese Gestaltungen einer Ausspielung werden von *§ 287 Abs. 1* nicht erfasst (vgl. § 287 Rdn. 22).

20a d) Die Aufstellung von reinen **Unterhaltungsautomaten** sowie die Veranstaltung von anderen Spielen ohne Gewinnmöglichkeit ist grundsätzlich erlaubnisfrei. Derartige Unterhaltungsautomaten werden auch dann in der Regel nicht zum unerlaubten Glücksspiel, wenn die Spielmodalitäten eine gewinnpunktebedingte Möglichkeit eines zeitversetzten Weiterspielens und die Ausgabe nicht übertragbarer **Weiterspielmarken** vorsehen. Sogenannte **„Fun Games"** sind (verwaltungsrechtlich) wie Geldspielgeräte zu behandeln und mangels Bauartzulassung unzulässig (BVerwG GewArch **2006** 153 und 158; zusammenfassend *Marcks* in Landmann/Rohmer GewO § 33c Rdn. 6). Diese Einstufung hat sich auch in § 6a SpielV niedergeschlagen, durch den derartige Geräte untersagt werden (*Hahn* in Friauf, GewO § 33c Rdn. 6; *Kim* ZfWG **2006** 1). Zur Frage (i.S. des § 284) strafbegründender Vermögenswertigkeit einer Gutschrift spielverlängernder Gewinnpunkte und deren Eingrenzung bei einer vorgesehenen Ausgabe von Weiterspielmarken

[35] Abgedr. bei *Hahn in Friauf GewO Anhang* 1 zu § 33c bis 33i.

ausführlich § 284 Rdn. 12; *Odenthal* GewArch **1989** 225 f; *Dahs/Dierlamm* GewArch **1996** 272; für Glücksspiel: BayObLG GewArch **2003** 119 f; *Pfeifer/Fischer* GewArch **2002** 232 ff; für Unterhaltungsspiel: *Lesch/Wallau* GewArch **2002** 447 ff; *Wohlers* NK Rdn. 14).

e) Für das **Reisegewerbe** ist eine besondere Erlaubnis gemäß § 60a GewO erforderlich. Gewerberechtliche Vorschriften bezüglich des Handels mit **Lotterielosen** und Ausspielungen enthalten schließlich die Vorschriften des § 14 Abs. 2 und des § 56 Abs. 1 Nr. 1 Buchst. h GewO. **21**

2. Gesondert geregelt ist der Bereich des **staatlich konzessionierten Glücksspiels**, der von dem strafbewehrten Glücksspielverbot (§§ 284, 285: „ohne behördliche Erlaubnis"; hierzu *Lukes* FS Stree/Wessels S. 1013, 1016) ausgenommen ist. Die Bestimmungen des gewerblichen Spielrechts (§§ 33c ff GewO) sind insoweit nicht anwendbar (§ 33h GewO). Der Regelungsbereich unterliegt wegen des ausschlaggebenden Gewichts von Belangen der Gefahrenabwehr (BVerwG GewArch **1995** 24 f) der Gesetzgebungskompetenz der Länder.[36] Hinsichtlich der staatlich zugelassenen Glücksspiele lassen sich zwei Gruppen unterscheiden: die klassischen Casinospiele und die Lotteriespiele. Den klassischen **Casinospielen** sind die für Spielbanken üblichen Spiele (Roulette, Black Jack, Baccara) sowie die in den Automatensälen der Spielbankendependancen aufgestellten Spielautomaten (sog. „Einarmige Banditen") zuzuordnen. Zulassung und Betrieb von Spielbanken richten sich nach den Landesgesetzen über die Zulassung öffentlicher Spielbanken (**SpielbankenG**); z.B. für Baden-Württemberg SpielbankenG vom 1.1.2002 (GBl. S. 571, 706), für Bayern SpielbankenG vom 26.7.1995 (GVBl. S. 350)[37], für Mecklenburg-Vorpommern das SpielbankenG vom 5.7.2004 (GVOBl. M-V **2004** S. 307); für die übrigen Bundesländer vgl. *Höxter/Bahr* Deutsche Glücksspielgesetze. Dem Spielbankenrecht liegt erkennbar der Gedanke einer Konzentration des Glücksspiels in bestimmten, zahlenmäßig begrenzten und staatlicherseits effektiv überwachten Einrichtungen zugrunde. Die Veranstaltung von (solchem) Glücksspiel wird somit, wenn nicht schlechthin als gemeinschaftsschädlich (BVerwG GewArch **1995** 24, 26), so doch zumindest als „unerwünschte Tätigkeit" angesehen, die nur unter weitreichenden gesetzlichen Beschränkungen im Einzelfall und unter strenger staatlicher Kontrolle erlaubnisfähig ist.[38] Die Konzessionierung wird nach BVerfG wesentlich und entscheidend bestimmt durch die öffentliche Aufgabe, das illegale Glücksspiel in Geld einzudämmen, dem nicht zu unterdrückenden Spieltrieb des Menschen staatlich überwachte Betätigungsmöglichkeiten zu verschaffen (Ventilfunktion) und die engen Ausnahmen von dem Verbot zu kanalisieren. Die derzeitige Ausgestaltung des (bayrischen) Spielbankenmonopols ist mit dem Verfassungsrecht vereinbar und begegnet insbesondere unter dem Gesichtspunkt der Verhältnismäßigkeit keinen verfassungsrechtlichen Bedenken (BVerfG GewArch **2007** 242). Eine „Spielothek" mit vier Glücksspielgeräten ist keine Spielbank, die nach dem SpielbankenG zu beurteilen wäre (BayVGH GewArch **1995** 374). Eine Vermengung von Glücksspielgerät (Einarmige Banditen) mit sog. Geschicklichkeitsautomaten in Spielhallen verstößt gegen das sich aus § 284 und den gewerberechtlichen Vorschriften (§ 33h GewO) erge- **22**

---

36 Vgl. *Ohlmann* WRP **1998** 1043, 1044; *Odenthal* GewArch **1989** 222, 224; *Lukes* aaO S. 1016 f.

37 Zuletzt geändert durch § 4 des Gesetzes vom 9.5.2006 (GVBl. S. 193).

38 BVerfG GewArch **2007** 636; vgl. BVerfGE **115** 276, 304 ff; BVerfGE **28** 119, 148; BVerwG GewArch **2001** 334, 336 f.

bende Verbot des öffentlichen Betriebs von Glücksspielgeräten mit beträchtlicher Verlustgefahr außerhalb von Spielbanken. Mit dieser sinnfälligen Sonderung des Glücksspiels gegenüber den Unterhaltungsspielen soll dessen Gefährlichkeit nach außen deutlich gemacht werden.

23 **Lotterien** sind besondere Kategorien des Glücksspiels (BGHSt **34** 171, 179; *Lukes* FS Stree/Wessels S. 1015), ein Glücksspiel im weiteren Sinn (§ 287 Rdn. 1). Waren die Voraussetzungen der Erlaubniserteilung zunächst nicht völlig einheitlich durch die Lotteriegesetze der Länder[39] geregelt, galt seit dem 1.7.2004 der Staatsvertrag zum Lotteriewesen in Deutschland, der bundesweit das Glücksspiel- (mit Ausnahme des Spielbankrechts) und Lotterierecht vereinheitlichte. Er ist zum 1. Januar 2008 durch den GlüStV abgelöst worden (Rdn. 9). Den staatlich zugelassenen Gewinnspielen lassen sich vor allem die Spiele der Lotto- und Totoblocks sowie die Klassen- und Fernsehlotterien zuordnen (*Habersack* MK BGB § 763 Rdn. 8, 9). Hinsichtlich der einzelnen Ausführungsgesetze der Länder vgl. *Höxter/Bahr* Deutsche Glücksspielgesetze (2008). Zur unterschiedlichen Organisation der zugelassenen Lotto- und Totounternehmen *Wagner* Lotto S. 1 ff; zu den zivilrechtlichen Problemen der Sportwette *Pfister* Sportwette (1989) S. 75. Zu den Lotterien (vgl. § 3 Abs. 3 GlüStV) zählen auch die Sportwetten (vgl. § 287 Rdn. 5; zu den Rennwetten unten Rdn. 24); lediglich die Sportwetten zu festen Gewinnquoten (sog. „Oddset-Wetten) sind Glückssspiele (vgl. § 3 Abs. 1 Satz 3 GlüStV) i.S. des § 284. Im Gegensatz zu privaten Wettgemeinschaften zwecks Kostensenkung und Gewinnchancenerhöhung durch gemeinschaftliches Spiel handelt es sich bei der **Organisation gewerblicher Spielgemeinschaften** (§ 287 Rdn. 12) regelmäßig um eine unerlaubte Lotterieveranstaltung (vgl. hierzu *Fruhmann* MDR **1993** 822; *Weber* Sportwette S. 43; **aA** *Otto* Jura **1997** 385; vgl. *Rüping* JZ **2005** 238). Eine dem § 287 unterfallende neue Lotterie (Zweitlotterie) liegt insbesondere dann vor, wenn der geworbene Mitspieler nur schuldrechtliche Ansprüche gegen seinen Vertragspartner (Vermittler) erlangt, zum Unternehmer der ersten Lotterie (z.B. der staatlichen Sport-Toto GmbH) jedoch in keine rechtlichen Beziehungen tritt (vgl. BGH Beschl. v. 18.1.1977 – 1 StR 643/76; zur näheren Abgrenzung § 287 Rdn. 12 und *Hoyer* SK § 287 Rdn. 9; *Sch/Schröder/Eser/Heine* § 287 Rdn. 13b).

24 3. **Das Rennwett- und Lotteriegesetz** (RennwettG)[40] regelt entgegen seiner irreführenden Überschrift nur das Rennwettwesen (§ 1–§ 7). Es gestattet das Wetten sowohl bei den **Totalisatoren** als auch bei **Buchmachern**, unterstellt beide aber einer Erlaubnispflicht. Zur rechtlichen Einordnung von Pferderenn- und sonstigen Sportwetten vgl. *Thalmair* GewArch **1995** 274. Rennwetten sind trotz ihres Namens reines Glücksspiel (im weiteren Sinne),[41] das durch das RennwettG eine **Sonderregelung** erfährt. Gesetzeszweck ist die Bekämpfung des „wilden" Buchmachertums, aber auch die Eindämmung der Wettleidenschaft.[42] Mit den §§ 5, 6 RennwettG sind Straftatbestände vorgesehen, die den unerlaubten Betrieb von Totalisatorunternehmen aus Anlass öffentlicher Pferderennen sowie den unerlaubten gewerbsmäßigen Abschluss und die Vermittlung von Wetten, einschließlich

39 Vgl. die (veraltete) Übersicht bei *Göhler/Buddendiek/Lenzen* Nebenstrafrecht Rdn. 515 II.

40 Vom 8.4.1922 (RGBl. I S. 393; BGBl. III S. 611–614) i.d.F. des Art. 25 des Gesetzes vom 16.12.1986 (BGBl. I S. 2441), letztes ÄndG vom 31.10.2006 (BGBl. I S. 2407).

41 Vgl. *Meyer* RennwettG § 1 Anm. 3; *Wache* in Erbs/Kohlhaas R 70 Rennwett- und Lotteriegesetz Vorbem Rdn. 1; *Weber* Sportwette S. 42.

42 *Meyer* RennwettG Vorbem. Anm. 1; *Wache* in *Erbs/Kohlhaas* R 80 Rennwett- und Lotteriegesetze Vorbem Rdn. 1.

Verhaltensweisen im Vorfeld des Wettabschlusses, vor allem sog. *Schlepper*, erfassen. Bei § 5 RennwettG handelt es sich um einen – überflüssigen – Spezialtatbestand des ungenehmigten Lotteriebetriebs i.S. von *§ 287 Abs. 1* (vgl. *Weber* Sportwette S. 39, 45). Rechtsgrundlage der Pferdewette „Rennquintett" (zu den Besonderheiten vgl. *Deselaers*, in *Pfister* Sportwette S. 15, 32) sind in bestimmten Bundesländern (NRW, RhPf) nicht das RennwettG, sondern die dort geltenden Sportwettengesetze[43].

4. Sind Glücksspiele, Lotterien und Ausspielungen als sog. aleatorische Werbung, d.h. als Gewinnspiele insbesondere in Form einfacher Preisausschreiben, Preisrätsel oder Gratisverlosungen, zu qualifizieren, so greifen **wettbewerbsrechtliche** Schranken ein (vgl. hierzu *Lukes* FS Stree/Wessels S. 1013, 1018). **25**

IV. Auswirkungen exzessiver Spielmotivation auf die Schuldfähigkeit

Schrifttum

Bottke Anm. zu BGHSt 49, 365, NStZ **2005** 327; *Diegmann* Rechtliche und rechtspolitische Fragen der Spielsucht, ZRP **2007** 126; *Foerster* Pathologisches Spielen in Venzlaff (Hrsg.) Psychiatrische Begutachtung (1999); Füllkrug Verbotenes Glück – Schuldunfähigkeit infolge „Spielsucht"? Kriminalistik **1990** 101; *Kellermann* Spielsucht und Beschaffungskriminalität, UrtAnm. zu AG München, NStZ **1996** 334, ebda. S. 335; *ders.* Glücksspielsucht und Beschaffungsdelinquenz, StV 2005 287; *Kröber* „Spielsucht" und Schuldfähigkeit, Forensia **8** (1987) S. 113; *ders.* UrtAnm. zu BGH NStZ 1989, 113, JR **1989** 380; *Kühne* Einige Bemerkungen zu Fragen des Glücksspiels bei Sportwetten, FS Schroeder (2006) 545; *Meyer* Die Beurteilung der Schuldfähigkeit bei Abhängigkeit vom Glücksspiel, MSchrKrim. Bd. **71** (1988) S. 213; *ders.* Die forensisch-psychologische Wertung des pathologischen Glücksspiels, StV **1990** 464; *ders.* Eins zum anderen – Abhängigkeit vom Glücksspiel und delinquentes Verhalten, Kriminalistik **1986** 212; *Rasch* Pathologisches Glücksspielen und Schuldfähigkeit (1988); *Schöch* Anm. zu BGHSt **49** 365, JR **2005** 296; *Schimmel* Der Schutz des Spielers vor sich selbst, NJW **2006** 958; *Schramm* Anm. zu BGHSt 49 365, JZ **2005** 418; *Schreiber* Drogenabhängigkeit und Spielsucht im Vergleich (1992).

Kontrovers diskutiert wird die Bedeutung spielsüchtiger Motivation für die Frage der **Schuldfähigkeit** (§§ 20, 21), vor allem hinsichtlich der glücksspielbezogenen Beschaffungskriminalität. Exzessives Glücksspielen als Ausdruck einer **Spielleidenschaft** (vgl. z.B. LG München NStZ **1997** 282; s. dazu auch *Fischer* § 285 Rdn. 4, § 20 Rdn. 41) ist für sich allein kein hinreichendes Indiz für eine die Schuldfähigkeit einschränkende seelische Störung.[44] Eine erhebliche Persönlichkeitsstörung in der Wertigkeit einer anderen schweren seelischen Abartigkeit dürfte nur **ausnahmsweise** in Betracht kommen, wenn auftretende gewichtige Persönlichkeitsveränderungen im Rahmen des gesamten Erscheinungsbilds des Täters – etwa ein Persönlichkeitswandel aufgrund jahrelangen ruinösen Spiels[45]– mit einem derartigen Grad von die Spielmotivation bestimmender innerer Abhängigkeit einhergeht, dass aufgrund des psychischen Drucks im Einzelfall die Steue- **26**

[43] S. dazu auch *Groeschke/Hohmann* MK § 284 Rdn. 33, die auf – insoweit wegen Art. 4 Abs. 2 EGStGB unwirksame – Strafvorschriften in den Landesgesetzen hinweisen. Vgl. weiter *Horn* NJW **2004** 2047, 2054.

[44] BGHSt **49** 365, 369 f; BGH NStZ **2004** 31; vgl. *Schöch* LK § 20 Rdn. 161; **aA** *Meyer* MSchrKrim. **71** (1988) S. 213 und Kriminalistik **1986** 212; ähnl. *Kellermann* StV **2005** 287, 294 f.

[45] Vgl. BGHSt **49** 365, 370; *Rasch*, zit. bei Kröber JR **1989** 382 Fn. 10; *Meyer* StV **1990** 464.

rungsfähigkeit des Täters erheblich beeinträchtigt oder gänzlich ausgeschaltet wird.[46] Zu möglichen Kriterien und tatbezogenen Indikatoren für eine solche Ausnahmesituation *Kröber* JR **1989** 380; ausführlich zu den verschiedenen Ansätzen *Brandl* Spielleidenschaft S. 225 ff. Zur Klärung der konkreten Voraussetzungen und indiziellen Bewertung bedarf es insoweit der unterstützenden Heranziehung eines Sachverständigen.[47]

§ 284
Unerlaubte Veranstaltung eines Glücksspiels

(1) Wer ohne behördliche Erlaubnis öffentlich ein Glücksspiel veranstaltet oder hält oder die Einrichtungen hierzu bereitstellt, wird mit Freiheitsstrafe bis zu zwei Jahren oder mit Geldstrafe bestraft.

(2) Als öffentlich veranstaltet gelten auch Glücksspiele in Vereinen oder geschlossenen Gesellschaften, in denen Glücksspiele gewohnheitsmäßig veranstaltet werden.

(3) Wer in den Fällen des Absatzes 1
1. gewerbsmäßig oder
2. als Mitglied einer Bande handelt, die sich zur fortgesetzten Begehung solcher Taten verbunden hat,

wird mit Freiheitsstrafe von drei Monaten bis zu fünf Jahren bestraft.

(4) Wer für ein öffentliches Glücksspiel (Absätze 1 und 2) wirbt, wird mit Freiheitsstrafe bis zu einem Jahr oder mit Geldstrafe bestraft.

Schrifttum *siehe vor* § 284 sowie vor § 287.

Entstehungsgeschichte. Siehe Vorbemerkungen zu den §§ 284 ff.

Gesetzesmaterialien. Siehe Vorbemerkungen zu den §§ 284 ff.

Übersicht

	Rdn.
I. Deliktscharakter	1
II. Tatbestandlicher Bezugsbereich – Abgrenzung	2
1. Wette	3
2. Glücksspiel im weiteren Sinne	4
3. Renn- und Sportwetten	5
4. Wirtschaftlich ausgerichtete Gewinnvereinbarungen	6
III. Verfassungsrechtliche Grenzen der Normanwendung bei Sportwetten	
1. Die Zeit bis zur Entscheidung des Bundesverfassungsgerichts vom 28. März 2006	6a
2. Der Zeitraum vom 29. März 2006 bis zum Inkrafttreten des GlüStV	6b
3. Die Rechtslage nach Inkrafttreten des GlüStV (1. Januar 2008)	6c
IV. Glücksspiel	
1. Bestimmende Merkmale	7

---

[46] BGH NStZ 2004 31 „schwerste Persönlichkeitsveränderungen"; vgl. auch BGH StV **1991** 155; BGHR StGB § 21 seelische Abartigkeit 8; zusammenfassend *Brandl* Spielleidenschaft S. 236 ff und *Schöch* LK § 20 Rdn. 165.

[47] BGHSt **49** 365, 371; BGH NStZ **1989** 113; auch NStZ **1994** 501; *Schöch* aaO Rdn. 164.

	Rdn.
2. Geschicklichkeitsspiel – Kriterium der durchschnittlichen Fähigkeiten	9
3. Beobachtungsspiele mit glücksspielimmanenten Spielmöglichkeiten	10
4. Einsatz und Gewinn	11
a) Vermögenswert von Einsatz und Gewinn	12
b) Fernseh- und Telefongewinnspiele	12a
c) Unterhaltungsautomaten	12b
5. Vermögensverlust	13
6. Beispiele aus der Rechtsprechung	14
V. Öffentlichkeit	
1. Allgemeines	15
2. Gleichstellungsklausel (Absatz 2)	16
VI. Begehungsformen	17
1. Veranstalten des Glücksspiels	18
2. Vermitteln	18a
3. Halten des Glücksspiels	19
4. Bereitstellen von Einrichtungen	20
5. Über das Internet angebotenes ausländisches Glücksspiel	20a
6. Teilnahme	21
VII. Ohne behördliche Erlaubnis	22
VIII. Innere Tatseite	23
IX. Gewerbsmäßige und bandenmäßige Begehung (Absatz 3)	24
X. Unerlaubtes Werben	25
XI. Konkurrenzen	26
XII. Sanktionen	27

I. Deliktscharakter

§ 284 ist ein **Mischgesetz.** Er umfasst – vor allem wegen seiner Stoßrichtung gegen die Organisierte Kriminalität (*Kindhäuser* Rdn. 1 vor § 284) auch tatbestandlich verselbständigte Vorbereitungs- und Förderungshandlungen. Als gleichwertig behandelt werden in den beiden ersten Tatbestandsalternativen Formen der Ermöglichung, Förderung und qualifizierten Beteiligung (Rdn. 19) zwecks Schaffung der Spielvoraussetzungen/möglicher Spieldurchführung, in der letzten Alternative Tatmittel betreffende Vorbereitungs- und Förderungshandlungen, soweit nicht durch die vorgenannten Tatmodalitäten bereits miterfasst. Auslegungsansatz ist das Moment der **Verleitung** zu vermögensgefährdendem, unerlaubtem und damit **unkontrolliertem Spiel mit Glücksspieleigenschaften** (vgl. *Brandl* Spielleidenschaft S. 17 ff; *Meurer/Bergmann* JuS **1983** 668, 671; *Lampe* JuS **1994** 737, 741). Im Falle des Erlaubnismangels verstärkt das Strafrecht den zivilrechtlichen Schutz, der den Spielschulden als unvollkommenen Verbindlichkeiten die Klagbarkeit versagt (§ 762 BGB; zu den Gründen *Habersack* MK BGB § 762 Rdn. 1). Von dem tatbestandlichen Regelungsbereich folgerichtig nicht erfasst wird das Spielen als solches, das von der Veranstalterebene getrennt und in § 285 gesondert unter Strafe gestellt wird. Zu dem geschützten **Rechtsgut** vgl. Vorbem. § 284 Rdn. 7–9; zu kriminologischen und kriminalpolitischen Aspekten vgl. Vorbem. § 284 Rdn. 6. Die komplexen Funktions- und Regelungszusammenhänge des Spielrechts insgesamt werden in den Vorbemerkungen zu § 284 Rdn. 13 ff dargestellt. 1

II. Tatbestandlicher Bezugsbereich – Abgrenzung

Das Glücksspiel ist eine Unterart des Spiels. Es ist vom bloßen Unterhaltungsspiel (Rdn. 12), vom Geschicklichkeitsspiel (Rdn. 9 und Vorbem. § 284 Rdn. 17) und von der Wette (Rdn. 3) abzugrenzen. **Unterhaltungsspiele** sind dadurch gekennzeichnet, dass bei ihnen der erzielbare (unbedeutende) geldwerte Gewinn überhaupt keine Rolle spielt (vgl. *Brandl* aaO S. 42; *Schaeffer* GewArch **1980** 112, 116). Zum Glücksspielbereich sind insbesondere Renn- und Sportwetten in Beziehung zu setzen (Rdn. 5). § 284 betrifft indes nur das Glücksspiel im engeren Sinne; davon zu unterscheiden sind besondere Kategorien, die als Glücksspiel im weiteren Sinne eine Sonderregelung erfahren haben (Rdn. 4). 2

Vom Glücksspielbereich abzuschichten sind indes Gewinnvereinbarungen aufgrund wirtschaftlich berechtigter Interessen (Rdn. 6).

3 1. Die **Wette** ist straflos, wird zivilrechtlich aber von § 762 BGB erfasst. Wette und Spiel brauchen sich im äußeren Tatbestand nicht zu unterscheiden. Sie sind zwei- oder mehrseitige Schuldverträge, bei denen die Entscheidung über einen wirtschaftlich nicht begründeten Gewinn oder Verlust von einer streitigen oder ungewissen Tatsache abhängt. Der Unterschied zwischen beiden liegt im inneren Tatbestand, in den Beweggründen und Zwecken, welche die Beteiligten verfolgen.[1] Bei der Wette ist Beweggrund oder Zweck des Vertrags die Bekräftigung eines Meinungsstreits über entgegengesetzte Behauptungen. Dass der Sieger den Wettpreis erhält, ist *nicht wesentlich*; in vielen Fällen kommt er beiden zu Gute oder wird auch einem Dritten zugewiesen. Soll er dem Sieger verbleiben, so ist das Folge, aber nicht Selbstzweck der Wette (RGSt **6** 421, 425; **6** 175, 176: „symbolische Bedeutung" des Gewinns). Gegen diese Begriffsbestimmung sind Einwände erhoben worden.[2] Die herrschende Ansicht ist aber mit Recht dem RG gefolgt, dessen Auslegung sich mit dem Sprachgebrauch deckt und seit Jahrzehnten den praktischen Bedürfnissen gerecht geworden ist. Beim Glücksspiel steht so gegenüber der Wette das Primärinteresse an der Erlangung von Vermögensvorteilen im Vordergrund; vorrangiger Zweck ist der Gewinn. Dem Glücksspiel kann zwar auch die äußere Form einer Wette gegeben werden. Dies ändert indes ungeachtet der willkürlichen Bezeichnung der Verträge als Wette nichts an deren rechtlicher Einordnung als Glücksspiel (vgl. *Thalmair* GewArch **1995** 275; *Weber* Sportwette S. 42).

4 2. **Glücksspiel im weiteren Sinn.** *Lotterie* und *Ausspielung* (§ 3 Abs. 3 GlüStV) sind besondere Arten des Glücksspiels (BGHSt **34** 171, 179), die alle insoweit wesentlichen Merkmale aufweisen. Sie sind jedoch in der Sondervorschrift des § 287 gemäß ihrer Besonderheiten (vgl. *Lukes* FS Stree/Wessels S. 1015) unter anderen Gesichtspunkten geregelt und fallen daher nicht unter die Glücksspiele im engeren Sinne gemäß den §§ 284, 285. Insbesondere das Zahlenlotto ist eine solche Lotterie i.S. des § 287.[3] Vgl. zu den Lotterien und den Rechtsgrundlagen staatlicher Zulassung Vorbem. § 284 Rdn. 23.

5 3. **Renn- und Sportwetten** sind, ungeachtet ihrer missverständlichen Bezeichnung, als reines Glücksspiel im weiteren Sinne, d.h. als **Lotterien**, zu qualifizieren.[4] Denn dabei wird regelmäßig einer Mehrzahl von Personen die Möglichkeit eröffnet, nach einem bestimmten, vom Veranstalter verbindlich festgelegten Spielplan (vgl. *Wagner* Toto S. 2), also einem spezifischen Zusatzmerkmal der Lotterie (LK § 287 Rdn. 3), gegen Geldeinsatz ein ausschließlich oder doch wesentlich vom Zufall abhängiges Recht auf einen

---

[1] Vgl. u.a. *Sch/Schröder/Eser/Heine* Rdn. 4; *Brandl* Spielleidenschaft S. 51; *Kummer* in: Aubin [Hrsg.] Landesberichte S. 16; *Fischer* Rdn. 9.

[2] *Frank* Anm. 2; *Kriegsmann* VDB Bd. 6 S. 385 ff; *Seelig* Glücksspielstrafrecht S. 36; *Weiser* Glücksspiel S. 2, 4; *Hoyer* SK Rdn. 12, der Spiel und Wette nach dem Grad ihrer abstrakten Vermögensgefährlichkeit abgrenzen will.

[3] Vgl. BGH bei *Pfeiffer/Maul/Schulte* § 284 Anm. 2; OLG Braunschweig NJW **1954** 1777.

[4] BGH NStZ **2007** 151, 153; BGH NStZ **2003** 372, 373; *Hofmann/Mosbacher* NStZ **2006** 249, 251 m.w.N.; *Palandt/Sprau* BGB § 763 Rdn. 4; *Thalmair* GewArch **1995** 274, 275 f; *Weber* Sportwette S. 42; **and.** LG Bochum NStZ-RR **2002** 170 f m. **krit.** Anm *Odenthal* NStZ **2002** 482 ff; AG Karlsruhe-Durlach NStZ **2001** 254 f m. zust. Anm. *Wrage* NStZ **2001** 256 f.

Geldgewinn zu erwerben. Für diese Sportwetten ist primär auf § 287 Abs. 1 abzustellen. Sportwetten zu festen Gewinnquoten (sog. „Oddset-Wetten") dagegen stellen als Sonderfall ein Glücksspiel i.S. des § 284 dar.[5] **Zweit- bzw. Anschlusslotterien** an staatlich zugelassene Sportwettveranstaltungen fallen unter **§ 287 Abs. 1.** Die Strafbarkeit der unerlaubten Veranstaltung von **Rennwetten** richtet sich ausschließlich nach der Sonderregelung des § 5 RennwettG als Spezialtatbestand des ungenehmigten Lotteriebetriebs i.S. des § 287 Abs. 1. Vgl. zu diesem Regelungsbereich Vorbem. § 284 Rdn. 24 sowie *Brandl* Spielleidenschaft S. 56.

4. Wirtschaftlich ausgerichtete Gewinnvereinbarungen. Der spekulative oder riskante Charakter eines Rechtsgeschäftes macht es noch nicht zu einem Spiel oder einer Wette, wenn die Vereinbarung des Gewinns auf einem wirtschaftlich berechtigten Interesse beruht oder wenn ihr ein objektiv ernster wirtschaftlicher oder sittlicher Zweck zukommt (*Palandt/Sprau* § 762 Rdn. 4). Daher gehören **Versicherungsverträge** nicht zu den Spielgeschäften. Wenn eine Bank an Inhaber bestimmter Konten eine gesteigerte Verzinsung abhängig von einem sportlichen Erfolg anbietet, so ist ein spielerisches Element unverkennbar. Sofern die Bank dieses Produkt aber im Rahmen ihrer üblichen Geschäftstätigkeit anbietet und der zufallsabhängigen Bonuskomponente kein bestimmendes Gewicht zukommt, unterfällt dieses Produkt nicht dem § 284 StGB.[6] Das früher in § 764 BGB geregelte Differenzgeschäft ist durch das 4. FinanzmarktfördG v. 21.6.2002 (BGBl. I S. 2010) mit Wirkung zum 1.7.2002 weggefallen. 6

III. Verfassungsrechtliche Grenzen der Normanwendung bei Sportwetten

1. Die Zeit bis zur Entscheidung des Bundesverfassungsgerichts vom 28. März 2006. 6a
Die **nicht genehmigte private Sportwettenveranstaltung und -vermittlung** ist bis zum 28. März 2006 nicht strafbar. Dies ergibt sich zwar nicht aus der Verfassungswidrigkeit des § 284,[7] folgt aber aus dem Urteil des Bundesverfassungsgerichts, das in dem bayrischen staatlichen Wettmonopol in der bis zu diesem Zeitpunkt bestehenden gesetzlichen und tatsächlichen Ausgestaltung einen unverhältnismäßigen Eingriff in die Berufsfreiheit der an entsprechender beruflicher Tätigkeit interessierten Personen gesehen und die Frage der Anwendbarkeit des Strafrechts den Fachgerichten überlassen hatte. Der BGH hat nunmehr die Anwendbarkeit des § 284 für den Tatzeitraum bis zur Entscheidung des Bundesverfassungsgerichts ausgeschlossen.[8] Dabei geht der BGH davon aus, dass dies nicht nur für Bayern, sondern auch für die übrigen Bundesländer gilt, in denen wie im Saarland der bayrischen Rechtslage entsprechende Vorschriften bestanden. Er sieht § 284 StGB als Teil einer Gesamtregelung, die zumindest bis zum Zeitpunkt der Entscheidung des Bundesverfassungsgerichts das den verfassungswidrigen, mit Art. 12 GG unvereinbaren Eingriff in die Berufsfreiheit begründende staatliche Wettmonopol ausmachte. Aus diesem Grund spielt es für den BGH auch keine Rolle, dass das Bundesverfassungs-

---

5 BGH NStZ **2007** 151 153; NStZ **2003** 372, 373; **aA** *Kühne* FS Friedrich-Christian Schroeder S. 545, 553.

6 *Kessler/Heda* WM **2004** 1812, 1818 f; *Groeschke/Hohmann* MK Rdn. 11; vgl. zum Ganzen auch *Hofmann/Mosbacher* NStZ **2006** 249 ff.

7 Zur möglichen Gemeinschaftswidrigkeit des § 284 BVerfG NVwZ **2005** 1303, 1304 mit Anm. *Ennuschat* DVbl **2005** 1288; dazu: *Ruttig* ZfWG **2006** 67 ff.

8 NJW **2007** 3078 mit Anm. *Hecker/Schmitt* ZfWG **2007** 364; dazu auch *Arendts* ZfWG **2007** 457, 458; schon zuvor *Kretschmer* ZfWG **2006** 52, 58.

gericht das (bayrische) Staatslotteriegesetz nicht für nichtig,[9] sondern lediglich als „nach Maßgabe der Gründe mit Art. 12 Abs. 1 GG unvereinbar" erklärt hatte.[10] Aus der verwaltungsakzessorischen Natur des § 284 folgert er, dass auch ein Anbieter von Sportwetten, der in der Vergangenheit nicht um eine behördliche Erlaubnis nachgesucht habe, nach § 284 nicht strafbar sei, weil die fehlende Erlaubnis auf einem Rechtszustand beruhe, der seinerseits die Rechte des Betreibers von Glücksspielen in verfassungswidriger Weise verletze. Der BGH sieht in dem strafbewehrten Ausschluss eines an beruflicher Tätigkeit Interessierten einen unzumutbaren und damit unverhältnismäßigen Eingriff in die Berufsfreiheit, der eine Strafbarkeit ausschließt. Er erteilt damit – zu Recht – der Ansicht eine Absage, die auch bei der Verfassungswidrigkeit des Sportwettenmonopols nicht davon ausgeht, dass dies zwangsläufig zu einer Erlaubnisfreiheit der Veranstaltung oder Vermittlung von Sportwetten geführt habe (vgl. etwa *Hecker* ZfWG **2006** 89, 90: § 284 erfasse jede erlaubnislose Veranstaltung von Sportwetten, die auch bei Wegfall der landesrechtlichen Lotteriegesetze weiterhin verboten blieben).

6b **2. Der Zeitraum vom 29. März 2006 bis zum Inkrafttreten des GlüStV.** Auch für diesen Zeitraum ist die Entscheidung des BGH (Rdn. 6a) nicht ohne Bedeutung. Zwar spricht sie ausdrücklich lediglich die Altfälle bis zur Entscheidung des Bundesverfassungsgerichts an, doch folgt aus der Begründung der Entscheidung, dass jedenfalls solange die Vorgaben, unter denen das Bundesverfassungsgericht die Weitergeltung der an sich verfassungswidrigen Regelungen erlaubt hat, nicht erfüllt sind, auch eine Bestrafung nach § 284 auszuscheiden hat. Insoweit unterscheidet sich – worauf auch der BGH hinweist (NJW **2007** 3078, 3080) – der Sachverhalt grundlegend von der in BGHSt **47** 138 entschiedenen Konstellation.[11] Auch das Bundesverfassungsgericht hat klarstellend darauf hingewiesen, dass das „Mindestmaß an Konsistenz zwischen dem Ziel der Begrenzung der Wettleidenschaft und der Bekämpfung der Wettsucht einerseits und der tatsächlichen Ausübung seines Monopols andererseits" (BVerfGE **115** 276, 319) unabdingbare Voraussetzung dafür ist, dass bis zur Neuregelung durch den Gesetzgeber ein Vermittlungsverbot von Wetten für Private verfassungsrechtlich gerechtfertigt ist.[12] Solange es also an dieser Konsistenz fehlt,[13] die für das Bundesverfassungsgericht schon Anlass ist, eine ordnungsrechtliche Untersagungsverfügung zu beanstanden, kommt erst recht eine Strafbarkeit nach § 284 nicht in Betracht.[14] Maßgeblich für die Anwendbarkeit des

---

9 NJW **2007** 3078, 3080: dies hätte eine Strafbarkeit nach § 284 ebenfalls ausgeschlossen.

10 Dies spielt lediglich für die Zeit nach der Entscheidung des Bundesverfassungsgerichts eine Rolle; s. dazu auch *Hecker/Schmitt* ZfWG 2007 364, 366 f.

11 Dort ging es um die durch das Bundesverfassungsgericht vorbehaltlos angeordnete Weitergeltung der – verfassungswidrigen – Vermögenssteuer, deren Hinterziehung auch nach der verfassungsgerichtlichen Entscheidung strafbar blieb; s. dazu auch OLG München NJW **2006** 3588, 3592.

12 Vgl. BVerfG ZfWG **2007** 421, 423; vgl. auch BVerfG, Beschl. der 2. Kammer des Ersten Senats v. 27. Dezember 2007 – 1 BvR 2578/07 zum Mindestmass an Konsistenz in Niedersachsen; **aA** noch *Hecker* ZfWG **2006** 89, 93.

13 Ausreichend ist, dass sich die äußeren Umstände an den die für die Rechtfertigung eines staatlichen Monopols Zielvorstellungen orientieren. Eine Anpassung der Rechtslage kann – jedenfalls in der Übergangszeit bis zur Neuregelung durch den Gesetzgeber – nicht dafür ausschlaggebend sein, ob das staatliche Wettmonopol verfassungskonform ist. Die entgegenstehende Auffassung des Hans. OLG (ZWfG **2007** 295, 298; wohl auch *Kretschmer* ZfWG **2006** 52, 58 f), die auch eine der Verfassung entsprechende Rechtslage fordert, steht mit der Rechtsprechung des Bundesverfassungsgerichts nicht in Einklang.

14 So auch *Siara* ZfWG **2007** 1, 5; **aA:** *Dietlein* K&R **2006** 307, 312; *Bethge* DVBl **2007** 917, 923, 925.

§ 284 ist demnach, ob im fraglichen Tatzeitraum die vom Bundesverfassungsgericht geforderten Umsetzungsmaßnahmen tatsächlich bewirkt worden sind[15] (weitergehend gegen jede Strafbarkeit, weil es an einer verfassungsgemäßen Rechtsgrundlage fehle und eine strafrechtliche Sanktion aufgrund einer mit dem Gemeinschaftsrecht unvereinbaren Vorschrift nicht verhängt werden dürfe: LG Frankfurt/M ZfWG **2007** 453, 455 f[15a]. Lässt sich dies – etwa anhand der Rechtsprechung des Bundesverfassungsgerichts oder oberer Fachgerichte – feststellen, kommt grundsätzlich eine Strafbarkeit in Betracht.[16] Diese sich aus der Rechtsprechung des Bundesverfassungsgerichts und des BGH ergebende Konsequenz führt zu einer Rechtsunsicherheit, die verfassungsrechtliche Zweifel an der Bestimmtheit einer Poenalisierung der Vermittlung von Sportwetten durch Private aufkommen lässt (*Art. 103 Abs. 2 GG*).[17] Zwar weiß der Normadressat genau, was an sich strafrechtlich verboten ist und welche Strafe ihm für den Fall eines erlaubnislosen Vermittelns von Sportwetten droht. Doch fehlt ihm die Kenntnis darüber, ob die Durchsetzung des eigentlich bestehenden Strafanspruchs nicht unzumutbar ist, weil es womöglich an der notwendigen Konsistenz zwischen dem ein Monopol rechtfertigenden Ziel und seiner tatsächlichen Realisierung fehlt. Damit aber wäre der sich aus Art. 103 Abs. 2 GG ergebenden Forderung, jeder müsse aufgrund der Normfassung vorhersehen können, welches Verhalten verboten und mit Strafe bedroht ist, damit er sein Tun oder Unterlassen auf die Strafrechtslage verantwortlich einrichten kann (vgl. nur BVerfGE **105** 135, 153; *Dannecker* LK Rdn. 179 mit weit. Nachw.), nicht genügt. Ob sich darauf die Garantie von Art. 103 Abs. 2 GG tatsächlich erstreckt, kann aber letztlich offen bleiben.[18] Denn solange es an einer greifbaren Feststellung der Konsistenz fehlt, ist die Bestrafung ohnehin schon aus anderen Gründen ausgeschlossen. Gibt es aber eine gerichtliche Bestätigung, entfällt damit die Unkenntnis darüber, ob das Verhalten bestraft werden kann oder nicht. Dass die Rechtsprechung durch ihre konkretisierende Auslegung einer Norm zu ihrer Bestimmtheit beitragen kann, ist im Übrigen in der Rechtsprechung des Bundesverfassungsgerichts anerkannt (*Dannecker* aaO Rdn. 188 mit Nachw.). Aus der **gemeinschaftsrechtlichen** Sicht ergibt sich ein Weiteres: Eine von einem Mitgliedsstaat der EU für diesen erteilte Erlaubnis gilt zwar nicht über die nationalen Grenzen hinaus,[19] so dass – liegt nach den obigen Ausführungen eine verfassungskon-

---

15 Damit dürfte auch ein im Wesentlichen gemeinschaftsrechtskonformer Zustand herbeigeführt sein; vgl. dazu BVerfG WM **2008** 375; s. dazu auch VGH Hessen ZfWG **2007** 438, 440 m. Anm *Winkelmüller/Rietdorf* ZfWG **2007** 441. Abweichend auch insoweit Hans. OLG ZfWG **2007** 295, 298 f.

15a Ähnlich: OLG München ZfWG **2008** 211; Übermaßverbot als Grundlage eines Bestrafungsverbots; ferner OLG Bamberg, Urt. v. 29.7.2008 – 2 Ss 35/08).

16 Vgl. dazu auch BVerfG WM **2008** 375 unter Hinweis auf die – objektiv – gegebene Strafbarkeit bei festgestellter „Konsistenz"; ähnlich wohl auch *Hecker/Schmitt* ZfWG **2007** 364, 367. Im Eigentlichen dürfte es nicht erst auf die gerichtliche Feststellung der „Konformität", sondern auf die tatsächlichen Zustände, die das Strafgericht selbst zu beurteilen in der Lage ist, ankommen. Doch vor allem im Hinblick auf die subjektive Tatseite muss regelmäßig eine Bestrafung vor einer solchen obergerichtlichen Feststellung ausscheiden. Eine Strafbarkeit grundsätzlich ausschließend: *Arendts* ZfWG **2007** 457, 459.

17 Auch weil es vom Verhalten eines Dritten, der staatlichen Lotterie, abhängt: vgl. *Kendziur* ZUM **2007** 193, 200; wohl auch *Bethge* DVBl **2007** 917, 924. Dazu auch Widmaier, Gutachten zu den strafrechtlichen Konsequenzen aus dem Urteil des Bundesverfassungsgerichts vom 28. März 2006, S. 6 ff; *Siara* ZfWG **2007** 1, 3 f.

18 Art. 103 Abs. 2 GG sehen nicht als verletzt an: *Dietlein* K&R **2006** 307, 312; *Mosbacher* NJW **2006** 3529, 3532: Hans. OLG ZfWG **2007** 295, 297.

19 Weitergehend *Siara* ZfWG **2007** 1, 7, der in einer in einem anderen EU-Land erteilten

forme und damit eine auch europäischen Anforderungen entsprechende Lage vor – die erlaubnislose Veranstaltung von Privatwetten durch einen ausländischen Unternehmer in Deutschland strafbar bleibt. Etwas anderes gilt aber für die bloße Vermittlung, das Bereitstellen von Einrichtungen und die Werbung für das im EU-Ausland genehmigte Glücksspiel. Dieses ist rechtmäßig veranstaltet; eine „Beteiligung" hieran ist auch ohne inländische strafrechtliche Erlaubnis nicht mit Strafe bedroht.[20]

6c **3. Die Rechtslage nach Inkrafttreten des GlüStV (1. Januar 2008).** Mit dem GlüStV ist den verfassungsrechtlichen Anforderungen auf dem Papier sicher genügt. Ob die Praxis dem entspricht (skeptisch *Fischer* Rdn. 2a), wird sich erweisen. Davon hängt auch ab, ob in der Zukunft ein an sich bestehender Strafanspruch im Einklang mit dem verfassungsrechtlichen Verhältnismäßigkeitsprinzip auch durchgesetzt werden kann. **Gemeinschaftsrechtlichen Bedenken** gegenüber einzelnen Regelungen (etwa hinsichtlich des Internetangebots im Ausland zugelassener Sportwetten) wird im Hinblick auf das Strafrecht schon dadurch Rechnung getragen, dass jedenfalls eine bloße Beteiligung an im EU-Ausland erlaubten und dort zugelassenen Wetten ungeachtet der im GlüStV getroffenen Regelungen strafrechtlich irrelevant bleibt.

IV. Glücksspiel

7 **1. Bestimmende Merkmale.** Ein Glücksspiel liegt vor, wenn im Rahmen eines Spiels für den Erwerb einer Gewinnchance ein **Entgelt** verlangt wird und die Entscheidung über den Gewinn ganz überwiegend vom **Zufall** abhängt (§ 3 Abs. 1 GlStV). Anders als bei der Wettvereinbarung ist Zweck des Spieles – neben Beweggründen wie Zeitvertreib und Vergnügen – vor allem die Erlangung von Vermögensvorteilen.[21] Kennzeichnend ist weiter, dass die Entscheidung über Gewinn und Verlust nach den Spielbedingungen nicht wesentlich von den Fähigkeiten, Kenntnissen und der Aufmerksamkeit der Spieler abhängt und von diesen auch nicht beeinflussbar ist, sondern allein oder hauptsächlich vom Zufall gesteuert wird (BGH NStZ **2003** 372, 373; vgl. auch BVerwG GewArch **2002** 76, 78). Maßgebend dafür sind in der Regel die Verhältnisse, unter denen das Spiel eröffnet und gewöhnlich betrieben wird.[22] Die erkennbar **zufallsorientierte** (unstatthafte) **Umfunktionierung** eines Geschicklichkeitsspiels (z.B. des Beobachtungsspiels Roulette Opta I; zu Einzelheiten desselben BVerwG GewArch **1983** 60) durch Veränderung der Spielregeln (z.B. Einsatz vor Spielbeginn; Mehrfacheinsätze; Setzen auf Einzelzahlen) weist diese Gestaltungsweisen dem Glücksspiel zu. An der Einordnung einer wegen seiner Zufallsabhängigkeit als Glücksspiel anzusehenden Veranstaltung (mit Blick auf die zugrunde gelegten Spielbedingungen) ändert sich auch nichts dadurch, dass es einem Teilnehmer durch **Täuschung** gelingt, den Zufall völlig oder in der Hauptsache auszuschalten.[23] Ein den

Erlaubnis grundsätzlich eine solche im Sinne von § 284 sieht und eine unmittelbare Veranstaltung von Sportwetten ausländischer Unternehmer auch in Deutschland als erlaubt ansieht. S. dazu auch Rdn 22a.

[20] So auch *Mosbacher* NJW **2006** 3529, 3531 f; *Arendts* ZfWG **2007** 79, 82; vgl. auch *Satzger* Intern. und Europ. Strafrecht § 8 Rdn. 85, 90.

[21] RGSt **40** 21, 32 f; BayObLG JR **2003** 386 mit Anm. *Wohlers; Fischer* Rdn. 7.

[22] BGHSt **2** 274 (mit RGRsprNachw.); **9** 37; **29** 152, 157; **36** 74, 80; BGH NStZ **2003** 372, 373; OLG Karlsruhe Die Justiz **1971** 61; BVerwG b. Buchholz **45** 1.20, § 33e GewO S. 8; BVerwG GewArch **2002** 76, 78; s. auch LG München I NJW **2002** 2656.

[23] Vgl. RGSt **61** 12, 15; *Tiedemann* LK[11] Rdn. 317.

anderen Beteiligten (Spielern) unbekannter Manipulationsvorbehalt des Anbietenden, nicht den Zufall, sondern einen heimlichen Kunstgriff (z.B. fortlaufende Veränderung der Spieleinrichtungen oder der Spielkesseloberfläche) zu seinen Gunsten entscheiden zu lassen, lässt die Tatbestandserheblichkeit der Veranstaltung (Rdn. 18) nach *§ 284* unberührt.[24] Zugleich hat ein solches Verhalten eines Spielbeteiligten (z.B. Bouleur), der durch unehrliche Machenschaften in einer den Spielern nicht erkennbaren Weise den Zufall ausschaltet, betrügerische Aspekte.[25] Durch die Vorspiegelung der Manipulationsfreiheit werden die Spieler über ihre auf Zufallshäufigkeiten bezogenen Gewinnchancen getäuscht und dadurch zur Hingabe oder Belassung ihrer Einsätze bestimmt. Bei derartigen Fallkonstellationen ist somit Tateinheit zwischen § 284 und § 263 anzunehmen.[26]

Als **Zufall** haben BGHSt **9** 37 und RGSt **62** 136, 165 das Wirken unberechenbarer, **8**
dem Einfluss der Beteiligten entzogener Ursachen bezeichnet; besser stellt man auch hier darauf ab, ob der Einwirkungsmöglichkeit der Beteiligten eine ins Gewicht fallende Rolle zukommt (BGHSt **2** 135, 140; BVerwG GewArch **1983** 62). Maßgeblich sind hierbei die Fähigkeiten und Erfahrungen des aufgeklärten **Durchschnittsspielers**[27] und damit die sich aus ihnen in Anbetracht der Fertigkeiten des „Spielmachers" und der Beschaffenheit des Spielmaterials ergebenden Chancen.[28] Der Orientierungsmaßstab des Durchschnittsspielers wird bestimmt durch das spielspezifische Wissen und die spieltypischen Fähigkeiten körperlicher und geistiger Art einschließlich des Grades der Aufmerksamkeit, die bei einem spielinteressierten Normalmenschen mit normalen Fähigkeiten unter normalen Umständen vorhanden bzw. zu erwarten sind (vgl. VGH BaWü GewArch **1990** 149, 150). Es darf nicht auf die Ergebnisse einzelner besonders erfolgreicher Spieler abgestellt werden, sofern der Durchschnittsspieler darauf angewiesen ist, sich auf den Zufall zu verlassen. Die Zufallsabhängigkeit/bestimmtheit des Spiels muss also auf Umständen beruhen, deren Überwindung unter Zugrundelegung normaler menschlicher Lernfähigkeit nicht in verhältnismäßig kurzer Zeit möglich ist (vgl. BVerwG GewArch **2002** 76, 78; GewArch **1985** 59, 60). Für die Zuordnung zum Glücksspielbereich gilt der Grundsatz der einheitlichen Betrachtungsweise.[29] Danach ist das angebotene Spiel insgesamt als Glücksspiel anzusehen, wenn nach den Spielregeln bei verschiedenen Setzarten bzw. fließender Gestaltungsänderung den Spielern auch nur eine Glücksspielvariante jederzeit offen steht; unerheblich ist dabei, ob diese Glücksspielvariante überwiegend genutzt wird (vgl. BVerwG GewArch **1983** 60, 62, 64; BayObLGSt **1993** 8, 9).

2. **Geschicklichkeitsspiel.** Schwierigkeiten kann die Abgrenzung zwischen einem **9**
Glücks- und einem Geschicklichkeitsspiel bieten. Bei letzterem (z.B. Skat, Billard, Schach[30], Kegeln, Tennis) wird die Entscheidung durch körperliche oder geistige Fähig-

---

[24] Vgl. BayObLGSt **1993** 8 ff; *Fischer* Rdn. 4; s.a. *Maurach/Schroeder/Maiwald* BT 1 § 44 II Rdn. 6, *Wohlers* NK Rdn. 11.

[25] *Tiedemann* aaO Rdn. 31; *Wohlers* NK Rdn. 11; hierzu eingehend *Lampe* JuS **1994** 738 f, insbesondere auch zur Schadensfrage.

[26] Ebenso *Fischer* Rdn. 26; *Groeschke/Hohmann* MK Rdn. 7; *Tiedemann* LK 11 Rdn. 317; *Brandl* Spielleidenschaft S. 122; **aA** *Belz* Glücksspiel S. 79, 82: nur Betrug.

[27] BGH NStZ **2003** 372, 373 mit Anm. *Beckemper* NStZ **2004** 39 ff; vgl. zutr. *Heine* wistra **2003** 441, 442, der in gemeinschaftsrechtskonformer Auslegung auf den „durchschnittlich informierten, aufmerksamen und verständigen Durchschnittsverbraucher" abstellt; zust. *Sch/Schröder/Eser/Heine* Rdn. 5.

[28] BGH NStZ **2003** 372, 373; BGHSt **36** 74, 80; NJW **1989** 919; vgl. BVerwG NVwZ **2006** 1175.

[29] BGH NStZ **2003** 372, 373; *Fischer* Rdn. 8; *Heine* wistra **2004** 441, 443; **and.** *Hoyer* SK Rdn. 14.

[30] Einschränkend VG Wiesbaden GewArch **1996** 69 für das Schachspiel gegen einen Computer.

keiten der Spieler, den Grad ihrer Aufmerksamkeit, ihre Geschicklichkeit und Anstrengungen wesentlich beeinflusst. Beim Glücksspiel ist demgegenüber der Zufall allein oder hauptsächlich ausschlaggebend.[31] Vorauszusetzen ist für den Geschicklichkeitscharakter eines Spiels, dass an die Konzentrations- und Merkfähigkeit bzw. die Fertigkeiten der Mitspieler **erfüllbare Anforderungen** gestellt werden (BGH NJW **1989** 919, 920). Ein unerreichbares Geschicklichkeits(Schwierigkeits-)Niveau steht dem Zufall gleich.[32] Eine scharfe Abgrenzung zwischen den beiden Spielarten ist allerdings nicht möglich. Genau das gleiche Spiel kann ein Glücksspiel sein, wenn es nur von Unkundigen gespielt wird, dagegen ein Geschicklichkeitsspiel, wenn die Beteiligten Übung und Erfahrung besitzen. Das bedeutet aber nicht, dass eine einheitliche Veranstaltung für die einzelnen Teilnehmer verschieden beurteilt werden kann. Vielmehr kommt es bei ihr auf das Durchschnittskönnen (Rdn. 8) aller Spieler an (zu den einem Durchschnittsspieler zuzurechnenden Fähigkeiten vgl. BVerwG GewArch **1985** 60). Die Teilnahme einzelner, die das Ergebnis aufgrund vorangegangener Übung oder mithilfe ihrer herausragenden Fähigkeiten beeinflussen können, ist also nicht geeignet, der Veranstaltung das Wesen des Glücksspiels zu nehmen.[33] Andererseits ist auch die Anfängersituation nicht ausschlaggebend (BVerwG aaO), es sei denn, der Veranstalter würde unter Ausschluss erfahrener Spieler von der Teilnahme nur unkundige Anfänger zulassen (dann Glücksspiel; vgl. *Maurach/Schroeder/Maiwald* BT 1 § 44 II Rdn. 6). Ob und in welchem Maße der Spieler die Entscheidung über Gewinn und Verlust durch Geschicklichkeit beeinflussen kann, ist eine Frage tatsächlicher Art (BVerwG bei Buchholz **45** 1.20, § 33e GewO S. 1 ff) und bedarf einer einzelfallorientierten Abgrenzung, ggf. unter Hinzuziehung eines Sachverständigen.[34] So hängt die Einordnung des **Hütchenspiels** von den konkreten Spielverhältnissen ab (hierzu Rdn. 10); indes schließt hier in der Regel die Spielgestaltung in der Glücksspielszene die Beeinflussbarkeit des Spielergebnisses durch zufallüberwindende Geschicklichkeit/Beobachtungsfähigkeit aus. Im Hinblick auf **Sportwetten** (vgl. bereits Rdn. 5) kann etwaige Sachkenntnis des Spielers nicht als entscheidend für die Beurteilung des Ausgangs der Sportwette herangezogen werden (*Brandl* Spielleidenschaft S. 32; *Hoyer* SK Rdn. 13). Das Ergebnis des Sportereignisses hängt von vielen Unsicherheitsfaktoren wie Wetter, Tagesform der Sportler usw. ab, die selbst für einen kenntnisreichen Spieler weder beeinflussbar noch vorauszusehen sind (vgl. auch § 3 Abs. 1 S. 2 GlüStV).[35] Zu den Eigenarten von Spielen mit Variationsmöglichkeiten, die nach ihrer Konzeption eine regelwidrige Spielweise mit Glücksspielcharakter nahe legen, vgl. Rdn. 10 und Vorbem. § 284 Rdn. 19 sowie schon *Ahlf/Spiegelberger* GewArch **1977** 321. Das zufallüberwindende Moment der abzugrenzenden Spielgruppe (Geschicklichkeitsspiel) lässt sich dahin zusammenfassen, dass der Durchschnitt der Spielteilnehmer es nach den Spielregeln und Spieleinrichtungen, der Beschaffenheit der Apparate und der Übung der Mitspielenden mit hoher Wahrscheinlichkeit in der Hand hat, durch Aktivierung seiner persönlichen Fähigkeiten/Fertigkeiten den Spielausgang maßgeblich zu beeinflussen bzw. das Spielergebnis gegenüber einer bloßen Zufallabhängigkeit entscheidend zu verbessern. Kritisch

---

31 Vgl. BGHSt **2** 274; **36** 74, 80; BGH NStZ **2003** 372, 373; RGSt **62** 163; oben Rdn. 8.

32 Vgl. BVerwG GewArch **2002** 76, 77 zu dem Krangreiferspiel Good Luck II; unzutreffend OLG Frankfurt NStZ **1988** 459.

33 BGHSt **2** 274; RGSt **62** 163, 166; **43** 155; **41** 331; RG JW **1933** 2147 Nr. 33; OLG Karlsruhe Die Justiz **1971** 61; VGH BaWü GewArch **1988** 376; **and.** wohl *Hoyer* SK Rdn. 14.

34 BGH NStZ 2003 372, 373.

35 Vgl. BVerfGE **115** 276, 301 ff; BGH NStZ **2003** 372, 373; *Brandl* Spielleidenschaft S. 32; *Heine* wistra **2003** 441, 443; *Janz* NJW **2004** 1694, 1696 m.w.N.; *Steegmann* ZfWG **2007** 410; **aA** LG Bochum NStZ-RR **2002** 170; AG Karlsruhe-Durlach NStZ **2001** 254, 255; *Rausch* GewArch **2001** 102, 105.

zur Bestimmtheit der Abgrenzungskriterien *Herzog* EzSt Nr. 2 zu § 284 S. 9 und *Meurer/Bergmann* JuS **1983** 668. In der Praxis wird die überwiegende Zufallsabhängigkeit anhand der Treffer- und Nichttrefferquote bei einer langen Reihe von Testspielen bestimmt (50 %-Methode), vgl. BVerwG GewArch **2002** 76 ff zu dem Krangreiferspiel „Good Luck II"; zusammenfassend *Brandl* Spielleidenschaft S. 32 ff; *Steegmann* ZfWG **2007** 410.[36]

3. **Auf Glücksspielvarianten angelegte Spielgestaltungen.** Eine für die Praxis wesentliche Fallgruppe der Glücksspielszene sind die **Beobachtungsspiele mit glücksspielimmanenten** Spielmöglichkeiten (Vorbem. § 284 Rdn. 19). Kennzeichnend für derartige Spiele ist das in ihrem Spielcharakter als Möglichkeit angelegte (gezielte) **Umfunktionieren** einer auf Geschicklichkeit, Konzentrations- und Merkfähigkeit beruhenden Spielart in eine zufallsbestimmte Spielgestaltung mit einfachen Mitteln, sei es durch Regeländerung bzw. leichte Änderung des Spielablaufs. Derartige Spiele lassen sich wegen ihrer spieltypischen Variationsmöglichkeiten im Sinne einer Glücksspielklassifizierung nicht allgemein, d.h. ohne Rücksicht auf die Spielmodalitäten des Einzelfalles, der Kategorie der Geschicklichkeitsspiele zuordnen. Sie sind im Übrigen wegen ihrer Nähe zum bzw. ihrer Ableitung vom unerlaubten Glücksspiel auch als Beobachtungsspiel mit Geschicklichkeitscharakter gewerberechtlich (§ 33e Abs. 1 GewO) nicht zulassungsfähig (Vorbem. § 284 Rdn. 19). Die Rechtsprechung hat diesen Fallbereich insbesondere an zwei Beispielen erörtert: dem Roulettespiel Opta I (BayObLGSt 1993 8; s. auch BVerwG GewArch 1983 60) und dem sog. Hütchenspiel (BGHSt **36** 74 mit **krit.** Anm. *Herzog* EzSt Nr. 2 zu § 284 StGB; *Sieber* JZ **1995** 764),[37] bei dem sich die Änderung des Spielcharakters in der Verschärfung der Spielweise zeigt, d.h. in der zunehmenden Beschleunigung der Spielvorgänge (der Schiebe- und Wechselakte bezüglich des Hütchens) über längere Dauer, die dem durchschnittlichen Mitspieler keinerlei realistische Beobachtungs- und Gewinnchance mehr belässt, sondern zur Maßgeblichkeit des Zufallmoments führt. Derartige auf Wechsel in eine Glücksspielvariante angelegte Spielgestaltungen werden als Verleiten zu unkontrolliertem Glücksspiel von § 284 erfasst. Unerlaubtes Glücksspiel veranstaltet demnach auch, wer ein solches Spiel mit potentiellem Glücksspielcharakter (konkludent, z.B. auch durch vorangehende Scheinspiele mit sog. Anreißern) als vorgebliches Geschicklichkeitsspiel ausgibt, anbietet oder eröffnet, es dann aber unter Ausnutzung der dem Spiel typischerweise immanenten Möglichkeiten als Glücksspiel betreibt oder betreiben lässt.[38] Zwischen § 284 und dem gleichzeitig erfüllten § 263 (§ 23) besteht Tateinheit (Rdn. 7). **10**

4. **Einsatz und Gewinn.** Zum Wesen des Glücksspiels gehört zwecks Teilnahme an der Gewinnchance ein Einsatz, durch den die Aussicht auf einen von einem Zufall abhängigen Vorteil erlangt wird.[39] Gegenüber dieser inzwischen (vgl. *Schaeffer* GewArch **11**

---

[36] **AA** wohl *Wohlers* NK Rdn. 9, der eine Abgrenzung aufgrund eines mathematischen Ansatzes nicht für möglich erachtet, weil es sich mit Blick auf zahlreiche die Einordnung beeinflussende Faktoren um einen wertenden Vorgang handele.

[37] Vorinstanzen AG und LG Frankfurt, zit. bei BGH EzSt Nr. 2 zu § 284 StGB: Glücksspiel; OLG Frankfurt NStZ **1988** 459: kein Glücksspiel; ferner OLG Karlsruhe Die Justiz **1971** 61: Glücksspiel.

[38] Vgl. BayObLGSt **1993** 8, 10 ff; *Wohlers* NK Rdn. 11; *Lampe* JuS **1994** 737, 742, der zutreffend auf eine gewisse Gefahrenerhöhung für die Spieler hinweist. **And.** LG Frankfurt NJW **1993** 945, 946 mit Bespr. *Otto* JK § 284 StGB Nr. 1; *Brandl* Spielleidenschaft S. 41; *Lackner/Kühl* Rdn. 5; *Sieber* JZ **1995** 763 Fn. 34; *Sack* NJW **1992** 2540: nur Betrug; Belz Glücksspiel S. 78 m.w.N.

[39] BGH NJW **1987** 851, 852; BayObLG NJW **1990** 1862, 1863; s.a. *Achenbach* NStZ **1989** 504; vgl. *Wohlers* NK Rdn. 12.

1980 113) allgemein anerkannten Voraussetzung war jedenfalls bis zur Entscheidung des Bundesgerichtshofs vom 29.9.1986 (BGHSt **34** 171) umstritten, welche Arten von Aufwendungen den Anforderungen eines Einsatzes genügen. Als Einsatz hat jede nicht unbeträchtliche Leistung zu gelten, die in der Hoffnung auf Wiedererhalt bzw. Gewinn einer höherwertigen (etwa um die Einsätze anderer Mitspieler vermehrten) Leistung und mit dem Risiko des Verlustes an den Gegenspieler oder Veranstalter erbracht wird (BGHSt **34** 171, 176; *Hoyer* SK Rdn. 6). Ausgangspunkt der Erörterung hinsichtlich der hier maßgeblichen Verknüpfung zwischen Einsatz und möglichem Gewinn waren **Kettenbriefaktionen**, die wegen eines in der Regel fehlenden Einsatzes keine Glücksspiele sind.[40] Die tatbestandliche Grenze verläuft auf der Grundlage der Rechtsprechung[41] dort, wo die eintretenden Mitspieler sich aus bereits vorhandenen Einlagen einen Gewinn erhoffen; zielt die Gewinnerwartung – wie bei den Kettenbriefsystemen – auf Leistungen aus der Anwerbung neuer Einlagen, handelt es sich nicht um einen Einsatz. Stets verlorene Spielberechtigungsbeiträge, Bearbeitungsgebühren sowie bei Kettenbriefaktionen „Eintrittsgelder" (für Kauf der Namensliste und Spielregelbroschüre) und Vorleistungen (in der Hoffnung auf späteren Beitritt und Leistungen potentieller weiterer Mitspieler) kommen danach nicht als Einsatz in Betracht; ebenso für § 168 öStGB (Glücksspiel) *Kienapfel* BT II § 168 öStGB Rdn. 6. Demgegenüber hatten das OLG Hamm (2 Ss 1079/85 vom 29.1.1986) und das OLG Karlsruhe (NJW **1972** 1963 f) die Zahlung an frühere Mitspieler als Einsatz genügen lassen und unerlaubtes Glücksspiel bejaht; eine Rechtsauffassung, die sich für Ketten- und Pyramidenspiele auch der Oberste Gerichtshof Österreichs in einem Zivilrechtsstreit (5 Ob 506/96, 13.3.1996, EvBl. **1997** 3) – unter Erwähnung der Entscheidung des OLG Karlsruhe, indes ohne Erörterung der BGH-Rechtsprechung – zu eigen gemacht hat (ebenso öst OGH 15 Os 181/95 vom 28.11.1996).

12 a) Beim Glücksspiel müssen sowohl Einsatz wie auch vereinbarter Gewinn einen nicht ganz unwesentlichen **Vermögenswert** haben (RGSt **64** 355; **40** 21, 33).[42] Die Voraussetzungen des strafbaren Glücksspiels fehlen aber nicht nur bei vollständiger Wertlosigkeit des Gewinns, sondern auch dann, wenn Einsatz und Gewinnchance ganz *geringwertig* sind. Es erscheint unverhältnismäßig, bei nur geringwertigem Einsatz die Schwelle zur Strafbarkeit bereits als überschritten anzusehen (*Hoyer* SK Rdn. 6; **and.** *Brandl* Spielleidenschaft S. 42 Anm. 93). Das Gesetz will verhindern, dass die Spielleidenschaft in unzulässiger Weise ausgebeutet wird (BGHSt **11** 209; BTDrucks. 13/8587, S. 67). Davon kann nicht mehr bei einem *Unterhaltungsspiel* gesprochen werden, bei dem der erzielbare geldwerte Gewinn überhaupt keine Rolle spielt (RGSt **6** 70, 74; OLG Hamm JMBlNRW **1957** 250). Über diesen Grundsatz ist man sich im Wesentlichen einig, nicht aber darüber, wie die Geringwertigkeit der Vermögenswerte, um die gespielt wird, zu bestimmen ist. Zum Teil hat man auf die sozialen Verhältnisse des Spielerkreises (*Olshausen* Anm. 2b) oder die Vermögenslage der Spieler[43] abgestellt. Nach einer vermittelnden Auffassung (BayObLG GA **1956** 385; OLG Köln NJW **1957** 721; *Lackner/Kühl* Rdn. 7) soll die Verkehrsanschauung unter Würdigung der Vermögensverhältnisse

---

[40] Vgl. hierzu schon OLG Stuttgart NJW **1964** 365 f; *Klenk* GA **1976** 361, 367; *Lampe* GA 1977 33, 35.

[41] BGHSt **34** 175 f; ebenso BayObLGSt **1990** 26, 30; zust. *Sonnen* JA **1987** 108; **krit.** zur Begründung *Lampe* JR **1987** 383: „zirkuläre Argumentation".

[42] *Sch/Schröder/Eser/Heine* Rdn. 6; *Fischer* Rdn. 5; *Volk* Glücksspiel S. 40; Maurach/Schroeder/Maiwald BT I § 44 II Rdn. 7; **and.** *Brandl* Spielleidenschaft S. 42 Anm. 93, der *jeden* Einsatz genügen lassen will.

[43] *Sch/Schröder/Eser/Heine* Rdn. 6; *Binding* BT 1 S. 406; *Frank* Anm. II.

des Durchschnitts der Spieler entscheiden. Eine weitere Ansicht (*Füllkrug* Kriminalistik **1990** 100, 102; *Wohlers* NK Rdn. 13) unterscheidet zwischen einem nicht bestimmbaren und einem konkret bestimmbaren Spielerkreis, was indes zu einer ganz unterschiedlichen Bestimmung der Grenzen der Geringwertigkeit führen kann (und soll). Demgegenüber hat das RG in ständiger Rechtsprechung einen objektiven Maßstab angelegt und die allgemeinen gesellschaftlichen Anschauungen für ausschlaggebend gehalten (RGSt **19** 253; **18** 342; **6** 70, 74). – Ein **objektiver Bewertungsansatz** ist schon deswegen zu bevorzugen, weil auf diese Weise Unsicherheiten vermieden werden, die z.B. bei einem unübersehbaren Spielerkreis (Spielautomaten – OLG Köln NJW **1957** 721) und der Unbestimmbarkeit deren Vermögenslage entstehen können.[44] Zum Ganzen auch *Brandl Spielleidenschaft* S. 42 f. Der Einsatz wird in Geld geleistet, für den Gewinn genügt jede vermögenswerte Zuwendung (**and.** *Hoyer* SK Rdn. 8: auch ein nicht kommerzialisierter, immaterieller Vorteil sei ausreichend). Der Annahme von Einsatz und Gewinn steht nicht entgegen, dass zur Verschleierung ihrer tatbestandsrelevanten Vermögenswertigkeit *Surrogate* – z.B. Bierdeckel als Geldersatz oder die Notierung von Spielergebnissen mit Strichen – verwendet werden, sofern dahinter verabredungsgemäß konkrete Geldbeträge stehen (vgl. *Füllkrug/Wahl* Kriminalistik **1984** 533 ff). Es geht hier ausschließlich um die Frage des schwierigen Nachweises, für den Ort und Umstände des Spiels, mitgeführtes Bargeld etc. indizielle Bedeutung erlangen können. Eine gewinnsüchtige **Absicht** ist im Übrigen nicht erforderlich (RGSt **33** 237; **18** 342). Da die Frage, ob ein Glücksspiel vorliegt, nach dem allgemeinen Charakter, dem äußeren Gesamtbild, zu beantworten ist, kommt es auf die übrigen Beweggründe und Zwecke der einzelnen Spieler nicht an. Umstritten ist, wo gegenwärtig die strafrechtlich relevante **Erheblichkeitsschwelle** des Einsatzes betragsmäßig überschritten wird. Als unerheblich dürften regelmäßig Beträge anzusehen sein, die im Rahmen einer postalischen Teilnahme aufgewendet werden, auch Telefongebühren in dieser Größenordnung (*Fischer* Rdn. 5; *Hecker/Ruttig* GRUR **2005** 393, 398). Anknüpfend an OLG Hamm JMBlNRW **1957** 250, welches bereits 1,– DM als nicht unbeträchtlich einstufte, werden heute Summen zwischen € 1,89 (*Kleinschmidt* MMR **2004** 654, 656 f), € 2,50 (*Eichmann/Sörup* MMR **2002** 142, 144 f) und € 5 (*Brandl* aaO S. 46) als erheblich eingestuft. Als grober Orientierungsmaßstab wird ein Vergleich zwischen dem möglichen Spielverlust und der zu erzielenden Arbeitnehmerentlohnung in der gleichen Zeiteinheit ins Auge gefasst.[45] Daneben wird teilweise auf die Kosten anderer, alternativ in Betracht kommender Unterhaltungsmöglichkeiten abgestellt (*Belz* S. 77; *Wohlers* NK Rdn.13; *Groeschke/Hohmann* MK Rdn. 8), während *Hoyer* einen Vergleich zu den abstrakten Vermögensgefährdungsdelikten heranzieht (*Hoyer* SK Rdn. 6 unter Verweis auf § 142 StGB: 40 DM). Richtigerweise ist die Erheblichkeitsgrenze im Einzelfall anhand der oben genannten objektiven Bewertungsansätze zu beurteilen, wobei die genannten Kriterien bei der Konkretisierung des noch nicht erheblichen Einsatzes helfen können.

b) Relevant wird dieses Problem insbesondere bei **Fernseh- und Telefongewinnspielen.** Während das übliche **Postkarten- oder Briefporto** regelmäßig als unerheblich einzustufen ist, charakterisieren sich die in jüngerer Zeit populär gewordenen Telefon- und **12a**

[44] Ebenso *Volk* Glücksspiel S. 40 f; *Maurach/Schroeder/Maiwald* BT 1 § 44 II Rdn. 7; *Gülzow* Jura **1983** 102; vgl. ferner BGH MDR **1987** 154, 155 und VGH BaWü GewArch **1990** 149, 151, der aber darüber hinaus als Bewertungsmaßstab auch die konkreten Verhältnisse der Mitspielenden berücksichtigen will.

[45] OLG Hamm JMBlNRW **1957** 250; *Füllkrug* Kriminalistik **1990** 100, 102.

Fernsehgewinnspiele durch oftmals erhöhte Verbindungsgebühren. Der Spielablauf stellt sich im Wesentlichen folgendermaßen dar: Seitens des Veranstalters wird in Printmedien oder im TV eine Frage gestellt, deren Beantwortung in der Regel unschwer möglich ist. Zur Beantwortung der Frage mit Aussicht auf einen Gewinn muss der Teilnehmer eine Telefonnummer mit erhöhten Telefongebühren anwählen. Angesichts der oftmals leichten Frage und der daraus resultierenden Vielzahl von Anrufen kann der Teilnehmer – unabhängig davon, ob er die Frage richtig oder falsch beantwortet – keinen Einfluss darauf nehmen, ob er tatsächlich gewinnt.[46] Für die strafrechtliche Bewertung als Glücksspiel ist daher entscheidend, ob das **Telefonentgelt** als nicht unwesentlicher Vermögenswert anzusehen ist. Zu bejahen ist dies zumindest dann, wenn der Teilnehmer zur Erzielung möglichst hoher Gesprächsgebühren in der Leitung gehalten wird und das Spiel nur als Lockmittel zur Erzielung dieser Gesprächsentgelte dient.[47] Soweit vereinzelt vertreten wird, es handele sich bei den (erhöhten) Telefongebühren lediglich um bloße Mitspielberechtigungen,[48] so ist dem entgegenzuhalten, dass die „Eintrittsgelder" zwar in jedem Fall verloren sind, in der vorliegenden Konstellation aber ein unmittelbarer Zusammenhang zwischen Gewinnaussicht und Zahlung des Verbindungsentgeltes gegeben ist. Mit dem Anwählen der Nummer nimmt der Anrufer somit an einem Gewinnspiel teil und eröffnet sich eine Gewinnchance (*Volk* Glücksspiel S. 39 f).[49] Bei den heute zumeist eingesetzten Mehrwertdienst-Rufnummern mit Kosten von (nicht grundlos „nur") ca. 0,50 Euro pro Anruf stellt dies aber nach dem oben Gesagten noch keinen nicht ganz unwesentlichen Vermögenswert dar.[50] Dies schließt nicht aus, dass im Einzelfall durch die Gestaltung des Gewinnspiels der Teilnehmer zu wiederholten Teilnahmeversuchen aufgefordert wird und somit die Schwelle des nicht unbeträchtlichen Einsatzes überschritten wird (OLG Düsseldorf, Urt. v. 23.09.2003 – 20 U 39/03)[51]; zu beachten ist freilich, dass jede Teilnahme auf einem neuen Entschluss des Spielers beruht und zugleich auch die Gewinnchance erhöht (*Ernst* MMR **2005** 735, 739).

12b c) **Bei Unterhaltungsautomaten** gewähren zwar etwaige Freispielmöglichkeiten, spielverlängernde Punktgewinne und deren Gutschriften dem Spieler als „Belohnung" zusätzliches Spielvergnügen; sie stellen indes keinen gemäß § 284 strafbarkeitsbegründenden Vermögenswert dar (vgl. *Odenthal* GewArch **1989** 225 f). Die (mögliche) Ersparnis von Aufwendungen für eine Spielfortsetzung ist kein – zu vermögensgefährdenden Einsätzen verleitender bzw. die diesbezügliche Risikobereitschaft erhöhender – Vermögenszuwachs bzw. keine entsprechend motivationsgeeignete und -steuernde Gewinnaussicht im Sinne des Glücksspielbegriffs. Für Spielfortsetzungsmarken, welche die Möglichkeit von Freispielen gewährt, gilt Entsprechendes, soweit deren Bestimmung/Wertigkeit auf die Ermöglichung eines zeitversetzten Weiterspielens beschränkt ist. Umstritten war bisher die Einordnung der sogenannten **„Fun Games"**.[52] Diese elektronischen Spiele haben eine

[46] OLG Düsseldorf Urt. v. 23.9.2003 – Az. 20 U 39/03; *Odenthal* GewArch **2002** 315, 316; *Eichmann/Sörup* MMR **2002** 142, 143.

[47] *Eichmann/Sörup* MMR **2002** 142, 144; *Fischer* Rdn. 5; vgl. zu § 263 StGB BGH NJW **2002** 3415, 3417.

[48] *Böhm* MMR **1998** 585, 587.

[49] *Eichmann/Sörup* MMR **2002** 142, 144; *Hecker/Ruttig* GRUR **2005** 393, 398.

[50] LG Freiburg MMR **2005** 547; s. auch *Ernst* ITRB **2006** 86; *ders.* MMR **2005** 735; *Gabriel/Barth* VuR **2006** 301, 302; *Schulz* CR **2006** 164; **and.** noch zur 0190-Sonderrufnummer LG Memmingen GRUR-RR **2001** 135, 136; *Kleinschmidt* MMR **2004** 654.

[51] *Hecker/Ruttig* aaO; *Kleinschmitt* MMR **2004** 654, 658; *Odenthal* GewArch **2002** 315, 316 f.

[52] **Unterhaltungsspiel:** Korte Glücksspielwesen S. 29; *Volk* S. 98 ff; *Lesch/Wallau* GewArch **2002** 447, 449 f; *Wallau* GewArch **2004** 301; **Glücksspiel:** *Pfeifer/Fischer* GewArch **2002** 232, 234 f; zu § 33c GewO BVerwG

ähnliche Funktionsweise wie Geldspielgeräte, allerdings wird hier der eingeworfene Geldbetrag nicht nur in einem auf dem Gerät angebrachten Punktespeicher, sondern auch auf einem separaten Hinterlegungsspeicher geladen. Die Geräte bieten dem Spieler die Möglichkeit, je nach Geschicklichkeit den im Hinterlegungsspeicher vermerkten eingesetzten Spieleinsatz in Geld zurück zu erhalten. Die Gewinnmöglichkeit beschränkt sich indes auf den entrichteten Gesamteinsatz. Bestenfalls kann der Spieler somit seinen eingesetzten Gewinn zurückerspielen, aber jedenfalls keinen, der den eingangs hinterlegten übersteigt. Schlechtestenfalls trägt der Spieler das Verlustrisiko des gesamten zur Spielnutzung entrichteten Entgeltes. Der Spieler ist somit lediglich um seinen Spielspaß bereichert (*Korte* Glücksspielwesen S. 29; *Volk* Glücksspiel S. 98 f). Diese Freispiele beinhalten damit keine strafwürdige Gewinnaussicht (LG Krefeld GewArch **2003** 294 f; LG Ausgburg, Urt. v. 2.7.2003 – 1 KLs 307 JS 141076/01).[53] Allerdings gilt dann etwas anderes, wenn etwa ausgeworfene Spielmarken oder gespeicherte Spielstände eine vermögenswerte Verwendung finden, als Wertmarken zum Einsatz für Gewinnspielgeräte genutzt werden oder zum Gegenstand geldwerter (Umtausch-)Geschäfte von gewisser Bedeutung und marktüblicher Intensität gemacht werden können;[54] solchenfalls kommt eine Strafbarkeit des Aufstellers nach § 284, des Spielers nach § 285 in Betracht.

5. **Vermögensverlust.** Umstritten ist, ob der Begriff des Glücksspiels voraussetzt, dass der vom Spieler geleistete Einsatz bei ungünstigem Ausgang zu einem Vermögensverlust führen muss (offengelassen von BGHSt **34** 171, 176; *verneinend*: RGSt **64** 355, 360; **45** 424; *bejahend*: RGSt **67** 397, wohl auch OLG Köln NJW **1957** 721; OLG Hamm JMBlNRW **1957** 250, wonach stets ein möglicher Vermögensverlust für erforderlich gehalten wird; vgl. auch *Hoyer* SK § 284 Rdn. 6 mit Hinweis auf den vermögensgefährdenden Deliktscharakter). Maßgeblich ist, dass der Spieler bewusst einen Vermögenswert für die Beteiligung an der Gewinnaussicht opfert, den er ohne die Gewinnchance nicht hingegeben hätte. Das gilt auch für Fälle, in denen der Spieler für sein Geld eine gleichwertige Gegenleistung und zugleich die Möglichkeit einer Gewinnchance erhält (BGHSt **11** 209). Der Einsatz kann in versteckter Form, etwa durch Erwerb von Eintritts- oder Verzehrkarten, geleistet werden (BGHSt **11** 210), soweit es sich hierbei – über einen bloßen Spielberechtigungsbeitrag hinaus – erkennbar, z.B. aufgrund der Höhe usw., um Aufwendungen aller Mitspieler handelt, aus denen die Gewinnchance des einzelnen erwächst (vgl. BGHSt **34** 176; *Sch/Schröder/Eser/Heine* Rdn. 6). **13**

6. **Beispiele aus der Rechtsprechung** sind mit Vorsicht zu behandeln. Denn einmal kommt es auf den Spielerkreis an (Rdn. 8, 9), zum anderen können geringe Abwandlungen der Spielregeln zu abweichenden Beurteilungen führen. So ist z.B. Skat in der Regel ein Geschicklichkeitsspiel; es kann aber den Charakter eines Glücksspiels annehmen, wenn es mit wenigen Partien (Preisskat) und ungleichen Teilnehmern veranstaltet wird (vgl. RG DStR **2** 555). Deswegen ist auch bei gleichbenanntem Spiel stets eine genaue Prüfung der Einzelheiten und deren Feststellung notwendig. Als Glücksspiele wurden **14**

GewArch **2006** 123 ff; OVG NW Beschl. v. 24.2.2007 – Az. 4 B 1552/06; *Hahn* GewArch **2007** 89 ff, insbes. 95; vgl. zum Ganzen auch *Fischer* Rdn. 7a.

[53] **AA zum Verwaltungsrecht** BVerwG GewArch **2006** 123 ff; OVG NW Beschl. v. 24.2.2007 – Az. 4 B 1552/06; *Hahn* GewArch **2007** 89 ff, insbes. 95; zum Ganzen ausf. *Landmann/Rohmer/Marks* GewO § 33c Rdn. 6 m.w.N.

[54] BayObLG JR **2003** 386, 387 mit Anm. *Wohlers*; vgl. hierzu *Dahs/Dierlamm* GewArch **1996** 272 zugleich zu den denkbaren Varianten.

angesehen: Kasinospiel – eine Abwandlung des Ecarté –[55] nicht abgewandeltes Ecarté[56]; Kümmelblättchen[57]; Kartenlotterie = Gottes Segen bei Cohn[58]; Lotto[59]; Oddset-Wetten[60]; Pokern[61]; Tempeln = Meine Tante, deine Tante[62]; Rommé[63]; Roulette[64]; Spiralroulette[65]; Gratisroulette[66]; Tivolibillard[67]; Roulette Opta I je nach Art der Durchführung[68]; Observatie 24 Roulette[69]; für Greec-Georg-Roulette 25er offengelassen[70]; Delphi-Kugelspiel[71]; Ramso-Spiel[72]; Würfelspiele[73]; Sektorenspiel[74]; das Kartenspiel 17 und 4[75]; das Kartenspiel Sesetta[76]; Hütchenspiel je nach den Verhältnissen, unter denen es gespielt wird.[77] Ob Mauscheln ein Glücksspiel ist, hat das RG nach Lage des Falls verschieden beantwortet.[78] Gleiches gilt für **Geldspielautomaten** (vgl. RGSt **41** 219, LZ **1914** 1392). In der Regel kann jedoch angenommen werden, dass dabei Gewinn oder Verlust auch für den geübten Spieler hauptsächlich vom Zufall abhängen (*Örtel* DJZ **1909** 1240; auch *Tiedemann* LK[11] § 263a Rdn. 61 mit Nachw.), oder dass die Spielübung so schwer zu erwerben ist, dass für den Durchschnitt der Beteiligten eine Abhängigkeit vom Zufall besteht. Als Glücksspiele beurteilt worden sind: Bajazzoautomat[79]; Hansaapparat[80]; Mintautomat[81]; Hubertusfuchsautomat[82]; ferner Warenspielgeräte wie das Krangreiferspiel Good Luck II[83].

V. Öffentlichkeit

15 **1. Allgemeines.** Das Glücksspiel muss öffentlich sein. Dabei handelt es sich trotz des Wortlauts um eine Eigenschaft des Spiels, nicht um eine solche der tatbestandsmäßigen Handlung. Öffentlich ist es, wenn die Teilnahme nicht auf einen geschlossenen, durch konkrete außerhalb des Spielzwecks liegende Interessen verbundenen Personenkreis beschränkt wird (VGH BaWü GewArch **1977** 29, 30; *Groeschke/Hohmann* MK Rdn. 12), wenn vielmehr die Veranstaltung der **Allgemeinheit**, also einem unbestimmten, nicht

[55] BVerwG NJW **1955** 135 m.N.; OVG Hamburg MDR **1953** 505; anders unter besonderen Umständen RG JW **1928** 2240.
[56] RG JW **1930** 2551.
[57] RGSt **61** 12; **28** 283.
[58] RGSt **12** 388.
[59] RGSt **18** 342.
[60] BGH NStZ **2003** 372 m. Anm. *Wohlers* JZ **2003** 860, *Lesch* JR **2003** 344, *Beckemper* NStZ **2004** 39.
[61] RG JW **1906** 789, OLG Stuttgart ZStW 44 (1924) 620; VG Frankfurt/M ZfWG **2007** 393; **aA** *Holp* Glücksspiele S. 53 ff; s. dazu auch *Fischhaber/Manz* GewArch **2007** 405; *Kretschmer* ZfWG **2007** 93.
[62] RG Rspr. **9** 153; OLG Dresden JW **1922** 1058.
[63] KG HRR **1929** 1803.
[64] RGSt **14** 28; vgl. *Klenk* GA **1976** 364.
[65] BGHSt **2** 274.
[66] BGHSt **11** 209.
[67] RG Rspr. **7** 17.
[68] BayObLGSt **1993** 8; s.a. BVerwG GewArch **1983** 60.
[69] VGH BaWü GewArch **1990** 149 und **1988** 374.
[70] BVerwG GewArch **1983** 63.
[71] BVerwG GewArch **1967** 31.
[72] BVerwGE **17** 182.
[73] RGSt **10** 245, 252.
[74] BVerwG NJW **1960** 1684.
[75] BGH MDR **1968** 938.
[76] BVerwG b. Buchholz **45** 1.20, § 33e GewO S. 1.
[77] BGHSt **36** 74 m. Anm. *Herzog* EzSt Nr. 2; s.a. OLG Karlsruhe Die Justiz **1971** 61.
[78] RGSt **61** 355 m.N., OLG Dresden SächsA **21** 239.
[79] RGSt **62** 133.
[80] RGSt **64** 219.
[81] RGSt **64** 355.
[82] RG HRR **1928** 2067). Abstufend insoweit OLG Köln NJW **1957** 721; OLG Hamm JMBlNRW **1957** 250.
[83] BVerwG GewArch **2002** 76, 78.

durch persönliche Beziehungen verbundenen Personenkreis zugänglich ist (LG München NJW **2002** 2656; s. auch § 3 Abs. 2 GlStV: größerer, nicht geschlossener Personenkreis). Dieser Kreis braucht allerdings nicht unbegrenzt zu sein;[84] insbesondere steht der Annahme öffentlich veranstalteten Glücksspiels nicht entgegen, dass Einzelnen die Teilnahme verwehrt wird (*Hoyer* SK Rdn. 17). Es genügt, wenn das Spiel im Hof eines Bordells stattfindet (Hütchenspiel; BGHSt **36** 74), ferner wenn es in einer öffentlichen Wirtschaft veranstaltet wird, zu der jeder Zugang hat (BayObLG GA **1956** 385) und eine Teilnahmemöglichkeit durch die Spieler erkennbar auch Dritten eröffnet ist. Dagegen fehlt angesichts des zwangsläufig begrenzten Personenkreises die Öffentlichkeit, wenn dort zufällig zurückgebliebene Gäste nach der Schließung spielen (OLG Düsseldorf GA **1968** 88); ebenso mangels Teilnahmemöglichkeit für Außenstehende bei abgeschirmter Spielveranstaltung eines von vorneherein fest umrissenen Spielerkreises in einem Gaststättenhinterzimmer (s. aber Rdn. 16 und *Brandl* Spielleidenschaft S. 60 f); ferner ungeachtet der allgemeinen örtlichen Zugänglichkeit bei einer in einer Gaststätte tagenden, durch persönliche Beziehungen verbundenen Spielerrunde (vgl. *Volk Glücksspiel* S. 57; *Füllkrug/Wahl* Kriminalistik **1984** 533, 534); schließlich bei sonstigen, auf einer persönlichen Beziehung beruhenden Privatzirkeln.[85] Unerheblich ist es, ob das Glücksspiel in der Öffentlichkeit wahrgenommen werden kann (OLG Hamburg DStrZ **1922** 306). Das Spiel in einem Eisenbahnwagen ist öffentlich (RG HRR **1929** 1272), es sei denn, dass sich die Spieler in einem geschlossenen Abteil des fahrenden Zuges befinden (RGSt **63** 45)[86]. Die in einem *Club* oder in einer anderen scheinbar geschlossenen Gesellschaft veranstalteten Glücksspiele sind gleichwohl öffentlich, wenn jeder – wenngleich nach Entrichtung einer Zugangs- oder Aufnahmegebühr – zwecks Teilnahme am Glücksspiel sofortigen Einlass findet (*Wohlers* NK Rdn. 15; *Füllkrug* Kriminalistik **1990** 103), ebenso Veranstaltungen, zu denen die Spieler u.U. durch sog. Anreißer oder Schlepper herangelockt werden. Öffentlichkeit ist auch zu bejahen bei der Durchführung von Glücksspiel in zur Tarnung vereinsmäßig (vgl. VGH BaWü GewArch **1977** 30) betriebenen Etablissements, wenn nach Art der Eintrittsbedingungen aufgrund der Vereinssatzung praktisch jedermann jederzeit Mitglied werden kann (allgemeiner *Wohlers* NK Rdn. 15: Bindung der Beteiligung an die Zugehörigkeit zu einen durch bestimmte Merkmale gekennzeichneten Personenkreis unschädlich, wenn jedermann ad hoc in diesen Personenkreis aufgenommen wird; vgl. auch *Maurach/Schroeder/Maiwald* BT 1 § 44 II Rdn. 8; *Schild* NStZ **1982** 448); ein fortwährender Mitgliederwechsel indiziert die Öffentlichkeit. Andernfalls ist auf die Gleichstellungsvorschrift des Absatzes 2 zurückzugreifen (s. auch Rdn. 16). Abgesehen von der Frage des Einsatzes (Rdn. 11) fehlt beim sog. Kettenbrief in der Regel, jedenfalls bei Selbstläufersystemen, auch die Öffentlichkeit (OLG Stuttgart NJW **1964** 365, 366); zum Kettenbrief vgl. LK Vorbem. § 287 Rdn. 4, 7, 13 f und dortige Schrifttumsnachweise; ferner *Klenk* GA **1976** 361, 367.

2. **Gleichstellungsklausel.** Nach **Absatz 2**, der sich auf § 284 beschränkt (RG HRR **1931** 1106), gilt ferner als öffentlich jedes Glücksspiel, das zwar nur Mitgliedern eines Vereins oder einer geschlossenen Gesellschaft (vgl. VGH BaWü GewArch **1977** 29) zugänglich ist, jedoch **gewohnheitsmäßig** veranstaltet wird.[87] Die Fassung des Gesetzes ist **16**

---

[84] BGHSt **9** 39, 42; RGSt **63** 44; **57** 190, 193; OLG Karlsruhe Die Justiz **1971** 61; *Volk* Glücksspiel S. 57 ff.

[85] Vgl. BGHSt **9** 39, 42; RGSt **59** 347, 349; *Kummer* Glücksspiel S. 15; Schild NStZ **1982** 446, 448.

[86] *Groeschke/Hohmann* MK Rdn. 12.

[87] *Hoyer* SK Rdn. 17: entscheidend Gewohnheitsmäßigkeit der Veranstaltung.

nicht glücklich, es ist aber klar, was gemeint ist: Die an sich nicht öffentlichen Glücksspiele des Absatzes 2 sollen den öffentlich veranstalteten (Absatz 1) für die Strafbarkeit gleichgestellt werden.[88] Eine wesentliche Fallgruppe aus dem Anwendungsbereich des Absatzes 2 betrifft Vereine und sonstige Personenzusammenschlüsse, die unter dem Deckmantel statthafter angeblicher Vereinsziele tatsächlich hinter verschlossenen Türen Glücksspiele veranstalten (vgl. LK Vorbem. § 284 Rdn. 4; oben Rdn. 15), so etwa der Betrieb von Spielstätten als Verein „zur Pflege von Geschicklichkeitsspielen aller Art" oder als „Backgammon-Verein" zwecks Verschleierung der dort in Wirklichkeit veranstalteten roulette-ähnlichen Glücksspiele (VGH BaWü GewArch **1990** 149 zugleich zum Gefahrenpotential; BGH Beschl. v. 26.1.1993 – 2 ARs 548/92). Erfasst werden hier ferner abgeschottete, auch mobile Glücksspielveranstaltungen mit transportablem Glücksspielgerät (z.B. Roulettetische) und einem ausschließlich für Stammspieler eingerichteten Infosystem über die jeweiligen Spielstätten. Die Vorschrift des § 284 Abs. 2 greift indes über diesen als berechtigt anzusehenden Bezugsbereich weit hinaus: das Gesetz will jedes Glücksspiel treffen, das über das gelegentliche, nicht gewohnheitsmäßige in geschlossenen Gesellschaften hinausgeht.[89] Es genügt also, wenn sich die Teilnehmer mit einiger Regelmäßigkeit zusammenfinden. Das kann selbst durch **regelmäßige Zusammenkünfte im Verwandten- oder Freundeskreis** geschehen. Die (viel zu weit gehende und insoweit kaum zu rechtfertigende) Strafbarkeit kann danach auch die Mitglieder eines Stammtischs treffen, die im engsten Kreise das Glücksspiel wöchentlich einmal auszuüben pflegen.[90] Erfasst wird auch die dreiköpfige, regelmäßig in Privaträumen zusammentretende Pokerrunde mit beträchtlichem Geldeinsatz (*Gülzow* Jura **1983** 49, 102; *Brandl* Spielleidenschaft S. 64 f). Der einzelne Teilnehmer braucht keinen Hang zum Spiel zu haben; ausreichend, aber auch notwendig ist, dass die Zusammenkünfte zwecks Ausübung des Glücksspiels regelmäßig stattfinden.[91] Einen Hang des einzelnen Spielers scheint demgegenüber RGSt **56** 246 für erforderlich zu halten (zust. *Kindhäuser* Rdn. 2 und *Lackner/Kühl* Rdn. 10); allerdings verneint OLG Hamburg MDR **1954** 312 dieses Erfordernis gerade unter Berufung auf jenes Urteil des RG.[92] Über die **Kritik** zu dem sehr weitgehenden Absatz 2 des § 284 vgl. LK Vor § 284 Rdn. 9 sowie *Lange* Dreher FS S. 573, 581 und *Berg* MDR **1977** 277; zusammenfassend *Belz* Glücksspiel S. 27. Wahrscheinlich haben sich die daraus ergebenden Unzuträglichkeiten nur deswegen nicht sonderlich bemerkbar gemacht, weil die Dunkelziffer besonders hoch sein dürfte.

VI. Begehungsformen

17 Eigentliche Tathandlung des § 284 ist das **Ermöglichen und Fördern** von unerlaubten Glücksspielen, das in jeder möglichen Art durch die in Absatz 1 genannten Handlungsformen erfasst werden soll. Das Spielen selbst ist dagegen in § 285 geregelt. Als tatbestandliche Begehungsformen bezieht Absatz 1 das **Veranstalten** und **Halten eines Glücksspiels** sowie das **Bereitstellen der Einrichtungen** hierzu ein. Die Auslegung des vom Tat-

[88] OLG Stuttgart ZStW **44** (1924) 620; *Belz* Glücksspiel S. 26; *Brandl* Spielleidenschaft S. 61.

[89] Begr. z. Entw. eines Gesetzes gegen das Glücksspiel v. 23.12.1919 – Drucks. d. NV Nr. 1791 S. 3.

[90] OLG Hamburg DStrZ **1922** 306; OLG Stuttgart ZStW **44** (1924) 620; vgl. *Wohlers* NK Rdn. 16; *Sch/Schröder/Eser/Heine* Rdn. 10; ferner: *Berg* GewArch **1976** 249, 251; *Füllkrug* Kriminalistik **1990** 101, 103.

[91] Ähnlich *Sch/Schröder/Eser/Heine* Rdn. 10; *Groeschke/Hohmann* MK Rdn. 13.

[92] Wie hier: *Hoyer* SK Rdn. 17; *Wohlers* NK Rdn. 16; *Sch/Schröder/Eser/Heine* Rdn. 10.

bestand erfassten Handlungsbereichs insgesamt hat sich an dem Aspekt der Strafwürdigkeit der **Verleitung** zu vermögensgefährdendem, behördlich nicht erlaubtem Glücksspiel, die Auslegung der einzelnen Handlungsmerkmale an dem Anliegen deren möglichst klarer Abschichtung zu orientieren. Eine scharfe Abgrenzung dürfte allerdings nur bedingt möglich sein (*Fischer* Rdn. 17; **krit.** *Volk* Glücksspiel S. 56); Überschneidungen lassen sich jedenfalls nicht ausschließen.[93] Im Übrigen werden in nicht wenigen Fällen die Funktionen des Veranstaltens und Haltens in der Person des Glücksspielbetreibers zusammenfallen (vgl. BayObLGSt **1993** 8, 13). Ergänzend ist mit *Absatz 4* (Rdn. 25) i.d.F. des 6. StrRG schon die allgemeine **Werbung** für ein nicht erlaubtes öffentliches Glücksspiel unter Strafe gestellt worden (vgl. die Stellungnahme des Bundesrats zum Entw. eines 6. StrRG, BRDrucks. 164/97 [Beschluss] S. 28 f und Bericht BTDrucks. 13/9064 S. 21).

1. Veranstalten des Glücksspiels. Als **Veranstalter** hat zu gelten, wer in organisato- **18**
risch verantwortlicher Weise[94] den äußeren Rahmen für Glücksspielmöglichkeiten, ggf. in mittäterschaftlichem Zusammenwirken[95], schafft, Räumlichkeiten, Ausstattung, evtl. auch die Spieleinrichtungen bereitstellt (BGH NStZ **2003** 372, 373 f), den Spielplan entwirft, sowie notwendige (§ 33d GewO) – beim illegalen Glücksspiel indes missbrauchte (Vorbem. § 284 Rdn. 4, 18) – Genehmigungen einholt (vgl. BayObLG NStZ **1993** 491, 492; OLG Düsseldorf JMBlNRW **1991** 19)[96] und so dem Publikum Spielmöglichkeiten unmittelbar einräumt.[97] Zur Vollendung genügt die Aufstellung und Zugänglichmachung des Spielplans, also das Vertragsangebot; des Abschlusses auch nur *eines* Spielvertrags bedarf es nicht.[98] Auf eine tatsächliche Spielaufnahme kommt es somit nicht an.[99] Dass sich der Veranstalter am Glücksspiel beteiligt, ist ebenso wenig erforderlich wie seine Anwesenheit (einhellige Ansicht; s. nur *Sch/Schröder/Eser/Heine* Rdn. 12). Im Falle seiner Spielbeteiligung besteht indes Tateinheit mit § 285 (LK § 285 Rdn. 8). Beim Betrieb eines Glücksspielunternehmens durch eine **juristische Person** oder Personalgesellschaft ist Veranstalter der für die Betreiberin verantwortlich Handelnde bzw. tatherrschaftlich Mitwirkende. Eines Rückgriffs auf § 14 Abs. 1 bedarf es nicht.[100] Erforderlich ist nicht, dass dem organisatorisch Verantwortlichen für die Eröffnung der Spielgelegenheit wie bei einem gewerblichen Unternehmer wirtschaftlicher Erfolg und Risiko der Spielveranstaltung zufällt.[101] Die Handlungsform des Veranstaltens (in mittäterschaftlicher Begehungsweise) erfüllt beispielsweise ungeachtet einer mangelnden Beteiligung am wirtschaft-

---

[93] Vgl. *Lackner/Kühl* Rdn. 11; s.a. OLG Düsseldorf JMBlNRW **1991** 19. **AA** *Meurer/Bergmann* JuS **1983** 668; s. auch *Sch/Schröder/Eser/Heine* Rdn. 11: Abgrenzung aus verfassungsrechtlichen Gründen – Art. 103 Abs. 2 GG – nötig.

[94] *Gössel/Dölling* BT 1 § 82, 4; *Gülzow* Jura **1983** 102; s. auch *Otto* BT § 55, 7 und *Sch/Schröder/Eser/Heine* Rdn. 12: in tatherrschaftlicher Verantwortung.

[95] Vgl. *Wohlers* JR **2003** 388, 389; *Brandl* Spielleidenschaft S. 101 f.

[96] S. auch LG Minden NJW **2002** 2656.

[97] *Heine* wistra **2003** 445; *Horn* NJW **2004** 2053; *Sch/Schröder/Eser/Heine* Rdn. 12.

[98] Vgl. RGSt **61** 12, 15; **62** 163, 165 f; BayObLGSt **1956** 75, 76.

[99] *Hoyer* SK Rdn. 18; *Wohlers* NK Rdn. 18; *Lackner/Kühl* Rdn. 11.

[100] *Wohlers* NK Rdn. 18; *Mitsch* BT 2 § 5, 167; *Brandl* Spielleidenschaft S. 107 f; **aA** BayObLG NJW **1979** 2258, 2259.

[101] Vgl. *Brandl* Spielleidenschaft S. 82; BGH NStZ **2003** 372, 373; BayObLG NJW **1993** 2820, 2821; *Lampe* JuS **1994** 741; *Meurer/Bergmann* JuS **1983** 669 f; **and.** BayObLG NJW **1979** 2258; LG Frankfurt NJW **1993** 946; **einschränkend**; *Sch/Schröder/Eser/Heine* Rdn. 12. S. auch OLG Hamm MMR **2002** 551.

lichen Ergebnis des Spielcasinos der Konzessionsinhaber (Strohmann)[102], der durch sein vertrauensbildendes Auftreten gegenüber der Genehmigungsbehörde unter Verschleierung der wahren Spielgestaltungsabsichten zur Erlangung der behördlichen Erlaubnis für ein bestimmtes genehmigungsfähiges Geschicklichkeitsspiel (§ 33d GewO) beigetragen und dadurch die missbräuchliche Durchführung einer durch regelwidrige Spielabwandlung unzulässigen Glücksspielveranstaltung mit ermöglicht hat (vgl. BayObLGSt **1993** 8, 14). Umgekehrt genügt ein Eigeninteresse als solches nicht, unter Hintanstellung objektiver Mitwirkungshandlungen täterschaftliches Handeln zu begründen (*Sch/Schröder/Eser/Heine* Rdn. 12; *Wohlers* JR **2003** 389). Veranstaltet wird ein Glücksspiel im Übrigen dort, wo dem Spieler die Möglichkeit zur Teilnahme eröffnet wird (§ 3 Abs. 4 GlüStV); bei Veranstaltungen im **Ausland** reicht also die Beteiligungsmöglichkeit im Inland, etwa über die im Inland mögliche Nutzung einer im Ausland eingerichteten Webseite, für die Anwendbarkeit des deutschen Strafrechts (vgl. *Fischer* Rdn. 19; *Wohlers* NK Rdn. 18; ferner Rdn. 20a).

18a 2. **Vermitteln.** Problematisch ist, wie das **nicht im Tatbestand enthaltene** Vermitteln von Wetten zu beurteilen ist,[103] wobei darunter nicht schon jede Erleichterung der Kontaktaufnahme zu verstehen ist (*Sch/Schröder/Eser/Heine* Rdn. 17a). Der GlüStV äußert sich dazu nicht ausdrücklich, behandelt aber Vermitteln und Veranstalten weitgehend gleich und geht im Übrigen davon aus, dass der weit auszulegende strafrechtliche Veranstalterbegriff auch weite Teile der Vermittlung erfasst (Erläuterungen zum GlüStV „B. Zu den einzelnen Bestimmungen – § 4") Typischerweise ist der Vermittler dadurch gekennzeichnet, dass er den Veranstalter in dessen Tätigkeit lediglich im Vorfeld des Veranstaltens unterstützt, in wirtschaftlicher und organisatorischer Hinsicht aber mit ihm nicht auf einer vergleichbaren Stufe steht (*Janz* NJW **2003 1694, 1696**). Regelmäßig gibt der Vermittler Wetten nur an einen fremden Totalisator oder einen anderen Buchmacher weiter, oder er führt die Wettaufträge im eigenen Namen, aber für fremde Rechnung aus (vgl. *Brandl* Spielleidenschaft S. 102). Der Vermittler hat somit auf die Durchführung des Spieles im Gegensatz zum Veranstalter weder rechtlichen, organisatorischen noch finanziellen Einfluss, er ist nur Vermittler für einen fremden Gewerbebetrieb.[104] Die Subsumtion des Vermittelns unter die 1. Alternative begegnet im Hinblick auf Art. 103 Abs. 2 GG verfassungsrechtlichen Bedenken und bedeutet eine unzulässige Ausdehnung über die Wortlautgrenze hinaus.[105] Gegen dieses Ausdehnung der Strafbarkeit spricht auch die gesetzgeberische Zielsetzung, die das Vermitteln von Wetten im Rahmen des § 287 Abs. 1 StGB als weitere Tathandlung ausdrücklich nicht aufnehmen wollte.[106] In Betracht kommt somit allenfalls eine Strafbarkeit nach den allgemeinen Grundsätzen von Mit-

---

[102] Hierzu *Sieber* JZ **1995** 758, 764.

[103] Offengelassen in BGH NStZ **2003**, 373; vgl. aber BVerwG NJW **2001** 2648; **krit.** *Sch/Schröder/Eser/Heine* Rdn. 12a; umfassend zur gewerblichen Spielevermittlung *Lüderssen* NStZ 2007 15.

[104] Vgl. § 287 Rdn. 17; *Berberich* Internet-Glücksspiel S. 186; **ablehnend** auch *Horn* NJW **2004** 2047, 2052; *Rüping* JZ **2005** 234, 238; **aA** *Fischer* Rdn. 18a, der den Vermittler als verantwortlichen Veranstalter sieht, dabei aber außer Acht lässt, dass der Vermittler regelmäßig auf die Durchführung des Glücksspiels selbst keinen verantwortlichen Einfluss hat; ebenso *Lackner/Kühl* Rdn. 11; *Mosbacher* NJW **2006** 3529, 3530; zum Ganzen auch *Hecker/Schmitt* ZfWG **2006** 301, 303 ff.

[105] Vgl. Vorbem. § 284 Rdn. 2 a; AG Karlsruhe-Durlach NStZ **2001** 254 mit Anm. *Wrage*; ähnlich *Lüderssen* NStZ **2007** 15, 17; *ders.* Spielvermittler S. 9 ff.

[106] BTDrucks. 13/9064 S. 21; vgl. *Heine* wistra **2003** 44,1 446; *Janz* NJW **2003** 1694 1696 m.w.N.

täterschaft, mittelbarer Täterschaft[107] oder Beihilfe gem. §§ 284 Absatz 1 1. Alt., 25 Abs. 2, 27 StGB (vgl. Rdn. 21) oder nach der 3. Alternative (vgl. hierzu Rdn. 20). Nicht strafrechtlich zu erfassen ist schon aus anderen Gründen auch das erlaubnislose **Vermitteln von im EU-Ausland genehmigten Glücksspiel** (s. dazu Rdn. 6b). Dies gilt auch für die Vermittlung von nach DDR-Recht erlaubten Glücksspielen.[108] Vor dem 03.10.1990 in der damaligen DDR erteilte Erlaubnisse für Sportwetten erstrecken sich zwar nicht auf die westdeutschen Bundesländer (vgl dazu BVerwGE **126** 149, allerdings – wenn auch aus anderen Gründen – vom Bundesverfassungsgericht aufgehoben, ZfWG **2007** 421), sie sind gem. Art. 19 S. 1 EinigungsV aber wirksam geblieben und in Bestandskraft erwachsen (*Janz* NJW **2003** 1694, 1697)[109]. Im Rahmen der (örtlich begrenzten) Genehmigung handelt es sich dabei um ein erlaubtes Glücksspiel, dessen bloße Vermittlung außerhalb des Geltungsbereichs nicht zu bestrafen ist.

3. Halten des Glücksspiels. Mit dem Halten des Spiels wird eine über das Veranstal- **19**
ten hinausgehende Tätigkeit erfasst, der eine selbständige tatbestandliche Funktion zukommt (vgl. *Belz* Glücksspiel S. 89; *Lampe* JuS **1994** 740: arg. aus der unterschiedlichen Fassung des § 287). Die Bestimmung dieses Merkmals ist nach wie vor umstritten. Die gängige Kennzeichnung des Halters als Unternehmer, der die seiner Sachherrschaft unterliegende Spieleinrichtung zur Verfügung stellt (z.B. OLG Düsseldorf JMBlNRW **1991** 19; *Janz* NJW **2003** 1694, 1697), führt zu einer weitgehenden Überschneidung mit der Begehungsform des Veranstaltens. Die Funktion der Handlungsmodalität des Haltens eines Spiels hat indes unter Berücksichtigung aller Auslegungsansätze (BayObLG NJW **1993** 2820; zusammenfassend *Belz* Glücksspiel S. 87 f) eine zumindest eingrenzbare tatbestandsspezifische Ausrichtung und Abschichtung im Verhältnis der Tathandlungen untereinander erfahren. Unternehmerische Gesichtspunkte und wirtschaftliche Interesseneinbindung (so BayObLG NJW **1979** 2258; *Füllkrug* Kriminalistik **1990** 101, 103) werden bei diesem Handlungsmerkmal nicht vorausgesetzt (vgl. BayObLGSt **1993** 8, 13; *Lampe* JuS **1994** 737, 741). **Halter** ist vielmehr, wer das konkrete Spiel, das tatsächlich begonnen haben muss, selbst leitet, für den eigentlichen Spielverlauf verantwortlich ist, die Einsätze der Spieler verwaltet, sich (ggf. durch Setzen gegen die Mitspieler) in qualifizierter Form an dem Spiel beteiligt; so z.B. auch ein Mitspieler bei Übernahme der Halterfunktion ausschließlich zur Spielermöglichung ohne wirtschaftliche Gesamtinteressen (BayObLG aaO S. 12 ff; *Otto* BT § 55, 7; einschränkend *Meurer/Bergmann* JuS **1983** 668, 672). Der *Croupier*, der als Angestellter das Spiel leitet, dessen äußeren Ablauf überwacht, die Verluste der Spieler einzieht, deren Gewinne ausbezahlt (Roulette) und ggf. selbst mitspielt (Baccara), kann – wie auch der Bouleur beim Kugelspiel[110] – dem Funktionsbereich des

---

[107] *Sch/Schröder/Eser/Heine* Rdn. 12a spricht insofern plakativ von wirtschaftlich-organisatorischen Wirkungseinheiten, die bei einer Tätigkeit als Agent für den Hauptveranstalter, bei einem Bandenzusammenschluss oder bei Einschaltung von Strohmännern anzunehmen seien. Tatsächlich sollte – ungeachtet der schlagwortartigen Bezeichnung solcher Konstellationen – im Einzelfall geprüft werden, ob die Voraussetzungen für ein täterschaftliches Veranstalten gegeben sind. S. dazu auch *Heine* wistra **2003** 445; ferner: *Meyer* JR **2004** 447, 449; *Wohlers* JZ **2003** 860, 862; VGH Kassel NVwZ **2005** 104.

[108] *Sch/Schröder/Eser/Heine* Rdn. 12a; *Janz* NJW 2003 1694 1697; *Heine* wistra 2003 441, 445 f; **and.** OVG NW GewArch **2003** 162, 163 f; Nds. OVG GewArch **2003** 247; s. auch: Sächs. OVG ZfWG **2007** 447, 452; VGH Baden-Württemberg ZfWG **2007** 432, 434.

[109] OVG Weimar GewArch **2000** 119; OLG Nürnberg SpuRt **2001** 157; OVG NRW GewArch **2003** 164.

[110] Der die Kugel bei den verschiedenen Roulettespielen in den Spielkessel wirft.

Haltens eines Spiels zugeordnet werden (einschränkend BayObLG NJW **1979** 2258). Deren – durch das tatherrschaftliche Moment bestimmte(Rdn. 18) – täterschaftliche Begehungsweise wird durch Umstände wie die eigenständige Ausgestaltung ihrer Tätigkeit, das Maß ihres Entscheidungsspielraums, ein spielbedingtes Mitspielen und eine etwaige finanzielle Beteiligung am Spielergebnis indiziert (vgl. hierzu *Meurer/Bergmann* JuS **1983** 668, 672 und JuS **1984** 240)[111]. Andernfalls kommt eine Haftung als Gehilfe des Halters bzw. des überwachend tätig werdenden bzw. organisationssteuernden Weisungsgebers in Betracht (vgl. BayObLG NJW **1993** 1822). Demgegenüber wird im Schrifttum teilweise[112] – ersichtlich ausgehend von einer Qualifizierung der Handlungsformen als Sonderdelikte des Glücksspiel- bzw. Lotterieunternehmers – eine strafrechtliche Haftung über § 14 Abs. 1 oder 2 erwogen.[113]

20 **4. Bereitstellen von Einrichtungen.** Es handelt sich hierbei um eine tatbestandlich verselbständigte Vorbereitungs- und Förderungshandlung zu dem von einem anderen veranstalteten oder gehaltenen Glücksspiel. Diese Handlungsmodalität greift ein, wenn sie nicht schon in der Tathandlung des Veranstaltens miterfasst ist. Einrichtungen zum Glücksspiel stellt bereit, wer sie den Spielern zugänglich macht, also Spieltische aufstellt, Spielkarten oder -marken ausgibt oder ähnliche Handlungen vornimmt (RGSt **56** 117). Der Beginn des Spiels ist nicht erforderlich (*Wohlers* NK Rdn. 20). Hier kommen in erster Linie diejenigen Einrichtungen in Frage, die speziell für ein Glücksspiel geeignet oder bestimmt sind, wie Roulettetische oder Jetons.[114] Aber auch sonstige (neutrale) Gegenstände, die an sich in erlaubter Weise benutzt werden können, wie Telekommunikationseinrichtungen (vgl. BGH NStZ **2003** 372, 373: Fernseher),[115] Spielkarten, Würfel, selbst gewöhnliche Tische werden erfasst, wenn sie im gegebenen Fall zum Glücksspiel verwendet werden sollen.[116] Das Gleiche gilt für die Zurverfügungstellung von Räumen, nicht aber von Grundstücken, die keine Spieleinrichtung darstellen (OLG Köln NStZ **2006** 225 226). Derjenige, der sie den Spielern in dem Bewusstsein bereitstellt, dass die Räumlichkeiten zum Glücksspiel genutzt werden, ist also Täter, nicht nur Gehilfe.[117] So ist der **Gastwirt** mit der Bereitstellung von Räumen/Einrichtungen auch ohne Gewinnerzielung aus dem Spiel als solchem Täter, und zwar nicht nur dann, wenn er die Teilnahme am Glücksspiel von einem Mindestverzehr oder ähnlichen Bedingungen abhängig macht (BGHSt **11** 209, 210), sondern auch ohne solche finanzielle Interessenwahrnehmung (*Kindhäuser* § 285 Rdn. 2). Der Wirt, der ein verbotenes Glücksspiel in seinen Räumen unter Gebrauch seiner Möbel nur duldet, kann sich dagegen allenfalls wegen Beihilfe zur Veranstaltung eines Glücksspiels strafbar machen, dies aber nur dann, wenn

[111] *Fischer* Rdn. 20: nicht jeder Croupier ist Halter. Vgl. weiter *Wohlers* NK Rdn. 19; *Groeschke/Hohmann* MK Rdn. 16: Croupier und Inhaber der Spielbank,

[112] *Lackner/Kühl* Rdn. 11; *Maurach/Schroeder/Maiwald* BT 1 § 44 II Rdn. 10; *Bruns* GA 1982, 4 f; s.a. BayObLG NJW **1979** 2258, 2259.

[113] **Ablehnend** *Fischer* Rdn. 20; *Sch/Schröder/Eser/Heine* Rdn. 13; *Meurer/Bergmann* JuS **1983** 673; *Blauth* Handeln für einen anderen S. 130 f.

[114] OLG Köln NStZ **2006** 225, 226; beschränkend auf solche spieltypischen Gegenstände *Lampe* JuS **1994** 740.

[115] Wie hier: *Fischer* Rdn. 21.

[116] *Gössel/Dölling* BT 1 § 82, 4; *Schmitt* ZfWG **2006** 11, 13 f; *Sch/Schröder/Eser/Heine* Rdn. 15: bei neutralen Handlungen sind stets deliktische Sinnbezüge notwendig; vgl. hierzu auch *Meurer/Bergmann* JuS **1983** 673, die subjektiv Kenntnis der beabsichtigten Verwendung voraussetzen.

[117] RGSt **56** 117; OLG Dresden JW 1921 1332 m. abl. Anm. Merkel; *Fischer* Rdn. 21; Brandl Spielleidenschaft S. 90; **and.** OLG Rostock HRR **1929** 2056; *Frank* Anm. I 3.

er die Fortführung des Spiels durch sein weiteres Verhalten (Servieren von Getränken, Bestärken des Tatentschlusses) aktiv unterstützt. Eine Beihilfe durch Unterlassen scheidet dagegen aus, weil den Gastwirt insoweit keine Rechtspflicht zum Einschreiten trifft.[118]

5. **Über das Internet angebotenes ausländisches Glücksspiel.** Glücksspielangebote ausländischer Anbieter über das Internet, die für jeden inländischen Spielteilnehmer unmittelbar erreichbar sind, erfüllen regelmäßig die Tathandlung des Veranstaltens. Dabei stellt sich freilich die Frage, ob **deutsches Strafrecht** überhaupt **Anwendung** findet. Teilweise wird dies verneint, da der Veranstaltungsort (Einspeisung der Daten über im Ausland gelegene Server) im Ausland liege.[119] Diese Ansicht stützt sich auf die Einschätzung, dass die §§ 284, 287 als abstrakte Gefährdungsdelikte keinen tatbestandlichen Erfolgsbezug aufweisen würden und es daher im Sinne von § 9 StGB nur auf die Verwirklichung der Tathandlung ankomme. Diese Ansicht übersieht jedoch, dass sich unabhängig von der Klassifizierung des Delikts jede Auswirkung im Inland, die die Strafnorm verhindern soll, als ein zum Tatbestand gehörender Erfolg im Sinne des § 9 qualifizieren lässt.[120] Ausländische Lotterie- und Glücksspielanbieter, die deutschen Kunden die Teilnahme an ihrer Veranstaltung über das Internet ermöglichen, unterfallen damit (grundsätzlich) den Strafvorschriften des §§ 284, 287.[121] Dies entspricht der Wertung von § 3 Abs. 4 GlüStV, der bestimmt, dass ein Glücksspiel dort veranstaltet und vermittelt wird, wo dem Spieler die Möglichkeit zur Teilnahme eröffnet wird.[122] Zur Vermeidung einer unbegrenzten Ausdehnung des deutschen Strafrechts auf Fälle, in denen Glücksspielangebote aus dem Ausland in Deutschland abrufbar sind, ist jedoch die Anwendbarkeit restriktiv auf solche Fälle zu begrenzen, in denen das ausländische Angebot einen spezifischen Zusammenhang mit Interessen der Bundesrepublik hat. Dies ist insbesondere dann der Fall, wenn das Angebot in deutscher Sprache abgefasst ist (im Ergebnis ebenso *Stögmüller* K&R **2002** 27, 32 m.w.N.; *Fritzemeyer/Rinderle* CR **2003** 599, 601, siehe dort auch zu den Gestaltungsmöglichkeiten zur Umgehung einer Strafbarkeit) oder sich in anderer Weise besonders auch an deutsche Teilnehmer richtet.[123] Ausländische Anbieter können sich für ihr über Internet vermitteltes Angebot an deutsche Teilnehmer eines Glücksspiels 20a

118 So auch *Brandl* Spielleidenschaft S. 105 ff; *Füllkrug* Kriminalistik **1990** 101, 103; *Wohlers* NK Rdn. 20; *Groeschke/Hohmann* MK Rdn. 25; **aA** OLG Dresden JW **1924** 1787 m. zust. Anm. *Hellwig*; OLG Düsseldorf JMBlNRW **1991**, 19; s. auch RGSt **56** 246; KG Berlin Urt. v. 16.5.2001 – Az. 1 SS 286/99: Gehilfe.

119 *Berberich* Internet-Glücksspiel S. 164 ff, 168; *Thumm* Internetglücksspiele S. 79 f; *Leupold/Bachmann/Pelz* MMR 2000 648, 650, 653; *Klingel* C&R **2001** 243; *Klengel/Heckler* CR **2001** 243.

120 Ausführlich *Jofer* Strafverfolgung S. 104 ff; *Brandl* Spielleidenschaft S. 98; *Volk* Glücksspiel S. 186 ff, 219; *Lesch* wistra **2005** 241, 242; OLG Köln ZfWG **2007** 377, 378; *Hecker/Schmitt* ZfWG **2006** 301, 306; vgl. *Barton* Multimedia-Strafrecht S. 146 f; ferner *Dietlein/Woesler* K&R **2003** 458; *Fritzemeyer/Rinderle* CR **2003** 599, 601. Vgl. zu § 130 StGB BGH NJW **2001** 624, 626 f m. Anm. *Klengel/Heckler* CR **2001** 243.

121 OLG Hamburg MMR **2002** 471, 472 f; OLG Köln ZUM **2006** 648, 649 f; LG Bremen, Urt. vom 20.12.2007 – 12 O 379/06; *Stögmöller* K&R **2002**, 27, 31 f; *Lesch* wistra **2005** 241, 242 f; *Brandl* Spielleidenschaft S. 98; wohl auch *Wohlers* NK Rdn. 18, 22 und *Hoyer* SK Rdn. 27; **krit.** *Barton/Gercke/Janssen* wistra **2004** 321, 32; *Thumm* Internetglücksspiele S. 79 f; ähnlich *Fischer* Rdn. 19; im Ergebnis *Klam* Die rechtliche Problematik S. 52 ff.

122 Dahinter steht womöglich die Absicht, den (möglicherweise in Umgehungsabsicht gezielt) im Ausland handelnden Täter nicht straffrei ausgehen zu lassen. Dazu ausdrücklich: *Dietlein* GewArch **2005** 89, 91.

123 So auch *Hecker/Schmitt* ZfWG **2006** 301, 306; im Ergebnis auch *Brandl* Spielleidenschaft S. 98.

nicht auf ihnen im eigenen Land erteilte Erlaubnisse stützen (vgl. dazu Rdn. 22a). Zur Vermeidung einer Strafbarkeit sind sie – handeln sie nicht womöglich in einen unvermeidbaren Verbotsirrtum oder wendet man zusätzlich zu der ohnehin schon restriktiven Anwendung deutschen Strafrechts zusätzlich den Gedanken des § 7 auf Internetstraftaten aus dem Ausland entsprechend an[124] – daher gehalten, durch geeignete technische Maßnahmen die Authentifizierung bzw. die Lokalisierung ihrer Teilnehmer sicherzustellen[125] und somit die Glücksspielhoheit der Staaten zu wahren (*German* Gefahrenabwehr S. 196 f, 200; *Lesch* GewArch **2005** 241, 243; skeptisch *Berberich* Internet-Glücksspiel 129 ff). Es bestehen allerdings begründete Zweifel, ob das in § 4 Abs. 4 GlüStV ausgesprochene vollständige Verbot des Veranstaltens und Vermittelns öffentlicher Glücksspiele über das Internet mit **Europäischem Gemeinschaftsrecht** in Einklang steht (vgl. dazu im Einzelnen die Stellungnahme der EU-Kommission vom 22.3.2007 zum Notifizierungsverfahren, ZfWG **2007** 106). Erwiesen sich diese Zweifel als durchgreifend, weil etwa das Ziel der Regelung mit weniger einschneidenden Maßnahmen verfolgt und damit der Dienstleistungsfreiheit mehr Geltung verschafft werden könnte, hätte dies auch Konsequenzen auf die Strafbarkeit des Internetangebots aus dem EU-Ausland. Die nationale strafrechtliche Durchsetzung einer Maßnahme, die sich als gemeinschaftsrechtswidrig darstellt, kommt nach der Rechtsprechung des EuGH nicht in Betracht (Vorbem. § 284 Rdn. 8b; dazu *Horn* JZ **2007** 736, 738).

21 6. **Teilnahme** kommt bei allen Begehungsformen nach den allgemeinen Regeln in Betracht (allgemein zur Beteiligung am unerlaubten Glücksspiel *Hecker/Schmitt* ZfWG **2006** 301, 302 ff; zu Kreditinstituten als Teilnehmern am illegalen Glücksspiel *Hecker/Steegmann* WRP **2006** 1293 ff). Zum Croupier, Bouleur und zum Gastwirt bereits Rdn. 19. Beihilfe auf der Veranstalterseite ist auch über die unmittelbare spielbetriebsbezogene Förderung hinaus durch Handlungen, die der Aufnahme oder Aufrechterhaltung des deliktischen Unternehmens dienen, möglich. Dies gilt etwa, wenn der **Anwalt** des Betreibers eines Spieletablissements gegenüber der Ordnungsbehörde vorspiegelt, die Einrichtung werde in Form eines Vereins mit legaler Zwecksetzung bei ausschließlicher Finanzierung durch Mitgliedsbeiträge und ohne Gewinnerzielungsabsicht betrieben, und er dadurch unter billigender Inkaufnahme die Fortsetzung der Veranstaltung unerlaubten Glücksspiels ermöglicht (BGH Beschl. v. 26.1.1993 – 2 ARs 548/92). Beihilfe zu unerlaubter Glücksspielveranstaltung kommt ferner in Betracht, wenn ein für die Sicherung der Steuereinkünfte Verantwortlicher (**Steuerbeamter**) in Kenntnis der tatsächlich gesetzwidrigen Spielverhältnisse und der weit höheren Casinoumsätze dem Betreiber durch die umsatzferne Festsetzung der Vergnügungssteuer entgegenkommt mit dem Zweck oder unter Inkaufnahme, die Fortsetzung des illegalen Glücksspielbetriebs zu ermöglichen (BGH NStZ **1995** 27).

---

[124] *Kienle* Internationales Strafrecht und Straftaten im Internet, 1998, 173 ff, 176: strafbar nach deutschem Strafrecht nur dann, wenn am Ort des Anbietens vergleichbare Strafnorm besteht.

[125] Umstritten ist allerdings, ob dies technisch überhaupt möglich ist. Vgl. einerseits bejahend VGH Baden-Württemberg ZfWG **2007** 432, 437; dagegen BayVGH ZfWG **2007** 300 m. Anm. *Brugger/Leven* ZfWG **2007** 302 auch zu den einzelnen technischen Möglichkeiten; HessVGH Beschl. v. 29.10. 2007 – 7 TG 53/07.

VII. Ohne behördliche Erlaubnis

Die öffentliche Durchführung von Glücksspiel wird nicht von Strafsanktionen erfasst, wenn die jeweilige Veranstaltung durch einen besonderen hoheitlichen Akt erlaubt ist. Die Strafbarkeit setzt somit das Fehlen einer behördlichen Erlaubnis voraus. Dieser Hoheitsakt kann entweder ein **Gesetz** oder ein wirksamer, d.h. verwaltungsrechtlich **bestandskräftiger Verwaltungsakt** der örtlich und sachlich zuständigen Behörde sein (vgl. *Kummer* in Aubin Länderberichte S. 19; *Lukes* FS Stree/Wessels S. 1016; auch *Wettling* GewArch **1977** 9). Für die materiellen Voraussetzungen einer Erlaubniserteilung sind öffentlich-rechtliche Vorschriften maßgeblich. Entscheidend ist aber nicht die materielle Rechtmäßigkeit, sondern allein die formale Wirksamkeit der erteilten Erlaubnis,[126] die allerdings bei einer nichtigen Erlaubnis (vgl. § 44 VwVfG) nicht gegeben ist (LK *Rönnau* Rdn. 279 vor § 32 mit zahlr. Nachw.).[127] Dagegen schließt auch eine rechtsmissbräuchlich erwirkte Erlaubnis die Strafbarkeit nicht aus.[128] Auch eine behördliche Duldung in Kenntnis der Durchführung von Glücksspielen kann im Einzelfall den Tatbestand ausschließen.[129] Der in §§ 284–287 vorausgesetzte Erlaubnismangel ist Ausdruck gesetzgeberischer Gestaltungsfreiheit und Ergebnis einer Strafwürdigkeitsabstufung, die auf Zweckmäßigkeitserwägungen (vgl. etwa BVerwG GewArch **1995** **24**, 25) und einer differenzierten Gefahreneinschätzung beruhen dürfte (vgl. Vorbem. § 284 Rdn. 9; *Meurer/Bergmann* JuS 1983 668, 671 Fn. 41). Durch die behördliche Erlaubnis wird bereits die Tatbestandsmäßigkeit ausgeschlossen.[130] Bei § 284/§ 287 handelt es sich somit der Sache nach um ein in der Strafandrohung zum Ausdruck kommendes, indes durch spezialgesetzliche Normen aufgrund differenzierter gesetzgeberischer Gestaltungserwägungen eingeschränktes Verbot mit Erlaubnisvorbehalt (vgl. OVG Münster GewArch **1979** 327; *Landmann/Rohmer/Marcks* GewO § 33 h Rdn. 8). Die Norm des § 284 stellt selbst für partielle Zulassungen mangels Regelung von Voraussetzungen und Inhalt von Abweichungen keine geeignete Rechtsgrundlage dar. Hierfür sind vielmehr ergänzende gesetzliche Regelungen, wie sie auf verschiedenen Teilbereichen von Bundes- und Landesrecht getroffen worden sind, erforderlich. Als **Rechtsgrundlagen** einer behördlichen Erlaubnis kommen in Betracht: a) die Landesgesetze über die Zulassung öffentlicher Spielbanken (*SpielbankenGe*). Dort wird teilweise die Unanwendbarkeit der §§ 284, 285 im Falle der Zulassung der Spielbank ausdrücklich bestimmt, so etwa in § 2 SpielbankenG 1933, soweit es noch als Landesrecht fortgilt. Unter solchen Voraussetzungen entfällt die Strafbarkeit selbst dann, wenn gegen die mit der Zulassung verknüpften Auflagen und Bedingungen verstoßen wird (BGHZ **47** 393, 398; differenzierend aber *Rönnau* Rdn. 288 vor § 32). Zum staatlich konzessionierten Glücksspiel vgl. Vorbem. § 284 Rdn. 22. b) die landesrechtlichen *Sportwett- und Lotteriegesetze*. Vgl. Vorbem. § 284 Rdn. 23. c) das 22

---

126 *Gössel/Dölling* BT **1** § 82,4; *Hoyer* SK Rdn. 21; *Kindhäuser* Rdn. 3; *Wohlers* NK Rdn. 21; **aA** *Lackner/Kühl* Rdn. 12 und *Otto* BT § 55, 9, die weitergehend auf *verwaltungsrechtliche Bestandskraft* abstellen.

127 *Groeschke/Hohmann* MK Rdn. 21 *Wohlers* NK Rdn. 22.

128 *Wohlers* NK Rdn. 22: weil es in § 284 an einer § 330d Nr. 5 vergleichbaren Regelung fehlt; ähnlich: *Sch/Schröder/Eser/Heine* Rdn. 18.

129 Hier ist im Einzelnen noch vieles ungeklärt. Vgl. dazu *Sch/Schröder/Cramer/Heine* Vorbem. §§ 324 ff Rdn. 20.

130 Ebenso *Gülzow* Jura **1983** 103; *Lackner/Kühl* Rdn. 12; *Lange* FS Dreher, S. 573, 579; *Odenthal* GewArch **1989** 222, 226; *Sch/Schröder/Eser/Heine* Rdn. 18; *Winkelbauer* NStZ **1988** 201. **And.** BVerfGE **28** 119, 148; *Jescheck/Weigend* AT S. 368; *Lenckner* FS Pfeiffer S. 27; *Ostendorf* JZ **1981** 165, 168: Erlaubnis als Rechtfertigungsgrund.

bundesrechtliche *RennwettG* für Pferderennwetten, bei denen es sich um Glücksspiel handelt. Indes schließt nach überwiegender Ansicht die Strafvorschrift des § 5 RennwettG als lex specialis die §§ 284 ff aus. Vgl. hierzu Vorbem. Rdn. 24d) die *gewerberechtlichen Normen* der §§ 33c ff GewO über Spielgeräte und andere Spiele mit Gewinnmöglichkeit. Die **Betreibung nicht zulassungsfähiger Glücksspielgeräte** fällt in den Anwendungsbereich des § 284. Werden (an sich zulassungsfähige) Geräte ohne die erforderliche Bauartzulassung der Physikalisch-Technischen Bundesanstalt (§ 33c Abs. 1 GewO) aufgestellt oder wird das Glücksspielgerät abweichend von der zugelassenen Bauart betrieben, so fehlt/entfällt die Rechtswirkung einer behördlichen Aufstell- und Betriebserlaubnis; dieses Spielgerät wird dann regelwidrig als unerlaubtes Glücksspiel i.S. des § 284 betrieben (allgemein zur allgemeinen Genehmigungsfähigkeit *Rönnau* Rdn. 290 vor § 32). Gleiches gilt für den Fall der Umfunktionierung sog. anderer Spiele (§ 33d GewO), wenn unter Missbrauch der behördlichen Erlaubnis und entgegen den Spielbedingungen der Unbedenklichkeitsbescheinigung des Bundeskriminalamts mit überhöhten Einsätzen Glücksspiel betrieben wird. Vgl. hierzu und zu den Regelungszusammenhängen im Spielrecht insgesamt die Vorbemerkungen zu § 284 Rdn. 13 ff. Die nicht gewerbsmäßige Aufstellung von Geldspielgeräten (Glücksspiel) in Vereinen und geschlossenen Gesellschaften ist mangels spezialgesetzlicher Befreiungsregelung vom Glücksspielveranstaltungsverbot nicht erlaubnisfähig (vgl. *Landmann/Rohmer/Marcks* GewO § 33g Rdn. 3 und § 33h Rdn. 6).

22a Im Hinblick auf die Feststellung der Verfassungswidrigkeit des staatlichen Wettmonopols einerseits und die Rechtsprechung des EuGH zu den staatlichen Glücksspielmonopolen andererseits (Vorbem. § 284 Rdn. 8) wird die Annahme vertreten, als behördliche Erlaubnis müsse jede **Erlaubnis eines EU-Mitgliedstaates**[131] ausreichend sein.[132] Dies müsse zumindest dann gelten, wenn die ausländischen Genehmigungen den wesentlichen deutschen Kontrollprämissen entsprechen.[133] Diese Anerkenntnispflicht ergibt sich aber weder aus dem Gemeinschaftsrecht selbst noch aus der Rechtsprechung des EuGH. § 284 stellt einen reinen Erlaubnisvorbehalt dar und trifft selbst keine Entscheidung darüber, ob und inwieweit Glücksspiele über ihre Erlaubnispflicht hinaus zugelassen werden können (*Hecker/Schmitt* ZfWG **2006** 59, 65). Nationale Beschränkungen im Glücksspielbereich sind gemeinschaftsrechtlich nicht unzulässig, es steht im Ermessen der Mitgliedsstaaten, nicht staatlich veranstaltete Glücksspiele auch vollständig zu verbieten (vgl. auch BGH-Kartellsenat ZfWG **2007** 269, 273, 274: es sei für Vereinbarkeit mitgliedsstaatlicher Vorschriften mit dem Gemeinschaftsrecht unerheblich, wenn in anderen Mitgliedsstaaten weniger einschränkende Regelungen gelten). Das Veranstalten von Wetten ohne (deutsche) behördliche Erlaubnis bleibt damit weiterhin verboten.[134]

---

[131] Unumstritten ist, dass eine Erlaubnis außerhalb des EU-Bereichs keinesfalls ausreicht: *Fischer* Rdn. 15; *Sch/Schröder/Eser/Heine* Rdn 22c; *Heine* wistra **2003** 441, 446; *Mankowski* MMR **2002** 552, 553.

[132] OLG München NJW **2006** 3588, 3591 f für die Zeit vor dem 28.3.2006; *Barton/Gercke/Janssen* wistra **2004** 321, 324 ff; *Siara* ZfWG **2007** 1, 7; *Fritzemeyer/Rinderle* CR **2004** 367, 369.

[133] *Sch/Schröder/Eser/Heine* Rdn. 22d; *Barton/Gercke/Janssen* wistra **2004** 321, 326.

[134] VGH Baden-Württemberg NVwZ **2007** 724; BGH(Z) NJW **2004** 2160; BayObLG GewArch **2004** 205 ff; OVG NRW GewArch **2003** 164; BGH NJW **2002** 2176; OLG Hamm MMR **2002** 551 m. Anm. *Mankowski* JR **2004** 479; *ders.* MMR **2002** 552; *Rüping* JZ **2005** 239; *Diegmann/Hoffmann* NJW **2004** 2644; *Meyer* JR **2004** 251; *Dietlein* C&R **2004** 616; *Hecker* ZfWG **2006** 89, 92; *Hecker/Schmitt* ZfWG **2006** 59, 63; *Postel* ZfWG **2006** 93, 103; *Sievers* ZfWG **2006** 104, 105; *Groeschke/Hohmann* MK Rdn. 22; **aA** OVG Saarland LKRZ **2007** 75 zum Vermitteln; LG Baden-

Umstritten ist auch, ob die nach dem **DDR-Gewerbegesetz** erteilten Genehmigungen für das gewerbliche Anbieten von Sportwetten als behördliche Erlaubnisse i.S.d. § 284 StGB anzusehen sind, mit denen die Veranstaltung von Sportwetten für Teilnehmer mit Aufenthalt in Gesamtdeutschland oder nur im Gebiet der ehemaligen DDR oder nur im Land ihrer Erteilung rechtmäßig wäre.[135] Einige dieser Genehmigungen sind nach Art. 19 Einigungsvertrag weiterhin wirksam geblieben[136] und in Bestandskraft erwachsen.[137] Eine vor dem 3.10.1990 in der damaligen DDR erteilte Erlaubnis für Sportwetten erstreckt sich weder von vornherein noch im Wege einer durch den Einigungsvertrag ausgelösten „Maßstabsvergrößerung" auf die westdeutschen Bundesländer.[138] Sie gilt jedenfalls in dem Land, in dem sie erteilt worden ist.[139] Ob sie darüber hinaus **im Gebiet der ehemaligen DDR** insgesamt gilt,[140] lässt das Bundesverwaltungsgericht, das zu diesem Ergebnis im Wege einer einzelfallorientierten Auslegung der Erlaubnis gelangt, offen (BVerwG NVwZ **2006** 1175, 1179). Eine **außerhalb eines alten Bundeslandes (hier: Bayern) erteilte Genehmigung** berechtigt nicht dazu, in diesem Bundesland Glücksspiele zu veranstalten oder Einrichtungen dazu bereitzustellen (s. auch BGH-Kartellsenat ZfWG **2007** 269, 274 m. Anm. *Hecker* ZfWG **2007** 276). Auch aus dem Urteil des Bundesverfassungsgerichts ergibt sich nichts anderes, spricht es doch ausdrücklich von einem Monopol der staatlichen Glücksspielgesellschaft in Bayern (vgl. *Ruttig* ZUM **2006** 400, 401). DDR-Genehmigungen stellen damit nur für ihren ursprünglichen Geltungsbereich eine „behördliche Erlaubnis" im Sinne des § 284 StGB dar (*Postel* WRP **2006** 703, 725). Es ist beabsichtigt, wirksam gebliebene DDR-Erlaubnisse durch Gesetz oder Verwaltungsakt aufzuheben (zur verfassungsrechtlichen Beurteilung insoweit umfassend *Scholz/Weidemann* WiVerw **2007** 105, 156 ff). **22b**

Baden SpuRt **2005** 80; LG Hamburg NStZ-RR **2005** 44; LG München NJW **2004** 171; LG Ravensburg Beschl. v. 29.8. 2006 – 2 Qs 89/06; *Reichert/Winkelmüller* EuZW **2007** 214 f; *Albrecht/Gabriel* WRP **2007** 616, 618; *Gomille* ZfWG **2006** 206; *Petropoulos* wistra **2006** 332, 335 f; *Lesch* wistra **2005** 243 f; *Barton/Gercke/Janssen* wistra **2004** 321; *Hoeller/Bodemann* NJW **2004** 123; *Janz* NJW **2003** 1701; *Wrage* JR **2001** 406; *Kretschmer* ZfWG **2006** 52, 56: in der Übergangszeit; *Lackner/Kühl* Rdn. 12.

135 Vgl. auch *Groeschke/Hohmann* MK Rdn. 23; *Schmidt* WRP **2004** 1145, 1155; VG Magdeburg ZfWG **2007** 386, 389: Genehmigungen von Anfang an unwirksam.

136 OVG Weimar GewArch **2000** 19; OLG Nürnberg SpuRt **2001** 157; OVG NRW GewArch **2003** 164; dazu ausführlich: *Postel* ZfWG **2007** 181, 182 ff: auch zur Frage ihrer Nichtig- oder Rechtswidrigkeit.

137 *Janz* NJW **2003** 1694, 1697; vgl. auch BVerwG NVwZ **2006** 1175, 1178 ff, das zwar durch BVerfG ZfWG **2007** 421 aufgehoben worden ist, aber – insoweit vom BVerfG nicht beanstandet – Aufschluss über die Reichweite von DDR-Erlaubnissen gibt.

138 BVerwG NVwZ **2006** 1175, 1179; aus der Rechtsprechung der Oberverwaltungsgerichte: OVG NRW NVwZ-RR **2004** 653; OVG Lüneburg GewArch **2005** 282; BayVGH GewArch **2005** 78; **aA** noch OLG Köln VIZ **2001** 165; *Beckemper* NStZ **2004** 39, 41; *Scholz/Weidemann* ZfWG **2007** 83, 92.

139 So auch *Lackner/Kühl* Rdn. 12; vgl. aber auch *Postel* ZfWG **2007** 181, 195; 328, 342 zu Einschränkungen der glücksspielrechtlichen Wirkung der DDR-Gewerbeerlaubnisse.

140 So wohl *Postel* ZfWG **2007** 328, 335 zum grundsätzlichen räumlichen Geltungsbereich; so auch: Sächs. OVG ZfWG **2007** 447, 449 ff mit weiteren klarstellenden Äußerungen zur Rechweite einer auch das Vermitteln erfassenden Erlaubnis; **aA** *Hecker/Schmitt* ZfWG **2006** 59, 67: nur für das Bundesland, auf dessen Territorium sie erteilt wurde.

VIII. Innere Tatseite

23 Die Straftat kann nur vorsätzlich begangen werden (RGSt **62** 163, 171 f). Bedingter Vorsatz genügt (OLG Düsseldorf JMBlNRW **1991** 19). Der Vorsatz muss alle tatsächlichen Umstände umfassen, die das Spiel zu einem verbotenen Glücksspiel machen, so die das Glücksspiel charakterisierenden konkreten Umstände und Eigenschaften sowie die Öffentlichkeit, auch die Voraussetzungen des Absatzes 2. Dazu gehört auch die Kenntnis vom Fehlen der Genehmigung; irrt der Täter hierüber, nimmt er an, er besitze die behördliche Erlaubnis[141] oder die erteilte Erlaubnis sei noch wirksam (*Meyer* RennwettG § 5 Anm. 3), so befindet er sich im **Tatbestandsirrtum** und bleibt straflos, selbst wenn der Irrtum auf Fahrlässigkeit beruht.[142] Ein Verbotsirrtum liegt jedoch vor, wenn der Täter bei Kenntnis der maßgeblichen Umstände, also auch hinsichtlich der Eigenschaften z.B. eines Automaten, glaubt, es handle sich um kein Glücksspiel (Subsumtionsirrtum) oder die behördliche Genehmigung sei nicht erforderlich.[143] Angesichts der weitgehend unklaren und uneinheitlich beurteilten Rechtslage nach dem Urteil des Bundesverfassungsgerichts und der öffentlichen Diskussion der Thematik kann verlangt werden, dass sich der Gewerbetreibende Kenntnis von den einschlägigen Rechtsnormen verschafft (*Hecker/Schmitt* ZfWG **2006** 301, 302)[144]; der Verbotsirrtum ist also im Regelfall vermeidbar. Dies schließt nicht aus, dass der Täter in einem **unvermeidbarem Verbotsirrtum** und damit ohne Schuld handelt, wenn er vom zuständigen Sachbearbeiter der Ordnungsbehörde und von einem kompetenten Rechtsanwalt die Auskunft erhalten hatte, sein Verhalten sei nicht verboten.[145] Für die subjektive Tatseite der Beihilfe reicht aus, dass der **Gehilfe** billigend in Kauf nimmt, der Veranstalter werde unerlaubtes Glücksspiel betreiben (BGH Beschl. v. 26.1.1993 – 2 ARs 548/92).

IX. Gewerbsmäßige und bandenmäßige Begehung (Absatz 3)

24 Die illegale Veranstaltung von Glücksspiel stellt in den Formen der bandenmäßigen und gewerbsmäßigen Begehung einen nach gesetzgeberischer Einschätzung typischen Deliktsbereich der organisierten Kriminalität dar; sie steht häufig als milieutypische Begleit-

---

141 *Groeschke/Hohmann* MK Rdn. 34: Auch die irrtümliche Annahme, im Besitz einer verwaltungsrechtlich wirksamen Genehmigung zu sein, schließt als Tatbestandsirrtum den Vorsatz aus. Ebenso: *Hoyer* SK Rdn. 23; *Wohlers* NK Rdn. 23; *Brandl* Spielleidenschaft S. 99.

142 *Lackner/Kühl* Rdn. 13; *Hoyer* SK Rdn. 23; *Fischer* Rdn. 15; **aA** OLG Celle NJW **1969** 2250; OLK Karlsruhe NJW **1953** 1642; *Maurach/Schroeder/Maiwald* BT 1 § 44 II Rdn. 9 und III Rdn. 17, die Verbotsirrtum annehmen.

143 BGH Beschl. v. 4.2.1958 – 5 StR 579/57, OLG Hamm JR **2004** 478, 479 mit Anm. *Meyer* JR **2004** 447; BayObLG JR **2003** 386, 387 m. Anm. *Wohlers* JR 2003 388; **and.** *Wohlers* NK Rdn. 23; *Meyer* JuS **1983** 515 Fn. 29 und *Rengier* ZStW **101** [**1989**] 874, 884: Tatbestandsirrtum. Ebenso *Lackner/Kühl* Rdn. 13; *Hoyer* SK Rdn. 23 und *Sch/Schröder/Eser/Heine* Rdn. 23; vgl. BayObLG JR **2003** 386, 387. **AA** *Wohlers* NK Rdn. 23; *Rengier* ZStW 101, 874, 884.

144 BayObLG JR **2003** 386, 387; vgl. OLG Hamm JR **2004** 478, 479 f; vgl. zu den sog. **DDR-Genehmigungen** BayObLG Urt. v. 28.8.2003 – 5 St RR 98/03; ausführlich auch: OLG Stuttgart NJW **2006** 2422, 2423 f.

145 OLG Stuttgart NJW **2006** 2422, 2423 f.; s. auch BGH NJW **2007** 3078, 3079; Hans. OLG ZfWG **2007** 295, 299; LG Frankfurt/M ZfWG **2007** 453; zurückhaltender: OLG Hamm JR **2004** 478, 479, dem allein die Auskunft eines kompetenten Anwalts für die Annahme eines unvermeidbaren Verbotsirrtums nicht ausreicht; ähnlich *Hecker/Schmitt* ZfWG **2006** 301, 302; *Schmitt* ZfWG **2006** 11, 15.

kriminalität in engem Zusammenhang mit der kriminellen Szene des Nacht- und Rotlichtmilieus. Absatz 3 soll diesen organisationsindizierenden Erscheinungsformen entgegenwirken und sieht unter Hinweis auf den erhöhten Unwert (EOrgKG BTDrucks. 12/989 S. 24, 28 f) einen **Qualifikationstatbestand** mit einem erweiterten Strafrahmen von drei Monaten bis fünf Jahren Freiheitsstrafe vor. Außerdem wird für derartige Fallgestaltungen der Zugang zu weiteren Sanktions- und Abschöpfungsinstrumenten (LK § 286 Rdn. 2) eröffnet. **Gewerbsmäßig** (*Nr. 1*) handelt, wer sich eine laufende Einnahmequelle von einiger Dauer und einigem Umfang verschaffen will (BGH NJW **1992** 381; LG München NJW **2002** 2656; *Rissing-van Saan* LK Vorbem. § 52 Rdn. 80). Die Gewerbsmäßigkeit, die eine Erzielung erheblicher Einkünfte nicht voraussetzt (*Groeschke/Hohmann* MK Rdn. 19), ist persönliches Merkmal im Sinne von § 28 Abs. 2. Die Fortführung eines unerlaubten Spielbetriebs ohne zeitliche Unterbrechung und in denselben Geschäftsräumen durch einen auf raschen Mitglieder-Wechsel und Anonymität angelegten *Verein* etwa ist – ungeachtet einer behaupteten Finanzierung durch Mitgliedsbeiträge – ein gewichtiges Indiz für die Gewerbsmäßigkeit (BGH, Beschl. v. 26.1.1993 – ARs 548/92). In den Fällen der **Nummer 2** muss die **bandenmäßige** Verbindung auf die fortgesetzte Veranstaltung unerlaubter Glücksspiele gerichtet sein. Die Tatbegehung als Bandenmitglied stellt sich als eine gegenüber der Mittäterschaft gesteigerte deliktische Zusammenarbeit dar, bei der sich mindestens drei Beteiligte mit dem gemeinsamen gleichgerichteten Interesse, für eine gewisse Dauer mehrere selbständige, im Einzelnen noch ungewisse Straftaten zu begehen, verbunden haben.[146] Eine bandenmäßige Begehung kommt vor allem auch bei illegalen sog. **Spielcasino-Organisationen** in Betracht. Eine weitergehende qualitative Intensivierung derartiger Personenzusammenschlüsse zum Betrieb organisierten illegalen Glücksspiels als **kriminelle Vereinigung** (§ 129) setzt voraus, dass das kriminelle Zusammenwirken den verbandsmäßigen Gestaltungsanforderungen entspricht. Die Mitwirkung eines anderen Bandenmitglieds ist bei der Tatbegehung, anders als bei § 244 StGB, nicht erforderlich.[147]

X. Unerlaubtes Werben

Mit **Absatz 4**, eingefügt durch Art. 1 Nr. 72 des 6. StrRG, wird bereits das Werben **25**
für ein öffentliches Glücksspiel unter Strafe gestellt und damit der sanktionierte Verbotsbereich auf das Vorfeld der eigentlichen Begehungsformen (Rdn. 17) erstreckt. Zu dem Merkmal des Werbens, das nicht schon bei einem bloß informativen Hinweis auf die Gelegenheit eines Glücksspiels gegeben ist[148], wird auf die Erläuterungen zu § 287 Rdn. 26 f verwiesen. § 5 Abs. 1 GlüStV, der die Formen zulässiger Werbung für erlaubtes Glücksspiel beschreibt, spielt für die Auslegung von Abs. 4 keine Rolle. Als tatbestandserhebliches Werben können sich insoweit auch konkludente Verhaltensformen darstellen, so z.B. schon **Scheinspiele** zwischen Spielmacher und sog. Anreißern bzw. getarnten Mitspielern zu Animationszwecken (LK § 285 Rdn. 4a). Werbung muss nicht erfolgreich sein (Unternehmensdelikt), auch muss das beworbene Glücksspiel nicht statt-

[146] Vgl. BGHSt **46** 321 mit Anm. *Erb* NStZ 2001 561; *Ellenbogen* wistra **2002** 8; *Volk* Glücksspiel S. 104 ff.

[147] *Brandl* Spielleidenschaft S. 112, *Groeschke/Hohmann* MK Rdn. 19; *Wohlers* NK Rdn. 24.

[148] *Wohlers* NK Rdn. 25; *Lackner/Kühl* Rdn. 15; *Brandl* Spielleidenschaft S. 118 f: propangandistische, Gewinn versprechende Ankündigung erforderlich. Dem ist zuzustimmen, wobei dies freilich auch in konkludenter Form erfolgen kann; **aA** *Hoyer* SK Rdn. 26.

finden, wenn nur der Werbende es sich so vorstellt (*Fischer* Rdn. 24; *Sch/Schröder/Eser/Heine* Rdn. 25). Werbung kommt nicht nur als eine an einen unbestimmten Personenkreis gerichtete Aufforderung zur Beteiligung an einem Glücksspiel in Betracht; genügend ist ein gezieltes Vorgehen, das sich nur an eine einzige konkrete Person richtet (*Hoyer* SK Rdn. 26; *Wohlers* NK Rdn. 25). Absatz 4 soll vor allem werbende Aktivitäten **ausländischer Veranstalter** im Bundesgebiet, denen gegenüber das Verbot des Abs. 1 nicht durchzusetzen ist, erfassen.[149] Ob dieses Ziel so erreichbar ist, scheint allerdings fraglich. Absatz 4 setzt, wie der entsprechende Klammerhinweis ergibt, als Werbebezug eine nach den „Absätzen 1 und 2“ einschlägige Glücksspielveranstaltung voraus; es handelt sich um eine insoweit akzessorische Vorschrift. Erforderlich ist also eine bereits von Absatz 1 erfasste unerlaubte Glücksspielveranstaltung (so ausdrücklich *Sievers* ZfWG **2006** 104), die in den Fällen, die der Gesetzgeber im Auge hatte, gerade nicht vorliegt, wenn das Glücksspiel lediglich im Ausland durchgeführt und nicht über das Internet angeboten wird (vgl. hierzu schon Rdn. 20a: ausländische Glücksspiele im Internet fallen grundsätzlich unter Abs. 1, ihre strafrechtliche Verfolgung begegnet allerdings gemeinschaftsrechtlichen Bedenken). Erfasst wird so nur das im Inland vorgenommene Werben für ausländische Glücksspielbeteiligungen, soweit diese nach der Angebotsgestaltung über allgemein zugängliche Telekommunikationssysteme (Telefon, Telefax, Internet) und entsprechende Zahlungsmöglichkeiten (Kreditkarte) unmittelbar vom Inland aus erfolgen können, das Werben sich also auf eine durch den ausländischen Anbieter eröffnete **Inlandspielgelegenheit** und damit eine von Absatz 1 erfasste Veranstaltung bezieht.[150] Der bloß werbende Hinweis auf eine ausländische Glücksspieleinrichtung als solche, d.h. auf eine Glücksspielgelegenheit an einem ausländischen Veranstaltungsort, enthält dagegen – mangels eines (ungenehmigten und nicht genehmigungsfähigen) Inlandangebots bzw. mangels einer Spielteilnahmemöglichkeit vom Inland aus – keinen Bezug auf eine in *Absatz 1* erfasste Glücksspielveranstaltung (**and.** *Hoyer* SK Rdn. 27, der auch ausländische Glücksspiele erfasst sieht, zugleich aber darauf hinweist, dass Genehmigungsakte ausländischer Behörden als Erlaubnisse zu beachten seien; dazu schon Rdn. 6b: Werben für im EU-Ausland genehmigte Glücksspiele nicht nach Absatz 4 strafbar). So stellt sich z.B. der in Karlsruhe angebrachte werbende Text für eine französische grenznahe Glücksspieleinrichtung „Besuchen Sie die Spielbank in N. Les Bains“ nicht als ein nach Absatz 4 strafbares Werben dar. Die Vorschrift ermöglicht insoweit keine Ausdehnung der Strafgewalt. Dementsprechend ist auch der bloße Verweis mittels eines Hyperlinks auf einer in Deutschland beheimateten Internetseite auf die Seite eines (illegalen) ausländischen Glücksspielveranstalters nicht nach Absatz 4 strafbar.[151] Dies gilt nicht nur dann, wenn der Link im Rahmen einer durch den Schutz von Art. 5 Abs. 1 GG gedeckten Berichterstattung eines Presseunternehmens gesetzt wird (BGH ZUM **2004** 666; zust. *Raitz von Frentz/Masch* ZUM **2006** 189, 193), sondern auch dann, wenn dies geschieht, um den Kontakt mit dem Wettunternehmen zu fördern (*Sch/Schröder/Eser/Heine* Rdn. 25a; vgl. Bsp. bei *Brandl* Spielleidenschaft S. 119 f). Auch ein einfacher Link in einer Suchma-

---

[149] BTDrucks. 13/8787 S. 68; 13/9064 S. 21; vgl. auch *Hoyer* SK Rdn. 25: Tathandlung nach Abs. 1 im Ausland, Werben im Inland; ferner: *Horn/Fischer* GewArch **2005** 217.

[150] *Groeschke/Hohmann* MK Rdn. 18; vgl. BGH NJW **2004** 2158 2160 = MMR **2004** 259 m. Anm. Hoffmann; **aA** *Hoyer* SK Rdn. 27.

[151] LG Deggendorf MMR **2005** 124; LG Berlin MMR **2002** 119; *Brandl* Spielleidenschaft S. 119; Leupold/Bachmann/Pelz MMR **2000** 655; **aA** OLG Hamburg MMR **2002** 471, 474; NJW-RR **2003** 760; zum Hyperlink, auch aus wettbewerbsrechtlicher Sicht BGH(Z) NJW **2004** 2158.

schine (Trefferanzeige) ist keine strafbare Werbung nach Absatz 4 (LG Deggendorf MMR **2005** 124, 125 *Leupold/Bachmann/Pelz* MMR **2000** 648, 655). Zur Fernsehwerbung *Gomille* ZUM **2007** 544; *Rossen-Stadtfeld* ZUM **2006** 793. § 5 Abs. 4 GlüStV verbietet Werbung für unerlaubte Glücksspiele, darüber hinaus sieht § 5 Abs. 3 Werbeverbote in Fernsehen, Internet sowie für Telekommunikation vor (dazu: *Scholz/Weidemann* WiVerw **2007** 105, 147).

XI. Konkurrenzen

Tateinheit ist mit Betrug möglich (Rdn. 7, 10), unter Umständen mit § 264a (vgl. **26**
Lackner/Kühl Rdn. 16); auch mit § 129 bei Personenzusammenschlüssen zum Betrieb organisierten illegalen Glücksspiels (Spielcasino-Organisationen)[152], bei denen das kriminelle Zusammenwirken den verbandsmäßigen Gestaltungsanforderungen entspricht (*Wohlers* NK Rdn. 26; *Groeschke/Hohmann* MK Rdn. 27). § 287 ist gegenüber § 284 das speziellere Delikt (*Sch/Schröder/Eser/Heine* Rdn. 27; **aA** *Hoyer* SK Rdn. 28: *tatbestandlich ausgeschlossen*). Nimmt der Täter nach Absatz 1 selbst als Spieler am Glücksspiel teil, wird § 285 von § 284 verdrängt.[153] Absatz 4 tritt hinter Absatz 1 zurück[154], verdrängt aber im Falle der nachweisbaren Veranlassung anderer zum Spiel §§ 285, 26.[155] Tateinheit ist möglich, wenn mehrere Glücksspielveranstaltungen gleichzeitig beworben werden (*Groeschke/Hohmann* MK Rdn. 27).

XII. Sanktionen

Absatz 3 sieht eine Strafschärfung vor. Zu Vermögensstrafe, erweitertem Verfall und **27**
Einziehung s. die Erl. zu § 286 (bisher § 285b). § 8 JÖSchG enthält ein weitgehendes sanktioniertes (§ 12 Abs. 1 Nr. 10, 11, 13 JÖSchG) Verbot, **Kindern und Jugendlichen** die Anwesenheit in einer öffentlichen Spielhalle oder die Teilnahme an einem Spiel mit Gewinnmöglichkeit (Ausnahme Volksfeste, Jahrmärkte etc.) zu gestatten. Soweit einzelne Bundesländer für das Vermitteln von Sportwetten sanktionierende Strafvorschriften erlassen haben, sind diese unwirksam, sofern sie über die Vorschrift des § 284 StGB hinausgreifend die Strafbarkeit des Vermittlers anordnen (*Groeschke/Hohmann* MK Rdn. 32; *Horn* NJW **2004** 2047, 2054).

§ 285*
Beteiligung am unerlaubten Glücksspiel

Wer sich an einem öffentlichen Glücksspiel (§ 284) beteiligt, wird mit Freiheitsstrafe bis zu sechs Monaten oder mit Geldstrafe bis zu 180 Tagessätzen bestraft.

---

152 Hierzu *Sieber* JZ **1995** 758, 764.

153 *Wohlers* NK Rdn. 26; *Fischer* Rdn. 26; *Brandl* Spielleidenschaft S. 121; *Füllkrug* Kriminalistik **1990** 101, 104; *Meurer/Bergmann* JuS **1983** 668, 672; **aA** RGSt **62** 163, 172; *Sch/Schröder/Eser/Heine* Rdn. 27; Voraufl.: Tateinheit.

154 *Fischer* Rdn. 26; *Wohlers* NK Rdn. 26.

155 *Wohlers* NK Rdn. 26; *Groeschke/Hohmann* MK Rdn. 27.

* *Umbezifferung* nach Art. 1 Nr. 73 des 6. StrRG (BGBl. 1998 I S. 164, 180); bis zu dessen Inkrafttreten (1.4.1998): § 284a.

Übersicht

	Rdn.		Rdn.
I. Reichweite und Abgrenzung der Vorschrift	1	**III. Behördliche Erlaubnis**	5
II. Beteiligung	2	**IV. Innerer Tatbestand**	6
1. Spielteilnahme verdeckter Ermittler	3	**V. Teilnahme**	7
2. Beginn des Spiels	4	**VI. Zusammentreffen**	8
3. Spielen zum Schein	4a	**VII. Lotterie- und Rennwettbeteiligung**	9
		VIII. Schuldfähigkeit	10

I. Reichweite und Abgrenzung der Vorschrift

1 Die Teilnahme als Spieler am Glücksspiel als solche wird in § 285 tatbestandlich gesondert erfasst. Zur angenommenen Verleitungswirkung der Spielbeteiligung eines Spielers auf weitere Personen/potentielle Mitspieler als Ansatzpunkt für das Verständnis der Strafbewehrung nach § 285 vgl. BayObLGSt **1993** 8, 12. Zu dem Begriff des **öffentlichen Glücksspiels** gelten die Erläuterungen bei § 284 Rdn. 7–15. Die Strafdrohung bezieht sich nur auf Glücksspiele im Sinne des § 284, nicht auch auf Lotterien und Ausspielungen nach § 287.[1] Die Beteiligung des Spielers an einer unerlaubten Lotterie/Ausspielung als solche fällt damit nicht unter § 285, sie begründet im übrigen auch keine Strafbarkeit wegen Beihilfe zu § 287 (BGHSt **34** 171, 179). – Die Legitimation des Straftatbestandes sieht sich bedenkenswerten Zweifeln ausgesetzt, nicht ohne Grund wird ihre ersatzlose Streichung gefordert,[2] weil ein schützenswertes **Rechtsgut** kaum auszumachen ist. Mag auch der Spieler trotz seiner Stellung als potentielles Tatopfer durch seine Teilnahme zur Etablierung und Stabilisierung des illegalen Glücksspielmarktes beitragen,[3] kann dies doch – genauso wenig wie in anderen Deliktsbereichen – die Poenalisierung des „Opfers" rechtfertigen.

II. Beteiligung

2 Tatbestandsmäßige Handlung ist die **Beteiligung** an einem Glücksspiel, d.h. die Teilnahme am Spiel mit dessen Gewinn- und Verlustchancen durch Ausführen der nach den Spielregeln vorgegebenen Handlungen. Erfasst ist damit jeder Spieler. Wer das Spiel veranstaltet, ist ohne Bedeutung (RGSt **64** 355). Der Veranstalter oder sein Beauftragter, die mitspielen, sind ebenfalls „beteiligt"; ihr Verhalten erfüllt daher neben § 284 auch § 285. Dem steht nicht entgegen, dass sie für sich selbst durch Manipulation das Risiko einschränken oder ausschließen; gegebenenfalls liegt zusätzlich § 263 vor.[4] Beteiligt ist auch der Vertreter, der im Namen eines anderen spielt. Belanglos ist, ob es sich nur um ein Gelegenheitsspiel handelt (RGSt **57** 190). Gewerbsmäßiges Spielen ist nicht vorausgesetzt, so dass auch die bloß gelegentliche Teilnahme an einem öffentlichen, nicht genehmigten Glücksspiel ausreicht.

3 **1. Spielteilnahme verdeckter Ermittler.** Kontrovers erörtert wird die Frage, ob ein **verdeckter Ermittler**, der zur Aufrechterhaltung der Tarnung (Vertrauensbeweis) oder zur

---

[1] *Hoyer* SK Rdn. 1; *Sch/Schröder/Eser/Heine* Rdn. 1.

[2] *Wohlers* NK Rdn. 1; *Brandl* Spielleidenschaft S. 218; *Groeschke/Hohmann* MK Rdn. 1; *Gropp* Deliktstypen mit Sonderbeteiligung, 1992, S. 334; wohl auch *Fischer* Rdn. 1 und *Kindhäuser* Vor §§ 284–287 Rdn. 3.

[3] So Mitsch BT 2,2 § 5 Rdn. 177 als Rechtfertigung für § 285.

[4] *Wohlers* NK Rdn. 12; *Fischer* Rdn. 2.

Überführung der Täter an einem unerlaubten Glücksspiel teilnimmt, den Tatbestand des § 285 erfüllt. Eine „Beteiligung" am Glücksspiel wird hier teilweise mit dem Hinweis verneint, dass sein Mitwirken nicht auf die Beeinträchtigung staatlicher Kontrollinteressen angelegt sei bzw. aus dem Schutzzweck der §§ 284, 285 herausfalle.[5] Diese Auffassung beruht indes auf einer Verkürzung des geschützten Rechtsguts und einer Außerachtlassung des klaren und eindeutigen Gesetzeswortlauts. Die (erwünschte) tatbestandliche Ausgrenzung lässt sich durch Auslegung der Vorschrift selbst nicht herleiten.[6] Auch die Voraussetzungen einer Rechtfertigung nach § 34 dürften allenfalls ausnahmsweise in Betracht kommen (vgl. *Füllkrug* Kriminalistik **1990** 101, 104; vgl. aber *Zieschang* LK § 34 Rdn. 20, 23). Für eine Herausnahme verdeckter Ermittler aus dem Anwendungsbereich des § 285 ist vielmehr eine gesetzgeberische Regelung unverzichtbar, die Handlungen eines zur Mitwirkung an einem Strafverfahren berufenen Amtsträgers, die zur wirksamen Strafverfolgung/Ermittlung sachlich geboten sind, vom Anwendungsbereich des § 285 ausnimmt.[7] Eine solche Ausschlussvorschrift sah der von Bayern eingebrachte Entwurf eines OrgKGErgG (BRDrucks. 494/94) in Art. 1 Nr. 13 (vgl. Materialien zum VerbrechensbekämpfungsG 1994 Anl. 15, S. 5, 29) vor, die indes nicht Gesetz geworden ist. Nicht in Betracht kommt auch eine allein an den verdeckten Ermittler gerichtete behördliche Erlaubnis (so aber *Hoyer* SK Rdn. 2). Das einzelne Glücksspiel kann nicht zugleich behördlich untersagt und doch erlaubt sein (*Fischer* Rdn. 2). Auch eine eingeschränkte Rechtfertigungs- und Interessenabwägungsklausel bei milieugerechtem tatbestandsrelevantem Verhalten eines verdeckten Ermittlers zur Sicherung seines wirksamen Einsatzes hat bisher in die StPO keinen Eingang gefunden (zu entsprechenden Ergänzungsvorschlägen zu § 110a StPO vgl. Art. 3 Nr. 5 EOrgKGErgG BRDrucks. 494/94).

2. **Beginn des Spiels.** Der **früheste Zeitpunkt einer Beteiligung** ist der Beginn des Spiels. Wann dies der Fall ist, hängt von den konkreten Umständen ab. Bei Kartenspielen genügt die Hingabe des Einsatzes (RGSt **1** 119; auch: RGSt **47** 363; **63** 441); auch ohne dies reicht das Verteilen der Karten aus, wenn sich die Beteiligten über die Art des eingeleiteten Glücksspiels einig sind. Dagegen hängt der Beginn des Spiels bei Spielwetten im allgemeinen von der Leistung des Einsatzes ab (vgl. RGSt **47** 363; RG DJZ **1911** 595). Beim Geldspielautomaten beginnt es mit dem Einwurf der Münze. **4**

3. **Spielen zum Schein.** Das Spielen **zum Schein,** um Dritte anzulocken, genügt nicht (RGSt **63** 441). So dient etwa beim Hütchenspiel das Spiel zwischen Spielmacher und Aufreißer bzw. getarnten Mitspielern lediglich Animationszwecken (vgl. *Sieber/Bögel* Logistik S. 244) und erfüllt für sich begrifflich noch nicht die Voraussetzungen einer Glücksspielveranstaltung, an der sich die daran Mitwirkenden „beteiligen" könnten. **4a**

III. Behördliche Erlaubnis

Durch eine behördliche **Erlaubnis** des Glücksspiels wird bereits die **Tatbestandsmäßigkeit** ausgeschlossen (LK § 284 Rdn. 22 m. Nachw.), nicht erst die Rechtwidrigkeit. Dies hat insbesondere für Vorsatz- und Irrtumsfragen Bedeutung (Rdn. 6). **5**

---

[5] *Hund* NStZ **1993** 571, 572; *Lackner/Kühl* Rdn. 1; *Mitsch* BT 2,2 § 5 Rdn. 179; *Sch/Schröder/Eser/Heine* Rdn. 3.

[6] *Groeschke/Hohmann* MK Rdn. 8.

[7] So auch ausdrücklich: *Wohlers* NK Rdn. 4.

IV. Innerer Tatbestand

6 Insoweit gelten die Erläuterungen zu § 284 (Rdn. 23) entsprechend. Der Spieler muss also sämtliche Tatumstände kennen, die das Spiel zu einem verbotenen Glücksspiel machen. Hierzu rechnen die das Glücksspiel charakterisierenden Eigenschaften in gleicher Weise wie das Merkmal der Öffentlichkeit. Ein **Irrtum** hierüber ist ebenso wie ein solcher über das Vorliegen der behördlichen Erlaubnis (vgl. OLG Düsseldorf JMBlNRW **1991** 20; *Gülzow* Jura **1983** 103 Fn. 8) ein Tatbestandsirrtum. Dagegen ist der Irrtum über die rechtliche Bewertung als Glücksspiel Subsumtionsirrtum, der einen Verbotsirrtum nach sich ziehen kann (vgl. *Vogel* LK § 17 Rdn. 31; *Rudolphi* SK § 16 Rdn. 23; § 17 Rdn. 21), der Irrtum über die Notwendigkeit der Genehmigung ein Verbotsirrtum (**krit.** hierzu *Meyer* JuS **1983** 515 Fn. 29 und *Vogel* LK § 16 Rdn. 48). Die Verkennung der Glücksspieleigenschaft auf Grund der irrigen Annahme des Spielers, den Spielablauf durch besondere Geschicklichkeit beeinflussen zu können, ist hingegen Tatbestandsirrtum (*Sch/Schröder/Eser/Heine* § 284 Rdn. 23; **and.** *Heimann-Trosien* LK[9] § 284a Rdn. 5: Verbotsirrtum).

V. Teilnahme

7 An der Spiel-„Beteiligung" nach § 285 ist, insbesondere in der Form der Beihilfe, nach den allgemeinen Vorschriften **Teilnahme** möglich. Indes scheiden hier solche Förderungshandlungen aus, die – wie z.B. das Bereitstellen von Einrichtungen (vgl. *Füllkrug* Kriminalistik **1990** 103) – schon als selbständige Tat nach § 284 mit Strafe bedroht sind. Daher ist der Veranstalter nicht Gehilfe zum Vergehen aus § 285. Wird ein Spieler auf fremde Rechnung tätig, so kann der Geldgeber, je nach seinem Vorsatz, Mittäter oder Gehilfe sein. Bei der Beurteilung kommt es insoweit entscheidend darauf an, inwieweit er das Spielverhalten des Spielers, der in jedem Fall selbst Täter ist, maßgeblich mitsteuert (Tatherrschaft). Der Gastwirt, der das verbotene Glücksspiel in seinen Räumen und unter Benutzung seiner Möbel duldet, leistet allenfalls Beihilfe zur Veranstaltung eines Glückspiels (§ 284 Rdn. 20), eine Beihilfe zur Beteiligung am unerlaubten Glücksspiel kann hinzutreten. Noch keine strafbare Beihilfe zur Spielbeteiligung (§ 285) stellt die vorübergehende Duldung einer unerlaubten Spielveranstaltung durch polizeiliche **Ermittlungsbeamte** dar, die aus aufklärungs- und ermittlungsbedingten Gründen mit einem Einschreiten und dem Zugriff für einen verfahrensentsprechend angemessenen Zeitraum zuwarten (vgl. *Füllkrug* Kriminalistik **1990** 104; *Götz/Kuhlmann* NStZ **1983** 130, 131). Da die Glücksspielbeteiligung kein eigenhändiges Delikt ist, kommt auch **mittelbare Täterschaft** in Betracht, etwa dann, wenn der eigentliche „Spieler" irrig glaubt, das Spiel sei erlaubt (*Hoyer* SK Rdn. 3; *Groeschke/Hohmann* MK Rdn. 10).

VI. Zusammentreffen

8 Insoweit gelten die Erläuterungen zu § 284 Rdn. 26 entsprechend. § 285 tritt hinter § 284 zurück, falls sich der Täter des § 284 zugleich am Spiel beteiligt oder Beihilfe hierzu leistet.[8] Unterstützt der nach § 285 strafbare Spieler den Veranstalter bei der

[8] *Fischer* § 284 Rdn. 26, *Wohlers* NK Rdn. 8; *Gülzow* Jura **1983** 103; *Meurer/Bergmann* JuS **1983** 672; **aA** *Sch/Schröder/Eser/Heine* Rdn. 7; *Hoyer* Rdn. 4.

Durchführung des Glücksspiels, kann tateinheitlich neben § 285 auch §§ 284, 27 vorliegen.[9]

VII. Lotterie- und Rennwettbeteiligung

Die **Rennwette** bei dem nicht zugelassenen („wilden") Buchmacher oder Totalisator wird tatbestandlich nicht erfasst, auch nicht durch § 285.[10] Ihre Strafbarkeit war früher in § 8 RennwettG a.F.[11] geregelt, der indes durch Art. 164 EGStGB (BGBl. 1974 I S. 584) gestrichen wurde. Die Begründung zu Art. 147 EEGStGB (BTDrucks. 7/550 S. 403) führt hierzu aus: „Für die Beibehaltung einer dem § 8 RennwettG entsprechenden Sanktionsvorschrift gegenüber dem illegalen Wettteilnehmer besteht kein praktisches Bedürfnis, so dass diese Vorschrift ersatzlos entfällt". § 285 kann diese vom Gesetzgeber offenbar gewollte Strafbarkeitslücke nicht schließen. Er bezieht sich laut Klammerverweisung ausschließlich auf die in § 284 erfassten Glücksspiele. Die **Wette bei öffentlichen Pferderennen** ist ihrem Wesen nach eine Lotterie.[12] Die Strafbarkeit der Veranstaltung und des Betriebs von Glücksspielen in der Form von Rennwetten richtet sich nach § 5 RennwettG als Sonderregelung, die die Strafvorschriften der §§ 284, 287 ausschließt (vgl. OLG Düsseldorf GA **1963** 346; *Meyer* RennwettG § 5 Rdn. 7). Es handelt sich bei § 5 RennwettG um einen – überflüssigen – Spezialtatbestand des ungenehmigten Lotteriebetriebs i.S. von § 287 Abs. 1 (*Weber* Sportwette S. 45). Eine strafbare Beihilfe des Spielers, der sich an einer unerlaubt veranstalteten Lotterie beteiligt, zu der Straftat nach § 5 RennwettG (vgl. *Meyer* RennwettG § 5 Anm. 5) bzw. nach § 287 (vgl. BGHSt **34** 171, 179 zu § 286 a.F.) kommt ebenfalls nicht in Betracht. Denn eine strafbare Teilnahme gibt es hier nur auf der Veranstalterebene. Wer sich an der Lotterie als Spieler beteiligt, ist nicht Teilnehmer des Veranstalters (*Hoyer* SK § 287 Rdn. 8; *Sonnen* JA **1987** 109). Da es für die Lotterie- bzw. Rennwettbeteiligung an einer § 285 entsprechenden Vorschrift fehlt, kann sich der Wetteilnehmer insoweit nicht strafbar machen (**and.** *Meyer* RennwettG § 7 Anm. 1). 9

VIII. Schuldfähigkeit

Zu den umstrittenen Auswirkungen exzessiver Spielmotivation auf die **Schuldfähigkeit** vgl. Vorbem. § 284 Rdn. 26. 10

---

9 *Wohlers* NK Rdn. 8: nicht aber dann, wenn sich die Unterstützung in der Teilnahme am Spiel erschöpft.

10 *Wache* in Erbs/Kohlhaas R 70 § 5 Rdn. 12; *Groeschke/Hohmann* MK Rdn. 17; **aA** *Meyer* RennwettG § 5 Anm. 5 und § 7 Anm. 1.

11 „Wer an einem Totalisatorunternehmen, das im Inland nicht erlaubt ist, oder bei einem Buchmacher, der im Inland nicht zugelassen ist, wettet oder einen Antrag zum Abschluß einer Wette stellt, ... wird ... bestraft."

12 Vgl. *Habersack* MK BGB § 763 Rdn. 6 *Seibert* RGRK BGB § 763 Rdn. 10; *Palandt/Sprau* § 763 BGB Rdn. 4.

§ 286*
Vermögensstrafe, Erweiterter Verfall und Einziehung

(1) In den Fällen des § 284 Abs. 3 Nr. 2 sind die §§ *43a*, 73d anzuwenden. § 73d ist auch in den Fällen des § 284 Abs. 3 Nr. 1 anzuwenden.

(2) In den Fällen der §§ 284 und 285 werden die Spieleinrichtungen und das auf dem Spieltisch oder in der Bank vorgefundene Geld eingezogen, wenn sie dem Täter oder Teilnehmer zur Zeit der Entscheidung gehören. Andernfalls können die Gegenstände eingezogen werden; § 74a ist anzuwenden.

Entstehungsgeschichte

1 Die Bestimmung des § 286 (bisher § 285b), deren Absatz 2 i.d.F. des Art. I Nr. 15 EGOWiG (BGBl. 1968 I S. 503) an die Stelle des früheren § 284b getreten und deren Absatz 1 nachträglich durch Art. 1 Nr. 22 OrgKG (BGBl. 1992 I S. 1305) eingefügt worden ist, regelt über § 74 hinaus die Einziehung und auf Gewinnabschöpfung zielende mögliche weitere Maßnahmen.

2 1. **Absatz 1** eröffnet als Verweisungstatbestand den Zugang zu den durch das OrgKG eingeführten neuen Sanktions- und Abschöpfungsinstrumenten (vgl. EOrgKG BTDrucks. 12/989 S. 29). Die Verweisung auf § 43a (Vermögensstrafe) ist inzwischen obsolet, nachdem das Bundesverfassungsgericht diese Sanktion mit Urteil vom 20. März 2002 für verfassungswidrig und nichtig erklärt hat (BVerfGE **105**, 135 ff). Der Regelungsgehalt von Abs. 1 erschöpft sich danach darin, Fälle **bandenmäßiger** Begehung (§ 284 Abs. 3 Nr. 2) wie auch **gewerbsmäßiges** Handeln (§ 284 Abs. 3 Nr. 1; dort Rdn. 24) in den Anwendungsbereich des erweiterten Verfalls (§ 73d) einzubeziehen. Zu den Abschöpfungsvoraussetzungen s. die Erläuterung zu § 73d und EOrgKG BTDrucks. 12/989 S. 22 ff.

3 2. **Absatz 2** ist eine besondere Vorschrift i.S. des § 74 Abs. 4[1]. Er regelt über § 74 hinaus die Einziehung bestimmter, in Zusammenhang mit dem unerlaubten Glücksspiel stehender Gegenstände bei Straftaten nach §§ 284, 285, nicht jedoch gemäß § 287 (*Hoyer* SK Rdn. 5; *Wohlers* NK Rdn. 2). In den Fällen des Satzes 1 ist die Einziehung zwingend vorgeschrieben, für die Gestaltungen des Satzes 2 nach pflichtgemäßem Ermessen zugelassen. Neben der Sondervorschrift, die die bestehende allgemeine Regelung des § 74 erweitern soll, bleiben die §§ 74 ff anwendbar.[2] Absatz 2 ergänzt § 74 in doppelter Richtung: Einmal dahin, dass die Einziehung der Spieleinrichtungen und des Geldes zwingend vorgeschrieben wird, sofern sie einem Tatbeteiligten gehören; zum anderen dahin, dass auch die Einziehung gegen Dritte unter den Voraussetzungen des § 74a zulässig ist. Als Ausprägung des Verhältnismäßigkeitsgrundsatzes ist hinsichtlich Satz 1 § 74b Abs. 2, hinsichtlich Satz 2 § 74b insgesamt anwendbar.

4 a) **Voraussetzung der Einziehung** ist grundsätzlich eine strafbare Tat; richtet sie sich gegen den Täter, hat sie regelmäßig Strafcharakter. Im Falle des § 74 Abs. 2 Nr. 2, der

* *Umbezifferung* nach Art. 1 Nr. 74 des 6. *StrRG* (BGBl. 1998 I S. 164, 180) mit Änderung der Querverweisung in Absatz 2 („*§ 285*" anstelle „§ 284a"); bis zu dessen Inkrafttreten: *§ 285b*.

1 *Sch/Schröder/Eser/Heine* Rdn. 2; *Wohlers* NK Rdn. 2.

2 *Groeschke/Hohmann* MK Rdn. 11; *Wohlers* NK Rdn. 3.

hier auch in Betracht kommen kann (z.B. bei Jetons), ist sie Sicherungsmaßnahme; insoweit reicht bereits eine rechtswidrige Tat (§ 74 Abs. 3).[3] Wird ein Dritter nach Abs. 2 Satz 2 in Verbindung mit § 74a davon betroffen, so hat die Maßnahme in der Regel strafähnliche Wirkung (OLG Karlsruhe NJW **1974** 709, 710). Das selbständige Verfahren ist, wenn die Voraussetzungen dafür gegeben sind, gemäß § 76a zulässig.[4] Im Übrigen wird auf die Erläuterungen zu §§ 74 ff verwiesen.

b) **Gegenstand der Einziehung** sind nur **Spieleinrichtungen** (zum Begriff § 284 Rdn. 20) und **auf dem Spieltisch bzw. in der Bank vorgefundenes Geld.** Zu den Spieleinrichtungen zählen weder Räumlichkeiten noch ein Grundstück, das zu unerlaubtem Glücksspiel genutzt wird; auch eine Einziehung nach § 74 Abs. 1 scheidet insoweit aus (OLG Köln NStZ **2006** 225 mit abl. Anm. *Burr*). In der Bank vorgefundenes Geld betrifft lediglich, in einer Spielbank aufgefundene Zahlungsmittel; Spielgewinne, die bei Geldinstituten deponiert wurden, werden nicht erfasst (RGSt **75**, 57, 127, 128; *Groeschke/Hohmann* MK Rdn. 10). Geldstücke, die sich in einem Geldautomaten befinden, fallen nicht unter Abs. 2; die entgegenstehende Ansicht[5] steht angesichts des klaren Wortlauts der Bestimmung nicht mit Art. 103 Abs. 2 GG in Einklang. Spieleinrichtungen und aufgefundenes Geld können zur Sicherung einer Einziehung beschlagnahmt (§§ 111b Abs. 2, 111e Abs. 1 StPO), aber auch zu Beweiszwecken sichergestellt bzw. beschlagnahmt (§ 94 StPO) werden. 5

c) Die §§ **74 ff** gelten neben der besonderen Vorschrift des § 286 Abs. 2 weiter.[6] Unter den entsprechenden Voraussetzungen kann danach auch Geld des Täters oder eines Teilnehmers eingezogen werden, das sich nicht auf dem Spieltisch oder in der Spielbank befindet (RGSt **57** 127, 128). Betroffen ist auch Geld auf dem Bankkonto, soweit es sich um Betriebskapital für das Spiel handelt (RGSt **39** 78, 79; RG Recht **1914** Nr. 297). Das gleiche gilt für noch nicht ausgespielte Einsätze (RG LZ **1914** 1391) oder Gelder, die der Spielveranstalter bei sich führt, um damit Gewinne auszuzahlen (RGSt 35, 391). Dagegen unterliegt der erzielte Gewinn, unabhängig davon, ob er sich beim Spieler oder auf dessen Bank befindet, nicht der **Einziehung** (RGSt **39** 78; 79; RG Recht **1918** Nr. 1468 und **1914** Nr. 297), es sei denn, es ist nachzuweisen, dass er ihn wieder zum Spiel einsetzen will.[7] § 74c ist nur in dem bestimmungsgemäß eingeschränkten Umfang anwendbar. Der Zugriff auf den Gewinn, der nicht wieder eingesetzt werden soll, bleibt den Gewinnabschöpfungsinstrumenten, insbesondere nach der Verfallregelung[8] vorbehalten. 6

3. Treffen die §§ 284, 285 mit einer anderen Tat zusammen, so ist § 286 auch dann anzuwenden, wenn die Strafe dem anderen Strafgesetz entnommen wird (§ 52 Abs. 4). 7

---

3 *Sch/Schröder/Eser/Heine* Rdn. 3.
4 Dazu: *Fischer* Rdn. 3.
5 RG HRR **1928** 691; *Wohlers* NK Rdn. 2; *Groeschke/Hohmann* MK Rdn. 10; *Fischer* Rdn. 1a; *Sch/Schröder/Eser/Heine* Rdn. 4; *Hoyer* SK Rdn. 6.
6 *Groeschke/Hohmann* MK Rdn. 11; *Sch/Schröder/Eser/Heine* Rdn. 7.
7 *Wohlers* NK Rdn. 4; *Fischer* Rdn. 4.
8 *Odenthal* NStZ **2006** 14, 16 f; BGH NStE § 74 Nr. 1, 3; *Lackner/Kühl* Rdn. 3; *Hoyer* SK Rdn. 4.

Vorbemerkungen zu § 287

Progressive Werbe- und Vertriebssysteme

Straftatbestandliche Erfassung in StGB und UWG aufgrund der Rechtsprechungsentwicklung zu § 287 Abs. 1 bzw. § 286 Abs. 2 a.F.

Schrifttum

Achenbach Das 2. Gesetz zur Bekämpfung der Wirtschaftskriminalität, NJW **1986** 1835; *ders.* Aus der Rechtsprechung zum Wirtschaftsstrafrecht, NStZ **1989** 503; NStZ **1991** 415; **1993** 479 und **1997** 539; *Alexander* Die strafbare Werbung in der UWG-Reform WRP **2004** 407; *Beckemper* Die Strafbarkeit des Veranstaltens eines Pyramidenspiels nach § 6c UWG, Anmerkung zu BGHSt 43, 270, wistra **1999** 169; *Brandl* Spielleidenschaft und Strafrecht. Eine Betrachtung zu den Glücksspieltatbeständen der §§ 284 ff StGB (2003); Kapitel 5: Sonderproblem: Progressive Vertriebsformen und Gewinnerwartungssysteme, S. 158 ff; *Bruns* Neue Gesichtspunkte in der strafrechtlichen Beurteilung der modernen progressiven Kundenwerbung, Gedächtnisschrift Schröder (1978) 273; *Feldmann* Die UWG-Novelle im Überblick, GewArch **1987** 360; *Finger* Strafbarkeitslücken bei sogenannten Kettenbrief-, Schneeball- und Pyramidensystemen; ZRP **2006** 159; *Gerland* Das Hydrasystem, GS **51** (1894) 177; *Granderath* Das 2. WiKG, Der Betrieb (DB) **1986** Beilage Nr. 18 S. 7; *ders.* Strafbarkeit von Kettenbriefaktionen, wistra **1988** 173; *Grebing* Die Strafbarkeit der progressiven Kundenwerbung im EUWG, wistra **1984** 169; *Joecks* Anleger- und Verbraucherschutz durch das 2. WiKG, wistra **1986** 142, 149; *Klenk* Der Lotteriebegriff in straf- und steuerrechtlicher Sicht, GA **1976** 361; *Lampe* Strafrechtliche Probleme der progressiven Kundenwerbung, GA **1977** 33; *ders.* Soll ein Straf- oder Bußgeldtatbestand gegen die progressive Kundenwerbung für Waren oder Leistungen geschaffen werden? Anlage 2 der Tagungsberichte der Sachverständigenkommission zur Bekämpfung der Wirtschaftskriminalität Bd. XI (zit. Lampe Gutachten); *ders.* Urteilsanm. zu BGHSt 34 171, JR **1987** 383; *Möhrenschlager* UrtAnm. zu LG Fulda wistra **1984** 188, ebda. S. 191; *Müller/Wabnitz* Das kriminelle Schneeballsystem und die progressive Kundenwerbung, in: Wirtschaftskriminalität (1993) S. 191; *Otto* Die strafrechtliche Bekämpfung unseriöser Geschäftstätigkeit (1990); *ders.* „Geldgewinnspiele" und verbotene Schneeballsysteme nach § 6c UWG, wistra **1997** 81; *ders.* Kettenbriefe (Literaturbericht), GA **1997** 337; *ders.* Gewerbliche Lotteriespielgemeinschaften als Lotterie, Jura **1997** 385; *ders.* Zur Strafbarkeit der progressiven Kundenwerbung nach UWG § 6c, wistra **1998** 227; *Raube* Strafrechtliche Probleme der progressiven Kundenwerbung unter besonderer Berücksichtigung von Kettenbriefen (1995), zit. Kettenbriefe; *Richter* Kettenbriefe doch straflos? wistra **1990** 216; *ders.* Urteilsanm. zu BGHSt **34** 171, wistra **1987** 276; *ders.* UrtAnm. zu OLG Stuttgart wistra **1990** 165, ebda. S. 167; *Sack* Die UWG-Novelle 1986, BB **1986** 2220; *Solf* XII. Progressive Kundenwerbung und XIII. Kettenbriefe und Pyramidenspiele, in: Wabnitz/Janovsky Handbuch des Wirtschafts- und Steuerstrafrechts, S. 941 ff; *Sonnen* Kettenbriefaktionen als unerlaubtes Glücksspiel, UrtAnm. zu BGHSt 34 171, JA **1987** 108; *Tiedemann* Die gesetzgeberische Bekämpfung der Wirtschaftskriminalität, JZ **1986** 865; *ders.* Wirtschaftskriminalität – ein Fall organisierter Kriminalität? Mallmann-Festschrift S. 359; *Vogel* UWG-Novelle, recht **1978** 51; *Volmer* Das Schneeballsystem, GRUR **1953** 196; *Wegner* Reform der „Progressiven Kundenwerbung" (§ 6c UWG), wistra **2001** 171.

Materialien s. dazu unten Rdn. 11.

Tagungsberichte der Sachverständigenkommission zur Bekämpfung der Wirtschaftskriminalität (1976) Bd. XI S. 12, 41 und Schlussbericht (1980) S. 123 (zit. Tagungsberichte XI, Kommissions-Schlussbericht).

Bericht der Arbeitsgruppe „Überprüfung des Wettbewerbsrechts" (1997), WRP **1997** 167 (zit. AÜWR Bericht).

Übersicht

	Rdn.
I. Progressive Systeme unter dem Blickwinkel der Sozialschädlichkeit	1
1. Systemtypische Kennzeichen	2
2. Strafwürdigkeit	3
3. Progressive Systeme ohne echte Warenvertriebskoppelung	4
a) Kettenbriefe	5
b) Multi-Level-Marketing	6
c) Pyramidengewinnspiele	7
II. Rechtsprechungsentwicklung im Bewertungsrahmen der §§ 284, 286 Abs. 2 a.F., 287 Abs. 1	
1. Progressive Absatzsysteme	8
2. Kettenbrief- und Gewinnspielsysteme	9
3. Erfassbarkeit nach anderen Strafvorschriften (§ 263 und § 16 Abs. 1 UWG)	10
4. Regelungsbedarf im StGB – Kommissionsempfehlung	11
III. Der Gefährdungstatbestand des § 16 Abs. 2 UWG	
1. Schutzzweck	12
2. Tathandlung	13
3. Tatbestandliche Ausrichtung	14
4. Abnahme von Waren und Rechten	15
5. Handeln im geschäftlichen Verkehr	16
6. Gewährung besonderer Vorteile	17
a) Zur Auslegung des „Vorteils-"begriffs	18
b) Auslegungsgrenzen	19
7. Täterschaft und Teilnahme	20
8. Tateinheitliches Zusammentreffen	21
IV. Zivilrechtliche Beurteilung	22
V. Rechtsvergleichende Hinweise (Frankreich, Österreich)	23

I. Progressive Systeme unter dem Blickwinkel der Sozialschädlichkeit

1 Anknüpfend an die umstrittene strafrechtliche Beurteilung im Rahmen des **§ 286 Abs. 2 a.F.** (jetzt: **§ 287 Abs. 1**) ist die Diskussion über die strafrechtliche Relevanz progressiver Werbe- und Vertriebssysteme sowie vergleichbarer Systeme mit progressionsspezifischem Kettenelement (vgl. OLG Karlsruhe NJW **1972** 1963) und ihre tatbestandsspezifische Erfassbarkeit in StGB und UWG schon in der 8. Legislaturperiode in Bewegung geraten. Anlass waren die bereits damals verstärkt aufgetretenen Fälle progressiver Werbesysteme, die Zunahme des Missbrauchs in der Folgezeit (Bericht BTDrucks. 10/5058 S. 38) und die erheblichen Vermögensbeeinträchtigungen von Betroffenen im Rahmen progressiver Kundenwerbung.[1] Die Erörterung ist indes ungeachtet der Schaffung einer spezifischen Strafbestimmung durch das 2. WiKG im Hinblick auf fortbestehende Regelungslücken (Rdn. 7, 14, 15 f) bezüglich bestimmter vergleichbarer progressiver Systeme (Rdn. 4 f) ohne echte Vertriebskoppelung (Waren etc.)[2] bis heute nicht völlig abgeschlossen. Die modernen **Vertriebssysteme** auf progressiver Grundlage sind so angelegt oder unter Entwicklung von Umgehungsmöglichkeiten so ausgestaltet, dass sie sich in einem möglichst sicheren Abstand vom Tatbestandsbereich der **verbotenen Ausspielung** halten (vgl. *Lampe* Gutachten S. 44 ff). Wirksame rechtliche Mittel zur Bekämpfung dieser Erscheinungsformen und ein hinreichender strafrechtlicher Schutz der in diese Werbe- und Vertriebssysteme einbezogenen Kunden standen bis zur Einfügung des **§ 6c UWG a.F.** (nunmehr § 16 Abs. 2 UWG n.F., Rdn. 10) nicht zur Verfügung. Anlass zu näherer Erörterung gab seinerzeit eine Entscheidung des Bundesgerichtshofs aus dem Jahr 1976 (GA **1978** 332 ff), die – mit einem typischen Fall des **Pyramidensystems** (Vertriebssystem der Firma „Mut zum Erfolg" MZE GmbH) befasst – die Probleme einer strafrechtlichen Erfassung deutlich macht (vgl. *von Bubnoff* LK[10] § 286 Rdn. 11). Die Problematik der progressiven Kundenwerbung wurde in der Sachverständigenkommission zur Bekämpfung der Wirtschaftskriminalität eingehend erörtert (Rdn. 9; vgl. Tagungsberichte XI

[1] Vgl. schon EUWG BRDrucks. 226/78 S. 12; *Lampe* GA **1977** 33, 42 ff und Gutachten S. 22 ff.

[2] Vgl. BGH NJW **1987** 851, 853; BayObLG NJW **1990** 1862.

S. 12 f und 41 ff) und hat zu gesetzgeberischen Aktivitäten geführt, die erst 2004 mit der Novellierung des UWG ihren Abschluss gefunden haben (Rdn. 10 f). Im Schrifttum haben sich mit den Fragen der progressiven Kundenwerbung insbesondere *Lampe* GA **1977** 33 und Gutachten, Anlage 2 der Tagungsberichte XI, *Bruns* Schröder-Gedächtnisschrift S. 273 sowie jüngst *Bläse* Schneeballsysteme und *Brandl* Spielleidenschaft S. 158 ff ausführlich befasst.

2 **1. Systemtypische Kennzeichen.** Die progressive Kundenwerbung verbindet die Vertriebsorganisation des werbenden Unternehmens mit der Werbung von und durch Kunden. Die derart konzipierten, auf eine gewisse Dauer bzw. auf eine häufigere Wiederholung solcher Vertragsabschlüsse angelegten Werbe- und Absatzsysteme sind gekennzeichnet durch die **Einbeziehung von Kunden in die Vertriebsorganisation**. Sie werden zur Eingehung unbedingter Abnahmeverpflichtungen gegen ein bestimmtes Entgelt durch Versprechung von Vorteilen veranlasst, indem ihnen etwa für den Fall der Anwerbung weiterer Kunden Sonderleistungen, Preisnachlässe u.ä. in Aussicht gestellt werden. Die Förderung des eigenen Absatzes erfolgt also durch Verwendung eines Absatzsystems mit progressiv unsicheren und damit gefährlichen und aleatorisch werdenden Werbevorteilen. *„Progressiv"* ist die Werbung deshalb, weil nach dem Werbesystem dem vom ersten Kunden geworbenen Abnehmer entsprechende Vorteile für die Werbung weiterer Kunden versprochen bzw. gewährt werden und im Erfolgsfalle eine systembedingte Ausweitung erfolgt, die mehr oder minder zu einer starken Marktverengung führt.[3] Die Werbechancen aller Kunden als unerfahrene Verbraucher sind jedenfalls mit einem erheblichen Risiko behaftet. Bei der progressiven Kundenwerbung in Gestalt des sog. **Schneeballsystems** schließt der Veranstalter mit dem von ihm unmittelbar geworbenen Kunden Verträge ab, die für den Kunden nur dann vorteilhaft sind, wenn auf seine Vermittlung bzw. Veranlassung weitere Personen gleiche Abschlüsse mit dem Veranstalter tätigen (vgl. *Lampe* GA **1977** 40 ff; *Bläse* Schneeballsysteme S. 4 ff; *Solf* in Wabnitz/Janovsky Kap. 13 Rdn. 71; *Fezer/Rengier* Lauterkeitsrecht § 16 UWG Rdn. 121). Zu speziellen Ausgestaltungen wie dem Hydra- und Gella-System etc. vgl. OLG München NJW **1986** 1880 und *Baumbach/Hefermehl* UWG[22] § 1 Rdn. 172; *Gerland* GS **51** (1894) 177 (*Brammsen* MK Lauterkeitsrecht § 16 UWG Rdn. 58 Fn. 264 sieht in diesen hingegen lediglich ältere gebräuchliche Bezeichnungen des Schneeballsystems). Die Vertriebsformen auf (eingeschränkt) progressiver Grundlage nach dem sog. **Pyramidensystem** sind dadurch gekennzeichnet, dass sich der Veranstalter den Einsatz der unmittelbar geworbenen Kunden durch einen Vertrag mit diesen sichert und sie darauf verweist, ihrerseits mit weiteren Kunden gleichartige systemtypische Verträge abzuschließen (zur Problematik der Pyramidensysteme vgl. auch OLG Frankfurt wistra **1986** 31 und *Otto* in UWG Großkomm § 6c Rdn. 5 f mit Rechtsprechungsbeisp.). Derartige Systeme sind wegen der schnell eintretenden Marktsättigung zum Scheitern verurteilt (vgl. etwa das Rechenbeispiel bei *Solf* in Wabnitz/Janovky Kap. 13 Rdn. 75). Während Warenverkäufe in progressiver Werbe- und Absatzgestaltung in den letzten Jahren zurückzugehen scheinen, findet sich das Schneeballprinzip als Grundform von Umsatzsystemen in neuen progressiven Gestaltungen wie auf Vermittlungsleistungen gerichteten Vertriebsformen, Multi-Level-Marketing-Systemen, Kettenbriefmodellen und Pyramidengewinnspielen (Rdn. 4, 5). Zu dem Grundsystem der Pyramiden-Geldgewinnspiele (**progressive Gewinnerwartungssysteme**) und deren Modifi-

[3] *Nack* in: *Müller-Gugenberger/Bieneck* § 59 Rdn. 44 formuliert es prägnant: „Den letzten beißen die Hunde"; vgl. auch *Emmerich* Unlauterer Wettbewerb S. 244; *Volk/Witting* § 23 Rdn. 65; *Harte-Bavendamm/Henning-Bodewig/Dreyer* § 16 UWG Rdn. 29.

zierung durch Abwandlung des Pyramidenaufbaus (Art des Einstiegs und der Pyramidenteilung) sowie durch Aufnahme von Nebensystemen (Dynamikeinstieg, Sicherheitsfond) in die Spielgestaltung sowie zu den Rechtsbeziehungen der Spielteilnehmer untereinander und gegenüber dem Veranstalter/Verwalter vgl. BGH WM **1997** 1212 (zu dem „World Trading System" = WTS-Special) und *Otto* wistra **1997** 81 sowie *Brammsen* MK Lauterkeitsrecht § 16 UWG Rdn. 63 f.

2. **Strafwürdigkeit.** Bei der Beurteilung der Strafwürdigkeit ist zu beachten, dass nicht **3**
jeder Einsatz von Laien in der Werbung grundsätzlich missbilligenswert ist. Dies zeigen handelsübliche Werbe- und Vertriebsmethoden wie Buchklubs, Bausparkassen und Abonnementswerbung, die Verbraucher zur Werbung einsetzen (vgl. Tagungsberichte XI S. 13, 42, 45). Die Sozialschädlichkeit progressiver Systeme ergibt sich aus deren Wesen und Besonderheiten (*Achenbach* NJW **1986** 1835, 1840). Für sie ist spezifisch die besondere Verbindung zwischen Werbung und Vertrieb, das in der Werbung angelegte Element der Progression und die dem System eigene Abhängigkeit der Vorteilsaussichten der Abnehmer von dem Stand der Progression (Rdn. 2), was der progressiven Kundenwerbung einen gewissen glücksspielartigen Charakter verleiht (vgl. *Kramer* in Ekey/Klöppel/Kotthoff/Meckel/Plaß § 16 UWG Rdn. 26). Abweichend von dem Anliegen des § 287 geht es bei den hier fraglichen Werbemethoden aber nicht um die Anstachelung und Ausnutzung der Spielleidenschaft. Das diesen Werbe- und Vertriebssystemen mehr oder minder zukommende aleatorische Element (vgl. EUWG BRDrucks. 226/78 S. 12) trifft nicht den Wesenskern. Der sozialschädliche Kerngehalt liegt auch nicht eigentlich in dem Wettbewerbsverstoß.[4] Entscheidend ist vielmehr, dass Laien, d.h. Verbraucher, die das Werbe- und Vertriebssystem mit seinen Risiken nicht überschauen, durch psychologische Beeinflussung mittels Vorteilsversprechung, durch Irreführung über die Günstigkeit des Angebots (vgl. BGH GA **1978** 333) und über die Werbechancen sowie ihre Realisierung bzw. unter Einsatz aleatorischer Reizmittel zur Eingehung rechtlicher Verpflichtungen mit oft hohem Einsatz veranlasst und dazu gebracht werden, sich unter Überschätzung ihrer eigenen Werbemöglichkeiten in eine Vertriebsorganisation als „**Multiplikator**" einspannen zu lassen (Tagungsberichte XI S. 13, 45 f). Auch auf europarechtlicher Ebene findet sich eine derartige Wertung: Die Richtlinie 2005/29/EG über unlautere Geschäftspraktiken (ABl. L 149 v. 11.6.2005, S. 22.39) ordnet Schneeballsysteme den irreführenden Geschäftspraktiken zu (Anhang I Nr. 14; siehe auch *Lehmler* § 16 UWG Rdn. 8). Hierdurch wird der wünschenswerte Schutz des Verbrauchers vor Praktiken, durch die er mittels Täuschung davon abgehalten wird, eine „informierte und deshalb effektive Wahl zu treffen", verdeutlicht (vgl. 14. Erwägungsgrund der Richtlinie 2005/29/EG). Zu diesen Gesichtspunkten einer Irreführung und Vermögensgefährdung der als Werber eingesetzten Kunden tritt das Moment einer unerwünschten Kommerzialisierung privater Beziehungen, d.h. einer unangemessenen Ausnutzung persönlicher Verbindungen von Laien zwecks Absatz von Waren und Leistungen.[5] Schließlich wird ein weiterer Aspekt der Sozialschädlichkeit darin gesehen, dass die Teilnehmer eigenes Kapital in der Hoffnung einsetzen, Geschäfte mit der Arbeit anderer zu machen. Dies treffe gerade finanziell Schwache und wirtschaftlich unerfahrene Personen, die bei eintretender Marktverengung

---

4 Vgl. schon EUWG BRDrucks. 226/78 S. 12; *Lampe* GA **1977** 33, 42 ff und Gutachten S. 22 ff.

5 EUWG BRDrucks. 226/78 S. 12 f; zur Frage der Strafwürdigkeit ferner eingehend *Lampe* GA **1977** 50 ff und Gutachten S. 51 ff; **kritisch** *Bruns* GedS Schröder S. 287 f; **differenzierend** *Otto* in UWG Großkomm § 6c Rdn. 5 f, 10 ff zugl. zu den Strafwürdigkeitsaspekten der Pyramidensysteme.

sodann gezwungen werden, moralische Bedenken zurückzustellen (*Bläse* Schneeballsysteme S. 74 f). Diese sich aus dem Wesen der progressiven Kundenwerbung ergebenden Gefahren lassen eine solche Art der Anwerbung von Verbrauchern als sozialschädlich erscheinen und begründen ein strafrechtliches Schutzbedürfnis (*Harte-Bavendamm/Henning-Bodewig/Dreyer* § 16 UWG Rdn. 29), insbesondere im Hinblick darauf, dass der progressiven Kundenwerbung durch das Zivilrecht nicht hinreichend Einhalt geboten werden kann. Durch stetige Umwandlung der Vertriebsorganisation ist es oft möglich, durch Unterlassungsurteile oder einstweilige Verfügungen (welche oftmals zu spät ergehen) ausgesprochene Verbote zu umgehen.[6]

4 3. **Progressive Systeme ohne echte Warenvertriebskoppelung.** Das progressive System kann aber auch ohne Koppelung mit dem Vertrieb echter Waren etc. als **Gewinnspiel selbst** in der Form von Mitgliedschaftsrechten, Teilnehmerzertifikaten bzw. Kettenbriefen Abnahme- und Verkaufsgegenstand sein (zur Vergleichbarkeit *Granderath* wistra **1988** 176; *Raube* Kettenbriefe S. 21 ff, 36 ff). Auch diese vielgestalteten Gewinnerwartungssysteme tangieren die in Rdn. 3 angeführten Schutzbelange und dürften als strafwürdig anzusehen sein,[7] ungeachtet einer etwaigen Gefährdungsminderung (BayObLGSt **1990** 30 f) gegenüber den eigentlichen Absatzsystemen (weitergehend relativierend *Lampe* JR **1987** 383). Die Sozialschädlichkeit solcher Systeme wird neuerdings zunehmend erkannt. Indes bringt die Flexibilität der Systementwickler, die Anpassungsgeschwindigkeit an gesetzliche Änderungen und die im Voraus kaum überschaubare Variationsbreite solch progressiver Systeme die Entwicklung gesetzlicher Verbotsregelungen ins Hintertreffen (vgl. AÜWR Bericht WRP **1997** 167, 171).

5 a) **Kettenbriefe.** Die Rspr. hatte sich schon mehrfach mit der Frage der Strafbarkeit der Veranstalter und Teilnehmer an bestimmten **Kettenbriefaktionen** zu befassen, sei es als sog. Selbstläufersystem (BGH NJW **1987** 851; dessen Strafwürdigkeit verneinend *Raube* Kettenbriefe S. 197; bejahend dagegen *Finger* ZRP **2006** 159, 161), bei dem sich der Veranstalter auf ein Ingangsetzen der Aktion durch Zertifikatveräußerung unter Verlagerung der Fortgangs- und Zahlungskontrolle auf später eintretende Teilnehmer beschränkt, sei es als zentral gesteuertes (organisiertes und kontrolliertes) progressives System (vgl. OLG Karlsruhe GRUR **1989** 615; OLG Stuttgart wistra **1991** 235)[8] oder als Mischform (vgl. hierzu BayObLGSt **1990** 26).[9] Diese Kettenbriefaktionen werden immer mehr über das Internet per E-Mail verbreitet. Bei derartigen progressiven Systemen soll der jeweilige Empfänger des Kettenbriefs nach Zahlung (u.U. einer Bearbeitungsgebühr an den Veranstalter sowie) eines Geldbetrags an früher eingetretene Spieler bestimmten Regeln folgend weitere Teilnehmer in der Erwartung gewinnen, jeweils gleiche Geldleistungen zu erhalten (vgl. *Hefermehl/Köhler/Bornkamm* UWG § 16 Rdn. 32). Die „Spielregeln" können etwa vorsehen die Überweisung des zu zahlenden Betrags an die an oberster Rangstelle stehende Person, die Streichung des Zahlungsempfängers auf der Rangliste sowie die Hinzufügung des eigenen Namens an unterster Rangstelle, die Ver-

---

6 BTDrucks. 9/1707, 14 ff; BRDrucks. 60/82, 13 ff; *Kramer* in Ekey/Klöppel/Kotthoff/Meckel/Plaß § 16 UWG Rdn. 27.

7 Vgl. *Otto* wistra **1997** 81; auch *Granderath* wistra **1988** 173 und *Richter* wistra **1988** 245; *Solf* in Wabnitz/Janovsky Kap. 14 Rdn. 77 (zu „verwalteten Kettenbriefaktionen").

8 Vgl. ferner AG Böblingen wistra **1988** 243; LG Karlsruhe Die Justiz **1991** 160: System mit zentraler Verwaltung des Spiels sowie Einbindung von regionalen und überregionalen Spielleitern.

9 S.a. *Granderath* wistra **1988** 175; *Solf* in Wabnitz/Janovsky Kap. 14 Rdn. 75 ff.

vielfältigung des Briefes und die Versendung an die anleitungsmäßig bestimmte Zahl von neuen, von dem Handelnden ausgewählten Adressaten, die dann in gleicher Weise zu verfahren haben (vgl. hierzu *Achenbach* NStZ **1989** 504; *Solf* in Wabnitz/Janovsky Kap. 14 Rdn. 75). Der dem Adressaten der Werbung versprochene eigentliche Vorteil besteht in der Verbesserung seines Listenplatzes und damit in der Erhöhung der Aussichten, selbst einmal Teilnahmebeiträge der „angeworbenen" Mitspieler überwiesen zu erhalten für den Fall, dass er andere zum Abschluss gleichartiger Spielvereinbarungen veranlasst. Zum sog. amerikanischen Roulette als Form des Kettenbriefs s. OLG Karlsruhe NJW **1972** 1963. Zur Thematik der Kettenbriefe insgesamt *Raube* Kettenbriefe S. 21, 36, 197 und *Otto* in UWG Großkomm § 6c Rdn. 7 f, 13.

b) **Multi-Level-Marketing.** Die Strafwürdigkeit des sog. Multi-Level-Marketing (auch: Strukturvertrieb) ist zu verneinen (LG Offenburg WRP **1998** 85, 86; zust. *Leible* WRP **1998** 18 ff; vgl. auch *Thume* WRP **1999** 280; *Diemer* in *Erbs/Kohlhaas* § 16 UWG Rdn. 103). Der Abnehmer ist in diesem System sowohl Endkunde als auch neuer Vertriebsmittler, wobei ihm für den Abschluss etwaiger gleichartiger Verträge bestimmte Vorteile versprochen werden (vgl. zum MLM ausführlich *Brammsen* MK Lauterkeitsrecht § 16 UWG Rdn. 68 ff). Ein wesentlicher Unterschied zur strafwürdigen progressiven Kundenwerbung liegt darin, dass die Abnehmer nur zum eigenen Bedarf erwerben. Es werden ihm hinsichtlich der gekauften Ware keine Vorteile für den Fall versprochen, dass durch den Abnehmer weitere Kunden angeworben werden. Dadurch entfällt der aleatorische Reiz, mehr als eigentlich gewünscht zu erwerben (*Ebert-Weidenfeller* in *Achenbach/Ransiek* Kap III.3 Rdn. 41; *Kramer* in Ekey/Klöppel/Kotthoff/Meckel/Plaß § 16 UWG Rdn. 42; *Lehmler* § 16 UWG Rdn. 44); der Abnehmer wird nicht zur Vorratshaltung veranlasst (*Solf* in Wabnitz/Janovsky Kap 14 Rdn. 73; *Leible* WRP **1998** 18; *Thume* WRP **1999** 280). 6

c) **Pyramiden-Gewinnspiele.** Schließlich rücken vielfältig bezeichnete Gestaltungsformen moderner progressiver Gewinnsysteme, Marketingspiele und sog. Pyramiden-Gewinnspiele (eine den zentralgesteuerten Kettenbriefmodellen ähnliche Fortentwicklung; vgl. *Otto* GA **1997** 338 und *Achenbach* NStZ **1997** 539 sowie *Fezer/Rengier* Lauterkeitsrecht § 16 UWG Rdn. 130), mit geschätzten Umsätzen an der Milliardengrenze, in den Vordergrund der rechtlichen Diskussion: sie werden bewusst, insbesondere mit Blick auf § 16 Abs. 2 UWG, so gestaltet, dass strafbares Handeln möglichst vermieden wird. Das neue Mitglied muss dabei einen „Spieleinsatz" in bestimmter Höhe an die Organisation erbringen. Mit seinem Beitrag erwirbt der Neuangeworbene das Mitgliedschaftsrecht zur Teilnahme an dem Gewinnsystem, die Befugnis zur Werbung weiterer Mitglieder, die Chance einer anteiligen Beteiligung an deren Spielerbeitrag und eines Aufsteigens in eine höhere Pyramidenposition mit Provisionsaussicht sowie die Berechtigung zur Inanspruchnahme von Dienstleistungen des Veranstalters (bei der Organisation der Werbung neuer Mitglieder, bei dem systembezogenen Zahlungsverkehr sowie im Kassen- und Rechnungswesen, bei werbungsbezogenen Schulungsveranstaltungen). Zu Grundsystem und Systemabwandlungen, der Aufteilung der Spieler-/Mitgliederbeiträge und den Stufenpositionen[10] vgl. *Otto* wistra **1997** 81 und folgende Rechtsprechung: BGH WM **1997** 1212: *World Trading System* (WTS) Special; BGH NJW **1998** 390, OLG Bamberg NStZ- 7

---

[10] „Einzelhändler", „Großhändler", „Gruppenmanager", „Organisations"- bzw. „Marketingdirektor" etc.

RR **1997** 217 und OLG Celle NJW **1996** 2660: *„Unternehmerspiel Life"*; LG Hamburg NStZ-RR **1997** 57 und LG Rostock NStZ-RR **1997** 218: Gewinnsystem *„Titan"*; LG Ingolstadt wistra **1997** 76: *„Marketingspiel Jump"*. Bei diesen „verwalteten" Gewinnspielen überwacht und verwaltet der Veranstalter – nach Entwicklung und Ingangsetzen des Systems – im Namen und im Auftrag der Spielteilnehmer den ordnungsgemäßen Systemablauf (Fortgangskontrolle, Berechnung der Spielstände und Spielgewinne, Positionsbestätigungen, Aufnahmebescheinigungen) und erhält dafür eine Aufnahme- und Bearbeitungsgebühr. Rechtsgeschäftliche Beziehungen entstehen innerhalb des Gewinnspielsystems ausschließlich unter den Teilnehmern, nicht aber mit dem Veranstalter des Spiels. Diese Spielsysteme sind für die Masse späterer Teilnehmer mit dem beträchtlichen Risiko verknüpft, ungeachtet ihres verhältnismäßig hohen Einsatzes leer auszugehen.

II. Rechtsprechungsentwicklung im Bewertungsrahmen der §§ 284, 286 Abs. 2 a.F., 287 Abs. 1

8 **1. Progressive Absatzsysteme.** Die höchstrichterliche Rechtsprechung (hierzu *Lampe* GA **1977** 36 ff) hat zwecks Vermeidung von Strafbarkeitslücken lange versucht, diese dem viel allgemeineren Zweck der Verhinderung nicht genehmigter **Ausspielungen** dienende Vorschrift zur Bekämpfung der progressiven Werbe- und Vertriebssysteme einzusetzen. Sie hat – wenn auch nur unter dogmatischen Schwierigkeiten – herkömmliche Systeme der progressiven Kundenwerbung (z.B. nach dem Schneeballsystem) tatbestandlich als verbotene Ausspielung i.S. des § 286 Abs. 2 a.F. erfasst.[11] Gegen diese Rechtsprechung sind im Schrifttum grundsätzliche Bedenken geltend gemacht worden.[12] Mit der – allerdings auf den Einzelfall abstellenden – Entscheidung des Bundesgerichtshofs vom 9.3.1976 (GA **1978** 332), die ein für die progressive Kundenwerbung typisches Vertriebssystem (MZE GmbH – „Mut zum Erfolg") betrifft (vgl. LK[10] § 286 Rdn. 11), hat sich angesichts der neueren Erscheinungsformen auf (eingeschränkt) progressiver Grundlage ein gewisser Wandel in der Beurteilung angebahnt. Der BGH verneinte in diesem Fall eine Strafbarkeit nach § 286 Abs. 2 a.F. Der der Entscheidung zu Grunde liegende Fall (dazu *Lampe* Gutachten S. 23 ff) zeigt die gegenüber dem früheren Schneeballsystem andersartige Strukturierung der modernen Werbesysteme (§ 287 Rdn. 15). Die für die verbotene Ausspielung typischen Merkmale der Leistung eines vermögenswerten Einsatzes, des Zufalls der Gewinnerzielung und der Öffentlichkeit der Veranstaltung werden im Bereich der progressiven Kundenwerbung problematisch (Kommissions-Schlussbericht S. 123 f). Der **Zufall** als beherrschendes Moment entfällt, wenn der Eintritt des Gewinns wesentlich von der Aktivität, persönlichen Eignung und Tüchtigkeit des Kunden beeinflusst werden kann. Der Gesichtspunkt der **Marktverengung** wird in modernen Werbe- und Vertriebssystemen durch eine Klausel über eine zahlenmäßige Begrenzung der Werber relativiert.[13] Die Frage eines versteckten Einsatzes (bejaht in BGHSt **2** 79, 139; offengelassen in BGHSt **34** 178) wird zweifelhaft, wenn der Einsatz nur im Warenpreis ge-

---

[11] § 287 Rdn. 15; vgl. Tagungsberichte XI S. 43, wonach durch die Empfehlungen der Sachverständigenkommission nicht der Eindruck entstehen solle, als falle nach Ansicht der Kommission das Schneeballsystem nicht unter § 286 (a.F.).

[12] Vgl. *Lampe* GA **1977** 36, 40 ff m.w.N.; *Maurach/Schroeder/Maiwald* BT 1 § 44 III Rdn. 16; ferner Nachw. § 287 Rdn. 15; *Brammsen* MK Lauterkeitsrecht § 16 UWG Rdn. 7: „rigorose" Anwendung.

[13] Vgl. *Lampe* Gutachten S. 44 f; *Tiedemann* FS Mallmann, S. 359, 364; auch *Bruns* GedS Schröder S. 277.

sehen werden kann (vgl. *Bruns* GedS Schröder S. 277 f; *Lampe* GA **1977** 41). Von einem versteckten Einsatz, d.h. einem verschleierten, aber errechenbaren bestimmten Minderpreis (vgl. BGHSt **2** 84), kann überhaupt nicht gesprochen werden, wenn – wie in dem vom BGH entschiedenen Fall – die Leistung ihren Preis wert ist. Schließlich ist bei dem individuellen Ansprechen einzelner Kunden die Öffentlichkeit der Veranstaltung zu verneinen; sie wird schon dann in Frage gestellt, wenn die Werbeveranstaltungen in einem geschlossenen Rahmen abgehalten werden.

2. **Kettenbrief- und Gewinnspielsysteme.** Zu den Kettenbriefsystemen hat der BGH **9**
in seiner „Goldkreis"-Entscheidung (BGHSt **34** 171) eine Tatbestandserheblichkeit nach §§ 287, 284, 285 mit dem Hinweis verneint, es mangele bei solchen Aktionen an dem beim Glücksspiel begrifflich vorausgesetzten **Einsatz** (ebenso BayObLGSt **1990** 30 und OLG Stuttgart wistra **1991** 234, 236). Die geleisteten Zahlungen werden lediglich als für den Teilnehmer stets verlorene Beiträge für Teilnahmeberechtigung und Bearbeitungsgebühren (Spielberechtigungsbeitrag) bzw. als dem unmittelbaren Zusammenhang zwischen vermögenswerter Aufwendung und deren (möglicherweise um die Einsätze anderer Mitspieler vermehrten) Gewinn/Verlust entzogene Vorleistung ohne Einsatzcharakter gesehen. Vorhandensein oder Fehlen einer derartigen Verknüpfung zwischen Aufwendungen und möglichem Gewinn markieren nach BGH die Grenze zwischen einer noch zulässigen Auslegung und der verbotenen Analogie (zust. *Sonnen* JA **1987** 109). Vgl. hierzu *Lampe* JR **1987** 383 mit **krit.** Hinweisen zu den drei Säulen der Entscheidung (Glücksspielbegriff, Einsatz, Analogie), jedoch mit Zustimmung zum Ergebnis unter Berücksichtigung des Schutzgedankens und des den Kettenbriefen zugeschriebenen Bagatellcharakters. Derartige progressive Systemformen sind auch durch den Tatbestand des § 16 Abs. 2 UWG (§ 6c UWG a.F.), der auf solche Gestaltungen nicht zugeschnitten ist (vgl. BayObLG NJW **1990** 1862), wenn überhaupt nur unvollständig erfassbar (Rdn. 12 ff). Die Nichtanwendbarkeit der §§ 287, 284 (vgl. OLG Celle NJW **1996** 2660, 2661) gilt auch für die neueren Formen von Gewinnerwartungs- bzw. Geldgewinnspielsystemen (Rdn. 5, 15 f). Hier fließt der Mitspielberechtigungsbeitrag den vorherigen Mitspielern zu; er ist kein Einsatz, um den gespielt wird. Die Gewinnhoffnung kann nur aufgrund einer Auszahlungsbeteiligung an den verlorenen Nettobeitragszahlungen weiterer gewonnener Mitspieler realisiert werden. Anders *Raube* (Kettenbriefe S. 55 ff, 58), der auch diese verlorenen Zahlungen als Einsatz im Sinne des § 284 ansieht. Zur Schaffung eines Sondertatbestands s.a. *Lampe* GA **1977** 33, 50 ff.

3. **Erfassbarkeit nach anderen Strafvorschriften (§ 263 StGB, § 16 Abs. 1 UWG).** Die **10**
modernen Formen der progressiven Kundenwerbung wie andere zentral gesteuerte progressive Systeme (vgl. AG Böblingen wistra **1988** 242; *Achenbach* NStZ **1989** 504) lassen sich auch durch andere Vorschriften im Strafgesetzbuch nicht oder nicht befriedigend erfassen (so auch *Nack* in Müller-Gugenberger/Bieneck § 59 Rdn. 46; *Schlüchter* 2. WiKG, S. 123 ff; *Kramer* in Ekey/Klöppel/Kotthoff/Meckel/Plaß § 16 UWG Rdn. 28) . Hinsichtlich des Betrugstatbestandes ist zu beachten, dass eine wirtschaftlich nicht fassbare Hoffnung auf Vermögenszuwachs nicht dem Vermögensbestand zugerechnet werden kann (BGH 1 StR 160/69 v. 13.5.1970), dass also die mangelnde Realisierbarkeit von über die geschuldete Vertragsleistung hinausgehenden Erwartungen, deren Erfüllung nach dem Vertragsinhalt in erster Linie von den Werbebemühungen der Kunden abhängen sollte, für sich genommen keinen Vermögensschaden i.S. des § 263 darstellt. Bei den neuen Geldgewinnspielsystemen greift der **Betrug** ebenfalls nicht ohne weiteres; möglicherweise aber dann, wenn durch eine Reihe von verschleiernden Regeln das Spielsystem bewusst undurchsichtig gestaltet, die Kenntnis des Teilnehmers von den Zusammenhängen damit

erschwert (vgl. BGH WM **1997** 1212) und er dadurch zum Systembeitritt und zur Leistung erheblicher Einstiegsbeträge veranlasst wird (weitergehend *Raube* Kettenbriefe S. 76 ff, 105 mit regelmäßiger Bejahung des § 263 bei zentralgesteuerten Kettenbriefmodellen). Zur strafrechtlichen Erfassung des **Jokerspiels** vgl. *Müller/Wabnitz* Wirtschaftskriminalität S. 193.

Auch die Vorschrift des § **16 Abs. 1** UWG (§ 4 UWG a.F.), die in dem MZE-Fall als Strafnorm zur Anwendung gelangte, vermag den eigentlichen Unrechtsgehalt der progressiven Kundenwerbung nicht zu erfassen.[14] Zur Tatbestandserheblichkeit progressiver Systeme nach § 16 Abs. 1 UWG vgl. auch *Raube* Kettenbriefe S. 106 ff, 130 f mit dem Hinweis auf häufige Beweisschwierigkeiten hinsichtlich des subjektiven Tatbestands. Bei systematisch betriebenen Aktionen wie Kettenbriefveranstaltungen und progressiven Gewinnsystemen (Rdn. 4, 5), die gewerblichen Charakter haben, ohne dass es um den Vertrieb von Waren im eigentlichen Sinne geht, handelt es sich im Grunde um keine eigentlichen Wettbewerbssachverhalte (AÜWR Bericht WRP **1997** 171). Im Vordergrund steht vielmehr die Frage einer gesetzlichen Fassbarkeit der Verleitung zu vermögensgefährdenden Dispositionen bei marktverengenden Systemen.

11 **4. Regelungsbedarf im StGB – Kommissionsempfehlung.** Wegen Lücken bzw. Unzulänglichkeiten der Gesetzeslage hat sich die **Sachverständigenkommission** zur Bekämpfung der **Wirtschaftskriminalität** – neben den Erwägungen zur Ergänzung des UWG (Kommissions-Schlussbericht S. 124) – dafür ausgesprochen, durch **Schaffung eines Spezialtatbestandes** das System der progressiven Kundenwerbung strafrechtlich zu erfassen (vgl. auch *Bläse* S. 200 ff). Dabei bestand Einigkeit, dass derartige missbräuchliche Formen der Kundenwerbung strafwürdiges Unrecht darstellen und nicht dem bloßen Ordnungswidrigkeitenrecht zugerechnet werden können.[15] Bei der Frage der Standortbestimmung wurde einerseits erwogen, dass der Schwerpunkt des sozialschädlichen Verhaltens nicht so sehr in einem Wettbewerbsverstoß liege, sich andererseits die Einstellung der neuen Vorschrift als *§ 287* StGB in den Abschnitt „strafbarer Eigennutz" anbiete, wobei in vorsichtiger Erweiterung des § 286 a.F. diese besondere Art der Werbemethode über den Spielcharakter hinaus pönalisiert werde. Die **Kommissionsempfehlung** (Schlussbericht S. 124) lautet:

§ 287

Veranstaltung von Schneeball- und ähnlichen Systemen

Wer eine Veranstaltung durchführt, bei der die Kunden sich zum Bezug von Waren oder gewerblichen Leistungen gegen Entgelt verpflichten und bei der ihnen besondere Vorteile für den Fall in Aussicht gestellt werden, dass sie weitere Personen zum Abschluss gleichartiger Geschäfte veranlassen, wird mit Freiheitsstrafe bis zu zwei Jahren oder mit Geldstrafe bestraft.

Die Empfehlung führte im Rahmen des 2. WikG 1986 zur Einführung des § 4c UWG (Rdn. 14).

Der **österreichische** Gesetzgeber hat demgegenüber im Jahre 1996 der Entwicklung neuer progressiver Systemvarianten und deren Anpassungsfähigkeit an die jeweilige Gesetzeslage (Rdn. 4) mit § 168a öStGB durch eine *weite* Regelungslösung im Kernstrafrecht Rechnung getragen (unten Rdn. 22).

---

[14] Vgl. Tagungsberichte XI S. 13, 41 und Schlussbericht S. 122; *Lampe* Gutachten S. 20 ff und GA **1977** 42 Fn. 37.

[15] Tagungsberichte XI S. 42; **krit.** *Bruns* GedS Schröder S. 287 f.

III. Straftatbestandliche Erfassung im Rahmen des UWG

§ 16 UWG

(2) Wer es im geschäftlichen Verkehr unternimmt, Verbraucher zur Abnahme von Waren, Dienstleistungen oder Rechten durch das Versprechen zu veranlassen, sie würden entweder vom Veranstalter selbst oder von einem Dritten besondere Vorteile erlangen, wenn sie andere zum Abschluss gleichartiger Geschäfte veranlassen, die ihrerseits nach der Art dieser Werbung derartige Vorteile für eine entsprechende Werbung weiterer Abnehmer erlangen sollen, wird mit Freiheitsstrafe bis zu zwei Jahren oder mit Geldstrafe bestraft.

Gesetzesmaterialien. Reg.Entwurf eines ÄndGUWG BRDrucks. 60/82, BTDrucks. 9/ 1707; Entwurf einer UWG-Novelle der SPD-Fraktion, BTDrucks. 10/80; Bericht des Rechtsausschusses zum 2. WiKG, BTDrucks. 10/5058; Reg.Entwurf eines ÄndGUWG (8. Wahlp.), BRDrucks. 226/78, BT-Drucks. 8/2145; Entwurf eines Gesetzes zur vergleichenden Werbung und zur Änderung wettbewerbsrechtlicher Vorschriften, BTDrucks. 14/2959; Beschlussempfehlung und Bericht des Rechtsausschusses, BTDrucks. 14/3418; Begr. zum Reg.Entwurf eines Gesetzes zur vergleichenden Werbung und zur Änderung wettbewerbsrechtlicher Vorschriften v. 23.2.2000, WRP **2000** 555, 561; Reg.Entwurf eines Gesetzes gegen den unlauteren Wettbewerb m. Begr., BTDrucks. 15/1487.

1. **Schutzzweck.** § 16 Abs. 2 entspricht im Wesentlichen § 6c UWG a.F. Die durch Art. 4 Nr. 1 des 2. WiKG vom 15.5.1986 (BGBl. I S. 721, 726) in das UWG eingefügte Vorschrift des § 6c a.F. enthielt einen **besonderen Tatbestand gegen die progressive Kundenwerbung** (zur Reichweite der Verbotsnorm vgl. OLG Stuttgart wistra **1990** 165). Die heutige Fassung der Vorschrift beruht im Wesentlichen auf dem Gesetz zur vergleichenden Werbung und zur Änderung wettbewerbsrechtlicher Vorschriften v. 1.9.2000 (BGBl. I S. 1374; s. *Wegner* wistra **2001** 171 ff). Hierdurch sollten anfängliche Anwendungsschwierigkeiten beseitigt werden (vgl. *Piper/Ohly* § 16 Rdn. 29; OLG Rostock JR **1998** 389 m.w.N.), zudem war die Klarstellung beabsichtigt, dass der Tatbestand der progressiven Kundenwerbung bereits erfüllt ist, wenn bei Kettenbriefsystemen die Vorteilsgewährung durch den neu geworbenen Teilnehmer (= Dritten) erfolgt (vgl. Regierungsbegründung WRP **2000** 561). Durch Novellierung des UWG im Jahre 2004 wurden die Straftatbestände des § 4 a.F. (irreführende Werbung, § 16 Abs. 1 n.F.) und des § 6c a.F. (progressive Kundenwerbung, § 16 Abs. 2 n.F.) in einer Vorschrift zusammengefasst. Inhaltlich wurde die Vorschrift des § 16 Abs. 2 n.F. gegenüber § 6c a.F. lediglich dahingehend abgeändert, dass der geschützte Personenkreis, der bis dahin alle Nichtkaufleute umfasste, auf Verbraucher beschränkt wurde (vgl. Begr. BTDrucks. 15/1487 S. 26; **krit.**, die Gründe für eine derartige Beschränkung der Strafbarkeit vermissend, *Ekey* in: Ekey/Klippel/Kotthoff/Meckel/Plaß § 16 UWG Rdn. 1; ähnlich *Brammsen* MK Lauterkeitsrecht § 16 UWG Rdn. 87). Überlegungen und Diskussionen, den Straftatbestand der progressiven Kundenwerbung in das StGB zu inkorporieren, sind im Rahmen der UWG-Reform nicht wieder aufgenommen worden (*Fezer/Rengier* Lauterkeitsrecht § 16 UWG Rdn. 167).[16] Die gesetzliche Umschreibung des Tatbestandes ist an dem Anliegen einer umfassenden Einbeziehung auch zukünftiger wechselnder Erscheinungsformen solcher Vertriebssysteme orientiert. Systeme mit progressiver Kundenwerbung sind wegen ihrer irreführenden Wirkung, der Ausnutzung der Unerfahrenheit und des Leichtsinns sowie des aleatorischen Reizmoments als sozialschädlich einzustufen. Das sie kennzeichnende 12

[16] Zur Historie des Tatbestandes vgl. auch *Brammsen* MK Lauterkeitsrecht § 16 UWG Rdn. 7.

Kettenelement, das aleatorische Lockmoment und die mit dem Grad der Progression immer unsicherer werdenden Vorteilschancen tragen ein gefährliches schadensträchtiges Risiko in sich. Die Vorschrift bezweckt deshalb einen **generalisierenden Schutz** gegen Täuschung, glücksspielartige Willensbeeinflussung und Vermögensgefährdung, gegen die Gefahr für geschäftlich unerfahrene Personen (Tatopfer), sich unter hohen Aufwendungen in Überschätzung ihrer eigenen Werbemöglichkeiten in eine solche Vertriebsorganisation als Multiplikator einspannen zu lassen (vgl. Bericht BTDrucks. 10/5058 S. 38 f), und damit zugleich den Schutz der funktionellen Aspekte geordneter Wirtschaftsabläufe (vgl. *Otto* in UWG Großkomm § 6c Rdn. 17; *Bläse* Schneeballsysteme S. 10; **aA**: „Schutzzwecktrias" Allgemeininteressen, Verbraucher- und Mitbewerberschutz: *Brammsen* MK Lauterkeitsrecht § 16 UWG Rdn. 9 f m.w.N.; ähnlich *Fezer/Rengier* Lauterkeitsrecht § 16 UWG Rdn. 118). Während der geschützte Personenkreis in § 6c a.F. alle Nichtkaufleute und damit neben Laien z.B. auch Freiberufler und die früheren Minderkaufleute umfasste (Otto wistra **1997** 86), ist der Schutzbereich nunmehr auf **Verbraucher** beschränkt (*Hefermehl/Köhler/Bornkamm* UWG § 16 Rdn. 36). Nach Auffassung des Gesetzgebers liegt nur insoweit ein erhebliches Gefährdungspotential vor (Begr. BTDrucks. 15/1487 S. 26; zust. *Alexander* WRP **2004** 407, 413; **krit.** *Ekey* in: Ekey/Klöppel/Kotthoff/Meckel/Plaß § 16 UWG Rdn. 1).

13 **2. Tathandlung.** Dem **Veranlassen zur Abnahme** (Tathandlung) sind alle Handlungen zuzurechnen, die sich zur Einflussnahme auf den geschützten Personenkreis zwecks Entschließung zum Erwerb der angebotenen Gegenstände (Rdn. 13) aus der Sicht des Täters eignen.[17] Strafbar ist bereits das **Unternehmen** eines solchen Werbe- und Vertriebssystems in all seinen Varianten zum Schutz der Abnehmer, der Wettbewerber sowie der Allgemeinheit, ohne dass es im konkreten Fall darauf ankommt, ob der Abnehmer tatsächlich getäuscht, durch das aleatorische Moment verlockt und durch die systembedingte Marktverengung geschädigt wird. So ist etwa auch das Veranstalten eines Seminars ohne daraus resultierende Vertragabschlüsse strafbar (*Hellmann/Beckemper* Wirtschaftsstrafrecht Rdn. 473; **krit.**: *Ebert-Weidenfeller* in *Achenbach/Ransiek* HWSt Kap. III.3 Rdn. 40 unter Berufung auf das Leitbild des verständigen und aufgeklärten Verbrauchers, weshalb Strafbarkeit nur bei Pyramidensystemen, nicht jedoch bei Schneeballsystemen anzunehmen sei). Das Veranstalten mehrerer Präsentationen, die demselben System der Kundenwerbung dienen, stellt eine tatbestandliche Handlungseinheit dar (KG Berlin NStZ-RR **2005** 26, 27 f; OLG Thüringen StraFo **2006** 293), so dass der Tatbestand des § 16 Abs. 2 UWG im Falle des Vorliegens mehrerer Förderungsaktionen dennoch nur einmal erfüllt wird (so auch *Piper/Ohly* UWG § 16 Rdn. 48; *Hefermehl/Köhler/Bornkamm* UWG § 16 Rdn. 44). Nicht tatbestandserheblich ist dahingegen die bloße Anwerbung von Mitarbeitern durch den Veranstalter, die ihrerseits neue Spielteilnehmer vermitteln sollen. Mit Einführung des § 6c a.F. UWG wurden die Unsicherheiten der Rechtsprechung bei der tatbestandlichen Erfassbarkeit von Fällen progressiver Kundenwerbung und progressiver Anwerbung von Franchisenehmern[18] gemäß § 287 Abs. 1, § 263 bzw. gemäß § 4 a.F. (§ 16 Abs. 1 n.F.) UWG entschärft. Indes ergibt sich die Unzulänglichkeit der gesetzlichen Regelung hinsichtlich neuer progressiver Systementwicklungen ohne Warenvertriebskoppelung bereits aus frühen Überlegungen zu einer Gesetzesänderung (vgl. AÜWR Bericht WRP **1997** 171, 176) und besteht auch nach einer solchen am 1.9.2000 noch fort (vgl. Rdn. 17).

---

[17] Vgl. *Brammsen* MK Lauterkeitsrecht § 16 UWG Rdn. 79 f m.w.N.

[18] Vgl. hierzu OLG München NJW **1986** 1880; StA München Vfg. vom 30.7.1985, wistra **1986** 36.

3. **Tatbestandliche Ausrichtung.** Die Vorschrift ist als **Gefährdungstatbestand** ausgestaltet, der sich gegen derart konzipierte, sozialschädliche Werbesysteme als solche richtet.[19] Daher genügt nach § 11 Abs. 1 Nr. 6 StGB bereits der Versuch, das progressive Vertriebssystem in Gang zu setzen (*Diemer* in Erbs/Kohlhaas § 16 UWG Rdn. 118; *Nack* in Müller-Gugenberger, § 59 Rdn. 49; *Többens* Wirtschaftsstrafrecht S. 134). Nach den Tatbestandserfordernissen muss das gesamte Werbesystem typischerweise darauf angelegt sein, dass auch im Rahmen der weiteren Werbung die besonderen Vorteile zwecks Gewinnung weiterer Abnehmer in Aussicht gestellt, d.h. als Werbemittel in Gestalt eines aleatorischen Lockmittels eingesetzt werden (sog. Kettenelement, dazu *Brammsen* MK Lauterkeitsrecht § 16 UWG Rdn. 97; *Ekey* in: Ekey/Klippel/Kotthoff/Meckel/Plaß § 16 UWG Rdn. 26; *Fezer/Rengier* Lauterkeitsrecht § 16 Rdn. 152 ff; *Többens* Wirtschaftsstrafrecht S. 134 f; *Volk/Witting* § 23 Rdn. 71). Nicht erforderlich ist der Nachweis, dass in jedem Einzelfalle der weitere Abnehmer gerade durch die Ankündigung der Vorteile zum Abschluss veranlasst worden ist (vgl. auch *Nack* in Müller-Gugenberger/Bieneck, § 59 Rdn. 49; *Kramer* in Ekey/Klöppel/Kotthoff/Meckel/Plaß § 16 UWG Rdn. 31 f). Dies folgt aus der Formulierung „nach der Art dieser Werbung … erlangen sollen" (Bericht BTDrucks. 10/5058 S. 39). Andere Formen der Laienwerbung, etwa der Vertrieb über Sammelbesteller oder die Abonnement- oder Versicherungswerbung, werden von § 16 Abs. 2 UWG mangels eines solchen typischen Kettenelements nicht erfasst (zu Begrenzungsansätzen in Zweifelsfällen vgl. *Otto* in UWG Großkomm § 6c Rdn. 30 ff, 36; *Harte-Bavendamm/Henning-Bodewig/Dreyer* § 16 UWG Rdn. 39; *Lehmler* § 16 UWG Rdn. 43). Die Gesetzesfassung trägt dem Wesen neuer Werbesysteme Rechnung, nach dem ein Netz gleichartiger Verträge mit verschiedenen Partnern geknüpft wird. Mit den Formulierungen „gleichartige Geschäfte" und „derartige Vorteile für eine entsprechende Werbung" sollen sowohl die Fallgestaltungen einer unmittelbaren Leistungsbeziehung der Zweitkunden zum Veranstalter als auch die Leistungsbeziehungen des Zweitkunden zum Erstkunden (vgl. Rdn. 2) erfasst werden. Daraus ergibt sich zugleich, dass die zu gewährenden Vorteile an die einzelnen in das System einbezogenen Kunden/Teilnehmer nicht notwendig gleichartig zu sein brauchen. Es muss sich um wesentliche Vorteile handeln („besondere" – Tagungsbericht XI S. 45); das Inaussichtstellen belangloser oder geringwertiger Vorteile ist tatbestandsunerheblich. Der Vorteil kann in gleichen Waren, Leistungen oder Rechten, in Geld oder anderen vermögenswerten Leistungen bestehen. Ausreichend ist insoweit auch der unentgeltliche oder verbilligte Bezug weiterer Waren wie die Reduzierung des Warenpreises (Bericht BTDrucks. 10/5058 S. 39). 14

4. **Abnahme von Waren und Rechten.** Abnahme bedeutet entgeltlicher Erwerb ohne Rücksicht auf die Bezeichnung des entrichteten Betrags als Kaufpreis, Gebühr oder Unkostenbeteiligung. **Waren** sind alle vermögenswerten, wirtschaftlich verwertbaren Gegenstände (BGHSt **43** 270, 274; *Többens* Wirtschaftsstrafrecht S. 134; *Brammsen* MK Lauterkeitsrecht § 16 UWG Rdn. 82; *Diemer* in Erbs/Kohlhaas § 16 UWG Rdn. 110). Überwiegend wird der Warenbegriff aufgrund des vorrangigen Kriteriums der wirtschaftlichen Verwertbarkeit wettbewerbsrechtlich als jedwedes Gut verstanden, dass Gegenstand des geschäftlichen Verkehrs sein kann, so dass neben beweglichen körperlichen Gegenständen auch unbewegliche Sachen und Rechte dem Warenbegriff unterfallen. Die explizite Erwähnung der Rechte im Tatbestand enthält demnach keinen eigenständigen 15

[19] *Brammsen* MK Lauterkeitsrecht § 16 UWG Rdn. 76 spricht auch von einem „schlichten Kommunikationsdelikt".

Sinngehalt.[20] Als Dienstleistungen sind alle geldwerten Leistungen des gewerblichen Lebens anzusehen, sofern sie erwerbswirtschaftlich verwertbar sind. Unterschiedliche Meinungen werden insoweit hinsichtlich der Eingrenzung der zur Abnahme in Betracht kommenden **Rechte** vertreten: einerseits die Beschränkung auf solche, die im weitesten Sinne als Vermögensanlagen zu verstehen sind (vgl. *Granderath* wistra **1988** 175), so auch Beteiligungsrechte an Franchise-Verträgen,[21] *oder* darüber hinausgehend auch die Erstreckung auf die bloße Teilnahmeberechtigung (*Richter* wistra **1987** 276 und **1988** 245), auf Mitgliedschaftsrechte an Gewinnsystemen (OLG Bamberg NStZ-RR **1997** 217; zust. *Hellmann/Beckemper* Wirtschaftsstrafrecht Rdn. 474) und den damit verbundenen Anspruch auf Unterstützung/Dienstleistungen durch die gewerbebetriebsähnlich ausgestattete und arbeitende Veranstalterorganisation (LG Hamburg NStZ-RR **1997** 57) *oder* ein mit einer Vereinsmitgliedschaft verbundenes Recht (AG Böblingen wistra **1988** 242; **krit.** *Achenbach* NStZ **1989** 505). Die (progressionsabhängige) **Gewinnchance** bei den Gewinnerwartungs-/Pyramiden-Gewinnspielsystemen, d.h. genauer die mit der Teilnahmeberechtigung verbundene Chance finanzieller Zuflüsse von neu anzuwerbenden Teilnehmern, werden als Ware, als gewerbliche, d.h. geldwerte Leistung oder als Recht gekennzeichnet (vgl. *Otto* wistra **1997** 85 m.N. und wistra **1998** 227 f; *Bläse* Schneeballsysteme S. 164 f; verneinend *Raube* Kettenbriefe S. 151, 153); zur Abschichtung als „besonderer Vorteil" vgl. BGH NJW **1998** 390, OLG Bamberg aaO und LG Hamburg NStZ-RR **1997** 57. (Verwaltete) Kettenbriefsysteme unterfallen daher dem Tatbestand des § 16 Abs. 2, auch wenn sich der Produktabsatz auf die Teilnahme am System beschränkt (*Hefermehl/Köhler/Bornkamm* UWG § 16 Rdn. 37); vgl. OLG Stuttgart wistra **1991** 235, das hier die Gewinnchance als gewerbliche Leistung bewertet; einschränkend dagegen *Granderath* aaO S. 175, der nur im Falle einer mit dem Kettenbrief verbundenen Überlassung von Adressenmaterial eine gewerbliche Leistung bejaht. Als tatbestandliches Abgrenzungsproblem (Rdn. 16) kristallisiert sich hierbei in der Rechtsprechung die Unterscheidung des Versprechens „besonderer Vorteile" von der „Abnahme von Waren, gewerblichen Leistungen und Rechten" heraus (vgl. *Achenbach* NStZ **1997** 539).

16 **5. Handeln im geschäftlichen Verkehr.** Der Tatbestand setzt Handeln im geschäftlichen Verkehr voraus. Dazu gehört jede dauernde Tätigkeit, die der Förderung eines beliebigen (eigenen oder fremden) Geschäftszwecks dient, d.h. selbständige wirtschaftliche Zwecke verfolgt, in der damit eine Teilnahme am Erwerbsleben zum Ausdruck kommt (BGH wistra **1994** 24; *Diemer* in Erbs/Kohlhaas, UWG § 16 Rdn. 108; *Nack* in Müller-Gugenberger/Bieneck § 59 Rdn. 48). Dieses Merkmal gewinnt insbesondere bei der tatbestandlichen Bewertung von modernen Gewinnspielsystemen und von Kettenbriefsystemen Bedeutung. Es wird als nicht erfüllt angesehen bei sog. Selbstläufersystemen, bei denen sich der Veranstalter darauf beschränkt, das System lediglich in Gang zu setzen, jedoch Erwerb und Veräußerung der Namensliste ohne (Zahlungs- und Ablauf-) Kontrollmöglichkeit des Initiators und ohne dessen weiteres Tätigwerden allein in der Verantwortung der privaten Teilnehmer liegt (Kettenbriefaktionen, die nur „private Rechtsbeziehungen" auslösen; BGHSt **34** 171, 179; BayObLG GRUR **1991** 245, 246; *Brammsen* MK Lauterkeitsrecht § 16 UWG Rdn. 86 m.N.; **and.** Gutachterausschuss für

---

[20] *Brammsen* MK Lauterkeitsrecht § 16 UWG Rdn. 82; *Bläse* S. 127; *Fezer/Rengier* Lauterkeitsrecht § 16 UWG Rdn. 139.

[21] Vgl. *Möhrenschlager* wistra **1984** 191; *Diemer* in Erbs/Kohlhaas, UWG § 16 Rdn. 112; *Fezer/Rengier* Lauterkeitsrecht § 16 UWG § 125; zur besonderen Strafwürdigkeit derartiger Franchisesysteme: *Achenbach/Ransiek* HWSt III 3 D Rdn. 38; *Fezer/Rengier* Lauterkeitsrecht § 16 UWG Rdn. 126.

Wettbewerbsfragen, Gutachten 2/87 WRP **1988** 335, 337); auch nicht beim Ingangsetzen eines Spiels („Jackpot") *ohne* Entgelt, Gebühr oder ähnliche vermögenswerte Gegenleistung (BGH wistra **1994** 24). Ein Handeln im geschäftlichen Verkehr wird dagegen angenommen, *wenn* der Initiator als Veranstalter weiter tätig bleibt, die Aktion organisatorisch steuert, die Teilnehmerzertifikate nur von ihm bezogen werden können und er gegen eine von jedem Teilnehmer zu entrichtende Gebühr den Spielverlauf verwaltet und ständig überwacht (sog. „verwaltete Kettenbriefaktionen". Vgl. OLG Stuttgart wistra **1991** 234, 235; OLG Karlsruhe GRUR **1989** 615; BayObLG aaO; *Brammsen* MK Lauterkeitsrecht § 16 UWG Rdn. 86 m. zahlreichen Nachweisen; *Bläse* Schneeballsysteme S. 158 ff); wenn der Veranstalter zumindest an jeder Weiterleitung des Kettenbriefs finanziell beteiligt werden soll (AG Böblingen wistra **1988** 243); auch bei teilweise kontrolliertem System mit Überwachung der Weiterleitung der Teilnehmerzertifikate/Adressen gegen Bezahlung einer Bearbeitungsgebühr (BayObLG NJW **1990** 1862). Entsprechendes gilt auch bei „verwalteten" Geldgewinnspielsystemen in den neueren Gestaltungsformen (Rdn. 5; vgl. BGH ZIP **1997** 1110; *Otto* wistra **1997** 81, 86). Unter diesen Voraussetzungen ist die Tätigkeit der verwaltenden Personen darauf ausgerichtet, eine auf längere Zeit angelegte Erwerbsquelle zu erhalten (vgl. OLG Bamberg NStZ-RR **1997** 217). Indes ist ein zusätzlicher wettbewerbsrechtlicher Bezugspunkt nicht Element des Tatbestandes der progressiven Kundenwerbung. Zwar hatte das OLG Rostock StV **1998** 490 (siehe auch OLG Brandenburg wistra **2003** 74) das Erfordernis eines solchen wettbewerbsrechtlichen Elementes angenommen (anders aber BGH 43, 270). Demgegenüber steht zunächst die progressive Kundenwerbung stets im Wettbewerb mit legalen Finanzanlageprodukten; sodann ist ein Wettbewerb zwischen strafrechtlich pönalisierten wirtschaftlichen Tätigkeiten und ein daraus resultierender Sondermarkt für kriminelle Erwerbstätigkeit abzulehnen (vgl. *Nack* in Müller-Gugenberger/Bieneck § 59 Rdn. 55).

6. **Gewährung besonderer Vorteile.** Der Tatbestand erfordert das Versprechen einer **17**
Gewährung besonderer Vorteile durch den Veranstalter. Versprechen ist die werbende einseitige Willenserklärung des Veranstalters mit der Zusage tatsächlicher Zuwendungen für die Erfüllung der Bedingungen des angebotenen Absatzsystems durch den angesprochenen bzw. in Aussicht genommenen Abnehmer. Der versprochene besondere Vorteil für die Werbung weiterer Teilnehmer muss dem Abnehmer nicht von dem Veranstalter selbst gewährt werden. Es genügt, wenn Teilnehmer diesen von Dritten aus deren Vermögen, z.B. von anderen Mitspielern/Abnehmern erhalten.[22] Dies ergibt sich nunmehr ausdrücklich aus dem Wortlaut des § 16 Abs. 2 UWG. Gerade dies war Intention der Gesetzänderung vom 1.9.2000 (zu § 6c UWG a.F., der dem jetzigen § 16 Abs. 2 UWG wortgleich entspricht: BGBl. I S. 1374; BTDrucks. 14/2959 S. 12; bereits vor Gesetzesänderung OLG Bamberg NStZ-RR **1997** 218: entscheidend sei der tatsächliche Zugang des Vorteils). Der Gesetzgeber folgte mit dieser Klarstellung einer Empfehlung der Arbeitsgruppe „Wettbewerbsrecht" (These 7) und setzte damit der bis dahin strittigen Rechtsfrage, ob auch Leistungen von Dritten die Gewährung eines besonderen Vorteils darstellen, ein Ende (vgl. zum Streit *von Bubnoff* LK[11] § 287 Rdn. 15 m.w.N.; *Wegner* wistra **2001** 171, 172 m.w.N.; *Granderath* wistra **1988** 173, 176; *Otto* wistra **1997** 87, 89; OLG Karlsruhe GRUR **1989** 615, 616; OLG Stuttgart wistra **1991** 234, 235). Bei den progressiven **Gewinnspielsystemen** liegt der von den Mitspielern zu erlangende Vorteil

[22] *Alexander* WRP **2004** 407, 415; *Brammsen* MK Lauterkeitsrecht § 16 UWG Rdn. 94; *Fezer/Rengier* § 16 Rdn. 148; *Harte-Bavendamm/Henning-Bodewig/Dreyer* § 16 Rdn. 35.

darin, dass der von nachfolgenden Spielern zu zahlende Beitrag nach einem bestimmten, vorher feststehenden Schlüssel (Spielregeln) an die auf höherer Stufe in der Pyramide stehenden Spielteilnehmer verteilt wird. Die vom Veranstalter versprochene Gewinn-/Provisionschance bezieht sich somit zwar auf *keine eigene* Leistung des Veranstalters, ist durch die Neufassung dennoch von § 16 Abs. 2 UWG (§ 6c a.F.) erfasst. Auch bei **Kettenbriefaktionen** genügt deshalb heute die vom Veranstalter in Aussicht gestellte Chance, von Dritten Vorteile zu erlangen, den tatbestandlichen Anforderungen (so bereits AG Böblingen wistra **1988** 243; **and.** Bay ObLG NJW **1990** 1862).

18 a) **Zur Auslegung des „Vorteils-"begriffs.** Der versprochene Vorteil darf nicht mit der erworbenen Ware bzw. dem erworbenen Recht identisch sein (BGHSt 43, 270, 275; OLG Bamberg wistra **1997** 114, 115; *Diemer* in Erbs/Kohlhaas, UWG § 16 Rdn. 114; *Beckemper* wistra **1999** 169, 171 f; *Brandl* Spielleidenschaft S. 176). Vielmehr ist ein nicht ganz geringfügiger (*Harte-Bavendamm/Henning-Bodewig/Dreyer* § 16 Rdn. 39) **besonderer Vorteil** vonnöten, also eine Leistung, die geeignet ist, die typische Dynamik der progressiven Kundenwerbung in Gang zu setzen oder zu erhalten, und welche ein anders wirtschaftlich nutzbares Gut darstellt (*Brammsen* MK Lauterkeitsrecht § 16 UWG Rdn. 91 f). Der besondere Vorteil muss den Empfänger nach der allgemeinen Lebenserfahrung dazu bewegen können, planmäßig weitere Kunden anzuwerben.[23] Der in dem Kettenbrief als Verkaufsgegenstand systembedingt verkörperten **Gewinnchance** wird die tatbestandliche Eignung als „besonderer Vorteil" abgesprochen, weil sie bereits in dem Merkmal „Ware, gewerbliche Leistung" etc. als konstitutives Moment aufgeht (BayObLGSt **1990** 26, 29; OLG Rostock JR **1998,** 389; *Otto* wistra **1997** 81, 87 f; wistra **1998** 227; *Piper/Ohly* UWG § 16 Rdn. 46; *Brandl* Spielleidenschaft S. 181; and. LG Hamburg NStZ-RR **1997** 57, das ungeachtet dieser merkmalspezifischen Verknüpfung die tatbestandliche Relevanz bejaht); dies auch im Falle einer bei gesteuertem System oder der Öffnung von Zahl der Neuwerbungen bzw. Setzmodalitäten (vgl. LG Karlsruhe Die Justiz **1991** 160 f) möglicherweise verbesserten Gewinnchance (vgl. OLG Stuttgart wistra **1991** 234, 236). Auch die progressiven Gewinnspielsysteme (Rdn. 7, 15) sind so gestaltet, dass die mit der Spielteilnahme verbundene Chance, von Dritten Vorteile zu erlangen, die erworbene Teilnahmeberechtigung erst zu einer „Ware" macht (vgl. *Otto* wistra **1997** 81, 87 und wistra **1998** 227). Das Mitgliedschaftsrecht in einem derartigen Progressionssystem verkörpert die systemspezifische Chance, durch Anwerbung weiterer Mitglieder, also durch Mitwirkung am Absatz von Mitgliedschaftsrechten, Provisionen zu erhalten. Die mitgliedschaftliche Berechtigung zur Inanspruchnahme von Dienstleistungen des Veranstalters zielt – als Mittel zum Zweck – ausschließlich auf die Schaffung der organisatorischen Voraussetzungen von Aufbau und Erweiterung des Pyramidensystems, um die Gewinnchance überhaupt realisieren zu können (vgl. LG Rostock NStZ-RR **1997** 219). Ein von der Gewinnchance unabhängiger wirtschaftlicher Veräußerungs- und Erwerbsgegenstand ist darin nicht zu sehen (so im Ergebnis auch *Brandl* Spielleidenschaft S. 176 ff; *Brammsen* MK Lauterkeitsrecht § 16 UWG Rdn. 87. Eine **aA** vertreten OLG Bamberg NStZ-RR **1997** 217, 218 und daran anknüpfend BGH NJW **1998** 390, der zwar das Mitgliedschaftsrecht nur deshalb als abnahmefähiges „Recht" bewertet, „weil es dem Mitglied generell Aussicht auf Gewinn eröffnet", den Realisierungsanspruch bezüglich dieser Gewinn-/Provisionsanwartschaft hingegen – kaum nachvollzieh-

---

[23] *Alexander* WRP 2004 407, 415; *Bläse* Schneeballsysteme S. 168; *Brammsen* MK Lauterkeitsrecht § 16 UWG Rdn. 91.

bar – als besonderen Vorteil davon abschichten will. Dieser BGH-Rechtsprechung schließen sich an: *Beckemper* wistra **1999** 169, 171; *Wegner* wistra **2001** 171, 172; *Hefermehl/Köhler/Bornkamm* UWG § 16 Rdn. 40; *Nack* in: Müller-Gugenberger/Bieneck Wirtschaftsstrafrecht § 59 Rdn. 52; *Hellmann/Beckemper* Wirtschaftsstrafrecht Rdn. 474 ff: dem neu entstehenden Provisionsanspruch fehle das aleatorische Element. Zudem bestände der Strafgrund gerade darin, dass ein „wertloses" Recht mittels des Versprechens einer Provisionsgewährung verkauft werde). Dieser zu einem kriminalpolitisch zwar begrüßenswerten Ergebnis gelangenden h.M. ist entgegenzuhalten, dass sie einen Lebenssachverhalt künstlich aufspaltet. Das Mitgliedschaftsrecht ist von der Gewinnerwartung nicht losgelöst betrachtbar und wäre ohne den Gewinnerwartungsanspruch quasi wertlos (*Brammsen* MK Lauterkeitsrecht § 16 UWG Rdn. 92).

b) **Grenzen der Auslegung.** Diese tatbestandliche Eingrenzung zeigt, dass *§ 16 Abs. 2 UWG* auf progressive Systeme ohne echte Warenvertriebskoppelung nicht bzw. jedenfalls nicht uneingeschränkt passt. Ungeachtet einer bei Kettenbriefaktionen möglichen, bei erwerbswirtschaftlich betriebenen Gewinnspielsystemen eher fraglichen Gefährlichkeitsabstufung (vgl. BayObLG NJW **1990** 1863; *Lampe* JR **1987** 383, 385) gegenüber den eigentlichen progressiven Warenvertriebssystemen (Rdn. 2, 3) lassen die in derartigen Gewinnerwartungssystemvarianten (Rdn. 4, 5) gleichermaßen tangierten Schutzbelange (Rdn. 11) die Frage berechtigt erscheinen, ob hier nicht eine schließungsbedürftige Regelungslücke im Strafschutz besteht (*Müller/Wabnitz* Wirtschaftskriminalität S. 152; s.a. BGH NJW **1987** 851, 853; *Brandl* Spielleidenschaft S. 182; *Finger* ZRP **2006** 159, 161; anders nunmehr *Solf* in Wabnitz/Janowsky Kap. 13 Rdn. 77 und 80). Die tatbestandliche Einbeziehung derartiger Fallgestaltungen in § 16 UWG in einzelnen Entscheidungen (zu § 6c UWG a.F.: OLG Bamberg NStZ-RR **1997** 217; LG Hamburg NStZ-RR **1997** 57; LG Ingolstadt wistra **1997** 76 vornehmlich aufgrund allgemeiner Erwägungen zur Strafbedürftigkeit) dürfte die Grenzen einer noch zulässigen Auslegung sprengen. Davon geht ersichtlich auch die Arbeitsgruppe Wettbewerbsrecht aus (WRP **1997** 167, 171). Auch die weiterreichenden Darlegungen des Bundesgerichtshofs (NJW **1998** 390 zu dem „Unternehmer-Spiel Life") in einem obiter dictum lassen Zweifel fortbestehen, ob die streitigen Fragen innerhalb der geltenden Gesetzesfassung als befriedigend lösbar angesehen werden können, ob nicht die tatbestandliche Ausweitung des BGH – ungeachtet einer (zu Recht) bejahten Strafbedürftigkeit – über den derzeitigen tatbestandlichen Auslegungsrahmen unvertretbar hinausgreift. Die vom BGH herangezogenen Motive des Gesetzgebers jedenfalls haben die hier fraglichen Fallgestaltungen nicht im Blick. Vgl. hierzu auch AG München, Urt. v. 25.3.1998 – Ls 1114/96. **19**

7. **Täterschaft und Teilnahme.** Als Täter strafbar ist der für den Bestand und den Betrieb des Systems unerlässliche **Veranstalter**, auch wenn er sich im Hintergrund hält und die Einleitung und Durchführung des Systems durch andere besorgen lässt. Hingegen ist eine Täterschaft bei derartigen Mitarbeitern oder Systembetreibern zu verneinen, die ihre Waren lediglich an den Endkunden verkaufen, ohne diesen durch das Versprechen von Vorteilen zur Vermittlung zu motivieren suchen (*Brammsen* in: Heermann/Hirsch MK Lauterkeitsrecht § 16 UWG Rdn. 75; *Bläse* Schneeballsysteme S. 79; **aA** AG München, Urt. v. 11.9.1996 – 1112 Ls 302 Js 18975/95: Mittäterschaft aller Einsteiger). Weitere an dem System beteiligte Personen (z.B. auch als Anwerber von Interessenten selbständig und nur auf Provisionsbasis tätige „Systemberater"/Repräsentanten) können nach den allgemeinen Teilnahmevorschriften als Mittäter, Anstifter oder Gehilfen strafbar sein (*Alexander* WRP **2004** 407, 412; siehe auch *Schünemann* LK § 14 Rdn. 21 und 30). Als **notwendige Teilnehmer** straflos bleiben solche Personen, die im Einzelfall Opfer **20**

dieser Art von Werbung geworden sind, also die Abnehmer (vgl. BGH NJW **1987** 851, 853; *Solf* in Wabnitz/Janovsky Kap. 14 Rdn. 72; *Alexander* WRP **2004** 407, 412). Strafbare Beteiligung kommt allerdings dann in Betracht, wenn der Abnehmer so in das Werbesystem integriert wird, dass er über die notwendige Teilnahme hinaus innerhalb des Systems aktiv fördernd tätig wird (vgl. *Diemer* in Erbs/Kohlhaas UWG § 16 Rdn. 106; *Joecks* wistra **1986** 142, 150; *Hefermehl/Köhler/Bornkamm* UWG § 16 Rdn. 34 a.E.; *Többens* WRP **2005** 552, 555). Die Grenzen werden indes hier u.U. nicht einfach zu bestimmen sein. Zu mittäterschaftlichen und Teilnahmeaspekten vgl. *Otto* in UWG Großkomm § 6c Rdn. 53, 56 mit täterbezogener Einschränkung bei bloßer Vermittlung von Vorteilsgewährung durch Vertragsabschluss. Ist Veranstalter eine GmbH, so ist der jeweils im Namen der Gesellschaft verantwortlich Handelnde Täter. § 16 Abs. 2 UWG ist kein Sonderdelikt, so dass § 14 StGB keine Anwendung findet (vgl. *Diemer in Erbs/Kohlhaas* UWG § 16 Rdn. 105; **and.** BayObLGSt **1990** 27; *Otto* wistra **1997** 85; s. auch *Bruns* GA **1982** 1, 4 f).

21 **8. Tateinheitliches Zusammentreffen.** Idealkonkurrenz von § 16 Abs. 2 UWG, bei dem der wettbewerbsrechtliche Aspekt im Vordergrund steht, mit § 287 Abs. 1 und § 263 (vgl. OLG Frankfurt wistra **1986** 31; *Müller/Wabnitz* Wirtschaftskriminalität S. 193 ff; *Hefermehl/Köhler/Bornkamm* § 16 Rdn. 52) ist bei Vorliegen der jeweiligen Voraussetzungen denkbar; ebenso mit § 16 Abs. 1 UWG (*Piper/Ohly* § 16 Rdn. 26 und 51; **aA** *Otto* UWG Großkomm § 6c Rdn. 58: § 6c als lex specialis; ebenso *Harte-Bavendamm/Henning-Bodewig/Dreyer* § 16 Rdn. 50).

IV. Zivilrechtliche Beurteilung

22 Spielsysteme (Gewinnspiele) nach dem **„Schneeballprinzip"**, die darauf angelegt sind, dass die große Masse der Teilnehmer – ungeachtet der in Aussicht gestellten hohen Gewinnmöglichkeiten in kurzer Zeit – ihren nicht unbeträchtlichen Einsatz wegen der angesichts des Vervielfältigungsfaktors absehbaren Werbungsgrenze für weitere Teilnehmer (Marktverengung) verlieren muss, sind wegen Sittenwidrigkeit **nichtig.**[24] Das gilt umso mehr, wenn durch systemverschleiernde Regeln (vgl. hierzu *Otto* wistra **1997** 81, 84) der irreführende Eindruck vermeintlich auf erfolgreiche Verlustminderung gerichteter Ausgleichsmöglichkeiten (z.B. „Dynamikeinstieg"/Mehrfachbeteiligung; „Sicherheitsfond"/ Rücklage für mangelnde Gewinnerzielung bis zum evtl. Systemende) erweckt wird; wenn also die undurchsichtige Systemgestaltung darauf ausgerichtet ist, die Leichtgläubigkeit, Unerfahrenheit und Spielleidenschaft potentieller Teilnehmer auszunutzen und sie zur Zahlung des Spieleinsatzes zu bewegen (BGH WM **1997** 1212 betr. das Computerspiel „World Trading System"/WTS; OLG Celle NJW **1996** 2660). Die Sittenwidrigkeit solcher Spielvereinbarungen setzt indes nicht voraus, dass der Mitspieler in besonderer Weise getäuscht oder irregeführt wird. Rückforderungsansprüchen der Teilnehmer wegen

[24] Zur Nichtigkeit wegen Verstoßes gegen ein Verbotsgesetz nach § 134 BGB *Alexander* WRP **2004** 407, 421; *Lehmler* UWG § 16 Rdn. 6; *Hefermehl/Köhler/Bornkamm* UWG § 16 Rdn. 51; *Kramer* in Ekey/Klöppel/Kotthoff/Meckel/Plaß § 16 UWG Rdn. 50. Die Gerichte wenden jedoch praktisch stets lediglich § 138 BGB zur Begründung der Nichtigkeit an (BGH NJW **2006** 45, 46; BGH NJW **1997** 2314; einzig BGHZ 71 358, 366 gelangt bei Vorliegen eines Schneeballsystems ebenfalls zu Nichtigkeit § 134 BGB, allerdings ist dort als Verbotsgesetz nicht der damals noch nicht existierende § 16 Abs. 2 UWG, sondern vielmehr § 56 Abs. 1 Nr. 6 GewO einschlägig).

Sittenwidrigkeit der Spielvereinbarung steht § 762 Abs. 1 Satz 2 BGB nicht entgegen (BGH aaO), denn § 762 Abs. 1 S. 2 BGB greift nur ein, wenn die Rückforderung auf den Spielcharakter gestützt wird. Bei Nichtigkeit der Spielvereinbarung wegen Sittenwidrigkeit gelten vielmehr die allgemeinen Regeln der §§ 812 ff BGB (vgl. OLG Bamberg NJW-RR **2002** 1393, 1394; LG Freiburg NJW-RR **2005** 491, 492; *Habersack* MK BGB § 762 Rdn. 13 und 24). Der Kondiktionssperre nach § 817 S. 2 BGB können dabei ausnahmsweise Grund und Schutzzweck der Nichtigkeitssanktion entgegenstehen (BGH NJW **2006** 45: sittenwidriger Schenkkreis; zust. *Möller* NJW **2006** 268). Zu den weiteren zivilrechtlichen Folgen vgl. *Alexander* WRP **2004** 407, 420f; *Kramer* in Ekey/Klöppel/Kotthoff/Meckel/Plaß § 16 UWG Rdn. 49 ff.

V. Rechtsvergleichende Hinweise

Im ausländischen Recht sind vor allem in den unmittelbar angrenzenden Nachbarstaaten vergleichbare Regelungen zu verzeichnen, die sich auf die Bekämpfung des Schneeballsystems und seiner Abwandlungen beziehen. **Schweiz:** Im schweizerischen Recht werden alle Veranstaltungen nach dem Schneeballsystem den Lotterien gleichgestellt. Es wird darauf abgehoben, dass dem Veranstalter ein Vertragsschluss mit einem Dritten von dem unmittelbar Geworbenen verschafft wird. Die Grundlage für die strafrechtliche Verfolgung bildet die Gleichstellungsvorschrift des Art. 43 VollziehungsVO i.V.m. Art. 1 und 38 schweiz. BG betreffend die Lotterien und gewerbsmäßigen Wetten. Die wettbewerbsrechtlichen Aspekte werden in der Verbotsvorschrift des Art. 3 Buchst. b des schweiz. UWG i.d.F. des RevisionsG vom 24.3.1995 erfasst. **23**

Frankreich: Gemäß dem franz. Gesetz vom 5.11.1953 (Journal Official Nr. 263 vom 6.11.1953) sind die Verkaufssysteme progressiver Kundenwerbung schlechthin verboten und strafbar. **24**

Österreich: Nach §§ 27, 29 öUWG besteht ein Verbot, in einem Geschäftsbetrieb Verträge nach dem Schneeballsystem abzuschließen; Zuwiderhandlungen sind als Verwaltungsstraftat mit Sanktionen bedroht. Progressiven Systemen ohne Bezug zum Vertrieb von Waren oder Dienstleistungen wird unter wettbewerbsrechtlichen Kriterien keine Bedeutung beigemessen. Die Veranstaltung von Ketten- und Pyramidenspielen (wie auch die Teilnahme hieran) waren nach dem Gesetzesstand 1996 noch straflos, und zwar nach der Glücksspielvorschrift (§ 168 öStGB) mangels eines Einsatzes, nach der Betrugsvorschrift in der Regel mangels einer verkehrsinadäquaten Täuschung, einer nachweisbaren Programmmanipulation bzw. eines betrugsrelevanten Vermögensschadens (vgl. *Kienapfel* Grundriss Strafrecht BT II 3 § 168 Rdn. 6 und § 146 Rdn. 59a, 178). Der Forderung nach einer Neukriminalisierung von Gewinnerwartungsspielen und Kettenbriefaktionen wurde in der strafrechtlichen Diskussion die – im Hinblick auf das bewusst eingegangene Risiko der Teilnehmer und die dahinterstehende Absicht rascher Gewinnerzielung zu Lasten anderer – mangelnde Schutzwürdigkeit des betroffenen Rechtsguts entgegengehalten. Eine Wende in der Beurteilung derartiger progressiver Systeme dürfte indes die Entscheidung des **Obersten Gerichtshofs** vom 13.3.1996 (5 Ob 506/96 = EvBl. **1997** 3 ff) darstellen, die solche Pyramidenspiele als verbotene Glücksspiele qualifiziert und bezüglich des Einsatzes Rückerstattungsansprüche wegen Nichtigkeit der Vereinbarung bejaht hat. Aus strafrechtlicher Sicht liegt die Kernaussage dieser Entscheidung darin, dass die zivilrechtliche Unerlaubtheit eines Spiels nicht allein daran gemessen werden könne, ob die Beteiligung einen speziellen Straftatbestand erfülle. Vielmehr seien jene Spiele i.S.d. § 1174 Abs. 2 ABGB verboten und damit nichtig i.S.d. § 879 Abs. 1 ABGB, die den in § 168 Abs. 1 StGB und in § 1 Abs. 1 GlücksspielG angeführten Charakter hätten, bei **25**

denen also Gewinn und Verlust ausschließlich oder vorwiegend vom Zufall abhingen. Eine solche Systemqualifizierung wird bei Ketten- und Pyramidenspielen bejaht. Anknüpfend an diese zivilrechtliche Entscheidung hat der öOGH in einem Urteil vom 28.11.1996 (15 Os 181/95 nv) – allerdings in einem obiter dictum – die grundsätzliche Anwendbarkeit des § 168 öStGB auf solche Systeme hervorgehoben. Ungeachtet dessen hat der österreichische Gesetzgeber inzwischen dem verstärkten Auftreten groß angelegter „Spiel"-systeme (Kettenspiele, Pyramidenspiele, Kapitalumschichtungsspiele), die als „sozialschädliche Erscheinungsformen" gekennzeichnet werden, und deren unsicherer, umstrittener Zuordnung zu § 168 öStGB durch eine Spezialvorschrift – eingefügt durch Art. I Nr. 21a öStÄG vom 30.12.1996 (öBGBl. Nr. 762/1996),[25] in Kraft seit 1.3.1997 – Rechnung getragen:

§ 168a

(1) Wer ein Gewinnerwartungssystem, dessen Teilnehmern gegen Einsatz ein Vermögensvorteil unter der Bedingung in Aussicht gestellt wird, daß diesem oder einem damit im Zusammenhang stehenden System unter den gleichen Bedingungen weitere Teilnehmer zugeführt werden, und bei dem die Erlangung des Vermögensvorteils ganz oder teilweise vom bedingungsgemäßen Verhalten jeweils weiterer Teilnehmer abhängt (Ketten- oder Pyramidenspiel),

1. **in Gang setzt oder veranstaltet oder**
2. **durch Zusammenkünfte, Prospekte oder auf eine andere zur Anwerbung vieler Teilnehmer geeignete Weise verbreitet oder**
3. **sonst die Verbreitung eines solchen Systems gewerbsmäßig fördert,**

ist mit Freiheitsstrafe bis zu sechs Monaten oder mit Geldstrafe bis zu 360 Tagessätzen zu bestrafen, es sei denn, daß das System bloß zu gemeinnützigen Zwecken veranstaltet wird oder bloß Einsätze geringen Wertes verlangt werden.

(2) Wer durch die Tat eine größere Zahl von Menschen schwer geschädigt hat, ist mit Freiheitsstrafe bis zu drei Jahren zu bestrafen.

Diese neue Vorschrift soll – ohne Rücksicht auf die Spielbezeichnung und ein aleatorisches Moment – **alle** auf dem Schneeballprinzip im umfassenden Sinne beruhenden **„Einsatz- und Gewinnerwartungssysteme"** (Ketten- oder Pyramidenspielsysteme etc.) mit dem Erfordernis einer progressiven Beteiligung weiterer Teilnehmer tatbestandlich erfassen. Einbezogen sind auch Gewinnerwartungssysteme, bei denen der Veranstalter im Hintergrund agiert und nach den Spielbedingungen nur im Namen und auf Rechnung der Teilnehmer auftritt, sodass das Pyramidenspiel nur zwischen diesen stattfindet. *Einsatz* sind folgerichtig alle nicht ganz unbeträchtlichen vermögenswerten Leistungen/Aufwendungen, auch wenn sie als Spielberechtigungsbeiträge bzw. Vorleistung deklariert werden. Strafrechtlich belangt werden sollen in erster Linie die Veranstalter (Organisation, Verwaltung, Ingangsetzen), daneben die Verbreiter/Mitarbeiter, auch der selbständige, nur auf Provisionsbasis tätige „Systemberater" sowie der die Systemverbreitung gewerbsmäßig fördernde, qualifizierte Teilnehmer; nicht hingegen das bloße Teilnahmeopfer derart schädlicher Verhaltensweisen. **Absatz 2** enthält eine Strafschärfung für die schwere Schädigung einer größeren Anzahl von Personen durch eine Handlung nach Absatz 1 (vgl. auch *Höpfel/RatzKirchbacher/Presslauer* Wiener Kommentar zum Strafgesetzbuch, 2. Aufl. 2006; § 168b Rdn. 1 ff).

---

[25] Materialien: 409 der Beilagen zu den stenografischen Protokollen des Nationalrats S. 3 f.

§ 287
Unerlaubte Veranstaltung einer Lotterie oder einer Ausspielung

(1) Wer ohne behördliche Erlaubnis öffentliche Lotterien oder Ausspielungen beweglicher oder unbeweglicher Sachen veranstaltet, namentlich den Abschluss von Spielverträgen für eine öffentliche Lotterie oder Ausspielung anbietet oder auf den Abschluss solcher Spielverträge gerichtete Angebote annimmt, wird mit Freiheitsstrafe bis zu zwei Jahren oder mit Geldstrafe bestraft.

(2) Wer für öffentliche Lotterien oder Ausspielungen (Absatz 1) wirbt, wird mit Freiheitsstrafe bis zu einem Jahr oder mit Geldstrafe bestraft.

Schrifttum

Adams/Tolkemitt Das staatliche Glücksspielunwesen, ZBB **2001** 170; *Albrecht/Gabriel* Die aktuelle Entwicklung im Glückspielrecht – Der geplante Lotteriestaatsvertrag vor dem Hintergrund des „Placanica"-Urteils des EuGH – WRP **2006** 616; *Amann* (Hrsg.) Rechtsfragen in Wettbewerb und Werbung (1982); *Aubin/Kummer/Schroth/Wack* Die rechtliche Regelung der Glücksspiele und Lotterien in europäischen Ländern (1981); *Berberich* Das Internet-Glücksspiel. Ein Beitrag zur systematischen Fortentwicklung des deutschen Glücksspielrechts (2004); *Bockelmann* Zur Strafbarkeit der Scheinausspielung, NJW **1952** 855; *Brandl* Spielleidenschaft und Strafrecht. Eine Betrachtung zu den Glücksspieltatbeständen der §§ 284 ff StGB (2003); *Bruns* Grundprobleme der strafrechtlichen Organ- und Vertreterhaftung, GA **1982** 1; *Dietlein* Ist der Bundesstaat kartellrechtswidrig? – Das Lotterierechtliche Regionalitätsprinzip vor dem Bundeskartellamt, ZfWG **2006** 197; *Ennuschat* Anmerkung zu BVerwG, Urt. v. 29.6.2000 – 1 C 26.99, DVBl **2000** 1627; *Fischer* Zur rechtlichen Beurteilung von Sportwettbüros – Rechtsprechung und ordnungsbehördliches Vorgehen in Berlin, GewArch **2001** 157; *Fruhmann* Gewerbliche Spielgemeinschaften, MDR **1993** 822; *Gerstenberg* Gewinnspiele, in: Amann (Hrsg.) Wettbewerb und Werbung (1982) Abschn. 3.1; *Höxter/Bähr* Deutsche Glücksspielgesetze (2008); *Kern* Neue Formen erlaubter und unerlaubter Ausspielungen (1925); *Kessler/Heda* Wahrnehmung von Chancen als Glücksspiel? WM **2004** 1812; *Kim/Dübbers* Erste Einschätzungen zum Entwurf eines Lotteriestaatsvertrags, ZfWG **2006** 220; *Klenk* Der Lotteriebegriff in straf- und steuerrechtlicher Sicht, GA **1976** 361; *König/Ciszenski* Novellierung der gesetzlichen Grundlagen des Glücksspielrechts durch eine duale Glücksspielordnung, DÖV **2007** 313; *Korte* Zur landesrechtlichen Regulierung von Sportwettenvermittlungen, GewArch **2004** 188; *Laukemann/Junker* Neues Spiel, neues Glück? – Zur strafrechtlichen Zulässigkeit von Lotterien und Ausspielungen im Internet, AfP **2000** 254; *Leupold/Bachmann/Pelz* Russisches Roulette im Internet? – Zulässigkeit von Glücksspielen im Internet unter gewerbe- und strafrechtlichen Gesichtspunkten, MMR **2000** 648; *Lukes* Rechtliche Schranken für Glücksspiele, Lotterien und Ausspielungen, Festschrift Stree/Wessels (1993) 1013; *Müller* Zulässigkeit von Preisausschreiben in der Werbung, NJW **1972** 273; *Ohlmann* Lotterien in der Bundesrepublik Deutschland. Der kooperative Lotterieförderalismus und seine praktischen Rechtswirkungen, WRP **1998** 1043; *ders.* Die deutschen Lotto- und Totounternehmen – Wettbewerbsakteure oder Kompetenzträger im kooperativen Lotterieförderalismus? Betrachtungen zur Verwaltungsakzessorietät des § 287 StGB, zugleich Anmerkung zum BGH-Beschluss vom 9.3.1999 – KVR 20/97 – (Lottospielgemeinschaft), WRP **2001** 672; *ders.* Strafbarkeit des Veranstalters einer Lotterie außerhalb des Genehmigungsgebietes, ZfWG **2007** 20; *ders.* Lotterien, Sportwetten, der Lotteriestaatsvertrag und Gambelli, WRP **2005** 48; *Ossenbühl* Genehmigung öffentlicher Lotterien, VerwArch **1995** 187; *Ossenbühl* Der Entwurf eines Staatsvertrages zum Lotteriewesen in Deutschland – Verfassungs- und europarechtliche Fragen, DVBl. **2003** 881; *Otto* Gewerbliche Lottospielgemeinschaften als Lotterie, Jura **1997** 385; *Pfister* (Hrsg.) Rechtsprobleme der Sportwette (1989) – Zivilrechtliche Probleme S. 75; *Postel* Zur Regulierung von öffentlichen Glücksspielen, WRP **2005** 833; *Schild* Die Öffentlichkeit der Lotterie des § 286, NStZ **1982** 446; *Raitz von Frentz/Masch* Glücksspiele, Sportwetten, Geschicklichkeitsspiele, Lotterien, Unterhaltungsspiele, Spielbanken, Spielhallen und Gewinnspiele in Deutschland – Eine Übersicht zur jüngsten Entwicklung des Spielrechts, ZUM **2006** 189; *Rüping* Strafrechtliche Fragen staatlich genehmigter Lotterien, JZ **2005** 234; *Ruttig* Auf Gambelli folgt Placanica – und keine Liberalisierung der Glücksspielmärkte in Europa, WRP **2007** 621; *Schoene* Zum Begriff „Veranstaltung" i.S. des § 286 StGB, NStZ **1991** 469; *Sensburg* Die Neuentdeckung der Lotterie? – Grenzen der Lotteriesteuerpflichtigkeit bei Gewinnspielen, BB **2002** 126; *Terhechte* Mehr Wettbewerb im Lotteriewesen? Anmerkung zum Beschluss des Bundeskartellamtes vom 23.8.2006, ZfWG **2006** 203; *Tettinger* Voraussetzungen einer lotterierechtlichen Konzessionserteilung unter besonderer Berücksichtigung der Bedürfnisprüfung und des Ermessens – Die Bedürfnisprüfung – ein antiquiertes Relikt aus vorkonstitutioneller Zeit? GewArch **2002** 89; *ders.* Lotterien im Schnittfeld von Wirtschaftsrecht und Ordnungsrecht, DVBl **2000** 868; *Wagner* Lotto und Toto in der Praxis, in: Pfister (Hrsg.) Sportwette S. 1; *Weber* Strafrechtliche Aspekte der Sportwette, in: Pfister (Hrsg.) Sportwette S. 39; *Wilms* Grenzüberschreitende Lotterietätigkeit in der Europäischen Gemeinschaft (2001).

Vgl. ferner die Verzeichnisse bei Vorbem. zu § 284 Rdn. 1 und 13 sowie bei Vorbem. zu § 287 vor Rdn. 1.

Entstehungsgeschichte

Die Vorschrift ist in der bestehenden Form durch das 6. StRG 1998 neu geschaffen worden. Sie ersetzt § 286 a.F., der inhaltlich ergänzt und um die Strafbarkeit des Werbens erweitert wurde. Das Zahlenlotto entstand etwa im 16. Jh. in Italien (*Brandl* Spielleidenschaft S. 11) und wurde in der Folgezeit in den verschiedensten Formen auftretend meist staatlich genutzt, um die Staatskassen zu füllen (*Klenk* GA **1976** 361, 364). Bereits damit einhergehend war eine staatliche Monopolisierung des Lotteriewesens abzusehen, verbunden mit einem Verbot für private Anbieter. So sollte etwa in Preußen nach dem Siebenjährigen Krieg die strapazierte Finanzsituation des Staates durch eine Staatslotterie saniert werden. Zu diesem Zwecke erklärte das Patent vom 1. Feb. 1763 sämtliche Lotterien des Landes zu staatlichen Monopolen (*Eugen Roth*, Das große Los, München **1938**, S. 117). Das preußische Allgemeine Landrecht von 1794 beinhaltete sodann bereits in § 248 ALR (im Abschnitt „Eingriffe und Beeinträchtigungen des Besteuerungsrechtes") eine Strafandrohung für das Unternehmen öffentlicher Lotterien ohne besondere Erlaubnis, ferner wurde das „Hazardspiel aus Gewinnsucht" in §§ 1298 ff ALR (Abschnitt des zwanzigsten Titels „Von Beschädigungen des Vermögens durch strafbaren Eigennutz und Betrug", Überschrift „Unerlaubte Spiele") unter Strafe gestellt, wobei in § 1299 ALR u.a. Lotto als ein Hazardspiel klassifiziert wurde. Ferner enthielt das ALR abweichend von der heutigen Gesetzeslage auch in § 249 ALR eine Sanktionierung der Lotteriespieler. Das „Strafgesetzbuch für das Deutsche Reich" (RStGB) vom 15.5.1871 pönalisierte dementsprechend in § 286 RStGB das Veranstalten von Lotterien und Ausspielungen bereits sehr ähnlich der aktuellen Vorschrift:

> **„§ 286 RStGB: (I).** ***Wer ohne obrigkeitliche Erlaubniß öffentliche Lotterien veranstaltet, wird mit Gefängniß bis zu zwei Jahren oder mit Geldstrafe bis zu Eintausend Thalern bestraft.*** **(II).** ***Den Lotterien sind öffentlich veranstaltete Ausspielungen beweglicher oder unbeweglicher Sachen gleichzuachten.*"**

Der heutige § 287 Abs. 1 (bzw. § 286 a.F. StGB) kann auf den § 248 ALR zurückgeführt werden (vgl. RGSt 10, 245; Klenk GA 1976, 361, 364).

In dieser Form bestand das Lotterie- und Ausspielungsverbot nahezu unverändert bis zum 6. StrRG vom 26.11.1998 fort, einmal abgesehen von Änderungen redaktioneller Art („obrigkeitliche Erlaubniß" wurde zu „behördlicher Erlaubnis") und in der Strafandrohung. Erst das 6. StRG im Jahre 1998 führte zu nennenswerten Änderungen. Die bisherigen Absätze 1 und 2 wurden zusammengefasst, der Begriff des Veranstaltens wurde klarstellend näher erläutert Zudem wurde die Vorschrift um ein Werbeverbot in Abs. 2

ergänzt, was zu einer Vorverlagerung der Strafbarkeit führt. (vgl. auch Vorbemerkungen zu den §§ 284 ff Rdn. 1).

Gesetzesmaterialien zum 6. StrRG: Vgl. die Zusammenstellung bei Vorbem. zu § 284 Rdn. 1.

Übersicht

	Rdn.
I. Gegenstand und Grenzen des § 287	
1. Glücksspiel im weiteren Sinn	1
2. Auswirkungen der Entscheidung des Bundesverfassungsgerichts vom 28. März 2006	2
II. Lotterie und Ausspielung	3
1. Unterschied zum Glücksspiel: der Spielplan	4
2. Einsatz	6
a) Verbindung mit anderen Leistungen	7
b) Die Gratisausspielung	8
3. Gewinn	9
4. Gefahr eines Vermögensverlustes	10
5. Mehrzahl von Personen	11
6. Zufall	12
7. Zweitlotterie	13
8. Beispiele aus der Rechtspraxis	
a) Lotterie	14
b) Ausspielung	15
III. Progressive Systeme	
1. Progressive Kundenwerbung	16
2. Kettenbriefaktionen, Gewinnsysteme	17
IV. Begehungsform – Veranstalten	
1. Veranstalten	18
2. Veranstaltungsspezifische Handlungsmodalitäten	19
3. Grenzüberschreitende Lotterieangebote	20
V. Öffentlichkeit	
1. Ausschluss privater Veranstaltungen	21
2. Form der Ankündigung	22
VI. Fehlen der behördlichen Erlaubnis	
1. Grundlagen einer Erlaubniserteilung	23
2. Anforderungen an eine Genehmigung	24
3. Erlaubnis und Auslandsbezug	25
4. Verstoß gegen Genehmigungsbedingungen und Auflagen	26
VII. Innerer Tatbestand	27
VIII. Teilnahme	28
IX. Unerlaubtes Werben	
1. Bezugspunkt des Werbeverbots	29
2. Der Begriff des Werbens	30
X. Konkurrenzen	31
XI. Einziehung	32

I. Gegenstand und Grenzen des § 287

1. Glücksspiel im weiteren Sinn. Lotterie und Ausspielung sind Glücksspiele im weiteren Sinne. Das Gesetz hat sie aber aus der Regelung in den §§ 284, 285 herausgenommen und besonders geordnet (vgl. BGHSt **34** 171, 179; RGSt **64** 219). Der Grund hierfür liegt in der historischen Entwicklung.[1] In jedem Falle müssen aber auch bei ihnen die allgemeinen Merkmale des Glücksspiels vorhanden sein; es gelten insoweit die gleichen Grundsätze, wie sie in Rdn. 7, 8 zu § 284 dargelegt worden sind.[2] Vgl. ferner *Müller* NJW **1972** 273, der auch das Verhältnis zum Zugabe- und Wettbewerbsrecht behandelt. Schutzzweck des § 287 ist es in erster Linie, den spezifischen Gefahren einer unkontrollierten Gewinnauslosung zu begegnen.[3] Zum Teil wird – hauptsächlich in der Literatur – ein Gefahrenpotential von Lotterien und damit die ordnungsrechtliche Komponente des 1

1 Vgl. *Klenk* GA **1976** 361, 363 f; *Liszt/Schmidt* BT[25] S. 693, *Rüping* JZ **2005**, 234 f; *Volk* Glücksspiel S. 19; zur rechtshistorischen Entwicklung von Lotterien und Glückspiel vgl. *Ohlmann* ZfWG **2007** 101 ff; *ders.* WRP **2005** 48, 52 ff.

2 U.a. RGSt **67** 397; **60** 385; s.a. *Wohlers* NK Rdn. 3 m.w.N.

3 Vgl. Vorbem. § 284 Rdn. 11; *Sch/Schröder/Eser/Heine* Rdn. 1; *Klenk* GA **1976** 361, 362; **krit.** *Rüping* JZ **2005** 234, 237, auch zur Entwicklung des Schutzzwecks; zu den ordnungsrechtlichen Hintergrundaspekten der Eindämmung und Kanalisierung vgl. BVerwG GewArch **1995** 22, 23 und BayVGH GewArch **1981** 89, 90.

Lotterierechts negiert.[4] Der GlüStV geht demgegenüber jedenfalls bei bestimmten Lotterien (etwa Jackpotlotterien) von einem besonderen Gefährdungspotential aus und lässt in diesem Bereich private Anbieter nicht zu (§ 10 Abs. 2, 5 GlüStV; Begr. S. 21 f). Neben diesem Zweck dient § 287 aber auch dazu, Manipulationen bei der Weiterleitung und Verteilung von Lotteriegewinnen im Rahmen einer selbständigen Veranstaltung zu verhindern (BGH, Beschl v. 18.1.1977 – 1 StR 643/76; OLG München NStZ-RR **1997** 327, 328, *Volk* Glücksspiel S. 20 m.w.N.).[5] Erfasst werden daher auch organisierte Wettgemeinschaften, deren Unternehmer keine eigene Verlosung von Gewinnen vornimmt, sondern sich an eine bereits bestehende andere Lotterie anschließt, wobei die Teilnehmer der Wettgemeinschaft keinen unmittelbaren bzw. faktisch durchsetzbaren Gewinnanspruch gegen die zugelassene Lotterie (z.B. staatl. Sport Toto GmbH), sondern ausschließlich einen Anspruch gegen den Organisator der Wettgemeinschaft haben (vgl. Rdn. 12; BGH aaO; *abw.* Otto Jura **1997** 385). Zu derartigen gewerblichen Spielgemeinschaften, den Rechtsbeziehungen ihres Veranstalters zu den Spielteilnehmern und zu den Umgehungskonstruktionen gegenüber § 287 vgl. *Fruhmann* MDR **1993** 823, 826 sowie *Volk* Glücksspiel S. 24 ff. **Wettbewerbsrechtliche** Zulässigkeitsschranken ergeben sich bei Verwendung von Lotterie und Ausspielung als Mittel aleatorischer Werbung (vgl. *Lukes* FS Stree/Wessels S. 1013, 1018). Zur Problematik progressiver Werbe- und Vertriebssysteme sowie den sog. Kettenbriefen vgl. Rdn. 15, 16. Verbote gewerblicher Tätigkeiten im Lotteriewesen in einem EU-Mitgliedsstaat, die darauf zielen, den in diesem Staat wohnenden Personen die Teilnahme an einer in einem anderen Mitgliedsstaat veranstalteten Lotterie zu ermöglichen, bedeuten eine Einschränkung der Niederlassungsfreiheit und des freien Dienstleistungsverkehrs nach Art. 43, 49 EGV; sie sind nur aus zwingenden Gründen des Allgemeininteresses zulässig (vgl. EuGH NJW **1994** 2013, 2016 m. Anm. *Stein* EuZW **1994** 315; s. dazu schon ausf. Vorbem. § 284 Rdn. 8b).[6] Im gesetzgeberischen Bereich ist mit der Einführung eines strafbewehrten allgemeinen Werbeverbots für nicht erlaubte öffentliche Lotterien (Absatz 2) eine Art Auffangvorschrift vor allem hinsichtlich ausländischer Anbieter geschaffen worden.[7]

2 **2. Auswirkungen der Entscheidung des Bundesverfassungsgerichts vom 28.3.2006.** Die Feststellung des Bundesverfassungsgerichts, die Ausgestaltung des Sportwetten-

---

[4] VG Düsseldorf, Urt. v. 31.8.2001 – 18 K 11762/96; *Pieroth/Görisch* NVwZ 2005 1225, 1227; auch *Ossenbühl* DVBl 2003 881, 886 (keine „ordnungsrechtlich relevante Suchtgefahr"; **aA:** *Ohlmann* ZRP 2002 354; *Ennuschat* DVBl 2000 1627, 1628 ff; *Tettinger* GewArch 2002 89, 91, 98 arg: gesetzgeberische Einschätzungsprärogative). Siehe zum Verhältnis ordnungsrechtlicher Intention zu fiskalen Eigeninteressen des Staates *Tettinger/Ennuschat*, Lotterierecht, S. 7 ff, 23 ff; *Rüping*, JZ 2005 234; *Ohlmann* ZfWG 2007 101; auch *Hofmann/Mosbacher* NStZ 2006 249, 250 sowie BVerfGE 115 276 ff.

[5] Zusf. *Fruhmann* MDR 1993 822, 824; *Schild* NStZ 1982 446, 447; **krit.** *Ossenbühl*, VerwArch 1995 189 ff, 200 f; so auch BayObLG NVwZ 2004 445, 446; *Groeschke/Hohmann* MK Rdn. 1; *Wohlers* NK Rdn. 1; *Sch/Schröder/Eser/Heine* Rdn. 1; scheinbar and. *Hoyer* Rdn. 3: Vermögensrechtlicher Schutz im Hinblick auf erhöhtes Verlustrisiko durch Falschspiel anderer Spielteilnehmer.

[6] Vgl. zur Rechtsprechung des EuGH *Ruttig* WRP 2007 621; *Albrecht/Gabriel* WRP 2007 616; zur Europarechtskonformität des deutschen Lotterierechts *Tettinger* DBVl 2000 868, 875 f; *Ossenbühl* DVBl 2003 881, 890 ff; *Koenig* SächsVbl 2002 157 (bzgl. hessischem und sachsen-anhaltinischen Lotterierechts vor LottStV).

[7] Vgl. LK Vorbem. § 284 Rdn. 2a; weiter: § 284 Rdn. 25, auch zu den Grenzen der Werbungsstrafbarkeit; ferner: Bericht BTDrucks. 13/9064 S. 20 und BRDrucks. 164/97 [Beschluss] S. 28 f; **krit.** *Wrage* ZRP 1998 426, 427 ff.

Monopols und die Praxis der Landes-Lotterieanstalten sei verfassungswidrig, erfasst nicht ausdrücklich auch Lotterieveranstaltungen. Soweit es aber auch in diesem Bereich ein Lotteriemonopol gibt (vgl. dazu auch BVerfG NVwZ **2007** 1297), gelten grundsätzlich die vom Bundesverfassungsgerichts angestellten Erwägungen mit ihren Anforderungen an die Ausgestaltung eines in die Berufsfreiheit eingreifenden Monopols (s. schon Vorbem. § 284 Rdn. 8a). Dabei ist freilich zu berücksichtigen, dass das mit Lotterien einhergehende Gefährdungspotential womöglich geringer als im Sportwettenbereich einzuschätzen (vgl. BVerfGE **105** 276, 305; VG Düsseldorf NWVbl **2007** 358) und ein staatliches Monopol aus diesem Grund schwerer zu begründen ist. Überträgt man die aus der Entscheidung des Bundesverfassungsgerichts für die Strafbarkeit der Sportwettenveranstaltung folgenden Konsequenzen (s. dazu § 284 Rdn. 6a–6c) auf den Lotteriebereich, entfällt im Monopolbereich bis zum 28.3.2006 die Strafbarkeit privat veranstalteter Lotterien. Für den Übergangszeitraum kommt es darauf an, dass das vom Bundesverfassungsgericht geforderte „Mindestmaß an Konsistenz zwischen dem Ziel der Begrenzung der Spielleidenschaft und der Bekämpfung der Spielsucht einerseits und der tatsächlichen Ausübung seines Monopols andererseits" (vgl. BVerfGE **105**, 276, 319) besteht (s. § 284 Rdn. 6b). Soweit mit dem GlüStV eine verfassungskonforme Regelung gefunden ist und sich dieser nicht nur als bloße Absichtserklärung und programmatische Aussage herausstellt (vgl. *Fischer* § 284 Rdn. 2a), steht der Anwendung des § 287 auch im Monopolbereich nichts entgegen.

II. Lotterie und Ausspielung

Lotterie und Ausspielung sind Veranstaltungen, bei denen unbestimmt viele Teilnehmer in rechtsgeschäftliche Beziehungen nur mit dem Veranstalter treten (vgl. *Habersack* MK BGB § 763 Rdn. 2). Die Vorschrift des § 763 BGB kennzeichnet einen Lotterievertrag im Falle staatlicher Genehmigung der Lotterie als verbindlich, unterstellt ihn dagegen bei fehlender Genehmigung der Vorschrift des § 762 BGB. Letzterenfalls ist bei öffentlichem Angebot ein Spielvertrag – abweichend von § 763 Satz 2 BGB – wegen Verstoßes des Veranstalters gegen § 287 nach § 134 BGB nichtig (vgl. *Habersack* MK § 763 BGB Rdn. 1; *Staudinger/Engel* § 763 Rdn. 17; **aA** *Kern* JW **1927** 1990). Zu dem Inhalt der Spielverträge vgl. *Lukes* FS Stree/Wessels, S. 1014; *Palandt/Thomas* BGB § 763 Rdn. 1. Bei der **Lotterie** wird einer Mehrzahl von Personen die Möglichkeit eröffnet, nach einem bestimmten Spielplan gegen Geldeinsatz ein ausschließlich oder doch wesentlich vom Zufall abhängiges Recht auf einen Geldgewinn zu erwerben.[8] Gleiches gilt für die **Ausspielung**, jedoch mit dem Unterschied, dass der Gewinn nicht in Geld, sondern in einem mehr oder weniger bestimmt bezeichneten Wertgegenstand (vgl. Rdn. 8) besteht.[9] Die Ausspielung erfasst nicht nur eine Spielteilnahme mehrerer bei gleichzeitiger Konkurrenzsituation untereinander um den Gewinn, sondern auch solche, bei denen sich die Spiele jeweils zwischen dem Unternehmer und je einem Spieler vollziehen (vgl. *Landmann/Rohmer/Marcks* GewO § 33h Rdn. 3); z.B. Ausspielungen auf Volksfesten und in Glücksbuden auf Jahrmärkten, bei denen die Strafbarkeit aber womöglich aus anderen Gründen, wegen gesetzlicher Erlaubnisfreiheit (Vorbem. § 284 Rdn. 20) bzw. Vorliegen einer behördlichen Erlaubnis (Rdn. 22), entfällt. 3

8 RGSt **67** 397, 398; **60** 385, 386 f; zuletzt: OLG Köln GRUR **2000** 533, 535; **krit.** *Klenk* GA **1976** 363.

9 Beachte auch die Begriffsbestimmung für Lotterie und Ausspielung in § 3 III GlüStV.

4 **1. Unterschied zu Glücksspiel: der Spielpan.** Der wesentliche Unterschied zum Glücksspiel gem. den §§ 284, 285 liegt darin, dass es bei der Lotterie und Ausspielung eines **Spielplans** bedarf, der von dem Veranstalter einseitig aufgestellt wird und nach dem sich die Beteiligten zu richten haben.[10] Dieser Plan muss den Spielbetrieb im Allgemeinen regeln und die Bedingungen angeben, unter denen die Möglichkeit der Beteiligung eröffnet wird. Im Spielplan räumt der Veranstalter einer Mehrzahl von Personen ein vom Zufall abhängiges Anrecht auf Gewinn ein.[11] Er muss mehr enthalten als nur Umrisse; andererseits ist es aber auch nicht erforderlich, dass er alle Bedingungen vollständig umfasst. Spätere Ausführungsbestimmungen können vorbehalten und die Art der Gewinnverteilung in das Ermessen des Unternehmers gestellt werden (RGSt **27** 94; RG JW **1934** 3204). Die Durchführung des Plans kann auch von bestimmten Voraussetzungen (Umsatz, Beteiligung) abhängig gemacht werden (RG aaO). Die nach festgelegten Regeln erfolgende Bestimmung von Anzahl und Höhe der Gewinne kann mit dem Feststehen der auszuschüttenden Gesamtsumme korrespondieren (vgl. *Wagner* Lotto S. 2; s.a. BGH, Beschl. v. 28.5.1957 – 1 StR 339/56). Dagegen ist der Spielplan unvollständig und nicht ausreichend, wenn die Höhe des Einsatzes von der Willkür der Spieler abhängt; dann liegt nicht eine Lotterie oder Ausspielung, sondern ein Glücksspiel im engeren Sinne des § 284 vor (RG Rspr. **5** 283, 285; *Wohlers* NK Rdn. 3; *Brandl* Spielleidenschaft S. 133 f). Der Annahme einer Lotterie steht nicht entgegen, dass auf unterschiedliche Risiko- oder Gewinnchancen gesetzt werden kann (vgl. *Klenk* GA **1976** 365).

5 **Sportwetten als Lotterie?** Das Wettunternehmen für öffentliche Pferderennen (Totalisator) ist seinem Wesen nach eine Lotterie.[12] Insoweit gelten die Sondervorschriften des Rennwett- und Lotteriegesetzes (LK Vor § 284 Rdn. 24). Die Strafbarkeit richtet sich ausschließlich nach § 5 RennwettG (vgl. hierzu *Wache* in Erbs/Kohlhaas RennwettG Erl. zu § 5 Rdn. 1 und 12; VG Saarlouis GewArch **2001** 197, 198). Die Beteiligung an einer Rennwette als Wettnehmer, sei es am nicht zugelassenen Totalisator (maschinelle Wetteinrichtung mit z.T. elektronischer Auswertung) oder beim nicht zugelassenen Buchmacher, ist straflos (LK § 285 Rdn. 9). Für sonstige Sportwetten als Glücksspiele im weiteren Sinne kommt § 287 in Betracht, sofern sie – wie etwa solche nach Art des Toto – nicht an feste Gewinnquoten gebunden sind (vgl. *Lesch* wistra **2005 241**). Sportwetten mit festen Gewinnquoten fehlt es dagegen regelmäßig an einem Spielplan; bei ihnen ist grundsätzlich die Höhe des Wetteinsatzes nicht reglementiert und kann so vom Spieler frei bestimmt werden.[13] Demgemäß stellt auch die „Oddset-Wette", bei der auf das Ergebnis von Fußballspielen oder anderen sportlichen Ereignissen gewettet werden kann, ein Glücksspiel i.S.d. § 284 StGB (BGH JZ **2003 858** m. Anm. *Wohlers*), wegen der festen Gewinnquoten und in Ermangelung eines einseitig festgelegten Spielplanes jedoch keine Lotterie dar (vgl. *Wrage* JZ **2003** 860).

6 **2. Einsatz.** Wesentlich für Lotterie und Ausspielung ist der im Spielplan bestimmte Einsatz; das ist ein – nicht unerheblicher (vgl. LK § 284 Rdn. 12) – Vermögenswert, den der Spieler bewusst für die Beteiligung an der Gewinnaussicht opfert.[14] Fehlt er, etwa

[10] RGSt **62** 393; RG JW **1934** 3204; BGH v. 28.5.1957 – 1 StR 339/56; OLG Braunschweig NJW **1954** 1777; vgl. auch *Klenk* GA **1976** 361, 363 f.

[11] *Groeschke/Hohmann* MK Rdn. 5; *Wohlers* NK Rdn. 2; *Otto* Jura **1997** 385, 386.

[12] Vgl. BVerwG GewArch **1995** 22, 23; RGRK – *Seibert* § 763 BGB Rdn. 10, *Sch/Schröder/Eser/Heine* Rdn. 19; *Thalmair* GewArch **1995** 274, 274.

[13] Vgl. BayVGH GewArch **2001** 65, 66; OLG Köln GRUR **2000** 533, 535; *Fischer* GewArch **2001** 157, 158.

[14] BGHSt **3** 99, 103; RGSt **67** 397; **65** 194.

weil klar ist, dass jeder Teilnehmer einen Gewinn machen wird, der seinem Einsatz entspricht,[15] handelt es sich also um eine wirklich uneigennützige **Gratisausspielung oder -lotterie**, so ist § 287 nicht anwendbar (RGSt **60** 127). Nicht notwendig ist jedoch, dass jeder Spieler einen Einsatz leistet.[16] So kann der Unternehmer bestimmen, dass der Einsatz nur im Falle des Verlustes bezahlt wird (RGSt **1** 414). Überhaupt können einzelne Teilnehmer von der Verpflichtung zur Zahlung des Einsatzes ganz befreit werden, sofern dieses Erfordernis für die Mehrzahl bestehen bleibt.[17]

a) **Verbindung mit anderen Leistungen.** Die Bewirkung des Einsatzes geschieht häufig in der Weise, dass sie mit einer anderen Leistung verbunden wird, z.B. mit dem Eintrittsgeld, etwa für eine Theatervorstellung[18], für ein Wettrennen[19], mit dem Kaufpreis einer Ware[20], einer Beitrittssumme für die Beteiligung an einer Wertpapier-Depotverwaltung[21]; möglicherweise auch mit dem Abonnentenpreis einer Zeitung[22] bzw. dem Kauf des betreffenden Zeitschriftenheftes bei **Preisausschreiben**[23]; *anders* jedoch in der Regel, wenn außer der Lösungseinsendung keine weitere Leistung verlangt wird.[24] Zur Teilnahme per SMS oder Telefon (z.B. über 0190-Mehrwehrtdienste) vgl. schon § 284 Rdn. 12a; ferner: *Raitz von Frentz/Masch* ZUM **2006** 189, 191; *Sensburg* BB **2002** 126, 128 f; *Bahr* WRP **2002** 501, 505 f. Spielbeteiligung und (weitere) rechtsgeschäftliche Aufwendung müssen aufgrund der (bekannt gemachten) Spielbedingungen voneinander abhängig gemacht sein.[25] 7

b) **Die Gratisausspielung.** Die straflose Gratisausspielung oder -lotterie ist selten (RGSt **65** 194, 198). Meist wird bei der mit einem anderen Geschäft verbundenen Ausspielung (Lotterie) mindestens ein **versteckter Einsatz** verlangt, also ein solcher, der – äußerlich verborgen – im Entgelt mit enthalten ist.[26] Diese Voraussetzungen sind auch dann gegeben, wenn der Veranstalter eines genehmigten Glücks- oder Geschicklichkeitsspiels zwecks Steigerung seiner Einnahmen aus dem Spielbetrieb durch Anregung zum Spiel Prämien für mehrere nacheinander folgende Gewinne aussetzt (BGHSt **9** 39). Ob der Teilnehmer einen Einsatz zahlt, ist an Hand des objektiven Werts der vom Veranstalter gebotenen Leistung festzustellen (RGSt **65** 194, 198 f); so ist ein versteckter Einsatz anzunehmen, wenn das Preis-/Leistungsverhältnis der Ware derart überhöht ist, dass von einem im Preis enthaltenen Einsatz ausgegangen werden kann (*Wohlers* NK Rdn. 5). Das verkennt das LG Tübingen NJW **1960** 1359 (mit Anm. *Ganske;* **aA** *Wohlers* NK Rdn. 5), das den Gewinn des Unternehmers unberücksichtigt lässt. Nicht erforderlich ist, dass die 8

15 Vgl. dazu *Wohlers* NK Rdn. 4; **aA** wohl: RGSt 59 347, 350 ff: erfasst werde jede Veranstaltung mit geweckter Gewinnhoffnung.

16 *Groeschke/Hohmann* MK Rdn. 9; *Sch/Schröder/Eser/Heine* Rdn. 4.

17 RG LZ **1916** 1127; BayObLGSt Bd. 10 S. 348, 354.

18 RGSt **1** 53.

19 OLG Dresden GA Bd. **63** 472.

20 RGSt **65** 194; **34** 447.

21 OLG Köln JMBlNRW **1971** 256.

22 BFHE 55 289; RGSt **36** 124; **krit.** *Klenk* GA **1976** 366.

23 Vgl. hierzu *Gerstenberg* Gewinnspiele, 3.1 Rdn. 2.

24 BGHSt **3**, 99 und *Baumbach/Hefermehl*, UWG[22] § 1 Rdn. 144: bloße Portokosten; *Laukemann/Junker* AfP **2000** 254, 255: Providerkosten und Telefongebühren bei Teilnahme im Internet; dazu **krit.**: *Kleinschmidt* MMR **2004** 654, 656 f.

25 Vgl. *Lukes* FS Stree/Wessels, S. 1013, 1019); sonst fehlt es an einem Einsatz (BGHSt 3 104.

26 Vgl. hierzu u.a. BGHSt **11** 209; **3** 99; **2** 79 und 139; BFHE 55 289; RGSt **67** 397, 400; **65** 194; **55** 270; RG JW **1934** 3204; OLG Düsseldorf NJW **1958** 760; s. auch *Fischer* Rdn. 7.

Höhe des Einsatzes im Einzelnen ermittelt wird; das wird häufig überhaupt nicht möglich sein. Verlangt aber der Unternehmer, der zugleich Waren liefert oder Vorstellungen veranstaltet, wirklich keine Mehrleistung, trägt er also alle Lasten der Lotterie oder Ausspielung, etwa in der Hoffnung auf sonstige Umsatzsteigerung[27] oder zur Feier eines Geschäftsjubiläums[28], so entfällt die Strafbarkeit (OLG Breslau ZStW **43** [1923] 516). Dasselbe gilt, wenn der Veranstalter – z.B. durch absichtlich missverständliche Werbungstexte – einen Einsatz vortäuscht, in Wirklichkeit aber keiner zu leisten ist,[29] so etwa bei einer **Scheinausspielung**, bei der es allein um die Erlangung von Anschriften oder darum geht, potentielle Kunden auf Produkte oder Leistungen aufmerksam zu machen[30]. Ob eine Gratisausspielung vorliegt oder ob nicht doch in irgendeiner Form eine Gegenleistung (Einsatz) verlangt wird, ist unter maßgeblicher Berücksichtigung des bekannt gemachten Spielplans mit besonderer Sorgfalt zu ermitteln; hierzu eingehend RGSt **65** 194. **Ereignisbezogenen Finanzprodukten** (wie etwa Einlage- und Anlagemodelle für den Fußballfan, bei denen sich eine Grundverzinsung im Falle bestimmter Fußballereignisse um einen Aufschlag erhöht, vgl. *Hofmann/Mosbacher* NStZ **2006** 249) mangelt es an einem Einsatz. Der eingezahlte Kapitalbetrag wird bei derartigen Modellen in voller Höhe zurückgezahlt (*Kessler/Heda* WM **2004** 1812, 1814; *Hofmann/Mosbacher* NStZ **2006** 249, 251), sodass lediglich eine Zinseinbuße bzw. der Verzicht auf Mehrverzinsung als Einsatz in Betracht kommt. Die Verringerung eines erzielbaren Vermögenszuwachses wie etwa einer Verzinsung ist indes nicht vergleichbar mit dem Verlust von Vermögen, vor dem die §§ 284 ff StGB primär schützen. Sogar bei einem Finanzprodukt, welches die Gefahr birgt, keinerlei Zinsertrag zu erhalten, wird ein Einsatz mit der Begründung abgelehnt, dass der Anleger im Ergebnis immer noch so stünde, als hätte er das Geld nicht angelegt. Es unterbliebe nur eine potentielle Vermögensmehrung, ein Vermögensverlust dagegen träte nicht ein (*Kessler/Heda* WM **2004** 1812, 1814). Anderer Ansicht nach liefert § 37e WpHG eine tatbestandsausschließende Erlaubnis sowohl für § 284 als auch für § 287 StGB bei ereignisbezogenen Optionsscheinen (*Mülbert/Böhmer* WM **2006** 937, 985, 991 f).

9 3. **Gewinn.** Erforderlich ist ferner ein Gewinn. Er besteht bei der Lotterie in **Geld**, bei der Ausspielung in **beweglichen oder unbeweglichen Sachen**, nicht aber in jeglicher anderer Leistung, wie z.B. einer Erholungsreise oder einem Kuraufenthalt (*Groeschke/Hohmann* MK Rdn. 13; *Wohlers* NK Rdn. 2 m.w.N.)[31]; selbst der frühere Zeitpunkt des Besitz- oder Eigentumserwerbs kann genügen (RGSt **59** 347). Der Ansicht, dass zum Vorliegen einer Ausspielung jedwede geldwerte Leistung als ausgesetzter Gewinn genüge, steht der Wortlaut entgegen, mag es auch im Hinblick auf einen umfassenden strafrechtlichen Schutz keinen Sinn ergeben, nur Veranstaltungen zu pönalisieren, bei denen Geld und (bewegliche oder unbewegliche) Sachen (gem. § 90 BGB körperliche Gegenstände) gewonnen werden können. Wird aber ausdrücklich ein Gutschein, etwa für eine Reise, als Gewinn ausgesetzt, steht der Wortlaut des § 287 nicht entgegen, weil der Gewinn unmittelbar auf die körperliche Sache des Gutscheins abzielt, ohne dass es darauf an-

---

[27] *Groeschke/Hohmann* MK Rdn. 10; *Lackner/Kühl* Rdn. 2; *Sch/Schröder/Eser/Heine* Rdn. 4.

[28] *Groeschke/Hohmann* MK Rdn. 10.

[29] BGHSt 3 99, 104; OLG Düsseldorf NJW **1958** 760; *Bockelmann* NJW **1952** 855.

[30] *Groeschke/Hohmann* MK Rdn. 11; *Lackner/Kühl* Rdn. 2; *Wohlers* NK Rdn. 4.

[31] So aber *Sch/Schröder/Eser/Heine* Rdn. 11; *Lackner/Kühl* Rdn. 4; *Kindhäuser* BT II § 42 Rdn. 13.

käme, worüber der Gutschein ausgestellt ist.[32] Dass nach § 3 III GlüStV eine Ausspielung auch vorliegt, wenn neben Sachen auch andere geldwerte Vorteile gewonnen werden können, spielt für die Auslegung des § 287 keine Rolle. Der Gewinn muss einen in Betracht kommenden Vermögenswert haben; es gilt hierzu das in Rdn. 12 zu § 284 Gesagte entsprechend. Unerheblich ist es, ob alle Spieler die gleichen Aussichten haben, ob einer von ihnen gewinnt oder ob alle gewinnen oder verlieren (RGSt 7 161, 166 f; 2 390). Eine Lotterie oder Ausspielung ist auch dann gegeben, wenn jeder Spieler für seinen Einsatz bedingungslos einen Gewinn erhält, dessen Art und Größe aber unbestimmt ist (RGSt **10** 398). Durch welches zufällige Ereignis der Gewinn oder dessen Höhe ermittelt wird – sei es durch Los oder durch menschliche Tätigkeit – ist gleichgültig (RGSt **36** 123; OLG Karlsruhe NJW **1972** 1964). Ausreichend ist, wenn sich Anzahl und Höhe der Gewinne nach bindenden Regeln bestimmen, sobald die auszuschüttende Geldsumme feststeht (BGH Beschl. v. 28.5.1957 – 1 StR 339/56 zum Berliner Zahlenlotto).

4. **Gefahr eines Vermögensverlustes.** Wie bei anderen Glücksspielen umstritten ist die Frage, ob die Eingehung der Gefahr eines Vermögensverlustes bei Lotterie und Ausspielung ohne Bedeutung (vgl. *Heimann-Trosien* LK[9] Rdn. 8; RGSt **34** 390, 395 f; **17** 379, 380) oder ob sie im Hinblick auf den vorausgesetzten vermögensgefährdenden Charakter notwendiges Erfordernis ist. Maßgeblich ist, dass der Teilnehmer bewusst einen Vermögenswert für die Beteiligung an den Gewinnaussichten opfert, den er ohne die Gewinnchance nicht hingegeben hätte (vgl. § 284 Rdn. 13). **10**

5. **Mehrzahl von Personen.** Der Spielplan muss die **Beteiligung mehrerer Personen** vorsehen. Allerdings ist es nicht unbedingt erforderlich, dass sich diese Erwartung erfüllt. Es genügt vielmehr, wenn nur einer Person ein Spielvertrag angeboten wird, und der Unternehmer die nicht abgesetzten Lose selbst spielt (vgl. RGSt **67** 397). **11**

6. **Zufall.** Ebenso wie bei dem Glücksspiel im engeren Sinne (§§ 284, 285) muss bei der Lotterie und Ausspielung die Entscheidung über Gewinn oder Verlust ganz oder hauptsächlich vom Zufall abhängen (vgl. hierzu § 284 Rdn. 8 und 9); entscheiden wird meist die Losziehung. Maßgebend für die Beurteilung ist insoweit allein der Standpunkt des Spielers.[33] Ein solcher Zufall ist deswegen auch dann anzunehmen, wenn das Ergebnis einer anderen Lotterie oder Ausspielung maßgebend sein soll,[34] wenn die Entscheidung allein von derjenigen Person getroffen wird, welche die Lotterie oder Ausspielung veranstaltet (RGSt **27** 94), wenn es auf die Ankunftszeit der richtigen Lösung einer Aufgabe (RGSt **25** 256) oder den Zeitpunkt des Todes ankommt (RGSt **36** 123). Ausreichend ist auch, wenn zwar jeder Spieler gewinnt, die Art seines Gewinns aber ungewiss ist (*Lackner/Kühl* Rdn. 3). Preisrätsel mit Denksportaufgaben (bei denen ein offener oder versteckter Einsatz zu leisten ist) fallen nicht unter § 287[35], weil der Gewinn allein oder ganz wesentlich von einer Denkleistung abhängt; anders nur, wenn es um die Bewältigung von Scheinaufgaben und eine sich daran anschließende Auslosung von Gewinnern unter den richtigen Einsendern geht (*Fischer* Rdn. 8). Gleiches gilt, wenn von vornherein feststeht, dass eine erheblich größere Anzahl richtiger Antworten eingeht, als Gewinne **12**

---

32 AA OLG Hamburg NJW **1954** 393, 396 gegen BGH NJW **1952** 34, 392 ff.

33 RGSt **60** 385, 387; BGH 1 StR 643/76 v. 18.1.1977.

34 RG JW **1931** 1926; RGSt **37** 438, 440.

35 RGSt **60** 385, 389; *Groeschke/Hohmann* MK Rdn. 15; *Groebe* NJW **1951** 133, 134; *Laukemann/Junkers* AfP **2000** 254, 255; *Müller* NJW **1972** 273.

vorhanden sind.[36] Zu Werbezwecken veranstaltete **Preisrätsel** bzw. **Preisausschreiben** mit Gewinnspielcharakter (vgl. OLG Stuttgart MDR **1986** 756; *Lukes* FS Stree/Wessels, S. 1019) können deshalb je nach Ausgestaltung Lotterie oder Ausspielung sein (vgl. hierzu Staudinger/*Engel* BGB § 763 Rdn. 10; *Klenk* GA **1976** 361, 365).

13 7. **Zweitlotterie. Spielvermittlung** betreibt, wer einzelne Spielverträge an einen zugelassenen (staatlichen) Lotterieveranstalter vermittelt oder Spielinteressenten zu Spielgemeinschaften zusammenführt und deren Spielbeteiligung dem Veranstalter selbst oder über Dritte vermittelt (vgl. § 3 Abs. 6 GlüStV als Beschreibung gewerblicher Spielvermittlung). Wer solche Geschäfte betreibt, kann je nach der Ausgestaltung der vertraglichen Beziehungen selbst als **Veranstalter** einer **(Zweit-)Lotterie** im Sinne von § 287 anzusehen sein. Maßgebend ist, ob der Lotterieteilnehmer über die Ausgestaltung seines Vertragsverhältnisses zum Vermittler (*Sch/Schroeder/Eser/Heine* Rdn. 13b) einen eigenen unmittelbaren Gewinnanspruch gegen den eigentlichen Veranstalter der Lotterie erwirbt, was regelmäßig nur dann der Fall ist, wenn der Vermittler die Spielverträge mit der Lottogesellschaft im Namen der Spieler abschließt und so unmittelbare Rechtsbeziehungen zwischen dem Spieler und der Lotteriegesellschaft bestehen.[37] In dieser Konstellation scheidet die Annahme einer Zweitlotterie ebenso aus wie in dem Fall, in dem der Teilnehmer einer Spielergemeinschaft, ungeachtet seiner Berechtigung zur eigenständigen Geltendmachung seines Gewinnanspruchs gegenüber der jeweiligen Lottogesellschaft, dessen Einziehung in seinem Namen dem Veranstalter als Treuhänder überlässt (so auch BGH NJW-RR **1999** 1266, 1267 [Faber]). Ohne Bedeutung ist in diesem Zusammenhang, wenn das einzelne Mitglied der Spielgemeinschaft zur Durchsetzung seines Anspruchs gegen den Veranstalter der Erstlotterie faktisch auf die Mitwirkung des Vermittlers angewiesen ist.[38] Eine eigene Lotterie, ein „Spiel im Spiel" ist dagegen anzunehmen, wenn der Spielteilnehmer und die übrigen Mitglieder einer Spielgemeinschaft lediglich einen Anspruch auf Beteiligung an einem Gewinn der Spielgemeinschaft gegen den Vermittler erwerben, eine unmittelbare Geltendmachung eines Gewinnanspruchs gegenüber dem Erstveranstalter nach den Geschäftsbedingungen aber ausgeschlossen sein soll.[39] Hier wird die eigentliche Geschäftsbesorgung um eine lotterierechtliche Komponente ergänzt, wenn gegenüber der Erstlotterie eine abweichende Gewinnerwartung und -verteilung im Raum ist, ohne dass es eine irgendwie geartete staatliche Kontrolle hinsichtlich eines ordnungsgemäßen Ablaufs gäbe (vgl. *Fruhmann* MDR **1993** 822, 824; *Brandl* Spielleidenschaft S. 137; **krit.** *Weber* Sportwette S. 43; *Volk* Glücksspiel S. 29).[40] Dies gilt auch, wenn zwar die Spielverträge im Namen der Spieler abgeschlossen werden, die Gewinne einzelner Spielklassen aber durch „Umverteilung" unter allen Mitgliedern der Spielgemeinschaft aufgeteilt werden (OLG München NStZ-RR **1997** 327; *Groeschke/Hohmann* MK Rdn. 23). Hier ist nach den maßgeblichen Geschäftsbedingungen des Anschlussunternehmens die Einziehung der Gewinne – ungeachtet individueller Gewinnansprüche

---

[36] RGSt **25** 256; BFHE **60** 409; **55** 289; RGRK – *Seibert* BGB § 763 Rdn. 13 m.w.N.

[37] *Fischer* Rdn. 8a; *Hoyer* SK Rdn 10; *Lackner/Kühl* Rdn. 3; *Sch/Schroeder/Eser/Heine* Rdn. 13b: formale Betrachtung. Vgl. RG JW **1931** 1926; BGH , Beschluss v. 18.1.1977 – 1 StR 643/76.

[38] *Groeschke/Hohmann* MK Rdn. 23; *Hoyer* SK Rdn. 10; *Fruhmann* MDR **1993** 822, 826 f.

[39] *Groeschke/Hohmann* MK Rdn. 23; *Hoyer* SK Rdn. 9; vgl. auch *Heine* wistra **2003** 446; vgl. auch *Horn* NJW **2004** 2047, 2053.

[40] **And.** *Otto* Jura **1997** 385, 387, der eine Lotterie verneint, die Funktion des Veranstalters als die eines besoldeten Geschäftsführers der Spielgemeinschaft kennzeichnet und zum Schutz der Teilnehmer auf die Tatbestände der §§ 263, 266 verweist (im Ergebnis ähnlich: *Rüping* JZ **2005** 234, 237).

einzelner Spieler gegen den Erstveranstalter – und deren Einbringung in den unter allen Mitgliedern zu verteilenden Pool **dessen Organisator** nach dem Verhältnis der Beteiligungsanteile vorbehalten.[41]

8. Weitere Beispiele aus der Rechtspraxis

a) **Lotterie.** Als Lotterie wurden erklärt: Das Prämienschießen um Geldgewinne in einer Schießbude;[42] das sog. Promessengeschäft, bei dem die Spieler Anteile an dem Gewinn bestimmter Lose erwerben, ohne deren Miteigentümer zu werden;[43] das Gewinnsparen;[44] Lottospiele um Geldgewinne;[45] das Zahlenlotto;[46] Sportwetten,[47] wobei allerdings ein eigenständiger unerlaubter Betrieb eines Fußballtotos außerhalb der zugelassenen Organisationsformen[48] denkbar, aber kaum praktisch geworden ist;[49] Anschluss- bzw. Zweitlotterien/gewerbliche Spielgemeinschaften,[50] *nicht* jedoch private Wettgemeinschaften zur Kostensenkung und Gewinnchancenerhöhung durch gemeinschaftliches Spiel. **14**

b) **Ausspielung.** Zur Ausspielung sind gerechnet worden: Der Absatz von Waren in öffentlichen Wirtschaften oder durch Ladeninhaber im Wege der Losziehung;[51] der Vertrieb von Waren durch Aussetzen von Preisen in Glücksbuden;[52] Ausspielungen auf Jahrmärkten, Schützenfesten und ähnlichen Veranstaltungen;[53] Tombola auf einem Reiterball;[54] das Preiskegeln um andere Gegenstände als Geld, wenn die Mehrzahl der Teilnehmer nicht die erforderliche Geschicklichkeit besitzt;[55] der Vertrieb von Würfelautomaten mit Warengewinnen;[56] die Verwendung des sog. Primarosa-Warenautomaten;[57] das Aussetzen von Preisen für die Teilnahme an erlaubten Geschicklichkeitsspielen.[58] Über das Preisrätsel und die progressive Kundenwerbung vgl. Rdn. 12 und Rdn. 16. **15**

III. Progressive Systeme

1. **Progressive Kundenwerbung.** Die modernen Formen der progressiven Kundenwerbung werden von § 287 Abs. 1 nicht oder nur ausnahmsweise erfasst.[59] Derartige Werbe- und Vertriebssysteme auf (eingeschränkt) progressiver Grundlage (Vorbem. § 287 **16**

---

41 *Fischer* Rdn. 8a; *Sch/Schroeder/Eser/Heine* Rdn. 13b: materielle Abgrenzung, die darauf abstellt, ob der Spieler einen hinreichend aktualisierbaren Anspruch gegen Erstveranstalter hat. Dagegen: *Hoyer* SK Rdn. 10.
42 RG JW **1911** 508.
43 RG Recht **1914** 1509; RGSt **37** 438; 440 f; **27** 233, 237.
44 RFH Steuer und Wirtschaft, StuW **25** 132; OVG Münster MDR **1956** 701.
45 *Wagner* Lotto S. 2.
46 OLG Braunschweig NJW **1954** 1777, 1778.
47 *Thalmair* GewArch **1995** 275.
48 Vgl. hierzu *Wagner* Lotto S. 3.
49 Vgl. *Weber* Sportwette S. 43.
50 Rdn. 1, 13; *Fruhmann* MDR **1993** 822, 824.
51 RGSt **19** 257; **5** 432; **1** 414.
52 RGSt **10** 245.
53 Vgl. *Klenk* GA **1976** 361, 367.
54 OVG Bremen NJW **2004** 2400 [Tombola als „typische Form der Ausspielung"].
55 RG DStrZ **2** 555.
56 RGSt **29** 66.
57 RG HRR **1933** 1628.
58 BGHSt **9** 39.
59 *Fischer* Rdn. 4; *Groeschke/Hohmann* MK Rdn. 34; *Hoyer* SK Rdn. 6; *Sch/Schroeder/Eser/Heine* Rdn. 13a; *Wohlers* NK Rdn. 15; *Otto/Brammsen* WiB **1996** 281 ff. Aus der Rechtsprechung: BGHSt **43**, 270, 274 ff m. Anm. *Otto* wistra **1998** 227; BGH wistra **1994** 24 f; OLG Rostock wistra **1998** 234 m. Anm. *Otto* JR **1998** 392; OLG Jena StraFo **2006** 293.

Rdn. 2) sind in der Regel hinsichtlich der Merkmale Öffentlichkeit, (versteckter) Einsatz, Zufall bewusst zum tatbestandlichen Bereich hin abgegrenzt; dem Argument der zwangsläufigen Marktverengung wird durch eine besondere Klausel über die zahlenmäßige Begrenzung der „Werber" entgegengewirkt (vgl. Kommissions-Schlussbericht [Vorbem. § 287 vor Rdn. 1] S. 124). S. dazu schon Vorbem. § 287 Rdn. 1 ff, 6 und 8. Die progressiven Werbe- und Warenvertriebssystemen werden als Formen unlauteren Wettbewerbs von *§ 16 II UWG* (§ 6c UWG a.F.) erfasst; vgl. Vorbem. § 287 Rdn. 11 ff.

17 **2. Kettenbriefaktionen.** Planmäßig organisierte Kettenbriefaktionen, gleich welcher Gestaltung (vgl. Vorbem. § 287 Rdn. 4, 7), werden von § 287 ebenfalls nicht erfasst.[60] Nach der Rechtsprechung[61] mangelt es hierbei an dem glücksspielspezifischen (§§ 284, 285) unmittelbaren Zusammenhang/der Wechselbeziehung zwischen vermögenswerter Aufwendung und potentiellem Gewinn, der das Erfordernis des (Glücksspiel-)Einsatzes kennzeichnet;[62] zu Einsatz und Gewinn vgl. § 284 Rdn. 11. Auch ist *§ 16 Abs. 2 UWG* nicht auf reine Kettenbriefaktionen zugeschnitten. Deren Veranstaltung wird durch diese Sondernorm, wenn überhaupt, nur unvollständig erfasst; s. dazu schon die Vorbemerkungen § 287 Rdn. 13 ff. Die Rechtsprechung verneint die Anwendbarkeit dieser Vorschrift auf Selbstläufersysteme als Kettenbriefveranstaltung außerhalb des geschäftlichen Verkehrs (vgl. BGHSt 34 171, 179), und stellt darüber hinaus unter dem Blickwinkel der Vorteilsgewährung durch den Veranstalter (Vorbem. § 287 Rdn. 15) auch die tatbestandliche Erfassung von teilweise kontrollierten Mischsystemen und zentral gesteuerten Systemen in Frage.[63] Abweichend will das OLG Stuttgart wistra **1990** 165 (mit zust. Anm. *Richter* ebda. S. 167 und wistra **1987** 278) sowohl den Veranstalter eines Kettenbriefsystems als auch den den Kettenbrief weiterleitenden Teilnehmer in den Anwendungsbereich des § 16 Abs. 2 UWG als Täter des Unternehmensdelikts einbeziehen. Auch die neuen Gestaltungsformen von Geldgewinn- und Marketingspielen/Pyramidengewinnsystemen (Vorbem. § 287 Rdn. 5, 7) fallen nicht in den Anwendungsbereich des § 287 (vgl. OLG Celle NJW **1996** 2660, 2661).

IV. Begehungsform

18 **1. Veranstalten.** Tathandlung ist allein das Veranstalten, das durch zwei Handlungsmodalitäten beispielhaft (Rdn. 19) erläutert wird (*Schoene* NStZ **1991** 469 f). Der Begriff deckt sich mit dem in § 284 (vgl. LK § 284 Rdn. 18). Veranstalter ist danach, wer die Möglichkeit zur Beteiligung an einer unter seiner Leitung stattfindenden Lotterie oder Ausspielung ermöglicht, ohne dass es später tatsächlich zur Durchführung der Lotterie gekommen sein muss.[64] Auch im Falle des § 287 bedarf es nicht des Abschlusses von Spielverträgen; vielmehr genügt das Vertragsangebot durch Aufstellung und Zugänglichmachung eines Spielplans.[65] Bereits in dem Übersenden von Werbeschriften und Muster-

---

[60] *Fischer* Rdn. 4; *Groeschke/Hohmann* MK Rdn. 35; *Hoyer* SK Rdn. 6; *Lackner/Kühl* Rdn. 2; *Sch/Schroeder/Eser/Heine* Rdn. 13a.

[61] BGHSt **34** 171, 177; BayObLGSt **1990** 26, 30.

[62] **Zust.** *Sonnen* JA **1987** 109; **krit.** *Lampe* JR **1987** 384). **AA** für das sog. Amerikanische Roulette, eine vom Veranstalter überwachte Kettenbriefaktion, OLG Karlsruhe NJW **1972** 1963: § 286 Abs. 1 a.F. Zu strafrechtlichen Aspekten des sog. Jokerspiels, einer Form des Pyramidenspiels, vgl. *Müller/Wabnitz* Wirtschaftskriminalität S. 193.

[63] Vgl. BayObLGSt **1990** 26, 28; ebenso *Granderath* wistra **1988** 173, 176; **krit.** hierzu *Müller/Wabnitz* Wirtschaftskriminalität S. 192.

[64] RGSt **63** 237, 238; *Wohlers* NK Rdn. 9.

[65] RGSt **59** 347, 352; **35** 44; **19** 257, 259; **8** 292, 293; BayObLGSt **1956** 76.

losscheinen ist ein solches Angebot zu erblicken.[66] Andererseits braucht die bloße allgemeine Ankündigung, dass eine Lotterie stattfinden werde, noch kein Veranstalten zu sein.[67] Ebenso wenig genügen bloße innerorganisatorische Vorbereitungshandlungen wie Auffordern, Sicherbieten oder Entgegennehmen von Angeboten zur Vermittlung von Spielverträgen (BTDrucks. 13/9064, S. 21; *Lackner/Kühl* Rdn. 6; *Wohlers* NK Rdn. 9; *Sch/Schröder/Eser/Heine* Rdn. 15). Erforderlich ist, dass bereits die Möglichkeit der Beteiligung besteht, der Unternehmer alles seinerseits Erforderliche getan hat, auch wenn noch kein Los verkauft ist.[68] Vorher ist nur eine von Absatz 1 nicht erfasste Vorbereitung gegeben, die jedoch bei werbendem Charakter den Auffangtatbestand des Absatzes 2 erfüllen kann (Rdn. 27). Derjenige, der im eigenen Namen gegenüber dem Spieler auftritt, ist zwar zivilrechtlich Gläubiger und Schuldner (RGSt **27** 233, 237), damit ist er aber nicht zwangsläufig auch im strafrechtlichen Sinne Täter. Er kann nur als Handelnder vorgeschoben sein oder im Gesamtunternehmen nur eine untergeordnete Rolle spielen, maßgebend sind die tatsächlichen Verhältnisse (RGSt **34** 447) und damit die allgemeinen Kriterien zur Abgrenzung von Täterschaft und Teilnahme.[69] Vermitteln von Spielbeteiligungen ist kein Veranstalten (*Fischer* Rdn. 11; *Lüderssen* NStZ **2007** 15, 17). Wer für ein bestehendes fremdes Unternehmen Lose anbietet und absetzt (Kollekteur), kann allenfalls Gehilfe sein;[70] besitzt dieses Unternehmen eine Erlaubnis, handelt es sich um ein nicht nach § 287 strafbares Verhalten, auch wenn der Vermittler die nach § 4 Abs. 1 GlüStV erforderliche Erlaubnis nicht besitzt.[71] Auch landesrechtliche Strafvorschriften, wie sie etwa nach § 24 GlüStV möglich sein sollen, vermögen wegen ihrer Verfassungswidrigkeit infolge mangelnder Gesetzgebungskompetenz der Länder für das Strafrecht (Sperrwirkung des Art. 74 Abs. 1 Nr. 1 GG)[72] keine anderweitige strafrechtliche Verantwortlichkeit von gewerblichen Spielvermittlern zu begründen.[73] Vom bloßen Vermittler abzugrenzen ist der Organisator gewerblicher Spielgemeinschaften bzw. der „Lotterieeinnehmer", der im Rahmen einer von einem anderen veranstalteten Lotterie selbständig auf eigene Rechnung Spielverträge abschließt;[74] beide können Veranstalter sein (Rdn. 1, 13).

2. **Veranstaltungsspezifische Handlungsmodalitäten.** Die auf den Abschluss von **19**
Spielverträgen bezogenen zusätzlichen Handlungsbeschreibungen bezwecken eine bei-

---

66 BGH Beschl. v. 28.5.1957 – 1 StR 339/56; s.a. *Thalmair* GewArch **1995** 274, 276.

67 Vgl. RGSt **9** 201; OLG Hamburg OLGSt § 286 S. 1; *Wohlers* NK Rdn. 9; *Sch/Schröder/Eser/Heine* Rdn. 15.

68 *Hoyer* SK Rdn. 8; *Sch/Schröder/Eser/Heine* Rdn. 15; *Wohlers* NK Rdn. 9.

69 Dazu in diesem Zusammenhang auch *Schünemann* LK § 1 Rdn. 21 und 30: „Organisationsdelikt".

70 RGSt 5 39; RG Rspr. 3 728.

71 Zur gewerblichen Spielvermittlung noch im Lotteriestaatsvertrag vgl. *Ohlmann* WRP 2005 48, 65 ff.

72 Zu der Frage, ob Lotterierecht Länder-(Ordnungsrecht) oder Bundessache (Wirtschaftsrecht) ist: *Ohlmann* ZRP **2002** 354 bzw. *Adams/Tolkemitt* ZRP **2001** 511.

73 *Lüderssen* Keine Strafdrohungen für gewerbliche Spielvermittler, **2006** S. 38; *ders.* NStZ **2007** 15, 18 f; *Korte* GewArch **2004** 188, 189 f; *Schmidt* WRP **2004** 576, 586; siehe auch *Rüping* JZ **2005** 234, 237 f; **aA** *Postel* WRP **2005** 833, 840, 845, 847; *ders.* WRP **2006** 703, 707: nach dessen Ansicht hat der Bundesgesetzgeber von seiner im Glücksspielstrafrecht nur eingeschränkten Gesetzgebungskompetenz nicht abschließend Gebrauch gemacht und wollte dies auch nicht, sodass die landesrechtlichen Strafnormen in diesem Bereich nicht ausgeschlossen sind.

74 Dazu: *Fischer* Rdn. 11; *Sch/Schröder/Eser/Heine* Rdn. 15.

spielhafte Ausfüllung des Begriffs des Veranstaltens. Ihre Einfügung durch das 6. StrRG dient lediglich der Klarstellung der Strafvorschrift und führt zu keiner sachlichen Änderung (vgl. Bericht BTDrucks. 13/9064 S. 21). Als typische Begehungsformen werden das Anbieten des Abschlusses von Spielverträgen und die Annahme von auf den Abschluss solcher Spielverträge gerichteten Angeboten angeführt. Den **Abschluss von Spielverträgen bietet an,** wer durch entsprechende konkrete Erklärungen, die Zugänglichmachung des Spielplans, die Übersendung von Musterlosscheinen und Teilnahmeformularen (mit alternativen Möglichkeiten der Losanteile und Zahlungsmodalitäten) oder durch sonstige, die Teilnahmevoraussetzungen schaffende Aktivitäten den Spielinteressenten die Möglichkeit der Beteiligung an der Lotterie bzw. Ausspielung unmittelbar eröffnet. Die Schaffung eigener Einrichtungen durch den Anbieter ist – schon im Hinblick auf den möglichen Einsatz der Telekommunikationssysteme – keine zwingende Voraussetzung für die Tatbestandsverwirklichung (Rdn. 20).[75] Die zweite – auf den ersten Blick missverständlich formulierte – Handlungsmodalität der **Annahme von auf den Abschluss solcher Spielverträge gerichteten Angeboten** betrifft nicht etwa die Ebene der Spielbeteiligung als solcher; sie bezieht sich nicht auf den Spielteilnehmer, der durch Kauf von Losen bzw. Anteilsscheinen die spielvertragliche Offerte des Lotterieanbieters annimmt. Er wird weiterhin tatbestandlich nicht erfasst (Rdn. 28 und § 285 Rdn. 1). Auch diese zweite Tathandlung betrifft als beispielhafte Erläuterung („namentlich") ausschließlich die **Veranstalterseite.** Erfasst werden soll hiermit ersichtlich das zustimmende Aufgreifen eines Teilnahmeerbietens/einer verbindlichen Teilnahmeanfrage von Interessenten durch den Veranstalter, dessen Annahme der Erklärung eines Spielinteressenten, sich nach den Spielregeln an der Lotterie beteiligen zu wollen. Diese kann sich etwa in der Zusendung eines Loszertifikats (mit Personalnummer) oder sonstiger spielvertraglicher Unterlagen an den Kunden manifestieren.

20 3. **Grenzüberschreitende bzw. auswärtige Lotterieangebote.** Die Neufassung des Absatzes 1 zielt vor allem auch auf **Anbieter aus dem Ausland**, die eine der umschriebenen Handlungen gegenüber einem Spielinteressenten in Deutschland vornehmen und damit ihr Vertriebsgebiet ohne behördliche Erlaubnis nach Deutschland ausdehnen.[76] Bei Eröffnung derselben Lotteriespielmöglichkeiten an **verschiedenen Orten** wird das Spiel an *jedem* dieser Orte veranstaltet; daraus ergibt sich die Möglichkeit unterschiedlicher Erlaubnissituationen (LK Vorbem. § 284 Rdn. 23). Im **Inland** veranstaltet ist die Lotterie oder Auslosung grundsätzlich auch dann, wenn dem Publikum dort die Beteiligung an einem ausländischen Veranstaltung angeboten wird (RGSt **42** 430, 433). Als im Inland veranstaltet werden selbst solche von einem ausländischen Geschäftssitz aus abgegebene kommerzielle Angebote erfasst, die potentiellen Spielteilnehmern in Deutschland – ohne Zwischenschaltung einer inländischen Einrichtung/Agentur/Annahmestelle – **über die neuen Medien** (Internet, SMS) die direkte Teilnahme an einer am **deutschen Abrufort** nicht genehmigungsfähigen Lotterie ermöglichen (vgl. dazu schon LK § 284 Rdn. 20a). Dem steht nicht die fehlende Anwendbarkeit deutschen Strafrechts im Wege (ausführlich hierzu: § 284 Rdn. 20a). Durch die Teilnahmemöglichkeit an ausländischen Lotteriespielangeboten in Deutschland über Internet ist damit ein in der Bundesrepublik liegender Erfolgsort im Sinne von § 9 Abs. 1 gegeben.[77] Freilich führt dies nicht zur unbe-

---

[75] Vgl. Bericht BTDrucks. 13/9064 S. 21; BR-Stellungnahme BTDrucks. 13/8587 S. 67.

[76] Vgl. Bericht BTDrucks. 13/9064 S. 21 und BTDrucks. 13/8587 S. 67.

[77] Im Hinblick auf die bestehende Problematik der Feststellung einer Anwendbarkeit deutschen Strafrechts ist *Leupold/Bachmann/Pelz* MMR **2000** 648, 654 dahingehend zuzustimmen, dass eine Ergänzung bzw. Klarstellung der §§ 3 ff StGB für den Bereich der Internet-

grenzten Anwendbarkeit des deutschen Strafrechts. Nur bei einem spezifischem Zusammenhang mit rechtlichen Interessen der Bundesrepublik ist das Eingreifen deutschen Strafrechts zu rechtfertigen.[78] Zum Problem, ob das Verbot des Vermittelns und Veranstaltens öffentlicher Glücksspiele über das Internet mit **Europäischem Gemeinschaftsrecht** in Einklang steht: vgl. LK § 284 Rdn. 20a. Von der Frage der Strafbarkeit ausländischer Lotterieanbieter ist die mögliche Pönalisierung in Deutschland handelnder „Vermittler" einer Beteiligungsmöglichkeit an einer ausländischen Lotterie zu trennen.[79] Veranstalter ist auch, wer eigenständig im Bundesgebiet die Beteiligungsmöglichkeit an einer ausländischen, dort zugelassenen Zahlenlotterie organisiert, die Lottoscheine vertreibt, sie nebst Geldeinsätzen an den ausländischen Betreiber weiterleitet, von diesem anfallende Gewinne kassiert und an die Teilnehmer ausbezahlt (vgl. *Schoene* NStZ **1991** 469). Dagegen liegt im Falle einer bloßen Annahmestelle ohne tatherrschaftliche Organisation noch kein Veranstalten vor, eine Strafbarkeit des nicht unter Strafe gestellten Vermittelns (s. dazu § 284 Rdn. 18a), auch wegen Beihilfe (vgl. insoweit auch Vorbem. § 284 Rdn. 6b), kommt nicht in Betracht (so auch *Sch/Schröder/Eser/Heine* Rdn. 16). Auch im Verhältnis der Länder des Bundesgebiets untereinander gelten die o.g. Grundsätze entsprechend, weil die Legalisierungswirkung einer landesbehördlichen Erlaubnis auf ihren verwaltungsrechtlichen Geltungsbereich, d.h. auf das jeweilige Bundesland, beschränkt ist (BVerwGE **126** 149, 158; BGH-Kartellsenat, ZfWG **2007** 269, 274).[80] Vgl. in diesem Zusammenhang auch die Entscheidung des BGH-Kartellsenat ZfWG **2007** 269 zu der durch das Regionalitätsprinzip in § 2 des Blockvertrags „Hoheitsbedingte Grenzen der Tätigkeit der einzelnen Blockpartner" vereinbarten Gebietsaufteilung und ihrer Vereinbarkeit mit europäischem Wettbewerbsrecht[81].

V. Öffentlichkeit

1. **Ausschluss privater Veranstaltungen.** Die Lotterie oder Ausspielung muss **öffentlich** veranstaltet werden. Der Begriff der Öffentlichkeit deckt sich im Wesentlichen mit dem in § 284 Abs. 1 (LK § 284 Rdn. 15). Er ist erfüllt, wenn Lotterie bzw. Ausspielung der Allgemeinheit oder jedenfalls einem zwar begrenzten, aber nicht durch persönliche Beziehungen bzw. gemeinsame außerhalb des Spielzwecks liegende Interessen verbundenen Personenkreis zugänglich ist.[82] Derartige Veranstaltungen in geschlossenen Gesellschaften sowie in Vereinen bei fehlendem Öffentlichkeitsbezug werden mangels einer § 284 Abs. 2 entsprechenden Gleichstellungsklausel nicht erfasst (*Sch/Schröder/Eser/Heine* Rdn. 17; *Hoyer* SK Rdn. 7). Bei der Lotterie und Ausspielung kommt also der Frage eine gesteigerte Bedeutung zu, ob sie einem Personenkreis zugänglich sind, dem eine Begrenzung durch persönliche Bekanntschaft, gemeinsame Interessenverbindung 21

straftaten kriminalpolitisch wünschenswert wäre. So auch *Werle/Jeßberger* LK § 9 Rdn. 103, die freilich darauf hinweisen, dass es für befriedigende Lösungen internationaler Absprachen bedarf.

78 Im Einzelnen § 284 Rdn. 20a; ebenso *Werle/Jeßberger* LK § 9 Rdn. 99 ff; *Sch/Schröder/Eser/Heine* Rdn. 16.

79 Vgl. auch EuGH NJW **1994** 2013.

80 BGH 1 StR 339/56, 28.5.1957 unter Berufung auf das RG; OLG Braunschweig NJW **1954** 1777; *Ohlmann* WRP **1998** 1043, 1052 f; *ders.* ZfWG **2007** 20 ff; zur Tätigkeit von Klassenlotterien (NKL, SKL) außerhalb des eigenen Lotteriegebiets *Brandl* Spielleidenschaft S. 152.

81 Vgl. hierzu *Terhechte* ZfWG **2006** 203 ff; *Dietlein* ZfWG **2006** 197 ff.

82 Vgl. RGSt **15** 274, 275 ff; **59** 347, 349; *Groeschke/Hohmann* MK Rdn. 17.

oder sonstige nahe Beziehungen fehlt.[83] Das gemeinsame Band, das die Öffentlichkeit der Veranstaltung ausschließt, kann auf verschiedene Weise hergestellt werden, so durch ein Fest, zu dem nur eine beschränkte Zahl von Personen geladen oder zugelassen ist (Tombola; z.B. OVG Bremen NJW **2004** 2400, 2401: geschlossene Gesellschaft bei Reiterball/Vereinsfest), durch Beruf, gemeinsame Interessen oder Freundschaft; zu diesem Kreis muss auch der Veranstalter gehören (vgl. u.a. RGSt **59** 347; **31** 413). Aber auch bei gemeinsamen Beziehungen dieser Art bleibt es stets Tatfrage, ob es sich um einen solchen „Privatzirkel" handelt. Bei großen Vereinigungen wird das spezifisch persönliche Band häufig fehlen; so etwa bei Organisationen, denen zahlreiche, über viele Ortschaften verteilte Mitglieder angehören (RG JW **1913** 955); oder bei Arbeitern eines Betriebs, die sich wegen dessen Größe wenig oder gar nicht kennen und zudem womöglich häufig wechseln (RGSt **31** 413; **15** 274, 277). Entsprechendes gilt aber nicht für einen Verein, auch wenn Organisationsstatut bzw. Vereinssatzung den Eintritt an so leichte Bedingungen knüpfen, dass praktisch jedermann jederzeit Mitglied werden kann; das ändert nichts an der durch die gemeinsame Vereinszugehörigkeit bedingten Geschlossenheit des Personenkreises (vgl. aber *Schild* NStZ **1982** 446, 448). Das gemeinsame Band wird aber dadurch gesprengt, dass im Plan die Weitergabe von Losen an dritte Personen erlaubt ist (RG JW **1913** 953); andererseits wird die Lotterie oder Ausspielung nicht dadurch zu einer öffentlichen, dass eine solche Weitergabe **gegen den Willen** des Veranstalters erfolgt (RG Rspr. **8** 460). Wettgemeinschaften, für welche zwecks Beteiligung Mitglieder öffentlich geworben werden, denen also jedermann beitreten kann, kann dagegen ein öffentlicher Charakter zukommen (BGH Beschl. v. 18.1.1977 – 1 StR 643/76).

22 **2. Form der Ankündigung.** Bei dem Öffentlichkeitsmerkmal handelt es sich um eine Eigenschaft der Lotterie/Ausspielung, nicht um eine Qualität der Tathandlung (§ 284 Rdn. 15; *Schild* NStZ **1982** 447). Daraus folgt: In welcher Form die Ankündigung erfolgt, ist für das Merkmal der Öffentlichkeit gleichgültig (*Groeschke/Hohmann* MK Rdn. 17). Die Benachrichtigung kann durch Anzeige in der Zeitung, durch Verteilen von Zetteln auf der Straße, die Zusendung von Briefen und Drucksachen, mündliche Einladung oder auf sonstige Weise geschehen. Auch Mitteilungen, die geheim gehalten werden sollen, können zu einer öffentlichen Veranstaltung führen.

VI. Fehlen der behördlichen Erlaubnis

23 **1. Grundlagen einer Erlaubniserteilung.** Die Veranstaltung einer öffentlichen Lotterie oder Ausspielung führt nur bei **Fehlen der behördlichen Erlaubnis**[84] zur Strafbarkeit; der Straftatbestand ist daher verwaltungsakzessorisch. Die Veranstaltung von öffentlichen Lotterien/Ausspielungen wird tatbestandlich (vgl. § 284 Rdn. 22)[85] nicht von § 287 erfasst, wenn sie durch einen besonderen behördlichen Erlaubnisakt aufgrund spezieller gesetzlicher Ausnahmeregelung oder durch diese selbst erlaubt und damit von dem gesetzlichen Lotterieverbot befreit ist (vgl. *Lukes* FS Stree/Wessels, S. 1016; *Thalmair*

[83] *Fischer* Rdn. 9; skeptisch nicht ganz zu Unrecht zur Notwendigkeit wechselseitiger persönlicher Beziehungen für den Ausschluss der Öffentlichkeit *Wohlers* NK Rdn. 7.

[84] Dem Handeln ohne Erlaubnis steht das Handeln unter Vorbehalt der Erteilung einer noch ausstehenden Erlaubnis gleich: RG Rspr **3** 320, 322; *Wohlers* NK Rdn. 8.

[85] **AA** (behördliche Erlaubnis als Rechtfertigungsgrund): *Tettinger/Ennuschat* Lotterierecht, S. 9 ff m.w.N.

GewArch **1995** 274, 276). Die Zuständigkeit zur Erlaubniserteilung und ihre Voraussetzungen waren zunächst den einschlägigen Landes(lotterie)gesetzen und seit dem Inkrafttreten des „Staatsvertrages zum Lotteriewesen in Deutschland" (LottStV)[86] diesem bzw. den hierzu beschlossenen Ausführungsgesetzen der Länder (z.B. § 3 AGLottStV BaWü; § 15 LottG Nds) zu entnehmen.[87] Der Lotterie-Staatsvertrag schuf anstelle der bis dahin z.T. stark divergierenden landesrechtlichen Bestimmungen gemeinsame Rahmenbedingungen für die Landesgesetzgeber (*Schmidt* WRP **2004** 576, 579). An seine Stelle ist mit Wirkung vom 1. Januar 2008 der GlüStV getreten (vgl. dazu schon LK Vorbem. § 284 Rdn. 9).[88] Aus ihm und entsprechenden landesgesetzlichen Ausführungsgesetzen[89] ergeben sich nun die Voraussetzungen für eine mögliche Erlaubniserteilung.[90] Nach dem GlüStV gilt grundsätzlich auch für Lotterien und Ausspielungen ein staatliches Monopol (§ 10 Abs. 2, 5 in Verbindung mit § 3 Abs. 3). Lediglich bei Lotterien mit geringerem Gefährdungspotential (§§ 12ff) und für kleine Lotterien (§ 18) besteht für Private überhaupt die Möglichkeit, eine Erlaubnis zu erlangen (vgl. zum Ganzen schon Vorbem. § 284 Rdn. 23 und § 284 Rdn. 22). Für die materiellen Voraussetzungen einer Erlaubniserteilung sind der GlüStV und die Ausführungsgesetze der Länder maßgebend.

2. Anforderungen an eine Genehmigung. Entscheidend für den Tatbestandausschluss ist aber nicht die materielle Rechtmäßigkeit, sondern allein die formale Wirksamkeit einer erteilten Erlaubnis (vgl. dazu schon LK § 284 Rdn. 22). Deshalb kommt bei verwaltungsrechtlich nichtiger Genehmigung eine Strafbarkeit nach § 287 in Betracht.[91] Dies gilt auch im umgekehrten Fall: Wird eine Genehmigung rechtswidrig versagt, bleibt das Handeln – weil ohne Vorliegen einer Erlaubnis – strafrechtlich verboten.[92] Lotterien und Ausspielungen gehören nicht zu dem gewerberechtlich zulassungsfähigen Spielgestaltungsbereich. Eine Ausnahme (zu dem gesetzgeberischen Grund vgl. EGewOÄndG 1979 BTDrucks. 8/1863 S. 10) bilden allerdings insoweit gemäß *§ 33h Nr. 2 GewO* gewerbsmäßig betriebene Ausspielungen auf Volksfesten, Schützenfesten oder ähnlichen Veranstaltungen, bei denen der Gewinn in geringwertigen Gegenständen (derzeit zugrunde gelegter Höchstwert € 60,– vgl. Nr. 4, 5 der Anlage zu § 5a, § 18 SpielV) besteht. Bei den hiernach zulässigen Ausspielungen handelt es sich in erster Linie um die Spiele, die nach der Anlage zu § 5a SpielV Nr. 1 und 4 begünstigt sind, insbesondere die als veranstaltungsbezogen „übliche" Glücksspiele (Nr. 4) erlaubnisfrei gestellten Jahrmarktausspie- 24

[86] Vgl. zum LottStV und dessen Auswirkungen *Ohlmann* WRP **2005** 48 f, 54 ff; **krit.** *Ossenbühl* DVBl **2003** 881.

[87] Eine Landesgesetzegebungskompetenz v.a. im Bereich der gewerblichen Spielvermittlung verneinend *Pieroth/Görisch* NVwZ **2005** 89; **aA** *Ennuschat* DVBl **2000** 1627, 1628.

[88] Zum Entwurf in ZfWG **2006** 229 ff). Dazu: *Kim/Dübbers* ZfWG **2006** 220; *König/Ciszenski* DÖV **2007** 313; *Lüderssen* NStZ **2007** 15; **krit.** hinsichtlich der Vereinbarkeit mit der „Placanica"-Rechtsprechung des EuGH: *Albrecht/Gabriel* WRP **2006** 616, 620.

[89] Vgl. den Gesamtüberblick über die jeweiligen landesgesetzlichen Vorschriften bei *Höxter/Bähr* Deutsche Glücksspielgesetze.

[90] In der Praxis wurde privaten Anbietern die Erlaubnis zur Veranstaltung einer Lotterie nur in sehr begrenztem Umfang erteilt, so dass von einem *faktischen Staatsmonopol* im Bereich des Lotteriewesens zu sprechen ist (*Raitz von Frentz/Masch* ZUM **2006** 189, 197; *Tettinger* DVBl **2000** 868, 871 ff). Zu den Voraussetzungen einer lotterierechtlichen Konzessionserteilung siehe z.B. *Tettinger* GewArch **2002** 89 (allerdings zur Rechtslage vor dem LottStV).

[91] OLG Celle NJW **1969** 2250.

[92] BGH NJW **2002** 2175, 2176; BVerwGE **114** 92, 96; *Rüping* JZ **2005** 234, 236.

lungen (Vorbem. § 284 Rdn. 20), darüber hinaus möglicherweise – im Hinblick auf den Ausnahmehinweis des § 33h Nr. 2 GewO und eine sich daraus ergebende Normierung gewerberechtlicher Zulassungsfähigkeit (vgl. BayVGH GewArch **1981** 90) – auch ähnliche Ausspielungen auf derartigen Volksfesten, die noch nicht so verbreitet sind, dass ihre Üblichkeit (Abgrenzungskriterium) bejaht werden kann, die aber erlaubnisfähig gemäß § 60a Abs. 2 Satz 2, 3 GewO sein können (vgl. *Landmann/Rohmer/Marcks* GewO § 33h Rdn. 7). Nicht erfasst von der Ausnahme des § 33h Nr. 2 GewO sind etwa die Ausspielung von Kleintieren anlässlich der Veranstaltung von Kleintiermärkten (vgl. BayVGH GewArch **1981** 89) oder die Veranstaltung einer Tombola durch einen Reitverein anlässlich eines Vereinsfests (OVG Bremen GewArch **2004** 215).

25 **3. Erlaubnis und Auslandsbezug.** Das Genehmigungserfordernis bezieht sich auf alle **Inlandsveranstaltungen,** auch die im **Inland** angebotenen ausländischen Lotteriebeteiligungen.[93] Zur Möglichkeit ortsbezogen unterschiedlicher Erlaubnissituationen vgl. Rdn. 20 und Vorbem. § 284 Rdn. 23. Ausländische Anbieter können sich nicht auf ihnen im eigenen Land erteilte Erlaubnisse stützen (vgl. schon § 284, Rdn. 22a; **aA** auch hier *Lackner/Kühl* Rdn. 7).

26 **4. Verstoß gegen Genehmigungsbedingungen und Auflagen.** Hinsichtlich der **Nichteinhaltung von Bedingungen** einer behördlichen Genehmigung oder eines Auflagenverstoßes im Rahmen von Lotterie und Ausspielung (§ 287) sind die Grundsätze der Entscheidung BGHZ **47** 393 nicht anwendbar; sie beziehen sich ausdrücklich nur auf eine spielbankgesetzliche Regelung und damit auf § 284. Ändert also der Unternehmer bei Lotterie und Ausspielung nach erlangter Erlaubnis eigenmächtig den Spielplan oder die Bedingungen, so handelt er nunmehr ohne die erforderliche Genehmigung (BGHSt 8 289, 292).[94] Dies gilt auch für die Zurückhaltung von Gewinnlosen oder die Ausgabe einer zu großen Anzahl von Losen (Lossteuerung).[95] Solchen Änderungen steht ein Überschreiten des Erlaubten, auch durch Nichtbeachtung der durch die Genehmigung gesteckten örtlichen Grenzen[96], gleich (*Sch/Schröder/Eser/Heine* Rdn. 18)[97]. Die Ankündigung, ausgelobte Warenpreise auf Wunsch in Geld umzutauschen, führt nicht dazu, dass aus einer genehmigten Ausspielung eine nicht genehmigte Lotterie wird, wenn die Spielobjekte allein die Waren bleiben und das Wahlrecht nur die Art und Weise der Erfüllung seines Gewinnanspruchs betrifft.[98] Die Erklärung der Behörde, eine Bewilligung sei nicht notwendig, wird einer erteilten Erlaubnis gleichgestellt (OLG Celle DStR **1934** 78, das indes die objektive und subjektive Seite nicht auseinander hält); nach richtiger Ansicht wird hier, falls man nicht vom Vorliegen einer tatbestandsausschließenden Duldung ausgeht (vgl. § 284 Rdn. 22), ein unvermeidbarer Verbotsirrtum in Betracht kommen. Vgl. im Übrigen zur Frage der Erlaubnis *Astl/Rathleff* Glücksspiel S. 22 f.

---

[93] Vgl. *Groeschke/Hohmann* MK Rdn. 18; *Schoene* NStZ **1991** 469.

[94] BGH NJW **1967** 1660, 1661; *Brandl* Spielleidenschaft S. 151 ff; *Groeschke/Hohmann* MK Rdn 20; *Lackner/Kühl* Rdn. 5; *Wohlers* NK Rdn. 8.

[95] *Groeschke/Hohmann* MK Rdn 20; *Wohlers* NK Rdn. 8.

[96] OLG Braunschweig NJW **1954** 1777, 1779; RG Rspr **3**, 728, 730; *Wohlers* MK Rdn. 8.

[97] RGSt **28** 236, 238; teilweise **aA** *Rönnberg* JW **1911** 438, der örtliche Beschränkungen innerhalb des Staatsgebiets für unwirksam und ihre Überschreitung für straflos hält.

[98] RGSt **3** 123, 124; **10** 245, 252 f; **28** 236, 238; *Groeschke/Hohmann* MK Rdn. 20; *Wohlers* NK Rdn. 8.

VII. Innerer Tatbestand

Der **innere Tatbestand** erfordert vorsätzliches Handeln; bedingter Vorsatz genügt.[99] **27**
Der Täter muss alle Tatumstände kennen, die das Unternehmen zu einer öffentlich veranstalteten Lotterie oder Ausspielung machen, für die die erforderliche Erlaubnis fehlt. Bei dem Täter, d.h. dem Veranstalter, ist das Bewusstsein vorauszusetzen, dass ein Einsatz für die Beteiligung an der Gewinnaussicht geleistet wird; beim Spielteilnehmer ist ein solches Bewusstsein nicht erforderlich.[100] Die fehlende Kenntnis von dem Erfordernis einer behördlichen Erlaubnis und die irrige Annahme, eine solche werde nicht benötigt, begründen Verbotsirrtum.[101] Die irrige Annahme des Vorliegens einer behördlichen Erlaubnis ist Tatbestandsirrtum (**aA** *Maurach/Schroeder/Maiwald* BT 1 § 44 III Rdn. 18: Behandlung nach den Grundsätzen des Verbotsirrtums). Das ist etwa der Fall, wenn die erteilende Behörde unzuständig und die Erlaubnis damit unwirksam war, der Veranstalter die Behörde aber irrtümlich für zuständig hielt.[102] Zum inneren Tatbestand und Irrtumsfragen vgl. ferner § 284 Rdn. 23.

VIII. Teilnahme

Als **Täter** strafbar ist der Veranstalter, sei es, dass er die Geschäfte auf eigene oder **28**
fremde Rechnung betreibt.[103] Dies trifft auch auf den Organisator gewerblicher Spielgemeinschaften (Rdn. 13 und Vorbem. § 284 Rdn. 23) und auf den Betreiber eines auf den Vertrieb ausländischer Lottoscheine ausgerichteten Unternehmens zu (vgl. *Schoene* NStZ **1991** 469). Maßgeblich ist die tatherrschaftliche Mitwirkung an der Lotterieveranstaltung, die nicht bei einem unselbständigen und auf fremde Rechung betriebenen Tun gegeben ist (vgl. *Groeschke/Homann* Rdn. 27). Das bloße Vermitteln von Spielverträgen für vom Veranstalter (im In- oder Ausland) erlaubt durchgeführten Lotterien von einem Ort aus, auf den sich die Genehmigung der Veranstaltung nicht erstreckt, kann keine Teilnahme-Strafbarkeit begründen: es fehlt an einer rechtswidrigen Haupttat.[104] Beim Betrieb eines Lotterieunternehmens in Gesellschaftsform ist Täter der für die Veranstaltungsorganisation und Durchführung verantwortlich Lenkende bzw. der tatherrschaftlich Mitwirkende. Eines Rückgriffs auf § 14 bedarf es nicht.[105] Teilnahme auf der *Veranstalterebene* ist nach den allgemeinen Teilnahmeregeln möglich (vgl. *Sonnen* JA **1987** 109). Zur Möglichkeit der Teilnahme von Kreditinstituten, die Zahlungsabwicklungen unerlaubter ausländischer Glücksspiel-/Lotterieveranstalter über das Internet im Bundesgebiet ermöglichen, vgl. OLG Thüringen GRUR-RR **2006** 134 und *Hecker/Steegmann* WRP **2006** 1293, 1297 f, welche die Kappung der „finanziellen Nabelschnur" zu den in Deutschland ansässigen Spielern als Mittel der Wahl zur Vermeidung eines strafrechtlich relevanten Verhaltens von Kreditinstituten ansehen. Bei der Veranstaltung von Glücksspiel/Lotterien über Internet wird als Teilnehmer auch an den erweiterten Personenkreis

---

99 *Wohlers* NK Rdn. 13;*Hoyer* SK Rdn. 13.

100 OLG Düsseldorf NJW **1958** 760; *Sch/Schröder/Eser/Heine* Rdn. 20; *Maurach/Schroeder/Maiwald* BT 1 § 44 III Rdn. 18; **aA** RGSt **65** 195.

101 *Groeschke/Hohmann* MK Rdn. 26; *Sch/Schröder/Eser/Heine* Rdn. 20; s.a. *Rüping* JZ **2005** 234, 236.

102 *Groeschke/Hohmann* MK Rdn. 26; *Hoyer* SK Rdn. 13. *Fischer* Rdn. 14. Vgl. auch RGSt **60** 362.

103 Vgl. Rdn. 17; *Maurach/Schroeder/Maiwald* BT 1 § 44 III Rdn. 19.

104 *Fischer* Rdn. 15; *Otto* NJW **2007** 1514.

105 Vgl. *Schünemann* LK § 14 Rdn. 7, 19 f zugl. zum Meinungsstand; **and.** BayObLG NJW **1979** 2258, 2259; *Fischer* Rdn. 11 und § 14 Rdn. 6; unklar *Bruns* GA **1982** 1, 4 f.

der Programmierer, Service-Provider, Access-Provider, Betreiber von Domain-Name-Servern und Routern zu denken sein (so *Fritzemeyer/Rinderle* CR **2003** 599, 602 f). Der Kollekteur wird regelmäßig nur Gehilfe des Veranstalters sein (Rdn. 17 auch zur Bedeutung der Erlaubnis des Veranstalters). Gehilfe kann auch der Redakteur einer Zeitung sein, der die Ankündigung einer nicht erlaubten Lotterie oder das Angebot von Losen dafür veröffentlicht (RGSt **36** 123, 126; **26** 225). Die Spielbeteiligung als solche durch Leistung des Einsatzes wird von § 287 nicht erfasst.[106] Da es an einer dem § 285 entsprechenden Vorschrift für § 287 fehlt, kann derjenige, der sich auf den Kauf von Losen bzw. Anteilsscheinen beschränkt, nicht bestraft werden (vgl. auch BayObLGSt Bd. 8 S. 214).[107] Das gilt nach Aufhebung des § 8 RennwettG auch für die Beteiligung an einer Rennwette als Wettnehmer; auf § 285 kann hier nicht zurückgegriffen werden (§ 285 Rdn. 9; unzutr. *Wache* in Erbs/Kohlhaas RennwettG § 7 Anm. 1).

IX. Unerlaubtes Werben

29 **1. Bezugspunkt des Werbeverbots.** Mit Absatz 2 der durch das 6. StrRG erfolgten Neufassung wird nunmehr bereits das allgemeine Werben für nicht behördlich erlaubte Ausspielungen und Lotterien unter Strafe gestellt.[108] Bezugspunkt des Werbeverbots sind vor allem auch im Inland angebotene Lotteriebeteiligungen ausländischer Anbieter, die unter Zuhilfenahme der Medien (Telefon, Internet) und technischer Zahlungsmöglichkeiten (Kreditkarte) unmittelbar vom inländischen Aufenthaltsort des Spielteilnehmers abgewickelt werden können.[109] Absatz 2 ist insoweit als eine Art Auffangvorschrift anzusehen, durch die – im Hinblick auf die praktisch schwierige Durchsetzbarkeit des Absatzes 1 gegenüber den im Ausland befindlichen kommerziellen Anbietern – jedenfalls deren werbende Aktivitäten für nach deutschem Glücksspielrecht nicht genehmigungsfähige Spielangebote unterbunden werden sollen (vgl. dazu schon LK § 284 Rdn. 25). Das Werben muss sich, wie der im Klammerzusatz in Bezug genommene Absatz 1 zeigt, auf – in dessen Geltungsbereich – genehmigungsbedürftige, aber behördlich nicht genehmigte Lotterien/Ausspielungen beziehen, ohne dass über den Gegenstand des Werbens als solchen hinaus das ihm anhaftende Fehlen einer (inländischen) Genehmigung bzw. Genehmigungsfähigkeit für die Werbeadressaten erkennbar sein müsste. Unerlaubtes Werben ist grundsätzlich auch gegeben, wenn Lotterieveranstalter, die in einem Bundesland eine Lotterieerlaubnis besitzen, bei Werbemaßnahmen in anderen Bundesländern in örtlicher Hinsicht die ihnen erteilte Erlaubnis überschreiten, sofern eine solche Werbemaßnahme nicht technisch unvermeidbar ist (sog. Overspill, z.B.: grenzüberschreitende Rundfunkwellen).[110] Dies trifft jedoch nicht auf Werbemaßnahmen von Lottounternehmen zu, die dem Deutschen Lotto- und Totoblock angehören, da hier die 16 rechtlich zwar selbst-

---

[106] *Groeschke/Hohmann* MK Rdn 27; *Sch/Schröder/Eser/Heine* Rdn. 21.

[107] Dies in kriminalpolitischer Hinsicht bedauernd: *Adams/Tolkemitt* ZBB **2001** 171, 183 ff, welche es für wünschenswert erachten, auch die Teilnahme an Lotterieprodukten entsprechend den §§ 284, 285 unter Strafe zu stellen, um insbesondere in Fällen der Teilnahme von deutschen Spielern an ausländischen Lotterien über Internet abzuschrecken. Hierdurch solle der Umgehung der Strafbarkeit über das Anbieten von Lotterien aus dem Ausland Vorschub geleistet werden.

[108] Verneinend, dass § 287 II strafwürdiges Unrecht enthalte und dass die Strafdrohung verhältnismäßig sei: *Wrage* ZRP **1998** 426.

[109] Vgl. Bericht BTDrucks. 13/9064 S. 21 und BTDrucks. 13/8587 S. 67 f.

[110] *Ohlmann* WRP **2001** 672, 683; *Brandl* Spielleidenschaft S. 154.

ständigen Blockgesellschafter dennoch einer einheitlich erlaubten Veranstaltung angehören.[111] Von Bedeutung in diesem Zusammenhang ist der Beschluss des BGH-Kartellsenat ZfWG **2007** 269 ff zum Regionalitätsprinzip (vgl. Rdn. 20).

2. **Der Begriff des Werbens.** Das Merkmal des **Werbens** (vgl. dazu auch LK § 284 Rdn. 25) ist dadurch gekennzeichnet, dass bei den Adressaten ein wohlwollendes Interesse am Gegenstand der Werbung – der Lotterie oder Glücksspielveranstaltung – geweckt oder gefördert werden soll; es enthält mit der positiv-wertenden Einflussnahme auf den Empfänger, die das Werben vom neutralen Anbieten abgrenzt (*Lackner/Kühl* Rdn. 6), ein finales Element (zust. OLG Nürnberg SpuRt **2001** 156, 158). Die werbende Bekanntgabe von behördlich nicht erlaubten Lotterien etc. kann durch allgemeines Ankündigen, Anpreisen, Erklärungen vergleichbaren Inhalts, durch (grenzüberschreitende) Zusendung von Werbematerial bzw. die Ziehung der Lotterie betreffende Mitteilungen (EuGH NJW **1994** 2013 f) erfolgen.[112] **Ankündigen** ist jede Kundgebung, durch die auf die Gelegenheit und die Modalitäten einer Spielbeteiligung, die Einzelheiten des Spielplans, die Höhe des Einsatzes aufmerksam gemacht wird. Handelt es sich um ein konkretes Spielvertragsangebot, so ist bereits Absatz 1 einschlägig (Rdn. 17).[113] **Anpreisen** ist eine lobende oder empfehlende Erwähnung/Beschreibung der Lotterie bzw. des Glücksspiels, die Hervorhebung der Gewinnchance oder besonders günstiger (ausländischer) Auszahlungsquoten. Das Werben kann schriftlich, mündlich oder unter Benutzung von Publikationsmitteln (z.B. Werbeanzeige in Wochenzeitung, OLG Nürnberg SpuRt **2001** 156, 158) betrieben werden. Adressaten können Einzelne, die Benutzer der neuen Medien (Internet) oder die Öffentlichkeit sein. Ausreichend ist auch ein **konkludentes** Werben, mit dem erkennbar das Interesse potentieller Spielteilnehmer angeregt werden soll (*Groeschke/Hohmann* MK Rdn. 24), z.B. Scheinspiele mit sog. Anreißern, Spiele zwischen Spielmacher und getarnten Mitspielern zu Animationszwecken beim Glücksspiel (§ 285 Rdn. 4a). Zum Setzen eines Links im Internet vgl. schon § 284 Rdn. 25. 30

X. Konkurrenzen

Alle auf den Spielbetrieb einer Lotterie gerichteten Handlungen des Unternehmers sind eine einheitliche Tat.[114] Tateinheit mit **Betrug** ist möglich, wenn unrichtige Angaben über die Gewinnaussichten gemacht oder unter Täuschung die besten Gewinne vorläufig oder endgültig herausgenommen werden,[115] Wer jedoch eine Lotterie oder Ausspielung nur zum Schein veranstaltet, um die Einsätze zu erlangen, aber keinen Gewinn ausgeben will, ist nur des Betruges schuldig (RG HRR **1934** 152; RGSt **21** 107); zu Aspekten der 31

---

[111] BGH NJW-RR 1999, 1266; *Brandl* Spielleidenschaft S. 154; *Ohlmann* WRP **2001** 672, 674.

[112] Anders definiert *Wrage* ZRP **1998** 426, 429 den Werbebegriff unter Bezugnahme auf § 5 Abs. 2 GjS mit den Handlungsalternativen anbieten, ankündigen und anpreisen und zieht als Konsequenz daraus den Schluss, dass § 287 StGB eine widersprüchliche Doppelregelung enthält, weil das Anbieten in § 287 I und in § 287 II mit unterschiedlichen Strafrahmen doppelt geregelt sei. Dem entgegen zu Recht *Schmidt* ZRP **1999** 308.

[113] Vgl. auch *Groeschke/Hohmann* MK Rdn. 24; *Wohlers* NK Rdn. 12; *Laukemann/Junkers* AfP **2000** 254, 256; ähnlich *Otto* BT § 55 Rdn. 12.

[114] RGSt **30** 396, 397; RG HRR **1930** 368; *Groeschke/Hohmann* MK Rdn. 29; *Wohlers* NK Rdn. 14.

[115] BGHSt **8** 289; RGSt **62** 393, 396; *Fischer* Rdn. 16; *Sch/Schröder/Eser/Heine* Rdn. 23; *Tiedemann* LK[11] § 263 Rdn. 317.

Strafbarkeit der Scheinausspielung vgl. BGHSt 3 99 und *Bockelmann* NJW **1952** 855. Ferner kann Tateinheit in Betracht kommen mit § 16 Abs. 1 UWG,[116] mit § 148 Nr. 1 GewO[117] und mit § 23 RennwettG[118]. Da Lotterie und Ausspielung keine Glücksspiele im engeren Sinne sind, geht § *287* als Sondergesetz § 284 vor (s. schon oben § 284 Rdn. 26).[119] Für das Verhältnis zu §§ 56 Abs. 1 Nr. 1h, 145 Abs. 2 Nr. 2a GewO,[120] ebenso für das Verhältnis zu § 144 Abs. 1 Nr. 1d GewO[121] gilt § 21 OWiG. § 5 RennwettG geht als lex specialis dem § 287 Abs. 1 vor (Rdn. 4).[122]

XI. Einziehung

32 § 286 gilt nur für §§ 284, 285. Anders als dort ist bei § 287 eine Einziehung lediglich nach den allgemeinen Vorschriften der §§ 74 ff möglich (so etwa bezüglich der Einsätze).[123] Die Einziehung des in der Lotterie oder Ausspielung erzielten **Gewinns**, den der Spieler dabei erworben hat, ist ausgeschlossen; denn der Gewinn ist nicht im Sinne des § 74 durch die Straftat unmittelbar hervorgebracht (BGH Beschl. v. 18.1.1977 – 1 StR 643/76). Eine Verfallanordnung kommt insoweit wegen in der Regel bestehender zivilrechtlicher Ersatzansprüche der Geschädigten ebenfalls nicht in Betracht (§ 73 Abs. 1 Satz 2; *Sch/Schröder/Eser/Heine* Rdn. 21; **anders** *Groeschke/Hohmann* MK Rdn. 31; *Kiethe/Hohmann* NStZ **2003** 505; OLG München NStZ **2004** 443 f: nur bei tatsächlicher Geltendmachung der zivilrechtlichen Ansprüche). § 74a ist mangels einer gesetzlichen Verweisung nicht anwendbar.

§ 288
Vereiteln der Zwangsvollstreckung

(1) Wer bei einer ihm drohenden Zwangsvollstreckung in der Absicht, die Befriedigung des Gläubigers zu vereiteln, Bestandteile seines Vermögens veräußert oder beiseite schafft, wird mit Freiheitsstrafe bis zu zwei Jahren oder mit Geldstrafe bestraft.

(2) Die Tat wird nur auf Antrag verfolgt.

Schrifttum

Berghaus Der strafrechtliche Schutz der Zwangsvollstreckung (1967); *H. Bruns* Gläubigerschutz gegen Vollstreckungsvereitelung, ZStW 53 (1934) 457; *H.-J. Bruns* Bindet die Rechtskraft deklaratorischer Urteile der Zivil- und Verwaltungsgerichte auch den Strafrichter? Festschrift Lent (1957)

---

[116] BGHSt **2** 139, 145, zu § 4 UWG a.F.; *Lackner/Kühl* Rdn. 9; *Sch/Schröder/Eser/Heine* Rdn. 23; *Wohlers* NK Rdn. 14; **aA** *Groeschke/Hohmann* MK Rdn. 29: § 16 UWG spezieller.

[117] RGSt **14** 386; *Fischer* Rdn. 16.

[118] *Fischer* Rdn. 16.

[119] BGHSt **34** 179; OLG Braunschweig NJW **1954** 1777; OLG Karlsruhe NJW **1972** 1963; *Groeschke/Hohmann* MK Rdn. 29; *Lackner/Kühl* Rdn. 9; *Wohlers* NK Rdn. 14; **aA** *Hoyer* SK Rdn. 14.

[120] Vgl. hierzu *Ambs* in Erbs/Kohlhaas G 59 § 56 GewO Rdn. 10.

[121] Vgl. *Ambs* aaO § 144 Rdn. 8.

[122] *Groeschke/Hohmann* MK Rdn. 29; *Hoyer* SK Rdn. 14; *Wohlers* NK Rdn. 14.

[123] *Groeschke/Hohmann* MK Rdn. 31; *Sch/Schröder/Eser/Heine* Rdn. 21.

107; *ders.* Grundprobleme der strafrechtlichen Organ- und Vertreterhaftung, GA **1982** 1; *Eckels* Tätige Reue bei Vollstreckungsvereitelung? NJW **1955** 1827; *Geppert* Vollstreckungsvereitelung (§ 288 StGB) und Pfandkehr (§ 289 StGB), Jura **1987** 427; *Gropp* Deliktstypen mit Sonderbeteiligung (1992); *Haas* Beiseiteschaffen von Forderungen, wistra **1989** 259; *ders.* Der strafrechtliche Schutz der Zwangsvollstreckung zur Erwirkung der Herausgabe bestimmter beweglicher Sachen (§ 883 ZPO), JR **1991** 272; *ders.* Vereiteln der Zwangsvollstreckung durch Betrug und Unterschlagung, GA **1996** 117; *Herzberg* Die Problematik der „besonderen persönlichen Merkmale" im Strafrecht, ZStW **88** (1976) 68; *ders.* Täterschaft und Teilnahme (1977); *Herzog/Hoch/Warius* Die Sicherheitsleistung als Vehikel der Rückgewinnungshilfe – Rückgewinnungshilfe contra konkrete und wirkliche Strafverteidigung? StV **2007** 542; *Lüke* Die Bedeutung vollstreckungsrechtlicher Erkenntnisse für das Strafrecht, Festschrift Arthur Kaufmann II (1993) 565; *Ottow* Zur Frage des strafbefreienden Rücktritts vom beendeten Versuch der Vollstreckungsvereitelung, NJW **1955** 1546; *Schöne* Das Vereiteln von Gläubigerrechten, JZ **1973** 446; *Schünemann* Besondere persönliche Verhältnisse und Vertreterhaftung im Strafrecht, ZSchwR **1978** 131; *ders.* Unternehmenskriminalität und Strafrecht (1979); *ders.* Die Bedeutung der „besonderen persönlichen Merkmale" für die strafrechtliche Teilnehmer- und Vertreterhaftung, Jura **1980** 354, 568; *ders.* Die deutschsprachige Strafrechtswissenschaft nach der Strafrechtsreform im Spiegel des Leipziger Kommentars und des Wiener Kommentars (2. Teil: Schuld und Kriminalpolitik), GA **1986** 293; *Schumacher* Die Vollstreckungsvereitelung im geltenden und künftigen Strafrecht (1934); *Schwarz* Versteckte Risiken des zwangsvollstreckungsrechtlich motivierten Hausratsverzeichnisses in Beglaubigungsform, DNotZ **1995** 115; *Umhauer* Das strafbare Vereiteln der Zwangsvollstreckung in Forderungen, ZStW **35** (1914) 208; *Wach* § 288 StGB in VDB VIII 55.

Entstehungsgeschichte

Die Vorschrift fehlte im preußStGB und wurde dem Art. 310 des sächsStGB v. 1868 nachgebildet. Durch Art. 19 Nr. 152 EGStGB 1974 sind in Absatz 2 die hinter „Antrag" stehenden Worte „des Gläubigers" gestrichen worden.

Übersicht

	Rdn.
A. Rechtsgut und Deliktsstruktur	
1. Stellung im System des Vermögensschutzes	1
2. Geschütztes Rechtsgut	2
a) Bisher einhellige Auffassung	2
b) Widerspruch der letzten Jahre	3
c) Zusammenfassung	5
3. Deliktsstruktur	6
4. Verhältnis zu den Insolvenzstraftaten	7
B. Tatbestand	
I. Überblick	8
II. Tatsituation: Drohende Zwangsvollstreckung	
1. Zwangsvollstreckung	9
a) Begriff	9
b) Zwangsverwaltung	10
c) Verwirklichung eines rechtsbeständigen Anspruchs	11
d) Fehlen der Rechtsbeständigkeit und Durchsetzbarkeit eines Anspruchs	12
e) Unanwendbarkeit des § 288 bei rechtskräftiger Verurteilung zu einer Geldstrafe oder sonstiger Vermögenssanktion	13
f) Unanwendbarkeit bei formell bestehendem prozessualen Vollstreckungsrecht	15
2. Drohen der Zwangsvollstreckung	16
a) Grundsatz	16
b) Kasuistik	17
c) Nach Beginn der Zwangsvollstreckung	18
d) Zeitpunkt der Tat	19
III. Tatobjekt: Bestandteile des Vermögens des Täters	
1. Vermögen	20
a) Unpfändbare Rechte und Sachen	21
b) Sachen, an denen er nur Besitz hat	22
2. Reichweite wie im Insolvenzfall	23

	Rdn.
a) Inkassozessionen	24
b) Sachen, die im Eigentum eines Dritten stehen	25
3. Wirtschaftlicher Wert irrelevant .	26
IV. Tathandlung und Vollendung	27
1. Tathandlung	27
a) Veräußerung	28
b) Beiseiteschaffen	31
2. Vollendung	33
V. Subjektiver Tatbestand	
1. Vorsatz	34
2. Absicht, die Befriedigung des Gläubigers zu vereiteln	36
a) Vereitelung	36
b) Absicht	37
c) Vereitelungsabsicht	38
VI. Täterschaft; Teilnahme; Vollendung	
1. Täter	39
2. Vertreter des Vollstreckungsschuldners	40
3. Handeln mit Einwilligung oder zugunsten des Schuldners	41
4. Teilnahme	42
a) Teilnahme	43
b) Anwendbarkeit des § 28 Abs. 1	44
VII. Strafantrag (Absatz 2)	45
VIII. Konkurrenzen	46
IX. Reformbestrebungen	47

Stichwortverzeichnis

Abschluss von Kaufvertrag 30
Absicht 36 ff
Anfechtungsanspruch 11
Anspruch des Gläubigers
– bestehender 3
– durchsetzbarer 12
– materiell-rechtlicher 3, 5
– öffentlich-rechtlicher 8
– privatrechtlicher 8
– rechtsbeständiger 11, 12
– Verwirklichung eines rechtsbeständigen 11
– vollstreckungsfähiger 11
Antragsberechtigung 45
Anwartschaftsrecht 11
Arrest 10, 17
Auffangfunktion 1
Befriedigungsrecht, sachliches 2
Beihilfe 42
-durch Verteidigerhandeln s. dort
Beiseiteschaffen 31
Beschädigen 32
Beschlagnahme 13
Deckung
– inkongruente 35
– kongruente 30, Fn. 32
Deliktsstruktur 6
E 1962 47
EG StGB 1974 47
Eigentumsvorbehalt 22
Einheitstheorie 44
Einzelvollstreckung, drohende 7
Einziehung 13
Erbschaftsausschlagung 30
Erfolgsdelikt, kupiertes 6
Erwirkung von Vollstreckungstitel 17
extraneus 41
Forderung 11
– Veräußerung durch ihren Erlass 29
– künftige 11, 26
– Veräußerung 28
Garantensonderdelikt 39
Garantenstellung 29
Gefährdungsdelikt 6
– konkretes 27, 33
– potentielles 27, 33
Gefährdungserfolg 27
Gehilfe 41
Geldstrafe 13
Grundstück
– Belastung als Veräußerung 29
Innentendenz, überschießende 27
Insolvenzfall 23
Insolvenzstraftaten, Verhältnis zu 7
intraneus 39, 41
Kasuistik 17
Kautionsstellung 43
Klageerhebung 17
Konkurrenzen 46
Kostenerstattungsanspruch, zivilrechtlicher 14
Mittäter 39
Mittelbarer Täter 41
Nahe 17
Nießbrauch 29, 39
objektive Zurechnung s. Zurechnung
Organ juristischer Person, als Täter 40
Pfändung
– von Sachen des Gläubigers 22
Plombierungsfunktion 1
qualifikationsloses-doloses Werkzeug 41
Rechtsgut, geschütztes 2
Rechtskraft 3 ff
Rechtssicherheit 4
Reformbestrebungen 47
– E 1962 47
– EG StGB 1974 47
– 1. WiKG 47
Risikoverringerung 43
Rückgewinnungshilfe 13, 43
Rücktritt 33
Sache
– Besitz an 22
– unpfändbare 21

Scheingeschäfte, als Form des Beiseiteschaffens 31
Schutzgesetz 1
Sicherstellung 13
Sicherheitsleistung s. KautionSonderdelikt, echtes 39
Strafantrag 45
Straflose Nachtat 46
Strafmilderung 44
Täter 39 ff
– mittelbarer 41
Tätige Reue 33
Tateinheit 46
Tathandlung
– Beiseiteschaffen 31
– Veräußern 28
Tatzeitpunkt 19
Teilnahme 42
– Anwendbarkeit des § 28 44
– Einheitstheorie 44
Ultima ratio-Funktion 1
Unpfändbare Rechte und Sachen 21
Unterhaltsanspruch 11
Unterlassen 29
Urteile
– rechtskräftige 3, 15
– zivilgerichtliche 2, 3
Veräußerung 28
– Abschluss eines schuldrechtlichen Vertrages 28
– bereits gepfändeter Sachen 28
– bei Forderungen 28
– durch Abtretung 28
– durch Unterlassen 29
– durch Verzicht auf Nießbrauch 29
Verbergen, als Form des Beiseiteschaffens 31
Verbindlichkeit von zivilgerichtlichen Urteilen 2
Verbraucherinsolvenz 7
Vereitelung 36
– -sabsicht 37 ff
– Erschwerung der Befriedigung als 36
– spätere Befriedigung als 36
Verheimlichen 32
Verleihen 30, 32
Vermieten 30, 32
Vermögen
– Begriff 20, 22
– Besitz an Sachen 22
– die im Eigentum eines Dritten stehen 25
– Inkassozession als 24
– künftig entstehende Forderungen 26
– wirtschaftlicher Wert 26
Vermögenssanktion 13
Verstecken, als Form des Beiseiteschaffens 31
Verteidigerhandeln, als Beihilfe 43
Vollendung 33
Vollstreckungsrecht, formell bestehendes 1, 3
prozessuales 15
Vollstreckungsschuldner, als Täter 39
– Vertreter des 40
Vollstreckungsschutz, vorübergehender 18
Vormerkungseintragung
– als Veräußerung 29
Vorsatz 34
– bedingter 35
Wahlfeststellung 46
Zerstören, als Form des Beiseiteschaffens 31
Zurechnung, objektive 43
Zurückbehaltungsrecht 29
Zurückgewinnungshilfe s. Rückgewinnungshilfe
Zwangsvollstreckung
– Arrest als 10
– Begriff 9
– drohende 3, 16 ff
– Eingrenzung auf sozialschädliche Handlungen 16
– nach ihrem Beginn 18
– Zwangsverwaltung als 10
Zwischenerfolg 6, 27, 33
Zwischenzweck 37

A. Rechtsgut und Deliktsstruktur

1. Stellung im System des Vermögensschutzes. Das Vergehen des § 288 wird vom Gesetz als Vereiteln der Zwangsvollstreckung bezeichnet. Diese abkürzende Bezeichnung ist in zweifacher Hinsicht ungenau: Einmal genügt zur Vollendung der Tat die „Absicht" (darüber unten Rdn. 36) der Vereitelung, während eine tatsächlich eingetretene Vereitelung nicht erforderlich ist. Ferner richtet sich diese Absicht nicht notwendig auf die Vereitelung eines verfahrensmäßig bereits bestehenden Vollstreckungsrechts, sondern allgemein auf die Vereitelung einer Befriedigung des Gläubigers, die schon strafbar ist, wenn die Voraussetzungen einer Zwangsvollsteckung noch nicht vorliegen, sondern diese nur „droht" und es vielleicht gar nicht zur Durchführung einer Zwangsvollstreckung kommt, etwa weil sie sich durch die Vereitelungsmaßnahme des Täters als zwecklos erweisen würde. Es wäre daher richtiger gewesen, wenn auch schwerfälliger, von „Vereitelung der Befriedigung des Gläubigers" zu sprechen (*Maurach/Schroeder/Maiwald* BT I § 47 Rdn. 4). Im Gesamtsystem des Vermögensstrafrechts hat § 288 eine wichtige Auffang- oder **Plombierungsfunktion**, die aus der Aufgabe des Strafrechts als **ultima ratio des** 1

Rechtsgüterschutzes[1] resultiert. Gerade weil die Position des Gläubigers grundsätzlich auf die Schutzmechanismen des Zivilrechts und Zivilprozessrechts verwiesen ist und deswegen beispielsweise die schlichte Vertragsverletzung nur bei einem Versagen dieser Mechanismen wie etwa im Falle der Vermögenszerstörung „von innen heraus" Strafrechtsschutz beanspruchen kann (im konkreten Fall: durch § 266[2]), muss das Strafrecht als ultima ratio dann eingreifen, wenn der Gläubiger alle diese Schutzmechanismen ergreift, der Schuldner aber ihre Wirksamkeit vereitelt. Dass „die prinzipielle strafrechtliche Schutzlosigkeit des Gläubigers schuldrechtlicher Ansprüche endet, wenn es um die zwangsweise Durchsetzung seiner Ansprüche geht" (*Arzt/Weber* BT § 16 Rdn. 30), setzt also gewissermaßen erst den Schlussstein in die Subsidiaritätslogik eines rechtsstaatlichen Strafrechts. Die in der Gegenwart völlig periphere Bedeutung der Zwangsvollstreckungsvereitelung in der Kriminalstatistik[3] kann deshalb, von der im Einzelnen unbekannten Größe des Dunkelfeldes ganz abgesehen, nichts daran ändern, dass dieser Tatbestand für die Architektur des strafrechtlichen Vermögensschutzes eine erhebliche prinzipielle Bedeutung besitzt. In zivilrechtlicher Hinsicht handelt es sich deshalb auch um ein **Schutzgesetz** im Sinn des § 823 Abs. 2 BGB (BGHZ **114** 305, 308; BGH NJW-RR **1991** 467; OLG Dresden [ZS] NJW-RR **2001** 1690; LG Itzehoe ZVI **2004** 92; *Maier* MK Rdn. 3).

2. Geschütztes Rechtsgut

2 a) Über Grund und Zweck des § 288 besagen die Motive, dass dieselben Gründe, die dazu führten, die Sicherung und Durchführung des Konkurses (heute: Insolvenzverfahrens) als einer „Generalexekution" (Gesamtvollstreckung) strafrechtlich zu schützen, auch dazu führen müssten, die Vereitelung einer Einzelzwangsvollstreckung außerhalb des Konkurses („Singularexekution") durch den böswilligen Schuldner, also die böswillige Entziehung von Zugriffsgegenständen, mit Strafe zu bedrohen (*v. Olshausen* Anm. 1). Der im Insolvenzfall den Gläubigern durch § 283 Abs. 1 Nr. 1 gewährte Schutz wird also in § 288 auf die Einzelvollstreckung ausgedehnt, ohne dass eine inhaltliche Erweiterung stattfindet.[4] Geschütztes Rechtsgut ist demnach das sachliche Befriedigungsrecht des auf die Einzelvollstreckung in das Vermögen des Schuldners verwiesenen Einzelgläubigers.[5] Hieraus hat die bis vor kurzem einhellige Auffassung in Rechtsprechung und Schrifttum

---

[1] Auf deren neuerdings wieder kontrovers diskutierte Bewandtnisse hier nicht näher einzugehen ist, zum Diskussionsstand *Roxin* Strafrecht AT I § 2 Rdn 2 ff, 92 ff; *ders.* Rechtsgüterschutz als Aufgabe des Strafrechts? in: Hefendehl S. 135; v. Hirsch/Seelmann/Wohlers (Hrsg.) Mediating Principles (2006), ibid. namentlich *Hörnle*, S. 36, *Wohlers*, S. 54 und *Seher*, S. 70, sowie zum eigenen Standpunkt *Schünemann* Rechtsgüterschutz, ultima ratio und Viktimodogmatik – Von den unverrückbaren Grenzen des Strafrechts in einem liberalen Rechtsstaat, S. 18; *Jareborg* FS Eser, S. 1341; *Kudlich* An den Grenzen des Strafrechts, JA **2007** 90.

[2] Dazu *Schünemann* LK[11] § 266 Rdn. 1, 17 ff.

[3] Nämlich im alten Bundesgebiet mit zuletzt nur 252 Abgeurteilten und 142 Verurteilten für die §§ 288/289 pro Jahr, vgl. dazu Statistisches Bundesamt, Strafverfolgung 2005, S. 38. Die früher weitaus größere Bedeutung der Vorschrift wird durch die zahlreichen einschlägigen Entscheidungen des RG manifestiert. Der spektakuläre Abstieg in die praktische Bedeutungslosigkeit erklärt sich vermutlich durch den Fortfall der Anzeigebereitschaft der Gläubiger wegen des durchgreifenden Wandels der Kreditwirtschaft zum Massengeschäft, für das schon eine lückenlose Zwangsvollstreckung, erst recht aber die Veranlassung und Verfolgung eines Strafverfahrens unverhältnismäßige Kosten verursachen würde.

[4] RGSt **61** 407, 408; **62** 277, 278; **66** 130, 131; **71** 118, 119; 227, 230; **72** 252, 254; JW **1937** 1336; s. ferner unten Rdn. 22 f.

[5] RGSt **13** 292; **44** 251; **71** 227, 230; HRR **1934** Nr. 332; JW **1937** 1336.

die Konsequenz gezogen, dass § 288 einen von Rechts wegen bestehenden materiell-rechtlichen Anspruch des Gläubigers voraussetze, so dass das geschützte Rechtsgut nicht verletzt und folglich der Tatbestand nicht erfüllt sei, wenn der in der ersten Instanz obsiegende Kläger aus einem vorläufig vollstreckbaren Urteil die Zwangsvollstreckung betreibt, der Beklagte zu deren Vereitelung Vermögensstücke beiseite schafft und in der Berufungsinstanz obsiegt.[6] Und selbst ein rechtskräftiges Urteil eines Zivilgerichts soll sich danach im Strafprozess die Überprüfung gefallen lassen müssen, ob es mit der materiell-rechtlichen Rechtslage im Einklang steht oder nicht.[7]

b) In den letzten Jahren ist hiergegen jedoch Widerspruch angemeldet worden. Nach- **3**
dem *Lüke* wenigstens eine Verbindlichkeit rechtskräftiger Urteile der Zivilgerichte auch im Strafverfahren propagiert hat (Festschrift Arthur Kaufmann II S. 576), soll es nach der Auffassung von *Hoyer* ausreichen, dass eine Zwangsvollstreckung im Sinne des Einsatzes staatlicher Mittel zwecks Anspruchsverwirklichung tatsächlich droht, auch wenn kein materielles Gläubigerrecht besteht (SK StGB § 288 Rdn. 5 ff, 7), wobei diese Ausweitung allerdings nur für den objektiven Tatbestand gelten soll, während *Hoyer* im subjektiven Tatbestand nach wie vor fordert, dass der Täter sich mindestens mit bedingtem Vorsatz einen von Rechts wegen existierenden, materiell-rechtlichen Anspruch des Gläubigers vorstellt (SK Rdn. 18). Noch einen Schritt weiter geht dagegen *Wohlers*, der auch im subjektiven Tatbestand nicht auf die Beeinträchtigung des materiell-rechtlichen Anspruches, sondern allein auf den Vollstreckungstitel abstellt (NK Rdn. 1 ff, 14). Diese Ausweitung des Tatbestandes verdient jedoch keinen Beifall. Die Tatbestandskonzeption *Hoyers* verwickelt sich zwingend in Widersprüche, weil die Vereitelungsabsicht als überschießende Innentendenz (dazu näher Rdn. 37) von *Hoyer* durch die extensive Auslegung des objektiven Tatbestandes in eine Art „unterschießender Innentendenz" und damit in ein dogmatisches Monstrum verwandelt wird. Konsequenter ist deshalb die Lösung von *Wohlers*, die jedoch von der Sache her nicht überzeugen kann, weil sie ein neues Rechtsgut kreiert, das neben dem nach traditioneller Auffassung durch § 288 geschützten materiell-rechtlichen Anspruch und dem durch § 136 geschützten Vollstreckungszugriff des Staates nicht selbständig schutzwürdig ist. Dies lässt sich besonders drastisch in der Phase vor der Erlangung eines Vollstreckungstitels durch den Gläubiger demonstrieren, in der unter dem Aspekt der „drohenden Zwangsvollstreckung" bereits der Tatbestand des § 288 erfüllt werden kann (näher Rdn. 16 ff). Wenn ein mit Hilfe gefälschter Beweismittel verklagter Nichtschuldner den streitbefangenen Gegenstand beiseite schafft, würde er sich nach der Auffassung von *Wohlers* nach § 288 strafbar machen, was auf die absurde Konsequenz hinauslaufen würde, einem im Versuchsstadium befindlichen Prozessbetrug über § 288 strafrechtlichen Schutz zu gewähren. Vertretbar erscheint deshalb allenfalls die Auffassung *Lükes*, die auf eine Art materiell-rechtlicher Rechtskrafttheorie hinausläuft. Die darin liegende „Befreiung des Strafrechts vom zivilistischen Denken", in

---

[6] RGSt 31 22; *Berghaus* 98; *Roxin/Schünemann/Haffke* Strafrechtliche Klausurenlehre (4. Aufl. 1983) 349.

[7] RGSt **13** 292, 294; **63** 340, 341; **71** 227, 230; RG JW **1926** 1198 m. Anm. *Oetker*; **1930** 1405, 1406; **1937** 1336; BayObLGSt **1952** 224; OLG Hamm NJW **1956** 194; BGHZ **114** 305, 308 f; *Fischer* Rdn. 2; *Lackner/Kühl* Rdn. 1; *Maier* MK Rdn. 7, 10; *Sch/Schröder/Eser/Heine* Rdn. 7; *Arzt/Weber* BT § 16 Rdn. 34; *Gössel* BT II § 28 Rdn. 69, 72; *Krey/Hellmann* BT II Rdn. 289a; *Maurach/Schroeder/Maiwald* BT I § 47 Rdn. 3 ff; *Mitsch* BT 2 374; *Rengier* BT I § 27 Rdn. 1, 3; *Wessels/Hillenkamp* BT II Rdn. 446; *Bieneck* in Müller-Gugenberger/Bieneck, § 87 Rdn. 6; *H. Bruns* ZStW 53 (1934), 457, 483; *H.-J. Bruns* FS Lent, S. 146; *Geppert* Jura **1987** 427 f.

dem heute eine prozessuale Rechtskrafttheorie herrscht,[8] wäre unter methodologischen Aspekten nicht von vornherein ausgeschlossen[9] und böte auch die von *Hoyer* und *Wohlers* angeführten Praktikabilitätsvorteile,[10] weil der Strafrichter dann nicht mehr gezwungen wäre, im Wege der Amtsaufklärung die rechtskräftigen Ergebnisse eines vom Beibringungsgrundsatz beherrschten Verfahrens zu überprüfen.

4 Für diese Kompromisslösung spricht außerdem nicht nur der Gesichtspunkt der Rechtssicherheit, die die prozessuale Rechtskrafttheorie zwar im Bereich des Zivilrechts, nicht aber für den Bereich des Strafrechts garantieren kann, und der sonst wegen des subjektiven Tatbestandes des § 288 drohende vollständige Praktikabilitätsverlust (zutr. *Wohlers* NK Rdn. 2): Die feste Überzeugung des rechtskräftig verurteilten Schuldners, auch die letzte Instanz – etwa der BGH – hätte materiell-rechtlich falsch entschieden (was angesichts der für die moderne zivilrechtliche Methodenlehre typischen erheblichen Entscheidungsspielräume und des dadurch nicht selten aleatorischen Charakters eines Rechtsstreits nicht einmal Ausdruck von Borniertheit sein muss), würde nach traditioneller Auffassung die Vereitelungsabsicht ausschließen und dementsprechend die Vollstreckung aus einem rechtskräftigen Urteil gegenüber einem Michael Kohlhaas ohne strafrechtlichen Schutz lassen. Eine zwischen Gläubiger und Schuldner rechtskräftig festgestellte materielle Rechtslage ist deshalb auch im Strafverfahren zu respektieren, was nicht zuletzt mit dem o. Rdn. 1 herausgestellten Grundgedanken des subsidiären strafrechtlichen Schutzes zivilrechtlicher Ansprüche bestens harmoniert: Wenn das Strafrecht als ultima ratio des Rechtsgüterschutzes bei zivilrechtlichen Ansprüchen erst dann eingreift, wenn der Gläubiger von dem primären Schutzsystem in Gestalt des zivilprozessualen und zwangsvollstreckungsrechtlichen Instrumentariums Gebrauch gemacht hat, so muss andererseits derjenige, der dieses Instrumentarium ergriffen und ein rechtskräftiges Urteil erstritten hat, nunmehr des strafrechtlichen Schutzes teilhaftig werden, wenn die Grundkonstruktion des primären zivilprozessualen und sekundären strafrechtlichen Schutzes ernst genommen werden soll (zust. *Maier* MK Rdn. 10).

5 c) Als geschütztes Rechtsgut des § 288 ist damit zusammenfassend der **materiellrechtliche Anspruch** zu qualifizieren, wie er sich nach der Sach- und Rechtslage unter Berücksichtigung einer etwa zwischen den Parteien eingetretenen **Rechtskraftwirkung** darstellt.

6 3. **Deliktsstruktur.** Weil das Gesetz die Vereitelung der Befriedigung des Gläubigers nicht im objektiven Tatbestand verlangt, sondern sich objektiv mit einer die Befriedigungschancen beeinträchtigenden Handlung begnügt und hinsichtlich der endgültigen Vereitelung lediglich eine entsprechende Absicht des Täters voraussetzt, handelt es sich bei § 288 ähnlich wie bei § 242 um ein **kupiertes Erfolgsdelikt.**[11] Freilich bedeutet das

---

8 BGHZ **35** 338, 340; **36** 365, 367; *Musielak/Musielak* ZPO § 322 Rdn. 5; *Zöller/Vollkommer* ZPO Rdn. 17 vor § 322; *Jauernig* Zivilprozeßrecht § 62 II; *Rosenberg/Schwab/Gottwald* Zivilprozeßrecht § 151 II.

9 Vgl. einerseits zur prinzipiellen Kritik an der von *Bruns* in seiner gleichnamigen Monographie 1938 propagierten „Befreiung des Strafrechts vom zivilistischen Denken“ *Lüderssen* FS Hanack, S. 487 ff (unter Anknüpfung an den Bestimmtheitsgrundsatz fortgeführt von *dems.* FS Eser, S. 163), andererseits an konkreten Beispielen für die Rolle des Zivilrechts als Ausgangspunkt und für die darauf aufbauende, selbständige strafrechtliche Wertung am Beispiel des Vermögensbegriffs *Schünemann* LK[11] § 266 Rdn. 134 f; des faktischen Geschäftsführers *Schünemann* LK § 14 Rdn. 68 ff; am Beispiel der faktischen Fürsorgeverhältnisse *Schünemann* LK[11] § 266 Rdn. 61.

10 *Hoyer* SK Rdn. 5; *Wohlers* NK Rdn. 1.

11 *Hoyer* SK Rdn. 2; *Wohlers* NK Rdn. 3; *Arzt/Weber* BT § 16 Rdn. 43.

entgegen *Arzt/Weber* BT § 16 Rdn. 43 nicht, dass § 288 ein schlichtes Tätigkeitsdelikt wäre, weil der Tatbestand voraussetzt, dass die von der Vereitelungshandlung betroffenen Vermögensstücke dem Vollstreckungszugriff rechtlich oder tatsächlich entzogen werden (u. Rdn. 27 ff), so dass ein relevanter **„Zwischenerfolg"**, wenn auch noch keine endgültige Zerstörung des gesamten Rechtsgutsobjekts eintreten muss. Das ist aber ähnlich wie bei der Strafvereitelung des § 258, für deren Erfolg eine bloß temporäre Hemmung des staatlichen Strafanspruches genügt,[12] oder beim Betrug, für dessen Erfolgseintritt nach allgemeiner Auffassung eine schadensgleiche Vermögensgefährdung ausreicht,[13] so dass die Abwendung des endgültigen Schadens an der Deliktsvollendung nichts mehr ändert. Der Unterschied des § 288 zur Deliktsstruktur der §§ 258, 263 liegt allerdings darin, dass die temporäre Beeinträchtigung bei § 288 noch nicht als Verletzung des (auf keinen bestimmten Zeitpunkt fixierten) Befriedigungsrechts, sondern nur als Gefährdung zu qualifizieren ist. Während § 288 als bloßes Tätigkeitsdelikt schon dann erfüllt wäre, wenn der Schuldner – nach dem Muster eines untauglichen Versuchs – eine sei es auch fehlschlagende Vereitelungshandlung vornehmen würde, läuft das vom Gesetz ausdrücklich statuierte Erfordernis eines Zwischenerfolges sowie die allgemein anerkannte Eliminierung der die Befriedigungschancen des Gläubigers nicht beeinträchtigenden Handlungen aus dem Tatbestand (näher u. Rdn. 37) auf die Fixierung der Tatbestandsstruktur eines **Gefährdungsdelikts mit Verletzungsabsicht als überschießender Innentendenz** hinaus. Zur Frage, ob eine konkrete Gefahr für die Befriedigung des Gläubigers eingetreten sein muss oder ob die generelle Eignung ausreicht, ob § 288 also ein **konkretes Gefährdungs-** oder ein **Gefährlichkeitsdelikt** bzw. **potentielles Gefährdungsdelikt** ist, näher u. Rdn. 33.

4. Das Verhältnis zu den **Insolvenzstraftaten** ist durch einen theoretischen Vorrang des § 288 und eine praktische Dominanz der §§ 283 ff gekennzeichnet. Denn die prinzipielle Frage, ob und unter welchen Voraussetzungen die letzte Phase der zivilprozessualen Rechtsdurchsetzung strafrechtlich garantiert wird, wird zunächst einmal von § 288 beantwortet, während das Insolvenzstrafrecht die Sonderkonstellation regelt, dass es zum Zusammenbruch des gesamten Schuldnervermögens und zu daraus resultierenden Verteilungsproblemen innerhalb der verschiedenen Gläubiger kommt. Unter praktischen Aspekten verspricht allerdings die Vereitelung der Einzelzwangsvollstreckung nur bei Individualansprüchen Erfolg, während Vollstreckungsvereitelungen bei Geldforderungen normalerweise zur Insolvenz führen und damit in den Bereich der Insolvenzstraftaten fallen, die konsequenterweise in der Praxis und dementsprechend in der theoretischen Durchdringung auch vollständig den Ton angeben.[14] Die zu §§ 283 ff entwickelten Grundsätze können demgemäß für die Auslegung des § 288 nutzbar gemacht werden unter Beachtung des Unterschiedes, dass an die Stelle der besonderen Merkmale der Insolvenzstraftaten (Zahlungseinstellung oder Eröffnung des Insolvenzverfahrens als objektive Bedingung der Strafbarkeit – § 283 Abs. 6 –, Überschuldung, drohende oder eingetretene Zahlungsunfähigkeit als Tatbestandsmerkmale – § 283 Abs. 1 – und Kenntnis des Schuldners hiervon) in § 288 die drohende Einzelvollstreckung und die Kenntnis des Schuldners hiervon tritt (RGSt **71** 227, 230; OLG Braunschweig HESt. **2** 233). Es kommt deshalb auch – nicht erst seit der Einführung der *Verbraucherinsolvenz* (§§ 304 ff **7**

12 *Ruß* LK § 258 Rdn. 10.
13 Vgl. nur *Tiedemann* LK[11] § 263 Rdn. 228 ff; *Hefendehl* MK § 263 Rdn. 532 ff.
14 Zum Verhältnis der praktischen Bedeutung vgl. *Arzt/Weber* BT § 16 Rdn. 31, zur intensiven dogmatischen Durchdringung der Insolvenzstraftaten die umfassende Kommentierung bei *Tiedemann* LK zu §§ 283 ff.

InsO) – eine Überschneidung der Anwendungsbereiche in Betracht (BGH NJW **2001** 1874, 1875 = NStZ **2001** 485; *Wessels/Hillenkamp* BT II Rdn. 446; zur Konkurrenzfrage u. Rdn. 45).

B. Tatbestand

I. Überblick

8 Obwohl § 288 die **Tathandlung** scheinbar als Gemeindelikt formuliert („wer ..."), geht aus der Beschreibung der **Tatsituation** („ihm drohenden ...") und des **Tatobjekts** („seines Vermögens") doch eindeutig hervor, dass es sich um ein **Sonderdelikt** des Schuldners handelt (unstr.; die früher abw. Meinung von *Binding* BT 1 S. 417 zielte auf die Einbeziehung der gesetzlichen Vertreter, die heute in § 14 Abs. 1 geregelt ist, näher u. Rdn. 40).

II. Tatsituation: Drohende Zwangsvollstreckung

Zum äußeren Tatbestand gehört zunächst, dass dem Täter eine Zwangsvollstreckung droht.

1. Zwangsvollstreckung

9 a) **Begriff.** Zwangsvollstreckung i.S. des § 288 ist die zwangsweise Durchsetzung eines Anspruchs durch die zuständigen staatlichen Organe. Es macht keinen Unterschied, ob die Zwangsvollstreckung von einer inländischen oder ausländischen Behörde (*Sch/Schröder/Eser/Heine* Rdn. 5; *Cornils* Die Fremdrechtsanwendung im Strafrecht [1978] 96 f) betrieben wird, ob Vollstreckungsbehörde ein Gericht oder eine Verwaltungsbehörde, Vollstreckungsorgan ein Gerichtsvollzieher oder ein anderer Vollstreckungsbeamter ist, und nach welcher Verfahrensordnung (ZPO, ZVG, VwGO usw.) sich die Durchführung der Vollstreckung richtet. Der **Anspruch** muss, wie sich unmittelbar aus dem Gesetz („Bestandteile des Vermögens") ergibt, **vermögensrechtlicher Art** sein; unerheblich ist aber, ob er privat- oder öffentlichrechtlicher Natur ist, ob er auf einer schuldrechtlichen Verpflichtung oder auf einem sonstigen Rechtsgrund beruht, etwa dinglicher oder familienrechtlicher Art ist,[15] ob er auf die Zahlung einer Geldsumme, die Herausgabe von Sachen oder auf ein Dulden oder Unterlassen gerichtet ist.[16] Es genügt auch ein Anspruch, dessen Verwirklichung mittelbar erzwungen werden kann, wie z.B. bei der Verpflichtung zur Übereignung eines Grundstücks der Anspruch auf Abgabe der Auflassungserklärung, der gemäß § 894 ZPO mit der Rechtskraft des zur Abgabe verurteilenden Erkenntnisses als vollstreckt gilt (RGSt **38** 227).

10 b) Zwangsvollstreckung ist danach auch die **Zwangsverwaltung** – §§ 866 Abs. 1, 869 ZPO – (RG 4 D 34/16 v. 25.2.1916). Die Vollziehung eines **Arrestes** ist zwar als solche noch keine Zwangsvollstreckung i.S. des § 288, da sie nicht der Verwirklichung, sondern

---

15 RGSt **9** 164, 165; **13** 138, 140; **15** 164, 165; **31** 22, 26; **68** 108, 109; HRR **1934** 532.

16 *Hoyer* SK Rdn. 8; *Maier* MK Rdn. 6 f; *Sch/Schröder/Eser/Heine* Rdn. 5; *Wohlers* NK Rdn. 6; **aM** *Berghaus* S. 102.

der Sicherung wegen eines Geldanspruchs dient; jedoch zeigt die Erwirkung und Vollziehung eines Arrestbefehls dem Schuldner, dass der Gläubiger, der den Arrest erwirkte, demnächst mit der Zwangsvollstreckung gegen ihn vorzugehen beabsichtigt und ihm daher eine Zwangsvollstreckung droht.[17]

c) Entsprechend dem Zweck des Gesetzes, das sachliche Befriedigungsrecht des Gläubigers zu schützen, muss die drohende Zwangsvollstreckung der **Verwirklichung eines rechtsbeständigen Anspruchs** des Gläubigers dienen. Der sachliche Anspruch muss vollstreckungs*fähig*, wenn auch noch nicht bereits vollstreckbar sein, d.h. es muss die rechtliche Möglichkeit bestehen, ihn durch Anrufen einer Vollstreckungsbehörde zu verwirklichen; der Anspruch muss also durchsetzbar sein. Dazu gehört, dass der Anspruch, wenn auch nur aufschiebend bedingt (RG JW **1934** 369 m. Anm. *H. Mayer*; HRR **1934** Nr. 532) oder in Form einer rechtlich begründeten Anwartschaft (eines Anwartschaftsrechts, z.B. auf Rückfall des zur Sicherung des Gläubigers übereigneten Gegenstandes nach Erfüllung der Verbindlichkeit) ***entstanden*** ist. Aus einem überhaupt noch nicht entstandenen Anspruch kann schon begrifflich keine Zwangsvollstreckung „drohen" (RGSt **63** 341). Fälligkeit der entstandenen Forderung aber ist nicht erforderlich. Künftig fällig werdende Forderungen müssen jedoch ausreichend bestimmt sein (RGSt **71** 227, 230). Künftig erst entstehende Ansprüche, für die nicht schon der Rechtsboden in Form eines mindestens aufschiebend bedingten Anspruchs oder der Verdichtung zu einem Anwartschaftsrecht bereitet ist, bei denen also ein anspruchsbegründendes Rechtsverhältnis überhaupt noch nicht besteht, sind dagegen nicht Gegenstand des Schutzes des § 288 (RGSt **32** 298). Darüber besteht im Grundsatz kein Streit. Strittig ist dagegen, ob es sich bei Unterhaltsansprüchen noch nicht geborener Kinder um bloß künftige Ansprüche handelt[18] oder ob bereits eine als Vermögensrecht zu wertende Anwartschaft vorliegt.[19] Die Sondervorschrift des § 1615o Abs. 1 BGB spricht entscheidend für die erstere Auffassung; im Übrigen erscheint der strafrechtliche Schutz der Unterhaltsansprüche durch § 170, der auch bei vorsätzlicher Herbeiführung künftiger Leistungsunfähigkeit gegenüber den dann bestehenden Ansprüchen eingreift (vgl. BGHSt **14** 165), ausreichend gewährleistet. Daraus folgt, dass *Regressansprüche von Sozialbehörden*, die nach der Pflegeheimunterbringung Bedürftiger gegen deren unterhaltspflichtige Verwandten entstehen können, durch § 288 erst dann geschützt sind, wenn die Leistung erbracht und der Regressanspruch *entstanden* ist. 11

Anfechtungsansprüche gemäß §§ 3 ff AnfechtungsG entstehen nach RGSt **63** 341 unmittelbar mit der Vornahme der anfechtbaren Rechtshandlung; die Fälligkeit der beeinträchtigten Forderung und die Erlangung eines Schuldtitels über diese sind lediglich Voraussetzungen für die Geltendmachung der Anfechtung.

d) An der **Rechtsbeständigkeit und Durchsetzbarkeit eines Anspruchs fehlt** es nicht nur, wenn das die Anspruchsgrundlage bildende Rechtsgeschäft nichtig oder wirksam angefochten ist (RGSt **13** 285, 291; *Schumacher* S. 10), sondern auch dann, wenn er einredebehaftet ist, der Schuldner z.B. durch die Erhebung der Verjährungseinrede die Klageabweisung erreichen kann, selbst wenn er dies später nicht tut. Das gleiche muss gelten, wenn der Täter durch Anfechtung des Rechtsgeschäfts den Anspruch vernichten 12

[17] RGSt **26** 9, 10; BGHZ **114** 305, 308; *Fischer* Rdn. 3; *Maier* MK Rdn. 6; *Sch/Schröder/Eser/Heine* Rdn. 6; *Wohlers* NK Rdn. 8.

[18] RGSt **44** 251, 252; *Frank* Anm. II 1; *Fischer* Rdn. 2; *Hoyer* SK Rdn. 19; *Maier* MK Rdn. 7; unklar *Wohlers* NK Rdn. 8.

[19] OLG Jena GA **60** 156; *Sch/Schröder/Eser/Heine* Rdn. 8; *Kohlrausch/Lange* Anm. III.

kann, auch wenn er zur Tatzeit die Anfechtung noch nicht erklärt hat (ebenso *Sch/Schröder/Eser/Heine* Rdn. 9; **aA** RGSt **13** 292, 293); allerdings greift § 288 ein, wenn bei zweifelhafter Rechtslage der Täter „auf jeden Fall" Vereitelungsmaßnahmen ergreift und die Anfechtung demnächst nicht für wirksam erachtet wird.

13 e) **Unanwendbar ist § 288,** wenn der rechtskräftig zu **Geldstrafe oder einer sonstigen Vermögenssanktion,** wie z.B. Verfall, Einziehung, Unbrauchbarmachung (auch soweit die beiden letzteren Maßnahmen Sicherungscharakter haben), Verurteilte die Vollstreckung nach §§ 459, 459g StPO zu vereiteln sucht, da der Staat insoweit in Ausübung der Strafrechtspflege und nicht als Gläubiger eines materiellen Befriedigungsrechts handelt und der Grundsatz der Straflosigkeit der Selbstbegünstigung einem strafrechtlichen Vorgehen nach § 288 entgegenstehen würde. Das gilt auch – unbeschadet §§ 73e Abs. 2, 74e Abs. 3 –, wenn der Verurteilte die rechtmäßige Anordnung des Verfalls oder der Einziehung eines Gegenstandes zu vereiteln sucht, der sich noch nicht durch Beschlagnahme oder Sicherstellung im Gewahrsam der Behörde befindet, indem er dem aus dem künftigen Eigentumsübergang (§§ 73e, 74e) sich ergebenden Herausgabeanspruch des Fiskus (§ 985 BGB) durch Veräußerung oder Beiseiteschaffung des Einziehungsgegenstandes zu entgehen sucht. Das gleiche muss sinngemäß gelten, wenn bei Verfall oder Einziehung täterfremden Eigentums (§§ 73 Abs. 3, 4, 74 Abs. 2 Nr. 2, Abs. 3, 4) der Dritteigentümer in dieser Weise handelt. Erst recht kommt vor Rechtskraft des Ausspruchs über die Vermögenssanktion eine nach § 288 strafbare Vereitelung nicht in Betracht; der Staat hat hier (wie auch bei den Kosten des Strafverfahrens) zwar das Recht, eine künftige Vollstreckung zu sichern (§§ 111b bis 111d StPO), aber er handelt auch hier in Wahrnehmung von Aufgaben der Strafrechtspflege und nicht als Inhaber eines sachlichen Befriedigungsrechts. Etwas anderes gilt, wenn der Täter eine Sicherstellung gemäß § 111b Abs. 5 StPO von Gegenständen zu vereiteln sucht, die nur deshalb gemäß § 73 Abs. 1 S. 2 StGB dem Verfall nicht unterliegen, weil durch den Verfall die Erfüllung eines Anspruchs beseitigt oder gemindert würde, der dem Verletzten aus der Tat erwachsen ist (BVerfG NJW **2003** 1727). Denn hier handelt der Staat fürsorglich zur Erhaltung des Vollstreckungszugriffs des Verletzten (dazu *W. Schmidt* LK[11] § 73 Rdn. 33 ff; *Achenbach* Festschrift Blau S. 7 ff), dem er, wenn er bekannt ist, gemäß § 111e Abs. 3 StPO von der Sicherstellung Mitteilung zu machen hat und der dann gemäß § 111g StPO die Zwangsvollstreckung betreiben kann (sog. **Rückgewinnungshilfe** – dazu allgemein *Rönnau* Vermögensabschöpfung in der Praxis [2003]; zur Gesetzeslage seit dem 1.1.2007 vgl. *Greeve* NJW **2007** 14 ff, sowie *Bohne/Boxleitner* NStZ **2007** 552 ff).

14 **Zivilprozessuale Kostenerstattungsansprüche** entstehen nach herrschender Meinung, aufschiebend bedingt durch den Erlass eines den Gegner zur Kostentragung verurteilenden Erkenntnisses, schon mit der Rechtshängigkeit des Verfahrens (vgl. *Musielak/Wolst* ZPO Rdn. 14 vor § 91) und genießen daher den Strafschutz des § 288 (ebenso *Sch/Schröder/Eser/Heine* Rdn. 8).

15 f) Da § 288 das sachliche Befriedigungsrecht des Gläubigers schützt (oben Rdn. 2), ist § 288 **ferner unanwendbar**, wenn der Angriff sich nur gegen ein **formell bestehendes prozessuales Vollstreckungsrecht** des Gläubigers richtet, dem es an einer **sachlichrechtlichen Grundlage fehlt.**[20] Das ist z.B. der Fall, wenn einer vollstreckbaren Urkunde (§ 794 Abs. 1 Nr. 5 ZPO) kein sachlicher Anspruch zugrunde liegt (RG JW **1937** 1336). Nach

[20] RGSt **13** 292; **31** 22; JW **1937** 1336; *Sch/Schröder/Eser/Heine* Rdn. 7; *Kohlrausch/Lange* Anm. III; *Maurach/Schroeder/Maiwald* § 47 Rdn. 4; *Berghaus* S. 98; *Bruns* FS Lent, S. 148; w.N.o. Fn. 7.

traditioneller Auffassung müsste dies auch dann gelten, wenn der Kläger etwa durch eine ungeschickte Prozessführung des Beklagten ein obsiegendes, rechtskräftig gewordenes Urteil erstritten hat, obwohl der eingeklagte Anspruch von Rechts wegen nicht bestand oder ihm eine rechtsvernichtende Einwendung entgegenstand (während eine lediglich rechtshemmende Einrede wie die Verjährung auch nach h.L. nach dem letztmöglichen Zeitpunkt ihrer Geltendmachung die Anspruchsdurchsetzung und dementsprechend auch die Erfüllung des Straftatbestandes nicht mehr hindern könnte). Das kann zwar für den Fall einer nach Rechtskraft der Verurteilung vorgenommenen Vollstreckungsvereitelung aus den o. Rdn. 4 dargelegten Gründen nicht generell überzeugen, doch wird das Kriterium der Rechtskraft selbst wieder zweifelhaft, wenn – nach bekannter Rechtsprechung – ein unrichtiges rechtskräftiges Urteil erschlichen oder seine Ausnutzung in hohem Maß sittenwidrig und unerträglich ist, so dass der Unterlegene gemäß § 826 BGB das auf Grund des Urteils Geleistete zurückverlangen oder den anderen Teil auf Unterlassung der Zwangsvollstreckung und Herausgabe des Titels verklagen kann (Nachw. b. *Erman/G. Schiemann* BGB II § 826 Rdn. 36, 45 ff). In diesen Fällen scheidet eine Vollstreckungsvereitelung entsprechend der h.L. (*Maurach/Schroeder/Maiwald* BT I § 47 Rdn. 4; *Blei* BT § 68) aus, weil die Rechtskraftwirkung nur eine scheinbare ist, nämlich dem Verurteilten die Möglichkeit offen lässt, durch Restitutionsklage gem. § 580 ZPO oder durch die Berufung auf § 826 BGB die Zwangsvollstreckung zu unterbinden und die nur scheinbar endgültige Entscheidung formell aufheben zu lassen oder jedenfalls für die Zwangsvollstreckung zu blockieren. Anders verhält es sich dagegen, wenn die Entscheidung zwar ebenfalls materiell-rechtlich falsch, aber mit keinem Institut des Zivilrechts oder Zivilprozessrechts mehr angreifbar ist (zur Begründung o. Rdn. 4). Ferner ist § 288 unanwendbar, wenn sich die Vereitelungsmaßnahmen gegen die Zwangsvollstreckung aus einem vorläufig vollstreckbaren Urteil richten, das in der Rechtsmittelinstanz aufgehoben wurde (vgl. dazu RGSt **31** 22 und OLG Hamm NJW **1956** 194), oder gegen ein Urteil, dem die Vollstreckbarkeit gemäß § 767 ZPO entzogen wurde. Dies gilt erst recht bei rechtskräftiger Abweisung eines Anspruchs, da hier eine Zwangsvollstreckung nicht drohen kann.

2. Drohen der Zwangsvollstreckung

a) **Grundsatz.** Durch dieses Tatbestandsmerkmal wird die kritische Tatsituation beschrieben, die den Beginn der strafrechtlichen Schutzwürdigkeit des materiell-rechtlichen Anspruches fixiert. Die extrem weite Auslegung, die sich hierzu in der Rechtsprechung findet, wirkt auf den ersten Blick befremdlich, weil die daraus resultierenden strafrechtlichen Vorwirkungen einer am Horizont jeder Forderung stehenden Zwangsvollstreckung auf eine Aushöhlung der zivilrechtlichen Verfügungsfreiheit hinauszulaufen scheinen (krit. *Krause* NStZ **2002** 42, 43). Die hierdurch drohende Ausdehnung des Tatbestandes auf Handlungen des alltäglichen Geschäftsverkehrs lässt sich nur verhindern, wenn man die gebotene Eingrenzung auf sozialschädliche Handlungen sowohl über den Gefährdungserfolg (näher Rdn. 27) als auch über den subjektiven Tatbestand vornimmt und dementsprechend die Vereitelungsabsicht strikt interpretiert (näher Rdn. 37). **16**

b) **Kasuistik.** Die Zwangsvollstreckung droht, wenn zu erwarten ist, dass der Gläubiger sein Vermögensrecht zwangsweise alsbald durchsetzen wird, wenn die Zwangsvollsteckung in nahe Aussicht gerückt ist.[21] „Alsbald" und „nahe" ist aber nicht rein zeitlich **17**

---

[21] RGSt **44** 251, 252; **63** 341; BGH 1 StR 638/52 v. 10.2.1953 bei *Pfeiffer/Maul/Schulte* Anm. 2; *Maier* MK Rdn. 12.

zu verstehen; so genügt bei einem noch nicht fälligen oder bei einem aufschiebend bedingten Anspruch zum „Drohen" der ernstliche Wille des Gläubigers, ihn *sobald als möglich* – sobald die materiell-rechtlichen oder verfahrensrechtlichen Voraussetzungen eines Vorgehens gegeben sind – geltend zu machen und nötigenfalls durch Zwangsvollstreckung zu verwirklichen (RGSt **24** 238, 239; GA **35** 201; HRR **1934** Nr. 532). Im Übrigen ist die Frage des „Drohens" nicht nach dem subjektiven Standpunkt des Gläubigers oder des Verpflichteten zu beurteilen, sondern nach der wirklichen (objektiven) Sachlage einschließlich aller Anzeichen für einen Beitreibungswillen des Gläubigers.[22] Ob die Zwangsvollstreckung droht, ist insoweit Tatfrage (RGSt **31** 22, 24; BGH bei Holtz MDR **1977** 638). Stets ausreichend ist die Klageerhebung (RGSt **1** 37) oder die Erwirkung eines Vollstreckungstitels. Aber auch in den Fällen, in denen der Gläubiger nicht der Natur der Sache nach – wie z.B. bei einer aufschiebend bedingten Forderung vor Eintritt der Bedingung – an einem alsbaldigen prozessualen Vorgehen gehindert ist, ist es nicht erforderlich, dass die Zwangsvollstreckung ***unmittelbar*** bevorsteht, dass bereits die Zwangsvollstreckung eingeleitet (RGSt **2** 67) oder auch nur ein vollstreckbarer Titel erwirkt worden ist.[23] Vielmehr kann die Zwangsvollstreckung i.S. des § 288 bereits drohen, wenn der Gläubiger weder Klage noch sonstige Schritte zur Verwirklichung seiner Forderung getan[24] noch die Absicht, sein Recht durchzusetzen, dem Schuldner kundgetan hat (RG GA **35** 201). Es ist also auch nicht notwendig, dass der Gläubiger die Forderung durch Kündigung fällig gemacht, den Schuldner gedrängt oder sonstige schlüssige Handlungen vorgenommen hat, aus denen seine auf Geltendmachung des Anspruchs gegen den Schuldner gerichtete Absicht zu entnehmen ist (RGSt **63** 341, 342). Im Regelfall werden allerdings solche schlüssigen Handlungen Voraussetzungen eines Drohens der Zwangsvollstreckung sein (RGSt **24** 238, 239), und wenn in Entscheidungen solche Erfordernisse aufgestellt sind (z.B. RGSt **2** 67, 68; **20** 256, 257), haben sie den regelmäßigen Fall des Gläubigerverhaltens im Auge. Begrifflich kommt es aber ausschließlich darauf an, ob nach den Umständen des Falles feststeht, dass der Berechtigte den ernstlichen Willen hat, seinen Anspruch nötigenfalls und sobald als möglich durch Zwangsvollstreckung zu verwirklichen. Dazu müssen freilich Tatsachen vorliegen, aus denen sich ein solcher Wille mit Sicherheit ergibt (OLG München HRR **1932** Nr. 1273). Doch bedarf es dazu nicht notwendig des Rückgriffs auf schlüssige Handlungen des Gläubigers; das „Drohen" der Zwangsvollstreckung kann auch aus der Natur der konkreten Forderung (Wechselanspruch, RGSt **20** 256; Gläubigeranfechtung, RGSt **63** 341) oder aus den besonderen Umständen des Falles hervorgehen (RGSt **24** 238, 239; **63** 341) wie insbesondere bei arglistiger Vollstreckungsvereitelung im Wege der sog. Geschäftsveräußerung oder der Verschiebung von Waren- und Inventarbeständen. Demgemäß ist es bedeutungslos, dass ein Gläubiger wegen mangelhafter Kenntnis der Verhältnisse noch nicht die Absicht hat, die Zwangsvollstreckung zu betreiben, sofern bei Kenntnis der wahren Sachlage eine solche Absicht anzunehmen wäre (RGSt **23** 177). Das Erwirken eines Arrests lässt erkennen, dass der Gläubiger demnächst mit Zwangsvollstreckung vorzugehen beabsichtigt (oben Rdn. 10); dies gilt selbst dann, wenn der Arrest mangels rechtzeitiger Vollziehung unwirksam geworden ist (RG GA **56** 320).

---

[22] RGSt **20** 256, 257; **31** 22, 24; **44** 251, 253; JW **1934** 1169; BayObLGSt **1932** 47; KG (Zivilsenat) KGR **2005** 257.

[23] RGSt **1** 37, 38; **23** 221; **63** 341; BGH MDR **1977** 638.

[24] RGSt **15** 114, 115; **20** 256, 257; **23** 221; **24** 238, 239; JW **1930** 2134; BGH MDR **197 7** 638.

c) Eine Zwangsvollstreckung kann auch noch drohen, wenn sie **bereits begonnen** hat, aber noch weitere Vollstreckungshandlungen zu erwarten sind (RGSt **17** 42; **35** 62; JW **1912** 1068), z.B. wenn Pfändung und Überweisung der Hypothekenforderung bereits erfolgt sind und nur noch der Hypothekenbrief wegzunehmen ist (RG GA **55** 115) oder wenn die Vollstreckungshandlungen nur zur Teilbefriedigung geführt haben. Ein vorübergehender Vollstreckungsschutz beseitigt das Drohen der Zwangsvollstreckung nicht (BayObLGSt **1932** 48). **18**

d) Entscheidend dafür, ob eine Zwangsvollstreckung droht, ist der **Zeitpunkt der Tat**, nicht ein früheres oder späteres Ereignis. **19**

III. Tatobjekt: Bestandteile des Vermögens des Täters

1. Vermögen. Der Begriff Vermögen ist nicht im zivilrechtlichen Sinn (vgl. §§ 311b Abs. 2 und 3, 1922 BGB) zu verstehen, so dass es etwa auf das Eigentum des Täters an dem Gegenstand ankäme, den er veräußert oder beiseite schafft. Nach dem Zweck des § 288, das sachliche Recht des Gläubigers zur Befriedigung aus dem Vermögen des Schuldners zu sichern, ist der Begriff des Vermögens *vollstreckungsrechtlich* zu verstehen und erfasst „ganz allgemein den – gleichviel ob rechtlichen oder tatsächlichen – Machtkreis, in den der Schuldner nach den Grundsätzen des Vollstreckungsrechts die Vollstreckung zu dulden hat“ (RGSt **61** 407, 408; BGHSt **16** 330, 332). Anders formuliert, „muss das Vermögensstück ein solches sein, welches dem Zugriff des Gläubigers im Wege des Zwangsvollstreckungsverfahrens dergestalt offen steht, dass die Zwangsvollstreckung in dieses Vermögensobjekt zugunsten des Gläubigers mit *rechtlicher* Wirksamkeit einwandsfrei erfolgen kann“ (RGSt **22** 208, 210 unter Hinweis auf RGSt **5** 206 f; *Tiedemann* JuS **1967** 25, 27). **20**

a) **Unpfändbare Rechte und Sachen** (§§ 811, 850 ff ZPO) können nicht Tatgegenstand sein, wenn es sich um die Vollstreckung durch Pfändung handelt.[25] Entsprechendes gilt für Sachen, die nicht selbständiger Gegenstand der Zwangsvollstreckung sind, wie die einzelnen wesentlichen Bestandteile eines Grundstücks (RGSt **42** 62; hier kommt es dann auf das Drohen der Immobiliarzwangsvollstreckung an, s. *Tiedemann* JuS **1967** 25, 27), oder die keinen selbständigen Vermögenswert darstellen (RGSt **26** 9 betr. bloße Beweisurkunden). **21**

b) Zum Vermögen des Schuldners können auch **Sachen** gehören, **an denen er nur Besitz hat.** Das ist zunächst der Fall, wenn der Anspruch des Gläubigers gerade auf die Erlangung des Besitzes einer Sache gerichtet ist, die der Schuldner herauszugeben hat, und die Vollstreckung nach § 883 ZPO erfolgt (RGSt **61** 407; BGHSt **16** 332). Um diesen Fall handelt es sich auch, wenn der Schuldner Bestandteile seines Vermögens dem Gläubiger zur *Sicherung von dessen Forderung* übereignet hat, der Gegenstand im Besitz des Schuldners belassen wurde und dem Gläubiger, falls die Schuld nicht beglichen wird, das Recht zusteht, die Herausgabe des Gegenstandes zu verlangen, um sich daraus zu befriedigen (RGSt **61** 407). Darüber hinaus gehört hierher aber auch der Fall, dass der Gläubi- **22**

---

[25] Vgl. RGSt **22** 208, 210; **38** 227, 234; **71** 218; HRR **1936** Nr. 456 – betr. Geschäftsbücher des Schuldners.

ger die Zwangsvollstreckung wegen einer Geldforderung durch *Pfändung einer ihm gehörigen Sache* betreibt, die sich im Besitz des Schuldners befindet, um sich durch deren Verwertung zu befriedigen. Denn, wie allgemein anerkannt, kann der Gläubiger seine eigene Sache pfänden lassen (vgl. BGHZ **15** 171, 173; **15** 241, 247; *Furtner* MDR **1963** 445), und bei Eigentumsvorbehalt des Verkäufers (§ 449 BGB) ist dies sehr häufig (wegen der insoweit bei einem Teilzahlungsgeschäft bestehenden Rechtslage vgl. § 503 Abs. 2 S. 4 BGB). Fasst der Vorbehaltsverkäufer diese Form der Befriedigung wegen seines Anspruchs gegen den Vorbehaltskäufer ins Auge, so vereitelt letzterer, wenn er sich des Besitzes der Sache entledigt, durch Beiseiteschaffen eines Bestandteils seines Vermögens die Befriedigung des Gläubigers aus dem Vermögen des Schuldners (BGHSt **16** 330; GA **1965** 310; überholt RG JW **1938** 2338 Nr. 14).

23 2. Im Übrigen gilt auch für den Begriff des Vermögens und der Vermögensbestandteile, dass der **Strafschutz des § 288** gegenüber einem böswilligen Schuldner im Fall der Einzelvollstreckung **nicht weiter reicht als im Insolvenzfall**; der Begriff der Vermögensbestandteile kann nicht anders abgegrenzt werden als der gleiche Begriff in § 283 Abs. 1 Nr. 1 (RGSt **72** 252, 254).

24 a) Danach sind **Forderungen**, die dem Schuldner von einem anderen **nur zur Einziehung abgetreten** sind (Inkassozession), nicht Bestandteile seines Vermögens (RGSt **72** 252). Dies wird zutreffend damit begründet, dass der pfändende Gläubiger kein sachlichrechtlich und kein wirtschaftlich begründetes Interesse daran hat, dass ihm durch den Strafschutz des § 288 bei der Zwangsvollstreckung der Zugriff auf eine Forderung offen gehalten wird, die wirtschaftlich nicht seinem Schuldner, sondern dem Treugeber zusteht. Zwar ist vollstreckungsrechtlich die Pfändung nicht unzulässig; die Abwehr nach § 771 ZPO ist Sache des Treugebers, und es ist im Einzelfall möglich, dass dieser Weg nicht beschritten wird, der pfändende Gläubiger sich also aus der gepfändeten Forderung befriedigen kann. Diese entfernte Möglichkeit rechtfertigt es aber nicht, § 288 anzuwenden, weil der Gläubiger auf einen solchen Verlauf keinen Anspruch hat.

25 b) Das muss dann aber folgerichtig auch gelten, wenn – abgesehen von den oben Rdn. 22 erörterten Fällen – der **Schuldner eine Sache besitzt, die im Eigentum eines Dritten steht** (vgl. RGSt **66** 177, 178; **72** 252, 255 betr. Sachen, die dem Schuldner unter Eigentumsvorbehalt geliefert sind). Zwar hat der Gerichtsvollzieher bei der Pfändung nach § 808 ZPO Rechte Dritter, auch wenn der Schuldner oder der Dritte auf sie verweist, grundsätzlich nicht zu berücksichtigen, sondern ausnahmsweise nur dann, wenn das Recht des Dritten offenbar entgegensteht (BGH LM Nr. 2 zu § 808), und es ist danach im Regelfall Sache des Dritten, sich auf dem Weg des § 771 ZPO des Zugriffs auf seine Rechte zu erwehren. Doch ist auch hier die Nichtbeschreitung dieses Weges nur als eine entfernte Möglichkeit zu werten, auf die der Gläubiger keinen Anspruch hat und die deshalb den Strafschutz nach § 288 nicht rechtfertigt. Selbst wenn man schon den Besitz der Sache wegen der Pfändungsmöglichkeit als Vermögensbestandteil des Schuldners ansehen wollte, würde der subjektive Tatbestand, die Absicht der Befriedigungsvereitelung, entfallen, wenn der Schuldner, dem Regelfall entsprechend, davon ausgeht, dass der Dritte gegen die etwaige Pfändung mit der Widerspruchsklage angehen werde. Schließlich ist zu berücksichtigen, dass die Verwertung der Sache im Wege der Zwangsvollstreckung dem Gläubiger auch gar keine echte Befriedigung verschaffen würde, da er nach Abschluss der Zwangsvollstreckung immer noch Bereicherungsansprüchen und womöglich Schadensersatzansprüchen des Dritten ausgesetzt wäre.

3. Auf den **wirtschaftlichen Wert** des Vermögensbestandteils kommt es – für den äußeren Tatbestand – nicht an; ein Grundstück scheidet z.B. als Gegenstand der Zwangsvollstreckung nicht schon deshalb aus, weil seine Belastung den geschätzten Versteigerungswert erreicht (RG JW **1932** 3625). Jedoch kann es am inneren Tatbestand fehlen (unten Rdn. 34). Vermögensbestandteil ist auch eine künftig entstehende Forderung, wenn sie im Zeitpunkt der Tat schon genügend bestimmt ist (RGSt **71** 227, 230). 26

IV. Tathandlung und Vollendung

1. Die **Tathandlung** besteht im Veräußern oder Beiseiteschaffen von Vermögensbestandteilen. Weil diese Handlungen normalerweise in den Bereich der Privatautonomie des Vermögensinhabers fallen, wird die Grenze zur Sozialschädlichkeit erst dann überschritten, wenn sie im konkreten Fall zu einer Beeinträchtigung der Befriedigungschancen des Gläubigers führen, wenn also ein **Gefährdungs-Zwischenerfolg** eintritt, der den Charakter des Delikts als eines konkreten oder potentiellen Gefährdungsdelikts mit überschießender Innentendenz (u. Rdn. 33) begründet. Diese zwar nicht expressis verbis, aber der Sache nach in der Judikatur vielfach praktizierte, **einschränkende Interpretation** ist namentlich dann unverzichtbar, wenn man die Tatsituation entsprechend der o. in Rdn. 17 dargestellten Kasuistik der Rechtsprechung extrem extensiv bestimmt. 27

a) **Veräußerung** ist – unter dem Gesichtspunkt der durch die Tat drohenden Vereitelung der Gläubigerbefriedigung gesehen – jede *Rechts*handlung, durch die der Gegenstand **ohne vollen Gegenwert** aus dem Vermögen des Schuldners ausscheidet, so dass die Möglichkeit der Befriedigung aus diesem Bestandteil des Schuldnervermögens entfällt oder sich verringert.[26] Ob ein voller Gegenwert eingeht, ist wirtschaftlich (vom Standpunkt des Gläubigers aus) im Zeitpunkt der betreffenden Verfügung zu bewerten. So bildet z.B. ein dem Wert des veräußerten Gegenstandes voll entsprechender Bargelderlös, selbst wenn der böswillige Schuldner ihn einem Dritten überlassen oder verprassen will und verprasst, zunächst einen entsprechenden Gegenwert, da die Befriedigungsmöglichkeit des Gläubigers erst durch die zukünftige Handlung verringert oder ausgeschlossen wird.[27] Die Veräußerung einer bereits gepfändeten Sache ist dagegen (in Tateinheit mit § 136) auch dann Vollstreckungsvereitelung i.S. des § 288, wenn ein entsprechender Gegenwert ins Schuldnervermögen fließt, insofern als an die Stelle eines gesicherten Befriedigungsrechts eine weniger sichere Befriedigungsmöglichkeit tritt (*Sch/Schröder/Eser/Heine* Rdn. 15). Der Abschluss eines schuldrechtlichen Vertrages enthält erst die Anbahnung der Veräußerung (RGSt **32** 20, 21; **38** 227, 231; BayObLGSt **1914** 225); zur Veräußerung gehört, dass mit gläubigerbenachteiligender Wirkung die Vollzugshandlungen des Erfüllungsgeschäfts abgeschlossen sind, z.B. bei einem Verkauf durch Besitzübertragung, auch wenn der Eigentumsübergang erst mit dem Eintritt einer aufschiebenden 28

---

26 RGSt **12** 129; **38** 227; **61** 107; **62** 275, 277; **66** 130, 131; **71** 227, 230; BGH NJW **1953** 1152; BGH (ZS) ZIP **1991** 230, 232 = NJW-RR **1991** 467 f.

27 RGSt **71** 227, 229; *Maier* MK Rdn. 23, der hierfür die zu § 283 ergangene Entscheidung BGH NStZ **2001** 485 = NJW **2001** 1874 m. Anm. *Krause* NStZ **2002** 42 in Anspruch nimmt, die aber das Problem nicht thematisiert; *Hoyer* SK Rdn. 14 und *Wohlers* NK Rdn. 12 (die hier allerdings zu Unrecht wegen der Gegenleistung von einer **„kongruenten Deckung“** sprechen, bei der es vielmehr entspr. §§ 130 f InsO um das Recht des Dritten geht, die betreffende Leistung in dieser Art und zu dieser Zeit zu beanspruchen, zutr. *Sch/Schröder/Eser/Heine* Rdn. 15 f); **aA** RG GA **49** 128; BGH aaO. (Fn. 26).

Bedingung erfolgen soll (RG Recht **1912** Nr. 150). Bei einer Forderung besteht die Veräußerung in der Abtretung.

29 **Einzelfälle.** Eine **Veräußerung** ist: die Belastung eines Grundstücks mit einer Hypothek (RGSt **38** 227, 231; **42** 62, 63; **66** 130, 131) oder die einer beweglichen Sache mit einem Pfandrecht (BGHSt **16** 331), die Vereinbarung eines Zurückbehaltungsrechts, die Eintragung einer Vormerkung (RGSt **34** 3, 4), insbesondere einer Auflassungsvormerkung (RGSt **59** 314, 315), der Verzicht auf einen Nießbrauch (RG GA **40** 165), der Erlass oder die Verpfändung von Forderungen (RGSt **7** 237, 239), die Dereliktion von Sachen, die Verpachtung, weil sie dem Pächter das Eigentum an den gezogenen Früchten verschafft (RGSt **6** 100, 101; auch nach dem Recht des BGB) die Übertragung auf *Treuhänder* (BGH NJW **1993** 2041; NJW **1996** 2231 f; BGHZ **124** 298, 304). Die Veräußerung soll nach der Rspr. auch in der widerspruchslosen Duldung rechtlich nicht begründeter Eingriffe dritter Personen, z.B. einer ungerechtfertigten Pfändung liegen (RG GA **40** 165). Doch setzt das, weil es sich hierbei um eine Tatbestandserfüllung durch **Unterlassen** handeln würde, gem. § 13 eine **Garantenstellung** voraus, die unbeschadet der gegenwärtig anzutreffenden Vielfalt und Heterogenität der einschlägigen Konzepte[28] an sich problemlos aus der **Herrschaft des Schuldners über sein Vermögen** als *Grund des Erfolges*[29] abgeleitet werden könnte, jedoch erst von dem Zeitpunkt an, da das Zwangsvollstreckungsrecht eine Rechtspflicht des Schuldners statuiert, für den Fortbestand eines bestimmten Vollstreckbarkeitsniveaus zu sorgen.[30] Dass ein Unterlassen vor diesem Zeitpunkt nicht begehungsgleich sein kann, folgt auch aus dem argumentum ad absurdum, dass dem Schuldner dann auch lukrative Tätigkeiten zwecks Kompensation der sonst durch die normale Lebenshaltung drohenden „Abschmelzung" seines Vollstreckbarkeitsniveaus

---

[28] Im Standardschrifttum wird eine fast unübersehbare Vielzahl von Positionen vertreten, wobei jedoch eine tendenzielle Rückkehr zur traditionellen sog. formellen Rechtspflichttheorie in Gestalt der „Garantentrias" von Gesetz, Vertrag und vorangegangenem Tun (unter Verwendung z.T. origineller Eigenbezeichnungen) bei bloß äußerlicher Einteilung in Pflichten zum Rundumschutz eines bestimmten Rechtsgutes und in solche zur Überwachung bestimmter Gefahrenquellen z.B. bei folgenden Autoren auffällt: *Weigend* LK § 13 Rdn. 25 ff; *Jescheck/Weigend* § 59 IV 2 ff; *Köhler* AT S. 216 ff; *Kühl* AT S. § 18 Rdn. 44 ff; *Maurach/Gössel/Zipf* AT II § 46 Rdn. 64 ff; *Stratenwerth/Kuhlen* AT § 13 Rdn. 14 ff; *Wessels/Beulke* AT Rdn. 716 ff. Prinzipiell eigene Wege gehen *Jakobs* § 29 Rdn. 29 ff; *Otto* AT § 9 Rdn. 42 ff; und *Schmidhäuser* AT § 12 Rdn. 22 ff. Zur Rspr. vgl. *Rudolphi* SK § 13 Rdn. 26 ff; *Sch/Schröder/Stree* § 13 Rdn. 17 ff; *Wohlers* NK § 13 Rdn. 38 ff. Zum eigenen Standpunkt, der die genannte Zweiteilung in dem sachlogischen Kriterium der Herrschaft über die Hilflosigkeit des Rechtsgutes oder über die Gefahrenquelle begründet sieht, und zu den neueren monographischen Ansätzen näher *Schünemann*, in Gimbernat u.a., S. 49 ff; *ders.* in Tiedemann, S. 103 ff; *Schünemann* LK § 25 Rdn. 40 f; zum Ausbau der Konzeption von Jakobs s. *dens.* in: FG BGH IV, S. 29 ff; zur Kritik wiederum *Schünemann* FS Roxin, S. 1, 18; ferner zur Kritik rein normativistischer Konzeptionen *Gimbernat Ordeig* ZStW **111** (1999) 307 ff, 333 ff; *Silva Sánchez* FS Roxin, S. 641 ff.

[29] Dazu näher *Schünemann* Grund und Grenzen der unechten Unterlassungsdelikte (1971) 234 ff; *ders.* ZStW **96** (1984) 287, 304 ff; GA **1985** 341, 377 ff; aaO (Fn. 28); LK § 25 Rdn. 16, 39 ff.

[30] Wobei diese Konsequenz für die Anhänger einer formellen (d.h. außerstrafrechtlichen) Rechtspflichttheorie selbstverständlich ist, während sie im übrigen sowohl aus der Theorie der objektiven Zurechnung, die die Schaffung eines *unerlaubten* Risikos verlangt, als auch aus dem Vorrang der speziellen vollstreckungsrechtlichen Gestattung und der daraus folgenden *Sekundarität* des Strafrechts (*Schünemann* Unterlassungsdelikte [Fn. 29] 221 ff) abgeleitet werden kann.

vorgeschrieben sein müssten, was auf die indiskutable Vorstellung einer lückenlosen Reglementierung der beruflichen Existenz jedes „Schuldners“ und damit praktisch jedes Menschen hinauslaufen würde. Eine Veräußerung liegt deshalb auch nicht in der Unterlassung einer Arbeit, die dem Gläubiger Teilbefriedigung aus dem Arbeitsentgelt verschaffen könnte – den arbeitsscheuen Schuldner kann der Gläubiger nicht zum Arbeiten zwingen –, oder in der Erbringung von Dienstleistungen ohne oder gegen unverhältnismäßig geringe Vergütung, da hierdurch gemäß § 850h Abs. 2 ZPO die Vollstreckungsmöglichkeiten der Gläubiger nicht beeinträchtigt werden (**aA** früher RGSt **35** 62; BayObLGSt **14** 220, die in der Vereinbarung eines sog. „1500-Mark-Vertrages“ ein Beiseiteschaffen sahen). Des weiteren folgt auch aus § 283 Abs. 1 Nr. 2, Abs. 2 per argumentum e contrario, dass selbst der (scil. aktive) „Verbrauch übermäßiger Beträge durch unwirtschaftliche Ausgaben“ vor der sog. Krise (Überschuldung oder zumindest drohende Zahlungsunfähigkeit) bzw. ohne deren Verursachung strafrechtlich irrelevant ist, so dass auf der Ebene eines einzigen Schuldverhältnisses ein „Verbrauch durch Unterlassen“ nicht generell strafbar sein kann. Anders ist es, wenn den Schuldner bereits bestimmte Bewahrungspflichten treffen wie in dem Fall, dass eine im Auftrag des Gläubigers gepfändete Sache gem. § 808 Abs. 2 S. 1 ZPO im Gewahrsam des Schuldners belassen wird: In diesem Fall vermittelt der Schuldner in erster Stufe dem Gerichtsvollzieher und in zweiter Stufe dem Gläubiger den Besitz und ist aus diesem Besitzmittlungsverhältnis heraus zur Verwahrung der gepfändeten Sache im Interesse des Gläubigers verpflichtet.[31]

Keine Veräußerung ist der bloße Abschluss eines Kaufvertrags (RGSt **32** 20), das **30**
bloße Vermieten oder Verleihen, sofern durch Pfändung des Rückgabeanspruchs das Vollstreckungssubstrat erhalten bleibt. Ferner ist auch eine in der konkreten Art geschuldete Befriedigung eines anderen Gläubigers wegen seiner fälligen Forderung – sog. **kongruente Deckung**, zum Gegenteil s. § 283c – keine Veräußerung, auch wenn der Schuldner dadurch die Befriedigung des gegen ihn vollstreckenden Gläubigers vereiteln will, weil infolge Erlöschens der betreffenden Forderung das Schuldnervermögen insgesamt nicht gemindert worden ist.[32] Keine Veräußerung i.S. des § 288 ist auch die Ausschlagung einer noch nicht angenommenen Erbschaft, da nach der Absicht des Gesetzes die Entscheidung über die Annahme oder Ausschlagung dem Ermessen des Erben überlassen bleiben soll und diese Ermessensfreiheit nicht durch die Rücksichtnahme auf die Interessen der Gläubiger des Erben beeinträchtigt werden darf, wie denn auch (vgl. RGZ **54** 289; **67** 431) die Ausschlagung von den Gläubigern nicht nach dem Anfechtungsgesetz angefochten werden kann.[33] Entsprechendes gilt für die Ablehnung der Fortsetzung einer Gütergemeinschaft.

b) **Beiseiteschaffen** ist jede Handlung, durch die ein Gegenstand der Zwangsvoll- **31**
streckung *tatsächlich* entzogen, d.h. die Vollstreckung unmöglich gemacht oder doch erschwert wird, ohne dass der Gegenstand rechtlich aus dem Vermögen des Schuldners

---

[31] *Roxin/Schünemann/Haffke* (Fn. 6) 351; näher § 289 Rdn. 14.

[32] RGSt **71** 227, 231; OLG Braunschweig HESt. 2 333; BayObLGSt **1952** 225; BGH wistra **2000** 311, 314; BGHZ **114** 305, 310 f m. Anm. *Keller* EWiR § 288 StGB 2/91, 817; LG Münster wistra **2005** 349 (mit irreführendem redaktionellen Leitsatz); *Bruns* ZStW 53 (1934) 489; *Sch/Schröder/Eser/Heine* Rdn. 16; *Maurach/Schroeder/Maiwald* BT I § 47 Rdn. 9.

[33] Ebenso *Fischer* Rdn. 9; *Kohlrausch/Lange* Anm. V; *Lackner/Kühl* Rdn. 4; *Sch/Schröder/Eser/Heine* Rdn. 15; **aA** früher RG JW **1902** 519.

auszuscheiden braucht (BGH GA **1965** 309). Eine dauernde Entziehung ist nicht erforderlich. Hierzu gehört – vom Umgangssprachgebrauch und damit vom möglichen Wortsinn noch gedeckt – das Zerstören der Sache (RGSt **19** 25; **27** 122, 123; **aA** *Wohlers* NK Rdn. 13; *Hoyer* SK Rdn. 15), das Verbergen oder Verstecken einer Sache (RGSt **35** 62, 63; BGH GA **1965** 309), z.B. die Unterbringung in einem Raum, der auf den Namen anderer Personen gemietet ist (RG Recht **1902** 594); ihre vorläufige Unterbringung an einer Stelle, wo sie der Gläubiger nicht vermutet, zur Vorbereitung der endgültigen Entziehung (RG HRR **1934** Nr. 678; DJ **1934** 450). Insbesondere kommen **Scheingeschäfte** in Betracht, wie ein Scheinverkauf mit oder ohne Besitzübergabe (RGSt **13** 138, 140; **27** 213, 215; GA **43** 380), die Bestellung einer Scheinhypothek (RGSt **12** 129, 131; **63** 133), die Ausstellung einer Urkunde über eine nicht ernstlich gemeinte Zession (RG GA **46** 122; Recht **1911** Nr. 3877). Als Beiseiteschaffen wurde auch die Einziehung einer Forderung vor Fälligkeit (RGSt **9** 231; **19** 25; zust. *Maier* MK Rdn. 27), nicht aber die beschleunigte Einziehung nach Fälligkeit (RGSt **71** 227, 229) angesehen; richtiger erscheint, in der Erfüllungsannahme eine rechtsgeschäftliche Handlung zu sehen, die zum Erlöschen der Forderung führt, also eine „Veräußerung" der Forderung, so dass es darauf ankommt, ob als Gegenwert dem Gläubiger der eingezogene Geldbetrag zur Verfügung steht (ebenso *Wohlers* NK Rdn. 13; *Hoyer* SK Rdn. 14).

32 **Kein Beiseiteschaffen** ist die bloße **Beschädigung** einer Sache, die zwar ihren Wert mindert, ihr aber nicht gänzlich den Wert als Vollstreckungsgegenstand nimmt;[34] das bloße Beschädigen ist eben, wenn man dem Gesetzeswortlaut nicht Gewalt antun will, kein Beiseiteschaffen in dem Sinn, dass der Gegenstand dem Zugriff des Gläubigers entzogen wird (wegen der beabsichtigten Schließung dieser Gesetzeslücke vgl. unten Rdn. 47). Das gleiche gilt für die mit einer Wertminderung verbundene Benutzung der Sache durch den Schuldner selbst und demgemäß auch für die unentgeltliche Überlassung des Gebrauchs (Verleihen) von Sachen an andere (vgl. oben Rdn. 29; z.T. **aA** *Sch/Schröder/Eser/Heine* Rdn. 17). Kein Beiseiteschaffen liegt (in Ermangelung einer diesbezüglichen Garantenstellung, o. Rdn. 29) weiterhin in einem **rein passiven Verhalten des Schuldners**, indem er nichts dazu beiträgt, dem Gläubiger den Zugriff auf die Sache zu ermöglichen (sog. *Verheimlichen*), z.B. indem er sich weigert, die Namen der eigenen Schuldner anzugeben (RG DJ **1937** 1317), der Auflage des Richters, der ihm die Offenbarungsversicherung abgenommen hat, die Namen seiner Schuldner nachzubringen, nicht nachkommt (RGSt **71** 227, 229) oder die Auskunft über den Verbleib eines Gegenstandes verweigert (offengelassen in BGH GA **1965** 310). Der Weigerung, Auskunft über den Verbleib usw. zu erteilen, stehen **andere ähnliche Verheimlichungsmaßnahmen** gleich, die den pfändbaren Vermögensstand verdunkeln, wie das Verborgenhalten der Beweisurkunden über die dem Schuldner zustehenden Forderungen vor dem Gerichtsvollzieher (RGSt **26** 9; diff. *Maier* MK Rdn. 28), die bloße Ableugnung des Besitzes eines Gegenstandes gegenüber dem Gerichtsvollzieher (BGH **4** StR 289/59 v. 9.12.1959 bei *Pfeiffer/Maul/Schulte* Anm. 2) oder die Aufforderung an einen Dritten, den Gegenstand als ihm gehörig in Anspruch zu nehmen (zur Frage, inwieweit Betrug oder Betrugsversuch in Betracht kommt, vgl. OLG Hamm NJW **1956** 194). Keine Vereitelungsmaßnahmen i.S. des § 288 sind ferner: das Vermehren der Schuldenmasse, die Unterlassung möglichen Erwerbs, unwirtschaftlicher Eigenverbrauch (soweit es sich nicht um das Verschleudern des Gegenwerts der veräußerten Sache handelt, oben Rdn. 28).

---

[34] RGSt **27** 122, 123; **42** 62; BGH NJW **1978** 2025; *Fischer* Rdn. 10; *Hoyer* SK Rdn. 15; *Sch/Schröder/Eser/Heine* Rdn. 17; *Wohlers* NK Rdn. 15.

2. **Vollendet** ist die Tat, wenn der Täter in der Absicht, die Befriedigung des Gläubigers zu vereiteln, Vermögensbestandteile veräußert oder beiseite geschafft hat; ob er sein Ziel, die Gläubigerbefriedigung zu vereiteln, erreicht, ist für die Vollendung ohne Bedeutung (RGSt **32** 20, 21; **38** 227, 233; JW **1932** 3625; BayObLGSt **1914** 225; *Maier* MK Rdn. 29). Kaum jemals thematisiert und deshalb offenbar stillschweigend verneint wird die Frage, ob der vom Täter herbeigeführte Zwischenerfolg eine konkrete Gefahr für die Befriedigung des Gläubigers darstellen oder nur von seiner Tendenz her den Befriedigungschancen Abbruch tun muss, ob also ein konkreter Gefahrerfolg im Sinne des **normativen Gefahrbegriffs**[35] eingetreten oder ob zumindest eine objektive **Eignung** zur Beeinträchtigung im späteren Ablauf feststellbar sein muss.[36] Im Hinblick darauf, dass bei § 288 ein der Krise in § 283 entsprechendes, einschränkendes Tatbestandsmerkmal[37] fehlt, dass aber gleichwohl die Tatsituation der „drohenden Zwangsvollstreckung" enorm weit ausgelegt wird (o. Rdn. 16), sprechen gute Gründe dafür, zur Verhinderung einer rechtsstaatlich unerträglichen Vorverlagerung der Strafbarkeit in den Bereich des privatautonomen Handelns hinein nur einen die Befriedigung des Gläubigers gefährdenden „Zwischenerfolg" ausreichen zu lassen, der zwar noch nicht die Schwelle zur konkreten Gefahr überschritten zu haben braucht, aber doch als ein *konkret gefährlicher Zustand* im Sinne der **potentiellen Gefährdungsdelikte** (dazu näher *Zieschang* [Fn. 36]; *Wohlers* [Fn. 36] 162 ff) qualifizierbar sein muss. Dadurch wird dann zugleich die Problematik entschärft, dass bei § 288 in Ermangelung einer technischen Versuchsstrafbarkeit auch ein **strafbefreiender Rücktritt i.S. des § 24 begrifflich ausgeschlossen** ist. Durch *tätige Reue* nach Vollendung – etwa indem der Täter, der nach Androhung der Vollstreckung Gegenstände veräußert oder beiseite geschafft hat, sie noch vor Beginn der Vollstreckungshandlung des Gerichtsvollziehers wieder zurückschafft, so dass sie im Zeitpunkt der Vollstreckungshandlung des Gerichtsvollziehers wieder zur Verfügung stehen – kann sich der Täter Straflosigkeit nicht verschaffen, da es an einer die tätige Reue honorierenden Vorschrift, wie sie das Gesetz in einer Reihe von Fällen kennt, fehlt und ein Ersatz im Wege analoger Anwendung des § 24 nicht angängig ist (nicht haltbar *Ottow* NJW **1955** 1546, dass der Täter so lange tätige Reue mit der Folge der Straflosigkeit üben könne, als nicht die dem Gläubiger zu Gebote stehenden Zwangsmittel erschöpft seien; dagegen mit Recht auch *Eckels* NJW **1955** 1827). Indessen lässt sich nicht verkennen, dass eine strenge Durchführung des Grundsatzes, nach rechtlicher Vollendung der Tat sei tätige Reue nur für die Strafzumessung oder für prozessuale Maßnahmen (§ 153 StPO) oder für die Entschließung des Gläubigers über die Ausübung des Strafantragrechts (Absatz 2) von Bedeutung, zu einer rechtsstaatlich unerträglichen Vorverlagerung der Strafbarkeit führen kann – so etwa wenn der Schuldner auf die Vollstreckungsankündigung des Gläubigers hin den von ihm herauszugebenden Gegenstand 33

---

[35] *Schünemann* JA **1975** 793 ff; *Demuth* Der normative Gefahrbegriff (1980) 197 ff, 205 f; *Roxin* AT I § 11 Rdn. 151.

[36] Dazu *Hoyer* Die Eignungsdelikte (1987) passim; *ders.* JA **1990** 183 ff; *Graul* Abstrakte Gefährdungsdelikte und Präsumptionen im Strafrecht (1989) 116; *Baumann/Weber/Mitsch* § 8 Rdn. 44; *Roxin* AT I § 11 Rdn. 162 f; *Wolters/Horn* SK vor § 306 Rdn. 18; weiter differenzierend *Zieschang* Die Gefährdungsdelikte (1998) 64 ff, 100 ff, 197 ff, der zusätzlich die Kategorien des konkreten Gefährlichkeitsdelikts und des potentiellen Gefährdungsdelikts unterscheidet, die eine konkret gefährliche Handlung (ohne Erfolg) bzw. einen konkret gefährlichen Zustand voraussetzen, ohne daß es schon zu einer konkreten Gefahr i.e.S. gekommen sein muß; vgl. auch *Wohlers* Deliktstypen des Präventionsstrafrechts – zur Dogmatik „moderner" Gefährdungsdelikte (2000) 297 ff.

[37] *Fischer* § 283 Rdn. 2, 31; *Lackner/Kühl* § 283 Rdn. 5 ff; *Sch/Schröder/Stree/Heine* § 283 Rdn. 1, 50 ff.

in Vereitelungsabsicht versteckt, um ihn schon am nächsten Tag und noch vor jeder Vollstreckungsmaßnahme freiwillig zurückzuschaffen. Weil das Konzept des § 269 E 1962 eines Erfolgsdelikts mit Versuchsstrafbarkeit und folglich auch Rücktrittsmöglichkeit bisher vom Gesetzgeber nicht aufgegriffen worden ist, kommt de lege lata nur eine restriktive Tatbestandsauslegung in Betracht, um zu verhindern, dass ein in einem frühen Stadium nur kurzfristig erfolgendes und lange vor jeder Vollstreckungshandlung durch tätige Reue revidiertes Beiseiteschaffen bereits strafbar wäre und strafbar bliebe. So wie ein strafloser Veräußerungsversuch (oder richtiger: straflose Vorbereitungshandlung) unzweifelhaft vorliegt, wenn der Täter in Vereitelungsabsicht einen Kaufvertrag über einen Vermögensbestandteil abgeschlossen, mit dem Vollzug aber noch nicht begonnen hat (vgl. oben Rdn. 30), sollte auch ein vollendetes *Beiseiteschaffen* erst angenommen werden, wenn die räumliche Dislozierung des Tatobjekts bis zum Beginn der eigentlichen Vollstreckungsphase ausgedehnt wird. Zu entsprechenden Problemfällen bei der *Veräußerung* (Leistung der Haftkaution über den Verteidiger oder Abtretung des Anspruches auf Rückzahlung der Haftkaution) s.u. Rdn. 43.

V. Subjektiver Tatbestand

34 1. § 288 fordert **Vorsatz** (§ 15, s. RGSt **27** 31, 33; DRiZ **1920** Nr. 583). Dazu gehört das Wissen des Täters, dass er Schuldner des Gläubigers ist – das Bestehen der Forderung, deren Befriedigung die Zwangsvollstreckung dienen soll, ist Tatbestandsmerkmal und nicht etwa nur Bedingung der Strafbarkeit (BGH 1 StR 180/64 v. 7.7.1964 bei *Pfeiffer/Maul/Schulte* Anm. 4) –, dass ihm von diesem die Zwangsvollstreckung droht (RG Rspr. **3** 269, 270; **5** 23, 24; LZ **1914** 571), dass der Handlungsgegenstand dem Vollstreckungszugriff des Gläubigers unterliegt (RGSt **59** 314 ff; *Maier* MK Rdn. 35) und dass er durch seine Handlung dem Gläubiger einen Zugriffsgegenstand entzieht. Und zwar genügt das Bewusstsein des Täters, dass der Gläubiger überhaupt mit Zwangsvollstreckung gegen ihn vorgehen will; nicht notwendig ist das Bewusstsein, dass der Gläubiger gerade den verheimlichten Gegenstand pfänden will (RG JW **1905** 754). Doch fehlt es am Vorsatz, wenn der Schuldner annimmt, dass auch ohne den ausgeschiedenen Gegenstand noch eine zur Befriedigung ausreichende Haftungsmasse vorhanden ist (u. Rdn. 38; *Wohlers* NK Rdn. 15). Das Bewusstsein der drohenden Zwangsvollstreckung entfällt ferner, wenn der Täter glaubt, dass dem Gläubiger die Zwangsvollstreckung in die veräußerten Gegenstände aus rechtlichen Gründen versagt ist (RGSt **38** 227, 234; **59** 314, 316). Das Bewusstsein der Bestandsverringerung fehlt, wenn er eine solche aus wirtschaftlichen Gründen, z.B. bei Überbelastung des veräußerten Grundstücks, für schlechthin unmöglich hält (RGSt **59** 314; BGH ZIP **1991** 230 m. zust. Anm. *Marxen* EWiR § 288 StGB 1/91, 505). Am Vorsatz der Verringerung des zugriffsfähigen Vermögens fehlt es auch (Tatbestandsirrtum), wenn der Täter glaubte, zu seinem Verhalten rechtlich verpflichtet zu sein.[38]

35 Es **genügt** auch **bedingter Vorsatz** (*Lackner/Kühl* Rdn. 5); z.B. reicht bei Veräußerung zur Befriedigung oder Sicherung eines anderen Gläubigers, der auf sie zur Tatzeit in der Art oder zu der Zeit keinen Rechtsanspruch hat (*inkongruente Deckung*; s. dazu oben Rdn. 30), insoweit bedingter Vorsatz aus (OLG Braunschweig HESt. **2** 334).

---

[38] Ebenso *Fischer* Rdn. 11 (der bis zur 50. Aufl. anderer Auffassung war); *Geppert* Jura **1987** 431; *Hoyer* SK Rdn. 16; RGSt **56** 171; *Sch/Schröder/Eser/Heine* Rdn. 18; *Wohlers* NK Rdn. 15; RG JW **1930** 2537; BGHZ **114** 305, 313; **aA** *Maurach/Schroeder/Maiwald* I § 47 Rdn. 10; *Welzel* S. 365, die Verbotsirrtum annehmen.

2. Zum Vorsatz muss die **Absicht** treten, die **Befriedigung des Gläubigers zu vereiteln.**

a) Eine **Vereitelung** liegt vor, wenn der Gläubiger infolge der Handlung des Täters überhaupt nicht befriedigt wird oder nur eine geringere oder auch nur eine spätere Befriedigung (BGH MDR **1977** 638; BayObLGSt **1952** 224) erhält, als er sie ohne die Handlung erreichen würde. Die Vereitelung umfasst auch die unabsehbare *Erschwerung* der Befriedigung (RGSt **8** 1, 4; Recht **1903** 424); ein Vereiteln liegt schon dann vor, wenn der übliche Weg des Zugriffs für den Gläubiger unmöglich gemacht worden ist (RG HRR **1932** Nr. 1404), mag dieser auch durch besondere Findigkeit in der Lage sein, auf anderem Wege Befriedigung zu erlangen. **36**

b) **Absicht** i.S. des § 288 ist nicht dahin zu verstehen, dass der Beweggrund des Handelns gerade darin bestehen musste, die Befriedigung des Gläubigers zu vereiteln. Eine solche Auffassung, wie sie früher (RG Rspr. 8 126; RGSt **27** 241; *Frank* III) vertreten wurde, würde dem Gläubiger nicht den Strafschutz gewähren, dessen er bedarf; denn oft liegt es so, dass es dem Täter nur darauf ankommt, sich den Vermögensbestandteil für seine eigenen Bedürfnisse zu erhalten, und die Vollstreckungsvereitelung für ihn eine – möglicherweise sogar unerwünschte – Nebenfolge ist. Nach herrschender Auffassung umfasst deshalb die Absicht i.S. des § 288 auch die *Wissentlichkeit*, also den direkten Vorsatz unter Ausschluss des bedingten Vorsatzes; der Täter müsse mindestens wissen, dass die Vereitelung der Befriedigung die sichere (zwangsläufige, unvermeidliche) Nebenfolge seines Verhaltens ist.[39] Aber wegen der enormen Vorverlagerung der Strafbarkeit im objektiven Tatbestand (o. Rdn. 16) erscheint ein Korrektiv im subjektiven Tatbestand unerlässlich, weil § 288 sonst praktisch das ganze Vermögen des Schuldners für die Zeit einer drohenden Zwangsvollstreckung gleichsam einer globalen Verfügungsbeschränkung zugunsten seiner Gläubiger unterwerfen, also die wirtschaftliche Bewegungsfreiheit unzumutbar beeinträchtigen würde. Auch dogmatisch lässt sich die Interpretation der Vereitelungsabsicht in dem engeren Sinn, dass es dem Täter **auf den Vereitelungserfolg ankommen** muss[40] (sei es auch nur in Form eines sog. **Zwischenzwecks**[41]), damit überzeugend begründen, dass als Kehrseite der Vereitelung sein eigener **Vorteil** steht, so dass es letztlich um eine atypisch formulierte Vorteilsabsicht geht, die generell i.e.S. zu interpretieren ist. Dass der Täter womöglich bezüglich der Existenz des materiellen Anspruchs seines Gläubigers nur mit dolus eventualis handelt (o. Rdn. 35), schließt die notwendige Vereitelungsabsicht „für diesen in Kauf genommenen Fall" nicht aus, ähnlich wie bei § 242 die Zueignungsabsicht bei bloß bedingtem Vorsatz bezüglich der Rechtswidrigkeit nicht entfällt.[42] **37**

c) **Vereitelungsabsicht ist stets gegeben,** wenn die Vollstreckung auf die Herausgabe des bestimmten, beiseite geschafften Gegenstandes (Individualanspruch) gerichtet ist (RGSt 75 19). Dagegen genügt die Absicht, nur eine bestimmte Vollstreckungsmaßregel **38**

---

39 RGSt 59 314; BayObLGSt **1914** 224; BGH MDR **1991** 521; *Binding* 1 420; *Fischer* Rdn. 12; *v. Hippel* Lehrb. 276; *Lackner/Kühl* Rdn. 6; *Maier* MK Rdn. 36; *Maurach/Schroeder/Maiwald* I § 47 Rdn. 10; *Olshausen* 14; *Sch/Schröder/Eser/Heine* Rdn. 19–22; *Schünemann* LK Voraufl. Rdn. 35; *Welzel* S. 365.

40 So richtig *Hoyer* SK Rdn. 17; *Wohlers* NK Rdn. 16; *Herzberg* ZStW **88** (1976) 95.

41 Zum Begriff der Absicht ieS und des Zwischenzwecks *Roxin* AT I § 12 Rdn. 7 ff, 10; *Stratenwerth/Kuhlen* AT § 8 Rdn. 103, 140; *Rudolphi* SK § 16 Rdn. 36.

42 Vgl. *Fischer* § 242 Rdn. 49; *Hoyer* SK § 242 Rdn. 108, 110; *Sch/Schröder/Eser* § 242 Rdn. 65.

zu verhindern oder ein bestimmtes Vermögensstück dem Zugriff des Gläubigers zu entziehen, nicht, wenn andere Vermögensstücke zu dessen Befriedigung ausreichen (RGSt 8 50, 51; HRR **1930** Nr. 1073). Die **Vereitelungsabsicht fehlt** demgemäß, wenn bei Veräußerung eines Vermögensbestandteils dem Gläubiger der entsprechende Gegenwert zur Verfügung steht (RGSt **71** 227, 230; richtigerweise ist dann schon der objektive Tatbestand nicht erfüllt, s.o. Rdn. 28) oder der Schuldner den Gläubiger aus anderen Mitteln befriedigen will. Insbesondere fehlt die den böswilligen Schuldner kennzeichnende Vereitelungsabsicht bei gläubigerfreundlichem Verhalten, etwa wenn der Schuldner vom Verderb bedrohte Waren veräußert, um dem Gläubiger den Erlös zu erhalten (*Blei* BT § 68).

VI. Täterschaft und Teilnahme

39 **1. Täter** (und Mittäter) kann nach dem Wortlaut des Gesetzes („bei einer *ihm* drohenden Zwangsvollstreckung") nur sein, wem die Zwangsvollstreckung droht, also **der Vollstreckungsschuldner** (sog. **intraneus**). Diese Eigenschaft ist strafbegründendes Tätermerkmal, § 288 also ein **echtes Sonderdelikt**. Vollstreckungsschuldner ist, wer dem Gläubiger gegenüber aus irgendeinem *sachlich-rechtlichen Grund* dessen Zwangsvollstreckung in Bestandteile des ihm gehörigen oder seiner Beherrschungsmacht unterliegenden Vermögens zu dulden hat, auch wenn er nicht der persönliche Leistungsschuldner des Gläubigers ist (RGSt **68** 108 m.w.N), wie z.B. der Vermögensnießbraucher hinsichtlich der vor der Bestellung des Nießbrauchs entstandenen Verbindlichkeiten des Bestellers (§ 1086 BGB, § 737 ZPO). Der Schuldner kann in der Insolvenz Täter hinsichtlich des konkursfreien Vermögens, z.B. des Neuerwerbs sein (h.M.).

40 **2. Vertreter des Vollstreckungsschuldners.** Die früher an den Wortlaut („Bestandteile *seines* Vermögens") anknüpfende Streit- und Zweifelsfrage, ob und inwieweit Täter auch sein kann, wer nicht selbst Vollstreckungsschuldner ist, sondern als *Organ einer juristischen Person*, als gesetzlicher oder gewillkürter Vertreter des Vollstreckungsschuldners handelt, ist jetzt durch § 14 geklärt (*Schünemann* LK § 14 Rdn. 41). Damit erledigten sich die im Schrifttum[43] unternommenen Versuche, das Problem durch eine erweiternde Auslegung des Begriffs des Vollstreckungsschuldners zu lösen. Soweit die Voraussetzungen des § 14 nicht vorliegen, wie z.B. bei dem gewillkürten Vertreter, der nicht die Merkmale des § 14 Abs. 2 erfüllt, kann jemand, der eine Zwangsvollstreckung vereitelt, ohne Vollstreckungsschuldner zu sein, nicht als Täter nach § 288 bestraft werden.

41 **3. Handeln mit Einwilligung oder zugunsten des Schuldners.** Auch nach Erweiterung des Täterkreises durch § 14 bleibt das geltende Recht hinter § 269 Abs. 2 E 1962 (unten Rdn. 47) zurück, nach dessen Vorschlag als Täter auch bestraft werden sollte, wer (ähnlich wie in § 289) die Tat bei einer einem anderen drohenden Zwangsvollstreckung an Vermögensbestandteilen des anderen mit dessen Einwilligung (womöglich kollusiv) oder jedenfalls zu dessen Gunsten begeht. Da eine Reform nach dieser Richtung ausgeblieben, insbesondere auch von dem seine Energien auf zweifelhafte Reformen (Beispiel u. § 297 Entstehungsgeschichte) verschwendenden Gesetzgeber des 6. StrRG verabsäumt worden ist, besteht die bekannte Streitfrage weiter, wie der Fall zu behandeln ist, dass der auf Reisen abwesende Vollstreckungsschuldner A von der drohenden Zwangsvollstreckung

---

[43] Vgl. *Rimmelspacher* JZ **1967** 472; 700;
Schmitt JZ **1967** 698; **1968** 123.

Kenntnis erlangt, brieflich seinen im Besitz der nötigen Schlüssel befindlichen Freund B bittet, bestimmte der Vollstreckung unterliegende Gegenstände aus der Wohnung zu holen, und B der Bitte nachkommt. Einigkeit besteht, dass A und B strafwürdig erscheinen; streitig ist, ob und wie sich nach der lex lata eine Strafbarkeit – des A als des Täters, des B als Gehilfen – begründen lässt. Nach bis vor kurzem völlig herrschender Meinung ist A als **mittelbarer Täter** strafbar (bereits *Schumacher* S. 35), wobei aber die Begründung extrem umstritten ist und mindestens drei unterschiedliche Konzeptionen miteinander wetteifern. Nach der von *Gallas* und *Welzel* begründeten *Tatherrschaftstheorie* soll der intraneus in einem erweiterten Sinn die „soziale" oder „normativ aufzufassende" Tatherrschaft besitzen, da er es kraft der nur von ihm mitgebrachten Qualifikation in der Hand habe, ob es überhaupt zu einem deliktischen Geschehen kommt.[44] Der **extraneus** B ist dann als Gehilfe, und zwar als sog. **qualifikationsloses-doloses Werkzeug** strafbar. Diese Begründung wird heute jedoch im Anschluss an die Kritik *Roxins*[45], der ihr einen Zirkelschluss vorwirft, ganz überwiegend abgelehnt[46] – freilich ohne Abweichung im Ergebnis, das *Roxin* auf die von ihm entwickelte Theorie der *Pflichtdelikte* stützt: Kraft einer der Norm des § 288 vorgelagerten und nur dem Vollstreckungsschuldner auferlegten Pflicht, sein Vermögen dem Zugriff des Gläubigers offen zu halten, werde dieser – unabhängig von der äußeren Form des Verhaltens – zur „Zentralgestalt des tatbestandsmäßigen Geschehens" und damit zum mittelbaren Täter. Die mittlerweile zahlreichen Anhänger dieser Theorie stimmen teils der Lösung der mittelbaren Täterschaft zu (*Cramer* Festschrift Bockelmann S. 389, 399), teils halten sie diese Konstruktion für überflüssig und qualifizieren den Sonderpflichtigen als unmittelbaren Täter, wobei jedoch offenbleibt, ob § 288 von ihnen überhaupt in diese Deliktsgruppe eingereiht wird.[47] Gerade das wird von anderen Anhängern der Pflichtdelikttheorie bestritten (*Herzberg* JuS **1974** 377), woraus in Verbindung mit der Ablehnung einer Normativierung des Tatherrschaftsbegriffs im neueren Schrifttum zunehmend häufiger die Konsequenz gezogen wird, dass sich eine Täterschaft des intraneus als Hintermann überhaupt nicht begründen lasse,[48] so dass also A und B im Ausgangsfall beide straflos wären. Aber das kann schon deshalb nicht richtig sein, weil § 288 dadurch ohne jeden Anhaltspunkt in Wortlaut oder Zweck in ein eigenhändiges Delikt verwandelt würde und weil dabei verkannt wird, dass dem extraneus ja überhaupt erst durch die in der Aufforderung des intraneus liegende **Erlaubnis** der Zugriff auf das Vermögen des intraneus geöffnet wird, so dass allein schon deshalb unter der Prämisse, dass § 288 ein Gemeindelikt wäre, Mittäterschaft von A und B anzunehmen wäre: Dies zeigt etwa ein Vergleich mit § 109, der es gleichstellt, wenn sich jemand zur Erfüllung der Wehrpflicht untauglich machen lässt und ein anderer ihn mit seiner Einwilligung untauglich macht (*Schroeder* LK § 109 Rdn. 16). Es schießt auch über das Ziel hinaus, aus dem Umstand, dass der Vollstreckungsschuldner im vorstraf-

---

44 *Gallas* Materialien I 121, 135 f; *Welzel* § 15 II 3; ebenso *Bockelmann/Volk* 180; *Jescheck/Weigend* § 62 II 7; *Lackner/Kühl* § 25 Rdn. 4; unklar *Sch/Schröder/Cramer/Heine* § 25 Rdn. 19, 44; ohne eigene Stellungnahme *Kühl* AT § 20 Rdn. 56b.

45 Täterschaft und Tatherrschaft[8] (2006) 382 ff, 746 ff; *ders.* AT II § 25 Rdn. 277.

46 *Roxin* AT II § 25 Rdn. 277; ferner *Hoyer* SK § 25 Rdn. 58; *Jakobs* § 21 Rdn. 104; *Joecks* MK § 25 Rdn. 78; *Otto* AT § 21 Rdn. 94; *Stratenwerth/Kuhlen* AT § 12 Rdn. 40.

47 *Jakobs* § 21 Rdn. 104, 117; *Sánchez-Vera* Pflichtdelikt und Beteiligung (1999) 163 f.

48 *Bloy* Die Beteiligungsform als Zurechnungstypus im Strafrecht (1985) 241; *Geppert* Jura **1987** 427, 431; *Herzberg* Täterschaft und Teilnahme (1977) 34; *Krey/Hellmann* Rdn. 292 f; *Mitsch* BT 2 382; *ders.* JuS **2004** 323, 325; *Otto* Jura **1987** 256; *ders.* AT § 21 Rdn. 96; *Stratenwerth/Kuhlen* AT § 12 Rdn. 40; *Wessels/Hillenkamp* Rdn. 452; *Wohlers* NK Rdn. 4; differenzierend *Maurach/Gössel/Zipf* § 48 Rdn. 57 f.

rechtlichen sozialen Raum keine Treuepflicht gegenüber dem Gläubiger habe, deren Verletzung § 288 pönalisiere (*Herzberg* JuS **1974** 377), die Straflosigkeit eines mit Hilfe eines Dritten bewerkstelligten Beiseiteschaffens zu folgern, denn das Gesetz hat offensichtlich und mit Recht die Herrschaft des Schuldners über die Vollstreckungsmasse zum Anknüpfungspunkt für die Täterschaft genommen und damit ein **Garantensonderdelikt** (Begriff bei *Schünemann* LK § 25 Rdn. 42) geschaffen, dessen Limitierung im Falle der bloßen *Nichtabwendung* von Vermögensminderungen (o. Rdn. 29) keinerlei Notwendigkeit begründet, auch ein den Vereitelungserfolg hervorrufendes *aktives* Tun (hier: Auslösung der Handlungsbereitschaft eines Dritten) aus dem Tatbestand zu eliminieren. Die gegenteilige Auffassung stellt die Schutzrichtung der Garantensonderdelikte, die Täterschaft auf den Inhaber der Herrschaft in dem für das Rechtsgut kritischen sozialen Bereich zu konzentrieren,[49] geradezu auf den Kopf, indem die für solche Delikte geradezu typische „Begehung durch einen anderen" ausgeschlossen und dem vom Gesetz eigentlich zum Täter schlechthin qualifizierten intraneus die Möglichkeit mittelbarer Täterschaft allein unter Berufung auf das lediglich für die Herrschaftsdelikte passende und geschaffene Kriterium der Tatherrschaft i.e.S. abgesprochen werden soll. Die Rechtsfigur der mittelbaren Täterschaft durch Benutzung eines qualifikationslosen-dolosen Werkzeuges liegt vielmehr geradezu im Kern der „Begehung durch einen anderen", so dass die modische Kritik daran in die Irre führt.[50]

42 4. a) Die **Teilnahme** regelt sich nach den allgemeinen Vorschriften. Der **Gehilfe** braucht nicht in Vereitelungsabsicht zu handeln (RG JW **1930** 2357), er muss aber die Vereitelungsabsicht des Täters kennen und das Bewusstsein haben, durch sein eigenes Verhalten die Tat zu fördern. Als Gehilfe ist z.B. auch strafbar, wer sich vom Vollstreckungsschuldner auf dessen Grundstück eine Scheinhypothek eintragen lässt und sie zum Vorteil des Schuldners versilbert (RGSt **63** 133). Von der h.M. bisher ohne viel Federlesen bejaht,[51] aber in Wahrheit dogmatisch äußerst heikel ist die Frage, ob auch der Empfänger der veräußerten Sache wegen Beihilfe strafbar ist, was erstmals von *Gropp* in seiner Monographie zur *notwendigen Teilnahme* auf die Fälle eines Handelns im Interesse des Schuldners eingeschränkt worden (Deliktstypen mit Sonderbeteiligung [1992] 123 f) und im Rahmen der modernen Diskussion über die *Beihilfe durch neutrales Verhalten*[52] neu zu bewerten ist. Ähnlich wie beim Tatbestand des Bankrotts gemäß § 283 wird man deshalb den bloßen Abschluss von Rechtsgeschäften mit dem Schuldner

---

[49] Diese Charakterisierung der meisten und wichtigsten Sonderdelikte habe ich erstmals in ZSchwR **119** (1978) 131, 152 ff und Jura **1980** 568, 576 ff skizziert und in Unternehmenskriminalität und Strafrecht (1979) 92 ff, 138; wistra **1982** 41, 46 f; GA **1986** 293, 331 ff; LK § 25 Rdn. 42 ff; § 266 Rdn. 55, 58 f ausgebaut; zum Verhältnis zur Theorie der Pflichtdelikte s. *Schünemann* LK § 25 Rdn. 43.

[50] Der im Text entwickelten Position zust. *Maier* MK Rdn. 39.

[51] RGSt **27** 10; *Herzberg* JuS **1975** 795; *Wohlers* NK Rdn. 5 m.w.N.

[52] Zu dieser Problematik *Behr* wistra **1999** 245 ff; *Frisch* FS Lüderssen, S. 539 ff; *Hassemer* wistra **1995** 41 ff; *Hartmann*, ZStW 116 (2004), 58 ff; *Hoyer* SK § 27 Rdn. 23 ff; *Jakobs* GA **1996** 253 ff; *Kudlich* Die Unterstützung fremder Straftaten durch berufsbedingtes Verhalten (2004); *Meyer* wistra **1989** 281 ff; *Niedermair* ZStW **107** (1995) 507 ff (instruktiv); *Ransiek* wistra **1997** 41 ff; *Rogat* Die Zurechnung der Beihilfe (1997); *Roxin*, AT II § 26 Rdn. 218 ff; *Schall* GS Meurer, S. 103 ff; *Tag* JR **1997** 49 ff; *Weigend* FS Nishihara, S. 197 ff; *Wohlers* NStZ **2000** 169 ff; *Wohlleben* Beihilfe durch äußerlich neutrale Handlungen (1997); *Yamanaka* FS Jakobs, S. 767 ff; umfassend *Schünemann* LK § 26 Rdn. 17 ff m. ausf. Nachw.; eine spezielle Stellungnahme zu § 288 StGB fehlt bisher (vgl. aber den bei *Kudlich* S. 44 gebildeten Fall).

nicht als eine strafbare Beihilfe qualifizieren können.[53] Hierfür spricht auch als *argumentum a fortiori*, dass die Spezialvorschrift der Schuldnerbegünstigung in § 283d selbst im Insolvenzfall den Erwerb von Schuldnervermögen (als Gegenstück zur Veräußerung durch den Schuldner) nicht als Tathandlung nennt. Anders verhält es sich bei einer Kollusion zum Zwecke der Vollstreckungsvereitelung (Beispiele bieten OLG Dresden [ZS] NJW-RR **2001** 1690; LSG Nds.-Bremen UV-Recht Aktuell **2007** 388 m. Anm. *Pluta/Heidrich* jurisPR-InsR 14/2077 Anm. 5; LG Münster wistra **2005** 349).

Eine heftige Kontroverse hat der Fall ausgelöst, dass ein inhaftierter Beschuldigter die ihm gem. § 116 Abs. 1 S. 4 StPO auferlegte Sicherheitsleistung (**Kaution**) über ein Konto seines Verteidigers leitet („veräußert") und von diesem im eigenen Namen bei der Hinterlegungsstelle einzahlen lässt, um einem Vollstreckungszugriff des Geschädigten zu entgehen (die Erfüllung des Vereitelungstatbestandes in der Variante des „Beiseiteschaffens" verneinend LG Gießen NJW **2004** 1966; *Herzog/Hoch/Warius* StV **2007** 542 ff; bejahend OLG Frankfurt NJW **2005** 1727 = StV **2007** 533; unter dem Aspekt des § 257 ohne Erörterung des § 288 ähnlich BGHSt **47** 68, 81 f). Weil der Ersatzanspruch des Geschädigten selbstverständlich durch § 288 geschützt wird (zum speziellen Fall der Rückgewinnungshilfe o. Rdn. 13), dessen Zugriff im konkreten Fall durch die Methode der Kautionsstellung gerade verhindert werden sollte, aber wegen der fortbestehenden Möglichkeit einer Pfändung des bedingten Rückzahlungsanspruchs des Beschuldigten gegen seinen Verteidiger nur erschwert wurde, hängt das Ergebnis von den o. Rdn. 33 dargestellten Probleme des Vollendungszeitpunktes ab. Hierfür kann die „Durchleitung" durch das Vermögen des Verteidigers ausreichen, wenn dieser (wie im Fall des LG Gießen) in verdeckter Treuhand auftritt, doch lag die Besonderheit des Falles darin, dass die Kaution aus dem der Vollstreckung nur unter exorbitanten Hindernissen offen stehenden ausländischen Vermögen des Beschuldigten beschafft wurde, so dass die Einschaltung des Verteidigers insgesamt sogar zu einer Besserstellung des Gläubigers führte und deshalb unter dem Aspekt der **Risikoverringerung** die **objektive Zurechnung**[54] zu verneinen war. Weitergehend wollen *Herzog/Hoch/Warius* (aaO 545 f) aus dem in BGHZ **95** 109 statuierten *Aufrechnungsverbot* bezüglich des Anspruches auf Rückzahlung einer gem. § 123 Abs. 2 StPO frei gewordenen Kaution eine Art *„Rückgewinnungsfestigkeit"* jeder Kaution zu Lasten des Geschädigten folgern, weil der Beschuldigte sonst nicht ausreichend motiviert sei, sich dem Verfahren zu stellen, und deshalb letztlich die ganze Institution der Haftverschonung gegen Sicherheitsleistung in verfassungswidriger Wiese ausgehöhlt werde (ähnlich der Hinweis von BGHZ **95** 109, 116 auf den Verhältnismäßigkeitsgrundsatz zur Begründung des Aufrechnungsverbots). Aber das ist ein Zirkelschluss, an dessen Stelle in einem Rechtsstaat der Grundsatz treten muss, dass ein Straftäter kein Recht hat, mit Hilfe der Deliktsbeute Untersuchungshaft zu vermeiden und sich dadurch überdies noch der Vollstreckung zu entziehen. Die Unschuldvermutung des Art. 6 Abs. 1 EMRK liefert kein Gegenargument, weil es ja auch bei der Rückgewinnungshilfe zunächst einmal nur um die Sicherung der behaupteten Ersatzansprüche geht, deren Befriedigung ein unschuldig Beschuldigter erfolgreich abwenden kann. Auch die (in ihrer Wirksamkeit freilich umstrittene[55]) **Abtretung des künftigen Rückzahlungsanspruches** folgt als „Veräußerung" den allgemeinen Regeln. 43

[53] Vgl. *Tiedemann* LK[11] § 283 Rdn. 71, 80, 229; BGHZ **130** 314, 330 f; BGH NJW **1993** 2041; **1996** 2231 f, wonach eine zivilrechtliche Haftung aus § 823 Abs. 2 BGB i.V.m. § 288 StGB „besondere, erschwerende Umstände" voraussetzt.

[54] Dazu *Roxin* AT I § 11 Rdn. 53 ff; *Rudolphi* SK vor § 1 Rdn. 58; *Sch/Schröder/Lenckner/Eisele* Vorbem §§ 13 ff Rdn. 94.

[55] Verneinend OLG München StV **2000** 509 m. abl. Anm. *Sättele*; *Boujong* KK-StPO § 123 Rdn. 7; für die Möglichkeit eines richter-

44 b) Streitig ist die **Anwendbarkeit des § 28 Abs. 1.** Sie ist entgegen der überwiegend vertretenen Auffassung[56] zu bejahen, weil die Schuldnereigenschaft ein „besonderes persönliches" Merkmal in dem Sinne ist, dass es nicht durch mittelbare Täterschaft substituiert werden kann.[57] Entscheidend für die Richtigkeit dieser **Einheitstheorie** spricht, dass das Unrecht des § 288 durch den extraneus als Täter überhaupt nicht verwirklicht werden kann, so dass der drohende Wertungswiderspruch, dass die weniger intensive Mitwirkung zur vollen Strafbarkeit führt, wenigstens durch eine Strafrahmenprivilegierung abgemildert werden muss. Freilich kommt eine *Doppelmilderung* sowohl nach § 28 Abs. 1 als auch nach § 27 Abs. 2 Satz 2 nur dann in Betracht, wenn dem extraneus ein „besonderes", d.h. *zusätzliches* Tätermerkmal (*neben* der Tatherrschaft) fehlt, so dass ein mit dem Schuldner arbeitsteilig zusammenwirkender (also mit eigener Tatherrschaft ausgestatteter) extraneus nur in den Genuss einer einfachen Strafmilderung kommt (*Schünemann* GA **1986** 341f; *Schünemann* LK § 28 Rdn. 83; im Ergebnis ebenso BGHSt **26** 53 ff).

VII. Strafantrag (Absatz 2)

45 Antragsberechtigt (vgl. § 77) ist in erster Linie jeder Gläubiger, von dem dem Vollstreckungsschuldner die Zwangsvollstreckung drohte und dessen Befriedigung vereitelt werden sollte (RGSt **1** 37; **17** 42), also u.U. eine Mehrheit von Gläubigern. Der Antragsteller muss den sachlich begründeten Anspruch (oben Rdn. 14) im Zeitpunkt der Vereitelungshandlung haben (RG JW **1937** 1336). Wird der Gläubiger insolvent, so besteht sein Antragsrecht neben dem selbständigen Antragsrecht des Insolvenzverwalters fort (RGSt **23** 344; **33** 433; **35** 149). Dem Insolvenzverwalter des Schuldners steht das Antragsrecht wegen einer die Masse benachteiligenden Straftat (RGSt **33** 433), aber nicht an Stelle des benachteiligten Gläubigers zu (RG JW **1911** 509). Ist der Fiskus Gläubiger, so sind die ihn vertretenden Behörden und Beamten je für ihren Geschäftsbereich zuständig, bei Steuerschulden z.B. das Finanzamt (OLG Celle HRR **1937** Nr. 1080; OLG Schleswig SchlHA **1956** 212), und zwar sowohl das ersuchende wie das ersuchte Finanzamt (RG JW **1929** 2429). Vgl. noch RGSt **68** 305 (Sparkassenvorstand neben dem Bürgermeister) sowie BVerfG NStZ-RR **2004** 112 (vorläufige strafprozessuale Maßnahmen vor Antragstellung).

VIII. Konkurrenzen

46 Tateinheit ist möglich mit § 136, der die staatliche Gewalt über Sachen schützt, sofern die Zwangsvollstreckung bereits begonnen hat, aber noch weitere Vollstreckungshand-

---

lichen Abtretungsverbots AG Hamburg StV **2000** 512 m. abl. Anm. *Schlothauer*; keinerlei Bedenken gegen die Abtretbarkeit bei BGHZ **95** 109, 117; wohl auch (wenig klar) BGHSt **47** 68, 82.

[56] *Lackner/Kühl* Rdn. 7; *Maier* MK Rdn. 41; *Maurach/Schroeder/Maiwald* I § 47 Rdn. 11; *Sch/Schröder/Eser/Heine* Rdn. 25 f; *Wohlers* NK Rdn. 5; im Ergebnis auch *Herzberg* JuS **1975** 648; ZStW **88** (1976) 68, 83.

[57] Zum Grundsatz eingehend *Schünemann* ZSchwR **1978** 131, 149 ff; *ders.* Jura **1980** 354, 364 ff; *ders.* Unternehmenskriminalität und Strafrecht (1979) 131 ff; *ders.* GA **1986** 293, 336 ff; *Schünemann* LK § 28 Rdn. 10 ff, 45 ff, 59; im Ergebnis für § 288 ebenso *Fischer* Rdn. 14; *Hoyer* SK Rdn. 11.

lungen zu erwarten sind (RGSt **17** 42); ferner mit § 283c (RGSt **20** 214); mit § 246 (RGSt **61** 410; BGH GA **1965** 309; *Haas* GA **1996** 119). Eine Tat, die den Tatbestand des § 288 erfüllt, kann nachträglich in ein Vergehen nach §§ 283 Abs. 1 Nr. 1, 283c übergehen, wenn zu den Tatbestandsmerkmalen des § 288 Zahlungseinstellung oder Eröffnung des Insolvenzverfahrens (§§ 283 Abs. 2, 283c Abs. 3) hinzutritt. Betrug (§ 263) kann straflose Nachtat gegenüber § 288 sein (OLG Hamburg Hans. GZ **1936** 192).

Veräußern und Beiseiteschaffen sind gleichwertige Tatbestandsmerkmale und können **wahlweise festgestellt** werden (RGSt **6** 100).

IX. Reformbestrebungen

§ 269 E 1962 schlug vor, das Absichtsdelikt des § 288 zu einem Erfolgsdelikt umzu- **47**
gestalten, indem er zur Vollendung der Tat die absichtliche oder wissentliche gänzliche oder teilweise Vereitelung der Befriedigung des Gläubigers forderte, weil der Erfolg der Tathandlung für die Beurteilung von Unrecht und Schuld durchaus wesentlich sei; zum Ausgleich dafür sollte auch der Versuch strafbar sein. Die Tatbestandshandlung sollte im Zerstören, Beschädigen, Unbrauchbarmachen oder Beiseiteschaffen von Vermögenstatbestandteilen bestehen (die Veräußerung also nicht mehr besonders genannt werden) und als Täter auch strafbar sein, wer die Tat bei einer einem anderen drohenden Zwangsvollstreckung an Vermögensbestandteilen des anderen mit dessen Einwilligung oder zu dessen Gunsten begeht (vgl. dazu oben Rdn. 39). Diesen Vorschlag übernahm Art. 18 Nr. 135 des Entw. EGStGB 1974 (BTDrucks. VI/3250 und 7/550); der dort vorgesehene § 283a sollte an die Stelle des § 288 StGB treten (dazu **krit.** *Schöne* JZ **1973** **446** mit Erwiderung *Blei* JA **1973** 669). Der Vorschlag zur Umgestaltung des § 288 (und des § 289; vgl. dort Rdn. 33) stand im Zusammenhang mit dem Vorhaben, im Strafgesetzbuch einen „Vierundzwanzigsten Abschnitt: Verletzung von Gläubigerrechten" zu bilden, der außer den Vorschriften über Pfandkehr und Vereitelung der Zwangsvollstreckung auch – nach entsprechender Umgestaltung – als §§ 283b ff die bisher in §§ 239 ff KO geregelten Konkursstraftaten umfassen sollte. Der BT-Sonderausschuss beschloss aber, die Vorschläge in Art. 18 Nr. 135 Entw. EGStGB 1974 zurückzustellen; sie sollten im Zusammenhang mit einer Reform des Wirtschaftsstrafrechts geprüft werden (BTDrucks. 7/1232 S. 3, 58; 2222 S. 4). Das Erste Gesetz zur Bekämpfung der Wirtschaftskriminalität (1. WiKG) vom 29.7.1976 brachte zwar u.a. auch die Reform der Konkursstraftaten in dem neuen 24. Abschnitt des Besonderen Teils, ließ aber die §§ 288, 289 unberührt, woran auch das 6. StrRG nichts änderte.

§ 289
Pfandkehr

(1) Wer seine eigene bewegliche Sache oder eine fremde bewegliche Sache zugunsten des Eigentümers derselben dem Nutznießer, Pfandgläubiger oder demjenigen, welchem an der Sache ein Gebrauchs- oder Zurückbehaltungsrecht zusteht, in rechtswidriger Absicht wegnimmt, wird mit Freiheitsstrafe bis zu drei Jahren oder mit Geldstrafe bestraft.

(2) Der Versuch ist strafbar.

(3) Die Tat wird nur auf Antrag verfolgt.

Schrifttum

Berghaus Der strafrechtliche Schutz der Zwangsvollstreckung (1967); *Bohnert* Die Auslegung des Wegnahmebegriffs bei der Pfandkehr (§ 289 StGB), JuS **1982** 256; *Dreykluft* Der § 289 StGB's und sein Verhältnis zu anderen Strafbestimmungen, Diss. Erlangen 1896; *Geppert* Vollstreckungsvereitelung (§ 288 StGB) und Pfandkehr (§ 289 StGB), Jura **1987** 427; *Harburger* Die Pfandkehr VDB VI 322; *Joerden* „Mieterrücken" im Hotel, JuS **1985** 20; *Küchenhoff* Dogmatik, historische Entwicklung und künftige Ausgestaltung der Strafvorschriften gegen die Pfandkehr, Diss. Heidelberg 1975; *Laubenthal* Einheitlicher Wegnahmebegriff im Strafrecht? JA **1990** 38; *Lenz* Der strafrechtliche Schutz des Pfandrechts, 1893; *Otto* Der Wegnahmebegriff pp., Jura **1992** 666; *Rinio* Das „Überlisten" der Ausfahrtschranke eines Parkhauses – strafbares Unrecht, DAR **1998** 297; *Schöne* Strafrechtsreform im Einführungsgesetz, JZ **1973** 446; *Sichtermann* Fallen das Inventar- und das Früchtepfandrecht unter § 289 StGB? GA **1959** 238.

Entstehungsgeschichte

Der frühere Absatz 2, der die Möglichkeit der Aberkennung der bürgerlichen Ehrenrechte vorsah, wurde durch das 1. StrRG vom 25.6.1969 (BGBl. I 645) aufgehoben. Von den nunmehrigen Absätzen 3 und 4 erhielt Absatz 3 (Strafantrag) durch Art. 19 Nr. 153 EGStGB 1974 die jetzige Fassung (ohne sachliche Änderung), und Absatz 4 (Ehegatten- und Elternprivileg) wurde durch die gleiche Vorschrift gestrichen.

Übersicht

	Rdn.
I. Rechtsgut und Deliktsstruktur	
1. Geschütztes Rechtsgut	1
2. Erfolgsdelikt	2
3. Praktische Bedeutung	3
II. Die gegen Rechtsvereitelung geschützten Rechte	
1. Nutznießungsrecht	4
2. Pfandrecht	5
a) Pfandgläubiger i.S. des § 289	5
b) Pfändungspfandrecht	6
3. Gebrauchsrecht	7
4. Zurückbehaltungsrecht	
a) Begriff	8
b) Vertragliches Zurückbehaltungsrecht an eingebrachten Sachen des Mieters?	9
III. Die Tathandlung	
1. Wegnahme	10
2. Herrschende Auffassung	11
a) Vermieterpfandrecht	12
b) Pfändungspfandrecht	13
c) Eigene Meinung	14
d) Folgerungen	15
3. Zerstörung, Beschädigung, Unbrauchbarmachung	17
IV. Widerrechtlichkeit der Wegnahme	18
V. Täter	
1. Eigentümer	19
2. Nichteigentümer	20
VI. Subjektiver Tatbestand	22
1. Vorsatz	23
2. Rechtswidrige Absicht	
a) Dauernde Vereitelung des fremden Rechts an der Sache	24
b) Absicht im engeren Sinne	25
c) Keine rechtswidrige Absicht	26
3. Irrtum	27
a) Über Bestehen des fremden Rechts	28
b) Irrtümliche Annahme eines Rechtfertigungsgrundes für Wegnahme	29
VII. Versuch (Absatz 2)	30
VIII. Konkurrenzen	31
IX. Strafantrag (Absatz 3)	32
X. Reformbestrebungen	33

Stichwortverzeichnis

Absicht, rechtswidrige 24
– bzgl. Bestand fremden Rechts 25
– unerheblicher Eingriff 26
– Wissentlichkeit 25
– Zwischenzweck 25
Anstifter als Täter 19
Beschädigung als Wegnahme 17
Bezwecken 25
Deliktsstruktur 1, 2
Deliktserfolg 2
E 1962 Entstehungsgeschichte 1
EGStGB 1974 Entstehungsgeschichte 1, 33

Eigentümer als Täter 19
Erfolgsdelikt 2
- kupiertes 24
Gebrauchsrecht 4, 7
Gehilfe als Täter 19
Gewahrsam 10 ff
- des Gerichtsvollziehers 15
Inventarpfandrecht und Wegnahme 16
Irrtum 27 ff
- über Nichtbestehen fremden Rechts 28
- über Vorliegen eines Rechtfertigungsgrundes 29
Konkurrenzen 31
Miete
- und Versuch 30
- und Vollendung 30
- und Wegnahme 16
Mitberechtigter als Täter 20
Miteigentümer als Täter 19
Miteigentum und Wegnahme 16
Mitgebrauch und Wegnahme 16
Nichteigentümer als Täter 20
Nießbrauch, als Nutznießungsrecht 4
Nutznießungsrecht 4
- Nießbrauch 4
- Gebrauchsrecht 4
Organ juristischer Person als Täter 21
Pfändung, private 5
Pfändungspfandgläubiger 13
- Gewahrsam des 15
Pfändungspfandrecht 6
- und Wegnahme 14
Pfandgläubiger 5
Pfandkehr 1
Pfandrecht 5
- gesetzliches 5
- des Vermieters und Wegnahme 14
Praktische Bedeutung 3
Rechtsgut 1
Reformbestrebungen 33
Rücken 10
Strafantragsberechtigung 32
Subjektiver Tatbestand 22 ff
Täter 19 ff
Tatbestandsirrtum 28
Tateinheit zwischen § 136 und § 289 6, 15
Tathandlung 10 ff
Unbrauchbarmachung als Wegnahme 17
Verbotsirrtum 29
Vereitelungsvorsatz 26
Versuch 30
- bei Miete 30
Vollendung 30
- bei Miete 30
Vorsatz 23
Wegnahme 10 ff
- bei Inventarpfandrecht 16
- bei Miete 16
- bei Miteigentum 16
- bei Mitgebrauchsrecht 16
- bei Pfändungspfandrecht 14
- bei Vermieterpfandrecht 12, 14
- durch Beschädigung 17
- durch Unbrauchbarmachung 17
- durch Zerstörung 17
- Gewahrsamsbruch 10
- tatsächliches Herrschafts- und Gewaltverhältnis 11 ff
Widerrechtlichkeit der Wegnahme 18
Wissentlichkeit 25
Zerstörung als Wegnahme 17
Zurückbehaltungsrecht 8f
- Begriff 8
- vertragliches 8
Zwischenzweck 25

I. Rechtsgut und Deliktsstruktur

1. § 289 soll die Inhaber von vier bestimmten Sicherungs- oder Nutzungsrechten, die an *beweglichen Sachen* bestehen, davor schützen, dass seitens des Verpflichteten oder seiner Helfer die Ausübung ihres Rechts vereitelt wird. Da ein praktisch bedeutsamer Anwendungsfall des § 289 die Vereitelung der Rechte des Pfandgläubigers ist, hatte sich (pars pro toto) die Bezeichnung des Vergehens als Pfandkehr eingebürgert, die das EGStGB 1974 im Anschluss an § 268 E 1962 als gesetzliche Überschrift übernommen hat. Andere früher zuweilen verwendete Bezeichnungen stellten auf die Besitzentziehung ab, was auf das im 19.Jahrhundert abgelöste gemeinrechtliche Delikt des *furtum possessionis* (*Maurach/Schroeder/Maiwald* I § 37 Rdn. 14; *Küchenhoff* S. 64 ff) hinwies, die Struktur des § 289 aber verfehlte. Denn § 289 schützt nicht den Besitz – ein solcher braucht überhaupt nicht zu bestehen –, auch nicht den Gewahrsam des Berechtigten,[1] der allenfalls im übertragenen Sinn eine Voraussetzung des Strafschutzes bildet (unten 1

[1] So aber RGSt 17 358; *Hoyer* SK Rdn. 1; dagegen zutr. *Wohlers* NK Rdn. 1.

Rdn. 14), sondern das Recht, das „an“ der Sache besteht (bzw. seine Ausübung). Besteht ein solches Recht nicht, so wird ein nur tatsächlich bestehender Gewahrsam nicht geschützt (RG HRR **1930** Nr. 1553). Zutreffender wäre daher die Bezeichnung Rechtsvereitelung, die auch die Verwandtschaft des § 289 mit § 288 zum Ausdruck brächte; nur wäre auch sie ungenau, weil nach geltendem Recht nicht jede Form der Rechtsvereitelung, sondern – rechtspolitisch verfehlt; unten Rdn. 33 – nur eine solche durch *Wegnahme* der Sache, an der das Recht besteht, geschützt wird (dazu im Einzelnen u. Rdn. 10 ff).

2 2. Der Deliktserfolg besteht in einer Veränderung der „Belegenheit“ der Sache, d.h. ihrer räumlichen Situation, so dass es sich bei § 289 um ein (*kupiertes*, u. Rdn. 24) **Erfolgsdelikt** handelt.

3 3. Die **praktische Bedeutung** des § 289 – gemessen an der Zahl der Verurteilungen[2] – seit langem gering (*Maurach/Schroeder/Maiwald* I § 37 Rdn. 6; *Mitsch* BT 2 S. 385). Das war früher anders, wie allein schon die enorme Zahl der nachfolgend zu berücksichtigenden einschlägigen Entscheidungen des Reichsgerichts zeigt. Der Grund dürfte in dem Siegeszug des Sicherungseigentums und kautelarjuristischer Sicherungsinstrumente auf Kosten des Pfandrechts an beweglichen Sachen zu finden sein.

II. Die gegen Rechtsvereitelung geschützten Rechte

Die geschützten Rechte sind in § 289 *abschließend* aufgeführt.

4 1. **Nutznießungsrecht.** Der Begriff des Nutznießers wird in der Gesetzessprache nur selten verwendet (vgl. § 21 Abs. 2 ZPO; § 7 Abs. 4 BundesjagdG). Es ist darunter der Inhaber eines *absoluten* Rechts zur Ziehung der Nutzungen (§ 100 BGB) einer beweglichen Sache zu verstehen. Auf den Entstehungsgrund des Nutznießungsrechts (Rechtsgeschäft, Gesetz) kommt es nicht an. In Betracht kommt in erster Linie der Nießbrauch (§§ 1030 ff BGB), gleichviel ob er durch Bestellung (§ 1032) oder Ersitzung (§ 1033) begründet ist und welche causa (entgeltlicher Erwerb, Schenkung, Vermächtnis) der Bestellung zugrundeliegt. Ein Nutznießungsrecht ist ferner auch das nießbrauchsähnliche Recht der Eltern, Einkünfte des Kindesvermögens im Rahmen des § 1649 Abs. 2 BGB zu Unterhaltszwecken zu verwenden, und das Recht der Ehegatten an den Sondergutsmassen gemäß § 1417 Abs. 3 Satz 2 BGB. Hierher gehört auch der Nießbrauch an einem im Schiffsregister eingetragenen Schiff. Zwar sind auf ihn zivilrechtlich die für den Nießbrauch an Grundstücken geltenden Vorschriften sinngemäß anzuwenden (§§ 9, 82 Abs. 1 SchiffsregisterG). Strafrechtlich zählt aber nur, dass ein Schiff eine bewegliche Sache ist. *Schuldrechtliche* Nutzungsverhältnisse sind dagegen keine Nutznießungs-, sondern allenfalls Gebrauchsrechte (dazu unten Rdn. 7).

2. Pfandrecht

5 a) **Pfandgläubiger i.S. des § 289** ist, wer nach den Vorschriften des bürgerlichen Rechts ein Pfandrecht an beweglichen Sachen (= ein Recht, sich wegen einer Forderung aus der Sache zu befriedigen) besitzt, gleichviel, ob es rechtsgeschäftlich (§ 1205 BGB)

---

[2] Nämlich im alten Bundesgebiet mit zuletzt nur 252 Abgeurteilten und 142 Verurteilten für die §§ 288/289 pro Jahr, vgl. dazu Statistisches Bundesamt, Strafverfolgung 2005, S. 38.

bestellt oder kraft Gesetzes entstanden ist. Zu den gesetzlichen Pfandrechten gehören insbes. die Pfandrechte des Vermieters (§§ 562 bis 562d BGB; näher unten Rdn. 12 zum Umfang MüKo/*Maier* Rdn. 8f), des Verpächters (§ 592 BGB), des Pächters (§ 583 BGB), des Werkunternehmers (§ 647 BGB), des Gastwirts (§ 704 BGB), des Kommissionärs (§ 397 HGB), des Spediteurs (§ 464 HGB), des Lagerhalters (§ 475b HGB); wegen weiterer gesetzlicher Pfandrechte vgl. etwa die Aufzählung bei *Bassenge* Palandt § 1257 BGB Rdn. 1 Über gesetzliche Pfandrechte an den in die Luftfahrzeugrolle eingetragenen Luftfahrzeugen vgl. *Wendt* MDR **1963** 448, 450.

Auch die berechtigte Privatpfändung (Art. 89 EGBGB) begründet ein gesetzliches Pfandrecht (RGSt **7** 302; **13** 405; **32** 12). § 562 Abs. 1 S. 2 BGB entzieht dem gesetzlichen Pfandrecht des Vermieters diejenigen Sachen, die gemäß § 811 ZPO der Pfändung nicht unterworfen sind (vgl. dazu unten Rdn. 9). Dagegen ergreift das gesetzliche Pfandrecht auch die Sachen, die gemäß §§ 803 Abs. 2, 812 ZPO nicht gepfändet werden sollen.[3]

b) Zweifelhaft und streitig ist, inwieweit das **Pfändungspfandrecht** ein nach § 289 **6**
geschütztes Pfandrecht ist. Häufig wird die Auffassung vertreten, dass § 289 schlechthin unanwendbar sei, da § 136 als lex specialis dem § 289 vorgehe.[4] Nach anderer Auffassung ist § 136 nur dann lex specialis, wenn der gepfändete Gegenstand gemäß § 808 Abs. 2 ZPO im Gewahrsam des Schuldners belassen wird.[5] Nach der überwiegenden Auffassung ist das Pfändungspfandrecht dagegen durch § 289 ohne Verdrängung durch den ein anderes Rechtsgut betreffenden § 136 geschützt.[6] Allerdings ist auch bei Zugrundelegung dieser Auffassung, falls die gepfändete Sache sich nicht gerade im Gewahrsam des Gläubigers befindet (§ 809 ZPO), § 289 unanwendbar, wenn man die (abzulehnende) Auffassung vertritt, dass sie dem Gläubiger nicht „weggenommen" (s. dazu unten Rdn. 13) werden könne. Den Vorzug verdient die herrschende Lehre. Gegen abweichende Auffassungen spricht zunächst die Verschiedenartigkeit des geschützten Rechtsguts: § 136 schützt die staatliche Herrschaftsgewalt über eine Sache, während § 289 den Schutz der Sicherungsrechte des Einzelnen gegenüber Vereitelungsmaßnahmen des Eigentümers oder zu dessen Gunsten zum Gegenstand hat. Beide Vorschriften unterscheiden sich auch im Strafmaß (§ 136: Freiheitsstrafe bis zu einem Jahr, § 289: Freiheitsstrafe bis zu drei Jahren) und in der Behandlung des Versuchs (§ 136 lässt den Versuch straflos, § 289 erklärt ihn für strafbar). Schließlich erscheint es auch kriminalpolitisch bedenklich, „den ohnedies dürftigen Pfandrechtsschutz des Strafgesetzbuches noch dadurch einzuengen, dass in den häufigsten Fällen, beim Pfändungspfandrecht, der Schutz des § 289 ausgeschlossen und durch den ganz anderen Schutz des § 136 ersetzt statt ergänzt wird" (*Baumann* aaO Fn. 6). Es ist also davon auszugehen, dass beim Zusammentreffen von § 136 mit § 289 nicht Gesetzeskonkurrenz, sondern Tateinheit besteht.

---

3 RGSt **31** 310; **38** 172; GA **52** 390; **aA** *Haase* JR **1971** 323; differenzierend Palandt/*Weidenkaff* § 559 BGB Rdn. 17.

4 *Berghaus* S. 96; *Fischer* Rdn. 2; *Hirsch* ZStW **82** (1970) 411, 426; *Kohlrausch/Lange* Anm. V; *Küchenhoff* S. 20; *Lüke* FS Arthur Kaufmann II, S. 565, 578; *Lackner/Kühl* Rdn. 1.

5 So *Fischer* Rdn. 2; *Joecks* StGB Rdn. 7; *Sch/Schröder/Eser/Heine* Rdn. 4; wohl auch *Arzt/Weber* BT S. 399.

6 So *Baumann* NJW **1956** 1866; *Geppert* Jura **1987** 432 f; *Gössel* BT 2 § 18 Rdn. 107; *Hoyer* SK Rdn. 4; *Kindhäuser* LPK Rdn. 5; *ders.* BT II § 10 Rdn. 5; *Maier* MK Rdn. 11 f; *Maurach/Schroeder/Maiwald* I § 37 Rdn. 16; *Rengier* BT 1 § 28 Rdn. 4; *Welzel* 367; *Wessels/Hillenkamp* Rdn. 440; *Wohlers* NK Rdn. 6; *Würtenberger* JuS **1969** 134 Fn. 16; differenzierend *Mitsch* BT 2 § 5 Rdn. 122.

7 **3. Gebrauchsrecht.** Dieser Begriff ist im weitesten Sinn zu verstehen. Zwischen dinglichen und persönlichen, gesetzlichen (§§ 743 Abs. 2, 2038 Abs. 2 BGB) und vertraglichen, privatrechtlichen und öffentlichrechtlichen Gebrauchsrechten besteht kein Unterschied (RGSt **17** 358; **32** 12, 15; **37** 118, 129). Daher steht auch z.B. das schuldrechtliche Gebrauchsrecht des Mieters (§§ 536 ff BGB) und des Entleihers (§ 598) unter dem Schutz des § 289 (RGSt **17** 358). Als Gebrauchsrecht ist auch das Recht des Käufers zum Gebrauch der Kaufsache anzusehen, wenn ihm deren Besitz überlassen, aber noch nicht das Eigentum daran übertragen ist (vgl. insbes. § 449 BGB), ferner das entsprechende Recht des im Besitz der Sache verbliebenen Sicherungsgebers gegenüber dem Sicherungseigentümer (ebenso *Sch/Schröder/Eser/Heine* Rdn. 7; *Welzel* S. 367; *Wohlers* NK Rdn. 7).

4. Zurückbehaltungsrecht

8 a) **Begriff.** Zurückbehaltungsrecht ist das Recht des *Besitzers* einer Sache, deren Herausgabe an den Berechtigten zu verweigern, solange er nicht wegen eigener Ansprüche befriedigt wird. Auch beim Zurückbehaltungsrecht, das also Besitz der Sache voraussetzt, macht es keinen Unterschied, ob es auf Gesetz (§§ 273, 972, 1000 BGB, §§ 369 bis 372 HGB) oder Vertrag beruht, ob es dinglicher oder schuldrechtlicher Art ist (RGSt **32** 12, 15; **37** 118) und ob es durch Bundes- oder Landesrecht begründet ist wie z.B. bei der Privatpfändung von Vieh, das auf Grundstücken weidet, auf denen es nicht betroffen werden darf (vgl. RGSt **32** 12, 13). Das von einem Nichtberechtigten eingeräumte Zurückbehaltungsrecht hat dem Eigentümer gegenüber keine Wirkung (RGSt **63** 209), und selbst der eigenmächtige Besteller macht sich durch Wegnahme der Sache zugunsten des Eigentümers nicht der Pfandkehr schuldig (RG HRR **1929** Nr. 1279). Ein schuldrechtliches Zurückbehaltungsrecht kann auch für Sachen vereinbart werden, die, wie Schuldscheine, Versicherungsscheine und andere Beweisurkunden, nicht Gegenstand einer Pfändung sind (RGSt **51** 83; **63** 209). Über das Zurückbehaltungsrecht des Käufers beim Abzahlungsgeschäft nach Rücktrittserklärung des Verkäufers in besonderen Fällen vgl. OLG Braunschweig NJW **1961** 1274.

9 b) **Streitig** ist, ob dem Vermieter ein **vertragliches,** den Schutz des § 289 genießendes **Zurückbehaltungsrecht an eingebrachten Sachen des Mieters** eingeräumt werden kann, die **nach § 811 ZPO** unpfändbar sind und auf die sich nach § 562 Abs. 1 S. 3 BGB das gesetzliche Pfandrecht des Vermieters nicht erstreckt. Das Reichsgericht hat die Frage wiederholt bejaht.[7] Im Schrifttum wird die Frage fast einhellig mit verschiedener Begründung verneint.[8] Der letzteren Auffassung ist zuzustimmen. Denn es widerstrebt dem sozialpolitischen Zweck des § 559 Satz 3 BGB, dem wirtschaftlich Schwachen die notwendigen Existenzmittel zu belassen, wenn der Ausschluss vom gesetzlichen Pfandrecht mit Hilfe einer Zurückbehaltungsvereinbarung umgangen wird. Wenn in RGSt **37** 118, 125 gegenüber diesem Gesichtspunkt ausgeführt wird, dass „sozialpolitische Rücksichten allein bei der Auslegung und Anwendung der bestehenden, im Übrigen völlig klaren und an sich zu Zweifeln keinen begründeten Anlass bietenden Gesetzesvorschriften nicht von ausschlaggebender Bedeutung sein können", so ist – bei gewandelten Auslegungsgrundsätzen – kaum anzunehmen, dass sich heute ein Revisionsurteil einer solchen Argumentation bedienen würde.

---

[7] RGSt **35** 150; **37** 118; **63** 209; zustimmend *Maier* MK Rdn. 10; *Maurach/Schroeder/Maiwald* I § 37 Rdn. 16.

[8] Vgl. *Fischer* Rdn. 1; *Frank* Anm III; *Gössel* BT 2 § 18 Rdn. 110; *Lackner/Kühl* Rdn. 1; *Sch/Schröder/Eser/Heine* Rdn. 6; *Wessels/Hillenkamp* Rdn. 441; *Wohlers* NK Rdn. 8.

III. Die Tathandlung

Die Tathandlung besteht darin, dass dem Nutznießer oder sonstigen Berechtigten die bewegliche Sache, die den Gegenstand der Nutzung oder Sicherung bildet, **weggenommen** wird. Über den Begriff der Wegnahme besteht Streit.

1. Im Anschluss an die Auslegung des gleichlautenden Begriffs in § 242 wird z.T. und 10 mit zunehmender Tendenz im Schrifttum[9] unter Wegnehmen der **Bruch des Gewahrsams des Berechtigten** verstanden. Allerdings wird die Begründung eigenen Gewahrsams des Täters nicht gefordert, denn dass das letztere Erfordernis entfällt, ergibt sich schon daraus, dass die Tat auch von einem Nichteigentümer zugunsten des Eigentümers begangen werden kann. Wenn aber zum Wegnehmen i.S. des § 289 der Bruch des Gewahrsams des Berechtigten gehörte, so wären die Inhaber besitzloser Pfandrechte, insbesondere der Vermieter beim sog. „*Rücken*" des Mieters – Entfernen der eingebrachten Sachen ohne Wissen oder unter Widerspruch des Vermieters (§ 562a BGB) –, vom Strafschutz des § 289 ausgeschlossen und ggf. lediglich auf den des § 288 angewiesen. Die Vertreter dieser Auffassung ziehen diese Folgerung und verteidigen die Notwendigkeit des Gewahrsamsbruchs mit dem Hinweis, dass nur dann die unterschiedliche Strafdrohung (Höchstmaß der Freiheitsstrafe in § 289 drei Jahre, in § 288 zwei Jahre) zu erklären sei. Aber die Unterschiedlichkeit des Strafmaximums ist praktisch bedeutungslos – wann wird schon bei Pfandkehr auf die Höchststrafe oder eine sich ihr nähernde Freiheitsstrafe oder auch nur auf Freiheitsstrafe von zwei Jahren erkannt? – und stellt sich überdies als ein sachlich nicht zu rechtfertigender Anachronismus dar (weshalb § 268 E 1962 – unten Rdn. 33 – für Pfandkehr wie für Vollstreckungsvereitelung die gleiche Strafdrohung vorsah). Praktisch bliebe der Vermieter schutzlos – oder mindestens wäre ein Strafschutz aus § 288 zweifelhaft – , wenn der nichtsahnende Vermieter vom „Rücken" des Mieters überrascht wird und ihm der Gedanke, die Zwangsvollstreckung zu betreiben, noch nicht gekommen war (vgl. Rdn. 17 zu § 288). Dass im Übrigen im Begriff des Wegnehmens der Gewahrsambruch nicht mit begrifflicher Notwendigkeit eingeschlossen ist, zeigt § 168, der es für nötig hält, von einer Wegnahme „aus dem Gewahrsam" zu sprechen. Auch zwingt die Verwendung des gleichen Begriffs an verschiedenen Stellen eines Gesetzes nicht zu einer gleichförmigen Auslegung, wenn sachliche Gründe dem entgegenstehen (sog. „Relativität der Rechtsbegriffe"); man denke etwa nur an die verschiedenartige Bedeutung, die Begriffe wie „Absicht" oder „öffentlich" im Strafgesetzbuch haben können.

2. Nach **herrschender**, insbesondere von der Rechtsprechung vertretener **Auffassung** 11 gehört zum Wegnehmen zwar nicht Gewahrsam des verletzten Berechtigten an der Sache, aber doch ein **tatsächliches Herrschafts- und Gewaltverhältnis über die Sache,** das *dem Besitz ähnlich* ist und ihm deshalb strafrechtlich gleichgestellt wird.[10] Was aber unter

[9] Vgl. *Arzt/Weber* BT § 16 Rdn. 29; *Bohnert* JuS **1982** 256, 260; *Frank* Anm. III; *Hoyer* SK Rdn. 10; *Joecks* Rdn. 3; *Joerden* JuS **1985** 20, 23; *Kohlrausch/Lange* Anm. III; *Küchenhoff* S. 26; *Laubenthal* JA **1990** 38, 41 f; *Maurach/Schroeder/Maiwald* I § 37 Rdn. 16; *Otto* Jura **1992** 666, 667; *Sch/Schröder/Eser/Heine* Rdn. 8; *Wohlers* NK Rdn. 9 ff.

[10] Vgl. RGSt **1** 429, 430 f; **3** 57, 61 f; **4** 43, 46; **25** 115, 116; **35** 150, 151; **37** 118, 126 f; HRR **1941** Nr. 739; BayObLG NJW **1981** 1745 m. abl. Anm. *Otto* JR **1982** 32; zust. *Fischer* Rdn. 2; *Geppert* Jura **1987** 427, 433 f; *Gössel* BT 2 § 18 Rdn. 113; *Lackner/Kühl* Rdn. 3; *Maier* MK Rdn. 15; *Mitsch* BT 2 § 5 Rdn. 126; *Rengier* BT 1 § 28 Rdn. 7; *Rinio* DAR **1998** 297, 3007; *Tiedemann* JuS **1967** 25, 27; *Welzel* 367; *Wessels/Hillenkamp* Rdn. 442.

einem solchen Verhältnis zu verstehen ist, welche konstitutiven Merkmale es aufweisen muss, ist angesichts der unterschiedlichen Begründungen und der verschiedenartigen Ergebnisse recht zweifelhaft.

12 a) Bei dem **Vermieterpfandrecht** hat die Rechtsprechung ein tatsächliches Herrschafts- und Gewaltverhältnis stets bejaht, was allein schon wegen der qualifizierten *Rechtsmacht* richtig erscheint, welche dem besitzlosen gesetzlichen Pfandgläubiger in Gestalt des Selbsthilferechts gem. § 562b BGB eine ähnlich starke Stellung verleiht wie einem Faustpfandinhaber.

13 b) Dagegen **fehlt** es nach RGSt **64** 77 (zustimmend *Welzel* 367; *Maurach/Schroeder/Maiwald* I § 37 Rdn. 16) **an der tatsächlichen Gewalt des Pfändungspfandgläubigers,** wenn die im Wege der Zwangsvollstreckung gepfändeten Gegenstände im Gewahrsam des Schuldners verbleiben (§ 808 Abs. 2 ZPO); veräußert dieser sie, so sei nur § 136 und nicht § 289 anwendbar. Dem kann aber nicht zugestimmt werden. Denn obwohl RGSt **64** 77, 78 sich auf RGSt **25** 115; **37** 118 beruft, entfernt sich in Wahrheit die Entscheidung von diesen Präjudizien: Wenn nämlich zum faktischen Herrschaftsverhältnis die in der Rechtsstellung begründete Macht des Vermieters genügend ist, als gesetzlicher besitzloser Gläubiger aus dem Gegenstand seine Befriedigung zu suchen, dann übt der besitzlose Pfändungspfandgläubiger in gleicher Weise wie der Inhaber eines gesetzlichen Pfandrechts eine „gewisse tatsächliche Herrschaft“ über den Pfandgegenstand aus.

14 c) **Eigene Meinung.** Bei einer solchen Sublimierung des „besitzähnlichen Verhältnisses“, dessen Verletzung begrifflich zum Wesen des „Wegnehmens“ gehören soll, erweist sich die ganze verschwommene Konstruktion eines besitzähnlichen Verhältnisses als entbehrlich und die Bemühung um eine gewisse Parallelisierung des Wegnehmens in § 242 und in § 289 als überflüssig. Der Wegnahmebegriff des § 289 ist vielmehr selbständig nach den Bedürfnissen des Rechtsguts, dem § 289 seinen Schutz gewähren will, auszulegen. Dann aber muss (vgl. dazu auch unten Rdn. 33) als Wegnahme i.S. des § 289 jede Handlung angesehen werden, durch die die Sache **eine räumliche Veränderung erfährt, die dem Schuldner im Verhältnis zum Gläubiger untersagt ist** und entweder das Recht des Gläubigers zum Erlöschen bringt oder zumindest dessen Zugriff an dem neuen Aufenthaltsort wesentlich erschwert und dadurch dessen Recht wirtschaftlich entwertet.[11] So erlischt das *Vermieterpfandrecht* grundsätzlich schon durch die bloße Entfernung der Sache von dem Grundstück, und der Vermieter muss dagegen den Beweis führen, dass die Entfernung ohne sein Wissen oder gegen seinen Widerspruch erfolgte (§ 562a BGB). Beim *Pfändungspfandrecht* an einer vom Gerichtsvollzieher gepfändeten und gem. § 808 Abs. 2 ZPO im Gewahrsam des Schuldners belassenen Sache ist der Schuldner Besitzmittler des Gerichtsvollziehers und dieser wiederum des Gläubigers (RGZ **94** 341; **105** 415; **118** 227), woraus sich eine Verwahrungspflicht des Schuldners ergibt, deren Verletzung durch räumliche Entfernung der Sache schon wegen Beeinträchtigung der Ersichtlichkeit der Pfändung (s. § 808 Abs. 2 S. 2 ZPO) wie auch wegen Erschwerung der Besitzergreifung das Pfändungspfandrecht des Gläubigers wirtschaftlich entwertet.

15 d) **Folgerungen.** Auch bei engerer Auslegung des Wegnahmebegriffs im Sinn der herrschenden Meinung kann der Schuldner **gepfändete Sachen**, die sich **im Gewahrsam des**

[11] Ebenso *Kindhäuser* BT II § 10 Rdn. 8; *Tiedemann* JuS **1967** 25, 27; *Wessels/Hillenkamp* Rdn. 442; wohl auch *Mitsch* BT 2 S. 392 f.

Gerichtsvollziehers befinden, dem Pfändungspfandgläubiger wegnehmen, indem er sie dem Gewahrsam des Gerichtsvollziehers entzieht und dadurch in das Besitzmittlungsverhältnis zwischen Gerichtsvollzieher und Pfändungspfandgläubiger eingreift (*Würtenberger* JuS **1969** 128, 131). Nimmt der Schuldner die im Gewahrsam des Pfändungspfandgläubigers befindliche Sache (§ 809 ZPO) weg, so besteht Tateinheit zwischen § 289 und § 136 (offengelassen von RGSt **64** 77, 78). Bewegliche Sachen, die *Zubehör* des durch § 289 nicht geschützten *unbeweglichen Vermögens* sind, können nach § 865 Abs. 2 Satz 1 ZPO nicht gepfändet werden; daher wie auch im Hinblick auf § 1121 BGB hat der Hypothekengläubiger keine „Verfügungsmacht" über die beweglichen Zubehörstücke des belasteten Grundstücks (RGSt **25** 115, 116; h.M.).

Eine Wegnahme ist es auch, wenn der Eigentümer eine Sache, an der ein anderer **16**
neben ihm ein **Mitgebrauchsrecht** hat, dem Mitgebrauch des anderen durch Verbringung der Sache an einen Ort entzieht, an dem diesem die Ausübung des Mitgebrauchs nicht möglich ist, etwa wenn der Hofeigentümer dem Altenteiler, der ein dingliches Recht auf freie Mitbenutzung sämtlicher Wirtschaftsgeräte hat, die Benutzung eines Geräts dadurch unmöglich macht, dass er es auf ein anderes dem Täter gehöriges Grundstück verbringt (RGSt **17** 358); in dieser Weise kann auch ein Miteigentümer gegenüber dem anderen gebrauchsberechtigten Miteigentümer Pfandkehr begehen, soweit nicht Diebstahl in Betracht kommt (vgl. dazu *Würtenberger* JuS **1969** 130). Eine Wegnahme ist es ferner, wenn der Mieter die dem gesetzlichen Pfandrecht des Vermieters unterliegende Sache aus der Mietwohnung des Täters in die Mietwohnung einer anderen in demselben Haus wohnenden Person verbringt (**aA** RGSt **10** 318, 320; Rspr. **8** 269, 272; GA **41** [1893] 56: Versuch) oder wenn der Täter die Sache im Machtbereich des Berechtigten zwecks Entziehung versteckt; dazu genügt die Verbringung an eine Stelle, wo sie verständigerweise nicht gesucht wird. Zur Rechtswidrigkeit der Wegnahme ist nicht erforderlich, dass der Vermieter dem i.S. des § 562a BGB „rückenden" Mieter ausdrücklich erklärt hat, von seinem gesetzlichen Pfandrecht Gebrauch machen zu wollen. Von dem hier vertretenen Standpunkt über den Begriff des Wegnehmens aus erledigen sich auch die Bedenken von *Sichtermann* GA **1959** 238, 241 über den mangelnden Strafschutz des Pfandgläubigers, der sich bei Zugrundelegung der (auch von ihm gebilligten) herrschenden Meinung ergebe, wenn nach den Vorschriften des PachtkreditG v. 5.8.1951 (BGBl. I 494) der Pächter eines landwirtschaftlichen Grundstücks an dem ihm gehörigen Inventar einem Pachtkreditinstitut zur Sicherung eines Darlehens ein besitzloses Pfandrecht (**Inventarpfandrecht**) bestellt.

3. **Zerstörung, Beschädigung, Unbrauchbarmachung.** In der räumlichen Entfernung **17**
aus dem Macht- und Zugriffsbereich des Berechtigten erschöpft sich die Wegnahme; auf das weitere Schicksal der weggenommenen Sache kommt es nicht an. Wegnahme ist daher auch die Fortschaffung einer beweglichen Sache zwecks Zerstörung. Dagegen fällt ein Zugriff, der nicht in einer Wegnahme in diesem Sinn, sondern direkt in der Zerstörung, Beschädigung oder Unbrauchbarmachung der Sache besteht, nach geltendem Recht nicht unter § 289,[12] obwohl er nicht minder strafwürdig ist, weil er das fremde Recht noch gröber als die Wegnahme vereitelt. Diese Lücke kann aber wegen des Analogieverbots nicht im Wege der Auslegung, sondern – wie dies auch im E 1962 vorgesehen

---

[12] Herrschende Meinung. Vgl. RGSt **15** 434, 436 f; **41** 54, 56; Rspr. **9** 204, 211; GA **41** (1893), 56; *Binding* Lehrb. **1** 317; *v. Liszt/Schmidt* Anm. 317; *Fischer* Rdn. 2; *Frank* Anm. III; *Sch/Schröder/Eser/Heine* Rdn. 8; *Kohlrausch/Lange* Anm. III; **aA** *Olshausen* Anm. 7.

war (unten Rdn. 33), aber weder im 1. und 2. WiKG noch im 6. StrRG realisiert worden ist – nur durch den Gesetzgeber geschlossen werden.

IV. Widerrechtlichkeit der Wegnahme

18 Die **Widerrechtlichkeit der Wegnahme entfällt** außer nach den allgemeinen Regeln auch in den Fällen, in denen das Gesetz eine Entfernung aus dem Machtbereich des Berechtigten ohne Rücksichtnahme auf dessen entgegenstehenden Willen mit der Folge des Ausscheidens aus der Haftung zulässt (vgl. §§ 562a Satz 2, 1121 Abs. 1 BGB). Bei Einverständnis des Berechtigten liegt schon tatbestandlich keine Wegnahme vor.

V. Täter

Täter kann sein

19 1. der **Eigentümer** oder Miteigentümer, und zwar auch dann, wenn ihm neben dem Berechtigten der Mitgebrauch seines Eigentums (Miteigentums) zusteht (oben Rdn. 16). Wer Eigentümer ist, richtet sich nach bürgerlichem Recht; die Eigentumsvermutung des § 1362 BGB gilt nicht für das Strafrecht (RGSt **36** 332; *Schröder* JZ **1959** 347). Auf den (zugunsten des Eigentümers handelnden) **Anstifter oder Gehilfen des Eigentümers,** der nicht Miteigentümer ist, findet § 28 Abs. 1 keine Anwendung, da es sich bei der Eigentümereigenschaft nicht um ein strafbegründendes, sondern nur um ein alternatives Tätermerkmal handelt.

20 2. ein **Nichteigentümer,** auch wenn er Mitberechtigter ist, aber nur, wenn er **zugunsten des Eigentümers handelt,** etwa um ihm die Sache zu bringen oder ihn gegen deren Verlust zu schützen. Dabei ist erforderlich, dass der Wille des Täters gerade darauf gerichtet ist, dem Eigentümer einen Vorteil zu verschaffen, mag dies auch zugleich für ihn vorteilhaft sein; nicht genügend ist, wenn der Täter in erster Linie eigene Interessen wahrnehmen will und damit – als Nebenfolge – tatsächlich zugleich das Interesse des Eigentümers fordert (RGSt **7** 325, 326; GA **41** [1893] 414, 415; JW **1931** 542). Darauf, ob er mit oder ohne Einverständnis des Eigentümers handelt, kommt es nicht an; ist aber der Eigentümer damit einverstanden, dass der Nichteigentümer die Sache zu seinem eigenen Gebrauch wegnimmt, so liegt eine Wegnahme zugunsten des Eigentümers insofern vor, als damit dem Willen des Eigentümers, wer die Sache gebrauchen soll, Geltung verschafft wird.

21 Da § 289 auch den Nichteigentümer als Täter bedroht, der die Tat zugunsten des Eigentümers begeht, **erübrigt sich ein Rückgriff auf § 14;** vielmehr stellt § 289 eine abschließende Regelung dar, unter welchen Voraussetzungen das „Handeln für einen anderen" strafbar ist. Ist also Eigentümer eine juristische Person und handelt ihr Organ (natürliche Person) zu ihren Gunsten, so wird es bereits nach § 289 bestraft, ohne dass es des § 14 Abs. 1 bedarf[13] (vgl. auch die Begründung S. 442 zu § 268 E 1962: „Mit dieser Vorschrift wird der Rechtsgedanke, auf dem die allgemeine Vorschrift über das Handeln

[13] Ebenso *Sch/Schröder/Eser/Heine* Rdn. 12; allgemein zu dieser Gesetzestechnik *Schünemann* LK § 14 Rdn. 20 ff.

für einen anderen [§ 14 Entw.] beruht, in einer den besonderen Bedürfnissen des Tatbestandes entsprechenden Weise ausgestaltet").

VI. Subjektiver Tatbestand

Der subjektive Tatbestand wirft infolge der Verwendung der altmodischen Kategorie der „rechtswidrigen Absicht" und ihres unklaren Verhältnisses zu dem als Tatbestandsvorsatz ausreichenden dolus eventualis eine Fülle von Zweifelsfragen auf, die bis heute nicht einmal in analytischer Hinsicht vollständig geklärt sind. **22**

1. Pfandkehr kann nur **vorsätzlich** begangen werden. Zum Vorsatz gehören die Kenntnis vom Bestehen des geschützten Rechts (vgl. RG JW **1931** 542) und der Wegnahmewille. Hierbei versteht es sich, dass für den Inhalt des Vorsatzes nicht mehr verlangt werden kann, als der objektive Tatbestand voraussetzt. Es kann deshalb nicht schon im Rahmen des Vorsatzes das Bewusstsein verlangt werden, dass das fremde Recht wenigstens vorübergehend beeinträchtigt oder dass dessen Ausübung vereitelt wird (*Wohlers* NK Rdn. 14 m.w.N.). Im übrigen genügt dolus eventualis, der bezüglich der Wegnahme selten, bezüglich der Existenz des fremden Rechts häufiger vorkommen dürfte. Zur Kenntnis vom Bestehen des Rechts ist naturgemäß dessen richtige rechtliche Einordnung nicht erforderlich; es genügt wie bei allen normativen Tatbestandsmerkmalen das laienhafte Bewusstsein, dass ein fremdes Sicherungs- oder Nutzungsrecht bestehe.[14] **23**

2. Weiterhin ist erforderlich, dass der Täter in **rechtswidriger Absicht** wegnimmt. Über die Bedeutung dieses wenig klaren Merkmals herrscht Streit:

a) Nach *Sch/Schröder/Eser/Heine* Rdn. 9 f muss die „Absicht" (= zielgerichteter Wille des Eigentümers als Täter) dahin gehen, unter Vereitelung des fremden Rechts die eigene uneingeschränkte Verfügungsmöglichkeit endgültig wiederherzustellen; nach *Küchenhoff* S. 54 ff muss er die eigene Sache unter Verdrängung des fremden Rechts für seine Zwecke nutzen wollen. Solche Begriffsbestimmungen, die erkennbar darauf hinauslaufen, die in § 289 geforderte Absicht an der Zueignungsabsicht des § 242 auszurichten, engen den Anwendungsbereich der Pfandkehr in einer dem Strafbedürfnis zuwiderlaufenden Weise ein. Vielmehr muss § 289, wie aus der inneren Verwandtschaft mit 288 folgt, die auch in der räumlichen Aufeinanderfolge der beiden Vorschriften zum Ausdruck kommt, als reines Schädigungsdelikt verstanden werden. Die „Absicht" ist also auf die Rechtsvereitelung zu beziehen, wobei es nach h.M. keinen Unterschied machen soll, ob sie auf die gänzliche oder teilweise, endgültige oder vorübergehende Vereitelung gerichtet ist und ob der Täter eine eigene Nutzung der Sache erstrebt.[15] Aber das geht zu weit, weil damit – über den Eigentumsschutz hinausgehend – sogar der bloße „furtum usus possessionis" bestraft würde. *Rechtswidrige Absicht* bedeutet deshalb die Absicht der **dauernden Vereitelung des fremden Rechtes an der Sache** (so auch RGSt **34** 157, 160), so dass § 289 also ein kupiertes Erfolgsdelikt darstellt. **24**

---

14 OLG Düsseldorf NJW **1989** 115; *Kindhäuser* BT II S, 138; *Wohlers* NK Rdn. 14; z.T. and. *Puppe* NK § 16 Rdn. 45 ff.

15 *Schäfer* LK^{10} Rdn. 21; ebenso z.B. *Fischer* Rdn. 4; *Kindhäuser* LPK Rdn. 12; *Lackner/Kühl* Rdn. 4; *Maier* MK Rdn. 20; *Preisendanz* Anm. 4; im Prinzip (mit Einschränkung bei „ganz kurzfristiger Benutzung") auch *Otto* BT § 50 Rdn. 10; *Rengier* BT I § 28 Rdn. 8; *Wohlers* NK Rdn. 15.

25 b) Nach den bisherigen Überlegungen ist noch offen, ob die *rechtswidrige Absicht* im engeren Sinne des **Bezweckens** (einschl. des **Zwischenzwecks** als eines notwendigen Zwischenstadiums auf dem Weg zum Endziel des Täters) oder als bloßer Ausschluss des dolus eventualis interpretiert werden und dementsprechend sowohl Absicht i.e.S. als auch dolus directus umfassen soll (wobei deren verbreitete Bezeichnung als dolus directus 1. oder 2. Grades[16] abzulehnen ist, weil bei der Absicht die voluntative, beim dolus directus die kognitive Komponente des Vorsatzes maximal ausgeprägt ist und die mit einer „Gradierung" intendierte Stufenfolge gerade nicht besteht). Weil es um eine Nachteilszufügungabsicht geht, gilt auch hier die Faustregel, dass dolus directus eingeschlossen ist, wodurch auch nicht die Wortlautgrenze und damit das Analogieverbot[17] verletzt werden, weil die Terminologie des § 289 noch unverändert aus dem RStGB stammt und der Gesetzgeber damals den Absichtsbegriff im untechnischen Sinn zu verwenden pflegte.[18] Anders als in § 288 (dort Rdn. 37) ist also in § 289 „Absicht" nicht im Sinn der Wissentlichkeit des Handelns zu verstehen. Bedingter Vorsatz ist also, was die Rechtsvereitelung anlangt, nicht genügend; insoweit besteht weitgehend Einigkeit.[19] Dagegen ist **streitig**, ob **die Wissentlichkeit** sich auch auf den **Bestand des fremden Rechts** erstrecken muss oder ob insoweit bedingter Vorsatz genügt.[20] Gegen die Auffassung, im Bereich des § 289 sei Eventualdolus ausgeschlossen, hat schon *Frank* (Fn. 20) geltend gemacht, das sei nicht überzeugend: „Der Täter kann sich doch auch sagen: Für den Fall, dass der X ein Nießbrauchsrecht haben sollte, will ich ihm seine Ausübung vereiteln". Diese Erwägung, so führt OLG Braunschweig (Fn. 20) aus, entspreche der Lebenserfahrung, wonach der nicht Rechtskundige oft nur unklare Vorstellungen von irgendwelchen Gebrauchs- oder Zurückbehaltungsrechten eines anderen habe, aber aus eigennützigen Beweggründen die Möglichkeit des Bestehens eines solchen Rechts in Kauf nehme. Diese Überlegungen erscheinen durchschlagend; der unklare Gesetzeswortlaut steht ihnen nicht entgegen. Auch lässt sich geltend machen: Wenn es zur Annahme strafbaren Versuchs (Abs. 2) genügt, dass der Täter irrtümlich annimmt, er verletze durch die Wegnahme ein bestehendes Recht, während ein solches tatsächlich nicht besteht (unten Rdn. 30), so ist nicht recht einzusehen, warum es nicht zur Vollendung genügen soll, wenn der Täter nicht sicher ist, ob das (tatsächlich bestehende) Recht existiert, wenn er aber, falls es besteht, auf jeden Fall dessen Ausübung vereiteln will.

26 c) Die **rechtswidrige Absicht fehlt**, wenn der Täter die fremde Rechtsstellung nicht schmälern, sondern, auf die Dauer gesehen, sogar befestigen will, z.B. wenn er eine dringend reparaturbedürftige Sache zur Verhinderung fortschreitender Entwertung ausbessern lassen will, um sie sofort zurückzugeben. Mangels Rechtsschmälerungswillens wird ein Vereitelungsvorsatz auch dann zu verneinen sein, wenn es sich um einen unerheblichen Eingriff (kurzfristiger Gebrauch mit sofortiger Wiederherstellung der Gewahrsamslage) handelt. Im übrigen aber ist es für den Begriff der rechtswidrigen Absicht

---

16 Etwa bei *Hoyer* SK Rdn. 13; *Wohlers* NK Rdn. 15 m.w.N.

17 Dazu allg. *Dannecker* LK § 1 Rdn. 238 ff; *Schünemann* Nulla poena sine lege? 1978 S. 17 ff.

18 Dazu näher *Schünemann* in Szwarc (Hrsg.) AIDS und Strafrecht (1996) 9, 34.

19 Vgl. RGSt **21** 312; **25** 154; **27** 241; **28** 348, 351; **34** 157, 159; *Fischer* Rdn. 4; *Frank* Anm. IV; *Olshausen* Anm. 1; wie hier auch *Maier* MK Rdn. 21 f; **aA** *Binding* I 320; *Welzel* S. 367; wieder and. *Hoyer* SK Rdn. 13 f; *Wohlers* NK Rdn. 15, die bezgl. des Rechts dolus eventualis ausreichen lassen, bezgl. der Vereitelung aber Absicht i.e.S. fordern.

20 So – gegen RGSt **21** 312 – *Frank* ZStW **14** (1894) 409; OLG Braunschweig NJW **1961** 1274; *Hoyer* und *Wohlers* aaO (Fn. 19).

unerheblich, ob der unbedingte Vereitelungsvorsatz zugleich auf die Erlangung eines Vermögensvorteils oder eine über die Vereitelung der Rechtsausübung hinausgehende Schädigung des Berechtigten gerichtet ist (RGSt **28** 348, 351; **34** 157, 160).

3. **Irrtum.** Versteht man, wie hier, die „Wegnahme in rechtswidriger Absicht" als die Entziehung der Sache mit dem unbedingten Vorsatz, die Ausübung des Rechts zu vereiteln, so ist die unrichtige Annahme des Täters, „nicht rechtswidrig" zu handeln, unter dem Gesichtspunkt des Irrtums zu behandeln. Die in § 289 genannte Rechtswidrigkeit (der Absicht) kennzeichnet den Vereitelungswillen und ist damit in theoretischer Hinsicht von der *Rechtswidrigkeit des Gesamtverhaltens* zu unterscheiden; praktisch gehen die diesbezüglichen Irrtümer aber ineinander über. **27**

a) Glaubt der Täter, **das fremde Recht bestehe nicht** oder nicht mehr, so entfällt ohne weiteres gem. § 16 der Tatbestandsvorsatz, und es kommt dabei nicht darauf an, ob der Irrtum tatsächlicher oder rechtlicher Natur, ob er verschuldet oder unverschuldet ist. **28**

b) Geht der Täter davon aus, dass das fremde Recht bestehe, oder nimmt er dessen Bestehen billigend in Kauf, sieht er aber **irrtümlich einen Rechtfertigungsgrund für die Wegnahme** als gegeben an, so käme es nach den allgemeinen Regeln der eingeschränkten Schuldtheorie darauf an, ob der Irrtum sich auf die tatsächlichen Voraussetzungen eines Rechtfertigungsgrundes oder aber auf dessen rechtliche Grenzen bzw. auf das Bestehen eines von der Rechtsordnung nicht anerkannten Rechtfertigungsgrundes bezieht; je nach dem läge ein vorsatzausschließender Tatbestandsirrtum oder Verbotsirrtum vor. Diese Unterscheidung wäre allerdings gegenstandslos, wenn man in jedem Verbotsirrtum zugleich einen Ausschluss der „rechtswidrigen" Absicht sehen würde, ähnlich wie im Fall der Verneinung der rechtswidrigen Zueignungsabsicht, wenn der Täter einen Speziesanspruch auf Übereignung zu besitzen glaubt. Das muss mindestens gelten, wenn der Täter glaubt, angesichts des von ihm angenommenen, von der Rechtsordnung nicht anerkannten Rechtfertigungsgrundes bestehe das fremde Recht nicht mehr und sei deshalb kein Gegenstand einer Vereitelungshandlung (OLG Braunschweig NJW **1961** 1275; weitergehend RGSt **28** 348, 352). Nach h.M. sollen dagegen allgemein die Grundsätze der eingeschränkten Schuldtheorie Platz greifen.[21] **29**

VII. Versuch (Absatz 2)

Vollendet ist die Tat mit der räumlichen Entfernung der Sache. Liegt in diesem Sinne eine vollendete Wegnahme durch den Eigentümer vor, so ist eine weitere Wegnahme durch einen Dritten zugunsten des Eigentümers ausgeschlossen (vgl. RG GA **47** [1900] 287). Die Rspr. hat vielfach trotz eingetretener Vollendung nur Versuch angenommen, so z.B. nach RGSt **38** 174, 175, wenn der Mieter eingebrachte Sachen durch den mit der Versendung beauftragten Spediteur aus der Wohnung entfernen und zum Bahnhof verbringen lässt, der Vermieter aber noch ihre Zurückverbringung in die Wohnung veranlassen kann, oder wenn der Mieter die Sachen in eine andere Wohnung desselben Hauses schafft, um sie später von dort aus unbemerkt wegschaffen zu können (dazu krit. oben **30**

21 *Schäfer* LK[10] Rdn. 28; *Wohlers* NK Rdn. 14; ausnahmslos für Verbotsirrtum die Anhänger der strengen Schuldtheorie, s. *Welzel* S. 367.

Rdn. 16). Es gelten ferner die Grundsätze über die Strafbarkeit des untauglichen Versuchs. Versuch nach Absatz 2 liegt daher vor, wenn der Nichteigentümer eine Sache, die er irrtümlich für sein Eigentum hält, in Vereitelungsabsicht dem Berechtigten entzieht (vgl. *Würtenberger* JuS **1969** 129, 131), oder wenn der Täter ein vermeintlich (noch) bestehendes Recht durch Wegnahme vereiteln will, das tatsächlich nicht (mehr) besteht (*Wohlers* NK Rdn. 25; *Hoyer* SK Rdn. 15) – aber nur bei umgekehrtem Sachverhalts-, nicht bei umgekehrtem Subsumtionsirrtum (allg. zur Abgrenzung vom *Wahndelikt* bei umgekehrten außerstrafrechtlichen Rechtsirrtümern *Schünemann* GA **1986** 293, 312 ff). Der bloße Abschluss eines Kaufvertrages über Früchte auf dem Halm, die dem Pfandrecht des Verpächters bei ihrer Trennung unterfallen, enthält noch keine Versuchshandlung (RG GA **48** [1901] 127).

VIII. Konkurrenzen

31 Tateinheit ist möglich mit Körperverletzung (RGSt **13** 399), mit § 246 (RGSt **61** 407, 409; BGH GA **1965** 309); mit den §§ 240, 288 (vgl. RGSt **25** 435, 436). Tatmehrheit ist möglich mit Sachbeschädigung. Über das Verhältnis des § 136 zu § 289 s. oben Rdn. 6; über das des § 263 zu § 289 vgl. RG HRR **1941** Nr. 739 und dazu krit. *Sch/Schröder/Eser/Heine* Rdn. 13.

IX. Strafantrag (Absatz 3)

32 **Strafantragsberechtigt** ist, wessen Recht durch die Wegnahme vereitelt werden sollte oder vereitelt worden ist. Der Sequester und der Insolvenzverwalter sind, wie im Fall des § 288, neben dem ursprünglich Verletzten strafantragsberechtigt (RGSt **23** 344; **33** 433).

X. Reformbestrebungen

33 § 268 E 1962 lautete: „(1) Wer seine eigene Sache, an der ein anderer ein Recht auf Befriedigung aus der Sache hat oder die Gegenstand des Nutzungs-, Gebrauchs- oder Zurückbehaltungsrechts eines anderen ist, zerstört, beschädigt, unbrauchbar macht, beiseite schafft oder dem anderen wegnimmt und dadurch absichtlich oder wissentlich dessen Recht ganz oder zum Teil vereitelt, wird mit [Freiheitsstrafe] bis zu zwei Jahren oder mit Geldstrafe bestraft ... (2) Ebenso wird bestraft, wer die Tat an einer fremden Sache mit Einwilligung des Eigentümers oder zu dessen Gunsten begeht". Diese Tatbestandsumschreibung sollte den „wahren Grund der Strafbarkeit" klarstellen, der im geltenden Recht nicht klar zum Ausdruck komme, weil er nicht in der Wegnahme, sondern in der Rechtsvereitelung liege. § 268 sollte ferner die namentlich für das Vermieterpfandrecht „unerträgliche Folge", dass bei einer Auslegung der „Wegnahme" im Sinn des Bruchs fremden Gewahrsams alle Rechte schutzlos seien, die an einer im Gewahrsam des Eigentümers befindlichen Sache bestehen, durch das Tatbestandsmerkmal des Beiseiteschaffens ausschließen. Er sollte weiterhin die „unbegründete Beschränkung" der Tathandlung auf Wegnahme im geltenden Recht durch Pönalisierung der Zerstörung, Beschädigung oder Unbrauchbarmachung der Sache beseitigen, weil sie noch gröber als die Wegnahme das fremde Recht vereitelten und überdies nur den Zweck hätten, den Berechtigten zu schädigen. Schließlich sollte der Strafschutz auch auf Rechte an unbeweglichen Sachen ausgedehnt werden, um dem Hypothekengläubiger einen Schutz gegen

Verwüstung des Grundstücks zu bieten, die der Eigentümer in der Absicht oder dem Bewusstsein vornimmt, dadurch die Befriedigung aus dem Grundstück ganz oder teilweise zu vereiteln. Die in Abs. 2 vorgesehene Einbeziehung von Taten, die vom Nichteigentümer mit Einwilligung des Eigentümers begangen werden, war notwendig, weil die Zerstörung, Beschädigung oder Unbrauchbarmachung der Sache durch den Nichteigentümer nicht als Maßnahme „zugunsten" des Eigentümers bezeichnet werden kann. Die weiteren Vorschriften (Absatze 3, 4) des § 268 E 1962 entsprechen den Absätzen 2 und 3 des geltenden § 289. Wegen des weiteren (erfolglosen) Verlaufs der Reform des § 289 vgl. Rdn. 47 zu § 288.

§ 290
Unbefugter Gebrauch von Pfandsachen

Öffentliche Pfandleiher, welche die von ihnen in Pfand genommenen Gegenstände unbefugt in Gebrauch nehmen, werden mit Freiheitsstrafe bis zu einem Jahr oder mit Geldstrafe bestraft.

Schrifttum

Bruns Können die Organe juristischer Personen, die im Interesse ihrer Körperschaften Rechtsgüter Dritter verletzen, bestraft werden? StAbh Heft 295 (1931); *Cadus* Die faktische Betrachtungsweise (1984); *Roth* Eigentumsschutz nach der Realisierung von Zueignungsunrecht (1986); *Schünemann* Die Bedeutung der „Besonderen persönlichen Merkmale" für die strafrechtliche Teilnehmer- und Vertreterhaftung, Jura **1980** 354, 568; *ders.* Die „besonderen persönlichen Merkmale" des § 28 StGB, in: Festschrift Küper (2007) 561.

1. **Geschütztes Rechtsgut.** § 290 ist, wie § 248b, ein (heute kriminalpolitisch bedeutungslos gewordener, s. *Mitsch* BT 2 § 5 Rdn. 184) Sonderfall unbefugter strafbarer Nutzung fremder Sachen (des *furtum usus*). Nach *Nagler* (in der 7. Auflage) besteht das Wesen des Delikts weniger in der Gebrauchsentfremdung der Pfandsache als vielmehr in der Vertragsverletzung durch widerrechtliche Inanspruchnahme. Geschütztes Rechtsgut ist nach *Wohlers* NK Rdn. 1; *Roth* S. 27f das dem Eigentümer zustehende Recht auf ausschließliche Benutzung der Sache. Der Strafgrund des § 290 im Vergleich zur prinzipiellen Straflosigkeit des furtum usus ist damit aber noch nicht erklärt. Mit den Motiven (zu § 268 des Entwurfs eines Norddeutschen Strafgesetzbuchs, vgl. RGSt 8 269, 271) ist er in dem Missbrauch des öffentlichen Vertrauens zu sehen (so auch Begr. zum E 1962 S. 441). Da diesem Missbrauch aber bereits mit gewerberechtlichen Maßnahmen (vgl. §§ 34, 35, 144 GewO) begegnet werden kann, also Strafrechtsschutz als *ultima ratio* entbehrlich erscheint, sollte nach dem E 1962 im Anschluss an frühere Entwürfe auf eine dem § 290 entsprechende Vorschrift im künftigen Strafgesetzbuch verzichtet werden. Das ist bisher nicht geschehen. **1**

2. Als **Täter** kommen nur öffentliche Pfandleiher in Betracht, es handelt sich also um ein **Sonderdelikt**. **2**

a) **Pfandleiher** ist, wer gewerbsmäßig gegen Verpfändung beweglicher Sachen Geld verleiht, d.h. Darlehen gewährt (*Erbs/Kohlhaas/Ambs* Anm. 1 zu § 34 GewO). Nicht hierher gehört das gewerbsmäßige Verleihen von Geld gegen Verpfändung von Immobi- **3** lien und Hypotheken sowie das Lombardgeschäft des Bankiers, d.h. das gewerbsmäßige Verleihen von Geld gegen Verpfändung von Edelmetallen, Wertpapieren und Handelswaren (*Erbs/Kohlhaas/Ambs* aaO). Die beweglichen Sachen, die den Gegenstand des Pfandleihgeschäfts bilden, sind in der Regel Gebrauchsgegenstände, nur gelegentlich auch Wertpapiere, da das gewerbsmäßige Beleihen von Wertpapieren nach §§ 54, 32 KWG strafbar ist, wenn dem Beleihenden nicht eine Erlaubnis dazu nach diesem Gesetz erteilt ist.

4 b) **Öffentlicher** Pfandleiher – im Gegensatz zum privaten Pfandgläubiger – ist, wer das Pfandleihgeschäft so betreibt, dass es allgemein zugänglich ist, d.h. für jedermann offensteht. Ob die vorgesehene Erlaubnis zum Geschäftsbetrieb (§ 34 GewO) erteilt ist, ist dagegen ohne Bedeutung (RGSt 8 253, 270; h.M.).

5 c) **aa)** Weil es sich bei § 290 um ein Sonderdelikt des Pfandleihers handelt, stellt sich die Frage der **Vertreterhaftung**, wenn an Stelle des Inhabers des Geschäftsbetriebes ein anderer handelt. Das Reichsgericht hat hierzu bereits im Jahre 1883 eine **faktische Betrachtungsweise** kreiert, indem es das Tätermerkmal des „öffentlichen Pfandleihers" nicht als Statusbegriff im Sinne des konzessionierten Gewerbetreibenden, sondern im Sinne der „tatsächlichen Betreibung oder Mitbetreibung des Gewerbes" interpretiert hat.[1] Dabei hat es sich aber um eine vor Einführung des § 14 kriminalpolitisch verständliche *Hilfskonstruktion* gehandelt, für die nunmehr kein Bedürfnis mehr besteht (*Schünemann* LK § 14 Rdn. 22). Täter des § 290 ist deshalb zunächst nur der *Inhaber des Pfandleihunternehmens*, so dass es sich hierbei um ein **Unternehmerdelikt** in der speziellen Form des **Einzelaktsdelikts** handelt (*Schünemann* LK § 14 Rdn. 30), während sich die Verantwortlichkeit der Personen, die in diesem Unternehmen für den Prinzipal handeln, nach **§ 14** bestimmt.

6 **bb)** § 290 kann auch durch **Unterlassen** erfüllt werden, weil der Pfandleiher über die in seinem Gewahrsam befindlichen Pfandsachen eine *Obhutsherrschaft* ausübt, so dass es sich bei § 290 um ein **Garantensonderdelikt** handelt (näher zu dieser Kategorie *Schünemann* GA **1986** 293, 332 ff; *Schünemann* LK § 25 Rdn. 42).

7 **3. Tatobjekt** sind in Pfand genommene bewegliche Gegenstände. Es genügt, dass der Gegenstand zwecks Verpfändung übergeben oder (wenn der Pfandleiher bereits Gewahrsam hatte) zum Gegenstand einer entsprechenden Zweckvereinbarung (*Hoyer* SK Rdn. 5) genommen wurde; dagegen ist nicht erforderlich, dass ein wirksames Pfandrecht begründet wurde.

8 **4.** Die **Tathandlung** besteht in der **Ingebrauchnahme.** Pfandleiher haben nach § 7 der VO über den Geschäftsbetrieb der gewerblichen Pfandleiher[2] vor Eintritt der Verwertungsvoraussetzungen (§ 9) den Pfandgegenstand aufzubewahren. Ein *Ingebrauchnehmen* ist jede über die Aufbewahrung hinausgehende nutzbare Verwendung des Pfandgegenstands, die mit seiner Beschaffenheit verträglich ist (BGHSt **11** 48). Ein Ingebrauchnehmen ist nicht bloß ein körperlicher Gebrauch, sondern auch eine Weiterverpfändung, sofern sie in der Absicht der Wiedereinlösung geschieht (RGSt **8** 253, 269; LZ **1916** 941).

---

[1] RGSt 8 269, 270 und dazu *Bruns* S. 36 f; *Cadus* S. 62, 121 ff, 135 f; *Schünemann* LK § 14 Rdn. 3, 22.

[2] In der Fassung der Bek. v. 1.6.1976 (BGBl. I 1334).

Kein bloßer Gebrauch ist dagegen die *Zueignung* der Pfandsache wie der Verbrauch, die Veräußerung, die Verpfändung ohne die Absicht der Wiedereinlösung, die Abhebung von Geld von dem verpfändeten Sparkassenbuch; solche Handlungen sind als Unterschlagung strafbar (RGSt **15** 147; *Wohlers* NK Rdn. 5). Die durch den normalen Gebrauch eintretende *Abnutzung* stellt keine eigenständige Sachbeschädigung dar (*Hoyer* SK Rdn. 4; **aA** *Wohlers* NK Rdn. 5).

Unbefugt ist jede Ingebrauchnahme, die nicht durch einen besonderen Rechtfertigungsgrund (z.B. Einwilligung des Verpfänders) gedeckt ist. Es handelt sich bei der Unbefugtheit um den Hinweis auf die Rechtswidrigkeit, nicht um ein spezielles Tatbestandsmerkmal (**aA** *Hoyer* SK Rdn. 6; *Wohlers* NK Rdn. 7). Eine zunächst befugte Ingebrauchnahme kann in eine unbefugte übergehen, z.B. wenn der Täter eine Nutzungsbefugnis sachlich oder zeitlich überschreitet (für den letzteren Fall **aA** *Wohlers* NK Rdn. 6). **9**

5. Zum **Vorsatz** gehört die Kenntnis der Tatsachen, die die Eigenschaft als Pfandleiher begründen, und der Gebrauchswille. Bedingter Vorsatz genügt. Ein Irrtum über die Befugnis ist nach den Grundsätzen der eingeschränkten Schuldtheorie zu behandeln (**aA** mit komplizierter Unterscheidung *Wohlers* NK Rdn. 9). **10**

6. **Teilnahme.** Die Eigenschaft als öffentlicher Pfandleiher ist strafbegründendes besonderes persönliches Merkmal i.S. des § 28 Abs. 1 (*Herzberg* JuS **1975** 579; *Gössel* BT 2 § 18 Rdn. 129; *Hoyer* SK Rdn. 2). Die Gegenmeinung,[3] die ein *tatbezogenes* Merkmal annimmt, verkennt den Charakter des § 290 als eines **Garantensonderdelikts** ebenso wie die Funktion des § 28 Abs. 1, mit der *Strafmilderung des extraneus als Teilnehmer* seiner Unfähigkeit, das Unrecht in eigener Person zu verwirklichen, Rechnung zu tragen.[4] **11**

7. **Konkurrenzen.** Da eine Verfügung über die Substanz kein Gebrauchen ist, ist Tateinheit zwischen § 290 und § 246 begrifflich ausgeschlossen, es besteht Alternativität; folgt die Zueignung einem Gebrauchen nach, geht § 246 dem § 290 vor (RGSt **15** 147; *Hoyer* SK Rdn. 7; *Wohlers* NK Rdn. 10; für Subsidiarität des § 290 *Roth* S. 28). **12**

8. Analog § 248b Abs. 3 soll nach h.L. auch in § 290 für die Verfolgung ein **Strafantrag** erforderlich sein (*Roth* S. 28; *Maurach/Schroeder/Maiwald* I § 37 Rdn. 13; *Wohlers* NK Rdn. 11). Aber das überzeugt wegen der den Strafgrund bildenden Sonderdeliktsnatur (o. Rdn. 1) nicht. **13**

§ 291
Wucher

(1) Wer die Zwangslage, die Unerfahrenheit, den Mangel an Urteilsvermögen oder die erhebliche Willensschwäche eines anderen dadurch ausbeutet, daß er sich oder einem Dritten

---

[3] *Jakobs* § 23 Rdn. 24; *Kindhäuser* BT II § 9 Rdn. 16; *Lackner/Kühl* Rdn. 1; *Wohlers* NK Rdn. 3; *Wessels/Hillenkamp* Rdn. 406.

[4] Sog. **Einheitstheorie**, vgl. *Schünemann* Jura **1980** 354, 364 ff, 578 ff; *ders.* FS Küper, S. 561, 569 ff; *ders.* LK § 28 Rdn. 10, speziell für § 290 Rdn. 59.

1. **für die Vermietung von Räumen zum Wohnen oder damit verbundene Nebenleistungen,**
2. **für die Gewährung eines Kredits,**
3. **für eine sonstige Leistung oder**
4. **für die Vermittlung einer der vorbezeichneten Leistungen**

Vermögensvorteile versprechen oder gewähren läßt, die in einem auffälligen Mißverhältnis zu der Leistung oder deren Vermittlung stehen, wird mit Freiheitsstrafe bis zu drei Jahren oder mit Geldstrafe bestraft. Wirken mehrere Personen als Leistende, Vermittler oder in anderer Weise mit und ergibt sich dadurch ein auffälliges Mißverhältnis zwischen sämtlichen Vermögensvorteilen und sämtlichen Gegenleistungen, so gilt Satz 1 für jeden, der die Zwangslage oder sonstige Schwäche des anderen für sich oder einen Dritten zur Erzielung eines übermäßigen Vermögensvorteils ausnutzt.

(2) In besonders schweren Fällen ist die Strafe Freiheitsstrafe von sechs Monaten bis zu zehn Jahren. Ein besonders schwerer Fall liegt in der Regel vor, wenn der Täter

1. **durch die Tat den anderen in wirtschaftliche Not bringt,**
2. **die Tat gewerbsmäßig begeht,**
3. **sich durch Wechsel wucherische Vermögensvorteile versprechen läßt.**

Schrifttum

Zur Geschichte des Wuchers und Schrifttum bis 1945: *Isopescul-Grecul* Das Wucherstrafrecht (1906); *Meyer im Hagen* Die deutsche Wuchergesetzgebung 1880–1976, Diss. Kiel 1991; *Neumann* Geschichte des Wuchers in Deutschland bis zur Begründung der heutigen Zinsgesetze (1654) (1865); *Rösch* Wucher in Deutschland 1200–1350, Hist. Zeitschrift Bd. **259** (1994) 593; *R. Schmidt* Wucher und Ausbeutung in VDB VIII S. 161; *Siems* Handel und Wucher im Spiegel frühmittelalterlicher Rechtsquellen, Schriften der MGH Bd. 35 (1992); *von Tietzen/Hennig* Über Wucherstrafrecht, Diss. Freiburg 1935.

Schrifttum seit 1945

Ackermann Unerfahrenheitswucher als neuartiges Wirtschaftsdelikt, Festschrift Tiedemann (2008) 1163; *Arzt* Zwischen Nötigung und Wucher, Festschrift Lackner (1987) 641; *Bender* Probleme des Konsumentenkredits, NJW **1980** 1129; *Bernsmann* Zur Problematik der Mißverhältnisklausel beim Sachwucher, GA **1981** 141; *ders.* in Achenbach/Ransiek (Hrsg.) Handbuch Wirtschaftsstrafrecht (2004) 379; *Besenthal* Mietwucher als Problem der Strafgesetzgebung, Diss. Gießen 1971; *Haberstroh* Wucher im vermittelten Kreditgeschäft, NStZ **1982** 265; *Heinsius* Das Rechtsgut des Wuchers (1997), bespr. von *Schroeder* GA **2002** 714; *Heinz* Die Bekämpfung der Wirtschaftskriminalität mit strafrechtlichen Mitteln, GA **1977** 193, 225; *Hohendorf* Das Individualwucherstrafrecht nach dem Ersten Gesetz zur Bekämpfung der Wirtschaftskriminalität von 1976 (1982), bespr. von *Geerds* GA **1984** 191; *Hohendorf* Die Bestimmung des auffälligen Mißverhältnisses zwischen Vermögensvorteilen und Leistung beim Ratenkreditwucher, BB **1982** 1205; *Kindhäuser* Zur Struktur des Wuchertatbestands, NStZ **1994** 105; *Kohlmann* Wirksame strafrechtliche Bekämpfung des Kreditwuchers (1974); *von Lackum* Mietwucher und Mietpreisüberhöhung, DWW **1978** 272; *Lampe* Der strafrechtliche Schutz der Arbeitskraft, Festschrift Maurach (1972) 375; *Laufen* Der Wucher (§ 291 Abs. 1 S. 1 StGB) (2004), bespr. von *Gössel* GA **2006** 183 und *Wohlers/Kudlich* ZStW **119** (2007) 375; *Nack* § 302a StGB – ein Faraday'scher Käfig für Kredithaie? MDR **1981** 621; *ders.* in Müller-Gugenberger/Bieneck (Hrsg.) Wirtschaftsstrafrecht[4] (2006) S. 1868 (§ 61); *Nägele* Wucher – ein arbeitsrechtliches Problem, BB **1997** 2162; *Otto* Neue Tendenzen in der Interpretation der Tatbestandsmerkmale des Wuchers beim Kreditwucher, NJW **1982** 2745; *Rühle* Das Wucherverbot – effektiver Schutz des Verbrauchers vor überhöhten Preisen? (1978), bespr. von *Otto* GA **1979** 358; *Sasserath* Die überhöhte ortsübliche Miete als Vergleichsmaßstab, NJW **1972** 711; *ders.* Die neue

Mietwuchervorschrift des § 302f StGB, WuM **1972** 3; *Sasserath* Das Verhältnis von § 302f StGB zu § 2b WiStG, Diss. Köln 1974; *Schauer* Grenzen der Preisgestaltungsfreiheit im Strafrecht (1989); *Scheffler* Zum Verständnis des Wuchers gem. § 302a StGB, GA **1992** 1; *Schmidt-Futterer* Die Wuchermiete für Wohnräume nach neuem Recht, NJW **1972** 135; *ders.* Die neuen Vorschriften über den Mietwucher in straf- und zivilrechtlicher Sicht, JR **1972** 133; *ders.* Der Begriff der ortsüblichen Vergleichsmiete in zivil- und strafrechtlicher Sicht, JR **1974** 274; *Sickenberger* Wucher als Wirtschaftsstraftat (1985); *Sturm* Die Neufassung des Wuchertatbestandes und die Grenzen des Strafrechts, JZ **1977** 84; *Tiedemann* Der Entwurf eines Ersten Gesetzes zur Bekämpfung der Wirtschaftskriminalität, ZStW **87** (1975) 253; *Vollmer* Auswirkungen des neuen Mietrechts auf die Vorschriften der Mietpreisüberhöhung und des Mietwuchers, NJW **1983** 555.

Entstehungsgeschichte

Die Norm, zuvor § 302a, ist durch Art. 1 Nr. 2 des Gesetzes zur Bekämpfung der Korruption vom 13. August 1997, verkündet am 19. August 1997, in Kraft getreten am 20. August 1997, zu § 291 geworden (BGBl. I 2038). Die Materialien zu diesem Gesetz finden sich BTDrucks. 13/5584 – Entwurf vom 24. September 1996 –, BTDrucks. 13/6424 – Stellungnahme Bundesrat und Gegenäußerung Bundesregierung – und BTDrucks. 13/8079 – Beschlussempfehlung und Bericht Rechtsausschuss des Bundestages vom 26. Juni 1997; Übersichten geben *Korte* NJW **1997** 2556 und NStZ **1997** 513 sowie *Wolters* JuS **1998** 1100.

Die Fassung des abgelösten § 302a beruhte auf Art. 1 Nr. 6 des Ersten Gesetzes zur Bekämpfung der Wirtschaftskriminalität vom 29. Juli 1976, in Kraft getreten am 1. September 1976 (BGBl. I 2034). Durch diese Vorschrift wurden die zuvor geltenden § 302a (einfacher Kreditwucher), § 302b (schwerer Kreditwucher), § 302c (Nachwucher), § 302d (gewerbs- und gewohnheitsmäßiger Kreditwucher), § 302e (Sachwucher), § 302f (Mietwucher) ersetzt. Die Vorschriften über Ausbeutung und schwere Ausbeutung Jugendlicher, §§ 301, 302 a.F., waren bereits durch Art. 19 Nr. 159 EGStGB 1974 ersatzlos aufgehoben worden.

Die durch § 302a ersetzten Vorschriften waren in einem langen Zeitraum stufenweise und entsprechend einem jeweils hervorgetretenen kriminalpolitischen Bedürfnis entstanden. Bei seinem Inkrafttreten kannte das Strafgesetzbuch keine Vorschriften gegen Wucher. Das entsprach der Einstellung des damals herrschenden wirtschaftlichen Liberalismus, dessen Kampf gegen die noch im Preußischen Strafgesetzbuch von 1851 und anderen Landesstrafgesetzbüchern enthaltenen Wuchertatbestände dazu führte, dass sie nicht in das Reichsstrafgesetzbuch übernommen wurden. Bald darauf hervorgetretene Mißstände führten aber zu dem Gesetz gegen den Wucher vom 24. Mai 1880 (RGBl. S. 109), das in der Folgezeit durch Gesetz vom 19. Juni 1893 (RGBl. S. 197) geändert und um den Tatbestand des Sachwuchers (§ 302e) erweitert wurde. Fast 80 Jahre blieben die Wuchertatbestände unverändert. Durch § 3 des Gesetzes vom 4. September 1941 (RGBl. I 549) wurden lediglich die Strafdrohungen des gewerbs- und gewohnheitsmäßigen Wuchers (§§ 302d und e) durch Einführung der Zuchthausstrafe für besonders schwere Fälle und daneben von fakultativer Geldstrafe in unbeschränkter Höhe verschärft. Diese Ergänzungen wurden durch Art. 1 Nr. 12 des KontrollratsG Nr. 55 vom 20. Juni 1947 aufgehoben, doch wurde durch das 3. StrÄndG vom 4. August 1953 (BGBl. I 735) der frühere Rechtszustand wieder hergestellt. Auch die Änderungen des 1. StrRG vom 25. Juni 1969 (BGBl. I 645) bezogen sich lediglich auf die angedrohten Strafen (Beseitigung der Nebenstrafe des Verlustes der bürgerlichen Ehrenrechte in §§ 302a, 302b, 302d, Umwandlung der angedrohten Gefängnis- und Zuchthausstrafe in Freiheitsstrafe). Erstmals das Gesetz zur Verbesserung des Mietrechts und zur Begrenzung des Mietanstiegs usw. vom 4. November 1971 (BGBl. I 1745) brachte eine auf einen Teilbereich des Sachwuchers beschränkte tatbestandliche Erweiterung des Strafschutzes durch Einfügung von § 302f zur Bekämpfung des Mietwuchers.

Die §§ 302a bis e a.F. spielten während ihrer Geltung eine verhältnismäßig geringe Rolle (statistische Angaben über die Gesamtzahl der Verurteilungen wegen Wuchers z.B. bei *Tröndle* Prot. 7 2561 und *Sturm* S. 84, 85, sowie *Hohendorf* S. 29 f). Der Grund dafür wurde – abgesehen von der in der Natur der Sache begründeten und auch durch Reformmaßnahmen wohl nur bedingt beeinflussbaren Scheu vieler Bewucherter, Strafanzeige zu erstatten, um nicht für sie peinliche Umstände preisgeben zu müssen, die sie zu dem Wucherer führten (*Sturm* aaO) – nach der rechtlichen Seite in den Schwierigkeiten gesehen, die sich aus der kasuistischen und wenig durchschaubaren Regelung der einzelnen Wuchertatbestände ergaben. Beim Sachwucher kam hinzu, dass er nur bei gewerbs- oder gewohnheitsgemäßer Begehung strafbar war und die Feststellung dieser Merkmale häufig an Beweisschwierigkeiten scheiterte. Die §§ 265, 266 E 1962 sahen deshalb vor, im Interesse der Effektivität und Flexibilität des strafrechtlichen Wucherschutzes die nicht begründbaren und nur historisch zu erklärenden Unterschiede in der Behandlung der einzelnen Wucherformen aufzugeben und unter Ausfüllung bisher hervorgetretener Lücken und Ausgleichung der Spannung in den Strafdrohungen einen einheitlichen Tatbestand zu bilden (vgl. BTDrucks. IV/650 S. 54; außerdem Niederschriften der Großen Strafrechtskommission VII S. 316, 407; § 203 AE betr. Wucher, abgedruckt Prot. 7 2607). Schon der Regierungsentwurf des Gesetzes vom 4. November 1971 (BTDrucks. VI/1549) schlug vor, innerhalb dieses Gesetzes eine den §§ 265, 266 E 1962 entsprechende Regelung zu treffen; jedoch beschränkten sich die gesetzgebenden Körperschaften damals darauf, den Mietwucher so auszugestalten, auf eine umfassende Erneuerung des Wucherstrafrechts aber zu verzichten, um die Gesetzgebungsarbeiten zur Verbesserung des Mietrechts nicht zu verzögern und um den beabsichtigten Maßnahmen zur Bekämpfung der Wirtschaftskriminalität nicht vorzugreifen.

Durch § 302a i.d.F. des 1. WiKG sind dann die Vorschläge des E 1962 im Wesentlichen verwirklicht worden (Tagungsberichte der Sachverständigenkommission zur Bekämpfung der Wirtschaftskriminalität Bd. VI S. 96 mit Referaten *Kohlmann* (Anlage 5) und *Schachtschnabel* (Anlage 6); Regierungsentwurf zum 1. WiKG BTDrucks. 7/3441; Sitzungsberichte des Sonderausschusses für die Strafrechtsreform Prot. 7 2473, 2478, 2560 bis 2578, 2604, 2607, 2625, 2628, 2791 bis 2813, 2834 f, 2846 f; Bericht des BT-Sonderausschusses BTDrucks. 7/5291). Nur scheinbar liegt eine Abweichung darin, dass in § 302a Abs. 1 S. 1 vier Formen des Leistungswuchers aufgeführt wurden. Denn Absatz 1 S. 1 Nr. 3 („für eine sonstige Leistung") umfasst generalklauselartig Leistungen jeder Art; die Hervorhebung des Miet-, Kredit- und Vermittlungswuchers sollte auf besonders sozialschädliche und praktisch bedeutsame Erscheinungsformen des Wuchers hinweisen und hierdurch die Vorschrift anschaulicher gestalten. Eine Neuerung gegenüber dem E 1962 stellte die sog. Additionsklausel in Absatz 1 S. 2 dar (dazu Rdn. 39 ff). Auf die im Anschluss an § 302c a.F. in § 265 Abs. 2 E 1962 vorgeschlagene Pönalisierung des sog. Nachwuchers wurde verzichtet, „da sich gezeigt hat, daß für diese Vorschrift heute kein praktisches Bedürfnis mehr besteht" (BTDrucks. 7/3441 S. 42). Der Wuchertatbestand hat auch in der Folgezeit keine größere praktische Bedeutung erlangt (vgl. z.B. *Otto* MschrKrim **1980** 397, 405 f; *ders.* NJW **1982** 2745 und Jura **1989** 24, 32; *Sickenberger* S. 3 ff). Die polizeiliche Kriminalstatistik weist für 2003 642 Fälle des Wuchers aus, für 2004 391 Fälle bei einer Aufklärungsquote von 93, 9 Prozent und für 2005 197 Fälle bei einer Aufklärungsquote von 83, 2 Prozent.

Übersicht

	Rdn.
I. Wesen des Wuchers	
1. Begriff	1
2. Leistung des Wucherers als Anknüpfungspunkt der wucherischen Ausbeutung	2
3. Geschütztes Rechtsgut	3
II. Leistungen des Wucherers	
1. Mietwucher (Absatz 1 S. 1 Nr. 1)	4
2. Kreditwucher (Absatz 1 S. 1 Nr. 2)	8
3. Sonstige Leistungen (Absatz 1 S. 1 Nr. 3)	11
4. Vermittlung von Leistungen (Absatz 1 S. 1 Nr. 4)	12
III. Die Schwächesituation des Opfers	
1. Allgemeines	13
2. Zwangslage	14
3. Unerfahrenheit	19
4. Mangel an Urteilsvermögen	21
5. Erhebliche Willensschwäche	22
IV. Die Ausbeutung der Schwächesituation des Opfers	24
V. Das auffällige Missverhältnis zwischen Leistung und Gegenleistung	
1. Allgemeines	25
2. Das auffällige Missverhältnis beim Mietwucher	29
3. Das auffällige Missverhältnis beim Kreditwucher	33
4. Das auffällige Missverhältnis beim Leistungswucher	35
5. Das auffällige Missverhältnis beim Vermittlungswucher	38
VI. Die Additionsklausel (Absatz 1 S. 2)	
1. Allgemeine Bedeutung	39
2. Mitwirkung mehrerer Personen	40
3. Begriff der Mitwirkung	46
4. Die einzubeziehenden Einzelentgelte	48
5. Täterschaft aus Absatz 1 S. 2 als Form der Nebentäterschaft	49
6. Kritik im Schrifttum	50
VII. Die Tathandlung	51
VIII. Der innere Tatbestand	56
IX. Täter, Teilnehmer	60
X. Vollendung und Beendigung	64
XI. Die Strafe	
1. Regelstrafrahmen	67
2. Strafverschärfung für besonders schwere Fälle	68
XII. Konkurrenzen	75
XIII. Recht des Einigungsvertrages	76

I. Das Wesen des Wuchers

1. Das Wesen des Wuchers besteht darin, dass der Täter eine bestimmte im Gesetz 1
näher bezeichnete objektive („Zwangslage") oder subjektive („Unerfahrenheit" usw.) „Schwächesituation" seines Opfers wirtschaftlich ausbeutet, um für seine eigene Leistung eine Gegenleistung zu erhalten, die den Wert seiner Leistung erkennbar bei weitem übersteigt. § 291 richtet sich also, indem er auf die Gegebenheiten bei dem einzelnen Opfer abstellt, gegen den sog. **Individualwucher**, der auch dann noch vorliegt, wenn sich die Tat gegen eine abgrenzbare Gruppe von Einzelpersonen richtet (BGHSt **13** 233, 235), z.B. gegen in der Bundesrepublik stationierte ausländische Soldaten (BGHSt **11** 182 ff). Den Gegensatz zum Individualwucher bildet der von § 291 grundsätzlich nicht erfasste sog. Sozialwucher, d.h. die Preisüberhöhung unter Ausnutzung wirtschaftlicher Nöte der Allgemeinheit; also einer Notlage, die eine Vielzahl von Personen trifft, z.B. die als Mieter Wohnung Suchenden in Zeiten einer aus besonderen Gründen bestehenden Wohnraumverknappung, die Konsumenten bei unzulänglichem Warenangebot, insbesondere bei der Verknappung von Lebensmitteln, usw. Die Aufnahme von Strafvorschriften gegen die eigensüchtige Ausnutzung wirtschaftlicher Nöte der Allgemeinheit in das Strafgesetzbuch musste unterbleiben, weil dieses auf Dauer und Beständigkeit angelegt ist, während die zum Sozialwucher Anlass gebenden Verhältnisse wechseln und es von den jeweiligen wirtschaftlichen Zeitverhältnissen abhängt, ob und in welchem Umfang ein Bedürfnis besteht, solche Verhaltensweisen als Straftat oder Ordnungswidrigkeit mit Sanktionen zu bedrohen. Die gegen Sozialwucher und zu seiner Verhütung nötigen Maßnahmen sind deshalb im Nebenstrafrecht oder im Recht der Ordnungswidrigkeiten zu treffen; hier kommen insbesondere die §§ 3 ff WiStG 1954 in der Fassung vom 3. Juni 1975 (BGBl. I 1313), zuletzt geändert durch Gesetz vom 13. Dezember 2001 (BGBl. I 3574) in Betracht

(vgl. § 4 betr. Preisüberhöhung in einem Beruf oder Gewerbe, § 5 betr. Mietpreisüberhöhung). Indessen kann auch in normalen Zeiten die abgrenzbare Gruppe der in einer Zwangslage befindlichen Einzelpersonen so groß sein, dass sie einen nicht unbeträchtlichen Teil der Allgemeinheit erfasst. Insofern ist es richtig, dass die Grenzen zwischen Individualwucher und Sozialwucher fließend sein können (s. auch Rdn. 4).[1]

2 2. **Anknüpfungspunkt der wucherischen Ausbeutung** ist eine **Leistung des Wucherers**, die im Rahmen eines auf Leistung und Gegenleistung abgestellten Rechtsverhältnisses (also eines zweiseitigen oder mehrseitigen Rechtsgeschäfts) erbracht oder in Aussicht gestellt ist. Einseitige Rechtsgeschäfte fallen nicht unter § 291 (vgl. auch BGHZ **106** 269, 271 f; dazu Kritik bei *Wochner* BB **1989** 1354 ff).[2] Wenn auch aus Gründen der Anschaulichkeit des Tatbestandes bestimmte Leistungen in Absatz 1 S. 1 Nr. 1, 2 und 4 besonders genannt sind, ergibt sich doch aus Nummer 3, dass es auf die Art der Leistung nicht ankommt. Eine Eingrenzung des Tatbestandes auf wirtschaftliche Leistungen, wie sie § 203 Abs. 1 AE vorschlug, ist nicht Gesetz geworden. Strafrechtlich ist es auch ohne Bedeutung, ob das zugrundeliegende Rechtsgeschäft wegen Verstoßes gegen ein gesetzliches Verbot oder Verstoßes gegen die guten Sitten, wegen Wuchers selbst (§ 138 Abs. 2 BGB) oder aus einem anderen Grunde, z.B. mangelnder Form oder fehlender Einwilligung des gesetzlichen Vertreters (RG Recht **1915** Nr. 2413), nichtig oder unwirksam ist (Rdn. 54). Wucher ist daher auch denkbar, wenn sich der Inhaber des Animierlokals oder der Retter von dem in Lebensgefahr Befindlichen oder der Ehevermittler für seine Leistung Vermögensvorteile versprechen oder gewähren lässt, die in auffälligem Missverhältnis zu der Leistung stehen, sofern darin eine Ausbeutung der im Gesetz bezeichneten „Schwächesituation" des anderen Teils liegt (vgl. dazu Prot. 7 2562, 2793 und Rdn. 35). Schließlich ist es auch ohne Bedeutung, ob die Leistung vom Täter selbst mit eigenen oder mit fremden Mitteln oder von einem Dritten erbracht werden soll.

3 3. **Geschütztes Rechtsgut.** Vollendet ist die Tat bereits, wenn der Täter sich die wucherischen Vermögensvorteile versprechen lässt; ein Vermögensschaden braucht daher dem Bewucherten noch nicht entstanden zu sein, wenn ein Schaden auch häufig schon in einer durch das Versprechen äußerlich zunächst verschlechterten Rechtslage bestehen wird. Der Wucher ist dadurch als eine **Vermögensgefährdungstat** gekennzeichnet.[3] In ein selbständiges Vermögensverletzungsdelikt schlägt die Tat erst um, wenn nicht nur das Versprochene gewährt wird, sondern das Gewährte über das Versprochene hinausgeht oder der wucherische Charakter des Gewährten sich erst aus einer dem Versprechen

---

[1] *Fischer* Rdn. 3; *Kindhäuser* NK Rdn. 8; *ders.* LPK Rdn. 2; *Sch/Schröder/Stree/Heine* Rdn. 2; *Maurach/Schroeder/Maiwald* BT I § 43 Rdn. 7; vgl. auch *Bernsmann* in Achenbach/Ransiek V 3 Rdn. 5.

[2] Der Leistung des Wucherers steht also die Gegenleistung des Bewucherten in der Form der von ihm versprochenen oder gewährten „Vermögensvorteile" gegenüber. Seltsamerweise fällt aber Absatz 1 S. 2 aus dieser Konstruktion, indem den „sämtlichen Vermögensvorteilen" – also den Gegenleistungen – die als „Gegenleistungen" bezeichneten Leistungen des Leistenden und der anderen Mitwirkenden gegenübergestellt werden (vgl. zum Begriff der Gegenleistung *Schmidt* GA **1979** 121, 127 ff).

[3] *Fischer* Rdn. 3; *Lackner/Kühl* Rdn. 3; *Pananis* MK Rdn. 3; *Sch/Schröder/Stree/Heine* Rdn. 2; *Arzt/Weber* BT § 24 Rdn. 2; *Bernsmann* in Achenbach/Ransiek V 3 Rdn. 4; *Mitsch* BT 2 § 5 Rdn. 49, 53; vgl. auch *Gössel* GA **2006** 183. *Laufen* S. 20 ff verzichtet auf eine Begründung der Strafwürdigkeit des Wuchers aus dem Gedanken des Rechtsgüterschutzes und sieht in dem Wucherverbot eine Ausprägung von Solidaritätspflicht.

nachfolgenden Veränderung der wirtschaftlichen Verhältnisse ergibt (Rdn. 51). Anderer Meinung sind *Maurach/Schroeder/Maiwald* BT I Rdn. 8 ff, wonach der Wucher mindestens sowohl Vermögensgefährdungs- wie Vermögensverletzungsdelikt ist oder sich sogar insgesamt als Vermögensverletzungsdelikt auffassen lässt (für Vermögensverletzungsdelikt auch *Hoyer* SK Rdn. 3). *Arzt* charakterisiert den Wuchertatbestand als oktroyierten Vermögensschutz verbunden mit oktroyierten Freiheitsschutz (FS Lackner S. 641, 650 ff; vgl. auch *Scheffler* GA **1992** 1 ff). *Otto* (BT § 61 Rdn. 124) sieht neben dem Vermögen das Vertrauen in das ordnungsgemäße Funktionieren der Wirtschaft als Schutzgut an. Nach *Kindhäuser* (NStZ **1994** 105, NK Rdn. 2 ff u. LPK Rdn. 1; ebenso *Heinsius* S. 46 ff und *Sternberg-Lieben* Die objektiven Schranken der Einwilligung im Strafrecht (1997) 165 f) dient der Tatbestand der Sicherung der Vertragsfreiheit. Allerdings beschränkt die Strafvorschrift die Dispositionsfreiheit von Opfer und Täter nicht; davon geht *Kindhäuser* jedoch aus. Dazu führt allenfalls die zivilrechtliche Unwirksamkeit des durch Wucher zustande gekommenen Rechtsgeschäfts, die im Übrigen zugunsten des Opfers nicht ohne weiteres eintritt. Für eine überindividuelle Schutzausrichtung – neben Vermögensschutz – sprechen sich auch *Pananis* MK Rdn. 2 und *Tiedemann* Wirtschaftsstrafrecht BT Rdn. 258 aus.

II. Die in Betracht kommenden Leistungen des Wucherers

1. Die Vermietung von Räumen zum Wohnen oder damit verbundene Nebenleistungen (Absatz 1 S. 1 Nr. 1)

a) **Allgemeines.** Abgesehen von einer geänderten Beschreibung der „Schwächesituation“ (dazu Rdn. 13) entspricht der Tatbestand des Mietwuchers dem früheren § 302f, auf dessen Auslegung daher zurückgegriffen werden kann. Die Hervorhebung des Mietwuchers beruht auf der Erwägung, dass zwar als Ergebnis einer gesteigerten Errichtung von Wohnungen, insbesondere Sozialwohnungen, nach Beendigung der Kriegs- und Nachkriegswirren heute im allgemeinen eine ausgeglichene Lage von Angebot und Nachfrage auf dem Wohnungsmarkt besteht, für gewisse Gruppen der Bevölkerung der Mietwuchertatbestand aber immer noch von besonderer Bedeutung sein kann, z.B. für Ausländer oder für Studenten in Universitätsstädten (vgl. auch Ausschussbericht BTDrucks. 7/5291 S. 20; Prot. 7 2794; sowie FAZ Nr. 303 v. 30. Dezember 2006 S. C 8 zu der Erfahrungen von mietwilligen Studenten). **4**

b) **Räume zum Wohnen.** Im Gegensatz zur Ausdrucksweise des Bürgerlichen Gesetzbuchs (vgl. § 549 BGB) spricht § 291 nicht von einer Vermietung von Wohnraum, sondern von der Vermietung von Räumen zum Wohnen. Damit wird ein sachlicher Unterschied zum Ausdruck gebracht. Als Wohnraum i.S. der bürgerlichrechtlichen Vorschriften wird angesehen jeder zum Wohnen (insbesondere Schlafen, Essen, Kochen, dauernder privater Nutzung) bestimmte Raum, der Innenteil eines Gebäudes, aber nicht notwendig wesentlicher Bestandteil eines Grundstücks ist. Wohnraum in diesem Sinne sind daher auch Behelfsheime, transportable Baracken, aber nicht bewegliche Sachen und deren Innenräume wie z.B. Wohnwagen oder Schiffskajüten. Zum Wohnraum gehören auch die Nebenräume wie Bad, Flur, Abstellraum, Kellerabteil (s. Palandt/*Weidenkaff* BGB[67] Einf. v. § 535 Rdn. 89). Nicht als Wohnraum werden angesehen die Räume der Beherbergungsbetriebe (Palandt/*Weidenkaff* aaO). Der Begriff der Vermietung von „Räumen zum Wohnen“ reicht weiter: Er kennzeichnet nicht die Vermietung von Räumen, die nach ihrer Beschaffenheit dazu geeignet und bestimmt sind, sondern bezeichnet den Zweck, zu dem ein Raum irgendwelcher Art im Einzelfall vermietet wird. Daher fällt **5** unter § 291 Abs. 1 S. 1 Nr. 1 auch die vorübergehende Vermietung von Räumen der Beherbergungsbetriebe (Hotelzimmer usw.), die Vermietung von Nebenräumen, die sonst nicht zum eigentlichen Wohnen vermietet werden, wie Trockenböden oder Keller, aber auch die Vermietung sonst gewerblich oder geschäftlich genutzter Räume, soweit sie zum Wohnen, wenn auch nur vorübergehend, mietweise überlassen werden, also Werkhallen, Lagerkeller, Geräteschuppen, Scheunen usw. Da der zum Begriff des Raums im strafrechtlichen Sinn nicht gehört, dass er Innenteil eines Gebäudes ist, fallen auch bewegliche Raumgebilde unter § 291 Abs. 1 S. Nr. 1, wenn sie zum Wohnen vermietet werden, wie z.B. Schiffe oder Eisenbahnwagen und selbst ein Schäferkarren oder eine ausgeschlachtete, aufgebockte Pkw-Karosserie (vgl. OLG Stuttgart Justiz **1976** 519 f). Ohne Bedeutung ist es, ob die Vermietung für längere oder vorübergehende Zeit, zur Haupt- oder Untermiete, mit oder ohne Ausstattung mit Möbeln oder anderen Einrichtungsgegenständen oder dem zum Wohngebrauch nötigen Zubehör erfolgt, ob der Raum durchschnittlichen Wohnanforderungen entspricht oder nur ein Notquartier primitiver oder sogar menschenunwürdiger Art darstellt (vgl. LG Köln WuM **1987** 202 – Zellen eines Hochbunkers). Nicht unter Absatz 1 S. Nr. 1 fällt die Vermietung von Raum zu anderen als Wohnzwecken (als Werk-, Geschäfts- oder Büroraum). Sie kann aber unter Absatz 1 S. 1 Nr. 3 fallen. Die Unterscheidung zwischen Räumen zum Wohnen und solchen zu anderen Zwecken ist nur insofern von Bedeutung, als für beide Kategorien ein unterschiedlicher Mietzins üblich und das auffällige Missverhältnis anders festzulegen sein kann (Rdn. 30); im Übrigen ist die unter der Herrschaft von § 302 f a.F. notwendige Unterscheidung obsolet geworden. Bei sog. Mischmietverhältnissen, d.h. in Fällen, in denen eine Vermietung von Räumen sowohl zu Wohn- wie zu anderen Zwecken erfolgt, wie bei Wohnräumen mit zugehörigen Läden und Wohnungen, deren Räume zum Teil zu Wohnzwecken, zum Teil zu freiberuflichen, gewerblichen oder geschäftlichen Zwecken verwendet werden sollen, z.B. bei Vermietung an einen Arzt oder Rechtsanwalt, der die Praxis in seiner Wohnung ausübt, ist bei Vermietung durch einheitlichen Vertrag Absatz 1 S. 1 Nr. 1 oder Nr. 3 anwendbar, je nachdem ob die zu Wohnzwecken oder zu anderen Zwecken überlassenen Räume überwiegen (vgl. BGH NJW-RR **1986** 877 ff sowie *Hohendorf* S. 71 f; nach *Bernsmann* in Achenbach/Ransiek V 3 Rdn. 75 reicht es für Absatz 1 S. 1 Nr. 1 aus, wenn eine Nutzung auch zu Wohnzwecken erfolgt). Eine Unterscheidung zwischen der Verwendungsart der Räume kommt bei verschiedenartiger Mietzinsfestsetzung in Betracht; die Anwendbarkeit des Absatzes 1 S. 1 Nr. 1 auf die Wohnräume, die des Absatzes 1 S. 1 Nr. 3 auf die anderen Räume folgt dann je eigenen Regeln.

6 c) Damit verbundene **Nebenleistungen** sind z.B. Mobiliargestellung, Beheizung, Beleuchtung, Reinigung von Treppenhaus oder Bürgersteig, Pflege des mit der Wohnung vermieteten Gartens; Garagen- oder Fahrstuhlbenutzung, Tätigkeit eines Hauswarts, weitergehende Serviceleistungen im Rahmen von betreutem Wohnen für Senioren.

7 d) Zur Frage, wann ein **auffälliges Missverhältnis** zwischen Leistung und vom Opfer versprochenen oder gewährten Vermögensvorteilen besteht, siehe Rdn. 29 ff.

2. Die Gewährung eines Kredits (Absatz 1 S. 1 Nr. 2)

8 a) **Änderung des Begriffs Kreditwucher gegenüber dem früheren Recht.** Absatz 1 S. 1 Nr. 2 ist an die Stelle der §§ 302a bis c a.F. getreten. Nach dem Grundtatbestand des § 302a a.F. beging Kreditwucher, wer (unter Ausbeutung der „Schwächesituation" des Opfers) „mit Bezug auf ein Darlehen oder auf die Stundung einer Geldforderung oder

auf ein anderes zweiseitiges Rechtsgeschäft, welches denselben wirtschaftlichen Zwecken dienen soll, sich oder einem Dritten Vermögensvorteile versprechen oder gewähren läßt, welche den üblichen Zinsfuß dergestalt überschreiten, daß nach den Umständen des Falles die Vermögensvorteile in auffälligem Mißverhältnis zu der Leistung stehen". § 291 weicht davon u.a. dadurch entscheidend ab, dass er auf die kasuistische Umschreibung der Leistung verzichtet und die wucherischen Vorteile nicht an der Höhe des üblichen Zinsfußes misst, weil dieser ständig wechselt und dieses Merkmal für den Kreditwucher nicht allein maßgebend, sondern nur eines neben anderen Faktoren ist (dazu Rdn. 33), dem üblichen Zinsfuß also nur indizielle Bedeutung zukommt (BTDrucks. 7/3441 S. 41).

b) Nach § 291 Abs. 1 S. 1 Nr. 2 besteht beim Kreditwucher die Leistung in der Gewährung eines **Kredits.** Das Gesetz enthält sich einer Begriffsbestimmung, was darunter zu verstehen ist. Eine Begriffsbestimmung findet sich aber in § 265b Abs. 3 Nr. 2, und es erscheint sachgemäß und unbedenklich, diese Legaldefinition zur Konkretisierung des § 291 Abs. 1 S. 1 Nr. 2 heranzuziehen, zumal sie – von den unter Rdn. 10 erörterten Fällen abgesehen – den Bereich des Kreditwuchers abdeckt, wie er nach § 302a a.F. gegeben war.[4] Allerdings ist eine Einschränkung vorzunehmen: Einseitig verpflichtende Rechtsgeschäfte wie Bürgschaft oder Garantie scheiden aus, weil Wucher ein Gegenseitigkeitsverhältnis voraussetzt (vgl. BGHZ **106** 269, 271 f; BGH NJW **2001** 2466, 2467; **aA** z.B. *Sch/Schröder/Stree/Heine* Rdn. 6). **9**

c) **Einzelheiten.** Die **Gewährung von Kredit** besteht danach vorzugsweise in der Gewährung von Gelddarlehen (so schon RGSt **28** 135, 137) und in der Stundung von Geldforderungen jeder Art (RGSt **18** 181, 183). Eine Darlehensgewährung wurde auch angenommen, wenn sie mit einem äußerlich getrennten, innerlich aber mit der Kreditgewährung verbundenen Nebengeschäft derart verkoppelt war, dass zwischen dem Geldkreditgeschäft und den versprochenen oder gewährten wucherischen Vermögensvorteilen ein erkennbarer Zusammenhang bestand (RGSt **27** 190 ff), z.B. bei Darlehenshingabe gegen Abschluss einer Lebensversicherung (RGSt **31** 239 f) oder durch Darlehensgewährung gegen Sicherungsübereignung von Gegenständen, die dem Opfer gegen ein wucherisches Entgelt zur Miete überlassen werden (RG Recht **1914** Nr. 1644). Auch eine Kreditgewährung in verschleierter Form wurde als Darlehensgewährung gerechnet, z.B. der Ankauf von Sachen des Bewucherten durch den Wucherer mit der Verpflichtung des Bewucherten, sie später zu erheblich höherem Preis zurückzukaufen, oder der „Kauf" von Wertsachen von einem Gläubiger, um sie zu Geld zu machen, gegen eine hohe Wechselverbindlichkeit (RGSt **39** 126, 128). Das wird auch heute noch als Kreditgewährung i.S. des § 291 Abs. 1 S. 1 Nr. 2 anzusehen sein. Kreditgewährung ist weiter die Forderungszession im Wege des unechten Factoring (vgl. BGHZ **58** 364 ff; **69** 254 ff). **10**

Nicht unter den Begriff der **Kreditgewährung** fallen dagegen nach heutigem Recht – anders als noch vom Reichsgericht geurteilt – Bargeschäfte, bei denen eine künftige **10a**

[4] Ebenso *Fischer* Rdn. 6; *Hoyer* SK Rdn. 37; *Kindhäuser* NK Rdn. 14; *Pananis* MK Rdn. 9; *Sch/Schröder/Stree/Heine* Rdn. 6; *Bernsmann* in Achenbach/Ransiek V 3 Rdn. 86; *Nack* in Müller-Gugenberger/Bieneck § 61 Rdn. 33; *Tiedemann* Wirtschaftsstrafrecht BT Rdn. 270; **aM** *Heinsius* S. 65; *Hohendorf* S. 74 f. Vgl. auch die Definition in § 1 Abs. 2 Verbraucherkreditgesetz in der Fassung vom 29. Juni 2000 (BGBl. I 940), aufgehoben durch Art. 6 Nr. 3 des Gesetzes zur Modernisierung des Schuldrechts vom 26. November 2001 (BGBl. I 3137, 3187): „Kreditvertrag ist ein Vertrag, durch den ein Kreditgeber einem Verbraucher einen entgeltlichen Kredit in Form eines Darlehens, eines Zahlungsaufschubs oder einer sonstigen Finanzierungshilfe gewährt oder zu gewähren verspricht".

Rückzahlungspflicht nicht in Betracht kommt, wie z.B. der Verkauf einer Forderung oder Hypothek weit unter ihrem Wert gegen Barzahlung (vgl. RGSt **25** 315 ff; **35** 111 ff), der entsprechende Verkauf einer Erbschaft (vgl. RG Recht **1915** Nr. 737) oder die Gründung einer stillen Gesellschaft (vgl. RG JW **1900** 556), die zur Befriedigung eines dringenden Geldbedarfs in einer Zwangslage erfolgen (zu den Gründen für diese Rechtsprechung s. *Schäfer/Wolff* LK[11] § 302a Rdn. 10). Heute lassen sich wucherische Bargeschäfte mit Absatz 1 S. 1 Nr. 3 erfassen. Deshalb fehlt, wo auch nur Zweifel über die Tragweite des Absatzes 1 S. 1 Nr. 2 bestehen könnten, jedes Bedürfnis zu extensiver Interpretation, weil jedenfalls der Generaltatbestand der Nummer 3 Platz greift.

11 **3. Sonstige Leistungen (Absatz 1 S. 1 Nr. 3).** Unter Nummer 3 fallen **Leistungen jeglicher** – auch solche nichtwirtschaftlicher (Rdn. 2) – **Art**, die nicht bereits von den Nummern 1, 2, 4 erfasst werden, mit der Folge, dass jeder Zweifel, ob die Voraussetzungen des Miet-, Kredit- oder Vermittlungswuchers vorliegen, zur Anwendbarkeit der Nummer 3 führt. In der Hauptsache umfasst die Vorschrift die Anwendungsfälle des § 302e a.F. (Sach- oder Leistungswucher), aber gelöst von der Einschränkung des früheren Rechts, wonach nur die gewerbs- oder gewohnheitsmäßige Begehung strafbar war. Es gehören hierher etwa die Gewährung von Darlehen, die nicht Geld zum Gegenstand haben und deshalb nicht unter Nummer 2 fallen (Sachdarlehen nach §§ 607 ff BGB); Leistungen bei Ausübung eines (auch unerlaubt betriebenen oder gesetzwidrig ausgeübten) Berufs oder Gewerbes wie eines Rechtsberaters (RGSt **45** 197 ff) oder eines Rechtsanwalts, eines Privatdetektivs (RG DR **1944** 903), eines Arztes, aber auch eines Kurpfuschers, die Vermietung von nicht zum Wohnen (dann Nummer 1) bestimmten Räumen (Geschäftsräumen) oder damit verbundenen Nebenleistungen, Pachtgeschäfte, Leihe, Kauf oder Tausch von Gegenständen jeder Art, wie Viehverleih oder -verkauf, Verkauf von Grundstücken und auch solcher Gegenstände, für die nur Liebhaber als Käufer in Frage kommen wie Antiquitäten, Sammelgegenstände oder auch Pornomaterial (dazu aber Rdn. 36 f), der Ankauf von Forderungen. Der früher viel erörterte Lohnwucher hat erst durch die Entscheidung BGHSt **43** 53 ff,[5] nach der die Beschäftigung von – im konkreten Fall ausländischen – Arbeitnehmern zu unangemessen niedrigem Lohn Wucher sein kann, wieder an Bedeutung gewonnen; der Anwendungsbereich des Wuchertatbestandes dafür wird auch nicht durch die Einfügung von § 233 (durch Art. 1 Nr. 10 des 37. StrÄndG v. 11. Februar 2005 – BGBl. I 239 –) in das StGB eingeschränkt (*Panani*s MK Rdn. 10; *Sch/Schröder/Eisele* § 233 Rdn. 9; *Fischer* § 233 Rdn. 8 f). Derartige Fälle sind bisher regelmäßig durch die Straf- und Bußgeldvorschriften des Nebenstrafrechts erfasst worden. Auch unvergütetes Ableistenlassen von Überstunden in erheblichem Umfang trotz bestehender Vergütungspflicht kommt als Möglichkeit in Betracht. Ob der Wuchertatbestand damit allerdings größere praktische Bedeutung gewinnt, erscheint zweifelhaft (**aA** *Bernsmann* JZ **1998** 629, 631).

12 **4. Vermittlung von Leistungen (Absatz 1 S. 1 Nr. 4).** An sich ist die Vermittlung von Leistungen selbst eine Leistung i.S. des Absatzes 1 S. 1 Nr. 3, wie denn auch in der Zeit der Geltung des § 302e a.F. die wucherische Vermittlung von Rechtsgeschäften jeder Art,

[5] Die Entscheidung BGHSt **43** 53 ff ist auch abgedruckt in JR **1999** 164 m. Anm. *Renzikowski*, JZ **1998** 627 m. Anm. *Bernsmann*, AuR **1997** 453 m. Anm. *Reinecke* und besprochen von *Achenbach* NStZ **1998** 560, 563 sowie *Braun* AnwBl. **2000** 544; s. weiter dazu insbes. *Rixen* in Ignor/Rixen (Hrsg.) Handbuch Arbeitsstrafrecht (2002) Rdn. 626 ff; schließlich auch OLG Köln NStZ-RR **2003** 212 f.

insbesondere von Anstellungen, als ein Fall des Leistungs-(Sach-)wuchers angesehen wurde. „Wenn in Absatz 1 Nr. 4 gleichwohl die Vermittlung einer Leistung ausdrücklich genannt ist, so hat dies nur klarstellende Bedeutung, die im Hinblick auf die in Absatz 1 Satz 2 getroffene Regelung angezeigt ist, da dort aus Gründen des besseren Verständnisses die Vermittlung neben der Leistung genannt ist“ (Begr. BTDrucks. 7/3341 S. 40). Einen Anlass, beispielhaft auch die Vermittlerleistung hervorzuheben, bot im Übrigen die vielfach zu beobachtende Einschaltung unseriöser Kreditvermittler, die zu letztlich wucherischen Kreditgeschäften führt (dazu Rdn. 38). Weiter beseitigt die Vorschrift die zu § 302f a.F. entstandene Streitfrage, ob Täter des Mietwuchers allein der Vermieter und der Vermittler nach § 302f nur dann strafbar sei, wenn er als Beteiligter des Vermieters gehandelt habe, während Wucher mit Bezug auf die Vermittlerleistung unter § 302e falle, oder ob auch der Vermittler Täter des Mietwuchers sei.

III. Die Schwächesituation des Opfers

1. **Allgemeines.** Die *Tathandlung* besteht darin, dass der Täter eine der im Gesetz **13** abschließend aufgeführten *Schwächesituationen des Opfers ausbeutet* und zwar dadurch, dass er sich oder einem Dritten einen Vermögensvorteil versprechen oder gewähren lässt, der in auffälligem Missverhältnis zur Leistung steht. Das frühere Recht nannte als solche Schwächesituationen zunächst Notlage, Leichtsinn und Unerfahrenheit; erst in § 302f wurde bei dessen Einfügung im Jahre 1971 der Begriff Notlage durch das Wort Zwangslage ersetzt. § 302a n.F., jetzt § 291, hat nach dem Vorbild des § 302f a.F. die Begriffe der Zwangslage und der Unerfahrenheit beibehalten, zur Kennzeichnung weiterer Schwächesituationen aber unter Verzicht auf „Leichtsinn“ die Merkmale des Mangels an Urteilsvermögen und der erheblichen Willensschwäche eingeführt.

Zwangslage, Unerfahrenheit, Mangel an Urteilsvermögen und erhebliche Willens- **13a** schwäche sind ***gleichwertige Merkmale*** desselben einheitlichen Tatbestandes (Bedenken dagegen z.B. bei *Bernsmann* in Achenbach/Ransiek V 3 Rdn. 31). Sie treffen häufig derart zusammen, dass das eine Merkmal das andere bedingt oder der eine Zustand in den anderen übergeht (RGSt **17** 440, 442). So kann der Bewucherte sich aus einer Zwangslage auf das Wuchergeschäft einlassen und sodann bei Vereinbarung der Geschäftsbedingungen aus Unerfahrenheit handeln (RG 1 D 526/09 vom 23. September 1909). Ein Hinweis auf die Veränderung des rechtlichen Gesichtspunkts (§ 265 StPO) bei einem Wechsel des Merkmals soll nach RGSt **17** 440 ff nicht notwendig sein (bedenklich).

2. Zwangslage

a) **Zur Ersetzung von „Notlage“ durch „Zwangslage“.** Der in §§ 302a, 302e a.F. ver- **14** wendete *Begriff der Notlage* war umstritten. Die insbesondere in der Rechtsprechung vertretene Meinung verstand unter Notlage nur die wirtschaftliche Notlage, die existenzbedrohende Geldverlegenheit, verursacht durch den Mangel wirtschaftlich bedeutsamer oder unentbehrlicher Gegenstände, die durch die Leistung des Wucherers abgewendet werden sollte (RGSt **28** 288, 290; **53** 285 f; **71** 325 f; **76** 193 f; BGH NStZ **1984** 23). Von diesem Standpunkt aus hatte z.B. die Rechtsprechung eine Notlage verneint, wenn aus Geldmangel die Mutter den begabten Sohn nicht studieren lassen kann (RG Recht **1913** Nr. 3316), der Künstler seine Ausbildung nicht vollenden kann, der Erfinder nicht die notwendigen Auslagen für die Sicherung und Verwertung eines Patentanspruchs aufbringt (RG SeuffArch. **61** 439). Bei den strafrechtlichen **Reformarbeiten** setzte sich aber die Auffassung durch, dass wucherisches Verhalten nicht nur unter diesen engen Voraussetzungen strafwürdig sei; die erwünschte Erweiterung des Wuchertatbestandes sah § 265 E 1962 im Anschluss an frühere Entwürfe in der Ersetzung von „Notlage“ durch „Zwangslage“. Damit sollte zunächst auch die Einbeziehung von Fällen der Ausbeutung einer wirtschaftlichen Bedrängnis ermöglicht werden, die zwar nicht existenzbedrohend ist, aber schwere wirtschaftliche Nachteile nach sich zieht, denn auch wer begütert sei, aber nicht über flüssige Mittel verfüge, um z.B. eine drohende Grundstücksversteigerung abzuwehren, befinde sich in einer seine Willensfreiheit beschränkenden Zwangslage. In den Schutzbereich sollten ferner Fälle einbezogen werden, in denen nicht unmittelbar eine wirtschaftliche Bedrängnis, sondern Umstände anderer Art ein dringendes Geld- oder Sachbedürfnis entstehen lassen; z.B. wenn einem Großbauern ein Teil seiner Stallungen abbrennt und er aus diesem Grunde erhebliche Viehbestände abstoßen muss, oder wenn ein Erfinder die notwendigen Aufwendungen für die Sicherung oder Verwertung seines Patentanspruchs nicht aufzubringen vermag (Begr. BTDrucks. IV/ 650 S. 439). Für ein weiteres Beispiel – Pflegebedürftigkeit als Zwangslage – vergleiche BGH WM **1981** 1050, 1051.

14a In der Richtung dieser Reformbestrebungen ging nunmehr das Schrifttum z.T. dazu über, den Begriff der Notlage in einem weiteren Sinn als jede ernste Zwangslage, z.B. auch eine Gefahr für Leben, Gesundheit oder Ehre zu verstehen (Nachweise bei *Schäfer* LK[9] § 302a Rdn. 20). Auch wenigstens bei dem damals noch unter den Sachwucher des § 302e a.F. fallenden Mietwucher entfernte sich BGHSt **11** 182 ff von der beim Kreditwucher ausgebildeten einschränkenden Auslegung, indem die Entscheidung als Notlage schon ansah, wenn der Wohnungssuchende nach seinen persönlichen und seinen Vermögensverhältnissen gezwungen war, eine sich ihm bietende Mietgelegenheit mit der Folge einer fühlbaren Einengung in einer angemessenen Lebenshaltung auszunutzen. Im Vorgriff auf die in § 265 E 1962 vorgeschlagene allgemeine Umgestaltung des Wuchertatbestandes fand dann in dem im Jahr 1971 neu eingefügten Mietwuchertatbestand des § 302f der Begriff **Zwangslage** Eingang in das Wucherstrafrecht und bildete die Brücke zu der in § 302a allgemein durchgeführten Ersetzung von „Notlage“ durch „Zwangslage“. In Übereinstimmung mit der Begründung zu § 265 E 1962 führt auch die Begründung zum Regierungsentwurf des 1. WiKG (BTDrucks. 7/3441 S. 40 f) aus: „Unter diesen (Begriff) fällt auch die Ausbeutung einer wirtschaftlichen Bedrängnis, die zwar nicht die Existenz des Betroffenen bedroht, aber schwere wirtschaftliche Nachteile mit sich bringt. Eine Zwangslage liegt auch vor, wenn nicht eine wirtschaftliche Bedrängnis, sondern Umstände anderer Art ein zwingendes Sach- oder Geldbedürfnis entstehen lassen. Dies ergibt sich deutlich daraus, daß (das Gesetz) zwischen dem Merkmal „Zwangslage“ und dem in § 302a Abs. 2 Nr. 1 zur Beschreibung eines besonders schweren Falles verwandten Merkmal ‚wirtschaftliche Not‘ unterscheidet“. Bedenken, dass diese Erweiterung des Wuchertatbestandes sich zu einer unangemessenen Behinderung des Geschäftsverkehrs auswirken und schon jede Ausnutzung einer günstigen Gelegenheit zu vorteilhaftem Geschäftsabschluss in den Bereich strafbaren Wuchers führen könne, wiesen sowohl die Begründung des § 265 E 1962 (BTDrucks. IV/650 S. 439) wie die des 1. WiKG-Entwurfs (BTDrucks. 7/3441 S. 41) zurück; die erstere, indem sie als hinreichende Sicherheit das „stark einengende“ weitere Merkmal des Ausbeutens ansah, die zweite, indem sie auf das Erfordernis des Ausnutzens der Zwangslage zur Erzielung „eines ungewöhnlich hohen Gewinnes“ hinwies. Dieser Entwicklung entsprechend heißt es in BGHSt **42** 399, 400: „Die Zwangslage stellt … eine ernste persönliche oder wirtschaftliche Bedrängnis des Opfers dar. Die Zwangslage muß ernst, sie braucht aber nicht existenzbedrohend zu sein. Eine Notlage wird nicht vorausgesetzt; der Begriff der ‚Zwangslage‘ ist weiter als der der Notlage …“ (vgl. auch BGH NJW **1994** 1275, 1276; BGH NJW **2003** 1860, 1861).

b) Unerheblich ist, ob der Bewucherte die Zwangslage **verschuldet** hat oder ob sie sich hätte vermeiden lassen (RG JW **1908** 587, 588; BGHSt **11** 182, 186). Eine Zwangslage kann ferner – vom Täter her gesehen – vorliegen, wenn das Opfer irrtümlich glaubt, seiner bedrängten Lage nur durch Angehen des Täters abhelfen zu können, weil er andere objektiv vorhandene Auswege nicht kennt oder erkennt, der Täter aber die vermeintliche Ausweglosigkeit des Opfers erkennt und ausnutzt.[6] Dagegen ist § 291 unanwendbar, wenn der Täter lediglich annimmt, der andere befinde sich in einer Zwangslage (strafloser Versuch). **15**

c) **Kasuistik**

(1) Beim **Mietwucher** liegt eine Zwangslage vor, wenn der Wohnungssuchende sich in einer seine Willensfreiheit einschränkenden Lage befindet, die ihn nötigt, einen bestimmten Wohnraum zum wucherischen Preis zu mieten, weil ihm sonst schwere, in der Regel wirtschaftliche Nachteile drohen, auch wenn er durch die Höhe der Miete nicht in seiner wirtschaftlichen Existenz gefährdet, sondern nur in einer angemessenen wirtschaftlichen Lebenshaltung fühlbar eingeengt wird (vgl. BGHSt **11** 182 ff und BGHSt **30** 280, 281, wo noch der Begriff Notlage verwandt ist; s. auch LG Frankfurt a.M. wistra **1984** 236, 238). Das ist z.B. der Fall, wenn der Wohnungssuchende auf eine Wohnung in der Nähe seiner Arbeitsstätte angewiesen ist und er seine Stellung, ohne leicht gleichwertigen Ersatz zu finden, verlieren würde oder aufgeben müsste, falls er keine entsprechende Wohnung fände. **16**

(2) Beim **Kreditwucher** sind zum Begriff der Notlage i.S. des § 302a a.F. Grundsätze ausgebildet worden, die ihre Bedeutung behalten haben, nachdem der engere Begriff der Notlage in dem weiteren Begriff der Zwangslage aufgegangen ist, eine Notlage im Sinne des früheren Rechts also stets auch eine Zwangslage darstellt. Eine Notlage ist bejaht worden, wenn der Darlehensnehmer zum Bestreiten seines und seiner Familie notwendigen Lebensunterhalts ein dringendes, unaufschiebbares Bedürfnis nach Geldmitteln hat, das nicht anders als durch Inanspruchnahme des Kredits oder sonstiger Hilfe Dritter zu befriedigen ist (RGSt **71** 325 f; BGH, Urt. v. 1. Juni 1956 – 2 StR 144/56 – bei *Pfeiffer/Maul/Schulte* § 302a Nr. 2; vgl. auch OLG Karlsruhe JR **1985** 167 ff zur Zwangslage einer Rentnerin, die eine titulierte Forderung zur Bezahlung von Heizöl nicht aus dem laufenden Renteneinkommen bezahlen konnte). Gleiches gilt, wenn dem Darlehensnehmer die Zwangsvollstreckung in die zur Lebensführung notwendigen Gegenstände droht, die er ohne Darlehensaufnahme nicht abwenden kann (RGSt **71** 325 f; BGH, Urt. v. 31. Januar 1952 – 5 StR 14/52 –, inhaltlich wiedergegeben in der Anm. zu LM Nr. 1 zu § 302d). Für den Inhaber eines Gewerbebetriebs setzte eine Notlage voraus, dass die Mittel zur Aufrechterhaltung des seine Existenzgrundlage bildenden Betriebs fehlten, sei es, dass er ihn ohne Kredit überhaupt nicht oder lediglich bei eigener Existenzgefährdung aufrechterhalten konnte (vgl. RGSt **71** 325 f; BGHSt **12** 390, 391; BGH LM Nr. 1 zu § 302d m. Anm. *Neumann*). **17**

Die Erweiterung von „Notlage“ in „Zwangslage“ zeigt sich vor allem darin, welche ***Schritte dem Schuldner zuzumuten*** sind, um sein Kredit- und Sachbedürfnis auf andere Art als durch Kreditaufnahme bei dem Wucherer zu befriedigen. Eine Zwangslage wird **17a**

[6] RGSt **12** 303 f; BGH NJW **1958** 2074; *Lackner/Kühl* Rdn. 8; *Pananis* MK Rdn. 16; *Sch/Schröder/Stree/Heine* Rdn. 24; *Bernsmann* in Achenbach/Ransiek V 3 Rdn. 35; *Mitsch* BT 2 § 5 Rdn. 70; **aA** *Fischer* Rdn. 10; *Hoyer* SK Rdn. 11.

danach nicht dadurch ausgeschlossen, dass der Kreditsuchende noch verwertbares, insbesondere werbendes Vermögen besitzt, durch dessen Veräußerung er sich den erstrebten Kredit verschaffen könnte, wenn ihm dessen Verwertung wegen drohenden fühlbaren Schadens nicht zugemutet werden kann (so bereits RGSt **71** 325 f). In einer Zwangslage befindet sich ein Schuldner, dem zwar die Mittel zur Befriedigung seiner dringenden Lebensbedürfnisse nicht fehlen und dem auch keine Zwangsvollstreckung droht, der sich aber aus besonders triftigen Gründen gezwungen fühlt, seinen Gläubiger ohne Klage zu befriedigen, weil das Abwarten einer Klage den Verlust seiner gesellschaftlichen Stellung zur Folge hätte – „Ehrennot" – (vgl. dazu den Fall BGHSt **12** 390 ff = LM Nr. 1 zu § 302a a.F. m. Anm. *Martin*). Zur Zwangslage ist auch nicht erforderlich, dass der Kreditsuchende alle denkbaren und möglichen Mittel und Wege erschöpft hat, um sich Geld oder Kredit zu verschaffen (RG Recht **1903** Nr. 909). Daher kann sich auch der Sohn des reichen Vaters in einer Zwangslage befinden, wenn er sich aus begreiflichen und triftigen Gründen scheut, die väterliche Hilfe in Anspruch zu nehmen (vgl. auch RG Rspr. **3** 568 f). Ebensowenig ist dem wohlhabenden Mann zuzumuten, seine wertvollen Baugrundstücke um jeden Preis zu veräußern, wenn er nicht sofort einen zur Zahlung eines einigermaßen angemessenen Preises bereiten Käufers findet (vgl. RG JW **1908** 587 f). Allerdings ist es noch keine Zwangslage, wenn ohne Kredit bloße Zukunftspläne scheitern; vorausgesetzt wird eine Gefährdung von Bestehendem (vgl. BGH NJW **1994** 1275, 1276).

18 (3) Beim **Leistungswucher** hat OLG Köln NStZ-RR **2003** 212, 213 es als Zwangslage angesehen, wenn ein Arzt eine für die Ausbildung zum Facharzt zwingend erforderliche zeitweilige Anstellung als Assistenzarzt wegen sehr knapper Assistenzarztstellen nur erreicht, wenn er sich auf eine Vollzeittätigkeit zu 50 Prozent des Tariflohns einlässt. Zur möglichen Zwangslage von Hochschulabsolventen beim Abschluss von Praktikumsverträgen ohne oder gegen nur sehr geringe Bezahlung als Berufseinstieg siehe *Horstmeier* JR **2006** 313, 315.

3. Unerfahrenheit

19 a) **Begriff.** Unter diesem aus dem früheren Recht (§§ 301, 302a, 302e, 302f a.F.) übernommenen Merkmal ist nicht eine allgemeine Unerfahrenheit, sondern die Unerfahrenheit im **Geschäftsleben** zu verstehen. Sie ist eine dem Opfer „anhaftende Eigenschaft, die auf einem Mangel an Geschäftskenntnis und Lebenserfahrung im allgemeinen oder auf beschränkten Gebieten des menschlichen Wirkens beruht und ihrem Wesen nach eine Einschränkung der Befähigung zur Wahrnehmung oder richtigen Beurteilung von Zuständen und Geschehnissen irgendwelcher Art zur Folge hat".[7] Maßgebend ist also die auf Mangel an Geschäftskenntnis und Lebenserfahrung beruhende Eigenschaft des Opfers, durch die es gegenüber dem Durchschnittsmenschen benachteiligt ist; eine auch beim Durchschnittsmenschen vorhandene Unkenntnis ist keine Unerfahrenheit.[8] Mit die-

---

[7] BGHSt **11** 182, 186 unter Hinweis auf die gleichlautende Rechtsprechung des Reichsgerichts, z.B. RGSt **37** 205, 206 f; **53** 50; s. auch BGHSt **30** 280, 281; BGH GA **1971** 209 f; OLG Köln OLGSt. zu § 263 S. 126, 129 f.

[8] BGHSt **13** 233 ff = LM Nr. 2 zu § 302e m. Anm. *Busch*; BGHSt **43** 53, 61; BGH, Urt. v. 28. November 1967 – 1 StR 531/67 bei *Pfeiffer/Maul/Schulte* § 301 Nr. 2; BGH NStZ **1984** 23 m. krit. Anm. *Nack*; *Kindhäuser* NK Rdn. 20; *ders.* LPK Rdn. 12; *Pananis* MK Rdn. 17; *Sch/Schröder/Stree/Heine* Rdn. 25; *Mitsch* BT 2 § 5 Rdn. 60; *Otto* BT § 61 Rdn. 136; weitergehend *Hoyer* SK Rdn. 15; *Maurach/Schroeder/Maiwald* BT I § 43

ser Einschränkung kann beim Kreditwucher Unerfahrenheit schon darin liegen, dass das Opfer die Gelegenheit nicht kennt, sich zu billigeren Bedingungen Geld zu verschaffen (RGSt **25** 315, 319; vgl. auch RGSt **37** 205, 207), oder nichts von einer etwa bestehenden Möglichkeit weiß, durch Inanspruchnahme von Behörden oder Gerichten eine Herabsetzung seiner Verbindlichkeiten zu erreichen (BGHSt **11** 182, 187). Jedoch reicht es für die Unerfahrenheit eines Kreditnehmers nicht aus, wenn der Kreditgeber ihm den effektiven Jahreszins nicht angegeben hat (BGH NStZ **1984** 23 m. krit. Anm. *Nack* = JR **1984** 251 m. Anm. *Otto*). Beim Wohnungsmietwucher bedeutet die bloße Unkenntnis der Wohnungsmarktverhältnisse und der Gesetzgebung über Mietpreiserhöhung und ihre Handhabung noch keine Unerfahrenheit.[9] Unkenntnis der Bedeutung des abzuschließenden Geschäfts und Unkenntnis der Sprache allein begründen ebenfalls noch keine Unerfahrenheit (RG Recht **1915** Nr. 735). Das Merkmal Unerfahrenheit in § 17 Abs. 1 S. 2 BeurkG ist für die Auslegung von Unerfahrenheit i.S. von § 291 unergiebig (OLG Celle NdsRpfl. **2001** 161, 162). Wohl aber kann fehlende Sprachkenntnis, sofern sie einen Überblick ausschließt, Unerfahrenheit bewirken (LG Köln ZMR **1975** 367, 369). In diesem Sinne auch BGHSt **43** 53, 61 für einen Fall des Lohnwuchers bei Unkenntnis über die Rechtslage in Deutschland betreffend Arbeitslöhne verbunden mit geringen Deutschkenntnissen.[10]

b) Anregungen im BT-Sonderausschuss, den „typische(n) Informationsmangel des **20** unterlegenen Vertragspartners“ in irgendeiner Form erweiternd mit dem Merkmal Unerfahrenheit zu verbinden, haben – bei Anerkennung der Schwierigkeiten einer genauen Abgrenzung – zu keinem Ergebnis geführt (vgl. Prot. 7 2796 f). Wenn daher im Schrifttum die Auffassung vertreten wird, ein „weitreichender Mangel an Informationen über wirtschaftliche Fragen (könne) zu Unerfahrenheit führen“,[11] so kann dies, wenn der Boden der bisherigen Auslegung der Unerfahrenheit nicht verlassen werden soll, wohl nur für *Extremfälle* einer auf Informationsmängeln beruhenden Unkenntnis gelten, die zu einer Benachteiligung gegenüber dem Durchschnittsmenschen führt.

4. **Mangel an Urteilsvermögen.** Dieses in Erweiterung des früheren Rechts neu ge- **21** schaffene Merkmal einer Schwächesituation war schon in den StGB- Entwürfen seit 1922 vorgesehen und zwar ursprünglich unter der Bezeichnung „Geisteskrankheit“ oder „Geistesschwäche“ (vgl. Prot. 7 2799 f). Zu diesem Merkmal führt die Begründung, fast wörtlich mit der Begründung zu § 265 E 1962 übereinstimmend, aus: „Ein Mangel an Urteilsvermögen ist zunächst dann anzunehmen, wenn dem Bewucherten in erheblichem Maße die Fähigkeit fehlt, sich durch vernünftige Beweggründe leiten zu lassen. Das ist mehr als bloße Unerfahrenheit, die nur den erheblichen Mangel an geschäftlicher Erfahrung bezeichnet. Der Mangel an Urteilsfähigkeit umfaßt auch die Unfähigkeit, die beiderseitigen Leistungen und die wirtschaftlichen Folgen des Geschäftsabschlusses richtig zu bewerten. Meist wird dieses Unvermögen die Folge von Verstandesschwäche sein“. Diese **geistige Schwäche**, die auch durch zunehmende Erfahrung nicht ausgeglichen wer-

---

Rdn. 21; *Nack* MDR **1981** 621, 624 f; *ders.* in Müller-Gugenberger/Bieneck § 61 Rdn. 6 ff, 42 f. Siehe ergänzend Fn. 11.

9 LG München ZMR **1963** 177 f; LG Frankfurt a.M. wistra **1984** 236, 238; *Fischer* Rdn. 11; *Sch/Schröder/Stree/Heine* Rdn. 25.

10 *Pananis* MK Rdn. 17; *Sch/Schröder/Stree/Heine* Rdn. 25; **zweifelnd** *Bernsmann* JZ 1998 629, 633; *Renzikowski* JR **1999** 166, 170 f; zustimmend *Nägele* BB **1997** 2162, 2163.

11 So *Fischer* Rdn. 11 und in der Tendenz wohl auch *Bernsmann* in Achenbach/Ransiek V 3 Rdn. 44; vgl. außerdem *Otto* NJW **1982** 2745, 2749 f sowie *Nack* NStZ **1984** 23, 24.

den kann, kann sich mit den Voraussetzungen des § 20 decken, muss dies aber nicht.[12] Ein Mangel an Urteilsvermögen wird nicht bereits dadurch belegt, dass man in einem Nachtclub mit Bordellbetrieb völlig überhöhte Getränkepreise akzepziert (vgl. OLG Schleswig NJW **2005** 225, 226). Demgegenüber mag in krassen Fällen mangelndes Urteilsvermögen vorliegen, wenn das Mitglied einer Sekte bereit ist, für von der Sekte veranstaltete Seminare, die die Förderung der Botschaft dieser Sekte zum Inhalt haben, sehr hohe Gebühren zu bezahlen.

5. Erhebliche Willensschwäche

22 a) Unter den Begriff der **Willensschwäche** fällt „jede Form einer verminderten Widerstandsfähigkeit, die in der Persönlichkeit und dem Wesen des Bewucherten ihre Ursache hat" (Begr. BTDrucks. 7/3441 S. 541 in Übereinstimmung mit der Begründung zum E 1962). Die Entwürfe enthielten noch nicht die Einschränkung, dass die Willensschwäche erheblich sein müsse. Sie wurde erst im BT-Sonderausschuss aus der Erwägung eingefügt, dass die Ausbeutung der „einfachen" Willensschwäche – verstanden als mangelnde Widerstandskraft gegen Versuchungen des Lebens – zu einer Ausuferung des Wuchertatbestandes führen könne, indem der Übervorteilte sich darauf berufen könne, er sei durch langes Zureden des Vertragspartners, durch übertreibende oder durch die „auf die Anfälligkeit des Kunden" abstellende Werbung im Selbstbedienungsladen zum nicht gewollten Vertragsschluss gebracht worden (vgl. Prot. 7 2800 ff). Gedacht ist bei dem Erfordernis der **Erheblichkeit** der Willensschwäche in erster Linie an Personen, deren Willensschwäche krankheitsbedingt ist (Drogensüchtige, Alkoholiker usw.). Doch gehören auch andere Personen hierher, deren Willensschwäche „ein den übrigen Ausbeutungszuständen entsprechendes Maß" erreicht (Ausschussbericht BTDrucks. 7/5291 S. 20), deren Widerstandskraft also – persönlichkeits-, aber nicht krankheitsbedingt – erheblich geringer ist als die eines unter vergleichbaren Umständen am Geschäftsverkehr teilnehmenden Durchschnittsmenschen (BGH NJW **2006** 3054, 3056; *Lackner/Kühl* Rdn. 8; gegen eine Beschränkung auf Dauereigenschaften *Maurach/Schroeder/Maiwald* BT I § 43 Rdn. 21). Das von *Blei* (II S. 264) angeführte Beispiel einer erheblichen Willensschwäche – der Spieler, der bedenkenlos Wucherzinsen gibt, um „heute ganz gewiß" den großen Gewinn machen zu können – trifft allerdings nur zu, wenn die Spielsucht zu einer erheblichen Persönlichkeitsveränderung geführt hat (vgl. nur BGH NJW **2005** 230 f); andernfalls handelt er aus Leichtsinn. Ebensowenig kann von erheblicher Willensschwäche gesprochen werden, wenn man sich auf hohe Getränkepreise eines Nachtlokals einlässt (BayObLGSt **1984** 95 ff = JR **1985** 166 m. Anm. *Otto*; vgl. auch OLG Schleswig NJW **2005** 225, 226; **abweichend** *Pananis* MK Rdn. 19).

23 b) Die früher im Gesetz – zuletzt noch in § 302f a.F. – verwendete Schwächesituation des *Leichtsinns* wurde in § 302a nicht mehr aufgenommen. Diese Merkmal wurde dahin verstanden, dass leichtsinnig handelt, „wer den Folgen seiner Handlungen aus Sorglosigkeit oder aus Mangel an genügender Überlegung die ihnen zukommende Bedeutung nicht beilegt" (BGHSt **11** 182, 186 im Anschluss an RGSt **27** 18 f; **60** 216, 223). Bei

[12] BGH NJW **2002** 3165, 3167; BGH NJW **2006** 3054, 3056; *Fischer* Rdn. 12; *Hoyer* SK Rdn. 16; *Kindhäuser* NK Rdn. 21; *ders.* LPK Rdn. 13; *Sch/Schröder/Stree/Heine* Rdn. 26; *Göhler* Prot. 7 2799. Eine habituelle Schwächung hält nicht für erforderlich, aber auch nicht für ohne weiteres ausreichend *Bernsmann* in Achenbach/Ransiek V 3 Rdn. 40.

Schaffung des § 302a ging der Gesetzgeber davon aus, dass mit den im Gesetz genannten Merkmalen alle schutzwürdigen Schwächen des Opfers genannt seien und dass jemand, der handele, ohne dass – ausnahmsweise – diese Voraussetzungen gegeben seien, „allein deswegen, weil er leichtsinnig ist, keinen strafrechtlichen Schutz" verdient (Begr. BTDrucks. 7/3441 S. 41). Bedenken, die gegen die Preisgabe des Merkmals des Leichtsinns im Hinblick auf die Herabsetzung des Volljährigkeitsalters auf das vollendete 18. Lebensjahr geäußert wurden (vgl. *Tröndle* Prot. 7 2563), fanden keine Resonanz.

IV. Die Ausbeutung der Schwächesituation des Opfers

Der Täter muss eine der im Gesetz beschriebenen Schwächesituationen des Opfers **24**
ausbeuten, indem er sich oder einem Dritten im auffälligen Missverhältnis zur eigenen Leistung stehende Vermögensvorteile versprechen oder gewähren lässt. Mit dieser Umschreibung der Tathandlung folgt § 291 dem früheren Recht (§§ 302a, 302f a.F.). Es liegt deshalb nahe, den Begriff des Ausbeutens im gleichen Sinne zu verstehen, wie dies nach dem alten Rechtszustand geschah. Nach der damaligen Rechtsprechung beutete der Täter aus, wenn er die Schwächesituation des anderen zur Erlangung der übermäßigen Vermögensvorteile **bewusst ausnutzte**; eine darüber hinausgehende Absicht, zusätzliche innere Einstellung oder besondere Art der Ausführung war nicht erforderlich, während das bloße Streben nach Vermögensvorteilen noch nicht ausreichte.[13] Dem folgte auch ganz überwiegend das Schrifttum. Nur vereinzelt wurde eine „Ausnutzung in besonders anstößiger Weise" gefordert (so z.B. *Schönke/Schröder*[18] § 302f Rdn. 9 und dem folgend OLG Köln NJW **1976** 119, 120). Dagegen entfernt sich das Schrifttum zu § 302a bzw. § 291 z.T. von der früher herrschenden Auslegung. Unter Berufung auf Absatz 1 S. 2, wo von der Ausnutzung der Schwächesituation des Opfers zur Erzielung eines übermäßigen Vermögensvorteils die Rede ist, wird gefolgert, aus dem Wechsel im Ausdruck ergebe sich, dass der Begriff der Ausbeutung ein anderer, engerer als der bloßen Ausnutzung sein müsse. Ausbeuten erfordere danach „gewisse parasitäre, qualifizierte und anstößige Formen des Ausnutzens", die „besonders anstößige Ausnutzung", „eine qualifizierte Art des Ausnutzens" des Schwächezustandes.[14] Gleiche Formulierungen wurden bereits bei den Erörterungen der Sachverständigenkommission zur Bekämpfung der Wirtschaftskriminalität verwendet (TagBer Bd. VI S. 102 ff). Dem kann aber nicht zugestimmt werden.[15] Die Berufung auf den Ausdruckswechsel in Absatz 1 S. 2 versagt; er war notwendig, um deutlich zu machen, dass zur Erfüllung des Tatbestandes der Additionsklausel nicht das durch das auffällige Missverhältnis von Leistung und Gegenleistung gekennzeichnete „Ausbeuten", sondern nur das Ausnutzen der Schwäche zur Erzielung eines übermäßigen Vorteils erforderlich sei, der nicht das Niveau des auffälligen Missverhältnisses erreicht (dazu Rdn. 44). Damit entfällt aber der Anlass, abweichend von der bishe-

---

13 RGSt 53 285, 286; RG DStR **1939** 53, 55; BGHSt **11** 182, 187; BGH, Urt. v. 10. September 1968 – 1 StR 304/68 bei *Pfeiffer/Maul/Schulte* § 302a Nr. 2; vgl. z.B. auch RGZ **60** 9 ff.

14 *Lackner/Kühl* Rdn. 8; *Sch/Schröder/Stree/Heine* Rdn. 29; *Tröndle*[48] Rdn. 15; *Bernsmann* in Achenbach/Ransiek V 3 Rdn. 44; *Mitsch* BT 2 § 5 Rdn. 70; vgl. auch *Scheu* JR **1982** 474, 475; offengelassen in OLG Karlsruhe NJW **1988** 1154, 1158.

15 Ebenso *Fischer* Rdn. 14; *Hoyer* SK Rdn. 18 f; *Kindhäuser* NK Rdn. 23; *ders.* LPK Rdn. 16; *Pananis* MK Rdn. 20; *Arzt/Weber* BT § 24 Rdn. 20; *Maurach/Schroeder/Maiwald* BT I § 43 Rdn. 22; *Nack* in Müller-Gugenberger/Bieneck § 61 Rdn. 11; *Otto* NJW **1982** 2745, 2749; vgl. auch *Otto* BT § 61 Rdn. 133; *Gallandi* wistra **1992** 333, 335.

rigen Auslegung des Begriffs des Ausbeutens, dieses Merkmal durch unbestimmte und schwer fassbare Unrechtselemente anzureichern. Ausbeuten ist danach nur ein terminus technicus für ein Verhalten, das auf die Ausnutzung eines Schwächezustandes zur Erzielung einer in auffälligem Missverhältnis zur Leistung stehenden Gegenleistung gerichtet ist (vgl. auch BGHSt **30** 280, 281 = JR **1982** 473 m. Anm. *Scheu*), und die Umschreibung dieses Verhaltens mit Ausbeuten dient nur dazu, das sittlich Verwerfliche dieses Verhaltens auch verbal zum Ausdruck zu bringen (in diesem Sinn wohl auch *Sturm* JZ **1977** 84, 86).

24a Das ergibt sich übrigens auch eindeutig aus der **Entstehungsgeschichte** des § 302a. Es war erwogen worden, das „Ausbeuten" durch „Ausnutzen" zu ersetzen, um das Anwendungsgebiet der Vorschrift zu erweitern, weil „ausbeuten" im Sinne eines besonders verwerflichen Handelns verstanden werden könne. Dieser Gedanke wurde auf die Erklärung des Regierungsvertreters hin aufgegeben, „ausbeuten" sei nach der Rechtsprechung nichts anderes als bewusstes Ausnutzen, „ausnutzen" sei aber weniger plastisch als „ausbeuten" (Prot. 7 2802).

24b Für den Begriff des Ausbeutens ist es ohne rechtliche Bedeutung, wenn der Schuldner von Anfang an beabsichtigt, die versprochenen Wuchervorteile nicht zu gewähren (**aA** *Hoyer* SK Rdn. 20, 26). Ein Ausbeuten wird weiter nicht dadurch ausgeschlossen, dass die Initiative für das Wuchergeschäft von dem Schuldner ausgegangen ist (so schon RGSt 3 218, 219 f). Seine Einwilligung ist generell bedeutungslos, weil das Gesetz unwiderlegbar von fehlender Fähigkeit zu freier und verantwortlicher Entscheidung ausgeht.[16]

V. Das auffällige Missverhältnis zwischen Leistung und Gegenleistung

1. Allgemeines

25 a) Die **Gegenleistung**, die der Täter sich oder einem Dritten versprechen oder gewähren lässt, muss ein **Vermögensvorteil** sein, der – der Begriff ist der gleiche wie z.B. in § 263 (RGSt **20** 279, 286) – nicht in Geld zu bestehen braucht (z.B. in Sach- oder Dienstleistungen bestehen kann), aber in Geld messbar sein muss. Es genügt z.B. beim Kreditwucher die Erteilung einer Vollmacht, über fremdes Eigentum zu verfügen (RG DStR **1939** 53, 54).

26 b) **Vergleich von Leistung und Gegenleistung.** Ob der versprochene oder gewährte Vermögensvorteil in auffälligem Missverhältnis zur Leistung des Wucherers steht, ist *vom Standpunkt des Täters* (Gläubigers) – nicht des Opfers – aus zu beurteilen.[17] Das

[16] *Roxin* AT I § 13 Rdn. 36; *Rönnau* Jura **2002** 665, 668; vgl. auch *Arzt/Weber* BT § 24 Rdn. 25; *Mitsch* BT 2 § 5 Rdn. 79 f.

[17] RGSt **74** 345, 349; BGHSt **43** 53, 59; *Kindhäuser* NK Rdn. 28; *ders.* LPK Rdn. 20; *Lackner/Kühl* Rdn. 3; *Pananis* MK Rdn. 25; *Sch/Schröder/Stree/Heine* Rdn. 11; **zweifelnd** *Mitsch* BT 2 § 5 Rdn. 74; *Reinicke* AuR **1997** 453, 456; *Renzikowski* JR **1999** 166, 170 f. **Ablehnend** *Maurach/Schroeder/Maiwald* BT I § 43 Rdn. 16; *Bernsmann* JZ **1998** 629, 632 f, der in dem Fall BGHSt **43** 53 den möglichen Zuwachs an Kaufkraft am Wohnort der Arbeiter in Tschechien bei dem Vergleich von Leistung und Gegenleistung berücksichtigt wissen will (s. aber auch *Bernsmann* in Achenbach/Ransiek V 3 Rdn. 22); dem ist jedoch entgegenzuhalten, dass die Arbeiter ihre Arbeitsleistung in Deutschland erbracht haben und diese Gegenleistung für den als Leistung erbrachten Lohn daher auch nach hiesigen Maßstäben zu bemessen ist. **AM** *Hoyer* SK Rdn. 5 ff, 40 ff.

ergibt sich schon aus dem Gesetzeswortlaut („sich oder einem Dritten für ... Vermögensvorteile versprechen oder gewähren läßt, die ...“), der bereits in §302f a.F. verwendet wurde, um frühere Streitfragen auszuschließen. Es ist also unter Berücksichtigung aller Umstände des Einzelfalles die Gesamtheit der vermögensrechtlichen Aufwendungen des Opfers mit den Vorteilen zu vergleichen, die dem Täter oder dem Dritten für die Leistung aus dem wucherischen Geschäft zufließen sollen oder zugeflossen sind; auf einen Vergleich der Leistung mit den Vorteilen, die das Opfer aus dem Geschäft erlangt oder sich verspricht, kommt es dagegen nicht an.[18]

c) Liegen **mehrere** selbständige **Geschäfte** mit derselben Person vor, so ist eine Pauschalberechnung der einzelnen Fälle unzulässig (RG LZ **1914** Sp. 932). Jeder Fall muss gesondert geprüft werden (RGSt **60** 216, 219; RG JW **1935** 530, 531). Bei Verkoppelung der Geschäfte sind sämtliche Leistungen des Opfers der Summe der Leistungen des Gläubigers gegenüberzustellen. Wird z.B. ein Darlehensgeschäft zur Erlangung eines wucherischen Gewinns mit einem anderen Rechtsgeschäft (Verkauf von Grundstücken oder Waren, Abschluss von Versicherungsverträgen) verbunden, so sind die Vorteile, welche der Täter aus beiden Geschäften erlangt, zusammenzurechnen und mit seiner Gesamtleistung zu vergleichen (RGSt **20** 279, 281 f; RG Recht **1915** Nr. 2412; s. weiter OLG Karlsruhe JR **1985** 167 ff m. krit. Anm. *Otto*). Ob und welche *Vorteile das Opfer* aus dem Geschäft erlangt, ist *unerheblich* (RGSt **39** 126, 129). Daher bleibt ein Gewinn außer Betracht, den der Verletzte durch Abnahme von Lotterielosen macht oder machen kann. **27**

d) **Auffällig ist das Missverhältnis**, wenn für den Kundigen sofort erkennbar ist, dass das Verhältnis von Leistung zur Gegenleistung nach den Umständen des Falles völlig unangemessen ist (RG HRR **1940** Nr. 835; allgem. Meinung). Das ist selbstverständlich nicht so zu verstehen, als ob das Missverhältnis ohne jegliche Prüfung gleich ins Auge springen müsse; es genügt, wenn nach Aufklärung des Sachverhalts im Einzelnen ohne weiteres das Missverhältnis aus dem beträchtlichen Unterschied zwischen der angemessenen und der tatsächlichen Leistung erkennbar ist (RG JW **1936** 1281; OLG Stuttgart wistra **1982** 36, 37). **28**

Dabei sind, wenn das Sichversprechenlassen und das Sichgewährenlassen zeitlich auseinanderfallen, für die Beurteilung, ob ein auffälliges Missverhältnis vorliegt, beide Zeitpunkte von Bedeutung.[19] **28a**

2. Das auffällige Missverhältnis beim Mietwucher im Einzelnen

a) **Bedeutung von § 5 WiStG 1954.** Für die Frage, wann unter Berücksichtigung aller Umstände des Einzelfalls ein auffälliges Missverhältnis zwischen Leistung des Täters und den Vermögensvorteilen besteht, die er sich vom Opfer versprechen oder gewähren lässt, geben zunächst § 5 WiStG 1954 (vgl. zur Fassung Rdn. 1) und zu dessen einheitlicher Auslegung und Handhabung erlassene Richtlinien[20] dem Richter gewisse Anhaltspunkte. **29**

---

[18] RGSt 20 279, 282; **29** 78, 82; **53** 285, 286; **60** 216, 219; RG JW **1935** 530, 531; BGHSt **43** 53, 59; h.M. auch im Schrifttum, z.B. *Fischer* Rdn. 16; *Kindhäuser* NK Rdn. 28; *Lackner/Kühl* Rdn. 3; *Pananis* MK Rdn. 25; *Sch/Schröder/Stree/Heine* 26. Rdn 11; *Otto* BT § 61 Rdn. 128; *Sturm* JZ **1977** 84, 85 f.

[19] *Fischer* Rdn. 16; *Hohendorf* S. 108 ff; offengelassen in OLG Karlsruhe NJW **1988** 1154, 1158; vgl. auch Rdn. 64.

[20] Hinweis darauf in Nr. 239 RiStBV. Siehe *Schmidt-Futterer/Blank* WohnraumschutzG D 68 ff, sowie *Blank* in *Schmidt-Futterer* Mietrecht[8], nach § 535 BGB § 5 WiStG Rdn. 20. Sie binden die Gerichte nicht.

Nach § 5 Abs. 1 WiStG 1954, der den gegen den Individualmietwucher durch § 291 gewährten Strafschutz durch eine den „Sozialwucher" treffende Bußgeldvorschrift ergänzt, handelt ordnungswidrig, wer für die Vermietung unangemessen hohe Entgelte fordert, sich versprechen lässt oder annimmt. Als unangemessen hoch definiert § 5 Abs. 2 S. 1 WiStG 1954 Entgelte, die infolge der Ausnutzung eines geringen Angebots an vergleichbaren Räumen die üblichen Entgelte, die in der Gemeinde oder in vergleichbaren Gemeinden für die Vermietung von Räumen vergleichbarer Art, Größe, Ausstattung, Beschaffenheit und Lage oder damit verbundene Nebenleistungen gezahlt werden, um mehr als 20 Prozent übersteigen.[21] Ob die geforderten (versprochenen oder angenommenen) Entgelte die üblichen Entgelte derart übersteigen, ist also durch einen Vergleich mit der ortsüblichen Miete festzustellen (vgl. auch OLG Celle GA **1977** 77 f; LG Frankfurt a.M. wistra **1984** 236 ff). Die durch Art. 2 Nr. 1 des Vierten MietrechtsänderungsG vom 21. Juli 1993 (BGBl. I 1257, 1258) erfolgte gesetzliche Festlegung der Wesentlichkeitsgrenze auf 20 Prozent wurde schon zuvor in Rechtsprechung und Schrifttum ganz überwiegend als zutreffend angesehen.[22]

30 b) Eine Ordnungswidrigkeit nach § 5 WiStG 1954 schlägt in **Mietwucher** um, wenn es sich unter Berücksichtigung der Umstände des Einzelfalles um eine grobe, ohne weiteres erkennbare Überschreitung des um 20 Prozent erhöhten üblichen Entgelts handelt und die Tat unter Ausbeutung der in § 291 bezeichneten Schwächesituation geschieht. Um einen einigermaßen tragfähigen Rechtsboden für die Beurteilung des auffälligen Missverhältnisses zwischen Leistung und Gegenleistung zu gewinnen, ist auch hier zunächst davon auszugehen, welche Entgelte in der Gemeinde oder in vergleichbaren Gemeinden für die Vermietung von (nicht preisgebundenen) Räumen vergleichbarer Art, Größe, Ausstattung, Beschaffenheit und Lage und damit verbundene Nebenleistungen üblich sind.[23] Es kommt also auch hier grundsätzlich auf die ortsübliche Miete (s. auch § 558 Abs. 2 S. 1 BGB) an. Diese ergibt sich nicht unmittelbar aus den gemeindlichen Mietspiegeln,[24]

---

[21] Siehe ergänzend § 1 des Gesetzes über die Angemessenheit von Entgelten beim Übergang in das Vergleichsmietensystem = Art. 2 MietenüberleitungsG v. 6. Juni 1995 (BGBl. I 748, 749), geändert durch Art. 7 Nr. 23 des MietrechtsreformG v. 19. Juni 2001 (BGBl. I 1149, 1172).

[22] Z.B. OLG Hamburg NJW **1983** 1004; OLG Köln WuM **1980** 36 f; OLG Stuttgart ZMR **1975** 370 f; OLG Stuttgart NJW **1981** 2365; LG Mannheim ZMR **1979** 62 m. krit. Anm. *Rohde*; vgl. auch BVerfG NJW **1994** 993 f. Vergleiche weiter *Lampe* in Erbs/Kohlhaas § 5 WiStG 1954 Rdn. 9.

[23] BGHSt **30** 280, 281 = JR **1982** 473 m. Anm. *Scheu*; OLG Köln NJW **1976** 119 f; LG Darmstadt NJW **1972** 1244 ff; LG Darmstadt NJW **1975** 549 f; LG Mannheim Justiz **1976** 518 f; *Fischer* Rdn. 17; *Kindhäuser* NK Rdn. 33; *Lackner/Kühl* Rdn. 4; *Pananis* MK Rdn. 29; *Sch/Schröder/Stree/ Heine* Rdn. 13; *Schmidt-Futterer/Blank* WohnraumschutzG D 116; *Schmidt-Futterer* JR **1974** 274, 277. Vgl. auch z.B. LG Hamburg MDR **1999** 1258 f einerseits und LG Hamburg MDR **2000** 1006 f andererseits sowie insbesondere BGH NJW **2005** 2156 f; abzustellen ist also auf das gesamte Gemeindegebiet, nicht nur z.B. auf einzelne Stadtteile.

[24] KG WuM **1991** 425, 426; KG WuM **1992** 140, 141; OLG Frankfurt a.M. NJW-RR **1994** 1233, 1234; OLG Karlsruhe NJW **1997** 3388, 3389; *Pananis* Rdn. 29; *Sch/Schröder/Stree/Heine* Rdn. 15; *Bernsmann* in Achenbach/Ransiek V 3 Rdn. 80. Der Mietspiegel ist ohne weiters als ausreichend angesehen in: OLG Hamm WuM **1995** 323, 324; ebenso *Blank* in Schmidt-Futterer Mietrecht[8] nach § 535 BGB § 5 WiStG Rdn. 16 ff, vorsichtiger in Blank/Börstinghaus Miete[2] § 535 BGB Rdn. 420; gegen den Mietspiegel als geeignetes Hilfsmittel *Bub* in Bub/Treier Handbuch d. Geschäfts- u. Wohnraummiete[3] II Rdn. 683. Zur Bedeutung des Mietspiegels, der seine Rechtsgrundlage jetzt in § 558c BGB findet, vgl. auch BVerwGE **100**

denn diese werden in der Regel nicht jährlich aktualisiert, sondern nur fortgeschrieben, so dass sich Divergenzen zwischen Mietspiegel und aktuellen Mieten ergeben können. Es ist eventuellen Besonderheiten des in Betracht kommenden Kreises der Mietwucheropfer Rechnung zu tragen. Daher ist nicht nur ein angemessener Vermietergewinn, sondern auch das erhöhte Risiko des Vermieters, das sich aus der Person des Mieters und der Art der Benutzung ergeben kann (starke Abnutzung von Raum und Mobiliar, häufiger Mieterwechsel, Gefahr besonderer Misshelligkeiten, Besorgnis der Zahlungsunfähigkeit oder Zahlungsunwilligkeit des Mieters), zu berücksichtigen.[25] Dagegen kann die Abwälzung überhöhter Gestehungskosten in der Form der Kostenmiete (der zur Deckung der laufenden Aufwendungen des Vermieters erforderliche Miete) nicht das auffällige Missverhältnis zwischen Leistung und Gegenleistung ausschließen; es ergibt sich schon aus der geltenden Fassung von § 5 Abs. 2 S. 2 2. Halbs. WiStG 1954, dass sich der Vermieter bei Überschreiten der Wuchergrenze nicht mit Erfolg auf das Kostendeckungsprinzip berufen kann.[26] Eine abweichende Beurteilung „würde, insbesondere bei Altbauten, (auch) dazu führen, daß der Vermieter unter Ausnutzung einer starken Wohnungsnachfrage die Kosten unrentabler oder unter unwirtschaftlichen Gesichtspunkten erworbener oder gehaltener Mietobjekte von Anfang an voll auf die Mieter abwälzen könnte. ... Grundsätzlich muß eben der Vermieter das Vermieten unterlassen, der für seine Mieträume so hohe Aufwendungen hat, daß er zu deren Deckung den ortsüblichen Mietzins erheblich überschreiten müßte“ (LG Darmstadt NJW **1975** 549, 550 m. Anm. *Göthling*).[27] Auf dieser Grundlage ist das auffällige Missverhältnis zwischen Leistung und Gegenleistung bei Vermietung von Räumen, die keiner Preisbindung unterliegen, zum Wohnen bei einer Überschreitung der ortsüblichen Miete um 50 Prozent und mehr als gegeben anzusehen.[28] Bei

---

262 ff; zur Tragweite und praktischen Handhabung s. *Meier* NZM **1999** 652 ff.

25 BGHSt **11** 182, 184; *Fischer* Rdn. 17; *Lackner/Kühl* Rdn. 4; *Pananis* MK Rdn. 30; *Sch/Schröder/Stree/ Heine* Rdn. 13; vgl. – zum Zivilrecht – auch BGHZ **141** 257 ff; BGH NZM **2001** 810 ff.

26 BGHSt **30** 280, 281 f = JR **1982** 473 m. Anm. *Scheu*; BayObLG NZM **1998** 999, 1000; *Fischer* Rdn. 17; *Kindhäuser* NK Rdn. 33; *Pananis* MK Rdn. 31; *Sch/Schröder/Stree/Heine* Rdn. 13; *Bernsmann* in Achenbach/Ransiek V 3 Rdn. 82; *Blank* in Blank/Börstinghaus, wie Anm. 24, § 535 BGB Rdn. 444; *Bub* in Bub/Treier, wie Anm. 24, Rdn. 688e, 698; *Gramlich* Nachtrag zu Bub/Treier (2002) S. 147; *Mersson* DWW **2002** 220, 223; *Scholl* WuM **1992** 583; *Tiedemann* Wirtschaftsstrafrecht BT Rdn. 269; **einschränkend** *Lackner/Kühl* Rdn. 4; **aM** *Otto* BT § 61 Rdn. 129. Die auf einem früheren Rechtszustand beruhende abweichende Entscheidung BGHSt **11** 182, 183 f ist aufgegeben.

27 Vgl. auch den Fall OLG Köln NJW **1976** 119: Der Täter mietete viel zu teuer ein zum Abbruch bestimmtes Haus, um es nach provisorischer Instandsetzung zimmerweise an Gastarbeiter zu Preisen unterzuvermieten, die schon durch die Weitergabe seiner eigenen Gestehungskosten unverhältnismäßig hoch waren.

28 BGHSt **30** 280, 281 = JR **1982** 473 m. Anm. *Scheu*; BayObLG NZM **1998** 999, 1000; OLG Köln NJW **1976** 119, 120; OLG Köln WuM **1980** 36 f; LG Darmstadt NJW **1972** 1244 ff; LG Frankfurt a.M. wistra **1984** 236, 238; LG Köln ZMR **1975** 367 ff; LG Mannheim MDR **1977** 159 f; LG Wiesbaden ZMR **1980** 235 f; *Fischer* Rdn. 17; *Hoyer* SK Rdn. 51; *Kindhäuser* NK Rdn. 33; *ders.* LPK Rdn. 22; *Lackner/Kühl* Rdn. 4; *Pananis* MK Rdn. 28, 30; *Sch/Schröder/Stree/Heine* Rdn. 15; *Maurach/Schroeder/Maiwald* BT I § 43 Rdn. 17; *Blank* in Blank/Börstinghaus, wie Fn. 24, § 535 BGB Rdn. **444**; *Bub* in Bub/Treier, wie Fn. 24, Rdn. 688e; *Eisenschmid* in Der Mietvertrag (1998) S. 55, 65; Schmidt-*Futterer/Blank* WohnraumschutzG D 42; *Mersson* DWW **2002** 220, 223; *Schmidt* GA **1979** 121, 140; *Schmidt-Futterer* JR **1972** 133, 134; *Vollmer* NJW **1983** 555, 556; offengelassen von LG Köln WuM **1987** 202 f für eine primitive Behelfsunterkunft; **aM** *Sasserath* NJW **1972** 711, 712, der eine Überschreitung um 100 Prozent für erforder-

Wohnraum mit gesetzlicher Preisbindung kann das auffällige Missverhältnis schon bei einer geringeren Überhöhung angenommen werden.[29] Bei gewerblich genutzten Räumen hat sich allerdings im Zivilrecht eine Grenze zum Wucher von etwa 100 Prozent Überschreitung der üblichen Miete oder Pacht herausgebildet.[30] Dies wird man im Strafrecht wegen der geringeren Schutzbedürftigkeit von Gewerbetreibenden auf den für solche Fälle geltenden § 291 Abs. 1 S. 1 Nr. 3 übertragen können.

31 c) Wenn sich, wie bei der Vermietung an **Dirnen**, ein übliches Entgelt nicht feststellen lässt, ist von einem angemessenen Entgelt auszugehen (BayObLG GA **1961** 86 ff; **aM** OLG Hamm NJW **1972** 1874 f: Unanwendbarkeit der Strafvorschrift gegen Mietwucher).

32 d) Die unverhältnismäßig hohe Gegenleistung für die Vermietung kann in *Geld oder in anderen vermögenswerten Leistungen* bestehen. § 291 würde z.B. anwendbar sein, wenn in einer Stadt, in der ein großer Mangel an Studentenzimmern besteht, ein Zimmer zwar zum üblichen Preis für ein solches Zimmer an einen Studenten vermietet, als Gegenleistung neben dem Mietpreis in Geld aber vereinbart wird, dass er den Kindern des Vermieters unentgeltlich Nachhilfeunterricht erteile; und zwar in einem Umfang, dass dies die Möglichkeit eines ordnungsgemäßen Studiums ausschließt oder dass der Geldwert dieser Leistungen, gemessen an dem sonst üblichen Entgelt für Nachhilfeunterricht, zusammen mit dem Mietpreis in auffälligem Missverhältnis zu dem üblichen Entgelt für ein solches Studentenzimmer steht.

3. Das auffällige Missverhältnis beim Kreditwucher im Einzelnen

33 a) **Allgemeines.** Wie in Rdn. 8 ausgeführt, hat § 291 darauf verzichtet, den wucherischen Vermögensvorteil an der Höhe des „üblichen Zinsfußes" zu messen. Doch spielt der Zinsfuß, allerdings in veränderter Gestalt, auch heute noch als Ausgangspunkt eine gewisse Rolle (dazu *Canaris* NJW **1978** 1891 ff). Denn unter dem „üblichen Zinsfuß" war nicht etwa der gesetzliche Zinssatz (§ 246 BGB, § 352 HGB), sondern die Gegenleistung zu verstehen, die in der fraglichen Gegend für Kreditgeschäfte, die unter ähnlichen Umständen abgeschlossen wurden, im redlichen Geschäftsverkehr üblich war.[31] Nun besteht die Gegenleistung des Kreditsuchenden vielfach nicht oder nicht nur in einem festen Satz des Kapitals. Das Gesetz (§ 492 Abs. 2 BGB für Verbraucherdarlehensverträge; vgl. auch § 502 Abs. 1 S. 1, 2, Abs. 3 S. 6 BGB für Teilzahlungsgeschäfte) verwendet in diesem Zusammenhang den Begriff des „effektiven Jahreszinses", in dessen Berechnung mit der im Kreditwesen üblichen Genauigkeit grundsätzlich die Gesamtkosten des Kredits für den Kreditnehmer einschließlich etwaiger Vermittlungskosten einzubezie-

---

lich hält. S. auch BGHZ **135** 269, 277 betreffend eine Ablösungsvereinbarung zwischen Vor- und Nachmieter, für die der BGH den gleichen Maßstab anwendet.

29 *Bub* in Bub/Treier, wie Fn. 24, Rdn. 698; *Eisenschmid*, wie Voranmerkung, S. 55, 65 f; *Schmidt-Futterer/Blank* WohnraumschutzG D 120; vgl. auch *Sch/Schröder/Stree/Heine* Rdn. 15; **aA** *Fischer* Rdn. 17; *Kindhäuser* NK Rdn. 33.

30 BGHZ **141** 257, 262; **146** 298, 302; BGH NZM **2001** 810, 811 f; BGH NJW **2002** 55, 57; BGH NJW **2004** 3553, 3554; KG NJW-RR **2001** 1092; KG MDR **2002** 999; *Blank* in Blank/Börstinghaus, wie Fn. 24, § 535 BGB Rdn. 463; *Bub* in Bub/Treier, wie Fn. 24, Rdn. 715; *Michalski* ZMR **1996** 1.

31 RGSt **60** 216, 218; RG JW **1935** 530, 531; RG DStR **1939** 53 ff; BGH LM Nr. 1 zu § 302d a.F.

hen sind. Er „beziffert den Zinssatz, mit dem sich der Kredit bei regelmäßigem Kreditverlauf, ausgehend von den tatsächlichen Zahlungen des Kreditgebers und des Kreditnehmers auf der Grundlage taggenauer Verrechnung aller Leistungen abrechnen läßt" (§ 6 Abs. 2 Preisangabenverordnung in d. Fassung v. 18. Oktober 2002 – BGBl. I 4197 –, zuletzt geändert d. Gesetz v. 3. Juli 2004 – BGBl. I 1414, 1420 –). Zu den preisbildenden Faktoren gehören dabei auch Provisionen, Bearbeitungsgebühren, Restschuldversicherungen (s. speziell dazu näher Fn. 47) und Inkassogebühren.[32] Zur Berechnung des Effektivzinses siehe ergänzend *Schürnbrand* MK BGB[5] § 492 Rdn. 65 ff in Verb. mit *Berger*, aaO § 488 Rdn. 109 ff. Indessen würde auch bei einer solchen Erweiterung des Begriffs des „Zinsfußes" die Feststellung der Üblichkeit Schwierigkeiten bereiten, weil alles auf den Einzelfall ankommt. Dabei ist insbesondere zu berücksichtigen, dass für die Anwendbarkeit des § 291 Abs. 1 S. 1 Nr. 2 vielfach Personen als Opfer in Betracht kommen, die von Banken und Sparkassen keinen Kredit mehr erhalten und sich deshalb an Geldgeber wenden, die nicht die Voraussetzungen des Gesetzes über das Kreditwesen erfüllen und die dabei u.U. durch die Kreditgewährung ein besonders hohes Risiko übernehmen. Anders als beim Mietwucher fehlt es daher beim Kreditwucher an einem einigermaßen festen Maßstab.[33] Es lässt sich vielmehr nur auf Grund einer umfassenden Würdigung aller Umstände des Einzelfalls entscheiden, ob ein auffälliges Missverhältnis zwischen Leistung und Gegenleistung vorliegt (s. auch *Haberstroh* NStZ **1982** 265, 266 f; zu einer Generalisierung tendiert *Nack* MDR **1981** 621, 622 f). Zu berücksichtigen sind insbesondere Wesen und Zweck des Geschäfts, die Lage des Geldmarkts, die Verlustgefahr (RG JW **1935** 126; vgl. auch OLG Köln JMBlNRW **1969** 92 ff), die persönlichen Verhältnisse des Kreditnehmers (Prot. 7 2575), das Bestehen und die Art von Sicherungen (RG DStR **1938** 241, 242); bei Teilzahlungsfinanzierungsinstituten, die keinen Sondermarkt bedienen (OLG Stuttgart wistra **1982** 36, 37; vgl. auch z.B. BGHZ **80** 153, 162 ff), – neben dem bereits erwähnten Ausfallrisiko und den für den Verzugsfall getroffenen Regelungen – die Refinanzierungs- oder Gestehungskosten, soweit sie sich im Rahmen redlicher Geschäftskalkulation halten.[34] Immerhin ergibt einen Ansatzpunkt zum Vergleich der sog. „Schwerpunktzins". Dabei handelt es sich um einen laufend in den Monatsberichten der Deutschen Bundesbank veröffentlichten Durchschnittspreis für Ratenkredite, der aus den Auskünften einer größeren Zahl von Kreditinstituten ermittelt wird.[35] Er erlaubt bei möglichen Vorbehalten gegen die Vollständigkeit des Überblicks eine ausreichende Abschätzung der Marktverhältnisse im allgemeinen. Liegt der effektive Jahreszins für einen Kredit um 100 Prozent und mehr über dem Schwerpunktzins (zur Berechnung vgl. *Nack* in Müller-Gugenberger/Bieneck § 61 Rdn. 49 ff), spricht das recht

---

32 OLG Stuttgart wistra **1982** 36, 37; vgl. auch BGHZ **80** 153 ff; BGH NJW **1982** 2433; BGH NJW **1987** 181.

33 OLG Karlsruhe NJW **1988** 1154, 1156; OLG Stuttgart wistra **1982** 36, 37; *Fischer* Rdn. 18; *Lackner/Kühl* Rdn. 5; *Tiedemann* Wirtschaftsstrafrecht BT Rdn. 270; **demgegenüber** ist die StA Stuttgart bei einer Effektivverzinsung von über 30 Prozent von einem wucherisch übersetzten Zinssatz ausgegangen – JR **1980** 160 ff m. Anm. *Lenckner*; ebenso grundsätzlich *Sch/Schröder/Stree/Heine* Rdn. 16. Für eine 50 Prozentgrenze spricht sich *Hoyer* SK Rdn. 52 aus. Auf unterschiedliche Ansatzpunkte verweist *Kindhäuser* NK Rdn. 35.

34 BGH NStZ **1984** 23 m. krit. Anm. *Nack* = JR **1984** 251 m. krit. Anm. *Otto*; OLG Karlsruhe NJW **1988** 1154, 1156; beide Entsch. unter Hinweis auf BGH, Urt. v. 23. November 1982 – 5 StR 667/82; Prot. 7 2572; **aA** *Haberstroh* NStZ **1982** 265, 267.

35 S. BGHZ **98** 174, 176 f; **128** 255, 265; vgl. außerdem *Haberstroh* NStZ **1982** 265, 267; *Otto* NJW **1982** 2745, 2746; *Tiedemann* Wirtschaftsstrafrecht BT Rdn. 271.

deutlich für ein auffälliges Missverhältnis von Leistung und Gegenleistung.[36] In diese Richtung geht auch die Rechtsprechung der Zivilgerichte zu § 138 BGB.[37] Jedoch darf diese Leitlinie nicht als feste Grenze verstanden werden (dahin tendiert *Hohendorf* BB **1982** 1205, 1209).

34 b) Weitere **Kasuistik** betreffend das auffällige Missverhältnis bei Kreditgeschäften lässt sich aus den Ergebnissen der zivilrechtlichen Rechtsprechung zu § 138 Abs. 2 BGB entnehmen. Diese durch Art. 3 des 1. WiKG vom 29. Juli 1976 (BGBl. I 2034) neu gestaltete Vorschrift, die dem Tatbestand des § 302a Abs. 1 S. 1 a.F. nachgebildet ist, enthält zwar keine dem Absatz 1 S. 2 entsprechende Bestimmung (Additionsklausel). Deren Aufnahme, die zunächst erwogen worden war (vgl. Prot. 7 2834 f und 2843), ist aber nur unterblieben, weil der BT-Sonderausschuss davon ausging, „daß die Gerichte bei der Rechtsprechung zu § 138 Abs. 2 BGB ohnehin den gesamten Sinngehalt des § 302a StGB berücksichtigen werden“ (Ausschussbericht BTDrucks. 7/5291 S. 22). Die Additionsklausel ist also auch für die zivilrechtliche Beurteilung heranzuziehen (z.B. Palandt/*Heinrichs* BGB[67] § 138 Rdn. 66; *Staudinger/Sack* BGB Neubearb. 2003 § 138 Rdn. 178; jeweils mit weiteren Nachweisen). Wegen der Einzelheiten zur zivilrechtlichen Behandlung des Kreditwuchers siehe Palandt/*Heinrichs* BGB[67] § 138 Rdn. 25 ff, 67; *Armbrüster* MK BGB[5] § 138 Rdn 119 f mit den dort angegebenen Fundstellen. Dabei ist zu beachten, dass die zivilrechtliche Rechtsprechung häufig auf § 138 Abs. 1 BGB zurückgreift.

35 **4. Das auffällige Missverhältnis beim Leistungswucher im Einzelnen.** Auch beim Leistungswucher fehlt es, ebenso wie beim Kreditwucher, an einer gesetzlichen Vorschrift, die einen allgemeinen verlässlichen Ausgangspunkt für die Beurteilung bieten könnte, wann der Wert der Leistung – des vertragsgemäß zu Gewährenden, nicht dessen, was tatsächlich gewährt wird (RGSt **29** 78, 84) – in auffälligem Missverhältnis zur Gegenleistung steht. Unproblematisch sind die Fälle, in denen, wenn auch mit einem gewissen Ermessensspielraum, die Gegenleistung für eine Leistung gesetzlich oder in einer anderen verbindlichen Form festgelegt ist, wie etwa bei Leistungen des Rechtsanwalts (vgl. zum auffälligen Missverhältnis BGHZ **144** 343, 345 f sowie BGH JR **2007** 202, 205; zum Einfluss von § 3 Abs. 3 BRAGO, jetzt § 4 RVG, BGH JR **2006** 376 ff m. Anm. *Wessing*) oder Arztes. Für Preisüberhöhungen in einem anderen Beruf oder Gewerbe bestimmt § 4 WiStG 1954 (vgl. zur Fassung Rdn. 1), dass ordnungswidrig handelt, wer vorsätzlich oder leichtfertig in befugter oder unbefugter Betätigung in einem Beruf oder Gewerbe für Gegenstände oder Leistungen des lebenswichtigen Bedarfs Entgelte fordert, verspricht, vereinbart, annimmt oder gewährt, die infolge einer Beschränkung des Wettbewerbs oder infolge der Ausnutzung einer wirtschaftlichen Machtstellung oder einer Mangellage unangemessen hoch sind. Diese Vorschrift ist aber für § 291 nicht

---

36 *Kindhäuser* NK Rdn. 36; *Lackner/Kühl* Rdn. 5; *Pananis* MK Rdn. 28, 35; *Sch/Schröder/Stree/Heine* Rdn. 16; *Maurach/Schroeder/Maiwald* BT I § 43 Rdn. 18; *Otto* BT § 61 Rdn. 131; *Bernsmann* in Achenbach/Ransiek V 3 Rdn. 100 f; *Nack* in Müller-Gugenberger/Bieneck § 61 Rdn. 38 ff; *ders.* MDR 1981 621, 623 f; *Otto* NJW **1982** 2745, 2748 f.

37 Vgl. z.B. BGHZ **80** 153 ff; **101** 380, 390; **110** 336, 338 f; BGH NJW-RR **1989** 1068; BGH NJW **1994** 1275 f; BGH MDR **2000** 1260; aber auch BGH BB **1990** 1509, 1511. In den Entscheidungen BGHZ **128** 255, 266 f u. BGH NJW **1995** 1146 ff – beide betreffen Finanzierungsleasing von beweglichen Sachen – ist eine Grenze von 100 Prozent Schwerpunktzinsüberschreitung oder 12 Prozentpunkten absolut Unterschied von Schwerpunktzins und effektivem Jahreszins zugrunde gelegt.

nur deshalb unergiebig, weil sie heute auf fast allen Wirtschaftsgebieten kaum noch von praktischer Bedeutung ist (*Lampe* in Erbs/Kohlhaas Rdn. 1 zu § 4 WiStG 1954), sondern auch, weil sie keinen Anhaltspunkt dafür gibt, wann das Entgelt unangemessen hoch ist, und damit keine Rückschlüsse ermöglicht, wann eine unangemessene Höhe in ein auffälliges Missverhältnis zwischen Leistung und Gegenleistung umschlägt. Im Zeichen der freien Marktwirtschaft und des Konkurrenzkampfes lässt sich aber wohl fast überall, wenn auch mit einer mehr oder weniger weitreichenden Bandbreite – das Luxushotel kalkuliert anders als eine einfache Pension; in der großstädtischen Nachtbar (vgl. OLG Schleswig NJW **2005** 225 ff) kostet die Flasche Bier mehr als in der Diskothek und dort mehr als an der Trinkhalle; der Einzelhändler rechnet auch bei Luxusgegenständen anders als das Warenhaus, der Versandhandel oder der Supermarkt –, in Handel und Gewerbe ein als Ausgangspunkt verwertbarer angemessener Preis der Leistung feststellen, der die Grundlage für die Beurteilung abgibt, wann eine Überschreitung dieses Preises in auffälligem Missverhältnis zu der Leistung steht. Zu den Schwierigkeiten, die dabei trotzdem auftreten können, siehe OLG Hamm NJW-RR **1993** 629 f betreffend den Kauf eines Teppichs in einem türkischen Basar. Grundsätzlich ist also auf den **Marktpreis** abzustellen.[38] Ein Preis darf allerdings nicht nur deshalb als marktüblich angesehen werden, weil ihn eine größere Anzahl von Kunden akzeptiert hat (vgl. BGH NJW-RR **2005** 1418 ff für den Erwerb von Wohnimmobilien mit Erbbaurecht zur Kapitalanlage durch 232 Investoren). In der zivilrechtlichen Rechtsprechung hat sich als Leitlinie für ein auffälliges Missverhältnis zwischen Leistung und Gegenleistung bei dem Verkauf von Grundstücken und hochwertigen beweglichen Sachen herausgebildet, wenn der Wert der Leistung knapp doppelt so hoch ist wie der Wert der Gegenleistung (s. z.B. BGH JZ **2001** 1135 ff m. Anm. *Bork* für Grundstücke; BGH MDR **1998** 336 f für Spielautomaten; OLG Düsseldorf MDR **1998** 523 f für neuwertige Teppiche; alle Entscheidungen mit weiteren Nachweisen). Das wird auch im Strafrecht einen Ansatz bieten. Für Arbeitslöhne hat der Bundesgerichtshof in BGHSt **43** 53, 59 f an den tarifvertraglich vorgesehenen Lohn als zutreffenden Vergleichsmaßstab angeknüpft,[39] ohne dabei zu erörtern, ob der

---

[38] BayObLG NJW **1985** 873 = JR **1985** 166 m. Anm. *Otto*; s. auch BGH NJW **2003** 1596, 1597 f für die Abrechnung von OP-Leistungen nach Pauschalentgelten durch eine Privatklinik: „Als Maßstab für die Beurteilung der Gegenleistung hat das Ber.Ger. zutreffend den objektiven Wert herangezogen ... Ein geeignetes Mittel für die Bestimmung des objektiven Werts ist der Marktvergleich ... Dabei ist das vereinbarte Entgelt dem marktüblichen Preis, den die Mehrzahl der übrigen Anbieter für vergleichbare Leistungen fordert, gegenüberzustellen ... Mit Recht hat das Ber.Ger. die tatsächlichen Kosten der Streithelferin nicht zur Bestimmung des objektiven Wertes der von ihr erbrachten Leistungen herangezogen ...“; *Fischer* Rdn. 19; *Kindhäuser* NK Rdn. 37; *Pananis* MK Rdn. 36; *Sch/Schröder/Stree/Heine* Rdn. 18.

[39] Ebenso OLG Köln NStZ-RR **2003** 212, 213; s. auch BAG AP Nr. 59 zu § 138 BGB: „Die Tariflöhne des jeweiligen Wirtschaftszweigs sind jedenfalls dann Ausgangspunkt zur Feststellung des Wertes der Arbeitsleistung, wenn in dem Wirtschaftsgebiet üblicherweise der Tariflohn gezahlt wird. Entspricht der Tariflohn nicht der verkehrsüblichen Vergütung, sondern liegt diese unterhalb des Tariflohns, ist zur Ermittlung des Wertes der Arbeitsleistung von dem allgemeinen Lohnniveau im Wirtschaftsgebiet auszugehen ...“; anders noch BAG AP Nr. 30 zu § 138 BGB m. ablehnender Anm. *Konze*; BAG AuR **2001** 509 ff m. krit. Anm. *Peter*; vgl. auch *Peter* AuR **1999** 289 ff; *Spindler* AuR **1999** 296 ff; *Reinecke* NZA **2000** Beil. Z. H 3 S. 23, 30 ff. Das LAG Hessen NJW **2000** 3372, 3373 hat bei einem angestellten unterbezahlten Rechtsanwalt, der Berufsanfänger war, den Durchschnittsverdienst aller Anwälte in den alten Bundesländern zugrunde gelegt und Abschläge für die fehlende Berufserfahrung vorgenommen; s. dazu *Seul* NJW **2002**

Tarifvertrag für allgemeinverbindlich erklärt worden war oder nicht;[40] in der Entscheidung ist bei einem Tariflohn von 19,05 DM pro Stunde und einem gezahlten Stundenlohn von 12,70 DM ein auffälliges Missverhältnis bestätigt worden.[41]

36 Im Übrigen spielt hier das Problem des sog. **gerechten Preises**, bei dem auch individuelle Besonderheiten, z.B. überdurchschnittlich erhöhte Gestehungskosten, zu berücksichtigen waren (dazu RGSt **74** 345 ff; vgl. auch BGHSt **11** 182, 184), keine Rolle mehr.[42] Nur bei völlig aus dem Rahmen fallenden Leistungen, wo es an jeder Preisbestimmung durch Angebot und Nachfrage oder sonstiger Üblichkeit fehlt (das OLG Köln hat in MDR **1999** 792 ff mit zust. Anm. *Zimmerling* einen Promotionsberatervertrag, bei dem eine Honoraranzahlung von 20000 DM geleistet worden war, ersichtlich nicht dazu gezählt) – z.B. bei Leistungen zur Rettung aus Gefahr für Leib und Leben – müsste notfalls auf den „gerechten" Preis zurückgegriffen werden, der aber, etwa nach dem Vorbild von § 315 Abs. 1 BGB, kaum anders als ex aequo et bono gefunden werden könnte.[43] Denn hier reicht die Leistung von Maßnahmen unter eigener Lebensgefahr bis zu ungefährlichen Maßnahmen (vgl. das Beispiel in Prot. 7 2793). Im Antiquitätenhandel (einschließlich des Handels mit seltenen Münzen – zum Verkauf von gängigen Sonder- und Gedenkmünzen vgl. BGH MDR **2000** 382 f – und Briefmarken) gibt es bei sehr seltenen Objekten möglicherweise keinen irgendwie zu ermittelnden üblichen oder „gerechten" Preis; es entzieht sich der strafrechtlichen Beurteilung, wenn der leidenschaftliche Sammler einen Phantasiepreis vereinbart, um sich ein einmaliges Stück vor Konkurrenten zu sichern. Wucher durch Ausbeutung der Unerfahrenheit kann dagegen vorliegen, wenn jemand, der vom Wert alter Münzen keine Vorstellung hat, eine ihm gehörende unscheinbare, aber seltene Münze dem Münzhändler zum Verkauf anbietet und dieser, Ahnungslosigkeit des Verkäufers und den Wert der Münze erkennend, sie zu einem Preis kauft, der für jeden Kundigen außer Verhältnis zu dem für sie erzielbaren Preis steht.

37 Schwierigkeiten, ein Missverhältnis zwischen Leistung und Gegenleistung festzustellen, können sich ebenfalls bei **verbotenen oder sittenwidrigen Leistungen** ergeben. Das betrifft z.B. den Drogenverkauf, aber auch Fälle des illegalen Schwangerschaftsabbruchs; für Leistungen einer Prostituierten können nach § 1 des Prostitutionsgesetzes vom 20. Dezember 2001 – BGBl. I 3983 – unter bestimmten Voraussetzungen rechtlich anerkannte Forderungen entstehen (vgl. BGH NJW **2008** 140 ff; s. ergänzend dazu *Majer*

---

197 ff, sowie die Entscheidung erster Instanz ArbG Bad Hersfeld NZA-RR **1999** 629 ff m. Anm. *Stückemann* FA **2000** 118; vgl. außerdem *Braun* AnwBl. **2000** 544 ff.

40 Diese Differenzierung halten – zu Unrecht – für erheblich: *Nägele* BB **1997** 2162 f; *Renzikowski* JR **1999** 166, 169 f.

41 Für eine Grenze von zwei Dritteln des Tarifvertragslohns, die nicht unterschritten werden darf, hat sich auch das OLG Köln NStZ-RR **2003** 212, 213 ausgesprochen; ebenso *Kindhäuser* LPK Rdn. 23; *Pananis* MK Rdn. 37; *Rixen*, wie Fn. 5, Rdn. 631 zieht eine dreißigprozentige Unterschreitung des Tariflohns oder des üblichen Lohns als Faustformel heran; vgl. weiter *Fischer* Rdn. 19; **kritisch** *Bernsmann* JZ **1998** 629, 638; *Löwisch* NJW **1997** S. XXIV; *Nägele* BB **1997** 2162 f; *Renzikowski* JR **1999** 166, 170 f. *Hoyer* SK Rdn. 53 befürwortet allgemein beim Leistungswucher einen Grenzwert von 50 Prozent; ähnlich *Fischer* Rdn. 19a u. Andere.

42 *Sch/Schröder/Stree/Heine* Rdn. 18; *Bernsmann* in Achenbach/Ransiek V 3 Rdn. 24; *Kindhäuser* NStZ **1994** 105, 109 f; **aM** *Maurach/Schroeder/Maiwald* BT I § 43 Rdn. 16; *Mitsch* BT 2 § 5 Rdn. 72; bei *Fischer* Rdn. 19 ist der gerechte Preis grundsätzlich mit dem üblichen Marktpreis gleichgesetzt.

43 *Hoyer* SK Rdn. 45; *Lackner/Kühl* Rdn. 3 u. 7; *Tiedemann* Wirtschaftsstrafrecht BT Rdn. 543; **kritisch** *Bernsmann* GA **1981** 141, 156 f. Nach *Kindhäuser* NK Rdn. 31, 38 geht es dabei nicht mehr um vom Schutzzweck des Wuchers erfasste Leistungen.

NJW **2008** 1926 ff). Insoweit wird man gleichfalls, sofern man auf die Anwendung von § 291 nicht überhaupt verzichten will,[44] was allerdings kaum möglich erscheint, zumal die Rechtsordnung im Bereich der Vermögensdelikte ein wegen seiner Herkunft, Entstehung oder Verwendung schlechthin schutzunwürdiges Vermögen nicht kennt (BGHR StGB § 253 Abs. 1 Vermögenswert 3), letztlich auf den tatsächlichen Marktpreis als Bemessungsgrundlage abstellen müssen.[45]

5. **Das auffällige Missverhältnis beim Vermittlungswucher im Einzelnen.** Bei diesem kommt es nicht darauf an, ob die Leistung des Dritten, die vermittelt wird, wucherisch ist, sondern ob die eigene Leistung des Vermittelnden in auffälligem Missverhältnis zur Gegenleistung des die Vermittlung in Anspruch Nehmenden steht. Jedoch kann der Vermittlungswucher auch schon darin liegen, dass zwischen der vereinbarten Vergütung und dem Wert, den die zu vermittelnde Leistung für den Auftraggeber hat, ein auffälliges Missverhältnis besteht (vgl. RGZ **90** 400, 402; *Mormann* WM **1968** 954, 956 f). **Vermittler** kann jedermann sein, dessen Leistung in der Herbeiführung der Bereitschaft eines Dritten zum Abschluss eines Geschäfts besteht; vorzugsweise kommen aber in Betracht Makler (§§ 652 ff BGB), Handelsmakler (§§ 93 ff HGB), Wohnungs- und Kreditvermittler (zur Schuldenregulierung als Vermittlungsangebot vgl. *Kühne* ZRP **1999** 411 ff), Versicherungsvermittler, deren Tätigkeit nach § 34d GewO (in der Fassung von Art. 1 Nr. 7 des Gesetzes zur Neuregelung des Versicherungsvermittlerrechts vom 19. Dezember 2006 – BGBl. I 3232, 3233 ff) wie die von Maklern mit bestimmten Geschäftsbereichen, § 34c GewO, grundsätzlich erlaubnispflichtig ist. Für Wohnraumvermittler gilt nach § 3 Abs. 2 des Gesetzes zur Regelung der Wohnungsvermittlung vom 4. November 1971 (BGBl. I 1745, 1747), zuletzt geändert d. Gesetz v. 9. Dezember 2004 (BGBl. I 3214) eine Obergrenze für das Vermittlungsentgelt von grundsätzlich zwei Monatsmieten; die Verletzung dieser Grenze ist nach § 8 dieses Gesetzes bußgeldbewehrt (s. dazu *Dehner* NJW **1993** 3236); ein auffälliges Missverhältnis im Sinne des § 291 Abs. 1 S. 1 Nr. 4 kann also erst bei deutlich höheren Vermittlungsentgelten vorliegen. Im Übrigen wird als Ausgangspunkt für die Beurteilung, ob ein auffälliges Missverhältnis zwischen Vermittlerleistung und Gegenleistung besteht, auf die für eine solche Tätigkeit **üblichen Entgelte** abzustellen sein. Für Ortsüblichkeit von Entgelten sind, soweit örtliche Maklerverbände bestehen, deren Gebührensätze maßgebend (LG Hamburg NJW **1971** 1411, 1412); und zwar auch dann, wenn der Täter nicht dem Verband angehört (BayObLGSt **1966** 100, 104). Dabei ergibt sich eine Unangemessenheit des Entgelts durch einen abstrakten Vergleich des versprochenen oder gewährten Entgelts mit dem ortsüblichen Entgelt (vgl. BGHZ **125** 135, 137 betreffend eine Übererlösklausel als Provisionsabrede; s. dazu auch *Martinek* JZ **1994** 1048 ff, der die Anwendbarkeit von § 138 Abs. 2 BGB auf Maklerverträge mangels eines Austauschverhältnisses von Leistung und Gegenleistung mit objektivem Vermögens- und Verkehrswert bestreitet); wobei auch hier die im Einzelfall entstandenen besonders hohen Gestehungskosten des Vermittlers grundsätzlich außer Betracht bleiben. Klare Maßstäbe dafür, wann ein unter Ausnutzung des Schwächezustandes des Vertragsgegners erzieltes und in auffälligem Missverhältnis zur Leistung des Vermittlers stehendes Entgelt vorliegt, scheinen sich bisher nicht gebildet zu haben. In einer zivilrechtlichen 38

---

44 So z.B. *Kindhäuser* NK Rdn. 32; *ders.* LPK Rdn. 21; *Sch/SchröderStree/Heine* Rdn. 18; *Mitsch* BT 2 § 5 Rdn. 72; *Heinsius* S. 83 f.

45 In diese Richtung auch *Fischer* Rdn. 19a; *Pananis* MK Rdn. 38; *Maurach/Schroeder/Maiwald* BT § 43 Rdn. 14, 16; **aM** *Bernsmann* GA **1981** 141, 157 ff (s. aber auch *ders.* in Achenbach/Ransiek V 3 Rdn. 11, 15, 27). Vgl. außerdem *Sickenberger* S. 98 ff.

Entscheidung hat der Bundesgerichtshof bei etwa dem Fünffachen der üblichen Maklervergütung ein auffälliges Missverhältnis bejaht und es offengelassen, ob die Grenze bei einer Überschreitung um 100 Prozent zu ziehen sei (BGH NJW **2000** 2669 f). Eine Überschreitung des üblichen Entgelts um 50 Prozent und mehr wird das Tatbestandsmerkmal erfüllen.[46]

VI. Die Additionsklausel (Absatz 1 S. 2)

39 **1. Allgemeine Bedeutung.** Die gegenüber dem älterem Recht neue Vorschrift, die hauptsächlich Erscheinungen beim *Kreditwucher* im Auge hat, aber auch für alle anderen Wucherformen gilt, erweitert die Vorschrift des Absatzes 1 S. 1 dahin, dass unter den in der Additionsklausel beschriebenen Voraussetzungen als Wucherer bestraft wird, wer die Schwächesituation des Opfers nicht zur Erzielung einer in auffälligem Missverhältnis zur Leistung stehenden Gegenleistung ausbeutet, sondern sie zur Erzielung eines übermäßigen Vermögensvorteils ausnutzt, der den Grad des auffälligen Missverhältnisses noch nicht erreicht.

2. Mitwirkung mehrerer Personen

40 a) Satz 2 geht von dem Fall aus, dass beim Zustandekommen einer Kreditgewährung außer dem Kreditgeber noch andere Personen mitwirken, z.B. ein Vermittler (vgl. zur zivilrechtlichen Sicht insbes. BGHZ **80** 153, 166 f; BGH NJW **1987** 181 ff), ein Unternehmen, das Auskunft über die wirtschaftliche Lage und Kreditwürdigkeit des Kreditsuchenden erteilt, ein Versicherungsagent, an den für den Abschluss einer Rückzahlungsversicherung Zahlungen zu entrichten sind,[47] *und die Summe aller Vermögensvorteile*, die die Mitwirkenden sich oder einem Dritten von dem Kreditsuchenden versprechen oder gewähren lassen, *in auffälligem Missverhältnis zu der Gesamtheit der Leistungen* für den Kreditnehmer steht. In einem solchen Fall ist ohne weiteres Absatz 1 S. 1 anwendbar, wenn jeder einzelne an der Kreditverschaffung Mitwirkende Täter im Sinne dieser Vorschrift ist; z.B. der Vermittler sich eine Provision oder Bearbeitungsgebühr verspre-

---

[46] *Fischer* Rdn. 20; *Kindhäuser* NK Rdn. 39; *ders.* LPK Rdn. 26; Vgl. auch *Pananis* MK Rdn. 39 u. bei Rdn. 30.

[47] Zum Problem der – in den Vergleich zwischen Gesamtvorteilen und -gegenleistungen einzubeziehenden – Restschuldversicherungen s. OLG Stuttgart wistra **1982** 36, 37; StA Stuttgart JR **1980** 160, 161 (offengelassen) m. Anm. *Lenckner*; offengelassen auch von OLG Karlsruhe NJW **1988** 1154, 1158. Für Einbeziehung gleichfalls *Kindhäuser* NK Rdn. 35; *Sch/Schröder/Stree/Heine* Rdn. 16; *Otto* BT § 61 Rdn. 131; **gegen** eine Einbeziehung *Pananis* MK Rdn. 33; *Bernsmann* in Achenbach/Ransiek V 3 Rdn. 95; *Heinsius* S. 108 f. Vgl. auch § 6 Abs. 3 Nr. 5 PreisangabenVO. Zur zivilrechtlichen Beurteilung der mit einer Restschuldversicherung im Rahmen des § 138 BGB verbundenen Probleme vgl. BGHZ **80** 153, 167 ff; BGH NJW **1982** 2433 ff; **1988** 1661 ff; **1990** 1048, 1049; sowie *Staudinger/Sack* BGB Neubearb. 2003 § 138 BGB Rdn. 183. Wirtschaftlich bedeuten Restschuldversicherungen bei Kreditaufnahme aus der Sicht des Kreditnehmers, dass die Kreditsumme um die in der Regel bei Vertragsabschluss in einem Betrag fällig werdende Versicherungsprämie und damit nicht unerheblich steigt, sich dadurch zugleich die Bearbeitungsgebühr erhöht und eine Abschlussprovision anfällt. Vgl. dazu und zu dem Verdacht, dass Banken häufig Kreditgewährungen von dem Abschluss einer Restschuldversicherung abhängig machen, FAZ Nr. 122 v. 27. Mai 2006 S. 21.

chen lässt, die zu seiner Leistung in auffälligem Missverhältnis steht. Ebenso ist es problemlos, wenn die einzelnen Mitwirkenden Beteiligte an der Ausgangstat sind (vgl. RG Recht **1913** Nr. 1682). Das erschien rechtspolitisch aber nicht ausreichend. Vielmehr sollten auch die Fälle strafrechtlich erfasst werden, in denen sich bei dem fraglichen Rechtsgeschäft mehrere Personen einschalten, die unter Ausnutzung der Schwäche des Opfers ihm jeweils *zwar übermäßige, aber den Grad des auffälligen Missverhältnisses noch nicht erreichende Gegenleistungen* abverlangen und dabei wissen oder billigend in Kauf nehmen, dass die Gesamtheit der übermäßigen Vorteile in einem auffälligen Missverhältnis zur Gesamtheit der Leistungen steht (Begr. BTDrucks. 7/3441 S. 40). Der Regierungsentwurf zum 1. WiKG sah zur Verwirklichung dieses Gedankens folgende Fassung von Satz 2 vor: „Wirken mehrere Personen als Leistende, Vermittler oder in anderer Weise mit, so sind bei der Feststellung, ob ein auffälliges Mißverhältnis vorliegt, sämtliche Vermögensvorteile, die dem Leistenden, dem Vermittler oder anderen mitwirkenden Personen versprochen oder gewährt werden, mit sämtlichen Gegenleistungen zu vergleichen, die dem anderen versprochen oder gewährt werden."

b) In dieser Fassung kam aber das, was nach der Begründung gewollt war, nur un- **41**
vollkommen und missverständlich zum Ausdruck. Denn sie schloss mindestens die Auslegung nicht aus, dass Satz 2 auch denjenigen der Mitwirkenden treffe, der sich für seine Leistung Vermögensvorteile versprechen oder gewähren lässt, die dazu in einem angemessenen Verhältnis stehen, sofern er nur weiß oder billigend in Kauf nimmt, dass infolge der von den anderen Mitwirkenden erstrebten oder erlangten unangemessenen Gegenleistungen die Gesamtheit der Leistungen in einem auffälligen Missverhältnis zur Gesamtheit der Gegenleistungen steht. Eine solche Diskriminierung des „seriösen" Mitwirkenden wurde aber weithin als unvertretbare Ausweitung der Strafvorschrift angesehen. In diesem Sinne ging der Wunsch des Bundesrats in seiner Stellungnahme zu § 302a des Regierungsentwurfs (BTDrucks. 7/3441 S. 52; s. auch Prot. 7 2628) dahin, Absatz 1 S. 2 solle im weiteren Gesetzgebungsverfahren eine Fassung erhalten, „die gewährleistet, daß von dem Tatbestand des Wuchers nur derjenige erfasst wird, der selbst das Opfer ausbeutet, also für sich in anstößiger Weise zur Erzielung übermäßigen Gewinns ausnutzt; Täter soll nicht sein, wer für die von ihm erbrachte Leistung eine angemessene Gegenleistung verlangt". Die Bundesregierung erklärte darauf in ihrer Gegenäußerung, sie werde im Laufe des Gesetzgebungsverfahrens eine Fassung des § 302a Abs. 1 S. 2 vorschlagen, die den Bedenken des Bundesrats Rechnung trage (BTDrucks. 7/3441 S. 55). Die Wuchervorschrift des Alternativ-Entwurfs (Prot. 7 2807) sah die Lösung in dem förmlichen Ausspruch, dass die Additionsklausel nicht gelte „für denjenigen, der sich Vermögensvorteile versprechen oder gewähren läßt, die in einem angemessenen Verhältnis zu seiner eigenen Leistung stehen; die Vorschriften über die Teilnahme bleiben unberührt".[48]

c) Der von der Bundesregierung in Aussicht gestellte Vorschlag einer neuen Fassung **42**
des § 302a Abs. 1 S. 2 ließ zunächst auf sich warten. Denn bei den mit Anhörung von

[48] Dieser Fassungsvorschlag bezweckte allerdings nicht nur die Klarstellung, dass der „seriös" Handelnde nicht von der Additionsklausel erfasst werde, sondern sollte einer Auslegung der Fassung des Regierungsentwurfs entgegenwirken, dass ein Täter, der für seine Leistung eine dazu in auffälligem Missverhältnis stehende Gegenleistung erstrebe, der Strafbarkeit entgehe, wenn sich bei der Addition aller Leistungen und Gegenleistungen ergebe, dass insgesamt kein auffälliges Missverhältnis vorliege (vgl. Prot. 7 2805). Gegenüber der Gesetz gewordenen Fassung des Absatzes 1 S. 2 kann ein solches Missverständnis nicht aufkommen (vgl. Ausschussbericht BTDrucks. 7/5291 S. 20, 21).

Sachverständigen verbundenen Beratungen des BT-Sonderausschusses fanden sich zunächst auch Stimmen, die für die Beibehaltung der Fassung des Regierungsentwurfs eintraten. Das geschah allerdings aus verschiedenen Gründen. Nach der einen Auffassung bedurfte es keiner Änderung, weil die *Freistellung des „seriös" Handelnden* sich schon bei einer sinnvollen Auslegung ergebe (vgl. Prot. 7 2806, 2808 f). Nach anderer Meinung sollte die Fassung gerade deshalb bleiben, weil sie die Auslegung ermögliche, dass auch als Wucherer bestraft werde, wer zwar für die eigene Leistung sich nur eine angemessene Gegenleistung versprechen oder gewähren lasse, aber davon Kenntnis habe, dass durch überhöhte Forderungen der anderen Beteiligten die Summe der Leistungen in auffälligem Missverhältnis zur Summe der Gegenleistungen stehe. Denn unter dieser Voraussetzung trage auch der „seriöse", sich mit einem angemessenen Entgelt für seine Leistungen begnügende Mitwirkende dazu bei, dass schließlich die Summe der Leistungen in auffälligem Missverhältnis zur Summe der Gegenleistungen des Opfers stehe. Gerade nach dieser Richtung den Strafschutz des Opfers zu verbessern, sei rechtspolitisch erwünscht. Ein seriöses Kreditinstitut müsse eben auch die Kreditgewährung zu angemessenem Zinsfuß ablehnen, wenn es wisse, dass durch die Summe übermäßiger Leistungsentgelte in Form von Provisionen, Bearbeitungsgebühren usw., die die übrigen Mitwirkenden sich versprechen oder gewähren ließen, eine Belastung des Opfers entstehe, die in auffälligem Missverhältnis zu der Gesamtheit der von seinen Kontrahenten demgegenüber erbrachten Leistungen stehe (vgl. Prot. 7 2570 f, 2808).

43 Von den Gegnern einer Einbeziehung des „seriös" Handelnden wurde demgegenüber auf die für den Kreditsuchenden nachteiligen Folgen einer solchen Lösung hingewiesen. Wenn nämlich der sich in einer Zwangslage befindende Kreditsuchende, der sich bisher vergeblich um einen Kredit bemüht habe, endlich einen Vermittler finde, der ihn nach Zahlung einer (übermäßigen) Vermittlungsgebühr von 28 Prozent einem seriösen Kreditinstitut zuführe, so sei diesem, wenn es um die Höhe der Vermittlungsgebühr wisse, auch eine Kreditgewährung zu dem (an sich der Lage des Falles) angemessenen Zinsfuß von 12 Prozent verboten, weil sich sonst eine wucherische Gesamtbelastung des Opfers ergebe. Das Kreditinstitut stehe dann vor der Wahl, entweder mit seinem Zinsfuß so weit herunterzugehen, dass kein auffälliges Missverhältnis zwischen den sich gegenüberstehenden Leistungen mehr bestehe, oder den Kredit zu versagen. Es werde zweifellos den letzteren Weg mit der Folge wählen, dass der Kreditsuchende den Kredit nicht erhalte, aber praktisch die schon gezahlte Provision als verloren ansehen müsse (vgl. Prot. 7 2573, 2808).

44 d) *Diese Auffassung setzte sich schließlich durch.* Auch der Versuch, die Fassung des Regierungsentwurfs mit der Begründung aufrechtzuerhalten, ihr sei im Wege der Auslegung zu entnehmen, dass Täter i.S. des Absatzes 1 S. 2 nicht sei, „der an einem Kettengeschäft beteiligt sei und nur den normalen Zinssatz verlange" (Prot. 7 2808, 2809), fand keine Zustimmung mehr gegenüber dem Hinweis, dass nach der Auffassung von Bundesrat und Bundesregierung die Fassung des Regierungsentwurfs einer Klarstellung in diesem Sinne bedürfe. Die nunmehr als Formulierungshilfe des Bundesjustizministeriums vorgeschlagene Neufassung des Absatzes 1 S. 2 (Prot. 7 2813: „Wirken mehrere Personen ..., so gilt Satz 1 für jeden, der die Zwangslage oder sonstige Schwäche des anderen ausbeutet") erwies sich allerdings insofern als ungeeignet, als sie nur dann das Gewollte zum Ausdruck brachte, wenn „ausbeutet" in Satz 2 nicht synonym mit „ausbeutet" in Absatz 1 S. 1 verstanden, sondern dahin ausgelegt wird, dass damit nur die Erzielung eines übermäßigen Vorteils gemeint ist, der nicht den Grad eines auffälligen Missverhältnisses erreicht. Um solche Auslegungsprobleme zu erübrigen, beschloss der Sonderausschuss die Gesetz gewordene Fassung des Satzes 2 (Prot. 7 2811, 2846).

e) **Folgerungen.** Aus dem Täterkreis nach Satz 2 *scheidet also ein Mitwirkender, der für seine Einzelleistung lediglich einen angemessenen Vermögensvorteil erzielen will, auch dann aus, wenn er weiß, dass durch das Verhalten der übrigen Mitwirkenden die auf der Gläubigerseite insgesamt erstrebten Vermögensvorteile in auffälligem Missverhältnis zur Gesamtheit ihrer Leistungen stehen.*[49] Die Herausnahme dessen, der nur ein angemessenes Entgelt seiner Teilleistung erstrebt, aus dem Bereich des Satzes 2 schließt aber eine Bestrafung nach Absatz 1 S. 1 nicht aus, wenn seine Mitwirkung zugleich eine Teilnahme an der Tat einer nach Absatz 1 S. 1 strafbaren Person darstellt. Bei den Mitwirkenden im Sinne des Satzes 2 ist die **Strafgrenze** des Wuchers insofern **vorverlegt,** als schon das Erstreben eines übermäßigen Vermögensvorteils die Strafbarkeit begründet, sofern bei Wertung des Gesamtgeschäfts die Summe der der Gläubigerseite gewährten oder versprochenen Entgelte in auffälligem Missverhältnis zur Gesamtheit ihrer Leistungen steht. **Übermäßig** ist ein Vermögensvorteil, wenn er unangemessen hoch ist, d.h. die üblichen und angemessenen Entgelte nicht unwesentlich übersteigt (vgl. auch § 4 Abs. 1 WiStG 1954). 45

3. Zum **Begriff der Mitwirkung** im Sinn des Satzes 2 gehört die Beteiligung von zwei oder mehreren Personen auf der Gläubigerseite an einem aus wirtschaftlicher Sicht einheitlichen Geschäftsvorgang (vgl. Ausschussbericht BTDrucks. 7/5291 S. 20; s. auch *Lenckner* JR **1980** 161, 162) mit Leistungen in verschiedenen Rollen einschließlich Nebenrollen. Auf die Art der Mitwirkungsleistungen im Einzelnen kommt es nicht an („oder in anderer Weise"); wesentlich ist allein, dass sie in einem inneren Zusammenhang mit dem einheitlichen Geschäftsvorgang stehen (zu Beispielen beim Kreditgeschäft vgl. Rdn. 40). Eine Mehrheit selbständiger Geschäftsvorgänge wird nicht dadurch zu einem einheitlichen Geschäftsvorgang verbunden, dass sie der Verwirklichung eines bestimmten Vorhabens dienen sollen, z.B. wenn ein Bauwilliger die Erlangung eines für sein Bauvorhaben benötigten Kredits dadurch betreibt, dass er mehrere Kreditinstitute zur Erlangung von Teilbeträgen angeht.[50] 46

Im Einzelfall und insbesondere außerhalb des Kredit- und Mietwuchers kann freilich *zweifelhaft* sein, *wie weit der Kreis der Mitwirkenden im Sinn des Absatzes 1 S. 2 zu ziehen ist.* Schon bei den Beratungen im BT-Sonderausschuss wurde die Frage aufgeworfen, ob unter die Additionsklausel auch der Taxifahrer falle, der zu überhöhtem Preis die Schwangere zur Abtreibungsklinik oder einen Gastarbeiter, der schwarz über die Grenze gekommen sei, zum Wohnungsvermittler fahre und genau wisse, dass dort die Zwangslage des Opfers ausgebeutet werde. Diese Frage hatte der Regierungsvertreter mit Bezug auf den Taxifahrer unter der Voraussetzung, dass die Summe der unangemessenen Gewinne den Grad eines auffälligen Missverhältnisses erreiche, bejaht, ohne Widerspruch zu finden (Prot. 7 2807). Doch ist eine solche Ausweitung des Täterbegriffs abzulehnen,[51] weil andernfalls eine plausible Grenzziehung praktisch nicht möglich ist. Gegen die Einbeziehung von nur entfernt und mittelbar Mitwirkenden spricht auch, dass dem Gesetzgeber bei der Konstruktion der Additionsklausel hauptsächlich der Kreditwucher mit einem einigermaßen deutlich umrissenen Kreis der Mitwirkenden vorschwebte. 47

---

[49] *Fischer* Rdn. 23; *Pananis* MK Rdn. 42; *Sch/Schröder/Stree/Heine* Rdn. 34; *Kindhäuser* NStZ **1994** 105, 108; *ders.* NK Rdn. 42, LPK Rdn. 27; *Bernsmann* in Achenbach/Ransiek V 3 Rdn. 59; *Tiedemann* Wirtschaftsstrafrecht BT Rdn. 273.

[50] *Kindhäuser* NK Rdn. 43; *Lackner/Kühl* Rdn. 9; *Pananis* MK Rdn. 41; *Sch/Schröder/Stree/Heine* Rdn. 31.

[51] Ebenso *Hoyer* SK Rdn. 59; *Kindhäuser* NK Rdn. 44; *Pananis* MK Rdn. 41; *Sch/Schröder/Stree/Heine* Rdn. 31; *Sturm* JZ **1977** 84, 87 Fn. 29.

48 **4. Die einzubeziehenden Einzelentgelte.** Bei der Feststellung, ob die Summe der Entgelte ein auffälliges Missverhältnis gegenüber der Summe der Leistungen erreicht, werden **alle Einzelentgelte,** auch und insbesondere solche mitgerechnet, die in auffälligem Missverhältnis zu der gegenüberstehenden Teilleistung stehen, so dass der hinter dieser Teilleistung stehende Mitwirkende schon aus Absatz 1 S. 1 strafbar ist. Weder der Wortlaut noch die Entstehungsgeschichte des Satzes 2 schließen eine solche Auslegung aus. Der Annahme, das auffällige Missverhältnis zwischen der Gesamtheit der Leistungen und Gegenleistungen dürfe sich allein aus der Addition lediglich übermäßiger Vorteile ergeben, würde auch das logische Bedenken entgegenstehen, dass das Zusammenzählen mehrerer übermäßiger Vermögensvorteile für Teile eines einheitlichen Geschäfts nicht zu dem Mehr des auffälligen Missverhältnisses von Vorteil und Gegenleistung bezogen auf das Gesamtgeschäft führen kann; es sei denn eine Gesamtbetrachtung führt zu einer Verschiebung der Bewertung der Teile des einheitlichen Geschäfts (vgl. auch z.B. die allerdings teilweise abweichenden Überlegungen von *Hohendorf* S. 151 f und *Kindhäuser* NStZ **1994** 105, 108 f). Satz 2 greift damit auch dann Platz, wenn das auffällige Missverhältnis bei einer Teilleistung für sich zwar noch nicht das auffällige Missverhältnis der addierten Vermögensvorteile im Verhältnis zur Gesamtleistung ergibt, weil einzelne Mitwirkende sich mit angemessenen oder darunter liegenden Entgelten begnügen und erst die Hinzurechnung der übrigen – übermäßigen, aber noch nicht in auffälligem Missverhältnis stehenden – Entgelte das auffällige Missverhältnis auf der Gläubigerseite begründet. Aber auch da, wo bereits eine auffällig unverhältnismäßig honorierte Leistung die Gesamtheit der Schuldnerleistung unverhältnismäßig macht, soll die in Satz 2 angeordnete Vorverlegung der Wuchergrenze denjenigen treffen, der das auffällige Missverhältnis der Gesamtheit der Entgelte durch Streben nach (nur) übermäßigen Vermögensvorteilen noch vergrößert.[52]

49 5. Dogmatisch lässt sich die Täterschaft aus Satz 2 als eine besondere **Form der Nebentäterschaft** charakterisieren, weil der strafbare Erfolg – das auffällige Missverhältnis der Vermögensvorteile aus dem Gesamtgeschäft auf der Gläubigerseite zu Gesamtheit ihrer Leistungen an das Opfer – durch die Mitwirkung mehrerer Personen zustande kommt, die nicht als Mittäter oder Teilnehmer verbunden sind.[53] Von dem, was man üblicherweise unter Nebentäterschaft versteht (vgl. *Roxin* LK[11] § 25 Rdn. 222 f), hebt sich diese Form der Nebentäterschaft entscheidend durch den erforderlichen Vorsatz ab, wobei bedingter Vorsatz genügt: Der Täter muss – abgesehen von der Übermäßigkeit des Vermögensvorteils durch Ausnutzen der Schwächesituation des Opfers – um den Eintritt des Erfolgs (des auffälligen Missverhältnisses bei der Addition) als Folge des Verhaltens der übrigen Mitwirkenden wissen (abweichend für § 138 Abs. 2 BGB *Canaris* NJW **1978** 1891, 1895).

50 6. Im **Schrifttum** hat die Additionsklausel **Kritik** hervorgerufen. Nach *Lackner/Kühl* Rdn. 9 ist die Ausdehnung des Schutzbereichs problematisch, weil „sie ein lediglich unanständiges, nicht mit Strafe bedrohtes Verhalten nur deshalb über die Strafbarkeitsschwelle hebt, weil sich auch andere neben dem Täter ebenso verhalten". Nach *Mau-*

---

[52] *Fischer* Rdn. 22; *Lackner/Kühl* Rdn. 9; *Panantis* MK Rdn. 42; *Sch/Schröder/Stree/Heine* Rdn. 32 f.

[53] *Fischer* Rdn. 21; *Kindhäuser* NK Rdn. 41, 48; *Pananis* MK Rdn. 40. Nach *Hoyer* SK Rdn. 56 handelt es sich um eine zur Täterschaft qualifizierte Form der Beihilfe. Vgl. auch *Mitsch* BT 2 § 5 Rdn. 78; *Tiedemann* Wirtschaftsstrafrecht BT Rdn. 272.

rach/Schroeder/Maiwald (BT I § 43 Rdn. 20) kommt die gesetzliche Lösung „dem Versuch der Quadratur des Zirkels gleich"; sie enthalte zudem einen Gedankenfehler. „Die (problematische) Bedeutung der ganzen Additionsklausel schrumpft ... dazu, daß beim Zusammenwirken für den einzelnen nicht wie sonst ein auffälliges, sondern nur ein normales Mißverhältnis verlangt wird".[54] An diesen Bedenken ist richtig, dass ein auffälliges Missverhältnis zwischen sämtlichen Vermögensvorteilen und sämtlichen Gegenleistungen nur dann möglich ist, wenn wenigstens für einen Teil des einheitlichen Gesamtgeschäfts ein derartiges Missverhältnis besteht.[55] Geht man davon aus, so werden die unter Satz 2 fallenden Täter deshalb bestraft, weil durch ihre vorsätzliche Mitwirkung ein strafbarer Gesamterfolg herbeigeführt wird. Darin liegt, wie § 231 zeigt, keine gesetzgeberische Singularität. Eine solche Vorverlegung des Strafschutzes rechtfertigt sich aus einem legitimen kriminalpolitischen Bedürfnis. Die praktische Bedeutung der Additionsklausel dürfte hauptsächlich in ihrer Funktion als Auffangtatbestand für solche Fälle bestehen, in denen Mitwirkenden eine Beteiligung an der Tat eines nach Absatz 1 S. 1 strafbaren Wucherers nicht nachweisbar ist. Im Übrigen hat auch diese Erweiterung des Strafschutzes nicht zu größerer praktischer Bedeutung des Delikts geführt.

VII. Tathandlung

Die **Tathandlung** besteht darin, dass der Täter sich oder einem Dritten wucherische – **51**
im Fall des Absatzes 1 S. 2 übermäßige – Vermögensvorteile versprechen oder gewähren lässt.

1. a) **Sichversprechenlassen** bedeutet die Entgegennahme der vertraglichen Bindung **52**
zu einer künftigen Leistung mit dem Willen, sich die versprochenen Vorteile demnächst auch wirklich zu verschaffen (RGSt **15** 333 ff; **29** 413 f). Es umfasst auch die nur bedingte Zusicherung von Vermögensvorteilen (RG JW **1891** 114). Das **Sichgewährenlassen** besteht in der Entgegennahme der Leistung selbst. Die Annahme des Leistungsversprechens oder der Leistung kann durch schlüssige Handlung geschehen. Die Annahme der wucherischen Vorteile hat gegenüber der Entgegennahme ihres Versprechens in der Regel keine selbständige Bedeutung, sondern ist lediglich die Fortentwicklung der Vertragsberechtigung, also eine andere Form der Ausführung (RG DStR **1938** 241, 244; OLG Karlsruhe NJW **1988** 1154, 1156). Das Merkmal „wer sich ... gewähren läßt" gewinnt aber dann selbständige Bedeutung, wenn eine vorher nicht versprochene Leistung gegeben oder angenommen wird (RGSt **4** 109, 111; **32** 143, 145; OLG Karlsruhe aaO) oder wenn sich das wucherische Übermaß der Vermögensvorteile erst aus einer dem Vertragsschluss nachfolgenden Gestaltung der wirtschaftlichen Verhältnisse ergibt, während der ursprüngliche Vertragsinhalt nicht wucherisch war (RG JW **1926** 2187; OLG Karlsruhe aaO; vgl. auch BGH WM **1977** 399 f).[56]

---

54 Weitere Kritik bei *Kindhäuser* NK Rdn. 41; *ders.* NStZ **1994** 105, 108; *Bernsmann* in Achenbach/Ransiek V 3 Rdn. 60 ff; *Haberstroh* NStZ **1982** 265, 268; s. auch *Lenckner* JR 1980 161, 163 f.

55 *Pananis* MK Rdn. 42; *Sch/Schröder/Stree/Heine* Rdn. 32; *Maurach/Schroeder/Maiwald* BT I § 43 Rdn. 20; *Bernsmann* in Achenbach/Ransiek V 3 Rdn. 62; **aM** z.B. *Kindhäuser* NK Rdn. 45; *Mitsch* BT 2 § 5 Rdn. 78.

56 *Fischer* Rdn. 15; *Bernsmann* in Achenbach/Ransiek V 3 Rdn. 19; **aA** zu letzterem: *Hoyer* SK Rdn. 20 – wobei der Hinweis auf BGH NJW **1983** 2692 nicht trägt –; *Pananis* MK Rdn. 20; *Sch/Schröder/Stree/Heine* Rdn. 19; *Heinsius* S. 89 ff. Vgl. auch *Maurach/Schroeder/Maiwald* BT I § 43 Rdn. 13.

53 b) Die Merkmale „versprechen" und „gewähren" *erfordern nicht, dass sich der Bewucherte über die rechtliche und wirtschaftliche Tragweite* (Rechtsungültigkeit und wirtschaftliche Ausbeutung) *seiner Bewilligung im klaren sein muss.* Das wäre mit dem gesetzlichen Zweck, den Bewucherten zu beschützen, unvereinbar (RG LZ **1918** Sp. 1086; vgl. aber auch RG GA **60** 439 f).

54 c) *Bedeutungslos* ist, ob das im Sichversprechen- oder -gewährenlassen liegende Rechtsgeschäft nach *§ 138 Abs. 2 BGB nichtig* (allgem. Meinung) oder ob es aus anderen Gründen, z.B. nach § 107 BGB mangels Genehmigung des gesetzlichen Vertreters des Schuldners (RG Recht **1915** Nr. 2413), *rechtsunwirksam* ist oder es durch Anfechtung hätte werden können (RGSt **35** 111, 113; RG Recht **1915** Nr. 736). Für Fälle fehlender Genehmigung oder bestehender Anfechtungsmöglichkeit ist dies allerdings nicht unbestritten (**aM** z.B. *Kindhäuser* NK Rdn. 25; *ders.* LPK Rdn. 17).

55 2. Die Tatbestandsmäßigkeit besteht auch, wenn der wucherische Vermögensvorteil **einem Dritten versprochen oder gewährt** wird. Demnach kann das Vorstandsmitglied einer Aktiengesellschaft Täter sein, wenn er für die durch ihn vertretene juristische Person ein Wuchergeschäft eingeht. Ebenso kann das Versprechen oder die Leistung von einem anderen als dem Vertragsschuldner erteilt oder erbracht werden. Der Bewucherte kann daher der Schuldner, er kann aber auch eine von ihm verschiedene Person sein, z.B. ein Bevollmächtigter (RG Recht **1915** Nr. 736). Er kann natürliche Person, Gesellschaft oder juristische Person sein (RGSt **38** 363, 365 f; *Mitsch* BT 2 § 5 Rdn. 55; vgl. aber auch RGZ **93** 27, 28). Lässt sich das Opfer vertreten, so beurteilt sich die Zwangslage aus seiner Person; die Unerfahrenheit, der Mangel an Urteilsvermögen oder die erhebliche Willensschwäche ist aus der Person des Vertreters zu beurteilen (RG Recht **1915** Nr. 736).

VIII. Der innere Tatbestand

56 1. Die Tat kann hinsichtlich aller objektiven Tatbestandsmerkmale nur **vorsätzlich** begangen werden, wobei bedingter Vorsatz genügt (RG DStR **1939** 53, 55). Im Entstehungsstadium des vorangegangenen § 302a war vorgeschlagen worden, hinsichtlich des Schwächezustandes des Opfers Leichtfertigkeit genügen zu lassen; insbesondere hinsichtlich des Merkmals der Zwangslage, weil sich der Täter insoweit beim Kreditwucher vielfach durch sog. Selbstauskünfte des Opfers absichere, die, um den Kredit zu erlangen, schöngefärbt seien, so dass der Nachweis der Kenntnis der Zwangslage erschwert werde (vgl. *Kohlmann* Prot. 7 2570). Der Gesetzgeber ist diesem Vorschlag nicht gefolgt, weil im Zeichen der Vertragsfreiheit von einem Geschäftspartner nicht erwartet werden könne, dass er zuvor fürsorgerisch die Vermögensverhältnisse und die sonstigen persönlichen Umstände des anderen Teils prüfe, damit er nicht möglicherweise mit einem sich in einem Schwächezustand befindenden Opfer kontrahiere (Prot. 7 2796; *Tiedemann* ZStW **87** (1975) 253, 277 f). Im Übrigen könnte auch bei schöngefärbter Selbstauskunft für die Feststellung eines bedingten Vorsatzes des Täters gerade der Umstand bedeutsam sein, dass das Opfer sich in Widerspruch zur günstigen Darstellung seiner Verhältnisse auf die wucherischen Bedingungen einließ (vgl. auch *Fischer* Rdn. 24).

2. Im Einzelnen gilt:

57 a) Der Täter muss **den Schwächezustand des Opfers** (Zwangslage, Unerfahrenheit, mangelndes Urteilsvermögen, erhebliche Willensschwäche) **kennen** oder billigend in Kauf

nehmen.[57] Dazu genügt eine Parallelwertung der ihm bekannten Umstände in der Laiensphäre. Seine irrige Annahme, die ihm bekannten Umstände, z.B. bei der Zwangslage die bedrängte Lage des Opfers und sein Angewiesensein auf die Leistung des Täters, erfüllten nicht den gesetzlichen Begriff der Zwangslage, wäre ein bloßer Subsumtionsirrtum, der allenfalls unter dem Gesichtspunkt des Verbotsirrtums Bedeutung gewinnen könnte (RGSt **71** 325, 326; *Sch/Schröder/Stree/Heine* Rdn. 35; zu letzterem siehe auch *Neumann* JuS **1993** 793, 794 f).

b) Zur **Kenntnis der normativen Merkmale**, nämlich des auffälligen Missverhältnisses zwischen Leistung und Gegenleistung nach Absatz 1 S. 1, des auffälligen Missverhältnisses zwischen der Gesamtheit der Gegenleistungen sowie der Übermäßigkeit des angestrebten Vermögensvorteils nach Absatz 1 S. 2, genügt Kenntnis der zugrundeliegenden Tatsachen und Umstände, die für diese dem Richter obliegenden Wertung maßgebend sind.[58] Eine eigene abweichende Wertung der Auffälligkeit des Missverhältnisses usw. durch den Täter ist belangloser Subsumtionsirrtum, wenn er nicht zu einem Verbotsirrtum führt.[59] **58**

c) Zum **Vorsatz der Ausbeutung** nach Absatz 1 S. 1 gehört und genügt der Wille des Täters, die ihm bekannte Sachlage gewinnsüchtig, nämlich zum Erlangen von widerrechtlichen Vermögensvorteilen, auszunutzen.[60] Er muss also mit Bereicherungswillen handeln (RGSt **18** 419, 421; RG JW **1934** 1124); dazu gehört der Wille, die zunächst nur versprochenen Vorteile auch zu verwirklichen. Zum Vorsatz nach Absatz 1 S. 2 vergleiche bei Rdn. 49. **59**

IX. Täter, Teilnehmer

1. **Täter nach Absatz 1 S. 1** kann jeder sein, der sich oder einem anderen, insbesondere dem von ihm Vertretenen, die wucherischen Vermögensvorteile versprechen oder gewähren lässt. Lässt er sie sich selbst versprechen oder gewähren, so ist nicht erforderlich, dass er sie im eigenen Interesse ziehen will oder zieht; er bleibt auch Täter, wenn er sie „altruistisch“ einem anderen zuwenden will oder zuwendet. Täter kann daher auch sein, wer als Organ einer juristischen Person, Teilhaber an einer Gesamthand oder Vertreter einer natürlichen Person zugunsten des oder der von ihm Vertretenen handelt (RGSt **8** 17, 20; **35** 111, 113). Täter ist auch nicht nur, wer selbst oder im eigenen Namen **60**

---

57 RGSt **15** 333, 334; **18** 419, 420 f; **28** 288, 290; **29** 78, 82; OLG Düsseldorf NStZ-RR **1998** 365.

58 RGSt **29** 78, 82; **60** 216, 222; OLG Düsseldorf NStZ-RR **1998** 365; **aA** z.B. *Maurach/Schroeder/Maiwald* BT I § 43 Rdn. 23; *Bernsmann* in Achenbach/Ransiek V 3 Rdn. 50; *Tiedemann* ZStW **87** (1975) 253, 277 f und Wirtschaftsstrafrecht AT Rdn. 230.

59 LG Köln WuM **1987** 202, 203; *Fischer* Rdn. 24; *Hoyer* SK Rdn. 62; *Kindhäuser* NK Rdn. 46; *Pananis* MK Rdn. 43; *Sch/Schröder/Stree/Heine* Rdn. 35; *Hohendorf* S. 136 f; **aM** insoweit *Samson* SK[5] Rdn. 38: auch hier sei eine Parallelwertung in der Laiensphäre erforderlich, der Täter müsse wenigstens wissen, dass die Wertdifferenz sozialethisch zu missbilligen sei; ähnlich *Haberstroh* NStZ **1982** 265, 270; *Tiedemann* ZStW **87** (1975) 253, 277 f.

60 BGH NJW **1985** 3006, 3007; BGH BB **1990** 1509, 1510; *Fischer* Rdn. 24; *Kindhäuser* NK Rdn. 46; *Pananis* MK Rdn. 43; *Sch/Schröder/Stree/Heine* Rdn. 35; *Bub* in Bub/Treier, wie Fn. 24, Rdn. 701; **abweichend** *Lackner/Kühl* Rdn. 10; *Tiedemann* Wirtschaftsstrafrecht BT Rdn. 260 m. weit. Nachw.

das wucherische Rechtsgeschäft abschließt; es kann z.B. beim Kreditgeschäft Mittäterschaft bestehen zwischen demjenigen, der das Kreditgeschäft abschließt, und demjenigen, der ihn als Hintermann finanziert (RGSt **36** 226, 227); weitere Beispiele bei *Haberstroh* NStZ **1982** 265, 267 f. Demgemäß ist es, wenn sich mehrere zu wucherischem Tun verbunden haben, von denen der eine nach außen handelnd hervortritt, der andere die geschäftliche Innenarbeit leistet, ohne Bedeutung, ob diese Rollenverteilung bei Geschäftsabschluss hervortritt und dem Bewucherten bekannt ist (RG Recht **1915** Nr. 734).

61 2. Der **Vermittler** ist Täter, wenn er selbst Vertragspartei ist (Absatz 1 S. 1 Nr. 4); andernfalls kann er wegen seiner Mitwirkung beim Abschluss des wucherischen Geschäfts wie jeder Dritte, der nicht selbst die Schwächelage des Opfers eigennützig ausnutzt, Anstifter oder Gehilfe sein (RGSt **5** 366, 368 f; **8** 17, 20; **35** 111, 114 f; RG JW **1936** 3003).

62 3. **Im Falle des Absatzes 1 S. 2** stehen zwar die an dem einheitlichen Geschäftsvorgang Mitwirkenden untereinander nicht in einem Beteiligtenverhältnis (Rdn. 49). Das schließt aber die Beteiligung eines Dritten an der Tat eines Mitwirkenden nicht aus.

63 4. Der **Bewucherte** kann sich nicht der Teilnahme schuldig machen, auch wenn er selbst die Initiative ergreift und auf Abschluss eines wucherischen Geschäfts drängt, weil er als Opfer **notwendiger Teilnehmer** ist (vgl. z.B. *Hohendorf* S. 154 ff; *Tiedemann* Wirtschaftsstrafrecht BT Rdn. 275 und ergänzend *Bohnert* Beteiligung an notwendiger Beteiligung am Beispiel der Mietpreisüberhöhung (§ 5 WiStG), Gedächtnisschrift K. Meyer (1990) 519 ff).

X. Vollendung und Beendigung

64 1. Die **Vollendung** tritt **im Fall des Absatzes 1 S. 1** mit der Annahme des Versprechens, ausnahmsweise mit dem Empfang des Vermögensvorteils ein (Rdn. 51 f). Daher tilgt tätige Reue des Wucherers durch nachträglichen Rücktritt vom wucherischen Vertrag die bereits vollendete Straftat nicht (RG Rspr. **6** 654, 655; RG LZ **1918** Sp. 1086). Stellen sich Versprechen und Leistung der Vermögensvorteile als Ergebnis ein und derselben Ausbeutung dar, wird die Tat erst mit der Annahme der Leistung **beendet** (OLG Karlsruhe NJW **1988** 1154, 1156). Demgemäß beginnt erst von diesem Zeitpunkt an der Lauf der Verjährung (RG DStR **1938** 189 f).

65 2. **Im Fall des Absatzes 1 S. 2** ist die Tat des einzelnen Mitwirkenden nicht schon vollendet, wenn er sich oder einem Dritten einen übermäßigen Vermögensvorteil hat versprechen oder gewähren lassen. Denn die Strafgrenze ist insoweit erst erreicht, wenn sich bei einer Gegenüberstellung sämtlicher Gegenleistungen zu sämtlichen Vermögensvorteilen das dazwischen bestehende auffällige Missverhältnis ergibt. Daher ist die Tat erst vollendet, wenn der letzte der an dem einheitlichen Geschäftsvorgang Mitwirkenden sich einen übermäßigen Vermögensvorteil hat versprechen oder gewähren lassen (ebenso *Pananis* MK Rdn. 47; *Sch/Schröder/Stree/Heine* Rdn. 37). Damit ist der früheste Verjährungsbeginn festgelegt; für den einzelnen Mitwirkenden kann die Verjährung später beginnen, wenn erst durch das Sichgewährenlassen des zuvor Versprochenen seine Tat beendet wird. Derjenige der Mitwirkenden, der sich für seine Teilleistung einen dazu in auffälligem Missverhältnis stehenden Vermögensvorteil hat versprechen oder gewähren lassen, der also in seiner Person die Voraussetzungen des Absatzes 1 S. 1 erfüllt (vgl.

Rdn. 48), ist hinsichtlich der Tatvollendung nicht anders zu behandeln, als wenn er Alleintäter wäre; die Vollendung tritt mit der Annahme des Versprechens, eventuell der Annahme des Vermögensvorteils ein (s. Rdn. 64). Beendigung und damit Verjährungsbeginn setzt aber auch bei ihm mindestens Vollendung der Tatanteile aller Mitwirkenden voraus (*Sch/Schröder/Stree/Heine* Rdn. 37).

3. Der **Versuch** der wucherischen Tat ist **straflos**. **66**

XI. Die Strafe

1. Der **Regelstrafrahmen** (Freiheitsstrafe bis zu drei Jahren oder Geldstrafe) entspricht dem des § 302f a.F. Wegen der Möglichkeit der Kumulation von Freiheitsstrafe und Geldstrafe vergleiche § 41. Verfall des erlangten Vermögensvorteils entfällt in Hinblick auf § 73 Abs. 1 S. 2. **67**

2. Die **Strafverschärfung für besonders schwere Fälle** nach Absatz 2 ist inhaltlich aus § 266 Abs. 1 E 1962 übernommen und war – unter Wegfall des Regelbeispiels des wechselmäßigen Versprechens – bereits in § 302f a.F. vorgesehen. Die erhöhte Mindeststrafe von sechs Monaten Freiheitsstrafe führt zur Unanwendbarkeit des § 47. Absatz 2 gilt für den ganzen Bereich des Absatzes 1, also auch für die Fälle des Satzes 2. Wegen der allgemeinen Bedeutung der besonders schweren Fälle vgl. z.B. *Gribbohm* LK[11] § 12 Rdn. 17 ff; Vor §§ 46 ff Rdn. 23 ff; *Theune* LK Vor §§ 46 ff Rdn. 15 ff und *Kaulfuß* Die Regelbeispieltechnik vor dem Hintergrund des 6. Strafrechtsreformgesetzes: Zur objektiven und subjektiven Seite der besonders schweren Fälle im Strafrecht, Diss. Bonn 2004. Zu den im Gesetz aufgezählten Regelbeispielen ist folgendes zu bemerken: **68**

a) **Das Bringen des Opfers in wirtschaftliche Not (Nummer 1).** Die Voraussetzungen dieses Regelbeispiels sind erfüllt, wenn der Täter gerade durch die Tat, durch die Ausbeutung eines der in Absatz 1 S. 1 bezeichneten Schwächezustände das Opfer – vorsätzlich – in wirtschaftliche Not bringt. Dabei wird unter **„wirtschaftlicher Not"** die Lage verstanden, die die frühere Fassung von § 302a als „Notlage" bezeichnete, also eine existenzbedrohende Geldverlegenheit, verursacht durch den Mangel wirtschaftlich bedeutsamer oder unentbehrlicher Gegenstände (Rdn. 14). „Zu verlangen ist ..., daß der Bewucherte als Folge der Tat in eine Mangellage gerät, die im geschäftlichen Bereich seine Daseinsgrundlage gefährdet oder auf Grund deren im persönlichen Bereich der notwendige Lebensunterhalt ohne Hilfe dritter Personen nicht mehr gewährleistet ist" (Begr. zu § 266 E 1962 BTDrucks. IV/650 S. 440).[61] Auslegungsschwierigkeiten entstehen, wenn der Täter nicht durch Ausbeutung der Unerfahrenheit, des Mangels an Urteilsvermögen oder der erheblichen Willensschwäche das Opfer in wirtschaftliche Not bringt – diese Fälle sind unproblematisch –, sondern durch Ausbeutung seiner Zwangslage. Dieser Begriff bezeichnet – außer den Fällen einer nicht wirtschaftlichen Bedrängnis – eine wirtschaftliche Bedrängnis, die zwar nicht die wirtschaftliche Existenz des Betroffenen bedroht, **69**

---

61 Unzutreffend daher *Schmidt-Futterer* NJW **1972** 135, 136: in wirtschaftliche Not gebracht sei, wer in seiner angemessenen wirtschaftlichen Lebensführung fühlbar eingeengt werde, während eine Gefährdung seiner wirtschaftlichen Existenz nicht erforderlich sei. In Wirklichkeit ist das Schaffen einer solchen Lage Voraussetzung für eine Bestrafung nach § 291 Abs. 1 S. 1 und genügt nicht zur Bestrafung nach Absatz 2.

aber schwere wirtschaftliche Nachteile mit sich bringt (Rdn. 14). Die Voraussetzungen des Regelbeispiels sind ohne weiteres gegeben, wenn die bei Abschluss des wucherischen Geschäfts noch nicht existenzbedrohende wirtschaftliche Bedrängnis des Opfers durch die Tat in eine wirtschaftliche Notlage, also eine **existenzbedrohende wirtschaftliche Bedrängnis** übergeht. Indessen umfasst der Begriff der Zwangslage auch – und erst recht – den Fall, dass das Opfer sich bereits bei Vertragsschluss in der schärfsten Form der Zwangslage, nämlich in existenzbedrohender Notlage befand, und es erhebt sich die Frage, ob schon die Ausbeutung einer bereits bestehenden Notlage einen besonders schweren Fall des Wuchers darstellt. Die oben angeführte Begründung zu § 266 E 1962 hatte diese Frage verneint: Der Erschwerungstatbestand sei nicht „durch die erschwerte Begehung, sondern durch die schwere Folge gekennzeichnet … Er liegt nur dann vor, wenn der Bewucherte gerade durch die Tat in die wirtschaftliche Notlage geraten ist. Das trifft nicht zu, wenn das ausbeutende Verhalten des Täters die bereits bei Geschäftsabschluß bestehende Not des Bewucherten nur verschärft". Unter Berufung auf diese Ausführungen der Begründung wird im Schrifttum auch für das geltende Recht angenommen, dass die Voraussetzungen des Absatzes 2 Nr. 1 nicht gegeben seien, wenn eine bereits bei Geschäftsabschluss vorhandene Notlage nur verschärft werde.[62] Die Richtigkeit dieser Argumentation lässt sich bezweifeln. Jedoch liegt kein echtes Problem vor. Denn nachdem schon – praktisch in Abwendung von der zitierten Begründung – bei den Beratungen im BT-Sonderausschuss Einverständnis bestand, dass „eine Vertiefung", eine „wesentliche, gewichtige oder nennenswerte" Vergrößerung einer schon bestehenden Notlage dem Fall gleichwertig sei, dass der Betroffene aus einer bloßen Zwangslage in wirtschaftliche Not gebracht werde (Prot. 7 2798 f), gehen auch diese Stimmen überwiegend davon aus, dass bei nicht unwesentlicher Verschärfung einer bereits bestehenden Notlage zwar nicht die Voraussetzungen eines Regelbeispiels erfüllt seien, aber ein besonders schwerer Fall außerhalb der Regelbeispiele gegeben sei.[63]

70 b) **Gewerbsmäßige Begehung (Nummer 2).** Der Begriff der Gewerbsmäßigkeit ist der gleiche wie in anderen Vorschriften, in denen das Gesetz ihn als strafbegründendes oder strafschärfendes Merkmal verwendet (vgl. *Rissing-van Saan* LK Vor §§ 52 ff Rdn. 80). Gewerbsmäßigkeit ist schon bei einmaliger Begehung gegeben, sofern die Tat von dem Willen getragen war, die Handlung zu wiederholen und sich selbst (nicht anderen), wenn auch nur mittelbar, eine Einnahmequelle von gewisser Dauer zu verschaffen.[64]

71 Die *gewohnheitsmäßige Begehung*, die früher in § 302e a.F. als strafbegründendes Merkmal genannt war, wurde schon in § 302f a.F. in Übereinstimmung mit § 266 E 1962 nicht mehr als Regelbeispiel aufgenommen, weil gewohnheitsmäßiger Wucher in der Regel auch gewerbsmäßig begangen werde. Soweit in einem Einzelfall der Täter nur gewohnheitsmäßig handelt (vgl. zum Begriff *Rissing-van Saan* LK Vor §§ 52 ff Rdn. 80), ist das Gericht nicht gehindert, den Fall als besonders schwer anzusehen (Begründung BTDrucks. IV/650 S. 440).

---

[62] *Fischer* Rdn. 27; *Hoyer* SK Rdn. 64; *Lackner/Kühl* § 291 Rdn. 11 in Verb. m. § 283a Rdn. 2; *Pananis* MK Rdn. 48; *Sch/Schröder/Stree/Heine* Rdn. 44.

[63] *Fischer* Rdn. 28; *Lackner/Kühl* § 291 Rdn. 11 in Verb. m. § 283a Rdn. 2; *Sch/Schröder/Stree/Heine* Rdn. 48; vgl. auch *Kindhäuser* NK Rdn. 53.

[64] RG HRR **1940** Nr. 713; BGHSt **11** 182, 187; BGH LM Nr. 1 zu § 302d a.F. m. Anm. *Neumann*; BGH, Urt. v. 22. März 1966 – 1 StR 597/65 bei *Pfeiffer/Maul/Schulte* § 302e Anm. 2; LG Köln WuM **1987** 202, 203; **aM** *Kindhäuser* NK Rdn. 54.

c) **Sichversprechenlassen wucherischer Vermögensvorteile durch Wechsel** (Nummer 3). Ein solches Verhalten bildete früher ein strafbegründendes Merkmal des schweren Kreditwuchers (§ 302b a.F.). Nach dem Vorschlag in § 266 E 1962 ist es als Regelbeispiel für alle Wucherfälle übernommen worden, denn diese Begehungsform „ist für den Betroffenen besonders gefährlich, weil Wechsel verhältnismäßig leicht weitergegeben werden können und der Aussteller dann gegenüber dem gutgläubigen Dritten die Einwendungen aus der Nichtigkeit des Wechsels nicht entgegenhalten kann, die er gegenüber dem Wucherer erheben könnte" (Begründung BTDrucks. IV/ 650 S. 440; Prot. 7 2810). Wucherische Vermögensvorteile sind nicht nur diejenigen, die in einem auffälligen Missverhältnis zur Leistung stehen (so aber *Fischer* Rdn. 27), sondern im Fall des § 291 Abs. 1 S. 2 auch die übermäßigen Vermögensvorteile (so auch *Lackner/Kühl* Rdn. 11; *Sch/Schröder/Stree/Heine* Rdn. 47). Denn auch dabei wird es dem Betroffenen unmöglich gemacht, sich gegenüber dem gutgläubigen Erwerber des Wechsels darauf zu berufen, dass ein auffälliges Missverhältnis zwischen sämtlichen Vermögensvorteilen auf der Gläubigerseite und sämtlichen Gegenleistungen auf der Schuldnerseite bestehe. Trotz des Wortlauts: „sich … versprechen läßt" umfasst die Nummer 3 auch den Fall, dass der Täter einem anderen die wucherischen Vorteile wechselmäßig versprechen lässt; denn schon der Wortlaut des § 302b a.F. umfasste dies, und für eine Beschränkung auf das „Sich"versprechenlassen wäre kein Grund erfindlich, weil auch hier dem Betroffenen die Gefahr des Einwendungsverlusts nach Weitergabe des Wechsels an einen gutgläubigen Erwerber droht (*Kindhäuser* NK Rdn. 55; *Sch/Schröder/Stree/Heine* Rdn. 47). *Fischer* (Rdn. 27) sieht darin einen unbenannten besonders schweren Fall. „Durch Wechsel" bedeutet: *die Wechselform muss dazu benutzt werden, gerade durch sie die in der Wechselsumme enthaltenen wucherischen Vorteile zu erlangen*; es genügt z.B. nicht, dass der Täter nur für die Darlehenssumme, für die er wucherische Zinsen erlangte, einen Wechsel akzeptieren ließ (BGH, Urt. v. 2. Dezember 1958 – 5 StR 442/58 bei *Pfeiffer/Maul/Schulte* § 302b Anm. 1). Die Hingabe des Wechsels muss nicht bei der Eingehung des Wuchergeschäfts versprochen worden sein, es reicht die nachträgliche Vereinbarung einer wechselmäßigen Verpflichtung (*Kindhäuser* NK Rdn. 55; *ders.* LPK Rdn. 30; **aM RG JW 1892** 502). Ein wechselmäßiges Versprechen liegt auch dann vor, wenn die Aushändigung eines Blankoakzepts erfolgt. Gleichgültig ist es, ob die auf dem Wechsel befindlichen Unterschriften echt sind. **72**

Das **Sichversprechenlassen durch Scheck** ist in Nummer 3 nicht erwähnt, obwohl die Gefahr des Abschneidens persönlicher Einwendungen aus dem Grundgeschäft durch Weitergabe an einen gutgläubigen Erwerber in gleicher Weise droht wie beim Sichversprechenlassen durch Wechsel. Die Aufnahme des Schecks in die Regelbeispiele ist aber mit der Begründung unterblieben, die gleiche Gefährlichkeit der Hingabe eines Schecks liege auf der Hand und es sei deshalb nicht notwendig, diesen Fall ausdrücklich zu erwähnen. „Die Regelbeispiele stellten ohnehin nur die besondere Gefährlichkeit einer bestimmten Situation dar" (Prot. 7 2810). Das Gericht ist also auch hier frei in der Annahme eines besonders schweren Falles. **73**

d) **Besonders schwere Fälle außerhalb der Regelbeispiele.** Die gesetzlichen Regelbeispiele haben nur den Zweck, allgemein die Richtung zu weisen, wenn eine Tat sich nach der Art der Begehung und der Schwere ihrer Folgen so sehr vom Normalfall abhebt, dass eine erhöhte Ahndung angemessen ist. Ein besonders schwerer Fall kann danach – außer bei den bereits erörterten Fällen einer wesentlichen Verschärfung einer bei Geschäftsabschluss schon bestehenden Notlage, einer gewohnheitsmäßigen Begehung, dem Sichversprechenlassen von wucherischen Vermögensvorteilen durch Scheck – z.B. in Frage kommen bei ungewöhnlichem Ausmaß des erstrebten Vermögensvorteils, langanhalten- **74** der Dauer der wucherischen Belastungen, besonders rücksichtsloser Ausnutzung des Schwächezustandes des Opfers. *Hoyer* (SK Rdn. 63) hält demgegenüber den Katalog der in Absatz 2 aufgeführten Regelbeispiele für abschließend.

XII. Konkurrenzen

75 Erfüllt die gegenüber demselben Opfer begangene Tat gleichzeitig die Merkmale mehrerer der in Absatz 1 S. 1 unter Nummer 1 bis 4 bezeichneten Wucherformen, z.B. Miet- und Kreditwucher, so entfällt ein Konkurrenzverhältnis; es liegt eine Wuchertat vor, weil es sich nur um gleichwertige Erscheinungsformen desselben Delikts handelt.[65] Sichversprechen- und Sichgewährenlassen sind ebenfalls grundsätzlich nur *verschiedene Formen der Begehung derselben Tat* (Rdn. 52); allerdings kann auch Tatmehrheit vorliegen, z.B. bei wucherischer Kreditgewährung und späterer wucherischer Verlängerung des Kredits (RGSt **4** 390, 391). Trifft § 291 mit *§§ 4 f WiStG* 1954 zusammen, so findet § 21 OWiG Anwendung. Tateinheit von § 291 ist möglich mit *Betrug* nach § 263, wenn zum Zustandekommen des wucherischen Geschäfts zugleich falsche Tatsachen vorgespiegelt werden (RG LZ **1917** Sp. 1173; s. näher *Lackner/Werle* NStZ **1985** 503, 504 f), und mit *Erpressung*, wenn der Täter durch Drohung zur Eingehung des Wuchergeschäfts nötigt (RG GA **46** 318; aM *Hoyer* SK Rdn. 69: § 291 tritt zurück). Tateinheit kann schließlich in Betracht kommen mit einem Delikt nach § 61 in Verbindung mit § 23 Abs. 1 BörsenG vom 21. Juni 2002 – BGBl. I 2010, zuletzt geändert durch Gesetz vom 16. August 2005 – BGBl. I 2437, 2445, ber. S. 3095. § 291 Abs. 1 S. 1 Nr. 3 wird von § 233 Abs. 1 S. 1 als speziellerer Vorschrift verdrängt (*Fischer* § 233 Rdn. 9; *Pananis* MK Rdn. 49; *Sch/Schröder/Eisele* § 233 Rdn. 17).

XIII. Recht des Einigungsvertrages

76 Insoweit wird auf die Bemerkungen bei *Schäfer/Wolff* LK[11] Rdn. 73 f verwiesen.

§ 292
Jagdwilderei

(1) Wer unter Verletzung fremden Jagdrechts oder Jagdausübungsrechts

1. dem Wild nachstellt, es fängt, erlegt oder sich oder einem Dritten zueignet oder

2. eine Sache, die dem Jagdrecht unterliegt, sich oder einem Dritten zueignet, beschädigt oder zerstört,

wird mit Freiheitsstrafe bis zu drei Jahren oder mit Geldstrafe bestraft.

(2) [1]In besonders schweren Fällen ist die Strafe Freiheitsstrafe von drei Monaten bis zu fünf Jahren. [2]Ein besonders schwerer Fall liegt in der Regel vor, wenn die Tat

1. gewerbs- oder gewohnheitsmäßig,

---

[65] *Pananis* MK Rdn. 49; *Sch/Schröder/Stree/Heine* Rdn. 50. AA *Hoyer* SK Rdn. 69 und *Kindhäuser* NK Rdn. 56 und LPK Rdn. 31: Idealkonkurrenz; *Fischer* Rdn. 29: Gesetzes- bzw. Tateinheit.

2. zur Nachtzeit, in der Schonzeit, unter Anwendung von Schlingen oder in anderer nicht weidmännischer Weise oder
3. von mehreren mit Schusswaffen ausgerüsteten Beteiligten gemeinschaftlich begangen wird.

Schrifttum

Bringewat Der sog. doppelte Irrtum, MDR **1970** 652; *Eckert* Landesjagdgesetz BadenWürttemberg pp. (2. Aufl. 1970); *Frhr. von Fürstenberg* Der Begriff des Jagdrechts im Wildereitatbestand, Diss. Köln 1937; *Furtner* Wie lange kann ein jagdbares Tier Gegenstand der Jagdwilderei sein? JR **1962** 414; *ders.* Kann sich der nicht jagdberechtigte Eigentümer in seinem befriedeten Besitztum der Jagdwilderei schuldig machen? MDR **1963** 98; *Haft* Der doppelte Irrtum im Strafrecht, JuS **1980** 588; *Kindhäuser* Zur Unterscheidung von Tat- und Rechtsirrtum, GA **1990** 407; *Lorz* Naturschutz, Tierschutz und Jagdrecht (1967); *Lorz/Metzger* Kommentierung des Bundesjagdgesetzes i.d.F. vom 29.9.1976 in Erbs/Kohlhaas Strafrechtliche Nebengesetze (Stand Aug. 2007); *Maué* Die Jagdwilderei, 1940 (Strafrechtl. Abhandl. Heft 409); *Lorz/Metzger/Stöckel* Jagdrecht, Fischereirecht – Bundesjagdgesetz mit Verordnungen und Länderrecht, Binnenfischereirecht, Fischereischeinrecht, Seefischereirecht (3. Aufl. 1998); *Mitzschke/Schäfer* Komm. zum Bundesjagdgesetz (4. Aufl. 1982); *Nagler* Die Jagdwilderei, VDB VIII 417; *Rühling/Selle* Bundesjagdgesetz pp. (2. Aufl. 1971); *Schröder* Die Unternehmensdelikte, Festschrift Kern (1968) 754; *Schünemann* Die deutschsprachige Strafrechtswissenschaft nach der Strafrechtsreform im Spiegel des Leipziger Kommentars und des Wiener Kommentars – 2. Teil: Schuld und Kriminalpolitik –, GA **1986** 293; *Selter* Praktische Probleme der Jagdwilderei, AUR **2006** 41; *Sowada* Das „unechte Unternehmensdelikt" – eine überflüssige Rechtsfigur, GA **1988** 195; *Stegmann* Artenschutz-Strafrecht (2000); *Stelling* Das Jagdvergehen nach § 292, ZStW **54** (1935) 692; *Vollmar* Die Jagdwilderei (2004); *Waider* Strafbare Versuchshandlungen der Jagdwilderei, GA **1962** 176; *Wessels* Probleme der Jagdwilderei und der Abgrenzung zu den Eigentumsdelikten, JA **1984** 221; *Zillekens* Die Jagdwilderei, Diss. Bonn 1939.

Entstehungsgeschichte

Der Straftatbestand der Jagdwilderei, der in dogmatischer wie in kriminalpolitischer Hinsicht scheinbar nur noch ein Mauerblümchendasein fristet, hat in Wahrheit über die Jahrhunderte hinweg geradezu wie ein Seismograph der Staats- und Gesellschaftsverfassung gewirkt. Unter Inkaufnahme einer gewissen Vereinfachung lassen sich **fünf Epochen** unterscheiden (zu Einzelheiten *Vollmar* S. 3 ff): Im Mittelalter gab es Okkupationsrechte des Grundeigentümers, deren Verletzung schon in den Volksrechten der Völkerwanderungszeit als Delikt ausgebildet war (*Binding* BT I² 324), jedoch auch die seit der karolingischen Zeit die freie Jagd ausschließenden königlichen *Bannforsten* (*Frhr. v. Fürstenberg* S. 12 f; instruktiv der Sachsenspiegel II 61). Die *Carolina* kannte den Tatbestand der Jagdwilderei nicht, unterschied aber bereits in Art. 169 zwischen Fischdiebstahl und der Tat desjenigen, der Fische „aus einem fließenden ungefangenen Wasser fing, das einem anderen zustand". Im Partikularrecht wurde sodann in (missverstandener, s. *Nagler* S. 46 ff) Analogie hierzu der allgemeine Tatbestand des **Wilddiebstahls** geschaffen, der mit der Durchsetzung des landesherrlichen *Jagdregals* aus der Sicht der Obrigkeit ein schwerer Frevel war, aus der Sicht der unter dem Jagdregal leidenden ländlichen Bevölkerung dagegen eine häufig durch die schiere Not diktierte Befreiungstat (eindringlich *Radbruch/Gwinner* Geschichte des Verbrechens [1951] 194 ff). Noch nach dem Codex iuris criminalis bavarici von 1751 wurde Wilderei im Rückfall mit dem Tode bestraft (Cap. X § 1), während etwa das Andenken des „deutschen Robin Hood", des als Anführer einer Wildschützenbande hingerichteten „Bayerischen Hiesel" *Matthias Klostermayer* (1736–1771), in der Bevölkerung zwei Jahrhunderte lebendig geblieben ist. Die dritte Epoche beginnt mit der Abschaffung des Jagdregals in der Revolution von 1848 (sogar in §§ 137, 169 der Grundrechte der Paulskirchenverfassung niedergelegt) und wird in ihren Grundprinzipien im RStGB von 1871 geradezu als ein Denkmal des liberalen Staates manifestiert, indem das nunmehr scharf herausgearbeitete Rechtsgut des Aneignungsrechts des Jagdberechtigten (prinzipiell des Grundeigentümers) nur noch einen minimalen Strafrechtsschutz erfuhr, der im Strafrahmen noch unterhalb der Beleidigung lag.

In der **ursprünglichen Fassung** lautete der Tatbestand des § 292: „Wer an Orten, an denen er zu jagen nicht berechtigt ist, die Jagd ausübt ...". Als Strafe war Geldstrafe bis zu 300 Mark oder Gefängnis bis zu drei Monaten vorgesehen mit der Möglichkeit der Erhöhung auf Geldstrafe bis zu 600 Mark oder Gefängnis bis zu sechs Monaten bei Wildern unter erschwerenden Umständen (mit Schlingen, in der Schonzeit, zur Nachtzeit usw.) – § 293 a.F. –; gewerbsmäßige Wilderei war mit erhöhter Mindeststrafe (Gefängnis nicht unter drei Monaten) bedroht – § 294 a.F. –. Durch das Reichsjagdgesetz (RJG) v. 3.7. 1934 (RGBl. I 549) wurde das Jagdwesen reichseinheitlich neu geregelt. Im Anschluss daran wurden die §§ 292 bis 296 a.F. durch das Ges. v. 28.6.1935 (RGBl. I 839) grundlegend umgestaltet. Mit der Anpassung des Tatbestands des § 292 an die Grundkonzeption und die Terminologie des Reichsjagdgesetzes ging eine wesentliche Erhöhung des Strafmaßes einher, indem im Grundtatbestand die Höchststrafe von drei Monaten auf 5 Jahre erhöht und im Qualifikationstatbestand der gewerbsmäßigen Wilderei Gefängnis durch Zuchthaus ersetzt wurde, was ebenso von nationalsozialistischem Gedankengut geprägt gewesen ist wie das auf der Blut- und Boden-Ideologie erwachsene Reichsjagdgesetz selbst (exemplarisch *Frhr. v. Fürstenberg* S. 16 f, 108 f; *Gürtner* Das kommende deutsche Strafrecht [1936] 529). Freilich lässt sich, wenngleich in entstellter Form, in der Neuregelung der Jahre 1934/35 durchaus auch eine wertvolle Ergänzung des bürgerlich-liberalen Konzepts des RStGB finden, deren ganze Bedeutung erst heute absehbar ist: nämlich die Ergänzung der **eigentumsähnlichen** durch die **ökologische** Dimension.

An die Stelle des Reichsjagdgesetzes trat das **Bundesjagdgesetz** (BJG) vom 29.11.1952 (BGBl. I 780), das, jeweils wegen zahlreicher Änderungen, zunächst unter dem 30.3.1961 (BGBl. I 304) und erneut unter dem 29.9.1976 (BGBl. I 2849) in neuer Fassung bekannt gemacht wurde. Es stellt wegen der Beschränkung der Bundesgesetzgebungszuständigkeit in Art. 75 Nr. 3 GG ein Rahmengesetz dar, das durch die Jagdgesetze der Länder ergänzt wird.[1] Da das Bundesjagdgesetz bei der Regelung der Begriffe „Jagdrecht" und „Jagdausübungsrecht" der Grundkonzeption des Reichsjagdgesetzes folgt, bedurfte es keiner inhaltlichen Änderung des Wortlauts des § 292; durch Art. 4, 5 des 1. StRG vom 25.6. 1969 (BGBl. I 645) wurden lediglich die bisherigen Strafdrohungen dem neuen Strafensystem angepasst.

---

[1] Es gelten in: Baden-Württemberg das Landesjagdgesetz (LJagdG) i.d.F. vom 1.6.1996 zuletzt geändert 11.10.2007 (GBl. 473); Bayern das Jagdgesetz (JG) vom 20.12.2007 (GBl. 958); Brandenburg das Landesjagdgesetz (LJG) vom 23.4.2008 (GVBl. 94); Bremen das Landesjagdgesetz (LJagdG) vom 26.10.1981 (GBl. S. 171); Hamburg das Jagdgesetz (JG) vom 22.5.1978, zuletzt geändert 18.7.2001 (GVBl. 251, 257); Hessen das Jagdgesetz (HJagdG) vom 12.10.1994 i.d.F. vom 5.6.2001 zuletzt geändert 28.9.2007 (GVBl. 638); Mecklenburg-Vorpommern das Landesjagdgesetz (LJagdG) vom 10.1.1992 (GVOBl. 30); Niedersachsen das Landesjagdgesetz (LJG) i.d.F. vom 16.3.2001, zuletzt geändert 13.12.2007 (GVBl. 708); Nordrhein-Westfalen das Landesjagdgesetz (LJG) i.d.F. vom 7.12.1994, zuletzt geändert 19.6.2007 (GV NW 228); Rheinland-Pfalz das Landesjagdgesetz (LJG) vom 5.2.1979 (GVBl. 23); Saarland das Saarländische Jagdgesetz (SJG) i.d.F. vom 27.5. 1998, zuletzt geändert 21.11.2007 (ABl 2393); Sachsen das Landesjagdgesetz (SächsLJagdG) vom 8.5.1991 (GVBl. 61); Sachsen-Anhalt das Landesjagdgesetz (LJG) vom 18.11.2005 (GVBl. 698); Schleswig-Holstein das Landesjagdgesetz (LJagdG) vom 11.8.1994 (GVBl. 452); Thüringen das Jagdgesetz (ThJG) vom 26.2.2004, Neubekanntmachung vom 28.6.2006 (GVBl. 313).

Die jüngste, diesen Namen aber kaum verdienende Reform hat das **6. StrRG** vom 26.1.1998 gebracht, das die Verletzung fremden Jagd*ausübungsrechts* sowie die *Dritt*zueignung entsprechend der schon zuvor herrschenden Auslegung ausdrücklich in den Tatbestand aufgenommen und die in § 292 a.F. in komplizierter Form nebeneinander gestellten Strafrahmen für Qualifikationen und Erschwerungsgründe vereinfacht (Begr. BTDrucks. 13/8587 S. 45 f), die Grundstruktur des Tatbestandes aber unverändert gelassen hat.

Übersicht

	Rdn.
I. Geschütztes Rechtsgut, Deliktsstruktur und Kriminologie	
1. Wandlung der Betrachtungsweise	1
2. Meinungsstreit über das geschützte Rechtsgut	2
3. Deliktsstruktur	5
4. Kriminologie	6
II. Verletzung fremden Jagdrechts und Jagdausübungsrechts	
1. Jagdrecht und Jagdausübungsrecht	7
2. Jagdrecht in Eigenjagdbezirken	8
3. Jagdausübungsrecht in gemeinschaftlichen Jagdbezirken	9
4. Wilderei in befriedeten Bezirken	10
a) Begriff des befriedeten Bezirks	11
b) Grund und Wirkungen der Befriedung	12
c) Erlaubnis zu beschränkter Jagdausübung	13
d) Überschreitung der beschränkten Jagderlaubnis	14
aa) durch den Eigentümer (Nutzungsberechtigten) der befriedeten Fläche, dem ein beschränktes Jagdausübungsrecht zusteht	14
bb) Jagdausübung des Eigentümers der befriedeten Fläche, dem eine beschränkte Jagdausübung versagt ist	15
cc) Jagdausübung durch den Pächter des gemeinschaftlichen, die befriedete Fläche umschließenden Jagdbezirks	16
dd) Wilderei des Nutzungsberechtigten gegenüber dem Grundeigentümer	17
5. Fragen der Verletzung fremden Jagd- oder Jagdausübungsrechts bei Mangelhaftigkeit der Übertragung des Jagdausübungsrechts oder einer erteilten Jagderlaubnis	18
a) Folgen der Nichtigkeit eines Jagdpachtvertrages. Bedeutung des § 39 Abs. 1 Nr. 3 BJG	18
b) Folgen des fehlenden Jagdscheins	19
c) Bedeutung der Einwilligung des Jagdausübungsberechtigten in die Jagdausübung durch Dritte	21
aa) Die Jagderlaubnis als alleinige Form der Einwilligung	22
bb) Fehlen der Zustimmung des Verpächters zur Erteilung der Jagderlaubnis durch den Pächter	23
cc) Bedeutung des Fehlens eines schriftlichen Jagderlaubnisscheins	24
dd) Erteilung und Widerruf der Jagderlaubnis bei Mitpacht	25
ee) Beschränkungen der Jagderlaubnis	26
ff) Besonderheiten der entgeltlichen Jagderlaubnis	27
6. Verletzung der unter Mitpächtern getroffenen Abreden über die Jagdausübung	28
7. Wilderei und Teilpacht	29
8. Wilderei und Wildfolge	30
9. Verletzung der Jagdausübungsbeschränkungen durch den Jagdausübungsberechtigten	31
10. Befugnis zur Jagdausübung in Sonderfällen	32
III. Die erste Form der Tatbestandsverwirklichung (Nachstellen usw.)	
1. Die Tatobjekte im allgemeinen	33
a) Jagdbare Tiere	34
b) WildlebendeTiere	
aa) nur lebende Tiere sind Tatobjekt	35
bb) das lebende Tier bleibt auch nach der Besitzergreifung durch den Wilderer Gegenstand der Wilderei	36
cc) Verhältnis von § 292 zu § 259 bei Erwerb lebenden Wildes vom Wilderer	37
dd) Gefangene jagdbare Tiere	38
ee) Gezähmte Tiere jagdbarer Art	39
ff) Lebend in der Falle gefangenes Wild	40
gg) Wild in Tiergarten. Abgrenzung der Tiergärten gegenüber anderen Gehegen	41
2. Tathandlung; § 292 als unechtes Unternehmensdelikt?	42
a) Nachstellen	43

Rdn.

aa) Subjektive Tendenz 43
bb) Anfang der Ausführung des Nachstellens 44
cc) Beispiele für Nachstellen . . 47
dd) Untaugliches Nachstellen als Prüfstein der Deliktsstruktur 49
b) Selbständige Formen des Wilderns. Bedeutung gegenüber dem Nachstellen 50
aa) Fangen 51
bb) Erlegen 52
cc) Sich oder einem Dritten zueignen 53
IV. **Die zweite Form der Tatbestandsverwirklichung**
1. Sachen, die dem Jagdrecht unterliegen, im Allgemeinen 55
2. Die einzelnen Tatobjekte 56
a) verendetes Wild, Fallwild 56
b) Abwurfstangen 59
c) Eier jagdbaren Federwildes . . . 60
aa) Begriff des jagdbaren Federwildes 60
bb) Brutgelegenheiten 61
3. Die Tathandlung in Form der Selbst- oder Drittzueignung, dem Beschädigen oder Zerstören der Sache 62
V. **Subjektiver Tatbestand**
1. Vorsatz 63
2. Die Abgrenzung des Tatbestandsirrtums 64
a) normatives Tatbestandsmerkmal oder Blankettmerkmal 65
b) Tatbestandsirrtum bei Blankettmerkmalen 66
c) Tatsachenirrtum 67
3. Erscheinungsformen des Irrtums . . 68
a) Nachstellen 68
b) Bei Zueignung von Wild ohne vorangegangenes Nachstellen . . 69
c) Irrtum über die Jagdbarkeit . . . 71
aa) Unkenntnis der Jagdbarkeit . 71
bb) Irrtümliche Annahme der Jagdbarkeit 73
cc) doppelter Irrtum 74
d) Irrtum hinsichtlich der Befugnis zum Jagen 75

Rdn.

VI. **Rechtswidrigkeit**
1. Rechtfertigungsgründe des allgemeinen Rechts 76
2. Verhältnis des § 26 BJG zu §§ 228, 229, 904 BGB 74
a) § 228 BGB 78
b) Schäden durch Schadwild 79
c) Schäden durch anderes als Schadwild 80
VII. **Vollendung und Beendigung; Teilnahme**
1. Nachstellen rechtlich vollendet . . . 81
2. tatsächlich beendet 82
3. Verhältnis von Beihilfe zur Wilderei zu Begünstigung und Hehlerei . . . 83
4. Das erlegte Wild als Gegenstand der Wilderei durch einen Dritten 84
5. Teilnahme an der Tat des Wilderers . 85
VIII. **Besonders schwere Fälle (Abs. 2)**
1. Bedeutung der besonders schweren Fälle 86
2. Die sieben Regelbeispiele 87
3. Gewerbs- und gewohnheitsmäßige Wilderei (Abs. 2 Nr. 1) 88
a) Gewerbsmäßigkeit 88
b) Kein schwerer Fall bei erster Tat . 89
4. Die unweidmännische Tatbegehung (Abs. 2 Nr. 2) 90
a) Nachtzeit 91
b) Schonzeit 92
c) Anwendung von Schlingen . . . 93
d) In anderer nicht weidmännischer Weise 94
aa) Begriff 94
bb) Einzelfälle 95
cc) Subjektive Voraussetzung . . 96
5. Von mehreren mit Schusswaffen ausgerüsteten Beteiligten gemeinschaftlich (Abs. 2 Nr. 3) 97
6. Besonders schwerer Fall außerhalb der sieben Regelbeispiele 98
IX. **Zulässige Nebenfolgen** 99
X. **Konkurrenzen**
1. Fortgesetzte Wilderei 100
2. Tateinheit 101
3. Verletzung der jagdrechtlichen Straf- und Ordnungswidrigkeitentatbestände 102
XI. **Reformbestrebungen** 103

Stichwortverzeichnis
Zahlen = Randnummern

Aliud-Theorie 69
Andeutungstheorie 97
Aneignungsrecht 7
Beendigung 82 f
Befriedete Bezirke 10
– die dem Aufenthalt von Menschen dienen 11
– Grund für Verbot der Jagdausübung 12
– Erlaubnis zu beschränkter Jagdausübung 13
beschränkte Jagderlaubnis 14 ff
– Überschreitung durch den Grundeigentümer 15
– durch Grundeigentümer ohne Jagderlaubnis 15
– durch Pächter des gemeinschaftlichen Jagdbezirks 16
– auf befriedeter Grundfläche Nutzungsberechtigter 17

besonders schwere Fälle 86 ff
- Bedeutung 86
- gewerbsmäßige 88
- gewohnheitsmäßige 86
- Indizwirkung 87
- Regelbeispiele 87
- unweidmännische Begehung 90 ff
  - zur Nachtzeit 91
  - zur Schonzeit 92
  - unter Anwendung von Schlingen 93
- andere nicht weidmännische Art 94 ff
  - Begriff 94
  - Einzelfälle 95
  - subjektive Voraussetzungen 96
- unbenannter besonders schwerer Fall 98
- von mehreren gemeinschaftlich mit Schusswaffe 97
berufene/bestellte Person zur Jagdausübung 32
- bei Erben 32
Blankettmerkmal 65 ff
Blankettstraftatbestand 34, 65
- Rückwirkungsverbot 34
Bundesjagdgesetz Entstehungsgeschichte
Deliktsstruktur 5
Doppelirrtum 67, 74
Drittzueigung 53
Dynamische Verweisung 34, 66
E 1962 1, 103
Eier 60 f
Eigenjagdbezirk 8
Eignungsdelikt 49
Einwilligung des Jagdausübungsberechtigten 21
Erfolgsdelikt 55
Ethische Einstellung 94
Federwild 60 f
Gesamthandsverhältnis 28
Gewahrsam 53 f
Giftzuführen 46
Gleichwertigkeitstheorie 69
Hege 2
- -recht und -pflicht 2, 21
Hehlerei 83
Hirschsprengen 46
Irrtümer 64 ff
- aliud-Theorie 69
- Doppelirrtum 67, 74
- Erscheinungsformen 68 ff
  - beim Nachstellen 68
  - bei Zueignung des für herrenlos gehaltenen Wildes 69
  - über Jagdbarkeit 71 ff
  - wegen Unkenntnis 71 f
  - wegen irrtümlicher Annahme 73
  - über Jagdbefugnis 75
- Gleichwertigkeitstheorie 69
- Plus-Minus-Theorie 69
- Rechts- 70
- Tatbestandsirrtum 64 ff, 75
- Verbotsirrtum 71
- Wahndelikt 73
Jagdaufseher 23
Jagdausübungsrecht 7, 9
Jagdbar 33 ff
Jagdbezirk 7
- Eigen- 8
- gemeinschaftlicher 9
- befriedete Bezirke 10 ff
Jagderlaubnis 22 f
- beschränkte 26
- entgeltliche 27
- Form der 24
- gemeinsame Erteilung 25
Jagdfrevel 4, 102
Jagdgast 23
- mit entgeltlicher, unentgeltlicher Jagderlaubnis 23
- Jagdaufseher 23
Jagdgenossenschaft 9
Jagdrecht 7, 55
- fremdes 2
Kasuistik 47
Konkurrenzen 100 ff
- fortgesetzte Wilderei 100
- Tateinheit 101
- Verhältnis von Jagdfrevel zu Wilderei 102
- Verhältnis von Beihilfe zur Wilderei zu Begünstigung und Hehlerei 83
- Verhältnis von § 292 zu § 259 37
Kriminologie 6
Kumulationsdelikt 3
Mangelhafte Übertragung
- des Jagdausübungsrechts oder der erteilten Jagderlaubnis 18 ff
- infolge nichtigen Pachtvertrages 18
- Besitz des Jagdscheins als Jagderlaubnis 19 f
Mauswieselfall 65
Mitpächter 25, 28
- Gesamthandsverhältnis 28
Mittäter 85
Mittelalter s. Entstehungsgeschichte
Nachstellen 43 ff
- Anfang der Ausführungshandlung 44
- fruchtloses 49
- straflose Vorbereitungshandlung 45
- subjektive Tendenz 43
- Versuchstheorie 49
- Vollendungstheorie 49
Nebenfolgen, zulässige 99
normatives Tatbestandsmerkmal 65 ff
Ökologische Schutzinteressen 1
Plus-Minus-Theorie 69
Rechtfertigung 76 ff
- allgemeine Rechtfertigungsgründe 76 ff
- Notstand 78
- Einwilligung 76
- zur Verhütung von Wildschäden 79 f
- § 228 BGB 78 ff
Rechtsgut 1 ff
Rechtsgutsverständnis, dualistisches 3
Rechtswidrigkeit 76 ff
Reformbestrebungen 103
Reichsjagdgesetz Entstehungsgeschichte
Schäden
- durch Schadwild 79
- durch anderes Wild 80

Subjektiver Tatbestand 63 ff
Subsumtionsirrtum 64
Tatbestandsirrtum 64
- Abgrenzung zum Subsumtions- und Verbotsirrtum 64 ff
- Blankettmerkmale 65
- normative Tatbestandsmerkmale 65
Tathandlung 42 ff
- Beschädigen 62
- Erlegen 50, 52
- Fangen 50
  - vollendet 51
- Giftzuführen 46
- Hirschsprengen 46
- Nachstellen 43
- Zerstören 62
- Zueignung (Selbst- und Dritt-) 50, 53 f
Tatobjekt 56 ff
- abgetrennte wesentliche Teile des Wildes 58
- Abwurfstangen 59
- Brutgelegenheit 61
- Eier 60
- entwendetes Wild 57
- Fallwild 56
- jagdbares Federwild 60
- totes Wild 58
- verendetes Tier 56, 58
Teilnahme 81 ff
Teilpacht 29
Tiere 34 ff
- gefangene 38
- gezähmte 39
- herrenlose 36
- in Fallen 40
- in Tiergärten 41
- jagdbare 34
- lebende 35
- wildlebende 36
Treiben von Wild 47 f, 85
Unternehmensdelikt, unechtes 42
Unweidmännische Begehung 90 ff
- zur Nachtzeit 91
- zur Schonzeit 92
- unter Anwendung von Schlingen 93
Versuch 42
Versuchstheorie 49
Vollendung 42, 55
Vollendungstheorie 49
Vorsatz 63
- bedingter 63
- Tatbestandsirrtum s. dort
Vorverlagerung der Strafbarkeit 49
Wahndelikt 70, 73
Wild
- als Tatobjekt 33
- Treiben von 47
Wildfolge 16, 20, 52
Zueignungsabsicht 53 f
Zuwiderhandlung gegen Jagdbeschränkung 31

I. Geschütztes Rechtsgut, Deliktsstruktur und Kriminologie

1 **1. Wandlung der Betrachtungsweise.** Bei Schaffung des Strafgesetzbuches wurden die Jagd- und Fischereidelikte in den 25. Abschnitt „Strafbarer Eigennutz" eingestellt. Der damalige Gesetzgeber sah das Strafwürdige der Wilderei ausschließlich in dem eigennützigen Eingriff in fremdes Aneignungsrecht, letztlich also in einer Verletzung vermögensrechtlicher Belange, und brachte dies auch in den milden Strafdrohungen zum Ausdruck (Entstehungsgeschichte 1. und 2. Absatz). Dieses Verständnis der Wildereidelikte stieß aber bei erwachendem Verständnis für die Erhaltung der Natur, insbes. des Wildbestandes als eines wertvollen Gutes der Allgemeinheit, zunehmend auf Kritik, die sich im Gesetz vom 28.6.1935 durchsetzte; die gleichzeitig eingeflossenen nationalsozialistischen Gedankengänge änderten an der Selbständigkeit und Berechtigung des **ökologischen Schutzinteresses** nichts: „Es fand hierbei die auch heute gültige Auffassung gesetzlichen Ausdruck, dass Wildereivergehen nicht, wie man früher annahm, bloße Verletzungen fremder Vermögensrechte sind, sondern dass sie darüber hinaus auch Eingriffe in die Hege und Pflege des Wild- und Fischbestandes enthalten und damit auch *Rechtsgüter* verletzen, *die die Allgemeinheit angehen*" (Begr. zu §§ 276 ff E 1962). Die notwendigen Folgerungen für die Einreihung der Wildereidelikte in das System des Strafgesetzbuchs sah der E 1962 vor, der die entsprechenden Vorschriften in einem selbständigen Titel zusammenfassen wollte (unten Rdn. 103).

2 2. Mit diesen Darlegungen ist bereits Stellung genommen zu dem im Schrifttum noch immer bestehenden **Meinungsstreit über das Rechtsgut**, dessen Schutz die §§ 292 ff die-

nen.[2] Nach dem Wortlaut des § 292 Abs. 1 ist geschütztes Rechtsgut das fremde **Jagdrecht**. Wird dieses durch die in § 292 Abs. 1 beschriebenen Tathandlungen (Nachstellen usw.) verletzt, so wird aber *nicht nur* in das fremde *Aneignungs*recht eingegriffen. Denn das Aneignungsrecht ist nicht der ausschließliche Inhalt sondern nur *ein* Bestandteil des Jagdrechts. Der Inhalt des Jagdrechts erschöpft sich nach § 1 BJG nicht in der ausschließlichen Befugnis des Berechtigten, auf einem bestimmten Gebiet die Jagd auf das dort lebende Wild auszuüben und es sich als Jagdbeute anzueignen. Zum Inhalt des Jagdrechts gehört vielmehr das Recht und die Pflicht des Berechtigten zur **Hege** des Wildes, und nur im Rahmen von Hegerecht und -pflicht darf das Erlegungs- und Aneignungsrecht ausgeübt werden. Den Gesichtspunkt der Wildhege, der den Schutz des Wildes vor äußeren Gefahren (BVerfGE **18** 309) und weitergehende Maßnahmen zur Erhaltung eines den landschaftlichen und landeskulturellen Verhältnissen angepassten artenreichen und gesunden Wildbestandes umfasst, hatte schon § 1 BJG i.d.F. von 1961 „stark in den Vordergrund gestellt" (BVerfG aaO). Noch sehr viel stärker kommt dies in der Neufassung des § 1 BJG i.d.F. vom 29.9.1976 zum Ausdruck (vgl. insbes. § 1 Satz 2: „Mit dem Jagdrecht ist die *Pflicht zur Hege* verbunden"). Indem er „unter Verletzung fremden Jagdrechts" handelt, greift der Wilderer nicht nur in das Aneignungsrecht, sondern (vielfach primär) in die *Hege* ein, indem er Wild erlegt, das der Berechtigte zu diesem Zeitpunkt vielleicht gar nicht erlegen will und, namentlich bei ganzjähriger Schonzeit bestandsbedrohten Wildes oder soweit Abschussregelung (§ 21 BJG) gilt, häufig gar nicht erlegen darf, weil für ihn der Abschuss überhaupt verboten oder nach Zeit und Zahl so begrenzt ist, als es im Interesse der Fortpflanzung guter Stücke und der Erhaltung eines gesunden Wildbestandes aller heimischen Tierarten in angemessener Zahl (§ 21 BJG) notwendig ist.

Es trifft demgemäß nicht zu, wenn eine neuerdings sogar zunehmende Mindermei- **3**
nung, noch einer überholten Betrachtungsweise folgend und die gewandelte Bedeutung des Merkmals „unter Verletzung fremden Jagdrechts" ignorierend, in der Wilderei ein reines Vermögensdelikt, ein ausschließlich gegen das Aneignungsrecht des am Erlegungsort Jagdausübungsberechtigten gerichtetes Delikt sieht, und *Sch/Schröder/Eser/Heine* Rdn. 1a, 19; *Hoyer* SK Rdn. 2 zu § 294 konsequenterweise eine entsprechende Anwendung des an die Stelle des früheren § 370 Nr. 5 (Mundraub) getretenen § 248a (Strafantragserfordernis) für möglich erklären. Denn dabei wird übersehen, dass es bei der ökologischen Dimension ohnehin kaum jemals um ein echtes Verletzungsdelikt gehen kann (welches nur bei der Dezimierung der wenigen Restexemplare einer unmittelbar vor dem Aussterben stehenden Art denkbar wäre), sondern um eine typisierte Gefährdung, wie sie in der von *Kuhlen* gebildeten Kategorie des *Kumulationsdeliktes* fassbar wird.[3] Wenn der Jagdberechtigte in Erfüllung seiner gesetzlichen Hegepflicht die opti-

---

2 Schutz lediglich des Aneignungsrechts des Jagdausübungsberechtigten als Vermögensrecht (**monistische Theorie**) – so OLG Frankfurt NJW **1984** 812; *Arzt/Weber* BT § 16 Rdn. 10; *Fischer* Rdn. 2; *Gössel* BT 2 § 19 Rdn. 1; *Hoyer* SK Rdn. 3; *Joecks* Rdn. 1; *Sch/Schröder/Eser/Heine* Rdn. 1a; *Welzel* Strafrecht S. 362; *Wohlers* NK Rdn. 1; eingehend *Vollmar* S. 45 ff – oder auch Schutz des Wildbestandes als eines Rechtsguts der Allgemeinheit (dualistische Theorie), so die h.M., s. RGSt 70 220, 222; OLG Düsseldorf EJS III 343; *Erbs/Kohlhaas/Lorz/Metzger* J 12 Einl. Rdn. 27; *Kindhäuser* BT II S. 140; *Lackner/Kühl* Rdn. 1; *Maurach/Schroeder/Maiwald* I § 38 Rdn. 6 ff; *Mitsch* ZStW **111** (1999) 65, 120; unklar *ders.* Strafrecht BT 2 § 1 Rdn. 57; *Rengier* BT I § 29 Rdn. 1; *Stegmann* S. 162; *Wessels/Hillenkamp* Rdn. 412; *Wessels* JA **1984** 221; *Zeng* MK Rdn. 1.

3 Grundlegend *Kuhlen* ZStW **105** (1993) 697, 712 ff und zur seitherigen Diskussion zusammenfassend *Wohlers* Deliktstypen des Präventionsstrafrechts – zur Dogmatik „moderner" Gefährdungsdelikte (2000) 318 ff.

male Bestandsdichte reguliert, führt Wilderei zu einer Unterschreitung dieser optimalen Bestandsdichte und damit zu einer langfristigen Gefährdung des gesunden Wildbestandes, was in den traditionellen Deliktskategorien ein abstraktes Gefährdungsdelikt gegen das Kollektivrechtsgut der Wildökologie und damit einen zu der Verletzung des Aneignungsrechts *hinzukommenden Unwert* bedeutet. Allein durch diese Kombination kann es plausibel gemacht werden, dass das Gesetz auch nach dem 6. StrRG nicht zu den überaus bescheidenen Strafdrohungen der klassischen bürgerlich-liberalen, in ökologischer Hinsicht freilich unsensiblen Epoche zurückgekehrt ist, sondern auch mit dem gemilderten Grundstrafrahmen des § 292 noch eine sehr energische Strafdrohung bereithält. Erst durch dieses **dualistische Rechtsgutsverständnis** lässt sich also das System der Strafrahmen erklären, und daraus folgt wiederum, dass die ökologische Dimension der Normverletzung auch bei der einzelnen Strafzumessung eine wesentliche Rolle spielen muss (zutr. schon OLG Düsseldorf EJS III 34 Nr. 21; näher Rdn. 94, 98). Dadurch kann wiederum dem Umstand Rechnung getragen werden, dass die Wildökologie in Deutschland weithin durch einen verheerenden *Rotwildüberschuss* gekennzeichnet ist, dessen Dezimierung durch Wilderei deshalb nur das Aneignungsrecht und damit lediglich ein einziges (zudem wegen Mißhege viktimodogmatisch weniger schutzwürdiges) Rechtsgut verletzt, mithin nur im unteren Bereich des Strafrahmens sanktioniert werden darf. Ferner kommt der dualistischen Rechtsgutskonzeption auch eine wichtige dogmatische Bedeutung zu, nämlich für das in den Irrtumsfällen relevante **systematische Verhältnis zu den Eigentumsdelikten** (unten Rdn. 69 f).

4 Hieran kann auch der Hinweis *Vollmars* (S. 65 ff, 75 ff) auf die (o. Rdn. 1 näher dargestellte) Verwurzelung der Strafrahmenverschärfung im Nationalsozialismus und auf die spezielle Strafbarkeit des Jagdfrevels gem. § 38 BJG nichts ändern. Entgegen *Vollmar* (aaO) kann sich der Wilderer nach § 38 BJG nicht strafbar machen, da sich diese Vorschrift (mit hier nicht interessierenden Einschränkungen) nur an den zur Jagdausübung Berechtigten richtet (näher unten Rdn. 102). Außerdem erfasst § 38 BJG nur bestimmte besonders schwere Fälle des Jagdfrevels und nicht die Beeinträchtigung der vom Jagdausübungsberechtigten praktizierten Hegekonzeption als solche. Auch die Verwahrung gegen eine aus der NS-Ideologie stammende Rechtsgutskonzeption führt doppelt in die Irre, weil der Bundesgesetzgeber sie im Großen und Ganzen übernommen hat (oben Entstehungsgeschichte 3. Abs.) und außerdem die ökologischen Bedürfnisse in der Epoche der heraufziehenden Klimakatastrophe nicht durch eine permanente Fixierung im Gestrigen ignoriert werden dürfen. Gerade die weltweite Vernichtung der Naturlandschaften um kurzfristiger Profitinteressen willen zeigt die multiple Wichtigkeit der Erhaltung einer natürlichen Fauna und Flora mit dem gesunden Wildbestand als pars pro toto, letztlich mit dem (außerhalb des Strafrechts liegenden) Ziel einer Transformation des homo oeconomicus in den homo oecologicus.[4]

5 3. **Deliktsstruktur.** § 292 kennt **zwei Formen der Tatbestandsverwirklichung,** denen die Verletzung fremden Jagdrechts gemeinsam ist. Die erste Form der Tatbestandshandlung besteht darin, dass der Täter **dem Wilde nachstellt,** es fängt, erlegt oder sich zueignet. Bei der zweiten Form muss er eine **Sache, die dem Jagdrecht unterliegt,** sich zu-

---

[4] Dazu näher *Schünemann* Kritische Anmerkungen zur geistigen Situation der deutschen Strafrechtswissenschaft GA **1995** 201, 206 ff; *ders.* Das „Menschenbild des Grundgesetzes" in der Falle der Postmoderne und seine überfällige Ersetzung durch den „homo oecologicus" in Schünemann/J. P. Müller/Philipps (Hrsg.) Das Menschenbild im weltweiten Wandel der Grundrechte (2002) 3 ff.

eignen, beschädigen oder zerstören. Es handelt sich somit teilweise um eine komplizierte Deliktsstruktur im Grenzbereich von Tätigkeits-, Unternehmens- und Eignungsdelikt, weil in der ersten Alternative, die einen Spezialfall der zweiten darstellt, die Rechtsgutsverletzung und gewisse Vorformen einander gleichgestellt sind (näher Rdn. 42 ff).

4. Kriminologie. Der **Anteil** der Jagdwilderei an der registrierten **Gesamtkriminalität** ist schon nach der *Polizeilichen Kriminalstatistik* unbedeutend: 1998 wurden 1354 Fälle registriert, 2005 1131 Fälle, wobei durchschnittlich ein Drittel von der Polizei als aufgeklärt angesehen wird (Polizeiliche Kriminalstatistik 1998 bzw. 2005, Tabelle 01 Kennziffer 6621). Ungewöhnlich niedrig ist die Zahl der schließlich erfolgten gerichtlichen Aburteilungen mit lediglich 35 bzw. 34 Abgeurteilten (Statistisches Bundesamt, Strafverfolgung 1998 bzw. 2005, S. 38 f). Bei ca. 6,5 Mio. in der Polizeilichen Kriminalstatistik erfassten Fällen macht die Jagdwilderei also nur 1/5 Promille aus, und die Aburteilungsquote der von der Polizei ermittelten Verdächtigen beträgt nur ca. 10 %. Ganz offensichtlich gibt es im Wohlfahrtsstaat mit umfassender Daseinsvorsorge weder für das ehemalige „Notdelikt ärmerer Bevölkerungsschichten" (zum „Nutz- und Nottyp" des „reinen Wilderers" *Maué* S. 10) noch für die ehemalige „Funktion als Symbol der Auflehnung gegen feudale obrigkeitliche Strukturen" (*Wohlers* NK[1] Rdn. 1) einen Anwendungsbereich, zumal die Verstädterung der Bevölkerung das ehemals weit verbreitete know how, das ein Wilderer nun einmal benötigt, weitestgehend zum Verschwinden gebracht haben dürfte. Der von *Arzt/Weber* (BT § 16 Rdn. 7 f) angestellte Vergleich mit dem Diebstahl von Großvieh wird deshalb ebenso wie die Vermutung von *Maurach/Schroeder/Maiwald* (I § 38 Rdn. 11), dass die moderne „Edelgastronomie" dahinterstehen würde, angesichts der extrem niedrigen Fallzahlen der Jagdwilderei etwa im Vergleich mit den bei 3 Mio. pendelnden Diebstahlsdelikten nichts an dem Befund einer schier einmaligen Verhaltensgeltung des Wildereiverbots ändern können – und zwar auch dann nicht, wenn man ein Dunkelfeld von 1:3 (*Maurach/Schroeder/Maiwald* I § 38 Rdn. 11) oder gar von 1:9 (*Wessels/Hillenkamp* Rdn. 415) vermutet. Hierzu dürfte nicht zuletzt die äußerst intensive nicht-staatliche Sozialkontrolle, die von den Jagd- und den Jagdausübungsberechtigten auf ihrem Revier ausgeübt wird, entscheidend beitragen. Deren Aneignungsrecht als primär geschütztes Rechtsgut (oben Rdn. 2 f) ist deshalb optimal geschützt, während die Wildökologie als Zusatzrechtsgut (oben Rdn. 2 ff) unter den heutigen Verhältnissen zwar gegen die Wilderei ebenso optimal, gegen den unersättlichen Landverbrauch der postmodernen Gesellschaft und die damit einhergehende Zerstörung der vom Wild benötigten Biotope dagegen nur erbärmlich geschützt ist, so dass § 292 unter diesem Aspekt mit dem zur Abwehr der die Überlebensbedingungen der Menschheit wirklich bedrohenden Gefahren völlig ineffizienten Umweltstrafrecht verglichen werden kann. 6

II. Verletzung fremden Jagdrechts und Jagdausübungsrechts

1. Jagdrecht und Jagdausübungsrecht. Nach § 3 Abs. 1 BJG steht das *Jagdrecht* dem Grundeigentümer auf seinem Grund und Boden zu und ist untrennbar mit dem Eigentum an Grund und Boden verbunden. Es stellt nach herrschender Meinung kein selbständiges Recht besonderer Art oder Grundstückszubehör oder -bestandteil (§§ 96, 97 BGB) dar, sondern ist, auch in seiner Eigenschaft als ausschließliches Aneignungsrecht, Eigentumsbefugnis oder Eigentumsinhalt (vgl. *Mitzschke/Schäfer* § 3 BJG Rdn. 6; **aA** *Lorz/Metzger* § 1 Rdn. 1). Dieses Jagdrecht wird aber durch Wilderei nur in einem Teil der Fälle verletzt (vgl. unten Rdn. 8 ff). Meist verletzt der Wilderer fremdes *Jagdausübungsrecht.* 7

Denn nach § 3 Abs. 3 BJG darf das Jagdrecht, entsprechend dem das Bundesjagdgesetz beherrschenden Reviersystem (im Gegensatz zum sog. Lizenzsystem), grundsätzlich nur in **Jagdbezirken** ausgeübt werden, d.h. nach § 4 BJG in Eigenjagdbezirken (§ 7) oder in gemeinschaftlichen Jagdbezirken (§ 8). Auf Flächen, an denen kein Eigentum begründet ist (Meeresstrand und Küstengewässer), steht nach § 3 Abs. 2 BJG das Jagdrecht den Ländern zu. Auf Grundflächen, die zu keinem Jagdbezirk gehören, ruht die Jagd (§ 6 BJG), d.h. es besteht grundsätzlich ein Verbot der Jagdausübung.

Danach ergibt sich in groben Zügen folgendes Bild:

8 2. Bei **Eigenjagdbezirken** i.S. des § 7 BJG (= zusammenhängende Grundflächen bestimmter Größe und Beschaffenheit, die im Eigentum ein und derselben Person oder einer Personengemeinschaft stehen) wird durch Wilderei das Jagdrecht des Eigenjagdbesitzers verletzt. Verpachtet dieser aber die Ausübung des Jagdrechts (Jagdpacht, § 11 BJG), so ist ausschließlich der Pächter jagdausübungsberechtigt, und der Eigenjagdbesitzer würde in gleicher Weise wie ein Außenstehender Wilderei begehen, wenn er durch Handlungen i.S. des § 292 in das Jagdausübungsrecht des Pächters eingriffe.

9 3. Einen **gemeinschaftlichen Jagdbezirk** bilden nach § 8 BJG alle Grundflächen einer Gemeinde, die nicht zu einem Eigenjagdbezirk gehören, wenn sie im Zusammenhang eine bestimmte Mindestgröße umfassen. Hier ist kraft Gesetzes dem einzelnen Grundeigentümer die Ausübung des mit seinem Grund und Boden verbundenen Jagdrechts entzogen und der Jagdgenossenschaft (§ 9 BJG) übertragen. Die Jagdgenossenschaft ist Jagdausübungsberechtigter. Das Jagdrecht des einzelnen Grundeigentümers äußert sich – von den Fällen befriedeten Besitztums abgesehen (unten Rdn. 12) – nur noch in seinem Mitwirkungsrecht als Jagdgenosse bei der Beschlussfassung der Jagdgenossenschaft und in seinem Anspruch auf einen dem Flächeninhalt seines Grundeigentums am gemeinschaftlichen Jagdbezirk entsprechenden Anteil am Ertrag der Jagdnutzung. Die Jagdgenossenschaft kann von ihrem Jagdausübungsrecht in der Weise Gebrauch machen, dass sie die Jagd ruhen (= nicht ausüben) oder sie für eigene Rechnung durch angestellte Jäger ausüben lässt (§ 10 Abs. 2 BJG). In der Regel überträgt sie aber ihr Jagdausübungsrecht durch Verpachtung auf eine Einzelperson (Pächter) oder eine Mehrheit von Personen (Mitpächter); dann sind Pächter oder Mitpächter Jagdausübungsberechtigte (dazu unten Rdn. 18, 28). Die Eigentümer der einzelnen zum gemeinschaftlichen Jagdbezirk vereinigten Grundflächen begehen, nachdem ihnen das Jagdausübungsrecht entzogen ist, auch dann Wilderei, wenn sie auf ihrem eigenen Grund und Boden durch Handlungen i.S. des § 292 Abs. 1 das Jagdausübungsrecht der Jagdgenossenschaft oder das des Pächters verletzen. Dies gilt auch dann, wenn die Jagdgenossenschaft die Jagd ruhen lässt.

10 4. **Befriedete Bezirke.** Nach § 6 BJG ruht die Jagd in befriedeten Bezirken, d.h. es dürfen grundsätzlich keine Jagdhandlungen vorgenommen werden, jedoch kann eine beschränkte Ausübung der Jagd gestattet werden. Damit überlässt es § 6 der Landesgesetzgebung, zu bestimmen, welche Bezirke als befriedet anzusehen sind und inwieweit auf ihnen eine beschränkte Ausübung der Jagd zulässig ist. Die sehr unterschiedlichen Regelungen der Landesjagdgesetze und ihre Auswirkungen auf § 292 können hier nicht im Einzelnen dargestellt werden; insoweit muss auf die ausführlichen Darstellungen der Erläuterungswerke zum Bundesjagdgesetz (vgl. z.B. *Lorz/Metzger/Stöckel* § 6 BJG Rdn. 9 ff) oder zu den Landesjagdgesetzen verwiesen werden.

11 a) Im allgemeinen sind zu **befriedeten Bezirken** erklärt die zum Aufenthalt von Menschen dienenden Gebäude nebst Nebengebäuden, die daran anstoßenden und umfriedig-

ten Hofräume und Hausgärten sowie Friedhöfe; öffentliche Anlagen und abgeschlossene Grundflächen können durch behördliche Anordnungen ganz oder teilweise befriedet werden. Z.T. ist in den einzelnen Landesjagdgesetzen der Kreis der kraft Gesetzes befriedeten oder durch behördliche Anordnungen befriedbaren Flächen weiter gezogen und z.B. die Befriedung auf Gebäude jeder Art oder auf alle Grundstücke innerhalb der im Zusammenhang bebauten Ortsteile erstreckt.

b) Der **Grund des Verbots der Jagdausübung auf befriedeten Grundflächen** liegt darin, dass entweder die Jagdausübung mit dem Charakter des Orts unvereinbar ist (z.B. bei Friedhöfen) oder dass dort jedenfalls die Jagdausübung durch andere Personen als den Eigentümer (Nutzungsberechtigten) den Frieden der Örtlichkeit stören oder Gefahr für Menschenleben mit sich bringen würde. Deshalb wird in der Regel dem *Dritten* (z.B. dem Pächter der Gemeindejagd), in dessen Jagdbezirk die befriedete Grundfläche liegt, insoweit das Jagdausübungsrecht entzogen. Es steht infolgedessen gemäß § 3 Abs. 1 BJG dem Eigentümer der befriedeten Fläche (und, wenn er das Nutzungsrecht an der Fläche vergeben hat, dem Nutzungsberechtigten) zu, der es aber nach § 6 BJG nur ausüben darf, wenn und soweit es ihm durch die landesrechtlichen Vorschriften erlaubt ist. Das Landesrecht kann aber auch dem Jagdausübungsberechtigten des die befriedete Grundfläche umgebenden Jagdbezirkes eine beschränkte Jagderlaubnis erteilen; so erlauben eine Reihe von Landesrechten die Wildfolge (unten Rdn. 52) in Friedhöfe (vgl. *Mitzschke/Schäfer* § 6 BJG Rdn. 7). S. im Übrigen unten Rdn. 16. **12**

c) Die **Erlaubnis zu beschränkter Jagdausübung** ist – in mehr oder weniger beschränktem Umfang – teils allgemein durch Landesgesetz bestimmten Personen erteilt, teils ist die zuständige Jagdbehörde ermächtigt, eine Erlaubnis allgemein oder im Einzelfall zu erteilen. In einer Reihe von Ländern ist allgemein den Eigentümern und Nutzungsberechtigten (Mietern, Pächtern) befriedeter Grundflächen und den von ihnen Beauftragten Fang, Tötung und Aneignung von Raubwild (Fuchs, Marder, Wiesel) und Wildkaninchen gestattet. Aus dem Recht, lebend gefangenes Wild dieser Art sich lebend anzueignen oder es zu töten und sich anzueignen, ergibt sich ohne weiteres das Recht des Eigentümers oder Nutzungsberechtigten, Raubwild und Wildkaninchen, die er bereits verendet auf der befriedeten Grundfläche vorfindet, für sich zu behalten. Die abweichende Meinung von *Stelling* ZStW **58** (1939) 121; GerS **110** 284, wonach der Eigentümer (Nutzungsberechtigte) nur Wild sich aneignen dürfe, das er selbst getötet hat, weil nur lebendes Wild Schaden anrichten könne, zu dessen Abwehr ihm das beschränkte Jagdausübungsrecht zugebilligt sei, übersieht, dass es von diesem Standpunkt aus nicht zu rechtfertigen wäre, dem Eigentümer das von ihm selbst getötete Wild zu belassen. **13**

d) **Überschreitung der beschränkten Jagderlaubnis**

aa) **Grundeigentümer mit beschränkter Jagderlaubnis.** Nach § 39 Abs. 1 Nr. 1 BJG begeht eine **Ordnungswidrigkeit**, wer vorsätzlich in befriedeten Bezirken die Jagd ausübt oder einer Beschränkung der Jagderlaubnis zuwiderhandelt. Aus dieser Vorschrift, die unterschiedslos jede Überschreitung einer beschränkt gestatteten Jagdausübung als jagdpolizeilichen Ungehorsam kennzeichnet, ergibt sich, dass auch nur eine Ordnungswidrigkeit vorliegt, wenn der Eigentümer (Nutzungsberechtigte) der befriedeten Grundfläche über die allgemein oder im Einzelfall erfolgte Gestattung hinaus *anderes* Wild als Raubwild oder Wildkaninchen (z.B. eine Wildtaube) fängt, tötet oder sich aneignet. Eine Bestrafung wegen Wilderei entfällt, denn der Eigentümer (Nutzungsberechtigte) greift nicht in das Jagdausübungsrecht des Inhabers des die befriedete Grundfläche umschließenden Jagdbezirks ein, weil diesem das Jagdausübungsrecht hinsichtlich der befriedeten **14**

Fläche entzogen ist. Das entspricht der herrschenden Meinung, wie sie schon zu der dem § 39 Abs. 1 Nr. 1 BJG sachlich gleichen Vorschrift des § 60 Abs. 1 Nr. 4 AusfVO zum RJG vertreten wurde[5] und auch jetzt unter der Herrschaft des Bundesjagdgesetzes fast durchgängig vertreten wird.[6]

15 bb) **Grundeigentümer ohne Jagderlaubnis.** Von dem hier vertretenen Standpunkt aus, dass auf der befriedeten Fläche dem Jagdausübungsberechtigten des umschließenden Jagdbezirks das Jagdausübungsrecht entzogen ist und daher an sich wieder das Jagdrecht des Eigentümers der befriedeten Fläche (§ 3 Abs. 1 BJG) in Erscheinung tritt, folgt weiter, dass der Grundeigentümer, dem nach Landesrecht eine beschränkte Jagdausübung mangels einer besonderen Genehmigung (§ 6 Satz 2 BJG) überhaupt versagt ist, durch Jagdausübung auf dem befriedeten Bezirk stets nur eine Ordnungswidrigkeit nach § 39 Abs. 1 Nr. 1 BJG („wer in befriedeten Bezirken die Jagd ausübt") begeht, mag er sich auf Raubwild oder Kaninchen beschränken oder darüber hinausgehen (so auch OLG Hamm EJS I 48 Nr. 13; OLG Düsseldorf JMBl. NRW **1962** 179; OLG Köln MDR **1962** 671). Noch weitergehend ist anzunehmen, dass nur § 39 Abs. 1 Nr. 1 BJG anzuwenden ist, wenn der Grundeigentümer auf der befriedeten Fläche anderes Wild als Raubwild oder Wildkaninchen lebend oder verendet auffindet und sich aneignet (z.B. ein von revierenden Hunden gehetztes und auf die befriedete Fläche geflüchtetes Reh), obwohl landesrechtlich das Aneignungsrecht dem auf dem umschließenden Jagdbezirk Jagdausübungsberechtigten zusteht und das Aneignungsrecht des Grundeigentümers zurücktritt (vgl. zur Frage des Aneignungsrechts in diesen Fällen *Mitzschke/Schäfer* § 6 BJG Rdn. 29 ff). Der Wortlaut des Gesetzes deckt auch diesen Fall. Dem entspricht auch die Regelung, die dieser Fall in § 18 S. 4 LJagdG Bad.-Württ. gefunden hat: Danach hat der Grundeigentümer (Nutzungsberechtigte) Wild, wenn es verendet oder nicht lebensfähig ist, dem Jagdausübungsberechtigten zu überlassen; die Zuwiderhandlung ist aber nur Ordnungswidrigkeit nach § 40 Abs. 1 Nr. 8 LJagdG Bad.-Württ.

16 cc) Dagegen begeht der **Pächter des gemeinschaftlichen Jagdbezirks**, innerhalb dessen die befriedete Fläche liegt, Wilderei, wenn er ohne Genehmigung des Grundeigentümers und ohne oder unter gegenständlicher Überschreitung einer besonderen beschränkten Erlaubnis (§ 6 Satz 2 BJG) die Jagd im befriedeten Bezirk ausübt, gleichviel ob dem Grundeigentümer ein beschränktes Jagdausübungsrecht zusteht oder nicht; er verletzt in jedem Fall das Jagdrecht des Grundeigentümers (§ 3 BJG), das unabhängig davon besteht, ob er es kraft allgemeiner oder besonderer Gestattung beschränkt ausüben darf oder die Ausübung ihm nicht gestattet ist.[7] Dabei ist darauf hinzuweisen, dass Wildfolge ohne Vereinbarung in fremde Jagdbezirke generell (§ 22a Abs. 2 Satz 1 BJG) und nach

---

[5] Vgl. die Nachweise bei *Mitzschke/Schäfer* § 6 BJG Rdn. 21; **aA** nur *Stelling* JW **1935** 2263, 2614; RVerwBl. **1936** 806; **1937** 821; ZStW 58 (1939) 115.

[6] Vgl. außer *Eckert* Anm. 4 zu § 3 Bad.-Württ. LJG; *Fischer* Rdn. 10; *Lorz/Metzger* § 6 BJG Rdn. 7; *Mitzschke/Schäfer* (Fn. 4) u.a. *Rühling/Selle* Anm. 1a zu § 39 BJG; *Sch/Schröder/Eser/Heine* Rdn. 10; *Wohlers* NK Rdn. 9 f; **aA** *Furtner* JR **1962** 414; MDR **1963** 98, dessen Begründung, dem in dem umschließenden Jagdbezirk Jagdausübungsberechtigten sei das Jagdausübungsrecht hinsichtlich der befriedeten Fläche nicht entzogen, sondern er dürfe es dort nur, vergleichbar dem Fall des örtlichen Jagdausübungsverbots des § 20 BJG, wegen Störung der öffentlichen Ruhe oder Gefährdung von Menschen nicht ausüben, mit § 39 Abs. 1 Nr. 1 BJG nicht vereinbar ist.

[7] Ebenso *Lorz/Metzger* Rdn. 5 und *Rühling/Selle* Anm. 1a, je zu § 39 BJG; *Sch/Schröder/Eser/Heine* Rdn. 10; **aA** *Stelling* ZStW 58 (1939) 123; *Furtner* MDR **1963** 98.

den auf § 22a Abs. 2 Satz 2 Halbsatz 2 BJG beruhenden landesrechtlichen Vorschriften in befriedete Bezirke teils gänzlich, teils jedenfalls in Gebäude, Hofräume und Hausgärten ausgeschlossen ist (vgl. z.B. § 27 Abs. 8 Satz 2 HJagdG; weitere Nachweise bei *Mitzschke/Schäfer* § 6 BJG Rdn. 22).

dd) Ein **auf der befriedeten Grundfläche Nutzungsberechtigter**, der den Rahmen einer ihm eingeräumten beschränkten Jagdausübung gegenständlich überschreitet, verletzt das Jagdrecht des Grundeigentümers und ist nach § 292 verantwortlich (vgl. *Mitzschke/Schäfer* § 6 BJG Rdn. 24 m.w.N.). 17

5. Zur Frage der Verletzung fremden Jagd- oder Jagdausübungsrechts bei Mangelhaftigkeit der Übertragung des Jagdausübungsrechts oder einer erteilten Jagderlaubnis

a) Ein **Jagdpachtvertrag** kann **nach den allgemeinen bürgerlichrechtlichen Vorschriften**, z.B. nach §§ 105, 134, 138 BGB, **nichtig** sein. Dann verletzt der vermeintliche Jagdpächter durch die Jagdausübung objektiv das Jagdausübungsrecht des Verpächters und begeht Wilderei, wenn er vorsätzlich handelt, d.h. wenn er die Nichtigkeit kennt oder mit ihr rechnet und sie billigend in Kauf nimmt. Nach **öffentlichem Recht** ist ein Jagdpachtvertrag gemäß § 11 Abs. 6 BJG auch nichtig, wenn er bestimmten zwingenden jagdrechtlichen Anforderungen nicht entspricht, z.B. der Pachtvertrag nicht schriftlich abgeschlossen oder der Pächter nicht jagdpachtfähig i.S. des § 11 Abs. 5 ist (s. dazu auch unten Rdn. 20). Nach den Gesetzen der Rechtslogik kann auch hier dem Pächter aus dem nichtigen Pachtvertrag kein Jagdausübungsrecht erwachsen. Er greift infolgedessen, auch wenn er unter Berufung auf den Jagdpachtvertrag jagt, objektiv in ein fremdes Jagdausübungsrecht ein und verwirklicht den äußeren Tatbestand der Wilderei. Kennt er die Nichtigkeit oder rechnet er nur mit ihr, nimmt sie aber billigend in Kauf, so verwirklicht er auch den inneren Tatbestand des § 292. Für seine Strafbarkeit wegen Wilderei spielt es dabei aber eine entscheidende Rolle, ob auch der Verpächter die Nichtigkeit erkannt hat, aber trotzdem mit der Bejagung einverstanden ist, oder ob der Verpächter den Vertrag für gültig hält und der Pächter die Gutgläubigkeit des auf die Gültigkeit des Jagdpachtvertrages vertrauenden Verpächters ausnutzt. Denn der Träger des Rechtsguts „Aneignungsrecht" kann auch formlos in eine fremde Aneignungshandlung einwilligen (irrig *Schäfer* LK[10] Rdn. 16; umgekehrt lassen *Hoyer* SK Rdn. 8; *Wohlers* NK Rdn. 11 das bloße tatsächliche Einverständnis ausreichen). Nicht überzeugend ist dagegen die generelle Berufung auf eine Spezialität des **§ 39 Abs. 1 Nr. 3 BJG**, wonach nur eine Ordnungswidrigkeit vorliegt, wenn jemand vorsätzlich „auf Grund eines nach § 11 Abs. 6 Satz 1 nichtigen Jagdpachtvertrages ... oder entgegen § 12 Abs. 4 die Jagd ausübt" (so BayObLGSt **1990** 35 = NStZ **1990** 440 m. zust. Anm. v. *Rüping* NStZ **1991** 341). Die Bedeutung dieser Vorschrift ist zwar streitig (vgl. die Nachweise bei *Mitzschke/Schäfer* § 39 BJG Rdn. 11 ff), richtigerweise aber dahin zu verstehen, dass der „Pächter" aus § 292 nur bestraft werden kann, wenn er in Kenntnis der Nichtigkeit und im Bewusstsein, dass der Verpächter auf die Gültigkeit des Vertrags vertraut, die Jagd ausübt, während der „Pächter" trotz Kenntnis der Nichtigkeit nicht wegen Wilderns bestraft werden kann, wenn auch der Verpächter trotz Kenntnis der Nichtigkeit die weitere Jagdausübung des „Pächters" duldet. Nur diese Lösung wird dem primären (Individual-)-Rechtsgut des § 292 gerecht (**aA** *Schäfer* LK[10] m.w.N.). 18

b) **Besitz eines Jagdscheins** ist keine Voraussetzung für Entstehung und Bestand eines materiellen Jagdausübungsrechts. Die Erteilung eines Jagdscheins bedeutet grundsätzlich 19 nur die zwecks Fernhaltung ungeeigneter und unzuverlässiger Personen erforderliche *öffentlich-rechtliche* Erlaubnis, die Jagd auszuüben; er dient im Übrigen lediglich der Legitimation seines Inhabers (§ 15 BJG). Für Entstehung oder Verlust des materiellen Jagdausübungsrechts ist der Besitz eines Jagdscheins grundsätzlich ohne Bedeutung. So macht sich z.B. der Eigenjagdbesitzer, der, ohne einen Jagdschein zu besitzen, auf seinem nicht verpachteten Eigenjagdbezirk jagt, lediglich einer Ordnungswidrigkeit nach § 39 Abs. 2 Nr. 1 BJG, nicht aber der Wilderei schuldig, da er nicht in fremdes Jagdausübungsrecht eingreift. Umgekehrt ist trotz Besitzes eines Jagdscheins ein Jagdpächter Wilderer, der unbefugt im Nachbarrevier jagt.

20 **Ausnahmsweise bestehen aber Beziehungen** zwischen dem Besitz eines Jagdscheins und Entstehung oder Verlust des materiellen Jagdausübungsrechts. So gehört zur Jagdpachtfähigkeit als Voraussetzung der Gültigkeit eines Jagdpachtvertrages (§ 11 Abs. 5, 6 BJG) auch, dass der Pächter während der gesamten Dauer des Jagdpachtvertrages einen Jagdschein besitzt. Ein laufender Jagdpachtvertrag erlischt demgemäß, sobald dem Pächter der Jagdschein unanfechtbar entzogen worden ist (§ 13 Satz 1 BJG); dieser begeht Wilderei, wenn er nach rechskräftiger Entziehung die Jagd ohne neue Zustimmung des Berechtigten weiter im Revier ausübt (zust. *Vollmar* S. 174; *Zeng* MK Rdn. 12). Dagegen erlischt der Pachtvertrag nicht ohne weiteres deshalb, weil der Pächter zu Beginn eines neuen Jagdjahres (1.4.) noch nicht wieder im Besitz eines neuen Jagdscheines ist. § 13 Satz 2 BJG macht hier vielmehr das Erlöschen des Pachtvertrages von weiteren Voraussetzungen abhängig, deren Bedeutung z.T. streitig ist (dazu *Mitzschke/Schäfer* § 13 BJG Rdn. 15). Solange diese Voraussetzungen nicht erfüllt sind, z.B. eine nach Landesrecht zu setzende Frist zur Vorlage eines neuen Jagdscheins nicht abgelaufen ist, darf dann der Pächter zwar, wenn er zu Beginn des neuen Pachtjahres einen neuen Jagdschein nicht besitzt, die Jagd nicht selbst ausüben, da er nach § 15 BJG bei der Jagdausübung einen gültigen Jagdschein besitzen und bei sich führen muss. Jagt er trotzdem, so macht er sich einer Ordnungswidrigkeit nach § 39 Abs. 2 Nr. 1 BJG schuldig, begeht aber keine Wilderei, da er nicht in fremdes Jagdausübungsrecht eingreift, solange der Jagdpachtvertrag nicht wegen Erfüllung der weiteren Voraussetzungen des § 13 Satz 2 BJG erloschen ist.

21 c) Ein fremdes Jagdrecht verletzt nicht, wer, ohne selbst Jagdausübungsberechtigter im technischen Sinn zu sein, **mit Einwilligung des Jagdausübungsberechtigten** die Jagd ausübt. Der Satz, dass Einwilligung des Verletzten die Rechtswidrigkeit des Eingriffs in ein Rechtsgut ausschließt, gilt hier aber aus jagdrechtlichen Gründen nur mit Einschränkungen, die dem Grundsatz Rechnung tragen, dass das Jagdrecht auch das Recht und die Pflicht zur *Hege* des Wildes umfasst.

22 aa) § 11 Abs. 1 Satz 3 BJG bezeichnet die Einwilligung des Jagdausübungsberechtigten damit, dass ein Dritter die Jagd ausübt, als **Jagderlaubnis** und spricht von deren Erteilung in Form eines Erlaubnisscheins. Die nähere Regelung des Rechts der **Jagdgäste**, die durch die Erlaubniserteilung nicht Jagdausübungsberechtigte im technischen Sinn werden, ist – abgesehen von § 11 Abs. 6 Satz 2 BJG – dem Landesrecht überlassen. Unter Verzicht auf eine in die Einzelheiten gehende Darstellung, die Sache der jagdrechtlichen Erläuterungswerke ist, ergibt sich in groben Zügen folgendes Bild:

23 **bb)** Der **Jagdgast** muss – wie jeder, der die Jagd ausübt – im Besitz eines Jagdscheins sein und ihn bei sich führen; Jagdausübung ohne Mitführen des Jagdscheins ist aber nur eine Ordnungswidrigkeit nach § 39 Abs. 2 Nr. 1 BJG. Im übrigen ist zu unterscheiden zwischen **unentgeltlicher** und **entgeltlicher Jagderlaubnis**. Für beide Formen gilt, dass die Erteilung durch den Pächter regelmäßig der Zustimmung des Verpächters bedarf, die bei

unentgeltlicher Erteilung meist – unter Festsetzung einer Höchstzahl der Erlaubnisscheine – im Jagdpachtvertrag erteilt wird. Eine Erteilung der Erlaubnis ohne Zustimmung des Verpächters oder unter Überschreitung der vereinbarten Höchstzahl stellt aber lediglich eine Vertragsverletzung des Pächters gegenüber dem Verpächter dar, hat jedoch nicht Nichtigkeit der erteilten Erlaubnis zur Folge. Der jagende Jagdgast macht sich also, auch wenn er die Vertragsverletzung kennt, nicht der Wilderei schuldig; die Einwilligung des Pächters schließt aus, dass er ein fremdes Jagdausübungsrecht verletzt. Jagdgast im technischen Sinn ist übrigens auch der für einen Jagdbezirk bestellte **Jagdaufseher**, wenn seine Aufgabe darin besteht, Jagdschutz durch Jagd auf Raubwild auszuüben.

cc) Die **Form der Erlaubniserteilung** ist landesrechtlich verschieden geordnet: Teils **24**
wird für die entgeltliche wie für die unentgeltliche Erteilung Schriftform gefordert, teils nur für die entgeltliche, teils genügt auch formlose Erteilung. Aber auch wo gesetzlich die Schriftform gefordert wird, ist sie – sofern nicht ausnahmsweise das Landesrecht Gegenteiliges bestimmt – nicht Voraussetzung für die Gültigkeit der erteilten Erlaubnis (§ 125 BGB ist also unanwendbar, und eine Verwirklichung auch nur des äußeren Tatbestandes des § 292 kommt nicht in Betracht), vielmehr besteht die Bedeutung der geforderten Schriftform darin, den Jagdgast, der ohne Begleitung des Jagdausübungsberechtigten jagt, gegenüber kontrollierenden Jagdschutzberechtigten als zur Jagdausübung berechtigt auszuweisen (OLG Oldenburg NdsRpfl. **1960** 275; **1961** 37; *Mitzschke/Schäfer* § 11 BJG Rdn. 74).

dd) **Mitpächter** können eine **Jagderlaubnis nur gemeinsam erteilen** (OLG Hamm DJ **25**
1937 1160 und v. 13.6.1967 – 4 Ws [B] 229/66); fehlt es daran, so ist die Erlaubnis unwirksam, und der Jagdgast greift objektiv in das Jagdausübungsrecht des (oder der) nicht zustimmenden Mitpächter(s) ein (s. dazu unten Rdn. 28). Umgekehrt kann aber auch ein einmal erteilter Erlaubnisschein während seiner Geltungsdauer nur von allen Mitpächtern gemeinsam widerrufen werden. Der Widerruf ist also unwirksam, solange nicht alle Mitpächter damit einverstanden sind; ggf. kann ein widerstrebender Mitpächter durch Klageerhebung vor dem Zivilgericht von den anderen Mitpächtern zur Zustimmung gezwungen werden (vgl. zu dieser – nicht unstreitigen – Frage *Mitzschke/Schäfer* § 11 BJG Rdn. 103 m.w.N.).

ee) Die **Jagderlaubnis kann beschränkt werden**, und zwar örtlich (auf einen bestimm- **26**
ten Revierteil), sachlich (auf Art und Zahl des freigegebenen Wildes oder nur auf Erlegen und nicht auch auf Zueignung) oder zeitlich (auf eine bestimmte Dauer, auf bestimmte Wochentage usw.). Überschreitet der Jagdgast vorsätzlich den Rahmen der Erlaubnis, so begeht er Wilderei (vgl. dazu § 294), weil er in das Jagdausübungsrecht des Erlaubniserteilers eingreift (RG DR **1941** 2059). Doch kann die Rechtswidrigkeit durch die allgemeinen Rechtfertigungsgründe ausgeschlossen sein. So kann ein Jagdgast, der ohne besondere Erlaubnis im Tollwutgebiet einen Fuchs schießt, im Allgemeinen als Geschäftsführer ohne Auftrag (§ 677 BGB) rechtmäßig handelnd angesehen werden (BayObLG EJS III 30 Nr. 4).

ff) Besondere Regeln gelten für die **entgeltliche Jagderlaubnis**. Durch die Landes- **27**
gesetzgebung ist die Höchstzahl der Mitpächter eines Jagdbezirks (unten Rdn. 27) regelmäßig aus jagdlichen Gründen (Vermeidung übermäßiger Ausnutzung der Jagd usw.) begrenzt (Übersicht bei *Mitzschke/Schäfer* § 11 BJG Rdn. 45); die Überschreitung der zulässigen Höchstzahl kann nach Landesrecht zur Nichtigkeit des Pachtvertrages führen (s. dazu oben Rdn. 18). Um zu verhindern, dass diese Vorschriften durch Erteilung ent-

geltlicher Erlaubnisscheine umgangen werden, ist landesgesetzlich auch die Höchstzahl der entgeltlichen Jagderlaubnisscheine beschränkt (soweit es sich nicht nur um eine vorübergehende Jagdausübung, d.h. Vergebung von Einzelabschüssen handelt), und die (unterschiedlich kontrollierte) Überschreitung der Höchstzahl hat Nichtigkeit der Erlaubnisverträge zur Folge.

28 6. **Mitpacht.** Das Wesen der Mitpacht (vgl. die Begriffsbestimmung in § 13a BJG) besteht darin, dass in *einem* Jagdbezirk mehrere Pächter nebeneinander im *Gesamthandsverhältnis* das Jagdausübungsrecht besitzen. Dabei ist zwischen dem Außenverhältnis (gegenüber dem Verpächter) und dem Innenverhältnis (zwischen den Mitpächtern untereinander) zu unterscheiden. Im Außenverhältnis sind die Mitpächter gemäß § 427 BGB Gesamtschuldner und gemäß §§ 428, 430 Gesamtgläubiger; als Gesamtgläubiger ist jeder Mitpächter nach außen zur Ausübung der Jagd im gesamten Jagdgebiet berechtigt. Im Innenverhältnis finden zunächst die §§ 741 ff BGB über die Rechtsgemeinschaft Anwendung, die aber überlagert werden durch die §§ 705 ff über das Gesellschaftsverhältnis (h.M.; vgl. z.B. OLG Frankfurt EJS I 58 Nr. 11). Als Gesellschafter können die Mitpächter eine räumliche Aufteilung des Jagdbezirks dahingehend vereinbaren, dass dem einzelnen bestimmte Flächen zur ausschließlichen Bejagung zugewiesen werden. Eine solche Aufteilung hat aber nur schuldrechtliche Wirkung: Jagt der Mitpächter abredewidrig im „Revieranteil" seines Mitpächters, so macht er sich diesem gegenüber einer Vertragsverletzung schuldig, begeht aber keine Wilderei (§ 294 ist unanwendbar). Das im Außenverhältnis bestehende Recht jedes Mitpächters, das gesamte Revier zu bejagen, kann nicht mit absoluter Wirkung durch Abreden im Innenverhältnis eingeschränkt werden; der vertragswidrig handelnde Mitpächter verletzt kein fremdes Jagdausübungsrecht. Entsprechendes gilt, wenn im Innenverhältnis Abreden über die Bejagung bestimmter Wildarten oder bestimmter Stücke Wild getroffen sind: Einigen sich die Mitpächter A und B, dass der einzige für das Revier im Abschussplan freigegebene Hirsch von A bejagt werden soll, so begeht B nicht Wilderei, wenn er vereinbarungswidrig den Hirsch erlegt (vgl. Rdn. 6 zu § 294). Wegen der Überschreitung der landesgesetzlich beschränkten Höchstzahl von Mitpächtern s. oben Rdn. 27.

29 7. **Teilpacht.** Anders liegt es, wenn ein Jagdbezirk gemäß § 11 Abs. 2 Satz 1 BJG teilverpachtet wird. Dann bleibt zwar eine erpachtete Teilfläche Teil des gesamten Jagdbezirks; das Jagdausübungsrecht des Teilpächters ist aber räumlich auf die erpachtete Fläche beschränkt, und er verletzt, wenn er außerhalb seiner Fläche, wenn auch noch im Jagdbezirk, die Jagd ausübt, das Jagdausübungsrecht des anderen Teilpächters.

30 8. Zur Frage der Verletzung fremden Jagdrechts bei der **Wildfolge** vgl. unten Rdn. 52.

31 9. **Zuwiderhandlung gegen Jagdbeschränkungen.** Keine Verletzung fremden Jagd- oder Jagdausübungsrechts und damit niemals Wilderei ist es, wenn der Jagd- oder Jagdausübungsberechtigte in seinem Jagdbezirk die ihm durch die Jagdgesetze auferlegten Beschränkungen für die Ausübung der Jagd nicht einhält, gleichviel ob es sich um örtliche (vgl. § 20 BJG) oder um zeitliche und sachliche (vgl. §§ 19, 19a, 21, 22 BJG) Beschränkungen handelt; solche Zuwiderhandlungen sind teils Straftaten (Zuwiderhandlungen gegen gewisse Schonzeitvorschriften und gegen Verbote des Abschusses bestandsbedrohter Wildarten, § 38 BJG), in der Regel aber Ordnungswidrigkeiten nach Bundesrecht (§§ 39 bis 41a BJG) oder – gemäß § 42 BJG – nach Landesrecht.

32 10. **Zur Jagdausübung benannte oder bestellte Personen.** Schließlich greift auch nicht in fremdes Jagdausübungsrecht ein, wer, ohne Jagdausübungsberechtigter oder Jagdgast

zu sein, dazu berufen ist, die Jagd auszuüben, weil der Jagdausübungsberechtigte selbst dazu nicht willens oder nicht in der Lage ist. So setzen z.B., wenn der Pächter oder ein Mitpächter stirbt, sein Erbe oder seine Miterben den Jagdpachtvertrag fort. Sind sie aber nicht jagdpachtfähig, so haben sie nach den Landesjagdgesetzen der unteren Jagdbehörde eine jagdpachtfähige Person als Jagdausübungsberechtigten zu benennen, der für die Erben die Jagdausübungsberechtigung wahrnimmt; notfalls bestellt, wenn die Erben der Benennungspflicht nicht nachkommen, die Jagdbehörde den Jagdausübungsberechtigten. Der so Benannte oder Bestellte wird dadurch nicht Pächter oder Mitpächter. Diese Rolle bleibt bei den Erben. Diese begehen demgemäß auch nicht Wilderei, wenn sie selbst die Jagd ausüben; sie greifen damit zwar in die Befugnisse der benannten oder bestellten Person ein, verletzen aber nicht ein der Substanz nach fremdes Recht. Ebenso liegt keine Verletzung fremden Jagdrechts vor, wenn die Jagdbehörde gemäß § 27 BJG zwecks Vermeidung besonders hoher Wildschäden Jäger mit der Verminderung des übermäßigen Wildbestandes in einem Jagdbezirk beauftragt, weil der Jagdausübungsberechtigte dieser Aufgabe nicht nachkommt.

III. Die erste Form der Tatbestandsverwirklichung (Nachstellen usw.)

1. **Tatobjekt.** Nach der ersten Alternative des § 292 (Abs. 1 Nr. 1) wird bestraft, wer **33**
unter Verletzung fremden Jagdrechts dem **Wilde** nachstellt, es fängt, erlegt oder sich zueignet. Diese Umschreibung des äußeren Tatbestandes schließt sich an § 1 Abs. 1, 4 BJG an, wonach das Jagdrecht (auch) die ausschließliche Befugnis ist, auf einem bestimmten Gebiet auf wildlebende Tiere, die dem Jagdrecht unterliegen (Wild), die Jagd auszuüben und sie sich als Jagdbeute anzueignen, wobei die Jagdausübung sich auf das Aufsuchen und Fangen jagdbarer Tiere erstreckt. *Tatobjekt* sind danach wildlebende jagdbare Tiere.

a) Welche **Tierarten dem Jagdrecht unterliegen** („jagdbar sind"), ergibt sich nicht aus **34**
§ 292 selbst, sondern aus der Aufzählung in § 2 Abs. 1 BJG. § 292 enthält also nach unstreitiger Auffassung keine ausdrückliche, aber eine stillschweigende Verweisung auf die Regelung im BJG, und zwar in ihrem jeweiligen Bestande, so dass § 292 ein mit einer sog. **dynamischen Verweisung** arbeitender **Blankettstraftatbestand** ist. Weil es sich bei dem Verweisungsgegenstand um ein formelles Bundesgesetz handelt, also um eine auf der gleichen Ebene angesiedelte Rechtsnorm derselben Normsetzungsinstanz, stellen sich die in anderen Fällen intrikaten *verfassungsrechtlichen* Probleme der gesetzlichen Verweisung[8] bei der Wilderei nicht. Die im Zusammenhang mit der Parteispendenproblematik in das Zentrum des dogmatischen Interesses getretene Frage, wieweit das *Rückwirkungsverbot* bei Blankettstrafgesetzen reicht,[9] könnte bei einer Änderung von § 2 BJG zwar auch für die Wilderei Bedeutung erlangen, hat die Rechtsprechung bisher aber noch nicht beschäf-

---

[8] Zu den unterschiedlichen Typen der Verweisung und ihren verfassungsrechtlichen Problemen *Karpen* Die Verweisung als Mittel der Gesetzgebungstechnik (1970); *Marburger* Die Regeln der Technik im Recht (1979) 379 ff; *Schenke* FS Fröhler, S. 87 ff; *Schünemann* FS Lackner, S. 367 ff; *Tiedemann* Tatbestandsfunktionen S. 239 ff.

[9] Dazu näher *Flämig* Steuerrecht als Dauerrecht (1985); *Schünemann* in de Boor/Pfeiffer/Schünemann (Hrsg.) Parteispendenproblematik (1986) 119 ff; *Tiedemann* Die gesetzliche Milderung im Steuerstrafrecht (1985); *Dannecker* Das intertemporale Strafrecht (1993) 462 ff.

tigt. Hingegen ist der dritte Problembereich des Blankettstrafgesetzes, der die *Irrtumslehre* betrifft, gerade am Beispiel des § 292 intensiv diskutiert worden (und Rdn. 64 ff).

Nach § 2 Abs. 2 BJG können die Länder weitere Tiere für jagdbar erklären. Sie haben von dieser Ermächtigung in unterschiedlichem Ausmaß Gebrauch gemacht. Die hiernach nicht dem Jagdrecht unterliegenden wildlebenden Tiere sind gegen Nachstellen, Fang oder Töten unter Umständen durch die **Natur- und Tierschutzvorschriften** geschützt (Bundesnaturschutzgesetz vom 25.3.2002 [BGBl. I 1193] und die Naturschutzgesetze der Länder; Tierschutzgesetz i.d.F. vom 25.5.1998 [BGBl. I 1105], s. ferner *Stegmann* Artenschutz-Strafrecht).

b) Die dem Jagdrecht unterliegenden Tiere müssen **wildlebend** sein. Das besagt ein doppeltes:

35 aa) Tatobjekt bei der ersten Alternative sind nur **lebende** Tiere; tote Tiere, auch wenn sie vom Täter selbst getötet sind, und Teile solcher Tiere sind „Sachen, die dem Jagdrecht unterliegen" – unten Rdn. 56 – (Bay. ObLGSt **1954** 118 = NJW **1955** 32; OLG Hamm NJW **1956** 881).

36 bb) Die Tiere müssen **wild leben**, d.h. hier: **herrenlos** (vgl. § 960 Abs. 1 BGB) sein, sie dürfen also nicht im Eigentum einer Person stehen. Unter der Herrschaft der ursprünglichen Fassung des § 292 wurde angenommen, dass Wilderei dann nicht mehr möglich sei, wenn das Wild durch „Okkupation" in den Besitz einer nicht berechtigten Person gelangt ist, weil es dann nicht mehr wild lebe. Wenn der Wilderer ein lebend gefangenes Reh verwahrt und ein Dritter es ihm entwendet, so konnte danach, da vollendeter Diebstahl wegen fehlender Fremdheit der Sache entfällt, allenfalls Bestrafung wegen Versuchs des Diebstahls am untauglichen Objekt in Betracht kommen (RGSt **13** 84; **15** 268; **23** 89; **63** 35, 36; RG JW **1902** 298; *Frank* Anm. I). Diese Auffassung wird z.T. heute noch vertreten (so *Kohlrausch/Lange* Anm. IV; *Lorz/Metzger* § 2 BJG Rdn. 7). Dies entspricht aber nicht dem jetzt geltenden Rechtszustand. Die Rechtsprechung des Reichsgerichts beruhte auf dem früheren Wortlaut des § 292 (oben Entstehungsgeschichte); die Zueignung eines (wenn auch von einem Nichtberechtigten) okkupierten Tieres wurde nicht mehr als „Ausübung der Jagd" angesehen. Nach der geltenden Fassung des § 292 ist aber das Sichzueignen von Wild Wilderei, wenn es unter Verletzung fremden Jagdrechts (Jagdausübungsrechts) geschieht, und das ist der Fall, wenn in das fortbestehende Aneignungsrecht eines Jagdberechtigten (Jagdausübungsberechtigten) eingegriffen wird, das ja durch die Besitzergreifung seitens eines Nichtberechtigten nicht berührt wird.[10] Wiederum anders soll nach einer im Sachenrecht anzutreffenden Auffassung (*Baur/Stürner* Sachenrecht[17] § 53 Rdn. 73) der Inhaber des Jagdrechts auch durch die Besitzergreifung eines Nichtberechtigten Eigentum erwerben, so dass danach Diebstahl möglich wäre. Aber das ist mit den Grundsätzen der Privatautonomie nicht zu vereinbaren und deshalb abzulehnen.[11] Zweifelhaft kann lediglich sein, ob das Aneignungs-

[10] So schon für das frühere Recht RGSt **39** 427; für das geltende Recht BayObLG NJW **1955** 32; *Fischer* Rdn. 4; *Furtner* JR **1962** 414; *Hoyer* SK Rdn. 12; *Maurach/Schroeder/Maiwald* I § 38 Rdn. 14; *Mitzschke/Schäfer* § 1 BJG Rdn. 26; *Welzel* Strafrecht S. 363; *Wessels* JA **1984** 223; *Wohlers* NK Rdn. 18; *Zeng* MK Rdn. 21.

[11] Im Strafrecht allgemeine Auffassung, vgl. außer den Nachw. in Fn. 10 *Joecks* Rdn. 8; *Kindhäuser* BT II § 11 Rdn. 13; *Krey/Hellmann* Rdn. 268; *Rengier* BT 1 § 29 Rdn. 6; *Wessels/Hillenkamp* Rdn. 426.

recht desjenigen Jagdausübungsberechtigten verletzt wird, in dessen Bezirk das Wild vom Wilderer gefangen wurde (so *Furtner* JR **1962** 414), oder desjenigen, in dessen Jagdbezirk es sich z.Z. der Zueignung durch den Dritten befand (so *Mitzschke/Schäfer* § 1 BJG Rdn. 26); für die Frage der Strafbarkeit wegen Wilderei ist diese Zweifelsfrage bedeutungslos. Der Zustand des Wildlebens des vom Nichtberechtigten in Besitz genommenen Wildes endet erst, wenn der Jagdausübungsberechtigte in die Lage gekommen ist, sein Aneignungsrecht auszuüben, oder ein Dritter gutgläubig (§ 932 BGB) Eigentum an dem Tier erwirbt (vgl. *Wolff/Raiser* Sachenrecht[10] S. 292). Die Strafzumessungsregel des § 292 Abs. 2 greift allerdings bei einer solchen erst „in zweiter Hand" begangenen Wilderei nicht ein; sie hat nach ihrem Sinn und Zweck nur eine „primäre" Wilderei zum Gegenstand (*Maurach/Schroeder/Maiwald* I § 38 Rdn. 14).

cc) **Erwirbt** jemand **vom Wilderer** ein Stück **lebendes Wild in Kenntnis der Vortat**, so **37**
erhebt sich auch bei Zugrundelegung des hier vertretenen Standpunktes, dass auch nach „Okkupation" durch einen Nichtberechtigten das Wild noch Gegenstand der Wilderei sein kann, die weitere Frage des **Verhältnisses von § 292 zur Hehlerei**, da § 259 nicht voraussetzt, dass die gehehlte Sache in fremdem Eigentum steht. Die Meinungen gehen auseinander. Nach *Furtner* JR **1962** 415 ist, soweit die Merkmale des Sichzueignens (§ 292) und des Sichverschaffens (§ 259) sich decken, § 292 lex specialis gegenüber § 259, während umgekehrt nach h.M.[12] § 292 „zurücktritt", § 259 also lex specialis gegenüber § 292 ist. Diese letztere Auffassung wird den Vorzug verdienen, denn die Merkmale des Absetzens und der Hilfe beim Absatz in § 259 gehen über ein Sichverschaffen hinaus, und es erscheint wenig sinnvoll, den, der in Bereicherungsabsicht beim Absatz des Stückes Wild hilft, strafrechtlich anders zu behandeln als den, der es sich verschafft.

dd) Ein **gefangenes jagdbares Tier** wird nach § 960 Abs. 2 herrenlos und damit **38**
Gegenstand der Jagdausübung, wenn es die Freiheit wieder erlangt und der Eigentümer es nicht unverzüglich verfolgt oder die Verfolgung aufgibt. Dabei gehören zur „Verfolgung" bestimmte und geeignete Vorkehrungen, zum Beispiel auch das Aufstellen von Fallen (BayObLGSt **1986** 57 = JR **1987** 128 m. zust. Anm. v. *Keller*). Eine Verfolgung liegt nicht mehr vor, wenn sie unmöglich ist oder wird, denn auf den Willen, die Herrschaft über das Tier wiederzuerlangen, kommt es allein nicht an (OLG Frankfurt vom 26.6. 1968 – 17 U 5/67).

ee) Ein **im Eigentum stehendes gezähmtes Tier**, das der Art nach dem Jagdrecht **39**
unterliegt, wird nach § 960 Abs. 3 BGB herrenlos und jagdbar, wenn es die Gewohnheit ablegt, an den ihm bestimmten Ort zurückzukehren. Die Frage, wann ein solches Tier wegen des Verlustes des animus revertendi herrenlos und jagdbar ist, spielt eine besondere Rolle bei den zur Jagd verwendeten Beizvögeln, z.B. bei gezähmten und abgerichteten Jagdfalken. Sie werden nicht dadurch herrenlos, dass der Halter sie auf ausgedehnte Freiflüge entlässt, von denen sie gewohnheitsmäßig mitunter erst nach mehreren Tagen zurückkehren (OLG Oldenburg EJS I 8 Nr. 9; OLG Schleswig EJS II S. 31 Nr. 6; weitere Einzelheiten hierzu bei *Mitzschke/Schäfer* § 1 BJG Rdn. 19). Hochbrutflugenten sind in der Regel Haustiere, die zur Verwilderung neigen; vom Grad ihrer Verwilderung hängt es ab, ob sie wildlebenden Tieren gleichstehen (OLG Hamm EJS III 1 Nr. 2).

---

12 Zust. *Zeng* MK Rdn. 21; *Wohlers* NK Rdn. 18; *Hoyer* SK Rdn. 31; *Sch/Schröder/Eser/Heine* Rdn. 17; *Maurach/Schroeder/Maiwald* I § 38 Rdn. 14.

40 ff) **Wild in Fallen.** Fängt sich Wild lebend in der vom Jagdausübungsberechtigten (oder seinem Beauftragten) gestellten Falle, so erwirbt der Jagdausübungsberechtigte Eigentum an dem Wild in dem Augenblick, in dem das Tier gefangen ist, bei Fang in einer Wildererfalle aber erst, wenn der Berechtigte es aus der Falle herausnimmt. Herrenlos und Gegenstand der Jagdausübung ist aber der gefangene Fuchs, dem es gelingt, mit dem Fanggerät zu flüchten. Gerät er dabei auf fremdes Jagdgebiet, so unterliegt er dem Jagdrecht des dort Jagdausübungsberechtigten (KG HRR **1926** Nr. 1443).

41 gg) **Wild in Tiergärten** ist, da es nicht herrenlos ist, nicht Gegenstand der Wilderei (vgl. § 960 Abs. 1 Satz 2 BGB, § 6 Satz 3 BJG). Ein Tiergarten ist ein zur Festhaltung von Wild dauernd und vollständig umschlossener Raum, der nach seiner geringen Flächengröße das Einfangen oder Ergreifen und Töten von Wild jederzeit ohne eine Bejagung im engeren Sinn ermöglicht. Die dem Festhalten des Wildes dienende eingezäunte Fläche muss also so klein sein, dass es zum Ergreifen des Wildes keiner jagdlichen Handlung bedarf. Ein Beispiel bieten die zur Fleischproduktion angelegten *Damwildgehege* (BayObLGSt **1987** 143 = NJW **1988** 1862). Keine Tiergärten sind **Wildparks** (§ 20 Abs. 2 BJG), **„Gatterreviere"** und sonstige **„Wildgehege"** (§§ 7 Abs. 3, 28 Abs. 1 und 30 BJG). Sie unterscheiden sich von den Tiergärten durch ihre größere Fläche, auf der trotz einer Einfriedigung eine Jagdausübung möglich bleibt und der Jagdausübungsberechtigte nur durch eine Jagdausübungshandlung das herrenlos gebliebene Wild erlegen und sich aneignen kann (heute h.M.; die abweichende Rechtsprechung des Reichsgerichts – RGSt 60 273, 275; JW **1934** 3204 – ist überholt, vgl. *Mitzschke/Schäfer* § 6 BJG Rdn. 35; *Lorz/Metzger* § 2 BJG Rdn. 8; *Wolff/Raiser* Sachenrecht[10] S. 297). Dagegen sind sog. **Schaugatter,** d.h. eingefriedete Flächen, in denen die Besucher jederzeit die gehaltenen Tiere heimischer oder ehemals heimischer Wildarten in einer ihnen gemäßen Umgebung sehen und beobachten können, keine Wildparks, sondern stehen Tiergärten gleich, da die Tiere nicht in natürlicher Freiheit und freier Wildbahn leben (BayVGH AgrR **1975** 155).

42 2. **Tathandlung.** Die verschiedenen Tathandlungen der ersten Tatbestandsalternative weisen eine eigenartige Binnensystematik auf, die sich aus den sachlogischen Strukturen der Jagd erklären lässt, die die tatbestandliche Ausformung seit langem geprägt und dadurch auch zu historischer Kontinuität geführt haben. Denn der zeitlich aufwendigere und deshalb für eine wirksame Verbrechenskontrolle wichtige Teil des Gesamtgeschehens ist das Aufsuchen des Wildes, während Erlegung und Abtransport nur die weitaus kürzere Schlussphase bilden, die zudem im unübersichtlichen Gelände schwer kontrolliert werden kann. Neben und vor den eigentlichen Verletzungshandlungen des *Fangens, Erlegens* und der *Zueignung* erfasst das Gesetz deshalb schon das *Nachstellen* als **vollendete Wilderei.** Nach der ganz überwiegenden Auffassung im Schrifttum soll es sich deshalb bei der Alternative des Nachstellens um ein sog. **unechtes Unternehmensdelikt** handeln, bei dem Versuch und Vollendung zwar nicht ausdrücklich wie in der Definition des § 11 Abs. 1 Nr. 6 einander gleichgestellt werden, aber durch die Art der Tatbeschreibung ein bestimmtes Handeln mit Verletzungstendenz schon als vollendetes Delikt bestraft wird.[13]

[13] *Fischer* Rdn. 11, 18; *Hoyer* SK Rdn. 13; *Jakobs* § 25 Rdn. 7; *Jescheck/Weigend* S. 267; *Joecks* Rdn. 3; *Kindhäuser* BT II § 11 Rdn. 14; *Rengier* BT 1 § 29 Rdn. 3; *Rudolphi/Stein* SK § 11 Rdn. 44; *Sch/Schröder/Eser* § 11 Rdn. 52; *Sch/Schröder/Eser/Heine* Rdn. 5; *Weber* ZStW-Beiheft **1987** 1, 13; *Wessels/Hillenkamp* Rdn. 417; *Wohlers* NK Rdn. 19 Fn. 22; *Zeng* MK Rdn. 26; zur ganzen Kategorie grundlegend *Schröder* FS Kern, S. 457 ff. Sogar eine Einordnung als (scil. echtes) Unternehmensdelikt i.S. des § 11 Abs. 1 Nr. 6 vertreten *Schäfer* LK[10] Rdn. 41; *Waider* GA **1962** 176, 183 f. **Krit.**

Allerdings sind die damit verbundenen einzelnen Vorstellungen genau so verschwommen wie die gesamte Deliktskategorie und überdies durch vielfältige interne Widersprüche belastet: Beispielsweise wollen viele Autoren das „Nachstellen“ im Sinne von § 11 Abs. 1 Nr. 6 auslegen und damit also auf Versuchshandlungen i.S. des § 22 (also für die meisten Fälle: auf das unmittelbare Ansetzen zum Erlegen!) beschränken, in der Kasuistik dann aber gleichwohl typische Vorbereitungshandlungen wie das Heranpirschen oder das Stehen auf dem Anstand mit ungeladenem Gewehr ausreichen lassen.[14] Weil mit dem Begriff des „Nachstellens“ sowohl nach dem klaren umgangssprachlichen Wortsinn als auch nach dem angeführten historisch-kriminalpolitischen Kontext derartige jagdspezifische Vorbereitungshandlungen in den Tatbestand unbedingt einbezogen werden sollen, ist die vorgebliche, bei der Kasuistik aber zurückgenommene Parallelisierung zum förmlichen Unternehmensdelikt i.S. des § 11 Abs. 1 Nr. 6 verfehlt, so dass man, wenn man schon die Kategorie des „unechten Unternehmensdelikts“ hierfür benutzt, darunter nur die tatbestandliche Zusammenfassung einer zweckgerichteten Tätigkeit und der Erfolgsherbeiführung selbst verstehen und sich vor voreiligen begriffjuristischen Parallelisierungen zur Dogmatik des Versuchs hüten sollte.[15] Die für die Abgrenzung des Strafbarkeitsbereiches entscheidenden Fragen, ab wann eine Vorbereitungshandlung im Rahmen eines Wildereivorhabens als „Nachstellen“ tatbestandsmäßig ist, ob auch untaugliche Handlungen unter den Tatbestand zu subsumieren sind und bei freiwilliger Aufgabe des Nachstellens ein Rücktritt vom vollendeten Delikt in Betracht kommt, sind deshalb auch nicht durch eine Parallelisierung zu den §§ 22–24, sondern anhand des Normzwecks des § 292 sowie allgemeiner, den Versuchsvorschriften vorausliegender Prinzipien zu beantworten (unten Rdn. 44 f).

Eine demgemäß auf die einzelnen Tathandlungsalternativen konzentrierte Auslegung führt zu folgenden Ergebnissen:

a) Nachstellen

aa) Subjektive Tendenz. Dieses Merkmal beschreibt eine finale Tätigkeit und erfasst deshalb nur solche Handlungen, die auf Fangen, Erlegen oder Sichzueignen von Wild als die in den anderen Alternativen beschriebene Erfolgsherbeiführung gerichtet sind. Nicht erfasst werden von § 292 also bloße Belästigungen und Beunruhigungen des Wildes, z.B. durch Aufstöbern und Aufscheuchen (vgl. §§ 19, 39 Abs. 1 Nr. 5 BJG; KG JW **1935** 2386) usw. und Störungen des Jagdbetriebes, die aber z.T. landesrechtlich als Ordnungswidrigkeiten geahndet werden (vgl. dazu *Mitzschke/Schäfer* § 1 BJG Rdn. 43; § 42 BJG Rdn. 26). Das in § 1 Abs. 4 BJG als Inhalt der Jagdausübung besonders – neben dem Nachstellen – genannte **Aufsuchen** von Wild ist begrifflich nur ein Akt des Nachstellens (*Mitzschke/Schäfer* § 1 BJG Rdn. 14). Wer Wild z.B. aufstöbert, um es zu betrachten oder zu verscheuchen, sucht es nicht i.S. des § 1 Abs. 4 auf; doch kann durch ein solches Aufsuchen der Tatbestand einer Ordnungswidrigkeit nach §§ 19a, 39 Abs. 1 Nr. 5 BJG – Beunruhigen von Wild – verwirklicht werden. 43

bb) Anfang der Ausführung des Nachstellens. Die für die Abgrenzung des Strafbarkeitsbereiches entscheidende Frage, welches Moment die einzelne Handlung im Kontinu- 44

---

aber *Gössel* II § 19 Rdn. 29; *Mitsch* BT 2 § 1 Rdn. 74; eingehend *Sowada* GA **1988** 195 ff.

14 So etwa *Fischer* Rdn. 11; *Hoyer* SK Rdn. 13; *Sch/Schröder/Eser/Heine* Rdn. 5; *Wessels/Hillenkamp* Rdn. 417; *Wohlers* NK Rdn. 23; zutr. *Arzt/Weber* BT § 16 Rdn. 15.

15 *Sowada* GA **1988** 195 ff; *Hilgendorf* LK § 11 Rdn. 87 ff.

um der auf das Erlegen von Wild gerichteten Wildereitätigkeit als ein „Nachstellen" erscheinen lässt, ist aus den in Rdn. 42 dargelegten Gründen nicht durch eine Analogie zum Begriff des „unmittelbaren Ansetzens" in § 22 zu beantworten (und wird auch von den dies prätendierenden Autoren, wie deren in Fn. 14 zitierte Kasuistik zeigt, in Wahrheit nicht anders gesehen). Die Lösung ist deshalb durch eine Heranziehung der traditionellen Auslegungsmethoden zu suchen (*Schünemann* FS Klug, S. 169 ff), die in Gestalt der grammatischen (korrekter: alltagssemantischen), historischen und kriminalpolitisch-teleologischen Interpretation das übereinstimmende Ergebnis zeitigen, dass der Täter **unter Beisichführen der zum Fangen oder Erlegen notwendigen Ausrüstung in den Lebensraum des Wildes eingedrungen sein muss, um es bei ungestörtem Fortgang zu erlegen oder zu fangen**. Denn dieser Begriff des Nachstellens entspricht der Eigentümlichkeit der Jagd, dass das Wild, wenn man erst einmal in seinen Lebensraum eingedrungen ist, unverhofft auftauchen und zur Beute des entsprechend ausgerüsteten Wilderers werden kann, so dass der strafrechtlich effektive Rechtsgüterschutz in dem Augenblick eintreten muss, in dem dieser im Einzelnen unkalkulierbare Ablauf möglich wird. Das bezeichnet auch den Unterschied zur Fischwilderei, bei der sich der Angler anders als der Jäger strenggenommen überhaupt nicht und im weiteren Sinne erst nach Benutzung eines Bootes in den Lebensraum seiner Beute hineinbegibt, so dass die Verneinung der Strafbarkeit des Montierens und Beköderns der Angel außerhalb des Gewässers in OLG Frankfurt NJW **1984** 812 entgegen der vom Gericht selbst und auch im Schrifttum vertretenen Auffassung[16] für den Beginn des „Nachstellens" irrelevant ist.

45 **Straflose Vorbereitungshandlungen** sind danach etwa das Beschaffen des Wilderergeräts, der Weg zum Jagdbezirk usw.; keine Vorbereitungshandlungen, sondern schon Nachstellen sind dagegen der Gang zu der Stelle, wo der Täter angeschossenes Wild, das er sich zueignen will, zu finden vermutet, oder zu der Stelle, an der er Schlingen legen will, nachdem er den Jagdbezirk mit diesem Vorsatz betreten hat. Von diesem Standpunkt aus liegt auch keine neue selbständige Handlung, sondern eine Fortsetzung des zeitweise unterbrochenen Nachstellens vor, wenn der Täter demnächst das gefangene Wild aus der Schlinge nimmt oder das von ihm erlegte Wild, das er nicht alsbald fortschaffen konnte, später abholt.

46 Bei dieser Charakterisierung des Nachstellens sind freilich bloße Beschädigungshandlungen nicht als Wilderei strafbar, nämlich **a)** wenn die Absicht des Täters lediglich darauf gerichtet ist, das Stück Wild zu **verletzen**, etwa wenn A, um den Jagdpächter B zu ärgern, einen Hirsch nicht töten (= erlegen), sondern lediglich so verletzen will, dass er lebensfähig bleibt; es kommt dann eine Bestrafung nach § 17 TierschutzG, nach § 53 WaffenG oder eine Ordnungswidrigkeit nach § 39 Abs. 2 Nr. 6 BJG (unbefugtes Betreten eines fremden Jagdbezirks durch den zur Jagd Ausgerüsteten außerhalb der zum allgemeinen Gebrauch bestimmten Wege) in Betracht. Auch läge kein Nachstellen vor, wenn (konstruiertes Beispiel nach *Sch/Schröder/Eser/Heine* Rdn. 5) der Täter dem Wild Gift zuführt, nicht um es zu töten, sondern nur, um – bei künftiger Erlegung durch den Jagdausübungsberechtigten – das Wildbret ungenießbar zu machen; jedenfalls wäre aber eine Ordnungswidrigkeit nach § 19 Abs. 1 Nr. 15 BJG, dessen Verbot sich an jedermann richtet, i.V.m. § 39 Abs. 2 Nr. 2 gegeben; **b)** der Fall des sog. **Hirschsprengens**, wenn der Täter in der Zeit des Geweihwechsels Hirsche zur Flucht veranlasst in der Absicht, ein vorzeitiges Abstoßen der lockeren Geweihstangen herbeizuführen. Erreicht er sein Ziel

---

[16] *Sch/Schröder/Eser/Heine* Rdn. 5; *Wohlers* NK Rdn. 23; *Maurach/Schroeder/Maiwald* I § 38 Rdn. 15; *Wessels/Hillenkamp* Rdn. 417.

und erbeutet er Geweihstangen, so ist er nach der zweiten Alternative (Sichzueignen einer dem Jagdrecht unterliegenden Sache) strafbar; kommt es aber nicht zum Abstoßen oder nicht zum vollendeten Sichzueignen, so ist § 292 unanwendbar, denn die Argumentation von RGSt **40** 7, zur unberechtigten Ausübung der Jagd i.S. des § 292 a.F. genüge jede „gegen den Wildkörper als solchen" gerichtete Handlung, versagt gegenüber dem geltenden § 292, weil das Nachstellen auf das Unternehmen von Fang, Erlegen und Sichzueignen des Wildes selbst begrenzt ist. Diese Einschränkung gegenüber dem früheren Recht ist aber wegen des geringeren Unwerts der genannten Handlungen sachgerecht.

cc) **Kasuistik.**[17] Nachstellen umfasst z.B. das Anschleichen, Anpirschen, Auflauern, das Durchstreifen des Jagdbezirks mit schussbereitem oder sofort schussfertig zu machendem Gewehr (RGSt **20** 4; Rspr. **7** 184; KG GA **76** 40); das Auslegen von vergifteten Ködern (RGSt **14** 419; HRR **1927** Nr. 438); das Stehen auf dem Anstand, auch mit noch ungeladenem Gewehr (RGSt **20** 4); das Anlocken, Fallenstellen, den Beginn des Schlingenlegens (RGSt **11** 418, 419); das Aussenden von Treibern zum Aufspüren von Wild; das Jagenlassen des abgerichteten Hundes (RG Recht **1913** Nr. 1081) und schon das bewusste Nichtzurückrufen, wenn der umherlaufende Hund zum Jagen übergegangen ist;[18] das Zutreibenlassen von Wild aus fremdem auf das eigene Jagdgebiet (RG Rspr. **10** 331; BayObLG GA **1955** 247); die Verfolgung flüchtenden Wildes, das Ausgraben von Füchsen und Dachsen, das Einlassen von Frettchen in den Kaninchenbau, das Lösen des Beizvogels. Nachstellen – und keine straflose Vorbereitung – ist schon das Aussuchen eines zum Legen der mitgeführten Schlingen geeigneten Ortes.[19] **47**

Kein Nachstellen ist dagegen das Treiben des Wildes aus dem fremden ins eigene Revier zur Aufbesserung des Wildbestandes in der Hoffnung der Erlegung bei künftigen Jagden (RG GA **48** 366; **aA** *Steiner* DRiZ **1935** 340), auch nicht das Anlocken des Wildes aus anderen Revieren durch Anlegen günstiger Futterplätze oder Schaffung günstiger Einstandsverhältnisse. Denn in beiden Fällen ist noch kein Erlegen im ungestörten Fortgang geplant, während der Umstand allein, dass im zweiten Fall nicht auf dem fremden Revier gehandelt wird, zur Ablehnung des § 292 nicht ausreichen würde: Ob ein Nachstellen unter Verletzung fremden Jagdrechts vorliegt, ist nicht vom **Standort** des Nachstellenden, sondern von dem **des Wildes** aus zu beurteilen. Ein Jagdpächter, der vom Nachbarbezirk aus auf das im eigenen Revier befindliche Wild schießt, kann sich einer Ordnungswidrigkeit nach § 39 Abs. 2 Nr. 6 BJG schuldig, aber nicht nach § 292 strafbar machen. Er begeht aber Wilderei, wenn er sich bei einer Treibjagd Wild aus dem Nachbarrevier auf das eigene Jagdgebiet zutreiben lässt (BayObLG GA **1955** 249). S. dazu auch unten Rdn. 53 betr. Fangschuss über die Reviergrenze hinaus. **48**

dd) **Fruchtloses und untaugliches Nachstellen.** Da es beim Nachstellen nicht darauf ankommt, ob das beabsichtigte Ziel (Fangen usw.) erreicht wird (unstr., s. OLG Hamm DRspr. III 336 Nr. 38b), ist es auch ohne Bedeutung, **ob das gesuchte Wild oder überhaupt Wild im Revier bereits vorhanden ist.** Zumindest dieser Fall eines untauglichen **49**

---

[17] Ausführlich *Vollmar* S. 138 ff.

[18] RG GA **52** 426; es liegt ein unechtes Unterlassungsdelikt vor, die Garantenstellung erwächst aus der Aufsichtsherrschaft über den Hund als Gefahrenquelle, s. *Schünemann* Grund und Grenzen der unechten Unterlassungsdelikte (1971) 303 f.

[19] RGSt **70** 220 = JW **1936** 2234 m. Anm. *Mitzschke*; **aA** *Binding* **1** 329 und die in Fn. 20 angeführten Autoren, die sich zu Unrecht auf OLG Frankfurt NJW **1984** 812 berufen, s. Rdn. 43.

Versuchs zur Erfolgsherbeiführung ist also nach dem eindeutigen Wortsinn und Zweck unter die Begehungsalternative des „Nachstellens“ zu subsumieren. Außerordentlich umstritten ist die gleiche Frage dagegen in den Fällen einer Vorsatzkonkretisierung. Strafbares Nachstellen liegt nach der extensiven Auffassung (**„Vollendungstheorie“**) auch vor, wenn der Täter einem nicht jagdbaren Tier nachstellt, das er infolge eines Tatsachenirrtums für jagdbar hält (z.B. einem Hund, den er in der Dunkelheit für ein Reh hält); das Nachstellen soll hier nach den Grundsätzen über den untauglichen Versuch (Versuch am untauglichen Objekt) als vollendete Wilderei strafbar sein.[20] Nach der Gegenmeinung (**„Versuchstheorie“**) soll es sich in diesen Fällen dagegen ganz oder teilweise nicht um ein vollendetes Nachstellen, sondern um einen untauglichen Versuch handeln, den das Gesetz als solchen nicht unter Strafe gestellt habe, wobei jedoch die Abgrenzung des straflosen Bereiches wiederum höchst kontrovers ist. Während die meisten Autoren bei Untauglichkeit des *Mittels* durchaus noch ein vollendetes Nachstellen annehmen und einen straflosen untauglichen Versuch lediglich bei Untauglichkeit des *Objekts* bejahen (also sowohl im Ausgangsfall wie etwa bei der irrigen Annahme des Jagdausübungsberechtigten, der von ihm verfolgte Hirsch sei in ein fremdes Revier gewechselt),[21] will *Mitsch* in allen Fällen, in denen der Deliktserfolg nicht herbeigeführt werden kann, also etwa auch bei irrtümlicher Benutzung eines ungeladenen Gewehrs, einen straflosen untauglichen Versuch bejahen (BT 2/2 § 1 Rdn. 74). Richtig dürfte eine vermittelnde Lösung sein, jedoch in anderer Weise, als sie von der heutigen Versuchstheorie durch die formale Abgrenzung zwischen Untauglichkeit des Mittels und Untauglichkeit des Objekts präsentiert wird. Denn es macht schwerlich einen Unterschied, ob der Täter das Revier auf der Suche nach Rehwild durchstreift, aber kein Stück Rehwild antrifft, etwa, weil es sich, durch wildernde Hunde vergrämt, zur Tatzeit in ein anderes Revier geflüchtet hat – dann liegt „Nachstellen“ vor –, oder ob er auf der Suche nach Rehwild nur den streunenden Hund bemerkt und bejagt, den er irrtümlich in der Dunkelheit für ein Reh hält: In beiden Fällen hat er dem Rehwild nachgestellt. Diese Überlegung macht deutlich, dass normalerweise der Handlungsweise des Täters, der einem einzelnen Tier nachstellt, welches kein „Wild“ i.S. des § 292 und damit an sich ein untaugliches Objekt ist, doch zugleich die generelle Tendenz innewohnt, Wild zu erlegen, so dass der einzelne Irrtum an der für § 292 ausreichenden generellen Gefährlichkeit seiner Handlungstendenz nichts ändert. Die Versuchstheorie kann deshalb überhaupt nur in dem praktisch kaum vorkommenden Fall relevant werden, dass die Aktivitäten des Täters von Anfang bis Ende auf ein einziges individuelles Objekt vinkuliert sind. Weitaus größere praktische Bedeutung besitzen dagegen die Fälle einer völligen Untauglichkeit der vom Täter in den Lebensraum des Wildes mitgebrachten Ausrüstung, bei denen zwar die Subsumtion unter das Tatbestandsmerkmal des „Nachstellens“ bei einer rein subjektiven Auslegung scheinbar keine Probleme macht, bei denen aber die von der Vollendungstheorie praktizierte **doppelte** Vorverlagerung der Strafbarkeit erhebliche Legitimationsprobleme aufwirft, weil die Bestrafung einer *untauglichen Vorbereitungshandlung zur Rechtsgutsverletzung* allenfalls durch massivste Bedürfnisse der positiven Generalprävention gerechtfertigt werden könnte, die im Hinblick auf die insgesamt prekäre Legitimationskraft dieser Straftheorie[22] nur bei fundamentalen Rechtsgütern in Erwägung gezogen werden könnte,

---

[20] *Fischer* Rdn. 17; *Kindhäuser* BT II § 11 Rdn. 22; *Schäfer* LK[10] Rdn. 45; im Ergebnis auch *Waider* GA **1963** 183 f; *Wohlers* NK Rdn. 24; *Zeng* MK Rdn. 42; wohl auch *Lackner/Kühl* Rdn. 5.

[21] *Gössel* II § 19 Rdn. 19; *Hoyer* SK Rdn. 14; *Jakobs* § 25 Rdn. 7; *Schröder* FS Kern, S. 466 f; *Sch/Schröder/Eser/Heine* Rdn. 5; *Wessels/Hillenkamp* Rdn. 417.

[22] Dazu umfassend die Beiträge in *Schünemann/v.Hirsch/Jareborg* (Hrsg.) Positive Generalprävention (1998); krit. etwa *Müller-*

zu denen weder das Jagdrecht noch die Wildökologie zählt. Richtigerweise wird man deshalb im Sinne der **Eignungs-** bzw. **Gefährlichkeitsdelikte**[23] nicht die rein subjektive Erwartung, sondern eine objektiv im Wege der nachträglichen Prognose festzustellende Möglichkeit verlangen müssen, dass die Handlungen des Täters zum Fangen oder Erlegen von Wild führen könnten, so dass ein tatbestandsmäßiges Nachstellen außer bei absoluter Untauglichkeit der Ausrüstung (z.B. Gewehr ohne Munition) auch dann entfällt (und damit der Grundsatz der Gleichbehandlung wiederhergestellt ist), wenn während seiner Aktivitäten nicht nur kein Wild der von ihm gesuchten Art im Revier vorhanden, sondern es auch objektiv ausgeschlossen ist, dass es im relevanten Zeitraum in das Revier hinüberwechseln könnte.[24] Um das an einem abschließenden Beispiel zu demonstrieren: Wer im Bayerischen Wald ausschließlich auf Wisenten (§ 2 Abs. 1 Nr. 1 BJG) auf die Jagd geht, die dort weder vorkommen noch hinüberwechseln können, ist für das vorhandene Wild nicht gefährlicher als ein Spaziergänger mit einer Botanisiertrommel, so dass sein im bloßen Vorbereitungsstadium einer Jagdrechtsverletzung betätigter böser Wille als Grundlage einer Strafbarkeit nicht ausreichen kann. Über Irrtumsfälle im Übrigen vgl. unten Rdn. 68 ff.

b) **Fangen, Erlegen, Sichzueignen.** Die weiteren Merkmale der ersten Alternative setzen voraus, dass es zu einem **vollendeten** Fangen usw. kommt; hier genügt von vornherein der bloße Versuch nicht zur Bestrafung. Indessen kommt diesen Merkmalen nur dann selbständige Bedeutung zu, wenn der Täter nicht schon deshalb zu bestrafen ist, weil er dem Wild nachgestellt hat, denn zur Bestrafung wegen Nachstellens ist ja nicht erforderlich, dass der Täter sein auf Fang usw. von Wild gerichtetes Ziel erreicht. Kriminalpolitisch wichtig werden die weiteren Alternativen also erst dann, wenn es zur Tatverwirklichung keiner vorangehenden Nachstellungsakte bedarf, etwa wenn der Täter den Entschluss zur Tat wegen sich bietender Gelegenheit zu unmittelbarer Tatverwirklichung aus einer augenblicklichen Eingebung heraus fasst, z.B. als harmloser Spaziergänger in Feld und Wald ein vom Muttertier verlassenes Rehkitz findet und sich zueignet oder plötzlich einen in eine Ackerfurche geduckten Hasen vor sich sieht und ihn mit seinem Spazierstock erschlägt (= erlegt) usw. Wegen der in diesem Zusammenhang auftauchenden Irrtumsfragen s. unten Rdn. 69. 50

aa) **Fangen** bedeutet: ein Tier lebend in die Gewalt bekommen. Gefangenwerden kann auch ein Stück Wild, das sich bereits in einer Falle oder Schlinge befindet. Zueignungsabsicht ist nicht erforderlich, denn das Sichzueignen ist besonders genannt; es genügt also, wenn der Täter das gefangene Wild nur vorübergehend in seiner Gewalt behalten will, um es alsdann wieder freizulassen. Strafbar ist – vorbehaltlich abweichender Landesvorschriften über das Aufnehmen, die Pflege und die Aufzucht verletzten oder kranken Wildes und dessen Verbleib (§ 36 Abs. 2 Nr. 2 BJG) – das Fangen auch, wenn es *in der wohltätigen Absicht* geschieht, verletztes Wild gesund zu pflegen oder vom Muttertier verlassenes Jungwild vor dem Eingehen zu bewahren, um es später wieder in Freiheit zu setzen; solche Maßnahmen müssen dem Jagdausübungsberechtigten überlassen 51

Tuckfeld, Integrationsprävention, 1998; *Schumann*, Positive Generalprävention (1989) 49; *Stratenwerth* Was leistet die Lehre von den Strafzwecken (1995) 7, 12.

[23] Dazu *Hoyer* Die Eignungsdelikte (1987) passim; *Roxin* Strafrecht AT I § 11 Rdn. 162 f; *Graul* Abstrakte Gefährdungsdelikte und Präsumptionen im Strafrecht (1989) 116; *Horn* SK vor § 306 Rdn. 18; *Wohlers* Deliktstypen des Präventionsstrafrechts – zur Dogmatik „moderner“ Gefährdungsdelikte (2000) 297 ff.

[24] Zust. *Vollmar* S. 137 f.

werden. Im letzteren Fall ist auch zu berücksichtigen, dass solche Mitleidsaktionen mehr schaden als nützen können, denn erfahrungsgemäß nehmen sich die Muttertiere vielfach nach einiger Zeit der verlassenen Jungtiere wieder an. S. dazu auch unten Rdn. 54 betr. die Fälle der Besitzerlangung, die nicht auf einem Fangakt beruht.

52 bb) **Erlegen** heißt: töten, gleichviel auf welche Weise. Auch hier ist Zueignungsabsicht nicht erforderlich. Eine viel erörterte Frage ist, ob die gute Absicht des Täters, krankgeschossenes oder schwerkrankes (z.B. beim Zusammenstoß mit einem Kraftfahrzeug schwerverletztes) Wild von seinen Qualen zu erlösen, die Strafbarkeit des Erlegens ausschließt. Weil am Verludern schwergeschädigten Wildes weder unter dem Aspekt des Aneignungsrechts noch unter dem Aspekt der Wildökologie irgendein vernünftiges rechtsgutsbezogenes Interesse bestehen kann, fehlt es in diesen Fällen ab ovo an jeglicher Strafwürdigkeit, was am einfachsten durch die restriktive Interpretation zur Geltung gebracht wird, dass unter „Erlegen" nur die **Tötung nicht bereits vorher todgeweihten Wildes** verstanden wird. Es kommt dann weder auf die komplizierte Interpretation der außerordentlich verwickelten bundes- und landesrechtlichen Regelungen über die **Wildfolge** an, denen *Schäfer* in der 10. Aufl. in Rdn. 49–54 liebevoll nachgeht, noch auf die im Schrifttum diskutierte **Rechtfertigung** durch rechtfertigenden Notstand oder mutmaßliche Einwilligung.[25] Vielmehr muss sich das Strafrecht durch eine die Formel der „ultima ratio zum Rechtsgüterschutz" ernstnehmende Interpretation davor schützen, zum Spielball unterschiedlicher Auffassungen über die Waidgerechtigkeit zu werden. Diese restriktive Auslegung gilt freilich nur für die Alternative des Erlegens, während eine **Zueignung in unbefugter Wildfolge** durchaus tatbestandsmäßig ist und auch nicht etwa von der in den Landesjagdgesetzen geregelten Ordnungswidrigkeit der unbefugten Wildfolge verdrängt wird (BayObLGSt **1992** 48 = GA **1993** 121).

53 cc) **Sich oder einem Dritten zueignen** bedeutet: an dem herrenlosen lebenden Wild Gewahrsam unter Ausschluss des Aneignungsberechtigten mit dem Willen begründen, wie ein Eigentümer (wie der Jagdausübungsberechtigte nach der Aneignung) über das Wild zu verfügen bzw. – im Fall der **Drittzueignung** – dem Dritten die endgültige Verfügung zu überlassen. Ein Beispiel für eine solche Drittzueignung, durch die der Täter keinen eigenen Vorteil erstrebt: Der Jagdgast holt das von ihm krankgeschossene und jenseits der Reviergrenze niedergetane Wild zurück und überlässt es seinem Jagdherrn. Der Gesetzgeber des 6. StrRG ließ sich bei der ausdrücklichen Einbeziehung der Drittzueignung von der Erwägung leiten, dass die h.M. schon zum alten Recht die Drittzueignung für tatbestandsmäßig hielt und es also nur um eine Klarstellung gehe (BTDrucks. 13/8587 S. 45). Das war zwar mit dem Wortlaut der früheren Fassung schwerlich zu vereinbaren,[26] aber angesichts der Einbeziehung der Drittzueignung in Diebstahl und Unterschlagung durch das 6. StrRG handelt es sich bei dem gleichen Schritt in § 292 jedenfalls um eine konsequente Anpassung. § 292 verwendet damit nunmehr zur Beschreibung der Tathandlung in der 4. Variante der 1. Alternative die gleichen Begriffe wie § 246, dessen Interpretation seit der Preisgabe des Gewahrsamserfordernisses zu den dunkelsten Hin-

---

[25] Dazu *Fischer* Rdn. 14 und aus der Rechtsprechung AG Würzburg EJS IV 24 Nr. 14; *Hoyer* SK Rdn. 24; *Sch/Schröder/Eser/Heine* Rdn. 12; *Wohlers* NK Rdn. 37; *Zeng* MK Rdn. 44; AG Öhringen NJW **1976** 580; OLG Stuttgart EJS III 33 Nr. 18; OLG Frankfurt EJS IV 104 Nr. 11. Eingehend zum ganzen *Vollmar* S. 113 ff.

[26] Zutr. *Lackner* Strafgesetzbuch 21. Aufl. 1995, § 292 Rdn. 2 gegen die bei *Schäfer* LK[10] Rdn. 56 wiedergegebene frühere h.M.

terlassenschaften des 6. StrRG zählt.[27] Vieles spricht dafür, dass sich die Interpretation des § 246 in eine Richtung einpendeln wird, die bei § 292 immer schon selbstverständlich war und die den **Gewahrsam** (in zivilrechtlicher Terminologie: den Besitz) als Basis eines dem Bestimmtheitsgrundsatz genügenden Zueignungsbegriffs erkennt, so dass freilich die vom 6. StrRG vorgenommene Eliminierung ausgerechnet der Besitz- und Gewahrsamsformel aus § 246 eine der zahlreichen Fehlleistungen dieser überhasteten Gesetzgebung darstellt. Denn weil es gerade die Flüchtigkeit des nach Belieben über die Reviergrenzen wechselnden Wildes ist, die den Eigentumsbegriff im Zivilrecht und den Diebstahlsbegriff im Strafrecht hier unanwendbar macht, ist es die „Dingfestmachung" des Tieres, also **die in Zueignungsabsicht erfolgende Begründung von Gewahrsam am Wild für sich oder einen Dritten**, die der Zueignung als Tathandlung Kontur verleiht.[28] Hierbei soll es an der Tatbestandserfüllung nichts ändern, wenn der Dritte zuletzt das förmliche Eigentum aufgrund eines legalen Zueignungsakts erwirbt, so wenn der Wilderer das Wild in ein fremdes Jagdrevier treibt und der dortige Jagdausübungsberechtigte das Wild daraufhin rechtmäßig erlegt (*Mitsch* BT 2 § 1 Rdn. 83); aber das dürfte kein Fall der „Zueignung", sondern des „Nachstellens" sein. Was den Inhalt der Zueignungsabsicht anbetrifft, so kann vollständig auf § 246 verwiesen werden. Zur **Vollendung** der Zueignung s. und Rdn. 81.

Wer als Nichtjagdausübungsberechtigter – ohne dass eine Fanghandlung vorliegt – an **54**
lebendem Wild **Besitz oder Gewahrsam ohne Zueignungsvorsatz erlangt**, kann eine Ordnungswidrigkeit begehen, wenn er der nach den Landesjagdgesetzen bestehenden Pflicht zur unverzüglichen Anzeige und Ablieferung nicht nachkommt (vgl. dazu im Einzelnen *Mitzschke/Schäfer* § 6 BJG Rdn. 29; § 42 Rdn. 23).

IV. Die zweite Form der Tatbestandsverwirklichung

1. Nach der zweiten Alternative des § 292 (Abs. 1 Nr. 2) ist strafbar, wer eine **Sache,** **55**
die dem Jagdrecht unterliegt, sich oder einem Dritten zueignet, beschädigt oder zerstört. § 292 knüpft damit an § 1 Abs. 5 BJG an, wonach die einen Bestandteil des Jagdrechts bildende Befugnis, sich wildlebende jagdbare Tiere als Jagdbeute anzueignen, auch die ausschließliche Befugnis umfasst, krankes oder verendetes Wild, Fallwild und Abwurfstangen sowie die Eier jagdbaren Federwildes sich anzueignen. Das hier genannte kranke Wild ist, da noch lebend, Gegenstand der ersten Alternative des § 292; alle übrigen in § 1 Abs. 5 aufgezählten Gegenstände sind Sachen, die dem Jagdrecht unterliegen. Da es hier – anders als bei der ersten Alternative – einen allgemeinen Auffangtatbestand des Nachstellens (etwa i.S. des Nachsuchens) nicht gibt und der Versuch der Wilderei nicht strafbar ist, setzt eine Bestrafung nach der zweiten Alternative eine vollendete Zueignung, Beschädigung oder Zerstörung der dem Jagdrecht unterliegenden Sache voraus, ist also ein **Erfolgsdelikt**.

---

[27] Vgl. die Vorschläge von *Basak* GA **2003** 109; *Dencker* 6. StrRG Einf. 1/48; *Duttge* JZ **1998** 559; *Duttge/Fahnenschmidt* Jura **1997** 281, 285 ff; *dies.* ZStW **110** (1998) 884, 886 ff, 910 ff; *Duttge/Sotelsek* Jura **2002** 526; *Hörnle* Jura **1998** 169, 171; *Jäger* JuS **2000** 1167; *Kindhäuser* FS Gössel, S. 424; *Kudlich* JuS **2001** 767; *Mitsch* BT 1 § 2 Rdn. 2; *Murmann* NStZ **1999** 14; *Rönnau* GA **2000** 410, 415 ff; *Sander/Hohmann* NStZ **1998** 273, 276; *Schlüchter* Bochumer Erläuterungen zum 6. StrRG (1998), § 246 Rdn. 4; *Sinn* NStZ **2002** 64; *Stächelin* StV **1998** 98, 99.

[28] Ebenso *Lackner/Kühl* Rdn. 2; *Mitsch* BT 2 § 1 Rdn. 82; *Sch/Schröder/Eser/Heine* Rdn. 5; *Wohlers* NK Rdn. 21; *Zeng* MK Rdn. 31.

2. **Die Tatobjekte**

56 a) **Verendetes Wild. Fallwild.** Bei totem Wild besteht für die Anwendbarkeit des § 292 zwischen verendetem Wild und Fallwild kein rechtlicher Unterschied (die Unterscheidung kann jagdrechtlich, z.B. für die Anrechnung auf den Abschussplan, § 21 BJG, von Bedeutung sein). Als **verendet** wird Wild bezeichnet, das durch äußere gewaltsame Einwirkung den Tod gefunden hat, z.B. durch Schussverletzung (OLG Hamm NJW **1956** 881), Falle, Schlinge, Raubwild oder Raubzeug, Überfahren durch Fahrzeuge, Forkelstich, zusammenbrechende Bäume, Blitz- oder Steinschlag, Anprallen an Hindernisse usw. **Fallwild** ist das infolge Alters, Krankheit, Futtermangels oder Wintersnot – „auf natürlichem Wege" – eingegangene Wild. Wesentlich ist nur, dass der tote Körper noch herrenlos ist und er oder seine Teile noch Gegenstand einer Aneignung durch den Jagdausübungsberechtigten sein können. Dessen Aneignungsbefugnis wird im Allgemeinen gegenstandslos, wenn die natürliche Zersetzung („Verluderung") so weit fortgeschritten ist, dass keine Verwertungsmöglichkeit mehr besteht (RG Rspr. **5** 125, 126; RGSt **13** 84, 87; BayObLGSt **9** 47). Dass das Fleisch zum menschlichen Genuss nicht mehr geeignet ist, genügt allein noch nicht (RG Rspr. **4** 713). Trotz fortgeschrittener Verluderung können noch Restteile vorhanden sein, die für den Jagdausübungsberechtigten von Wert sind und deren Zueignung Wilderei ist, z.B. der Schädel und der noch mit ihm verbundene Kopfschmuck (RGSt **13** 84); dann kommt es nicht darauf an, ob der Täter sie für wertlos gehalten hat (RG DRiZ **1921** 596), sofern er nur davon ausging, dass die Sache noch dem Jagdrecht unterlag (näher Rdn.69).

57 Wird **dem Wilderer das von ihm erlegte Wild durch einen Dritten entwendet**, so begeht auch dieser Dritte Wilderei; es gelten, da insoweit rechtlich kein Unterschied besteht, die gleichen Grundsätze, wie wenn dem Wilderer die lebende Jagdbeute entwendet wird (oben Rdn. 37).[29]

58 Zum „verendeten Wild" gehören auch **vom Wildkörper künstlich abgetrennte wesentliche Teile**, z.B. das Tierhaupt mit dem Geweih, aber auch z.B. eine Hirschkeule; sie bleiben nach der zutreffenden h.M.[30] und entgegen der (sich zu Unrecht auf die durch die Neufassung von 1935 überholte[31] Rechtsprechung des Reichsgerichts [RGSt **63** 35, 37] berufenden) Stellungnahme von *Tröndle/Fischer* durch die aktuelle 55. Auflage von Fischer (Rdn. 4a bis zur 50. Aufl., aufgegeben ab der 51. Aufl. Rdn. 5) Gegenstand der Wilderei, auch wenn ein dritter Nichtberechtigter Besitz daran erlangt, solange nicht, z.B. durch gutgläubigen Erwerb oder Verarbeitung, Eigentum eines Dritten daran begründet wird und damit das Aneignungsrecht untergeht. Warum solche Teile nicht mehr „dem Jagdrecht unterliegende Sachen", sondern „selbständig gewordene andere Sachen darstellen" sollen (so *Furtner* JR **1962** 415), ist nicht einzusehen. Man wäre sonst zu fragwürdigen Unterscheidungen genötigt, je nachdem ob der Tierkörper im Wesentlichen im Zusammenhang erhalten oder schon in größere Teile zerlegt ist. Es begeht also derjenige, der – in Kenntnis der Vortat – dem Wilderer Tierteile entwendet, Wilderei, während ein Käufer sich der Hehlerei schuldig macht (oben Rdn. 37).

[29] Ebenso *Blei* BT § 71 II 2c; *Gössel* II § 19 Rdn. 22; *Sch/Schröder/Eser/Heine* Rdn. 17; *Maurach/Schroeder/Maiwald* I § 38 Rdn. 14; *Welzel* Strafrecht S. 363; *Wessels/Hillenkamp* Rdn. 425 f; *Wohlers* NK Rdn. 27; **aA** *Kohlrausch/Lange* Anm. IV mit der nicht zutreffenden Begründung, das vom Wilderer erlegte Wild sei keine dem Jagdrecht unterliegende Sache mehr; *Otto* BT § 50 Rdn. 25.

[30] *Gössel* II § 19 Rdn. 21; *Schäfer* LK[10] Rdn. 61; *Wessels* JA **1984** 225; *Wohlers* NK Rdn. 49.

[31] Denn bis dahin forderte § 292, dass der Täter „die Jagd ausübt".

Totes Wild, das sich **in den vom Jagdausübungsberechtigten gestellten Fallen** findet, steht in seinem Eigentum und ist nicht mehr Gegenstand der Wilderei.

b) **Abwurfstangen** sind nur die im natürlichen Verlauf der alljährlichen Erneuerung des Hauptschmuckes abgeworfenen Stangen aller (in § 2 Abs. 1 Nr. 1 BJG genannten) **Hirsch**arten, dagegen nicht durch Brunftkämpfe oder sonstige Gewaltanwendung abgesprengte Geweihteile. Wegen des Hauptschmuckes („Trophäen") anderer Tierarten vgl. Rdn. 56; wegen des sog. Hirschsprengens vgl. oben Rdn. 46. **59**

c) **Eier jagdbaren Federwildes**

aa) **Der Begriff des jagdbaren Federwildes** ergibt sich aus § 2 Abs. 1 Nr. 2 BJG i.V.m. den landesrechtlichen Vorschriften, die über die bundesrechtliche Vorschrift hinaus Federwild für jagdbar erklären. Bei diesen Eiern kommt es nicht darauf an, ob sie befruchtet oder noch brutfähig (nicht verdorben) sind, da dies von außen nicht ohne weiteres erkennbar ist (KG JW **1936** 621). **60**

bb) Zu den dem Jagdrecht unterliegenden Sachen gehören nicht die vom jagdbaren Federwild geschaffenen **Brutgelegenheiten als solche** (ohne Eier oder Nestlinge). § 19a BJG verbietet lediglich – vorbehaltlich landesrechtlicher Ausnahmebestimmungen und unbeschadet von Landesvorschriften gemäß § 36 Abs. 3 BJG –, Federwild unbefugt an seinen Zuflucht-, Nist- oder Brutstätten durch Aufsuchen, Fotografieren, Filmen oder ähnliche Handlungen zu stören. Zuwiderhandlungen gegen dieses Verbot, das sich gleichmäßig gegen Jagdausübungsberechtigte wie gegen Nichtjagdausübungsberechtigte wendet, sind aber nur eine Ordnungswidrigkeit nach § 39 Abs. 1 Nr. 5 BJG. § 292 ist demgemäß unanwendbar, wenn sich der nichtjagdausübungsberechtigte Täter darauf beschränkt, ein Nest zu zerstören, in dem sich keine Eier jagdbaren Federwildes befinden. **61**

3. Die **Tathandlung** besteht in der **Selbst- oder Drittzueignung, dem Beschädigen oder Zerstören der Sache.** Zum Begriff der **Zueignung** kann auf die Erläuterungen zu Nr. 1 verwiesen werden (o. Rdn. 53). Wie bei lebendem Wild (oben Rdn. 54) bestehen in einer Reihe von Ländern Vorschriften, die den Nichtjagdausübungsberechtigten zur unverzüglichen Anzeige oder Ablieferung verpflichten, wenn er Besitz oder Gewahrsam an verendetem Wild oder sonstigen Gegenständen i.S. des § 1 Abs. 5 BJG erlangt. Die Zuwiderhandlung ist eine Ordnungswidrigkeit; Wilderei liegt nur vor, wenn der Täter sich Besitz oder Gewahrsam mit Zueignungsabsicht verschafft oder den Zueignungsentschluss nach Erlangung von Besitz (Gewahrsam) fasst und betätigt. Bezüglich der Tathandlungen des **Beschädigens oder Zerstörens** kann auf § 303 verwiesen werden. **62**

V. Subjektiver Tatbestand

1. § 292 erfordert **Vorsatz**. Bedingter Vorsatz genügt (so schon für § 292 a.F. RGSt **10** 234; BayObLGSt **7** 216; **10** 54). Bedingt vorsätzlich handelt z.B., wer auf unmittelbar an der Reviergrenze stehendes Wild schießt, ohne sich genau über den Verlauf der Grenze unterrichtet zu haben, und billigend in Kauf nimmt, dass das Wild schon im fremden Revier steht (RG JW **1938** 452). Ob der Täter nur aus Jagdeifer handelt und dem Berechtigten die Beute überlassen will, ob er eigenen Vorteil erstrebt oder ob er nur Wildschaden abwenden will, ist bedeutungslos, weil es darauf nach dem objektiven Tatbestand nicht ankommt. **63**

64 2. Die Abgrenzung des **Tatbestandsirrtums** gem. § 16 vom Subsumtions- oder vom Verbotsirrtum bereitet bei § 292 erhebliche Schwierigkeiten. Dabei geht es bei beiden Tatbestandsalternativen übereinstimmend im Kern darum, welche Anforderungen im Einzelnen an den **Vorsatz** des Täters, **fremdes Jagdrecht zu verletzen**, zu stellen sind: In beiden Nummern von Absatz 1 wird die Kenntnis des Täters gefordert, dass das Tatobjekt fremdem Jagdrecht unterliegt, wobei es sich in Nr. 1 um ein lebendes Objekt („Wild") und in Nr. 2 um ein totes (gestorbenes oder unbelebtes) Objekt handelt (wobei die unter Nr. 2 fallenden Eier des Federwildes biologisch gesehen einen Übergangsbereich markieren und dadurch die Einheitlichkeit des Rechtsproblems unterstreichen).

65 a) Die entscheidende Frage ist nun, ob es sich bei der Kennzeichnung des Tatobjekts um ein **normatives Tatbestandsmerkmal** handelt, bei dem der Vorsatz nach traditioneller Auffassung die sog. *Parallelwertung in der Laiensphäre* erfordert,[32] oder aber um ein **Blankettmerkmal**, dessen Relevanz für die Irrtumslehre nun allerdings ihrerseits umstritten ist: Nach traditioneller Auffassung sind die Tatbestandsmerkmale der blankettausfüllenden Norm schlicht in den Blanketttatbestand hineinzulesen, so dass der Täter bereits dann vorsätzlich handelt, wenn er das Vorliegen der Tatbestandsmerkmale der Ausfüllungsnorm kennt, mag er auch über den Inhalt der Ausfüllungsnorm irren;[33] nach der alten, neuerdings mit unterschiedlicher Begründung wiederbelebten Konzeption des Reichsgerichts vom Vorsatzausschluss bei einem „außerstrafrechtlichen Rechtsirrtum" muss der Vorsatz Inhalt und Gültigkeit der Ausfüllungsnorm umfassen;[34] und nach einer systematisch anders ansetzenden, aber auf das gleiche Ergebnis hinauslaufenden Auffassung handelt es sich zwar bei einem Irrtum über Inhalt oder Gültigkeit der Ausfüllungsnorm um einen Verbotsirrtum, auf den aber die alte Vorsatztheorie und im Ergebnis also doch § 16 angewendet werden soll.[35] Um das an einem konkreten Beispiel zu demonstrieren: Wer ein *Mauswiesel* (§ 2 Abs. 1 Nr. 1 BJG) im fremden Jagdrevier erlegt und es biologisch zutreffend einordnet, aber irrig davon ausgeht, dass es in § 2 BJG nicht erfasst

[32] BGHSt **3** 248, 255; **4** 347; *Roxin* AT I § 12 Rdn. 101 ff; *Lackner/Kühl* § 15 Rdn. 14, jeweils auch unter Darstellung der im vorliegenden Zusammenhang nicht zu behandelnden, stark ausdifferenzierten und mit unterschiedlichen philosophischen Ansätzen arbeitenden neueren Konzepte auf diesem Feld; *Vogel* LK § 16 Rdn. 34.

[33] *Bachmann* Vorsatz und Rechtsirrtum im Allgemeinen Strafrecht und im Steuerstrafrecht (1993) 71 ff; *Backes* StuW **1982** 253, 254; *Heidingsfelder* Der umgekehrte Subsumtionsirrtum (1991) 157; *Jescheck/Weigend* § 29 V 3; *Maurach/Zipf* § 8 Rdn. 30, § 23 Rdn. 9; *Reiß* wistra **1984** 193, 197; *Roxin* AT I § 12 Rdn. 110 f; *Rudolphi* SK § 16 Rdn. 18 f; *Sch/Sch/Cramer* §15 Rdn. 99; *Warda* Die Abgrenzung von Tatbestands- und Verbotsirrtum bei Blankettstrafgesetzen (1955) 37; im Ergebnis auch *Kindhäuser* GA **1990** 406, 420 ff; BGH NStZ **1993** 594, 595; anders OLG Celle NJW **1954** 1618, 1619.

[34] Zur Rechtsprechung des Reichsgerichts eingehend *Tischler* Verbotsirrtum und Irrtum über normative Tatbestandsmerkmale (1984); *Kuhlen* Die Unterscheidung von vorsatzausschließendem und nicht vorsatzausschließendem Irrtum (1987) 122 ff, 161 ff; zu eigenständigen, aber zum gleichen Ergebnis gelangenden Lösungen für die Blankettstraftatbestände *Bockelmann/Volk* S. 76 f; *Herzberg* GA **1993** 439, 455 ff; *Arth. Kaufmann* Das Unrechtsbewußtsein in der Schuldlehre des Strafrechts (1949) 53 f; *Kuhlen* aaO 370 ff; *Lange* JZ **1956** 73, 75; *ders.* JZ **1957** 233 ff; *Puppe* NK § 16 Rdn. 60 ff; *dies.* GA **1990** 145, 168 ff; *dies.* NStZ **1993** 594, 596; *Schröder* MDR **1952** 387, 389; *Ziegert* Vorsatz, Schuld und Vorverschulden (1987) 157.

[35] *Tiedemann* Tatbestandsfunktionen S. 387 ff; *ders.* ZStW **81** (1969) 869, 876 ff; *ders.* JuS **1989** 689, 695; *ders.* Chengchi Law Review 50 (1994) 301 ff = FS Geerds, S. 95 ff; *ders.* Wirtschaftsstrafrecht AT Rdn. 220 ff. m.w.N.

sei, würde sich bei Einordnung des Tatbestandsmerkmals „Wild“ als normatives Tatbestandsmerkmal in einem Tatbestandsirrtum befinden, weil er die normative Relevanz des biologisch zutreffend erfassten Sachverhalts verkennen und deshalb nicht die zutreffende Parallelwertung in der Laiensphäre besitzen würde. Bei Einordnung als Blankettmerkmal würde er dagegen nach traditioneller Auffassung vorsätzlich handeln, weil er erkannt hat, dass eine über § 2 Abs. 1 Nr. 1 BJG in § 292 hineinzulesende Tierart, nämlich ein Mauswiesel, von ihm erlegt wird; der Irrtum über das sich aus dem BJG ergebende Verbot wäre ein bloßer Verbotsirrtum gem. § 17. Dagegen wäre nach denjenigen Auffassungen, die den Inhalt der Ausfüllungsnorm zum Bestandteil des Vorsatzes zählen oder aber den Verbotsirrtum im Bereich von Blankettatbeständen nach der Vorsatztheorie behandeln wollen, im Ergebnis ein Ausschluss des Tatbestandsvorsatzes anzunehmen. Selbst diese Übersicht vereinfacht aber strenggenommen noch zu sehr, weil beispielsweise *Roxin* den Irrtum über die Existenz der ausfüllenden Norm als einen Verbotsirrtum, denjenigen über ihren Inhalt aber als einen Tatbestandsirrtum ansieht (Strafrecht AT I § 12 Rdn. 111). Die „dogmatische Konfusion“ (*Kindhäuser* GA **1990** 420) bzw. „konfuse Lage“ (*Jakobs* § 8 Rdn. 53) wird dadurch scheinbar vollkommen, dass die Unterscheidung zwischen Blankettmerkmalen und echten Tatbestandsmerkmalen selbst ungeklärt ist, indem beispielsweise *Puppe* bei §292 einen bloßen Bezug auf Rechtsfolgen anderer Rechtsvorschriften annimmt und in der Verletzung fremden Jagdrechts deshalb ein echtes Tatbestandsmerkmal sieht (NK § 16 Rdn. 21), während *Kindhäuser* die Jagdwilderei als ein Paradebeispiel für Blankettmerkmale anführt (GA **1990** 420). Und es ist sogar noch eine Steigerung der Verworrenheit möglich, nämlich dadurch, dass die Kommentare zu § 292 die vorstehend dargestellten Kategorien und Kontroversen aus der Irrtumslehre des Allgemeinen Teils bei der Erläuterung der Jagdwilderei geradezu geflissentlich ignorieren.[36]

b) Den Ariadnefaden für einen Ausweg aus diesem dogmatischen Labyrinth findet man durch die Erkenntnis, dass die unrechtsindizierende Kraft des Straftatbestandes, die den eigentlichen Grund für die strengere Behandlung des Verbotsirrtums gemäß § 17 im Vergleich zum Tatbestandsirrtum gemäß § 16 abgibt, bei normativen Tatbestandsmerkmalen schwächer als bei deskriptiven, aber immer noch stärker als bei Blankettmerkmalen ist, weil man etwa eine Einschätzung als „Urkunde“ (normatives Tatbestandsmerkmal) aufgrund einer durchschnittlichen sozialen Kompetenz einigermaßen zuverlässig vornehmen kann, während man über die Reichweite fremden Jagdrechts ohne eine Lektüre des BJG wenig auszusagen vermag. Nicht schon die Kenntnis des Strafgesetzes, sondern erst die zusätzliche Kenntnis der Ausfüllungsnorm kann in diesen Fällen deshalb einen echten Normappell auslösen, und daraus folgt a fortiori, dass Blankettmerkmale in der Irrtumslehre keineswegs strenger behandelt werden dürfen als normative Tatbestandsmerkmale. Wenn jemand irrig annimmt, eine bestimmte Tierart sei im BJG nicht als jagdbar klassifiziert, dann hält er sie also nicht für „Wild“ im Sinne von § 292 Abs. 1 Nr. 1, und entsprechendes gilt, wenn er weder weiß noch in Kauf nimmt, dass abgeworfene Geweihstangen dem ausschließlichen Aneignungsrecht des Jagdausübungsberechtig- **66**

[36] Vgl. die praktisch ohne jede Vernetzung mit der komplizierten Irrtumsdogmatik des Allgemeinen Teils geschriebenen Kommentierungen bei *Hoyer* SK Rdn. 21 f; *Schäfer* LK[10] Rdn. 78 ff; *Sch/Schröder/Eser/Heine* Rdn. 15 f; *Wohlers* NK Rdn. 32 allein aus der Perspektive des Irrtums über normative Tatbestandsmerkmale); ferner *Fischer* Rdn. 16 f und *Kindhäuser* Strafrecht BT II § 11 Rdn. 37 ff, wo nur der spezielle Irrtum über die Eigentumslage behandelt wird.

ten unterliegen. Es handelt sich in diesen Fällen also nicht um einen unbeachtlichen Subsumtionsirrtum, sondern um einen den Tatbestandsvorsatz gemäß § 16 ausschließenden Irrtum über die zur Tatbestandsergänzung unerlässliche Ausfüllungsnorm. Entgegen *Puppe* (NK § 16 Rdn. 21) kann auch der Blankettcharakter der Tatobjekte des § 292 nicht geleugnet werden, weil jede Änderung des BJG den Kreis der dem Jagdrecht unterliegenden Gegenstände ändert und § 292 anstelle einer eigenen inhaltlichen Festlegung eine **dynamische Verweisung** (o. Rdn. 34) trifft, was in der Terminologie des Reichsgerichts den außerstrafrechtlichen Charakter des diesbezüglichen Rechtsirrtums, in derjenigen *Kuhlens* das „Zeitstrukturkriterium"[37] als Grund für die Zuordnung zum Vorsatz statt zum Unrechtsbewusstsein, im Falle eines Irrtums also zu § 16 anstatt zu § 17, ausmacht.

67 c) Weil ein den zoologisch-faktischen Bereich betreffender Irrtum (**„Tatsachenirrtum"**), der hinsichtlich des Tatobjekts eine normative Fehlvorstellung zur Folge hat, nach schlechthin allen Auffassungen einen Tatbestandsirrtum gem. § 16 darstellt (Beispiel: Der Täter hat das von ihm erschossene Rehkitz in der Dämmerung irrig für eine wildernde Hauskatze gehalten), bleiben nur drei spezielle Probleme übrig, die z.T. bereits den objektiven Tatbestand betreffen (bei denen die Irrtumsfrage dann nur das Echo von Auslegungsfragen im objektiven Tatbestand abgibt) und z.T. den „umgekehrten Irrtum" beim Versuch (in der o. Rdn. 43 ff analysierten dogmatischen Sonderform des Nachstellens): aa) ob ein Irrtum über die Tauglichkeit des Objekts in der Alternative des „Nachstellens" relevant ist; bb) ob bei einem sog. „Doppelirrtum" die falsch-positive Zuordnung im normativen Bereich eine falsch-negative Zuordnung im empirischen Bereich gewissermaßen neutralisieren kann; und cc) ob Verwechselungen im Bereich von Eigentum/Aneignungsrecht wegen eines Plus-Minus-Verhältnisses dieser Rechtsgüter vernachlässigbar sein können.

3. Im Einzelnen ergeben sich danach folgende Erscheinungsformen des Irrtums:

68 a) Beim **Nachstellen** liegt vollendete Wilderei wegen der generellen Tendenz der Täterhandlung sogar bei einem klaren Tatsachenirrtum bezüglich des individuellen Objekts vor, wenn der Täter Rehwild jagt und dabei auf einen Hund schießt, den er in der Dunkelheit für ein Reh hält (oben Rdn. 49). Das gleiche gilt, wenn er das aus einem Tiergarten in die freie Wildbahn entkommene (und zu diesem Zeitpunkt noch in fremdem Eigentum stehende) Reh für herrenlos hält. In beiden Fällen geht es eigentlich um eine Frage des objektiven Tatbestandes, nämlich darum, wie „tauglich" das Nachstellen sein muss (näher o. Rdn. 49).

69 b) **Bei Zueignung von Wild ohne vorangegangenes Nachstellen.** Problematisch ist dagegen der Fall, dass der Täter, ohne zuvor nachzustellen (oben Rdn. 43 ff), sich ein Stück Wild zueignet, das er **für herrenlos hält**, während es tatsächlich durch Aneignung bereits im Eigentum des Jagdausübungsberechtigten steht. Als Beispiel käme in Betracht, dass ein Spaziergänger in einer Schlinge einen toten Hasen findet und ihn sich in der Annahme zueignet, ein Wilderer habe die Schlinge gestellt und sich noch nicht der Beute bemächtigt, während tatsächlich der Jagdaufseher im Auftrag des Jagdherren, um den Wilderer zu ertappen, den bereits im Eigentum stehenden Wildkörper in die Schlinge gesteckt hatte (vgl. den Fall RG JW **1902** 298). Entsprechend liegt es, wenn ein Spaziergänger ein

---

[37] AaO (Fn. 34) 370 ff.

aufgebrochenes Reh findet und annimmt, ein Wilderer habe es erlegt und aufgebrochen, aber zunächst liegen lassen, um es später abzuholen, während es – was zur Aneignung genügt (vgl. *Mitzschke/Schäfer* § 1 BJG Rdn. 14) – tatsächlich vom Revierinhaber erlegt und aufgebrochen war. Nach RG JW **1902** 298 war der Täter in einem solchen Fall freizusprechen: Von der früheren Auffassung ausgehend, dass Wild nicht mehr Gegenstand der Wilderei sein könne, wenn es bereits von einem Berechtigten oder Nichtberechtigten „okkupiert" sei, kam Wilderei nicht in Betracht; Diebstahl oder Diebstahlsversuch entfiel, weil der Täter das verendete Wild für herrenlos gehalten hatte. Dieses Ergebnis hat teils Zustimmung (*Preisendanz* Anm. 7), überwiegend aber Widerspruch gefunden. Nach OLG Jena ZfJagdrecht **1907** 281 liegt in einem solchen Fall **vollendete Wilderei** vor, weil ein Tier geeignetes Objekt der Jagdausübung sei, wenn es auch nur nach seiner äußeren Erscheinung herrenlos sei. Anders *Welzel* Strafrecht S. 363: Es genüge das „laienhafte Bewusstsein" des Täters, dass das Wild nicht ihm, sondern einem Dritten „gehört". Denn dogmatisch seien Eigentumsdelikte (Diebstahl, Unterschlagung) qualifizierte Formen der Aneignungsdelikte, das Aneignungsrecht eine Vorstufe des Eigentums; deshalb sei der Zueignungsvorsatz bei beiden gleichartig (**Gleichwertigkeitstheorie**, s. auch *Maurach/Schroeder/Maiwald* I § 38 Rdn. 20; *Jakobs* § 8 Rdn. 56; *Kindhäuser* BT II § 11 Rdn. 42; *ders.* JPK Rdn. 20). Danach begeht objektiv und subjektiv *Unterschlagung*, wer sich Wild zueignet, ohne zu wissen, dass der Jagdausübungsberechtigte es sich schon angeeignet hat, während umgekehrt objektiv und subjektiv Wilderei verübt, wer sich herrenloses Wild im irrigen Glauben zueignet, ein anderer besitze schon Eigentum daran. Eine partielle Gegenmeinung entwickelte *Jagusch* in LK 8. Aufl. Anm. 6: Die Annahme voller Gleichartigkeit des Zueignungsvorsatzes bei Fremdheit und bloßer „Ansprüchigkeit" der Sache sei dogmatisch verfehlt; auszugehen sei von einem „substantiellen Plus-Minus-Verhältnis" (**„Plus-Minus-Theorie"**): Ist das tatsächlich noch herrenlose Wild nach der Annahme des Täters bereits fremdes Eigentum, so liegt danach objektiv Wilderei vor; der weitergehende Unterschlagungs- oder Diebstahlswille des Täters deckt subjektiv voll den Zueignungsvorsatz der Wilderei ab, nicht aber umgekehrt.[38] Im neueren Schrifttum überwiegt dagegen ein prinzipiell entgegengesetzter Standpunkt, der zwischen den Rechtsgütern der Eigentumsdelikte und der Wilderei ein aliud-Verhältnis annimmt (**„aliud-Theorie"**) und deshalb in den genannten Fällen Wilderei entweder aus objektiven oder aus subjektiven Gründen ablehnt und statt dessen nur ein versuchtes Eigentumsdelikt für gegeben hält, wenn der Täter irrig davon ausgeht, an der Sache bestehe bereits Eigentum eines anderen.[39]

Diese letztere, einschränkende Auffassung verdient im Grundsatz den Vorzug, weil die These von der Gleichwertigkeit bzw. dem Plus-Minus-Verhältnis zwischen Eigentumsdelikten und Jagdwilderei dem dualistischen Rechtsgutskonzept des § 292 (o. Rdn. 3) nicht gerecht wird. Allerdings dürfte der Ausweg einer Bestrafung wegen eines versuchten Eigentumsdelikts nur in den Fällen gangbar sein, in denen die irrige Annahme des fremden Eigentums auf einem Sachverhaltsirrtum beruht, während ein „umgekehrter Rechtsirrtum" keinen strafbaren Versuch, sondern ein strafloses Wahndelikt begründet, wenn der Rechtsirrtum die Tatsituation und nicht zeitlich zurückliegende Vorfragen betrifft (*Schünemann* GA **1986** 293, 312 ff). Weil die aliud-Theorie im Ergebnis damit zu weitgehender Straflosigkeit führt, sieht sie sich bei einem Vergleich mit der extensiven 70

[38] So *Arzt/Weber* BT § 16 Rdn. 20; *Lackner/Kühl* Rdn. 5; *v. Löbbecke* MDR **74** 119.

[39] *Hoyer* SK Rdn. 21 f; *Krey/Hellmann* Rdn. 278; *Otto* BT § 50 Rdn. 28; *Rengier* BT 1 § 29 Rdn. 10; *Vollmar* S. 210; *Wessels* JA **2004** 221, 224 f; *Wessels/Hillenkamp* Rdn. 430 ff; *Wohlers* NK Rdn. 34; *Zeng* MK Rdn. 39.

Strafbarkeit des „Nachstellens“ einem argumentum ad absurdum ausgesetzt, das von *Schäfer* in LK 10. Aufl. (Rdn. 80) wie folgt formuliert worden ist: „Wenn wegen vollendeter Wilderei strafbar ist, wer dem aus dem Tiergarten geflüchteten und noch in fremdem Eigentum stehenden Reh nachstellt, es erlegt und sich zueignet, und es keine Rolle spielt, dass er das Tier für herrenlos hielt, so ist kein Grund ersichtlich, warum es in den Fällen anders liegen soll, in denen es – ausnahmsweise – eines besonderen Nachstellens nicht bedarf, weil sich das Wild dem Täter zugriffsfertig, sozusagen auf dem Präsentierteller anbietet (so auch *Waider* GA **1962** 177, 183; *von Löbbecke* MDR **1974** 121). Jede andere Betrachtungsweise würde zu kaum verständlichen Unterscheidungen nötigen: Hat etwa der Jagdausübungsberechtigte das Wild so angeschweißt, dass er es nach den Schusszeichen für erlegt halten darf, so hat er es sich bereits angeeignet (vgl. *Mitzschke/Schäfer* § 1 BJG Rdn. 14). Fände unser Spaziergänger ein solches Wild, das entgegen der Annahme des Jägers noch nicht tot ist, sondern sich noch in geringstem Umfang fortschleppen kann, so läge ein ‚Nachstellen‘, also vollendete Wilderei, vor, wenn der Spaziergänger dem Tier, das er für herrenlos hält, die wenigen Schritte folgt, bis es sich endgültig niedertut und verendet, ein bloßes Sichzueignen mit den daran anknüpfenden vorerörterten Zweifelsfragen aber, wenn er stehen bleibt und abwartet, bis das Wild verendet ist.“ Aber diese Konsequenz müsste wegen des Analogieverbots (Art. 103 Abs. 2 GG) hingenommen werden, und außerdem ist der unterschiedliche Strafbarkeitsumfang beim „Nachstellen“ und bei den übrigen Tathandlungsalternativen gerade in den von *Schäfer* gebildeten Fällen nicht so groß, wie mit ihnen behauptet wird: Das „Nachstellen“ ist darin jeweils auf ein einziges individuelles Tier vinkuliert, und in einem solchen Fall ist bei Untauglichkeit des Tatobjekts der objektive Tatbestand nicht erfüllt und schon deshalb keine Strafbarkeit gegeben (o. Rdn. 49).

c) **Irrtum über die Jagdbarkeit**

71 aa) **Unkenntnis der Jagdbarkeit.** Verwechselt der Täter ein jagdbares mit einem nicht jagdbaren Tier, stellt er z.B. einem Mauswiesel (jagdbar nach § 2 BJG) nach, das er für eine Maus hielt, so liegt vorsatzausschließender **Tatbestandsirrtum** in Form eines Tatsachenirrtums vor (§ 16). Ebenso ist Tatbestandsirrtum anzunehmen, wenn er ein Tier, das er richtig ausmacht, für nicht jagdbar hält, obwohl es zu den jagdbaren Tieren gehört, z.B. er glaubt, der am Tatort jagdbare Marderhund (Enok), der nur in einzelnen Ländern für jagdbar erklärt ist, gehöre nicht zu den jagdbaren, dem Aneignungsrecht des Jagdausübungsberechtigten unterliegenden Tieren. Denn es liegt ein Irrtum über den Inhalt der blankettausfüllenden Norm vor, der aus den o. Rdn. 66 dargelegten Gründen unter § 16 zu subsumieren ist. Das trifft sich im Ergebnis genau mit der reichsgerichtlichen Rechtsprechung: RGSt **10** 234; **22** 141, 148 hatte in einem solchen Irrtum einen beachtlichen außerstrafrechtlichen Rechtsirrtum gesehen und kam damit zum gleichen Ergebnis wie bei Annahme von Tatbestandsirrtum. Demgemäß ist es auch ein vorsatzausschließender Tatbestandsirrtum, wenn der Täter irrig annimmt, das beim Zusammenstoß mit einem Kraftwagen getötete Wild unterliege nicht mehr dem Jagdrecht und jeder dürfe es sich daher aneignen (BGH 2 StR 22/60 v. 24.2.1960 bei *Pfeiffer/Maul/ Schulte* Anm. 1). Das führt dann aber folgerichtig allgemein dazu, auch den Irrtum, Fallwild dürfe man sich aneignen, als vorsatzausschließenden Tatbestandsirrtum aufzufassen. Nach der herkömmlichen, vom Finalismus und der Schuldtheorie geprägten Auffassung zur Behandlung von Blankettmerkmalen (o. Rdn. 65) wäre dagegen ein Irrtum über die blankettausfüllende Norm als **Verbotsirrtum** zu qualifizieren, wie es denn auch konsequent von *Jagusch* LK 8. Aufl. Anm. 6; *Gössel* II § 19 Rdn. 18, 26; *Kindhäuser* GA **1990** 407, 421 f angenommen wird. Wenn in der großen Mehrheit der Kommentare und Lehrbü-

cher zu § 292 demgegenüber die Annahme eines Vorsatzausschlusses favorisiert wird,[40] so ist das wegen der zur Begründung allenfalls angeführten Qualifikation von „Wild" etc. als normatives Tatbestandsmerkmal zwar nicht schlüssig hergeleitet, trifft im Ergebnis aber das Richtige.

Mangels eines Fahrlässigkeitstatbestandes tritt in allen diesen Fällen Straflosigkeit ein, **72** was auch völlig sachgerecht ist. Erstens ist Jagdwilderei aus den o. Rdn. 6 angeführten Gründen ein extrem seltenes Delikt. Zweitens werden glaubhafte Irrtümer über die Jagdbarkeit bei den hauptsächlich in Betracht kommenden Tieren praktisch wohl selten sein; wer ein Gewehr besitzt, hat in der Regel in der *Jägerprüfung* seine Sachkenntnis bewiesen, und dass z.B. Wildkaninchen jagdbar sind, kann sogar als allgemein bekannt angesehen werden (vgl. AG Königstein v. 15.12.1969, EJS III 38 Nr.26). Und drittens wird der Täter bezüglich der Jagdrechtsverletzung meistens zumindest mit *dolus eventualis*, ggf. mit *dolus alternativus* handeln, wonach § 16 nicht mehr zum Zuge kommen kann.

bb) **Irrtümliche Annahme der Jagdbarkeit.** Glaubt der Täter umgekehrt, ein nicht- **73** jagdbares Tier sei jagdbar und unterliege dem Aneignungsrecht des Jagdausübungsberechtigten, z.B. er glaubt, der Marderhund sei auch am Tatort jagdbar, obwohl dies nicht der Fall ist, so liegt bei einem auf das individuelle Tier vinkulierten Nachstellen, beim Erlegen oder Zueignen keine Wilderei vor, denn er kann dadurch fremdes Jagdausübungsrecht nicht verletzen (**Wahndelikt**, o. Rdn. 70). Im Ergebnis ebenso, in der dogmatischen Konstruktion aber anders liegt es, wenn der Täter infolge Versehens in der Dunkelheit einem einzigen Hund (d.h. vinkuliert auf dieses Individuum) nachstellt, den er für ein Reh hält: Dann liegt ein – freilich ebenfalls strafloser (o. Rdn. 49) – untauglicher Versuch des Nachstellens vor.

cc) Als sog. **doppelter Irrtum** werden im Schrifttum die z.T. etwas konstruiert anmu- **74** tenden Fälle erörtert, dass der Täter ein jagdbares Tier mit einem nichtjagdbaren verwechselt, aber glaubt, auch das letztere sei jagdbar, etwa er hält ein Mauswiesel für eine Maus, glaubt aber, auch Mäuse seien jagdbar (Beispiel nach *Baumann*, s. heute *Baumann/Weber/Mitsch* § 21 Rdn. 56). Nach einer verbreiteten Auffassung sollen sich der Sachverhaltsirrtum (Maus statt Mauswiesel) und der umgekehrte Irrtum über den Inhalt der Blankettausfüllungsnorm (eine Maus sei „Wild") in der Weise kompensieren, dass der Vorsatz insgesamt gegeben sei.[41] Aber diese dogmatische Arithmetik ist nicht wirklich überzeugend, denn der umgekehrte Irrtum über die Reichweite des § 2 BJG führt nur zu einem straflosen Wahndelikt (Rdn. 70), und dass der Täter außerdem noch einem Sachverhaltsirrtum unterliegt, ist reiner Zufall und kann deshalb nicht dazu führen, dass die Anwendung der Verbotsnorm des § 292 sinnvoll wäre, d.h. einen rechtsgüterschützenden Effekt hätte.[42] Mit der mindestens ebenso verbreiteten Gegenmeinung[43] ist des-

40 *Fischer* Rdn. 16; *Hoyer* SK Rdn. 21; *Lackner/Kühl* Rdn. 5; *Maurach/Schroeder/Maiwald* I § 38 Rdn. 18; *Mitsch* BT 2 § 1 Rdn. 90; *Sch/Schröder/Eser/Heine* Rdn. 15 mit nicht überzeugenden Gegenbeispielen in Rdn. 16; *Wohlers* NK Rdn. 31 ff.

41 *Baumann/Weber/Mitsch* § 21 Rdn. 57; *Bringewat* MDR **1970** 652 f; *Hirsch* Die Lehre von den negativen Tatbestandsmerkmalen (1960) 226 ff; *Jescheck/Weigend* S. 534; *Kuhlen* aaO (Fn. 32) 497; *Puppe* NK § 16 Rdn. 39 f; *Puppe* GA **1990** 155 ff; *Schäfer* LK[10] Rdn. 84; für einen vergleichbaren Fall auch BayObLG NJW **1963** 310.

42 *Mitsch* BT 2 § 1 Rdn. 91.

43 Außer *Mitsch* (Fn. 42; inzwischen aufgegeben, vgl. Fn. 41); *Jakobs* § 8 Rdn. 59; *Zeng* MK Rdn. 41; *Wohlers* NK Rdn. 25 (der nur das Wahnverbrechen nennt, aber der Weg dahin führt zunächst über die Anwendung des § 16); *Schlüchter* Irrtum über normative Tatbestandsmerkmale im Strafrecht (1983) 123 f; *Haft* JuS **1980** 591; *Kindhäuser* GA **1990** 421 f; *Plaschke* Jura **2001** 235 f (die

halb § 16 anzuwenden und Straflosigkeit anzunehmen, falls §292 nicht unter dem Gesichtspunkt des generellen Nachstellens erfüllt ist.

75 **d) Irrtum hinsichtlich der Befugnis zum Jagen.** Vorsatzausschließender Tatbestandsirrtum liegt vor, wenn der Täter, etwa bei ungewissem Grenzverlauf, glaubt, sich noch im eigenen Revier (der Jagdgast, sich noch im Revier des Jagdherrn) zu befinden. Das gleiche gilt bei einem Irrtum über das Vorliegen einer Einwilligung des Jagdausübungsberechtigten in die Jagdausübung (LG Augsburg vom 7.10.1970, EJS IV S. 47 Nr. 4) und über die Wirksamkeit einer solchen Einwilligung, so der Irrtum, eine wirksame Jagderlaubnis liege auch vor, wenn nur einer von zwei Mitpächtern sie erteilt hat.[44] Verbotsirrtum ist die irrige Annahme des Täters, zur Abwehr von Wildschäden Wildkaninchen auch fangen und erlegen zu dürfen, wenn die gesetzlichen Selbsthilfevoraussetzungen nicht gegeben sind (LG Kiel SchlHA **1957** 162; unten Rdn. 77).

VI. Rechtswidrigkeit

76 **1. Rechtfertigungsgründe des allgemeinen Rechts.** Wirksame **Einwilligung** des Jagdausübungsberechtigten in die Verletzung seines Jagdausübungsrechts schließt die Rechtswidrigkeit aus (dazu o. Rdn. 18 ff). Auch eine **mutmaßliche Einwilligung** des Berechtigten, weil der Täter objektiv in seinem Interesse handelt, kann die Rechtswidrigkeit, bei einem Erlaubnistatbestandsirrtum den Vorsatz ausschließen (vgl. BayObLG NJW **1960** 446). Ferner kommt als Rechtfertigungsgrund des Allgemeinen Teils **Notstand** (§ 228 BGB, § 34 StGB) in Betracht. Unter dem Gesichtspunkt des Notstandes würde etwa der Spaziergänger gerechtfertigt sein, wenn ein wütender Hirsch ihn annimmt und er sich dessen erwehrt, indem er ihn tötet; Wilderei wäre es aber, wenn er sich das verendete Wild oder Teile davon zueignete. Werden in einer Gegend, in der der weiße Storch zur Seltenheit geworden ist, die Störche im Storchennest, ihr Gelege oder Nestlinge von einem jagdbaren Raubvogel (Greif oder Falken) angegriffen, so kann ein Nichtjagdausübungsberechtigter, der ihn abschießt, ausnahmsweise durch Notstand (§ 34) gerechtfertigt sein, wenn andere Mittel zum Schutz der Störche (Verscheuchen des Angreifers, Anrufen des Jagdausübungsberechtigten usw.) nicht ausreichen oder nicht zur Verfügung stehen (**aA** *Wohlers* NK Rdn. 36). Wäre aber der Angreifer selbst ein besonders großes und seltenes Tier, so wären die Störche nicht das höhere Rechtsgut (vgl. OLG Oldenburg v. 22.9.1961, EJS I 82 Nr. 9). Nicht hierher gehört die Tötung schwerverletzten Wildes, um ihm Qualen zu ersparen (vgl. oben Rdn. 52), sowie das Fangen verletzten Wildes, um es gesund zu pflegen, oder vom Muttertier verlassenen Jungwildes, um es durch künstliche Pflege vor dem Eingehen zu bewahren (oben Rdn. 50).

77 **2.** Nach § 26 BJG ist der Eigentümer oder Nutzungsberechtigte eines Grundstücks berechtigt, **zur Verhütung von Wildschäden** das Wild von dem Grundstück abzuhalten oder zu verscheuchen; er darf dabei aber das Wild weder gefährden noch verletzen. Diese Vorschrift schließt weitergehende Abwehrmaßnahmen (Verletzung oder Tötung des Wil-

---

freilich das Mauswiesel irrig für ein Nagetier hält); meine abweich. Auffassung in GA **1986** 313 Fn. 96 gebe ich auf.

[44] So KG JW **1935** 2386; OLG Hamm DJ 1937 1160; **aA** ohne Begr. BayObLG NStZ **1992** 187; ebenso *Sch/Schröder/Eser/Heine* Rdn. 16; *Maurach/ Schroeder/Maiwald* I § 38 Rdn. 19; *Welzel* Strafrecht S. 364: Verbotsirrtum.

des) auf Grund der §§ 228, 229, 904 BGB nicht schlechthin aus, vielmehr ist zu unterscheiden:

a) § **228 BGB** könnte als Grundlage für die Rechtfertigung des Eingriffs in fremdes Jagdausübungsrecht durch Verletzung oder Tötung von Wild in Betracht kommen, wenn dieser Eingriff nicht außer Verhältnis zu der von dem Wild drohenden Gefahr steht. Diese Vorschrift spielt insoweit keine Rolle, als Landesrecht dem Eigentümer oder Nutzungsberechtigten befriedeten Besitztums das Recht einräumt, Raubwild und Wildkaninchen zu töten (oben Rdn. 13). Hier kommt eine Anwendung des § 228 nur ausnahmsweise in Betracht, z.B. wenn der Hauseigentümer einen angeschossenen Keiler tötet, der in einen großen Hausgarten flüchtet und dort enormen Schaden an wertvollen Pflanzen anzurichten droht, der dem Eigentümer nicht ersetzt wird (vgl. §§ 6, 9 Abs. 1 Satz 2, 29 BJG). **78**

b) Für **Schäden**, die **durch** Schalenwild, Wildkaninchen oder Fasanen (sog. **Schadwild**) an einem Grundstück angerichtet werden, erhält der Geschädigte Wildschadensersatz (§ 29 BJG). Deshalb rechtfertigt § 228 keine Abwehrmaßnahmen, die die Verletzung oder Tötung von Schadwild zur Verhütung solcher Schäden zum Gegenstand haben. **79**

c) Für **Schäden, die durch anderes als Schadwild** – z.B. durch Wildtauben, insbes. Ringeltauben, oder durch Hasen – an Grundstücken angerichtet werden oder die etwa von einem umherstreifenden Fuchs dem außerhalb des befriedeten Besitztums befindlichen Hausgeflügel drohen, erhält der Eigentümer (Nutzungsberechtigte) zwar keinen Wildschadensersatz. Im gemeinschaftlichen Jagdbezirk nimmt er aber immerhin als Jagdgenosse an dem Ertrag der Jagdnutzung (dem vom Jagdpächter gezahlten Pachtzins) teil und erhält dadurch einen gewissen Schadensausgleich. Daraus ergibt sich seine Pflicht, die Schadensabwehr zunächst dem Jagdausübungsberechtigten zu überlassen, der auch, wenn übermäßiger Wildschaden droht, gemäß § 27 BJG von der Jagdbehörde zur Verminderung des Wildbestandes angehalten werden kann oder die Verminderung durch die Jagdbehörde hinnehmen muss. Erst wenn Abwehrmaßnahmen des Jagdausübungsberechtigten nicht ausreichen oder zu spat kämen und wenn außerdem der Schaden durch den Eingriff in das fremde Jagdrecht nicht außer Verhältnis zu der von dem Wild drohenden Gefahr steht, können Abwehrmaßnahmen des Grundeigentümers, die über § 26 BJG hinausgehen, durch § 228 BGB gerechtfertigt sein. Unter diesen Gesichtspunkten kann der Grundeigentümer rechtmäßig handeln, der außerhalb des befriedeten Besitztums den in dessen Nähe umherstreifenden Fuchs abschießt, weil er dem Hausgeflügel gefährlich wird (vgl. BayObLGSt **1963** 158 = GA **1964** 120 mit z.T. abweichender Begr.; vgl. dazu *Mitzschke/Schäfer* §26 BJG Rdn. 5 ff). **80**

VII. Vollendung und Beendigung; Teilnahme

1. Soweit es sich um das Merkmal des **Nachstellens** handelt, ist die Tat **rechtlich vollendet**, sobald der Täter mit Handlungen begonnen hat, die auf Fang, Erlegung oder Sichzueignung jagdbaren Wildes gerichtet sind (oben Rdn. 43), praktisch also schon mit dem Betreten des Jagdbezirkes, das er zur Auffindung von Wild, zum Legen von Schlingen usw. aufgesucht hat. Strafbarer Beginn und Vollendung fallen also zusammen. Kommt es im Zuge des Nachstellens zum Fangen, Erlegen und Sichzueignen von Wild, so handelt es sich nur um rechtlich unselbständige Bestandteile (Modalitäten) des Nachstellens. **81**

82 2. Eine andere Frage ist, wann die **rechtlich vollendete** Tatform des Nachstellens **tatsächlich beendet** ist. Die ursprünglich bei den *Dauerdelikten* entwickelte Unterscheidung zwischen **formeller Vollendung** und **materieller Beendigung** samt ihren dogmatischen Konsequenzen (Hinausschieben des Verjährungsbeginns, zeitliche Ausdehnung der Möglichkeit strafbarer Beteiligung und der Verwirklichung von Qualifikationsmerkmalen) ist zwar bei den meisten anderen Deliktstypen wegen der die Wortlautgrenze überschreitenden und damit dem Analogieverbot des Art. 103 Abs. 2 GG unterfallenden Strafbarkeitsausdehnung abzulehnen,[45] besitzt aber bei § 292 insoweit eine Berechtigung, als der Beginn der Strafbarkeit hier durch das Merkmal des „Nachstellens" sehr weit vor die eigentliche Rechtsgutsverletzung verlagert worden ist, während die späteren, eigentlichen Verletzungshandlungen als zusätzliche Tathandlungen erfasst und damit (anders als etwa die Phase der Beutebergung beim Diebstahl) für ebenfalls strafbar erklärt werden. Hat der Täter beim Nachstellen einen Hirsch erlegt, den er sich sodann zueignet, so bildet die gesamte „fortgesetzte" Jagdwilderei eine **tatbestandliche Handlungseinheit**[46], die erst mit dem Sichzueignen beendet ist. Auf dem Boden der allgemeinen Theorie der materiellen Beendigung wäre wiederum die Zueignungshandlung als letzte Tathandlung, d.h. die Begründung einer eigentumsähnlichen tatsächlichen Verfügungsmacht (oben Rdn. 53), selbst erst beendet, wenn eine gesicherte faktische Entkräftung des Aneignungsrechts des Jagdausübungsberechtigten und dementsprechend eine Verfestigung des Besitzstandes des Täters im Sinne einer leichteren Betätigung der angemaßten eigentümerähnlichen Stellung erreicht ist, etwa wenn der Wilderer mit der Beute zu Hause angelangt ist. Aber die dadurch drohende Missachtung der gesetzlichen Tatbestandsgrenzen kann bei § 292 vermieden werden, wenn man – als Pendant zum Betreten des Reviers als Beginn des „Nachstellens" – erst das Herausschaffen der Beute als Vollendung der Zueignungshandlung begreift. Im Unterschied zum Einstecken der Ware in die eigene Kleidersphäre beim Diebstahl in einem Selbstbedienungsladen[47] ist die Zueignung etwa mit dem Aufladen des erlegten Hirschs auf eine Plane noch nicht vollendet, weil allein schon wegen der Möglichkeit jederzeitiger Kontrolle durch einen Jagdschutzberechtigten und wegen der sozialen Zuordnung des Wildes zum Jagd(ausübungs)berechtigten in seinem Revier noch kein Gewahrsamswechsel eintritt, solange sich die Beute noch in dem Jagdbezirk befindet, in dem sie erlegt wurde.

83 3. **Verhältnis von Beihilfe zur Wilderei zu Begünstigung und Hehlerei.** Die Frage, wie die Handlungsweise **eines Dritten** zu bewerten ist, der **nach rechtlicher Vollendung, aber vor Beendigung** dem Wilderer bei der Sicherung der Beute durch Abtransport Hilfe leistet oder die Merkmale des § 259 verwirklicht (vgl. oben Rdn. 37), mündet in das allgemeine und deshalb an dieser Stelle nicht weiter zu erörternde Problem der Behandlung der Fälle, in denen eine helfend-begünstigende oder eine hehlerische Handlung in das Stadium zwischen rechtlicher Vollendung und tatsächlicher Beendigung einer Tat fällt (vgl. dazu *Sch/Schröder/Stree* Rdn. 8 zu § 257; Rdn. 15 zu § 259). Die Wilderei wirft insoweit keine speziellen Probleme auf. Folgt man der herkömmlichen Meinung (vgl. insbes. BGHSt **4** 133; VRS **16** 267), so würde, wenn B dem Wilderer A beim Abtransport

---

45 Zur Kritik vgl. *Schünemann* LK § 27 Rdn. 39 ff; *Roxin/Schünemann/Haffke* Strafrechtliche Klausurenlehre (4. Aufl. 1982) 232 f; *Kühl* FS Roxin, S. 665 ff.

46 Dazu allgemein BGHSt (GrS) **40** 138 (157 ff); *Rissing-van Saan* LK Vor §§ 52 ff Rdn. 20 ff; *Roxin* Strafrecht AT II Rdn. 19 ff.

47 BGHSt **16** 271 (273 f); *Joecks* § 242 Rdn. 18; *Lackner/Kühl* § 242 Rdn. 16; *Maurach/Schröder/Maiwald* I § 32 Rdn. 26; *Otto* ZStW 79 (1967), 61 f; *Wessels/Hillenkamp* Rdn. 115.

des erlegten Wildes hilft und darin keine Mittäterschaft liegt, Beihilfe zur Wilderei vorliegen, wenn er die Wilderei beenden helfen will, Begünstigung aber, wenn er ihm die Vorteile der Wilderei sichern helfen will. Aber diese Unterscheidung ist eine bloße Fiktion, weil der Dritte einen bestimmten tatsächlichen Erfolg erreichen will, dessen rechtliche Qualifikation (Beihilfe oder Begünstigung?) nicht nach seinem Belieben, sondern durch eine Auslegung des Gesetzes vorzunehmen ist: Unterstützt der Dritte **vor Vollendung** der Zueignung und damit noch während der in strafbarer Form anhaltend verwirklichten Jagdwilderei den Täter (nach der vorstehend begründeten Auffassung also bis zur Reviergrenze), so ist das allemal eine **Beihilfe; nach Vollendung** kommen, wenn die jeweiligen Voraussetzungen erfüllt sind, **Hehlerei** oder **Begünstigung** in Betracht. In der Zubereitung des Wildbrets zum Verzehr liegt übrigens auch nach herkömmlicher Auffassung keine Beihilfe zur Wilderei, weil die Tat in diesem Zeitpunkt nach allen denkbaren Auffassungen bereits beendet ist (vgl. LG Schweinfurt EJS III 34 Nr. 20).

4. Unabhängig von diesem Problem ist die Frage, ob vor oder nach tatsächlich been- **84**
deter Wilderei **das erlegte Wild Gegenstand der Wilderei durch einen Dritten** sein kann. Hat A das im Jagdbezirk des B erlegte Wild zunächst in den benachbarten Jagdbezirk des C verbracht und dort versteckt, um es demnächst zu holen, und nimmt D, der dies beobachtete, dem A zuvorkommend und damit dessen „Nachstellen" ein Ende setzend, das Wild an sich, so begeht D Wilderei, denn er eignet sich unter Verletzung des Jagdausübungsrechts des C eine dem Jagdrecht unterliegende Sache zu. So auch im Ergebnis *Furtner* JR **1962** 414. Dessen abweichender Begründung – D verletze das Jagdausübungsrecht des B – kann allerdings nicht beigetreten werden; es trifft nicht zu, dass sich das Aneignungsrecht des C „auf Wild des Nachbarreviers nur dann erstreckt, wenn es im Wege des natürlichen Wildwechsels dorthin gekommen ist"; verschleppt z.B. Raubwild verendetes Wild von einem Jagdbezirk in den anderen, so ist der am Fundort Jagdausübungsberechtigte aneignungsberechtigt; s. dazu auch *Mitzschke/Schäfer* § 1 BJG Rdn. 23. In gleicher Weise begeht ein Dritter Wilderei, der nach vollendeter Wilderei dem Wilderer das Wild entwendet (oben Rdn. 36).

5. Für **die Teilnahme an der Tat des Wilderers** gelten im Übrigen die allgemeinen **85**
Vorschriften. **Treiber** und ähnliche Hilfspersonen waren nach herkömmlicher Auffassung in der Regel nur Gehilfen, weil sich ihre Mitwirkung darauf beschränkt, dem Täter durch Entfaltung einer mechanischen Tätigkeit als Mittel und Werkzeug zu dienen; je nach Tatherrschaft und Willensrichtung sollten sie aber im Einzelfall auch Mittäter sein können.[48] Nach der entgegengesetzten Auffassung von *Roxin* (Täterschaft und Tatherrschaft [8.Aufl. 2006] 351 f) könne es nur vom Standpunkt einer extremen „Animus"-Theorie auf einen Täterwillen ankommen, vom Standpunkt der Tatherrschaftslehre liege ein klassischer Fall der Mittäterschaft vor, da der Treiber zumindest das Merkmal des Nachstellens in eigener Person erfülle. Nachdem nunmehr auch die Drittzueignung ausdrücklich für tatbestandsmäßig erklärt ist, wird man in der Tat Mittäterschaft annehmen müssen, falls der Treiber nicht in völlig nebensächlicher Weise mitwirken soll.

---

48 RG GA 54 480; *Fischer* Rdn. 19; vgl. auch OLG Stuttgart JW **1931** 3469.

VIII. Besonders schwere Fälle (Absatz 2)

86 **1. Bedeutung der „benannten" besonders schweren Fälle.** Absatz 2 sieht für besonders schwere Fälle eine Strafverschärfung in Form einer erhöhten Mindest- und Höchststrafe vor. Dabei zählt Absatz 2 Satz 2 in drei Nummern sieben typischerweise besonders schwere Fälle auf.

87 2. Die **sieben Regelbeispiele sind weder erschöpfend noch zwingend**, doch haben sie eine *Indiz-, Analogie-* und *Gegenschlusswirkung* (näher *Fischer* § 46 Rdn. 90 ff; speziell zu § 292 *Hoyer* SK Rdn. 25; *Wohlers* NK Rdn. 38). Absatz 2 ist nicht nur hinsichtlich des Absatzes 1 Nr. 1 (Nachstellen usw.), sondern auch hinsichtlich Nr. 2 anwendbar (BayObLGSt **1963** 87), wenn auch ein Teil der besonders genannten Erschwerungsgründe (Begehung zur Schonzeit, Anwendung von Schlingen) bei den dem Jagdrecht unterliegenden Sachen (§ 1 Abs. 5 BJG) nicht einschlägig ist (vgl. KG JW **1937** 763). Wegen der Beschränkung des Abs. 2 auf die Fälle „primärer" Wilderei vgl. oben Rdn. 36 am Ende.

3. Gewerbs- und gewohnheitsmäßige Wilderei (**Abs. 2 Nr. 1**)

88 a) **Gewerbsmäßigkeit** setzt voraus, dass sich der Täter durch wiederholte Begehung der Tat eine fortlaufende Einnahmequelle verschaffen will; **Gewohnheitsmäßigkeit** liegt vor, wenn die Tat auf einem durch die wiederholte Begehung erworbenen Hang zu dem betreffenden Verbrechen beruht (*Rissing-van Saan* LK Vor §§ 52 ff Rdn. 80) – so dass schon die erste Tat gewerbsmäßig, nicht aber gewohnheitsmäßig begangen sein kann (*Wohlers* NK Rdn. 40; **aA** *Kindhäuser* BT II 1 § 11 Rdn. 24). Wer in der Absicht, ein einziges Mal Wild zu erlegen, öfter dem gleichen Stück Wild nachstellt, handelt noch nicht gewohnheitsmäßig (BayObLGSt **1956** 51). Zur Gewerbsmäßigkeit genügt, dass der Täter das Wild in seinem Haushalt verbrauchen will (RG JW **1936** 3003). Gewerbs- und Gewohnheitsmäßigkeit sind besondere persönliche Merkmale analog §28 Abs. 2 (RGSt **23** 378).

89 b) Der Rechtsnatur der Regelbeispiele entsprechend, muss der Richter nach Feststellung der Gewerbs- oder Gewohnheitsmäßigkeit zusätzlich prüfen, ob auch die dadurch nur indizierte Annahme eines besonders schweren Falles gerechtfertigt ist. Das ist etwa im Falle der Gewerbsmäßigkeit für die erste Tat normalerweise zu verneinen (BGHSt **22** 44, allerdings zur alten drakonischen Strafdrohung ergangen).

90 4. **Die unweidmännische Tatbegehung** (**Abs. 2 Nr. 2**). Diese Gruppe von drei deskriptiven Regelbeispielen als Unterfälle der vierten, normativen Kategorie der Verletzung der weidmännischen Regeln ist, weil Jagdwilderei ab ovo diese Regeln missachtet und u.U. (z.B. aus Tarnungsgründen) zwangsläufig missachten muss, als Grund für eine Strafschärfung zweifelhaft (*Arzt/Weber* § 16 Rdn. 16), weshalb sie **restriktiv** auszulegen ist und ihr auch nur eine reduzierte indizielle Wirkung beigelegt werden darf. Im Einzelnen gilt folgendes:

91 a) **Nachtzeit** ist die Zeit der Dunkelheit, d.h. die Zeit zwischen dem Ende der Abenddämmerung und dem Beginn der Morgendämmerung (KG JW **1937** 763). Die Begriffsbestimmung der Nachtzeit in § 19 Abs. 1 Nr. 4 BJG spielt hier keine Rolle. Auf Wetter und Sichtverhältnisse (z.B. mondhelle Nacht) kommt es nicht an. Nr. 2 findet auch Anwendung, wenn der Täter sich zur Nachtzeit dem Jagdrecht unterliegende Sachen (Abs. 1 Nr. 2) zueignet, denn die ratio des Qualifikationsgrundes – Erschwerung der Entdeckung und Verfolgung des Täters und der dadurch geschaffene erhöhte Anreiz zum Wildern –

trifft auch hier zu (KG aaO). Anders liegt es, wenn ein Kraftfahrer zur Nachtzeit unbeabsichtigt auf der Straße mit einem Reh zusammenstößt, das getötete Tier aufnimmt – das gebietet, soweit es nicht schon landesrechtlich vorgeschrieben ist, die ihm aus der Herrschaft über die Unfallstelle erwachsende Pflicht, Gefahren für die nachfolgenden Fahrzeuge zu vermeiden (vgl. *Mitzschke/Schäfer* § 1 BJG Rdn. 33) – und sich erst dann zur Zueignung entschließt; dann fehlt es in der Regel an der vom Gesetz vorausgesetzten Beziehung zwischen Nachtzeit und Tatbegehung (BayObLGSt **1963** 89).

b) **Schonzeit** (vgl. § 22 BJG) ist die in der BundesVO über die Jagdzeiten vom 2.4.1977 (BGBl. I 531) und in landesrechtlichen abweichenden Vorschriften festgesetzte Zeit. Der Strafschärfungsgrund liegt hier in dem Gesichtspunkt der Wildökologie. Eine Schonzeitvorschrift stellt auch das Verbot des § 22 Abs. 4 BJG dar, in den Setz- und Brutzeiten bis zum Selbständigwerden der Jungtiere die für die Aufzucht notwendigen Elterntiere, auch die von jagdbaren Tierarten ohne Schonzeit, zu bejagen. Da die Vorschriften über die Schonzeit nur den Schutz lebenden Wildes bezwecken, fallen Aufsuchen und Sichzueignen von verendetem Wild, Fallwild und Abwurfstangen während der Schonzeit nicht unter Absatz 2 (RGSt **15** 268; KG JW **1937** 763; BayObLGSt **1963** 88). Dagegen ist nach § 22 Abs. 4 Satz 4, 5 BJG das Ausnehmen der Gelege (der Nester und der darin befindlichen Eier) des Federwildes – mit Ausnahme des Sammelns der Eier bestimmter Tauben- und Möwenarten – aus Gründen der Bestandserhaltung ganzjährig verboten; diesem Sinn der Vorschrift entsprechend wird jetzt eine Zuwiderhandlung gegen dieses Verbot durch den Jagdausübungsberechtigten als Schonzeitvergehen i.S. des § 38 BJG anzusehen sein (ebenso *Lorz/Metzger* § 38 BJG Rdn. 2) und demgemäß auch das Beschädigen, Zerstören und Sichzueignen von Eiern des Federwilds durch den Wilderer unter § 292 Abs. 2 fallen. Zum Vorsatz (§ 16 analog) gehört das Wissen, dass die Tatzeit in die gesetzliche Schonzeit fällt (BayObLGSt **1956** 51; OLG Celle NJW **1954** 1618; OLG Koblenz EJS III S. 38 Nr. 28). 92

c) **Unter Anwendung von Schlingen.** § 19 Abs. 1 Nr. 8 BJG verbietet dem zur Ausübung der Jagd Befugten, Schlingen jeder Art, in denen sich Wild fangen kann, aufzustellen (Ordnungswidrigkeit nach § 39 Abs.1 Nr. 5 BJG). An diese Vorschrift knüpft das vorliegende Qualifikationsmerkmal an. Schlingen sind auch die Lauf- und Hängedohnen. Dagegen sind Fangnetze und Fanggeräte keine Schlingen (RGSt **43** 162); sie fallen vielmehr unter den Begriff der Fanggeräte i.S. des § 19 Abs. 1 Nr. 9 BJG, deren Anwendung nur dann eine Tatbegehung „in anderer nicht weidmännischer Weise" (unten Rdn. 94) bedeutet, wenn sie nicht unversehrt fangen oder nicht sofort töten. „Unter Anwendung" von Schlingen bedeutet, dass der Täter das Legen der Schlingen zwecks Wilderns selbst bewirkt hat oder durch einen Gehilfen hat bewirken lassen. Wer nur Kenntnis erhält, dass ein Dritter Schlingen gelegt hat, und sie aufsucht, um sich das darin schon gefangene Wild zuzueignen, oder wer nur zufällig ein in der Schlinge des Wilderers gefangenes Tier findet und sich zueignet, wildert zwar, aber nicht unter Anwendung von Schlingen, denn er hat nicht den erschwerenden Umstand geschaffen, der darin besteht, dass das Legen von Schlingen geeignet ist, dem darin gefangenen Wild schwere Qualen zu bereiten (RG DJZ **1905** 220; BayObLGSt **1963** 88; **aA** *Fischer* Rdn. 24). 93

d) **In anderer nicht weidmännischer Weise**

aa) **Begriff.** Nach § 1 Abs. 3 BJG sind bei der (befugten) Ausübung der Jagd die allgemein anerkannten Grundsätze deutscher Weidgerechtigkeit zu beachten. Der Inbegriff der Weidgerechtigkeit ist die ethische Einstellung des Jägers zum Wild, die in dem Satz gipfelt, dass das Erlegen des Wildes so schmerzlos wie möglich zu erfolgen hat (vgl. 94

§ 22a BJG); die ethische Einstellung bestimmt sowohl die Art und Weise der Jagdausübung als auch die Erhaltung und Hege des Wildes. In gewissem Umfang umfasst die Weidgerechtigkeit auch „ungeschriebene Gesetze der Weidgerechtigkeit" (vgl. zu alledem *Mitzschke/Schäfer* § 1 BJG Rdn. 45 ff). Der „unbestimmte Rechtsbegriff" der allgemein anerkannten Grundsätze deutscher Weidgerechtigkeit ist aber nicht verwendbar als Grundlage für die Umgrenzung dessen, was beim Wilderer ein Handeln „in anderer nicht weidmännischer Weise" i.S. des § 292 Abs. 2 Nr. 2 darstellt. Das ergibt sich schon daraus, dass beim Jäger, an dessen Verhalten, was die „Weidgerechtigkeit" betrifft, ohnedies höhere Anforderungen als beim Wilderer zu stellen sind, nach § 17 Abs. 2 Nr. 4, § 18 BJG erst ein schwerer oder wiederholter Verstoß gegen die Grundsätze des § 1 Abs. 3 BJG die **fakultative** Versagung oder Einziehung des Jagdscheins rechtfertigt, während beim Wilderer schon ein leichter und einmaliger Verstoß die Erschwerungsform des § 292 Abs. 2 Nr. 2 verwirklichen würde (so mit Recht BayObLGSt **1959** 312 = NJW **1960** 446). Die auch aus Gründen der Rechtstaatlichkeit nötige Fixierung und Umgrenzung des Begriffs des Handelns in „nicht weidmännischer Weise" erfordert vielmehr, dass darunter nur Verhaltensweisen fallen, die **a)** entweder, bei befugter Jagdausübung begangen, den Tatbestand einer Zuwiderhandlung gegen die straf- oder bußgeldbewehrten Verbote in §§ 19 Abs. 1, 21 Abs. 3 BJG oder in den gemäß § 19 Abs. 2 BJG ergangenen landesrechtlichen Vorschriften verwirklichen, oder **b)** nach ihrem Unrechtsgehalt den in § 292 Abs.2 Nr. 2 genannten Beispielen entsprechen, weil sie eine empfindliche Schädigung des Wildbestandes bedeuten oder geeignet sind, dem Wild besondere Qualen zu verursachen. Gegenüber bereits verendetem Wild oder Fallwild kommt Wildern in unweidmännischer Weise deshalb nicht in Betracht (BayObLGSt **1963** 88).

95 bb) **Einzelfälle.** Nicht jede Abweichung von der beim Jäger üblichen Erlegungsart begründet die Annahme eines Handelns in nicht weidmännischer Weise, so nicht das Töten von Kaninchen mit Knüppeln (LG Torgau DJ **1937** 45), das Erlegen eines Hasen durch einen Schlag mit der Peitsche oder Heugabel (LG Freiburg DJ **1937** 586), das Bejagen von Kaninchen mit Frettchen und Fangnetzen (KG DJ **1937** 980), das Töten eines geringen Wildschweins durch Schläge auf den Kopf und Abstechen (BayObLG NJW **1960** 446). Das dem Jäger durch § 19 Abs. 1 Nr. 11 BJG verbotene Beschießen eines Stückes Wild aus Kraftfahrzeugen oder aus maschinengetriebenen Wasserfahrzeugen ist vor allem deshalb auch i.S. des § 292 Abs. 2 Nr. 2 unweidmännisch, weil die Gefahr schlechter Treffer mit der Folge qualvollen Verluderns des angeschossenen Wildes besteht (LG Hildesheim EJS IV S. 49 Nr. 11). Wegen der Bereitung besonderer Qualen für das Wild liegt ein Handeln in unweidmännischer Weise vor, wenn der Täter Fasanen in reusenartigen Fallen fängt, wo sie unter schweren Leiden verenden (AG Bad Dürkheim EJS IV S. 51 Nr. 19), oder wenn er das vor dem Hund in einen hohlen Baum geflüchtete Kaninchen dadurch erlegt, dass er den Hund in den Baum hineinlässt, der das Kaninchen langsam zu Tode beißt (OLG Hamm JMBlNRW **1954** 227). Weitere Fälle: das Jagen mit Kleinkalibergewehren wegen ihrer ungenügenden, für das angeschossene Wild mit Qualen verbundenen Schusswirkung (AG Lübeck EJS I S. 79 Nr. 22; Regensburg EJS II S. 28 Nr. 30), die Unterlassung sofortiger Nachsuche auf krankgeschossenes Wild (AG Peine EJS III S. 30 Nr. 1), die durch § 19 Abs. 1 Nr. 15 verbotene Auslegung vergifteter Köder, z.B. vergifteter Kartoffeln, um dem Schwarzwild damit nachzustellen (AG Stromberg EJS II S. 24 Nr. 16).

96 cc) **Subjektive Voraussetzungen.** Das Regelbeispiel der nicht weidmännischen Weise muss analog §§ 15, 16 vom **Vorsatz** des Wilderers umfasst sein. Dazu ist aber nicht erforderlich, dass er die Art seiner Jagdausübung als besonders schweren Fall angesehen hat (OLG Hamm JMBl. NRW **1954** 227). Er muss vielmehr nur die Tatsachen kennen, welche die erschwerenden Umstände begründen, womit er eo ipso auch die erforderliche Parallelwertung in der Laiensphäre besitzt. Soweit es sich um die auch für den Jagdbefugten geltenden Verbote des § 19 BJG handelt, ist nicht erforderlich, dass der Täter diese Vorschriften gekannt hat. Es genügt die Vorstellung, dass man so nicht jagen darf, z.B. reicht bei einem Wildern mit Scheinwerfern (§ 19 Abs. 1 Nr. 5) aus, wenn der Täter sich bewusst war, dass nicht die bloße Liebe zur Natur und ihren Geschöpfen und die Achtung vor der Schöpfung es verbieten, das Wild bei der Bejagung seiner natürlichen Schutzmittel zu berauben und seine durch die Blendung herbeigeführte fehlende Flucht- und Tarnungsmöglichkeit auszunutzen (so *Schäfer* LK[10] Rdn. 93; OLG Celle MDR **1956** 54), sondern dass darin auch ein wildökologisches Prinzip der natürlichen Auslese verkörpert ist.

5. **Von mehreren mit Schusswaffen ausgerüsteten Beteiligten gemeinschaftlich (Abs. 2 Nr. 3).** Erforderlich ist, dass mindestens zwei Beteiligte (scil. einschließlich Teilnehmer) sich am Tatort der Wilderei schuldig machen und dass mindestens zwei von ihnen mit einer Schusswaffe versehen sind.[49] Erschwerte Wilderei liegt daher nicht vor, wenn von zwei unberechtigt Jagenden der eine, weil gutgläubig, unvorsätzlich handelt (RGSt **17** 412, 413), oder wenn der mit Einwilligung des Jagdausübungsberechtigten Jagende bewusst gemeinsam mit einem Nichtberechtigten jagt (OLG Hamburg GA **44** 402). Auch wenn die Voraussetzungen des benannten Regelbeispiels nicht gegeben sind, kann aber ein besonders schwerer Fall angenommen werden, wenn eine größere Zahl von Tätern und Gehilfen, wenn auch überwiegend ohne Waffen, beteiligt sind (RG DJ **1937** 80). Die im Schrifttum vertretene Auffassung, dass es sich auch nach der Neufassung durch das 6. StrRG um die Mitwirkung von mindestens zwei **Mittätern** handeln müsse,[50] ignoriert den nach der „Andeutungstheorie" verbindlichen Willen des Gesetzgebers und ist deshalb nicht überzeugend. Der Qualifikationsgrund der Ausrüstung mit Schusswaffen besteht in der größeren Gefährlichkeit sowohl für das Wild als auch für die Aufsichtspersonen, wobei die Ausrüstung mehr als eines Beteiligten erforderlich ist, weil das Mitführen einer Schusswaffe der Normalfall der Jagdwilderei ist. Es handelt sich deshalb auch nicht um ein besonderes persönliches Merkmal analog § 28 Abs. 2, so dass es allen Beteiligten zugerechnet wird, die davon wussten. **97**

6. Als **besonders schwerer Fall außerhalb der sieben Regelbeispiele** kommt – abgesehen von dem in Rdn. 97 am Ende genannten – z.B. in Betracht die Wilderei auf Wildarten, deren Bejagung in bestimmten Bezirken oder in bestimmten Revieren auch dem Jagdausübungsberechtigten verboten ist, weil ihr Bestand bedroht erscheint (vgl. § 21 Abs. 3 BJG), oder die Wilderei, die sonst mit einer besonders schweren Schädigung des Wildbestandes verbunden ist. **98**

---

49 So der im Gesetz klar zum Ausdruck gekommene Wille des Gesetzgebers des 6. StrRG, s. BTDrucks. 13/8587, S. 68; 13/9064, S. 21.

50 *Hoyer* SK Rdn. 29; s. *Fischer* Rdn. 25; *Kindhäuser* BT II § 11 Rdn. 26; *Lackner/Kühl* Rdn. 6; *Sch/Schröder/Eser/Heine* Rdn. 27; *Wohlers* NK Rdn. 45; wie hier die h.L., *Zeng* MK Rdn. 60; *Mitsch* BT 2 § 1 Rdn. 97; *ders.* ZStW **111** (1999) 120; *Wessels/Hillenkamp* Rdn. 436.

IX. Zulässige Nebenfolgen

99 Wegen der neben der Strafe **zulässigen Nebenfolgen** vgl. § 295 (Einziehung) und § 41 Abs. 1 Nr. 3, Abs. 2 BJG (Entziehung des Jagdscheins und Anordnung einer Sperrfrist für die Erteilung eines neuen Jagdscheins).

X. Konkurrenzen

100 1. **Fortgesetzte** Wilderei konnte nach der alten Rechtslage auch durch Jagen in verschiedenen Jagdbezirken begangen werden, da das Jagd- oder Jagdausübungsrecht kein höchstpersönliches Rechtsgut ist (RGSt **43** 134, 135; GA **59** 142). Seit der weitgehenden Aufgabe dieser Rechtsfigur durch BGHSt (GrS) **40** 138 bleibt nur noch die Möglichkeit einer *tatbestandlichen Handlungseinheit* übrig, indem ein ausgedehntes „Nachstellen" die dabei begangenen einzelnen Fang-, Erlegungs- und Zueignungsakte zusammenschließt (s.o. Rdn. 43).

101 2. **Tateinheit** kommt insbes. in Betracht mit unerlaubtem Führen einer Schusswaffe – §§ 51, 52 WaffenG – (RGSt **71** 40, 41), namentlich aber mit § 17 TierschutzG. Soweit jedoch die Tierquälerei in der Anwendung von Schlingen besteht, wird die Tierquälerei durch § 292 Abs. 2 aufgezehrt (BayObLGSt **1956** 287 = NJW **1957** 720).

102 3. Einer **Verletzung der jagdrechtlichen Straf- und Ordnungswidrigkeitentatbestände** der §§ 38, 39, 42 BJG **(sog. Jagdfrevel)** kann sich der Wilderer nicht schuldig machen, da sich diese Vorschriften (mit hier nicht interessierenden Einschränkungen) nur an den zur Jagdausübung Berechtigten richten. Tateinheit zwischen § 292 und §§ 38, 39 BJG ist daher begrifflich ausgeschlossen; demgemäß wird der Wilderer, der in der Schonzeit jagt, nicht auch nach § 38 BJG, sondern nur nach § 292 Abs. 1 bestraft (ebenso *Lorz/Metzger* BJG Einl. Rdn. 30; aA *Vollmar* 77 f). Dies gilt insbesondere auch, wenn der Wilderer jagt, ohne einen gültigen Jagdschein mit sich zu führen (§ 39 Abs. 2 Nr. 1 BJG), da die Jagdscheinpflicht den Wilderer nicht treffen kann (RGSt **70** 220 [unter Aufgabe von RGSt **22** 234]; OLG Celle GA **1956** 325; h.M.). Soweit das im Schrifttum noch immer streitig ist (vgl. die abweichenden Auffassungen von *Sch/Schröder/Eser/Heine* Rdn. 20; weitere Nachweise aus dem jagdrechtlichen Schrifttum bei *Mitzschke/Schäfer* § 39 BJG Rdn. 26), hat die Streitfrage jedenfalls für die Ordnungswidrigkeiten des § 39 BJG ihre praktische Bedeutung verloren, weil auch dann, wenn Tateinheit von § 292 mit § 39 BJG in Betracht käme, nach § 21 OWiG nur das Strafgesetz anzuwenden ist. Erfüllt der Täter jedoch nur den objektiven Tatbestand der Wilderei, weil es am Vorsatz fehlt (z.B. er nimmt irrtümlich an, eine gültige Jagderlaubnis zu besitzen), so ist es nur folgerichtig, ihn nach Maßgabe seines Vorstellungsbildes zu behandeln, also z.B. § 39 Abs. 2 Nr. 2 BJG als verletzt anzusehen, wenn er bei der vermeintlich berechtigten Ausübung der Jagd einen gültigen Jagdschein nicht mit sich führt (KG DStR **1938** 398 m. Anm. *K. Schäfer; Lorz/Metzger* BJG Einl. Rdn. 31), oder ihn beim Jagen in bestimmten Schonzeiten nach § 38 BJG zu bestrafen.

XI. Reformbestrebungen

103 Nach dem E 1962 sollten die Strafvorschriften zum Schutz der Jagd und der Fischerei (§§ 276 ff) zwar in den 3. Abschnitt des Bes. Teils („Straftaten gegen das Vermögen") eingestellt, ihre besondere Zielrichtung, nicht bloß fremde Vermögensrechte, sondern

auch Rechtsgüter der Allgemeinheit zu schützen, aber dadurch zum Ausdruck gebracht werden, dass sie in einem besonderen Titel („Jagd- und Fischwilderei“) vereinigt wurden. In der Umschreibung des Tatbestandes der Wilderei folgte der Entwurf im Wesentlichen dem geltenden Recht. In der Strafschärfung für besonders schwere Fälle nahm der E 1962 z.T. das 6. StrRG vorweg, doch wurde im Gegensatz zu § 292 Abs. 2 Nr. 2 das Merkmal der Tatbegehung „in anderer nicht weidmännischer Weise“, weil zu umfassend und zu unbestimmt, nicht als Regelbeispiel genannt.

§ 293
Fischwilderei

Wer unter Verletzung fremden Fischereirechts oder Fischereiausübungsrechts
1. **fischt oder**
2. **eine Sache, die dem Fischereirecht unterliegt, sich oder einem Dritten zueignet, beschädigt oder zerstört,**

wird mit Freiheitsstrafe bis zu zwei Jahren oder mit Geldstrafe bestraft.

Schrifttum

Drosse Zur rechtlichen Bewertung von „Fischfrevel“, AgrarR **1999** 82; *Göhler/Buddendiek/Lenzen* Lexikon des Nebenstrafrechts mit einer umfassenden Einführung in das System des Nebenstrafrechts (Registerband zu: *Erbs/Kohlhaas* Strafrechtliche Nebengesetze) Rdn. 245–260; *Lorz* Naturschutz-, Tierschutz- und Jagdrecht (2. Aufl. 1967) 407 ff; *ders.* Fischerei und Naturschutz – Eine rechtliche Betrachtung, NuR **1982** 4; *ders.* Das deutsche Fischereirecht, NuR **1984** 41; *ders.* Ein Blick auf den Grenzbereich von Tierschutz-, Naturschutz-, Jagd- und Fischereirecht, NuR **1985** 253; *ders.* Naturschutz im Fischereirecht der Gegenwart, NuR **1994** 63; *Lorz/Metzger/Stöckel* Jagdrecht, Fischereirecht – Bundesjagdgesetz mit Verordnungen und Länderrecht, Binnenfischereirecht, Fischereischeinrecht, Seefischereirecht (3. Aufl. 1998); *Lorz/Müller/Stöckel* Naturschutzrecht mit Artenschutz und Europarecht/Internationales Recht (2. Aufl. 2003); *Metzger* Fischereischeinrecht und Recht der Binnenfischerei, in: Erbs/Kohlhaas Strafrechtliche Nebengesetze, S 83; *Stöckel* Seefischereigesetz, Verordnung zur Durchsetzung des gemeinschaftlichen Fischereirechts, in: Erbs/Kohlhaas Strafrechtliche Nebengesetze, S 45 und S 45a. Siehe ferner die Literaturangaben zu § 292.

Entstehungsgeschichte

Obwohl die Fisch- anders als die Jagdwilderei schon in Art. 169 der Carolina von 1532 unter Strafe gestellt war (näher § 292 Entstehungsgeschichte 1. Abs.), war die einfache Fischwilderei im RStGB von 1871 ursprünglich nur in § 370 Nr. 4 („Wer unbefugt fischt oder krebst“) mit Übertretungsstrafe bedroht; die erschwerte Fischwilderei („Wer zur Nachtzeit, bei Fackellicht oder unter Anwendung schädlicher oder explodierender Stoffe unberechtigt fischt oder krebst“) war nach § 296 a.F. Vergehen. Diese Vorschriften wurden mit Gesetz v. 28.6.1935 (RGBl. I 839) durch § 293 a.F. ersetzt, der der Jagdwilderei angeglichen, aber in der Strafdrohung wesentlich milder war. Abs. 1 glich danach (mit Ausnahme der ausdrücklichen Regelung der Drittzueignung) dem geltenden Recht, während Abs. 2 besonders schwere Fälle mit Gefängnis nicht unter 1 Monat bestrafte und darunter insbesondere Taten zur Nachtzeit, in der Schonzeit oder unter Anwendung schädlicher oder explosiver Stoffe erfasste (seit 1943 auch: wenn der Fischbestand eines

Gewässers durch den Fang von Fischen gefährdet wurde, die das für die Ausübung des Fischfangs festgesetzte Mindestmaß noch nicht erreicht hatten) und Abs. 3 einen Qualifikationstatbestand mit einer Mindeststrafe von 3 Monaten Gefängnis für die gewerbs- oder gewohnheitsmäßige Tatbegehung vorsah. Durch VO v. 23.1.1943 (RGBl. I 67 – mit amtl. Begr. DJ **1943** 124) wurde § 293 Abs. 2 geringfügig geändert. Die Strafdrohungen wurden in Art. 10, 11 EGStGB 1974 an das Strafensystem der Strafrechtsreform angepasst. Das 6. StrRG hat sowohl die besonders schweren Fälle als auch den Qualifikationstatbestand gestrichen, und zwar wegen ihrer praktischen Bedeutungslosigkeit (BTDrucks. **13**/8587, S. 46). Während die Aufgliederung des verbleibenden Absatzes 1 in zwei Nummern rein redaktioneller Natur ist, ferner die ausdrückliche Einbeziehung der Verletzung fremden „Fischereiausübungsrechts" gegenüber der bisher schon allgemeinen Auffassung (*Schäfer* LK[10] Rdn. 3) nur eine Klarstellung bedeutet, dehnt die Einbeziehung der Drittzueignung in Nr. 2 den Tatbestand zwar im Vergleich zum früheren Recht bei einer bloßen Betrachtung des Wortlauts scheinbar aus. Im Hinblick darauf, dass sich der Gesetzgeber von einer bloßen Parallelisierung zu § 292 leiten ließ (BTDrucks. aaO), ferner im Hinblick darauf, dass bei § 292 immer schon die Drittzueignung im Wege einer extensiven Interpretation einbezogen wurde (§ 292 Rdn. 53), sowie schließlich im Hinblick darauf, dass die Tathandlung des „Fischens" in Nr. 1 ohne weiteres auch das Handeln für fremde Rechnung abdeckt und eine engere Interpretation der Nr. 2 keinen Sinn machen würde, wird man jedoch auch für § 293 in der ausdrücklichen Einbeziehung der Drittzueignung eine bloße Klarstellung sehen müssen.

Übersicht

	Rdn.
I. Wesen, Rechtsgut und Kriminologie der Fischwilderei	1
II. Verletzung fremden Fischereirechts oder Fischereiausübungsrechts	
1. Begriff	3
2. Umfangmäßige Überschreitung der Befugnisse	6
3. Fischfrevel	7
III. Tathandlung: Fischen	
1. Begriffsbestimmung	9
2. Gegenstand des Fischens	10
3. Handlungsstruktur und Strafbarkeitsbeginn	11
a) Erforderlichkeit eines tauglichen Tatobjekts?	12
b) Grenze zum strafbaren Versuch	13
IV. Gegenstand der zweiten Handlungsform	
1. Sichzueignen, Beschädigen, Zerstören	14
2. Selbst- und Drittzueigung	15
V. Subjektiver Tatbestand	16
VI. Strafzumessung	
1. Absatz 2 a.F.	17
2. Gesichtspunkte der Strafzumessung	18
a) zur Nachtzeit	18
b) in der Schonzeit	19
c) durch Anwendung von Sprengstoffen	20
d) durch Anwendung von schädlichen Stoffen	21
e) bei Gefährdung des Fischbestandes eines Gewässers durch den Fang untermassiger Fische	22
f) gewerbs- oder gewohnheitsmäßige Begehung	23
VII. Konkurrenzen	24

I. Wesen, Rechtsgut und Kriminologie der Fischwilderei

1 § 293 ist – unter Abmilderung der Strafdrohungen – dem § 292 nachgebildet. Das hat darin seinen Grund, dass der Eingriff in fremdes Fischereirecht in gleicher Weise wie derjenige in fremdes Jagdrecht nicht nur das **Aneignungsrecht** des Berechtigten als Vermögensrecht verletzt, sondern auch ein die Allgemeinheit angehendes **ökologisches** Rechtsgut (Rdn. 2 ff zu § 292): Die Strafvorschriften zum Schutz des Fischereirechts haben

zugleich „eine Naturschutzfunktion", indem sie den „Artenschutz" der nichtjagdbaren wildlebenden Wassertiere übernehmen, die nach den Fischereigesetzen der Länder dem ausschließlichen Aneignungsrecht des Fischereiberechtigten unterliegen.[1] In der **Kriminalstatistik** schlägt die Fischwilderei zwar auf allen Ebenen weit stärker zu Buche als die Jagdwilderei (im Jahr 2005: 3025 gegenüber 1131 erfassten Fällen, polizeiliche Aufklärungsquote 92 % gegenüber 32 % [Polizeiliche Kriminalstatistik 2005, Tabelle 01 Kennziffer 6620]; 415 Abgeurteilte gegenüber 34 [Statistisches Bundesamt, Strafverfolgung 2005, S. 38 f], aber auch das belegt noch (unbeschadet des im einzelnen unbekannten Dunkelfeldes) eine extrem hohe Verhaltensgeltung der Strafrechtsnorm, deren Übertretung an sich (verglichen mit der Jagdwilderei) dem einzelnen ohne allzu großen Aufwand möglich ist. Eine Erklärung dafür dürfte in dem hohen Organisationsgrad der Hobbyangler, der preiswerten Verfügbarkeit von Tagesangelkarten, dem hohen „Sichtbarkeitsrisiko" des zeitlich meist aufwendigen Rutenangelns und der hohen Kontrolldichte an den (wenig zahlreichen) ertragreichen Gewässern liegen.

Wie § 292 kennt auch § 293 zwei Formen (Alternativen) der Tatbestandsverwirk- **2**
lichung, denen die Verletzung fremden Fischereirechts bzw. Fischereiausübungsrechts gemeinsam ist, nämlich a) das Fischen, b) die Sichzueignung, Beschädigung oder Zerstörung einer dem Fischereirecht unterliegenden Sache.

II. Verletzung fremden Fischereirechts oder Fischereiausübungsrechts

1. Rechtsgrundlage. Begriff. Anders als beim Jagdrecht ist der Inhalt des Fischerei- **3**
rechts nicht durch eine bundesgesetzliche Vorschrift umschrieben, sondern ergibt sich aus den durch Art. 69 EGBGB aufrechterhaltenen landesrechtlichen Vorschriften über die Fischerei (vgl. dazu die Übersichten in *Göhler/Buddendiek/Lenzen* Rdn. 245; *Metzger* Fischereischeinrecht Teil B; *Lorz* NuR **1994** 63).

Im Allgemeinen stellt sich das **Fischereirecht** dar als die ausschließliche Befugnis, die **4**
in einem bestimmten Gewässer („Fischereigewässer") wildlebenden fischbaren (nichtjagdbaren) Wassertiere zu hegen, auf sie die Fischerei durch Aufsuchen, Nachstellen, Fang und Erlegen auszuüben und sie sich anzueignen, und als die ausschließliche Befugnis, sich tote Tiere dieser Art und andere durch die Fischereigesetze bezeichnete leblose Sachen anzueignen. Bei *Binnengewässern* steht meist dem Eigentümer das Fischereirecht zu; er kann die Fischerei verpachten oder Dritten durch Erteilung eines Fischereierlaubnisscheins eine Fischereierlaubnis gewähren. Daneben kennt das Landesrecht auch den Fall, dass das Fischereirecht einem Dritten, der nicht Eigentümer des Wasserlaufs ist, persönlich zusteht oder mit dem Eigentum an einem Grundstück verbunden ist – sog. *selbständiges Fischereirecht* (vgl. für das frühere PrFischereigesetz BGH MDR **1964** 998; näher zu den verschiedenen Varianten des Fischereirechts *Metzger* Fischereischeinrecht Einleitung Rdn. 24 ff). Das **Fischereiausübungsrecht** ist das grundsätzlich aus dem

---

[1] *Schäfer* LK[10] Rdn. 2; *Lorz* Naturschutzrecht S. 410; *ders.* NuR **1984** 42; *Metzger* Fischereischeinrecht Einleitung Rdn. 46; *Stöckel/Müller* in: Erbs/Kohlhaas Strafrechtliche Nebengesetze Vorbemerkung Bundesnaturschutzgesetz (N 16) Rdn. 30; *Zeng* MK Rdn. 1; **aA** auch für die Fischwilderei *Hoyer* SK Rdn. 2; *Wohlers* NK Rdn. 1; *Gössel* BT II § 19 Rdn. 39, deren Verweis auf RGSt **13** 195, 199; **17** 161, 163 aber deshalb nicht überzeugt, weil erst die Neufassung der Wildereitatbestände durch das einheitliche Gesetz vom 28.6.1935 (o. Entstehungsgeschichte, näher bei § 292) den doppelten Rechtsgüterschutz allgemein etabliert hat.

Fischereirecht abgeleitete dingliche Recht zur tatsächlichen Ausübung der Fischerei[2] und also ebenfalls ein privates subjektives Recht. Der Inhaber des Fischereirechts kann es auf eine andere Person (den *Fischereiausübungsberechtigten*) übertragen, was entweder kraft Gesetzes auf eine Fischereigenossenschaft erfolgt ist[3] oder durch einen Fischereipachtvertrag auf einen Pächter geschieht.[4] Vom Fischereirecht und dem Fischereiausübungsrecht ist die vom Inhaber des letzteren zu erteilende, schuldrechtlich wirkende *Fischereierlaubnis* zu unterscheiden, die im „Fischereierlaubnisschein" bzw. „Erlaubnisschein" bzw. „Angelschein" bescheinigt wird und also nicht selbst Rechtsgut des § 293, sondern umgekehrt einen Tatbestandsausschließungsgrund darstellt und nicht mit der öffentlichrechtlichen Erlaubnis zur Ausübung der Fischerei, dem *Fischereischein*, verwechselt werden darf.[5] Im begrenzten Umfange kann die Fischerei an bestimmten Gewässerstrecken auch aufgrund Gemeingebrauchs ausgeübt werden, etwa in Bremen (§ 9 Bremisches Fischereigesetz vom 17.9.1991, GBl. 309) und in Hamburg (§ 2 Abs. 5 Satz 1 Hamburgisches Fischereigesetz vom 22.5.1986, GVBl. 95, mit Änderung vom 3.4.2007, GVBl. 104). Die Verknüpfung zwischen dem primär geschützten Rechtsgut des privaten Aneignungsrechts und dem sekundär geschützten ökologischen Rechtsgut wird durch die **Hegepflicht** des Fischereiberechtigten[6] sowie den bei der Fischereiausübung zu beachtenden Grundsatz der **Fischweidgerechtigkeit**[7] hergestellt, wobei der Umstand, dass die Verletzung dieser Grundsätze durch den Fischereiausübungsberechtigten nur eine Ordnungswidrigkeit darstellt (Rdn. 5), die doppelte Rechtsgutsbezogenheit des § 293 nicht widerlegt, sondern in dem Sinne bestätigt, dass die Strafwürdigkeitsschwelle bei nicht einmal mehr vom Fischerei(ausübungs)berechtigten gedeckter Handlungsweise überschritten wird.

5 Ausnahmsweise existiert auch in **Küstengewässern** ein unter § 293 zu subsumierendes Fischereirecht, während die **Hochseefischerei** in keinem Fall unter § 293 fällt (zu ihrer Regelung s. *Stöckel* Seefischereigesetz; zum Begriff der Küstengewässer s. *Metzger* Fischereischeinrecht Einleitung Rdn. 7). Während gemäß § 4 Abs. 1 des Schleswig-Holsteinischen Landesfischereigesetzes vom 10.2.1996 (GVOBl. 211) grundsätzlich freier Fischfang besteht, steht nach § 5 Abs. 1 und 3 des Fischereigesetzes für das Land Mecklenburg-Vorpommern vom 6.12.1993 (GVOBl. 982) das Fischereirecht in den Küstengewässern dem Land zu, so dass Privatpersonen hier für die *Küstenfischerei* gemäß §§ 8 Abs. 3 und 9 Abs. 1 des Gesetzes eine Erlaubnis zur Fischereiausübung benötigen und ohne diese eine Fischwilderei begehen.[8] Dagegen ist der früher für alle deutschen Küstengewässer geltende Straftatbestand der *„Unbefugten Küstenfischerei durch Ausländer"* (§ 296a a.F.) durch § 12 des Seefischereigesetzes vom 12.7.1984 (BGBl. I 876) abgeschafft worden.

6 2. Wegen der vorstehend beschriebenen Stufung der Aneignungsrechte kann demnach – ähnlich wie bei der Jagdwilderei (§ 292 Rdn. 18 ff) – jeder, der an sich ein Aneig-

---

[2] Vgl. etwa § 2 Nr. 5 Fischereigesetz Sachsen-Anhalt vom 31.8.1993, GVBl. 464.

[3] Dazu näher *Metzger* Fischereischeinrecht Einleitung Rdn. 41 f.

[4] Einzelheiten bei *Metzger* Fischereischeinrecht Einleitung Rdn. 33 ff sowie im Teil B zu den verschiedenen Fischereigesetzen der Länder.

[5] *Metzger* Fischereischeinrecht Einleitung Rdn. 39 f, 58 ff.

[6] Ziel der Hege ist der Aufbau und die Erhaltung eines der Größe und Art des Gewässers entsprechenden heimischen artenreichen und ausgeglichenen Fischbestandes, s. *Metzger* Fischereischeinrecht Einleitung Rdn. 29.

[7] Definiert in § 3 Abs. 6 Satz 1 Hamburgisches Fischereigesetz, w.N.b. *Metzger* Fischereischeinrecht Einleitung Rdn. 32.

[8] Übersehen von *Hoyer* SK Rdn. 3; *Stegmann* S. 168.

nungsrecht besitzt, bei Überschreitung von dessen Grenzen das Fischerei(ausübungs)-recht eines anderen verletzen und dadurch den Tatbestand des § 293 erfüllen: Wenn der Inhaber des Fischereirechts das Fischereiausübungsrecht durch einen Pachtvertrag vollständig auf einen anderen übertragen hat, kann er nunmehr selbst Fischwilderei begehen. Entsprechendes gilt, wenn der Fischereiausübungsberechtigte oder der Inhaber einer Fischereierlaubnis ihre Befugnisse **umfangmäßig** überschreiten.[9] Als Beispiele werden genannt: das vereinbarungswidrige Einsetzen von Reusen,[10] das gemeinschaftliche Fischen mit einem anderen bei Existenz einer bloßen Alleinberechtigung[11] oder das Stehenlassen von Fanggeräten.[12] Damit wird aber die Abgrenzung zum bloßen *Fischfrevel* (Rdn. 5) außerordentlich heikel, denn die meisten fischereipolizeirechtlichen Vorschriften haben zumindest einen quantitativen Begleiteffekt, beispielsweise die Einrichtung der Schonzeit oder das Verbot des Fischens untermassiger Fische. Man wird deshalb – ebenso wie bei § 292 (näher § 292 Rdn. 31) – für den Fall einer an und für sich bestehenden Erlaubnis zum Fischen die bloße Verletzung öffentlichrechtlicher Vorschriften für die Erfüllung des § 293 auch dann nicht ausreichen lassen, wenn diese in der Erlaubnis wiederholt worden sind. Anders ist es, wenn die Erlaubnis eine davon unabhängige quantitative Beschränkung enthält, beispielsweise wenn ein angestellter Fischer, der für den Fischereiausübungsberechtigten fischen soll, dies nunmehr zum eigenen Vorteil tut (RGSt **13** 195, 199 f; zum ganzen näher *Drosse* AgrarR **99** 82 ff).

3. Von der Fischwilderei ist der erwähnte **Fischfrevel** zu unterscheiden, d.h. die Ver- **7**
letzung der den Jagdbeschränkungen (vgl. Rdn. 102 zu § 292) entsprechenden, in den Landesgesetzen enthaltenen fischereipolizeilichen Vorschriften, die der Fischerei- oder Fischereiausübungsberechtigte und ein Erlaubnisinhaber zu beachten haben, z.B. über Schonzeit, Mindestgröße von Fischen, zulässige Fangarten und Fanggeräte. Beim Fischfrevel handelt es sich durchweg um landesrechtlich geregelte *Ordnungswidrigkeiten*. Reichseinheitlich geregelt war die Pflicht zum Beisichführen des – dem Jagdschein (Rdn. 19 zu § 292) entsprechenden – **Fischereischeins** durch das Gesetz über den Fischereischein v. 19.4.1939 (RGBl. I 795) nebst der 1. DVO v. 21.4.1939 (RGBl. I 816). Durch das Gesetz zur Aufhebung fischereischeinrechtlicher Vorschriften vom 30.7.1981 (BGBI. I 778) ist es als Bundesrecht aufgehoben und inzwischen, ebenso wie die Fischereivorschriften der **DDR** (dazu *Metzger* Fischereischeinrecht Einleitung Rdn. 12), durch Landesgesetze und -verordnungen ersetzt worden. Wegen des Verhältnisses des sog. Fischfrevels zur Fischwilderei ist auf die sinngemäß auch hier zutreffenden Ausführungen in Rdn. 102 zu § 292 zu verweisen; insbesondere gilt auch hier, dass Tateinheit zwischen § 293 und Nichtbeisichführen eines Fischereierlaubnisscheins (KG JFG Erg. **5** 170) oder eines Fischereischeins nicht in Betracht kommt (**aA** KG JFG Erg. **5** 165; *Metzger* Fischereischeinrecht Einleitung Rdn. 54), dass aber der letztere Verstoß geahndet werden kann, wenn aus subjektiven Gründen eine Bestrafung aus § 293 entfällt (vgl. *Dalcke/Fuhrmann/Schäfer* 37. Aufl. Anm. 2 zu § 125 PrFischereiG).

---

[9] *Fischer* Rdn. 4; *Hoyer* SK Rdn. 4; *Lackner/Kühl* Rdn. 2; *Sch/Schröder/Eser/Heine* Rdn. 9; *Wohlers* NK Rdn. 3; OLG Königsberg HRR **1939** Nr. 1072.

[10] KG JW **1932** 1589; OLG Zweibrücken NStE Nr. 1; *Wohlers* NK Rdn. 3.

[11] KG DRiZ **1929** Nr. 81; KG JW **1932** 1589; *Wohlers* NK Rdn. 3.

[12] KG GA **40** (1892) 210; *Wohlers* NK Rdn. 3.

III. Tathandlung: Fischen

8 Die erste Form der Tatbestandsverwirklichung besteht im „Fischen".

9 **1. Begriffsbestimmung.** Das dem „Nachstellen" in § 292 Abs. 1 entsprechende Merkmal des **Fischens** wurde vom Preußischen Obertribunal für § 273 des PrStGB, welcher § 296 a.F. (o. Entstehungsgeschichte) entsprach, in umgangssprachlich engem Verständnis als das Nachstellen nach *Fischen* interpretiert (GA **3** [1855] 133, 718), vom Reichsgericht aber schon sehr früh dahin extensiv ausgelegt, dass *alle vom Fischereirecht erfassten Wassertiere* darunterfallen, wobei in vorbildlicher Weise die historische, teleologische und auch grammatische Interpretation miteinander verknüpft wurden (RGSt **17** 161), u.a. mit dem Hinweis, dass auch nach dem „gemeinen Sprachgebrauch" der Begriff des „Fischens" weiter als derjenige des „Fischefangens" ist. An der Richtigkeit dieser Auslegung kann seit der Neufassung in § 293 um so weniger gezweifelt werden, als die Alternative des „Krebsens" eliminiert und dadurch das „Fischen" als *Oberbegriff* etabliert wurde, der der eindeutig alle dem Fischereirecht unterliegenden Sachen erfassenden Alternative der Nr. 2 gegenübergestellt wird und deshalb keine engere Interpretation erfahren sollte. Unter „Fischen" ist deshalb jede Handlung zu verstehen, die auf Fang oder Erlegung eines fischbaren wildlebenden Wassertieres (nicht nur: eines Fisches) gerichtet ist, ohne Rücksicht darauf, ob der erstrebte Erfolg erreicht wird, also z.B. das Auslegen der Angeln, Netze, Reusen oder Aalsäcke (RG GA **40** [1892] 210; **43** [1895] 152), das Absuchen der Krebslöcher, das Verfolgen eines bestimmten Wassertieres mit dem Handnetz, das Ergreifen des Besitzes an der Beute sowie die Tötung. Es genügt auch eine ausschließlich auf Tötung (ohne Zueignung) gerichtete Handlung.[13] Kaum diskutiert wurde bisher die Frage, ob die beim Wettfischen verbreitete Methode des „catch and release" (**Fangen und Zurücksetzen** des Fisches, ggf. nach Hälterung in einem Setzkescher) unter das Tatbestandsmerkmal des „Fischens" subsumiert werden muss. Der natürliche Wortsinn („grammatische Auslegung") spricht eher dafür, lässt aber (anders als das Verb „Angeln") noch Raum für eine restriktive teleologische Interpretation, die die beim catch-and-release praktizierte bloße Gebrauchsanmaßung am Fisch nicht als Fischwilderei bestraft, weil letztlich weder das Aneignungsrecht noch die Gewässerökologie beeinträchtigt werden. Allenfalls wäre eine *Tierquälerei* (strafbar nach 17 Nr. 2b TierschutzG) in Betracht zu ziehen (bejahend *Drosse* AgrarR **2000** 354; *ders.* AgrarR **2002** 111; *ders.* AUR **2003** 367; gegen ihn überzeugend *Arlinghaus* AUR **2003** 367).

10 **2. Gegenstand des „Fischens"** können somit außer Fischen und Krebsen (jeder Art einschl. Garnelen, Hummern, Strandkrabben) je nach den landesrechtlichen Vorschriften über die Fischbarkeit alle *lebenden* herrenlosen Wassertiere sein, z.B. Austern (RGSt **17** 161) und andere Muscheln (Mies- und Perlmuscheln), auch Frösche, Schildkröten und Fischlaich, teilweise auch *Fischnähr*tiere. Dagegen sind – ebenso wie Tiere in Tiergärten (Rdn. 41 zu § 292) – auch Wassertiere in Teichen und anderen geschlossenen Privatgewässern (§ 960 Abs. 1 BGB) nicht herrenlos (KG GA **40** 209; DJ **1937** 1363) und fallen damit nicht unter § 293, sondern sind Gegenstand des Diebstahls (BayObLGSt **1** 269). **Geschlossenes Privatgewässer** ist ein solches, das wie ein Teich auf natürliche Art oder durch andere gleichwirkende Sicherungsmittel gegen den Fischwechsel abgesperrt ist und in seinem ganzen Umfang demselben Eigentümer gehört (KG aaO). Wegen des Sonderfal-

[13] Jetzt einhellige Auffassung, nachdem die früher **abw.** Auffassung von *Samson* SK Rdn. 3 von *Hoyer* Rdn. 5 f aufgegeben worden ist.

les, dass sich Teile des an und für sich geschlossenen Gewässers im Eigentum und in der Verfügungsgewalt verschiedener Personen befinden, vgl. BayObLG RReg. 4 St. 26/1960 bei *Lorz* Naturschutzrecht S. 407.

3. Handlungsstruktur und Strafbarkeitsbeginn. Weil die Tathandlung des Fischens genau so wie diejenige des Nachstellens in § 292 konzipiert ist,[14] sind die dogmatischen Strukturen identisch. Nach h.L. soll es sich deshalb auch bei § 293 Nr. 1 um ein *unechtes Unternehmensdelikt* handeln.[15] Hieran ist richtig – und auch unstreitig –, dass es zur Vollendung nicht erforderlich ist, dass der Täter überhaupt etwas fängt.[16] Im Übrigen gelten aber die bei § 292 gegenüber einer voreiligen begriffsjuristischen Verwendung dieser Bezeichnung ausgeführten Vorbehalte (§ 292 Rdn. 42 ff). Die sich dahinter verbergenden Sachprobleme sind in Anlehnung an die entsprechende Interpretation des § 292 wie folgt zu entscheiden: **11**

a) Die Auffassung, dass nur die Verfolgung eines tauglichen Tatobjekts tatbestandsmäßig sei,[17] kann nur für den praktisch kaum vorkommenden Fall überzeugen, dass es der Täter lediglich auf ein einziges individuelles Tatobjekt abgesehen hat oder dass das betreffende Gewässer vollständig beutefrei ist. Denn dass die Hoffnungslosigkeit des Unterfangens die Tätigkeit des „Fischens" nicht ausschließt, lehrt schon die Durchschnittserfahrung jedes Anglers. **12**

b) Ähnlich wie bei § 292 (dort Rdn. 42) ist es wegen der Sonderregelung des § 293 Nr. 1 nicht angebracht, den Beginn der Strafbarkeit von der Grenzlinie zwischen Vorbereitungshandlung und Versuch gemäß § 22 abhängig zu machen.[18] Dies hat bei § 293 durchaus strafbarkeitseinschränkende Wirkung, denn das Montieren und Beködern einer Angel direkt am Fischwasser müsste nach allgemeinen Regeln als unmittelbares Ansetzen zum Fangen und damit als „strafbarer Versuch" bewertet werden, ist aber nach allgemeiner und zutreffender Auffassung noch straflos.[19] Dass das Auswerfen der Angel wie auch das Aufstellen von Netzen und Reusen die Strafbarkeitsschwelle überschreitet, versteht sich von selbst.[20] Als vollendetes Fischen – nicht nur als straflose Vorbereitungshandlung – wird es aber auch schon anzusehen sein, wenn der Täter mit einem Boot zum Fischfang ausfährt, auch wenn es noch nicht zum beabsichtigten Auslegen des Fanggeräts gekommen ist.[21] Dem früheren Übertretungstatbestand des § 368 Nr. 10a StGB (betr. unbefugten Aufenthalt mit gebrauchsfertigem Fischereigerät auf und an fremden Gewässern) entsprechende Ordnungswidrigkeitstatbestände finden sich jetzt in den landesrechtlichen Fischereigesetzen (vgl. z.B. §§ 51 Abs. 1 Nr. 14 Hess. FischG; 62 Abs. 1 Nr. 1 Nds. FischG). **13**

---

14 *Gössel* BT II § 19 Rdn. 40; *Kindhäuser* BT II § 11 Rdn. 46; *Maurach/Schroeder/Maiwald* BT I § 38 Rdn. 26; *Hoyer* SK Rdn. 6; *Wohlers* NK Rdn. 13.

15 *Hoyer* SK Rdn. 6; *Lackner/Kühl* Rdn. 3; *Sch/Schroeder/Eser/Heine* Rdn. 5; *Wessels/Hillenkamp* Rdn. 437; *Wohlers* NK Rdn. 5; *Zeng* MK Rdn. 11.

16 KG DJ **1937** 1363; OLG Frankfurt NJW **1984** 812.

17 So *Hoyer* SK Rdn. 6; *Wohlers* NK Rdn. 4.

18 So aber *Hoyer* SK Rdn. 6; *Wohlers* NK Rdn. 5.

19 OLG Frankfurt NJW **1984** 812; *Fischer* Rdn. 2; *Maurach/Schroeder/Maiwald* BT 1 § 38 Rdn. 24; *Sch/Schröder/Eser/Heine* Rdn. 5; inkonsequenterweise wohl auch *Wohlers* NK Rdn. 5; *Zeng* MK Rdn. 11.

20 *Wohlers* NK Rdn. 5.

21 Vgl. RG JW **1887** 509; OLG Frankfurt NJW **1984** 812; *Drosse* AgrarR **1999** 82; *Sch/Schröder/Eser/Heine* Rdn. 5; *Wessels/Hillenkamp* Rdn. 437; **krit.** *Wohlers* NK Rdn. 5.

IV. Gegenstand

14 **1. Gegenstand der zweiten Handlungsform des Sichzueignens, Beschädigens, Zerstörens** sind alle *leblosen* herrenlosen Sachen, die nach Landesrecht dem Fischereirecht unterliegen wie tote Wassertiere oder leere Muschelschalen; bei dem in § 1 Abs. 1 FischereischeinG 1939 genannten Seemoos und dem in § 4 PrFischereiG angeführten Korallenmoos handelt es sich um als Dekorationsmaterial verwendete Wassertierskelette (*Lorz* Naturschutzrecht S. 413). Bernstein gehört nicht hierher; die unbefugte Sichzueignung kann nach Sondervorschriften des Landesrechts strafbar sein. Fischereigeräte sind keine dem Fischereirecht unterliegenden Sachen (RG DR **1945** 47).

15 **2. Selbst- und Drittzueignung.** Die ausdrückliche Einbeziehung der Drittzueignung durch das 6. StrRG (s. Entstehungsgeschichte) teilt ebenso wie die entsprechende Begehungsform bei § 292 die Unklarheit dieser vom Gesetzgeber unzulänglich bedachten Rechtsfigur (näher § 292 Rdn. 53). Ebenso wie bei § 292 ist jedenfalls für beide Alternativen die Begründung des Gewahrsams durch den Täter zu verlangen.

V. Subjektiver Tatbestand

16 Hierzu gehört (außer der Zueignungsabsicht in der betreffenden Alternative) allgemein **Vorsatz** einschl. des bedingten Vorsatzes; der Täter muss insbesondere wissen, dass er in das Fischereirecht oder Fischereiausübungsrecht eines anderen eingreift. Insoweit und wegen der Bedeutung eines Irrtums des Täters kann auf die entsprechenden Ausführungen zu § 292 (Rdn. 63 ff) verwiesen werden. **Fahrlässige** Herbeiführung von Fischsterben durch schädliche Verunreinigung eines Gewässers kann nach § 324 Abs. 2 sowie § 326 Abs. 5 strafbar sein; s. dazu auch § 25 WHG betr. Erlaubnisfreiheit des Einbringens von Stoffen in oberirdische Gewässer zu Zwecken der Fischerei (Fischereigeräte, Fischnahrung beim Anfüttern).

VI. Strafzumessung

17 1. Für besonders schwere Fälle sah Absatz 2 a.F. eine **erhöhte Höchstfreiheitsstrafe** vor und nannte dabei fünf Begehungsweisen, die zwingend qualifizierten, aber keine erschöpfende Bedeutung hatten. Seit der Abschaffung des Abs. 2 wie auch der Qualifikation des Abs. 3 durch das 6. StrRG haben die betreffenden Gesichtspunkte nur noch Bedeutung für die normale Strafzumessung, namentlich unter dem Aspekt der empfindlichen Beeinträchtigung des ökologischen Rechtsgutes.

2. Die straferschwerenden Gesichtspunkte im Einzelnen:

18 a) **zur Nachtzeit.** Der Begriff findet sich in § 292 Abs. 2 – vgl. dort Rdn. 91 – (RGSt 3 210). Fischen zur Nachtzeit liegt auch vor, wenn das Einlegen der Netze bei Tag erfolgt ist, die Netze aber zum Fischfang bei Nacht im Wasser belassen werden (RGSt 37 117);

19 b) **in den** nach den landesrechtlichen Vorschriften festgesetzten **Schonzeiten;**

20 c) **durch Anwendung von Sprengstoffen.** Sprengstoffe i.S. des § 293 sind alle Stoffe, die sich bei Entzündung unter Veränderung ihrer Form mit plötzlicher Kraftentwicklung

ausdehnen, z.B. Pulver, Schießbaumwolle, Dynamit, Benzin (RG GA 55 32), aber nicht Wasserdämpfe, da sie ihre Form behalten (RGSt 22 304, 305). Qualifikationsgrund bildet die unberechenbare Ausdehnung des Fischsterbens, z.B. beim Werfen von Handgranaten. Nach dem 2. Weltkrieg sind große Teile der Fischgründe im Mittelmeer, in den letzten Jahrzehnten in Südostasien durch **Dynamitfischerei** ruiniert worden.

d) **durch Anwendung von schädlichen Stoffen.** Dazu gehören alle Stoffe, die eine benachteiligende Wirkung auf die Wassertiere durch Betäubung, Verletzung oder Tötung ausüben oder dem Fischereirecht unterliegende Sachen beschädigen oder zerstören, z.B. Gift, auch in Form vergifteter Köder, Chemikalien. Ein Stoff i.S. des § 293 ist auch Elektrizität (vgl. dazu KG DJZ **1928** 323). Der Erschwerungsgrund entfällt, soweit die Anwendung ausnahmsweise landesrechtlich zugelassen ist. **21**

e) **bei Gefährdung des Fischbestandes eines Gewässers durch den Fang untermassiger Fische.** Der Erschwerungsgrund entfällt, wenn alsbald nach dem Fang die untermassigen Fische aussortiert und lebend dem Fischgewässer zurückgegeben werden. **22**

f) **gewerbs- oder gewohnheitsmäßige Begehung.** Vgl. dazu § 292. **23**

VII. Konkurrenzen

§ 293 und die *Eigentumsdelikte* stehen im Verhältnis der *Alternativität* zueinander (*Wohlers* NK Rdn. 8). Das gleiche gilt für diejenigen *Ordnungswidrigkeitentatbestände* der Landesfischereigesetze, die sich allein an den Berechtigten als Normadressaten wenden (OLG Zweibrücken NStE Nr. 1; *Wohlers* NK Rdn. 8). Soweit im üÜbrigen keine Alternativität zwischen Straftat und Ordnungswidrigkeit gegeben ist (o. Rdn. 5), kommen die Ordnungswidrigkeiten neben einer Straftat nicht zur Anwendung (§ 21 OWiG). **24**

§ 294
Strafantrag

In den Fällen des § 292 Abs. 1 und des § 293 wird die Tat nur auf Antrag des Verletzten verfolgt, wenn sie von einem Angehörigen oder an einem Ort begangen worden ist, wo der Täter die Jagd oder die Fischerei in beschränktem Umfang ausüben durfte.

Entstehungsgeschichte

Die Vorschrift stammt aus der Reform von 1935 (§ 292 Entstehungsgeschichte 2. Abs.) und wurde seitdem nur redaktionell geändert.

I. Anwendungsbereich

Jagd- und Fischwilderei ist grundsätzlich von Amts wegen zu verfolgen. Davon sieht § 294 durch Begründung des Antragserfordernisses eine Ausnahme in zwei Fällen vor. Das Antragserfordernis kommt nur bei der **einfachen** Jagdwilderei (§ 292 Abs. 1) und **1** der Fischwilderei (§ 293) in Betracht, dagegen nicht in den Fällen des § 292 Abs. 2. Ein weitergehendes Strafantragserfordernis in entsprechender Anwendung des § 248a[1] kommt nicht in Betracht (s. Rdn. 3 zu § 292; *Wohlers* NK Rdn. 2).

II. Die Voraussetzungen des Antragserfordernisses bei einfacher Wilderei sind alternativ:

2 1. Begehung der Tat durch einen **Angehörigen** (§ 11 Abs. 1 Nr. 1) des in seinem Jagd- oder Fischereirecht oder seinem Jagd- oder Fischereiausübungsrecht Verletzten. Sind mehrere Berechtigte verletzt, so ist Strafantrag nur erforderlich, wenn der Täter zu allen Verletzten in einem Angehörigenverhältnis steht (RGSt **4** 158; OLG Hamm DJ **1937** 1160; h.M.) Von Amts wegen ist also z.B. zu verfolgen, wenn der Sohn eines Mitpächters (Rdn. 28 zu § 292) wildert, der nicht zugleich Angehöriger des anderen Mitpächters oder der anderen Mitpächter ist.

3 2. Begehung der Tat an einem Ort, wo der Täter die Jagd oder Fischerei in **beschränktem Umfang ausüben durfte** und den Rahmen seiner Berechtigung überschreitet. In Betracht kommen hier naturgemäß nur Beschränkungen, deren Überschreitung die Jagd oder Fischerei zur unberechtigten – zur Wilderei –, nicht nur zur vorschriftswidrigen (zum Jagd- oder Fischfrevel) macht. Nicht hierher gehört also der Fall, dass Beschränkungen der Jagd gemäß § 21 BJG (Innehaltung des Abschussplans) bestehen; sie gelten nur dem Jagdausübungsberechtigten (§ 39 Abs. 2 Nr. 3 BJG).

4 a) Gedacht ist hier hauptsächlich an den Fall des **Jagdgastes** (vgl. RGSt **43** 439), der in Überschreitung einer ihm wirksam erteilten **Jagderlaubnis** jagt (vgl. Rdn. 22 zu § 292), z.B. sich das mit Jagderlaubnis erlegte Wild ungenehmigt zueignet (OLG Oldenburg Nds. Rpfl. **1961** 37). Ebenso liegt z.B. beim Fischen eine Überschreitung der beschränkten Gestattung vor, wenn dem Täter vom Berechtigten nur bestimmte Fangarten – z.B. Angeln – erlaubt sind und er sich anderer Fangarten – z.B. eines großen Fangnetzes – bedient (KG JW **1932** 1589). Die Verfolgung ist hier von einem Strafantrag abhängig gemacht, weil in solchen Fällen meist persönliche Beziehungen zwischen Täter und Verletztem bestehen, die eine Ausdehnung des Strafantragserfordernisses über den Kreis derjenigen Täter hinaus angebracht erscheinen ließen, die dem Verletzten als Angehörige nahestehen. Der Gesetzeswortlaut („an einem Orte, wo …“) könnte dahin verstanden werden, dass § 294 unanwendbar sei, wenn bei **räumlicher** Begrenzung einer Jagderlaubnis der Jagdgast außerhalb der ihm zugewiesenen Fläche, aber noch im Jagdbezirk des Erlaubniserteilers jagt. Das entspricht aber nicht dem Sinn der Vorschrift, denn dieser Fall hebt sich nach der ratio legis nicht entscheidend von der Überschreitung einer zeitlich, gegenständlich oder zahlenmäßig begrenzten Jagderlaubnis ab; „an einem Orte“ bedeutet danach hier: „in einem Jagdbezirk“.

5 b) Als **weitere einschlägige Fälle** der Überschreitung einer zeitlich, örtlich, gegenständlich oder nach Erlegungsweise beschränkt bestehenden Erlaubnis zum Jagen kommen etwa in Betracht, dass der Wildfolgeberechtigte über den gesetzlichen oder vereinbarten Inhalt des Wildfolgerechts (dazu Rdn. 52 zu § 292) hinausgeht und sich nicht mit

---

[1] So *Sch/Schröder/Eser/Heine* Rdn. 3; *Hoyer* SK Rdn. 1; differenzierend *Vollmar* S. 247 ff.

dem Fangschuss, dem Aufbrechen und Versorgen, der Entnahme des „kleinen Jägerrechts“ (bestimmter Innenteile) begnügt, sondern sich das Wildbret zueignet; dass die Jagdgenossenschaft, die zur Ausübung der Jagd für eigene Rechnung mehrere Jäger anstellt (§ 10 Abs. 2 BJG), dem einzelnen Jäger nur beschränkt die Jagdausübung zuweist, er aber darüber hinausgeht; oder dass bei der sog. Polizeijagd zur Verhinderung übermäßigen Wildschadens (§ 27 Abs. 2 BJG) der von der zuständigen Behörde Beauftragte über die ihm erteilten Weisungen hinausgeht.

c) **Unanwendbar ist** § **294** – entgegen RGSt **22** 121, 122 –, wenn sich **Mitpächter** über die Bejagung des Reviers geeinigt haben, z.B. durch Zuweisung bestimmter Teilflächen oder einer bestimmten Art oder Zahl des zu erlegenden Wildes an den einzelnen, und ein Mitpächter vereinbarungswidrig in weiterem Umfang die Jagd ausübt, weil hierdurch keine Wilderei begangen wird (vgl. Rdn. 28 zu § 292; OLG Hamm DJ **1937** 1160; *Stelling* JW **1935** 2263 und 2536). Ebenfalls nicht hierher gehört der Fall, dass auf befriedetem Besitztum (§ 6 BJG) der Eigentümer (Nutzungsberechtigte) die ihm nach Landesrecht beschränkt erteilte Jagderlaubnis überschreitet, denn auch insoweit liegt keine Wilderei, sondern nur jagdpolizeilicher Ungehorsam – Ordnungswidrigkeit nach § 39 Abs. 1 Nr. 1 BJG – vor (vgl. Rdn. 15 zu § 292). **6**

III. Fehlender Strafantrag

Macht der Verletzte von seinem Strafantragsrecht keinen Gebrauch, so bleibt die Möglichkeit unberührt, tateinheitlich mit der Wilderei zusammentreffende Straftaten, für die kein Antragserfordernis besteht, von Amts wegen zu verfolgen, z.B. eine beim Jagen begangene Tierquälerei oder das unerlaubte Führen einer Schusswaffe (vgl. Rdn. 101 zu § 292). Dagegen bleibt ausgeschlossen eine Ahndung nach § 39 BJG, z.B. wenn der Jagdgast außerhalb des räumlich begrenzten Erlaubnisbereichs jagt und dabei keinen Jagdschein mit sich führt (§ 39 Abs. 2 Nr. 1), denn diese Vorschriften richten sich grundsätzlich nur gegen den zur Jagdsausübung Berechtigten, nicht gegen den Wilderer, auch wenn er wegen fehlenden Strafantrags unverfolgt bleibt. Eine Verfolgung wegen eines angeblich übrigbleibenden Schonzeitvergehens (§ 38 BJG) entfällt übrigens schon deshalb, weil Wilderei während der Schonzeit (§§ 292 Abs. 2) vom Antragserfordernis stets ausgenommen ist (oben Rdn. 1). **7**

IV. Reformbestrebungen

§ 281 E 1962 wollte grundsätzlich an der Regelung des § 294 festhalten, das Antragserfordernis aber auch auf die besonders schweren Fälle (heute: § 292 Abs. 2) ausdehnen, weil „sich nach der Regelung des Entwurfs die einfache und die schwere Wilderei vom Tatbestand her nicht scharf trennen lassen und die Voraussetzungen für die Verfolgbarkeit einer Tat im Gesetz von vornherein klar bestimmt sein müssen“. Nach Auffassung von *Hoyer* SK Rdn. 4 soll das schon de lege lata gelten, doch scheitert diese Auffassung am klaren, durch das 6. StrRG nicht veränderten Wortlaut (*Wohlers* NK Rdn. 3). **8**

§ 295
Einziehung

Jagd- und Fischereigeräte, Hunde und andere Tiere, die der Täter oder Teilnehmer bei der Tat mit sich geführt oder verwendet hat, können eingezogen werden. § 74a ist anzuwenden.

Entstehungsgeschichte

§ 295 erweitert die fakultativen Einziehungsvoraussetzungen gegenüber dem im Übrigen anwendbar bleibenden § 74. Aus der von *Schäfer* (LK[10] Rdn. 1) minutiös dargelegten Entstehungsgeschichte ist heute noch von Bedeutung, dass ursprünglich ein Einziehungszwang hinsichtlich aller vom Täter mitgeführten Jagd- oder Fischereihilfsmittel ohne Rücksicht auf Benutzung und Eigentum bestand, der schrittweise bis zur heutigen Regelung hin gelockert wurde, wobei sich die heutige Fassung bereits wörtlich in § 284 E 1962 findet und durch Art. 1 Nr. 16 EGOWiG 1968 ins StGB eingefügt wurde.

Übersicht

	Rdn.
I. Bedeutung des § 295 im Systemder Einziehungsvorschriften	
1. Subsidiäre Geltung des § 74	1
2. Der Unterschied des § 295 gegen über der allgemeinen Einziehungsregelung des § 74	2
3. § 295 Satz 2	3
4. Geltung der allgemeinen Vorschriften über die Einziehung	4
5. Praktische Bedeutung der erweiterten Einziehbarkeit	5
II. Jagd- und Fischereigeräte	
1. Begriff	6
2. Mitgeführte Geräte	10
a) Nur mitgeführte Geräte	10
b) Kraftfahrzeuge als Transportmittel	11
c) Begriff des Mitsichführens	12
III. Hunde und andere Tiere	
1. Übersicht über den Meinungsstand	13
2. Eigene Meinung	14
IV. Beute des Wilderers	16

I. Bedeutung des § 295 im System der Einziehungsvorschriften

1 **1. Subsidiäre Geltung des § 74.** Die Beseitigung des Einziehungszwangs durch das EGOWiG 1968 hat nichts daran geändert, dass eine Einziehung nach § 74 möglich ist, wenn die Voraussetzungen des § 295 nicht gegeben sind; § 295 enthält also heute so wenig wie früher eine abschließende Regelung der Einziehung bei Jagd- und Fischwilderei.

2 **2. Der Unterschied des § 295 gegenüber der allgemeinen Einziehungsregelung des § 74** besteht nach folgenden Richtungen: § 74 lässt generell die Einziehung aller Gegenstände zu, die zur Begehung oder Vorbereitung der Tat gebraucht worden oder bestimmt gewesen sind, § 295 Satz 1 bezieht sich auf bestimmt bezeichnete Gegenstände, die der Täter oder Teilnehmer bei der Tat mit sich geführt oder verwendet hat. § 295 Satz 1 erweitert gegenüber § 74 für die in § 295 genannten Gegenstände die Einziehungsvoraussetzungen, indem er die Einziehbarkeit auf die vom Täter (Teilnehmer) bei der Tat **mitgeführten** Gegenstände erstreckt. Während die Begründung zu dem (dem § 295 StGB entsprechenden) § 284 E 1962 über den Grund der Erstreckung der Einziehbarkeit auf die nur mitgeführten Geräte und Tiere schweigt – spezifische nebenstrafähnliche Maßnahme oder Vermeidung der Gefahr, dass sie der Begehung künftiger Jagd- und Fischwilderei die-

nen? –, hält die Begründung zu Art. 1 Nr. 23 Entw. EGOWiG 1968 den § 295, obwohl die Einziehung der Tatwerkzeuge schon nach § 40 a.F. (= § 74) möglich sei, für notwendig, weil „es zweifelhaft sein kann, ob die nur mitgeführten Geräte oder Tiere stets als Gegenstände anzusehen sind, die zur Begehung oder Vorbereitung der Tat gebraucht oder bestimmt gewesen sind“. Damit ist § 295 insoweit im Sinn des § 74 Abs. 4 eine „besondere Vorschrift“, durch die die Einziehung über § 74 Abs. 1 hinaus zugelassen wird.

3. **§ 295 Satz 2** enthält eine Verweisung auf § 74a und ermöglicht damit in dem dort bezeichneten Umfang die Einziehung **täterfremden Eigentums** über § 74 Abs. 4 i.V.m. § 74 Abs. 2 Nr. 2, Abs. 3 hinaus. Wegen der kriminalpolitischen Erwägungen für diese Erweiterung vgl. *Schmidt* LK § 74a Rdn. 7. 3

4. Mit diesen Erweiterungen ist die Bedeutung des § 295 erschöpft; für die Einziehung nach § 295 **gelten im Übrigen die allgemeinen Vorschriften über die Einziehung** (§§ 74b ff); insbesondere ist der Grundsatz der Verhältnismäßigkeit (§ 74b) zu beachten. 4

5. **Praktische Bedeutung der erweiterten Einziehbarkeit.** Die Erstreckung der Einziehbarkeit auf Gegenstände, die der Täter oder Teilnehmer bei der Tat **verwendet** hat, hat praktisch kaum die Bedeutung einer Erweiterung des § 74 Abs. 1, da schwer Fälle denkbar sind, in denen der Täter bei der Tat Gegenstände der in § 295 bezeichneten Art verwendet, ohne dass es sich zugleich um Gegenstände handelt, die i.S. des § 74 zur Begehung oder Vorbereitung der Tat gebraucht wurden oder bestimmt waren. Insoweit hat also § 295 2. Alt. nur die Bedeutung, dass er unter den Voraussetzungen des § 74a bezgl. der in § 295 Satz 1 genannten Gegenstände die Einziehung täterfremden Eigentums auch zulässt, wenn eine Einziehung ohne Rücksicht auf das Eigentum nach § 74 Abs. 2 Nr. 2, Abs. 3 nicht möglich ist. Auch die Möglichkeit, dass Gegenstände, die der Täter (Teilnehmer) bei der Tat **mit sich führt**, nicht zugleich instrumenta sceleris i.S. des § 74 sind, ist praktisch verhältnismäßig gering (Beispiele bei *Schäfer* LK[10] Rdn. 6). 5

II. Jagd- und Fischereigeräte

1. **Begriff.** Jagd- und Fischereigeräte sind leblose Gegenstände, die allgemein und für jeden erkennbar zur Ausübung der Jagd (Fischerei) dienen (**eigentliche Fanggeräte**), ferner aber auch solche leblosen Sachen, die erst der Täter im Einzelfall zur Ausübung der Jagd (Fischerei) bestimmt und *benutzt* (**uneigentliche Fanggeräte**, s. RGSt **12** 305; BGHSt **19** 123). Allerdings hatte sich zwischen diesen beiden Entscheidungen aus den Jahren 1885 bzw. 1963 über Jahrzehnte hinweg im Anschluss an RGSt **22** 15 eine restriktive Auslegung etabliert, die auf der *dauernden* Zweckbestimmung zur Ausübung der Jagd bestand und damit die Einziehungsmöglichkeit des § 295 auf die eigentlichen Fanggeräte beschränkte (näher *Schäfer* LK[10] Rdn. 9 ff; eingehende Darstellung bei *Vollmar* S. 281 ff). 6

a) Als **Jagdgeräte** i.S. des § 295 waren deshalb allezeit anerkannt Gewehre, Jagdmesser, Jagdtaschen, Jagdmunition (RG StRZ **1919** 267), ein Jagdfernglas (RG GA **52** [1905] 247), Rucksäcke, ferner Transportmittel, falls sie für die Verwendung bei Jagden besonders gebaut oder eingerichtet sind, wie Jagdschlitten und -wagen. Keine Jagdgeräte (und nur ggf. nach § 40 a.F. – jetzt 74 – einziehbar) waren nach der restriktiven Auslegung gewöhnliche Wagen und Schlitten als Transportmittel und Gerätschaften wie Knüppel, Hacken, Heugabeln oder Harken, die nur im Einzelfall zum Töten von Wild verwendet 7 wurden (KG Recht **1909** 679). Diese Einschränkung ist jedoch aufgegeben worden, indem am Beispiel der zur Wilderei *benutzten* Kraftfahrzeuge (z.B. durch Blenden und Überfahren des Wildes, s. BGHSt **19** 123, 124; *Vollmar* S. 297) auch die uneigentlichen Fanggeräte einbezogen wurden (OLG Stuttgart NJW **1953** 354; BayObLGSt **1958** 203; BGHSt **19** 123).

8 b) Parallel dem Begriff des Jagdgeräts wurde auch der des **Fischereigeräts** umgrenzt. Nach OLG Celle GA **1965** 30 (betr. ein zur Fischwilderei *benutztes* Kleinkalibergewehr) sollte Fischereigerät i.S. des § 295 nur solches Gerät sein, das nach seiner Beschaffenheit und Verwendung für die Fischerei geeignet und dazu auch *dauernd* bestimmt ist; zur dauernden Bestimmung genüge, wenn der Täter sie beim Erwerb der Waffe oder später zur Benutzung auch zur Fischwilderei bei jeder sich bietenden Gelegenheit bestimmt habe. Mit dieser Entscheidung fiel das OLG Celle wieder hinter die oben genannten Entscheidungen zum Kraftfahrzeug als benutztem, uneigentlichen Fanggerät zurück. Fischereigerät i.S. des § 295 waren danach z.B. Angeln, Netze, Reusen, Fischkästen.

9 c) Was jedoch im Hinblick auf den im Vordergrund des Interesses stehenden Kraftwagen entschieden wurde, muss naturgemäß auch für **alle anderen bei der Tat *verwendeten* Gegenstände** gelten, insbesondere für Motorboote, mit denen das Wild verfolgt und von denen aus es beschossen wird, und dies nicht nur für die Jagd-, sondern auch für die Fischwilderei. Wenn der Täter ein ihm nicht gehöriges Kleinkalibergewehr zur Fischwilderei *verwendet* (vgl. den Fall OLG Celle GA **1965** 30; oben Rdn. 8), so ist es Tatwerkzeug i.S. des § 74 Abs. 1 und unterliegt der Einziehung unabhängig davon, ob es dauernd zur Verwendung bei der Fischwilderei bestimmt ist oder nicht. Im Fall dauernder Bestimmung würde für den Richter bei Ausübung seines Ermessens nach § 74 Abs. 2 Nr. 2 praktisch die Pflicht zur Einziehung bestehen. Aber auch bei nur gelegentlicher Verwendung kann ein Bedürfnis bestehen, es dem tatunbeteiligten Eigentümer über § 295 unter den Voraussetzungen des § 74a zu entziehen. Wenn der Gesetzgeber in § 295 Satz 2 den § 74a für anwendbar erklärte, so hat er gerade diesen Fall im Auge gehabt, denn für den Fall dauernder Bestimmung zur Wilderei hätte es im Hinblick auf § 74 Abs. 2 Nr. 2 und Abs. 3 keiner die Dritteinziehung ermöglichenden Vorschrift bedurft. Die restriktive Auslegung des Jagd- oder Fischereigeräts i.S. von RGSt **22** 15 auch heute noch für maßgeblich zu erklären, liefe also geradezu darauf hinaus, die beabsichtigte Erweiterung der Einziehbarkeit durch § 295 Satz 2 wieder hinfällig zu machen.

2. Mitgeführte Geräte

10 a) **Nur mitgeführte Geräte.** Anders liegt es, wenn in Frage steht, ob ein Gegenstand, den der Täter (Teilnehmer) bei der Tat **lediglich bei sich geführt** hat (also ohne ihn zu verwenden), als Jagd- oder Fischereigerät nach § 295 einziehbar ist. Dass der Begriff des Jagd- und Fischereigeräts beim bloßen Beisichführen enger verstanden werden muss als bei Verwendung des Gegenstandes „bei der Tat", folgt zwangsläufig daraus, dass im Beisichführen noch keine Bestimmung des Gegenstandes als Mittel zur Tat liegt. Hier muss deshalb gelten, dass nur solche Gegenstände Jagd- und Fischereigeräte darstellen, die entweder – mit den Worten von BGHSt **19** 123 – „allgemein und für jeden erkennbar zur Ausübung der Jagd (Fischerei) dienen", die also eigentliche Jagd- oder Fischereigeräte sind, oder die vom Täter in der Absicht mitgeführt werden, sie erforderlichenfalls bei der Jagd (Fischerei) einzusetzen. Dabei ist zunächst klarzustellen: Der Wilderer, der den Jagdbezirk unter Mitführen eines Gewehrs durchstreift oder der einen geeigneten Ort zum Legen der mitgeführten Schlingen sucht, verwendet in der Regel schon Gewehr oder Schlingen beim Nachstellen (vgl. Rdn. 47 zu § 292). § 295 könnte hier nur dann selb-

ständige, die Einziehbarkeit erst begründende Bedeutung haben, wenn man etwa in dem Führen eines noch ungeladenen oder nicht alsbald schussfertig zu machenden Gewehrs seine Verwendung beim Nachstellen verneinen wollte. Selbständige Bedeutung hat § 295 aber dann, wenn ein Vorsatz des Täters, das Gerät, wenn auch nur im Bedarfsfall, zu verwenden, nicht bestand (nicht nachweisbar ist).[1] Dass das Gesetz dann trotzdem die Einziehung nur mitgeführter Gegenstände gegenüber dem Täter (Teilnehmer) oder mit Wirkung gegen einen Dritteigentümer zulässt, beruht auf der Erwägung, dass es im Einzelfall aus Gründen der Spezial- wie der Generalprävention gerechtfertigt sein kann, dem Täter als Eigentümer die Folgen seiner Leichtfertigkeit fühlbar zu machen; ferner spielt der Gedanke eine Rolle, dass auch das Mitführen der Gegenstände mit einer latenten Verwendungsgefahr verbunden sein kann, etwa dass der unerlaubt Wildfolge Ausübende sich erst später bei einer Änderung der Situation entschließt, das zunächst absichtslos geführte Gewehr doch zu verwenden. Hier ist es sinnvoll und geboten, die Einziehbarkeit auf solche mitgeführten Gegenstände zu beschränken, die generell Jagdzwecken dienen, also eigentliche Jagdgeräte sind, wie Gewehre, Munition usw.

b) **Kraftfahrzeuge als Transportmittel.** Die Einziehbarkeit der Jagd- und Fischerei- **11**
geräte, soweit § 295 sie über die Einziehung nach § 74 hinaus zulässt, ist **beschränkt** auf solche Jagd- oder Fischereigeräte, die der Täter **bei der Tat** mit sich geführt oder verwendet hat. Der Begriff „Tat" kann hier kein anderer sein als in §§ 292 Abs. 1, 293. Auch hier gilt, dass, wenn die Wilderei im **Nachstellen** auf lebendes Wild oder im „Fischen" besteht, das Begehungsstadium der Tat schon mit der rechtlichen Vollendung und nicht erst mit tatsächlicher Beendigung des Delikts i.w.S. endet (vgl. Rdn. 83 zu § 292). Daraus folgt, dass der allein zum Abtransport der Beute außerhalb des Jagdreviers benutzte Kraftwagen nicht als Jagd- oder Fischereigerät anzusehen ist, das i.S. des § 295 bei der Tat verwendet wurde.[2] Ebenso wenig gehört der Kraftwagen als Transportmittel zur Anfahrt zum Tatort oder zur Flucht ohne Beute hierher: Er ist nicht **bei** der Tat verwendet, und soweit er nur bei der Tat mitgeführt wurde (sich in Reichweite befand), ist das gewöhnliche Kfz kein „typisches" Jagdgerät. Insoweit kommt eine Einziehung nur nach § 74 in Betracht, und § 74a ist unanwendbar. Besteht die Tat in der **Zueignung** ohne vorangegangenes Nachstellen (Rdn. 53 zu § 292), so kann der Kraftwagen, von dem aus der Täter den Gegenstand der Zueignung erblickt hat und den er während des Besitzergreifungsakts verlässt, weder deshalb eingezogen werden, weil er ihn zum Abtransport der Beute benutzt, weil die Wilderei mit der endgültigen Besitzergreifung bei Verlassen des Jagdgebietes abgeschlossen war, noch deshalb, weil der Täter ihn während der Tat mit sich führte, denn der Wagen war insoweit nicht Jagd- oder Fischereigerät.

c) Der **Begriff des Mitsichführens** wurde in der Zeit der Geltung des § 295 a.F. weit **12**
ausgelegt. Als mitgeführt wurden Gewehr und Hund auch dann angesehen, wenn der Täter sie im eigenen Revier zurückließ, während er unerlaubt Wildfolge auf das Nachbarrevier ausübte, weil er auch dann noch die tatsächliche Verfügungsgewalt ausgeübt habe (vgl. *Dalcke/Fuhrmann/Schäfer* 37. Aufl. Anm. 4 mit Nachw.). Eine solche Ausweitung der fakultativen Einziehung entspricht nicht den bei der Neufassung des § 295

[1] Die Unterscheidung ähnelt also derjenigen zwischen gefährlichen Werkzeugen gem. § 250 Abs. 1 Nr. 1a und sonstigen Werkzeugen gem. § 250 Abs. 1 Nr. 1b. Das entspricht der Sache nach der heute ganz h.M., s. *Vollmar* S. 296; *Wohlers* NK Rdn. 2; *Zeng* MK Rdn. 8.

[2] OLG Celle NJW **1960** 1873 f; eingehend *Zeng* MK Rdn. 9 f; ferner *Hoyer* SK Rdn. 5; *Maurach/Schroeder/Maiwald* I § 38 Rdn. 22; *Sch/Schröder/Eser/Heine* Rdn. 6; **aA** *Schäfer* LK[10] Rdn. 23; *Mitzschke* NJW **1953** 554.

durch das EGOWiG 1968 verfolgten gesetzgeberischen Absichten (vgl. bisher: „die der Täter **zur** Jagd oder Fischerei bei sich geführt oder verwendet hat"), die offenbar dahin gehen, das Gerät müsse sich während der Wilderei in solcher Nähe befinden, dass dadurch die latente Gefahr seiner Verwendung bei der Wilderei begründet werde (ebenso *Wohlers* NK Rdn. 4). Bedenklich auch OLG Oldenburg MDR **1955** 122 (Leitsatz), wonach Einziehung des Jagdgeräts auch bei demjenigen in Betracht kommen könne, der zwar im eigenen Jagdrevier verbleibt, dessen Jagdgenosse aber abredegemäß unerlaubte Wildfolge in das Nachbarrevier begeht. In diesem Fall hat zwar der zurückgebliebene Teilnehmer die bei ihm verbliebenen Geräte während der Begehung **seiner** Tat (seines psychischen Tatbeitrags) mit sich geführt, aber nicht der Täter; die vom Teilnehmer mitgeführten Jagdgeräte stehen dann nicht in einer räumlichen Beziehung zur eigentlichen Tatausführung, die es rechtfertigt, sie als „bei der Tat" mitgeführt anzusehen.

III. Hunde und andere Tiere

13 **1. Übersicht über den Meinungsstand.** Nach der ursprünglichen Fassung des § 295, in der nur die Hunde genannt waren, lag es, wenn man der einschränkenden Auslegung des „Jagdgeräts" in RGSt **22** 15 (oben Rdn. 6 f) folgte, nahe, unter Hunden i.S. des § 295 nur solche zu verstehen, die nach ihrer Beschaffenheit an sich (= objektiv) zur Verwendung bei der Jagd geeignet und dazu auch generell bestimmt sind. Die Erweiterung der Novelle 1935 auf „andere Tiere" käme dann nur für solche Tiere in Betracht, die dazu bestimmt sind, bei der Jagd eine den Jagdhunden im engeren Sinn vergleichbare Rolle als „Fanggerät" zu spielen, wie Frettchen und Greifvögel (Falken, Habichte usw.), auch wenn sie nicht von Haus aus („an sich") zur Verwendung bei der Jagd geeignet sind, sondern durch langwierige Mühen dazu abgerichtet wurden. Eine solche Auffassung vertraten bis zur 50. Aufl. *Tröndle/Fischer* Rdn. 3 („für die Jagd objektiv geeignete und generell dazu bestimmte Tiere"); danach fiel ein etwa nur im Einzelfall verwendetes Pferd oder ein zum Abtransport der Beute bestimmtes Tier nicht unter § 295. Differenzierend *Sch/Schröder/Eser/Heine* Rdn. 7 bis zur 26. Aufl.: Bei Hunden unterstelle das Gesetz generell deren Gefährlichkeit als „Fangtiere", gleichgültig, ob es sich dabei um Jagd- oder sonstige Hunde handele. Bei anderen Tieren sei dagegen, wie bei den Jagdgeräten (oben Rdn. 6), eine Beschränkung der Einziehung auf eigentliche („typische") und uneigentliche (dauernd oder für eine gewisse Zeit dazu bestimmte) Fangtiere möglich und geboten; unter § 295 fielen danach zwar Frettchen und Jagdfalken, nicht aber ein Reittier, das nur bei einem Gelegenheitsritt durch den Wald zum Aufspüren oder Einfangen eines Tieres benutzt werde und das nur als Tatwerkzeug i.S. des § 74 einziehbar sei.

14 **2. Eigene Meinung.** Dem Gesetzeswortlaut kann nicht entnommen werden, dass es sich bei den „Hunden und anderen Tieren" um Tiere handeln müsse, die ihrer Art nach oder nach entsprechender Abrichtung als typische Jagdtiere anzusehen sind; unter § 295 fallen nach seinem Wortlaut schlechthin alle Tiere, die der Täter (Teilnehmer) bei der Tat mit sich geführt oder verwendet hat.[3] Der Umfang der Einziehbarkeit ergibt sich vielmehr aus dem Sinn der Vorschrift. Daraus, dass § 295 hinsichtlich der Einziehbarkeit den leblosen Jagd- und Fischereigeräten die lebenden Hilfsmittel der Wilderei gleichstellt, folgt, dass bei den Hunden und anderen Tieren eine entsprechende Unterscheidung gerechtfertigt ist wie bei den Jagd- und Fischereigeräten.

---

[3] So schon zutreffend OLG Stuttgart NJW **1953** 534; zust. *Wohlers* NK Rdn. 3. Ebenso nunmehr *Fischer* Rdn. 3; *Sch/Schröder/Eser/Heine* Rdn. 7.

Im Einzelnen bedeutet das: Tiere, die der Täter (Teilnehmer) bei der Tat **verwendet** hat, sind nach § 295 einziehbar, gleichviel, ob sie allgemein und für jeden erkennbar zur Ausübung der Jagd (Fischerei) dienen oder ob erst der Täter sie im Einzelfall zur Verwendung bei der Jagd bestimmt und verwendet hat. Tiere (auch Hunde), die der Täter bei der Tat **lediglich bei sich geführt hat,** unterliegen dagegen der Einziehung nach § 295 nur, wenn es sich um allgemein und für jeden erkennbar der Ausübung der Jagd (Fischerei) dienende Tiere (also um „typische" Fangtiere) handelt. Soweit **Verwendung** von Tieren bei der Tat in Frage steht, entbehrt es der inneren Berechtigung, den Kraftwagen, in dem der Wilderer dem Wild nachstellt, indem er das Revier nach Wild durchsucht oder das Wild verfolgt, anders zu behandeln als ein Pferd, das der Täter als Reittier beim Nachstellen verwendet. Einen Fall schwerer Wilderei (§ 292 Abs. 2 „in nicht weidmännischer Weise") stellt die Hetzjagd auf jagdbare Tiere dar (§ 19 Abs. 1 Nr. 13 BJG); für den Begriff der Hetzjagd aber ist es ohne Bedeutung, ob sich der Täter zur Verfolgung des Wildes eines Kraftwagens oder Motorboots oder eines Pferdes bedient (vgl. *Mitzschke-Schäfer* Anm. 2n zu § 19 BJG), und es kann entsprechend für die Einziehung keinen Unterschied begründen, welchen Mittels sich der Täter bei der Hetzjagd bedient. In gleicher Weise kann es keine Rolle spielen, ob der Täter sich zur Fortschaffung der erst hierdurch zugeeigneten, voluminösen Beute eines Kraftwagens oder eines von einem Pferd gezogenen Wagens oder Schlittens bedient. Soweit aber das **bloße Mitsichführen** eines Tieres in Betracht kommt, so kann das Reitpferd, von dem herab der Reiter zufällig jagdbares Wild erblickt und es, einer plötzlichen Eingebung folgend, ohne weiteres Nachstellen erlegt, nicht deshalb eingezogen werden, weil er das Pferd bei der Tat mit sich geführt hat, während es – wie bei dem mitgeführten Jagdgewehr – sinnvoll und gerechtfertigt ist, die Einziehung des Jagdhundes zuzulassen, den der Täter ohne Verwendungsvorsatz mit sich führt, wenn er das im Nachbarrevier verendete Wild ins eigene Revier zurückholt, oder die Einziehung des Beizvogels, den der Falkner als Jagdgast mit sich führt, während er in Überschreitung der Jagderlaubnis die Jagd in anderer Weise unerlaubt ausübt. Auch bei **Hunden** kann und muss in dieser Weise unterschieden werden: Das für die Jagd ungefährliche Schoßhündchen unterliegt nicht deshalb der Einziehung, weil der Spaziergänger es mit sich führt, während er sich eine abgeworfene Hirschstange, die er zufällig findet, zueignet – wohl aber dann, wenn sich sein Herrchen von ihm die Stange apportieren lässt. 15

IV. Beute des Wilderers

Die **Beute des Wilderers** (lebendes und totes Wild, Tierteile, Eier und andere dem Jagd- oder Fischereirecht unterliegende Sachen) kann als scelere quaesita, die dem Aneignungsrecht des Jagd- oder Fischereiberechtigten oder -ausübungsberechtigten weiterhin unterliegen, weder nach § 74 noch nach § 295 eingezogen werden (RGSt 70 94; 72 387, 390). Auch die Anordnung des Verfalls ist gemäß § 73 Abs. 1 Satz 2 nicht möglich. Die in § 40 BJG zugelassene Einziehung der Jagdbeute hat nur die Fälle zum Gegenstand, in denen der Jagdausübungsberechtigte bestimmte ihn treffende Jagdbeschränkungen nicht eingehalten hat; für den Wilderer ist die Vorschrift ohne Bedeutung. 16

§ 296

weggefallen

§ 297
Gefährdung von Schiffen, Kraft- und Luftfahrzeugen durch Bannware

(1) Wer ohne Wissen des Reeders oder des Schiffsführers oder als Schiffsführer ohne Wissen des Reeders eine Sache an Bord eines deutschen Schiffes bringt oder nimmt, deren Beförderung

1. für das Schiff oder die Ladung die Gefahr einer Beschlagnahme oder Einziehung oder
2. für den Reeder oder den Schiffsführer die Gefahr einer Bestrafung

verursacht, wird mit Freiheitsstrafe bis zu zwei Jahren oder mit Geldstrafe bestraft.

(2) Ebenso wird bestraft, wer als Reeder ohne Wissen des Schiffsführers eine Sache an Bord eines deutschen Schiffes bringt oder nimmt, deren Beförderung für den Schiffsführer die Gefahr einer Bestrafung verursacht.

(3) Absatz 1 Nr. 1 gilt auch für ausländische Schiffe, die ihre Ladung ganz oder zum Teil im Inland genommen haben.

(4) Die Absätze 1 bis 3 sind entsprechend anzuwenden, wenn Sachen in Kraft- oder Luftfahrzeuge gebracht oder genommen werden. An die Stelle des Reeders und des Schiffsführers treten der Halter und der Führer des Kraft- oder Luftfahrzeugs.

Schrifttum

Janovsky Die Strafbarkeit des illegalen grenzüberschreitenden Warenverkehrs, NStZ 1998 117; *Krack* § 297 StGB neue Fassung – Eine gelungene Norm des modernen Wirtschaftsstrafrechts?, wistra 2002 81; *Roth* Eigentumsschutz nach der Realisierung von Zueignungsunrecht (1986); *Schroeder* Das einzige Eigentumsdelikt, ZRP 1978 12.

Entstehungsgeschichte

§ 297 RStGB bestrafte als Schiffsgefährdung durch „Konterbande“ das heute in Abs. 1 Nr. 1 enthaltene Delikt, und zwar formal als Sonderdelikt von Reisenden, Schiffsleuten oder Schiffern, wobei die kasuistische Fassung auf das Preuß. Seerecht und § 278 PrStGB 1851 zurückging (eingehend *Krack* aaO S. 81 f). Die Vorschrift wurde durch Art. 1 Nr. 79 des 6. StrRG neu gefasst, wobei sie, um sie den Erfordernissen des internationalen Verkehrs anzupassen,[1] hinsichtlich des Täterkreises und der Schutzobjekte erheblich erweitert wurde. Weil der Rechtsausschuss des Bundestages eine Änderung des Regierungsentwurfes vornahm, ohne dessen Details zu beachten, „kann die unübersichtliche und komplizierte Neufassung als *grob missglückt* schon deshalb bezeichnet werden, da sie zu erheblichen Teilen überflüssig ist“.[2]

---

1 BTDrucks. 13/8587 S. 47; 13/9064 S. 22; früher bereits *Schroeder* ZRP 1978 13.

2 So *Fischer* Rdn. 1; vgl. auch *Wolters* JR 1998 273; *Denker/Struensee/Nelles/Stein* Einführung in das 6. Strafrechtsreformgesetz 1998 (1998) S. 1 f zum „unmotiviert hektischen Gesetzgebungsverfahren“. Für Abschaffung des § 297, weil diese Vorschrift unter dem Leitaspekt des ungestörten Gütertransports sowohl lückenhaft als auch (weil auf eine Sonderbehandlung der Güterverkehrsbranche hinauslaufend) illegitim sei, *Krack* wistra 2002 86 f.

Übersicht

	Rdn.
I. Rechtsgut und Deliktsstruktur	
1. Geschütztes Rechtsgut	1
2. Gefährdungsdelikt	2
3. Tatbestandsaufbau	3
II. Objektiver Tatbestand	
1. Tathandlung	
a) Eine Sache an Bord eines Schiffes, Luft- oder Kraftfahrzeuges bringen oder nehmen	4
b) Begehung durch Unterlassen	5
2. An Bord eines Transportmittels	
a) Schiff	6
b) Luftfahrzeug	7
c) Kraftfahrzeug	8
3. Tatmittel	9
a) Instrumentum sceleris	9
b) Bannware	10
4. Gefährdungsmoment	12
a) Möglichkeit der Beschlagnahme und/oder Einziehung	12
b) Kein Gefährdungsausschluss durch Zahlung der Zollstrafe	13
c) Drohende Kriminalstrafe	14
d) Vollendung	15
5. Handeln ohne Wissen des Berechtigten	16
III. Täterschaft und Teilnahme	
1. Täterkreis	18
a) Reeder und Halter	19
b) Schiffs- und Fahrzeugführer	20
c) Jedermann	21
2. Teilnahme	22
IV. Subjektiver Tatbestand	24
V. Rechtswidrigkeit	26
VI. Konkurrenzen	28

Stichwortverzeichnis
Zahlen = Randnummern

Andeutungstheorie 1
Bannware 1, 9 f
Beihilfe 20
Beschlagnahmemöglichkeit 11
Dauerdelikt 14
Deliktsstruktur 2
E 1962 1, 3
Eignungsdelikt 2, 13
Einverständnis, mutmaßliches 22
Einwilligung 22
Einziehungsmöglichkeit 11
Garant(enstellung) 5
Gefährdungsdelikt
– abstraktes 2
– abstrakt-konkretes 2
– konkretes 2
Gefährdungsmoment 11 ff
– Beschlagnahmemöglichkeit 11
– Einziehungsmöglichkeit 11
– Erfolgsmoment 14
– Kriminalstrafe, drohende 13
– Vollendung 14
– Zollstrafe 12
Heimlichkeit 15
Idealkonkurrenz 23
Individualinteresse 1
Internationales Strafrecht 6
Irrtum 21
Konterbande 1, 9
– Kriegs- 10
– Schiffs- 10
– Zoll- 10
Kriminalstrafe, drohende 13
lex specialis 23
Rechtsgut 1
Sonderdelikt 4, 16
Strafrecht, internationales 6
Täter 16 ff
– Fahrzeugführer 18
– Halter 17
– Jedermann 19
– quivis ex populo 19
– Reeder 17
– Schiffsführer 18
– Vertreter 18
Täterschaft 16 ff
Tatbestandsaufbau 3
Tateinheit 23
Tathandlungen 4 ff
Tatherrschaft 20
Tatmittel
– Bannware 9
– instrumentum sceleris 9
– Konterbande 9
  – Kriegs- 10
  – Schiffs- 10
  – Zoll- 10
Teilnahme 20
Territorialitätsprinzip 6
Transportmittel 6 ff
– Kraftfahrzeug 8
– Luftfahrzeug 7
– Schiff, deutsches 6
Transportwesen 1
Unterlassen 5
Vollendung 14
Vorsatz 21
Vorwissen 15
Werkzeug 4
Wissen (des Berechtigten) 15
– Vorwissen 15
– Heimlichkeit 15
Zollstrafe, Zahlung der 12

I. Rechtsgut und Deliktsstruktur

1 **1.** § 297 a.F. diente nach überwiegend vertretener Auffassung entsprechend seiner Einreihung in den 25. Abschnitt dem *Schutz des Vermögens* der privaten Eigentümer von Schiff (Reeder) und Ladung gegen mögliche Beschlagnahme und Einziehung wegen Mitführens von Konterbande (Bannware). Nach Auffassung des E 1962 war diese Charakterisierung des geschützten Rechtsguts unzutreffend; die Vorschrift gehöre in den Abschnitt „Verkehrsstraftaten" (s. § 349 E 1962). Dagegen hielt *Schroeder* ZRP **1978** 12 § 297 für „das Eigentumsdelikt par excellence". Der Gesetzgeber des 6. StrRG wollte, von den Überlegungen des § 349 E 1962 ausgehend, das **Transportwesen**, und zwar außer dem Schiffsverkehr auch den Luftverkehr sowie den Verkehr mit Kraftfahrzeugen, „gegen Gefahren schützen, die aus der Beförderung von Bannware für das Beförderungsmittel, dessen Ladung und die für die Abwicklung des Verkehrs Verantwortlichen erwachsen".[3] Er hat deshalb auch den Schutz des Reeders und Schiffsführers vor Bestrafung letztlich deshalb in den Tatbestand eingefügt (Abs. 1 Nr. 2 und Abs. 2), weil die „Unsicherheit, welche die Gefahr einer Bestrafung des Reeders oder des Schiffsführers für die Abwicklung des Verkehrs mit sich bringt, kaum minder groß als die einer Beschlagnahme oder Einziehung" ist.[4] Aber das war weder von der Konzeption noch von der Durchführung her ausreichend durchdacht und hat deshalb, auch abgesehen von den schweren handwerklichen Gebrechen des § 297 (unten Rdn. 3), zu einem unausgewogenen, mit den legislatorischen Absichten inkohärenten Straftatbestand geführt, über dessen Grundverständnis schon jetzt in der Strafrechtswissenschaft lebhafte Kontroversen ausgebrochen sind. Am weitesten dem Gesetzgeber entgegen kommt die Interpretation bis zur 50. Aufl. von *Tröndle/Fischer* Rdn. 1a, die zwar einen alleinigen Schutz des Transportwesens mit dem dreifachen Argument verwirft, dass die systematische Stellung im 25. Abschnitt, der Verzicht auf die Einbeziehung des Schienenverkehrs und die Beschränkung auf einen extrem schmalen und nicht einmal existenzbedrohenden Ausschnitt aus dem Gesamtbereich der Verkehrswirtschaft eine derartige Verabsolutierung nicht zulasse, der aber doch das *Transportwesen* und die *Reibungslosigkeit des internationalen Güterumschlags* insgesamt als Rechtsgut des § 297 anerkennt, darüber hinaus aber auch den *Schutz der Bundesrepublik vor außenpolitischen Verwicklungen*, die durch das Verbot der Beförderung von Bannware geschützten Rechtsgüter sowie schließlich das *Eigentum an den Transportfahrzeugen* und die *persönliche Freiheit* von Eigentümer und Fahrzeugführer (Rdn. 2). Nach *Krack* (wistra **2002** 81, 83 f) sollten nach dem Willen des Gesetzgebers das *Transportwesen* und das *Vertrauen in ein wichtiges Institut der Wirtschaftsordnung*, also kollektive Rechtsgüter, geschützt werden, aber statt dieser geplanten Veränderung des Rechtsguts sei nur eine quantitative Ausweitung des alten Anwendungsbereiches herausgekommen. In der Tat könnte ein derart inflationäres Verständnis der in einem Tatbestand geschützten Rechtsgüter, das in Gestalt der von der Bannware bedrohten Interessen auch alle möglichen vom deutschen Gesetzgeber nicht kontrollierten ausländischen Rechtsgüter einbezieht, weder für die Legitimation noch für die Interpretation des Straftatbestandes nennenswerte Selektionsleistungen erbringen. Weil die Vorstellungen des Gesetzgebers nicht nur unausgegoren sind und den im Gesetz nach der *Andeutungstheorie*[5] für ihre Verbindlichkeit erforderlichen Niederschlag vermissen lassen, sondern

---

[3] So der Regierungsentwurf, BTDrucks. 13/8587 S. 46. Auch im Bericht des Rechtsausschusses wird auf die „Verkehrsfunktion" abgehoben, BTDrucks. **13**/9064 S. 21.

[4] Regierungsentwurf , BTDrucks. **13**/8587 S. 46.

[5] *Engisch* Einführung in das juristische Denken (10. Aufl. 2005) 100 f.

auch wegen der in § 297 statuierten Abhängigkeit der Strafbarkeit von der Unkenntnis des Reeders, Halters, Schiffs- oder Fahrzeugführers zu einer mit dem Schutz von Kollektivrechtsgütern unvereinbaren Gesetzesfassung geführt haben, sollte die Einordnung des § 297 mit Hilfe der „Occams Rasiermesser“ entsprechenden Maxime der Strafrechtsdogmatik in Angriff genommen werden, dass so lange kein Kollektivrechtsgut hypostasiert werden soll, wie der Straftatbestand vollständig mit dem Schutz von Individualrechtsgütern erklärt werden kann.[6] Beifall verdient deshalb die im Schrifttum überwiegend vertretene Auffassung, dass § 297 allein **Individualinteressen** schützt, nämlich in Abs. 1 Nr. 1 das **Eigentum am Beförderungsmittel und der Ladung** vor dessen Beeinträchtigung durch Beschlagnahme und Einziehung sowie in Abs. 1 Nr. 2 und Abs. 2 die **persönliche Freiheit des Reeders bzw. Halters und des Fahrzeugführers.**[7] Die schädlichen Konsequenzen, die eine Beeinträchtigung dieser gewissermaßen die Agenturen des Transportwesens darstellenden Rechtsgüter für den Güterverkehr nach sich ziehen, bedeuten nur einen als kriminalpolitisches Motiv des Gesetzgebers zu registrierenden Schutzreflex (*Wohlers* NK Rdn. 1; ebenso jetzt auch *Fischer* Rdn. 2 f), der schon deshalb nicht zu einem selbständigen Rechtsgut aufgewertet werden kann, weil er ausgerechnet gegenüber dem Reeder/Halter und Fahrzeugführer selbst nicht geschützt ist, obwohl sich diese Personen ja in der eigentlichen Schlüsselstellung befinden und mutmaßlich auch weitaus häufiger Bannware vorsätzlich transportieren, als sie selbst zum Opfer einer Tat nach § 297 werden, die in der Kriminalstatistik nirgendwo auffällig wird.

2. Weil § 297 nicht die Verursachung einer Beschlagnahme, Einziehung oder Bestra- **2**
fung, sondern lediglich von deren „Gefahr“ verlangt, geht es hierbei offenbar um ein **Gefährdungsdelikt**, dessen genauere Kategorisierung aber erhebliche Schwierigkeiten macht. Wenn man mit der Mindermeinung (*Hoyer* SK Rdn. 6) in § 297 ein ***konkretes*** Gefährdungsdelikt sehen würde, müsste man den Eintritt einer Situation verlangen, in der die Beschlagnahme, Einziehung oder Bestrafung nahe bevorsteht und in dem Sinne vom Zufall abhängt, dass man auf deren Ausbleiben nicht vertrauen kann.[8] Eine derartige Einschränkung würde jedoch gerade dem Charakter des § 297 als eines „Transportdelikts“ nicht gerecht, weil die Tathandlung im Beladen liegt, während der Gefahrerfolg erst am Zielort eintreten würde und damit in einer dem Tätereinfluss räumlich und zeitlich entrückten Dimension. Überwiegend wird deshalb eine geringere Intensität der Gefährdung als beim konkreten Gefährdungsdelikt verlangt, wobei *Sch/Schröder/Eser/Heine* Rdn. 1 von einem ***abstrakten*** Gefährdungsdelikt sprechen, während *Wohlers*

---

[6] *Schünemann* in Kühne/Miyazawa (Hrsg.) Alte Strafrechtsstrukturen und neue gesellschaftliche Herausforderungen in Japan und Deutschland (2000) 15, 25 ff; *Krack* wistra **2002** 84 spricht auch für § 297 von der *Nachschaltung* der Kollektivinteressen.

[7] So bereits für § 297 a.F. *Roth* S. 34 f; *Schroeder* ZRP **1978** 12 f; für das neue Recht *Maurach/Schroeder/Maiwald* § 32 Rdn. 4 („das einzige echte Eigentumsdelikt“); *Joecks* Rdn. 1; *Lackner/Kühl* Rdn. 1; *Hoyer* SK Rdn. 2; *Wohlers* NK Rdn. 1; ebenso jetzt auch *Fischer* Rdn. 2 f; als „Eigentumsdelikt besonderer Art“ sieht es *Kindhäuser* LPK Rdn. 1. Z.T. abw. *Sch/Schroeder/Eser/Heine* Rdn. 1, die in § 297 zusätzlich ein abstraktes Gefährdungsdelikt gegen Allgemeininteressen erblicken.

[8] Zu diesem **normativen Gefahrbegriff** *Schünemann* JA **1975** 793 ff; *Demuth* Der normative Gefahrbegriff (1980) 197 ff; *Roxin* Strafrecht AT I § 11 Rdn. 151 f; *Zieschang* Die Gefährdungsdelikte (1998) 44, 49: auf die nicht abreißende und immer mehr verfeinerte Diskussion um die Struktur der Gefährdungsdelikte und die verschiedenen Gefahrbegriffe (zuletzt *Koriath* GA **2001** 51 ff; *Zieschang* GA **2006** 1 ff, 6 ff) kann im vorliegenden Zusammenhang nicht eingegangen werden.

NK Rdn. 12 „die nicht ganz fernliegende Möglichkeit" der Anordnung einer Beschlagnahme etc. ausreichen lässt, wofür schon die „mit dem Verbringen am Ort entstandene Situation" genügen soll. Die notwendige dogmatische Präzisierung dürfte in der Einordnung des § 297 als eines **Eignungsdelikts** (auch bezeichnet als abstrakt-konkretes Gefährdungsdelikt oder Gefährlichkeitsdelikt)[9] bestehen, wobei der entscheidende sachliche Gesichtspunkt in der **Verbotswidrigkeit** der Ladung besteht, die nach der Rechtsordnung des Bestimmungsortes die Möglichkeit von Beschlagnahme oder Einziehung und für den Fall der Kenntnis des Reeders/Halters bzw. Fahrzeugführers von deren Bestrafung begründet, den Eignungsbegriff ausfüllt und damit für eine vorbildlich exakte Beschreibung der Verbotsmaterie sorgt.[10]

3 3. Der **Tatbestandsaufbau** des § 297 ist mehrfach missglückt: Während der Regierungsentwurf des 6. StrRG ein Handeln *gegen den Willen* des Reeders/Halters verlangt hatte (BTDrucks. 13/8587 S. 46), begnügt sich das Gesetz entsprechend der Stellungnahme des Rechtsausschusses (BTDrucks. 13/9064 S. 21) mit einem Handeln *ohne dessen Wissen*, wodurch nun aber eine mehrfach überflüssige Verdoppelung entstanden ist, weil der Fall des Abs. 2 bereits in Abs. 1 Nr. 2 enthalten ist, ebenso wie der Fall des Abs. 1 2. Halbsatz bereits im 1. Halbsatz (*Fischer* Rdn. 4a). Der Klarheit dient es auch nicht, dass die enorme Tatbestandsausdehnung durch Einbeziehung von *Kraft- und Luftfahrzeugen* in Abs. 4, die im Anschluss an § 349 E 1962 und *Schroeder* ZRP **1978** 12 f erfolgt und mit der praktischen Bedeutung dieser Transportmittel begründet worden ist (BTDrucks. 13/8587 S. 47; 13/9064 S. 22), erst durch die Anordnung einer „entsprechenden Anwendung" und nicht durch die Erweiterung des Grundtatbestandes bewerkstelligt worden ist. Wenig luzide ist es auch, dass die vom 6. StrRG einbezogene Gefahr einer *Bestrafung* von Reeder oder Schiffsführer in Abs. 1 Nr. 2 und dem (überflüssigen) Abs. 2 aufgeführt worden ist, während die für den Tatbestand an sich zentrale Gefahr der Beschlagnahme oder Einziehung jetzt nur noch in Abs. 1 Nr. 1 eine quantitativ untergeordnete Rolle spielt.

II. Objektiver Tatbestand

1. Tathandlung

4 a) Alle Tatbestandalternativen des § 297 setzen voraus, dass der Täter **eine Sache an Bord eines Schiffes, Luft- oder Kraftfahrzeuges bringt oder nimmt.** Die Unterscheidung soll danach vorgenommen werden, ob der Täter *selbst* mitreist (dann *„nimmt"* er an Bord) oder *nicht* (dann *„bringt"* er an Bord).[11] Weil § 297 seit der Neufassung durch das 6. StrRG kein Sonderdelikt mehr ist (unten Rdn. 16), kann jeder die Tathandlung selbst oder durch einen anderen vornehmen, beispielsweise auch durch einen Boten oder sonst ein Werkzeug.[12] Es genügt deshalb insbesondere auch das Verladen in Containern

---

[9] Dazu *Schröder* ZStW **81** (1969), 18 ff; *Hoyer* Die Eignungsdelikte (1987); *Roxin* Strafrecht AT I § 11 Rdn. 162 f; *Wohlers* Deliktstypen des Präventionsstrafrechts – zur Dogmatik „moderner" Gefährdungsdelikte (2000) 297 ff.

[10] Zust. *Wohlers* NK Rdn. 6; *Groeschke/Hohmann* MK Rdn. 2; in der Sache h.L., wenn auch z.T. ohne Einordnung in die Gefährdungsdeliktskategorien des Allg. Teils, s. *Fischer* Rdn. 10; *Mitsch* BT 2 § 5 Rdn. 191.

[11] BTDrucks. 13/8587 S. 46; *Fischer* Rdn. 8; *Hoyer* SK Rdn. 3; *Wohlers* NK Rdn. 4.

[12] So bereits für das alte Recht RGSt **42** 294; ferner *Sch/Schröder/Eser/Heine* Rdn. 6; *Wohlers* NK Rdn. 4.

(*Fischer* Rdn. 8; *Groeschke/Hohmann* MK Rdn. 5). Dass das Versenden per Post nicht ausreichen soll (*Fischer* Rdn. 8; *Groeschke/Hohmann* MK Rdn. 5; dagegen wie hier jetzt auch *Wohlers* NK Rdn. 4), überzeugt nicht, weil sich der Täter auch hierbei der Postbediensteten als vorsatzloser Werkzeuge bedient. Wer ein Rauschgiftpaket per Luftpost oder unter Einschaltung eines Paketdienstes nach Washington versendet, bringt es deshalb an Bord des von der Post oder dem Paketdienst benutzten Flugzeuges, weil ihm das Handeln des Bediensteten als eines blinden Werkzeuges gemäß § 25 Abs. 1 2. Alternative zuzurechnen ist.

b) Die Tat kann durch **Unterlassen** begangen werden, wenn der Täter die Herrschaft 5
über den Beladevorgang ausübt und deshalb kraft Herrschaft über den Grund des Erfolges **Garant** ist.[13] Dies gilt insbesondere für den Fahrzeugführer, der die Beladung des Fahrzeuges mit Bannware duldet (*Fischer* Rdn. 8). Entgegen *Fischer* Rdn. 8 wird der Ladevorgang als ein tatsächliches Geschehen aber weder vom Spediteur noch vom Zollbeamten beherrscht, die auch nach der traditionellen Gleichstellungstheorie keine Garanten sind, weil sie bezüglich des Eigentums des Reeders und der Freiheit des Reeders bzw. Fahrzeugführers keine Rechtspflicht zur Bewahrung haben. Zweifelhaft ist, ob das Unterlassen eines Garanten, der erst von der schon erfolgten Beladung mit Bannware erfährt und diese daraufhin im Fahrzeug *belässt*, unter § 297 subsumiert werden kann. Wenn dies auch nach Antritt der Reise in Ermangelung einer physisch-realen Abwendungsmöglichkeit (etwa bei Flugzeugen und Schiffen) ausscheiden kann (*Fischer* Rdn. 8; *Wohlers* NK Rdn. 4), so trifft das doch namentlich bei Lastkraftwagen nicht zu und beantwortet auch nicht die entscheidende dogmatische Frage, ob das „Belassen“ an Bord dem „Nehmen“ ohne Verletzung der Grenze des noch möglichen Umgangssprachgebrauches und damit ohne Verletzung des Analogieverbotes gleichgestellt werden kann. Richtigerweise wird man zu differenzieren haben: Wer nur den Verladevorgang beherrschte, damals aber noch keinen Tatbestandsvorsatz hatte, beherrscht die weitere Entwicklung nicht in einer begehungsgleichen Weise, wobei selbst dann, wenn man eine Garantenstellung aus Ingerenz annähme, die Verletzung einer etwa daraus abzuleitenden Erfolgsabwendungspflicht kein „Anbordnehmen“ sein kann. Anders verhält es sich dagegen mit dem Verhalten des Fahrzeugführers, für den vermöge seiner fortdauernden Herrschaft das „Anbordnehmen“ und „Anbordbelassen“ identisch sind und der deshalb den Tatbestand des § 297 erfüllt, wenn er nachträglich von der Existenz von Bannware an Bord erfährt und gleichwohl die Fahrt trotz Möglichkeit zur Unterbrechung und Abladung fortsetzt (zust. *Wohlers* NK Rdn. 4; *Fischer* Rdn. 9, jedoch zweifelnd Rdn. 8). Das gilt aber natürlich nur, wenn ein anderer Beteiligter weiterhin unwissend ist (unten Rdn. 15).

2. Die Bannware muss an Bord eines bestimmten **Transportmittels** gebracht oder genommen worden sein:

a) **Schiff** bedeutet – anders als in § 278 PrStGB – jedes Handelsschiff, nicht nur ein 6
Seeschiff (*Nagler* VDB 6 458; *Fischer* Rdn. 5; *Sch/Schröder/Eser/Heine* Rdn. 3; **aA** *Olshausen* Anm. 2). Kriegsschiffe und andere Staatsschiffe gehören nicht hierher; auf ihnen kann weder im Inland noch im Ausland eine Beschlagnahme vorgenommen werden. Nach § 297 a.F. war es ohne Bedeutung, ob es sich um ein deutsches oder um ein auslän-

---

[13] Zust. *Groeschke/Hohmann* MK Rdn. 5; allgemein *Schünemann* LK § 25 Rdn. 40 f; *ders.* Grund und Grenzen der unechten Unterlassungsdelikte (1971) 229 ff, 281 ff; *Roxin* Strafrecht AT II § 32 Rdn. 17 ff.

disches Schiff handelte, denn für diese Frage war das Internationale Strafrecht der §§ 3 ff einschlägig (*Schäfer* LK[10] Rdn. 2). Das 6. StrRG hat nunmehr, offensichtlich ohne ausreichende Durchdringung der Problematik seitens des Gesetzgebers, in § 297 Abs. 1 eine Beschränkung auf „**deutsche** Schiffe“ (mit entsprechender Beschränkung auf deutsche Kraft- oder Luftfahrzeuge gemäß Abs. 4) statuiert, die freilich gemäß Abs. 3 (mit eigenartiger Beschränkung auf Abs. 1 Nr. 1) nicht für solche **ausländischen** Transportfahrzeuge gilt, die ihre Ladung ganz oder zum Teil im **Inland** an Bord genommen haben. Im Entwurf der Bundesregierung, der in diesem Punkt vom Rechtsausschuss nicht abgeändert worden ist, ist dies mit der Erwägung gerechtfertigt worden, dass im allgemeinen ein kriminalpolitisches Bedürfnis nach Bestrafung nur bestehe, wenn sich die Tat „auf ein deutsches Transportfahrzeug“ bezieht (BTDrucks. 13/8587 S. 46). Sonst sei nicht ausgeschlossen, dass sich die deutschen Strafverfolgungsbehörden mit Vorgängen befassen müssten, die deutsche Interessen nicht berührten, deren strafrechtliche Verfolgung aber internationale Verwicklungen zur Folge haben könnte (ibid.). Ob sich der Gesetzgeber hierbei dessen bewusst gewesen ist, dass das *Territorialitätsprinzip* des § 3 eigentlich schon eine Lösung des angesprochenen Problems bereithält und dass gerade die Erstreckung des Tatbestandes auf alle deutschen Fahrzeuge in § 297 Abs. 1 und 4 in Verbindung mit einem argumentum e contrario zur Beladung ausländischer Fahrzeuge im Inland gemäß Abs. 3 auf eine sonderbare Ausdehnung des § 5 hinausläuft, muss bezweifelt werden. Jedenfalls sind dadurch die Ungereimtheiten des § 297 um eine weitere vermehrt worden, deren Behebung nur in der Weise möglich erscheint, dass man die Benennung der „deutschen“ Fahrzeuge in Abs. 1 und Abs. 4 in Verbindung mit der inländischen Beladung ausländischer Schiffe in Abs. 3 als einen an sich missglückten, aber im Wege der Auslegung zu heilenden Versuch ansieht, das Territorialitätsprinzip des § 3 und das Schutzprinzip der §§ 5, 7 für § 297 zur Geltung zu bringen[14] (wobei die Nichteinbeziehung von Abs. 1 Nr. 2 und Abs. 2 in der Verweisung des Abs. 3 ein weiteres, mit den Instrumenten der Auslegung nicht zu lösendes Rätsel aufgibt).

7 b) Die Einbeziehung von **Luftfahrzeugen** in Abs. 4 war bereits im Entwurf der Bundesregierung vorgesehen und mit „der Entwicklung, welche die Luftfahrt in den letzten Jahrzehnten genommen hat“, begründet worden (BTDrucks. 13/8587 S. 47). Hierbei ist der Begriff des Luftfahrzeuges nicht definiert, jedoch ist die Erwägung beigefügt worden, dass dieselben „heute in großem Umfang zur Verbindung voneinander weit entfernter Länder und Erdteile eingesetzt werden“ und deswegen „die tatsächlichen Möglichkeiten des Transports von Bannware nicht geringer sind als im Bereich der Schiffahrt“. Hieraus folgt, dass man über den Schutzzweck des § 297 weit hinausschießt, wenn man wie *Sch/Schröder/Eser/Heine* Rdn. 3 auf den verkehrstechnischen Begriff des „Luftfahrzeuges“ verweist, der Ballone, Fallschirme, Drachen und Raketen einschließt (*Sch/Schröder/Eser* § 109g Rdn. 19). Vielmehr muss das Luftfahrzeug, wie auch aus dem Wortlaut des Abs. 4 hervorgeht, einen sich darin aufhaltenden Führer besitzen und zum Transport von Personen oder Sachen bestimmt sein (zust. *Groeschke/Hohmann* MK Rdn. 9), so dass also der Missbrauch eines Modellflugzeug- oder Luftballonwettbewerbs zum grenzüberschreitenden Transport von Bannware nicht ausreicht.

8 c) **Kraftfahrzeuge** sind erst vom Rechtsausschuss im Anschluss an *Schroeder* (ZRP 1978 12 f) wegen der „Verkehrsfunktion und des Wertes vor allem von Lastkraftwagen“ in den Tatbestand aufgenommen worden (BTDrucks. 13/9064 S. 22). Auch wenn der

[14] Zust. *Groeschke/Hohmann* MK Rdn. 7.

vom Gesetzgeber aufgegriffene Reformvorschlag *Schroeders* von der Gefährdung eines so enormen Vermögenswertes ausgegangen ist, wie ihn ein Lastkraftwagen verkörpert, ist doch angesichts der Einbeziehung von Halter und Führer in den Schutzbereich des § 297 jedes Kraftfahrzeug i.S. der §§ 1 Abs. 2 StVG, 4 StVZO tatbestandsmäßig, weil etwa auch die Freiheit eines Mofa-Fahrers in Gefahr gerät, wenn in den Gepäckträgertaschen ohne sein Wissen Rauschgift versteckt wird (zust. *Groeschke/Hohmann* MK Rdn. 9).

3. Das Tatmittel

a) Bei der an Bord gebrachten oder genommenen Sache handelt es sich nicht um das Tatobjekt (so aber *Fischer* Rdn. 7; *Sch/Schröder/Eser/Heine* Rdn. 4), sondern um das **instrumentum sceleris**. Früher sprach man von *Konterbande,* heute spricht das Gesetz von **Bannware** und versteht darunter alle beweglichen Gegenstände, deren Einfuhr, Ausfuhr oder Transport einem Verbot oder einem Zoll unterworfen ist, gleichgültig, ob dies am Absende-, Ziel- oder Durchfuhrort der Fall ist (*Fischer* Rdn. 7), oder deren Erwerb, Besitz oder Vertrieb einem Verbot (wie bei Betäubungsmitteln) oder einer Besteuerung unterworfen ist (*Sch/Schröder/Eser/Heine* Rdn. 4; näher *Janovsky* NStZ **1998** 117). 9

b) Den historischen Ausgangspunkt bildete der heimliche Transport von Branntwein auf preußischen Schiffen, die deshalb in einem englischen Hafen der Konfiskation unterworfen werden konnten.[15] Die von 1871 bis 1998 allein tatbestandsmäßige **Schiffskonterbande** (vgl. dazu *Hennigsen*, Art. „Konterbande" im Hdb. des Völkerrechts I 688) umfasste die Zoll- wie die Kriegskonterbande. Unter **Zollkonterbande** versteht man Waren, die nach dem Recht des Absende- oder des Bestimmungsorts wegen Verletzung von Ein- oder Ausfuhrverboten oder wegen Hinterziehung von Zollgebühren (RG GA 52 90) der Beschlagnahme oder Einziehung unterliegen. Bei Ein- und Ausfuhrverboten ist es ohne Bedeutung, aus welchem Grund sie erlassen sind, ob aus gesundheitlichen Gründen, zum Schutz der nationalen Wirtschaft, zur Bekämpfung von Suchtgefahr, zur Vermeidung von internationalen Verwicklungen usw. **Kriegskonterbande** umfasst alle Waren, deren Zuführung an seinen Gegner auf feindlichen oder neutralen Schiffen ein Kriegsführender nach Völkerrecht auch den Neutralen gegenüber zu verhindern berechtigt ist (vgl. *Scheuner*, Art. „Konterbanderecht" in Strupp/Schlochauer, Wörterbuch des Völkerrechts Bd. II 290; dort auch S. 292 über die verschiedenen Auffassungen hinsichtlich der Voraussetzungen einer Einziehung von Schiff und Ladung als Prisen und über die Wandlungen des Konterbanderechts in der modernen Kriegsführung). 10

Der moderne Begriff der **Bannware** ist an sich gleichbedeutend, hat aber dadurch eine enorme Extension erfahren, dass § 297 nunmehr auch die Gefahr einer Bestrafung des Reeders/Halters oder Schiffs-/Fahrzeugführers ausreichen lässt und dass außerdem die staatlichen Verbote seither enorm ausgeweitet worden sind, so wenn bereits der Besitz von Betäubungsmitteln (§ 29 Abs. 1 Nr. 3 BtMG) oder der Verstoß gegen Embargobeschlüsse des UNO-Sicherheitsrates strafbar ist (§ 34 Abs. 4 AWG).[16] Weitere Beispielsfälle bieten § 143 Abs. 1 Nr. 3 MarkenG und § 30 BundesnaturschutzG).[17] 11

---

[15] *Schroeder* ZRP **1978** 13 unter Hinweis auf *Goltdammer* Materialien zum StGB für die Preußischen Staaten Theil II (1852) 624.

[16] Dazu im einzelnen *Bieneck*, in Müller-Gugenberger/Bieneck § 62 Rdn. 80 ff; *Harder* in Wabnitz/Janovsky, Handbuch des Wirtschafts- und Steuerstrafrechts (3. Aufl. 2007), § 21 Rdn. 37.

[17] Dazu näher *Gruhl*, in: Müller/Gugenberger/Bieneck § 60 Rdn. 83 ff; *Stöckel* in Erbs/Kohlhaas (Hrsg.), Strafrechtliche Nebengesetze Bd. III N 16 § 30 Rdn. 1 ff; *Janovsky* NStZ **1998** 118 ff.

4. Das Gefährdungsmoment

12 a) Die (zusätzliche) Gefährdung von Schiff, Luft- oder Kraftfahrzeug bzw. der Ladung oder des Reeders/Halters bzw. Fahrzeugführers besteht in der (nicht ganz entfernten) Möglichkeit (RG GA 52 90) einer Beschlagnahme und/oder Einziehung des Transportfahrzeuges und/oder der ganzen Ladung bzw. eines Teils davon oder schließlich der Bestrafung des Reeders/Halters oder des Fahrzeugführers, während die Gefahr einer Beschlagnahme oder Einziehung lediglich der Bannware selbst nicht genügt.[18] Infolgedessen erfüllt auch der **illegale Transport des Fahrzeugs selbst nicht** den Tatbestand,[19] so dass also die Überführung gestohlener Kraftfahrzeuge durch ein gutgläubiges Werkzeug nicht tatbestandsmäßig ist.

13 b) Dass Beschlagnahme und Einziehung der Bannware durch Zahlung einer Zollstrafe abgewendet werden können, schließt eine Gefährdung des Transportfahrzeuges, der Ladung oder des Fahrzeugführers nicht aus.

14 c) In der Alternative von § 297 Abs. 1 Nr. 2 und Abs. 2 ist eine drohende **Kriminalstrafe** erforderlich, so dass die Gefahr einer Verurteilung wegen einer bloßen Ordnungswidrigkeit nicht ausreicht (*Fischer* Rdn. 12; *Sch/Schröder/Eser/Heine* Rdn. 10). Hierfür genügt auch eine Strafbarkeit wegen fahrlässiger Tat (z.B. § 29 Abs. 4 BtMG). Obwohl § 297 ein Handeln „ohne Wissen" des Reeders etc. voraussetzt, wird sich wegen der Struktur des § 297 als eines Eignungsdelikts (o. Rdn. 2) die „Gefahr einer Bestrafung" nicht nur im Falle ausländischer Regelungen über Beweislastumkehr, strict liability o.ä., sondern schon dann bejahen lassen, wenn nicht ausgeschlossen werden kann, dass das zuständige Gericht im Rahmen der freien Beweiswürdigung von der Verbotswidrigkeit der Ladung auf eine entsprechende Kenntnis des Verantwortlichen schließt. Hingegen reicht es nach dem klaren Wortlaut des § 297 nicht aus, dass nur die Gefahr der Überziehung mit einem Strafverfahren besteht, wenn eine Verurteilung nach den Umständen von vornherein ausgeschlossen werden kann.

15 d) Weil § 297 kein konkretes Gefährdungsdelikt ist (o. Rdn. 2) und dementsprechend für die Vollendung nicht der Eintritt einer konkreten Gefahr der Beschlagnahme, der Bestrafung etc. erforderlich ist, reicht das bloße Verbringen an Bord jedenfalls dann zur **Vollendung** aus, wenn bereits am Beladungsort der behördliche Zugriff bzw. die Einleitung des Strafverfahrens droht. Dass die Vollendung auch bei dem erst im Ausland drohenden Zugriff bereits mit dem Verbringen an Bord eintritt (*Fischer* Rdn. 8a; *Wohlers* NK Rdn. 4), war nach der alten Fassung zwingend (*Schäfer* LK[10] Rdn. 6), ist nach dem Wortlaut der vom 6. StrRG vorgenommenen Neufassung aber nicht mehr eindeutig, weil das Gesetz nunmehr im Indikativ davon spricht, dass die „Beförderung" der Bannware die betreffende „Gefahr verursacht", während das Gesetz die Gefährlichkeit der Gegenstände früher dadurch definierte, dass „sie die Beschlagnahme etc. veranlassen können". Wenn man beim 6. StrRG vom herkömmlichen Niveau der sprachlichen Durchbildung des Gesetzes ausgehen müsste, wäre deshalb kaum um die Konsequenz herumzukommen, dass der Gesetzgeber nunmehr in Einschränkung der früheren Fassung ein zusätzliches *Erfolgsmoment*, nämlich die Beförderung der Bannware in den räumlichen Geltungsbereich der die Beschlagnahme etc. ermöglichenden Verbotsnorm verlange. Die

---

[18] *Fischer* Rdn. 7; *Hoyer* SK Rdn. 8; *Lackner/Kühl* Rdn. 2; *Sch/Schröder/Eser/Heine* Rdn. 4.

[19] *Fischer* Rdn. 7; *Sch/Schröder/Eser/Heine* Rdn. 4.

kriminalpolitischen Konsequenzen einer solchen Interpretation wären jedoch fatal, denn weil der Gesetzgeber es verabsäumt hat, in § 297 den Deliktsversuch unter Strafe zu stellen, würde die Strafbarkeit danach erst in dem Augenblick eintreten, in dem das Transportfahrzeug den deutschen Hoheitsbereich verlassen hat und der von § 297 gewährte Schutz deshalb praktisch leerläuft. Ein Ausweg aus diesem Dilemma dürfte nur durch die kultursoziologisch resignative, kriminalpolitisch aber zielführende Überlegung möglich sein, dass der Umgangssprachgebrauch in der heutigen Zeit eines rapiden Verfalls der Sprachkultur zwischen Indikativ und Konjunktiv nicht mehr sauber unterscheidet und deshalb insoweit keine wegen Art. 103 Abs. 2 GG zu respektierende „Wortlautgrenze" vorgibt, während andererseits das 6. StrRG angesichts seines notorischen Zurückbleibens hinter dem traditionellen Niveau deutscher Gesetzgebungstechnik nicht penibler als die Umgangssprache interpretiert werden darf, was für § 297 unter Berücksichtigung der keine Einschränkungsabsicht erkennen lassenden Entwurfsbegründung (BTDrucks. 13/8587 S. 46 f) dazu führt, die Vollendung weiterhin mit dem Verbringen der Gegenstände an Bord eintreten zu lassen. Weil mit dieser Interpretation die äußerste Grenze des Umgangssprachgebrauches ausgeschöpft wird, ist es dann aber *nicht* statthaft, die Tat erst dann für tatsächlich beendet zu halten, wenn die Gegenstände wieder von Bord gebracht worden sind und dadurch die Möglichkeit der Einziehung etc. ausgeschlossen ist (so *Fischer* Rdn. 8a; zur Anwendung nur in bonam partem bei den Konkurrenzen unten Rdn. 23).

5. Handeln ohne Wissen des Berechtigten

§ 297 setzt voraus, dass die Verbringung der Bannware ohne Wissen zumindest eines Beteiligten erfolgt, also wenn der Reeder oder Fahrzeughalter ohne Wissen des Fahrzeugführers oder der Fahrzeugführer ohne Wissen des Halters bzw. Reeders oder schließlich ein Dritter ohne Wissen zumindest eines von beiden handelt. Wenn alle Beteiligten Bescheid wissen, ist der Tatbestand also nicht erfüllt, und zwar auch dann nicht, wenn einer das Handeln der anderen nur widerstrebend duldet (*Fischer* Rdn. 9). Im Einzelnen wirkt sich diese „Wissensbremse" bei den verschiedenen Täterschaftsformen unterschiedlich aus (unten Rdn. 19). **16**

Vorwissen des Schiffers oder, wenn dieser selbst der Täter ist, des Reeders (bzw. Fahrzeugführers oder -halters) bedeutet Kenntnis der Anbordnahme (RGSt 72 26, 29). Dagegen ist es für die Verwirklichung des Tatbestandes ohne Bedeutung, wenn der Schiffer (Reeder, Fahrzeugführer usw.) erst nach dem Anbordbringen Kenntnis davon erlangt, dass sich Bannware an Bord befindet, die ohne sein Wissen auf das Schiff verbracht wurde (zur möglichen Unterlassungsstrafbarkeit des Fahrzeugführers in diesem Fall s.o. Rdn. 5). Woher das Vorwissen stammt, ob auf Grund eigener Beobachtung oder durch Mitteilung des Täters oder Dritter, ist gleichgültig (*Gerland* S. 536). Heimlichkeit des Anbordnehmens wird nicht verlangt; es genügt, dass dem Schiffer (Reeder) die Möglichkeit entzogen wird, Kenntnis von der Verladung zu nehmen und über die Beschaffenheit der Gegenstände Erkundigungen einzuziehen oder sich zu vergewissern. **17**

III. Täterschaft und Teilnahme

1. **Der Täterkreis** war früher auf **Reisende und Schiffsmänner** beschränkt, die ohne Vorwissen des Schiffers handelten. Das 6. StrRG hat diese Beschränkung der Unrechtsmaterie auf ein *Sonderdelikt* getilgt, so dass nunmehr „jedermann dem Tatbestand unterworfen sein soll, namentlich also auch der Befrachter, der Ablader und der Lotse" **18**

(BTDrucks. 13/8587 S. 46). Allerdings unterscheidet § 297 immer noch zwischen **drei verschiedenen Täterschaftsformen,** für die der Strafbarkeitsumfang jeweils unterschiedlich bestimmt wird:

19 a) **Der Reeder** bzw. **Halter** des Transportfahrzeugs macht sich gemäß Abs. 2 nur strafbar, wenn er durch sein Handeln die Gefahr einer Bestrafung des Fahrzeugführers auslöst, während die bloße Gefahr einer Beschlagnahme oder Einziehung des Fahrzeugs nach der Vorstellung des Gesetzgebers ihn selbst trifft und deshalb keine strafrechtliche Verantwortlichkeit begründen kann.

20 b) **Der Schiffs- oder Fahrzeugführer** hat dagegen gemäß Abs. 1 Nr. 1 sehr wohl diese Gefahr zu verantworten, und gemäß Abs. 1 Nr. 2 macht er sich auch strafbar, wenn für den Reeder die Gefahr einer Bestrafung entsteht. Der Vertreter des Schiffs- oder Fahrzeugführers (Copilot, Beifahrer o.ä.) kommt in dieser Variante nur als Täter in Betracht, wenn er die Führerfunktion zur Tatzeit tatsächlich ausübt (*Fischer* Rdn. 6; *Wohlers* NK Rdn. 2).

21 c) Schließlich soll Abs. 1 in der 1. Alternative **jedermann** (mit Ausnahme der speziellen Täterschaftsformen) erfassen,[20] also im Unterschied zur früheren Gesetzesfassung nicht nur (Mit-)Reisende. Nach dem Wortlaut des Gesetzes sind diese Personen für alle in § 297 aufgeführten Gefahren verantwortlich, es sei denn, dass sowohl der Reeder als auch der Schiffsführer eingeweiht sind. Dies macht aber hinsichtlich der dem Fahrzeug und der Ladung drohenden Gefahren gemäß Abs. 1 Nr. 1 unter der Voraussetzung, dass der Reeder eingeweiht ist, keinen Sinn, weil der Fahrzeugführer nur vor eigener Bestrafung geschützt wird, nicht aber Träger des Rechtsgutes „Beschlagnahmefreiheit von Fahrzeug oder Ladung" ist. Dadurch wird freilich eine weitere Ungereimtheit des Gesetzes deutlich, das den Eigentümer der Ladung gegenüber dem Reeder nicht schützt. Eine entsprechende Schutzlücke würde sich sogar gegenüber dem quivis ex populo nach der im Entwurf der Bundesregierung vertretenen Auffassung ergeben, dass der Tatbestand für diesen schon dann nicht verwirklicht sei, wenn der Reeder **oder** der Schiffsführer um sein Handeln wüssten, weil Reeder und Schiffsführer gegenüber den an der Ladung des Schiffes beteiligten Personen so sehr als Einheit auftreten würden, dass das Wissen jedes einzelnen von ihnen beiden zugerechnet werden müsse (BTDrucks. 13/8587 S. 46). Aber das ist eine ungereimte und vom Gesetzeswortlaut her nicht zwingende Einschränkung, denn es liegt für jedermann auf der Hand, dass der Schiffsführer keine Handlungen dulden darf, die zum Verlust des Schiffes oder der Ladung führen können, so wie sich dieser in einem solchen Fall gemäß § 297 2. Alt. ja auch selbst eindeutig strafbar macht, richtigerweise dann eben als Mittäter mit dem quivis ex populo.

22 2. Für die Abgrenzung von Täterschaft und **Teilnahme** gelten die allgemeinen Regeln, grundsätzlich kommt es also auf die **Tatherrschaft** an (eingehend *Schünemann* LK § 25 Rdn. 155 ff).

23 Beihilfe kann z.B. die Lieferung von Schmuggelware sein, wenn der Lieferant weiß, dass die Ware in ein fremdes Zollgebiet eingeschmuggelt werden soll und die Anbordnahme der Ware Schiff oder Ladung der Einziehungsgefahr aussetzt (RGSt **41** 70).

---

[20] BTDrucks. **13**/8587 S. 46; *Fischer* Rdn. 6; *Lackner/Kühl* Rdn. 2; *Wohlers* NK Rdn. 2.

IV. Subjektiver Tatbestand

Zu dem nach § 297 erforderlichen **Vorsatz** gehört das Bewusstsein, dass die Ware Bannware ist, dass es am Vorwissen des Schiffers oder Reeders fehlt und dass die Anbordnahme Schiff oder Ladung gefährdet (RGSt **41** 70; **43** 383, 384). Bedingter Vorsatz genügt. Das Bewusstsein der Gefährdung wird nicht durch die Annahme ausgeschlossen, der Agent des Reeders werde bei Zollkonterbande eine drohende Einziehung durch Erlegung einer Zollstrafe abwenden (RG JW **1911** 246). **24**

Dagegen schließt ein Irrtum über die Verbotswidrigkeit den Vorsatz aus, weil diese Voraussetzung der Gefährdung ist und der Vorsatz des Täters die Gefahren umfassen muss (*Sch/Schröder/Eser/Heine* Rdn. 11; *Fischer* Rdn. 13). Hingegen lässt wiederum das Vertrauen auf einen guten Ausgang den Gefährdungsvorsatz und damit den subjektiven Tatbestand unberührt. **25**

V. Die **Rechtswidrigkeit** folgt den allgemeinen Grundsätzen. Soweit nur die Gefährdung der Ladung in Frage steht, wird die Rechtswidrigkeit durch Einwilligung ihres Eigentümers ausgeschlossen. **26**

Wenn der Reeder/Halter um die Gefährdung von Fahrzeug, Ladung oder seiner eigenen Straffreiheit weiß, entfällt bereits der Tatbestand. Im Entwurf der Bundesregierung war hierzu das eigenartige Konzept verwirklicht worden, beim Reeder und Schiffsführer zusätzlich ein Handeln *gegen den Willen* des Schiffsführers/Reeders zu verlangen, weil der Schiffsführer nicht immer in der Lage sei, den Reeder rechtzeitig vor der Übernahme von Bannware zu verständigen, und billigerweise straflos sein solle, wenn der Reeder beim Gelingen des Transport wahrscheinlich mit der Übernahme einverstanden gewesen wäre (BTDrucks. 13/8587 S. 46). Diese Überlegung war aber konfus und kaum nachvollziehbar, denn wer ohne das Wissen eines anderen handelt, handelt damit eo ipso auch gegen dessen Willen. Wie der andere sich im Endeffekt, also nachträglich „beim Gelingen des Transports" dazu stellt, ist strafrechtlich prinzipiell ohne Bedeutung; es kommt deshalb allenfalls ein **mutmaßliches Einverständnis** in Betracht, welches sich als Rechtfertigungsgrund nach den allgemeinen Regeln bestimmt (dazu näher *Roxin* Strafrecht AT 1 § 18 Rdn. 3 ff). Der Rechtsausschuss hat deshalb die zusätzliche Forderung eines Handelns „gegen den Willen" an sich zu Recht gestrichen, freilich auf der Grundlage der nunmehr potenziert fehlerhaften Auffassung, die Bundesregierung habe in ihrem Entwurf die Straflosigkeit bereits an ein vermutetes Einverständnis knüpfen wollen, was zu weit gehe, zumal der Schiffsführer mit den modernen Mitteln der Telekommunikation den Reeder häufig von der Übernahme der Bannware unterrichten könne (BTDrucks. 13/ 9064 S. 21) – womit ersichtlich verkannt wurde, dass die allgemeinen Regeln der mutmaßlichen Einwilligung diese Probleme ohnehin schon angemessen regeln und durch die Streichung der Klausel „gegen den Willen" gerade in Kraft gesetzt werden. Nimmt man hinzu, dass durch diese Streichung der (im Übrigen nicht angepasste) Tatbestandsaufbau vollends verunglückte (o. Rdn. 3), so kann man freilich die Kette legislatorischer Fehlleistungen bei der Neufassung des § 297 nur noch mit Kopfschütteln zur Kenntnis nehmen. **27**

VI. Konkurrenzen

Tateinheit ist möglich mit Betrug, da § 297 keine Bereicherungsabsicht fordert, nach *Fischer* Rdn. 15 auch mit § 266, doch dürfte § 297 bezüglich des Fahrzeugführers im Verhältnis zum Reeder/Halter lex specialis sein. Soweit die die tatbestandsmäßige Gefahr **28** begründenden Verbotsnormen auch den Lade- und/oder Beförderungsvorgang erfassen, ist (ggf. kraft der hier nur in bonam partem praktizierten Rechtsfigur der materiellen Beendigung) Idealkonkurrenz mit § 297 anzunehmen, so mit §§ 29 ff BtMG, 19 ff KrWaffKontrG, 34 AWG. Gegenüber § 123a SeemannsG ist § 297 lex specialis. Für durch den Transport begangene Ordnungswidrigkeiten gilt § 21 OWiG.

SECHSUNDZWANZIGSTER ABSCHNITT

Straftaten gegen den Wettbewerb

Vorbemerkungen zu den §§ 298 ff

Schrifttum

Vgl. zunächst die Angaben bei § 263 und § 266. Ferner:
Ackermann Submissionskartell als Betrug am Staat? Festschrift N. Schmid (Zürich 2001) 291; *Androulakis* Die Globalisierung der Korruptionsbekämpfung (2007); *von Arnim* (Hrsg.) Korruption und Korruptionsbekämpfung (2007); *Arzt* Neue Wirtschaftsethik, neues Wirtschaftsstrafrecht, neue Korruption, Festschrift Wiegand (Bern 2005) 739; *Bannenberg* Korruption in Deutschland und ihre strafrechtliche Kontrolle (2002); *Bannenberg/Schaupensteiner* Korruption in Deutschland (2004); *Baumann* Zum Ärgernis Submissionsbetrug, Festschrift Oehler (1985) 291; *Baumann* Art. Submissionsbetrug, in HWiStR (1987); *Baumann* Endlich strafrechtliche Bekämpfung des Submissionsbetruges, NJW **1992** 1661; *Baumann/Arzt* Kartellrecht und Allgemeines Strafrecht, ZHR **134** (1970) 24; *Bender* Sonderstraftatbestände gegen Submissionsabsprachen (2005); *Bottke* Korruption und Kriminalrecht in der Bundesrepublik Deutschland, ZRP **1988** 215; Bundeskriminalamt (Hrsg.), Wirtschaftskriminalität und Korruption (2002); *Christ* Die Submissionsabsprache, Rechtswirklichkeit und Rechtslage (Freiburg i. Ü. 1999); *Courakis*/Ziouvas TA OIKONOMIKA EGKLIMATA (Die Wirtschaftsdelikte, griech.) Bd. III (Athen 2007); *Cramer* Zur Strafbarkeit von Preisabsprachen in der Bauwirtschaft (1995); *Dahs* (Hrsg.), Kriminelle Kartelle? (1998); *Dannecker* Der strafrechtliche Schutz des Wettbewerbs, Festschrift Tiedemann (2008) 789; *ders./Jansen* (Hrsg.), Competition Law Sanctioning in the European Union (Den Haag usw. 2004); *Delmas-Marty/Vervaele* (Hrsg.), The Implementation of the Corpus Juris in the Member States **III** (Antwerpen usw. 2000); *Dölling* Empfehlen sich Änderungen des Straf- und Strafprozeßrechts, um der Gefahr von Korruption in Staat, Wirtschaft und Gesellschaft wirksam zu begegnen? Verh. **61.** DJT (1996) Bd. I S. C 3; *ders.* Die Neuregelung der Strafvorschriften gegen Korruption, ZStW **112** (2000) 334; *ders.* General report on corruption and related offences in international economic activities, RIDP **74** (2003) 37; *ders.* (Hrsg.) Handbuch der Korruptionsprävention (2007); *Dubs* Strafbarkeit der Privatbestechung, Festschrift N. Schmid (Zürich 2001) 383; *Engisch* Zur Kritik des § 270 Entwurf eines Strafgesetzbuches (E 1962), ZStW **76** (1964) 177; *Eser/Überhofen/Huber* (Hrsg.), Korruptionsbekämpfung durch Strafrecht (1997); *Federmann* Kriminalstrafen im Kartellrecht (2006); *Franzen* Die Strafbarkeit und Strafwürdigkeit von Submissionskartellen und Bietungsabkommen, Diss. Köln 1970; *Frotz/Konwitschka* Vom organisierten Vergehen zum organisierten Verbrechen – Submissionskartelle als organisierte Kriminalität im Bereich des Kartell-, Vergabe- und Strafrechtes, in Landesgruppe Österreich der AIDP (Hrsg.), Organisierte Kriminalität und Wirtschaftsrecht (Wien 1998) 78; *Geerds* Über Änderungen der Bekämpfung krimineller Korruption, JR **1996** 309; *Greeve* Zur Strafbarkeit wettbewerbsbeschränkender Absprachen nach dem neuen § 298 StGB und zu weiteren Änderungen nach dem Gesetz zur Bekämpfung der Korruption, ZVgR **1998** 463; *dies.* Korruptionsdelikte in der Praxis (2005); *Gruner* Die neue niederländische Strafvorschrift gegen das Schmiergelderunwesen, WRP **1968** 172; *Heine/Huber/Rose* (Hrsg.), Private Commercial Bribery (2003); *Hettinger* Das Strafrecht als Büttel? NJW **1996** 2263; *Huber* (Hrsg.), Korruptionsbekämpfung in der Europäischen Union (2002); *Jaeschke* Der Submissionsbetrug. Ein aktuelles Dauerphänomen (1999); *Jescheck* Das deutsche Wirtschaftsstrafrecht, JZ **1959** 461; *Kaiser* Brennpunkte der Wirtschaftskriminologie, Festschrift Tiedemann (2008) 1583; *Kerner/Rixen* Ist Korruption ein Strafrechtsproblem? GA **1996** 355; *Köck* Submissionsabsprachen: Betrug oder Strafbarkeit nach dem Kartellgesetz? Wirtschaftsrechtliche Blätter (Wien) **1999** 529; *König* Empfehlen sich Änderungen des Straf- und Strafprozeßrechts,

um der Gefahr von Korruption in Staat, Wirtschaft und Gesellschaft wirksam zu begegnen? DRiZ **1996** 357; *Korte* Bekämpfung der Korruption und Schutz des freien Wettbewerbs mit den Mitteln des Strafrechts, NStZ **1997** 513; *Krack* Die Tätige Reue im Wirtschaftsstrafrecht, NStZ **2001** 505; *Krejci/Ruppe/Schick* Unerlaubte Provisionen, Zuwendungen und Vorteile im Straf-, Privat- und Steuerrecht (Wien 1982); *Krüger* Die Entmaterialisierungstendenz beim Rechtsgutsbegriff (2000); R. *Lange* Art. Wirtschaftsstrafrecht, in HdSW **12** (1965) 254; *Kubiciel* Korruptionsbekämpfung – Internationale Rechtsentwicklung und Rechtswandel in Transitionsstaaten, ZStW **120** (2008) 429; *Lemke* Ordnungsunrecht oder Kriminalunrecht, NJ **1996** 632; *Littwin* Maßnahmen zur Bekämpfung der nationalen und internationalen Korruption, ZRP **1996** 308; *Lüderssen* Entkriminalisierung des Wirtschaftsrechts I (1998) (mit Bspr. *Tiedemann* JZ **1999** 783), II (2007); *Ludwig* Betrug und betrugsähnliche Delikte im spanischen und deutschen Strafrecht (2002); *de la Mata* Korruptionsbekämpfung durch Strafrecht, Festschrift Tiedemann (2008) 869; *Michael/Hagiredini* The effective implementation of International Anti-Corruption Conventions, eucrim **3–4/2007** 128; *Möhrenschlager* Strafrechtliche Vorhaben zur Bekämpfung der Korruption auf nationaler und internationaler Ebene, JZ **1996** 822; *Möllering* Prävention oder Strafe – Eine kritische Würdigung aktueller Gesetzesentwürfe zur Bekämpfung der Korruption, WRP **1997** 933; *Möschel* Zur Problematik einer Kriminalisierung von Submissionsabsprachen (1980) (mit Bspr. *Tiedemann* ZStW **94** [1982] 338); Chr. *Müller* Die Bestechung gemäß Art. 4 lit. b UWG, Diss. St. Gallen 1996; *OECD* Collusive Tendering (Paris 1976); *Oldigs* Möglichkeiten und Grenzen der strafrechtlichen Bekämpfung von Submissionsabsprachen (1998); *Otto* Submissionsbetrug und Vermögensschaden, ZRP **1996** 300; *Papakiriakou* Das griechische Verwaltungsstrafrecht in Kartellsachen (2002); *Piehl* Bestechungsgelder im internationalen Wirtschaftsverkehr (1991); *Pieth* Internationale Harmonisierung von Strafrecht als Antwort auf transnationale Wirtschaftskriminalität, ZStW **109** (1997) 756; *Pieth/Eigen* (Hrsg.), Korruption im internationalen Geschäftsverkehr (1999); *Pieth/Low/Gullen* (Hrsg.), The OECD Convention on Bribery (Cambridge 2007); *Queloz/Borghi* 50 Vorschläge für eine integrierte Strategie zur Prävention und Bekämpfung der Korruption, AGON Nr. 31 (2001) 15; *Ransiek* Strafrecht und Korruption, StV **1996** 446; *Rasch* Die Bekämpfung des Bestechungsunwesens im Wirtschaftswettbewerb in der Bundesrepublik Deutschland und in den übrigen Mitgliedstaaten der Europäischen Gemeinschaft (1985); *Reck* Das Korruptionsbekämpfungsgesetz, BuW **1998** 222; *Satzger* Der Submissionsbetrug (1994); *Schaefer* Empfehlen sich Änderungen des Straf- und Strafprozeßrechts, um der Gefahr von Korruption in Staat, Wirtschaft und Gesellschaft wirksam zu begegnen? Verh. **61.** DJT (1996) II/1 S. L 9; *Schaller* Neue Vorschriften zur Korruptionsbekämpfung, RiA **1998** 9; *Schaupensteiner* Submissionsabsprachen und Korruption im öffentlichen Bauwesen, ZRP **1993** 250; *ders.* Korruption in Deutschland, Kriminalist **1996** 7; *ders.* Das Korruptionsbekämpfungsgesetz, Kriminalistik **1997** 699; *Schick* „Kartellstrafrecht" in Österreich (usw.), Festschrift Tiedemann (2008) 851; *ders./Hilf* (Hrsg.), Kartellstrafrecht (Wien 2007); *Schmid* Der Ausschreibungsbetrug als ein Problem der Strafgesetzgebung, Diss. Tübingen 1982; *Seiler* Die Strafbarkeit des Submissionskartells, Festschrift Hämmerle (Graz 1972) 373; *Steininger* Zur Strafbarkeit von Preisabsprachen im Baugewerbe, RZ (Wien) **2000** 116; *Tiedemann* Kartellrechtsverstöße und Strafrecht (1976); *ders.* Wettbewerb und Strafrecht (1976); *ders.* Strafrechtliche Grundprobleme im deutschen und österreichischen Kartellrecht, öJZ **1979** 617; *ders.* Strafrecht in der Marktwirtschaft, Festschrift Stree/Wessels (1993) 527; *ders.* Der Wettbewerb als Rechtsgut des Strafrechts, Festschrift Müller-Dietz (2001) 905; *ders.* Wettbewerbsstrafrecht, in Tiedemann (Hrsg.), Wirtschaftsstrafrecht in der Europäischen Union – Freiburg-Symposium (2002) 279; *ders.* Betrug und Korruption in der europäischen Rechtsangleichung, Festschrift Otto (2007) 1055; *ders.* Strafrecht im Europäischen Verfassungsvertrag, Festschrift Jung (2007) 987; *ders.* (Hrsg.), Multinationale Unternehmen und Strafrecht (1980); *Vahlenkamp/Knauß* Korruption – hinnehmen oder handeln? (1995); *Vogel* Wirtschaftskorruption und Strafrecht – Ein Beitrag zu Regelungsmodellen im Wirtschaftsstrafrecht, Festschrift Weber (2004) 395; *Volk* Die Merkmale der Korruption und die Fehler bei ihrer Bekämpfung, Gedächtnisschrift Zipf (1999), 419; *T. Walter* Betrugsstrafrecht in Frankreich und Deutschland (1999); *Wiesmann* Die Strafbarkeit gemäß § 298 StGB bei der Vergabe von Bauleistungen und die Implementierung eines Straftatbestandes verbotener Submissionsabsprachen in ein Strafgesetz der Europäischen Union, Diss. Bonn 2006; *Wolters* Die Änderungen des StGB durch das Gesetz zur Bekämpfung der Korruption, JuS **1998** 1100.

Entstehungsgeschichte

Der 26. Abschnitt wurde durch **das Gesetz zur Bekämpfung der Korruption** (KorrBekG) vom 13.8.1997 (BGBl. I 2038) mit Wirkung vom 20.8.1997 in das StGB eingefügt. Er umfasst nur zwei Straftatbestände: wettbewerbsbeschränkende Absprachen bei Ausschreibungen (§ 298) und Bestechlichkeit sowie Bestechung im geschäftlichen Verkehr (§ 299 – von *Baumbach/Hefermehl* Rdn. 1 vor § 12 UWG ebenso deutlich wie volkstümlich „Schmieren" genannt; AE Begr. S. 35 und *Tiedemann* Wirtschaftsstrafrecht II S. 39 sprechen insoweit von „Wirtschaftskorruption"). **§ 299** wurde nahezu wörtlich, aber unter Anhebung des Strafrahmens und ohne das zwingende Strafantragserfordernis, aus dem *UWG* (§ 12) übernommen, wobei Drittzuwendungen klarstellend ausdrücklich einbezogen wurden (so auch § 176 AE). Dagegen geht **§ 298** auf den E 1962 (§ 270) und die Vorschläge der Sachverständigenkommission zur Bekämpfung der Wirtschaftskriminalität (Tagungsberichte **10** [1976] S. 69 und 127) zurück (vgl. auch § 175 AE; näher § 298 Rdn. 2). Im Gesetzgebungsverfahren war nur der letztere Vorschlag inhaltlich umstritten, da er im Verhältnis zu dem Bußgeldkatalog des § 81 *GWB* eine erhebliche Verschärfung („Kriminalisierung" eines Teiles) des Wettbewerbsrechts bedeutet (BT-Drucks. 13/5584 S. 14: „Hochstufung" eines Teilbereichs der Kartellordnungswidrigkeiten). Der Zusammenhang mit dem aktuellen Problem der Korruptionsbekämpfung (auch) durch das Strafrecht lieferte die Gelegenheit, um die für die deutsche Rechtsentwicklung und Reformdiskussion keineswegs neue[1] Strafvorschrift politisch durchzusetzen; es besteht nämlich ein kriminologisch beachtlicher, ja typischer Häufigkeitszusammenhang mit der Korruption von Angehörigen der Vergabestellen (vgl. nur *Kerner/Rixen* GA **1996** 368; *Möhrenschlager* JZ **1996** 822, 823). Auch im supranationalen Bereich wurde die neue *Kompetenz der EU* zur Harmonisierung von Rechtsvorschriften auf dem Gebiet der Bekämpfung von Korruption und Organisierter Kriminalität (Art. 29 ff EUV) dazu benutzt, im Jahre 1999 einen Vorschlag zur Einführung eines Straftatbestandes „Betrügerisches oder unfaires wettbewerbsbeschränkendes Verhalten bei öffentlichen Ausschreibungen auf dem Gemeinsamen Markt" (ABl. EG Nr. C 253/3 v. 4.9.2000) vorzulegen (vgl. dazu *Tiedemann* JZ **1999** 783 und näher unten Rdn. 12). Seine Verwirklichung als sog. Rahmenbeschluss wurde allerdings bisher nicht weiterverfolgt. Dagegen trat die „Gemeinsame Maßnahme" des Europäischen Rates vom 22.12.1998 „betreffend die Bestechung im privaten Sektor" (ABlEG L 358/2 vom 31.12.1998) auf der Grundlage von Art. K. 3 Abs. 2 lit. b des EUV a.F. mit dem Tage ihrer Verkündung im Amtsblatt der EG in Kraft. Sie enthielt aber nur einen Auftrag an die Adresse der Regierungen der Mitgliedstaaten; insbesondere die Parlamente der romanischen Staaten weigerten sich, einen einschlägigen, ihrem Strafrechtssystem traditionell fremden Straftatbestand der Bestechung und Bestechlichkeit von Angestellten und Beauftragten privater Wirtschaftsunternehmen einzuführen. Eine entsprechende Verpflichtung enthält erst der Rahmenbeschluss vom 22.7.2003 (ABlEG Nr. L 192 v. 31.7.2003), der die voraufgegangene Gemeinsame Maßnahme aufhob und ebenso wie das Korruptionsübereinkommen des Europarates vom 27.1.1999, das UNO-Übereinkommens gegen Korruption vom 31.10. 2003 und die Empfehlungen des XVII. Weltkongresses der AIDP (RIDP **2004** 765, 768) entscheidend auf die *Pflichtverletzung* des Angestellten ("breach of duties") abstellt. Der Rahmenbeschluss erlaubt es den Mitgliedstaaten nur für eine Übergangszeit, einschränkend auf eine Wettbewerbsverzerrung abzustellen; er geht also von einem arbeitsrechtlich-untreueähnlichen Regelungsmodell aus. Zusätzliche Inkriminierungen als Wettbe-

[1] Vgl. im Einzelnen § 298 Rdn. 1 mit Nachw.

werbsdelikt sind aber unbedenklich, da der Rahmenbeschluss kein stand-still-Gebot enthält (*Tiedemann* FS Müller-Dietz, S. 918).

Ein **internationaler Zusammenhang** ergibt sich für § **299** nicht nur aus den vorgenannten Rechtsinstrumenten und Empfehlungen, sondern allgemein aus der Globalisierung des Wirtschaftsverkehrs und dem damit einhergehenden häufigen Auslandsbezug von (Wirtschafts-)Korruption (ausführlich dazu *Androulakis* S. 219 ff). Dieser schon vom Völkerbund und anderen internationalen Organisationen in den 20er Jahren angesprochene Zusammenhang (vgl. *Wassermann* GRUR **1931** 552) spiegelt sich auch in dem OECD-Übereinkommen über die Bekämpfung der Bestechung ausländischer Amtsträger (!) im internationalen Geschäftsverkehr vom 17.12.1997 (BGBl. 1998 II 2329), das im Anschluss an ein einschlägiges US-Modell[2] abgeschlossen wurde. Das Übereinkommen verlangt von den Unterzeichnerstaaten die Einführung der Strafbarkeit der Bestechung *ausländischer Amtsträger* und von Sanktionen für einschlägige Buchführungsmanipulationen von Handelsgesellschaften. Zur Durchführung dieses Übereinkommens erging das Gesetz zur Bekämpfung internationaler Bestechung (IntBestG) vom 10.9.1998 (BGBl. 1998 II 2327), das für Bestechungshandlungen eine Gleichstellung ausländischer Amtsträger mit inländischen vorsah und zusätzlich die Strafbarkeit der Bestechung ausländischer Abgeordneter einführte (vgl. *Gänßle* NStZ **1999** 543 ff). Die Aufnahme dieser Regelungen in das StGB wurde mit Blick auf das erst im Jahre 1999 abgeschlossene, vorerwähnte Korruptionsübereinkommen des Europarates zunächst zurückgestellt, dann aber durch den Entwurf eines StrafrechtsänderungsG von 2008 (BTDrucks. 16/6558 vom 4.10.2007) in die Wege geleitet. Dass das so inkriminierte Korruptionsverhalten seine Strafwürdigkeit und -bedürftigkeit aus der Gefahr einer **internationalen Wettbewerbsverzerrung** erfährt, wurde bereits von der Begründung zu dem erwähnten US-Modell[3] und später von OECD und Bundesregierung (BTDrucks. 13/642 S. 1) hervorgehoben (zusammenfassend zu diesem Gesichtspunkt *Littwin* ZRP **1996** 309). Für § 299 StGB folgte die Anwendbarkeit auf *ausländische Angestellte* ausländischer Unternehmen (im Inland wie im Ausland) bisher aus allgemeinen Grundsätzen (vgl. BTDrucks. aaO S. 3 f; näher § 299 Rdn. 64). Zur Erfüllung der Verpflichtung aus den internationalen Rechtsinstrumenten nahm der deutsche Gesetzgeber aber durch Ausführungsgesetz vom 22.8.2002 (BGBl. I 3387) eine Ergänzung des § 299 um einen **Absatz 3** vor, der die Anwendung der beiden voraufgehenden Absätze auf Auslandssachverhalte klarstellen, also den Wettbewerb weltweit schützen will (§ 299 Rdn. 64). Der vorgenannte Entwurf eines StrafänderungsG wird ohne inhaltliche Änderung Absatz 3 in die Absätze 1 und 2 integrieren.

Zweifel an der praktischen Bedeutung der *Übernahme* des § 299 *aus dem Nebenstrafrecht* (Stellungnahme Bundesrat BRDrucks. 553/96 S. 6 f; vgl. auch *Lackner/Kühl* Rdn. 1 Vor § 298 mit weit. Nachw.) sind im Ergebnis nicht berechtigt (vgl. dazu auch *Möhrenschlager* JZ **1996** 827 mit Nachw.). Wie u.a. die Entstehungsgeschichte des § 265b (dazu *Tiedemann* LK[11] Rdn. 2) und §§ 324 ff belegen, führt die Aufnahme eines Straftatbestandes in die strafrechtliche Hauptkodifikation zu einem entscheidend gesteigerten Interesse der Strafrechtswissenschaft und zu einer besseren Bewusstseinsbildung bei den Strafverfolgungsorganen (zust. *Dannecker* NK Rdn. 6 Vor § 298). Das allgemeine Interesse an Strafverfolgung wird durch die Einschränkung des Strafantragserfordernisses, das

---

2 Foreign Corrupt Practices Act 1977 (aktueller englischer Text bei *Androulakis* S. 571 ff); dazu *Tiedemann* Multinationale Unternehmen S. 1 (44) und *Pedrazzi* ebda S. 81 (92 ff). Zur praktischen Bewährung *Heimann* E + Z **1994** 326 ff. – Englischer Text des OECD-Übereinkommens bei *Pieth/Eigen* S. 560 ff.

3 *Tiedemann* aaO; *Pedrazzi* aaO S. 95 mit Nachw.

wesentlich zu der geringen praktischen Bedeutung des § 12 UWG beigetragen hatte, insbesondere auch bei grenzüberschreitenden Sachverhalten geweckt, vor allem im Zusammenhang mit der gleichzeitigen Einschränkung der steuerlichen Abzugsfähigkeit sog. nützlicher Aufwendungen durch das SteuerentlastungsG 1999 (vgl. BTDrucks. 14/23 S. 169 und bereits AE Begr. S. 38 f). Theoretisch-systematisch wäre es freilich vorzugswürdig gewesen, die **Wirtschafts- mit der Amtsträgerkorruption** im StGB gemeinsam unter tatbestandlicher Ausweitung der ersteren zu regeln (vgl. bereits *Wassermann* GRUR **1931** 560 f und heute vor allem *Androulakis* S. 476 ff mit weit. Nachw. sowie *Volk* GedS Zipf S. 424 ff). Die Verneinung eines Strafbedürfnisses für das „Schmieren" wegen besserer Effizienz (*Prävention*) *durch unternehmensinterne Kontrollen* (so *Ransiek* StV **1996** 453; vgl. auch *Achenbach* in FK Rdn. 28 vor § 81 GWB) lässt außer acht, dass § 299 (erst) dort eingreift, wo **präventive Kontrollen versagen** oder nicht installiert sind (zust. *Dannecker* aaO). *Arzt* FS Wiegand, S. 756 weist auf die starke Missbrauchsanfälligkeit privater Ethikkontrollsysteme hin. Da im Vordergrund der Bestechlichkeit leitende Mitarbeiter der Unternehmen stehen, ist davon auszugehen, dass diejenigen, die ein Präventionssystem einführen, auch wissen, wo die Schwachstellen liegen (*Görling* FAZ Nr. 200 v. 30.8.1999 S. 28). Es geht also um ein allgemeines, auch anlässlich der Einführung von § 266b diskutiertes und bekanntes Problem. Insgesamt konnte das frühere Strafantragserfordernis des § 12 UWG als Ausdruck des Vertrauens in die Selbstreinigungskraft der Wirtschaft verstanden werden (*Schaupensteiner* Kriminalistik **1997** 702); diese Regelung hat sich nicht bewährt (*Tiedemann* FS Müller-Dietz, S. 915). Zu den neueren Versuchen mit Codes of conduct Compliance-Programmen und ähnlichen wirtschaftsethischen Maßnahmen zuletzt *Sieber* FS Tiedemann, S. 449 mit Nachw.

Materialien. Alternativ-Entwurf (AE) eines Strafgesetzbuches Besonderer Teil: Straftaten gegen die Wirtschaft (1977); Tagungsberichte der Sachverständigenkommission zur Bekämpfung der Wirtschaftskriminalität Bd. X (1976) S. 69, 127. – Bundesrats-Entwurf eines KorruptionsbekämpfungsG, BTDrucks. 13/3353 = BR-Drs. 298/95; Regierungsentwurf (RegE) eines Gesetzes zur Bekämpfung der Korruption, BTDrucks. 13/6424; Stellungnahme des Bundesrates, BR-Drs. 553/96; Gesetzentwurf der Abgeordneten Geis, Marschewski u.a. und der Fraktionen CDU/CSU und F.D.P., BT-Drucks. 13/5584; Gesetzesantrag des Freistaates Bayern, BR-Drs. 571/95; Protokoll Nr. 13/82 des BT-Rechtsausschusses; Bericht und Beschlussempfehlung des BT-Rechtsausschusses, BTDrucks. 13/8079; Sten. Berichte über die Sitzungen des Deutschen Bundestages 13/11208, 16644. – Gesetzentwurf der Fraktionen SPD und Bündnis 90/Die Grünen eines Steuerentlastungsgesetzes 1999/2002, BTDrucks. 14/23; Antwort der Bundesregierung auf die Kleine Anfrage des Abgeordneten Such u.a. zur Korruption: Förderung deutscher Wirtschaftsinteressen im Ausland durch Vorteilsgewährung und Bestechung, BTDrucks. 13/642 – Regierungsentwurf (RegE) eines Strafrechtsänderungsgesetzes, BTDrucks. 16/6558 = BR-Drs. 548/07; Empfehlungen der Ausschüsse, BR-Drs. 548/1/07.

Übersicht

	Rdn.
I. **Wettbewerbsschutz und Verhältnis zum Wettbewerbsrecht**	1
II. **Aufbau und Struktur der §§ 298 ff**	6
III. **Auslandsrechte (Auswahl)**	9
1. Submissionsabsprachen	10
a) Österreich und Schweiz	11
b) Frankreich (Belgien), Italien, Spanien und Portugal	14
c) Großbritannien und Niederlande	17
d) Griechenland	20
e) Sonstige Staaten	21
2. Angestellten- und Beauftragtenbestechung	22
a) Österreich, Niederlande, Belgien, Luxemburg und Schweiz	23
b) Frankreich, Italien und Spanien	26
c) Großbritannien (und Irland)	29
d) Griechenland	30
e) Sonstige Staaten	31

I. Wettbewerbsschutz und Verhältnis zum Wettbewerbsrecht

1 Der wirtschaftliche (Leistungs-)Wettbewerb, den die Abschnittsüberschrift als gemeinsames Rechtsgut der §§ 298, 299 anspricht, ist das leitende Grundprinzip der deutschen Wirtschaftsverfassung. Er gilt bei Instituierung eines rechtlichen Ordnungsrahmens seit dem ordoliberalen Leit- und Idealbild der sog. Freiburger Schule und trotz zahlreicher Wandlungen der wirtschaftstheoretischen Grundaussagen und Annahmen (dazu bereits *Tiedemann* Wirtschaftsstrafrecht II S. 18 ff; *Rittner* FS Kraft, S. 523 ff) als Motor höchster ökonomischer Leistungsfähigkeit bei größtmöglicher Freiheitssicherung. Jedenfalls im Modell des polypolistischen Marktes lässt der Wettbewerb für den Verbraucher die günstigsten Preise entstehen, eröffnet den Nachfragern frei wählbare Alternativen und wirkt einer Vermachtung der Märkte entgegen (*Tiedemann* Kartellrechtsverstöße S. 9 mit Nachw.). Die Wirklichkeit des für **§ 298** typischen *Oligopols* wird mit dieser Beschreibung freilich traditionell vernachlässigt, wie auch im Übrigen wettbewerbsbeschränkende Absprachen bei Ausschreibungen in mehrfacher Hinsicht einen Sonderfall der konzertierten Wettbewerbsbeschränkung darstellen (vgl. bereits AE Begr. S. 33; *Tiedemann* Kartellrechtsverstöße S. 80 f und FS Müller-Dietz, S. 910). Allgemein wiederholt und konkretisiert das Verfahren der Ausschreibung ausdrücklich das allgemeine Prinzip wirtschaftlichen (Leistungs-)Wettbewerbs („Ausschreibungswettbewerb") und erhebt es zum Maßstab für die Findung des „richtigen" Preises für das Ausschreibungsobjekt. **Besonderheiten der Submissionskartelle** (näher § 298 Rdn. 3 ff) ergeben sich zunächst daraus, dass es sich in aller Regel jedenfalls bei öffentlichen Ausschreibungen (auf die § 298 freilich nicht beschränkt ist!) um größere Objekte handelt. Hinzu tritt ein – von § 298 allerdings ebenfalls nicht zum Tatbestandsmerkmal erhobenes – erhebliches Täuschungspotential, das ähnlich wie bei § 263 einen deutlichen Handlungsunwert begründet (dazu bes. *Arzt/Weber* § 21, 109 und Fn. 129). Schon wegen dieser Besonderheiten geht es fehl, wenn *Kerner/Rixen* GA **1996** 388 f in der Einführung des § 298 eine „systemwidrige Teilkriminalisierung" des GWB sehen (vgl. nur *Rittner/Kulka* Wettbewerbs- und Kartellrecht § 14, 126). Vor allem weisen Submissionsabsprachen eine von der Systematik des Wettbewerbsrechts und von der Kriminalistik (vgl. hier nur *Schaupensteiner* Kriminalistik **1997** 701 mit Nachw.) festgestellte typische *Tendenz zur Wiederholung* auf, die auch innerhalb des GWB eine besondere Sozialschädlichkeit begründet (*Tiedemann* FS Müller-Dietz, S. 910 f; zust. *Dannecker* NK Rdn. 15 Vor § 298; vgl. auch § 6 Abs. 2 Nr. 2 WiStG 1949). Zusätzlich ergibt sich eine Steigerung des Strafunrechts durch kollusives Zusammenwirken der Kartellmitglieder mit Mitarbeitern der Vergabestellen (*Fischer* § 298 Rdn. 2; *Wessels/Hillenkamp* Rdn. 700, je mit weit. Nachw.; Beispiel: BGHSt **43** 96 – Klärwerk München II). Zwar scheinen bei manipulativem Verhalten unter Mitwirkung der Vergabestellen rechtswidrige Absprachen unter den Bietern im Prinzip überflüssig zu werden, so dass sich beide Praktiken gegenseitig der Tendenz nach auf den ersten Blick scheinbar ausschließen. Jedoch hat insbesondere *Schaupensteiner* (ZRP **1993** 250 f) an Hand der verschiedenen Vergabeverfahren gezeigt, dass Korruption und Fälschung die Submissionsabsprachen wenn nicht ermöglichen, so doch erleichtern und charakterisieren. Bei Auftreten von Außenseitern (Nichtkartellmitgliedern) ist die Bestechung sogar das einzige Mittel, der Submissionsabsprache zum Erfolg zu verhelfen (*Bangard* wistra **1997** 161 [ff]; Beispiel: BGHSt **41** 385 mit Anm. *Kindhäuser* JZ **1997** 101 ff). Die *Kollusion* (Korruption) verstärkt so den Angriff auf den Wettbewerb.

2 Für die systematische Einordnung ist weiter relevant, dass unter Gesichtspunkten des Wettbewerbsschutzes § 298 eher die **Institution des Wettbewerbs** als Steuerungs- und Verteilungsinstrument des Wirtschaftslebens und § 299 eher die **Lauterkeit des Wettbewerbs**, also insbesondere den Konkurrentenschutz, betrifft. Diese idealtypische Auftei-

lung, die vor allem in der kartellrechtlichen Schutzzweck-Diskussion entwickelt worden ist (*Tiedemann* Kartellrechtsverstöße S. 102 ff mit Nachw.), entspricht derjenigen von GWB (mit dem Wettbewerb als Steuerungs- und Machtbegrenzungsmittel bei der volkswirtschaftlichen Güterverteilung) einerseits und UWG (mit seinem Schutz vor Unlauterkeit im Verhältnis der Wettbewerber untereinander) andererseits (vgl. *Tiedemann* Wirtschaftsstrafrecht BT Rdn. 156 f, 184 und bereits Wirtschaftsstrafrecht II S. 33 f mit Nachw.). Die Dualität von Wettbewerbsbeschränkung und Unlauterkeit des Wettbewerbs ist freilich nicht rein durchführbar, da auch das UWG den Wettbewerb als solchen schützt und das GWB ebenfalls die Freiheit von Wettbewerbern und Verbrauchern im Auge hat. Beiden Rechtsgebieten gemeinsam ist der Gedanke des *Nicht-Leistungswettbewerbs* (vgl. nur *Rittner* FS Kraft (1998), S. 529 f mit Nachw.).

Die **Submissionsabsprachen** haben aus der Sicht des GWB vor allem den „klassi- 3
schen" Wettbewerbsparameter des Preises zum Gegenstand (AE Begr. S. 33; *Tiedemann* Kartellrechtsverstöße S. 81). Aus der Differenz zwischen dem (aufgrund echten Ausschreibungswettbewerbs zustande kommenden) Marktpreis und dem günstigsten Submissionsangebot ergibt sich zugleich typischerweise ein materieller Schaden, der die *Nähe zum Betrug* begründet, allerdings im Einzelfall meist nur schwer beweisbar ist (*Tiedemann* LK[11] § 263 Rdn. 165). Die kritische Erwägung, es gehe daher mit § 298 vor allem um eine Beweiserleichterung (vgl. näher § 298 Rdn. 4 ff), übersieht neben ihrem prinzipiellen Fehlansatz (der Verwechslung von Kategorien),[4] dass § 298 – wie dem GWB allgemein – das Ordnungsprinzip des Leistungswettbewerbs zugrunde liegt, Vermögensinteressen also nur mittelbar geschützt werden (*Fischer* Rdn. 6 vor § 298 mit Nachw.; vgl. im Einzelnen § 298 Rdn. 9). Im Gegensatz zum BR-Entwurf eines § 264b (§ 298 Rdn. 3) verzichtet der Tatbestand des § 298 daher auch folgerichtig sowohl auf das Schadens- als auch auf ein Täuschungserfordernis. § 298 stellt damit einen *Ausschnitt aus §§ 1, 81 GWB* dar (vgl. bereits Rdn. 1; zu den Folgerungen sogleich Rdn. 8). Übrigens ist gegenüber § 299 oder § 12 UWG a.F. ein vergleichbarer Vorwurf mangelnder Legitimation nie ernsthaft erhoben worden, obwohl auch insoweit neben der auf der Hand liegenden Unlauterkeit (und typischen Heimlichkeit!) des Tätervorgehens der Verdacht eines materiellen Schadens (sowohl des Geschäftsherrn als auch des Verbrauchers) nahe liegt und historisch sogar im Vordergrund stand (*Tiedemann* FS Müller-Dietz, S. 907 mit Nachw.). Dass Zweifel an der *Strafbedürftigkeit* (oder Verhältnismäßigkeit des Einsatzes von Kriminalstrafe) gegenüber Submissionsabsprachen (vgl. nur *Lackner/Kühl* Rdn. 1 Vor § 298) empirisch wenig berechtigt sind, wird zu § 298 (Rdn. 3 ff) näher ausgeführt. Die *Strafwürdigkeit* ergibt sich für eine wertende Betrachtung aus der zentralen Bedeutung des Wettbewerbs sowie aus den geplanten europäischen Maßnahmen und der Rechtsvergleichung. Zwar ist der Wettbewerb, wie die neuere Lehre des Wirtschaftsrechts betont, ein offenes oder bewegliches und insofern unbestimmtes System, bei dem das Gewicht seiner Verletzung im Einzelfall nur schwer zu typisieren und zu umschreiben ist (vgl. insbesondere *Oldigs* wistra **1998** 294; *Rittner/Kulka* Wettbewerbs- und Kartellrecht § 14, 125). Demgegenüber sind die gegen das UWG verstoßenden Handlungsweisen im Ausgangspunkt besser greifbar (*Tiedemann* Wirtschaftsstrafrecht II S. 31). Gelingt aber die Beschreibung typischen Unrechts aus dem Bereich des GWB, so bestehen gegen eine „Kriminalisierung" keine Bedenken (*Tiedemann* in Immenga/Mestmäcker[2] Rdn. 5 vor § 38; zust. *Fischer* § 298 Rdn. 3a; **aA** aber *Pieth* ZStW **109** [1997] 773, je mit weit. Nachw.). Diese ergeben sich auch nicht etwa aus dem Gesichtspunkt fehlender Eignung der Strafverfolgungsbehörden zur Aufdeckung von Submissionsabsprachen. Vielmehr stellt inso-

---

[4] *Tiedemann* JZ 2000 139, 145 mit Nachw.

weit § 82 GWB zutreffend die Sachkunde und das wirtschaftsspezifische Erfahrungswissen der Kartellbehörden zur Verfügung (dazu BR-Drs. 553/96 S. 3; § 298 Rdn. 59). Allerdings setzt dies Kooperationsbereitschaft dieser Behörden im Verhältnis zur Staatsanwaltschaft voraus. Hieran hat es jedenfalls in der ersten Zeit nach Inkrafttreten des § 298 nicht selten gefehlt.

4 Gesetzestechnisch gesehen ist für die **Wirtschaftskorruption** oder Angestellten- und Beauftragtenbestechung das *Unlauterkeitserfordernis* des § 299 zentrales Kriterium. Es stellt eine *Generalklausel* dar, die im Strafrecht aus allgemeinen Gründen (des Art. 103 Abs. 2 GG) nicht unbedenklich ist (vgl. nur *Pfeiffer* NJW **1997** 782, 784; *Volk* GedS Zipf, S. 425). Sie knüpft an das jeweilige Wirtschaftsethos, also an die Wirtschaftsmoral, an (*Arzt* FS Wiegand, S. 756; *Tiedemann* FS Jung, S. 995). Für ihre – verfassungsrechtlich erforderliche – Konkretisierung kann und muss auf die Wettbewerbsregeln, also §§ 1ff UWG, und auf die von Gesetzgeber und Rechtsprechung gebildeten Fallgruppen zurückgegriffen werden (§ 299 Entstehungsgeschichte; allgemein *Volk* aaO S. 426). Während die außerstrafrechtliche Generalklausel der Unlauterkeit im Wettbewerbsrecht (§ 3 UWG) als offen-dynamisch zu verstehen und zu handhaben ist, ergeben sich für ihre Anwendung im Strafrecht grundsätzlich ähnliche Inhaltsgrenzen wie bei den guten Sitten nach § 228 und der Verwerflichkeit nach § 240 StGB. Da es bei § 299 insoweit nicht erst um eine Frage der Rechtswidrigkeit, sondern der tatbestandlichen Abgrenzung strafbarer von straflosen Handlungen geht (§ 299 Rdn. 39), muss sich die Annahme von Unlauterkeit im Ergebnis auf *allgemein anerkannte*, also empirisch auffindbare *Wertungen* beschränken.[5] Rechtswidrigkeit (im Sinne eines Verstoßes gegen Rechtsnormen) wird regelmäßig ausreichen, ist aber nicht erforderlich. *Insgesamt* bleibt die **Auslegung** *des § 299* am UWG auszurichten (*Tiedemann* FS Müller-Dietz, S. 915; *Rengier* FS Tiedemann, 837, 846 m.w.Nachw.). Hinsichtlich der von dem Reformentwurf 2007 vorgeschlagenen Alternative des Pflichtverstoßes (von Angestellten und Beauftragten) ist neben dem Arbeitsrecht auch die Kenntnis der europäischen Auslandsrechte (unten Rdn. 22 ff) von Bedeutung, da ihre heutige Dominanz die Einführung der künftig harmonisierenden Untreuekomponente des § 299 angeregt hat.

5 § 298 verweist demgegenüber für die Strafbarkeit der **Wettbewerbsbeschränkungen** auf das Erfordernis von *Rechtswidrigkeit* der Absprachen. Diese ergibt sich eindeutig aus dem Verstoß gegen das GWB und den EGV, auch wenn deren allgemeine Regeln sich nicht an natürliche Personen, sondern nur an Unternehmen und Unternehmensvereinigungen wenden: Für § 298 geht es nur um das Prädikat einer voraufgegangenen und als solche straflosen Absprache, nicht um die Rechtswidrigkeit der Tathandlung und damit den Normverstoß der die rechtswidrige Absprache Ausführenden. Der Vergleich von § 1 GWB n.F. und a.F. zeigt diesen Gegensatz deutlich auf: Während § 1 GWB n.F. die Absprache schlicht verbietet und § 81 Abs. 2 Nr. 1 den Verstoß gegen dieses Verbot mit Geldbuße sanktioniert, kam es nach § 38 Abs. 1 Nr. 1 a.F. für die Bußgelddrohung auf die *Ausführung* der (voraufgegangenen) Absprache an.[6] § 298 ist bei diesem Vergleich wegen des Erfordernisses der Abgabe eines Angebotes auf der Grundlage der Absprache ein Nachbild von §§ 1, 25 Abs. 1, 38 GWB *a.F.* Grundsätzlich ist § 298 damit **kartellrechtsakzessorisch** zu verstehen (*Tiedemann* FS Müller-Dietz, S. 915). Maßgebend sind

[5] *Tiedemann* FS Jung, S. 995 und allgemein *Tiedemann* LK[11] Rdn. 117 und 158 vor § 283, je mit Nachw.; näher § 299 Rdn. 41 ff mit weit. Nachw. Ähnlich mit anderer Begründung *Bach* wistra 2008 47, 49.

[6] Vgl. BGHSt **12** 148, 150 f; **14** 55, 59; *Tiedemann* in Immenga/Mestmäcker[2] § 38 Rdn. 5 ff mit weit. Nachw.

daher seit dem (der Umsetzung von EG-Richtlinien dienenden) VergaberechtsänderungsG mit Wirkung vom 1.1.1999 auch §§ 97 ff GWB, soweit es um Ausschreibungen der Öffentlichen Hand bei Bau-, Liefer- und Dienstleistungsaufträgen geht und die Schwellenwerte der einschlägigen Richtlinien[7] erreicht werden. Dieses *GWB-Vergaberecht* hat die Rechtsstellung und den Rechtsschutz der Bieter deutlich verbessert, u.a. durch Normierung des Gleichbehandlungsgrundsatzes und die gesetzliche Regelung vergabefremder Kriterien wie Erklärungen zur Tariftreue, Einstellung Arbeitsloser, Ausweis von Ausbildungsplätzen, Einhaltung von Frauenquoten usw. (zusammenfassend dazu *Gröhning* ZIP **1999** 52, 53 ff). Hiermit ist zugleich weitgehend das frühere kriminalpolitische Argument entkräftet, Submissionskartelle seien „Kinder der Not" und notwehrähnliche Abwehrmaßnahmen gegenüber der Willkür der Vergabestellen (AE Begr. S. 33; *Tiedemann* JZ **1999** 783 u. zuvor Kartellrechtsverstöße S. 67). Jedoch besagt diese Verbesserung individuellen Rechtsschutzes noch nichts darüber, ob die rechtliche Regulierung des Vergabewesens dieses in den Rang eines *Rechtsgutes* erhebt (dazu § 298 Rdn. 20). – Der mögliche und erforderliche Rückgriff auf das GWB führt bei § 298 zu besonderer Rechtssicherheit, während der Verweis des § 299 auf die Unlauterkeit des Verhaltens jenseits vorgeprägter Fallgruppen (Rdn. 4) insbesondere auch bei Schmiergeldzahlungen im Zusammenhang mit Auslandssachverhalten vor erhebliche Schwierigkeiten stellt (dazu § 299 Rdn. 65).

II. Aufbau und Struktur der §§ 298 ff

§ 298 mit seiner Einordnung als strafbare Wettbewerbsbeschränkung durch (bzw. **6**
nach oder aufgrund) Absprache steht innerhalb des 26. Abschnitts allein. Allerdings ist das Verhältnis zu § 263 („*Submissionsbetrug*", *Tiedemann* LK[11] Rdn. 317) zu beachten: Bei *Verheimlichung* der Absprache liegt in der Tathandlung des § 298, nämlich der Abgabe des Angebotes, zugleich eine Täuschung im Sinne eines Eingehungsbetruges (§ 298 Rdn. 10). Zur Konkurrenz mit § 263 vgl. § 298 Rdn. 50. Dagegen enthalten §§ **299 bis 302** neben dem *Grundtatbestand* der Bestechlichkeit und Bestechung im Geschäftsverkehr zunächst mit *§ 300* eine Strafzumessungsregel für *besonders schwere Fälle*; diese entsprechen § 335 Abs. 2 Nrn. 1 und 3, teilweise auch § 263 Abs. 3 Nrn. 1 und 2. *§ 301* spricht sodann den Grundsatz des Erfordernisses eines **Strafantrages** aus, lässt dieses aber – wie z.B. auch bei §§ 230, 248a, 263 Abs. 4, 303c usw. – entgegen § 22 UWG a.F. bei Bejahung des besonderen öffentlichen Interesses an der Strafverfolgung durch die Strafverfolgungsbehörde entfallen (relatives Antragsdelikt, dazu näher § 301 Rdn. 6 ff). *§ 302* schließlich sieht für § 299 entsprechend § 338 und ähnlich wie § 263 Abs. 7 zum Zwecke der Gewinnabschöpfung den Erweiterten Verfall vor.

Strukturell entspricht *§ 298*, wie bereits oben Rdn. 5 ausgeführt, wettbewerbsbe- **7**
schränkenden Handlungen nach §§ 1, 38 Abs. 1 Nr. 1 GWB a.F.: Die Abgabe eines Submissionsangebotes auf der Grundlage einer (kartell-)rechtswidrigen Absprache reicht für die Strafbarkeit aus, ohne dass es auf die Vergabe (des Auftrages an den Täter) oder den Nachweis einer konkreten Gefährdung der Zwecke der Ausschreibung ankäme. Absatz 3 sieht wegen dieser Vorverlegung der Strafbarkeit entsprechend §§ 264 Abs. 5, 264a Abs. 3, 265b Abs. 2 die Möglichkeit *tätiger Reue* mit der Folge der Strafbefreiung vor; dies dürfte trotz systemwidriger Anknüpfung an Aspekte des Vermögensschutzes als Aus-

---

[7] Übersicht über diese bei *Frank* S. 70 ff und *Roebling* Jura **2000** 457 f.

prägung und Folge des verfassungsrechtlichen Verhältnismäßigkeitsprinzips anzusehen sein (vgl. *Tiedemann* LK[11] § 265 Nachtrag Rdn. 13). – *§ 299* entspricht in seinem Aufbau weitgehend den auf Amtsträger bezogenen Bestechungs- und Bestechlichkeitsdelikten der §§ 332, 334 f, behält aber das bei §§ 331 Abs. 1, 333 Abs. 1 entfallene Erfordernis der *Gegenleistung* bei. Wegen der Anpassung an den Aufbau der Amtsdelikte erscheinen im Vergleich zu § 12 UWG a.F. die beiden Absätze des § 299 in umgekehrter Reihenfolge. Eine Regelung über tätige Reue fehlt hier trotz Vorverlagerung der Strafbarkeit durch Inkriminierung bereits der Handlungen des Forderns und Anbietens eines Vorteils (**krit.** daher *Krack* NStZ **2001** 507 ff).

8 Zusammengefasst folgen §§ 298 ff den kriminalpolitischen Linien des 1. und 2. WiKG (*Möhrenschlager* JZ **1996** 829), bemühen sich aber zutreffend auch um eine Systematisierung. Beide Tatbestandsgruppen fügen sich so dem harmonisierenden europäischen Kontext ein.

III. Auslandsrechte (Auswahl)

9 Sowohl für die vergleichend-legitimierende Bewertung der Strafwürdigkeit als auch für internationalstrafrechtliche und auslieferungsrechtliche Fragestellungen (§ 7 StGB!) kommt der Regelung von Submissionsabsprachen und Wirtschaftskorruption im Ausland Bedeutung zu. Dabei steht die Rechtslage in den Mitgliedstaaten der *EU* im Vordergrund, zumal hier die institutionelle Seite des Wettbewerbs (oben Rdn. 1 und 2) mit §§ 81 ff EGV von Anfang an eine wegweisende supranationale Wertung erkennen lässt (die freilich schon aus Kompetenzgründen von einer „Kriminalisierung" absieht und sich mit der Androhung von Geldbußen begnügt). Der vor Rdn. 1 erwähnte Entwurf einer *Rahmenentscheidung* der EU zur *Strafbarkeit von Manipulationen bei öffentlichen Ausschreibungen* ist enger gefasst als § 298, verlangt nämlich außer einer rechtswidrigen Absprache zwischen Unternehmen alternativ Verheimlichung der Absprache, Versprechen oder Gewährung eines Vorteils als Gegenleistung für die pflichtwidrige Auftragsvergabe oder sonstiges kollusives Zusammenwirken mit dem Verantwortlichen der Vergabestelle. Die ebenfalls bereits genannte Gemeinsame Maßnahme der EU über *„Bestechung im privaten Sektor"* entsprach dagegen jedenfalls in ihrem wettbewerblichen Ansatz weitgehend § 299; der spätere Rahmenbeschluss verpflichtet Mitgliedstaaten (wie Belgien, Griechenland, Italien, Spanien, Portugal, Polen und Tschechien), die bisher keinen entsprechenden Straftatbestand kannten, zur Einführung eines solchen. Dieselbe Verpflichtung ergibt sich für die Unterzeichnerstaaten des Korruptionsübereinkommens des Europarates von 1999; dieses sieht auch die Inkriminierung des *„Handels mit Einfluss"* vor, der dem deutschen Strafrecht bisher unbekannt, im Ausland aber meist auf Amtsträger beschränkt ist (vgl. § 299 Fn. 68).

10 **1. Submissionsabsprachen.** Die meisten hier betrachteten Rechtsordnungen (zu weiteren bereits *OECD* S. 31 ff) widmen diesem Phänomen eine Sonderbehandlung, sehen also auch dann *Kriminalstrafe* vor, wenn andere wettbewerbsbeschränkende Konzertierungspraktiken nur als Ordnungswidrigkeiten oder Verwaltungsstraftaten mit Geldbuße (Verwaltungsstrafe) geahndet werden:

11 a) Unter den deutschsprachigen Staaten verdient **Österreich** zunächst mit seinem Bundesgesetz über Kartelle und andere Wettbewerbsbeschränkungen vom 19.10.1988 Hervorhebung. Dieses sah für *alle* rechtswidrigen Praktiken der „Durchführung" eines Kartells Geldstrafe (§ 130) und zusätzlich dann Freiheitsstrafe vor, wenn der Täter mit

dem Vorsatz handelte, die Preise zu steigern (usw.; vgl. § 129 – Wortlaut der Vorgängernorm von 1972 bei *Tiedemann* Kartellrechtsverstöße S. 54). Im letzteren Fall („Kartellmissbrauch") war zusätzlich das in § 23 Nr. 3 erwähnte Erfordernis des Fehlens einer volkswirtschaftlichen Rechtfertigung zu beachten. Im Vordergrund der praktischen Strafverfolgung standen traditionell Submissionskartelle (*Steininger* RZ **2000** 117; *Tiedemann* aaO S. 55), und zwar vor allem seit Ende der 1990er Jahre (*Zeder* in Schick/Hilf S. 65 mit Nachw.). Bei ihnen kam eine volkswirtschaftliche Rechtfertigung entgegen vereinzelten Äußerungen des Schrifttums nach h.M. und Praxis nicht in Betracht (*Frotz/Konwitschka* in Organisierte Kriminalität S. 96). OGH JBl **2001** 198, 199 ff mit Anm. *Köck* bejahte im Anschluss an BGHSt **38** 186 ff Strafbarkeit wegen Betruges nach Art. 146 österreich. StGB (dazu *Tiedemann* LK[11] Rdn. 56 vor § 263) und lehnte den im Schrifttum diskutierten Vorrang des § 129 KartG ab.

Seit dem 1.7.2002 gilt in Österreich das **Wettbewerbsgesetz**, das entsprechend der Rechtsentwicklung innerhalb der EU ausschließlich Unternehmensgeldbußen vorsieht, die vom OLG Wien verhängt werden. Sie stellen ein Novum im österreichischen Recht dar (dazu ausführlich *Schick*, FS Tiedemann, S. 855 ff). – Mit gleichem Datum wurde nach dem Vorbild des § 298 StGB ein neuer Straftatbestand „Wettbewerbsbeschränkende Absprachen bei Vergabeverfahren" (§ 168b) in das österreich. *StGB* eingefügt. Er setzt keine Ausschreibung voraus (*Wiesmann* S. 283 f mit Nachw.) und betrifft auch Vergabeverfahren, die nicht dem Bundesvergabegesetz von 2006 unterliegen (*Kirchbacher/Presslauer* in Wiener Kommentar § 168b Rdn. 13). Die Angebotsabgabe, Verhandlungsführung oder Stellung eines Teilnahmeantrages muss aber auf einer (kartell-)rechtswidrigen Absprache beruhen (*Kirchbacher/Presslauer* aaO Rdn. 44 ff; *Zeder* in Schick/Hilf S. 69). Auf Unternehmen und Unternehmensverbände ist der novellierte Bußgeldtatbestand des § 29 Abs. 1 KartG 1988 (Rdn. 11) anwendbar, der Geldbuße bis zu einem Betrag in Höhe von 10 % des Gesamtumsatzes vorsieht; Fragen des Allgemeinen Teils sind nur in Bezug auf das Erfordernis von Vorsatz und Fahrlässigkeit geregelt. – Der allgemeine Betrugstatbestand (Rdn. 11) bleibt anwendbar, wird aber von § 168b verdrängt, sofern nicht schwerer oder gewerbsmäßiger Betrug vorliegt (*Kirchbacher/Presslauer* aaO Rdn. 60, 61). 12

In der **Schweiz** kennt das Bundesgesetz über Kartelle und andere Wettbewerbsbeschränkungen vom 6.10.1995 (Art. 54) für Wettbewerbsbeschränkungen ebenfalls nur Geldbußen (und beschränkt diese auf Zuwiderhandlungen gegen Abmahnungsverfügungen usw.; zu diesem Modell *Gonzáles Rus* in Madrid-Symposium S. 101; *Tiedemann* Kartellrechtsverstöße S. 52). Für eine allgemeine strafrechtliche Ahndung praktizierter Submissionsabsprachen einschlägig ist daher nur der **Betrugstatbestand** des Art. 146 Strafgesetzbuch (dazu eingehend *Tiedemann* LK[11] Rdn. 51 ff vor § 263). Die Anwendung von Art. 14 Bundesgesetz über das Verwaltungsstrafrecht (Leistungsbetrug mit Erlangung einer Konzession, einer Bewilligung oder einer anderen Leistung des Gemeinwesens) ist zweifelhaft, aber wohl nicht völlig ausgeschlossen (Strafdrohung: Gefängnis oder Buße). Zusammenfassend zu diesen in Rechtsprechung und Schrifttum erst neuerdings behandelten Fragen *Ackermann* FS N. Schmid (2001), S. 281 ff, der im Anschluss an *Hefendehl* einen Betrugsschaden verneinen will (dazu *Tiedemann* LK[11] § 263 Rdn. 165 mit weit. Nachw.; offen zur Frage des Betrugsschadens *Schubarth* BauR **1993** 56, 57 f; wie die jetzt h.M. im deutschen Recht dagegen *Christ* S. 123 ff und *Niggli/Wiprächter* [Hrsg.], Basler Kommentar Art. 146 Rdn. 85 unter Verweis auf BGHSt **38** 186 ff). 13

b) In **Frankreich** sind Kartellabsprachen klassischerweise strafbar, wenn sie mit der Absicht der Preisbeeinflussung verbunden sind (Art. 419 Code Napoléon von 1810). Da die einschlägigen Straftatbestände recht unpraktikabel gefasst waren, ergingen seit 1945 außerhalb des StGB eine Reihe von Gesetzgebungsakten, die von dem Nachweis eines 14

Einflusses auf die Preisgestaltung absahen und ebenfalls Straftatbestände statuierten (*Tiedemann* Kartellrechtsverstöße S. 47 f, 49 f mit Nachw.). Auch hier standen in der Praxis der Strafverfolgung Submissionsabsprachen im Vordergrund (*OECD* S. 38 ff; *Tiedemann* aaO S. 51 mit Nachw.). Eine zunehmende Entkriminalisierungstendenz führte die Bußgeldkompetenz von Verwaltungsbehörden ein (*Tiedemann* ZStW **91** [1979] 139, 141, 155 f), behielt aber mit der *Verordnung Nr. 86-1243 vom 1.12.1986* die Kriminalstrafbarkeit (Freiheits- und Geldstrafe) für Kartellpraktiken bei, die mit einer *Täuschung* einhergehen.[8] Art. 17 dieser Verordnung verlangte insoweit „fraudulöses" Handeln mit wesentlichem Einfluss auf die in Art. 7 einzeln aufgezählten Verhaltensweisen (Preisfestsetzung, Marktaufteilung usw.), die bei Fehlen dieser Qualifikation nur mit Geldbußen geahndet wurden (Art. 13). Art. 10 nahm unter bestimmten Voraussetzungen Handlungen aus, die einen „wirtschaftlichen Fortschritt" bewirken. Der **Code de commerce** hat diese Vorschriften übernommen (Art. L 410 ff, Androhung von Freiheits- und Geldstrafe in Art. L 420-6). Daneben sieht der neue **Code Pénal** *von 1994* als betrugsähnliche Straftat einen Sonderstraftatbestand der *Manipulation von öffentlichen Ausschreibungen* vor (Art. 313-6, Wortlaut und deutsche Übersetzung bei *Tiedemann* Wirtschaftsstrafrecht in der EU S. 290 sowie *T. Walter* S. 314). Er behandelt öffentliche Ausschreibung und Versteigerung gleich (*Bender* S. 215; *T. Walter* aaO) und nennt als Tathandlung neben Drohung und Nötigung die Beschränkung der Gebote oder das Abhalten eines Bieters (einschließlich der Beeinflussung zur Abgabe eines anderen als des beabsichtigten Angebots), wenn dies durch Geschenke, Versprechen, Absprachen oder sonst auf betrügerische Weise geschieht. Ebenso wird bestraft, wer derartige Zuwendungen oder Versprechen entgegennimmt. Absatz 2 stellt den Versuch unter Strafe. Heimlichkeit des Vorgehens ist zwar praktisch die Regel, aber kein Tatbestandsmerkmal (*T. Walter* S. 314 ff mit Nachw.). Ausführliche Darstellungen in deutscher Sprache bei *Bender* S. 201 ff und *T. Walter* aaO; Nachw. zur Rechtsprechung bis 2005 bei *Véron* Droit pénal spécial (11. Aufl. Paris 2006) S. 288. – Zum **belgischen** Strafrecht vgl. Art. 314 Code pénal belge und Art. 44 Loi sur la protection de la concurrence (dazu *Dannecker* FS Tiedemann, S. 805 und *Van den Wyngaert* in Delmas-Marty/Vervaele Bd. III S. 79 f).

15 In **Italien** beschränkt sich das **Wettbewerbsgesetz** vom 10.10.1990 auf Geldbußen, für deren Verhängung Verwaltungsbehörden zuständig sind. Demgegenüber stellt der **Codice Penale** in Art. 353 den Ausschluss oder die Störung des *Wettbewerbs bei öffentlichen Versteigerungen* sowie bei privaten Ausbietungen, die für Rechnung der öffentlichen Verwaltung erfolgen bzw. von einer Amtsperson geleitet werden, unter Kriminalstrafe. Die h.M. und insbesondere eine gefestigte Rechtsprechung beziehen in extensiver Auslegung auch entsprechende Einflussnahmen auf *Ausschreibungen*, vor allem durch Absprachen, ein (*Bender* S. 220 f; *Sforzi* Leggi penali e leggi di mercato, Diss. Bologna 2000; **krit.** *Seminara* in Crespi/Stella/Zuccalà Art. 353 Rdn. 6 mit weit. Nachw.). Die Tatbestandsbeschreibung erfordert Anwendung von Gewalt oder Drohung, Gewährung von Geschenken oder Versprechen, Kollusion zwischen den Bietern „oder andere fraudulöse Mittel". Als geschütztes Rechtsgut wird neuerdings zunehmend die Freiheit des Wettbewerbs bezeichnet (*Bender* S. 219; *Seminara* aaO Rdn. 1, je mit Nachw.). Weitergehend sieht der 1982 eingefügte Art. 513 *bis* Codice Penale unter der Überschrift „Unerlaubter Wettbewerb unter Anwendung von Drohung oder Gewalt" allgemein die Strafbarkeit von Wettbewerbshandlungen vor, wenn bei einer Tätigkeit in Handel, Gewerbe oder Erzeugung *Drohung oder Gewalt* angewandt wird. Der Tatbestand zielt auf mafiöses Verhalten, ist

[8] *Bender* S. 212 ff; *Tiedemann* in Immenga/Mestmäcker^2, Rdn. 4 vor § 38.

aber nicht hierauf beschränkt. Ausführliche Darstellung der italienischen Rechtslage in deutscher Sprache bei *Bender* S. 218 ff.

Spanien begrenzt sein **Wettbewerbsgesetz** vom 17.7.1989 ebenfalls auf die Verhängung von Geldbußen.[9] Der neue **Código Penal** von 1995 kennt aber einen Sonderstraftatbestand der *Manipulation öffentlicher Ausschreibungen und Versteigerungen* (Art. 262, deutsche Übersetzung bei *Tiedemann* Wirtschaftsstrafrecht in der EU S. 290). Er stellt zunächst die Nichtteilnahme an öffentlichen Ausschreibungen oder Versteigerungen unter Strafe, wenn dafür Geschenke oder Versprechungen erstrebt werden. Ferner macht sich strafbar, wer potentielle Mitbewerber zur Nichtteilnahme zu bewegen versucht, indem er Drohungen, Geschenke, Versprechungen oder andere „künstliche Mittel" anwendet. Strafbar ist aber auch die gegenseitige Abstimmung potentieller Wettbewerber, wenn sie mit dem Zweck erfolgt, den Submissions- oder Versteigerungspreis zu beeinflussen. Schließlich wird aufgrund einschlägiger kriminologischer Erfahrungen zusätzlich unter Strafe gestellt, wer nach Erhalt des Zuschlages das Ausschreibungs- oder Versteigerungsverfahren „platzen" lässt (sog. quiebra de la subasta, z.B. durch Nichtzahlung einer noch geschuldeten Gebühr).[10] Aus der Anordnung der Nebenstrafe des Ausschlusses von künftigen Submissionen in Satz 2 des Art. 262 bei öffentlichen Ausschreibungen ergibt sich im Gegenschluss, dass der Straftatbestand auch private Ausschreibungen schützt. Als Rechtsgut wird zunehmend der freie Wettbewerb angesehen.[11] Ausführliche Darstellung in deutscher Sprache bei *Ludwig* S. 253 ff. – Im Strafrecht **Portugals** fehlt ein entsprechender Straftatbestand. Jedoch stellt Art. 335 **Código Penal** seit 1995 den *Handel mit Einfluss* auch für Private unter Strafe, wenn von der öffentlichen Hand Aufträge, Subventionen usw. erlangt werden sollen. Zum Betrugstatbestand (Art. 217 C. p.) *Tiedemann* LK[11] Rdn. 27 Vor § 263. 16

c) In **Großbritannien** gilt der erst im Jahre 2000 in Kraft getretene **Competition Act** 1998, der für Wettbewerbsabsprachen nur Geldbußen (penalties bei vorsätzlichem oder fahrlässigem Verhalten) kennt (s. 36) und insoweit Submissionsabsprachen nicht ausdrücklich, wohl aber allgemein erfasst („collusive tendering"). Als Straftat (offence) mit Androhung von Geldstrafe (fine) oder Gefängnis ist lediglich die Verletzung bestimmter Pflichten zur Mitwirkung am Verfahren der Kartellaufsicht ausgestaltet (ss. 42 ff). Der *Bidding Agreements Act* von 1927 sieht zwar Freiheitsstrafe vor, bezieht sich aber ebenso wie der Auctions (Bidding Agreements) Act von 1969 und der ergänzende Mock Auctions Act von 1961 nur auf Sachauktionen. Anwendbar auf Submissionsabsprachen konnte bis 2002 allenfalls das Common Law-Delikt der *conspiracy to defraud* sein (dazu allgemein *Tiedemann* LK[11] Rdn. 87 Vor § 263 und speziell für den Submissionsbetrug in *Irland Barnes* in Delmas-Marty/Vervaele Bd. III S. 465, 467; zweifelnd insoweit für *England, Nordirland* und *Wales Spencer* ebda S. 857, 863, aber bejahend Fn. 25 für *Schottland*). Jedoch liegen auch insoweit neuere Entscheidungen nur in bezug auf Absprachen bei Auktionen vor (dazu A.T.H. *Smith* Property offences [1994] 26-03 mit Nachw.; zu 17

---

[9] Dazu *Nieto* in Arroyo/Tiedemann (Hrsg.), Estudios de Derecho penal económico (1994) S. 111 ff; *Tiedemann* Lecciones de Derecho penal económico (comunitario, español, alemán) (1993) S. 62 f.

[10] Zur Entstehungsgeschichte *Bajo/Bacigalupo* Derecho Penal Ecchómico (2001) S. 566 und 570; *Ludwig* S. 252; Quintero *Olivares/Morales Prats* (Hrsg.), Comentarios al nuevo Código Penal (4. Aufl. Pamplona 2005) S. 1343 f.

[11] *Bajo/Bacigalupo* aaO S. 565; *Ludwig* S. 253 mit weit. Nachw. (dort S. 247 ff auch zu der ungeklärten Frage der Anwendung des allgemeinen Betrugstatbestandes, Art. 248 Código penal).

Preisabsprachen im Wettbewerb Rex v. Journeymen Tailors [1721] 88 E.R. 9 f). Verabredete Wettbewerbsbeschränkungen sind als conspiracy to defraud im Grundsatz nur strafbar, wenn sie darauf gerichtet sind, einen Konkurrenten an der Ausübung seines Gewerbes zu hindern und so zu verarmen (grundlegend Rex v. Eccles [1783] 168 E.R. 240).

18 Diese Rechtslage hat sich für England, Nordirland und Wales seit dem **Enterprise Act** von 2002 geändert. Dessen Art. 188 definiert *bid-rigging agreements*, und Art. 190 stellt sie als Cartel offences unter Strafdrohung (Gefängnis bis zu 5 Jahren und/oder Geldstrafe). Erfasst werden nach *Dannecker* (FS Tiedemann, S. 810) auch Vertikalabsprachen. Dazu näher *Reimann/Krobs* WuW **2003** 739 ff, zu Nebenfolgen und Verfahren *Federmann* S. 526.

19 Das Wettbewerbsgesetz der **Niederlande** vom 22.5.1997 kennt nur noch Geldbußen, die von der Wettbewerbsbehörde verhängt werden (näher dazu *de Doelder* in *Tiedemann* Wirtschaftsstrafrecht in der EU S. 427 ff). Strafrechtlich relevant können Submissionsabsprachen nach Art. 328 *bis* Wetboek van Strafrecht werden, der es seit 1915 als Fall unlauteren Wettbewerbs bestraft, wenn jemand zur Sicherung oder Ausweitung seines (oder eines anderen) Handels- oder Geschäftsabsatzes eine betrügerische Handlung (zur Täuschung der Öffentlichkeit oder einer bestimmten Person) vornimmt, sofern daraus ein Nachteil für seine (oder des anderen) Konkurrenten entstehen kann.

20 d) **Griechenland** kennt keinen speziellen Straftatbestand, so dass nur die allgemeine Betrugsvorschrift des Art. 386 **Strafgesetzbuch** 1950 Anwendung finden kann (*Spinellis* in Delmas-Marty/Vervaele Bd. III S. 417, 421). Diese entspricht weitgehend § 263 StGB (*Tiedemann* LK[11] Rdn. 60 Vor § 263). Daneben sieht das **Kartellgesetz** (Nr. 703) von 1977 in Art. 29 für Wiederholungsfälle konzertierter Wettbewerbsbeschränkungen Geldstrafe, die von den Strafgerichten zu verhängen ist, und im Übrigen Geldbuße vor. Eine Praxis der kriminalstrafrechtlichen Sanktion war jedenfalls bis 2000 nicht ersichtlich (*Papakiriakou* S. 154).

21 e) Informationen zu *Estland*, *Tschechien* und *Ungarn* bei *Wiesmann* S. 284.

22 2. **Angestellten- und Beauftragtenbestechung.** Entsprechend der Übernahme des UWG von 1909 in einigen Staaten Europas (Übersicht bei *Hefermehl/Köhler/Bornkamm* UWG Einl. 4.1) finden sich in mehreren Mitgliedstaaten Regelungen, die § 12 UWG a.F. und damit auch § 299 im Wesentlichen entsprechen:

23 a) In **Österreich** war das Bundesgesetz gegen den unlauteren Wettbewerb von 1923 nach deutschem Vorbild gestaltet; es ist durch die Novelle von 2004 hiervon teilweise erheblich abgerückt. Das geltende **Bundesgesetz gegen den unlauteren Wettbewerb** sieht aber als Straftatbestand in § 10 weiterhin eine Regelung vor, die dem deutschen § 12 UWG a.F. nahezu wörtlich entspricht und in Absatz 4 das Strafantragserfordernis bisher beibehält.[12]

24 In den **Niederlanden** lehnt sich der 1967 eingeführte Art. 328 *ter Wetboek van Strafrecht* ebenfalls eng an § 12 UWG a.F. an (vgl. *Gruner* WRP **1968** 172), verlangt aber in Nr. 1 für den Angestellten oder Beauftragten treuwidrige Verheimlichung des Geschenks oder Versprechens gegenüber dem Arbeit- oder Auftraggeber (deutsche Übersetzung bei

---

[12] Einzelheiten bei *Köck* Wirtschaftsstrafrecht (Wien 2007); *Schick* in Krejci/Ruppe/Schick S. 20 ff.

Vogel FS Weber, S. 403 Fn. 43). Geschützt wird vor allem das Dienstverhältnis (*Gruner* aaO S. 173; *van de Reyt* in Eser/Überhofen/Huber S. 366; *Vogel* aaO S. 402 f). Der Tatbestand ist also untreueähnlich gestaltet (*Tiedemann* Wirtschaftsstrafrecht in der EU S. 288). Nr. 2 bestraft den Geschenkgeber oder Versprechenden, wenn er „redlicherweise annehmen muss", dass der Angestellte oder Beauftragte das Geschenk oder Versprechen treuwidrig seinem Arbeit- oder Auftraggeber verschweigen wird. Die Strafverfolgung erfolgt von Amts wegen (*Rasch* S. 186, dort S. 194 ff auch zur früheren Rechtslage in **Belgien** und **Luxemburg**; neueste Angaben insoweit bei *Androulakis* S. 463, für Belgien ausführlich *Stessens* RIDP **74** 2003, 133 ff).

Dagegen war in der **Schweiz** nach dem **Bundesgesetz gegen den unlauteren Wettbewerb** vom 19.12.1986 (Art. 23) bis 2006 nur die aktive Angestelltenbestechung – bei Stellung eines Strafantrages – mit Kriminalstrafe bedroht. Unter der Überschrift „Verleitung zu Vertragsverletzung oder -auflösung" definierte der von der Generalklausel des Art. 23 in Bezug genommene Art. 4 es als unlauter, Abnehmer zum Vertragsbruch zu verleiten (lit. a) oder „Arbeitnehmern, Beauftragten oder anderen Hilfspersonen eines Dritten Vergünstigungen" zu gewähren oder anzubieten, „die diesem rechtmäßig nicht zustehen und die geeignet sind, diese Personen zu pflichtwidrigem Verhalten bei ihren dienstlichen oder geschäftlichen Verrichtungen zu verleiten" (lit. b). Seit dem 1.7.2006 stellt der neue § 4a schweizer. UWG neben der aktiven auch die passive Angestelltenkorruption als Antragsdelikt unter Strafe. Die weiterhin erforderliche Pflichtwidrigkeit wird als Vertragswidrigkeit verstanden (*Pedrazzini* Unlauterer Wettbewerb [1992] 8.3). Geschütztes Rechtsgut ist der lautere Wettbewerb (*Dubs* FS N. Schmid, S. 383, 385; *Müller* S. 100, der hervorhebt, dass bei Fehlen einer sich zwischen Wettbewerbsteilnehmer und Mitbewerber auswirkenden Wettbewerbshandlung Straflosigkeit eingreift). In der Praxis spielt zur Erfassung der einschlägigen Verhaltensweisen auch der Straftatbestand der ungetreuen Geschäftsführung (Art. 158 schweizer. StGB) eine wichtige Rolle (vgl. nur *Dubs* aaO S. 386). 25

b) **Frankreich,** das kein besonderes Gesetz gegen den unlauteren Wettbewerb kennt, sondern diese Materie im Code Civil und durch Richterrecht regelt, bestrafte die passive und die aktive Angestelltenbestechung traditionell im Code Pénal und stellte dabei ausdrücklich auf ein Handeln ohne Einwilligung des Geschäftsherrn ab (Art. 177 Abs. 2, Art. 179 Code Napoléon). Heute findet sich der Straftatbestand („corruption d'employé") im **Arbeitsgesetzbuch** (Code du travail). Art. L. 152-6 sieht insoweit in Absatz 1 „Direktoren und Arbeitnehmer" als strafbar an, wenn sie „unmittelbar oder mittelbar" Angebote oder Versprechen, Geschenke, Belohnungen, Rabatte oder Prämien ohne Wissen und Einwilligung ihres Arbeitgebers fordern oder annehmen, um einen ihren Funktionen entsprechenden oder durch ihre Funktion erleichterten Akt auszuführen oder zu unterlassen. Absatz 2 bestraft den Schmiergeldgeber und -versprecher. Der Schwerpunkt beider Delikte wird in der Verletzung der Treupflicht durch den Arbeitnehmer bzw. der Verleitung hierzu gesehen (*Barth* in Eser/Überhofen/Huber S. 133 mit Nachw.; *Tiedemann* Wirtschaftsstrafrecht in der EU S. 288; *Vogel* FS Weber, S. 402). 26

Italien verfügt ebenfalls über kein UWG und sieht bisher keine spezielle Strafbarkeit für die Wirtschaftskorruption vor (vgl. bereits *Rasch* S. 173). Die Wirtschaftskorruption wird traditionell über den Straftatbestand der betrügerischen Rechnungslegung (Art. 2621 Codice civile, deutsche Übersetzung bei *Vogel* FS Weber, S. 408 Fn. 70) erfasst (*Foffani* in Tiedemann, Wirtschaftsstrafrecht in der EU S. 328 f). Unter dem Einfluss der vor Rdn. 1 erwähnten Gemeinsamen Maßnahme der EU wurde aber ein *Entwurf* vorgelegt, der untreueähnlich ausgestaltet und Anfang 1998 vom Abgeordnetenhaus angenommen sowie Anfang 1999 vom Senat modifiziert worden war (Senatsdrucks. Nr. 3015). Dieser Entwurf sah einen neuen Art. 646 *bis* des **Codice Penale** vor und bezeichnete diesen Tat- 27 bestand als „Untreue des Beauftragten". Der Entwurf ist nicht Gesetz geworden und im Jahre 2000 durch einen Entwurf zur Reform des Gesellschaftsrechts ersetzt worden (Abgeordnetenhaus Nr. 7123 v. 20.6.2000). Dieser wollte für einen beschränkten Täterkreis (Verwalter, Generaldirektoren usw. von Handelsgesellschaften) die Strafbarkeit der Bestechlichkeit und für jedermann die der Bestechung einführen, wenn nach Gewährung oder Versprechen eines Vorteils pflichtwidrig Handlungen oder Unterlassungen des Bestochenen erfolgen, die für die Gesellschaft die Gefahr eines Schadens begründen. Auch dieser Entwurf ist ebenso wie derjenige der Abgeordneten Kessler et al. zur Reform des Art. 513*ter* Codice penale (Nr. 3215 vom 2.10.2002) nicht Gesetz geworden. Derzeit wird weitgehend angenommen, der Straftatbestand der im Jahre 2002 eingeführten *gesellschaftsrechtlichen Untreue* (Art. 2634 Codice civile, dazu *Foffani* aaO S. 329 ff sowie FS Tiedemann, S. 783 ff) und die 2005 eingeführte Strafbarkeit der Bestechlichkeit und Bestechung von Abschlussprüfern seien ausreichend, um die internationalen (europarechtlichen) Vorgaben zu erfüllen (*di Amato* Diritto penale dell' impresa, 6. Aufl. Mailand 2006, S. 361).

28 **Spanien** besitzt zwar seit 1991 ein Gesetz gegen unlauteren Wettbewerb, erfasst die Wirtschaftskorruption insoweit aber nicht gesondert und kennt bisher keine einschlägigen Straftatbestände (*Gonzáles Rus* in Madrid-Symposium S. 100; vgl. auch *Hoffmann* in Eser/Überhofen/Huber S. 602 f). Eine teilweise Erfassung der Wirtschaftskorruption erfolgt bisher – wie in Italien (Rdn. 27) – durch den 1995 mit dem neuen Código Penal eingeführten Straftatbestand der *gesellschaftsrechtlichen Untreue* (*Muñoz Conde* in Madrid-Symposium S. 67). Ein *Gesetzentwurf* vom 15.1.2007 (Nr. 121/000119) sah als neuen Art. 286*bis* Código penal die Einführung eines Straftatbestandes „Corrupción entre particulares" vor, der weitgehend § 298 StGB entsprach, jedoch auf ein Wettbewerbserfordernis verzichtete und entscheidend auf die Pflichtverletzung der Angestellten abhob. Die parlamentarischen Beratungen über den Entwurf konnten wegen der Anfang 2008 endenden Legislaturperiode nicht abgeschlossen werden.

29 c) In **Großbritannien** werden die aktive und die passive Angestelltenbestechung nach dem weiterhin gültigen **Prevention of Corruption Act** von 1906 bestraft, wenn der Vorteil ohne Wissen und Zustimmung des Geschäftsherrn gefordert, gewährt oder versprochen wird, um den Angestellten zu einer Handlung zu bewegen, die die Geschäftsbeziehungen des Geschäftsherrn zum Bestecher betrifft (*Baumbach/Hefermehl* Rdn. 5 vor § 12 UWG; Text bei *Rasch* S. 222 f). Die Handlung muss „corruptly" erfolgen. Zu Einzelheiten *Huber* in Eser/Überhofen/Huber S. 84 f; *Rasch* S. 224 f mit weit. Nachw. (dort S. 234 ff auch zur identischen Rechtslage in **Irland**). Der Anti-terrorism, Crime and Security Act von 2001 hat die Geltung des Prevention of Corruption Act ähnlich wie § 299 Abs. 3 StGB auf ausländische Bestechungssachverhalte erstreckt.

30 d) **Griechenland** kannte bestechungsähnliche Straftatbestände im Gesellschaftsrecht (AG und GmbH) als Beeinflussung der Stimmabgabe von Gesellschaftsorganen, aber keinen allgemeinen Straftatbestand der Angestelltenbestechlichkeit und -bestechung. Einen teilweisen Ausgleich hierfür bot die weite Auslegung des Begriffs des öffentlichen Angestellten in Banken, Energieversorgungsunternehmen usw. (*Konstantopoulou* RIDP **74**, 2003, 255, 273 f). Seit dem Gesetz Nr. 3560 aus dem Jahre 2007 ist aber die „Bestechung und Bestechlichkeit im privaten Wirtschaftsverkehr" unter Strafe gestellt, wenn der Vorteilsempfänger „unter Verletzung seiner Pflichten eine Handlung vornimmt oder unterlässt" (Art. 5 Abs. 1). Bei Vorteilen im Wert von mehr als 73.000 Euro ist seit dem Änderungsgesetz Nr. 3666 von 2008 Zuchthausstrafe angedroht, was die Anordnung von Untersuchungshaft und einer Reihe spezieller Maßnahmen ermöglicht (Art. 5 Abs. 2). Griech.

Text von Art. 5 Abs. 1 bei *Courakis/Ziouvas*, Bd. III S. 172 ff. Satz 2 lautet in freier deutscher Übersetzung von *Ziouvas*: „Die Pflichten können sich aus Gesetz, Arbeitsvertrag, internen Anordnungen, Aufträgen oder aus der Stellung im Dienst des Arbeitgebers ergeben."

e) **Sonstige Staaten.** Informationen zur Rechtslage in Finnland, Schweden, Slowenien, Ungarn, Iran, Japan und China finden sich in dem Generalbericht von *Dölling* zum XVII. Internationalen Strafrechtskongress der AIDP, RIDP **74** (2003) 43 ff sowie in den Länderberichten (soweit nicht schon oben zitiert) zu Argentinien, China, Finnland, Georgien, Iran, Paraguay, Polen, Rumänien, Schweden, Slowenien, Tschechien, Ungarn, USA und einer Reihe asiatischer Staaten in RIDP **74** (2003) 93 ff. Zur Rechtslage speziell in Hongkong und Singapur ausführlich *Weidlich/Fietz* RIW **2005** 362, 364 ff. **31**

§ 298
Wettbewerbsbeschränkende Absprachen bei Ausschreibungen

(1) Wer bei einer Ausschreibung über Waren oder gewerbliche Leistungen ein Angebot abgibt, das auf einer rechtswidrigen Absprache beruht, die darauf abzielt, den Veranstalter zur Annahme eines bestimmten Angebots zu veranlassen, wird mit Freiheitsstrafe bis zu fünf Jahren oder mit Geldstrafe bestraft.

(2) Der Ausschreibung im Sinne des Absatzes 1 steht die freihändige Vergabe eines Auftrages nach vorangegangenem Teilnahmewettbewerb gleich.

(3) Nach Absatz 1, auch in Verbindung mit Absatz 2, wird nicht bestraft, wer freiwillig verhindert, daß der Veranstalter das Angebot annimmt oder dieser seine Leistung erbringt. Wird ohne Zutun des Täters das Angebot nicht angenommen oder die Leistung des Veranstalters nicht erbracht, so wird er straflos, wenn er sich freiwillig und ernsthaft bemüht, die Annahme des Angebots oder das Erbringen der Leistung zu verhindern.

Schrifttum

Siehe Vor § 298 sowie zu § 263, ferner:
Achenbach Pönalisierung von Ausschreibungsabsprachen und Verselbständigung der Unternehmensgeldbuße durch das Korruptionsbekämpfungsgesetz 1997, WuW **1997** 958; *ders.* Die Verselbständigung der Unternehmensgeldbuße bei strafbaren Submissionsabsprachen – ein Papiertiger? wistra **1998** 168; *ders.* Das neue Recht der Kartellordnungswidrigkeiten, wistra **1999** 241; *ders.* Wettbewerbsbeschränkende Absprachen bei Ausschreibungen, in Achenbach/Ransiek (Hrsg.) III 4 C; *Ax/Schneider* Verhütung und Bekämpfung von Korruption im Zusammenhang mit Vergabeverfahren in der öffentlichen Verwaltung, ZVgR **2000** 48; *Bangard* Aktuelle Probleme der Sanktionierung von Kartellabsprachen, wistra **1997** 161; *Bartmann* Der Submissionsbetrug, Diss. Berlin (FU) 1999; *Bottke* Zur Legitimität des Wirtschaftsstrafrechts im engen Sinne und seiner spezifischen Deliktsbeschreibungen, in Schünemann/Suárez (Hrsg.), Bausteine des europäischen Wirtschaftsstrafrechts (Madrid-Symposium für Klaus Tiedemann) (1994) S. 109; *Brunner* Der Täterkreis bei Kartellordnungswidrigkeiten (1986); *Dannecker* Die Verfolgungsverjährung bei Submissionsabsprachen und Aufsichtspflichtverletzungen in Betrieben und Unternehmen, NStZ **1985** 49; *Diehl* Die Strafbarkeit von Baupreisabsprachen im Vergabeverfahren, BauR **1993** 1; *Diercks* Korruption am Bau, BauR **2004** 257; *Girkens/Moosmayer* Die Bestrafung wettbewerbsbeschränkender Absprachen nach dem Gesetz zur Bekämpfung der Korruption, ZfBR **1998** 223; *Götting/Götting* Kriminalisierung des Kartellrechts, ZfBR **2003** 341; *Greeve* Zur Strafbarkeit wettbewerbsbeschränkender Absprachen

nach dem neuen § 298 StGB (usw.), ZVgR **1998** 463; *dies.* Ausgewählte Fragen zu § 298 StGB (usw.), NStZ **2002** 505; *dies./Leipold* Handbuch des Baustrafrechts (2004); *Grützner* Die Sanktionierung von Submissionsabsprachen (usw.) (2002); *Hohmann* Die strafrechtliche Beurteilung von Submissionsabsprachen, NStZ **2001** 566; *Kanski* Zur Strafbarkeit von Submissionsabsprachen, Diss. Kiel 1996; *Kleinmann/Berg* Änderungen des Kartellrechts durch das „Gesetz zur Bekämpfung der Korruption" vom 13.8.1997, BB **1998** 277; *König* Neues Strafrecht gegen Korruption, JR **1997** 397; *Korte* Bekämpfung der Korruption und Schutz des freien Wettbewerbs mit den Mitteln des Strafrechts, NStZ **1997** 513; *Kosche* Strafrechtliche Bekämpfung wettbewerbsbeschränkender Absprachen bei Submissionen (2000); *Kuhlen* Anmerkungen zu § 298 StGB, FS Lampe (2003) 743; *Lüderssen* Erfahrung als Rechtsquelle (1972); *ders.* Ein Prokrustes Bett für ungleiche Zwillinge, BB **1996** 2525; *ders.* Die Symbiose von Markt und Staat – auseinander dividiert durch Strafrecht? StV **1997** 318; U. *Müller* Korruption in der öffentlichen Verwaltung – Typologie und Schaden im Baubereich, Kriminalistik **1993** 509; *Oldigs* Die Strafbarkeit von Submissionsabsprachen nach dem neuen § 298 StGB, wistra **1998** 291; *Otto* Wettbewerbsbeschränkende Absprachen bei Ausschreibungen, § 298 StGB, wistra **1999** 41; *Regge/Rose/Steffens* Der praktische Fall – Strafrecht: Ein teures Rathaus, JuS **1999** 159; *Reinhart* Die vorsätzliche Zuwiderhandlung gegen das Kartellverbot (1963); *Rittner* Rechtsgrundlagen und Rechtsgrundsätze des öffentlichen Auftragswesens (1988); *Rössner/Guhra* Übungsklausur Strafrecht: Der bestechliche Bürgermeister, Jura **2001** 403; *Schaupensteiner* Das Korruptionsbekämpfungsgesetz, Kriminalistik **1996** 237; *Schuler* Strafrechtliche und ordnungswidrigkeitenrechtliche Probleme bei der Bekämpfung von Submissionsabsprachen, Diss. Konstanz 2002; *Stächelin* Strafgesetzgebung im Verfassungsstaat (1998); *Szerny* Sanktionierung von Submissionsabsprachen in der Vergangenheit, Gegenwart und Zukunft (2001); *Tiedemann* Sollten einzelne Kartellrechtsverstöße – einschließlich typisierungsfähiger Fälle aus dem Bereich der Mißbrauchsaufsicht – unter Strafdrohung gestellt werden? Tagungsberichte der Sachverständigenkommission zur Bekämpfung der Wirtschaftskriminalität **X** (1976) Anl. 1; *Vogel* „Vergabestrafrecht": Zur straf- und bußgeldrechtlichen Verantwortlichkeit öffentlicher Auftraggeber bei Verletzung des Vergaberechts, Festschrift Tiedemann (2008) 817; *T. Walter* § 298 StGB und die Lehre von den Deliktstypen, GA **2001** 131; *Weber* Rücktritt vom vermögensgefährdenden Betrug, Festschrift Tiedemann (2008) 637.

Entstehungsgeschichte

Die Entstehungsgeschichte des § 298 reicht jedenfalls bis zum *Preuß. StGB* von 1851 (§ 270) zurück (vgl. nur *Otto* ZRP **1996** 301 und *Tiedemann* Kartellrechtsverstöße S. 117 f). Die Bewehrung mit Kriminalstrafe setzt etwa gleichzeitig mit der Einführung von schriftlichen Ausschreibungen als Mittel der öffentlichen Beschaffung im 19. Jahrhundert ein (zur außerstrafrechtlichen Entwicklung *Bender* S. 7 ff, auch zu den voraufgegangenen mündlichen Lizitationen, mit Nachw.). Da das Preuß. StGB auf den französischen Code Pénal von 1810 (Art. 412) zurückgriff, ist es nicht erstaunlich, dass insbesondere die von letzterem noch stärker beeinflussten romanischen Auslandsrechte bis heute in ihren Strafgesetzbüchern einschlägige Straftatbestände kennen (Rdn. 16 ff Vor § 298). Die oben Rdn. 1 Vor § 298 genannte Initiative der EU zur Harmonisierung des Vergabestrafrechts greift damit eine breite Tradition auf, die auch in Deutschland von Beginn des 20. Jahrhunderts an parallel zu den Bestrebungen um eine reichsrechtliche Regelung des Submissionswesens in praktisch allen Reformentwürfen zum StGB lebendig blieb (vgl. nur *Otto* aaO mit Nachw.) und im *E 1962* zu dem einschlägigen § 270 führte (Wortlaut auch bei *Baumann* NJW **1992** 1662). Im Vordergrund stand dabei durchweg der Vermögensschutz der Öffentlichen Hand im Sinne einer Sicherstellung der optimalen Verwendung des Steueraufkommens (*Tiedemann* aaO S. 118): „Best value for public money" (*Dreher* in Immenga/Mestmäcker Rdn. 1 vor §§ 97 ff). Häufig war und ist dabei – auch im Ausland – eine straftatbestandliche Zusammenfassung mit dem Schutz öffentlicher Versteigerungen (vgl. nur § 270 Abs. 1 Nr. 1 E 1962). Dies unterstreicht den Aspekt des auf *Wettbewerb* (i.w.S.) angelegten *Verfahrens*, auch wenn es außerstrafrechtlich bis in die jüngste Zeit bei der sog. haushaltsrechtlichen Lösung blieb (dazu *Dreher* aaO Rdn. 36 ff mit Nachw.).

Die *Große Strafrechtskommission* stand bei ihren Beratungen unter dem Eindruck des kompromisshaften Verzichtes des Gesetzes gegen Wettbewerbsbeschränkungen (GWB) von 1957 auf Straftatbestände. Eb. *Schmidt*, Mitbegründer des neuen Ordnungswidrigkeitenrechts (und in der Diskussion um das KorruptionsbekämpfungsG 1997 viel zitierter Kenner des Korruptionsstrafrechts!) bezeichnete diese Lösung des GWB als „sehr schweren Fehler des Gesetzgebers" (Niederschr. Bd. 8 [1959] S. 80). Unter Bezugnahme auf verbreitete Missstände im Bereich der Bauwirtschaft empfahl die Kommission einstimmig die Kriminalisierung der Submissionskartelle für den Bereich öffentlicher Vergabe (§ 270 E 62). Unter Hinweis auf ständig neue Skandale in der Baubranche und auf die unrichtige Gewichtung der Sozialschädlichkeit im GWB haben dann seit Beginn der 70er Jahre vor allem *Baumann* und *Arzt* (ZHR **134** [1970] S. 24 ff), R. *Lange* (Strafrechtsreform, 1972, S. 30), R. *Schmitt* (Ordnungswidrigkeitenrecht, 1970, S. 14, 124) und *Tiedemann* (Verh. **49.** DJT Bd. I, 1972, S. C 38 sowie bereits Tatbestandsfunktionen S. 139 f) für eine *Teilkriminalisierung des GWB* plädiert, wobei für Submissionsabsprachen der zusätzliche Gesichtspunkt des Vermögensschutzes und die Nähe zum Betrug betont wurden. Auch nach *Lüderssen* (Erfahrung S. 195 f, 206 ff u. Verh. **49.** DJT Bd. II S. M 124 ff) „sprengt" die Sozialschädlichkeit bestimmter Wettbewerbsverstöße den Begriff der Ordnungswidrigkeit: „Daran ist nicht zu rütteln." Jedoch empfahl *Lüderssen* wegen des angeblichen Widerspruchs zwischen der Regression des Strafrechts (z.B. im Bereich der Sexualdelikte) und seiner Progression im Wirtschaftsstrafrecht anstelle von Kriminalstrafen die Einführung einer Publizität des Bußgeldverfahrens. Diese Alternative hat neben dem 49. DJT vor allem auch die *Kommission zur Bekämpfung der Wirtschaftskriminalität* abgelehnt, die im Jahre 1975 eine Einstufung bestimmter schwerer GWB-Verstöße (z.B. Preis-, Mengen- und Gebietskartelle) als Straftaten und „wegen ihrer besonderen Gefährlichkeit" jedenfalls einen besonderen Straftatbestand für die unlautere Beeinflussung der öffentlichen und privaten Vergabe von Aufträgen vorschlug (Tagungsberichte **10** [1976] S. 69 und 127; Abdruck der Beschlüsse auch bei *Tiedemann* Kartellrechtsverstöße S. 201 ff). Dem entsprach weitgehend der 1977 vorgelegte *Alternativ-Entwurf* eines Strafgesetzbuches (Besonderer Teil, Straftaten gegen die Wirtschaft, § 175). Die vom Bundesministerium der Justiz mit dem RefE eines 2. WiKG geplante Umsetzung dieser Empfehlungen scheiterte am Widerstand der Bauwirtschaft und ihrer Verbände, des Bundesministeriums der Wirtschaft und von führenden Vertretern des Bundeskartellamts (*Tiedemann* JZ **1986** 865, 867: klassisches kriminologisches Beispiel einer Verhinderung strafrechtlicher Normgenese!).

Den letzten Anlauf zur Reform vor der heutigen Gesetzesfassung unternahm der Bundesrats-Entwurf eines § 264b StGB vom 3.11.1995 (BR-Drs. 298/95 = BTDrucks. 13/3353), der wie die früheren Reformvorschläge „im Vorfeld des Betruges" ansetzte, also den Vermögensschutz betonte, aber enger als die Beschlüsse der vorgenannten Sachverständigenkommission und der Vorschlag des AE auf ein Tatbestandsmerkmal der Täuschung des Auftraggebers abstellen wollte (Wortlaut des Entwurfs auch bei *Otto* ZRP **1996** 301). Auf ein solches Erfordernis verzichtete demgegenüber der **Regierungsentwurf** vom 19.6.1996 (BR-Drs. 553/96), dessen Verabschiedung durch den Gesetzgeber nach kontroversen Beratungen – auch des **61.** DJT 1996 (dazu *König* JZ **1997** 135 f) – und nach einer öffentlichen Sachverständigenanhörung durch den Rechtsausschuss des Bundestages am 16.4.1997 (Prot. Nr. 82) den Schlusspunkt unter „eine der längsten Reformdiskussionen auf dem Gebiet des Strafrechts" setzte (*König* JR **1997** 401). Dass die Neuerung „nicht ausreichend diskutiert worden“ sei, kann *Achenbach* wistra **1999** 241 daher schwerlich zugegeben werden (vgl. auch *Bartmann* S. 161 ff).

Der 2007 vorgelegte Entwurf eines StrafrechtsänderungsG (BTDrucks. 16/6558) will in Absatz 1 des § 298 in Anpassung an die neuere wettbewerbsrechtliche Terminologie die Worte „gewerbliche Leistungen“ durch Dienstleistungen ersetzen, was keinen erheblichen sachlichen Unterschied bedeutet.

Materialien. Siehe Vorbemerkungen zu den §§ 298 ff.

Übersicht

	Rdn.
I. Kriminalpolitischer Hintergrund, Rechtsgut und allgemeine Einordnung des Tatbestandes	1
1. Unmittelbare Reformanlässe	1
2. Geschützte Rechtsgüter	6
3. Gefährdungs- oder Verletzungsdelikt?	8
4. Aktunwert	10
5. Einwand mangelnder Gefährdung	11
II. Täterkreis; Begriff, Arten und Gegenstand der Ausschreibung (Anwendungsbereich des Tatbestandes)	13
1. Sonderdelikt? Insbes. Kollusion mit der Veranstalterseite	13
2. Ausschreibung und freihändige Vergabe (Absatz 2)	19
3. Waren und gewerbliche Leistungen (Dienstleistungen)	23
III. Die Tathandlungen und ihr Bezug	26
1. Abgabe eines Angebots (und Tatvollendung)	26
2. Kausalität einer Absprache (und Behandlung von Außenseitern)	31
3. Absprache (und abgestimmtes Verhalten)	32
4. Rechtswidrigkeit der Absprache	33
5. Finalität und Motivation; Kollusion	37
IV. Vorsatz und Irrtum	40
1. Kein Absichtserfordernis	41
2. Deskriptive und normative Tatbestandsmerkmale als Bezugspunkte	42
3. Insbesondere die Kenntnis der Rechtswidrigkeit	43
V. Tätige Reue (Abs. 3)	44
VI. Täterschaft und Teilnahme	46
VII. Konkurrenzen	49
1. Mehrere Handlungen	49
2. Verhältnis zu §§ 263, 264, 331 ff	50
VIII. Internationales Strafrecht (Auslands-Sachverhalte)	52
1. Schutzbereich des § 298, insbes. bei EU-Bezug	53
2. In- und Auslandstaten	54
IX. Strafverfolgung	56
1. Strafanzeige, insbes. von Vergabestellen	56
2. Verjährung	57
3. Zuständigkeit der Wirtschaftsstrafkammer, der Staatsanwaltschaft und der Kartellbehörde	58
X. Reformfragen	60

I. Kriminalpolitischer Hintergrund, Rechtsgut und allgemeine Einordnung des Tatbestandes

1 **1. Unmittelbare Reformanlässe.** Unter den Anlässen und Gründen für die Einführung des § 298 waren neben spektakulären Großverfahren der Strafjustiz und der Kartellbehörden wegen Submissionsabsprachen der Bauwirtschaft (vgl. nur *Otto* ZRP **1996** 300) und der trotz BGHSt **38** 186 ff („Rheinausbau I“) fortbestehenden Schwierigkeiten der Strafjustiz bei dem Nachweis eines Betrugsschadens (dazu *Tiedemann* LK[11] § 263 Rdn. 165 mit zahlreichen Nachw.) eine ganze Reihe weiterer Gesichtspunkte maßgebend, die zwar im Einzelnen keineswegs unstreitig geblieben sind, in ihrem Zusammenwirken aber den Ausschlag für eine „Kriminalisierung“ zwar nicht bereits der Submissionsabsprache als solcher (die weiterhin Ordnungswidrigkeit nach §§ 1, 81 GWB ist), wohl aber der *Abgabe von* hierauf beruhenden *Angeboten* gaben:

a) Unter eher **dogmatischen** Aspekten hat die von *Lüderssen* wiederholt vorgetragene Begründung, der Vermögensschaden beim Submissionsbetrug nach § 263 sei eine „normative Fiktion" und existiere real nicht,[1] dazu geführt, dass sich der Regierungs- und der mit ihm identische Koalitionsentwurf schließlich von jeder Anknüpfung an den Betrugsgedanken gelöst und den strafrechtlichen Wettbewerbsschutz in den Vordergrund gestellt sowie erstmalig in das StGB eingebracht haben (BTDrucks. 13/5584 S. 13; dazu *Korte* NStZ **1997** 516 Fn. 62, der es als kurios bezeichnet, dass damit einer der Hauptgegner des neuen Straftatbestandes zur dogmatischen Begründung der Notwendigkeit gerade dieses Straftatbestandes beigetragen hat). Freilich bleibt daneben der Betrugstatbestand anwendbar (Rdn. 50), auch wenn der für ihn nach h.M. maßgebende hypothetische Wettbewerbspreis nur schwer feststellbar ist (*Tiedemann* LK[11] § 263 Rdn. 165 mit Nachw.). **2**

b) Die Behebung der praktischen (wirtschaftskriminalistischen) Schwierigkeiten beim *Nachweis eines Vermögensschadens* im Rahmen des Betrugstatbestandes blieb aber weiterhin bereits seit dem Bundesrats-Entwurf (BTDrucks. 13/3353 S. 9 f) ein zentrales Argument für die Schaffung eines Sondertatbestandes (vgl. nur *Achenbach* in FK Rdn. 27 vor § 81 GWB; *Kuhlen* FS Lampe, S. 743). Dem steht das aus der sonstigen Diskussion um das Wirtschaftsstrafrecht bekannte Argument, es gehe in Wahrheit um die Einführung einer Verdachtsstrafe für nicht nachweisbaren Betrug (vgl. nur *Möllering* WRP **1997** 935; allgemein dazu schon *Tiedemann* Wirtschaftsstrafrecht I S. 83 ff), nicht wirklich entgegen. Vielmehr geht es darum, gravierende und im Folgenden näher zu charakterisierende Wettbewerbsbeschränkungen mit hohen *volkswirtschaftlichen* Schäden (Rdn. 4) bekämpfen zu können, ohne auf den von seinem Schutzgut her nicht passenden Betrugstatbestand angewiesen zu sein. Die besondere Bedeutung der durch Submissionsabsprachen bewirkten Wettbewerbsbeschränkungen ergibt sich aus der von der Wissenschaft des Wettbewerbsrechts seit langem hervorgehobenen Erkenntnis, dass Submissionskartelle ganz regelmäßig auf dem Gegenseitigkeitsprinzip beruhen und in der Erwartung vereinbart werden, dass der mit seinem Angebot Zurücktretende bei späteren Aufträgen selbst durch entsprechendes Verhalten der anderen Kartellmitglieder zum Geschäftsabschluss gelangt. Dem entsprechen gesicherte kriminalistische Feststellungen zur dauerhaften Ringbildung in der Bauwirtschaft und im Baunebengewerbe (*Tiedemann* Kartellrechtsverstöße S. 115 mit Nachw.) und damit eine *typische Tendenz der Submissionsabsprachen* zur **Wiederholung** (vgl. bereits Rdn. 1 Vor § 298 mit Nachw.; BGHSt **49** 201, 207 f mit Nachw.). Diese wirtschaftspolitisch gefährliche Tendenz wird mittelbar auch durch die Einlassung der Bauwirtschaft und ihrer Vertreter belegt, Submissionskartelle seien als „Abwehrmaßnahmen" (dazu bereits Rdn. 8 vor § 298) zur Kapazitätsauslastung erforderlich (vgl. nur *Kanski* S. 42 f, 46 f; *Oldigs* S. 128 ff) und Submissionen seien wirtschaftswidrig-unfaire Veranstaltungen „künstlicher Markttransparenz" (da beispielsweise Hersteller von Konsumgütern das Verhalten der Konkurrenten sehr genau kennen und sich darauf einstellen können: *Moosecker* FS Lieberknecht, S. 407, 415). Es geht damit – und nur hierin waren und sind sich Kritiker und Befürworter einer Reform einig – um ein *Struktur- und Branchenproblem*, dessen rechtliche Lösung im GWB aber bisher weder zur Einführung einer Bereichsausnahme für die Bauwirtschaft allgemein oder von Ausnahmefreistellungen in einer größeren Zahl von Einzelfällen geführt hat. Die Rechtswidrigkeit und Gefährlichkeit der Submissionskartelle lässt sich daher unter Gesichts- **3**

---

[1] *Lüderssen* wistra **1995** 246 f, BB **1996** Beil. 11 S. 15, BB **1996** 2527, StV **1997** 320.

punkten des **Wettbewerbsschutzes** schwerlich bestreiten. Dass diese Rechtswidrigkeit und Gefährlichkeit von Submissionsabsprachen auch im Rahmen des Ordnungswidrigkeitenrechts nach dem GWB von besonderem Gewicht ist, haben die Berichte insbesondere des Bundeskartellamts über mehrere Jahrzehnte hinweg zum Ausdruck gebracht (vgl. bereits *Tiedemann* Kartellrechtsverstöße S. 115 ff mit Nachw.). Die Einführung der §§ 97 ff GWB hat seit 1999 die Rechtsstellung und den Rechtsschutz der Bieter erheblich verbessert (Rdn. 5 Vor § 298) und jedenfalls einen Teil der angeführten Einwände hinfällig werden lassen. Ob gravierende Verstöße gegen das Vergaberecht (vgl. Rdn. 19) in Zukunft für den öffentlichen Auftraggeber strafbar oder ordnungswidrig sein sollen, ist eine bisher nur in Ansätzen diskutierte Rechtsguts- und Reformfrage (dazu Rdn. 60).

4 c) Ein wesentlicher weiterer Gesichtspunkt bei der kriminalpolitischen Bewertung der Sozialschädlichkeit ist der hohe **materielle Schaden**, welcher der Öffentlichen Hand und den Verbrauchern durch Preiserhöhungen infolge Submissionskartellen insgesamt entsteht. Die Wissenschaft des Wettbewerbs(rechts) geht seit langem von einer typischen *Tendenz zur Überteuerung* bei der Bildung und Durchführung von Submissionskartellen aus (vgl. nur *Immenga/Mestmäcker*^{2} § 1 Rdn. 263). Spätestens seit den Aussagen von BGHSt **38** 186 zur generell preissteigernden Wirkung dieser Kartelle wirkt es auch nicht mehr überzeugend, wenn von Kritikern die Höhe der Schadensschätzungen – ca. 10 Mrd. DM pro Jahr allein im Bereich des öffentlichen Bauwesens – als nicht beweisbar oder sogar willkürlich bezeichnet wird. Immerhin beruht die genannte Zahl im Wesentlichen übereinstimmend auf der Auswertung von Mehrerlösschätzungen der Kartellbehörden (*Otto* wistra **1999** 43; *Schaupensteiner* ZRP **1993** 251, je mit Nachw.) und von Feststellungen insbesondere des Hessischen Rechnungshofes, wobei verschiedene Ausschreibungsarten, Ballungs- und ländliche Gebiete, große und kleinere Ausschreibungsobjekte usw. methodisch zutreffend differenziert wurden (*Müller* Kriminalistik **1993** 516). Staatsanwaltschaftliche Schätzungen auf ebenfalls breiter Erfahrungsgrundlage kamen für bestimmte geographische Räume zu noch höheren Schadensannahmen (*Schaupensteiner* Kriminalistik **1990** 507, ebenfalls für Hessen), wobei die zugrunde gelegten Anfälligkeitsquoten einigermaßen übereinstimmend bei 40 bis knapp 60 % der öffentlichen Bautätigkeit angesiedelt sind. Auch das Bundeskartellamt hat wiederholt die außerordentliche Höhe und Permanenz dieser materiellen Schäden durch Submissionskartelle gerügt.

5 d) Diesem Befund, der mit dem Vermögensschaden und seinem Nachweis im Einzelfall nicht identisch ist (*Bartmann* S. 161), entsprechen weitreichende **immaterielle Schäden** (zust. *Jaeschke* S. 17 f). Bis zur Einführung des § 298 herrschte in der Bauwirtschaft eine geradezu branchenweite Bewusstseinslage dahingehend, es handele sich bei der Durchführung von Submissionskartellen um bloße Ordnungsverstöße ohne sozialschädlichen Gehalt. *Otto* ZRP **1996** 303 und wistra **1999** 46 hob zutreffend hervor, dass diese Bewusstseinslage weiter durch wissenschaftliche Gutachter gefördert worden ist, die jede Nähe zum Betrug in Abrede gestellt haben (und zudem die Unterscheidung von kleinen und großen Ordnungswidrigkeiten leugnen bzw. ganz in den Bereich des Verfahrensermessens verweisen wollen; dazu insbesondere *Lüderssen* BB **1996** 2530; zutr. demgegenüber *Achenbach* wistra **1999** 243). Trotz dieser Unterschiedlichkeiten der Bewertung besteht aber über die Tatsache Einigkeit, dass eine jahrzehntelange Bußgeldpraxis der Kartellbehörden trotz nachhaltiger Bemühungen und Verhängung höchster Geldbußen nicht vermocht hat, die Submissionsabsprachen in ihrer Häufigkeit und in ihrem Ausmaß auch nur wesentlich einzuschränken (vgl. nur BTDrucks. 13/5584 S. 13; *Otto* ZRP **1996** 300 f und wistra **1999** 45 f mit weit. Nachw.). Unter Gesichtspunkten der **Generalprävention** war und ist die Ablehnung der Kriminalisierung von Submissionsabsprachen daher nahezu unverständlich. Insbesondere wenn darauf abgestellt wird, das Strafrecht und die Strafjustiz könnten die von § 298 gestellte Aufgabe nicht leisten, weil es sich naturgemäß an auswechselbaren Tätern der mittleren Unternehmensebene ausrichten müsse und im Regelfall für Ersttäter keine Freiheitsstrafen verhängt bzw. vollzogen würden, so wird dies erstaunlicherweise auch von Autoren vorgebracht, welche die negative Abschreckungsprävention überhaupt als überholt bezeichnen (so etwa *Oldigs* wistra **1998** 294 f). Dass demgegenüber im Sinne einer positiven Generalprävention bereits die Einführung des § 298 im Jahre 1997 die Bewusstseinslage praktisch aller Normadressaten verändert hat, braucht durch keine soziologische Untersuchung belegt zu werden. Entgegen den vorgenannten Zweifeln liegt aber auch der Zuwachs an negativer Abschreckungsprävention auf der Hand, weil neben der Anordnung von Untersuchungshaft auch die von *Lüderssen* (Entstehungsgeschichte vor Rdn. 1) betonte Publizität des *Strafverfahrens* präventiv wirkt, selbst wenn es am Ende nur zur Verhängung von Geld- oder Bewährungsstrafen kommt. Vor allem aber bleibt von der Kritik auch die Einsicht der internationalen Kriminologie unerwähnt, dass es im Bereich der Unternehmenskriminalität von zentraler Bedeutung ist, gegen die handelnden natürlichen Personen strafrechtlich und *daneben* gegen die *Unternehmen* (und ihre Leitung) mit hohen, die Mehrerlöse abschöpfenden Geldbußen vorzugehen (vgl. dazu nur *Tiedemann* Revue Internationale de Criminologie **1991** 226 ff mit Nachw.). Diese zusätzliche Möglichkeit der Verhängung hoher Geldbußen mit Mehrerlösabschöpfung bis zu 10 % des im Vorjahr erzielten Gesamtumsatzes gegen die beteiligten Unternehmen bleibt bekanntlich nach § 81 Abs. 4 GWB möglich und ist im Regelfall durchzuführen. Warum das im Bußgeldverfahren geltende Opportunitätsprinzip gerade bei Submissionsabsprachen, die regelmäßig besonders schwerwiegende Wettbewerbsverstöße darstellen, greifbare Vorteile gegenüber dem strafprozessualen Legalitätsprinzip bieten soll, haben die Gegner der Reform nicht ausgeführt. Ebenso wenig wird klar, was für eine rechtliche Diskussion der gelegentliche Hinweis ausrichten soll, die Einführung des § 298 durch das KorruptionsbekämpfungsG übersehe, dass Submissionsabsprachen nicht notwendigerweise mit der Bestechung von Amtsträgern verbunden sind: Der *kriminologisch* durchaus nachgewiesene Häufigkeitszusammenhang ist für die kriminalpolitische Entscheidung des Gesetzgebers ohne weiteres relevant; ein rechtlicher Notwendigkeitszusammenhang wird nirgends gefordert. Insbesondere stützt sich das KorruptionsbekämpfungsG – anders als die Rdn. 1 vor § 298 genannte europäische Initiative – nicht auf eine spezielle Kompetenznorm, sondern auf die allgemeine Zuweisung konkurrierender Gesetzgebungskompetenz im Strafrecht nach Art. 74 Abs. 1 Nr. 1 GG. Dass auch andere **verfassungsrechtliche** Bedenken gegenüber § 298 nicht vorliegen, hat *Lüderssen* in der vor Rdn. 1 genannten öffentlichen Anhörung (abgedruckt auch in StV **1997** 319) zutreffend betont (ebenso *Schönke/Schröder/Heine* Rdn. 2 vor §§ 298 ff). Dass die von ihm angenommene Unbestimmtheit des Rechtsgutes Wettbewerb (aaO S. 320; dazu bereits Rdn. 3 vor § 298) ein Problem der Garantie des Art. 103 Abs. 2 GG sei, hat er selbst nicht behauptet: Die *Handlungs*beschreibung des § 298 ist *hinreichend gesetzlich bestimmt* und damit verfassungsrechtlich nicht zu beanstanden (vgl. bereits Rdn. 5 vor § 298).

2. Geschützte Rechtsgüter

a) Nach ganz h.M. wird von § 298 vor allem (primär) der **Wettbewerb** als Institution des Wirtschaftslebens geschützt.[2] Diese Aussage folgt unmittelbar aus den Überschriften **6**

---

[2] *Achenbach* WuW **1997** 959; *Arzt/Weber* § 21, 108, 116 u.ö.; *Bartmann* S. 194; *Bender* S. 41 ff; *Dannecker* NK Rdn. 10; *Dölling* ZStW **112** (2000) 348; *Fischer* Rdn. 2 und

des sechsundzwanzigsten Abschnitts und des Straftatbestandes selbst, mittelbar zusätzlich aus der Verweisung des Tatbestandserfordernisses der Rechtswidrigkeit der Absprache auf das GWB mit seinem insgesamt institutionellen Wettbewerbsschutz (dazu bereits Rdn. 5 vor § 298 und ausführlich unten Rdn. 33 ff). Auch die Begründung des RegE ist in dieser Frage eindeutig (BTDrucks. 13/5584 S. 13). Der Wettbewerb ist in diesem Sinne entsprechend der Systematik des Wirtschaftsstrafrechts[3] ein mediatisiertes Zwischenrechtsgut mit relativer Selbständigkeit gegenüber oberen Rechtsgütern wie der Gesellschaftsordnung als Ganzem (zust. *Dannecker* NK Rdn. 11) und gegenüber dem letztendlichen Bezug auch der überindividuellen Rechtsgüter auf den Menschen (vgl. nur *Tiedemann* Kartellrechtsverstöße S. 102 ff und bereits Tatbestandsfunktionen S. 119). Dass die überindividuellen Rechtsgüter (und damit der Gemeinwohlschutz) nur eine Summe der Einzelinteressen der Individuen seien (so für § 265b *Lackner/Kühl* Rdn. 1 mit Nachw.) und es daher auch beim Wettbewerbsschutz „letztlich auf das Vermögen des Einzelnen ankommt" (so *Lüderssen* BB **1996** 2527; zust. *Möllering* WRP **1997** 934 und *Stächelin* S. 310), entspricht jedenfalls nicht der h.M., die *institutionelle (Gemeinwohl-)Rechtsgüter* im Strafrecht grundsätzlich anerkennt und daher auch im Falle des Konfliktes mit individuellen Rechtsgütern nicht einfach einen Vorrang der letzteren annimmt (ähnlich wie auch die Verletzung überindividueller Rechtsgüter nicht der rechtfertigenden Wirkung einer Einwilligung des Einzelnen zugänglich ist). Dass es „eben doch primär das Vermögen des Einzelnen ist, um dessen Schutz es geht" (*Lüderssen* aaO S. 2528), kann auch nicht etwa aus dem Strafrahmen des § 298 geschlossen werden, der dem Regelstrafrahmen der §§ 263, 264 und 266 entspricht. (Entgegen dem Sprachgebrauch bei *Lüderssen* aaO S. 2527 f liegt keine „Verweisung" auf diesen Strafrahmen vor!) Nur wenn § 298 eine abstrakte Gefährdung von Vermögensinteressen zum Gegenstand hätte (und § 264 auf Vermögensschutz beschränkt wäre), wäre eine vergleichsweise Milderung des Strafrahmens von § 298 kriminalpolitisch angemessen gewesen. Zutreffend sieht demgegenüber die Gesetz gewordene Fassung dieselbe Strafe vor wie etwa für die Beeinträchtigung von Beweisinteressen des Rechtsverkehrs (§ 267) und geringere Strafe als bei uneidlichen Falschaussagen vor Gericht (§ 153). Das *Vermögen* der *Mitbewerber* ist damit generell – wie nach dem GWB – nur *mittelbar* (mit)geschützt.[4]

7 **b)** Neben diesen primären Schutz des Wettbewerbs als Institution tritt nach der zutreffenden h.M. der Schutz der **Vermögensinteressen des Veranstalters** der Ausschrei-

---

Rdn. 6 Vor § 298; *Girkens/Moosmayer* ZfBR **1998** 223; *Gössel/Dölling* 1 § 55, 1; *Greeve* ZVgR **1998** 465; *Gruhl* in Müller-Gugenberger/Bieneck § 58, 20; *Joecks* Rdn. 1; *Korte* NStZ **1997** 516; *Kindhäuser* Rdn. 1; *Krey/Hellmann* 2 Rdn. 534b; *Kuhlen* FS Lampe, S. 744 f ; *Lackner/Kühl* Rdn. 1; *Mitsch* II/2 § 3, 195; *Otto* BT § 61, 142 und wistra **1999** 41; *Rengier* 1 Rdn. 101a; *Rudolphi* SK Rdn. 3; *Schönke/Schröder/Heine* Rdn. 1; *Schroth* BT S. 154 (mit Einschränkung); *Schubert* in Wabnitz/Janovsky Kap. 12/94; *Tiedemann* Wirtschaftsstrafrecht BT Rdn. 184; *Wessels/Hillenkamp* Rdn. 699; **aA** *Lüderssen* BB **1996** 2525 (2527); *Maurach/Schroeder/Maiwald* 2 § 68, 2 (Vermögensdelikt); *Möllering* WRP **1997** 933 (934); **krit.** auch *Krüger* S. 38 f und *Stächelin* S. 309 f (zu dem BR-Entwurf eines § 264b StGB); vgl. auch *Hohmann* MK Rdn. 3 und *Wiesmann* S. 35 ff: *Vertrauen* des Einzelnen in die Funktionsfähigkeit des freien und fairen Wettbewerbs.

[3] Vgl. nur *Bottke* in Schünemann/Suárez (Hrsg.), Madrid-Symposium für Klaus Tiedemann S. 109, 112; *Tiedemann* Tatbestandsfunktionen S. 119 f.

[4] Zustimmend *Dannecker* NK Rdn. 12. Weitergehend aber BTDrucks. 13/5584 S. 14; *Arzt/Weber* § 21, 109; *Gössel/Dölling* 1 § 55, 1; *Lackner/Kühl* Rdn. 1; *Mitsch* II/2 § 3, 196; *Otto* wistra **1999** 41; *Schönke/Schröder/Heine* Rdn. 3 vor §§ 298 ff; *Schroth* BT S. 154; *Wessels/Hillenkamp* Rdn. 699; ausdrücklich **ablehnend** *Rudolphi* SK Rdn. 3 und 5.

bung.[5] Dies folgt nicht etwa aus der faktischen Nähe zum (Ausschreibungs-)Betrug (Rdn. 6 Vor § 298), sondern daraus, dass die Veranstaltung der Ausschreibung vor allem der Ermittlung eines möglichst günstigen Preises für das Ausschreibungsobjekt dient und dieser Zweck vorteilhafter Gestaltung der Vermögenslage des Auftraggebers durch die wettbewerbsbeschränkende Absprache und die ihrer Verwirklichung dienenden Angebote gezielt beeinträchtigt wird. Die Ausschaltung oder Beschränkung des Angebotswettbewerbs bewirkt oder bezweckt tendenziell (oben Rdn. 3), also typischerweise, eine Gefährdung der Vermögensinteressen des Veranstalters der Ausschreibung (*Oldigs* S. 128 ff im Anschluss an *Tiedemann* in Tagungsberichte **X** Anl. 1 S. 128). § 298 will sekundär auch diesen Erfolg verhindern, da die Summe dieser Erfolge den Rdn. 4 genannten Schaden der Öffentlichen Hand (usw.) ergibt. Jedenfalls diese typische Vermögensgefährdung (und nicht erst der im Einzelfall nachgewiesene Vermögensschaden) legitimiert *zusätzlich* zu der rechtswidrigen (Wettbewerbs-)Regelverletzung den Straftatbestand (*Otto* wistra **1999** 42 mit Nachw.), der in Absatz 3 eine gewisse Relevanz des Vermögensaspektes zu erkennen gibt. Zu der Frage, ob im Einzelfall der Einwand tatsächlich fehlender (Vermögens-)Schädigung(sabsicht) tatbestandlich relevant ist, nämlich zur Straflosigkeit führt, unten Rdn. 11.

3. **Gefährdungs- oder Verletzungsdelikt?** Im Schrifttum überwiegt die Einordnung des § 298 als **abstraktes Gefährdungsdelikt.**[6] Demgegenüber spricht der RegE vorsichtiger nur von einem Gefährdungsdelikt (BTDrucks. 13/5584 S. 13 f). Diese Aussagen sind zutreffend, soweit es um den strafrechtlichen Schutz des *Vermögens* (des Veranstalters der Ausschreibung oder von Außenseitern) geht: Wie soeben Rdn. 7 ausgeführt, begründet die künstliche Beschränkung des Angebotswettbewerbs typischerweise, also abstrakt, eine Gefährdung der Vermögensinteressen, wenn man hierin nicht sogar – unter normativen Gesichtspunkten – bereits eine konkrete Gefährdung sehen will (dazu *Tiedemann* LK[11] § 263 Rdn. 165). Auf der Grundlage der h.M. liegt allerdings ein Gefährdungsschaden (noch) nicht vor, da der Veranstalter keine hinreichend konkrete, nämlich verfestigte Anwartschaft auf den (hypothetischen) Wettbewerbspreis hat (*Tiedemann* aaO Rdn. 137 mit Nachw.). **8**

In Bezug auf die *Wettbewerbsbeeinträchtigung* ist dagegen zu bezweifeln, dass die Einordnung als abstraktes Gefährdungsdelikt das Richtige trifft (*Bartmann* S. 197; zum Folgenden auch *Bottke* in Madrid-Symposium S. 111 f mit Nachw.; *T. Walter* GA **2001** 134 ff). Normativ-geistige Gebilde wie Rechtsgüter überhaupt, aber auch nur normativ-geistig existente Angriffsobjekte sind keiner wirklichen Verletzung fähig, so dass die Gegenüberstellung von Verletzung, konkreter und abstrakter Gefährdung hier ihren Sinn verliert (*Tiedemann* LK[11] § 265b Rdn. 13). *Otto* (wistra **1999** 42) führt diese von ihm **9**

---

[5] BTDrucks. aaO; *Bartmann* S. 194; *Dölling* ZStW **112** (2000) 348; *Fischer* Rdn. 2; *Gössel*/Dölling aaO; *Jaeschke* S. 50; *Kindhäuser* Rdn. 1; *Lackner/Kühl* aaO; *Mitsch* II/2 § 3, 196; *Otto* wistra **1999** 41; *Schönke/Schröder/Heine* aaO; *Schroth* aaO; *Wessels/Hillenkamp* aaO; **ablehnend** aber neben *Bender* S. 38 ff und *Hefendehl* Kollektive Rechtsgüter S. 278 vor allem *Krey/Hellmann* 2 Rdn. 534b, *Kuhlen* FS Lampe, S. 747 ff und *Rudolphi* aaO Rdn. 5.

[6] *Dannecker/Biermann* in Immenga/Mestmäcker Rdn. 145 vor § 81; *Fischer* Rdn. 3a; *Gössel*/Dölling 1 § 55, 1; *Greeve* ZVgR **1998** 464 f; *Hohmann* NStZ **2001** 571; *Jaeschke* S. 50; *Joecks* Rdn. 1; *Kindhäuser* Rdn. 1 und *Lackner/Kühl* Rdn. 1; *Maurach/Schroeder/Maiwald* 2 § 68, 2 („abstraktes Vermögensgefährdungsdelikt"); *Mitsch* II/2 § 3, 197; *Otto* BT § 61, 142; *Rengier* 1 Rdn. 101a; *Rudolphi* SK Rdn. 11; *Schönke/Schröder/Heine* Rdn. 2; *Schubert* in Wabnitz/Janovsky Kap. 12/94; *Wessels/Hillenkamp* Rdn. 699; dagegen *T. Walter* GA **2001** 134 ff.

geteilte Ausgangsüberlegung zu der Aussage weiter, dass auch der Wettbewerb nur ein geistiges Gebilde (von Regeln) sei, das nicht wie etwa Körper oder Leben einer bestimmten Person angegriffen werden könne. Damit wird zunächst übersehen, dass bei entsprechender Ausschreibung Wettbewerb als *Verfahren* nicht nur eine allgemeine Regel (des GWB) darstellt, sondern einem konkreten Preisbildungsprozess ausdrücklich zugrunde gelegt und so konkretisiert wird (vgl. auch Rdn. 5 vor § 298). Dieser konkrete Preisbildungsprozess ist Angriffsobjekt der Absprachen (*Tiedemann* in Immenga/Mestmäcker² § 38 Rdn. 10; zust. *Dannecker* NStZ **1985** 55). Sodann ist zu bedenken, dass dieser konkrete Wettbewerb als Preisbildungsprozess bei Ausschreibungen ein realer Zustand bzw. Vorgang, nämlich eine Tatsache, ist, der vorliegen oder nicht vorliegen und daher auch angegriffen und sogar beseitigt (ausgeschlossen) werden kann. Von einer solchen Kennzeichnung der Wettbewerbsbeschränkung (auch) als *Sachverhalt* geht das GWB aus (vgl. nur *Immenga/Mestmäcker*² § 1 Rdn. 231 mit Nachw.), und es steht nichts im Wege, die Beschränkung oder den Ausschluss von Ausschreibungswettbewerb als **Verletzung** des Wettbewerbs zu bezeichnen.[7] Im Tatbestand des § 298 wird diese Sichtweise dadurch unterstrichen, dass nicht lediglich eine rechtswidrige Absprache, sondern die Abgabe eines hierauf beruhenden Angebots gefordert wird. Hierdurch wird der mit der Ausschreibung bezweckte konkrete Wettbewerb um das günstigste Angebot tatsächlich verfälscht, da als Verletzungserfolg nach allgemeinen Grundsätzen nicht (erst) die Erteilung des Zuschlags, sondern die im Wettbewerb erfolgende Preisbildung anzusehen ist. Die Deutung als Verletzungsdelikt wäre evident, wenn § 298 lauten würde: „Wer sich an einer (nach dem GWB) rechtswidrigen (Submissions-)Absprache beteiligt und bewirkt, dass der Erfolg der Ausschreibung beeinträchtigt wird ..." Die vom Gesetzgeber gewählte Formulierung unterscheidet sich inhaltlich hiervon nicht. Es liegt daher insgesamt näher, § 298 mit Blick auf den primären Wettbewerbsschutz (bzw. das Wettbewerbsverfahren: *Bartmann* aaO; *T. Walter* GA **2001** 139ff) als *Verletzungsdelikt* zu bezeichnen: An die Stelle des Handlungsobjektes (z.B. bei § 223) tritt der konkrete Wettbewerbs-, nämlich Preisbildungsvorgang. Offenbar in diesem Sinne spricht BGHSt **49** 201, 209 im Anschluss an *T. Walter* GA **2001** 131, 140 von § 298 als einem „verfahrensgebundenen Delikt". Wenn dies bei § 38 Abs. 1 Nr. 1 GWB a.F. anders gesehen wurde (vgl. nur *Tiedemann* in Immenga/Mestmäcker² § 38 Rdn. 2), so nur deshalb, weil dort jeder Beitrag zur Verwirklichung der Submissionsabsprache tatbestandsmäßig war und durch das Einheitstäterprinzip des OWiG eine zusätzliche Pauschalierung eintrat.

10 4. **Aktunwert.** Die h.M. mit ihrer Einordnung des § 298 als abstraktes Gefährdungsdelikt versteht dieses als *Tätigkeitsdelikt* (vgl. nur *Fischer* Rdn. 3a; dagegen *T. Walter* GA **2001** 134: Erfolgsdelikt, da Zugang des Angebotes erforderlich ist; vgl. unten Rdn. 29). Insbesondere bei der hier vorgenommenen Kategorisierung als Verletzungsdelikt (soeben Rdn. 9) liegt es näher, keinen besonderen **Aktunwert** anzunehmen (wohl **aA** *Federmann* S. 531 f), wie er freilich infolge des tatbestandsmäßigen Täuschungselements auf der Hand läge, wenn es zur Verwirklichung des § 270 E 62 (dazu unter diesem Gesichtspunkt *Tiedemann* Kartellrechtsverstöße S. 118) oder des § 264b (BR-E) gekommen wäre (vgl. auch *Arzt/Weber* BT § 21, 109). Auch § 175 AE enthielt eine Betonung des Handlungsunwertes. Für § 298 wird sich häufig – für die Strafzumessung bedeutsam! – im *Einzelfall* neben dem Erfolgsunwert der Wettbewerbsbeeinträchtigung ein zusätzlicher Aktunwert daraus ergeben, dass das Nichtvorliegen einer rechtswidrigen Absprache aus-

---

[7] Zustimmend *Bender* S. 53 ff; *Krey/Hellmann* 2 Rdn. 534c; *Wessels/Hillenkamp* Rdn. 699; im Erg. ebenso *Hohmann* MK Rdn. 6 ff; **aA** *Kuhlen* FS Lampe, S. 746 f.

drücklich oder konkludent *vorgespiegelt* wird (dazu *Tiedemann* LK[11] § 263 Rdn. 39 a.E. mit weit. Nachw.).

5. **Einwand mangelnder Gefährdung.** Im Schrifttum wird unter verschiedenen Aspekten erwogen, ob die mangelnde Gefährdung des Ausschreibungserfolges beachtlich, nämlich Strafe auszuschließen geeignet ist, wenn das Fehlen der Gefährdung *feststeht*.[8] Sieht man davon ab, dass hier Rdn. 9 ein Verletzungsdelikt angenommen wird und sich daher die Frage mangelnder Gefährdung nicht stellt, so geht es bei der Terminologie der h.M. einmal um das allgemeine Problem der abstrakten Gefährdungsdelikte, bei denen seit langem eine solche Ausnahme unter Anerkennung des Satzes *in dubio contra reum* diskutiert wird.[9] Die Rechtsprechung hat bekanntlich für § 306a (bzw. § 306 a.F.) eine Tendenz zur Zustimmung – sei es auch nur über die Auslegung der Tauglichkeit des Tatobjekts – erkennen lassen (BGHSt **26** 121, 123; **34** 115, 118; NStZ **1999** 32, 34), und das Kommentarschrifttum neigt für diesen Fall zur Annahme einer teleologischen Reduktion (*Fischer* § 306a Rdn. 2a mit Nachw.). Jedoch entspricht es der wohl überwiegenden Ansicht auch des Schrifttums, insoweit unter den abstrakten Gefährdungsdelikten zu *differenzieren* und den genannten Einwand nur bei abstrakter Gefährdung individueller Rechtsgüter zuzulassen.[10] Zum anderen wird insbesondere seit dem Sondervotum von *Graßhoff* zu BVerfGE **90** 145 (207 ff) nicht selten vorgeschlagen, dem Einwand mangelnder Gefährdung nicht erst bei der Auslegung und Anwendung, sondern bereits bei der Schaffung des Straftatbestandes Rechnung zu tragen, nämlich im Gesetz Reaktionsmöglichkeiten vorzusehen, die eine übermäßige Belastung des Betroffenen bei nur unbedeutender Gefährdung des geschützten Rechtsgutes verhindern können. Das *Verhältnismäßigkeitsprinzip* ist auch in der Rechtsprechung des BVerfG und des EuGH zum Prüf- und Auslegungsmaßstab in Geltung befindlicher abstrakter Gefährdungsdelikte geworden (*Tiedemann* Wirtschaftsstrafrecht Bes. Teil Rdn. 18 mit Nachw.). Nach Inkrafttreten des § 298 hat es *Otto* (wistra **1999** 46) als Mangel dieses Tatbestandes bezeichnet, dass er auch Fälle erfasst, in denen die Submissionsabsprache „nachweislich nicht auf eine Vermögensschädigung zielte". Bereits vorher hatte *Diehl* (BauR **1993** 2) es als bloßes Ordnungsunrecht eingeordnet, wenn die Absprache von Submissionsangeboten ohne Schadenszufügung im Einzelfall das Ziel einer „Verstetigung der Auftragslage" verfolgt (zu diesem häufigen Einwand bereits oben Rdn. 3). **11**

Bekanntlich hat der Gesetzgeber davon abgesehen, in § 298 eine ausdrückliche Ausnahme von (oder Herabstufung der) Strafbarkeit für den Fall vorzusehen, dass die Submissionsabsprache, auf der das Angebot beruht, nicht der Schädigung des Auftraggebers, sondern der Sicherung der Auftragslage (und/oder der Abwehr ruinöser Angebote) dient. Dies erscheint jedenfalls insoweit als sachgerecht, als es auf die subjektive Zielsetzung der Beteiligten letztlich nicht ankommen kann: Auch eine nur mit dolus eventualis in Kauf genommene Schädigung des Auftraggebers erscheint unter den oben Rdn. 4 genannten kriminalpolitischen Gesichtspunkten strafwürdig, mag auch primäres Ziel der Absprache die Sicherung der Auftragslage und die Erhaltung der Unternehmen sein. Aber auch wenn die an der Absprache Beteiligten eine Schädigung des konkreten Nach- **12**

---

[8] *Diehl* BauR **1993** 2; *Otto* wistra **1999** 46; **dagegen** *Kuhlen* FS Lampe, S. 751 sowie (aus praktischen Gründen); *Fischer* Rdn. 3a und *Schönke/Schröder/Heine* Rdn. 3 vor §§ 298 ff.

[9] Vgl. bereits *Tiedemann* Tatbestandsfunktionen S. 166 ff; später *Jescheck/Weigend* AT § 26 II 2 mit weit. Nachw., zuletzt *H. J. Hirsch* FS Tiedemann, S. 145, 158 f.

[10] Vgl. nur *Brehm* Zur Dogmatik des abstrakten Gefährdungsdelikts (1973) S. 139 ff; *Jescheck/Weigend* aaO Fußn. 45 mit weit. Nachw.

fragers ausschließen wollten oder jedenfalls nicht für wahrscheinlich oder möglich hielten, greift der Einwand mangelnder Gefährdung nicht wirklich durch: Die eigentliche und primäre Gefährlichkeit der Submissionsabsprachen beruht, wie Rdn. 3 und 7 dargelegt, auf ihrer typischen Tendenz zur Wiederholung und allmählichen Steigerung der Angebotspreise; *diese* Gefahr wird entgegen *Diehl* und *Otto* (je aaO) nicht dadurch ausgeschlossen, dass im Einzelfall keine Schädigung vorliegt oder bezweckt ist (zutr. *Oldigs* S. 130; *Hohmann* MK Rdn. 11 und NStZ **2001** 571 f). Richtig ist – mit *Otto* aaO – insoweit lediglich die Annahme, dass der *zusätzliche* Strafwürdigkeitsaspekt des konkret eingetretenen und nachgewiesenen Vermögensschadens insoweit entfallen kann. Dies ist aber kein Anlass zur Annahme von Straflosigkeit, sondern kann nach allgemeinen Grundsätzen im Rahmen der *Strafzumessung* berücksichtigt werden oder aber zur Einstellung des Strafverfahrens wegen Geringfügigkeit nach § 153 StPO führen (zust. *Hohmann* MK aaO). Eine stärker formale Argumentation wird darauf verweisen, dass der Vermögensschutz bei § 298 sekundär, seine Nichtgefährdung also für den Tatbestand nicht relevant ist.

II. Täterkreis; Begriff, Arten und Gegenstand der Ausschreibung

13 1. Es besteht Übereinstimmung darüber, dass § 298 den Täterkreis nicht ausdrücklich beschränkt, also jedenfalls im *formalen* Sinne **kein Sonderdelikt** vorliegt.[11] Dies entsprach auch der h.M. zu § 38 Abs. 1 Nr. 1 GWB a.F. (dazu *Tiedemann* in Immenga/Mestmäcker[2] Rdn. 33 vor § 38 mit Nachw.). Gleichwohl bleibt fraglich, ob nicht der Täterkreis bei § 298 *materiell* (teleologisch) begrenzt wird. Damit ist allerdings nicht ohne weiteres die Frage gleichzusetzen, wer für die in § 298 geforderte *Absprache* in Betracht kommt, denn nicht diese Absprache ist die Tathandlung, sondern die Abgabe eines Angebots. Was die Absprache betrifft, vertreten *Girkens/Moosmayer* (ZfBR **1998** 224) die Auffassung, sie könne z.B. auch zwischen einem Anbieter und dem Architekten bestehen, der die ausschreibende Stelle berät und gegen Belohnung Informationen über das Ausschreibungsverfahren weitergibt (ebenso allgemein *Tröndle/Fischer*[52] Rdn. 12: Absprache zwischen einem Anbieter und „Personen auf der Seite des Veranstalters"). *Rudolphi* SK Rdn. 8 will sogar eine Absprache zwischen einem (potentiellen) Anbieter „und dem Veranstalter" ausreichen lassen (ebenso *Rössner/Guhra* Jura **2001** 405, 410), meint damit möglicherweise aber nur die unten Rdn. 14 behandelten Fälle der Kollusion. – Diese Ausdehnungstendenzen übersahen, dass die von § 298 geforderte Absprache rechtswidrig sein muss, sich diese Rechtswidrigkeit nach den Normen des GWB bemisst und sich diese wiederum nur an *Unternehmen* und Vereinigungen von Unternehmen richten, die bis zur *Neufassung des GWB* 2005 zudem miteinander im *Wettbewerb* stehen mussten (§ 1 GWB a.F.). Für solche Unternehmen (und Unternehmensvereinigungen) mussten die natürlichen Personen handeln, die sich i.S.d. § 298 absprechen, und das sind bzw. waren weder ein Architekt, der die ausschreibende Stelle berät, noch allgemein „Personen auf der Seite des Veranstalters" noch gar der Veranstalter selbst (zust. *Kuhlen*

[11] *Bender* S. 81 ff; *Fischer* Rdn. 17; *Hohmann* MK Rdn. 100; *Joecks* Rdn. 7; *Kindhäuser* Rdn. 2; *König* JR **1997** 402; *Kuhlen* FS Lampe, S. 757; *Lackner/Kühl* Rdn. 6; *Maurach/Schroeder/Maiwald* 2 § 68, 6; *Mitsch* II/2 § 3, 207; *Otto* BT § 61, 148 und wistra **1999** 42; *Rudolphi* SK Rdn. 10; *Schönke/Schröder/Heine* Rdn. 12; *Wessels/Hillenkamp* Rdn. 700 (a.E.); auch *Kleinmann/Berg* BB **1998** 280 und *Schroth* BT S. 155.

FS Lampe, S. 756 f mit weit. Nachw. sowie vor allem BGHSt **49** 201, 205 ff, bestätigt durch den Beschluss desselben Senats wistra **2005** 29).

Seit 2005 bleibt zwar nach § 1 GWB eine Einschränkung, Verfälschung oder Verhinderung des Wettbewerbs als Zweck oder Erfolg der *Absprache von Unternehmen* erforderlich; diese brauchen aber nicht (mehr) Wettbewerber zu sein, also auf derselben horizontalen Wirtschaftsstufe zu handeln. Vielmehr sind neben den *horizontalen* seither auch **vertikale Vereinbarungen** einbezogen wie sie für Bezugs- und Vertriebsgestaltungen klassisch und typisch sind (vgl. nur *Immenga/Mestmäcker/Zimmer* § 1 Rdn. 349 ff mit Nachw.). Voraussetzung ist lediglich, dass die Absprachepartner Unternehmer sind, was sowohl für den Veranstalter als auch für Architekten, Berater und Ingenieure häufig zutreffen wird. Der Wortlaut des neuen § 1 GWB spricht also dafür, diese nunmehr als taugliche Absprachepartner im Sinne des § 298 anzusehen. Soweit insbesondere *Kindhäuser* Rdn. 8 und *Wessels/Hillenkamp* Rdn. 700 mit BGHSt **49** 201, 207 die geringere Gefährlichkeit vertikaler Absprachen hervorheben, deckt sich dies mit der Einschätzung der neuen Wettbewerbsliteratur (*Immenga/Mestmäcker/Fuchs* § 2 Rdn. 19 mit Nachw.), ist als Aussage des 4. Strafsenats aber auf den Urteilszeitpunkt mit der alten Fassung der GWB zu beziehen. So wie Vertikalvereinbarungen de lege lata unter § 81 GWB fallen, entspricht es der betonten Kartellrechtsakzessorität der Entscheidung des 4. Strafsenats, die durch § 1 GWB n.F. erfassten vertikalen Unternehmensabsprachen nunmehr auch unter § 298 zu subsumieren (**aA** – aber ohne Kenntnisnahme von der GWB-Rechtsänderung – *Dannecker/Biermann* in Immenga/Mestmäcker Rdn. 151 vor § 81; *Dreher* ebda. Rdn. 154 vor §§ 97 ff; *Fischer* Rdn. 9; *Gruhl* in Müller-Gugenberger/Bieneck § 58, 11 ff; *Joecks* Rdn. 4; *Kindhäuser* aaO; *Lackner/Kühl* Rdn. 6; *Schönke/Schröder/Heine* Rdn. 11 und 17). Auf aktuellem Gesetzesstand befindet sich allein *Hohmann* MK Rdn. 84, 102 und 106, der aber betont, dass der Veranstalter gleichwohl auch weiterhin nicht Täter des § 298 sein kann, da er kein (Submissions-)Angebot abgibt. Dies ist zwar richtig, betrifft jedoch alle Unternehmen und Personen, die nicht selbst oder für einen anderen ein Angebot abgeben; Veranstalter, Architekten, Berater usw. können also grundsätzlich nur Beihilfe zu § 298 leisten (Rdn. 47). Es geht *hier* aber um die vorgelagerte Tatbestandsfrage, ob eine (Schmiergeld-)Vereinbarung zwischen einem Bieter und einem Unternehmer auf Seiten des Veranstalters der Ausschreibung die erforderliche Absprache im Sinne des § 298 darstellt. Dies ist nach dem Ausgeführten für den *Veranstalter* selbst jetzt ohne Weiteres zu bejahen (zutr. *Wiesmann* S. 132; zur Unternehmereigenschaft öffentlich-rechtlicher Stellen bei Ausschreibungen *Tiedemann* LK § 299 Rdn. 19 mit Nachw.), ebenso – im Wege der Zurechnung – für *Angestellte*, die mit Wissen des Veranstalters handeln (andernfalls § 17 UWG!). *Architekten*, Ingenieure und Berater fallen bei unternehmerischer Betätigung ebenfalls unter den Wortlaut des § 1 GWB und damit des § 298. Sie stehen freilich nicht im „klassischen" kartellrechtlichen Sinne in einem Vertikalverhältnis zu den Anbietern von (Bau-)Leistungen. Trotz der insoweit geringeren Gefahr der Wiederholung und Ringbildung (vgl. aber auch die Zahlenangaben im Fall BGH wistra **2005** 29 !) spricht teleologisch der Wettbewerbsschutz für ihre Einbeziehung in § 298. Behördliche Entscheidungen oder Gerichtsurteile liegen insoweit für Art. 81 EGV, dem § 1 GWB n.F. nachgebildet ist, bisher allerdings nicht vor (vgl. *Bender* S. 189 und 276 f, der auf die Kollusionsfälle Art. 81 EGV anwenden will, aber auch zutreffend auf die Falltypen-Technik dieser Vorschrift hinweist; dazu auch *Dannecker* FS Tiedemann, S. 813 – allerdings eher unter kriminalpolitischem Blickwinkel). **14**

Eine materielle Beschränkung des Täterkreises könnte sich aber daraus ergeben, dass die Tathandlung des § 298 in der *Abgabe eines Angebots* besteht, *das auf einer rechtswidrigen Absprache* **beruht**. Hieraus könnte nämlich folgen, dass Täter des § 298 nur **15**

Personen sind, die sich als *Kartellmitglieder* an der Absprache widerrechtlich beteiligen. Eine derartige Beschränkung war für § 38 GWB a.F. deshalb zu verneinen, weil die Tathandlung nach jener Vorschrift (Nr. 1 a.F.) in jedem Beitrag zur Verwirklichung der Kartellabsprache lag, also Außenstehende (wie z.B. Notare) ebenso wie untergeordnete Unternehmensangehörige erfasst werden sollten und konnten. Für § 298 stellt sich die Frage tauglicher Täterschaft aber ganz ebenso, nämlich einmal für Außenseiter, die nicht an der Kartellabsprache beteiligt sind, sowie für Kartellaussteiger und zum anderen für Hilfspersonen, die nicht selbst Partner der Kartellabsprache sind. – Das von **Außenseitern** abgegebene Angebot kann zwar im Wortsinne durchaus auf der rechtswidrigen Absprache der Kartellmitglieder „beruhen", z.B. wenn der Außenseiter zufällig oder gezielt Kenntnis vom Inhalt der Absprache erhalten hat und sein Angebot auf dieser Kenntnisgrundlage erstellt, nämlich zu einem Preis zwischen hypothetischem Wettbewerbs- und Absprachepreis anbietet; Kausalität der Absprache für das konkrete Angebot des Außenseiters kann dann nicht verneint werden (vgl. dazu näher Rdn. 31). Teleologisch und systematisch sollen aber Außenseiter schwerlich von § 298 erfasst werden, da die Gefährlichkeit der Submissionsabsprachen gerade in der Wahrscheinlichkeit ihrer Verwirklichung durch die Vertragspartner und dem damit eintretenden Erfolg der Wettbewerbsbeschränkung (Rdn. 3), nicht dagegen in der Möglichkeit geheimer Kenntniserlangung Dritter und nachfolgender einseitiger Anpassung an die konzertierte Wettbewerbsbeschränkung liegt. Die einseitige Anpassung an wettbewerbsbeschränkendes Verhalten anderer bleibt vielmehr insgesamt außerhalb des Systems des GWB (so dass es auf Fragen des Schutzes gerade der Außenseiter durch § 298 insoweit nicht ankommt!). Dies gilt auch dann, wenn der Außenseiter einen über dem hypothetischen Wettbewerbspreis liegenden Preis durchsetzt, also im Einzelfall einen Vermögensschaden i.S.d. § 263 herbeiführt (insgesamt zust. *Hohmann* MK Rdn. 103). *Bender* S. 88 hält dem entgegen, dass § 298 nur zur Qualifikation der Absprache auf das GWB rekurrieren, die nähere Bestimmung der Tathandlung dagegen durch den Straftatbestand vorgenommen werde. Dies ist zwar formal richtig, läuft aber auf eine teleologisch nicht überzeugende Diskrepanz von GWB und StGB hinaus: Mit der Erfassung des Außenseiterverhaltens würde unter dem systematischen Titel „Straftaten gegen den Wettbewerb" ein Wettbewerbsverhalten inkriminiert, das nach § 81 GWB nicht einmal ordnungswidrig ist, seiner Wertung nach also nicht „heraufgestuft", sondern als Straftat neu kreiert würde.

16 Tauglicher Täter des § 298 ist damit im materiellen Ausgangspunkt zunächst ein an der Absprache beteiligtes *Kartellmitglied.* Kartellmitglied kann nach Wortlaut und System des GWB nicht eine Einzelperson, sondern nur ein Unternehmen oder eine Unternehmensvereinigung sein. Daher kommt als tauglicher Täter nach Wortlaut und Zweck des § 298 (nur) in Betracht, wer *für das (absprachebeteiligte) Unternehmen ein Submissionsangebot abgibt* – also nicht nur der in § 14 StGB genannte Personenkreis und nicht nur oder erst der rechtsgeschäftliche Vertreter und Beauftragte, die beide zivilrechtlich für das Unternehmen handeln können (zust. insbesondere *Schönke/Schröder/Heine* Rdn. 17). Außenseiter – bzw. die für einen Außenseiter handelnden Personen – sind demnach auszuscheiden. Für *Kartellaussteiger* kommt es auf die Kausalität im Einzelfall an (*Bender* S. 89 mit Nachw.).

17 Eine zweite Einschränkung betrifft **Hilfspersonen**, also etwa die Sekretärin, die das (abgesprochene) Angebot schreibt, oder den Büroboten, der es zur Post bringt (zust. *Dannecker* NK Rdn. 23 und *Hohmann* MK Rdn. 104; **aA** *Wiesmann* S. 171). Ähnlich wie bei § 264a (eingehend *Tiedemann* LK[11] § 264a Rdn. 75) könnte sich nur eine überholte extensive Täterlehre mit einem derartigen schlichten Verursachen des Taterfolges begnügen und kommt es demgegenüber auch bei § 298 darauf an, ein strafrechtlichautonomes normatives Kriterium der Täterschaftszurechnung zu entwickeln. Bei gegenständlicher Betrachtung gibt zwar auch der Bürobote das Angebot ab (im engsten Sinne des Wortes!). *Im Rechtssinne* – und nach der Verkehrsauffassung – tut dies indes nur, *wer nach außen hin für das Unternehmen handelt und sich in dieser Rolle das Angebot zu eigen macht.* (Für *Unterlassungs-* und *mittelbare Täter* gilt diese Beschränkung naturgemäß nicht, vgl. unten Rdn. 47 f). Regelmäßig sind das Personen, die für das anbietende Unternehmen zivilrechtliche Vertretungsmacht haben, insbesondere jene, die das Angebot unterzeichnen. Zwingend erforderlich ist aber weder das eine noch das andere (missverstanden von *Wiesmann* S. 168); wenn etwa die Vertretungsmacht des Unterzeichnenden, z.B. eine Prokura, kurz zuvor erloschen ist, aber ein Vertretungsberechtigter das Angebot später gemäß § 177 Abs. 1 BGB genehmigt, kommen beide als Täter in Betracht, obwohl der eine ohne Vertretungsmacht gehandelt und der andere nicht unterzeichnet hat. – Als Hilfspersonen in obigem Sinne wird man auch solche Angestellten des anbietenden Unternehmens einzustufen haben, die intern an der Gestaltung des Angebots und den Einzelheiten der Kalkulation entscheidend mitwirken, aber nach außen hin nicht in Erscheinung treten. Obwohl sie durchaus in Form einer „Konzeptionsherrschaft" (*Tiedemann* aaO) Tatherrschaft ausüben, verbietet doch der Wortlaut, diese Tätigkeit noch als „Abgeben" eines Angebotes zu begreifen.

Zusammengefasst kann – aktiver, unmittelbarer – Täter des § 298 jedermann sein, **18** der das *Submissionsangebot für ein Unternehmen abgibt, welches Vertragspartner der Submissionsabsprache ist.* Die Ausgrenzung der Hilfspersonen und Außenseiter aus dem Täterkreis ist allenfalls mittelbar Folge der Pflichtenstellung von konkurrierenden Unternehmen im Wettbewerb. Sie stellt sich lediglich – insbesondere bezüglich der Außenseiter – als eine teleologische Reduktion des § 298 dar, der dadurch seinen Charakter als *Gemeindelikt* nicht einbüßt. Zum *Unterlassen* der Abgabe eines Angebots aufgrund der Kartellabsprache unten Rdn. 47.

2. Eine **Ausschreibung** über Waren oder gewerblichen Leistungen (Dienstleistungen) **19** liegt vor, wenn ein Veranstalter *Angebote einer Mehrzahl von Anbietern* für die Lieferung bestimmter Waren oder für die Erbringung bestimmter Leistungen einholt (*Fischer* Rdn. 4; *Hohmann* MK Rdn. 38; *Schönke/Schröder/Heine* Rdn. 4, je mit weit. Nachw.). Dem Verfahren der Ausschreibung ist der *Wettbewerb* eigentümlich (Entstehungsgeschichte vor Rdn. 1). Dies setzt jedoch nicht bereits begrifflich Geheimhaltung der Anbieter oder der Angebote unter den Anbietern voraus (vgl. aber Rdn. 10). Auch braucht der Wettbewerb sich nicht auf alle Teile des Verfahrens zu beziehen (Rdn. 22). *Mängel* des Vergabeverfahrens können vor den Vergabekammern gerügt werden, führen aber nicht zur Aufhebung eines bereits erteilten Zuschlags (§ 114 Abs. 2 GWB); ein früherer Nachprüfungsantrag führt zur Aussetzung des Vergabeverfahrens (§ 115 GWB). Bei einem tatsächlich durchgeführten Ausschreibungsverfahren ist entgegen *Schönke/Schröder/Heine* Rdn. 21 und *Greeve* NStZ **2002** 508 kein Raum für die Annahme eines Strafaufhebungsgrundes. Das *Unterlassen einer Ausschreibung* kann (für die Mitarbeiter des Auftraggebers) nur nach § **266** strafbar sein (*Wagner/Stein-Kemper* BB **2004** 1577, 1584; **krit.** aber *Vogel*, FS Tiedemann, S. 829 f). *Wiesmann* S. 144 stellt dem die Fälle gleich, in denen so gravierende Fehler vorliegen, dass nicht mehr von einer Ausschreibung gesprochen werden kann. Zu Reformüberlegungen Rdn. 60 f.

Ausschreibungen durch die Öffentliche Hand („Öffentliche Auftraggeber", vgl. §§ 97 **20** Abs. 1, 98 GWB) sind besonders häufig, da als Vergabeverfahren durch EG-Recht, das HaushaltsgrundsätzeG, die Bundeshaushaltsordnung, die Landeshaushaltsordnungen und die Gemeindehaushaltsverordnungen vorgeschrieben; diese Ordnungen verpflichten – ebenso wie seit 1994 die VergabeVO (Neubekanntmachung BGBl. **2003** I 169) und seit

1999 § 101 GWB – zur Anwendung bestimmter Verfahrensregeln. Seit 1999 gelten §§ 97 ff GWB für Ausschreibungen von einem bestimmten *Auftragswert* („Schwellenwert") an, der durch die VergabeVO festgelegt wird (vgl. § 100 GWB). Unterhalb dieser Schwellenwerte, die nach der VergabeVO (§ 2 Nr. 4) für Bauaufträge 5 Mio. Euro betragen, sind weiterhin die *Vergabe- und Vertragsordnung* (zuvor: *Verdingungsordnung) für Bauleistungen* Teil A (VOB/A und B, Beilage Nr. 202a zu BAnz. vom 29.10.2002) und die *Verdingungsordnung für Leistungen* Teil A (VOL/A, Beilage Nr. 216a zu BAnz. vom 20.11.2002) anzuwenden, die allerdings keinen Rechtssatzcharakter haben, sondern teils Dienstanweisungen für die Beschaffungsstellen, teils Allgemeine Geschäftsbedingungen sind (vgl. nur *Kanski* S. 12 f; *Rittner* Rechtsgrundlagen S. 42). Es gilt damit insgesamt ein „Zweiklassensystem" (*Byok* NJW **1998** 2776), dessen Existenz aber strafrechtlich keine unmittelbaren Auswirkungen hat, da sich die maßgebenden Verfahrensarten und -vorschriften decken (zust. *Hohmann* MK Rdn. 40). Die durch solche Ausschreibungsverfahren bezweckten (entgeltlichen) Verträge zwischen öffentlichen Auftraggebern und Unternehmen werden als **öffentliche Aufträge** bezeichnet (vgl. nur § 99 Abs. 1 GWB). Diese können, müssen aber nicht notwendigerweise privatrechtlich ausgestaltet sein (vgl. nur *Byok* aaO S. 2777). – Der Straftatbestand ist nicht auf derartige Ausschreibungen zwecks Vergabe öffentlicher Aufträge beschränkt, sondern bezieht auch **private** Veranstalter von Vergabeverfahren ein.[12] Dass es sich um private „Unternehmen" handeln müsse, ist trotz BTDrucks. 13/5584 S. 14 und der unkritischen Übernahme dieser Formulierung durch einen Teil des Schrifttums[13] nicht erforderlich; erfasst werden daher z.B. auch Ausschreibungen privater Bauherren. Allerdings muss in diesem Fall, sofern der Ausschreibende rechtlich nicht an die Bestimmungen der §§ 97 ff GWB bzw. der VOB/A oder VOL/A gebunden ist, das Vergabeverfahren inhaltlich zumindest *ähnlich* ausgestaltet sein (BGH NStZ **2003** 548 f mit Anm. *Greeve*; BTDrucks. aaO). Dies ist in der Praxis nach *Gruhl* (in Müller-Gugenberger/Bieneck § 58, 10) weitgehend der Fall. Ähnlichkeit bedeutet, dass jedenfalls der zentrale Teil der in den genannten Bestimmungen enthaltenen allgemeinen Grundsätze beachtet wird (also jedenfalls der Gleichheitsgrundsatz, aber auch die Beschränkung auf fachkundige, leistungsfähige und zuverlässige Unternehmen!). Bezieht ein privater Auftraggeber bewusst unzuverlässige Unternehmen ein oder beachtet er den Gleichheitsgrundsatz nicht, so verdient das Vergabeverfahren nicht den besonderen Schutz des § 298 (zust. *Dannecker* NK Rdn. 29; *Hohmann* MK Rdn. 54). Dagegen ist die besondere Berücksichtigung mittelständischer Interessen (§ 97 Abs. 3 GWB) oder die Beschränkung der Auftragsvergabe auf das wirtschaftlichste Angebot (§ 97 Abs. 5 GWB) dem Privaten nicht ohne weiteres zuzumuten (zust. *Wiesmann* S. 104 f; **aA** *Hohmann* MK Rdn. 53), folgt die Verbindlichkeit dieser Gesichtspunkte doch erst aus den besonderen Bindungen der Öffentlichen Hand (insbesondere Sparsamkeitsgebot, aber auch Mittelstandsförderung!). Stark einschränkend verlangt dagegen *Greeve* aaO S. 550 und NStZ **2002** 506 f, dass der private Auftraggeber sich *allen* Vergaberechtsregeln unterwirft, da diese „auch dem Schutz der Bieter" dienen. Der Wettbewerb werde durch § 298 „nur eingeschränkt und nur unter Berücksichtigung bestimmter, rechtlicher Rahmenbedingungen" geschützt (Überlegungen in dieser Richtung auch bei

---

[12] BGH NStZ **2003** 548 f mit Anm. *Greeve*; *Achenbach* in Achenbach/Ransiek III 4 C Rdn. 12; *Dannecker* NK Rdn. 29; *Fischer* Rdn. 6; *Hohmann* MK Rdn. 50 und 52; *Kindhäuser* Rdn. 3; *Krey/Hellmann* 2 Rdn. 534d; *Schönke/Schröder/Heine* Rdn. 4; **aA** *Joecks* Rdn. 2 (ohne Begründung).

[13] *Arzt/Weber* § 21, 110; *Gössel/Dölling* 1 § 55, 2; *Kleinmann/Berg* BB **1998** 279; *Lackner/Kühl* Rdn. 2; *Maurach/Schroeder/Maiwald* 2 § 68, 3; *Rudolphi* SK Rdn. 6; *Wessels/Hillenkamp* Rdn. 700; vgl. auch *Otto* BT § 61, 143 und wistra **1999** 41.

Otto BT § 61, 143 a.E.). Dieses Postulat widerspricht der Rechtsgutsbestimmung durch die h.M. (Rdn. 6), könnte nur in diesem Rahmen diskutiert werden und führt jedenfalls zu drastischenn, von *Greeve* ausdrücklich bejahten Konsequenzen (der Straflosigkeit des Bieters bei Verletzung von Vergaberegeln durch den Veranstalter der Ausschreibung, vgl. Rdn. 29).

Die **Arten der Vergabeverfahren** werden in § 101 GWB für öffentliche Aufträge ab geschätzter Höhe der Schwellenwerte (Rdn. 20) und im Übrigen in VOB/A sowie VOL/A aufgezählt. An erster Stelle sind insoweit *offene Verfahren* (öffentliche Ausschreibungen) genannt, bei denen „eine unbeschränkte Anzahl von Unternehmen öffentlich zur Abgabe von Angeboten aufgefordert wird" (§ 101 Abs. 2 GWB). Aus strafrechtlich-kriminologischer Sicht sind diese Verfahren vorzugswürdig, da hier (jedenfalls umfassende) Absprachen der Bieter schwierig durchzusetzen sind (und im Wesentlichen erst nach Offenlegung der Bieterliste realisiert werden können: *Schaupensteiner* ZRP **1993** 251). Zugelassen werden durch § 101 Abs. 3 GWB (usw.) aber auch *nicht offene* Verfahren (beschränkte Ausschreibungen), bei denen zwar öffentlich zur Teilnahme, sodann aber aus dem Bewerberkreis nur „eine beschränkte Anzahl von Unternehmen zur Angebotsabgabe aufgefordert" wird (Beispiel: BGHSt **16** 367 – Freiburger Mensa). Diese beschränkte Ausschreibung ist „die Domäne der Absprachen in der Bauwirtschaft", auch wenn die Verwaltung selbstverständlich die Liste der aufgeforderten Unternehmen geheimzuhalten hat (*Schaupensteiner* aaO S. 250 f). Auch BTDrucks. 13/5584 S. 14 sieht in den nicht offenen (beschränkten) Verfahren „einen besonders starken Anreiz zur Bildung von Submissionskartellen". § 101 Abs. 5 GWB schreibt daher ebenso wie die entsprechenden Vorschriften von VOB und VOL für öffentliche Auftraggeber die Anwendung des offenen Verfahrens (öffentliche Ausschreibung) vor, „es sei denn, aufgrund dieses Gesetzes ist etwas anderes gestattet" (wie z.B. für die in § 98 Nr. 4 GWB genannten öffentlichen Auftraggeber, auch des privaten Rechts, oder nach der aufgrund § 97 Abs. 6 GWB als RechtsVO zu erlassenden VergabeO). Die Rechtslage nach der VOB/A und VOL/A weicht für Ausschreibungen unterhalb der Schwellenwerte inhaltlich kaum und im Wesentlichen nur terminologisch ab. – Keine Ausschreibung, da kein Wettbewerbsverfahren, sind dagegen die in § 101 Abs. 4 GWB genannten *Verhandlungsverfahren*, bei denen der öffentliche Auftraggeber mit den Unternehmen über die Auftragsbedingungen verhandelt. Sie sind nur zulässig, wenn die öffentliche oder die beschränkte Ausschreibung z.B. wegen der besonderen Dringlichkeit der Leistung oder des Erfordernisses besonderer Erfahrungen oder Geräte unzweckmäßig ist (§ 3 Nr. 4 VOB/A, § 3 Nr. 4 VOL/A). § 298 scheidet insoweit aus (zust. *Dannecker* NK Rdn. 33; *Hohmann* MK Rdn. 47; **aA** *Greeve* NStZ **2002** 505, 506). **21**

Ausdrücklich einbezogen in den Schutz des § 298 werden durch dessen **Absatz 2** die Verfahren der **freihändigen Vergabe** eines Auftrages unter der Voraussetzung, dass ein *Teilnahmewettbewerb* vorangegangen ist. Dieses Erfordernis eines Teilnahmewettbewerbs, zu dem der Veranstalter der Ausschreibung auffordert, entspricht den nicht offenen Verfahren (Rdn. 21); das weitere (Vergabe-)Verfahren ist dagegen nicht förmlich, bindet aber den öffentlichen Auftraggeber ebenfalls an bestimmte Vergaberegeln wie die Grundsätze der Transparenz und der Gleichbehandlung (Einzelheiten in den Kommentaren zur VOB/A und zur VOL/A). Wesentliches Merkmal der freihändigen Vergabe ist es aber, dass grundsätzlich jede Art von Verhandlungen mit den Bietern zulässig ist, also auch Preisverhandlungen, Umkehr der ursprünglichen Bieterfolge usw. Durch das Erfordernis von Teilnahmewettbewerb wird immerhin der Sache nach eine Beschränkung des Strafschutzes des § 298 auf Fälle von einer gewissen Größenordnung und Bedeutung erreicht (BTDrucks. 13/5584 S. 14); dies ist aber kein Tatbestandserfordernis. Bei unangemesse- **22** ner oder unsachlicher Wahl des (für öffentliche Auftraggeber die *Ausnahme* darstellenden) freihändigen Vergabeverfahrens mit Teilnahmewettbewerb bleibt § 298 anwendbar, da die Durchführung dieses Verfahrens Tatbestandsmerkmal ist und es nicht auf seine Berechtigung ankommt. Wird allerdings auf Teilnahmewettbewerb verzichtet, so ist § 298 nicht anwendbar; in Betracht kommt dann ebenso wie bei sonstigen Vergabeverfahren (z.B. dem Verhandlungsverfahren, Rdn. 21 a.E.) nur eine Geldbuße nach §§ 1, 81 GWB (BTDrucks. aaO) oder eine Strafbarkeit nach allgemeinen Tatbeständen.

23 3. Mit dem Ursprung des § 298 als „Hochstufung" von (bestimmten schweren) GWB-Verstößen erklärt BTDrucks. 13/5584 S. 14, dass sich der Begriff der **Waren oder gewerblichen Leistungen** (künftig: Dienstleistungen) nach dem GWB bestimmt. Dies ist auch deshalb zutreffend, weil die Rechtswidrigkeit der Absprachen nach dem GWB zu beurteilen ist (vgl. bereits Rdn. 8 vor § 298) und das GWB nur etwas über die von ihm selbst erfassten Bezugsobjekte auszusagen vermag (zust. *Hohmann* MK Rdn. 56). Dabei benennen §§ 97 ff GWB neben Waren differenzierend „Bau- und Dienstleistungen" als Objekte des Vergabeverfahrens für öffentliche Aufträge (ab der Wertgrenze des § 100 GWB). Das Kartellverbot des § 1 GWB erwähnt zwar keine Tatobjekte mehr, sondern nur das Erfordernis von Wettbewerb zwischen Unternehmen. Jedoch sprach § 1 GWB a.F. ausdrücklich vom „Verkehr mit Waren oder gewerblichen Leistungen", und es besteht Einigkeit darüber, dass § 1 n.F. dasselbe meint.[14] Auch das frühere Verbot von Vertikalvereinbarungen (§ 14 GWB a.F.) bezog sich ausdrücklich auf Waren und gewerbliche Leistungen, und das Verbot des Missbrauchs marktbeherrschender Stellungen stellt in § 19 Abs. 2 GWB ebenfalls auf Anbieter (und Nachfrager) „einer bestimmten Art von Waren oder gewerblichen Leistungen" ab. Es geht also um einen durchgehenden *Grundbegriff des GWB*, der nicht etwa zivilrechtlich, sondern nach dem *Schutzzweck* des GWB zu bestimmen ist. Wegen der Gleichheit der Rechtsfolgen bedürfen die Begriffe innerhalb des § 298 StGB ebensowenig wie im GWB genauer Differenzierung. Von Bedeutung ist aber die bereits Rdn. 4 Vor § 298 behandelte Identität der Schutzzwecke von GWB und § 298. Mit Blick auf die Gleichheit der Wortwahl zur Bezeichnung des Tatbezuges in § 299 nimmt die h.M. – auch zum GWB und UWG – insoweit ebenfalls zu Recht Identität an, verwendet also durchgehend denjenigen weiten Begriff der Waren und gewerblichen Leistungen, den § 2 UWG a.F. zugrunde legte (§ 299 Rdn. 30; zust. *Hohmann* MK Rdn. 57).

24 **Ware** ist nach dem Verständnis des GWB und des UWG (vgl. § 2 Abs. 1 Nr. 1) alles, was Gegenstand des Geschäftsverkehrs sein kann, also jeder Gegenstand, der geeignet ist, im Geschäftsverkehr veräußert (übertragen) zu werden. Erfasst werden daher neben beweglichen Sachen insbesondere auch Immobilien, Wohnungseigentum, Immaterialgüter sowie (sonstige) Rechte aller Art, insbesondere auch Nutzungsrechte.[15] Weitere übertragbare Wirtschaftsgüter und damit Waren sind z.B. Geschäftsbetriebe und Anteile hieran sowie unkörperliche Gegenstände, die keine Rechte sind: Gewinnchancen, Ideen, know how usw. Vgl. auch *Tiedemann* LK § 299 Rdn. 30 mit Nachw.

25 **Gewerbliche Leistungen** sind Tätigkeiten für einen anderen, dem der Erfolg zufällt; Grundlage ist regelmäßig ein Dienst- oder Werkvertrag. Eine Leistung ist *gewerblich*,

---

[14] Vgl. nur *Huber* in Frankfurter Kommentar, Kurzdarstellung § 1 n.F. Rdn. 11 (mit Hinweis darauf, dass die Neufassung in geringfügiger Erweiterung des alten Rechts nunmehr auch Kartelle auf der Anbieterseite des *Arbeitsmarktes* erfasst); *Dannecker* NK Rdn. 36; *Hohmann* MK Rdn. 57.

[15] *Dannecker* NK Rdn. 37; *Hohmann* MK Rdn. 58; *Kleinmann/Berg* BB **1998** 279; *Lackner/Kühl* Rdn. 2; *Mitsch* II/2 § 3, 199; *Otto* BT § 61, 144; *Schönke/Schröder/Heine* Rdn. 5.

wenn sie im geschäftlichen Verkehr erbracht wird (BTDrucks. 13/5584 S. 14 mit Nachw.). Es geht also schon vor der (eher terminologischen) Gesetzesänderung durch die von BTDrucks. 16/6558 eingeleitete Reform nicht nur um Leistungen durch einen Gewerbebetrieb, sondern durch jedes *Unternehmen* in dem weiten, funktionalen Sinn des GWB (vgl. nur BGH NJW **1980** 1046[f] – Berliner Musikschule – mit Nachw.). Erfasst werden damit auch Leistungen von Angehörigen der *freien Berufe* (BTDrucks. aaO; *Fischer* Rdn. 8; *Wolters* JuS **1998** 1101, je mit Nachw.) und seitens des Staates im privatwirtschaftlichen Bereich (*Schönke/Schröder/Heine* Rdn. 5; *Tiedemann* LK § 299 Rdn. 19, 22, je mit weit. Nachw.). Beispiele aus dem GWB sind: Verpachtung einer Gaststätte (BGH GRUR **1978** 489 ff), Veranstaltung einer Sportartikelmesse (BGHZ **52** 65, 66 f); Beratungen, Reparaturen und Transporte (*Rittner* Wirtschaftsrecht § 14, 42). Künstlerische Werke werden zur (Dienst-)Leistung oder Ware, wenn sie in den Geschäftsverkehr gelangen, etwa durch Einräumung eines Nutzungsrechts oder durch Veräußerung. Architektenwettbewerbe oder Ausschreibungen von „Kunst am Bau" können also unter § 298 fallen, wenn die Anbieter z.B. Mindestpreise vereinbaren.

III. Die Tathandlungen und ihr Bezug

1. Die Tathandlung des Absatzes 1 besteht in der **Abgabe eines Angebots**, das auf **26** einer rechtswidrigen Absprache (Rdn. 32 ff) beruht. Die Absprache selbst ist entgegen der missverständlichen Überschrift des Tatbestandes unbestrittenermaßen nicht strafbar[16] (zu den Gründen BTDrucks. 13/5584 S. 14), ist also straflose Vorbereitungshandlung (*Fischer* Rdn. 15), kann aber als Ordnungswidrigkeit nach § 81 Abs. 1 Nr. 1 GWB mit Geldbuße geahndet werden (zu deren Verhältnis zur Kriminalstrafe nach § 298 unten Rdn. 51, 58 f). Wegen des Fehlens einer Versuchsstrafbarkeit kommt der Bestimmung der *Vollendung* erhebliche Bedeutung zu.

Das **Angebot** muss „bei einer Ausschreibung" abgegeben werden, also den Anforde- **27** rungen dieser Ausschreibung inhaltlich und im Wesentlichen auch förmlich genügen. Es muss so *bestimmt* sein, dass es von der Vergabestelle im Wesentlichen ohne weitere Verhandlungen und Aufklärungen – durch Erteilung des Zuschlags, also Vergabe des Auftrags – angenommen werden kann (vgl. §§ 145 ff BGB). Das Angebot muss also schriftlich erfolgen, den *Preis*, aber auch die übrigen von dem Veranstalter verlangten Angaben und *Erklärungen* nebst *Unterschrift* enthalten (*Hohmann* MK Rdn. 62 ff mit Nachw.). Nachverhandlungen und das Erfordernis der Klärung einzelner Punkte des Angebots sind unschädlich (zust. *Hohmann* aaO Rdn. 66; vgl. aber auch *Rudolphi* SK Rdn. 7). Dagegen reichen bloße Ankündigungen eines Angebots, Voranfragen und andere Interessensbekundungen nicht als Angebot aus (*Fischer* Rdn. 13). – Inwieweit teilweise **defizitäre** Angebote noch als solche im Sinne des Absatzes 1 anzusehen sind, richtet sich nach der Schwere der Mängel: Besonders gravierende, evidente Mängel führen zwingend zum Ausschluss (§ 25 Nr. 1 Abs. 1 VOB/A, § 25 Nr. 1 Abs. 1 VOL/A), gefährden den Wettbewerb also nur scheinbar und lassen damit den Strafschutz entfallen (*Hohmann* MK Rdn. 67; *Wiesmann* S. 85); insoweit liegt im Rechtssinne kein Angebot vor (vgl. zur grob mangelhaften „Schein"-Bilanz bei § 283 StGB *Tiedemann* LK[11] Rdn. 152 mit Nachw.). Bei weniger gravierenden Mängel besteht Ermessen der Vergabestelle, so dass die Ver-

[16] *Girkens/Moosmayer* ZfBR **1998** 223; *Hohmann* MK Rdn. 60; *Kleinmann/ Berg* aaO; *König* JR **1997** 402; *Lackner/Kühl* Rdn. 3; *Mitsch* II/2 § 3, 201, 208; *Otto* BT § 61, 143; *Rudolphi* SK Rdn. 7; *Schönke/Schröder/Heine* Rdn. 2; *Wessels/Hillenkamp* Rdn. 700.

gabepraxis ins Spiel kommt (soweit diese dem Täter oder Teilnehmer bekannt ist, § 16). Diese Praxis wird durch die in § 97 Abs. 6 GWB vorgesehene RechtsVO sowie durch VOB/A und VOL/A (Rdn. 20) bestimmt und erforderlichenfalls durch die Vergabeprüfstellen und Vergabekammern korrigiert; diese Korrekturen wirken strafrechtlich nicht zurück (zust. *Hohmann* MK Rdn. 66; vgl. auch § 114 Abs. 2 Satz 1 GWB). Sie können aber klarstellende Bedeutung haben. Die Entscheidung der Vergabekammern ist für den Strafrichter nicht bindend (zust. *Hohmann* aaO). Dieser wird nur bei einer gefestigten Ausschlusspraxis die Mangelhaftigkeit des Angebots zum Anlass nehmen, den Bieter für (nach § 298) straflos zu erklären oder die Strafe zu mildern.

28 Dass das Angebot vom Anbieter *nicht ernst* gemeint ist, schließt die Strafbarkeit nicht aus (zust. *Hohmann* MK Rdn. 68 mit Nachw.). Vielmehr will § 298 gerade auch der Ringbildung durch ein System von Schein- und Deckofferten entgegenwirken (Rdn. 3). Das Vorliegen eines Angebots bestimmt sich insoweit nach faktischen Gesichtspunkten, soweit die Mentalreserve nicht schon zivil- oder öffentlich-rechtlich unbeachtlich ist (zust. *Hohmann* aaO). Rechtliche Kriterien sind demgegenüber jedenfalls im Ausgangspunkt dafür maßgebend, wem die Abgabe des Angebots zuzurechnen ist (dazu unten Rdn. 48).

29 Das Angebot ist nach ganz h.M. **abgegeben** (und die *Tat vollendet*), wenn es der zuständigen Vergabestelle *zugeht.*[17] Nicht ausreichend ist der im Zivilrecht für die Abgabe empfangsbedürftiger Willenserklärungen maßgebende Zeitpunkt, in dem die Erklärung mit Willen des Erklärenden in den Verkehr gebracht wird (dazu BGHZ **65** 13, 14; *Palandt/Heinrichs* § 130 Rdn. 4); das Absenden des Angebots ist daher bloßer (hier strafloser) Versuch, der aber nach § 263 strafbar sein kann. Auf der anderen Seite ist Kenntnisnahme von dem Angebot (*Otto* wistra **1999** 42) oder gar seine Annahme (vgl. Absatz 3 Satz 1) in keinem Fall erforderlich (vgl. nur *Lackner/Kühl* Rdn. 7 mit Nachw.; **str.**). – Zutreffend verweist *Fischer* Rdn. 15 auf die Parallele der Antragstellung nach § 264. Erforderlich ist daher, dass das Angebot auf Veranlassung des Täters in den Machtbereich des Empfängers gelangt und nach den Umständen zu erwarten ist, dass dieser von ihm Kenntnis nimmt (*Tiedemann* LK[11] § 264 Rdn. 86, auch § 265b Rdn. 87 ff). Wirkt der Täter mit einem Angestellten der Vergabestelle *kollusiv* – etwa durch Nachreichen eines rückdatierten Angebotes – zusammen, so soll die Tat nach *Fischer* aaO erst vollendet sein, wenn das Angebot in den ordnungsgemäßen Geschäftsgang des Veranstalters der Ausschreibung gelangt ist (zust. *Jaeschke* S. 51; *Schönke/Schröder/Heine* Rdn. 8). Richtigerweise ist der Vollendungszeitpunkt aber unabhängig von etwaiger Kollusion zu bestimmen (ebenso *Greeve* NStZ **2002** 509 f), zumal diese nicht zu einer Privilegierung des Täters führen darf; auch kann nicht maßgebend sein, mit welcher Person innerhalb der Vergabestelle der Täter kolludiert. Schließlich spricht auch die Natur des § 298 als Äußerungsdelikt (sogleich Rdn. 30) gegen eine Differenzierung. *Verspätete* Angebote sind nach § 25 Nr. 1 VOB/A auszuschließen, also bei der Wertung nicht zu berücksichtigen. Ein Teil des Schrifttums schließt hieraus, dass die Einordnung als gravierender Mangel (Rdn. 27) in diesen Fällen zur Straflosigkeit führen müsse.[18] BGH NStZ **2003** 548 (f) (mit krit. Anm. *Greeve*) hält dem zu Recht entgegen, dass auch die Absprache unter Bietern einen gravierenden Mangel darstellt, der zur Ausschließung der Angebote führen

---

[17] *Dannecker* NK Rdn. 41 und 67; *Fischer* Rdn. 15; *Hohmann* MK Rdn. 69; *Kindhäuser* Rdn. 6; *Lackner/Kühl* Rdn. 3 und 7; *Maurach/Schroeder/Maiwald* 2 § 68, 3; *Otto* BT § 61, 149 und wistra **1999** 42; *Rudolphi* SK Rdn. 7; *Schönke/Schröder/Heine* Rdn. 8; *Wessels/Hillenkamp* Rdn. 700.

[18] *Fischer* Rdn. 15a; *Hohmann* MK Rdn. 71; *Schönke/Schröder/Heine* Rdn. 8; *Wiesmann* S. 85; **aA** *Greeve* NStZ **2002** 510.

muss – was zum Leerlauf des § 298 Abs. 1 „in einem wesentlichen Bereich" führen würde, wenn die Gegenansicht richtig wäre.

Stärker einengend gibt *Wolters* (JuS **1998** 1102 Fn. 23) zu erwägen, ob die Abgabe des Angebots nicht schon mit seinem Zugang, sondern erst mit Ablauf der Angebotsfrist (des § 18 VOB/A) oder sogar erst mit dem Eröffnungstermin (vgl. § 22 VOB/A) anzunehmen ist; bis zu diesem Zeitpunkt können die Angebote nämlich zurückgezogen werden. Hiergegen spricht jedoch die zutreffend von *Otto* wistra **1999** 42 hervorgehobene Natur des § 298 als *Äußerungsdelikt*. Auch § 130 Abs. 3 BGB weist in die Richtung, dass die allgemeinen Regeln über Willenserklärungen nicht stärker als notwendig eingeschränkt werden sollten. Unter teleologischen Gesichtspunkten der Gefährdung (nicht erst des Vermögens des Veranstalters, sondern) des Wettbewerbs (Rdn. 6) erscheint der Zugang des Angebots beim Veranstalter der Ausschreibung als maßgebender und richtiger Zeitpunkt, in dem die Gefahr für das Wettbewerbsverfahren manifest wird (ebenso *Kosche* S. 144; *Schönke/Schröder/Heine* Rdn. 8; *Wiesmann* S. 121). Die Rücknahme des zugegangenen Angebots vor Fristablauf oder vor Eröffnung der Angebote wird bei Freiwilligkeit dieser Handlung angemessen durch Absatz 3 geregelt, nämlich im Sinne der Strafbefreiung. Die von *Wolters* aaO erwähnten „vielen denkbaren Fallkonstellationen", in denen die Voraussetzungen dieses Absatzes 3 nicht erfüllt sind (und gleichwohl Straffreiheit angebracht sein soll), sind praktisch nicht ersichtlich. Bei ihnen kann es von vornherein wohl nur um Fälle unfreiwilliger Rücknahme des Angebots – z.B. wegen Entdeckungsgefahr – gehen. Die relative Ablösung der Tathandlung von der VOB/A zeigt sich auch darin, dass die Tatvollendung nicht daran scheitert, dass das Angebot *verspätet* abgegeben wurde, also nach § 25 VOB/A ausgeschlossen werden muss (Rdn. 29 und bereits *Greeve* ZVgR **1998** 467). **30**

2. Das Angebot muss auf einer rechtswidrigen Absprache *beruhen*, die darauf abzielt, den Veranstalter zur Annahme eines bestimmten Angebots zu veranlassen. Die Verknüpfung von Angebot und Absprache wird somit durch das Erfordernis der **Kausalität** hergestellt,[19] die inhaltlich nach allgemeinen Lehren zu bestimmen ist. Danach reicht insbesondere Mitursächlichkeit aus; dagegen ist es nicht erforderlich, dass die Absprache das eigentliche Motiv darstellt. Grundsätzlich kann daher auch das Angebot eines *Außenseiters* durch die Kartellabsprache beeinflusst sein, insbesondere wenn der Außenseiter von dem durch die Absprache festgelegten sog. Nullpreis erfährt und seine Kalkulation hierauf abstellt (zust. *Dannecker* NK Rdn. 51 und *Hohmann* MK Rdn. 72; **aA** *Wiesmann* S. 161 f). Allerdings ist der Außenseiter oder die Person, die für ihn handelt, kein tauglicher Täter (vgl. Rdn. 15). Das Kausalitätserfordernis bestand bereits nach §§ 1, 38 Abs. 1 Nr. 1 GWB a.F., so dass auf deren Interpretation zurückgegriffen werden kann; dies ist aber nur mit Vorsicht zulässig, da nach früherem Recht wegen der Allgemeinheit der bußgeldrechtlichen Tatbestandsumschreibung das Handeln des Täters auf Verwirklichung des Vertrages abzielen, also einen entsprechenden Zweck verfolgen und durch ihn motiviert sein musste (*Tiedemann* in Immenga/Mestmäcker[2] § 38 Rdn. 6 mit Nachw.: „zumindest" Kausalität erforderlich). Schwierigkeiten bereitet daher nach § 298 der früher eindeutig sanktionsfreie Fall, dass sich ein Außenseiter nach dem ihm bekannten Kartellpreis richtet, um nicht durch Unterbietung einen Preiskampf auszulösen (dazu *Tiedemann* aaO Rdn. 24). Im Wege einer teleologischen Reduktion (vgl. bereits Rdn. 15) dürfte für diesen Fall auch nach geltendem Recht Straflosigkeit des Außenseiters anzu- **31**

[19] *Dannecker* NK Rdn. 51; *Fischer* Rdn. 14; *Hohmann* MK Rdn. 72; *Kindhäuser* Rdn. 8; *Rudolphi* SK Rdn. 9; *Schönke/Schröder/Heine* Rdn. 14.

nehmen sein (zust. für den Regelfall auch *Schönke/Schröder/Heine* Rdn. 14; *Wiesmann* S. 162). Dagegen bleibt strafbar, wer aus dem Submissionskartell „aussteigt“, seine Kenntnisse aber zum eigenen Vorteil bei der Angebotsabgabe ausnutzt.[20] Wenn einige Autoren unter Berufung auf BGH WuW 6/1983 473, 475 („Familienzeitschrift“) bei einem „neuen, selbständigen Entschluss“ des Aussteigers pauschal Wegfall der Kausalität der Absprache für das Angebot des Aussteigers annehmen wollen,[21] dürfte dies nicht nur in der Praxis schwierig feststellbar, sondern auch durch die überholte Rechtslage nach § 38 Abs. 1 Nr. 1 GWB a.F. beeinflusst sein; überdies betrifft BGH aaO einen Schadensersatzprozess und verlangt vom Tatsachengericht eine „besondere Begründung sowie eine Darlegung der näheren Umstände“.

32 3. Die dem Angebot zugrunde liegende **Absprache** muss wegen des Bezuges ihrer Rechtswidrigkeit auf das GWB (Rdn. 33) zwischen potentiellen Teilnehmern an der Ausschreibung *oder* zwischen jedenfalls einem von ihnen und einem Unternehmen auf der Seite des Veranstalters oder dem Veranstalter(-Unternehmen) selbst (Rdn. 14) erfolgen. Sie braucht nicht in einem Vertrag zu bestehen. Entsprechend der (früheren) kartellrechtlichen Terminologie (§§ 1, 25 Abs. 1 GWB a.F.) ist vielmehr nach BTDrucks. 13/5584 S. 14 auch jede andere *abgestimmte Verhaltensweise* (ohne rechtsgeschäftlichen Bindungswillen) ausreichend.[22] Das nunmehr geltende Wettbewerbsrecht wählt statt des früheren Vertragsbegriffs den der *Vereinbarung*, ergänzt diesen aber ebenfalls um den relativ selbständigen Begriff der aufeinander abgestimmten Verhaltensweise (§ 1 GWB n.F.). Die Verselbständigung der strafrechtlichen Terminologie ist im Verhältnis hierzu wenig glücklich, wird aber im strafrechtlichen Schrifttum kaum wahrgenommen (vgl. nur *Wolters* JuS **1998** 1102: Absprache setze eine Vereinbarung voraus – weitergehend dann aber später derselbe Autor unter Vorsatzaspekten!) und letztlich im Sinne einer weiten Auslegung verstanden (vgl. nur *Wessels/Hillenkamp* Rdn. 700 mit Nachw.). Demgegenüber ist daran zu erinnern, dass BGHSt **24** 54, 62 („Teerfarben“) in der Einbeziehung abgestimmter Verhaltensweisen in den Vertragsbegriff des § 1 GWB a.F. sogar für das Bußgeldrecht eine unzulässige Analogie sah, welche der Gesetzgeber später durch ausdrückliche Benennung (§ 25 Abs. 1 GWB a.F.) und eine eigene Bußgeldvorschrift (§ 38 Abs. 1 Nr. 8 GWB a.F.) überflüssig gemacht hat. Demgegenüber ist der terminus „Absprache“ zwar weniger zivilrechtstechnisch (als „Vertrag“), setzt aber nach dem Wortsinn Sprechakte voraus, an denen es beim abgestimmten Verhalten häufig gerade fehlt (zust. *Hohmann* MK Rdn. 74). Gemeint ist mit „Abstimmung“ im Kartellrecht eine *Verständigung* (vgl. nur *Rittner/Kulka* § 7, 33), und diese kann in der Tat – wie das Versprechen bei § 299 (dort Rdn. 48) – auch ohne Worte, also stillschweigend, erfolgen. Absprachen schließen daher in berichtigender Auslegung des Wortlauts Abstimmungen im Prinzip ein und können durch Worte oder stillschweigend erfolgen, dürfen allerdings nicht nur in einem (bewussten) Parallelverhalten bestehen (zust. *Kuhlen* FS Lampe, S. 755; im Erg. übereinstimmend die h.M., vgl. nur *Korte* NStZ **1997** 516, auch *König* JR **1997** 402). Erforderlich ist also im „Normalfall“ ein *Übereinkommen* (*Joecks* Rdn. 4;

---

[20] *Bender* S. 88 f; *Dannecker* aaO; *Fischer* Rdn. 14; *Schönke/Schröder/Heine* aaO; *Wiesmann* S. 164 ff; **aA** *Rudolphi* aaO.

[21] *Dannecker* aaO; *Hohmann* aaO; *Schönke/Schröder/Heine* aaO.

[22] Übereinstimmend *Achenbach* WuW **1997** 959; *Girkens/Moosmayer* ZfBR **1998** 223; *König* JR **1997** 402; *Korte* NStZ **1997** 516; *Lackner/Kühl* Rdn. 3; *Maurach/Schroeder/Maiwald* 2 § 68, 4; *Schönke/Schröder/Heine* Rdn. 11; *Wessels/Hillenkamp* Rdn. 700. Wohl weitergehend *Gruhl* in Müller-Gugenberger/Bieneck § 58, 11 („einverständliches Verhalten“).

Otto BT § 61, 145) unter zwei oder mehr potentiellen Anbietern, wie sie sich in Bezug auf das Ausschreibungsverfahren verhalten wollen (vgl. *König* aaO; *Fischer* Rdn. 9: Vereinbarung). Zutreffend weisen aber *Kleinmann/Berg* BB **1998** 280 im Anschluss an Bedenken des Bundesrats (BTDrucks. 13/6424 S. 12 f) darauf hin, dass die Auslegung des strafrechtlichen Absprachebegriffs nicht ohne weiteres allen kartellrechtlichen Ausdehnungen abgestimmten Verhaltens (z.B. beim Informationsaustausch, BGHSt **26** 56 – Marktinformation) folgen darf; vielmehr ist eine Koordination erforderlich (*Korte* NStZ **1997** 516; *Schuler* S. 146; für restriktive Handhabung des Begriffs *Greeve* ZVgR **1998** 469). Erst recht reichen bloße Kontakte und Gespräche darüber, wer an der Vergabe interessiert ist, wer ein Angebot abgibt oder dieses ernst meint, nicht aus (*Schönke/Schröder/Heine* Rdn. 11 mit Nachw.). Erforderlich ist in jedem Fall ein (zumindest faktischer) *Bindungswille* der Beteiligten (zust. *Hohmann* MK Rdn. 75 mit weit. Nachw.).

4. Die Absprache (das Übereinkommen) zwischen potentiellen Teilnehmern an der Ausschreibung muss **rechtswidrig** sein. Dies ist nach allgemeiner Terminologie und auf den ersten Blick generell als Widerspruch zur Rechtsordnung zu verstehen, wird aber nach der Entstehungsgeschichte und Systematik des § 298 (Rdn. 6 vor § 298) eindeutig restriktiv (nur) auf das *GWB* (und den *EGV*) bezogen (zust. BGHSt **49** 201, 205).[23] Dieses verbietet in § 1 Vereinbarungen und aufeinander abgestimmte Verhaltensweisen von Unternehmen, die eine Verhinderung, Einschränkung oder Verfälschung des Wettbewerbs bezwecken oder bewirken. Einschlägig sind sowohl *horizontale* Vereinbarungen (unter Wettbewerbern) als auch *vertikale* (zwischen Unternehmen verschiedener Wirtschaftsstufen, z.B. Veranstalter der Ausschreibung als Bezieher und Bieterunternehmen als Lieferant der Bauleistung, Rdn. 14). Nicht ausreichend sind damit nach ganz h.M. Verstöße gegen § 138 BGB oder nach § 134 BGB, soweit es um andere Verbote als die des GWB (z.B. nach §§ 331 ff oder nach § 299 StGB) geht (zust. *Hohmann* MK Rdn. 76 mit Nachw.). Hauptanwendungsfall ist somit § 1 GWB bzw. Art. 81 EGV. **33**

Kartellrechtlich zulässige Verhaltensweisen scheiden wegen des Erfordernisses einer Übereinstimmung der rechtlichen Bewertung mit dem GWB aus. Dies gilt vorab für die Ausnahmen nach §§ 2, 3 GWB und für die Bereichsausnahmen der §§ 28, 30 GWB (Landwirtschaft, Zeitschriften und Zeitungen). Eine kartellbehördliche Freistellungsentscheidung ist insoweit nach dem GWB 2005 nicht (mehr) erforderlich (zu tatsächlichen Freistellungsakten § 32c, auch in Verbindung mit § 3 Abs. 2 GWB, sowie *Tiedemann* Wirtschaftsstrafrecht AT Rdn. 93g und 93h). Eine *Legalausnahme* für Mittelstandskartelle nach § 2 GWB wird aber wegen der dort genannten Voraussetzungen bei Ausschreibungen so gut wie nie in Betracht kommen (und dann zur Aufhebung der Ausschreibung führen). Eher denkbar war früher eine Genehmigung nach § 6 oder § 7 GWB a.F. (Aus- und Einfuhrkartelle). **34**

Praktisch wichtiger für die Bestimmung der Rechtswidrigkeit sind die vom Wettbewerbsrecht entwickelten Zulässigkeitskriterien in Bezug auf die das Baugewerbe betreffenden **Arbeitsgemeinschaften** (Bietergemeinschaften) mehrerer Unternehmen. Insoweit erbringen die einzelnen Unternehmen nur Teilleistungen, und die Arge tritt – als BGB- **35**

---

23 BTDrucks. 13/8079 S. 14 in Verb. mit S. 12; *Achenbach* WuW **1997** 959; *Arzt/Weber* § 21, 111; *Dannecker/Biermann* in Immenga/Mestmäcker Rdn. 152 Vor § 81; *Fischer* Rdn. 10; *Hohmann* NStZ **2001** 571; *Jaeschke* S. 51; *Joecks* Rdn. 4; *Krey/Hellmann* 2 Rdn. 534b; *Lackner/Kühl* Rdn. 3; *Maurach/Schroeder/Maiwald* 2 § 68, 4; *Mitsch* II/2 § 3, 204; *Otto* BT § 61, 145 und wistra **1999** 41; *Rudolphi* SK Rdn. 8; *Schroth* BT S. 155; *Schuler* S. 145; auch *Schönke/Schröder/Heine* Rdn. 13.

Gesellschaft – im Namen aller Mitglieder als Anbieter im Ausschreibungsverfahren auf (OLG Frankfurt NZBau **2003** 60, 61; *Immenga/Mestmäcker/Zimmer* § 1 Rdn. 182 ff, 282 ff mit Nachw.). Über die grundsätzliche Nichteinbeziehung dieser Arbeitsgemeinschaften in (§ 1 GWB und) § 298 besteht weitgehend Einigkeit.[24] Bei dieser Fallkonstellation liegt zwar eine Absprache (Vertrag) vor. Jedoch wirkt diese nicht (stets) wettbewerbsbeschränkend (*Immenga/Mestmäcker/Zimmer* aaO Rdn. 285 mit Nachw.). Für *Bietergemeinschaften* hat die wettbewerbliche Rechtsprechung subjektive und Zweckmäßigkeitskriterien eingeführt (vgl. bereits BGH BB **1984** 364, 365 mit Anm. *Hootz*), die strafrechtlich mit Blick auf Artikel 103 Abs. 2 GG aber nur dann maßgebend sind, wenn sie eindeutig fehlen (vgl. allgemein *Tiedemann* LK[11] § 265b Rdn. 68 mit Nachw.). Abgrenzungen sind insbesondere auch gegenüber den regelmäßig als GmbH organisierten *Gemeinschaftsunternehmen* erforderlich, die nach h.M. dem Kartellverbot unterfallen, wenn sie nicht konzentrativ, sondern kooperativ konzipiert sind (dazu *Hohmann* MK Rdn. 90; *Immenga/Mestmäcker/Zimmer* § 1 Rdn. 321 ff mit Nachw.). *Scheitert* die Bildung einer Bietergemeinschaft, so werden anschließende Angebote einzelner Bieter regelmäßig nicht als im Sinne von Rdn. 32 koordiniert anzusehen sein (vgl. *Greeve* ZVgR **1998** 470).

36 Die Rechtswidrigkeit der Absprache ist nach der zutreffenden h.M. **Tatbestandsmerkmal** und damit Gegenstand des Vorsatzes.[25] Dies war bereits für die Unwirksamkeit des Kartellvertrages nach §§ 1, 38 Abs. 1 Nr. 1 GWB a.F. mit der Begründung anerkannt, dass es sich um ein normatives Tatbestandsmerkmal handelt, dessen richtige Wertung (durch das GWB) vom Vorsatz des Täters oder Teilnehmers umfasst sein muss (*Tiedemann* in Immenga/Mestmäcker[2] § 38 Rdn. 25 mit Nachw.). Für § 298 gilt Entsprechendes. Die Rechtswidrigkeit, die das Gesetz erwähnt, betrifft nicht die Tathandlung, sondern begrenzt mit der stillschweigenden Bezugnahme auf das GWB den Kreis tauglicher Angebote. Das Merkmal steht für „wettbewerbsgefährdend" und entspricht konstruktiv der Erheblichkeit in §§ 264 ff.

37 5. Als letztes Tatbestandserfordernis der Absprache nennt § 298 die **Finalität** derselben: Die Absprache muss darauf *abzielen*, den Veranstalter der Ausschreibung zur Annahme eines bestimmten Angebots zu veranlassen. Dieses im bisherigen Schrifttum meist nicht näher behandelte Merkmal greift das zentrale subjektive Tatbestandsmerkmal der früheren §§ 1, 38 Abs. 1 Nr. 1 GWB a.F. (dazu *Tiedemann* in Immenga/Mestmäcker[2] § 38 Rdn. 6 mit Nachw.) auf und ermöglicht in gewissem Ausmaß die Berücksichtigung der oben Rdn. 12 genannten Konstellationen, in denen die an sich rechtswidrige, da wettbewerbsgefährdende Kooperation wirtschaftlich vernünftig ist (oder doch sein kann). Neben der auch objektiv zu bestimmenden Zwecksetzung der Absprache ist nämlich auch das subjektive *Motiv der Handelnden* zu berücksichtigen (vgl. nur *Tiedemann* aaO mit Nachw.; zust. *Hohmann* MK Rdn. 91; **aA** *Fischer* Rdn. 18).

---

[24] BTDrucks. 13/8079 S. 14; *Achenbach* WuW **1997** 959; *Greeve* ZVgR **1998** 469f; *Gruhl* in Müller-Gugenberger/Bieneck § 58, 12; *Korte* NStZ **1997** 516; *Lackner/Kühl* Rdn. 3; *Rudolphi* SK Rdn. 8; vgl. aber auch *Bender* S. 136 ff mit neuerer kartellrechtlicher Rechtsprechung.

[25] *Dannecker* NK Rdn. 50; *Fischer* Rdn. 18; *Hohmann* MK Rdn. 76; *Joecks* Rdn. 4; *König* JR **1997** 402; *Kindhäuser* Rdn. 7; *Kuhlen* FS Lampe, S. 754; *Lackner/Kühl* Rdn. 3; *Mitsch* II/2 § 3, 204; *Schroth* BT S. 155; *Wessels/Hillenkamp* Rdn. 700; *Wolters* JuS **1998** 1102; **aA** *Rudolphi* SK Rdn. 8 („gesamttatbewertendes Merkmal"); auch *Schönke/Schröder/Heine* Rdn. 13 („Doppelfunktion").

Ganz überwiegend gebilligt und jedenfalls ausdrücklich hervorgehoben wird im Übrigen, dass der Straftatbestand **keine Verheimlichung** der Absprache verlangt (wie es noch in dem betrugsnahen BR-Entwurf vorgesehen war; vgl. Entstehungsgeschichte vor Rdn. 1). Erfasst werden sollen nämlich – als besonders strafwürdig, weil besonders wettbewerbsgefährdend – auch die Fälle der *Kollusion* von Bewerbern mit Angehörigen der Vergabestelle[26] (obwohl insoweit möglicherweise auch §§ 331 ff, 299 ausreichen würden). Zweifel daran, ob insoweit die Absprache noch darauf abzielt, den Veranstalter der Ausschreibung zur Annahme eines bestimmten Angebots zu veranlassen (vor allem wenn dieser die Absprache selbst initiiert hat, was freilich kaum häufig sein wird), sind im Hinblick auf die Geltung der Lehren von der Mit-Kausalität (oben Rdn. 31) wenig berechtigt. Von vornherein an der Sache vorbei gehen die rechtspolitischen Bedenken *Königs* (JR **1997** 402) gegenüber der Strafwürdigkeit, wenn dieser Autor „die offene Absprache, von der jeder weiß", zum Normal- und die Kollusion als zusätzlichen (Grenz-)Fall ansieht. Selbstverständlich ist die Verheimlichung der Absprache gegenüber der Vergabestelle (und nicht: gegenüber jedermann!) der Normalfall, zu dem aber die Fälle der Kollusion mit Mitarbeitern der Vergabestelle als relativ häufig hinzutreten (Rdn. 4 Vor § 298). Dieser kriminologischen Sachlage hat der Gesetzgeber in vertretbarer Weise Rechnung getragen (auch wenn es im Sinne des Rdn. 12 vor § 298 erwähnten EU-Entwurfs einer Gemeinsamen Maßnahme und nicht weniger Auslandsrechte wohl besser gewesen wäre, für die Tatbestandsmäßigkeit alternativ Täuschung *oder* Kollusion zu verlangen). 38

Inhaltlich erfordert die Finalität der Absprache nicht, dass sie bereits festlegt, wer der *günstigste Anbieter* sei, wessen Angebot also vom Veranstalter angenommen werden soll (*Jaeschke* S. 52; *Schönke/Schröder/Heine* Rdn. 12); eine solche Festlegung wird allerdings bei der häufigen Ringbildung (oben Rdn. 3) typischer **Inhalt der Absprache** sein. Ausreichend ist trotz des scheinbar engeren Wortlauts des Tatbestandes die Festlegung eines bestimmten sachlichen Angebotsinhalts, z.B. einer Preisuntergrenze („Nullpreis", vgl. bereits Rdn. 27 a.E.; zust. *Hohmann* MK Rdn. 92; **aA** *Fischer* Rdn. 11, 12, der es im Übrigen ausreichen lassen will, dass den Anbietern durch die Absprache „freigestellt ist, ein Angebot mit diesem abgesprochenen Inhalt zu machen"; dazu bereits Rdn. 32 a.E.). Eine inhaltliche Begrenzung erfährt insbesondere die Strafbarkeit der Bildung von Ringabsprachen, die offenbar im Vordergrund der vom Gesetzgeber avisierten Phänomenologie standen, aber dadurch, dass diese sich auf *konkrete Ausschreibungsverfahren* beziehen müssen (zust. *Hohmann* MK Rdn. 93 mit weit. Nachw.). Jedoch reicht vor allem in Bezug auf künftige Verfahren insoweit eine Festlegung der Reihenfolge der Anbieter in den folgenden Verfahren (nach Art eines Geschäftsverteilungsplans) aus, wohl auch noch die Festlegung geographischer („Zuständigkeits"-)Zonen und die Verteilung nach Sachgebieten (soweit die Teilnehmer der Absprache auf den Sachgebieten in Wettbewerb treten können). 39

---

[26] BTDrucks. 13/5584 S. 14; *Achenbach* WuW **1997** 960; *Girkens/Moosmayer* ZfBR **1998** 224; *Hohmann* MK Rdn. 94; *Joecks* Rdn. 5; *Maurach/Schroeder/Maiwald* 2 § 68, 3; *Otto* BT § 61, 146 und wistra **1999** 41; *Schönke/Schröder/Heine* Rdn. 12; *Schroth* BT S. 155; *Wessels/Hillenkamp* Rdn. 700; **krit.** *Bartmann* S. 196.

IV. Vorsatz und Irrtum

40 Die Strafbarkeit der Tatbestandsverwirklichung setzt Vorsatz voraus, der sich auf alle Tatbestandsmerkmale beziehen muss (§ 16). Dolus eventualis reicht unstreitig aus.[27]

41 1. **Absicht** ist für die Tat auch nicht teilweise erforderlich, denn nicht das Angebot, sondern die voraufgegangene Absprache muss darauf abzielen, den Veranstalter zur Annahme eines bestimmten Angebots zu veranlassen (*Achenbach* WuW **1997** 960; *Hohmann* MK Rdn. 97; *Schönke/Schröder/Heine* Rdn. 16). Der Außenseiter, der von der Kartellabsprache erfahren hat und sie für sein eigenes Angebot ausnutzt (oben Rdn. 31), zielt zwar darauf ab, dass der Veranstalter sein Angebot annimmt; jedoch ist diese Absicht nicht identisch mit der Absicht der am Kartell Beteiligten, die gerade auf die Annahme des Angebotes eines Kartellmitgliedes abzielen. Umgekehrt beabsichtigt der dem Kartell angehörende Einreicher eines überhöhten (Schutz-)Angebotes nicht die Annahme seines Angebots durch den Veranstalter; ob er die Annahme des Angebots eines anderen Kartellmitgliedes beabsichtigt oder nur in Kauf nimmt, ist für seine Strafbarkeit gleichgültig, solange er sich nur vorsätzlich an der Ausführung der Absprache beteiligt (*Achenbach* in Achenbach/Ransiek III 4 C Rdn. 16, der in der hier vertretenen Auffassung zu Unrecht einen Widerspruch zu oben Rdn. 37 sieht). Insgesamt braucht der Täter (oder Teilnehmer) das Ziel der Absprache nur zu kennen (zutr. *Hohmann* aaO; *Schönke/Schröder/Heine* aaO).

42 2. Der somit erforderliche, aber auch ausreichende **Tatbestandsvorsatz** muss zum einen die *Abgabe* des Angebots, also dessen Absendung (oder Übergabe) an den Veranstalter (und Zugang bei diesem) umfassen. Gibt ein Täter (vgl. oben Rdn. 13 ff, unten Rdn. 46 ff), der ein abgesprochenes Angebot entworfen hat, seinen Vorsatz wieder auf und sendet ein Dritter wider Erwarten das Angebot ab, so kommt es für die subjektive Zurechnung zunächst darauf an, ob der Täter die Schwelle zum (beendeten) Versuch bereits überschritten hatte. Bejahendenfalls gelten die Regeln zum abweichenden Kausalverlauf (hierzu *Jescheck/Weigend* § 29 V 6b S. 312). Sie stellen bekanntlich darauf ab, ob sich der tatsächliche Verlauf noch in den Grenzen des nach allgemeiner Lebenserfahrung Voraussehbaren hält und keine andere Bewertung der Tat rechtfertigt. Dies würde für obiges Beispiel eine unwesentliche Abweichung ergeben. Hatte der Täter jedoch – wie es in dem Beispiel näherliegt – das Stadium der Vorbereitungshandlung (subjektiv) noch nicht verlassen, so scheidet eine vorsätzliche Vollendung aus, da diese gedanklich einen strafbaren – wenn auch subsidiären – Versuch voraussetzt. Zum anderen muss sich der Vorsatz auf die *Kausalität* beziehen, wobei insbesondere in den Fällen bloßer Mitkausalität (Rdn. 31) Tatsachenkenntnis ausreicht, also keinerlei Wertung des Täters (oder Teilnehmers) erforderlich ist. Eine laienhafte Wertung erfordern dagegen die normativen Tatbestandsmerkmale der Ausschreibung, der Absprache und der Rechtswidrigkeit der Absprache. In Bezug auf die *Ausschreibung* erfordert der Vorsatz die Kenntnis, dass es sich um ein Wettbewerbsverfahren zwischen mindestens zwei Unternehmen handelt, das nach bestimmten Grundsätzen (vgl. Rdn. 20) abläuft und der Ermittlung des günstigsten Preises dient; jedoch braucht der Täter weder die Einzelheiten zu kennen noch beseitigt

---

[27] *Dannecker/Biermann* in Immenga/Mestmäcker Rdn. 154 Vor § 81; *Gössel/Dölling* 1 § 55, 4; *Hohmann* MK Rdn. 95; *Kindhäuser* Rdn. 9; *Kuhlen* FS Lampe, S. 754; *Lackner/Kühl* Rdn. 5; *Maurach/Schroeder/Maiwald* 2 § 68, 5; *Mitsch* II/2 § 3, 212; *Otto* BT § 61, 147 und wistra **1999** 42; *Rudolphi* SK Rdn. 11; *Schönke/Schröder/Heine* Rdn. 16.

es seine Tatbestandskenntnis, wenn er – zu Recht oder zu Unrecht – davon ausgeht, der Veranstalter werde sich nicht an die Grundsätze halten: Regelverstöße des Veranstalters ändern nichts daran, dass das Verfahren Wettbewerb und eine Entscheidung nach bestimmten Verfahrensgrundsätzen *intendiert*. Wegen des prinzipiellen Genügens einer nicht rechtsgeschäftlichen Abstimmung (Rdn. 32) ist es für den Vorsatz auch unschädlich, dass der Täter – zutreffend – annimmt, die Absprache sei rechtlich nicht bindend, weil z.B. nicht schriftlich festgelegt, nicht notariell beurkundet usw.: Ausreichend, aber auch erforderlich, ist das Wissen, dass die Absprache faktisch verwirklicht werden soll (vgl. Rdn. 32 a.E.), die Beteiligten dies also erwarten. Beteiligt sich ein Unternehmer nur zum *Schein* an der Absprache, um die Konkurrenzsituation zu erkunden, so handelt er bei der Abgabe des Angebots jedenfalls dann vorsätzlich, wenn er weiß, dass die anderen Abspracheteilnehmer von der Ernsthaftigkeit seines erklärten Mitwirkungswillens ausgehen. Gibt dieser Unternehmer absprachegemäß kein Angebot ab, so kommt nach allgemeinen Grundsätzen Teilnahme in Betracht (dazu näher Rdn. 46 f).

3. Da die **Rechtswidrigkeit** der Absprache normatives Tatbestandsmerkmal ist **43**
(Rdn. 36), muss der Vorsatz in laienhafter Parallelwertung diese Rechtswidrigkeit umfassen. Dies entspricht der h.M.[28] Die Gegenansicht von *Maurach/Schroeder/Maiwald* § 68, 5 wird von ihren Vertretern nicht begründet; sie will bei Unkenntnis der Rechtswidrigkeit der Absprache nur Verbotsirrtum annehmen. Jedoch führt erst die (laienhafte) Kenntnis von der Rechtswidrigkeit der dem Angebot zugrunde liegenden Absprache dazu, dem Anbieter jenen Unrechtsappell zu vermitteln, der für das Unrechtsbewusstsein konstitutiv ist (vgl. *Tiedemann* Tatbestandsfunktionen S. 318 ff und Wirtschaftsstrafrecht AT Rdn. 225 mit Nachw.; zust. *Dannecker* NK Rdn. 56): Die Abgabe von Angeboten bei einer Ausschreibung aufgrund rechtmäßiger Absprache, z.B. bei Bildung einer Bau-ARGE (Rdn. 35), ist rechtmäßig und sozialadäquat-nützlich; erst die Kenntnis von der Rechtswidrigkeit der Absprache kann damit den Täter dazu veranlassen, die Tat nicht zu begehen, also das Angebot nicht einzureichen. Die Annahme *Rudolphis* (SK Rdn. 11), die Rechtswidrigkeit der Absprache brauche als sog. gesamttatbewertendes Merkmal nicht vom Vorsatz umfasst zu sein, da sie „notwendig" mit der Bewertung der Gesamttat identisch sei, übersieht das mögliche, wenn auch seltene Eingreifen von **Rechtfertigungsgründen** (wie § 34; dazu *Fischer* Rdn. 19; *Schönke/Schröder/Heine* Rdn. 18). – Die Kenntnis von der Rechtswidrigkeit in diesem Sinne muss *GWB-bezogen* sein, also das zumindest laienhafte Wissen umfassen, dass die Absprache wegen der Beschränkung oder des Ausschlusses von Wettbewerb rechtlich verboten (unwirksam) ist. Meint der Anbieter, die Absprache sei nur wegen angeblichen Formmangels nichtig (soeben Rdn. 42), so kennt er die Rechtswidrigkeit daher nicht. Da im Gesetz keine Versuchsstrafbarkeit vorgesehen ist, bleibt die *irrige Annahme* von Rechtswidrigkeit (einer objektiv rechtmäßigen Absprache) straflos (vgl. § 23 Abs. 1).

28 *Bender* S. 102 ff (119 f); *Dannecker* NK Rdn. 50 und 54, *Fischer* Rdn. 18; *Hohmann* MK Rdn. 95; *Joecks* Rdn. 6; *Kuhlen* FS Lampe, S. 754; *Lackner/Kühl* Rdn. 5; *Mitsch* II/2 § 3, 212; *Schroth* BT S. 155; *Schuler* S. 150; *Wessels/Hillenkamp* Rdn. 700; *Wolters* JuS **1998** 1102; vgl. auch *Otto* BT § 61, 147 und wistra **1999** 42, nach dem der Vorsatz aber nur „den Inhalt" der rechtswidrigen Absprache umfassen muss; einschränkend *Schönke/Schröder/Heine* Rdn. 16 in Verb. mit Rdn. 13.

V. Tätige Reue (Absatz 3)

44 Wegen der relativ weitgehenden Vorverlegung der Vollendung der Tat in einen Bereich, der bei § 263 nur als strafbarer Versuch in Betracht käme (Angebotsabgabe, Rdn. 29), sieht Absatz 3 einen **persönlichen Strafaufhebungsgrund** für denjenigen vor, der nach Abgabe des Angebots freiwillig verhindert, dass der Veranstalter dieses annimmt oder seine Leistung erbringt (Satz 1); bleiben diese Erfolge ohne Zutun des Täters aus, so genügt für die Strafbarkeit das freiwillige und ernsthafte Bemühen des Täters, den Eintritt dieser Erfolge zu verhindern. Diese Regelung entspricht dem Rücktritt vom beendigten Versuch nach § 24 („tätige Reue"), obwohl § 298 keine Versuchsstrafbarkeit kennt (unrichtig *Maurach/Schroeder/Maiwald* 2 § 68, 8). *Fischer* Rdn. 21 sieht in ihr eine Bestätigung der Stellung des Delikts „im Vorfeld des Betrugs" (vgl. dazu aber auch oben Rdn. 6 und 9). Die Regelung ist §§ 264 Abs. 5, 264a Abs. 3, 265b Abs. 2 nachgebildet (BTDrucks. 13/5584 S. 14 f), auf deren Erläuterung daher verwiesen werden kann (vgl. dazu *Tiedemann* LK[11] § 264 Rdn. 126 ff, § 264a Rdn. 70 ff, § 265b Rdn. 104 ff, je mit weit. Nachw.). Wie sich aus dem Leistungsbegriff dieser Vorschriften ergibt, ist auch bei § 298 mit der *Leistung des Veranstalters* nicht bereits der Zuschlag (Vertragsschluss), sondern erst die Geldzahlung nach Durchführung des Auftrags gemeint (ebenso *Hohmann* MK Rdn. 114). Angesichts der üblichen Dauer der Auftragsdurchführung, insbesondere bei Bauvorhaben, eröffnet dies einen außerordentlich weiten Raum für den strafbefreienden Rücktritt (**krit.** aus anderen Gründen auch *Bartmann* S. 199 f). Es kann bezweifelt werden, ob diese Ausdehnung sachgerecht ist (vgl. auch Rdn. 57). Sie nähert die Gesamtregelung des § 298 in bedenklicher Weise dem Betrugsdenken an.

45 Nach allgemeinen Grundsätzen wirkt Absatz 3 unmittelbar nur für den Tatbestand des § 298, nicht dagegen für Betrug, Urkundenfälschung und andere Straftaten (vgl. *Tiedemann* LK[11] § 264 Rdn. 134). Jedoch wird ein erfolgreiches Bemühen um Richtigstellung der Angebotslage stets zugleich einen strafbefreienden Rücktritt vom versuchten Submissionsbetrug nach §§ 263, 22, 24 darstellen (vgl. für die parallele Situation bei § 265b *Tiedemann* LK[11] Rdn. 105 mit Nachw.; zust. *Hohmann* MK Rdn. 116). Aber auch soweit der Submissionsbetrug in der Form schadensgleicher **Gefährdung** bereits vollendet ist, dürfte in Rechtsanalogie zu §§ 298 Abs. 3, 264 Abs. 5, 264a Abs. 3, 265b Abs. 2 ein strafbefreiender Rücktritt zuzulassen sein (*Weber* FS Tiedemann, S. 642 ff). – Bei Beteiligung mehrerer sind die Grundsätze des § 24 Abs. 2 anzuwenden (vgl. nur *Lackner/Kühl* Rdn. 8).

VI. Täterschaft und Teilnahme

46 Da § 298 kein eigentliches Sonderdelikt darstellt (Rdn. 13 ff) und eine besondere Regelung von Täterschaft und Teilnahme im Gesetz entgegen dem BR-Entwurf fehlt, gelten die allgemeinen Regeln der §§ 25 ff. Die h.M.[29] folgert hieraus unzutreffend (oben Rdn. 15), dass auch Nichtkartellmitglieder (*Außenseiter*), die an der rechtswidrigen Absprache nicht beteiligt sind, Täter sein können, jedenfalls wenn sie durch die Absprache motiviert ein Angebot abgeben. Dagegen können wegen der Bedeutung der Angebotsabgabe als Tathandlung des § 298 (Rdn. 26) *Kartellmitglieder*, die absprachegemäß *kein*

---

[29] Vgl. nur *Fischer* Rdn. 15; *Kindhäuser* Rdn. 2; *Otto* BT § 61, 148 und wistra **1999** 42; *Rudolphi* SK Rdn. 10.

Angebot abgeben, im Prinzip nur Teilnehmer sein (vgl. aber auch Rdn. 47). Im letzteren Fall liegt infolge der Beteiligung an der Absprache meist Beihilfe vor Begehung der Haupttat vor, die erst mit Vollendung der Haupttat strafbar wird. Gerade für diesen Fall hatte der BR-E (BR-Drs. 298/95 Art. 1 Nr. 1) eine eigene Täterschaftsregelung für denjenigen einführen wollen, der die Abgabe eines (auf einer verheimlichten Absprache beruhenden) „Angebots dadurch fördert, dass er sich an einer solchen Absprache beteiligt"; diese Regelung sollte die „häufig nicht leichte" Abgrenzung zwischen Täterschaft und Teilnahme verbessern (aaO S. 16). Der RegE hielt eine solche Regelung dagegen für überflüssig und verwies auf die allgemeine Qualifizierung der Beteiligungsform nach dem Interesse der Beteiligten am Taterfolg, insbesondere durch Vereinbarung von Ausgleichszahlungen an Kartellmitglieder, die kein Angebot abgeben, und durch den Grad der Einflussnahme auf das Zustandekommen der Kartellabsprache (BTDrucks. 13/5584 S. 14; zust. *Achenbach* WuW **1997** 959, der die beiden Gesichtspunkte kumulativ versteht). Generell will *Fischer* Rdn. 15 die an der Absprache „unmittelbar" Beteiligten „häufig" als (Mit-)Täter ansehen, auch wenn sie kein eigenes Angebot abgeben; nach *Schönke/Schröder/Heine* Rdn. 17 kommt Mittäterschaft „in Betracht". Selbst Mitarbeiter des Veranstalters und der (private) Veranstalter der Ausschreibung könnten nach *Fischer* aaO Mittäter des § 298 sein.

Demgegenüber ist zunächst noch einmal darauf hinzuweisen, dass sich aus der GWB-Bindung des § 298 bis 2005 ein rechtlicher Ausschluss aus dem Täterkreis von Personen ergab, die nicht für Kartellmitglieder – absprachebeteiligte Unternehmen – handeln (Rdn. 15 und 18); diese Personen konnten daher nur Anstiftung oder Beihilfe begehen. Dies galt sowohl für den *Veranstalter* selbst als auch für die für ihn tätigen Personen. Sodann ist daran zu erinnern, dass Tathandlung die Abgabe des Angebots und nicht die Beteiligung an der zugrunde liegenden Absprache ist (Rdn. 26). Dies führt dazu, dass sich auch seit 2005 der Veranstalter und/oder die für ihn handelnden Personen bei (kollisiven) Absprachen mit einem Bieter grundsätzlich nur wegen Teilnahme strafbar machen können (zust. *Dannecker* NK Rdn. 21, 63 und 65; *Kindhäuser* Rdn. 11; *Hohmann* MK Rdn. 109 mit weit. Nachw.). Ebenso können *Kartellmitglieder*, die selbst *kein Angebot* abgeben, nur dann (Mit-)Täter sein, wenn ihnen die Angebotsabgabe durch andere als eigene Tat zuzurechnen ist. Dies wird auch bei Zusage oder Erhalt von Ausgleichszahlungen (Rdn. 46) nur selten der Fall sein, da es regelmäßig an der erforderlichen Tatherrschaft fehlen dürfte. Täterschaft und damit auch *Mittäterschaft* ist damit regelmäßig auf Personen begrenzt, die „echte", aber abgesprochene Angebote abgeben, insbesondere auch *„Schutzangebote"* (*Bender* S. 86; *Dannecker* NK Rdn. 63; *Greeve* ZVgR **1998** 471; *Hohmann* MK Rdn. 107). Wer – absprachegemäß – kein Angebot abgibt (Nichtbieter), wird trotz möglichen Tatinteresses wegen fehlender Tatherrschaft meist nur *Gehilfe* sein (zust. *Dannecker* NK Rdn. 65 und *Hohmann* MK Rdn. 109), auch wenn eine größere Zahl von Angeboten den Wettbewerb stärken würde (*Bender* S. 86 f); Ausnahmen werden im Schrifttum mit den Rdn. 46 genannten Kriterien der amtl. Begründung diskutiert. Das **Unterlassen** der Angebotsabgabe erfüllt hier mangels Garantenstellung nicht den Tatbestand (auch wenn bei Vorliegen einer solchen Garantenstellung Begehung durch Unterlassen selbstverständlich möglich ist[30]). Eine Täterschaft begründende *Garantenstellung* wird dagegen vor allem beim Geschäftsherrn vorliegen, der bewusst die Abgabe eines abgesprochenen Angebots durch einen bösgläubigen Unternehmensangestellten duldet (vgl. sogleich Rdn. 48; missverständlich *Kleinmann/Berg* BB **1998** 280, die aller- 47

[30] *Dannecker* NK Rdn. 43 und 66; *Fischer* Rdn. 16; *Hohmann* MK Rdn. 110; *Mitsch* II/2 § 3 209; *Wessels*/Hillenkamp Rdn. 700 a.E.

dings bei Gutgläubigkeit des Angestellten zutreffend mittelbare Täterschaft des Geschäftsherrn annehmen).

48 Entgegen *Fischer* Rdn. 17 ist auch die **Stellung des Täters im Unternehmen** nicht gleichgültig. Vielmehr kann das Angebot im Rechtssinn nur „abgeben", wer für das Unternehmen handlungsbefugt ist, also neben dem Inhaber des Unternehmens insbesondere der Prokurist (§ 49 HGB) oder der sonst rechtsgeschäftlich Bevollmächtigte (§§ 164 BGB, 54 HGB) oder wer nach außen so auftritt, als sei er handlungsbefugt (Rdn. 17). Andere Personen, welche die Abgabe des Angebots vorbereiten oder bei der Versendung des Angebots tätig sind, sind nur Gehilfen (zust. *Bender* S. 89 und *Hohmann* MK Rdn. 104 mit weit. Nachw.). Allein oder entscheidend kommt es auf zivilrechtliche *Vertretungsmacht* nicht an, wie bereits die mögliche Täterschaft eines „falsus procurator" zeigt, aber noch deutlicher wird, wenn es um die *Unterlassungs-* oder *mittelbare Täterschaft* von Personen aus der Unternehmensführung geht. Erstere betreffend haben der Inhaber und der Leiter des Unternehmens nach allgemeinen Grundsätzen eine *Garantenpflicht*, die Abgabe von Angeboten auf der Grundlage rechtswidriger Absprachen durch Angestellte des Unternehmens zu verhindern (dazu allgemein *Tiedemann* LK[11] § 264 Nachtrag Rdn. 3 und Wirtschaftsstrafrecht AT Rdn. 185 mit Nachw.). Eine Vertragsbindung zwischen Anbieter und Veranstalter kommt dagegen erst mit dem Zuschlag zustande und spielt daher entgegen *Fischer* Rdn. 16 und *Jaeschke* S. 52 für die Begründung einer Garantenstellung praktisch keine Rolle. Die in den Ausschreibungsbedingungen niedergelegte Verpflichtung zur Einhaltung von Wettbewerb lässt zwar die Abgabe eines abgesprochenen Angebots als unrichtige Erklärung erscheinen (*Tiedemann* LK[11] § 263 Rdn. 39 a.E. mit Nachw.), begründet aber als einseitige Erwartung des Veranstalters keine Garantenstellung des Teilnehmers an der Ausschreibung. Auch von einem Vertrauensverhältnis mit entsprechender Rechtsfolge kann keine Rede sein (im Erg. übereinstimmend *Dannecker* NK Rdn. 43 und 66; *Schönke/Schröder/Heine* Rdn. 9; **aA** *Fischer* Rdn. 16). Eine Garantenstellung aus Ingerenz ist dagegen denkbar. – *Mittelbare Täterschaft* durch Personen der Unternehmensführung ist zum einen und unstreitig durch tatbestandslos (Hilfspersonen! vgl. oben Rdn. 17), unvorsätzlich, gerechtfertigt oder entschuldigt handelnde Angestellte möglich. Handeln die Ausführenden dagegen volldeliktisch, so kommt seit der im Schrifttum umstrittenen[31] Entscheidung BGHSt 40 218, 236[32] mittelbare Täterschaft kraft **Organisationsherrschaft** in Betracht. Hierfür soll genügen, dass der Hintermann innerhalb bestimmter Organisationsstrukturen, insbesondere auch „unternehmerischen oder geschäftsähnlichen", „regelhafte Abläufe auslöst". Diese „Organisationsherrschaft" besteht in der Möglichkeit maßgeblicher Beeinflussung des deliktischen Geschehens mit den durch die Organisationsstruktur geschaffenen Rahmenbedingungen, zum Beispiel allgemeinen Weisungen. Für spezielle Weisungen gilt § 26 StGB (*Tiedemann* Wirtschaftsstrafrecht AT Rdn. 241 mit Nachw.).

---

[31] Übersichten bei *Schünemann* LK § 25 Rdn. 130 ff und *Tiedemann* Wirtschaftsstrafrecht AT Rdn. 241.

[32] Zur Verantwortlichkeit der Mitglieder des Nationalen Verteidigungsrates der früheren DDR für die Taten der „Mauerschützen"; ebenso BGHSt **48** 331, 342; **49** 147, 163 f (Bremer Vulkan) und JR **2004** 245, 246.

VII. Konkurrenzen

1. *Mehrere Handlungen* zur Abgabe eines Angebotes werden zu einer Handlungseinheit (Bewertungseinheit) zusammengefasst (*Fischer* Rdn. 22; *Rudolphi* SK Rdn. 14; *Schönke/Schröder/Heine* Rdn. 22, je unter Bezugnahme auf BGH JZ **1997** 98, 101 mit Anm. *Kindhäuser* zu §§ 1, 38 GWB a.F.). Mangels rechtlicher Möglichkeit eines Fortsetzungszusammenhangs führt die Abgabe mehrerer Angebote in verschiedenen Ausschreibungsverfahren dagegen zur Annahme selbständiger Taten i.S.d. § 53 (*Fischer* aaO; *Rudolphi* aaO; vgl. auch BGH aaO). **49**

2. Im Verhältnis zu *§ 263* nimmt die h.M. wegen der zusätzlichen, primären wettbewerblichen Schutzrichtung des § 298 (Rdn. 6) **Tateinheit** an.[33] BTDrucks. 13/5584 S. 14 spricht für den Eintritt eines Vermögensschadens beim Veranstalter von der gleichzeitigen Erfüllung des Betrugstatbestandes, äußert sich aber nicht ausdrücklich zur Konkurrenzfrage. Nach einer Mindermeinung des Schrifttums lässt sich dagegen der im Vergleich zum BR-Entwurf erhöhte und §§ 263 Abs. 1, 264 Abs. 1 entsprechende Strafrahmen des § 298 sinnvoll nur erklären, wenn § 298 auch als Tatbestand zur Erfassung des eingetretenen Vermögensschadens (und nicht nur der für den Tatbestand typischen Vermögensgefährdung) verstanden wird; auch die Rücktrittsregelung des Abs. 3 spreche dafür, § 298 als eine im Verhältnis zu § 263 Abs. 1 abschließende Sonderregelung zu verstehen, da für die Straffreiheit nach § 298 ausreiche, dass die Leistung des Veranstalters verhindert wird, während § 263 zu diesem Zeitpunkt bereits als Eingehungsbetrug ohne Rücktrittsmöglichkeit vollendet sein könne (*T. Walter* Betrugsstrafrecht S. 317). Mit unterschiedlichen und nicht immer überzeugenden Begründungen (Beendigung eines kriminalpolitischen Streits, begriffliche Identität der Tatbestandsmerkmale von § 263 mit § 298, Vergleich mit der Einführung des § 266b usw.) wird dieses Ergebnis auch von anderen Autoren vertreten.[34] Allerdings verdient im Vergleich zu § 264 (dazu *Tiedemann* LK[11] Rdn. 161) Hervorhebung, dass § 298 keine Regelung für **besonders schwere Fälle** enthält, für die daher mit BTDrucks. aaO § 263 Abs. 3 (ebenso wie § 263 Abs. 5!) auf jeden Fall anwendbar bleiben muss. Dies hat vor allem für die Anwendung des Bandenbegriffs auf die Bildung von Ringkartellen Bedeutung (zust. *Hohmann* MK Rdn. 119); bekanntlich ist für die Bande im Gegensatz zur kriminellen Vereinigung eine lose Gruppe von Personen ausreichend, die im Wesentlichen nur durch die gemeinsame Zielsetzung qualifiziert wird (vgl. *Tiedemann* LK[11] § 263 Rdn. 297 mit Nachw.). *Bandenmäßige Begehung* wird daher bei Submissionskartellen relativ häufig anzunehmen sein. Für das Verhältnis zum Grundtatbestand des § 263 (Abs. 1) ist der h.M. ebenfalls zuzustimmen, da der im Einzelfall eintretende Vermögensschaden außerhalb des § 298 und seiner primären Schutzrichtung (Rdn. 6 und 7) liegt. **50**

---

[33] *Achenbach* WuW **1997** 959; *Arzt/Weber* § 21, 116; *Dannecker* NK Rdn. 70; *Dannecker/Biermann* in Immenga/Mestmäcker Rdn. 159 Vor § 81; *Dölling* ZStW **112** (2000) S. 348; *Fischer* Rdn. 22; *Gössel/Dölling* § 55, 5; *Gruhl* in Müller-Gugenberger/Bieneck § 58, 20; *Hohmann* MK Rdn. 119; *Joecks* Rdn. 8; *Kindhäuser* Rdn. 12; *Kleinmann/Berg* BB **1998** 281; *König* JR **1997** 402; *Korte* NStZ **1997** 516; *Krey/Hellmann* 2 Rdn. 534b; *Kuhlen* FS Lampe, S. 753 f; *Lackner/Kühl* Rdn. 9; *Otto* BT § 61, 151 und wistra **1999** 42; *Rengier* 1 Rdn. 101a; *Rudolphi* SK Rdn. 15; *Schönke/Schröder/Heine* Rdn. 22; *Schubert* in Wabnitz/Janovsky Kap. 12/94; *Tiedemann* Wirtschaftsstrafrecht BT Rdn. 184; *Wessels/Hillenkamp* Rdn. 699.

[34] *Schroth* BT S. 155; *Wolters* JuS **1998** 1102. Für *Subsidiarität* des § 298 dagegen *Maurach/Schroeder/Maiwald* 2 § 68, 9.

51 Beim *versuchten Betrug* (§ 263 Abs. 2) mit fehlendem Schadenseintritt ist entgegen *Maurach/Schroeder/Maiwald* 2 § 68, 9 ausschließlich § 298 anzuwenden, da er die Vermögensgefährdung mit zum Ausdruck bringt (zust. *Dannecker* NK Rdn. 70 und *Hohmann* MK Rdn. 119). Die durch § 23 Abs. 2 vorgesehene Herabsetzung der Strafe spricht zusätzlich für dieses Ergebnis. – Bei kollusivem Zusammenwirken mit Mitarbeitern des Veranstalters der Ausschreibung kommt regelmäßig Tatmehrheit mit *Bestechung* und Vorteilsgewährung (§§ 299, 331 ff) in Betracht (BGH JZ **1997** 98, 99 mit Anm. Kindhäuser; **aA** *Fischer* Rdn. 22, der im Übrigen für Nötigungshandlungen im Zusammenhang mit der Kartellabsprache zutreffend ebenfalls Tatmehrheit annimmt). Mit § 264 kann Tateinheit vorliegen (*Fischer* aaO). Dagegen treten **Ordnungswidrigkeiten** nach § 81 GWB gemäß § 21 OWiG gegenüber § 298 zurück (vgl. nur *Lackner/Kühl* Rdn. 9 mit Nachw.). Das Problem, ob nicht die Ordnungswidrigkeit die speziellere und daher vorgehende Norm ist (*Tiedemann* Wettbewerb und Strafrecht S. 24 f mit Nachw.), stellt sich im Verhältnis zu § 298 nicht.

VIII. Internationales Strafrecht (Auslandssachverhalte)

52 Internationale Bezüge weist § 298 nicht nur bei Beteiligung ausländischer Unternehmen an deutschen Ausschreibungen und deutscher Unternehmen an ausländischen Ausschreibungen sowie bei Ausschreibungen durch die **EU** auf. Vielmehr geht vor allem das neue Vergaberecht der §§ 97 ff GWB (Rdn. 20) unmittelbar auf EG-Maßnahmen zurück, und diese wiederum sind durch Harmonisierungsakte der WTO – GATT-Übereinkommen über das öffentliche Beschaffungswesen vom 15.4.1994 – bedingt (vgl. nur *Frank* S. 368 und Begr. zum Entw. einer VO über die Vergabe öffentlicher Aufträge 1999 S. 1). Dem Vergabewesen ist daher eine Globalisierungs- oder doch Internationalisierungstendenz eigen, die sich auch in der bereits Rdn. 1 Vor § 298 erwähnten EU-Initiative zur Harmonisierung des Strafschutzes niederschlägt. Ähnlich wie die Wettbewerbsüberwachung ist das öffentliche Auftragswesen eines der wichtigsten Politikfelder der EU geworden (vgl. nur *Frank* S. 369).

53 1. Gerade für die h.M., die als vorrangiges Rechtsgut des § 298 den Wettbewerb ansieht (oben Rdn. 6), erhebt sich aber das Problem, ob dieses überindividuelle Schutzgut auch dann in den **Schutzbereich** der deutschen Strafvorschrift fällt, wenn es um ausländische Vergabeverfahren und damit um ausländischen Ausschreibungswettbewerb geht. Insoweit ist zunächst zwischen EU-Mitgliedstaaten und Drittstaaten zu unterscheiden: *Ausschreibungen der EG* und alle unter Anwendung von EG-Recht erfolgenden nationalen Ausschreibungen sollen nach Art. 2 Corpus Juris (dazu *Tiedemann* LK[11] Rdn. 107 vor § 263) unter einen speziellen Strafschutz gestellt werden, dessen Ausgestaltung sich eng an § 298 anlehnt. Vor (und auch ohne) Realisierung eines solchen Aktes greift aber bereits de lege lata § 298 jedenfalls insoweit ein, als die durch ihn primär geschützte institutionelle Seite des Wettbewerbs als EG-Rechtsgut auftritt, also bei Ausschreibungen der EG selbst (zust. *Wiesmann* S. 45 ff). Hier fällt der Vergabewettbewerb trotz seiner überindividuellen Wesensart im Wege einer *gemeinschaftsfreundlichen Auslegung* in den Schutzbereich der nationalen Strafnorm (allgemein dazu bereits *Tiedemann* LK[11] Rdn. 99 Vor § 263 mit Nachw.). Aber auch bei Veranstaltung von Ausschreibungen durch die und in den EG-Mitgliedstaaten ist nach ursprünglich sehr unterschiedlichen nationalen Modellen – z.B. Vergabe durch Hoheitsakt in Frankreich und anderen romanischen Ländern – die Vergabe öffentlicher Aufträge zwischenzeitlich sekundärrechtlich weitgehend koordiniert (Übersicht bei *Frank* S. 57 ff, zu den früheren Modellen

S. 286 ff), wenn auch nicht im Sinne einer EU-Vergabeverordnung vereinheitlicht. Diese sekundärrechtliche Harmonisierung spricht – ähnlich wie bei § 265b mit Blick auf das Kreditwesen (dazu *Tiedemann* LK[11] Rdn. 119 mit Nachw.) – für eine *weite Auslegung* des § 298, die hier befürwortet wird (und deren Ergebnis vor allem dann identisch bleibt, wenn als gleichrangiges oder sogar vorrangiges Rechtsgut des § 298 der Vermögensschutz oder mit *Bender* S. 308 f und *Hohmann* MK Rdn. 130 der Schutz der Grundfreiheiten angesehen wird). Dem stimmen *Dannecker* NK Rdn. 74, *Lackner/Kühl* Rdn. 1, *Hohmann* MK Rdn. 130 und *Wiesmann* S. 45 ff zu (**zw.** dagegen in Bezug auf ausländische Ausschreibungen nach EG-Recht *Fischer* Rdn. 5a). Ausländische Ausschreibungen *außerhalb der EU* wird man dagegen bei der hier vertretenen Rechtsgutsbestimmung schwerlich in den Schutzbereich des § 298 einbeziehen können (zust. *Wiesmann* S. 51 f).

2. Für den Bereich der EU und ihrer Mitgliedstaaten richtet sich die strafrechtliche **54** Geltung und Anwendung des § 298 nach den allgemeinen Regeln der §§ 3 bis 9 (zust. *Hohmann* MK Rdn. 128). Danach sind **Inlandstaten** stets strafbar, unabhängig davon ob sie auf der Täter- oder Opferseite von einem oder gegen einen In- oder Ausländer begangen werden. Entscheidend ist der Tätigkeitsort nach § 9 Abs. 1 mit seiner Belegenheit im Inland. Tätigkeit in diesem Sinne betrifft sowohl den Ort, von dem aus das Angebot abgesandt wird (vgl. für § 263 *Tiedemann* LK[11] Rdn. 334 mit Nachw.), als auch den Ort, an dem der Zugang erfolgt (vgl. *Tiedemann* LK[11] § 265b Rdn. 121; zust. *Wiesmann* S. 180). Vom Ausland aus und von Ausländern abgegebene Angebote unterfallen daher § 298, wenn sie gegenüber einem inländischen Veranstalter einer Ausschreibung gemacht werden und ihm im Inland zugehen (zust. *Hohmann* MK Rdn. 128).

Auslandstaten beziehen sich demgegenüber vor allem auf Angebote, die im Ausland **55** gegenüber einem Veranstalter einer Ausschreibung (mit Sitz im Ausland) gemacht werden. Soweit die Strafbarkeit insoweit nicht schon unter Schutzbereichserwägungen entfällt (oben Rdn. 53), greift nach § 7 Abs. 1 und Abs. 2 Nr. 1 Strafbarkeit nach § 298 nur ein, wenn der Täter Deutscher oder die Tat gegen einen deutschen Veranstalter einer Ausschreibung im Ausland gerichtet *und* die konkrete Tat im Ausland mit Strafe bedroht ist (nicht notwendigerweise allerdings als Wettbewerbsdelikt! Zust. *Dannecker* NK Rdn. 78; vgl. auch *Hohmann* MK Rdn. 129 und für § 263 *Tiedemann* LK[11] Rdn. 335 mit Nachw.). Deutscher Veranstalter kann nach wohl h.M. des Schrifttums zu § 7 Abs. 1 auch eine *juristische Person* mit Sitz in Deutschland sein (zust. *Fischer* Rdn. 5a und *Hohmann* aaO mit weit. Nachw.; **aA** *Werle/Jeßberger* LK § 7 Rdn. 62 ff unter Berufung auf das Analogieverbot und OLG-Rechtsprechung). – Auf der Grundlage der Rechtsgutsbestimmung durch die h.M. kommt im Ergebnis § 7 nur für Taten innerhalb der EU in Betracht.

IX. Strafverfolgung

1. Da § 298 Offizialdelikt ist, kommt es auf eine **Strafanzeige** nur in einem faktischen **56** Sinne an. Anregungen aus der Praxis, für Vergabestellen und Rechnungshöfe in Anlehnung an §§ 4 Abs. 5 Nr. 10 Satz 2 EStG, 6 SubvG eine *Pflicht* zur Erstattung von Strafanzeige vorzusehen (vgl. nur *Schaefer* Verh. **61.** DJT Bd. II/1 S. L 29), sind im Anschluss an *Dölling* (Verh. **61.** DJT Bd. I S. C 99 f mit weit. Nachw.) vom Gesetzgeber nicht aufgegriffen worden (zu den Gründen *König* DRiZ **1996** 357, 365). Anders als im Subventionswesen (dazu *Tiedemann* LK[11] § 264 Rdn. 169 a.E. mit Nachw.) und bei der Wirtschaftskorruption (*Tiedemann* LK § 299 Rdn. 68 mit Nachw.) ist daher das Unterlassen einer Strafanzeige durch den Veranstalter der Ausschreibung nicht als Begünstigung oder

Strafvereitelung strafbar. Anderes gilt für die *Kartellbehörde*, die bei Entdeckung einer Tat nach § 298 die Sache nach § 41 OWiG an die Staatsanwaltschaft *abzugeben* hat. Diese Abgabepflicht ist nach BGHSt **43** 82, 85 f eine Garantenpflicht zur Förderung von Belangen der staatlichen Strafrechtspflege (zust. *Göhler* § 41 Rdn. 1; *Hohmann* MK Rdn. 121).

57 2. Die **Verjährung** der Strafverfolgung richtet sich nach § 78 Abs. 3 Nr. 4; die Frist beträgt somit *fünf Jahre*. Sie beginnt gem. § 78a mit *Beendigung* der Tat. Versteht man „Tat" hier mit *Lackner/Kühl* § 78a Rdn. 1 – und entgegen § 11 Abs. 1 Nr. 5 – im Sinne von „Handlung" (entsprechend der Rechtslage für Ordnungswidrigkeiten, vgl. § 31 Abs. 3 Satz 1 OWiG), kommt es zunächst auf den Zeitpunkt an, in dem das tatbestandsmäßige Verhalten endet. Allerdings gewinnt bei dieser Betrachtung § 78a Satz 2 eigenständige Bedeutung und schiebt den Verjährungsbeginn auf den Erfolgseintritt hinaus, der bei § 298 (näher oben Rdn. 9 und 29) im *Zugang* des abgesprochenen Angebots liegt (so im Ergebnis konsequent *Lackner/Kühl* § 298 Rdn. 7; zust. *Hohmann* MK Rdn. 131). Die h.M. (vgl. nur BGHSt **28** 371, 379; J. *Schmid* LK § 78a Rdn. 3, je mit weit. Nachw.) interpretiert dagegen § 78a Satz 1 dahingehend, dass es auf die **materielle Tatbeendigung** ankomme, nämlich auf den „*End- oder Gesamterfolg* der Tat" (*Jescheck/Weigend* § 49 III 3 S. 517). Für § 298 nimmt insbesondere *Gruhl* (in Müller-Gugenberger/Bieneck § 58, 17) an, dies sei erst mit der letzten Leistung des Veranstalters der Fall (ebenso *Fischer* Rdn. 15b; *Jaeschke* S. 51 und *Schönke/Schröder/Heine* Rdn. 19). Jedoch ist § 298 entgegen *Gruhl* insoweit nicht mit dem Beantragen einer Leistung nach §§ 264, 265b vergleichbar (dazu *Tiedemann* LK[11] § 264 Rdn. 75 mit weit. Nachw.). Auf das Erbringen der Leistung durch den Veranstalter abzustellen ist nur sinnvoll, wenn man § 298 als Vermögensdelikt begreift, was aber an der Sache vorbeigeht (oben Rdn. 6). Stuft man den Tatbestand mit der h.M. primär als Delikt gegen den Wettbewerb ein, so kommt es darauf an, wann die Verletzung des Wettbewerbs bzw. des konkreten Wettbewerbsvorgangs der betroffenen Ausschreibung (oben Rdn. 9) beendet ist. Dies ist nicht bereits für den Zeitpunkt der formellen Vollendung (Zugang des Angebots, oben Rdn. 29) anzunehmen, sondern erst – wie bei §§ 1, 38 GWB a.F. (*Tiedemann* in Immenga/Mestmäcker[2] § 38 Rdn. 10 mit Nachw.) – mit der Erteilung des **Zuschlags**, da der Wettbewerbs- als *Preisbildungsvorgang* zuvor noch nicht abgeschlossen ist (zust. *Dannecker* NK Rdn. 68). Diese Ansicht wird auch durch § 298 Abs. 3 Satz 1 1. Alt. gestützt. Dass dort die 2. Alt. auf die Verhinderung der Leistung des Veranstalters abstellt, spricht nicht gegen die hier vertretene Auffassung, denn *insoweit* ist Absatz 3 Ausfluss des von § 298 lediglich sekundär bezweckten Vermögensschutzes.

58 3. Die Aburteilung der Tat nach § 298 fällt gem. § 74c Abs. 2 Nr. 5a GVG in die **Zuständigkeit der Wirtschaftsstrafkammer**, sofern die Staatsanwaltschaft wegen der besonderen Bedeutung des Falles nach § 24 Abs. 1 Nr. 3 GVG Anklage zum Landgericht erhebt. Dagegen ist die **Kartellbehörde** (§ 48 GWB) gem. §§ 35 ff OWiG für die Verfolgung und Sanktionierung von Ordnungswidrigkeiten nach § 81 GWB zuständig, soweit nicht § 21 OWiG eingreift und die Bußgeldtatbestände verdrängt werden (Rdn. 51; zust. *Dannecker* NK Rdn. 81 und *Hohmann* MK Rdn. 123). Außerdem ist sie gem. § 82 GWB im Falle des § 298 zuständig für die Festsetzung einer *Geldbuße gegen eine juristische Person* oder Personenvereinigung als Folge der Straftat einer der in § 30 Abs. 1 OWiG genannten oder i.S.d. § 130 OWiG aufsichtspflichtigen natürlichen Personen. Damit ist das Verfahren bei Verdacht einer Straftat nach § 298 StGB unter Beteiligung einer Personenvereinigung – allerdings nur insoweit! – „gespalten" (zust. *Dannecker* NK Rdn. 80; *Achenbach* WuW **1997** 961 f; *Korte* NStZ **1997** 517, je mit Nachw.), sofern die Kartellbehörde ihre Verbandszuständigkeit behalten will und das Verfahren nach § 30 OWiG nicht an die Staatsanwaltschaft abgibt (§ 82 Satz 2 GWB; *Girkens/Moosmayer* ZfBR **1998** 224; *Lackner/Kühl* Rdn. 10). Die Kartellbehörde *kann* allerdings auch das Verfahren *insgesamt* abgeben.

Ein Teil des Schrifttums lehnt dagegen eine parallele Zuständigkeit zur Ahndung der **59**
Tat als Straftat und als Verbandsordnungswidrigkeit ab (*Achenbach* AK § 82 Rdn. 17 ff; *Schuler* S. 202 f, je mit Nachw.). Nach richtiger Ansicht ist aber die Sanktion gegen den Personenverband nach § 30 OWiG selbständig und keine bloße Nebenfolge; ihr entspricht eine eigene prozessuale Tat des Verbandes (*Tiedemann* NJW **1988** 1173; zust. *Göhler* Rdn. 14 vor § 29a und *Hohmann* MK Rdn. 125). Die Straftat nach § 298 und ihr sanktionsbegründender Bestandteil i.S.d. § 30 OWiG stellen daher entgegen *Achenbach* (aaO Rdn. 10) prozessual nicht ein und dieselbe Tat dar (vgl. nur *Tiedemann* aaO), so dass die Doppelung der Zuständigkeiten und Verfolgungsmöglichkeiten jedenfalls nicht durch Art. 103 Abs. 3 GG ausgeschlossen wird (zust. *Hohmann* aaO). Nach verbreiteter Ansicht wird eine Spaltung der Verfolgungskompetenzen allerdings vom einfachen Gesetzgeber verworfen (arg. § 30 Abs. 4 S. 1 OWiG). Ein isoliertes Bußgeldverfahren gegen den Verband wegen einer Straftat nach § 298 ist nach dieser Ansicht nur möglich, wenn kein strafrechtliches Ermittlungsverfahren gegen eine natürliche Person eingeleitet oder ein solches Verfahren eingestellt worden ist (vgl. *Göhler* § 30 Rdn. 39). Andernfalls, also bei Anhängigkeit eines Strafverfahrens wegen § 298, sollen die Kartellbehörden nach dieser Ansicht keine eigene Ermittlungskompetenz besitzen, sondern müssen das *Verfahren insgesamt* nach § 41 Abs. 1 OWiG *an die Staatsanwaltschaft abgeben*, wenn Anhaltspunkte dafür vorhanden sind, dass eine Straftat nach § 298 vorliegt (oben Rdn. 56; *Achenbach* aaO; *Schuler* aaO, je mit weit. Nachw.). Erst mit der Einstellung des Strafverfahrens durch die Staatsanwaltschaft gewinne die Kartellbehörde dann ihre Verfolgungszuständigkeit zurück (BGHSt **41** 385, 388 ff mit Anm. *Kindhäuser* JZ **1997** 101 ff). Nach hier vertretener, auch durch die Materialien und den Wortlaut von § 82 Satz 2 GWB gestützter Auffassung kann die Kartellbehörde dagegen stets das Verbandsbußgeldverfahren und damit auch eigene Ermittlungen – eventuell parallel zu denen der Staatsanwaltschaft – durchführen.[35] In der Praxis setzt dies *Kooperation* beider Behörden voraus (BTDrucks. 13/8079 S. 17; *Achenbach* WuW **1997** 962 und *Korte* NStZ **1997** 517 f, je mit weit. Nachw.).

X. Reformfragen

Von der Bauwirtschaft vorgebracht und im neuesten Schrifttum unterstützt wird die **60**
Forderung, gravierende Verletzungen des Vergaberechts durch die (öffentlichen) Auftraggeber als Gegenstück zu den wettbewerbsbeschränkenden Absprachen der Anbieter bei Ausschreibungen zu inkriminieren.[36] Ein *Referentenentwurf* des damaligen Bundesministeriums für Wirtschaft und Arbeit von 2005 sah einen Bußgeldtatbestand (§ 129c E-GWB) u. a. für die Verletzung der Ausschreibungspflicht sowie der Grundsätze der Gleichbehandlung und der Transparenz vor. Eine solche bußgeldrechtliche Lösung würde für das

[35] Ebenso im Ergebnis außer den bereits im Text Genannten *Dölling* ZStW **112** (2000) 349; *Greeve* ZVgR **1998** 473; *Kleinmann/Berg* BB **1998** 282; *Korte* NStZ **1997** 517; *Otto* BT § 61, 152 und wistra **1999** 42; *Rogall* KKOWiG § 30 Rdn. 154; *Rudolphi* SK Rdn. 16; **aA** wohl *Schaller* RiA **1998** 11.

[36] *Bender* S. 302 ff; *Greeve* NStZ **2002** 507; *Vogel* FS Tiedemann (2008) 831 ff.

Vergaberecht eine Parallele zu dem System des Kreditwesenschutzes herstellen, von dem der Kreditbetrüger mit Kriminalstrafe und der gegen das KWG verstoßende Kreditgeber mit Geldbußen bedroht wird (*Tiedemann* LK[11] § 265b Rdn. 19). Weitergehend wird aber auch die Schaffung eines Straftatbestandes diskutiert, der sich an Art. 432-14 französ. Code pénal orientieren könnte.[37]

61 Ausformulierte *private Vorschläge* zur Ergänzung des § 298 StGB sind von *Bender* (S. 307 ff) und *Tiedemann* (Wirtschaftsstrafrecht in der EU S. 291 ff) vorgelegt worden. Beide Autoren wollen die kollusiven Vertikalabsprachen von Bietern mit Personen auf seiten des Auftraggebers (dazu oben Rdn. 14) ausdrücklich regeln; *Bender* (S. 303, 313 f) will zudem die Nichtausschreibung trotz Ausschreibungspflicht erfassen.

§ 299
Bestechlichkeit und Bestechung im geschäftlichen Verkehr

(1) Wer als Angestellter oder Beauftragter eines geschäftlichen Betriebes im geschäftlichen Verkehr einen Vorteil für sich oder einen Dritten als Gegenleistung dafür fordert, sich versprechen läßt oder annimmt, daß er einen anderen bei dem Bezug von Waren oder gewerblichen Leistungen im Wettbewerb in unlauterer Weise bevorzuge, wird mit Freiheitsstrafe bis zu drei Jahren oder mit Geldstrafe bestraft.

(2) Ebenso wird bestraft, wer im geschäftlichen Verkehr zu Zwecken des Wettbewerbs einem Angestellten oder Beauftragten eines geschäftlichen Betriebes einen Vorteil für diesen oder einen Dritten als Gegenleistung dafür anbietet, verspricht oder gewährt, daß er ihn oder einen anderen bei dem Bezug von Waren oder gewerblichen Leistungen in unlauterer Weise bevorzuge.

(3) Die Absätze 1 und 2 gelten auch für Handlungen im ausländischen Wettbewerb.

Reformvorhaben BTDrucks. 16/6558 vom 4.10.2007:

(1) Wer als Angestellter oder Beauftragter eines ~~geschäftlichen Betriebes~~ Unternehmens im geschäftlichen Verkehr einen Vorteil für sich oder einen Dritten als Gegenleistung dafür fordert, sich versprechen lässt oder annimmt, dass er ~~einen anderen~~ bei dem Bezug von Waren oder ~~gewerblichen Leistungen~~ Dienstleistungen
1. einen anderen im inländischen oder ausländischen Wettbewerb in unlauterer Weise bevorzuge oder
2. seine Pflichten gegenüber dem Unternehmen verletze,
wird mit Freiheitsstrafe bis zu drei Jahren oder mit Geldstrafe bestraft.

(2) Ebenso wird bestraft, wer im geschäftlichen Verkehr ~~zu Zwecken des Wettbewerbs~~ einem Angestellten oder Beauftragten eines ~~geschäftlichen Betriebes~~ Unternehmens einen Vorteil für diesen oder einen Dritten als Gegenleistung dafür anbietet, verspricht oder gewährt, dass er ~~ihn oder einen anderen~~ bei dem Bezug von Waren oder ~~gewerblichen Leistungen in unlauterer Weise bevorzuge~~ Dienstleistungen
1. ihn oder einen anderen im inländischen oder ausländischen Wettbewerb in unlauterer Weise bevorzuge oder
2. seine Pflichten gegenüber dem Unternehmen verletze.

~~(3) Die Absätze 1 und 2 gelten auch für Handlungen im ausländischen Wettbewerb.~~

---

[37] *Vogel* aaO S. 834 ff (Wortlaut und deutsche Übersetzung des französ. Straftatbestandes S. 835).

Schrifttum

Siehe Vor § 298, ferner:
Bach Kundenbindungsprogramme und Bestechung im geschäftlichen Verkehr nach § 299 Abs. 2 StGB, wistra **2008** 47; *Bauer* Handeln zu Zwecken des Wettbewerbs (1991); *Behr* Wer gut schmiert, der gut fährt? Festschrift Offerhaus (1999) 345; *Berresheim* Die Korruption aus der Sicht des Verteidigers (1960); *Bolenius* Wirtschaftsstrafrechtliche Normen im Wettbewerbs- und Kartellrecht, in Baumann/Dähn (Hrsg.) Studien zum Wirtschaftsstrafrecht (1972) 18; *Brand/Wostry* Der Insolvenzverwalter als tauglicher Täter des § 299 Abs. 1 StGB bei „Schmiergeldzahlungen", ZInsO **2008** 64; *dies.* Die Strafbarkeit des Vorstandsmitglieds einer AG gemäß § 299 Abs. 1 StGB, WRP **2008** 637; *Büchler* Handeln zu Zwecken des Wettbewerbs und Wettbewerbsverhältnis im UWG (1981); *Culemann* Verschleierte oder „entschleierte" Schmiergelder? MuW **1935** 245; *Dannecker/Leitner* Schmiergelder (Wien 2002); *Gercke/Wollschläger* Das Wettbewerbserfordernis i.S.d. § 299 StGB, wistra **2008** 5; *Gribl* Der Vorteilsbegriff bei den Bestechungsdelikten (1993); *Haft/Schwoerer* Bestechung im internationalen Geschäftsverkehr, Festschrift Weber (2004) 367; v. *Harder* Verkäuferprämien, GRUR **1967** 182; *Hefermehl* Das Prokrustesbett „Wettbewerbsverhältnis", Festschrift Kummer (1980) 345; *Heiseke* „Schmiergelder" als Verkaufshilfen, WRP **1969** 362; *Hiersemann* Verkäuferprämien, WRP **1964** 222; *Hirschenkrämer* Bestechung und Bestechlichkeit von Angestellten (1964); *ders.* Fallen „entschleierte Schmiergelder" unter § 12 UWG? WRP **1965** 130; *Höltkemeier* Sponsoring als Straftat (2005); *Jaques* Die Bestechungstatbestände unter besonderer Berücksichtigung des Verhältnisses der §§ 331 ff StGB zu § 12 UWG (1996); *Kienle/Kappel* Korruption am Bau – ein Schlaglicht auf Bestechlichkeit und Bestechung im geschäftlichen Verkehr, NJW **2007** 3530; *Kiesel* Die Zuwendung an Angestellte und Beauftragte im Ausland und das Abzugsverbot des § 4 Abs. 5 Nr. 10 EStG, DStR **2000** 949; *Klingelhöfer* Im Spannungsfeld von Steuer- und Strafrecht: Schmiergelder, StBp **1999** 309; *Koch* Der zivilrechtliche Schmiergeldbegriff unter Berücksichtigung der wettbewerbsrechtlichen Regelung der §§ 12, 13 UWG, Diss. Gießen 1971; *Koepsel* Bestechlichkeit und Bestechung im geschäftlichen Verkehr (2006); *Lampe* Empfiehlt es sich im gesamtwirtschaftlichen Interesse, den Tatbestand des § 12 UWG zu ändern, insbesondere hinsichtlich des Kreises der Vorteilnehmer zu erweitern und als Offizialdelikt auszugestalten? Tagungsberichte der Sachverständigenkommission zur Bekämpfung der Wirtschaftskriminalität **XI** (1976) Anl. 1; *ders.* Art. Wirtschaftskorruption, HWiStR (1985); *ders.* Die strafrechtliche Bewertung des „Anzapfens" nach § 240 StGB und § 12 UWG, Festschrift Stree/Wessels (1993) 449; *Lehmann* Die Werbung mit Geschenken (1974); *Leo* Die Gewährung von sogenannten Verkäuferprämien – eine Methode der Absatzförderung, WRP **1966** 153; *Lesch* Anwaltliche Akquisition zwischen Sozialadäquanz, Vorteilsgewährung und Bestechung im geschäftlichen Verkehr, AnwBl. **2003** 261; *Merges* Die Strafausschließungsgründe der Bestechungsdelikte, Diss. Tübingen 1995; *K. Meyer/Möhrenschlager* Möglichkeiten des Straf- und Ordnungswidrigkeitenrechts zur Bekämpfung unlauteren Wettbewerbs, WiVerw **1982** 21; *Odenthal* Der „geschäftliche Betrieb" als Leistungsempfänger nach § 299 StGB, wistra **2005** 170; *Partsch* The Foreign Corrupt Practices Act der USA und seine Auswirkungen auf Deutschland (2007); *Pfeiffer* Das strafrechtliche Schmiergeldverbot nach § 12 UWG, Festschrift v. Gamm (1990) 129; *Pragal* Die Korruption innerhalb des privaten Sektors und ihre strafrechtliche Kontrolle durch § 299 StGB (2006); *Randt* Schmiergeldzahlungen bei Auslandssachverhalten, BB **2000** 1006; *Rengier* Korkengelder und andere Maßnahmen zur Verkaufsförderung im Lichte des Wettbewerbs(straf)rechts, Festschrift Tiedemann (2008) 837; *Rönnau* „Angestelltenbestechung" in Fällen mit Auslandsbezug, JZ **2007** 1084; *ders.* Wirtschaftskorruption, in Achenbach/Ransiek (Hrsg.), Kap. III 2; *Rügemer* Die deutsche Justiz und die Korruption, KritJ **1997** 458; *Satzger* Bestechungsdelikte und Sponsoring, ZStW **115** (2003) 469; *Schmidl* Der Fluch der bösen Tat – Finders's Fees und Bestechlichkeit von Beratern, wistra **2006** 286; *A. Schmitz* Auslandsgeschäfte unter Berücksichtigung des Korruptionsstrafrechts, RIW **2003** 189; *Schramm* Die Amtsträgereigenschaft eines freiberuflichen Planungsingenieurs – BGHSt 43, 96 und BGH NJW 1998, 2373, JuS **1999** 333; *Schubert* Angestelltenbestechung, in Wabnitz/Janovsky (Hrsg.), Handbuch des Wirtschafts- und Steuerstrafrechts Kap. 12/72; *Schwyzer* Isolierte, organisierte und systematische Korruption, wirtschaftswiss. Diss. Basel 1997; *Sievers* Bestechung und Bestechlichkeit von Angestellten, Diss. Kiel 1963; *Spengler* Die Bestechung als Erscheinung des unlauteren Wettbewerbs, DB **1960** 1397; *Szebrowski* Kick-Back (2005); *Thomas* Soziale Adäquanz und Bestechungsdelikte, Festschrift Jung (2007) 973; *Tiedemann*

Schmiergeldzahlungen in der Wirtschaft, Festschrift Lampe (2003) 759; *Ulbricht* Bestechung und Bestechlichkeit im geschäftlichen Verkehr (2007); *Volk* Korruptionsaufwand deutscher Unternehmen in den Ländern der Dritten Welt, in Holtz/Kulessa (Hrsg.), Korruption als Entwicklungshindernis? Teil I (1995) 17; *Vormbaum* Probleme der Korruption im geschäftlichen Verkehr, Festschrift Schroeder (2006) 649; *T. Walter* Angestelltenbestechung, internationales Strafrecht und Steuerstrafrecht – Entgegnung auf Randt, BB 2000, 1006, wistra **2001** 321; *Wassermann* Verschleierte Schmiergelder und ähnliches, GRUR **1931** 549; *Weidemann* Zur Angestelltenbestechung: Die Bedeutung des § 299 III StGB für § 4 V S. 1 Nr. 10 S. 1 EStG, RJW **2006** 370; *Wichterich/Glockemann* Steuer- und strafrechtliche Aspekte von Schmiergeldzahlungen an Mitarbeiter von Staatsunternehmen, INF **2000** 1 (Teil I), 40 (Teil II); *Winkelbauer* Ketzerische Gedanken zum Tatbestand der Angestelltenbestechlichkeit (§ 299 Abs. 1 StGB), Festschrift Weber (2004) 385; *Wittig* § 299 StGB durch Einschaltung von Vermittlerfirmen bei Schmiergeldzahlungen, wistra **1998** 7; *Zimmer/Stetter* Korruption und Arbeitsrecht, BB **2006** 1445.

Schriftum zur Ärzte- und Pharmakorruption

Bernsmann/Schoß Vertragsarzt und „kick-back", GesR **2005** 193; *Dieners* Zusammenarbeit der Pharmaindustrie mit Ärzten (2007) (Kap. 2 B Rdn. 9 – *Taschke*); *Geis* Tatbestandsüberdehnungen im Arztstrafrecht am Beispiel der „Beauftragtenbestechung" des Kassenarztes nach § 299 StGB, wistra **2005** 369; *ders.* Das sozialrechtliche Wirtschaftlichkeitsgebot – kriminalstrafbewehrtes Treuegesetz des Kassenarztes? GesR **2006** 345; *ders.* Ist jeder Kassenarzt ein Amtsarzt? wistra **2007** 361; *Klötzer* Ist der niedergelassene Vertragsarzt tatsächlich tauglicher Täter der §§ 299, 331 StGB? NStZ **2008** 12; *Laufs/Uhlenbruck* (Hrsg.) Handbuch des Arztrechts, 3. Aufl. (2002) (§ 151a – *Ulsenheimer*); *Lüderssen* Die Zusammenarbeit von Medizinprodukten-Industrie, Krankenhäusern und Ärzten – strafbare Kollusion oder sinnvolle Kooperation? (1998); *Neupert* Risiken und Nebenwirkungen: Sind niedergelassene Ärzte Amtsträger im strafrechtlichen Sinne? NJW **2006** 2811; *Pragal* Das Pharma-„Marketing" um die niedergelassenen Kassenärzte: „Beauftragtenbestechung" gemäß § 299 StGB ! NStZ **2005** 133; *Pragal/Apfel* Bestechlichkeit und Bestechung von Leistungserbringern im Gesundheitswesen, A&M **2007** 10; *Reese* Vertragsärzte und Apotheker als Straftäter? PharmR **2006** 92; *Sahan* Bestechlichkeit – Strafrisiko für Vertragsärzte, Deutsches Ärzteblatt **2007** 2048; *ders.* Ist der Vertragsarzt tauglicher Täter der Bestechlichkeit im geschäftlichen Verkehr gem. § 299 Abs. 1 StGB? ZIS **2007** 69; *Schnapp* Der Vertragsarzt – Sachwalter der gesetzlichen Krankenkassen ? Festschrift Herzberg (2008) 795; *Taschke* Die Strafbarkeit des Vertragsarztes bei der Verordnung von Rezepten, StV 2005 406; *Ulsenheimer* Arztstrafrecht in der Praxis (4. Aufl. 2008) § 13.

Schriftum zur Korruption im Sport

Cherkeh/Momsen Doping als Wettbewerbsverzerrung? NJW **2001** 1745; *Faber* Doping als unlauterer Wettbewerb und Spielbetrug Diss. Zürich 1972; *Paringer* Korruption im Profifußball (2001); *Schattmann* Betrug des Leistungssportlers im Wettkampf: Zur Einführung eines Straftatbestandes im sportlichen Wettbewerb (2008); *Szwarc* Strafbarkeit der Korruption im Sport im Lichte des polnischen Strafrechts, Festschrift Tiedemann (2008) 939; *Weinrich* (Hrsg.), Korruption im Sport (2006).

Schriftum zur Reform

Abanto Über die Strafwürdigkeit des „Handels mit Einfluss", Festschrift Tiedemann (2008) 913; *Lüderssen* Der Angestellte im Unternehmen – quasi ein Amtsträger? Der Verzicht auf die Gefährdung des Wettbewerbs in der geplanten Strafvorschrift des § 299 Abs. 1 Ziff. 2 StGB, Festschrift Tiedemann (2008) 889; *Rönnau/Golombek* Die Aufnahme des „Geschäftsherrenmodells" in den Tatbestand des § 299 StGB – ein Systembruch im deutschen StGB, ZRP 2007 194. Vgl. ferner das Schrifttum vor § 298 und das allgemeine Schrifttum zu § 299.

Entstehungsgeschichte

Der Straftatbestand des § 299 geht in seinen Absätzen 1 und 2 zunächst – inhaltlich nahezu unverändert – auf § 12 UWG aus dem Jahre 1909 zurück (dazu *Pfeiffer* FS v. Gamm, S. 129 sowie *Nestoruk* S. 195 ff). Diese Vorschrift sollte das schon damals verbreitete Schmiergeldunwesen im Wirtschaftsleben (vgl. nur RGSt **63** 426, 428 – Samenhandel; *Wassermann* GRUR **1931** 550) bekämpfen, und zwar entgegen dem Votum der meisten preußischen Handelsvertretungen und trotz erstaunter Skepsis der deutschen Strafrechtswissenschaft (*Wassermann* aaO mit Nachw.). Nachdem sich erste Reformvorstellungen zunächst an der Pflichtwidrigkeit des Angestellten oder Beauftragten gegenüber seinem Geschäftsherrn ausrichten wollten, wurde alsdann das öffentliche Interesse an der Bekämpfung einer unlauteren oder unredlichen Handlungsweise gegenüber Mitbewerbern in den Vordergrund gestellt (BGHSt **31** 207, 211; *Pfeiffer* aaO S. 130 mit weit. Nachw.). Die Reichstagskommission wählte daher statt des Ausdrucks „pflichtwidriges Verhalten des Angestellten" in Anlehnung an das als vorbildlich erachtete englische Recht („*corruptly*", Rdn. 29 Vor § 298) die Worte „durch unlauteres Verhalten" gegenüber Mitbewerbern (vgl. RGSt **48** 291, 294 – Korkengeld).

Das EGStGB von 1974 straffte § 12 UWG und glich den Straftatbestand den Vorschriften über die Amtsträgerkorruption stärker an. Auch entfiel die frühere Subsidiaritätsklausel. Entsprechend langen Reformforderungen (vgl. nur *Tiedemann* Verh. **49.** DJT [1972] Bd. I S. C 63) hat das Gesetz zur Bekämpfung der Korruption von 1997 (Entstehungsgeschichte Vor § 298) das *Strafantragserfordernis* des § 22 UWG a.F. relativiert und die Vorschrift unter Änderung der Reihenfolge der beiden Absätze (zwecks weiterer Angleichung an das Amtsträgerstrafrecht) in das StGB eingestellt (dafür bereits *Tiedemann* aaO S. C 45). Dem lag das Anliegen zugrunde, die Generalprävention durch Schärfung des Bewusstseins der Bevölkerung zu fördern (BTDrucks. 13/5584 S. 15; dazu schon Entstehungsgeschichte Vor § 298, dort auch zu der von *Tiedemann* aaO S. C 63 f geforderten Einschränkung der steuerlichen Abzugsfähigkeit von Schmiergeldzahlungen). Nach der Begr. des RegE (aaO) war mit der Verlagerung des Straftatbestandes in das Strafgesetzbuch keine wesentliche Inhaltsänderung beabsichtigt, so dass bei der **Auslegung** der Tatbestandsmerkmale „der Zusammenhang mit den Regelungen des UWG zu berücksichtigen" sei. – Die Erhöhung des *Regelstrafrahmens* im Höchstmaß auf Freiheitsstrafe bis zu drei Jahren sollte der von der Strafverfolgungspraxis und in der Literatur vielfach geäußerten Kritik an der früher sehr milden Strafdrohung Rechnung tragen, ohne aber die Höhe der Strafdrohungen des Amtsträgerstrafrechts mit seinem Rechtsgut der Lauterkeit des öffentlichen Dienstes zu erreichen (RegE aaO).

Eine erneute Reform des Straftatbestandes wurde durch die Rdn. 1 vor § 298 erwähnte Gemeinsame Maßnahme der EU von Ende 1998 „betreffend die Bestechung im privaten Sektor" sowie das Europarats-Übereinkommen zur strafrechtlichen Bekämpfung der Korruption von 1999 (Rdn. 1 vor § 298) angestoßen. Sie führte mit dem EU-Rechtsinstrumente-AusführungsG vom 22.8.2002 zur Ergänzung des § 299 um einen **Absatz 3**, nach dem die beiden voraufgehenden Absätze auch für Handlungen im *ausländischen Wettbewerb* gelten (näher unten Rdn. 64 ff).

Der Entwurf eines StrafrechtsänderungsG vom 4.10.2007 arbeitet diese Ergänzung redaktionell in den Text der Absätze 1 und 2 ein und fügt ihnen eine **Nr. 2** an, welche die **Pflichtverletzung** des Angestellten oder Beauftragten „gegenüber dem Unternehmen" bei dem Bezug von Waren oder Dienstleistungen unter Strafe stellt. Der bisherige Text wird in beiden Absätzen zur Nr. 1. Diese inhaltliche Reform und Tatbestandsausweitung beruht auf dem Rahmenbeschluss 2003/568 JI des Rates der EU vom 22.7.2003 und dem Übereinkommen der Vereinten Nationen gegen Korruption vom 31.10.2003 (Entstehungsgeschichte Vor § 298; BRDrucks. 548/07 S. 2) sowie dem vorerwähnten Europarats-Übereinkommen. Sie soll auch eine Gesetzeslücke schließen, auf die in neuerer Zeit *Tiedemann* mehrfach hingewiesen hatte (FS Müller-Dietz, S. 917 f und FS Lampe, S. 768: Kreditsucher zahlt Schmiergeld, um den Bankangestellten zu bewegen, Kredit ohne Kreditwürdigkeitsprüfung zu gewähren; es sind ausreichend Kreditmittel und oder keine unmittelbaren Mitbewerber um Kredite vorhanden). Der weitergehende Vorschlag *Tiedemanns* (Freiburg-Symposium S. 470 Art. 36; zust. *Jaques* S. 230), in Übereinstimmung u.a. mit dem Europarats-Übereinkommen ganz auf ein Wettbewerbserfordernis zu verzichten, wurde dagegen vom Gesetzgeber bisher nicht übernommen.

Materialien. Siehe Vorbemerkungen zu §§ 298 ff.

Übersicht

	Rdn.
I. Geschütztes Rechtsgut und allgemeine Einordnung des Tatbestandes	1
1. Wettbewerbs- und Wettbewerberschutz	1
2. Schutz des Geschäftsherrn	2
3. Mittelbarer Kunden- und Verbraucherschutz	4
4. Gefährdungs- oder Verletzungsdelikt?	6
5. Aktunwert; Einwand mangelnder Schädigung?	8
II. Täterkreis	10
1. Absatz 1: Sonderdelikt	10
a) Angestellter	11
b) Beauftragter	16
c) Unternehmer	19
2. Absatz 2: Allgemeindelikt	20
3. Handeln im geschäftlichen Verkehr	21
III. Die Tathandlungen und ihr Ziel	24
1. Gemeinsamkeiten beider Absätze	24
a) Vorteil	25
b) Unrechtsvereinbarung	29
c) Bevorzugung bei dem Bezug von Waren oder Dienstleistungen (insbesondere von Kassenärzten und Berufssportlern) (künftig Nr. 1)	30
d) Wettbewerbsverhältnis	35
e) Unlauterkeit	39
f) Pflichtwidrigkeit (Reformvorhaben) (künftig Nr. 2)	44
2. Differenzierung nach Absatz 1 (Annahme usw. des Vorteils) und Absatz 2 (Gewährung usw. des Vorteils)	47
a) Absatz 1	48
b) Absatz 2	49
3. Vollendung; keine Versuchsstrafbarkeit	50
IV. Vorsatz und Irrtum	51
1. Vorsatz und Irrtum	51
2. Absicht	53
V. Rechtfertigung	55
1. Einwilligung, Notstand, Pflichtenkollision	55
2. Sozialadäquanz?	58
VI. Konkurrenzen	59
1. Mehrere Tathandlungen	59
2. Tateinheit	60
3. Tatmehrheit	62
VII. Internationales Strafrecht (Auslandssachverhalte)	63
1. Schutzbereich des § 299, insbes. bei EU-Bezug	64
2. In- und Auslandstaten	65
VIII. Strafverfolgung und Verjährung	67
1. Strafantrag (§ 301)	67
2. Strafanzeige der Finanzbehörde und Mitteilungspflicht der Strafjustiz (§ 4 Abs. 5 Nr. 10 Satz 2 EStG)	68
3. Verfolgungsverjährung	70
4. Zuständigkeit der Wirtschaftsstrafkammer	71
IX. Reformfragen	72

I. Geschütztes Rechtsgut und allgemeine Einordnung des Tatbestandes

1 **1.** Nach ganz h.M. schützt § 299 mit (künftig: den Nrn. 1 von) Absatz 1 und 2 vor allem (primär) den **lauteren (fairen) Wettbewerb**[1] als institutionelles Rechtsgut der Allge-

[1] Die moderne Bezeichnung als „fairen" Wettbewerb wählen vor allem *Arzt/Weber* BT § 49, 51, *Volk* Verh. 61. DJT S. L 52 und *Wessels/Hillenkamp* Rdn. 702; aus der (Zivil-)Rechtsprechung etwa OLG Karlsruhe DJ 2000 135, 137.

meinheit.[2] Damit und daneben sind gleichrangig die in- und ausländischen **Mitbewerber** geschützt,[3] und zwar in ihrer Chancengleichheit (BGHSt 2 396, 402 – Sub-Post-Ingenieur) und ihrem Vermögensinteresse (Rdn. 6); sie sind daher als Verletzte strafantragsberechtigt nach § 301. – Der RegE zum KorruptionsbekämpfungsG äußerte sich zwar nicht zu den geschützten Interessen, ging aber offensichtlich von einer Identität der Rechtslage mit § 12 UWG aus, unter dessen Geltung die hier wiedergegebene Ansicht praktisch unbestritten war.[4] Nur selten wird der Wettbewerbsschutz als bloßer vorverlagerter Vermögensschutz angesehen (so von *Arzt/Weber* § 49, 52 und *Ransiek* StV **1996** 446, 453). Hieran ist richtig, dass der Mitbewerber ähnlich wie bei § 16 UWG *auch* in seinen Vermögensinteressen geschützt wird (*Tiedemann* Wirtschaftsstrafrecht BT Rdn. 196).

2. Eine verbreitete Ansicht stellt schon bisher den Mitbewerbern den **Geschäftsherrn** gleich und sieht ihn ebenfalls als nach § 301 strafantragsberechtigt an.[5] Die Tathandlung erscheint damit schon vor der 2007 eingeleiteten Reform zugleich als *Treue*pflichtverletzung des Angestellten (vgl. *Tiedemann* LK[11] Rdn. 6 mit Nachw.). Die *Pflichtwidrigkeit* wird als Erfordernis meist aus dem Tatbestandsmerkmal der Unlauterkeit abgeleitet (vgl. Rdn. 40). Die Rechtsprechung zu § 12 UWG lehnte allerdings ein solches Erfordernis traditionell am Beispiel der „entschleierten Schmiergelder" (Ausdruck von *Wassermann* GRUR **1931** 554) ab.[6] Typisch hierfür ist der sogenannte Korkengeld-Fall RGSt **48** 291 ff: Es wurde als nach § 12 UWG strafbar angesehen, dass ein Sekthändler den Kellnern eines Weinrestaurants mit Wissen des Geschäftsherrn sogenannte Korkengelder gewährte, damit die Kellner den Gästen die von dem Händler vertriebene Sektmarke empfahlen. – 2

---

2 *Androulakis* S. 429 ff; *Arzt/Weber* aaO; *Baumbach/Hefermehl* UWG § 12 Rdn. 12; *Bürger* wistra **2003** 133; *Dannecker* NK Rdn. 4 *Diemer/Krick* MK Rdn. 2; *Dölling* ZStW **112** (2000) 351; *Fischer* Rdn. 2 („freier Wettbewerb"); *Gössel/Dölling* BT 1 § 55, 1; *Höltkemeier* S. 163 f; *Kindhäuser* LPK Rdn. 1; *Lackner/Kühl* Rdn. 1; *Mitsch* II/2 § 3, 217; *Nestoruk* S. 112; *Otto* BT § 61 Rdn. 141; *Pfeiffer* FS v. Gamm, S. 130; *Rönnau/Golombek* ZRP **2007** 194; *Rudolphi* SK Rdn. 1; *Schönke/Schröder/Heine* Rdn. 2; *Tiedemann* Wirtschaftsstrafrecht BT Rdn. 196; *Vormbaum* FS Schroeder, S. 652; *Wessels/Hillenkamp* Rdn. 702; **krit.** *Volk* Verh. **61**. DJT, 1996, L 46 f; **aA** *Jaques* S. 107 ff; *Koepsel* S. 99 ff („Leistungsprinzip"); *Maurach/Schroeder/Maiwald* BT 2 § 68, 2.

3 *Baumbach/Hefermehl* aaO (zu § 12 UWG); *Bürger* aaO; *Dannecker* NK Rdn. 5; *Diemer/Krick* aaO; *Dölling* aaO und *Gössel/Dölling* aaO; *Höltkemeier* S. 164, 166 f; *Lackner/Kühl* aaO; *Nestoruk* aaO; *Pfeiffer* aaO S. 130 f („in erster Linie"); *Rudolphi* aaO; *Schönke/Schröder/Heine* aaO; *Tiedemann* aaO; *Wessels/Hillenkamp* aaO; *Wolters* JuS **1998** 1103; auch *Joecks* Rdn. 1 (der Wettbewerbs- und Wettbewerberschutz gleichsetzt); **aA** anscheinend *Vormbaum* aaO. Für einen Primat des Mitbewerberschutzes BGH(Z) NJW **1968** 1572, 1574 (Bierexport) und *Volk* in Holtz/Kulessa S. 21; für seine Nachrangigkeit *Mitsch* II/2 § 3, 217. Gegen jeden Rechtsgüterschutz insoweit *Koepsel* S. 81 ff und *Rönnau* in Achenbach/Ransiek III 2 Rdn. 7.

4 BGHSt **10** 358, 367; *Diemer* in Erbs/Kohlhaas § 12 UWG a.F. (U 43) Rdn. 2; *Pfeiffer* aaO; *Tiedemann* Wirtschaftsstrafrecht II S. 39 f.

5 BGHSt **31** 207, 209 ff; *Dannecker* NK Rdn. 6; *Diemer/Krick* MK Rdn. 2; *Dölling* aaO; *Fischer* Rdn. 2; *Lackner/Kühl* § 299 Rdn. 1 und § 301 Rdn. 2; *Nestoruk* S. 112 f; *Rudolphi* SK § 299 Rdn. 1 und § 301 Rdn. 2; *Volk* aaO und S. 23; *Wessels/Hillenkamp* aaO; *Wolters* JuS **1998** 1103; **aA** *Koepsel* S. 67 ff. Unklar *Höltkemeier* S. 165 ff.

6 RGSt **48** 291, 293 ff – Korkengeld; RG(Z) GRUR **1938** 619, 621; OLG(Z) Stuttgart BB **1974** 1265; LG Rottweil WRP **1975** 379; **aA** *Koepsel* S. 158 ff und *Winkelbauer* FS Weber, S. 392 f; zuletzt *Rönnau* in Achenbach/Ransiek III 2 Rdn. 37 ff und *Rengier* FS Tiedemann, S. 838 ff.

Aus der von der Rechtsprechung angenommenen Irrelevanz von Wissen und Billigung des Geschäftsherrn schlossen *Baumbach/Hefermehl* (§ 12 UWG Rdn. 12), dass der Straftatbestand *nicht* den Schutz des Prinzipals intendiert (ebenso im Ergebnis *Volk* Verh. 61. DJT, 1996, L 53). Allerdings konnte und kann dieser Schutz heute als *nachrangig* im Verhältnis zum Wettbewerberschutz durchaus anerkannt werden; vor allem kann die Unlauterkeit bei Offenlegung des Vorteils gegenüber dem Prinzipal aus weiteren Umständen folgen, die ihm gegenüber eine Pflichtwidrigkeit darstellen, z.B. bei Erwerb eines qualitativ schlechteren Produkts aufgrund der Vorteilsgewährung (*Lampe* Art. Wirtschaftskorruption, HWiStR sub III 8 mit Nachw. aus der handelsrechtlichen Literatur). Zutreffend weist *Pfeiffer* (FS v. Gamm, S. 131) darauf hin, dass zwar nach der Rechtsprechung einerseits keine Pflichtwidrigkeit gegenüber dem Geschäftsherrn erforderlich ist, andererseits dies aber nichts zwingend dazu aussagt, ob der Geschäftsherr mitgeschützt, also *auch* Träger eines geschützten Rechtsguts ist. Für diese (vorzugswürdige) Ansicht ergibt sich die Deutung, dass die Vorteilsannahme typischerweise die Gefahr begründet, der Prinzipal werde nicht „rein sachlich" beeinflusst (so BGHSt **2** 396, 401; unten Rdn. 42). Es geht also um die (abstrakte) Gefahr der Treuwidrigkeit und damit der Vermögensschädigung. Dass diese Gefahr § 299 mit legitimiert, erklärt sogleich, dass und warum der *Geschäftsherr* selbst nach ganz h.M. *nicht Täter* sein kann (wie der Wortlaut des Gesetzes klar ergibt; näher dazu unten Rdn. 10). Soweit sich die klassische Beurteilung des Korkengeld-Falles an der Neuorientierung des UWG stößt (so mit beachtlichen Gründen *Rengier* FS Tiedemann, S. 845 ff), wird diese Kollision am ehesten bei dem Merkmal der Unlauterkeit zu behandeln und im Sinne einer *Konkordanz von StGB und UWG* zu lösen sein (Rdn. 40 ff).

3 Die *künftige* Nr. 2 der Absätze 1 und 2 führt an Stelle der unlauteren Bevorzugung „im Wettbewerb" (Nr. 1) alternativ das Tatbestandsmerkmal der konkreten Pflichtwidrigkeit gegenüber dem Geschäftsherrn und damit ein *Untreueelement* ein (*Kienle/Kappel* NJW **2007** 3534). Dadurch wird in Zukunft für Nr. 2 eindeutig klargestellt, dass der Geschäftsherr „Verletzter" im Sinne des § 301 Abs. 2 und Rechtsgutsträger ist. Es sollen allerdings nach dem Willen des Gesetzgebers nur Pflichtverletzungen innerhalb von zumindest abstrakten „Wettbewerbslagen" in Betracht kommen (BRDrucks. 548/07 S. 23; näher Rdn. 46). Wie die Entstehungsgeschichte (vor Rdn. 1) zeigt, ist dieses Untreueelement, das im ausländischen Recht meist im Vordergrund steht (Rdn. 24 ff Vor §§ 298 ff), dem deutschen Strafrecht keineswegs fremd (**aA** wohl *Rönnau/Golombek* ZRP **2007** 194 f).

4 3. Nur *mittelbar* werden die **Kunden** des Unternehmens gegen Verteuerung der Ware, Erhalt schlechter Ware und unrichtige Beratung geschützt.[7] Entsprechendes gilt allgemein für die **Verbraucher** (zust. *Dannecker* NK Rdn. 7). Sie werden zwar bei § 16 UWG, mit dem sich § 299 inhaltlich berührt (*Lampe* aaO sub II), nach heute h.M. unmittelbar geschützt.[8] Der Unterschied erklärt sich jedoch daraus, dass sich die irreführende Werbung unmittelbar an die Verbraucher wendet, denen nicht vorhandene Vorzüge der Ware oder Dienstleistung vorgespiegelt werden. – Durch § 299 nur mittelbar geschützt wird

---

[7] BGH(Z) NJW **1968** 1572, 1574 – Bierexport; *Baumbach/Hefermehl* Rdn. 3 vor § 12 UWG; *Höltkemeier* S. 165; *Koepsel* S. 79 ff; *Lampe* Art. Wirtschaftskorruption, in HWiStR sub II sowie Tagungsberichte Bd. XI Anl. 1 S. 1 ff; *Nestoruk* S. 113; *Pfeiffer* FS v. Gamm, S. 131; **aA** *Diemer* in: Erbs/Kohlhaas § 12 UWG a.F. (U 43) Rdn. 2; *Joecks* Rdn. 1 und *Volk* Verh. 61. DJT S. L 52; weitergehend *Lackner/Kühl* Rdn. 1 (Schutz der Allgemeinheit vor Verteuerung).

[8] BGHSt **27** 293, 294; *Nestoruk* S. 111; *Otto* GA **2001** 46, 47; *Tiedemann* Wirtschaftsstrafrecht II S. 36 und BT Rdn. 216 m.w.N.

auch das allgemeine (Wettbewerbs-)Interesse daran, dass nicht durch Schmiergelder der Preis erhöht wird.[9]

Zusammengefasst schützt § 299 mit dem Allgemeininteresse an lauterem (redlichem, fairem) Wettbewerb primär die Mitbewerber, sekundär auch den Geschäftsherrn, der freilich insbesondere bei Entschleierung des Schmiergeldes durch Billigung oder Einwilligung auf seinen Schutz und damit auf sein Strafantragsrecht verzichten kann; bei der künftigen Nr. 2 tritt er als Inhaber des Interesses „an der loyalen und unbeeinflussten Erfüllung der Pflichten durch seine Angestellten und Beauftragten" (BRDrs. 548/07 S. 23) in den Vordergrund und kann hier erst recht auf seinen Schutz verzichten. Kunden des Unternehmens und Verbraucher sowie das Allgemeininteresse an Wettbewerbspreisen werden nur mittelbar geschützt. **5**

4. Soweit sich das Schrifttum zur Rechtsnatur des § 299 äußert, ordnet es die Absätze 1 und 2 als **abstraktes Gefährdungsdelikt** ein.[10] Dies ist zutreffend, soweit es um die *Vermögensinteressen der Mitbewerber* (Rdn. 1) geht: Die Tathandlung des Forderns, Sich-Versprechenlassens, Anbietens und Versprechens bewirkt noch keinen materiellen Schaden, und auch das Annehmen oder Gewähren des Vorteils begründet einen solchen allenfalls bei dem Vorteilsgeber. Eine Schädigung der Mitbewerber (oder jedenfalls eines Mitbewerbers) tritt erst durch die Bevorzugung im Wettbewerb ein, da diese definitionsgemäß die Schädigung eines Mitbewerbers voraussetzt (Rdn. 33 und 37). Insoweit lässt sich folglich sagen, dass der Straftatbestand materiell gesehen „Versuchshandlungen als vollendete Straftaten behandelt" (so BGHSt **10** 358, 367 – Beschaffungsstelle).[11] Auch die *Vermögensinteressen des Geschäftsherrn* werden – auch bei der künftigen Nr. 2 – nur abstrakt gefährdet (*Rönnau/Golombek* ZRP **2007** 194). Sein in Rdn. 5 genanntes Interesse an Pflichterfüllung wird aber ebenfalls verletzt. **6**

Soweit dagegen der *lautere (faire) Wettbewerb* in Frage steht, tritt ähnlich wie bei § 298 (dort Rdn. 12) durch die unlautere Zuwendung (usw.) eines Vorteils eine **Regelverletzung** ein (*Tiedemann* Wirtschaftsstrafrecht BT Rdn. 199; *Volk* GedS Zipf, S. 421 ff und in **61.** DJT S. L 38 mit weit. Nachw.), für welche die Bezeichnung als abstraktes Gefährdungsdelikt nur deshalb üblich ist, weil kein eigentlicher Taterfolg gegenüber einem Individualrechtsgut und insoweit auch keine konkrete Gefährdung vorliegt. Demgegenüber stellen einige Autoren, die durchaus der h.M. zuzurechnen sind, für § 300 auf die konkreten Auswirkungen der Wettbewerbsbeeinträchtigung ab (vgl. § 300 Rdn. 3), und auch im Übrigen wird im Wettbewerbsrecht das „Schmieren" als Verfälschung und Verletzung des Wettbewerbs bezeichnet (vgl. nur OLG[Z] Karlsruhe DJ **2000** 135, 136; *Baumbach/ Hefermehl* UWG § 12 Rdn. 3, 12 u.ö.; ebenso *Krack* NStZ **2001** 507). Es ist daher richtiger, § 299 mit Blick auf den neben dem Mitbewerber- und Geschäftsherrnschutz primär intendierten Wettbewerbsschutz als *Verletzungsdelikt* zu bezeichnen (zust. *Hellmann/Beckemper* Wirtschaftsstrafrecht Rdn. 760; **aA** *Höltkemeier* S. 167 f m.w.N.). **7**

5. Ein besonderer **Aktunwert** kann sich aus der Verheimlichung der Unrechtsvereinbarung ergeben. Jedoch ist Heimlichkeit keine Tatbestandsvoraussetzung (Rdn. 2). **8**

---

[9] BGH(Z) NJW **1968** 1572, 1574 – Bierexport; *Nestoruk* S. 113; *Pfeiffer* aaO mit Nachw.; vgl. (historisch) auch *Tiedemann* LK[11] Rdn. 1 m.w.N.

[10] *Diemer/Krick* MK Rdn. 2; *Fischer* Rdn. 2a; *Kindhäuser* LPK Rdn. 1, *Lackner/Kühl* Rdn. 1; *Schönke/Schröder/Heine* Rdn. 2.

[11] So auch RGSt **37** 172 f; *Lampe* Art. Wirtschaftskorruption, in HWiStR sub III 5; *Otto* in: Großkommentar UWG § 12 Rdn. 20; *Pfeiffer* aaO S. 137.

Wohl aber erfordert Absatz 2 ein Handeln des Täters zu Zwecken des Wettbewerbs, also Wettbewerbsabsicht (Rdn. 53). Diese überschießende Innentendenz, die § 299 nicht zu einem Erfolgsdelikt macht, kennzeichnet den Aktunwert, weil Zweck des Täters die *Wettbewerbsverfälschung* ist. Ein Aktunwert ist – künftig für beide Absätze – auch insoweit zu bejahen, als die Unrechtsvereinbarung auf die Bevorzugung als künftiges Ereignis abzielen muss. Das reicht allerdings nicht aus, um § 299 mit BGH[Z] GRUR **1968** 587, 588 (Bierexport) insgesamt als *Absichtsdelikt* zu bezeichnen. Bei der künftigen Nr. 2 ist in beiden Absätzen die **Pflichtverletzung** typischer Ausdruck von Aktunwert (*Tiedemann* Tatbestandsfunktionen S. 125 ff).

9 Der **Einwand mangelnder Gefährdung** von Wettbewerb, Mitbewerbern und Geschäftsherr ist nach h.M. tatbestandlich *unbeachtlich*. Es geht bei § 299 gerade um die abstrakte Gefahr sachwidriger anstelle wettbewerblicher bzw. pflichtgemäßer Entscheidungen (Rdn. 2). Dass im Ergebnis „wirklich die beste Leistung vorgezogen wurde", ändert nach h.M. nichts am Vorliegen der Regelverletzung (vgl. nur *Baumbach/Hefermehl* UWG § 12 Rdn. 10; BGH NJW **2006** 3290, 3298 – Allianz Arena München). Jedoch kann in Fällen dieser Art die *Unlauterkeit* fehlen (Rdn. 43). Für eine teleologische Reduktion des Tatbestands in solchen Fällen treten *Gercke/Wollschläger* wistra **2008** 9 ein.

II. Täterkreis

10 1. **Absatz 1** beschränkt den Täterkreis für die Bestechlichkeit ausdrücklich auf Angestellte und Beauftragte eines geschäftlichen Betriebes. Es handelt sich daher um ein **Sonderdelikt,**[12] dessen Täter durch die besondere Beziehung zum Betrieb gekennzeichnet wird. Außenstehende können sich nur der Anstiftung oder Beihilfe schuldig machen, wobei Strafmilderung nach § 28 Abs. 1 eingreift.[13] Selbständige (außerhalb eines Auftragsverhältnisses, Rdn. 16) und die *Betriebsinhaber* (z.B. auch Alleingesellschafter-Geschäftsführer einer GmbH, Rdn. 14, sowie Komplementäre einer KG, *Bürger* wistra **2003** 132) sind nach bisheriger Auffassung keine tauglichen Täter (**aA** aber jetzt *Fischer* Rdn. 10c); ihre Einbeziehung bleibt de lege ferenda – vor allem bei Vorliegen einer Verletzung ihrer Vertragspflichten nach der EU-Maßnahme, dem Europarats-Übereinkommen und der UNO-Konvention – diskutabel,[14] z.B. mit Blick auf die Erbringung von Beratungsleistungen durch Anlageberater, Architekten, Unternehmensberater usw. Nach geltendem Recht ist nur Strafbarkeit eines Angestellten oder Beauftragten des Beratungsunternehmens möglich (vgl. für Unternehmensberater *Schmidl* wistra **2006** 288). Der Betriebsinhaber kann sich auch nicht durch Unterlassen (der Verhinderung der Tat des Angestellten) strafbar machen (*Rengier* FS Tiedemann, S. 838). Das Schmieren von Betriebsinhabern (z.B. durch sog. Wertreklame, also Geschenke zwecks Förderung des Verkaufs einer bestimmten Ware) kann aber gegen § 3 UWG verstoßen (BGH[Z] GRUR

---

12 *Diemer/Krick* MK Rdn. 3; *Fischer* Rdn. 5; *Gössel/Dölling* BT 1 § 55, 7; *Kindhäuser* LPK Rdn. 3; *Mitsch* II/2 § 3, 220; *Schönke/Schröder/Heine* Rdn. 5; *Wessels/Hillenkamp* Rdn. 702; *Winkelbauer*, FS Weber, S. 389.

13 *Lackner/Kühl* Rdn. 2; *Mitsch* aaO; *Otto* BT § 61, 154; *Rudolphi* SK Rdn. 3.

14 *Androulakis* S. 467 ff; *Bolenius* in Baumann/Dähn S. 44; *Bürger* wistra **2003** 131 ff; *Dölling* Verh. **61.** DJT (1996) S. C 86 f; *Höltkemeier* S. 169 ff; *Koepsel* S. 177 ff; *Lampe* FS Stree/Wessels, S. 464 f; *Satzger* ZStW **115** (2003) 488; *Tiedemann* Wirtschaftsstrafrecht BT Rdn. 213; *Vogel* FS Weber, S. 405; *Volk* GedS Zipf, S. 426 f und Verh. **61.** DJT S. L 47 ff; **aA** *Dölling* Verh. **61.** DJT S. C 87 und *Rittner* § 3, 43 Fußn. 49; aber auch *Otto* in Großkommentar UWG § 12 Rdn. 31.

1974 394, 395 mit Anm. *K. Bauer* – Dokator; stark einschränkend jedoch *Rengier* aaO S. 843 f mit neueren Nachw.).

a) **Angestellter** ist, wer in einem Dienstverhältnis zum Geschäftsinhaber steht und Weisungen des Geschäftsherrn unterworfen ist.[15] Auf die arbeitsrechtliche Einordnung kommt es ebenso wenig an wie auf die zivilrechtliche Wirksamkeit des Dienstverhältnisses, sofern der Angestellte nur als solcher tätig wird (*faktisches Dienstverhältnis*; vgl. *Fischer* Rdn. 9 und *Höltkemeier* S. 168). Jedoch reicht bereits der (zivilrechtlich wirksame) Vertragsschluss (RGSt **50** 130, 131), auch eine kurzfristige Beschäftigung (Zeitarbeitsverhältnis!) und eine unentgeltliche Tätigkeit (*Fischer* aaO; *Rudolphi* SK Rdn. 4); letztere wird allerdings eher als Beauftragung (Rdn. 16) einzustufen sein. Einschränkend ergibt sich insgesamt aus dem Gesetzeszweck das Erfordernis, dass der Angestellte Entscheidungskompetenz hat oder zumindest *Entscheidungen* faktisch *beeinflussen* kann.[16] Untergeordnete Hilfskräfte sind daher keine tauglichen Täter (BayObLG wistra **1996** 28, 30). Dasselbe gilt für Boten (*Lampe* Art. Wirtschaftskorruption, in HWiStR sub III 1). Auch mit Kündigung kann bereits vor Vertragsende die Einflussmöglichkeit entfallen (*Otto* in Großkommentar UWG § 12 Rdn. 42). **11**

Bei Einschaltung von rechtlich selbständigen *Vermittlern* sind nur die für die Auftragsvergabe zuständigen Angestellten als Täter und die Vermittler als Anstifter oder Gehilfen in Betracht zu ziehen (*Lackner/Kühl* Rdn. 2). In dem von *Wittig* wistra **1998** 7 ff behandelten Sonderfall, dass Angestellte des Abnehmerunternehmens eigens ein **Vermittlungsunternehmen** gründen, dessen Angestellte von potentiellen Lieferanten „Provision" fordern und hiervon nach Auftragserteilung einen Teil an ihre Geschäftsherren abführen, stellt sich zunächst die Frage der Angestelltenbestechlichkeit (§ 299 *Abs. 1*). Hierfür kommen, wie *Wittig* aaO S. 9 zutreffend erkennt, nur die Angestellten der Abnehmerunternehmen in Betracht. Sofern sie unmittelbar an die Lieferanten herantreten und diese auffordern, an die Vermittlerfirmen zu zahlen, bereitet die Strafbarkeit nach § 299 Abs. 1 keine Probleme. Allerdings gab es hierauf in dem von *Wittig* zugrunde gelegten Sachverhalt (DER SPIEGEL Heft 9/1997 S. 96 ff) keinen Hinweis, und es erscheint auch nicht wirklichkeitsfremd, anzunehmen, dass ein solcher Kontakt – in dem SPIEGEL-Sachverhalt und vergleichbaren Fällen – nicht stattgefunden hat bzw. nicht stattfindet; vielmehr werden die Angestellten des Abnehmerunternehmens durch Mittelsleute und insbesondere durch die Angestellten der Vermittlerfirmen Vorteile fordern, sich versprechen lassen oder annehmen. (Letzteres schied in dem SPIEGEL-Sachverhalt aus, weil die Provisionen erst *nach* Auftragsvergabe zu zahlen waren.) Dann ist freilich zu klären, wie den Hintermännern die Handlungen der Mittelsleute *zuzurechnen* sind. Die von *Wittig* zitierte Entscheidungen RGSt **42** 382 und BGHSt **37** 206 verhalten sich hierzu nicht, sondern beschäftigen sich mit der Teilnehmerstrafbarkeit von Mittelsleuten bezüglich bereits vorausgesetzter Haupttaten der Hintermänner, während es hier erst einmal darum geht, diese Haupttaten festzustellen. Insoweit ist die Zurechnung des Vermittlerverhaltens äußerst zweifelhaft, da die Voraussetzungen mittelbarer Täterschaft nicht gegeben und **12**

---

[15] *Dannecker* NK Rdn. 19; *Diemer/Krick* MK Rdn. 4; *Fischer* Rdn. 9; *Kindhäuser* LPK Rdn. 5; *Lackner/Kühl* Rdn. 2; *Maurach/Schroeder/Maiwald* BT 2 § 68, 11; *Mitsch* II/2 § 3, 220; *Otto* aaO; *Pfeiffer* aaO S. 133; *Schönke/Schröder/Heine* Rdn. 7.

[16] RGSt **72** 132 f; *Arzt/Weber* § 49, 57; *Dannecker* NK Rdn. 19; *Fischer* Rdn. 9; *Hellmann/Beckemper* Wirtschaftsstrafrecht Rdn. 762; *Koepsel* S. 141 ff; *Lackner/Kühl* Rdn. 2; *Lampe* Art. Wirtschaftskorruption, in HWiStR sub III 1; *Maurach/Schroeder/Maiwald* aaO; *Otto* BT § 61, 154; *Rudolphi* SK Rdn. 4.

andere Zurechnungsmechanismen nicht ersichtlich sind (die Annahme einer „faktischen Stellung als Angestellter ... auch bei der Zwischenschaltung von Unternehmen zum Zweck der verdeckten Schmiergeldforderung“ durch *Diemer/Krick* MK Rdn. 4 ist zumindest zweifelhaft). Die Korruptionsdelikte sperren sich zwar gegen eine Anwendung der allgemeinen *Teilnahme*regeln (vgl. unten Rdn. 47); für die *Täterschaft* gelten indes keine Besonderheiten. Somit bleibt in den hier erörterten Fällen nur ein Fordern oder Sich-Versprechenlassen gegenüber den Vermittlern. *Wittig* (aaO S. 8 i.V.m. S. 9 [unter b]) lehnt das offenbar und mit der Erwägung ab, Adressat der Erklärungen des Bestochenen könne nur der (Haupt-)Täter der Bestechung sein. Wenn aber für die Erklärungen der Bestechenden anerkannt ist, dass sie auch gegenüber Mittelspersonen abgegeben werden können (vgl. sogleich zur Strafbarkeit der Anbieter/Zulieferer), so kann für Erklärungen in umgekehrter Richtung nichts anderes gelten. Sofern freilich – wie in dem SPIEGEL-Sachverhalt – auch über Kontakte zwischen den Angestellten der Abnehmerunternehmen und der Vermittlerfirmen nichts bekannt ist, lässt sich eine Strafbarkeit der ersteren nicht begründen. Hier macht sich das Fehlen des Rdn. 73 behandelten Straftatbestandes des „Handelns mit Einfluss“ in der deutschen Rechtsordnung bemerkbar, auch wenn es sich nicht um einen insoweit typischen Fall handelt. Rechtstechnisch gesehen liegt ein Umgehungsproblem vor. – Die *Anbieter* (bei *Wittig:* Zulieferer) machen sich jedenfalls nach § 299 *Abs. 2* strafbar. Das ist wiederum unproblematisch, wenn sie mit den Angestellten des Abnehmerunternehmens in direkten Kontakt treten und diesen gegenüber anbieten usw. Doch auch für Erklärungen gegenüber Dritten – hier: den Angestellten der Vermittlerfirmen – ist anerkannt, dass sie ein tatbestandsmäßiges Anbieten oder Versprechen darstellen, wenn es sich bei den Dritten um mit der Weiterleitung beauftragte *Mittelspersonen* handelt (*Baumbach/Hefermehl* UWG § 12 Rdn. 6; *Schönke/Schröder/Heine* Rdn. 27 mit weit. Nachw.). Gleichermaßen war die Vorteilsgewährung selbst an Dritte auch schon bei § 12 UWG a.F. tatbestandsmäßig, sofern es sich bei den Dritten um Sympathiepersonen des Bestochenen handelte und dieser beabsichtigterweise Kenntnis von der Hingabe erlangte (sog. mittelbare Bestechung, vgl. nur *Baumbach/Hefermehl* aaO für Familienangehörige, Freunde und Geliebte). Dies gilt erst recht für § 299 Abs. 2, der Drittvorteile ausdrücklich erfasst (allerdings weiterhin und etwas unglücklich verlangt, dass sie *dem bestochenen Angestellten* gewährt werden müssen). – Die *Angestellten der Vermittlerfirmen* schließlich werden von *Wittig* (aaO S. 9 f; ebenso *Schubert* in Wabnitz/Janovsky Kap. 12/77) zutreffend und *insoweit* in Übereinstimmung mit der höchstrichterlichen Rechtsprechung zu §§ 331 ff als Gehilfen der passiven Bestechung eingestuft, da sie nach ihrer Willensrichtung – und objektiv – auf der Seite der Angestellten des Abnehmerunternehmens stehen. Voraussetzung der Beihilfestrafbarkeit ist freilich eine Haupttat; vgl. oben zur Strafbarkeit der Angestellten des Abnehmerunternehmens!

13 Dagegen ist der Einsatz von sog. **Industrieverkäufern**, die als Angestellte des Herstellers im Betrieb des Abnehmers tätig sind (vgl. nur *Fezer* BB **1971** 806 [ff]), ohne weiteres zulässig (*Culemann* MuW **1935** 246, der aber auch als Umgehungsproblem die Bildung einer Gesellschaft zwischen dem Verkäufer im Betrieb des Abnehmers und dem Hersteller erörtert).

14 Nach der zutreffenden Rechtsprechung und der zu § 12 UWG überkommenen weiten Auslegung h.M. sind als Angestellte anzusehen: Geschäftsführende *Vorstandsmitglieder* einer AG (RGSt **66** 81 ff – Brauerei-Kisten; vgl. auch BGHSt **20** 210 ff; **aA** *Brand/Wastry* WRP **2008** 637, 639 wegen der Kompetenz des Vorstands als Willenbildungs- und Handlungsorgan der AG), (Fremd-)*Geschäftsführer* einer GmbH (*Lackner/Kühl* Rdn. 2 mit Nachw.), Mitglieder des *Betriebsrats*, soweit sie nicht nur betriebsintern handeln, sondern Marktverhalten „nach außen“ zeigen (z.B. bei der Organisation von Schulungskursen, *Rieble/Klebeck* NZA **2006** 758, 768), aber auch Beamte (z.B. einer öffentlich-rechtlichen Körperschaft) im Rahmen erwerbswirtschaftlichen (fiskalischen) Handelns (*Arzt/Weber* § 49, 57; *Fischer* Rdn. 9); in Betracht kommen daher vor allem Angehörige einer staatlichen *Beschaffungsstelle* (BGHSt **2** 396, 403 f – Sub-Post-Ingenieur; **10** 358, 365 f – Beschaffungsstelle), z.B. auch der AOK (RG JW **1935** 1861 – Brillenlieferung). Für die Abgrenzung, insbesondere im Bereich der Daseinsvorsorge, ist die Neufassung des § 11 Abs. 1 Nr. 2c zu beachten (dazu unten Rdn. 19; *Hilgendorf* LK § 11 Rdn. 33 ff). – Der Alleingesellschafter-Geschäftsführer einer GmbH scheidet ebenso aus (vgl. bereits Rdn. 10) wie der tatsächliche Inhaber eines Unternehmens, der sich eines Strohmanns ohne eigene Entscheidungsbefugnisse bedient (*Blessing* in Müller-Gugenberger/Bieneck § 53, 67 zust. *Schönke/Schröder/Heine* Rdn. 7). *Faktische Geschäftsführer* sind unter den in Rdn. 11 genannten Voraussetzungen taugliche Täter.

Das Angestelltenverhältnis in dem genannten Sinne muss zur Zeit der Tathandlung **15** (Unrechtsvereinbarung) bereits und noch bestehen (*Koinzidenzprinzip*, Art. 103 Abs. 2 GG). Ausgeschiedene Angestellte sind daher ebenso aus wie Personen, die „erst geschmiert und dann in einen Betrieb eingeschleust werden“, keine tauglichen Täter (*Lampe* Art. Wirtschaftskorruption, in HWiStR sub III 1 mit Nachw. zum Amtsträgerstrafrecht; dazu zuletzt BGH NStZ **2004** 564 f; *Tiedemann* Wirtschaftsstrafrecht BT Rdn. 200).

b) **Beauftragter** ist, wer ohne Angestellter (oder Inhaber) eines geschäftlichen Betrie- **16** bes zu sein, befugtermaßen für den Betrieb geschäftlich tätig wird und unmittelbar oder mittelbar auf die Unternehmensentscheidungen Einfluss ausüben kann (vgl. nur BayObLG NJW **1996** 268, 270 mit Nachw.). Der Begriff ist weit zu verstehen (BGHSt **2** 396, 401 – Sub-Post-Ingenieur; OLG[Z] Karlsruhe DJ **2000** 135, 136) und hat auch Auffangfunktion, so dass *faktische Geschäftsführer* (Rdn. 12 und 14) sowie Werkvertragspartner jedenfalls durch ihn erfasst werden.[17] Selbständigkeit innerhalb des Betriebes steht der Eigenschaft als Beauftragter nicht entgegen (*Otto* BT § 61, 154). Daher sieht die h.M. *Aufsichtsratsmitglieder* zutreffend als Beauftragte an (vgl. nur RGSt **68** 119, 120; **zw.** *Fischer* Rdn. 10c). Dasselbe gilt für einzeln handelnde geschäftsführende Gesellschafter von Personengesellschaften (*Winkelbauer* FS Weber, S. 389). Zivilrechtlich setzt die Beauftragung zwar Weisungsabhängigkeit voraus (vgl. § 665 BGB). Jedoch ist der Begriff hier nicht zivilrechtlich, sondern *faktisch* zu bestimmen (RGSt **68** 263, 270 – Konsumverein; OLG Karlsruhe aaO mit weit. Nachw.; *Dannecker* NK Rdn. 22; *Diemer/Krick* MK Rdn. 5; *Höltkemeier* S. 168). Ein Geschäftsbesorgungsvertrag nach § 675 BGB ist ausreichend (*Blessing* in Müller-Gugenberger/Bieneck § 53, 51), da der Beauftragte nicht in den Betrieb eingegliedert sein muss (missverständlich *Rudolphi* SK Rdn. 4). Einschlägig ist z.B. auch die Tätigkeit eines *Unternehmensberaters*, welcher dem beratenen Unternehmen auftragsgemäß Lieferanten vermittelt (und sich von diesen schmieren lässt, OLG Karlsruhe aaO; *Schmidl* wistra **2006** 288), oder eines *Architekten*, der von einem Bundesland mit der Planung einer Schloßrenovierung (BayObLG aaO) oder von einer Gemeinde mit der Planung eines Klärwerks betraut wird (BGHSt **43** 96, 105 – Klärwerk München II). Seit der Neufassung des § 11 Abs. 1 Nr. 2c kommt jedoch für den Architekten Amtsträgereigenschaft in Betracht (vgl. BGHSt **46** 310, 312 f – Bayer.

---

[17] So *Dannecker* NK Rdn. 22; *Fischer* Rdn. 10; *Lackner/Kühl* Rdn. 2; *Otto* aaO; *Rudolphi* aaO; auch *Diemer* in Erbs/Kohlhaas § 12 UWG a.F. Rdn. 13; **aA** anscheinend *Schönke/Schröder/Heine* Rdn. 8.

Rotes Kreuz); diese schließt die Annahme einer bloßen Beauftragung i.S.v. § 299 aus (RGSt **68** 70, 74 – Postkrankenkasse; *Wassermann* GRUR **1931** 556; näher zu dem Verhältnis von §§ 331 ff und § 299 Rdn. 61). Ein Entgelt ist bereits nach der Definition des Auftrags in § 662 BGB nicht erforderlich. Kraft Verweisung sind neben geschäftsführenden Gesellschaftern (§ 713 BGB) auch Vereinsvorstände und -liquidatoren (§§ 27 Abs. 3, 48 Abs. 2 BGB) einbezogen. Anerkannt ist ferner die Erfassung von *Handelsvertretern* (BGH NJW **1968** 1572, 1573 – Bierexport; RG HRR **1939** Nr. 1187 – Margarine), Vereinsgründern (RGSt **72** 62, 64 – Arbeitsfront) und Vorsitzenden eines Konsumvereins (RGSt **68** 263, 270). Aber auch *Anlage-* und *Steuerberater* sowie *Rechtsanwälte* sind als Beauftragte des Mandanten (Unternehmers) taugliche Täter (*Tiedemann* Wirtschaftsstrafrecht BT Rdn. 200).

17 Die Beauftragung muss nicht rechtsgeschäftlich erfolgen, sondern kann **behördlich** oder gerichtlich vorgenommen werden. Für den ersteren Fall ergeben schon §§ 11 Abs. 1 Nr. 2c, 14 Abs. 2 Satz 3, 266 Abs. 1 StGB, das dieses Verständnis nicht gegen den Wortlaut verstößt und nicht außerhalb des Sprachgebrauchs des StGB liegt.[18] Für den zweiten Fall entspricht es der zutreffenden h.M., dass der vom Gericht bestellte *Insolvenzverwalter* als gesetzlicher Vertreter des insolventen Unternehmens Beauftragter ist und daher bei Fortführung des Unternehmens im Sinne des § 299 bestochen werden kann.[19] Teleologisch ergibt sich die Richtigkeit dieser Tatbestandsausdehnung daraus, dass nur der Geschäftsherr in einem Rechtsverhältnis zu seinen Wettbewerbern steht (*Bürger* wistra **2003** 133 mit Nachw.), er aber typischerweise gutgläubig den Wettbewerb und die Mitbewerber objektiv schädigt, da seine Bezugs- oder Lieferentscheidung auf unsachlichen Gründen beruht. Die bösgläubigen Beauftragten (oder Angestellten) des Unternehmens handeln als eine Art mittelbare Täter und werden deshalb wegen ihrer eigenen Tätigkeit bestraft; nicht etwa geht es darum, ihr Verhalten dem Prinzipal durch normative Prinzipien wie personale Berufung, Geschäftsherrenhaftung durch Auswahl- oder Aufsichtsverschulden oder Organisationsmangel zuzurechnen. Mit anderen Worten legitimiert sich die Strafbarkeit der dolosen Angestellten und Beauftragten aus ihrer faktischen Tätigkeit für den Geschäftsherrn (Rdn. 16).

18 Damit ist methodisch der Weg frei, auch die Einbeziehung einer **gesetzlichen** Beauftragung in § 299 zu erwägen, wie es § 266 Abs. 1 für die Untreue ausdrücklich vorsieht (und damit das Argument vom Analogieverbot ausräumt). Einen solchen gesetzlichen Auftrag enthält § 72 Abs. 1 Satz 1 SGB V für niedergelassene **Vertragsärzte** (bis 1993: Kassenärzte), die zusammen mit den gesetzlichen Krankenkassen und den Kassenärztlichen Vereinigungen, die durch Zulassung der Ärzte den gesetzlichen Auftrag aktualisieren, die ärztliche Versorgung der gesetzlich Versicherten gewährleisten. Dabei handeln die Vertragsärzte „an Stelle der Krankenkasse kraft gesetzlichen Auftrags".[20] BGHSt **49**

---

18 **AA** *Geis* wistra **2005** 370 und **2007** 362 sowie GesR **2006** 347; *Joecks* Rdn. 5; *Klötzer* NStZ **2008** 13; *Reese* PharmR **2006** 97 f; *Schmidl* wistra **2006** 288. Insbesondere *Sahan* ZJS **2/2007** 72 postuliert einen Verfassungsverstoß, da das allgemeine Wortverständnis von einer rechtsgeschäftlichen Beziehung ausgehe (sic!); zurückhaltender *Rönnau* in Achenbach/Ransiek III 2 Rdn. 15.

19 LG Magdeburg wistra **2002** 156, 157 mit **abl.** Bespr. *Brand/Wostry* ZInsO **2008** 64 ff; *Diemer/Krick* MK Rdn. 5 (a.E.); *Fischer* Rdn. 10; *Hefermehl/Köhler/Bornkamm* § 8 UWG Rdn. 2.42; *Pragal/Apfel* A&R **2007** 13; *Rönnau* in Achenbach/Ransiek III 2 Rdn. 12; *Tiedemann* Wirtschaftsstrafrecht BT Rdn. 210b.

20 *Neumann* in Schnapp/Wigge, Handbuch des Vertragsarztrechts (2. Aufl. 2006) § 13 IV S. 387 (Rdn. 17 Fn. 72); *Pragal* NStZ **2005**

17, 19 (zu § 266 StGB) und BSGE **77** 194, 200 bezeichnen zu Recht den Vertragsarzt als *gesetzlichen Vertreter* der Krankenkassen, ja – passim – sogar als öffentlich-rechtlich Beliehenen (Letzteres zweifelhaft, vgl. *Tiedemann* Wirtschaftsstrafrecht BT Rdn. 210d). Weder die Zugehörigkeit zu einem Freien Beruf (Rdn. 16; **aA** *Bernsmann/Schoß* GesR **2005** 195 f) noch die Selbstverantwortung des Arztes bei der Behandlung von Patienten (**aA** *Taschke* StV **2005** 411) stehen dem entgegen, wie das bereits Rdn. 17 angeführte Beispiel des Insolvenzverwalters – meist: Rechtsanwälte – zeigt (ebenso *Fischer* Rdn. 10a). Problematisch bleibt für § 299 allerdings, ob die gesetzlichen Krankenkassen die vom Vertragsarzt verordneten Arznei- oder Hilfsmittel usw. sowie die von ihm in Auftrag gegebenen externen Labor- und Röntgenleistungen usw. „beziehen". Ist in letzterer Hinsicht der Arzt selbst Bezieher, so handelt er insoweit *funktional* nicht „als" Beauftragter, sondern als Geschäftsherr (näher Rdn. 32).

19 Das **Unternehmen**, für das der Angestellte oder Beauftragte tätig wird (bisher: „geschäftlicher Betrieb"), betrifft jede auf eine gewisse Dauer betriebene, also nicht nur gelegentlich vorgenommene Tätigkeit im Wirtschaftsleben durch Austausch von Leistungen (BGHSt **2** 396, 403 – Sub-Post-Ingenieur; **10** 359, 366 – Beschaffungsstelle).[21] Absicht der Gewinnerzielung ist – anders als beim Gewerbebetrieb – nicht erforderlich.[22] Einschlägig sind daher auch Unternehmen mit gemeinnütziger, kultureller, sportlicher oder sozialer Zielsetzung, da und soweit sie einem wirtschaftlichen Zweck dienen,[23] z.B. (private) Krankenhäuser (*Fischer* Rdn. 4). Auch freiberufliche Tätigkeiten von Ärzten, Architekten, Rechtsanwälten, Notaren und Steuerberatern sind einbezogen.[24] Dagegen scheidet das *rein private Handeln* (und damit z.B. die Hausangestellte als Täterin) aus (vgl. nur BGHSt **2** 396, 403 – Sub-Post-Ingenieur mit Nachw.; *Lampe* Art. Wirtschaftskorruption sub III 2 sieht hierin eine Gesetzeslücke; dazu zuletzt *Koepsel* S. 195 ff). Auch gesetz- oder sittenwidrige Betätigungen werden vom Strafschutz nach RGSt **55** 31 (ff passim) nicht erfasst (*Ulbricht* S. 60 ff mit Nachw.; **aA** *Fischer* Rdn. 5, der bis zur 54. Aufl. sogar Betriebe mit ausschließlich verbotener Geschäftstätigkeit, z.B. Handel mit Rauschgift oder Waffen, einbeziehen wollte). Sowohl für das GWB als auch für das UWG ist der Grundsatz anerkannt, dass nur *rechtlich zulässiger Wettbewerb* geschützt wird (*Immenga/Mestmäcker*[2] § 1 Rdn. 216 mit Nachw.; ebenso jetzt *Fischer* Rdn. 5). – *Öffentliche Behörden* und öffentlich-rechtliche Körperschaften sind bei (erwerbswirtschaftlich-)fiskalischem Handeln, also regelmäßig soweit unter den Interessenten für Aufträge Wettbewerb entsteht (*Baumbach/*

---

134 f; *Spellbrink* NZS **1999** 1, 2; *Tiedemann* aaO; **aA** für § 299 *Lackner/Kühl* Rdn. 2; *Klötzer* NStZ **2008** 14 ff; *Schnapp* FS Herzberg, S. 801 ff; *Ulsenheimer* Arztstrafrecht 13/41.

21 *Blessing* in Müller-Gugenberger/Bieneck § 53, 53; *Diemer/Krick* MK Rdn. 7; *Fischer* Rdn. 4; *Gössel/Dölling* BT 1 Rdn. 7; *Hellmann/Beckemper* Wirtschaftsstrafrecht Rdn. 763; *Kindhäuser* LPK Rdn. 5; *Lackner/Kühl* Rdn. 2; *Mitsch* II/2 § 3, 220; *Pfeiffer* FS v. Gamm, S. 134; *Rudolphi* SK Rdn. 5; *Schönke/Schröder/Heine* Rdn. 6; *Tiedemann* Wirtschaftsstrafrecht Rdn. 210a.

22 BGHSt **2** 396, 401 f; RGSt **55** 31, 32 ff; **68** 70, 74 f, 263, 268 f; RG JW **1935** 1861; *Diemer/Krick* MK Rdn. 7; *Gössel/Dölling* aaO; *Hellmann/Beckemper* aaO; *Joecks* Rdn. 7; *Lackner/Kühl* Rdn. 2; *Maurach/Schroeder/Maiwald* 2 § 68, 11; *Mitsch* aaO.

23 BGHSt **2** 396, 402 und NJW **1991** 367, 370; *Diemer/Krick* aaO; *Fischer* Rdn. 5; *Lackner/Kühl* aaO; *Lampe* Art. Wirtschaftskorruption, in HWiStR sub III 2; *Lehmann* S. 74; *Maurach/Schroeder/Maiwald* aaO; *Paringer* S. 239; *Schubert* in Wabnitz/Janovsky Kap. 12/75.

24 RGZ **99** 189, 192; *Diemer/Krick* aaO; *Fischer* aaO; *Gössel/Dölling* aaO; *Hellmann/Beckemper* aaO; *Koepsel* S. 192 ff; *Lampe* aaO; *Lehmann* aaO; *Schubert* aaO; missverständlich *Joecks* Rdn. 8 a.E.; unklar auch *Schönke/Schröder/Heine* Rdn. 6 („praktisch alle freien Berufe"); speziell für Krankenhäuser *Ulsenheimer* Arztstrafrecht 13/40 mit Nachw.

Hefermehl UWG § 12 Rdn. 5), als Unternehmen anzusehen;[25] einschlägig ist insbesondere die Tätigkeit gesetzlicher Krankenkassen (RGSt **68** 70, 74 f – Postbeamtenkrankenkasse, RG JW **1935** 1861 Nr. 20 – Allgemeine Ortskrankenkasse) sowie staatlicher Beschaffungsstellen (vgl. bereits Rdn. 14) und Ausschreibungsstellen (§ 298!), jedenfalls soweit es nicht um Objekte der Daseinsvorsorge geht (*Schramm* JuS **1999** 338 f mit Nachw.). Für letztere – etwa im Falle städtischer Verkehrsbetriebe (RG MuW **1933** 66 ff), Elektrizitätswerke (RG MuW **1932** 100 ff) oder des Baues eines kommunalen Klärwerks (BGHSt **43** 96 ff mit Anm. *Haft* NStZ **1998** 29 f, *Otto* JR **1998** 73 f und Bespr. *Ransiek* NStZ **1997** 519 ff) – nahm RG MuW **1933** 66, 67 immerhin eine „strafrechtliche Doppelnatur" an, was die Anwendung (auch) von § 299 zunächst zu ermöglichen scheint, und der BGH betrachtete (aaO S. 105) den von der Gebietskörperschaft eingeschalteten Ingenieur als deren Beauftragten im Sinne des § 12 Abs. 2 UWG a.F., sah die Gebietskörperschaft also als geschäftlichen Betrieb an. Sofern der Bestochene allerdings – wie in der letztgenannten RG-Entscheidung – *Amtsträger* ist, scheidet § 299 nach (zutreffender) Auffassung der Rechtsprechung aus, da diese im Verhältnis von § 299 und §§ 331 ff im Ergebnis Exklusivität und Vorrang der Amtsdelikte annimmt (näher unten Rdn. 61). Für die Abgrenzung von Amtsträgern und Angestellten bzw. Beauftragten verlangt klarstellend nunmehr für die Annahme amtlicher Aufgaben BGHSt **46** 310, 313 ff (Bayer. Rotes Kreuz) solche, „die ihrer Natur nach typischerweise dem Staat vorbehalten sind" (funktionale Betrachtung), *und* für die Amtsträgereigenschaft organisatorische „Anbindung an eine Behörde" durch eine längerfristige vertragliche Bindung *oder* durch einen (auch formfrei möglichen) Bestellungsakt (organisatorische Betrachtung). In casu verneint BGH aaO die Eigenschaft der *Gesundheitsfürsorge* als öffentliche Aufgabe bei dem – auch privatwirtschaftlich möglichen – Handel mit Spenderblut. Nach BGHSt **50** 299, 303 (Müllverbrennungsanlage Köln) muss die nicht öffentliche Stelle bei einer Gesamtbewertung als „verlängerter Arm des Staates" erscheinen, um die Amtsdelikte anwendbar werden zu lassen. Müllentsorgung sei zwar eine öffentliche Aufgabe (der Daseinsvorsorge). Privatrechtlich organisierte Unternehmen schieden aber auch dann aus § 11 Abs. 1 Nr. 2c StGB aus, wenn sie an einer kommunal beherrschten „Mischgesellschaft" in einem Umfang beteiligt sind, dass sie wesentliche unternehmerische Entscheidung mitbestimmen können. Auf Art und Umfang der Einflussnahme stellt aber BGHSt **49** 214, 226 f (Deutsche Bahn AG) ab.

20 2. **Absatz 2** enthält dagegen für die (aktive) Bestechung keine ausdrückliche Einschränkung des Täterkreises. Da der Täter jedoch bis zur Verwirklichung der 2007 eingeleiteten Gesetzesänderung „zu Zwecken des Wettbewerbs" handeln muss und als Wettbewerb nur ein solcher des Täters oder eines Dritten in Betracht kommt (*Fischer* Rdn. 15), werden nur *Mitbewerber* und solche Personen als taugliche Täter angesehen, die im Interesse eines Mitbewerbers handeln.[26] Private, die nicht für einen Mitbewerber tätig werden, können daher nur Anstifter oder Gehilfen sein,[27] z.B. durch Bereitstellen von Mitteln zur Bestechung (BGH NStZ **2000** 430). Auch bei Streichung des Tatbestandsmerkmals „zu Zwecken des

---

[25] BGHSt 2 396, 403; 10 358, 365; *Diemer/Krick* MK Rdn. 7; *Fischer* Rdn. 6; *Lackner/Kühl* Rdn. 2; *Lampe* aaO; *Pfeiffer* FS v. Gamm, S. 134; *Rudolphi* SK Rdn. 5; *Schönke/Schröder/Heine* Rdn. 6; *Tiedemann* Wirtschaftsstrafrecht BT Rdn. 209.

[26] *Gössel/Dölling* BT 1 § 55, 11; *Lackner/Kühl* Rdn. 6; *Otto* BT § 61, 171; *Schönke/Schröder/Heine* Rdn. 25; weitergehend *Kindhäuser* LPK Rdn. 4 m.w.N. (wie hier dagegen Rdn. 10).

[27] *Baumbach/Hefermehl* UWG § 12 Rdn. 16 und *Pfeiffer* aaO S. 140 (je zu § 12 UWG a.F.); *Lackner/Kühl* aaO; *Otto* aaO; *Schönke/Schröder/Heine* aaO.

Wettbewerbs" durch die bevorstehende Reform ergeben sich also Einschränkungen für Absatz 2 zum einen aus dem Gesichtspunkt, dass die Bevorzugung „bei dem Bezug von Waren oder gewerblichen Leistungen" erfolgen soll. Es muss also ein Anbieter solcher Waren oder Leistungen vorhanden sein und begünstigt werden sollen. Bieten Private Waren oder Leistungen an, so werden sie selbst zu Unternehmern (*Immenga/Mestmäcker*[2] § 1 Rdn. 42 mit Nachw.) und Wettbewerbern. Andernfalls können sie nur bei fremdnützigem Handeln (zu Gunsten eines Anbieters von Waren oder Leistungen) Täter der Bestechung sein. Insoweit, also bei entsprechender Finalität, scheinen keine Bedenken gegen die Annahme von Täterschaft zu bestehen, gleichgültig ob der Vorteilgeber in den Betrieb eines Mitbewerbers eingegliedert ist oder als Außenstehender für diesen handelt. Jedoch muss zum anderen der Täter „im geschäftlichen Verkehr" tätig werden (dazu näher Rdn. 21). Dieses Erfordernis kann der Private nur erfüllen, wenn er mit oder ohne Auftrag für einen anderen auftritt, der Mitbewerber (von anderen Bewerbern) ist (RGSt **56** 249, 251 für das Geldangebot an den Personaldezernenten einer Bank, um eine Einstellung des Schwagers des Anbietenden als Kassenbote zu erreichen). Es ist also zusammengefasst nicht nur ein Handeln im Interesse des Mitbewerbers, sondern ein *nach außen zum Ausdruck kommendes*, wenn auch vollmachtloses, *Auftreten* für diesen erforderlich (*Rosenthal/Leffmann* § 12 UWG Rdn. 7). Damit wird § 299 Abs. 2 aber *nicht* zum *Sonderdelikt*.

3. Beide Absätze des § 299 verlangen **Handeln im geschäftlichen Verkehr**. Damit scheidet nach einhelliger, schon für § 12 UWG nicht bestrittener Ansicht einerseits („rein") privates Handeln und andererseits amtliches Handeln in Ausübung von Hoheitsgewalt aus.[28] Abgrenzungsschwierigkeiten können sich daraus ergeben, dass nach ebenfalls h.M. der Begriff des Handelns im Geschäftsverkehr *weit auszulegen* ist und alle Tätigkeiten umfasst, die auf die Förderung eines beliebigen Geschäftszwecks gerichtet sind.[29] Dass der Geschäftsbetrieb auch freie Berufe und fiskalisches Handeln einschließt, wurde bereits Rdn. 19 hervorgehoben. Für den geschäftlichen Verkehr gilt dies erst recht,[30] da damit jede *selbständige Teilnahme am Erwerbsleben* gemeint ist (vgl. nur *Diemer/Krick* MK Rdn. 8 mit Nachw.). **21**

Eine erste Begrenzung ergibt sich daraus, dass als Geschäfts- nur *wirtschaftliche Zwecke* in Frage kommen (*Diemer/Krick* MK Rdn. 8 mit Nachw.), also das Handeln wohltätiger und gemeinnütziger Unternehmen nur dann im Geschäftsverkehr erfolgt, wenn in einem bestimmten (Teil-)Bereich ihrer Tätigkeit ein Erwerbszweck hinzutritt (BGH[Z] GRUR **1962** 254 ff – DFB-Fußballprogrammheft). Dasselbe gilt für karitatives Handeln (BVerfGE **24** 236 ff – Aktion Rumpelkammer). Verschenken von Waren ist ein Handeln im geschäftlichen Verkehr, wenn damit Kunden gewonnen werden sollen (BGH[Z] GRUR **1975** 320 – Werbegeschenke). Weiter folgt aus dem (im Wettbewerbsrecht anerkannten) Erfordernis *selbständigen Handelns* der Ausschluss von Vorgängen innerhalb eines Unternehmens (BGH[Z] NJW **1970** 378, 380 – Sportkommission; *Bauer* S. 10 mit weit. Nachw.). – Besonderes Gewicht kommt schließlich der Ausgrenzung privater (End-)*Verbraucher* zu, die im weiteren Sinne durchaus am Leistungsaustausch **22**

---

28 BGHSt 2 396, 403; **10** 358, 366; *Baumbach/Hefermehl* aaO Rdn. 2; *Diemer/Krick* MK Rdn. 8; *Fischer* Rdn. 12; *Joecks* Rdn. 4; *Kindhäuser* LPK Rdn. 6; *Lackner/Kühl* Rdn. 2; *Rudolphi* SK Rdn. 5 und 12; auch *Mitsch* II/2 § 3, 221.

29 *Bauer* S. 10; *Blessing* in Müller-Gugenberger/Bieneck § 53, 70; *Diemer/Krick* aaO; *Lackner/Kühl* Rdn. 3; *Mitsch* aaO; *Otto* BT § 61, 160 und 167; *Pfeiffer* FS v. Gamm, S. 131; *Schönke/Schröder/Heine* Rdn. 9: je mit weit. Nachw.

30 LG München I Urt. v. 19.4.2000 – 4 KLs 562 Js 43078/98; *Lackner/Kühl* aaO; *Maurach/Schroeder/Maiwald* 2 § 68, 11; *Schönke/Schröder/Heine* Rdn. 9; *Wittig* wistra **1998** 9.

und damit am Geschäftsverkehr teilnehmen, aber ebenfalls aus dem Wettbewerbsrecht ausgeschlossen werden (*Baumbach/Hefermehl* Einl. UWG Rdn. 179 ff; *Immenga/Mestmäcker*² § 1 Rdn. 40 ff, je mit Nachw.). Dieser Ausschluss privaten Verbrauchs verdient Hervorhebung, weil der „Bezug von Waren oder gewerblichen Leistungen" als Kriterium beider Absätze des § 299 bei unbefangener Lektüre für die Seite des Vorteilsgebers das Gegenteil anzudeuten scheint. Die h.M. hält aber an dem Ausschluss von Verbrauchern auch dann fest, wenn diese die Ware nach Benutzung weiterverkaufen (*Pfeiffer* FS v. Gamm, S. 132 mit Nachw.). BGHSt **2** 396, 402 (Sub-Post-Ingenieur) bringt diese h.M. auf die Formel, der Straftatbestand schütze nicht den Wettbewerb um den Kunden; damit soll gesagt werden, dass nicht die Bevorzugung von Endverbrauchern, sondern nur die von Wettbewerbern tatbestandsmäßig ist (*Höltkemeier* S. 171). Dagegen betätigen sich Unternehmen der *Öffentlichen Hand* relativ häufig im geschäftlichen Verkehr, z.B. wenn Ortskrankenkassen Heilmittel von privaten Unternehmen beziehen (BGHZ **36** 91, 105 – Gummistrümpfe) oder eine staatliche Kurverwaltung bei Hinweisen auf Unterkünfte wirtschaftliche Interessen des Badeortes verfolgt (BGHZ **19** 299, 303 – Bad Ems).

23 Da der geschäftliche Verkehr in selbständiger wirtschaftlicher Betätigung besteht, muss der Angestellte oder Beauftragte bei Abs. 1 **für den Geschäftsbetrieb** handeln, also für diesen auftreten. Dieses Erfordernis wird stets dann erfüllt sein, wenn der Handel mit Waren oder gewerblichen Leistungen Geschäftszweck des Unternehmens ist, dem der Angestellte angehört oder von dem der Handelnde beauftragt ist. Der private Charakter einer Unterhaltung bedeutet nicht zwingend, dass bestimmte Äußerungen nicht in den Bereich des geschäftlichen Verkehrs fallen (Einzelheiten bei *Baumbach/Hefermehl* Einl. UWG Rdn. 180 mit Nachw.). Bei Abs. 2 wird vor allem der Ausschluss privater (End-)Verbraucher (Rdn. 22) relevant. Zum Geschäftsverkehr gehört aber z.B. die Einstellung von Betriebspersonal (als gewerbliche Leistung; vgl. die oben Rdn. 20 zitierte Entscheidung RGSt **56** 249 ff). Zur Grenzziehung beim Ausschluss privaten Handelns gut geeignet ist die Formel „außerhalb von Erwerb und Berufsausübung" von BGHSt **2** 396, 403 (Sub-Post-Ingenieur).

III. Die Tathandlungen und ihr Ziel

24 1. Mehrere objektive und subjektive Tatbestandsmerkmale sind beiden Absätzen **gemeinsam** und entsprechen inhaltlich dem Amtsträgerstrafrecht (§§ 332, 334; BTDrucks. 13/5584 S. 15). Das Modell der §§ 331, 333 ist aber nicht übernommen; vielmehr muss der Vorteil bei § 299 für unlauteres Verhalten des Angestellten oder Beauftragten angeboten (usw., Abs. 2) oder gefordert (usw., Abs. 1) werden (**krit.** *Arzt/Weber* § 49, 58 mit der Begründung, dass hinter der Forderung eines „Vorteils für Fairneß" meist eine latente Drohung stecke, andernfalls unfair zu handeln).

25 a) Der **Vorteil**, der von dem Angestellten oder Beauftragten gefordert (usw.) oder ihm angeboten (usw.) wird, ist begrifflich mit dem des § 331 identisch (näher dazu *Jescheck* LK¹¹ Rdn. 7 ff). Er besteht in jeder Besserstellung der wirtschaftlichen, rechtlichen oder persönlichen Lage des Empfängers, auf die dieser keinen Anspruch hat.[31] Einschlägig sind vor allem *materielle Vorteile* wie Geldzuwendungen, z.B. in Gestalt von zinslosem Darlehen (BGH wistra **2005** 226), Honorar für Produktempfehlung (BGHSt **49** 214 ff), Provision (BGH[Z] NJW **1968** 1572, 1573 f – Bierexport), Verkaufsprämie (RGSt **48** 291, 293 – Korkengeld), Rabatt (BGH wistra **2001** 260, 261 – Ausländeramt) und Rückvergü-

[31] Zuletzt BGH wistra **2005** 226 und NJW **2003** 2296, 2297 f mit Nachw.; ferner *Diemer/Krick* MK Rdn. 9; *Fischer* Rdn. 7; *Lehmann* S. 73; *Otto* BT § 61, 156; *Pfeiffer* FS v. Gamm, S. 134 mit weit. Nachw.; (zu § 12 UWG a.F.); auch *Mitsch* II/2 § 3, 223.

tungsrabatt (BGH[Z] GRUR **1973** 382, 383 – Schiffsmakler) oder „Sondervergütung" (BGH[Z] GRUR **1962** 466, 467 – Festgeldanlage). Ebenso kommen aber auch in Betracht: Beteiligung an einem gewinnreichen Unternehmen (RG[Z] GRUR **1941** 482, 484 – Abdampfvorwärmer), Darlehensgewährung ohne Rücksicht auf die Konditionen (BGHSt **13** 328f – Verfallerklärung und GA **1959** 176, 177), Stundung einer Schuld (BGH GA aaO und BGHSt **16** 40, 41 – Finanzbauamt), Veranlassung eines zahlungsunwilligen Schuldners zur Zahlung (RG DR **1943** 77), Überlassung eines Leihwagens (RGSt **64** 328, 335 – Tabaksteuerbücher) oder von Wohnraum, Unterstützung eines Stellengesuchs (RGSt **56** 249, 251 – Bankbote) und bereits die Zusage einer solchen Unterstützung (*Diemer/Krick* MK Rdn. 9), Vermittlung einer bezahlten Nebentätigkeit (RGSt **77** 75, 78 – Reichskommissar) und Einladung zu Urlaubsreisen (*Fischer* Rdn. 7).

Ausdrücklich einbezogen sind vom Gesetzgeber zwecks Klarstellung (BTDrucks. 13/5584 S. 15) auch Vorteile, die **Dritten** gewährt (usw.) werden (z.B. Ehefrau, Kinder, Geliebte; aber auch politische Parteien sowie andere Organisationen und Gesellschaften). Als Dritter kommt auch das *Unternehmen* selbst in Betracht, für das der Angestellte oder Beauftragte tätig ist (*Arzt/Weber* § 49, 59; *Fischer* Rdn. 11; **aA** *Dannecker* NK Rdn. 53 und *Koepsel* S. 166 ff). Dagegen will *Winkelbauer* (FS Weber, S. 392 ff) in restriktiver Auslegung Vorteile für den Geschäftsherrn mit der Begründung ausschließen, dass dieser sich selbst nicht als Täter strafbar machen kann (Rdn. 2) und es zudem regelmäßig an der Unlauterkeit fehle. Ähnlich meint *Odenthal* (wistra **2005** 172), dass bei Handeln zugunsten des Unternehmens keine Korrumpierung des Angestellten oder Beauftragten vorliege; allerdings sei für die Annahme von Straflosigkeit innerbetriebliche Transparenz, also Offenlegung, erforderlich. Beide Einschränkungsversuche vermögen jedenfalls dann nicht zu überzeugen, wenn dem Angestellten oder Beauftragten immaterielle Vorteile (dazu sogleich Rdn. 27) zufließen (sollen). Im Übrigen ist es unbeachtlich, ob der Vorteil seinem Gegenstand nach *bestimmt* oder aber unbestimmt ist, z.B. „Erkenntlichkeit" zugesagt wird (RGSt **23** 141, 142 – Militärposten). Ferner ist es für die Strafbarkeit unerheblich, ob die Zuwendung aus Mitteln des Vorteilgebers selbst stammt (RGZ **161** 229, 232; *Pfeiffer* FS v. Gamm, S. 134 f). **26**

Ausreichend sind schließlich – wie bei §§ 331 ff – auch **immaterielle Vorteile** wie die Befriedigung der Eitelkeit durch eine Auszeichnung (BGHSt **14** 123, 128 – Laufbahnprüfung), die (Festigung der) Stärkung der Stellung im Unternehmen (AG Saarbrücken wistra **1991** 318 zum Eigennutz bei § 17 UWG; *Dannecker* NK Rdn. 38; einschränkend *Diemer/Krick* MK Rdn. 9); die Erringung der Gunst einer „Respektsperson" sowie die Erhaltung oder Festigung einer Freundschaft (RG DR **1943** 76, 77) und die Gewährung von Geschlechtsverkehr oder Duldung unzüchtiger Handlungen (RGSt **64** 291 f). Enger verlangt *Otto* BT § 61, 156 Erheblichkeit der immateriellen Zuwendung derart, dass die persönliche Besserstellung derjenigen durch einen erheblichen materiellen Vorteil vergleichbar ist. In der Tat sind flüchtige Zärtlichkeiten ebenso auszuscheiden (BGH MDR **1960** 63, 64 für einmalige Umarmung und Kuss bei §§ 331, 332) wie die bloße Gelegenheit zu sexuellem Kontakt als solche (BGH NJW **1989** 914, 915; übersehen von *Noak* wistra **2006** 245, 248). Vgl. im Einzelnen *Bauchrowitz* Der immaterielle Vorteilsbegriff der Bestechungsdelikte im StGB (1988). **27**

Im Wege der Auslegung von § 299 ausgenommen werden **sozialadäquate** Zuwendungen,[32] wobei aber jedenfalls für das Inland „etablierte Schmiergeldsysteme" nicht zur **28**

[32] *Diemer/Krick* MK Rdn. 9; *Fischer* Rdn. 16; *Lackner/Kühl* Rdn. 4; *Merges* S. 178 ff; *Otto* BT § 61, 157; **krit.** *Arzt/Weber* § 49, 61.

Straflosigkeit führen (vgl. *Arzt/Weber* § 49, 61; zum Ausland unten Rdn. 65). Straflos ist insbesondere das Gewähren von „Trinkgeldern" und sonstigen sozial-üblichen kleinen Gelegenheitsgeschenken (*Lampe* Art. Wirtschaftskorruption, in HWiStR sub III 3). Die Üblichkeit ist (auch) am Maßstab der Unlauterkeit (Rdn. 41 ff) zu messen (*Merges* S. 179). Insgesamt ist hier die Sozialadäquanz großzügiger als im Amtsträgerstrafrecht zu handhaben (*Blessing* in Müller-Gugenberger/Bieneck § 53, 56; *Fischer* Rdn. 16 und bereits *Spengler* DB **1962** 1399). RGSt **63** 426, 427 (Samenhandel) mit zust. Anm. *Baumbach* JW **1930** 1738 f stellt zur Abgrenzung zutreffend darauf ab, ob die Zuwendungen „ohne Rücksicht auf eine besondere Gegenleistung gegeben zu werden pflegen" (für Rabattgewährungen an Angestellte der Abnehmer). Es entscheidet nicht eine bestimmte *Wertgrenze* über die Strafbarkeit, sondern die Tatsache, dass eine neue Geschäftsverbindung angebahnt, der Abbruch einer alten verhindert (Rdn. 29) oder die bisherige Beziehung gefestigt, insbesondere neue Aufträge erteilt werden sollen („Kundenbindung", vgl. auch Rdn. 29 zur Akquisition von Rechtsanwaltsmandaten). Bei der Abgrenzung zur straflosen „Klimapflege" kommt es darauf an, ob der Vorteil auf Grund seiner Geringfügigkeit objektiv zur Willensbeeinflussung ungeeignet ist (*Lackner/Kühl* Rdn. 5; *Ulbricht* S. 148). Auch RG JW **1935** 1861 Nr. 20 betont das objektive Kriterium der Finalität der Zuwendung, deren Werthöhe damit jedenfalls mittelbar doch eine wichtige Rolle spielt. *Lesch* AnwBl **2003** 205 zählt unter Hinweis auf BGH GRUR **1959** 31 zahlreiche Beispiele der Straflosigkeit auf: Einladung zum Essen oder in die Oper, unentgeltliche Abgabe von Gebrauchsartikeln aus besonderen Anlässen, Werbegeschenke. *Thomas* (FS Jung, S. 983) rügt dagegen die angeblich fehlende Konkretisierung des § 299, trägt zu ihr aber selbst nur das Beispiel der Einladung zum Golfturnier bei – was von wenig Sachkunde und Differenzierung zeugt, da die Regeln des Deutschen Golf Verbandes e.V. pro Spieler Preise (Gewinne) bis 1.500 € zulassen, zu denen Erlass des Greenfees, Esseneinladungen, Übernahme der Reise- und Übernachtungskosten kommen können. Bei einem Drei-Tage-Tunier in Crans-sur-Sierre dürfte dies den von *Thomas* favorisierten, aber umstrittenen Maßstab des „üblichen Lebenszuschnitts des Vorteilsempfängers", der sonst in Düsseldorf golft, bereits erheblich übersteigen, zumal auch der immaterielle Vorteil der Einladung zu berücksichtigen ist (*Korte* MK § 331 Rdn. 71, dort Rdn. 62 auch zu den früher häufigen Einladungen von Ärzten zu Urlaubs- und Kongressreisen durch die Pharmaindustrie).

29 b) Das Erfordernis einer sog. **Unrechtsvereinbarung** kommt in dem Gesetzestext wie bei §§ 332, 334 (dazu *Jescheck* LK[11] § 332 Rdn. 3 und § 334 Rdn. 4, je in Verb. mit § 331 Rdn. 13) durch die Fassung zum Ausdruck, dass das Versprechen bzw. Sich-Versprechenlassen auf einen Vorteil „als Gegenleistung dafür" bezogen sein muss, „dass er (ihn oder) einen anderen bei dem Bezug von Waren oder Dienstleistungen ... in unlauterer Weise bevorzuge". Gegenstand und Ziel der Unrechtsvereinbarung, die Willensübereinstimmung voraussetzt, ist also die *zukünftige* unlautere Bevorzugung eines anderen bei dem Bezug von Waren oder Dienstleistungen. Nicht tatbestandsmäßig sind damit Belohnungen (und Anerkennung) für bereits erbrachte Leistungen[33] sowie die – bei §§ 331, 333 strafbare – Sicherung des allgemeinen Wohlwollens des Vorteilsempfängers.[34] Viel-

[33] BGH NJW **1968** 1572, 1574 – Bierexport; RGSt **66** 81, 84 und **68** 70, 76; *Diemer/Krick* MK Rdn. 16; *Fischer* Rdn. 13; *Joecks* Rdn. 9; *Lackner/Kühl* Rdn. 5; *Mitsch* II/2 § 3, 238; *Pfeiffer* FS v. Gamm, S. 137; *Rudolphi* SK Rdn. 8; *Schönke/Schröder/Heine* Rdn. 18; *Schubert* in Wabnitz/Janovsky Kap. 12/74; *Wessels/Hillenkamp* Rdn. 702.

[34] *Diemer/Krick* MK Rdn. 16 (a.E.); *Fischer* aaO; *Pfeiffer* aaO S. 136; *Rudolphi* aaO; *Tiedemann* Wirtschaftsstrafrecht BT Rdn. 205; *Wessels/Hillenkamp* aaO.

mehr muss die *Gegenleistung für den Vorteil* in einer mehr oder weniger genau bestimmten Bevorzugung bestehen (vgl. nur BGHSt **32** 290, 291: „in groben Umrissen erkennbar und festgelegt"). Hinreichend *bestimmt* ist insbesondere der Bezug auf künftige Auftragsvergaben (BGH NStZ **1989** 74 und wistra **1999** 224 [f] zu §§ 331 ff), nach der teleologisch weiten Rechtsprechung zur Amtsträgerkorruption sogar der Bezug auf einen bestimmten Aufgabenbereich oder Kreis von Lebensbeziehungen mit der erstrebten Tätigkeit „nach einer gewissen Richtung hin" (BGHSt **32** 290, 291; **39** 45, 46 f, je m.w.N.). Für die Erlangung von Rechtsanwaltsmandaten stellt *Lesch* (AnwBl **2003** 265) zutreffend darauf ab, ob Mandatsbeziehungen bereits bestehen, ob bejahendenfalls objektive Anhaltspunkte für einen künftigen Mandatsabbau vorhanden sind und ob der Vorteil in Kenntnis eines konkreten Sachverhalts angeboten wird, der die Einschaltung eines Rechtsanwalts als objektiv wahrscheinlich erscheinen lässt. – *Sponsoring* scheidet in seinen altruistischen Formen aus. Bei hinreichendem Bezug auf künftige Warenlieferungen oder Dienstleistungen des Spendenempfängers kann aber Strafbarkeit zu bejahen sein (*Höltkemeier* S. 183 ff; *Satzger* ZStW **115** [2003] 488). Ausreichend ist es auch, dass die Zuwendung zugleich künftige Bevorzugungen in die Wege leitet (BGH bei Herlan GA **1953** 78) oder dass ein Kundenverlust oder der Verlust der Stellung als Lieferant abgewendet werden soll (RGSt **63** 426, 429 – Samenhandel; **66** 16 ff – Papierlieferung). Kommentarloses Zustecken von Geschenken im Rahmen dauerhafter Geschäftsbeziehungen wird regelmäßig eine Unrechtsvereinbarung indizieren, wenn die künftige Bevorzugung für beide Teile hinreichend konkretisiert ist. Als bereits erbracht (und nicht mehr zukünftig) ist eine Leistung dann anzusehen, wenn sie bereits soweit gediehen ist, dass eine Benachteiligung von Mitbewerbern nicht mehr in Betracht kommt (BGH[Z] NJW **1968** 1572, 1574 – Bierexport). – Als künftiges Ereignis ist die Bevorzugung kein tatbestandsmäßiger Erfolg (vgl. zur Bezeichnung des § 299 als „Absichtsdelikt" oben Rdn. 8).

c) Die Bevorzugung (und die Pflichtverletzung bei der künftigen Nr. 2) muss sich auf **30**
den Bezug von **Waren** oder **Dienstleistungen** beziehen. Beide Begriffe sind nicht handels-, sondern wettbewerbsrechtlich (UWG!) und damit wirtschaftlich-weit zu verstehen. *Waren* sind auch Grundstücke, Immaterialgüterrechte, EDV-Programme und elektrischer Strom (*Diemer/Krick* MK Rdn. 17 mit Nachw. und weiteren Beispielen). Nicht unter § 299 fallen dagegen Aktien, Unternehmen und Unternehmensbeteiligungen, die zwar – in der Form von Wertpapieren – am Kapitalmarkt gehandelt werden, nicht aber Gegenstand des Warenverkehrs sind (**str.**, vgl. *Schüppen* FS Tiedemann, S. 749, 753 mit Nachw.). *Dienstleistungen* (bisher: gewerbliche Leistungen) sind alle unkörperlichen geldwerten Leistungen, die in der Regel gegen Geld erbracht werden. Erfasst werden damit insbesondere auch die ärztliche Behandlung (*Hefermehl/Köhler/Bornkamm* UWG § 2 Rdn. 18) und die anwaltliche Beratung (*Lesch* AnwBl **2003** 263) ebenso wie die Kreditgewährung durch Kreditinstitute (*Tiedemann* LK[11] Rdn. 29 mit Nachw.).

Als **Bezug** werden von der h.M. alle wirtschaftlichen Vorgänge von der Bestellung **31**
über die Abwicklung der Lieferung (Abnahme, Prüfung und Beanstandung) bis zur Bezahlung verstanden, also „das gesamte wirtschaftlich auf die Erlangung von Ware gerichtete Geschäft" (BGHSt **10** 269, 270 – Vorzimmer). Als *Bezieher* der Ware oder Dienstleistung kommt sowohl der Vorteilsgeber als auch der Geschäftsherr des Vorteilsnehmers in Betracht (BGHSt **2** 396, 401 – Sub-Post-Ingenieur; *Dannecker* NK Rdn. 55; *Pfeiffer* FS v. Gamm, S. 138 mit weit. Nachw.). Mit anderen Worten kann der Vorteilsgeber die Waren oder Leistungen beziehen *oder* liefern (BGH aaO). Die Ware oder Leistung muss nicht vom Bezieher umgesetzt, sondern kann von ihm auch verbraucht werden (*Fischer* Rdn. 14; **aA** RGSt **58** 429 ff – Kohlelieferung).

32 Im Einzelnen ist der auf den ersten Blick wenig problematische Begriff des Bezuges wenig geklärt. Er wird aber auch in § 21 Abs. 1 GWB (Boykottverbot) verwendet und ist in erster Linie wirtschaftlich-faktisch auszulegen, wobei jedoch rechtliche Konstruktionen und Wertungen Berücksichtigung finden. So wird die Behandlungsleistung des niedergelassenen **Vertragsarztes** (früher: Kassenarztes) an den gesetzlich versicherten Patienten auf Grund seines zivilrechtlichen Vertrages mit diesem Arzt erbracht; er wird in §§ 69 ff SGB V als *Leistungserbringer* bezeichnet. Die Zahlungsverpflichtung der gesetzlichen Krankenkassen kann allein nicht dazu führen, dass diese rechtlich und/oder faktisch als „Bezieher" der ärztlichen Leistung anzusehen sind. Vergibt der Vertragsarzt Untersuchungsaufträge an externe *Röntgen-* oder *Laborunternehmen*, so werden deren Leistungen von ihm selbst „bezogen", da er diese Leistungen für seine Diagnose oder Therapiekontrolle benötigt; der Vertragsarzt ist insoweit selbst Geschäftsherr und unterfällt damit nicht § 299 Abs. 1 (Rdn. 18; *Pragal* NStZ **2005** 136). Auch die Rechtsprechung zu § 21 Abs. 1 GWB geht bei einem Boykottaufruf der Krankenkassen gegenüber Labordienstleistern von einem Dreier-Verhältnis und einem Bezug der Laborleistungen durch den Arzt aus.[35] – Streitig ist dagegen, wer Bezieher der *Arzneimittel* und *Hilfsmittel* (Brillen, Prothesen usw.) ist, die der Vertragsarzt als gesetzlicher Vertreter der Krankenkassen (Rdn. 18) verordnet. Zivilrechtlich wird für Arzneimittel ganz überwiegend angenommen, dass die Krankenkasse durch den Arzt als Vertreter mit dem Apotheker einen Vertrag zugunsten des gesetzlich versicherten Patienten abschließt, der Eigentümer der Medikamente wird.[36] Ob hierin ein „Bezug" der Arzneimittel (auch) durch die jeweilige Krankenkasse gesehen werden kann, ist zivilrechtlich wegen §§ 335, 362 BGB und sozialrechtlich deshalb zweifelhaft, weil das bis zum Jahresende 2003 geltende Natural- oder Sachleistungsprinzip der gesetzlichen Krankenversicherung nach SGB V seither nach Wahl des Patienten durch das Kostenerstattungsprinzip ersetzt werden kann. Wenn *Pragal/Apfel* (A&R **2007** 15) meinen, bei wirtschaftlicher (statt „formaljuristischer") Betrachtung bedinge die (rechtliche!) Zahlungsverpflichtung der Krankenkasse die Annahme eines Bezuges der Arzneimittel durch sie, so führt die Nichtbeachtung auch der sachenrechtlichen Vorgänge (Patient als Eigentümer und Besitzer!) zu einer zweifelhaften Ausweitung der Strafbarkeit, wie sie der wirtschaftlichen Betrachtungsweise allerdings tendenziell durchaus eigen ist (*Tiedemann* Wirtschaftsstrafrecht AT Rdn. 124). Bei der hier vertretenen Berücksichtigung *auch* der rechtlichen Konstruktion und Wertungen kann ein wirtschaftlich verstandener „Bezug" durch die Krankenkassen eher dort vertreten werden, wo Prothesen, Rollstühle und andere Hilfsmittel nach Gebrauch zurückzugeben sind; in diesen Fällen wird der Patient offenbar häufig nicht oder nur eingeschränkt in die Kaufverhandlungen eingeschaltet und von vornherein nicht Eigentümer der Hilfsmittel. Ähnlich nahm RG JW **1935** 1861 Nr. 20 bei der Lieferung von *Brillen* an gesetzlich Versicherte einen Bezug durch die Allgemeine Ortskrankenkasse an, da diese das Recht hatte, „ihren Mitgliedern bestimmte Lieferanten vorzuschreiben", *und* „außerdem (sic!) ... die gelieferte Ware zu bezahlen" hatte. Mit zunehmender wirtschaftlicher Freiheit des Krankenpatienten bei der Auswahl von und Zuzahlung bei Brillen liegt demgegenüber heute die Annahme eines (wirtschaftlichen) „Bezuges" durch die Patienten trotz des traditionellen (rechtlichen!) Sachleistungsprinzips nahe. Dieses spricht daher außer bei zurückzugebenden Hilfsmitteln allenfalls bei Arzneimitteln für einen Bezug

---

[35] BGHZ **67** 81 ff (Großer Zivilsenat); BGH NJW **1977** 1103 f; KG WuW/E OLG 1687; OLG Düsseldorf WuWIE OLG 1871.

[36] BGHSt **49** 17, 19; BSGE **77** 194, 200; *Fischer* Rdn. 10a; *Pragal* NStZ **2005** 133, 135; *Pragal/Apfel* A&R **2007** 15; **aA** *Geis* wistra **2005** 369, 371 und **2007** 362 f sowie GesR **2006** 345 ff, 351, je m.w.N.; **krit.** *Schnapp* FS Herzberg, S. 802 ff.

(auch) durch die Krankenkassen, soweit der Patient diese ohne nennenswerte eigene (Zu-) Zahlung erhält und zudem „aut idem"-Entscheidungen des Apothekers unterliegt (§ 129 Abs. 1 SGB V). Die Richtschnur für die richtige Entscheidung enthält also das Verfassungsprinzip der *Vertragsfreiheit*.

Am Merkmal des „Bezuges" (von Dienstleistungen) scheitert regelmäßig auch die Strafbarkeit der Bestechung und Bestechlichkeit von angestellten **Berufssportlern**, zum Beispiel im Fußball-, Pferderenn- und Radsport, bei Zahlung von *Verlustprämien* durch die Organisation des sportlichen Gegners (vgl. den Fall BGH NJW **1975** 1234 ff – Arminia Bielefeld). Zwar erfolgt die Vorteilsgewähr und -annahme durchaus im geschäftlichen Verkehr (*Faber* S. 108; *Paringer* S. 240, je mit Nachw., oben Rdn. 20, 21), und jedenfalls Fußballvereine der Bundesliga und Rennpferdeställe stehen untereinander im wirtschaftlichen Wettbewerb (vgl. auch unten Rdn. 35). Jedoch wird die sportliche Leistung des bestochenen Sportlers nicht vom Prinzipal desselben als Leistung des Vorteilsgebers „bezogen"; der Sportler ist insoweit selbst Geschäftsherr, der seinem Prinzipal die vertraglich geschuldete, hier freilich minderwertige Leistung erbringt (im Ergebnis übereinstimmend *Paringer* S. 241 f). Und der Vorteilsgeber bezieht die Leistung des Sportlers allenfalls dann vom Prinzipal des Bestochenen, wenn eine Vertragsbeziehung besteht, was etwa bei entsprechender Gestaltung für einen Herausforderungskampf von Berufsboxern zutreffen mag. – Zum **Betrug** in diesem Zusammenhang *Cherkeh* Betrug (§ 263 StGB), verübt durch Doping im Sport (2000); *Paringer* S. 29 ff; *Tiedemann* LK[11] § 263 Rdn. 31 mit weit. Nachw. **32a**

Bevorzugung bedeutet die Entscheidung zwischen zumindest zwei Bewerbern (BGHSt **49** 214, 228 und NJW **2003** 2996, 2997), setzt also Wettbewerb (Rdn. 35 ff) und *Benachteiligung eines Konkurrenten* voraus (BGH aaO sowie NJW **2006** 3290, 3298, allerdings mit der unklaren Formulierung: „Es muss keine objektive Schädigung eines Mitbewerbers eingetreten sein"). Dies entspricht der ständigen Zivilrechtsprechung, die eine „Wechselbeziehung" zwischen der vom Vorteilsgeber angestrebten Begünstigung und einem dem (den) Konkurrenten entstehenden Schaden verlangt (*Bauer* S. 16; ausführlich *Büchler* S. 12 ff, je mit Nachw.). Die *Entscheidung* zwischen den Bewerbern bezieht sich bei Vergabeverfahren auf den *Zuschlag*.[37] Sie liegt entgegen BGH NJW **2006** 3290, 3298 (Allianz Arena München) nicht schon in einer Verbesserung der Wettbewerbslage zugunsten eines Konkurrenten durch Mitteilung von *Insiderinformationen* aus dem Vergabeverfahren (*Tiedemann* Wirtschaftsstrafrecht BT Rdn. 203 mit Nachw.). Dies folgt zum einen aus der Ausrichtung des § 299 am „Bezug" von Waren und Dienstleistungen (ab Bestellung, Rdn. 31) und der Beschränkung des Täterkreises von Absatz 1 auf Personen mit Einfluss auf die (Vergabe-)Entscheidung (Rdn. 11), zum anderen aus der Entstehungsgeschichte des § 299, ausweislich derer der Gesetzgeber davon ausging, dass diejenigen Fälle strafwürdig, aber nach § 12 UWG a.F. straflos waren, bei denen ein Bieter kollusiv mit einem Mitarbeiter des Veranstalters der Ausschreibung zusammenarbeitet (BTDrucks. 13/5584 S. 14). Der Schließung dieser Strafbarkeitslücke sollte nicht der (inhaltlich gegenüber § 12 UWG kaum geändert) § 299, sondern – neben § 17 UWG für Ausschreibungen von Unternehmen (BGHSt **41** 141 ff) und §§ 203 Abs. 2, 353b StGB für Ausschreibungen öffentlicher Stellen, soweit diese nicht auch als Unternehmen tätig werden (dazu bereits Rdn. 19) – der neue § 298 dienen (BTDrucks. aaO; *Tiede-* **33**

---

[37] *Arzt/Weber* Bes. Teil § 49, 57 (S. 1061); *Tiedemann* Wirtschaftsstrafrecht BT Rdn. 203 und JZ **2005** 45, 46; auch BGHSt **49** 201, 205 („korruptive Vergabe eines Auftrags") und **50** 299, 310 („lediglich die Auftragserteilung" als aus der Tat erlangter Vorteil im Sinne des § 73 Abs. 1 Satz 1).

mann JZ **2005** 45, 46 und LK § 298 Rdn. 14). Mit guten Gründen legt *Koepsel* S. 148 ff ausführlich dar, dass Bevorzugungen vor (und nach) Vertragsschluss nicht unter § 299 fallen. Seitdem § 298 auch Vertikalvereinbarungen erfasst (*Tiedemann* LK Rdn. 14), besteht noch weniger Grund, § 299 insoweit zu überdehnen.

34 Eine Bevorzugung liegt im Übrigen nur dann vor, wenn der Vorteilsgeber oder der von ihm begünstigte Dritte auf den Vorteil *keinen Anspruch* hat,[38] was im privaten Wirtschaftsverkehr die Regel ist (*Wittig* wistra **1998** 8). Auch unter diesem Gesichtspunkt ist die Vorteilgewährung für bereits ausgeführte Geschäfte (oben Rdn. 29) straflos, da tatbestandslos. Dagegen ist bevorzugte Erledigung der Kaufpreiszahlung durch den geschmierten Angestellten nach der Rechtsprechung tauglicher Inhalt der Unrechtsvereinbarung, *sofern* hierin ein messbarer geldwerter Vorteil des Lieferanten und ein entsprechender Nachteil anderer Lieferanten liegt (BGHSt **10** 269, 270 f – Vorzimmer; ohne diese Einschränkung aber *Diemer/Krick* MK Rdn. 16). Auch die Bevorzugung beim Bezug rationierter Betriebsmittel (RGSt **76** 108, 110), das bewusste Übersehen von Mängeln der zu liefernden Ware (RGSt **63** 426, 429 – Samenhandel), fehlender Kreditwürdigkeit des Waren- oder Geldkreditsuchers usw. stellen eine Bevorzugung dar; diese erfolgt aber nicht „im Wettbewerb“, wenn nicht ein anderer Bewerber das Nachsehen hat (RG aaO; *Fischer* Rdn. 15; näher sogleich d).

35 d) Die geplante Bevorzugung bei dem Bezug von Waren oder Dienstleistungen muss **„im Wettbewerb“** (Abs. 1) erfolgen. Die Bevorzugung wird daher auch definiert als Gewährung von Vorteilen „im Wettbewerb gegenüber Mitbewerbern“.[39] Bei Absatz 1 findet der Wettbewerb regelmäßig zwischen dem Vorteilsgeber und seinen Konkurrenten statt (vgl. nur *Fischer* Rdn. 15), z.B. in den Rdn. 32 genannten Fällen zwischen Labordienstleistern oder zwischen Pharmaunternehmern. An Stelle des Vorteilsgebers kann es sich aber auch um ein Wettbewerbsverhältnis dessen handeln, zu dessen Begünstigung der Vorteil gewährt wird (vgl. insbes. *Rosenthal/Leffmann* § 12 Rdn. 33). Auch bei Abs. 2 geht es, wie schon die h.M. zu § 12 UWG klargestellt hatte (vgl. nur *Baumbach/Hefermehl* Rdn. 3), nicht etwa um den Wettbewerb des Bestochenen mit anderen, sondern um den des Vorteilsgebers oder des von ihm begünstigten Dritten (RG[Z] GRUR **1932** 464; *Fischer* Rdn. 15; vgl. als Beispiel erneut die Rdn. 20 und 25 zitierte Entscheidung RGSt **56** 249, 251: Wettbewerb um eine Personalstelle bei einer Bank und Schmiergeldzahlung durch den Schwager eines Bewerbers an den Personalreferenten der Bank).

36 Hinsichtlich des maßgebenden **Zeitpunktes** ist klarzustellen, dass es entscheidend nicht auf den Zeitpunkt der Tathandlung (Rdn. 47 ff), sondern auf den *zukünftigen* Zeitpunkt (der Bevorzugung) beim Bezug von Waren oder Dienstleistungen ankommt (zust. BGH NJW **2003** 2996, 2997). Die Lage zu diesem Zeitpunkt muss allerdings vom Vorsatz des Täters zur Zeit der Vornahme der Tathandlung umfasst sein (näher Rdn. 51). Diese Ausrichtung an einem zukünftigen Zeitpunkt dürfte auch die für sich genommen nicht zweifelsfreie Formulierung erklären, ein „bevorstehendes“ Wettbewerbsverhältnis reiche aus (so *Lackner/Kühl* Rdn. 5). Soweit dagegen sogar davon die Rede ist, auch die Vorbereitung für künftigen Wettbewerb sei bereits eine Wettbewerbshandlung (so *Blessing* in Müller-Gugenberger/Bieneck § 53, 84), geht die Berufung auf BGH[Z] GRUR **1955** 342, 344 (Obstbaumhandel) fehl, da diese Entscheidung nur das Merkmal der Wettbewerbsabsicht bei Presseerklärungen für §§ 1, 14 UWG a.F. behandelte. Insgesamt

---

[38] *Fischer* Rdn. 7; *Joecks* Rdn. 8; *Lackner/Kühl* Rdn. 5; *Pfeiffer* aaO; *Schönke/Schröder/Heine* Rdn. 18.

[39] *Diemer/Krick* MK Rdn. 16; *Fischer* Rdn. 15; *Kindhäuser* LPK Rdn. 8; *Mitsch* II/2 § 3, 236; *Otto* BT § 61, 159; *Pfeiffer* aaO; *Schönke/Schröder/Heine* Rdn. 23.

ist unter dem Blickwinkel der bevorstehenden *Reform* zu beachten, dass die subjektivierende Fassung des bisher geltenden § 299 Abs. 2 („zu Zwecken des Wettbewerbs") zuvor als Abs. 1 des § 12 UWG vorangestellt und vor 1974 noch weitergehend als Absichtsmerkmal formuliert war, so dass die Erläuterungen und Definitionen zum UWG a.F. üblicherweise den Schwerpunkt auf diese vorangestellte Absichts- bzw. Zweckformel legten, um später bei der Erläuterung des Merkmals „im Wettbewerb" hierauf Bezug zu nehmen. Dies führte in den Fällen des § 12 Abs. 1 UWG, der später § 299 Abs. 2 entsprach, zu einer Vernachlässigung des Wettbewerbsverhältnisses in seiner realen Existenz. Insofern hatte die *Umstellung der Absätze bei Einführung des § 299* entgegen BTDrucks. 13/5584 S. 15 auch eine inhaltliche Bedeutung. Bereits für Absatz 1 bleibt aber mit Rdn. 29 festzuhalten, dass bei Vornahme der Tathandlung die Vorstellung des Täters auf das künftige Vorliegen eines Wettbewerbsverhältnisses, nämlich auf das künftige Vorhandensein von Mitbewerbern, gerichtet sein muss, da die Bevorzugung erst künftig erfolgen soll (vgl. bereits BGH[Z] GRUR **1968** 587, 589 – Bierexport – mit insoweit klarstellender Anmerkung *Lehmpfuhl*). Dies bedeutet keine Abschwächung des Wettbewerbsverhältnisses als Erfordernis des (subjektiven) Tatbestandes.

Mit dieser Auffassung deckt sich im Ergebnis auch die für § 12 Abs. 1 UWG benutzte **37** Definition von BGHSt **10** 358, 368 (Beschaffungsstelle), **Mitbewerber** seien alle Gewerbetreibenden, die Waren oder Leistungen gleicher oder verwandter Art herstellen oder in den geschäftlichen Verkehr bringen (zust. *Lackner/Kühl* Rdn. 5). Diese Formulierung ist offensichtlich § 13 Abs. 2 Nr. 1 UWG a.F. entnommen und scheint zunächst einen Verzicht auf *konkreten* Wettbewerb zu bedeuten; dieser wurde aber schon für § 13 UWG a.F. durch das (neuere) gesetzliche Erfordernis des Vertriebes „auf demselben Markt" doch wieder klar vorausgesetzt. Zu §§ 1, 3, 6b, 14, 17, 18 und 20 UWG a.F. wurde das Merkmal „zu Zwecken des Wettbewerbs" von der Rechtsprechung und h.M. einheitlich *objektiv* als Handeln mit der Eignung zur Benachteiligung des Absatzes oder Bezuges anderer und *subjektiv* als Absicht der Förderung des eigenen oder fremden Wettbewerbs zum Nachteil eines Mitbewerbers verstanden (zusammenfassend *Pfeiffer* FS v. Gamm, S. 132 f, der dieses Ergebnis auch für § 12 UWG vertrat). Heute definiert *§ 2 Abs. 1 Nr. 3 UWG* den Mitbewerber ausdrücklich als Anbieter oder Nachfrager „in einem konkreten Wettbewerbsverhältnis". Diese **Definition** gilt auch für § 299 StGB. Der Sache nach würde der mehr oder weniger vollständige Verzicht auf ein konkretes Wettbewerbsverhältnis das Wettbewerbserfordernis überflüssig machen bzw. mit dem des geschäftlichen Verkehrs gleichsetzen (vgl. nur *Hefermehl* FS Kummer, 1980, S. 345, 357, der seinerseits verlangte, dass sich Gewerbetreibende um Geschäftsabschlüsse bemühen). Ein solches Konzept von „unfair competition without competition" wurde zwar im zivilrechtlichen Schrifttum insbesondere zur Handhabung der Aktivlegitimation des § 13 UWG a.F. vertreten (vgl. nur *Büchler* S. 22 ff, 89). Es widerspricht aber dem im Strafrecht maßgebenden Wortlaut (des § 299), der ebenso wie § 12 UWG a.F. ein (nicht nur denkbares oder „abstraktes") Wettbewerbsverhältnis voraussetzt, in dessen Begrifflichkeit das sog. Knappheitsgesetz eingeht, nämlich über die sog. Wechselbeziehung von Bevorzugung (des Vorteilsgebers) und Benachteiligung (von Mitbewerbern) die **Schädigung von Mitbewerbern** erfordert (*Büchler* S. 20 ff mit Nachw.). Absatz 1 ist daher einschlägig, wenn für den Zeitpunkt des Bezuges der Waren oder Dienstleistungen Mitbewerber nach den Umständen zu erwarten sind (ähnlich *Diemer/Krick* MK Rdn. 18 a.E.). Hierfür ist schon außerstrafrechtlich die konkrete Wahrscheinlichkeit des Marktzutritts erforderlich (*Hefermehl/Köhler/Bornkamm* § 2 UWG Rdn. 71). Ein *Monopolist* hat bereits begrifflich keine Konkurrenten (*Schönke/Schröder/Heine* Rdn. 23 mit Nachw.; näher dazu *Gercke/Wollschläger* wistra **2008** 7).

38 *Im Einzelnen* bezog sich der BGH (für § 12 UWG a.F.) auf die RG-Rechtsprechung, nach der es ausreichte, dass der Vorteilsgeber „mit der Möglichkeit des Wettbewerbs anderer gerechnet hat“ (RG MuW **1932** 302; auch RGSt **66** 16, 18 a.E. – Papierlieferung). Er begründete hiermit unter Anwendung von Versuchsgrundsätzen, es sei nicht erforderlich, dass sich der Täter „einen bestimmten benachteiligten Mitbewerber vorgestellt hat“. Dieser Verzicht auf *Identifizierung* des oder der Geschädigten entspricht allgemeinen Regeln (vgl. nur *Tiedemann* LK[11] § 263 Rdn. 6 mit Nachw.; zust. BGHSt **49** 214, 228), kann aber trotz des Bezuges auf einen künftigen Zeitpunkt nicht etwa mit dem *potentiellen* oder abstrakten *Wettbewerb* gleichgesetzt werden, wie er ausweitend im GWB unter dem teleologischen Gesichtspunkt der Erwartung des Marktzutritts neuer Wettbewerber bekannt und geschützt ist (vgl. dazu nur *Immenga/Mestmäcker*[2] § 1 Rdn. 187 ff mit Nachw. und der Hervorhebung in Rdn. 189, dass potentieller Wettbewerb „definitionsgemäß nicht am Markt in Erscheinung tritt“). Für § 299 Abs. 1 ist nicht der weite Wettbewerbsbegriff des GWB, sondern der konkrete des UWG (§ 2 Abs. 1 Nr. 3) maßgebend (*Gercke/Wollschläger* wistra **2008** 6). Wenn eine im zivilrechtlichen Schrifttum vordringende, bereits Rdn. 37 erwähnte Meinung potentiellen Wettbewerb genügen lassen will (zusammenfassend *Bauer* S. 20 ff mit Nachw.), so lässt sich dieser Verzicht auf das Wettbewerbserfordernis nur mit dem neuen Zweck des Verbraucherschutzes begründen, dem strafrechtlich aber erst de lege ferenda – durch Streichung des Wettbewerbserfordernisses – Rechnung getragen werden könnte (vgl. *Pfeiffer* FS v. Gamm, S. 145; oben Rdn. 4 a.E.). Nicht unbedenklich ist die Formulierung von BGHSt **49** 214, 229 (mit krit. Anm. *Krehl* StV **2005** 325 ff), der Schutzzweck des § 299 gebiete „eine weite Auslegung des Wettbewerbsbegriffs“, so dass schon die Bevorzugung in einem *Zulassungsverfahren* ohne Wettbewerb(er) ausreiche, wenn dieses Voraussetzung für das eigentliche Vergabeverfahren ist. Immerhin ist hier aber auf Grund des notwendigen rechtlichen Zusammenhangs ein künftiges konkretes Wettbewerbsverhältnis mit hinreichender Wahrscheinlichkeit zu erwarten (zust. *Fischer* Rdn. 15 und *Koepsel* S. 116 ff; **aA** *Greeve* Rdn. 427, 447). Eindeutig zu weit ging es dagegen, wenn LG Bochum in einer Haftbeschwerde-Entscheidung vom 2.2.2000 (mitgeteilt bei *Tiedemann* FS Müller-Dietz, S. 917) den Leiter der Immobilienfinanzierungs-Abteilung einer Lebensversicherungs-AG für strafbar erklärte, da er sich von dem (unterstellt) einzigen Bewerber um einen gewerblichen Immobilienkredit Geldvorteile versprechen ließ; die Begründung, es bedürfe „eines bestimmten Mitbewerbers … im Tatzeitpunkt nicht“ und es sei ausreichend, dass es „überhaupt weitere Gewerbetreibende gibt, deren Chancen beim Güterumsatz durch die Bevorzugung geschmälert werden können“, übersieht, dass auch die hierfür in Bezug genommene Entscheidung BGH NJW **1991** 367, 370 (Kirchen-Stiftung) diese Ansicht nicht trägt. Die Entscheidung betrifft einen Verwalter kirchlichen Grundvermögens, der gegen Vorteilsgewährung einem Grundstücksmakler „eine Art Monopolstellung“ verschaffte, andere Mitbewerber um Grundstücke bzw. Erbbaurechte nicht mehr berücksichtigte und so „andere in Betracht kommende Mitbewerber benachteiligte“; als in Betracht kommende Mitbewerber nennt der BGH ausdrücklich andere Makler und Bauunternehmen, die an Baugelände interessiert waren. Wenn der BGH feststellt, es komme nicht darauf an, „ob im jeweiligen Tatzeitpunkt bestimmte Mitbewerber vorhanden waren“, so meint „Tatzeitpunkt“ (vgl. § 8 Satz 1!) den Zeitpunkt der Unrechtsvereinbarung (genauer: der hierauf gerichteten Erklärungen) oder der Vorteilsgewährung und will nicht die Maßgeblichkeit der ex ante-Vorstellung des Täters in Abrede stellen (deutlich in diesem Sinne etwa BGHSt **10** 358, 367 f – Beschaffungsstelle). Vor allem lässt sich die regionale Interessenlage bei der Veräußerung kirchlicher Erbbaurechte als Umsatzgeschäft über knappe Ware nicht auf die *Kreditvergabe* für Immobilienkaufzwecke übertragen; nicht etwa können hier alle potentiellen (gewerblichen) Kreditsucher, also praktisch alle Unternehmer im Geschäftskreis des Kreditinstituts als Mitbewerber angesehen werden. Gegenüber einer

solchen Ausweitung des Wettbewerbsverhältnisses ergibt sich eine deutliche Einschränkung auch aus dem Tatbestandserfordernis der „Bevorzugung“ im Wettbewerb (vgl. bereits Rdn. 34). So haben schon *Rosenthal/Leffmann* § 12 UWG Rdn. 33 ausgeführt, dass bei der Kreditaufnahme nur dann von einem *Wettbewerbsverhältnis* die Rede sein kann, wenn zumindest „zwei Kreditnehmer bei einer und derselben Bank Geld aufnehmen möchten und die Bank nur mit einem von beiden arbeiten will oder kann“. In den Kreditvergabe-Fällen geht es typischerweise, nämlich bei Vorhandensein ausreichender Finanzmittel, nicht um Wettbewerbsbeeinträchtigung, sondern um den Versuch des Kreditbewerbers, durch Schmiergeldzahlung von der mangelnden eigenen Kreditwürdigkeit oder fehlenden Sicherheiten abzulenken – ein Verhalten, das dem Betrug(sversuch) und der Anstiftung zur Untreue erheblich näher steht als dem Wettbewerbsdelikt des § 299 (vgl. künftig Nr. 2!). Eine „Bevorzugung“ eines Kreditsuchers kann überhaupt nur angenommen werden, wenn ihm günstigere Bedingungen als üblich gewährt werden sollen; dies muss „auf Kosten“ von Mitbewerbern gehen. *Zusammenfassend* bedeutet der Begriff „Bevorzugung im Wettbewerb“ nach Wortlaut und Gesetzeszweck die Entscheidung zwischen (zumindest) zwei Bewerbern (vgl. bereits Rdn. 30). Sind daher Kreditmittel für alle Kreditnachfrager vorhanden, so stellt das bewusste Hinwegsehen über Mängel der Kreditwürdigkeit keine Bevorzugung „im Wettbewerb“ dar, auch wenn es durchaus eine „Bevorzugung“ darstellen kann (vgl. bereits Rdn. 34 a.E.; zust. *Dannecker* NK Rdn. 43; *Fischer* Rdn. 15; *Gercke/Wollschläger* wistra **2008** 7; **aA** *Pragal* Korruption S. 181 ff).

e) Die im Rahmen der Unrechtsvereinbarung geplante Bevorzugung im Wettbewerb **39**
muss **„in unlauterer Weise“** erfolgen. Auch dieses Tatbestandsmerkmal bezieht sich – wie die Bevorzugung – auf die Zukunft und ist daher von der Vorstellung des Täters abhängig (näher Rdn. 51 f). Es hat Anlass zu unterschiedlichen Deutungen gegeben:

Zum einen könnte es – wie bei der künftigen Nr. 2 – um die *Pflichtwidrigkeit* des **40**
Angestellten oder Beauftragten gehen.[40] Hiergegen spricht jedoch neben der geplanten Einfügung der Nr. 2 schon nach geltendem Recht, dass der Angestellte oder Beauftragte eines Unternehmens regelmäßig keine (eigenen) Pflichten gegenüber Mitbewerbern (des Vorteilgebers oder des Prinzipals) hat.[41] Ferner ist die in der Vorteilsannahme liegende Pflichtwidrigkeit gegenüber dem Prinzipal für die Strafbarkeit nach ganz h.M. nicht entscheidend, da auch bei Entschleierung des Schmiergeldes, also Offenlegung gegenüber dem (und Billigung durch den) Prinzipal, die Strafbarkeit nicht entfällt.[42] Die Pflichtwidrigkeit gegenüber dem Prinzipal ist auch vom historischen Gesetzgeber als Strafbarkeitsmerkmal ausdrücklich verworfen und durch die Unlauterkeit ersetzt worden (Entstehungsgeschichte Vor Rdn. 1; zusammenfassend *Pfeiffer* FS v. Gamm, S. 130).

Nach einer anderen, vor allem auch von der Rechtsprechung vertretenen Auffassung **41**
geht es entsprechend dem Gesamtkonzept des UWG (vgl. nur dessen § 1 a.F.) um **Sittenwidrigkeit,**[43] die teilweise – entgegen dem Gesetzeswortlaut – auf den Vorteil bezogen

---

40 So insbes. *Arzt/Weber* § 49, 58; ebenso die Rdn. 23 ff vor § 298 genannten Auslandsrechte, der EU-Rahmenbeschluss und das Europaratsabkommen sowie die UN-Konvention.

41 *Heiseke* WRP **1969** 364; *Volk* GedS Zipf, S. 422, 426; vgl. auch *Lampe* Art. Wirtschaftskorruption, in HWiStR sub III.7; zust. *Dannecker* NK Rdn. 52.

42 RGSt **48** 291, 293 – Korkengeld; OLG(Z) Stuttgart BB **1974** 1265, 1266 – Goldpunkte; *Diemer/Krick* MK Rdn. 14 und 19; *Fischer* Rdn. 13; *Lackner/Kühl* Rdn. 5; *Rittner* § 47, 18; oben Rdn. 6.

43 BGH(St) GRUR **1977** 619, 620 – Eintrittsgeld; *Baumbach/Hefermehl* UWG § 12 Rdn. 12; *Blessing* in Müller-Gugenberger/Bieneck § 53, 61; *v. Gamm* UWG § 12 Rdn. 4; *Lehmann* S. 77; *Pfeiffer* FS v. Gamm, S. 139; *Rosenthal/Leffmann* UWG § 12

wird.[44] Gegen diesen Ansatz spricht jedoch, dass die Sittenwidrigkeit bei § 228 wegen der Unbestimmtheit dieses außerstrafrechtlichen Begriffs üblicherweise *eng* verstanden sowie im Sinne der anerkannten Sozialmoral gehandhabt wird (vgl. H. J. *Hirsch* LK[11] § 228 Rdn. 2 mit Nachw.) und sie auch bei § 1 UWG um der Rechtssicherheit willen in Fallgruppen vertypt wird, die aber für die Konkretisierung des § 299 schwerlich hilfreich sind (Übersicht dazu etwa bei *Hefermehl/Köhler/Bornkamm* § 3 UWG Rdn. 6 ff, auch §§ 4–7 UWG n.F.). Immerhin erscheint es für die Entscheidung über die Strafbarkeit als förderlich, dass die Sittenwidrigkeit als Verstoß gegen die Verkehrssitte („contraire aux usages honnêtes"; *Diemer/Krick* MK Rdn. 19 mit Nachw.) jedenfalls ein wichtiges *Indiz* für die Unlauterkeit ist und eine wertende Einbeziehung aller Umstände des Falles erfordert. Sie vermag daher vor allem auch bei der Abgrenzung zulässiger *Verkaufsförderung* von strafbarer Vorteilgewährung weiterzuhelfen, indem die Wahrscheinlichkeit berücksichtigt wird, mit der die Bevorzugung des Vorteilsgebers durch den Verkäufer (auch) wegen der Höhe der gewährten Verkaufsprämien und ihres Verhältnisses zum Wert des Kaufobjekts geeignet ist, andere Wettbewerber vom Markt zu verdrängen;[45] die Erhaltung der bisherigen Geschäftsbeziehungen („Kundenbindung") kann durchaus eine „Bevorzugung" sein (RGSt **66** 16f – Papierlieferung; OLG[Z] Stuttgart BB **1974** 1265, 1266 – Goldpunkte; *Bach* wistra **2008** 47, 49 – Miles & More; vgl. auch bereits Rdn. 28). Das Kriterium der Wahrscheinlichkeit gilt auch für „Eintrittsgelder", „Regalmieten" usw. als Maßnahmen des sog. *Anzapfens* (Missbrauch von Nachfragemacht durch Verlangen des Warenabnehmers nach Sonderleistungen des Lieferanten ohne Gegenleistung; dazu ausführlich *Lampe* FS Stree/Wessels, S. 461 ff und *Koepsel* S. 173 ff).

42 Die Gleichsetzung der Unlauterkeit mit der *Eignung* der Bevorzugung *zur Beeinträchtigung des Wettbewerbs* und *Schädigung der Mitbewerber* (so *Dannecker* NK Rdn. 53 und *Fischer* Rdn. 16) leitet bei nicht wenigen Autoren zu dem entscheidenden Gesichtspunkt über: Die Vorteilsgewährung begründet die (abstrakte) Gefahr, dass der Angestellte oder Beauftragte die Entscheidung für oder gegen bestimmte Anbieter oder Abnehmer aus **sachfremden,** insbesondere eigennützigen, **Gründen** trifft (so insbes. auch BGHSt **2** 396, 401 – Sub-Post-Ingenieur).[46] Diese Auffassung kann als herrschend bezeichnet werden. Da aber die Gefahr einer unsachlich motivierten Entscheidung nicht im Einzelfall festgestellt werden muss – die Beweisschwierigkeiten wären nahezu unüberwindlich! –, bleibt sie bloßes Motiv des Gesetzgebers. Sie spielt damit zwar eine Rolle für die Auslegung des Straftatbestandes. Jedoch ist die Unlauterkeit damit als eigenständiges Tatbe-

---

Rdn. 22; *Schubert* in Wabnitz/Janovsky Kap. 12/76; ähnlich RGSt **48** 291, 293 – Korkengeld (Verstoß gegen Treu und Glauben) und *Rengier* FS Tiedemann, S. 846 (ff) sowie *Rudolphi* SK Rdn. 8 (Konkretisierung durch das UWG; dagegen u.a. *Höltkemeier* S. 176 m.w.N.).

[44] *Lampe* Art. Wirtschaftskorruption, in HWiStR sub III 7; zustimmend *Otto* in Großkommentar UWG § 12 Rdn. 29.

[45] Zust. *Bach* wistra **2008** 47, 49. Ebenso *Blessing* in Müller-Gugenberger/Bieneck § 53, 62; *Heiseke* WRP **1969** 362; *Lehmann* S. 78ff mit weit. Nachw.; *Tiedemann* Wirtschaftsstrafrecht BT Rdn. 206. Vgl. auch *Koepsel* S. 125 ff, die nur Werte unter 100 € pro Jahr von der Strafbarkeit ausschließen will.

[46] Ebenso RGSt **47** 183, 185 – Zechenchauffeur; **48** 291, 293 ff – Korkengeld; **66** 81, 83; OLG(Z) Stuttgart BB **1974** 1265, 1266 – Goldpunkte; *Baumbach/Hefermehl* UWG § 12 Rdn. 14; *Blessing* in Müller-Gugenberger/Bieneck § 53, 61; *Diemer* in Erbs/Kohlhaas § 12 UWG a.F. Rdn. 28; *Gössel/Dölling* BT 1 Kap. 14 Rdn. 8; *Kindhäuser* LPK Rdn. 8; *Lackner/Kühl* Rdn. 5; *Maurach/Schroeder/Maiwald* 2 § 68, 13; *Mitsch* II/2 § 3, 237; *Otto* BT § 61, 159; *Rosenthal/Leffmann* UWG § 12 Rdn. 24; *Rudolphi* SK Rdn. 8.

standsmerkmal letztlich überflüssig,[47] weil der (von § 3 UWG n.F. geforderte) „Nachteil der Mitbewerber“ bereits durch das Merkmal der Bevorzugung im Wettbewerb erfasst wird (Rdn. 36) und gerade hierin die Wettbewerbsbeeinträchtigung liegt: Die Regel freier Auswahl der Bezieher oder Lieferanten von Waren oder Dienstleistungen wird durch die Gewährung oder Annahme zusätzlicher Vorteile an Hilfspersonen der Wettbewerbssubjekte verletzt. Dass die Sachentscheidung des Angestellten oder Beauftragten im Einzelfall durch den Vorteil „dominiert“ sein müsse, ist entgegen *Schönke/Schröder/Heine*[26] Rdn. 19 nicht erforderlich und widerspricht sowohl der Abstraktheit der Gefahr als auch der Praktikabilität; dasselbe gilt für die von *Heine* in der 27. Aufl. Rdn. 19 gebrauchte Formulierung, die Bevorzugung müsse durch den Vorteil „geleitet“ sein (so allerdings auch *Lackner/Kühl* Rdn. 5 unter fehlgehender Berufung auf BGHSt **2** 396, 401; noch weitergehend *Zimmer/Stetter* BB **2006** 1447: Bevorzugung „nur noch durch die Berücksichtigung des gewährten Vorteils erklärbar“). Zutreffend ist dagegen die Bemerkung *Heines* (aaO Rdn. 20 zur Abgrenzung relevanter Vorteile von irrelevanten), der Vorteil müsse *„geeignet“* sein, „geschäftliche Entscheidungen sachwidrig zu beeinflussen“ (so schon *Otto* in Großkommentar UWG § 12 Rdn. 22).

Ähnlich wie bei anderen abstrakten Gefährdungsdelikten stellt sich auf der Grundlage der h.M. (Rdn. 6) auch bei § 299 vor allem unter verfassungsrechtlichen Gesichtspunkten der *Verhältnismäßigkeit* die Frage, ob bei **feststehender sachlicher Richtigkeit** der Entscheidung oder Empfehlung des Angestellten oder Beauftragten die Strafbarkeit (wegen Fehlens der Unlauterkeit) zu verneinen ist. In diesem Sinne hatte bereits RG GRUR **1915** 103 auf Straflosigkeit erkannt, wenn die Auswahl eines bestimmten Wettbewerbers bereits feststand (**aA** aber BGH NJW **2006** 3290, 3298 mit **abl.** Bespr. *Gercke/Wollschläger* wistra **2008** 8 ff – Allianz Arena München). In dieselbe Richtung weist eine im Schrifttum verbreitete, ja vorherrschende Formulierung, dass keine Unlauterkeit anzunehmen ist, wenn die Entscheidung für einen bestimmten Wettbewerber im Einzelfall „auf sachgerechten Erwägungen beruht“.[48] Insgesamt hat die neuere Rechtsprechung des EuGH (wistra **1996** 57, 59) und des BVerfG (JZ **2004** 1121 f) zur Handhabung abstrakter Gefährdungsstraftatbestände offenbar noch nicht die Strafrechtsprechung erreicht, die den Angestellten und den Beauftragten durchgehend wie einen Ermessensbeamten bei § 332 Abs. 3 Nr. 2 StGB behandelt, dessen Pflichtverletzung schon darin gesehen wird, „dass er an die ihm obliegende Entscheidung nicht unbefangen, sondern mit der inneren Belastung herangeht, die für ihn in den vorteilhaften Beziehungen liegt“ (RG DR **1943** 77 Nr. 9). Diese Strenge auch für den privaten Wirtschaftsverkehr, in dem die strikten Vergaberegeln (des GWB usw.) für Öffentliche Auftraggeber nicht gelten, zugrunde zu legen, ist jedenfalls dort übermäßig, wo die sachliche Richtigkeit der Entscheidung oder Empfehlung des Angestellten oder Beauftragten *feststeht*, weil z.B. der preiswerteste und leistungsstärkste Bieter den Zuschlag erhält. Deutlich zeigen insbesondere *Arzt/Weber* (§ 49, 58) auf, dass der „Übertragung der zum Ermessensbeamten entwickelten Grundsätze“ auf § 299 Nachweisprobleme zugrunde liegen (was der kritischen 43

---

[47] *Tiedemann* Wirtschaftsstrafrecht II S. 40; zustimmend *Baumbach/Hefermehl* UWG § 12 Rdn. 12, *Fischer* Rdn. 16; *Hellmann/Beckemper* Wirtschaftsstrafrecht Rdn. 767; *Otto* in Großkommentar UWG § 12 Rdn. 26 und 29 sowie aaO; ebenso *Mitsch* II/2 § 3, 237; *Satzger* ZStW **115** (2003) 488; **aA** insbes. *Rudolphi* SK Rdn. 8 („gesamttatbewertendes Merkmal“).

[48] So *Diemer/Krick* MK Rdn. 19; *Gössel/Dölling* BT 1 § 56, 8; *Kindhäuser* LPK Rdn. 8 a.E.; *Lüderssen* Zusammenarbeit S. 77; *Otto* BT § 61 159; *Schönke/Schröder/Heine* Rdn. 19; auch *Lackner/Kühl* Rdn. 5. Noch weitergehend im Sinne einer Motivierung der Entscheidung durch den Vorteil *Krey/Hellmann* BT 2 § 15, 534 f; *Maurach/Schroeder/Maiwald* 2 § 68, 13; *Mitsch* BT 2 § 3, 237.

Literatur zum Wirtschaftsstrafrecht bisher offenbar entgangen ist). Der bei richtiger Auswahl eines Wettbewerbers verbleibende Regelverstoß hat jedenfalls bei privatwirtschaftlichen (Vergabe-)Verfahren nur das Gericht von Ordnungsunrecht, wie der Vergleich mit § 81 GWB indiziert; eine Lösung über § 153 StPO ist daher angemessen (*Tiedemann* Wirtschaftsstrafrecht BT Rdn. 207). Für die h.M. ist das Unlauterkeitserfordernis Sitz der Problemlösung, da anerkanntermaßen unbestimmte Gesetzesmerkmale für den Einfluss verfassungsrechtlicher Wertungen besonders offen sind (zuletzt *Bach* wistra **2008** 47, 49). Allerdings kann die Vortäuschung (fort)bestehenden Wettbewerbs gegenüber dem Bewerber durch den Angestellten oder Beauftragten den Tatbestand des *Betruges* zum Nachteil des Vorteilsgebers erfüllen (vgl. *Gercke/Wollschläger* wistra **2008** 9 Fn. 54; auch *Tiedemann* LK[11] § 263 Rdn. 318 mit Nachw.).

44 f) Das Erfordernis der *Pflichtverletzung* in der vom Gesetzgeber geplanten Ergänzung von Absatz 1 durch Nr. 2 und Absatz 2 durch Nr. 2 bezieht sich nach dem Gesetzeswortlaut auf Pflichten des Angestellten oder Beauftragten „gegenüber dem Unternehmen", dem er angehört oder von dem (bzw. für das) er beauftragt wurde. Solche Pflichten können sich insbesondere aus *Gesetz* (z.B. für den Insolvenzverwalter aus der InsO) oder *Vertrag* (z.B. Auftrags- oder Dienstvertrag) ergeben und müssen sich „auf den Bezug von Waren oder Dienstleistungen beziehen" (BRDrucks. 548/07 S. 24). Gesetzestext und amtliche Begründung enthalten also Einschränkungen, die es ausschließen, dass jeder Verstoß gegen innerbetriebliche Verhaltensrichtlinien und nebensächliche arbeitsvertragliche Pflichten inkriminiert ist, wie es während des noch laufenden Gesetzgebungsverfahrens befürchtet wurde.[49] Näher dazu Rdn. 46.

45 Das geplante „Geschäftsherrenmodell" (*Rönnau/Golombek* ZRP **2007** 193) soll das klassische „wettbewerbsstrafrechtliche Regelungsmodell" von Absatz 1 und Absatz 2 (*Vogel* FS Weber, S. 404) durch untreueähnliche Kriterien ergänzen. Die Pflichtverletzung des Angestellten oder Beauftragten wird Teil des **Tatbestandes** mit den aus § 16 folgenden Konsequenzen für Vorsatz und Irrtum (Rdn. 3). *Gesetzliche Pflichten* sind vor allem Vermögensbetreuungspflichten im Sinne des § 266; sie stehen schon deshalb im praktischen Vordergrund der künftigen Nr. 2, „weil es wirtschaftlich keinen Sinn macht, Angestellte ohne Entscheidungsmacht zu bestechen" (*Vogel* aaO S. 406). Allerdings ist diese Begründung in mehrfacher Hinsicht zu ergänzen: Zunächst reicht neben der Entscheidungskompetenz entsprechend Rdn. 11 die Möglichkeit aus, Entscheidungen zu beeinflussen, z.B. durch Empfehlungen von Unternehmensberatern (vgl. § 675 Abs. 2 BGB). Sodann ist bei computergestützten Entscheidungen zu erwägen, die Täterschwelle erheblich unter § 266 zu senken und wie bei § 263a Pflichten aus einer Art Computer(un)-treue zuzulassen (vgl. *Tiedemann* LK[11] § 263a Rdn. 6 mit Nachw.). Allerdings müsste dies folgenrichtig zu der weiteren Frage führen, ob nicht auch andere technische Manipulationen wie Urkundenfälschungen erfasst werden, bei denen eine Bestechung von Sachbearbeitern oder Sekretärinnen durchaus wirtschaftlich Sinn machen kann. Jedoch zeigen spätestens die letzteren Beispiele, dass derartige Ausweitungen bis hin zu Boten und Hilfskräften dem teleologischen Bild des § 299 vom Angestellten (Rdn. 11) widersprechen. Gesetzliche Pflichten, keine Straftaten zum Nachteil des Geschäftsherrn zu begehen, werden daher nur unter die künftige Nr. 2 fallen, wenn sie unternehmerische Entscheidungen

---

[49] Vgl. etwa *Große Vorholt* bei *Jahn*, FAZ Nr. 247 v. 24.10.2007 S. 29; *Rönnau/Golombek* ZRP **2007** 194 („abstrakte Gefährdung beliebiger Interessen", z.B. Nichttragen von Schürzen durch das Catering-Personal auf einer Betriebsfeier); auch *Kienle/Kappel* NJW **2007** 3534 („praktisch jede durch Schmiergeld erkaufte Handlung").

mit genereller Befugniseinräumung betreffen; dies kann im Einzelfall für die Programmmanipulation nach § 263a noch zutreffen, nicht aber für schädigende Datenveränderungen nach §§ 267 ff, 303a, 303b StGB. Diese Auslegung ist konform mit dem EU-Rahmenbeschluss, der in Artikel 1 von Personen „in leitender oder sonstiger Stellung" im Unternehmen spricht und daher (wohl) untergeordnete (Hilfs-)Tätigkeiten ausschließt.

Im Ergebnis ist mit *Rönnau/Golombek* (ZRP **2007** 194) mit Blick auf Art. 103 Abs. 2 GG eine **restriktive** Handhabung des Tatbestandsmerkmals der Pflichtwidrigkeit zu fordern, ähnlich wie sie auch für § 266 StGB seit langem vorausgesetzt wird (*Tiedemann* Wirtschaftsstrafrecht AT Rdn. 120 ff mit Nachw.). Zwar müssen die Pflichten hier keine (typischen) „Hauptpflichten" sein, wie sie aber etwa beim Hinwegsehen über Mängel der gelieferten Ware durch Warenkontrolleure oder Nichtprüfung der Kreditwürdigkeit durch den Kreditsachbearbeiter einer Bank (Rdn. 38) durchaus gegeben sind. Der Bezug schlechter oder überteuerter Ware oder die Hinnahme unvorteilhafter Zahlungsbedingungen durch den Einkäufer des Unternehmens ist ebenso einschlägig wie die Empfehlung ungünstiger Kredite durch Sanierungsberater. Auszuscheiden sind aber *nebensächliche* Pflichten, die für den Inhalt der Sachentscheidung irrelevant sind. Bei unternehmerischen (Prognose-)Entscheidungen der Angestellten oder Beauftragten ist der von der neueren Rechtsprechung betonte Ermessensspielraum bei § 266 und die Beschränkung der Strafbarkeit auf eindeutig sachwidrige, unvertretbare Akte zu berücksichtigen (dazu hier nur *Tiedemann* Wirtschaftsstrafrecht BT Rdn. 390 mit Nachw.). Die internationalen Rechtsinstrumente, denen die künftige Nr. 2 ihre Entstehung verdankt, sprechen durchaus für die Begrenzung auf *gravierende* Vertragsbrüche im Zusammenhang mit der Annahme von Schmiergeldern (so bereits *Tiedemann* FS Lampe, S. 764): Artikel 1 des Rahmenbeschlusses verlangt ein **treuwidriges Verhalten.** Soweit der RegE weiter einschränkend eine *Wettbewerbslage* fordert (Rdn. 3), entspricht dies zwar der Abschnittsüberschrift, also systematischer und letztlich auch teleologischer Auslegung, kann aber allenfalls als *abstrakte Wettbewerbslage* meinen, die – weitgehend selbstverständlich – in einer Wettbewerbswirtschaft in aller Regel, freilich nicht beim Monopolisten (Rdn. 37), vorliegt. Auch letzterer muss allerdings erfasst werden, wenn der deutsche Gesetzgeber seiner EU-rechtlichen Umsetzungsverpflichtung nachkommen will. Da der Wortlaut von Nr. 2 aber nicht entgegen steht, könnte dieser Mangel durch *EU-freundliche Auslegung* – zum Nachteil des Täters – geheilt werden (dazu allgemein *Dannecker* LK § 1 Rdn. 345; *Tiedemann* Wirtschaftsstrafrecht Bes. Teil Rdn. 23). Die im Gesetzgebungsverfahren und im Schrifttum gerügte *Unbestimmtheit* der bisher geplanten Fassung von Nr. 2 schließlich könnte vom Gesetzgeber noch nach dem neuesten Vorbild des griechischen Rechts (Rdn. 30 Vor § 298) durch eine abschließende Aufzählung der in Betracht kommenden Rechtsquellen, aber auch nach dem Vorbild des EGV durch Beispiele einschlägiger Pflichten gemildert werden. Erforderlichenfalls könnte später auch die Rechtsprechung eine entsprechende Beschränkung herstellen. **46**

2. Die eigentlichen **Tathandlungen** werden in Abs. 1 und Abs. 2 ebenso wie im Amtsträgerstrafrecht nach der Rolle (*Arzt/Weber* § 49, 62: dem Lager) der Beteiligten differenziert. Es handelt sich um exklusive Vertypungen, die eine strafbare *Teilnahme* der einen an der Straftat der anderen Seite nicht zulassen: Der Angestellte oder Beauftragte des Unternehmens macht sich (nur) nach Abs. 1, der Vorteilsgeber (nur) nach Abs. 2 strafbar. Über dieses Ergebnis besteht Übereinstimmung.[50] An ihm ändert sich der Sache nach nichts, wenn der jeweils andere in Bezug auf die Unrechtsvereinbarung als notwendiger Teilnehmer ange- **47**

50 *Fischer* Rdn. 25; *Otto* BT § 61, 164; *Rudolphi* SK Rdn. 15.

sehen und mit Blick auf seine Beihilfe zur Haupttat ein Zurücktreten hinter der eigenen Täterschaft angenommen wird. – Da die Handlungen im Einzelnen abgesehen von der künftigen Nr. 2 denen nach §§ 331 ff voll entsprechen, kann für Einzelheiten auf *Jescheck* LK[11] § 331 Rdn. 3 ff und § 332 Rdn. 3 verwiesen werden. Für § 299 bleibt festzuhalten:

48 a) Bei Absatz 1 verlangt nur die 1. Alternative (*Fordern*) keine Übereinkunft von Nehmer und Geber des Vorteils. Als einseitige Maßnahme setzt sie keinen Erfolg, sondern nur Zugang bei dem anderen, bei mündlicher Forderung Kenntnisnahme voraus (*Fischer* Rdn. 17; *Schönke/Schröder/Heine* Rdn. 14). Zu recht weist *Fischer* aaO darauf hin, dass diese Alternative die Strafbarkeit weit in das Vorfeld der Rechtsgutsverletzung ausdehnt und schon Anbahnungsbemühungen unter Strafe stellt (ebenso bereits *K. Meyer/Möhrenschlager* WiVerw **1982** 32). Eine Korrektur durch gesetzliche Rücktrittsmöglichkeiten ist nicht vorgesehen. – *Schlüssiges Handeln* genügt für Absatz 1 ebenso wie bei §§ 331, 333. *Annahme* des Vorteils zum Schein, z.B. zwecks Sicherung von Beweisen, soll für die Strafbarkeit nicht ausreichen (*Pfeiffer* FS v. Gamm, S. 142 mit Nachw.). Das ist im Ergebnis sachgerecht, jedoch dogmatisch zweifelhaft. Die Annahme des Vorteils kann dagegen nicht ohne Weiteres schon im Zugang gesehen werden, sondern setzt einen äußerlich erkennbaren Akt voraus, wie insbesondere bei Erhalt unverlangter Zuwendungen für § 331 anerkannt ist (vgl. BGHSt **15** 97; *Fischer* § 331 Rdn. 20 mit weit. Nachw.).

49 b) Bei Absatz 2 sind für das Anbieten und für das Versprechen *nicht ernstlich gemeinte* Angebote ebenfalls nicht ausreichend, da der Vorsatz auf den Abschluss einer zumindest faktisch bindenden Unrechtsvereinbarung gerichtet sein muss (*Fischer* Rdn. 20). Zum Anbieten und Versprechen gegenüber Mittelspersonen Rdn. 12 a.E.

50 3. Eine **Versuchsstrafbarkeit** ist *nicht* vorgesehen (vgl. § 23 Abs. 1). – **Vollendung** tritt bei Absatz 1 mit dem Fordern, Sich-Versprechenlassen oder Annehmen, bei Absatz 2 mit dem Anbieten, Versprechen oder Gewähren des Vorteils ein. Da es sich um ein Tätigkeitsdelikt handelt, ist kein weitergehender Erfolg der Tat erforderlich; insbesondere kommt es nicht darauf an, ob die Bevorzugung tatsächlich vorgenommen wird und Folge der Bestechung ist (vgl. nur *Fischer* Rdn. 21). Auch braucht im Zeitpunkt der angestrebten Bevorzugung kein Wettbewerbsverhältnis vorzuliegen (*Fischer* aaO), sofern der Täter bei Vornahme der eigentlichen Tathandlung sich nur ein Wettbewerbsverhältnis vorstellt oder dieses zumindest für hinreichend wahrscheinlich hält (Rdn. 36). Beim Anbieten und Fordern braucht es nicht zum Abschluss einer Unrechtsvereinbarung zu kommen; es genügt Zugang bzw. Kenntnisnahme (Rdn. 46).

IV. Vorsatz und Irrtum; Absicht

51 1. Strafbarkeit setzt **Vorsatz** hinsichtlich aller Tatbestandsmerkmale voraus (§ 16). Abgesehen von den sogleich Rdn. 53 behandelten Bezugspunkten (der Absicht) reicht *dolus eventualis* aus.[51] Der Vorsatz muss insbesondere die Stellung als Angestellter oder Beauftragter eines Unternehmens (RGSt **47** 183, 186 – Zechenchauffeur), das Gegenseitigkeitsverhältnis und damit auch die Eignung des Vorteils als Gegenleistung für die Bevorzugung, das Vorhandensein von Wettbewerbern (zur Zeit der Bevorzugung, Rdn. 36 ff) und die Bevorzugung (Besserstellung) umfassen (*Dannecker* NK Rdn. 56;

[51] Unstr., vgl. RGSt 48 291, 297 – Korkengeld; 77 75, 77; *Diemer/Krick* MK Rdn. 27; *Fischer* Rdn. 22; *Kindhäuser* LPK Rdn. 9 und 14; *Lackner/Kühl* Rdn. 8; *Mitsch* II/2 § 3, 250; *Otto* aaO Rdn. 161 und 168; *Rasch* S. 64 und 69; *Rudolphi* SK Rdn. 10 und 13; *Schönke/Schröder/Heine* Rdn. 29.

Fischer Rdn. 22); einen bestimmten verletzten Mitbewerber braucht sich der Täter nicht vorzustellen (BGHSt **49** 214, 228 mit Nachw.). Neben der Kenntnis der tatsächlichen Umstände, auch in bezug auf die *Unlauterkeit* der Bevorzugung, ist eine laienhafte Parallelwertung erforderlich, die aber nicht bis zu einer richtigen Subsumtion führen muss. Ein **Irrtum** über die (normative) Abgrenzung von lauterer und unlauterer Bevorzugung kann Tatbestandsirrtum sein (*Schönke/Schröder/Heine* Rdn. 29; **str.**[52]), wenn man diesem Tatbestandsmerkmal selbständige Bedeutung beimisst. Nach hier vertretener Auffassung, die darauf verzichtet, reicht es dagegen aus, wenn der Täter weiß, dass die Bevorzugung ihren Grund in der erstrebten oder erreichten Vorteilsgewähr hat (BGH NStZ **1984** 24, 25; *Otto* BT § 61, 161). Der Irrtum über die *Pflichtwidrigkeit* bei der künftigen Nr. 2 als normatives Tatbestandsmerkmal ist wie bei § 266 zu behandeln, kann also ebenfalls Tatbestandsirrtum sein (*Tiedemann* Wirtschaftsstrafrecht AT Rdn. 227 mit Nachw.), zumal hier das Korrektiv eines zusätzlichen Schädigungsbewusstseins fehlt.

Geht der Vorteilsgeber bei Absatz 2 von einem *Scheinwettbewerb* aus, da er annimmt, das „Rennen" sei intern bereits zu seinen Gunsten „gelaufen" und die Vorteilsgewährung diene nur der Sicherung der bereits festliegenden Entscheidung (Rdn. 43), so kann es am Vorsatz fehlen, da die Vorteilsgewährung bei Ausschreibungen auf die Vergabeentscheidung zu beziehen ist (Rdn. 33). **52**

2. **Absicht** des Täters ist bis zu der 2007 eingeleiteten Reform jedenfalls bei *Absatz 2* erforderlich, wie in § 12 Abs. 1 UWG a.F. durch die Verwendung „um ... zu" klargestellt war: Der Täter musste bei Absatz 2 „zu Zwecken des Wettbewerbs", also mit „Wettbewerbsabsicht" (*Lackner/Kühl* Rdn. 8) handeln, nämlich um im Wettbewerb (mit einem oder mehreren Mitbewerbern) bei dem Bezug von Waren oder gewerblichen Leistungen bevorzugt zu werden.[53] Dies setzte auch Absicht bezüglich der Förderung des eigenen (oder fremden) Absatzes und damit auch *sicheres Wissen* bezüglich der Schädigung des (der) Mitbewerber(s) sowie von dessen (deren) Vorhandensein voraus. Ob der Täter noch weitere Ziele verfolgt, ist dagegen unerheblich.[54] Der Wettbewerbszweck muss mit anderen Worten nicht Endzweck, sondern kann Mittel zur Erreichung eines darüber hinaus gehenden Endzweckes sein (RGSt **47** 128, 129 – Glaswaren). Als nicht ausreichend wird jedoch insbesondere das Bewusstsein bezeichnet, das Handeln werde den Absatz fördern.[55] Auch handelt nicht zu Zwecken des Wettbewerbs, wer zwecks Verbraucheraufklärung unabhängige Warentests veröffentlicht (*Otto* in Großkommentar UWG § 12 Rdn. 49 mit Nachw.). **53**

Bei Verwirklichung der 2007 eingeleiteten Reform muss es dem Täter beim *Fordern* nach Absatz 1 und beim *Anbieten* nach Absatz 2 nur noch auf den Abschluss der Unrechtsvereinbarung, also darauf **ankommen**, dass die andere Seite den **Vorteil als Gegenleistung** für die Bevorzugung im Wettbewerb begreift (*dolus directus 1. Grades*).[56] **54**

---

52 **aA** *Fischer* Rdn. 22; *Gössel/Dölling* BT 1 Rdn. 10; *Lackner/Kühl* Rdn. 8; *Rudolphi* SK Rdn. 10: Verbotsirrtum; noch weitergehend *Blessing* in Müller-Gugenberger/Bieneck §§ 53, 82: unerheblicher Irrtum.

53 BGH(Z) NJW **1968** 1572, 1573 – Bierexport und **1970** 378, 380 f – ADAC (zu § 3 UWG); *Lackner/Kühl* Rdn. 8; *Otto* aaO Rdn. 168; *Pfeiffer* FS v. Gamm, S. 139; *Rudolphi* SK Rdn.13; *Schönke/Schröder/Heine* Rdn. 29; **aA** *Mitsch* II/2 § 3, 250.

54 *Lackner/Kühl* aaO; *Otto* aaO, *Pfeiffer* aaO.

55 BGH MDR **1981** 992, 993; *Diemer/Krick* MK Rdn. 27; *Schönke/Schröder/Heine* Rdn. 29.

56 RGSt **58** 429, 431; *Diemer/Krick* Rdn. 27; *Lackner/Kühl* Rdn. 8; *Otto* BT § 61, 161 und 168; *Pfeiffer* FS v. Gamm, S. 142 f; *Rasch* S. 69; *Rudolphi* SK Rdn. 11.

Beim Sich-Versprechenlassen und Annehmen des Vorteils genügt es dagegen, dass der Täter sich der Unrechtsvereinbarung bewusst ist (*Otto* BT § 61, 161; *Rudolphi* SK Rdn. 11); er muss damit aber auch wissen, dass der Vorteilsgeber der Unrechtsvereinbarung in Kenntnis ihrer Tragweite zugestimmt hat (BGHSt **39** 45, 48; *Rasch* S. 69).

V. Rechtfertigung

55 1. Die **Einwilligung** (oder Genehmigung) des Geschäftsherrn, die in § 331 Abs. 3 in gewissem Rahmen als Rechtfertigungsgrund anerkannt ist, vermag die Bestechlichkeit oder Bestechung des Angestellten oder Beauftragten nach bisher h.M. nicht zu rechtfertigen, da der Geschäftsherr über das primär geschützte Rechtsgut der Lauterkeit des Wettbewerbs nicht zu disponieren befugt ist.[57] Dies ist in der Rechtsprechung zur „Entschleierung", also Offenlegung, der Schmiergelder durch den Angestellten gegenüber seinem Prinzipal anerkannt (vgl. bereits Rdn. 6), im neueren Schrifttum aber zunehmend bestritten. Wenn insbesondere *Blessing* (in Müller-Gugenberger/Bieneck § 53, 81) und *Rengier* (FS Tiedemann, S. 848) aus der Straflosigkeit des Prinzipals (oben Rdn. 13) ableiten wollen, dass bei seinem Einverständnis auch der weisungsabhängige Angestellte oder Beauftragte straflos sein müsse, so kann diese Ansicht zwar für sich anführen, dass bei Kenntnis des Prinzipals von der Vorteilszuwendung (usw.) die Gefahr der unsachlichen Beeinflussung seiner Entscheidung durch den bestochenen Angestellten oder Beauftragten (Rdn. 6) entfällt. Ähnlich wie auch sonst bei abstrakten Gefährdungsdelikten führt der Wegfall der abstrakten Gefährdung aber nicht ohne Weiteres zur Straflosigkeit (vgl. aber auch Rdn. 43). Ausführlicher Überprüfung bedarf allerdings die Begründung *Rengiers*, das moderne Lauterkeitsrecht weise bei der Verkaufsförderung weitgehende Liberalisierungen auf, die auch auf das Dreier-Verhältnis Lieferant/Angestellter/Unternehmer durchschlagen müsse (aaO S. 844 ff). In der Tat kann der Unlauterkeitsbegriff des § 299 nicht weiter reichen als der des UWG (vgl. *Tiedemann* Wirtschaftsstrafrecht AT Rdn. 124). – Bei der künftigen Nr. 2 bringt dagegen das *Einverständnis* des Geschäftsherrn ebenso wie bei § 266 das Tatbestandsmerkmal der Pflichtwidrigkeit zum Wegfall.

56 Nur selten eingreifen kann auch der rechtfertigende **Notstand** (§ 34) wegen einer wirtschaftlichen Notlage des Unternehmens. In aller Regel wird die Vorteilsannahme ebenso wie die Vorteilsgewährung (usw.) nicht das mildeste[58] und wohl nie das angemessene Mittel zur Rettung des Unternehmens sein (zust. *Rönnau* JZ **2007** 1086; **aA** *Androulakis* S. 433 f für Nötigungs- und Erpressungsfälle). Der *Nötigungsnotstand* mag zwar häufiger vorkommen, z.B. bei Drohung des Angestellten, ohne Schmiergeldzahlung keine Ware von dem Bedrohten (mehr) zu beziehen (*Wittig* wistra **1998** 10). Jedoch führt dies nach h.M. nicht zu einer Rechtfertigung des Bedrohten (vgl. *Zieschang* LK § 34 Rdn. 69a mit Nachw.), und eine Entschuldigung nach § 35 entfällt mangels Gefahr für ein dort genanntes Rechtsgut.

57 Eine rechtfertigende **Pflichtenkollision** ist für Zuwendungen an karitative, kulturelle und andere gemeinnützige Organisationen sowie für die Einwerbung so genannter *Drittmittel* für die wissenschaftliche (z.B. klinische) Forschung diskutiert, aber überwiegend

---

[57] *Baumbach/Hefermehl* UWG § 12 Rdn. 14; *Diemer/Krick* MK aaO; *Merges* S. 177 f; *Otto* BT § 61, 162; *Schönke/Schröder/Heine* Rdn. 30; vgl. auch RGSt **48** 291, 293 ff – Korkengeld und OLG(Z) Hamburg OLG-Report **1997** 350, 351; **aA** *Jaques* S. 110 ff und *Rengier* FS Tiedemann, S. 848 f.

[58] *Fischer* Rdn. 23; *Schönke/Schröder/Heine* Rdn. 30; *Wittig* wistra **1998** 10.

zu Recht abgelehnt worden (vgl. *Diemer/Krick* MK Rdn. 30 mit Nachw.). Für das Amtsträgerstrafrecht hat BGHSt **47** 295, 303 jedoch die Verwendung umsatzbezogener Rückvergütungen durch den Direktor eines Universitätsklinikums zur Anschaffung und Wartung medizintechnischer Geräte dann als nicht – nach § 331 Abs. 1 – strafbar bezeichnet, wenn durch *Einhaltung des* vom Landeshochschulrecht vorgesehenen *Verfahrens* die Transparenz des Vorgangs hinreichend sichergestellt wird. Eine vergleichbare Kollision des Korruptionsstrafrechts mit außerstrafrechtlichen gesetzlichen Verpflichtungen ist für den Bereich des § 299 bisher nicht ersichtlich, aber etwa im Arbeits- und Umweltschutz keineswegs ausgeschlossen. Die Möglichkeit einer Rechtfertigung durch Verfahren hat daher heuristischen Wert, auch wenn privaten Verfahrensregeln (z.B. des Geschäftsherrn) nicht dieselbe Kraft wie gesetzlichen zukommt. Im Übrigen rechnet die h.L. die Kollision eines Handlungsgebots (z.B. des Hochschulrechts) mit einem Handlungsverbot (z.B. aus § 299) aber nicht zur rechtfertigenden Pflichtenkollision, sondern zum rechtfertigenden Notstand (*Rönnau* LK Rdn. 120 Vor § 32 mit Nachw.). BGH aaO praktiziert eine am Prinzip der Vermeidung von Wertungswidersprüchen orientierte einschränkende Tatbestandsauslegung des § 331 Abs. 1, die im Fall des § 299 Abs. 1 bei dem Merkmal der Unlauterkeit anzusetzen hätte.

2. Auch die **Sozialadäquanz** (dazu bereits Rdn. 28) entfaltet keine rechtfertigende **58**
Wirkung. Soweit die Zuwendungen *allgemein üblich* sind und ihre Gewährung einer allgemeinen Verkehrssitte entspricht, ist bereits der Tatbestand des § 299 nicht erfüllt (oben Rdn. 28; *Diemer/Krick* MK Rdn. 20). Eine darüber hinausreichende Wirkung hat die Sozialadäquanz nicht (vgl. auch zu Auslandssachverhalten unten Rdn. 65). Weitergehend *Lüderssen* Zusammenarbeit S. 77 mit weit. Nachw.

VI. Konkurrenzen

1. **Mehrere Tathandlungen** zum Zwecke derselben Bevorzugung und in Bezug auf **59**
dieselbe Unrechtsvereinbarung werden gleichwohl nicht zu einer Bewertungseinheit zusammengefasst (*Diemer/Krick* MK Rdn. 31). Etwas anderes gilt nach BGH wistra **1995** 61, 62 f dann, wenn der zu erbringende Vorteil durch die Unrechtsvereinbarung in seinem Umfang genau festgelegt ist, sei es auch nur in Form der Erbringung von Teilleistungen. In diesem Fall begründet das Annehmen bzw. Gewähren gegenüber dem früheren Fordern bzw. Versprechen usw. keine neue, selbständige Tat; es liegt vielmehr tatbestandliche *Handlungseinheit* vor. Erst recht sind mehrfache Bevorzugungen mangels rechtlicher Möglichkeit von Fortsetzungszusammenhang (BGHSt **41** 292, 302 – Markus Wolf; BGH wistra **1998** 106, 107 für § 332) selbständige Taten i.S.d. § 53, z.B. wenn die Unrechtsvereinbarung den sachlichen und zeitlichen Umfang einzelner Leistungen von einer zur Zeit der Vereinbarung noch nicht zu überblickenden künftigen Entwicklung abhängig macht (BGH wistra **2004** 29). – Zur Annahme einer einzigen *Beihilfe* durch Organisation eines „durchgängigen Geldflusses“ aus einer „Grundabrede“ BGH wistra **2000** 269, 270.

2. **Tateinheit** ist vor allem möglich im Verhältnis von *Absatz 1* und *§ 263*, wenn der **60**
Bestochene seine Bereitschaft zur Bevorzugung nur vortäuscht (BGHSt **15** 88, 99 für § 331).[59] Betrug kann aber auch gegenüber Mitbewerbern vorliegen, wenn diese in einer Exspektanz geschädigt werden (*Tiedemann* LK[11] § 263 Rdn. 135 mit Nachw.); auch

[59] *Lackner/Kühl* Rdn. 9; *Rudolphi* SK Rdn. 15; *Tiedemann* LK[11] § 263 Rdn. 318.

insoweit nimmt *Fischer* Rdn. 25 zutreffend Tateinheit an. Schließlich kann tateinheitlich Betrug, Untreue oder Teilnahme hieran vorliegen, wenn dem Unternehmen des Angestellten Beträge in Rechnung gestellt werden, die um das Schmiergeld überhöht sind (BGHSt 50 299, 314 f und wistra **1989** 224, 225). – Entsprechendes gilt für *§ 253*, wenn der Täter seine Entscheidungs- oder Einflussposition (Rdn. 14) durch Drohung mit einer negativen Stellungnahme missbraucht und hiermit die Forderung nach Gewährung eines Vorteils verbindet.[60] – Bei nicht entschleierten Schmiergeldern (Rdn. 6) kann nach verbreiteter Meinung auch Tateinheit von Absatz 1 mit *§ 266* gegeben sein,[61] wenn es aufgrund der Schmiergeldzahlung zu einem für den Prinzipal nachteiligen Geschäft kommt (dazu BGHSt **50** 299, 314 – Müllverbrennungsanlage Köln; *Schünemann* LK[11] § 266 Rdn. 125 lit. d, je mit weit. Nachw.). Wird der Geschäftsherr allerdings erst durch die spätere Bevorzugung des Vorteilsgebers geschädigt, so liegt die Annahme von Tatmehrheit nahe (so allgemein *Diemer/Krick* MK Rdn. 31). Da für § 299 Beendigung bereits mit der letzten Vorteilsgewährung bzw. -annahme eintritt (unten Rdn. 70), ist die Bejahung von Tateinheit von § 266 und § 299 Abs. 1 jedenfalls dann inkonsequent, wenn die letzte Leistung des Vorteils *vor* der bevorzugenden Handlung erfolgt. Anderes gilt nur, wenn die Beendigung des § 299 erst in der Bevorzugung gesehen wird (dazu Rdn. 70).

61 Für *Absatz 2* wird bei Vorteilsangeboten im Rahmen von Submissionsverfahren Tateinheit mit § 298 häufig sein.[62] Bei gleichzeitiger Vorteilsgewährung an einen *Amtsträger* und einen von ihm verschiedenen Angestellten oder Beauftragten eines geschäftlichen Betriebes ist nach allgemeinen Grundsätzen Tateinheit mit §§ 333, 334 zu bejahen. *Umstritten* ist dagegen, ob dasselbe auch dann anzunehmen ist, wenn ein Amtsträger als Angestellter eines Unternehmens der öffentlichen Hand anzusehen ist. Die zutreffende Ablehnung durch BGH NStZ **1994** 277 (US-Truppen) würdigt mit der Berufung auf BGHSt **2** 396, 403 (Sub-Post-Ingenieur) zwar nicht den zwischenzeitlichen Wegfall der Subsidiaritätsklausel des § 12 UWG,[63] trägt aber der Tatsache Rechnung, dass die Amtspflichten des Amtswalters durch die Tätigkeit im Geschäftsverkehr bzw. im Wettbewerb nicht erweitert werden (vgl. bereits Rdn. 19): Er darf ohnehin keine Vorteile für pflichtwidriges Verhalten annehmen. Von einem solchen *Exklusivitätsverhältnis* – mit Vorrang der §§ 331 ff – gehen offenbar auch BGHSt **43** 96, 105 (Klärwerk München II) und BayObLG NJW **1996** 268, 270 aus (Tiedemann Wirtschaftsstrafrecht BT Rdn. 209).[64] Für die Gegenansicht[65] kann freilich die Klarstellungsfunktion der Idealkonkurrenz angeführt werden.

62 3. **Tatmehrheit** ist nach h.M. im Verhältnis von § 299 zu den (künftigen) bevorzugenden Handlungen gegeben, soweit diese strafbar sind.[66] Allerdings ist die Tat nach

---

[60] BGHSt **9** 245, 246 f; *Diemer/Krick* MK Rdn. 31; *Lackner/Kühl* aaO; *Schönke/Schröder/Heine* Rdn. 32.

[61] BGHSt **31** 207, 208; *Lackner/Kühl* aaO; *Rudolphi* SK Rdn. 15; *Schönke/Schröder/Heine* aaO.

[62] Zustimmend *Diemer/Krick* MK Rdn. 31; *Fischer* Rdn. 22; *Lackner/Kühl* Rdn. 9; *Rudolphi* aaO; *Schönke/Schröder/Heine* aaO.

[63] Für Tateinheit *Baumbach/Hefermehl* UWG § 12 Rdn. 1; *Dannecker* NK Rdn. 26 und 90; *Diemer/Krick* MK Rdn. 31; *Gössel/Dölling* BT 1 § 55, 14; *Pfeiffer* FS v. Gamm, S. 143; *Schönke/Schröder/Heine* Rdn. 32.

[64] Ebenso *Blessing* in Müller-Gugenberger/Bieneck § 53, 85; *Fischer* § 331 Rdn. 40; *Meyer/Möhrenschlager* WiVerw **1982** 21, 31.

[65] *Lackner/Kühl* Rdn. 9; *Höltkemeier* S. 181 mit weit. Nachw.

[66] BGHSt **41** 292, 302 (Markus Wolf) und BGH NStZ **1987** 326, 327 (für § 332), wistra **1993** 189, 190 und **1998** 106, 107; *Baumbach/Hefermehl* aaO; *Diemer/Krick* MK Rdn. 31; *Fischer* Rdn. 25; *Pfeiffer* aaO S. 144; *Rasch* S. 73.

Absatz 1 im Falle einer tatsächlichen späteren Bevorzugung erst mit dieser als beendet anzusehen (unten Rdn. 70), so dass bis dahin für § 299 insgesamt Tateinheit mit anderen Delikten möglich bleibt. Für eine Anstiftung zur Vornahme der bevorzugenden Handlungen ist das Vorliegen von Tateinheit mit § 299 anerkannt.[67]

VII. Internationales Strafrecht (Auslandssachverhalte)

Auslandsbezüge des § 299 treten besonders im Rahmen des Absatzes 2 bei Be- 63
stechungshandlungen auf, die von Angehörigen deutscher Unternehmen zwecks Absatzes von Waren oder Erlangung von Aufträgen gegenüber Angestellten oder Beauftragten ausländischer Betriebe vorgenommen werden. Einschlägig sind dabei auch Schmiergeldzahlungen an ausländische „Vermittler", die – teilweise auch als Politiker oder Privatpersonen – ihren Einfluss geltend zu machen bereit sind, um Geschäfte zum Abschluss zu bringen. Räumlich muss zwischen dem Gebiet der EU und Nicht-EU-Staaten unterschieden werden. Vor allem für die letzteren bedarf es der Diskussion, ob Strafbarkeit auch dann anzunehmen ist, wenn das „Schmieren" in dem in Frage stehenden ausländischen Staat sozial-üblich oder sogar (ökonomisch) notwendig ist, um Geschäfte abschließen zu können (zum tatsächlichen Befund insgesamt *Behr* FS Offerhaus, S. 349 ff mit Nachw.; zu den denkbaren rechtlichen Fallkonstellationen *Volk* in Holtz/Kulessa S. 18 f). Schließlich ist danach zu differenzieren, ob die Bestechungshandlung zumindest teilweise *auf deutschem Territorium begangen* wird (*Spengler* DB **1962** 1399), z.B. durch Absenden eines Vorteilsangebotes, Fordern des Vorteils (OLG[Z] Karlsruhe DJ **2000** 135, 136), Abgabe des Versprechens (BGH[Z] NJW **1968** 1572, 1575 – Bierexport), Tätigen einer Banküberweisung oder Übergabe von Bargeld (vgl. §§ 3, 9) und/oder ob sie ausschließlich im Ausland, dort aber von deutschen Mitbewerbern oder gegen solche vorgenommen wird (§ 7).

1. Hinsichtlich der vorrangigen Frage nach dem **Schutzbereich** des § 299 ergab sich 64
eine positive Antwort auf die Frage nach der Einbeziehung von Auslandssachverhalten schon vor der Reform von 2002 für eine Minderansicht, die durch diesen Straftatbestand nur (individuelle) *Vermögensinteressen* der Mitbewerber geschützt sieht (vgl. Rdn. 5; *Walter* wistra **2001** 323) oder den Schutz der „Vertrauensverhältnisse im internationalen Geschäftsverkehr" betont (so *Androulakis* S. 431). Für die h.M., die gleichrangig mit dem Individualschutz der Mitbewerber (vor Vermögensbeschädigung) den lauteren (fairen) *Wettbewerb*, also ein überindividuelles (soziales) Rechtsgut zum Schutzgut erhebt (Rdn. 1), folgte aus der durch Art. 10 EGV gebotenen *gemeinschaftsfreundlichen Auslegung des Wettbewerbsbegriffs* die Einbeziehung aller *EU*-Mitgliedstaaten in den Schutzbereich des § 299 (*Tiedemann* LK[11] Rdn. 55; zust. *Androulakis* S. 429; **aA** *Rönnau* JZ **2007** 1088 f); dies kam u.a. auch unmittelbar in der Vor Rdn. 1 erwähnten Gemeinsamen Maßnahme zur Harmonisierung des einschlägigen Strafschutzes innerhalb der EU zum Ausdruck und wurde durch die Reform von 2002 mittels Einfügung eines Absatzes 3 in § 299 *klargestellt* (BTDrucks. 14/898 S. 9 f). Dabei wurde durch Absatz 3 der Strafschutz auf *ausländischen Wettbewerb* allgemein ausgedehnt. Wenn BGH 2 StR 58707 vom 29.8.2008 demgegenüber meint, der deutsche Gesetzgeber sei vor dem EU-Rahmenbeschluss vom 22.7.2003 nicht zu dieser Ausweitung des Strafschutzes verpflichtet gewesen („vorauseilender Gehorsam"!) und die Finanzrechtspraxis sei von der Nichtgeltung des § 299 für Auslandssachverhalte ausgegangen, so werden Aufgabe und Inhalt der gemeinschaftsfreundlichen Auslegung durch den **Strafrichter** verkannt. Im Wege einer

[67] RGSt 13 181, 182; 55 181, 182; *Diemer/Krick* aaO.

weiteren gesetzgeberischen Reform (Entstehungsgeschichte Vor Rdn. 1) soll nunmehr Absatz 3 in den Text von Absatz 1 und 2 eingearbeitet werden. Bereits nach geltendem Recht wird aber Wettbewerb auch außerhalb der EU strafrechtlich geschützt. Ob allerdings in der Einbeziehung von Wettbewerb außerhalb der EU ebenfalls nur eine Klarstellung zu sehen ist, muss entgegen *Diemer/Krick* MK Rdn. 28 und *Ulbricht* S. 149 bezweifelt werden (ebenso *Fischer* Rdn. 2a). Der Frage kommt für die **Rückwirkung** auf Taten außerhalb der EU vor dem 21.12.2002 Bedeutung zu. Da es um eine Frage der Auslegung des § 299 a.F. geht (vgl. *Werle/Jeßberger* LK Rdn. 296 vor § 3), dürfte die h.M. zu einer Bejahung der Zulässigkeit rückwirkend-verschärfender Interpretation gelangen (vgl. *Dannecker* LK § 1 Rdn. 433 ff, aber auch Rdn. 445, je mit Nachw.). Dagegen nehmen *Haft/Schwoerer* FS Weber, S. 381 mit guten Gründen insoweit eine Gesetzesänderung an (im Ergebnis ebenso *Vormbaum* FS Schroeder, S. 658 ff; **aA** *Höltkemeier* S. 180).

65 2. Mit der Ausdehnung des strafrechtlichen Schutzbereichs auf Wettbewerb im Ausland werden **§§ 3 ff** StGB anwendbar. Insoweit ist für die Unterscheidung von *In-* und *Auslandstaten* zunächst auf § 298 Rdn. 55 und 56 zu verweisen. Soweit es um den *Wettbewerb Deutscher im Ausland* und eine im Ausland erfolgte Schmiergeldzahlung an den ausländischen Auftraggeber bzw. seine Angestellten oder Beauftragten geht, kann die Anwendung des § 299 Abs. 2 nur aus § 7 Abs. 1 oder § 7 Abs. 2 Nr. 1 folgen, wenn also die ausländische Rechtsordnung die Angestellten- oder Beauftragtenbestechung ebenfalls unter Strafe stellt (dazu ausführlich Rdn. 23 ff Vor § 298). Für beide Absätze des § 7 verdient Hervorhebung, dass ausländische untreueähnliche Straftatbestände als Strafdrohung ohne Weiteres ausreichen (*Werle/Jeßberger* LK § 7 Rdn. 30 mit Nachw.). Dasselbe gilt erst recht für Straftatbestände der gesellschaftsrechtlichen Untreue (z.B. in Frankreich und Italien, vgl. *Foffani*, FS Tiedemann, S. 767, 783 ff). Der Verletztenbegriff ist mit dem des § 77 (dazu § 301 Rdn. 2) identisch. Soweit im ausländischen Recht die *Sozialadäquanz* des Schmierens als Tatbestandsausschluss- oder Rechtfertigungsgrund anerkannt ist, ist dies auch für das deutsche Strafrecht beachtlich (ebenso *Rönnau* JZ **2007** 1086; vgl. allgemein *Werle/Jeßberger* aaO Rdn. 37 mit Nachw.). Ein Verstoß gegen den internationalen *Ordre-public*-Vorbehalt liegt hierin nicht (*Piehl* S. 63 f mit Nachw.). Jedoch ist stets sorgfältig zu prüfen, ob die einschlägige ökonomische Sichtweise oder Übung wirklich mit der jeweiligen Strafrechtsordnung übereinstimmt (zust. *Ebert-Weidenfeller* in Achenbach/Ransiek 1 III 2 Rdn. 23; vgl. etwa OLG Hamburg RIW **1993** 327, 328 f zum syrischen Recht, das – wie zahlreiche andere Rechtsordnungen – den sog. *Handel mit Einfluss* unter Strafandrohung stellt,[68] oder *Behr* FS Offerhaus, S. 351 zum nigerianischen Strafrecht). Nach *Rügemer* KritJ **1997** 469 gibt es „kein Land", in dem die Amtsträgerkorruption nicht strafbar ist (übereinstimmend *Eser/Überhofen/Huber* S. 719 ff zu den von diesen Autoren untersuchten Staaten). Mit der *Angestellten*bestechlichkeit und -bestechung verhält es sich dagegen traditionell anders (vgl. allerdings nunmehr für Europa *Tiedemann* LK Rdn. 9 a.E. Vor § 298).

66 Die Einbeziehung ausländischen Wettbewerbs in § 299 seit der Reform von 2002 soll nach BTDrucks. 14/8998 S. 9 f der Bewertung von Wettbewerb als *Universalrechtsgut*,

---

[68] Rechtsvergleichend zu diesem „trafic d'influence" oder „trading in influence" als Straftatbestand *Abanto* FS Tiedemann, S. 913 ff; *Androulakis* S. 454 f; *Semirara* I delitti di millantato credito e traffico di influenza (Mailand 2000); *Tiedemann* Multinationale Unternehmen S. 36 f. Vorausgesetzt wird insoweit in aller Regel Einflußnahme auf *Amtswalter*; vgl. etwa Art. 432-11, 433-2 franz. Code pénal oder Art. 428 ff span. Código penal und *Überhofen* Korruption und Bestechungsdelikte im staatlichen Bereich (1999) S. 388 ff. Weitergehend aber z.B. Art. 335 portug. Codigo penal.

nämlich als gemeinsames Interesse der (Vertrags-)Staatengemeinschaft Rechnung tragen (vgl. *Tiedemann* FS Lampe, S. 760 f). Die hiergegen von *Haft/Schwoerer* (FS Weber, S. 382) wegen des Wortlauts von Absatz 3 vorgebrachten Bedenken werden jedenfalls durch die 2007 eingeleitete Reform überholt (vgl. *Haft/Schwoerer* aaO S. 383 unter Vorgriff auf die Reformformulierung). Daher ist das in Rdn. 65 angesprochene System der §§ 3 ff StGB künftig uneingeschränkt anwendbar. Zweifelhaft bleibt, ob auch *§ 6 Nr. 9* Anwendung findet, nämlich für die Bundesrepublik Deutschland auf Grund zwischenstaatlicher Abkommen eine Verpflichtung besteht, auch reine Auslandssachverhalte (Bestechung ausländischer Angestellten durch ausländischer Täter im ausländischen Wettbewerb) zu verfolgen (zu Recht verneinend *Androulakis* S. 381 und 429; *Haft/Schwoerer* aaO S. 379 f). Wenn der RegE hervorhebt, dass die geplante Neufassung ebenso wie schon Absatz 3 „keine Beschränkung auf deutsche Angestellte und Beauftragte enthält" und „auch bei Taten von ausländischen Angestellten und Beauftragten ausländischer Unternehmen Anwendung" findet (BRDrs. 548/07 S. 25), so wird hierin keine einseitige nationale Inanspruchnahme des Universalprinzips zu sehen sein. Andernfalls müsste durch völkerrechtliche Kriterien eine Einschränkung der Strafverfolgung auf Fälle mit *Inlandsbezug* hergestellt werden,[69] der allerdings schon in der Einschaltung deutscher Banken oder Postunternehmen liegen kann (*Rönnau* JZ **2007** 1087). – Zu *ausländischen* Regelungen des internationalen Bestechungsstrafrechts ausführlich *Androulakis* S. 435 ff (Großbritannien, Belgien, Frankreich, Österreich, Schweiz, Griechenland).

VIII. Strafverfolgung und Verjährung

1. Ein **Strafantrag** des Verletzten (dazu bereits Rdn. 6) oder der zusätzlich in § 301 **67**
Abs. 2 Genannten ist nach § 301 nur dann erforderlich, wenn die Strafverfolgungsbehörde kein besonderes öffentliches Interesse an der Strafverfolgung bejaht. § 299 ist damit ein sog. *relatives Antragsdelikt*. Einzelheiten bei § 301. – Gem. § 374 Abs. 1 Nr. 5a StPO ist auch Verfolgung im Wege der *Privatklage* zulässig. Grundsätzliche (und historische) Ausführungen hierzu bei *Nestoruk* S. 116 ff, 179 ff.

2. Unter den **Strafanzeigen** kommt den *Mitteilungen durch die Finanzbehörden* nach **68**
§ 4 Abs. 5 Nr. 10 Satz 2 EStG besondere Bedeutung zu. Diese Vorschrift steht im Zusammenhang mit dem (neuen) Verbot des steuerlichen Abzuges von Schmiergeld nach § 4 Abs. 5 Nr. 10 Satz 1 EStG (Rdn. 3 Vor § 298 und sogleich Rdn. 69). Sie verpflichtet die Finanzbehörden zur Mitteilung an die Staatsanwaltschaft, wenn im Besteuerungsverfahren der Verdacht einer Straftat nach § 299 entsteht. Das wird vor allem dann der Fall sein, wenn das Schmiergeld vom Steuerpflichtigen als Betriebsausgabe angesetzt wurde, sei es auch nur unter der Bezeichnung als Provision, Vergütung o.ä.[70] Eine solche Bezeichnung reicht als Anfangsverdacht aus, nicht dagegen die bloße Nichtnennung des Empfängers einer Zahlung (*Klingelhöfer* StBp **1999** 312 mit Nachw.; allgemein zum Anfangsverdacht in diesem Zusammenhang *Dannecker* in Dannecker/Leitner S. 136 und NK Rdn. 31 Vor § 298; *Randt* BB **2000** 1013). – Der Finanzbeamte hat kein Ermessen in Bezug auf die Erfüllung der Mitteilungspflicht. Sein Unterlassen macht ihn nach § 258 strafbar (*Dannecker* NK aaO Rdn. 32; *Klingelhöfer* aaO S. 311 f, der sogar § 258a für

---

69 *Haft/Schwoerer* FS Weber, S. 383 f; *Tiedemann* Wirtschaftsstrafrecht BT Rdn. 215; *Werle/Jeßberger* LK Rdn. 243 Vor § 3 mit weit. Nachw.

70 *Klingelhöfer* StBp **1999** 311 f gegen *Joecks* DStR **1997** 1025, 1030.

einschlägig hält; dieser Straftatbestand kommt für Steuerfahnder in Betracht). Die Rechtslage entspricht weitgehend § 6 SubvG (dazu *Tiedemann* LK[11] § 264 Rdn. 168 ff).

69 Umgekehrt sind nach § 4 Abs. 5 Nr. 10 Satz 3 EStG auch die **Gerichte und Staatsanwaltschaften sowie Verwaltungsbehörden** verpflichtet, den zuständigen *Finanzbehörden Tatsachen mitzuteilen*, die sie dienstlich erfahren und den Verdacht des § 299 Abs. 2 begründen. Diese Mitteilungspflicht sichert das vorerwähnte steuerliche Abzugsverbot des § 4 Abs. 5 Nr. 10 Satz 1 EStG, der die Anerkennung von Schmiergeldzahlungen als Betriebsausgaben versagt, wenn die Zahlungen rechtswidrige Handlungen darstellen, die den Tatbestand eines Strafgesetzes erfüllen. Ist ein Strafverfahren wegen § 299 Abs. 2 bereits anhängig, so empfiehlt sich für die Finanzverwaltung oder das Finanzgericht, den Ausgang dieses Verfahrens abzuwarten (*Randt* BB **2000** 1013 f).

70 3. Die Frist für die **Verjährung** der Strafverfolgung beträgt *fünf Jahre* (§ 78 Abs. 3 Nr. 4). Sie beginnt gem. § 78a Satz 1 mit **Beendigung** der Tat zu laufen. Es ist streitig, ob damit die materielle Beendigung der Tat (Eintritt der Rechtsgutsverletzung) oder der Abschluss der tatbestandsmäßigen Ausführungshandlung, also bei dem Tätigkeits- und abstrakten Gefährdungsdelikt des § 299 die *Vollendung* (dazu bereits Rdn. 50) gemeint ist. Kommt es aber bei Absatz 1 zur Annahme und bei Absatz 2 zur Hingabe des Vorteils, so ist wegen der dann anzunehmenden tatbestandlichen Handlungseinheit (Rdn. 50) auf jeden Fall dieser Zeitpunkt für den Fristbeginn maßgebend (vgl. für das Amtsträgerstrafrecht BGHSt **11** 345, 347). Bei Teilleistungen kommt es auf Annehmen und Gewähren des letzten Vorteils an (BGH NJW **1998** 2373 für § 331; auch BayObLG NJW **1996** 268, 269 f, 272). Insofern kann davon gesprochen werden, die Erfüllung der Unrechtsvereinbarung gehöre zum Tatbestand (*Lackner/Kühl* § 78a Rdn. 4). Daher beginnt die Verjährung bei § 299 Abs. 2 erst mit der Bevorzugung (sofern es zu dieser kommt). Dasselbe auch für Absatz 1 anzunehmen liegt nahe, da auch hier ein „End- oder Gesamterfolg der Tat“ (die Bevorzugung) erzielt wird, mag auch die einschlägige Handlung nicht mehr im formellen Sinne der Beschreibung des Tatbestands entsprechen. Die Annahme einer Beendigung der Tat (erst) mit vollständigem Erhalt des Vorteils und Vornahme der (Dienst-)Handlung geht mit der h.M. zu § 331 a.F. konform. Wird der Vorteil zwar gefordert oder versprochen, kommt es aber nicht zur Vorteilsgewährung, so ist die Tat beendet, sobald sich das Fordern oder Versprechen als *fehlgeschlagen* erweist und der Täter nicht mehr mit einer Erfüllung rechnet (BGH NJW **2003** 2996, 2997). Zu weiteren Einzelheiten *Jescheck* LK[11] § 331 Rdn. 32. – Zur fehlenden **Rückwirkung** der Verlängerung der dreijährigen Verjährungsfrist für Taten, die vor dem 20.8.1997 begangen wurden, § 301 Rdn. 12.

71 4. Für die Aburteilung ist gem. § 74c Nr. 5a GVG die **Wirtschaftsstrafkammer** des LG zuständig, und zwar bei Anklage zu ihr wegen der besonderen Bedeutung des Falles in erster Instanz (§ 24 Abs. 1 Nr. 3 GVG), sonst bei Berufung gegen Urteile des Schöffengerichts (vgl. dazu OLG Stuttgart MDR **1982** 252f).

IX. Reformfragen

72 Auf die laufenden Reformarbeiten des Gesetzgebers zwecks Ergänzung von § 299 Abs. 1 und Abs. 2 je um eine Tatbestandsalternative *pflichtwidrigen* Handelns der Angestellten oder Beauftragten wurde oben bereits mehrfach hingewiesen. Da es insoweit um die Erfüllung internationaler Verpflichtungen – insbesondere aus dem EU-Rahmenbeschluss – geht, kann nur noch um die inhaltliche Einzelausgestaltung, nicht dagegen über das Ob gestritten werden.

Weitere Reformforderungen werden im Schrifttum seit langem diskutiert, sind aber bisher vom Gesetzgeber nicht aufgegriffen worden: Die Freistellung des *Betriebsinhabers* von jeglicher Strafbarkeit (auch in der Form der Beihilfe und der Unterlassung) wird vor allem bei Realisierung der soeben in Rdn. 72 angesprochenen Reform zunehmend zweifelhaft, soweit es um **Beratungsunternehmen** und die Verletzung der vertraglichen Beratungspflicht geht (Rdn. 10); allerdings setzt eine angemessene künftige Lösung auch Klarheit über den Grund der bisherigen Straflosigkeit voraus (dazu zuletzt *Rengier* FS Tiedemann, S. 837 ff). Vor allem anhand aktueller Auslandssachverhalte macht sich eine weitere Lücke in Bezug auf die bislang meist durch die Auslegung (Rdn. 12) nicht zu beseitigende Straflosigkeit von **Vermittlern** bemerkbar; ausländische Rechtsordnungen und die internationalen Rechtsinstrumente zur Korruptionsbekämpfung halten hier Straftatbestände des „Handels mit Einfluss“ bereit (dazu neuestens *Abanto* FS Tiedemann, S. 913 ff; zuvor *Queloz* FS Trechsel, S. 431 ff). **73**

Ein weites Feld für künftige Strafgesetzgebung öffnet sich beim Blick über den von § 299 geregelten wirtschaftlichen Wettbewerb hinaus. Vor allem der **sportliche Wettbewerb** unter Berufsathleten ist, wie heute keines Beleges bedarf, für Korruption anfällig. Der neue *polnische* Straftatbestand der „Sportkorruption“ (Art. 269b von 2003) im Kapitel „Straftaten gegen den Wirtschaftsverkehr“ des polnischen Strafgesetzbuchs zeigt, dass es – vornehmlich für die Organisatoren von Sportveranstaltungen – durchaus auch um wirtschaftlichen Wettbewerb geht und dass bei Reformarbeiten jedenfalls gesetzestechnisch auf die Straftatbestände gegen Wirtschaftskorruption zurückgegriffen werden kann (eingehend zur polnischen Lösung *Szwarc* FS Tiedemann, S. 939 ff). **74**

In schwierige gesamtgesellschaftliche Zusammenhänge greift die Reformdiskussion ein, soweit es um die Korruption von **Parlamentariern** und sonstigen *politischen Mandatsträgern* sowie Kandidaten für politische Ämter geht („conflict of interest in the public sector“). Vorschläge einer internationalen Arbeitsgruppe hierzu finden sich bei *Tiedemann* FS Otto, S. 1055, 1060 ff. Die parlamentarische Verknüpfung der in Rdn. 72 genannten Gesetzesreform mit diesem politisch besonders heiklen Thema ist offenbar auch der Grund für die Verzögerung der Ergänzung und Neufassung des § 299. **75**

§ 300
Besonders schwere Fälle der Bestechlichkeit und Bestechung im geschäftlichen Verkehr

In besonders schweren Fällen wird eine Tat nach § 299 mit Freiheitsstrafe von drei Monaten bis zu fünf Jahren bestraft. Ein besonders schwerer Fall liegt in der Regel vor, wenn

1. **die Tat sich auf einen Vorteil großen Ausmaßes bezieht oder**
2. **der Täter gewerbsmäßig oder als Mitglied einer Bande handelt, die sich zur fortgesetzten Begehung solcher Taten verbunden hat.**

Schrifttum siehe vor § 298 und zu § 299.

Entstehungsgeschichte

Siehe Rdn. 1 vor § 298 und *Diemer/Krick* MK Rdn. 1.

Übersicht

	Rdn.
I. Aufbau und Einordnung der Vorschrift	1
II. Regel-Beispiele (Satz 2)	3
1. Vorteil großen Ausmaßes	3
2. Gewerbs- oder bandenmäßiges Handeln	5

I. Aufbau und Einordnung der Vorschrift

1 § 300 enthält keinen eigenen Straftatbestand, sondern stellt eine **Strafzumessungsvorschrift** für besonders schwere Fälle einer Tat nach § 299 dar; in Bezug genommen sind damit beide Absätze des § 299. Für derartige Fälle ist das Mindest- und Höchstmaß der Strafe heraufgesetzt. Gemäß § 12 Abs. 3 bleibt die Tat **Vergehen**. Im unteren Bereich (Freiheitsstrafe unter sechs Monaten) ist nach § 47 Abs. 2 die Verhängung einer *Geldstrafe* möglich.

2 Mit der Erhöhung des Strafrahmens trägt der Gesetzgeber der Erfahrung Rechnung, dass die Bestechlichkeit und Bestechung im geschäftlichen Verkehr in Formen begangen werden kann, für deren Anwendung der normale Strafrahmen des § 299 (Freiheitsstrafe bis zu drei Jahren oder Geldstrafe) nicht ausreicht. Jedoch hat der Gesetzgeber – anders als der Entwurf des Bundesrates (BRDrucks. 298/95) – davon abgesehen, die Erhöhung des Strafrahmens an die des § 335 anzugleichen. Eine solche Angleichung würde den früheren niedrigen Strafrahmen des § 12 UWG (Freiheitsstrafe bis zu einem Jahr) und die frühere Zurückhaltung der Strafverfolgungsbehörden bei der Verfolgung der Bestechlichkeit und Bestechung von Angestellten außer acht lassen (RegE S. 32 f; *Fischer* Rdn. 2 m.w.N.). Auch sollte die Herauslösung des Straftatbestandes aus dem UWG nicht dazu führen, den kriminalpolitischen Zusammenhang mit anderen, nach wie vor im UWG geregelten Erscheinungsformen der Wettbewerbsdelikte (vgl. §§ 16, 17 ff UWG) aufzulösen (*Dölling* Verh. **61.** DJT, 1996, C 90; *Fischer* aaO). Das größere öffentliche Interesse an sachlicher Amtsführung rechtfertigt demgegenüber die höhere Strafdrohung des § 335 (*Fischer* aaO m.w.N.). – Zur Technik der Regel-Beispiele mit ihrer bloßen (widerlegbaren) Indizwirkung *Theune* LK Rdn. 16 ff vor §§ 46–50; auch *Tiedemann* LK[11] § 283a Rdn. 2 mit Nachw.

II. Regel-Beispiele (Satz 2)

3 **1. Vorteil großen Ausmaßes.** Das Regel-Beispiel entspricht wörtlich § 335 Abs. 2 Nr. 1, aber z.B. auch § 264 Abs. 2 Nr. 1, der allerdings zusätzlich groben Eigennutz des Täters oder Verwendung falscher Belege verlangt. Dass § 300 auf die Höhe des Vorteils und nicht auf den Umfang der Bevorzugung abstellt, wird im Schrifttum als mit dem Rechtsgut des Wettbewerbs nicht vereinbar gerügt und soll durch Anwendung von Satz 1 korrigiert werden, indem auf das „Ausmaß" der Wettbewerbsbeeinträchtigung abgestellt wird (so *Fischer* Rdn. 3; *Schönke/Schröder/Heine* Rdn. 3). Dieses ist aber abgesehen von Ausnahmefällen (greifbarer Marktstörung) nur mit großen Schwierigkeiten zu ermitteln, da entsprechend § 46 Abs. 3 die allgemeine Bedeutung des Wettbewerbs und der Freiheit der Mitbewerber nicht berücksichtigt werden darf und das geographische Ausmaß der Wettbewerbsverletzung, die Zeitdauer und Häufigkeit gleichartiger Verstöße usw. neben der Anwendung von Geheimhaltungsmaßnahmen hier kaum eine Rolle spielen (zu diesen Zumessungskriterien bei GWB-Verstößen *Tiedemann* in Immenga/Mestmäcker[2] § 38 Rdn. 256 ff). Es ist daher durchaus sachgerecht, dass der Gesetzgeber mit der Höhe des

Vorteils entscheidend auf das *Mittel der Tatbegehung* abstellt (zust. *Diemer/Krick* MK Rdn. 2 unter Hinweis auf Art. 103 Abs. 2 GG). Der Umfang der unlauteren Bevorzugung kann allerdings im Rahmen der stets erforderlichen *Gesamtwürdigung* Berücksichtigung finden.

Die Bezeichnung als „Vorteil großen Ausmaßes" ist zwar *unbestimmt* (**krit.** *Blessing* in Müller-Gugenberger/Bieneck § 53, 49 zu § 335; *Schönke/Schröder/Heine* Rdn. 4; vgl. auch für § 264 *Tiedemann* LK[11] Rdn. 147). Jedoch besteht Übereinstimmung darüber, dass sich die Auslegung dieses Merkmals am jeweiligen Straftatbestand zu orientieren hat.[1] Daher ist bei § 300 eine erheblich niedrigere Wertgrenze als bei § 264 (dazu *Tiedemann* aaO: 50 000 Euro) anzusetzen.[2] Anstelle allgemeiner Maßstäbe will *Fischer* Rdn. 4 ganz auf die Umstände des konkreten Falles abstellen; danach könne ein Wert von mehr als 10 000 Euro (*Rudolphi* SK Rdn. 3: 5 000 Euro) das Regel-Beispiel begründen. Allerdings ist der Verweis auf § 335 nicht zwingend. Nicht nur werden faktisch im privaten Wirtschaftsverkehr mit seinen in der Regel höheren Einkommen höhere Wertgrenzen gelten (so dass die für § 335 von *Lackner/Kühl* Rdn. 2 dort angenommene Grenze von 5 000 Euro keinesfalls ohne weiteres auf § 300 übertragen werden kann; so allgemein auch *Bauer/Gmel* Nachtrag zu LK[11] §§ 331–338 Rdn. 21, die für § 335 eine deutlich höhere Wertgrenze als 10 000 Euro verlangen). Vielmehr ist (entgegen *Rudolphi* aaO) auch die Reinheit der Amtsführung ein empfindlicheres Gut als die Fairness des privaten Wirtschaftsverkehrs (vgl. bereits Rdn. 2). Insgesamt zutreffend stellt *Rudolphi* aaO darauf ab, ob der Vorteil „besonders geeignet" ist, „den Vorteilnehmer zu korrumpieren". Dies aber hängt entscheidend von der Höhe des Vorteils, daneben auch von dem Einkommen und den sonstigen wirtschaftlichen und persönlichen Verhältnissen des Angestellten oder Beauftragten ab, wobei *Rudolphi* aaO nicht auf den objektiven Wert, sondern auf den Wert des Vorteils für den Vorteilsnehmer abstellen will. Letzteres ist allerdings auch unabhängig davon, dass der Vorsatz des Vorteilsgebers die Höhe des Vorteils umfassen muss, zweifelhaft. Vor allem bei immateriellen Vorteilen (§ 299 Rdn. 27) spielt zwar die subjektive Einschätzung durch den Vorteilsnehmer eine Rolle; sie ist aber nicht in dem Sinne entscheidend, dass auch ein objektiv geringfügiger Vorteil etwa wegen der ganz besonderen Eitelkeit des Angestellten usw. zu einem solchen „großen Ausmaßes" würde. Primär bleibt es daher bei der objektiven, nach dem *Verkehrswert* zu bestimmenden absoluten Höhe des Vorteils, der regelmäßig auch in einer gewissen Abhängigkeit von dem Umfang des Geschäftes stehen wird. In der Praxis werden die vorgenannten Werte von 5 000 oder 10 000 Euro als Grenzfälle von § 300 kaum je eine Rolle spielen. Massive Zuwendungen wie 150 000 DM im Falle eines Kreditvolumens von ca. 16 Millionen DM (im Fall des LG Bochum § 299 Rdn. 38) oder mehr als 1 Mio. DM durch Provisionszahlungen (im Fall BGH NJW **2006** 3290, 3298 – Allianz Arena München) oder prozentuale Beteiligung am Umsatz oder Verkauf (*Tiedemann* LK[11] Rdn. 4) fallen dagegen eindeutig in den Anwendungsbereich des Regel-Beispiels. Auf *eindeutig gravierende Fälle* sollte seine Anwendung im Wesentlichen beschränkt werden. Es ist daher ohne Vorliegen besonderer Umstände nur schwer vorstellbar, dass die Gewährung eines Vorteils unter **20 000 Euro** einen besonders schweren Fall der Bestechlichkeit und Bestechung im geschäftlichen Verkehr darstellt (ähnlich *Dannecker* NK Rdn. 5; *Diemer/Krick* MK Rdn. 2; *Wessels/Hillenkamp* Rdn. 702). **4**

---

1 BTDrucks. 13/5584 S. 15; BGHSt 48 360, 364; *Diemer/Krick* MK Rdn. 2; *Fischer* Rdn. 4; *Schönke/Schröder/Heine* Rdn. 4; *Wessels/Hillenkamp* Rdn. 702 m.w.N.

2 BTDrucks. aaO; *Diemer/Krick* aaO; *Fischer* aaO; *Lackner/Kühl* Rdn. 1; *Maurach/Schroeder/Maiwald* 2 § 68, 18.

5 **2. Gewerbs- oder bandenmäßiges Handeln.** Das Merkmal der **Gewerbsmäßigkeit** entspricht neben § 335 Abs. 2 Nr. 3 (und § 263 Abs. 3 Nr. 1) auch § 261 Abs. 4 Satz 2, an dessen Auslegung es sich nach der amtl. Begr. zu orientieren hat.[3] Nach gesicherter Definition liegt Gewerbsmäßigkeit vor, wenn der Täter in der Absicht handelt, sich durch wiederholte Tatbegehung eine nicht nur vorübergehende Einnahmequelle von einigem Umfang zu sichern (*Diemer/Krick* MK Rdn. 3; *Tiedemann* LK[11] § 263 Rdn. 296, je mit Nachw.). Bei § 299 *Abs. 1* wird dies insbesondere dann gegeben sein, wenn der Täter ein ganzes Korruptions-*System* aufbauen will, um hieraus immer wieder materielle Vorteile zu ziehen (*Fischer* Rdn. 5). Bei § 299 *Abs. 2* ist auf die (mittelbar) durch die Bevorzugung erreichten Einnahmen abzustellen (*Fischer* aaO, der aber nur auf „zusätzliche" Einnahmen abstellen will); diese sind praktisch identisch mit dem i.S.v. §§ 73, 73a Erlangten (§ 302 Rdn. 3). Weitere Einzelheiten bei *Rissing-van Saan* LK Rdn. 80 vor § 52.

6 Für die Alternative **bandenmäßiger Begehung** ergaben sich bis zur Entscheidung des Großen Strafsenats vom 22.3.2001 Probleme, wenn mit der tradierten Rechtsprechung *zwei Personen* als ausreichend angesehen wurden (vgl. dazu *Tiedemann* LK[11] § 263 Rdn. 297 mit Nachw.). Seit der Heraufsetzung der Mindestzahl der Mitglieder einer Bande auf *drei Personen* (bei § 244 Abs. 1 Nr. 2) durch BGHSt **46** 321, 325 ist die Gefahr einer Erweiterung des Regel-Beispiels auf „eingespielte" Systeme zwischen Vorteilsnehmer und Vorteilsgeber beseitigt. Auch weiterhin kann aber die Bande aus Beteiligten beider Seiten bestehen (*Diemer/Krick* MK Rdn. 4; *Fischer* Rdn. 6).

§ 301
Strafantrag

(1) Die Bestechlichkeit und Bestechung im geschäftlichen Verkehr nach § 299 wird nur auf Antrag verfolgt, es sei denn, daß die Strafverfolgungsbehörde wegen des besonderen öffentlichen Interesses an der Strafverfolgung ein Einschreiten von Amts wegen für geboten hält.

(2) Das Recht, den Strafantrag nach Absatz 1 zu stellen, hat neben dem Verletzten jeder der in § 8 Abs. 3 Nr. 1, 2 und 4 des Gesetzes gegen den unlauteren Wettbewerb bezeichneten Gewerbetreibenden, Verbände und Kammern.

Schrifttum siehe zu § 299.

Entstehungsgeschichte

Siehe Vor § 298 sowie unten Rdn. 1.

---

[3] BTDrucks. 13/5584 S. 15; ebenso *Lackner/Kühl* aaO.

Übersicht

	Rdn.
I. Relatives Antragsdelikt	1
II. Antragsberechtigte (Abs. 2)	2
1. Verletzte (Mitbewerber und Geschäftsherr)	2
2. Insbesondere Verbände und Kammern	4
3. Wirksamkeitsvoraussetzungen	5
III. Besonderes öffentliches Interesse an der Strafverfolgung (Abs. 1)	6
1. Falltypen	7
2. Rückwirkung für Taten vor dem 20.8.1997	12

I. Relatives Antragsdelikt

1 Die Vorschrift gestaltet in Absatz 1 § 299 als relatives Antragsdelikt aus, nachdem die Vorgängernorm des § 12 UWG als reines Antragsdelikt (vgl. § 22 UWG a.F.) keine praktische Bedeutung erlangt hatte und als wesentlicher Grund hierfür die Antragsbindung erkannt worden war (BTDrucks. 13/5584 S. 16; *Nestoruk* S. 197 ff; Entstehungsgeschichte Vor § 298). Auch die Erhöhung des Strafrahmens rechtfertigt die Einführung der Möglichkeit eines Einschreitens von Amts wegen (amtl. Begr. aaO), da hierin der Schutz des Allgemeininteresses und damit des öffentlichen Interesses an lauterem (fairem) Wettbewerb stärker als bei § 12 UWG a.F. zum Ausdruck kommt (vgl. nur *Rudolphi* SK Rdn. 1). Die Anregung des Bundesrates, die Schaffung eines Offizialdelikts zu erwägen, ist im Gesetzgebungsverfahren nicht weiter verfolgt worden (vgl. *Fischer* Rdn. 2 mit Nachw.). Die 2007 eingeleitete *Reform* (BTDrucks. 16/6558) sieht eine *Neufassung von Absatz 2 vor*, nachdem das UWG von 2004 bereits formal die Verweisung auf seinen § 8 angepasst hat.

II. Antragsberechtigte (Absatz 2)

2 1. Antragsberechtigt ist nach Absatz 2 zunächst der **Verletzte**. Dies ist nach allgemeinen Grundsätzen (des § 77 Abs. 1) der Träger des durch § 299 unmittelbar geschützten Rechtsguts (BGHSt **31** 207, 210; *Schmid* LK § 77 Rdn. 25 ff), also bei Taten nach § 299 jeder **Mitbewerber** (§ 299 Rdn. 1; *Schmid* aaO Rdn. 35). Der Mitbewerber muss auf demselben Markt tätig sein und die gleichen oder ähnliche (substituierbare) Waren oder gewerblichen Leistungen anbieten oder beziehen (§ 299 Rdn. 37; zust. *Diemer/Krick* MK Rdn. 2). Es besteht kein Anlass, den Begriff des Verletzten „geschäftsbezogen" (statt „marktbezogen") zu verstehen, also auf Mitbewerber zu beschränken, die sich um den konkreten Auftrag des Geschäftsherrn beworben haben. Wohl aber ist ein konkretes, nicht nur abstraktes Wettbewerbsverhältnis erforderlich (weitergehend § 13 Abs. 2 Nr. 1 UWG a.F., auf den § 301 StGB a.F. Bezug nahm). Kein Mitbewerber ist, wer erst in Zukunft auf diesem Markt tätig werden will (§ 299 Rdn. 36 ff gegen Minderansichten des strafrechtlichen Schrifttums).

3 Nach ganz h.M. ist auch der **Geschäftsherr** des bestechlichen Angestellten oder Beauftragten Verletzter und daher strafantragsberechtigt (§ 299 Rdn. 2 mit Nachw. in Fn. 5), wenn das Verhalten des Bestochenen ihm gegenüber pflichtwidrig („unlauter") war (BGHSt **31** 207, 209 ff; RGSt **76** 335, 336 f gegen RG JW **1935** 363, 365f; *Schmid* LK § 77 Rdn. 35), also die Schmiergeldzahlung gegenüber dem Geschäftsherrn nicht offengelegt worden ist (BGH aaO; *Bürger* wistra **2003** 134). Diese Auffassung ist zutreffend, auch wenn der Geschäftsherr nach richtiger Ansicht durch § 299 Abs. 1 Nr. 1 nur nachrangig geschützt wird (§ 299 Rdn. 5). Bei Absatz 1 Nr. 2 und Absatz 2 Nr. 2 des künftigen Rechts ergibt sich die Verletzteneigenschaft unmittelbar daraus, dass es bei der vom

Tatbestand geforderten Pflichtverletzung um eine solche gegenüber dem Geschäftsherrn geht. Mitbewerber haben insoweit kein Antragsrecht (BRDrucks. 548/07 S. 25, allerdings mit der zweifelhaften Begründung, bei Nr. 2 seien „ausschließlich Belange des Unternehmens verletzt"). – Sofern der Geschäftsherr bei der künftigen Nr. 2 in die Handlung *eingewilligt* hat, entfällt die Pflichtwidrigkeit (*Tiedemann* LK § 299 Rdn. 55) und mit ihr die Verletzteneigenschaft, also auch die Strafeintragsbefugnis (vgl. zu § 22 UWG a.F. BGHSt **31** 207, 212; *Schmid* aaO Rdn. 56). Ein Verzicht, der als Prozesshandlung nur gegenüber der Strafjustiz erklärt werden könnte (*Schmid* LK § 77d Rdn. 48), ist hierin nicht zu sehen; vielmehr geht es um eine (Vor-) Frage des materiellen Strafrechts.

4 2. Neben den Mitbewerbern sowie dem Geschäftsherrn und unabhängig von diesen Personen sind gemäß Absatz 2 auch die in § 8 Abs. 3 Nr. 2 und 4 UWG bezeichneten **Verbände** und **Kammern** strafantragsberechtigt. Gemeint sind rechtsfähige Verbände zur Förderung gewerblicher oder selbständiger beruflicher Interessen mit einer erheblichen Mitgliederzahl von Gewerbetreibenden der vorbezeichneten Art (BGH NJW **1991** 367, 370 – Kirchenstiftung) sowie Industrie- und Handelskammern und Handwerkskammern (zu letzteren BGHSt **2** 396, 400 – Sub-Post-Ingenieur). Die erstere Personengruppe ist teilweise mit den Mitbewerbern (Rdn. 2) identisch, soweit es nämlich um den *Absatz* von Waren oder Dienstleistungen geht; der Ausschluss von Nachfragewettbewerbsverbänden ist rechtspolitisch wenig sinnvoll, aber vom Gesetzgeber gewollt (BGH GRUR **1958** 544 – Colonia). Mangels Gesetzeslücke kommt daher eine Analogie nicht in Betracht, selbst wenn man sie für Strafantragserfordernisse für grundsätzlich zulässig halten würde (dagegen aber *Dannecker* LK § 1 Rdn. 276). Zusätzlich muss den Verbänden – anders als den Kammern – eine „erhebliche Zahl" solcher Unternehmen angehören, so dass eine repräsentative Vertretung gewährleistet ist. Eine Deckung des Kreises der Antragsbefugten mit dem der durch § 299 geschützten Interessen liegt nicht vor (BGHSt **31** 207, 211 f). Allerdings nehmen die genannten Verbände und Kammern für ihre Bereiche das Allgemeininteresse an lauterem (fairem) Wettbewerb wahr. Ihr Strafantragsrecht ist daher künftig auf Taten nach § 299 Abs. 1 Nr. 1 und Abs. 2 Nr. 1 beschränkt (BRDrucks. 548/07 S. 25). Eine konkrete Beeinträchtigung der Mitgliedsunternehmen durch die Wettbewerbsstraftat ist nicht erforderlich (vgl. bereits RGSt **45** 355, 360 und RG MuW **1931** 501 f [f] zu § 22 UWG a.F.).

5 3. Zur **Wirksamkeit des Strafantrags** gehört es, dass die Satzung des Verbandes – zumindest teilweise – die Förderung gewerblicher oder selbständiger beruflicher Interessen vorsieht und der Verband eine entsprechende Tätigkeit tatsächlich ausübt bzw. nach seiner personellen, sachlichen und finanziellen Ausstattung auszuüben imstande ist, § 8 Abs. 3 Nr. 2 UWG (dazu BGH NJW **1991** 367, 370 – Kirchenstiftung). Zu den antragsberechtigten Verbänden gehören u.a. die Zentrale zur Bekämpfung unlauteren Wettbewerbs e.V. in Frankfurt/Main (BGH bei Herlan GA **1953** 78) und der Deutsche Schutzverband gegen Wirtschaftskriminalität e.V. in Frankfurt/Main (BGH aaO), nicht dagegen die in § 8 Abs. 3 Nr. 3 UWG genannten Verbraucherschutzverbände (*Schubert* in Wabnitz/Janovsky Kap. 12/78). Dass die Stellung des Strafantrags von der Staatsanwaltschaft angeregt wurde, macht den Antrag nicht unwirksam (BGH NJW aaO).

III. Besonderes öffentliches Interesse an der Strafverfolgung (Absatz 1)

6 Die Bejahung des besonderen öffentlichen Interesses an der Strafverfolgung durch die Strafverfolgungsbehörde ermöglicht eine **Strafverfolgung von Amts wegen** (Absatz 1) und kann auch noch in der Hauptverhandlung (RGHSt **46** 310, 317) und im Revisionsverfahren

(BGH NJW **2003** 2996, 2997 mit Nachw.) nachgeholt werden. Das Gesetz konstruiert diese Möglichkeit an sich als Ausnahme. Jedoch spricht Nr. 260a RiStBV von einer regelmäßigen Bejahung des besonderen öffentlichen Interesses, außer wenn eine geringfügige Rechtsverletzung vorliegt. In jedem Fall ist die Ermessensentscheidung der Staatsanwaltschaft nach h.M. der gerichtlichen Überprüfung entzogen (vgl. nur BVerfGE **51** 176 ff; aA *H. J. Hirsch* LK[11] § 230 Rdn. 13 ff mit Nachw. und *Rudolphi* SK Rdn. 4).

1. Für die Ermessensausübung der Staatsanwaltschaft sind folgende **Falltypengruppen** rechtlich beachtlich, wobei allerdings das besondere öffentliche Interesse für jeden einzelnen Fall bejaht werden muss: **7**

a) Unbedenklich ist die Bejahung des besonderen öffentlichen Interesses an der Strafverfolgung vor allem in den *besonders schweren Fällen* der Bestechlichkeit und Bestechung nach § 300 (*Fischer* Rdn. 3). Sowohl die besondere Höhe des in Frage stehenden Vorteils (Nr. 1) als auch die Gewerbs- oder Bandenmäßigkeit der Begehung (Nr. 2) heben Unrecht und Schuld des Täters weit über das durchschnittliche Maß hinaus und lassen damit das Interesse der Allgemeinheit in den Vordergrund treten. Zutreffend stellt Nr. 242a Abs. 2 RiStBV fest, dass bei einem besonders schweren Fall das besondere öffentliche Interesse nur ausnahmsweise zu verneinen ist. Auch besonders schwere Fälle außerhalb der benannten Regel-Beispiele können aber das besondere öffentliche Interesse an der Strafverfolgung begründen. **8**

b) Grundsätzlich kommt in den Fällen des § 299 eine Strafverfolgung von Amts wegen besonders dann in Betracht, wenn die Tat im Zusammenwirken mit einem *Amtsträger* begangen wurde (*Fischer* Rdn. 3). Allerdings wird dann regelmäßig ein Amts- (und Offizial-)delikt nach §§ 331 ff vorliegen, das § 299 auf Konkurrenzebene verdrängt (§ 299 Rdn. 61). **9**

c) Weitere Fallgestaltungen, die eine Bejahung des besonderen öffentlichen Interesses als Regel nahelegen, betreffen einschlägige *Vorstrafen* (*Schubert* in Wabnitz/Janovsky Kap. 12/79; vgl. auch Nr. 242a Abs. 1 RiStBV) und grobe Verletzungen freiwilliger *Verhaltenscodices* als Konkretisierung spezifischer Berufspflichten. Weiter kommt der Fall in Betracht, dass ein nach Absatz 2 Antragsberechtigter aus *Furcht* vor beruflichen oder sonstigen wirtschaftlichen Nachteilen keinen Strafantrag stellt (*Fischer* Rdn. 3 mit Nachw.); die Staatsanwaltschaft übernimmt hier durch eine bejahende Ermessensentscheidung den Wunsch und den Schutz des Verletzten. *Schubert* aaO nennt ferner besondere *Raffinesse* der Tatbegehung, z.B. Einschaltung von Strohfirmen (vgl. den Fall bei *Wittig* wistra **1998** 7), eventuell sogar im Ausland. Auch die Verdeckung der Schmiergeldzahlungen durch ein System von Firmen und Scheinrechnungen gehört hierher (vgl. etwa den Sachverhalt bei BGH wistra **2000** 269, 270 zu § 12 UWG a.F.). **10**

Bei **Verneinung** des besonderen öffentlichen Interesses an der Strafverfolgung können die nach § 301 Abs. 2 Antragsberechtigten zwar, indem sie Strafantrag stellen, das Verfolgungshindernis des § 301 Abs. 1 überwinden; doch steht der öffentlichen Klage dann in der Regel § 374 Abs. 1 Nr. 5a StPO entgegen, der § 299 zu einem Privatklagedelikt macht, bei dem gem. § 376 StPO die öffentliche Klage wiederum nur bei besonderem öffentlichen Interesse erhoben wird (anders, wenn dieselbe Tat im prozessualen Sinne – § 264 StPO – zugleich ein Offizialdelikt verwirklicht, vgl. nur *Hilger* in: Löwe/Rosenberg § 376 Rdn. 23). Allerdings ist dieser Begriff im Rahmen des § 376 StPO weiter zu verstehen als in § 301 Abs. 1 (*Schubert* aaO), so dass theoretisch Fälle denkbar sind, in denen die Staatsanwaltschaft einen fehlenden Strafantrag nicht ersetzen dürfte – was sie aber **11** gar nicht muss, da Strafantrag gestellt ist – und gleichwohl die öffentliche Klage erhebt. Tut sie dies nicht, weil auch nach den Maßstäben des § 376 StPO kein besonderes öffentliches Interesse vorliegt, so soll die Staatsanwaltschaft dann, wenn der Verletzte die Tat nicht oder nur unter großen Schwierigkeiten aufklären kann, die erforderlichen Ermittlungen anstellen, bevor sie den Verletzten auf den Weg der Privatklage nach § 374 Abs. 1 Nr. 5a StPO verweist (Nr. 87 Abs. 2 RiStBV). Es handelt sich dabei um Vorermittlungen im Rahmen der Prüfungspflicht der Staatsanwaltschaft aus Nr. 86 Abs. 1 RiStBV (vgl. Nr. 86 Abs. 3 RiStBV).

12 **2. Rückwirkung.** Da die Bestechlichkeit und Bestechung von Angestellten bis zum Inkrafttreten der Gesetzesänderung am 19.8.1997 (Rdn. 1 vor § 298) nur auf Antrag des Verletzten verfolgt werden konnte (vgl. § 22 UWG a.F.) und da § 12 UWG a.F. im Verhältnis zu § 299 insgesamt das *mildere Gesetz* im Sinne des § 2 Abs. 3 ist, entstand für Taten, die vor dem 20.8.1997 begangen wurden, die Frage, ob der **Relativierung der Antragsbindung** nach § 301 Rückwirkung zukommt. Mit dieser Frage hat sich ausführlich LG München I Urt. v. 19.4.2000 – 4 KLs 562 Js 43078/98 (UA 157 ff) auseinandergesetzt; in casu wurde kein Strafantrag gestellt, sondern erst nach Ablauf der Antragsfrist in der Hauptverhandlung von der Staatsanwaltschaft das besondere öffentliche Interesse an der Strafverfolgung bejaht. Das LG hat sich in Würdigung der teilweise im Schrifttum geäußerten Gegenauffassung der h.M. angeschlossen, die das Rückwirkungsverbot der Art. 103 Abs. 2 GG, § 2 Abs. 1 StGB nicht auf das Strafantragsrecht bezieht, „so daß ein Antragsdelikt rückwirkend in ein Offizialdelikt umgewandelt werden kann" (UA 158). Die Entscheidung des LG ist durch BGHSt **46** 310, 316 ff[1] (Bayer. Rotes Kreuz) bestätigt worden; die rückwirkende Änderung des Antragserfordernisses betreffe „allein das Verfahrensrecht", und ein verfassungsrechtlich schutzwertes Vertrauen des Täters in die alte Rechtslage könne „nicht entstehen". Nach h.M. kommt § 301 also *Rückwirkung* zu. Genau gesehen handelt es sich freilich nicht nur um eine schlichte rückwirkende Lockerung des Antragserfordernisses – wie sie stattgefunden hätte, wenn § 12 UWG bestehen geblieben und lediglich § 22 UWG geändert worden wäre –, sondern um eine (nicht völlig unbedenkliche) *rückwirkende, analoge* und *§ 22 UWG verdrängende* Anwendung des § 301 Abs. 1, der seinem Wortlaut nach nur für Taten „nach § 299" gilt, während für Taten, die noch nach § 12 UWG abgeurteilt werden, dem Wortlaut und der Gesetzessystematik nach weiterhin § 22 UWG mit der Folge anwendbar wäre, dass ein absolutes Antragsdelikt vorläge. BGH aaO S. 316 f legt die unrichtige Benennung im Gesetz berichtigend aus, behandelt die Unrichtigkeit also wie ein *Redaktionsversehen* (dazu *Dannecker* LK § 1 Rdn. 168).

13 Keine Rückwirkung hat nach h.M. die Verlängerung der **Verjährung** infolge der Anhebung des Höchstmaßes der Freiheitsstrafe durch § 299 (vgl. § 78 Abs. 3 Nr. 4). Die dreijährige Verjährungsfrist für Taten nach § 12 UWG a.F. (vgl. § 78 Abs. 3 Nr. 5) ist daher *nicht rückwirkend* auf fünf Jahre verlängert worden. Die h.M. wendet nämlich unabhängig von dem Theorienstreit über die Rechtsnatur der Verjährung § 2 Abs. 3 an, wenn sich die Verlängerung der Verjährung nur aus einer Verschärfung der Strafdrohung ergibt (BGHSt **50** 138, 140 ff mit Nachw.; zust. *Dannecker* LK § 2 Rdn. 62). Die lange Verjährung des geltenden Rechts betrifft somit nur Taten, deren Beendigung auf den 20.8.1997 oder ein späteres Datum fällt.

---

[1] Mit krit. Anm. *Knauth* StV **2003** 418 ff. Zustimmend *Diemer/Krick* Rdn. 1; **aA** aber *Dannecker* LK § 1 Rdn. 430 m.w.N.

§ 302
Erweiterter Verfall

(1) In den Fällen des § 299 Abs. 1 ist § 73d anzuwenden, wenn der Täter gewerbsmäßig oder als Mitglied einer Bande handelt, die sich zur fortgesetzten Begehung solcher Taten verbunden hat.

(2) In den Fällen des § 299 Abs. 2 sind die §§ *43a*, 73d anzuwenden, wenn der Täter als Mitglied einer Bande handelt, die sich zur fortgesetzten Begehung solcher Taten verbunden hat. § 73d ist auch dann anzuwenden, wenn der Täter gewerbsmäßig handelt.

Schrifttum

Siehe vor § 298 und zu § 299. Ferner: *Güntert* Die Gewinnabschöpfung als strafrechtliche Sanktion (1983); *Mayer* Kein Verfall von Schmiergeldern, NJW **1983** 1300.

Entstehungsgeschichte

Die Vorschrift wurde erst im Laufe des Gesetzgebungsverfahrens zum OrgKG auf Anregung des Bundesrats in das Reformvorhaben aufgenommen. Während der Verfall allgemein in §§ 73 ff geregelt ist, soll § 302 Fälle mit Bezug zur Organisierten Kriminalität erfassen (BTDrucks. 13/8079 S. 14). Daher wurde für die Bestrafung des Vorteilsgebers die Möglichkeit einer *Vermögensstrafe* vorgesehen – nicht dagegen für die Bestrafung des Angestellten oder Beauftragten nach § 299 Abs. 1, da der § 43a StGB zugrundeliegende Gedanke, dem Täter die Mittel für den Aufbau einer gefährlichen Organisation zu entziehen, auf Seiten des Bestochenen praktisch nicht zum Tragen komme (BTDrucks. aaO). Nach der *Nichtigerklärung des § 43a* durch BVerfGE **105** 135 ff wird der 2007 vorgelegte Entwurf eines StrafrechtsänderungsG (BTDrucks. 16/6558) den Verweis auf diese Vorschrift in § 302 *streichen*; wegen der Gleichbehandlung von Tätern nach § 299 Abs. 1 und Abs. 2 wird auch **§ 302 Abs. 2 gestrichen** werden.

Übersicht

	Rdn.
I. Verfall und Erweiterter Verfall bei § 299 Abs. 1	1
II. Verfall und Erweiterter Verfall bei § 299 Abs. 2	3
III. Keine Rückwirkung	4

I. Verfall und Erweiterter Verfall bei § 299 Abs. 1

Bei Verurteilung des Angestellten oder Beauftragten wegen einer Tat nach § 299 Abs. 1 **1**
ist – wie bei § 338 Abs. 1 – grundsätzlich der **Verfall des Vorteils** anzuordnen, den der Täter (oder ein Teilnehmer) aus der Tat erlangt hat (§ 73 Abs. 1 Satz 1); der Vorteil liegt bei korruptiver Manipulation einer Auftragsvergabe im Wert des Auftrags im Zeitpunkt des Vertragsschlusses (BGHSt 50 299, 309 ff). Auch die etwa aus diesem Vorteil gezogenen Nutzungen werden von der Anordnung zwingend erfasst, Gegenwerte für die Veräußerung des Vorteils dagegen nur fakultativ (§ 73 Abs. 2). Jedoch ist im Regelfall die Anordnung des Verfalls des nach § 299 Abs. 1 erlangten Vorteils gemäß § 73 Abs. 1 Satz 2

ausgeschlossen, da dem Geschäftsherrn als Verletztem ein zivilrechtlicher Anspruch auf den Vorteil zusteht (vgl. BGH wistra **1998** 61 ff mit Nachw.; *Tiedemann* Wirtschaftsstrafrecht AT Rdn. 279; **aA** *Güntert* S. 81 f mit Nachw.) und dieser Anspruch „aus der Tat" erwachsen ist (LG München I Urt. v. 19.4.2000 – 4 KLs 562 Js 43078/98, UA 178, bestätigt durch BGH NJW **2001** 2102, 2106[1] – Bayer. Rotes Kreuz; *Mayer* NJW **1983** 1300 ff m.w.N.). Im Übrigen werden vom Verfall auch von vornherein solche Vorteile nicht erfasst, die nur gefordert oder versprochen, aber nicht tatsächlich geleistet worden sind (BGH bei *Fischer* § 73 Rdn. 8).

2 Bei Aburteilung von gewerbs- oder bandenmäßig begangenen Taten nach § 299 Abs. 1, nämlich der besonders schweren Fälle nach § 300 Satz 2 Nr. 2, ordnet § 302 die Anwendung des § 73d StGB an, der den Verfall von Gegenständen des Täters (oder Teilnehmers) auch dann vorsieht, wenn diese aus anderen rechtswidrigen (Straf-)Taten erlangt sind. In verfassungskonform restriktiver Auslegung ist die Anordung dieses **Erweiterten Verfalls** davon abhängig, dass ein *hoher Wahrscheinlichkeitsgrad* für die strafrechtlich relevante Herkunft des Vorteils oder Wertersatzes besteht (dazu und zu der von BGHSt 40 371, 372 f geforderten Überzeugung des Tatrichters von der deliktischen Herkunft *Schmidt* LK § 73d Rdn. 2 und 42; *Tiedemann* LK[11] § 263 Rdn. 331). Insoweit ist der *Ausschlussgrund* des § 73 Abs. 1 Satz 2 seit dem 1.12.2007 ebenfalls anwendbar. Im Übrigen sind nur Sachen und Rechte Gegenstand des Erweiterten Verfalls; dazu zählen aber z.B. auch Bankguthaben (*Schmidt* aaO Rdn. 29).

II. Verfall und Erweiterter Verfall bei § 299 Abs. 2

3 Bei Verurteilung des Vorteilsgebers wegen gewerbsmäßiger oder bandenmäßiger Begehung des § 299 Abs. 2 sieht § 302 ebenfalls die Anwendung des § 73d vor. Allerdings ist der **Erweiterte Verfall** wiederum auf Sachen und Rechte beschränkt (soeben Rdn. 2 a.E.); zu ihnen zählt der aus der (Anlass-)Tat oder anderen Taten nach § 299 Abs. 2 gezogene Vorteil in den meisten Fällen nicht. Dieser Vorteil kommt jedoch uneingeschränkt in Betracht, soweit es um *§ 73* Abs. 1 (einfacher **Verfall**) geht, da dort nur auf ein erlangtes „Etwas" abgestellt und damit *jede* Erhöhung des wirtschaftlichen Wertes eines Vermögens erfasst wird (vgl. nur *Lackner/Kühl* § 73 Rdn. 3 m.w.N.). In diesem Sinne aus der Tat nach § 299 Abs. 2 erlangt ist nicht erst der durch die Bestechung erreichte Geschäftsabschluss als solcher, sondern die Bevorzugung im Wettbewerb. Diese kann bei einem Warengeschäft auch in der Absatzsteigerung und bei Kreditgewährung (an einen Kreditunwürdigen) im Wert der gesamten Kreditsumme (**aA** *Güntert* S. 37 ff) liegen. Es geht also vor allem um die *Wettbewerbsvorteile* (dazu allgemein *Schönke/Schröder/Eser* § 73 Rdn. 6), für die nicht der Originalverfall nach § 73 Abs. 1, sondern der *Wertersatzverfall* nach § 73a in Betracht kommt (*Schönke/Schröder/Eser* aaO Rdn. 21). Der Wettbewerbsvorteil ist grundsätzlich mit dem *Gewinn* aus dem Geschäft zu veranschlagen, wobei die Bestechungssumme nicht in Abzug zu bringen ist; ist nicht zu klären, ob das Geschäft ohne die Bestechung nicht zustande gekommen wäre, ist der sog. Marktvorteil für verfallen zu erklären (dazu *Tiedemann* Art. Gewinnabschöpfung, in HWiStR, 1990, sub III 2 mit Nachw.). Auch hier nicht erfasst werden von § 73 Vorteile, die der Bestechende nur angestrebt, nicht aber tatsächlich erhalten hat; es muss also zur Realisierung der Unrechtsvereinbarung gekommen sein (vgl. oben Rdn. 1 mit Nachw.).

---

[1] Insoweit in BGHSt **46** 310 ff nicht abgedruckt.

III. Keine Rückwirkung

Der Erweiterte Verfall kann nach § 2 Abs. 5 nicht rückwirkend auf Taten angewandt werden, die vor dem 14.8.1997 begangen wurden (*Diemer/Krick* MK Rdn. 1 mit Nachw.). 4

SIEBENUNDZWANZIGSTER ABSCHNITT

Sachbeschädigung

§ 303
Sachbeschädigung

(1) Wer rechtswidrig eine fremde Sache beschädigt oder zerstört, wird mit Freiheitsstrafe bis zu zwei Jahren oder mit Geldstrafe bestraft.

(2) Ebenso wird bestraft, wer unbefugt das Erscheinungsbild einer fremden Sache nicht nur unerheblich und nicht nur vorübergehend verändert.

(3) Der Versuch ist strafbar.

Schrifttum

Behm Oberflächeneinwirkung und Substanzverletzung nach § 303 StGB, StV **1982** 596; *ders.* Sachbeschädigung und Verunstaltung (1984), bespr. von *Geerds* in GA **1986** 39 und von *Maiwald* in ZStW **102** (1990) 318; *ders.* Nochmals: Zur Sachbeschädigung durch Plakatieren und Beschmieren, JR **1988** 360; *ders.* Sollte der Tatbestand der §§ 303, 304 StGB um das Merkmal „Verunstalten" erweitert werden? StV **1999** 567; *Bertel* Sachbeschädigung an Langlaufloipen, Zeitschr. f Verkehrsrecht **1982** 161; *Braum* Das Graffiti-Bekämpfungsgesetz und der Schutz des Eigentums, KritJ **2000** 35; *Burmeister* Die Sachbeschädigung nach geltendem Recht und nach den neueren Strafgesetzentwürfen, insbes. nach dem Entwurf von 1927, Diss. Tübingen 1934; *Disse* Die Privilegierung der Sachbeschädigung (§ 303 StGB) gegenüber Diebstahl (§ 242 StGB) u. Unterschlagung (§ 246 StGB) pp. (1982), bespr. von *Geerds* in GA **1984** 134 und *Maiwald* ZStW **96** (1984) 93; *Dölling* Sachbeschädigung durch Plakatieren von Gebrauchsgegenständen, NJW **1981** 207; *ders.* Zur Sachbeschädigung durch Veränderung des Erscheinungsbildes einer Sache, Festschrift Küper (2007) 21; *Eisenschmid* Neue Strafnormen zur Sachbeschädigung: Das Graffiti-Bekämpfungsgesetz, NJW **2005** 3033; *Engelage* Ist das Abschneiden der Heftnummer auf Volkszählungsbögen strafbar? NJW **1987** 2801; *Fischer* Sachbeschädigungen, Diss. Frankfurt a.M. 1983; *Friedrich* Der straf- und zivilrechtliche Schutz des Werbemittels Plakat, WRP **1975** 585; *ders.* Wildanschlag und seine strafrechtliche Bekämpfung, WRP **1978** 698; *Frister* Ist das Abschneiden der Heftnummer auf Volkszählungsbögen strafbar? NJW **1988** 954; *Gaede* Sachbeschädigung durch Ausnutzung der Funktionsgrenzen fremder Sachen? JR **2008** 97; *Geier* Erscheinungsformen und Strafzumessung bei der Sachbeschädigung, Diss. Freiburg 1950; *Geerds* Sachbeschädigung. Formen und Ursachen der Gewalt gegen Sachen aus der Sicht von Kriminologie und Kriminalistik (1983); *Gerstenberg* Löschen von Tonbändern als neuer strafrechtlicher Tatbestand, NJW **1956** 778; *Gössel* Wildes Plakatieren und Sachbeschädigung im Sinne des § 303 StGB, JR **1980** 184; *Graul* Zum Tier als Sache i.S. des StGB, JuS **2000** 215; *Gropengießer* Die Rechtswidrigkeit der Sachbeschädigung (§ 303 StGB), JR **1998** 89; *Günther* Graffiti in Mitteldeutschland: Strafrechtsverschärfung ohne positive Effekte, Das Eigentum **2008** 6; *Haas* Sachbeschädigung durch wildes Plakatieren? – Probleme des § 303 StGB – OLG Bremen und OLG Hamburg, MDR 1976, 773, JuS **1978** 14; *Haft/Eisele* Auswirkungen des § 241a BGB auf das Strafrecht, Gedächtnisschrift Meurer (2002) 245; *Hamm* Ein neuer Fall von symbolischem Strafrecht: „Graffitigesetz", KritV **2000 SH** S. 56; *Hefendehl* Der Kampf geht weiter: Der Entwurf eines Graffiti-Bekämpfungsgesetzes, NJ **2002** 459; *Hillenkamp* Was bewirkt das „Noffiti-Gesetz"? Festschrift Schwind (2006) 927; *Imig* Sachbeschädigung durch Sachbehandlung, Diss. Köln 1935; *Ingelfinger* Graffiti und Sachbeschädigung (2003); *Kargl* Sachbeschädigung und Strafgesetzlichkeit, JZ **1997** 283; *Katzer* Sachbeschädigung durch unbefugtes Plakatieren? NJW **1981** 2036; *ders.* Das unbefugte Plakatieren als Auslegungsproblem der Sachbeschädigung (§ 303 StGB), Diss. Frankfurt a.M. 1982; *Knaak* Das Delikt der einfachen Sachbeschädigung, Diss. Greifswald 1902; *Krüger* Sachbeschädigung und Graffiti, NJ **2006** 247; *Kühl* Die strafrechtliche Erfassung von „Graffiti", Festschrift Weber (2004) 413; *Kühs* Die Sachbeschädigung im reichsdeutschen, österreichischen Strafrecht und im Strafgesetzentwurf von 1927, Diss. Jena 1934; *Küper* Die „Sache mit den Tieren" oder: Sind Tiere strafrechtlich noch „Sachen"? JZ **1993** 435; *Landmesser* Die Sachbeschädigung im Deutschen Reichsstrafgesetzbuche, Diss. Jena 1911; *Lehmann* Zur Lehre vom objektiven Tatbestand der Sachbeschädigung (1910); *Leutz* Die Sachbeschädigung, Historisch und dogmatisch dargestellt, Diss. Freiburg 1914; *Lewy* Die Sachbeschädigung, Wesen, Umfang und Kritik derselben nach geltendem Recht, Diss. Leipzig 1915; *Maiwald* Unbefugtes Plakatieren ohne Substanzverletzung keine Sachbeschädigung? JZ **1980** 256; *Matzky* § 241a BGB – ein neuer Rechtfertigungsgrund im Strafrecht? NStZ **2002** 458; *Merkel* Ist rechtswidriges Löschen von Tonbändern Sachbeschädigung? NJW **1956** 778; *Mersson* Straffreiheit von Graffiti-Schmierern NZM **1999** 447; *Mogg* Die strafrechtliche Erfassung von Graffiti (2007); *Moos* Die Strafbarkeit von Graffiti-Sprayern in Österreich und der Schweiz, JR **2001** 93; *Müller* Die Sachbeschädigung im früheren, im geltenden und im zukünftigen Strafrecht, Diss. Erlangen 1933; *Nuphaus* Die Sachbeschädigung im 26. Abschnitt des Reichsstrafgesetzbuches, Diss. Rostock 1913; *v. Pradzynski* Sachbeschädigung und Aneignung (1908); *Rommel* Zur einfachen Sachbeschädigung (1914); *Rotering* Die Sachbeschädigung, GS **47** 211; *ders.* Zeit- und Streitfragen (Sachbeschädigung) GA **47** 410; *Ruthe* Der Normbereich der Sachbeschädigung (§ 303 StGB), Diss. Erlangen/Nürnberg 1980; *Säftel* Die einfache Sachbeschädigung und die Sachentziehung im gegenwärtigen und zukünftigen Strafrecht, Diss. Heidelberg 1971; *Salewski* Zur Soziologie und Strafwürdigkeit der Sachbeschädigung (1935); *Satzger* Der Tatbestand der Sachbeschädigung (§ 303 StGB) nach der Reform durch das Graffiti-Bekämpfungsgesetz, Jura **2006** 428; *Sauer* Schließen sich Diebstahl und Sachbeschädigung begrifflich aus? Diss. Halle 1908; *Scheffler* Das Verteilerkasten-Urteil (BGHSt 29, 129) – eine falsch interpretierte Entscheidung? NStZ **2001** 290; *Schmid* Sachbeschädigung durch Ankleben von Plakaten? NJW **1979** 1580; *Schmitt* Die Abgrenzung der Sachbeschädigung von der bloßen Sachentziehung, Festschrift Stree/Wessels (1993) 505; *Schmoller* Sachbeschädigung, VDB Bd. 6 143; *Schnurr* Graffiti als Sachbeschädigung (2006); *ders.* Graffiti nach der Reform des Sachbeschädigungstatbestands – eine erste Bestandsaufnahme aus praxisorientierter Sicht, StraFo **2007** 318; *Schroeder* Zur Sachbeschädigung durch Plakatieren und Beschmieren, JR **1987** 359; *Seelmann* Grundfälle zu den Eigentumsdelikten, JuS **1985** 199; *Stöber* Sachbeschädigung durch unverlangte Zusendung von Werbetelefaxen, NStZ **2003** 515; *Stree* Probleme der Sachbeschädigung – OLG Frankfurt, NJW 1987, 389, JuS **1988** 187; *Thoss* Sachbeschädigung durch unbefugtes Plakatieren? NJW **1978** 1612; *ders.* Graffiti als Sachbeschädigung, StV **2006** 160; *Uhlmann* Zur einfachen Sachbeschädigung im Strafrecht, Diss. Erlangen 1893; *Weber* Das Delikt der Sachbeschädigung im Landgerichtsbezirk Bonn in den Jahren 1953–1954, Diss. Bonn 1956; *Weber* Bemerkungen zum Bundesrats-Entwurf eines Graffiti-Bekämpfungsgesetzes, Gedächtnisschrift Meurer (2002) 283; *Wesel* Nachdenken über Graffiti, NJW **1997** 1965; *Wolf* Graffiti als kriminologisches und strafrechtsdogmatisches Problem (2004); *Wüstenhagen/Pfab* Zur Strafbarkeit von Graffiti: Von einer missglückten Gesetzesnovelle, StraFo **2006** 190.

Entstehungsgeschichte

§ 303 des Strafgesetzbuches für das Deutsche Reich hatte ursprünglich folgenden Wortlaut (RGBl. 1871 S. 127, 185):

§ 303

Wer vorsätzlich und rechtswidrig eine fremde Sache beschädigt oder zerstört, wird mit Geldstrafe bis zu dreihundert Thalern oder mit Gefängniß bis zu zwei Jahren bestraft.

Der Versuch ist strafbar.

Die Verfolgung tritt nur auf Antrag ein.

Der Vergleich mit der heutigen Fassung zeigt, dass Absatz 1 der Sache und der jetzige Absatz 3 sogar dem Wortlaut nach seit 1871 unverändert geblieben sind, sieht man davon ab, dass in der Vorschrift für die Geldstrafe inzwischen kein bestimmter Höchstbetrag mehr genannt und durch das 1. StrRG vom 25. Juni 1969 (BGBl. I 645) der Begriff Gefängnis durch den Begriff Freiheitsstrafe ersetzt worden ist. Die Überschrift ist durch Art. 19 Nr. 207 EGStGB 1974 eingefügt worden.

Der ursprüngliche Absatz 3, das Strafantragserfordernis, war durch Gesetz betreffend die Abänderung von Bestimmungen des Strafgesetzbuchs für das Deutsche Reich vom 15. Mai 1871 und die Ergänzung desselben vom 26. Februar 1876 (RGBl. S. 25) um einen Absatz 4 erweitert worden, der die Rücknahme des Antrags zuließ, wenn das Vergehen gegen einen Angehörigen verübt war. Dieser Absatz 4 ist durch Art. 19 Nr. 161 EGStGB 1974 wieder gestrichen worden, als zugleich mit § 77d die Rücknahmemöglichkeit allgemein eingeräumt wurde (Art. 18 Nr. 44 EGStGB 1974). Das 22. StrÄndG vom 18. Juli 1985 (BGBl. I 1510) hat § 303 Abs. 3 a.F. um die Möglichkeit erweitert, Sachbeschädigungen von Amts wegen zu verfolgen, wenn ein besonderes öffentliches Interesse daran besteht. Durch Art. 1 Nr. 16 und 17 des 2. WiKG vom 15. Mai 1986 (BGBl. I 721) ist § 303 Abs. 3 gestrichen und als § 303c in das Strafgesetzbuch eingefügt worden (vgl. weiter dort).

Durch das 39. StrÄndG vom 1. September 2005 (BGBl. I 2674) ist der jetzige Absatz 2 eingefügt und der bisherige Absatz 2 zu Absatz 3 geworden; die Änderung ist am 8. September 2005 in Kraft getreten. Zielrichtung dieser Änderung ist, den strafrechtlichen Schutz gegen Graffiti, dessen bisheriger Umfang als unbefriedigend empfunden wurde, zu erweitern. Schon zuvor war es wiederholt zu gesetzgeberischen Initiativen von verschiedener Seite zur Erweiterung von §§ 303 und 304 gekommen. Unterschiedliche Entwürfe in der 14. Legislaturperiode waren sämtlich gescheitert (vgl. die Entwürfe der CDU/CSU BTDrucks. 14/546, der FDP BTDrucks. 14/569 und des Bundesrats BTDrucks. 14/872; Bericht über eine Sachverständigenanhörung dazu ZRP **2000** 80; s. weiter *Behm* StV **1999** 567 ff; *Braum* KritJ **2000** 35 ff; *Hamm* KritV **2000** SH S. 56 ff; Gesetzentwurf des Bundesrats zu einem Graffiti-Bekämpfungsgesetz BTDrucks. 14/8013; dazu Protokoll Nr. 138 des Rechtsausschusses des BT vom 3. Juli 2002 über eine weitere Sachverständigenanhörung; s. weiter *Hefendehl* NJ **2002** 459 ff und *Weber* GedS Meurer S. 283 ff). In der 15. Legislaturperiode lagen schließlich vier Entwürfe zur Änderung von §§ 303, 304 vor: Entwurf des Abgeordneten Dr. Röttgen und anderer sowie der Fraktion der CDU/CSU BTDrucks. 15/302, Entwurf des Bundesrats BTDrucks. 15/404, Entwurf der Fraktionen SPD und Bündnis 90/DIE GRÜNEN und Entwurf des Abgeordneten Bosbach und anderer sowie der Fraktion der CDU/CSU BTDrucks. 15/5317. Der Rechtsausschuss des BT hat in seiner 19. Sitzung vom 21. Mai 2003 eine erneute Sachverständigenanhörung durchgeführt (s. auch *Kühl* FS Weber S. 413 ff) und sich am 15. Juni 2005 abschließend für die unveränderte Annahme des Gesetzentwurfs BTDrucks. 15/5313 ausgesprochen (Beschlussempfehlung und Bericht BTDrucks. 15/5702.). Dem ist der Bundestag gefolgt (BTProtokoll 15/182 vom 17. Juni 2005 S. 17184 ff); vgl. zur Entstehungsgeschichte auch *Hillenkamp* S. 927, 928 ff. Zu der Änderung sei eine Randbemerkung erlaubt: Es ist ein erstaunliches Phänomen, mit welcher Energie sich der Gesetzgeber dieser Aufwertung des strafrechtlichen Eigentumsschutzes angenommen hat (s. auch *Neubacher* ZStW **118** (2006) 855, 871 ff). Als Praktiker würde man sich manches mal wünschen, dass z.B. vorsätzliche, insbesondere gefährliche Körperverletzungen mit gleicher rechtspolitischer und -praktischer Tatkraft verfolgt würden. Diese belasten das Opfer auch über die reinen Verletzungen hinaus viel mehr als eine mit Farbe besprühte Hauswand, sind allerdings nicht gleich für jedermann zu sehen (zu einer insgesamt positiven Bewertung des 39. StrÄndG kommen demgegenüber *Hillenkamp* S. 927, 939 ff und *Dölling* FS Küper S. 21, 25 f).

Übersicht

Rdn.
I. Sachbeschädigung nach § 303 Abs. 1 . . . 1
1. Allgemeines 1
2. Tatobjekt fremde Sache 3
a) Der Begriff der Sache 3
b) Das Merkmal fremd 8
3. Die Tathandlung 9
a) Beschädigen 9
(1) Begriffsbestimmung 9
(2) Beispiele aus der Rechtsprechung für Beschädigungen . . . 12
(3) Fälle von Sachbeschädigung ohne Substanzverletzung . . 13
(4) Beschädigungen bei zusammengesetzten Sachen 14
(5) Beschmutzungen 15
(6) Graffiti 16
(7) Erfordernis der Erheblichkeit der Beeinträchtigung 17
(8) Ausbesserung als Beschädigung? 18
(9) Sachentziehung ist keine Beschädigung 19
(10) Verbrauch einer Sache ist keine Beschädigung 20
b) Zerstören 21
4. Der innere Tatbestand 22
5. Rechtswidrigkeit bei § 303 Abs. 1 . . 23
II. Das Delikt nach § 303 Abs. 2 26
1. Allgemeines 26
2. Objektiver Tatbestand 27
a) Das Tatobjekt 27
(1) Fremde Sache 27
(2) Das – äußere – Erscheinungsbild der Sache 28
b) Die Tathandlung 29
(1) Verändern als Handlung . . . 29
(2) Die Merkmale nicht nur unerheblich und nicht nur vorübergehend 30
(3) Das Merkmal unbefugt . . . 31
3. Subjektiver Tatbestand 32
4. Rechtswidrigkeit 33
III. Versuch 34
IV. Konkurrenzen 35
V. Recht des Einigungsvertrages 41
VI. Sonstiges 42

I. Sachbeschädigung nach § 303 Abs. 1

1 **1. Allgemeines.** Die Vorschrift des § 303 Abs. 1 **schützt**, anders als die §§ 242 ff, **das Eigentum** gegen solche Angriffe, die sich unmittelbar gegen das Dasein oder gegen den unversehrten Bestand einer Sache richten und damit das Eigentumsrecht an ihr – im Sinne der formalen Eigentümerstellung und der daraus nach § 903 BGB fließenden Rechtsmacht zur Abwehr anderer – beeinträchtigen.[1] Die polizeiliche Kriminalstatistik weist für 2003 717914, für 2004 723087 – bei einer Aufklärungsquote von 26,6 Prozent – und für 2005 718405 – bei einer Aufklärungsquote von 26,2 Prozent – Fälle der Sachbeschädigung nach §§ 303 bis 305a aus, darunter für 2004 277526 Sachbeschädigungen an Kraftfahrzeugen und 117969 sonstige Sachbeschädigungen auf Straßen, Wegen oder Plätzen; für 2005 lauten die entsprechenden Zahlen 277508 und 112965. Die geringe Aufklärungsquote dürfte eine wesentliche Rolle dabei spielen, dass es nicht gelingt, zum Beispiel das Graffitiunwesen in den Griff zu bekommen. Die Sachbeschädigung bewirkt meist eine Minderung des Vermögenswerts der Sache, jedoch gehört dies nicht zum Tatbestand (BayObLGSt 5 96, 98). Ginge es bei dem Vergehen nach § 303 Abs. 1 unmittelbar um eine Vermögensschädigung, so müsste dieses tatbestandsmäßig jede Entwertung der Sache mit oder ohne Einwirkung auf ihren Stoff erfassen. Das ist jedoch nicht der Fall. Vielmehr besteht weitgehend Einverständnis darüber, dass Sachbeschädigungen

[1] RGSt 4 326 ff; RG GA 51 49 f; BGHSt 29 129 ff; dies entspricht auch mit wenigen Ausnahmen der Meinung im Schrifttum. *Otto* BT § 47 Rdn. 2 sieht die – materiell verstandene und nur im Regelfall durch das Eigentumsrecht vermittelte – Sachherrschaftsposition einer Person über eine Sache als geschützt an; vgl. auch Rdn. 14. Bedenken gegen die übliche Abgrenzung von §§ 242 ff und § 303 bei *Wallau* JA 2000 248 ff.

ohne Vermögensschädigung vorkommen; ausnahmsweise können sie sogar eine Vermögensvermehrung bewirken.[2]

Auch wenn die **Sachbeschädigung in Form der künstlerischen Umgestaltung** einer fremden Sache vorgenommen wird, ist die Anwendbarkeit von § 303 Abs. 1 nicht in Frage gestellt. Weder Art. 7 Abs. 1, 10 Abs. 2 MRK (EKMR NJW **1984** 2753) noch Art. 5 Abs. 3 S. 1 GG (BVerfG NJW **1984** 1293, 1294 f) stehen dem entgegen.[3] Das Gleiche gilt für Sachbeschädigungen, die als Form darstellender Kunst ausgegeben werden (LG Berlin NStZ-RR **1997** 362 f; SG München NJW **1997** 1188, 1189 betr. „Carwalking"). Der Schutzbereich der Parteienfreiheit nach Art. 21 Abs. 1 S. 2 GG deckt es nicht, Wahlwerbung unter Sachbeschädigungen zu betreiben (vgl. BVerfG NVwZ **2002** 467). **2**

2. Tatgegenstand fremde Sache

a) Handlungsobjekt der Sachbeschädigung ist eine **Sache.** Der Begriff der Sache im Rahmen des § 303 Abs. 1 hat grundsätzlich die gleiche Bedeutung wie bei den Aneignungsdelikten nach §§ 242 ff (vgl. *Ruß* LK[11] § 242 Rdn. 1 ff); es geht also um einen strafrechtlichen Begriff, der sich nicht zwangsläufig mit dem Sachbegriff des § 90 BGB deckt.[4] Gegenüber den Zueignungsdelikten ergeben sich beim Sachbegriff allerdings auch einige Abweichungen. Nötig ist ein selbständiger, verkehrsfähiger, körperlicher Gegenstand, der also sinnlich wahrnehmbar und Objekt unmittelbarer Herrschaft ist (RGSt **32** 165, 173 ff; RG Recht **1907** Nr. 392). Das Merkmal der Körperlichkeit fehlt z.B. bei einer im Schnee gezogenen Skilanglaufloipe.[5] Weiter: Die Zueignungsdelikte (z.B. §§ 242, 246) beziehen sich lediglich auf bewegliche Sachen. § 303 Abs. 1 enthält keine solche Einschränkung. Er schützt auch unbewegliche Sachen; etwa eine Hausruine (RGSt **27** 420 ff), eine Brunnenanlage (RG Rspr. **9** 171), einen Garten oder Bauplatz, einen zum Anbau bestimmten Acker (KGJ **46** C 368), eine Weide (LG Karlsruhe NStZ **1993** 543 f). **3**

Anders als beim Diebstahl gehören zu den Sachen im Sinne des § 303 Abs. 1 keine Gegenstände, welche in jeder Beziehung **wertlos** sind, welche also weder einen Gebrauchswert noch einen Tauschwert noch einen Affektionswert haben. Dies ist allerdings nicht unumstritten. Zum Teil wird angenommen, gänzliche Wertlosigkeit einer Sache habe nur für den Vorsatz Bedeutung.[6] Aber schon in RGSt **10** 120, 122 ist dies mit Recht abge- **4**

---

2 RGSt **33** 177, 180; BayObLGSt **11** 1 ff; und z.B. *Sch/Schröder/Stree* Rdn. 1. In letzterem Punkte allerdings abweichend *Sch/Schröder/Stree* Rdn. 10; vgl. auch Rdn. 18.

3 Vgl. zu letzterer Entscheidung auch *Ingelfinger* S. 15 f; *Hoffmann* NJW **1985** 237 ff und ergänzend BVerwG NJW **1995** 2648, 2649, sowie zu der Fragestellung allgemein *Sch/Schröder/Stree* Rdn. 8c; *Maurach/Schroeder/Maiwald* BT I § 36 Rdn. 23; *Schnurr* S. 128 ff; *Wolf* S. 39 ff. Zu Fassadenmalereien als Kunst s. außerdem OVG Koblenz NJW **1998** 1422 f.

4 S. insbes. RGSt **32** 165, 179; **gegen** die Eigenständigkeit des strafrechtlichen Sachbegriffs z.B. *Hoyer* SK Rdn. 5; *Kindhäuser* LPK Rdn. 3; *Arzt/Weber* BT § 12 Rdn. 11; *Kahlert* JuS **2000** 1247; *Satzger* Jura **2006** 428, 430.

5 BayObLG NJW **1980** 132 f = JR **1980** 429 m. abl. Anm. *Schmid*; *Hoyer* SK Rdn. 5; *Lackner/Kühl* Rdn. 3; *Wieck-Noodt* MK Rdn. 9; *Zaczyk* NK Rdn. 2. **AA** LG Kempten NJW **1979** 558; *Fischer* Rdn. 2; *Sch/Schröder/Stree* § 304 Rdn. 6; *Maurach/Schroeder/Maiwald* BT I § 36 Rdn. 6; *Mitsch* BT 1 § 5 Rdn. 13; *Wessels/Hillenkamo* BT II Rdn. 15; *Satzger* Jura **2006** 428, 430; wohl auch *Graul* JuS **2000** 215, 219 Fn. 32. Zweifel ebenfalls bei *Bertel* Zeitschr. f VerkehrsR **1982** 161 ff.

6 *Frank* Anm. I; *Olshausen* Anm. 1; *Samson* SK[5] Rdn. 2. Auch nach *Kindhäuser* LPK Rdn. 3; *Lackner/Kühl* Rdn. 2; *Arzt/Weber* BT § 12 Rdn. 12; *Mitsch* BT 1 § 15 Rdn. 15 f; *Wessels/Hillenkamp* BT II Rdn. 16; *Schnurr* S. 56 ist eine wertlose Sache ein taugliches

lehnt und betont, dass der Eigentümer an der Sache ein vernünftiges Interesse nehmen müsse (anders noch RG Rspr. **1** 640 f). Gegen die erwähnte Meinung spricht, dass sie den strafrechtlichen Schutz auf Sachen ausdehnt, an deren Erhaltung niemand ein Interesse hat. Wird in einem solchen Fall Strafantrag gestellt, so geschieht dies meist nicht aus Wahrung eines berechtigten Interesses, sondern zur Schikane. Daher verdient die Ansicht den Vorzug, die gänzlich wertlose Gegenstände bereits aus dem objektiven Tatbestand ausschließt.[7] Der nötige Gebrauchswert für den daran sachberechtigten Staat fehlte nicht den Fragebogenformularen für die Volkszählung 1987. Das Abschneiden der Kennziffer eines Volkszählungsbogens war dementsprechend Sachbeschädigung.[8] Soweit in der Rechtsprechung der Amts- und Landgerichte teilweise ein anderer Standpunkt vertreten worden ist,[9] war dies unzutreffend. In der Literatur wird ganz überwiegend für diese Fälle Sachbeschädigung bejaht.[10]

5 Der durch Art. 1 des Gesetzes zur Verbesserung der Rechtsstellung des Tieres im bürgerlichen Recht vom 20. August 1990 (BGBl. I 1762) in das BGB eingefügte § 90a, nach welcher Bestimmung **Tiere** keine Sachen sind, auf sie jedoch die für Sachen geltenden Vorschriften grundsätzlich entsprechend anzuwenden sind, lässt die Sacheigenschaft von Tieren im Sinne von § 303 Abs. 1 unberührt.[11] Das ergibt sich bereits aus der Eigenständigkeit des strafrechtlichen Sachbegriffs (s. Rdn. 3). Im Übrigen wollte der Gesetzgeber insbesondere den strafrechtlichen Schutz von Tieren nicht verkürzen (Begr. z. Entwurf d. Gesetzes BTDrucks. 11/5463 S. 6 u. Bericht d. Rechtsausschusses BTDrucks. 11/7369 S. 6); wobei § 303 Abs. 1 nicht unmittelbar tierschützende Funktion hat (*Küper* JZ **1993** 435, 438). Bei der entsprechenden Anwendung von für Sachen geltenden Vorschriften ginge es auch nicht um einen Fall verbotener Analogie;[12] vielmehr verwendet § 90a BGB eine besondere gesetzliche Verweisungstechnik.

6 Keine Sachen sind **Daten** und damit *Computerprogramme oder Software* allgemein.[13] Und zwar weder unter dem Gesichtswinkel des darin enthaltenen Informationsgehalts

---

Tatobjekt; ebenso *Hoyer* SK Rdn. 5, der allerdings eine Beschädigungsmöglichkeit einer wertlosen Sache ausschließt.

7 BayObLGSt **1993** 61 ff betr. einen tollwütigen Hund; *Fischer* Rdn. 3; *Sch/Schröder/Stree* Rdn. 3; *Wieck-Noodt* MK Rdn. 12; im Grundsatz auch *Zaczyk* NK Rdn. 1. Vergleiche daneben *Hirschberg* Der Vermögensbegriff im Strafrecht (1934) 278 und *Wolf* S. 35.

8 BayObLGSt **1988** 58 ff u. 157 ff; OLG Celle NJW **1988** 1101 f = JR **1988** 433 m. Anm. *Geerds*; OLG Düsseldorf MDR **1989** 89; OLG Karlsruhe Justiz **1989** 65 f; OLG Köln NJW **1988** 1102 ff; OLG Stuttgart NJW **1989** 1939 f.

9 Veröffentlicht: LG Göttingen NStZ **1987** 557 f; LG Koblenz NJW **1987** 2828; LG Lübeck StV **1987** 298; LG Osnabrück StV **1987** 398 f; AG Hannover StV **1987** 444 f; AG Stadthagen StV **1988** 159; Sachbeschädigung dagegen bejaht von LG Bonn NJW **1987** 2825 f; LG Bad Kreuznach StV **1988** 156 f; LG Trier NJW **1987** 2826 ff; offengelassen von LG Aachen StV **1987** 443.

10 *Fischer* Rdn. 3; *Lackner/Kühl* Rdn. 5; *Sch/Schröder/Stree* Rdn. 1, 8a; *Maurach/Schroeder/Maiwald* BT I § 36 Rdn. 17; *Mitsch* BT 1 § 5 Rdn. 22; *Engelage* NJW **1987** 2801 f; *Frister* NJW **1988** 954 ff, der jedoch zu Unrecht von Gesetzeskonkurrenz zu § 23 BStatG ausgeht; *Solbach* JA **1987** 525 ff; **aM** z.B. *Zaczyk* StV **1988** 157 ff; *ders.* NK Rdn. 14.

11 BayObLG NJW **1992** 2306, 2307; *Fischer* Rdn. 2; *Sch/Schröder/Stree* Rdn. 3; *Wieck-Noodt* MK Rdn. 8; *Arzt/Weber* BT § 12 Rdn. 12; *Mitsch* BT 1 § 5 Rdn. 13; *Wessels/Hillenkamp* BT II Rdn. 15; *Fahl* Jura **2003** 60, 66; *ders.* Jura **2005** 273, 274; *Graul* JuS **2000** 215 ff; *Küper* JZ **1993** 435 ff; *Satzger* Jura **2006** 428, 430; *Schnapp* JZ **2004** 472, 475; vgl. auch *Palandt/Heinrichs/Ellenberger* BGB[67] § 90a Rdn. 1; zweifelnd *Braun* JuS **2000** 758, 761.

12 *Graul* JuS **2000** 215, 217 f; *Küper* JZ **1993** 435, 440 f; *Satzger* Jura **2006** 428, 430; *Schlüchter* JuS **1993** 14, 19.

13 *Fischer* Rdn. 2; *Kindhäuser* LPK Rdn. 3; *Ruß* LK[11] § 242 Rdn. 1; *Maurach/*

noch unter dem Aspekt der Speicherung auf einem Datenträger durch Änderung des Zustandes von Feldern oder Elementarteilchen. Es fehlt an einem selbständigen körperlichen Gegenstand, auch wenn die – vorübergehende oder auf Dauer angelegte – Speicherung in einem physikalischen System stattfindet. Der strafrechtliche Schutz wird durch §§ 303a, 303b sichergestellt. Dementsprechend ist das Vernichten von Daten während der Übermittlungsphase, wenn dazu fließende Ströme benutzt werden, – dieser Fall wird von § 303a nicht erfasst – keine Sachbeschädigung (vgl. Beschlussempfehlung und Bericht des BT-Rechtsausschusses z. 2. WiKG BTDrucks. 10/5058 S. 34). Durch § 303 Abs. 1 geschützt sind jedoch Datenträger, die den Sachbegriff ausfüllen.

Es ist für den Sachbegriff unerheblich, ob die Sache eine **natürliche Einheit** darstellt *oder* aus mehreren verbundenen Sachen *zusammengesetzt ist.* Auf die Art der Verbindung kommt es nicht an. Stets muss aber ein körperlicher Zusammenhang zwischen den Teilen bestehen. Ein solcher Zusammenhang fehlt bei der Sachgesamtheit, bei der eine Mehrheit körperlich selbständiger Sachen eine wirtschaftliche Einheit bildet. Daher ist eine Bibliothek, ein Warenlager, eine Schafherde, ein Bienenschwarm im Gegensatz zu den einzelnen Bestandteilen als Ganzes nicht durch § 303 Abs. 1 geschützt. Teilweise wird allerdings eine Ausnahme zugunsten funktioneller Einheiten gemacht.[14] 7

b) § 303 Abs. 1 verlangt als Gegenstand der Sachbeschädigung eine – im Zeitpunkt der Tat – **fremde** Sache (vgl. auch *Ruß* LK[11] § 242 Rdn. 6 ff). Die Beurteilung, ob eine Sache fremd ist, richtet sich nach dem bürgerlichen Recht. Es scheiden alle Sachen aus, welche verkehrsunfähig oder herrenlos sind oder im Alleineigentum des Täters stehen (vgl. BGHR StGB § 242 Abs. 1 Fremde Sache 1). Eine Sache ist für den Täter dann fremd, wenn er an ihr lediglich Besitz (OLG Düsseldorf NJW **1987** 2526 f) oder nur Miteigentum irgendwelcher Art hat (RGSt **12** 376, 377; RG Rspr. **7** 531 ff); ausschlaggebend ist also die dingliche, nicht die schuldrechtliche Rechtslage. Die menschliche **Leiche** ist zwar eine Sache (str.; vgl. *Ruß* LK[11] § 242 Rdn. 5), aber im Regelfalle keine fremde (z.B. *Pluisch/Heifer* NJW **1994** 2377, 2379; **aA** *Kretschmer* NZV **2004** 496, 497, der das Merkmal fremd im Sinne sonstiger fremder Herrschaftsrechte deutet und das Totenfürsorgerecht der Angehörigen dazu zählt). Durch den Tod eines Menschen entstehen keine 8

Schroeder/Maiwald BT I § 36 Rdn. 3; *Wessels/Hillenkamp* BT II Rdn. 49; *Abu-Zeitoun* Die Computerdelikte im deutschen Recht (2005) 41; *Dornseif/Schumann* JR **2002** 52; *Gerhards* Computerkriminalität und Sachbeschädigung, Diss. Mannheim 1993 S. 15, 21; *Hilgendorf* JuS **1996** 890, 891; *Hofer* iur-pc **1991** 1367, 1370; *Lenckner/Winkelbauer* CR **1986** 824, 828; *Möhrenschlager* wistra **1986** 128, 130; *Schulze-Heiming* Der strafrechtliche Schutz der Computerdaten gegen Angriffsformen der Spionage, Sabotage und des Zeitdiebstahls (1995) 16 f; *Sieg* Jura **1986** 352, 359; *Welp* iur **1988** 443, 444; nach *Arzt/Weber* BT § 12 Rdn. 13 ist dies fraglich. **AA** z.B. *Meurer* Die Bekämpfung der Computerkriminalität in der Bundesrepublik Deutschland, FS Kitagawa, 971, 979. Im Zivilrecht ist es strittig, ob Daten und Computerprogramme dem Sachbegriff des § 90 BGB unterfallen. So sieht der Bundesgerichtshof Standardsoftware, auch wenn sie speziellen Kundenwünschen angepasst worden ist, in Verbindung mit dem Datenträger als bewegliche Sache an oder wendet darauf bezügliche Vorschriften entsprechend an; vgl. z.B. BGHZ **102** 135, 144; **109** 97, 100 f; BGH MDR **1993** 950 f; zuletzt BGH CR **2007** 75 ff m. Anm. *Lejeune*. Überwiegend geht es dabei um die Einordnung von Gewährleistungsansprüchen bei Mangelhaftigkeit. Der Bundesfinanzhof sieht System- und Anwendersoftware als immaterielle Wirtschaftsgüter an; vgl. z.B. BFH BStBl. II **1987** 728 ff; BFH NJW **1995** 615, 616.

14 *Fischer* Rdn. 2; *Sch/Schröder/Stree* Rdn. 6; *Rotering* GS **4** 222 f; vgl. auch RG Rspr. **3** 249, 251.

Eigentumsrechte an dem Leichnam. Dieser wird nicht durch § 303 Abs. 1, sondern durch § 168 geschützt (RGSt **64** 313, 314; KG NJW **1990** 782, 783; *Ruß* LK[11] § 242 Rdn. 10). Gleiches gilt für Leichenteile (*Kopp* MedR **1997** 544, 546). Jedoch sind Eigentumsrechte möglich bei Mumien, Moorleichen und Anatomien zur Verfügung gestellten Leichnamen. Vom lebenden menschlichen Körper getrennte Teile sind nicht herrenlose Sachen; sie fallen mit der Trennung in das Eigentum dessen, von dem sie stammen (vgl. näher *Ruß* LK[11] § 242 Rdn. 9; zu menschlichen Keimzellen vgl. *Hülsmann* JZ **1992** 1106, 1110 f). Zu den durch Sektion und Transplantation aufgeworfenen Problemen sei insbesondere auf *Dippel* LK[11] § 168 Rdn. 3 ff (mit zahlr. Nachw.) hingewiesen. – Werden einem Verbraucher durch einen Unternehmer **unbestellte Sachen geliefert**, so entstehen nach § 241a Abs. 1 BGB, eingefügt durch Gesetz vom 27. Juni 2000 (Art. 1 Nr. 2) und (Art. 2 Abs. 2 Nr. 4b) anwendbar auf Sachverhalte, die nach dem 29. Juni 2000 entstanden sind (BGBl. I 897), für den Unternehmer zwar keine Ansprüche, insbesondere kein Herausgabeanspruch, gegen den Verbraucher. Der Unternehmer behält aber das gegenüber dem berechtigten Besitz des Verbrauchers umfassendere Eigentum (s. nur Palandt/*Heinrichs* BGB[67] § 241a Rdn. 7; **aA** z.B. *Riehm* Jura **2000** 505, 512), so dass die Sache für den Verbraucher fremd (**aA** *Lamberz* JA **2008** 425, 428) und damit mögliches Objekt einer Sachbeschädigung durch ihn bleibt; die Lösung wird über eine rechtfertigende Wirkung von § 241a Abs. 1 BGB zu suchen sein, wenn der Verbraucher die erhaltene Sache vorsätzlich beschädigt oder zerstört.[15] Zur Fremdheit von Pfandflaschen vergleiche BGH NJW **2007** 2913 ff; *Schmitz/Goeckenjan/Ischebeck* Jura **2006** 821 ff, insbes. 827.

3. Die Tathandlung

9 a) (1) Sie besteht im Beschädigen oder Zerstören einer fremden Sache. **Beschädigt** ist eine Sache, wenn ihre Brauchbarkeit derart vermindert worden ist, dass sie im Verhältnis zu ihrer bisherigen Beschaffenheit mangelhaft wird. Das kann geschehen durch Verursachen eines bisher noch nicht bestehenden Mangels oder durch Verstärkung eines schon vorhandenen. Die Sache muss nunmehr einen Fehler dergestalt aufweisen, dass ihr jetziger Zustand von dem früheren objektiv negativ abweicht. Ein solcher Mangel kann vorübergehende Bedeutung haben (Feuchtigkeit eines unter Wasser gesetzten Hauses, die sich nach und nach wieder verliert) oder dauernder Art sein. Auf äußere Wahrnehmbarkeit der nachteiligen Einwirkung kommt es nicht an. Auch die Art der Einwirkung auf die Sache ist gleichgültig, sie kann auf mechanischem oder chemischem Wege erfolgen (RGSt **20** 182, 183), sie kann die äußere Form oder auch die innere Beschaffenheit berühren. Bei Tieren genügt die nachteilige Einwirkung auf das Nervensystem (RGSt **37** 411, 412: Kitzligmachen eines Pferdes), das Verderben der Dressur oder das Bösartigmachen. Die Verursachungsformen sind praktisch unbegrenzt: Verunreinigung eines

---

[15] *Fischer* Rdn. 16 u. § 246 Rdn. 3; *Hoyer* SK Rdn. 19; *Kindhäuser* LPK Rdn. 13; *Lackner/Kühl* Rdn. 9; *Rönnau* LK Vor § 32 Rdn. 307; *Sch/Schröder/Stree* Rdn. 12; *Zaczyk* NK Rdn. 21; *Maurach/Schroeder/Maiwald* BT I § 36 Rdn. 22; *Wessels/Hillenkamp* BT II Rdn. 17; *Dornheim* Sanktionen und ihre Rechtsfolgen im BGB unter besonderer Berücksichtigung des § 241a BGB (2005) 222 ff; *Haft/Eisele* GedS Meurer S. 245, 254 ff; *Matzky* NStZ **2002** 458, 462 ff; *Satzger* Jura **2006** 428, 433 f. *Tachau* Ist das Strafrecht strenger als das Zivilrecht? (2005) 187 ff verneint eine Rechtfertigung durch § 241a BGB, geht allerdings von rechtfertigender Einwilligung des Empfängers der gelieferten Sache aus. **AA** *Lamberz* JA **2008** 425, 426 ff; *Otto* Jura **2004** 389, 390, der die umfassendere Vermögensposition beim Verbraucher sieht. *Schwarz* NJW **2001** 1449, 1453 geht von Strafbarkeit des Verbrauchers, der die Sache vernichtet, nach § 303 Abs. 1 aus.

Briefkastens, so dass sein Inhalt stofflich Schaden nimmt (OLG Darmstadt GA **43** 134; *Oetker* JW **1922** 712); Säen von wucherndem Unkraut in einen mit Roggen bestellten Acker; Einschütten von Kot in den Wasserbehälter eines Brunnens (RG Rspr. **9** 171); Stören des Abflusses eines Teichs oder einer Wasserleitung (BayObLGSt **5** 96 f); das Einsetzen von Hechten in den Karpfenteich; „Carwalking" (LG Berlin NStZ-RR **1997** 362 f; SG München NJW **1997** 1188 f). Auch „Raubgrabungen" auf fremden Grundstück werden sich als Sachbeschädigung erfassen lassen (vgl. auch *Hönes* NuR **2006** 750, 751; **aA** *Koch* NJW **2006** 557, 559), denn dadurch wird das Grundstück als mögliches Tatobjekt, in dessen Substanz negativ eingegriffen wird, beschädigt. Unechtes Unterlassen kommt ebenfalls in Betracht: etwa pflichwidriges Verderbenlassen sowie Nichtwarten oder Nichtfüttern eines Tieres. So kann es Sachbeschädigung sein, wenn staatliche Ordnungskräfte nicht gegen Demonstranten vorgehen, die rechtswidrig die Einfuhr von Lebensmitteln verhindern, die während der Blockade verderben (EuGH NJW **1998** 1931 ff). Während früher das Inbrandsetzen eines fremden Kraftfahrzeugs Sachbeschädigung war, wird es jetzt durch § 306 Abs. 1 Nr. 4 als Brandstiftung erfasst. Demgegenüber ist das Anzünden von Einrichtungsgegenständen unverändert Sachbeschädigung (vgl. z.B. BGH NStZ **2007** 270 f).

Die Mangelhaftigkeit wird vor allem erkennbar an dem stofflichen Bestand der Sache **10** (**Substanzverletzung oder -veränderung**). Sie kann aber auch die Funktionsfähigkeit (die Brauchbarkeit) und die äußere Erscheinung (die Ansehnlichkeit) betreffen. Die stoffliche Veränderung ist die augenfälligste Begehungsform. Rechtsprechung wie Lehre haben sie zunächst allein berücksichtigt (RGSt **13** 27, 28). Diesem Ausgangspunkt folgen z.B. die Entscheidungen RGSt **32** 165 ff; **39** 328, 329. Allmählich kam der Gedanke der Gebrauchsminderung hinsichtlich der der Sache gegebenen Zweckbestimmung auf (RGSt **20** 182, 183 ff; **20** 353). Das Gewicht verlagerte sich dorthin (RGSt **31** 329, 331; **33** 177, 178; **43** 204, 205; **64** 250 ff). Schließlich wurde die **Einschränkung der Gebrauchsfähigkeit** in RGSt **74** 13 ff (dort ist allerdings irrig von „Aufhebung" der Gebrauchsfähigkeit die Rede) für ausschlaggebend angesehen. Das ist in der Grundformel für die Sachbeschädigung zusammengefasst (RGSt **74** 13, 14): „jede nicht ganz unerhebliche körperliche Einwirkung auf die Sache ..., durch die die stoffliche Zusammensetzung der Sache verändert oder sonst ihre Unversehrtheit derart aufgehoben wird, daß die Brauchbarkeit für ihre Zwecke vermindert wird." Das Gewicht ruht hiernach auf der Herabsetzung der Gebrauchsfähigkeit. Dies ist jedoch deshalb zu eng, weil eine nicht nur ganz geringfügige stoffliche Veränderung jedenfalls genügen muss. Die vom Rechtsschutzbedürfnis her gewonnene Auslegung des Begriffs Beschädigung hat im Übrigen dazu geführt, die Minderung der Gebrauchsfähigkeit von zusammengesetzten Sachen durch Zerlegen oder durch Veränderung der äußeren Erscheinung und Form für sich allein, also ohne Substanzverletzung, ausreichen zu lassen.

Die Rechtsprechung nach 1945 ist diesen im Wesentlichen vom Reichsgericht vorge- **11** zeichneten Linien in Übereinstimmung mit der überwiegenden Lehre zunächst gefolgt (vgl. z.B. BGHSt **13** 207 ff). Ausgelöst durch Fälle, in denen Plakate auf fremde Sachen aufgeklebt oder fremde Sachen mit Farbe besprüht wurden, entfaltete sich teilweise in Rechtsprechung und Schrifttum die Tendenz, als Beschädigung einer fremden Sache jede dem Eigentümerwillen widersprechende Veränderung des äußeren Erscheinungsbildes der Sache zu erfassen, auch wenn damit keine Substanzverletzung oder Brauchbarkeitsminderung verbunden war.[16] Dem ist der *Bundesgerichtshof* in der Entscheidung BGHSt

[16] In diesem Sinne: OLG Bremen MDR **1976** 773 f; OLG Celle MDR **1978** 507; OLG Düsseldorf MDR **1979** 74; OLG Hamburg JZ **1951** 727 f; OLG Hamburg NJW **1975** 1981 f = JR **1976** 337 m. Anm. *Schroeder*; OLG Hamburg NJW **1978** 1641, 1642; **1979**

29 129 ff zu Recht entgegengetreten und hat betont, die bloße Veränderung der äußeren Erscheinungsform einer Sache sei in aller Regel keine Sachbeschädigung, und zwar auch dann nicht, wenn diese Veränderung auffällig (belangreich) sei.[17] Der Tatbestand des § 303 Abs. 1 würde seine Kontur verlieren, wenn auch reine **Verunstaltungen** in seinen Anwendungsbereich einbezogen würden. Ein umfassender Eigentumsschutz ist mit der Bestimmung nicht angestrebt. Der vom Bundesgerichtshof vorgegebenen Leitlinie folgt seither im Wesentlichen die Rechtsprechung (vgl. dazu im Einzelnen Rdn. 16). Sie deckt sich mit der Meinung eines Teils des Schrifttums.[18] Eine Ausnahme von dem Erfordernis mindestens einer Brauchbarkeitsminderung ist allerdings immer anerkannt worden: Einer Entscheidung des Reichsgerichts (RGSt **43** 204 ff: Besudeln eines Marmordenkmals mit abwaschbarer Farbe) folgend ist eine unschwer und folgenlos zu beseitigende Verunstaltung einer Sache dann als Beschädigung gesehen worden, wenn die Sache allein künstlerischen oder ästhetischen Zwecken dient. Mit § 303 Abs. 2 n.F. werden derartige

---

1614 f; **1979** 1624; OLG Hamm NJW **1976** 2173, 2174; OLG Karlsruhe JR **1976** 336 f m. Anm. *Schroeder*; OLG Karlsruhe NJW **1978** 1636 f; OLG Köln OLGSt § 303 S. 19; OLG Oldenburg JZ **1978** 70 ff m. Anm. *Schroeder*; OLG Oldenburg NJW **1978** 1656; OLG Schleswig OLGSt § 303 S. 7; OLG Schleswig SchlHA **1977** 177, 179 f; LG Bamberg NJW **1953** 997, 998; LG Bochum MDR **1979** 74; *Friedrich* WRP **1978** 698; *Joecks* JA **1978** 592 f; *Maiwald* ZStW **91** (1979) 923, 936; *Schroeder* JR **1976** 338 ff; *ders.* JZ **1978** 72 f. **Einschränkend**: OLG Hamburg NJW **1976** 2174; OLG Karlsruhe JZ **1978** 72 m. Anm. *Schroeder*; *Bottke* JA **1980** 540, 541; *Schmid* NJW **1979** 1580 ff. In der Entscheidung OLG Celle NJW **1951** 772 f ist Sachbeschädigung gar nicht angesprochen.

[17] S. auch BGH NJW **1980** 602, 603. In BGHSt **44** 34, 38 = JR **1998** 467 m. Anm. *Dietmeyer* = NStZ **1998** 513 L. m. Anm. *Otto* heißt es entsprechend: „Der Begriff der Beschädigung einer Sache verlangt keine Verletzung ihrer Substanz. Es genügt, daß durch die körperliche Einwirkung auf die Sache die bestimmungsmäßige (technische) Brauchbarkeit nachhaltig gemindert wird …" *Otto* aaO vertritt dazu die Auffassung, dass das Kriterium Minderung der Brauchbarkeit allein nicht ausreiche, sondern um das weitere Kriterium ergänzt werden müsse, ob und inwieweit in der Einwirkung bei natürlicher Betrachtungsweise eine Veränderung oder Beeinträchtigung der Sache selbst gesehen werden könne.

[18] *Fischer* Rdn. 6 f (mit Kritik an der funktionalen Betrachtung – s. auch Rdn. 11); *Wieck-Noodt* MK Rdn. 23 ff; *Mitsch* BT 1 § 5 Rdn. 23; *Behm* JR **1988** 360 ff; *Eisele* JA **2000** 101, 102; *Ingelfinger* S. 28 ff; *Katzer* NJW **1981** 2036; *Satzger* Jura **2006** 428, 429, 432 f; *Seelmann* JuS **1985** 199; *Wolf* S. 107 ff. Nach *Wessels/Hillenkamp* BT II Rdn. 25 f sollte der Beschädigungsbegriff um alle Fälle der Veränderung des Erscheinungsbildes entlastet und diese dem Absatz 2 nach dessen Einfügung zugeordnet werden. Einen weiter reichenden Begriff der Beschädigung vertreten demgegenüber neben den in der Voranmerkung 16 erwähnten Stimmen aus dem Schrifttum: *Kindhäuser* LPK^2 Rdn. 1, 6, 12 (anders 3. Aufl. Rdn. 9); *Lackner/Kühl* Rdn. 6, vgl. aber auch *Kühl* FS Weber, S. 413, 418; *Sch/Schröder/Stree* Rdn. 8 ff; *Zaczyk* NK Rdn. 12, s. aber auch Rdn. 6; *Arzt/Weber* BT § 12 Rdn. 23, vgl. aber auch Rdn. 24 ff, wo Kritik an der Einbeziehung der Brauchbarkeitsminderung geäußert wird; *Maurach/Schroeder/Maiwald* BT I § 36 Rdn. 11 ff, sowie *Maiwald* JZ **1980** 256; *ders.* JR **1982** 298; *Dölling* NJW **1981** 207; *ders.* FS Küper, S. 21, 22 f; *Gössel* JR **1980** 184; *Mersson* NZM **1999** 447; *Momsen* JR **2000** 172; *Otto* JZ **1985** 21, 27 f; *ders.* BT § 47 Rdn. 9; *Schroeder* JR **1987** 359; *ders.* JR **1988** 363. Vgl. zudem *Scheffler* NStZ **2001** 290 ff, der – zu Unrecht – ausführt, die Entscheidung BGHSt **29** 129 stehe einer Anwendung von § 303 (Abs. 1) auf Zustandsveränderungen ohne Funktionsbeeinträchtigungen nicht im Wege. Für eine Beschränkung des Beschädigungsbegriffs auf Substanzverletzungen plädiert *Kargl* ZStW **103** (1991) 136, 157 ff; *ders.* JZ **1997** 283, 289; ihm folgend *Schnurr* S. 91 ff. *Hoyer* SK Rdn. 9 verlangt Kumulation von Sacheinwirkung und Brauchbarkeitsminderung.

Fälle jetzt meist erfasst werden können, so dass sich eine entsprechende – im Grunde etwas begriffswidrige – Auslegung des Merkmals Beschädigen erledigt haben dürfte (**aA** *Kudlich* JA **2005** 912 sowie *Lackner/Kühl* Rdn. 7a).

(2) **Beispiele aus der Rechtsprechung für Beschädigungen:** Verunreinigung eines Brunnens durch Einschütten von Kot (RG Rspr. **9** 171) oder durch Einbringen von Seife (OLG Dresden DRiZ **1931** Nr. 208); Versetzen des Wassers in einer Pferdetränke mit Seife oder Spülmittel (OLG Düsseldorf VRS **71** 28, 29); Veräußerung eines Gewindeschneidemittels unter unzutreffenden Beschaffenheitsangaben, das beim Einsatz für Rohrinstallationen einer Trinkwasserversorgungsanlage zu einem schwer zu beseitigenden Belag in den Rohren führte, der das Wasser nach Öl riechen und schmecken ließ (BGH JZ **1994** 574 ff m. Anm. *Brüggemeier*; BGH BauR **1995** 401 ff); Verunreinigung eines Briefkastens, so dass Briefe durchfeuchtet wurden (OLG Darmstadt GA **43** 134 und BayObLG HRR **1930** Nr. 2121); Durchstreichungen auf einer Urkunde (RGSt **19** 319 f); Ersetzen schwammbefallener Bretter oder Balken eines Baues, wenn es dem Eigentümer auf die Nachweismöglichkeit des Schwammbefalls ankommt (RGSt **33** 177 ff); teilweise Erneuerung eines altersschwachen Zauns (BayObLGSt **11** 1 ff); Hervorrufen pathologischer Veränderungen bei Tieren (RGSt **37** 411 f); Einführen eines Stocks in Körperöffnungen einer Kuh mit inneren Verletzungen als Folge (OLG Celle, Beschl. v. 21. Juni 2002 – 22 Ss 38/02 –); Formveränderung einer an einer elektrischen Anlage angebrachten Plombe derart, dass an der Anlage manipuliert werden konnte (RG LZ **1914** Sp. 1393); Eingrabungen in einen in vorhistorischer Zeit von Menschenhand errichteten Erdhügel (RG GA **51** 49 f); Aussäen von Unkraut auf einen mit Roggen bestellten Acker (KGJ **46** C 368); Abweidenlassen von Grünland durch Schafe (LG Karlsruhe NStZ **1993** 543 f); Abhauen von in der Erde steckenden Holzpfählen (BayObLGSt **8** 4). Als Beschädigung ist das Löschen eines fremden bespielten Tonbandes oder eines fremden mit Dateien versehenen Datenträgers zu behandeln, weil dadurch in die Sachsubstanz von Band und Datenträger eingegriffen wird, auch wenn diese als solche erneut verwendet werden können;[19] es können sich also § 303 Abs. 1, der den Schutz der Sache Datenträger gewährleistet, und § 303a Abs. 1, der Daten schützt, im Einzelfall in ihrem Anwendungsbereich überschneiden (**aA** *Haft* NStZ **1987** 6, 10; *Rombach* CR **1990** 101, 104 f). Das missbräuchliche Auslösen einer Verkehrsüberwachungskamera kann ebenfalls Sachbeschädigung sein (OLG Schleswig SchlHA **1986** 102). Das OLG München (NJW **2006** 2132, 2133) hat es als Sachbeschädigung angesehen, wenn durch in einem Kraftfahrzeug angebrachte Reflektoren der Blitz einer mit Fototeil ausgestatteten Verkehrsüberwachungsanlage derart reflektiert wird, dass das Foto überbelichtet ist und deshalb die Identifizierung des Fahrers bei einem erfassten Verkehrsverstoß nicht zulässt; dies trifft wohl nur zu, soweit es den jedenfalls teilweise unbrauchbar gewordenen Filmteil betrifft, in der Entscheidung ist auf vorübergehende Funktionsunfähigkeit der Anlage abgestellt (nach *Fischer* Rdn. 7 zweifelhaft; ablehnend z.B. *Kudlich* JA **2007** 72, 74 f; *Mann* NStZ **2007** 271 f; siehe ergänzend auch *Gaede* JR **2008** 97 ff). Ob das kurzzeitige 12

---

[19] Für Beschädigung sprechen sich z.B. aus: *Dreher/Tröndle*[43] Rdn. 5; *Lackner/Kühl* Rdn. 4; *Sch/Schröder/Stree* Rdn. 8b; *Wieck-Noodt* MK Rdn. 20, 33; *Zaczyk* NK Rdn. 15; *Maurach/Schroeder/Maiwald* BT I § 36 Rdn. 17; *Otto* BT § 47 Rdn. 13; *Bühler* MDR **1987** 448, 455; *Haft* NStZ **1987** 6, 10; *Merkel* NJW **1956** 778; *Rombach* CR **1990** 101, 104 f; *Schroeder* GA **1990** 97, 103 f; *Tiedemann* WM **1983** 1326, 1329; *Welp* iur **1988** SH S. 434, 438; **aA** *Gerstenberg* NJW **1956** 540; *Kunz* JuS **1977** 604; *Lampe* GA **1975** 1, 16.

Verändern eines Verkehrsschildes durch Klebefolie eine Beschädigung ist (so OLG Köln NJW **1999** 1042, 1044 = NZV **1999** 134 m. Anm. *Dedy*), erscheint fraglich.[20] Im Zusammenhang mit dem *Straßenverkehr* sind als Beispielsfälle für Sachbeschädigungen entschieden worden: Steinwürfe von einer Autobahnbrücke auf fahrende Fahrzeuge (BGH NStZ-RR **1997** 294 f); das Bewerfen eines Pkw mit leeren Flaschen aus einem anderen Kraftfahrzeug (OLG Hamm NJW **1982** 2456 f); das Ergreifen und spätere Wiederloslassen von dann gegen parkende Fahrzeuge schlagenden leeren Mülltonnen vom Beifahrersitz eines fahrenden Pkw aus (BGHSt **47** 158 ff = JR **2002** 385 m. Anm. *Sternberg-Lieben*). Sachbeschädigung kann weiter das Provozieren von Auffahrunfällen bei äußerlich verkehrsgerechtem Verhalten sein (vgl. BGH NJW **1999** 3132 f; *Freund* JuS **2000** 754, 757 f); ebenso natürlich bei verkehrswidrigem Verhalten (vgl. OLG München NZV **2006** 46 f).

13 (3) Als **Fälle von Sachbeschädigung ohne Substanzverletzung** sind angesehen worden: Das Blockieren der Ventilsteuerung einer Dampfmaschine durch leicht wieder herauszunehmende Holzkeile und Eisenfeile (RGSt **20** 182 ff); das Werfen eines Fahrrades in einen mit Wasser gefüllten Graben (OLG Celle ZStW **45** (1925) 479); das Werfen eines Gewehres in den Sand, so dass es anschließend gereinigt werden musste (KG GA **39** 75); Versetzen von Wäsche mit Wanzen und Wanzenbrut (OLG Hamburg HansOLGSt **1** 110 f). Der Bundesgerichtshof hat in BGHSt **44** 34, 38 das Anbringen eines Stahlkastens mittels von außen nicht zu lösender Klammern auf einem in seiner Substanz nicht tangierten Eisenbahngleis – zu Recht – als Beschädigung angesehen (jedenfalls im Ergebnis zustimmend z.B. auch *Dietmeier* JR **1998** 470, 471; *Otto* NStZ **1998** 513 f). Dagegen ist die Brauchbarkeit von *Eisenbahn*gleisen nicht dadurch i.S. von § 303 Abs. 1 eingeschränkt, dass sich Demonstranten darauf aufhalten und deswegen der Zugverkehr eingestellt wird (OLG Celle NStZ **2005** 217 f; **aM** AG Lüneburg NStZ **2002** 598 f). In BGH NStZ **1988** 178 ist diskutiert, ob das Werfen einer Hakenkralle auf die Oberleitung einer elektrifizierten Eisenbahn nicht Sachbeschädigung sei; dies ist zu bejahen, weil dadurch zwar kein Eingriff in die Substanz erfolgt, aber die bestimmungsmäßige Brauchbarkeit der Oberleitung erheblich vermindert wird, denn bei Passieren eines Zuges drohen erhebliche Schäden an den Stromabnehmern von Lokomotiven oder Triebköpfen, eventuell sogar Abreißen des Fahrdrahtes.

14 (4) Bei **zusammengesetzten Sachen** wurden als Beschädigung anerkannt: Wegnahme einer lose aufgelegten Bohle von einer Brücke (RGSt **20** 353); vgl. aber auch RGSt **13** 27 ff: bei entsprechend ordnungsgemäßer Bedienung herausgezogenen Brettern aus einem Stauwerk wurde Beschädigung verneint (ebenso OLG München OLGESt **6** 48, zit. nach GA **39** 75); Herunterholen einer Fahne vom Mast (RGSt **64** 250 ff; **65** 354 ff); Entfernen eines leicht zu ersetzenden Handrades von einer Turbine (RG JW **1922** 712), nicht jedoch die Entfernung der Leitungsstange eines Straßenbahnmotorwagens (RGSt **39** 223 f); Ablassen von Luft aus einem Auto- oder Fahrradreifen (BGHSt **13** 207 ff; BayObLGSt **1987** 82 ff; **aA** OLG Düsseldorf NJW **1957** 1246 f; s. dazu insbes. *Klug* JZ **1960** 226 f); nicht dagegen Abziehen und Danebenlegen von Radzierkappen eines Pkw (OLG Hamm VRS **28** 437 f); Beschädigung bejaht bei dem Lösen von Wagenrädern unter Fortwerfen der haltenden Stifte (BayObLGSt **1** 195 ff); Entfernen und Fortwerfen einer Wagenspannkette (OLG Darmstadt GA **39** 75); Entfernen von Bolzen und Laschen eines Bahngleises

[20] Ablehnend auch *Baier* JuS **2004** 56, 59; *Jahn* JA **1999** 98, 101; *Wrage* NStZ **2000** 32, 33; zustimmend offenbar *Lackner/Kühl* Rdn. 4 u. *Wolf* S. 135 Fn. 511.

(RGSt **55** 169 f; vgl. auch BGH NStZ-RR **1997** 200); Abmontieren eines Spülbeckens (OLG Hamm GA **1966** 187 f); Herausziehen eines mit anderen zusammenhängenden Marktstandes (BayObLGSt **6** 136 ff); Herausnahme von als Wasserstandsanzeige dienenden Steinen (RGSt **31** 143 ff und 329 ff); Herausziehen einer im Boden eingelassenen Reklametafel (BayObLG JW **1926** 2764); Abreißen eines angenagelten Wegweiserarmes (OLG Dresden Annalen **12** 317). Sachbeschädigung ist auch das Versprühen des Inhalts eines Feuerlöschers (BayObLGSt **1987** 20 ff) und das Öffnen des Verschlusses einer zum Verkauf bestimmten Schnapsflasche (OLG Köln NJW **1986** 392).

(5) **Beschmutzungen** sind in folgenden Fällen als Sachbeschädigung angesehen wor- **15**
den: das Bemalen einer Marmorbüste (RGSt **43** 204 ff); das Beschmieren der Wand einer Bahnüberführung mit schwer zu entfernender Teerfarbe (RG HRR **1933** Nr. 350); Begießen einer Litfaßsäule mit Petroleum (RGSt **66** 203 ff); das Übergießen einer Wohnungseinrichtung und eines Pkw mit großen Mengen von Benzin (BGHR StPO § 261 in dubio pro reo 9); das Beschmieren der Linse und der Blitzaustrittsöffnung des Fotoapparats einer Geschwindigkeitsmessanlage mit Senf oder Creme (OLG Stuttgart NStZ **1997** 342 f); Bespritzen von Kleidung mit Urin (RG HRR **1936** Nr. 853); Beschmutzen von Wäsche mit Öl oder Asche und Kohlenstaub (OLG Breslau GA **49** 301); Durchtränken des Diensthemds eines Polizeibeamten mit Bier (OLG Frankfurt a.M. NJW **1987** 389 f; vgl. dazu *Stree* JuS **1988** 187 ff und *Thoss* KritV **1994** 392 ff); Zeichnungen mit Stiefelschwärze an der Zimmerdecke einer Mietwohnung (OLG Hamburg HansOLGSt **1** 109 f). Eine Beschädigung ist verneint worden bei Beschmutzung einer Bluse mit einigen Kaffeespritzern (BayObLGSt **27** 147, 148). Beschädigung ist auch nicht notwendig das Überstreichen einer Maueraufschrift mit Kleister (RG Recht **1907** Nr. 392).

(6) Soweit es das **Aufkleben von Plakaten** und das **Aufsprühen oder Aufmalen von** **16**
Parolen, Zeichnungen und ähnlichem auf fremde Sachen – als **Graffiti** inzwischen eine ubiquitäre, schwer zu bekämpfende Erscheinung,[21] die letztlich zur Einfügung von § 303 Abs. 2 n.F. geführt hat – angeht, setzt eine Beschädigung eine Substanzverletzung oder eine Beeinträchtigung des Gebrauchs der Sache voraus (vgl. Rdn. 11). Dabei kann die Substanzverletzung die Oberfläche der Sache betreffen, wenn sich z.B. ein aufgeklebtes Plakat oder ein aufgesprühtes Graffito nicht schadlos wieder entfernen lässt. Im Schrifttum wird darin teilweise ein Zurechnungsproblem gesehen.[22] Dies aber zu Unrecht: Denn wenn ein Plakat oder ein Graffito sich beim Aufbringen derart mit der Oberfläche der betroffenen Sache verbunden hat, dass Lösen oder Entfernen zwangsläufig zu einem Schaden führt, ist die Oberfläche bereits durch das Anbringen oder den Farbauftrag in ihrer Substanz negativ verändert. Der Beseitigungsaufwand ist im Übrigen dabei ohne Bedeutung.

---

[21] Es handelt sich bei Graffiti um eine mit der Hip-Hop-Bewegung in Zusammenhang stehende Erscheinung typischer Jugend- (oder Heranwachsenden-) Verfehlungen, von der inzwischen ein ganzer Industriezweig lebt, vgl. FAZ v. 5. September 2002, Nr. 206, S. 21. S. weiter z.B. *Wesel* NJW **1997** 1965 f, sowie den Stoßseufzer von *Bertram* NJW **1994** 1045 f; zu Lösungsansätzen z.B. *Bannwarth/Niekamp/Rees* Graffiti zwischen Jugendkultur und Strafrecht in Kriminalität und Sicherheit: neue Herausforderungen für Städte und Gemeinden (2002); *Feltes* Kriminalistik **2003** 277, 281 ff; *Schnurr* S. 214 ff; *Winko* der kriminalist **1997** 483 ff.

[22] Z.B. *Maurach/Schroeder/Maiwald* BT I § 36 Rdn. 15; *Otto* BT § 47 Rdn. 9; *Momsen* JR **2000** 172, 173 f; *Rengier* Gedanken zur Problematik der objektiven Zurechnung im Besonderen Teil des Strafrechts, Festschrift Roxin (2001), 811, 814 f; *Satzger* Jura **2006** 428, 432; *Schnurr* S. 68 ff; *Wilhelm* JuS **1996** 424, 425; *Wolf* S. 137 ff; vgl auch *Ingelfinger* S. 21 ff.

16a Für diesen Standpunkt sei verwiesen auf die *Entscheidungen:* BGHSt **29** 129 ff; BGHSt **41** 47 – zu Farbsprühaktionen rechtsradikalen Inhalts –; BGH NJW **1980** 602, 603; BGH NStZ **1982** 508 f – Überkleben von Wahlplakaten einer Partei und einer dieser gehörenden Stellwand mit anderen Plakaten als Sachbeschädigung –; ebenso OLG Hamburg NJW **1982** 395 = JR **1982** 297 m. Anm. *Maiwald* (vgl. aber auch OLG Oldenburg NJW **1982** 1166 f); BGH, Urt. v. 6. Juni 2001 – 2 StR 136/01 –, S. 7, 12 f, insoweit in BGHSt **47** 52 ff nicht abgedruckt – „Beschriftung" einer öffentlichen Unterführung mit nicht abwaschbarem Filzstift als Sachbeschädigung –; BayObLG StV **1999** 543 f – nicht schadlos zu beseitigende Graffiti an Gebäuden, Mauern, Brücken, Lärmschutzwänden und Eisenbahnwaggons als Sachbeschädigung – (s. auch schon BayObLG StV **1997** 80 f); KG NJW **1999** 1200 – zu Farbsprühaktionen an der Wand einer S-Bahnüberführung –; KG NStZ **2007** 223 f – zu Farbsprühen auf Wänden von U-Bahnhöfen und U- und S-Bahnwaggons –; OLG Celle NStZ **1981** 223 f – zu u.a. auf einem Omnibuswartehäuschen mit Farbe aufgesprühten Parolen als mögliche Substanzverletzung –; OLG Dresden NJW **2004** 2843 f – zum Besprühen eines Eisenbahnwaggons mit Großbuchstaben –; OLG Düsseldorf NJW **1982** 1167 – Aufsprühen von Parolen mit Farbe auf eine Hauswand als Substanzverletzung; ebenso OLG Oldenburg NJW **1983** 57 f = JR **1984** 35 m. Anm. *Dölling*; OLG Düsseldorf NJW **1993** 869 – zum Sprühen von Parolen und Symbolen und zum Werfen von Farbbeuteln auf Hauswände –; abweichend allerdings OLG Düsseldorf NJW **1999** 1199 f = JR **2000** 172 m. Anm. *Momsen*, s. dazu auch *Behm* NStZ **1999** 511 f, das unter Missdeutung von BGHSt **41** 47 davon ausgeht, Farbsprühaktionen seien generell Sachbeschädigungen, und, ebenfalls nicht allgemein zutreffend, die Farbsubstanzen aus Sprühdosen wirkten auf den Untergrund derart ein, dass sie nicht durch einfache Maßnahmen wieder zu entfernen seien. Der allgemeinen Linie folgen demgegenüber weiter: OLG Frankfurt a.M. NJW **1990** 2007 – Verneinung von Sachbeschädigung bei Anbringen von rückstandsfrei zu beseitigenden Aufklebern an einem Abfallbehälter und einer Telefonzelle –; OLG Frankfurt a.M. NJW **1990** 2008 – Ablehnung von Sachbeschädigung bei Besprühen der Betonplatte eines Gehwegs mit einer schadlos zu entfernenden Farbe –; OLG Hamburg NStZ-RR **1999** 209 ff – Graffiti auf Peronenzugwaggon keine Sachbeschädigung, weil sie von Folie und Lack des Waggons schadlos zu entfernen waren –; OLG Karlsruhe StV **1999** 544; OLG Köln StV **1995** 592 f – zu Graffiti an S-Bahnbrückenpfeilern –; LG Bremen StV **1981** 181 f – Verneinung von Sachbeschädigung bei Besprühen einer Friedhofsmauer mit Nitrolack, der rückstandslos zu entfernen war –; LG Bremen NJW **1983** 56 f – Besprühen von Schaufensterscheiben mit Parolen als Sachbeschädigung (zweifelhaft) –; LG Itzehoe NJW **1998** 468 – Sprayen auf einem sog. „Silberling" der Bundesbahn mit rückstandslos zu entfernender Lackfarbe keine Sachbeschädigung –. Es ist darauf hinzuweisen, dass eine entsprechende Beschädigung der tatsächlichen Klärung durch das Gericht und ausdrücklicher Feststellung im Urteil bedarf. Zur Bedeutung eines „Tag" als Indiz für die Urheberschaft betreffend ein Graffito siehe LG Offenburg StV **2002** 359 vgl. auch *Schnurr* StraFo **2007** 318, 319 f.

17 (7) Bei allen Formen der Beschädigung kommt es auf eine gewisse **Erheblichkeit der Beeinträchtigung** an. Nicht jede unbedeutende oder vorübergehende Beeinträchtigung der stofflichen Unversehrtheit oder der Funktionsfähigkeit reicht aus; es muss sich um eine „nicht ganz unerhebliche körperliche Einwirkung" handeln, wie das Reichsgericht zu Recht aus dem allgemeinen Sprachgebrauch des Begriffs Beschädigen abgeleitet hat (RGSt **43** 204, 205; als Gesichtspunkt der Sozialadäquanz angesehen bei *Fischer* Rdn. 13). Wann dies der Fall ist, ist Tatfrage. Eine ausreichende Beeinträchtigung ist in der Regel gegeben, wenn der frühere Zustand nicht wieder hergestellt werden kann (RGSt **13** 27, 29) oder wenn die Wiederherstellung einen nicht geringfügigen Aufwand an Zeit, Arbeit

oder Kosten erfordert.[23] Die *Grenze* zwischen erheblicher und unerheblicher Mängelverursachung hängt von den Umständen des Einzelfalles ab (BGHSt **13** 207, 208; OLG Karlsruhe JZ **1975** 642, 643). Bei der recht weiten Auslegung des Begriffs Beschädigung und in Anbetracht der nicht unerheblichen Strafdrohung für Sachbeschädigung sei in diesem Zusammenhang an den Satz minima non curat prator erinnert. Bedenklich deshalb BayObLG NJW **1987** 3271, 3272, in welchem Fall das Ablassen der Luft aus dem Reifen eines mit Luftpumpe ausgestatteten Fahrrades als die Erheblichkeitsschwelle überschreitend angesehen worden ist.[24]

(8) Die **Ausbesserung** einer Sache beseitigt Mängel und ist deshalb in aller Regel das **18**
Gegenteil einer Beschädigung.[25] Sie setzt voraus, dass sie sachgemäß durchgeführt wird – nicht also z.B. die störende Beseitigung eines Druckfehlers in einem Kunstdruck oder die nicht bloß der Erhaltung dienende Reparatur an einem Sammlungsstück, die dessen Ursprungswert mindert – und dass sie dem rechtlich geschützten Verfügungswillen des Eigentümers entspricht, also nicht, wenn dieser an der unveränderten Erhaltung des gegenwärtigen Zustands, z.B. zu Beweiszwecken, ein rechtlich anzuerkennendes Interesse hat.[26] Auch letzteres wird von der Sachherrschaft des Eigentümers abgedeckt. Wiederherstellung einer zuvor beschädigten Sache vermag die Sachbeschädigung als Delikt allerdings nicht mehr zu beseitigen (RGSt **43** 204, 205; OLG Düsseldorf NJW **1982** 1167).

(9) Die bloße **Sachentziehung**, die nach BGHSt **44** 34, 38 f dadurch gekennzeichnet **19**
ist, „daß die Sache durch Veränderung ihres Aufenthaltsortes oder durch die Verhinderung des Zugangs zu ihr der Verfügungsgewalt des Berechtigten entzogen wird, davon abgesehen aber von ihm (oder anderen) bestimmungsgemäß benutzt werden könnte" (kritisch zu dieser Definition *Dietmeier* JR **1998** 470, 471; ähnlich aber *Schmitt* FS Stree/Wessels S. 505, 509), ist, weil vom Normzweck nicht mehr gedeckt, keine Sachbeschädigung.[27] Sachbeschädigung ist dementsprechend nicht: das Ableiten von Wasser

---

[23] BGHSt **13** 207, 208; BGH NStZ **1982** 508 f; BayObLG HRR **1930** Nr. 2121; OLG Bremen MDR **1976** 773, 774; OLG Frankfurt a.M. NStZ **1988** 410, 411; OLG Hamburg NJW **1975** 1981 f; OLG Hamm VRS **28** 437 f; OLG Karlsruhe JR **1976** 336, 337 m. Anm. *Schroeder*; *Sch/Schröder/Stree* Rdn. 8a f; *Zaczyk* NK Rdn. 7; *Maurach/Schroeder/Maiwald* BT I § 36 Rdn. 13; *Wessels/Hillenkamp* BT II Rdn. 27; enger ersichtlich *Schnurr* S. 105 ff.

[24] Ablehnend z.B. *Lackner/Kühl* Rdn. 5; *Wieck-Noodt* MK Rdn. 21; *Wessels/Hillenkamp* BT II Rdn. 29; *Geerds* JR **1988** 218; *Satzger* Jura **2006** 428, 431 f; vgl. auch *Behm* NStZ **1988** 275 f. Auch in der Entscheidung OLG Köln NJW **1999** 1042, 1044 – kurzzeitiges Verändern eines Verkehrsschildes mittels einer Klebefolie – hätte jedenfalls Anlass bestanden, diesen Gesichtspunkt anzusprechen. Vgl. zu beiden Entscheidungen auch *Schnurr* S. 108 ff.

[25] RGSt **33** 177, 179; *Samson* SK[5] Rdn. 6; *Sch/Schröder/Stree* Rdn. 10; *Wieck-Noodt* MK Rdn. 34; *Zaczyk* NK Rdn. 13; *Mitsch* BT 1 § 5 Rdn. 20; *Wessels/Hillenkamp* BT II Rdn. 29. Vgl. auch RG LZ **1914** Sp. 1394.

[26] *Hoyer* SK Rdn. 12; *Kindhäuser* LPK Rdn. 28; *Tröndle*[48] Rdn. 7; *Zaczyk* NK Rdn. 13; *Arzt/Weber* BT § 12 Rdn. 22; *Mitsch* BT 1 § 5 Rdn. 20. Insoweit zweifelnd *Tröndle/Fischer*[54] Rdn. 12a; widersprüchlich *Wieck-Noodt* Rdn. 34 f, s. auch Rdn. 13; aM *Sch/Schröder/Stree* Rdn. 10; *Wessels/Hillenkamp* BT II Rdn. 29, 31a (dort wird allerdings auf § 303Abs. 2 als Möglichkeit verwiesen); *Satzger* Jura **2006** 428, 431 f; *Schnurr* S. 143 f; *Wilhelm* JuS **1996** 424, 428; *Wolf* S. 127. Nach *Hilgendorf* JuS **1996** 890, 891 ist die Sachbeschädigung auf nachteilig wirkende Veränderungen beschränkt.

[27] BGHSt **44** 34, 38 f; *Fischer* Rdn. 12; *Hoyer* SK Rdn. 8; *Kindhäuser* LPK Rdn. 21; *Sch/Schröder/Stree* Rdn. 10; *Wieck-Noodt* MK Rdn. 28; *Zaczyk* NK Rdn. 17; *Arzt/Weber* BT § 12 Rdn. 27 ff; *Maurach/Schoeder/Maiwald* BT I § 36 Rdn. 19; *Mitsch* BT 1 § 5 Rdn. 25; *Otto* BT § 47 Rdn. 11, 13;

(RGSt **39** 328 ff; vgl. auch RGSt **13** 27, 28); das Fortwerfen fremder Sachen; Fliegenlassen eines einheimischen Vogels (RGSt **20** 182, 185); Laufenlassen von eingefangenem Wild (zur Geschichte dieser Beispiele vgl. *Knütel* JuS **2001** 208, 213 ff; zum Eigentumsverlust an gefangenen oder gezähmten wilden Tieren s. § 960 BGB und *Avenarius* NJW **1993** 2589 f). Führt die Entziehungshandlung aber dazu, dass die Sache über kurz oder lang mangelhaft oder zerstört wird, ist Sachbeschädigung zu bejahen (**aM** insoweit z.B. *Wessels/Hillenkamp* BT II Rdn. 32; *Schnurr* S. 101 f): Werfen von Küchengerät in einen Fluss, wenn es dort *verrostet* oder durch die Strömung verbeult oder zerbrochen wird (RG GA **51** 182 f); Versenken eines Fahrrades (OLG Celle ZStW **45** (1925) 479) oder eines Fahnentuches (RGSt **64** 250 ff) in Wasser; Zurücklassen der Anstaltskleidung im Walddickicht durch den entwichenen Sträfling; Auslaufen- oder Entweichenlassen von Flüssigkeiten oder Gasen.

20 (10) Der – nach objektiven Kriterien gegebene – **bestimmungsgemäße Ge- oder Verbrauch von Sachen** ist schließlich ebensowenig als Beschädigung anzusehen.[28] Deswegen ist der Verbrauch von Faxpapier und Toner für übermittelte, vom Anschlussinhaber aber nicht gewünschte Reklamefaxschreiben keine Sachbeschädigung.[29] § 303 Abs. 1 schützt im Interesse des Eigentümers die Sache, nicht auch dessen Autonomie, mit der Sache nach Belieben umzugehen (*Amelung/Eymann* JuS **2001** 937, 938). Allerdings wird man das Aufreißen einer *Verpackung*, um an den Inhalt als Stehlgut zu gelangen, kaum als bestimmungsgemäßen Gebrauch einstufen und damit eine Beschädigung verneinen können (so aber *Fahl* JuS **2004** 885, 887).

21 b) Die zweite mögliche tatbestandsmäßige Handlung ist das **Zerstören** einer fremden Sache. Die Zerstörung unterscheidet sich von der Beschädigung nur *graduell*. Sie liegt vor, wenn die Sache für ihren bestimmungsmäßigen Zweck völlig unbrauchbar geworden ist (RGSt **8** 33; **39** 223, 224). Zerstört ist eine Sache, die vollständig verändert oder vernichtet ist: Einschmelzen, Auftauen, Töten eines Tieres, Verbrennen (RG GA **57** 201), Zertrümmern (OLG Düsseldorf NJW **1987** 2526, 2527), Ausströmenlassen, Auslaufenlassen. Das Zerstören kann auch im Verlust der Verwendungsfähigkeit wenigstens für einige Dauer bestehen: bestimmungswidrige Zerstückelung, Magnetisierung oder Bestrahlung eines dadurch unbrauchbar werdenden Apparats, Zerlegen eines Drucksatzes. Die Herstellung einer neuen Sache durch Verarbeitung ist Zerstörung der dazu benutzten Grundstoffe (*Rotering* GS **47** 211, 221). Der Begriff teilweises Zerstören hat im Rahmen

---

Wessels/Hillenkamp BT II Rdn. 32; *Bloy* Die Behandlung der Sachentziehung im deutschen, österreichischen und schweizerischen Strafrecht, Festschrift Oehler (1985), 559 ff; *Kargl* ZStW **103** (1991) 136, 152 ff; *Satzger* Jura **2006** 428, 431; *Schmitt* FS Stree/Wessels, S. 505; *Schnurr* S. 100 ff; **aA** z.B. *Kohler* GA **54** 1, 11 und *Busch* LK[9] Rdn. 8 m.w.N.; kritisch auch *Wallau* JA **2000** 248, 254. Das Anliegen von Strafrechtsreformen war es, auch die Sachentziehung zu erfassen (vgl. zuletzt § 251 E 1962).

[28] *Fischer* Rdn. 12a u. 14; *Hoyer* SK Rdn. 14; *Sch/Schröder/Stree* Rdn. 10; *Wieck-Noodt* MK Rdn. 32; *Zaczyk* NK Rdn. 16, s. aber auch Rdn. 19; *Otto* BT § 47 Rdn. 13; *Wessels/Hillenkamp* BT II Rdn. 31; *Satzger* Jura **2006** 428, 431; **aA** *Kindhäuser* LPK Rdn. 27; *Schroeder* JuS **2004** 312.

[29] OLG Frankfurt a.M. NStZ **2004** 687; GenStA Frankfurt a.M. NStZ **2002** 546; *Fischer* Rdn. 12a; *Hoyer* SK Rdn. 14; *Zaczyk* NK Rdn. 16; *Otto* BT § 47 Rdn. 13; *Wessels/Hillenkamp* BT II Rdn. 31; *Satzger* Jura **2006** 428, 431; **aA** *Lackner/Kühl* Rdn. 5; *Hoeren* NJW **2002** 2525; *Schmittmann* MMR **2002** 263 f; *Stöber* NStZ **2003** 515, 516 f. Zweifelnd insoweit *Sch/Schröder/Stree* Rdn. 10.

des § 303 Abs. 1 keine Bedeutung. Bei teilweiser Zerstörung liegt Beschädigung vor (OGHSt **2** 94, 97; *Sch/Schröder/Stree* Rdn. 11 lässt die funktionelle Ausschaltung eines wesentlichen Teils für ein Zerstören ausreichen).

4. Der **innere Tatbestand** erfordert **Vorsatz** (vgl. § 15). Zum Vorsatz gehört das Wissen, dass die Einwirkung auf die Sache diese beschädigt oder zerstört und dass die Sache fremd ist (RGSt **15** 12 ff; **33** 177, 179; BayObLGSt **6** 136 ff; **8** 59 ff). Daneben ist der Wille nötig, die fremde Sache zu beschädigen oder zu zerstören. Beschädigungs- oder Zerstörungsabsicht ist nicht erforderlich (RGSt **15** 12, 13; RG LZ **1914** Sp. 1393, 1394; RG HRR **1936** Nr. 853). *Bedingter Vorsatz* genügt (RGSt **19** 209, 211; KGJ **29** C 83). Hält der Täter die beschädigte Sache irrig für völlig wertlos, so handelt er im Tatbestandsirrtum. Der Irrtum des zerstörenden Täters, er werde nur beschädigen, hat allenfalls bei der Strafzumessung Bedeutung. Bezüglich der Irrtumsfragen bei Rechtfertigungsgründen gelten die allgemeinen Grundsätze. Fahrlässige Sachbeschädigung ist nicht mit Strafe bedroht. Das gilt nach Art. 4 Abs. 2 und 5 EGStGB auch für das Landesrecht, weil Sachbeschädigung im StGB abschließend geregelt ist. **22**

5. Die **Rechtswidrigkeit** ist bei § 303 Abs. 1, obwohl im Gesetz ausdrücklich erwähnt, kein Tatbestandsmerkmal sondern *allgemeines Verbrechensmerkmal*; Einwilligung des Eigentümers wirkt also rechtfertigend.[30] Die Rechtswidrigkeit folgt meist schon aus der Fremdheit der Sache, also aus der Verletzung fremden Eigentums. So kann der Aussteller einer Urkunde, die inzwischen einem anderen gehört, durch Verändern der Urkunde Sachbeschädigung begehen, soweit nicht Urkundenfälschung oder -unterdrückung vorliegt. **23**

Der Täter kann aus privat- und öffentlichrechtlichen Gründen zur Beschädigung oder Zerstörung der fremden Sache berechtigt sein. **Öffentlichrechtliche Befugnisse** hat etwa die Polizei, der Gerichtsvollzieher (gewaltsames Öffnen von Räumen oder Behältnissen) oder die Feuerwehr. Hierher gehört auch der Jagdschutz als sonderpolizeiliche Regelung (*Drews/Wacke/Vogel/Martens* Gefahrenabwehr[9] S. 166), soweit er die Tötung wildernder Hunde und Katzen umfasst. Er ist in den §§ 23, 25 BJagdG in Verbindung mit den Landesjagdgesetzen geregelt;[31] diese Normierung ist verfassungsrechtlich unbedenklich (BVerfGE **18** 305 ff). Zu betonen ist, dass das Jagdschutzrecht Grenzen hat (vgl. z.B. **24**

[30] BayObLGSt **1952** 259, 263; *Hoyer* SK Rdn. 18; *Lackner/Kühl* Rdn. 9; *Sch/Schröder/Stree* Rdn. 12; *Wieck-Noodt* MK Rdn. 63; *Mitsch* BT 1 § 5 Rdn. 11 f, 28; *Otto* BT § 47 Rdn. 14; *ders.* Jura **2004** 679 f. Demgegenüber sieht *Gropengießer* JuS **1997** 1010, 1013; *ders.* JR **1998** 89, 91 ff die Einwilligung des Eigentümers als tatbestandsausschließend an, liest dazu jedoch den Tatbestand des § 303 Abs. 1 als Eigentumsverletzung; vgl. auch *Kindhäuser* LPK[2] Rdn. 16 und *Zaczyk* NK Rdn. 21. *Wessels/Hillenkamp* BT II Rdn. 13b und *Thoss* StV **2006** 160, 161 folgern – zu Unrecht – tatbestandsausschließende Wirkung der Einwilligung aus der Einfügung von § 303 Abs. 2 n.F. Dagegen auch *Satzger* Jura **2006** 428, 433. Die Streitfrage ist offengelassen bei *Fischer* Rdn. 16. Zur Rechtfertigung durch Einwilligung des Alleingesellschafters einer Einmann-GmbH in die Beschädigung einer zum Gesellschaftsvermögen gehörenden Sache s. *Piel* NStZ **2006** 550, 553, 555.

[31] Vgl. dazu näher *Mitzschke/Schäfer* BJagdG[4] § 25 Rdn. 43 ff, 82 ff; *Lorz/Metzger* in Erbs/Kohlhaas § 23 BJagdG Rdn. 9 ff. Beispiele aus der Rechtsprechung: RGSt **24** 225 f; BayObLGSt **11** 181 ff; **1952** 259 f; **1967** 26 ff; OLG Celle NdsRpfl. **1968** 205 ff; OLG Celle, Urt. v. 27. August 2001 – 32 Ss 82/01 –; OLG Hamm MDR **1960** 865 f; OLG Karlsruhe NStZ **1988** 32; OLG Köln NJW **1954** 1617 f.

BayObLG NJW **1992** 2306 f; dazu *Schlüchter* JuS **1993** 14 ff und ergänzend *Herzberg* JZ **1993** 1017, 1019 f sowie GA **1993** 439 ff), insbesondere als Polizeirecht dem Verhältnismäßigkeitsgrundsatz unterliegt, Missbräuche also nicht nur über § 17 TierSchG (Fassung v. 18. Mai 2006 – BGBl. I 1206, ber. 1313 –, zuletzt geändert durch Gesetz v. 21. Dezember 2006 – BGBl. I 3294, 3314) geahndet werden können. Das Recht, fremde Haustauben, die im Freien betroffen werden, zu erlegen, zu fangen oder sich anzueignen, ist *landesrechtlich* geregelt, vgl. Art. 130 EGBGB. Das BrieftaubenG vom 1. Oktober 1938 – RGBl. I 1335 –, das Brieftauben davon ausnahm, ist inzwischen teilweise aufgehoben oder geändert worden. Nachweise zum Landesrecht finden sich z.B. bei *Staudinger/Hönle* BGB Neubearb. 2005 Art. 130 EGBGB Rdn. 4 ff; *Säcker* MK BGB^4 Art. 130 EGBGB Rdn. 2.

25 An **allgemeinen Rechtfertigungsgründen** kommen vor allem in Betracht: Notwehr nach § 32 jedenfalls, soweit der Verteidiger Sachen des Angreifers, die dieser zum Angriff benutzt oder die der Verteidiger zur Abwehr des Angriffs einsetzt, beschädigt oder zerstört (s. näher *Spendel* LK^{11} § 32 Rdn. 204 ff; *Rönnau/Hohn* LK § 32 Rdn. 159 ff und ergänzend *Gropengießer* JR **1998** 89 ff); Notstand nach §§ 228, 904 BGB;[32] Selbsthilferechte aus §§ 229 und 859 BGB (BayObLGSt **8** 4 f); außerdem die bereits in Rdn. 23 erwähnte Einwilligung des Eigentümers, wobei es auf Sittenwidrigkeit der Tat nicht ankommt (RGSt **27** 420, 421 f) sowie mutmaßliche Einwilligung. Die rechtfertigende Wirkung des § 241a BGB ist schon in Rdn. 8 in Verbindung mit Fn. 15 angesprochen worden.

II. Das Delikt nach § 303 Abs. 2

26 1. **Allgemeines.** Anlass für die Gesetz gewordene Ergänzung von § 303 und die vorangegangenen Reformbemühungen war, dass sich die Veränderung des äußeren Erscheinungsbildes oder der Form einer fremden Sache insbesondere nach der Rechtsprechung des Bundesgerichtshofs im Regelfall nur dann als Sachbeschädigung erfassen lässt, wenn dabei zugleich die Sachsubstanz verletzt oder die technische Brauchbarkeit beeinträchtigt ist. Damit ließen sich vor allem **Graffiti** nicht in jedem Falle strafrechtlich ahnden, was überwiegend als rechtspolitisch unerwünscht angesehen wurde. Soweit dabei auch praktische Schwierigkeiten bei der Feststellung von Substanzverletzungen durch Graffiti betont und auf die Notwendigkeit teurer Gutachten hingewiesen wurde (Gesetzentwurf BTDrucks. 15/5313 S. 1, Beschlussempfehlung und Bericht des Rechtsausschusses BTDrucks. 15/5702 S. 2 u. BTProtokoll 15/182 S. 17184, 17186, 17189), sind diese tatrichterlichen Probleme allerdings erheblich überbewertet worden.[33] Während in den früheren Entwürfen die Lösung hauptsächlich darin gesucht wurde, § 303 Abs. 1 um das Merkmal „verunstaltet" bzw. „oder das Erscheinungsbild einer Sache gegen den Willen des Eigentümers oder sonst Berechtigten nicht nur unerheblich verändert" zu erweitern,[34] was zu Eingrenzungsschwierigkeiten geführt und möglicherweise nicht durch-

---

[32] RGSt **34** 295 ff; RG Recht **1913** Nr. 1535; BayObLGSt **8** 59 ff; vgl. auch BayObLG NJW **1978** 2046 f und dazu *Dencker* JuS **1979** 779 ff.

[33] Vgl. *Schnurr* S. 160 f; **anders** aber z.B. *Hoyer* SK Rdn. 2; *Wieck-Noodt* MK Rdn. 48 f; *Ingelfinger* S. 13; *Satzger* Jura **2006** 428, 432; *Wolf* S. 156.

[34] In diesem Sinne hat z.B. Hamburg mit einer Verordnung zur Bekämpfung von Vandalismus durch Graffiti v. 2. September 2003 (HambGVBl. S. 462) einen Ordnungswidrigkeitentatbestand geschaffen. Gegen die rechtliche Zulässigkeit derartiger landesrechtlicher Polizeiverordnungen *Brandt/Mittag* KritJ **2005** 177, 181 ff.

dachte Auswirkungen auf die Auslegung der Merkmale Beschädigen und Zerstören gehabt hätte, hat sich der Gesetzgeber für eine Ergänzung um eine weitere Tathandlung entschieden. Letztlich geht es also um einen von § 303 Abs. 1 unabhängigen, **selbständigen Tatbestand,**[35] mag auch das Tatobjekt im Ausgangspunkt das gleiche, nämlich eine fremde Sache, sein. Die Gesetzesüberschrift Sachbeschädigung will auf diesen Tatbestand im Übrigen nicht recht passen.

2. Objektiver Tatbestand

a) Das Tatobjekt

(1) Erforderlich ist zunächst eine **fremde Sache.** Insoweit ergeben sich keine Abweichungen im Vergleich zu den entsprechenden Merkmalen in § 303 Abs. 1; Sachbegriff und Fremdheit sind also in gleicher Weise auszulegen wie bei der eigentlichen Sachbeschädigung (s. Rdn. 3 ff). **27**

(2) Die fremde Sache interessiert allerdings nur hinsichtlich ihres Erscheinungsbildes. **28** Was der Gesetzgeber mit diesem Begriff erfassen wollte, lässt sich lediglich in einem Kernbereich zuverlässig bestimmen. Das – **äußere – Erscheinungsbild** einer Sache wird geprägt durch ihre Form, ihre Oberfläche, aber auch durch ihre Umgebung. Aus der Begründung zum 39. StrÄndG ergibt sich, dass der Begriff Erscheinungsbild weit aufgefasst worden ist[36] und nicht nur auf Veränderungen von Form und Oberfläche der Sache selbst beschränkt werden sollte, wenn auf dem Balkon eines Wohnhauses sichtbar aufgehängte Wäsche oder Verhüllungen als Beispiele erwähnt und eine Einschränkung durch die Merkmale „nicht nur unerheblich und nicht nur vorübergehend" verändert diskutiert wird (BTDrucks. 15/5313 S. 3). Grundsätzlich werden danach neben Veränderungen des Erscheinungsbildes, die unmittelbar Form und Oberfläche der Sache umgestalten, auch solche Veränderungen einzubeziehen sein, die die Sache selbst ganz unberührt lassen, aber ihre äußere Erscheinung durch Hinzufügen anderer Dinge verändern, soweit sie einen direkten Zusammenhang mit der Sache haben (enger *Wessels/Hillenkamp* BT II Rdn. 31b f; *Hillenkamp* FS Schwind, S. 927, 938; *Satzger* Jura **2006** 428, 434 f). Jedoch besteht kein Anhalt dafür, dass auch Veränderungen der näheren oder ferneren Umgebung Bedeutung haben sollen; andernfalls könnte schon der hässliche Bauzaun auf einem Nachbargrundstück das Erscheinungsbild eines Hauses des damit überhaupt nicht einverstandenen Hauseigentümers nicht nur unerheblich und nicht nur vorübergehend verändern und damit strafrechtliche Bedeutung gewinnen (vgl. auch *Fischer* Rdn. 19).

---

[35] Dies ist in der Gesetzesberatung allerdings offenbar mindestens teilweise anders gesehen worden (vgl. BTProtokoll 15/182 S. 17188); in *Wessels/Hillenkamp* BT II Rdn. 11 ff, insb. Rdn. 11b, sind die Absätze 1 u. 2 des § 303 ebenfalls zu einem Gesamttatbestand der Sachbeschädigung zusammengefasst (so offenbar auch *Wieck-Noodt* MK Rdn. 52 ff). Hoyer SK Rdn. 4, 16 sieht Absatz 2 als Spezialregelung gegenüber Absatz 1 an. Für zu unterscheidende Tatbestände spricht sich *Satzger* Jura **2006** 428, 429, 434 ff aus; ebenso ersichtlich *Fischer* Rdn. 17; *Kindhäuser* LPK Rdn. 1, 14 ff; *Lackner/Kühl* Rdn. 3 ff; *Wüstenhagen/Pfab* StraFo **2006** 190, 192.

[36] So auch *Fischer* Rdn. 18a; *Kindhäuser* LPK Rdn. 15; *Krüger* NJ **2006** 247, 248; *Satzger* Jura **2006** 428, 434; *Wüstenhagen/Pfab* StraFo **2006** 190, 192. Vgl. auch OLG Jena NJW **2008** 776.

b) Die Tathandlung

29 (1) **Verändern** des Erscheinungsbildes der Sache ist jede Umgestaltung ihres Äußeren.[37]

30 (2) Mit den die vorzunehmende Veränderung einschränkenden Merkmalen **nicht nur unerheblich und nicht nur vorübergehend** möchte der Gesetzgeber den Tatbestand auf strafwürdiges Unrecht beschränken.[38] Dazu heißt es ergänzend in der Gesetzesbegründung (BTDrucks. 15/5313 S. 3): „Als nicht nur unerheblich werden in der Regel nur solche Veränderungen des äußeren Erscheinungsbildes anzusehen sein, bei denen unmittelbar auf die Substanz der Sache eingewirkt wird, wie dies namentlich bei Graffiti der Fall ist. Liegt keine Einwirkung auf die Sache oder den Gegenstand vor, wird in der Regel von einer nur unerheblichen, nicht dauerhaften und damit vom Tatbestand nicht erfassten Veränderung auszugehen sein. Als Beispiele sind die Fälle zu nennen, dass Wäsche deutlich sichtbar auf dem Balkon eines Wohnhauses aufgehängt oder an der Außenfassade ein Spruchband angebracht wird, ohne die Substanz des Gebäudes zu beeinträchtigen. Gleiches gilt auch für Veränderungen, die *ohne Aufwand* binnen kurzer Zeit von selbst wieder vergehen oder entfernt werden können, wie Verhüllungen, Plakatierungen mittels ablösbarer Klebestreifen sowie Kreide- und Wasserfarbenauftrag." Die Beispiele erlauben auf den ersten Blick eine hinreichend klare Abgrenzung der strafbaren von den nicht strafbaren Veränderungen des Erscheinungsbildes. Jedoch kommen Zweifel auf, wenn man berücksichtigt, dass der Gesetzgeber die Veränderungen ohne unmittelbare Einwirkung auf die Substanz der Sache nur in der Regel ausklammern wollte, also von möglichen Ausnahmen ausgeht, ohne dass deutlich würde, wann strafbare Ausnahmen in Betracht kommen sollen (*Kreß/Baenisch* JA **2006** 707, 709 sehen als nicht nur unerhebliche Veränderungen lediglich solche an, bei denen unmittelbar auf die Substanz der Sache eingewirkt wird). „Fassadenkino", also die Benutzung einer fremden Hauswand als Projektionsfläche für Filme oder Reklame ohne Einverständnis des Eigentümers, wird dem § 303 Abs. 2 danach nicht unterfallen.[39] Wenn ein großes *Transparent* derart – ohne Substanzbeschädigung – unbefugt an einem fremden Bauwerk aufgehängt wird, dass es sich nur mit erheblichem Aufwand wieder abnehmen lässt, weil es z.B. in großer Höhe oder an einer sonst nur schwer zu erreichenden Stelle angebracht wird, liegt Bejahung des Tatbestandes dagegen nahe (s. auch den Sachverhalt in der Entscheidung OVG Berlin NVwZ **2002** 489 ff; bei *Wessels/Hillenkamp* BT II Rdn. 31c wird für das Aufhängen von Spruchbändern bereits ein Verändern des Erscheinungsbildes verneint). Für die Praxis wird es außerdem bedeutsam sein, dass die Veränderung nicht nur unerheblich **und** nicht nur vorübergehend – die Merkmale decken sich nicht, das letztere ist

---

[37] OLG Jena NJW **2008** 776; *Hoyer* SK Rdn. 20; *Kindhäuser* LPK Rdn. 15; *Wessels/Hillenkamp* BT II 31a; *Hillenkamp* S. 927, 937; vgl. auch *Satzger* Jura **2006** 428, 434. Die Konturlosigkeit beklagen *Krüger* NJ **2006** 247, 248 f; *Thoss* StV **2006** 160; kritisch auch *Wüstenhagen/Pfab* StraFo **2006** 190, 192.

[38] OLG Jena NJW **2008** 776. Bedenken gegen die Eignung dazu bei *Thoss* StV **2006** 160, 161 f; *Wüstenhagen/Pfab* StraFo **2006** 190, 193 ff; die daraus gezogene Folgerung, die neu geschaffene Tathandlung sei wegen ihrer weitgehenden Unbestimmtheit verfassungswidrig (Bedenken auch bei *Schnurr* insbes. S. 142 ff), trifft allerdings sicherlich nicht zu. Vgl. auch *Lackner/Kühl* Rdn. 7c, wo das Merkmal nicht nur unerheblich als überflüssige Einschränkung eingeschätzt wird; sowie *Ingelfinger* S. 39 ff; *Hillenkamp* S. 927, 938; *Satzger* Jura **2006** 428, 436.

[39] Vgl. auch BTProtokoll 15/182 S. 17189; *Hillenkamp* S. 927, 938; *Satzger* Jura **2006** 428, 435; sowie *Schnurr* S. 144 f; und schon *Maurach/Schroeder/Maiwald* BT I § 36 Rdn. 18.

im Übrigen objektiv zu sehen –, also beides gegeben sein muss (vgl. *Wessels/Hillenkamp* BT II Rdn. 31c; *Krüger* NJ **2006** 247, 249 f).

(3) Der Gesetzgeber misst dem weiteren Merkmal, dass die Veränderung **unbefugt** (vgl. zu diesem Begriff allgemein *Rönnau* LK Vor § 32 Rdn. 47 sowie BGHSt **38** 120, 121 f) erfolgen muss, ebenfalls die Aufgabe zu, den Tatbestand auf die strafwürdigen Fälle zu beschränken (für eigentlich überflüssig hält das Merkmal *Thoss* StV **2006** 160, 161). Dabei wird dieses Merkmal als Tatbestandsmerkmal gesehen[40] und nicht auf ein Handeln gegen den Willen des Eigentümers oder sonst Berechtigten beschränkt; es soll auch den Fall erfassen, dass eine Einwilligung dieser Personen nicht vorliegt oder keine sonstige Befugnisnorm gegeben ist (BTDrucks. 15/5313 S. 3; *Kreß/Baenisch* JA **2006** 707, 709; *Wüstenhagen/Pfab* StraFo **2006** 190, 192). In diesem Falle wirkt die Einwilligung des Eigentümers also tatbestandsausschließend. Eine sonstige Befugnis zur belangreichen Veränderung einer fremden Sache wird sich hauptsächlich aus privatrechtlichen Vertragsverhältnissen ergeben, die gegebenenfalls im Strafverfahren zu klären sind (*Hillenkamp* FS Schwind, S. 927, 939 setzt das Merkmal unbefugt mit der Wendung „gegen den Willen des Eigentümers oder sonst Berechtigten" gleich). Nach diesen Rechtsbeziehungen wird auch zu entscheiden sein, wer von mehreren Berechtigten bei einer Einwilligung das letzte Wort hat (**aA** *Wüstenhagen/Pfab* StraFo **2006** 190, 192 f, die das Einverständnis aller Berechtigten fordern). **31**

3. **Subjektiver Tatbestand.** Auch die Tat nach § 303 Abs. 2 kann nur **vorsätzlich** begangen werden, wobei bedingter Vorsatz genügt. Der Vorsatz muss sich auf den gesamten objektiven Tatbestand erstrecken, insbesondere also auch darauf, dass es dem Täter an der Befugnis zu einer Veränderung des Erscheinungsbildes der fremden Sache fehlt. **32**

4. **Rechtswidrigkeit.** Es kommen die allgemeinen Rechtfertigungsgründe in Betracht (*Wessels/Hillenkamp* BT II Rdn. 13c; *Wüstenhagen/Pfab* StraFo **2006** 190, 192). Allerdings dürfte dem kaum große praktische Bedeutung zukommen. Das *Einverständnis* des Eigentümers hat allerdings bereits tatbestandsausschließende Wirkung (Rdn. 31). Als Rechtfertigungsgrund bleibt aber Raum für eine **mutmaßliche Einwilligung** (s. dazu allgemein *Rönnau* LK Vor § 32 Rdn. 214 ff; *Sch/Schröder/Stree* Rdn. 9c ordnet die mutmaßliche Einwilligung dem Merkmal unbefugt zu). **33**

III. Versuch

Nach Absatz 3 ist der Versuch sowohl des Deliktes nach § 303 Abs. 1 als auch der einer Straftat nach § 303 Abs. 2 **strafbar**, wobei man an der Sinnhaftigkeit dieser Regelung zweifeln kann (*Fischer* Rdn. 22; zu ihrer Vorgeschichte vgl. *Maurach/Schroeder/Maiwald* BT I § 36 Rdn. 24). Er beginnt mit der tatbestandsmäßigen Handlung. Vollendung liegt bei § 303 Abs. 1 mit der Mangelhaftigkeit, bei § 303 Abs. 2 mit der erheblichen und nicht nur vorübergehenden Veränderung der fremden Sache vor. **34**

---

40 *Fischer* Rdn. 20; *Kindhäuser* LPK Rdn. 18; *Lackner/Kühl* Rdn. 9a; *Wieck-Noodt* MK Rdn. 18; *Wessels/Hillenkamp* BT II Rdn. 13c Anm. 21; *Krüger* NJ **2006** 247, 251; *Satzger* Jura **2006** 428, 434 f ordnen es sowohl der Tatbestands- als auch der Rechtswidrigkeitsebene zu.

IV. Konkurrenzen

35 Da § 303 Abs. 1 fremde Sachen in ihrer Substanz und § 303 Abs. 2 sie in ihrer äußeren Erscheinung schützt, spricht dies für die Möglichkeit von Tateinheit zwischen den Tatbeständen, wenn eine Sache durch Einwirkung des Täters in beiderlei Hinsicht verletzt wird, soweit sich die Veränderung des Erscheinungsbildes nicht in der zwangsläufigen Folge der Substanzverletzung erschöpft und damit § 303 Abs. 2 hinter § 303 Abs. 1 im Wege der Gesetzeskonkurrenz zurücktritt.[41]

36 **Tateinheit** ist im Übrigen möglich mit: § 123 (BGH, Urt. v. 28. Januar 1958 – 1 StR 644/57 –); § 125 Abs. 1 Nr. 1;[42] mit § 133, weil dort keine fremde Sache erforderlich ist; § 185 (RG HRR **1936** Nr. 853; § 224 (vgl. RG GA **60** 66); zwischen Sachbeschädigung und (versuchter) Nötigung (BGHSt **44** 34, 39); mit § 17 Tierschutzgesetz (zur Fassung s. Rdn. 24); mit dem Führen einer Schusswaffe, während das vorangehende Ausüben der tatsächlichen Gewalt darüber in Tatmehrheit steht (BGHR WaffenG § 53 Abs. 1 Konkurrenzen 3). Sachbeschädigungen können zudem Anlass für die Anwendung auch von § 129 sein (BGHSt **41** 47 ff = NStZ **1995** 340 m. Anm. *Schittenhelm* = JR **1996** 205 m. Anm. *Krehl*; ebenso schon OLG Düsseldorf NJW **1994** 398 ff).

37 **Gesetzeseinheit.** Folgende Bestimmungen verdrängen § 303: § 90a Abs. 2 (*Laufhütte/Kuschel* LK § 90a Rdn. 49); § 104 (*Bauer/Gmel* LK § 104 Rdn. 7); § 109e (**aA** z.B. *Schroeder* LK § 109e Rdn. 17); § 121;[43] § 134; § 202 Abs. 1 Nr. 1, Abs. 2, soweit das Beschädigen nicht über das Öffnen hinausgeht (vgl. *Fahl* GA **1996** 476, 482 f); § 274 Abs. 1 Nr. 1 (RG GA **57** 399 f; dazu näher *Dingler* JA **2004** 810 ff); die landesrechtlichen Vorschriften zum Schutze von Feld und Forst, Art. 4 Abs. 5 EGStGB.[44] § 303 ist allerdings wieder anwendbar, wenn die Strafbarkeit aus einer die Sachbeschädigung an sich verdrängenden Strafvorschrift entfällt (RGSt **15** 12, 14; RG Rspr. **4** 692 f). § 303 verdrängt seinerseits § 145 Abs. 2.

38 **Zum Verhältnis zwischen § 242 und § 303 Abs. 1.** Tatmehrheit zwischen Sachbeschädigung und Diebstahl ist anzunehmen, wenn die Beschädigung nur zur Vorbereitung des Diebstahls dient (RG Rspr. **3** 251 f). Beschädigt oder zerstört der Dieb eine von ihm bereits gestohlene Sache, so greift ausschließlich § 242 ein. Die Zueignung geht jeder weiteren Verfügung über die Sache vor (RG Rspr. **10** 488 ff); überwiegend wird mitbestrafte Nachtat angenommen.[45] Bei zusammengesetzten Sachen kann der Diebstahl eines Teils und die Beschädigung eines anderen Teils in Tateinheit zusammentreffen (*Rommel* S. 105 f: Aneignung der Edelsteine, die aus einem Schmuckstück unter Beschädigung der Fassung

---

[41] Für Gesetzeskonkurrenz auch KG NStZ **2007** 223, 224 (Subsidiarität); *Fischer* Rdn. 23; *Satzger* Jura **2006** 428, 435 und grundsätzlich *Kindhäuser* LPK Rdn. 29, sowie – allerdings differenzierend – *Hoyer* SK Rdn. 26; *Wessels/Hillenkamp* BT II Rdn. 31a. Nach *Lackner/Kühl* Rdn. 7a besteht zwischen Absatz 1 und 2 Exklusivität.

[42] Vgl. RG HRR **1937** Nr. 1557, insoweit in RGSt **71** 157 nicht abgedruckt; **aM** BGHSt **43** 237, 238 = JZ **1998** 470 m. Anm. *Rudolphi*; BGH bei Dallinger MDR **1968** 727; OLG Karlsruhe NJW **1979** 2415, 2416; und z.B. *von Bubnoff* LK[11] § 125 Rdn. 76.

[43] Vgl. RG GA **56** 86 f; RG Recht **1921** 2483; **aM** OLG Celle MDR **1964** 693: alle zu § 122 Abs. 2 a.F.; und z.B. *von Bubnoff* LK[11] § 121 Rdn. 50.

[44] OLG Stuttgart OLGSt Art. 4 V 1 EGStGB Nr. 1; vgl. zum früheren Rechtszustand RGSt **48** 212 ff; RG Rspr. **3** 249, 250; BayObLGSt **1955** 160 ff.

[45] Z.B. BGH NStZ-RR **1998** 294 f; *Fischer* § 242 Rdn. 59; *Rissing-van Saan* LK Vor § 52 Rdn. 156; *Otto* BT § 47 Rdn. 16; *Mitsch* JuS **1993** 471, 474.

herausgebrochen werden). Wer den Humus eines fremden Grundstücks abschiebt und für eigene Zwecke verwendet, begeht ebenfalls Diebstahl in Tateinheit mit Sachbeschädigung.

Zwischen §§ 242, 243 Abs. 1 Nr. 1 und 2 und § 303 Abs. 1 wurde bisher überwiegend Gesetzeseinheit derart angenommen, dass § 303 Abs. 1 konsumiert wird. In der Entscheidung BGH NJW **2002** 150 ff[46] (dort auch Nachweise zum Meinungsstand) hat der 1. Strafsenat sich in einem obiter dictum dafür ausgesprochen, dass die Verwirklichung eines Regelbeispiels für die Frage der Konkurrenz außer Betracht zu bleiben habe, und mehrere Gründe für *Tateinheit zwischen Diebstahl in einem besonders schweren Fall nach §§ 242, 243 Abs. 1 Nr. 1 und 2 und Sachbeschädigung* sprächen: Die Regelbeispiele des besonders schweren Falles des Diebstahls seien ihrer Natur nach nicht dazu angetan, ein Konkurrenzverhältnis zu bestimmen, es handele sich, auch wenn sie tatbestandlich ausgestaltet seien, um Strafzumessungsregeln;[47] gegen ein allgemeines Aufzehren des Unrechts einer Sachbeschädigung durch die Verurteilung wegen Diebstahls im besonders schweren Fall spreche, dass geschützte Rechtsgüter und Rechtsgutsträger verschieden sein könnten; der tatsächliche Ansatz für die generelle Bewertung der Sachbeschädigung als „typische Begleittat" erscheine heutzutage wegen der fortentwickelten Verhältnisse nicht mehr tragfähig, selbst bei einem Einbruch komme es nicht regelmäßig zu einer Sachbeschädigung (die Erkenntnisse des Verfassers decken sich mit dieser Sicht nicht); es drohten Systembrüche, Wertungswidersprüche und Abgrenzungsschwierigkeiten. Im konkreten Falle konnte der Bundesgerichtshof die Rechtsfrage offenlassen, weil bei den abgeurteilten Diebstählen die angerichteten Schäden deutlich über die Beute hinausgingen und die Sachbeschädigungen deshalb nach Auffassung des Senats nicht mehr als mit der Verurteilung wegen Diebstahls abgegoltene typische Begleittaten anzusehen waren. Für beide Auffassungen gibt es tragfähige Argumente; die Lösung der Streitfrage hängt wohl weitgehend davon ab, welchen Gesichtspunkten man mehr Gewicht gibt. Die Rechtsprechung dürfte sich jedenfalls in die vom 1. Senat vorgezeichnete Richtung bewegen. **39**

Über das Verhältnis von Sachbeschädigung zu den weiteren Delikten des 27. Abschnitts und zu den gemeingefährlichen Straftaten siehe jeweils dort. – Gelingt der Nachweis einer Sachbeschädigung nicht, ist an **Ordnungswidrigkeiten** zu denken; z.B. nach § 28 Abs. 1 Nr. 6 AEG in Verbindung mit § 64 Abs. 1 Nr. 4 EBO (OLG Hamburg StV **1999** 544 ff); siehe auch Fußnote 34. Im Einzelfall mag auch § 118 OWiG eingreifen. **40**

V. Recht des Einigungsvertrages

Insoweit wird auf die Bemerkungen bei *Wolff* LK[11] Rdn. 23 f verwiesen. **41**

---

[46] Die Entscheidung BGH NJW **2002** 150 ist ebenfalls abgedruckt in NStZ **2001** 642 m. im Ergebnis zustimmender Anm. *Kargl/Rüdiger* NStZ **2002** 202 und in JZ **2002** 512 m. zustimmender Anm. *Sternberg-Lieben* sowie in JA **2002** 541 m. krit. Bespr. *Fahl*. Ihr stimmen auch zu: *Rengier* JuS **2002** 850 und *Seher* JuS **2004** 482, 483. Vgl. zudem *Fischer* Rdn. 23; *Rissing-van Saan* LK Vor § 52 Rdn. 111; *Sch/Schröder/Stree* Rdn. 16.

[47] Vgl. auch BGHSt **45** 211, 218 f; BGH NStZ **1998** 91, 92; aber auch BGHSt **33** 370, 374; gegen die Einordnung als Strafzumessungsregel und für die Qualifizierung als Tatbestandsmerkmal neuestens *Eisele* JA **2006** 309 ff (zum Konkurrenzverhältnis zwischen § 242 und § 303 Abs. 1 S. 316); für den Wohnungseinbruchdiebstahl nach § 244 Abs. 1 Nr. 3 hat dieses Argument keine Bedeutung mehr.

VI. Sonstiges

42 Die Verfolgung der Tat setzt nach § 303c einen **Strafantrag oder die Bejahung des besonderen öffentlichen Interesses** an der Verfolgung durch die Staatsanwaltschaft voraus. Sachbeschädigung ist zudem **Privatklagedelikt,** § 374 Abs. 1 Nr. 6 StPO.

§ 303a
Datenveränderung

(1) Wer rechtswidrig Daten (§ 202a Abs. 2) löscht, unterdrückt, unbrauchbar macht oder verändert, wird mit Freiheitsstrafe bis zu zwei Jahren oder mit Geldstrafe bestraft.

(2) Der Versuch ist strafbar.

(3) Für die Vorbereitung einer Straftat nach Absatz 1 gilt § 202c entsprechend.

Schrifttum

Abdallah/Gercke/Reinert Zur Strafbarkeit von Kopierschutzmaßnahmen auf Audio-CDs gemäß § 303a StGB, HRRS **2003** 134; *Abu-Zeitoun* Die Computerdelikte im deutschen Recht (2005); *Bär* in Wabnitz/Janovsky (Hrsg.) Handbuch des Wirtschafts- und Steuerstrafrechts[2] (2004) 801, 838 ff; *Binder* Computerkriminalität und Datenübertragung, RDV **1995** 116; *Borges/Stuckenberg/Wegener* Bekämpfung der Computerkriminalität, DuD **2007** 275; *Brunnstein* Computerviren und andere bösartige Software, CR **1993** 456; *Buggisch* Dialer-Programme, NStZ **2002** 178; *Bühler* Ein Versuch, Computerkriminellen das Handwerk zu legen: Das Zweite Gesetz zur Bekämpfung der Wirtschaftskriminalität, MDR **1987** 448; *Dierstein* Von Viren, trojanischen Pferden und logischen Bomben, NJW-CoR 4/90 S. 8, 5/90 S. 26, 1/91 S. 26; *Eichelberger* Sasser, Blaster, Phatbot & Co. – alles halb so schlimm? MMR **2004** 594; *Eiding* Strafrechtlicher Schutz elektronischer Datenbanken (1997); *Ernst* Hacker und Computerviren im Strafrecht, NJW **2003** 3233; *ders.* Hacker, Cracker & Computerviren (2004); *ders.* Das neue Computerstrafrecht, NJW **2007** 2661; *Faßbender* Angriffe auf Datenangebote im Internet und deren strafrechtliche Relevanz (2003); *Frank* 20 Jahre Computervirus und 132 Jahre StGB, in Hilgendorf (Hrsg.) Informationsstrafrecht und Rechtsinformatik (2004); *Gercke* Die Cybercrime Konvention des Europarates, CR **2004** 782; *Gerhards* Computerkriminalität und Sachbeschädigung, Diss. Mannheim 1993; *Granderath* Das Zweite Gesetz zur Bekämpfung der Wirtschaftskriminalität, DB **1986** Beil. 18 S. 1; *v. Gravenreuth* Computerviren, Hacker, Datenspione, Crasher und Cracker, NStZ **1989** 201; *Gröseling/Höfinger* Computersabotage und Vorfeldkriminalisierung, Auswirkungen des 41. StrÄndG zur Bekämpfung der Computerkriminalität, MMR **2007** 626; *Gruhl* in Müller-Gugenberger/Bieneck (Hrsg.) Wirtschaftsstrafrecht[4] (2006) 1207 (§ 42); *Guder* Computersabotage (§ 303b StGB) Technische Lebenswirklichkeit und ihre juristische Würdigung (2000); *Haft* Das Zweite Gesetz zur Bekämpfung der Wirtschaftskriminalität (2. WiKG), NStZ **1987** 6; *Hecker* Herstellung, Verkauf, Erwerb und Verwendung manipulierter Telefonkarten, JA **2004** 762; *Heghmanns* in Achenbach/Ransiek (Hrsg.) Handbuch Wirtschaftsstrafrecht (2004), Kap. VI Daten- und Datennetzdelikte S. 405 ff; *Heidrich/Tschoepe* Rechtsprobleme der E-Mail-Filterung, MMR **2004** 75; *Hilgendorf* Grundfälle zum Computerstrafrecht, JuS **1996** 509, 702, 890, 1082; **1997** 130, 323; *ders.* Die neuen Medien und das Strafrecht, ZStW **113** (2001) 650; *Hilgendorf/Frank/Valerius* Computer- und Internetstrafrecht (2005); *Hoeren* Virenscanning und Spamfilter – Rechtliche Möglichkeiten im Kampf gegen Viren, Spams & Co, NJW **2004** 3513; *Hofer* Computer-Viren – Herkunft, Begriff, Eigenschaften, Deliktsformen, Jur-PC **1991** 1367; *Jüngel/Schwan/Neumann* Das Abfangen von E-Mails nach § 303a StGB, MMR **2005** 820; *Kitz* Meine E-Mails les' ich nicht! CR **2005** 450; *Köhntopp/Köhntopp* Datenspuren im Internet, CR **2000** 248; *Krutisch* Strafbarkeit des unberechtigten Zugangs zu Computerdaten und -systemen (2004); *Lenckner/Winkelbauer* Computerkriminalität – Möglichkeiten und Grenzen des 2. WiKG,

CR **1986** 824; *Malek* Strafsachen im Internet (2005); *Marberth-Kubicki* Computer- und Internetstrafrecht (2005); *dies.* Internet und Strafrecht, DRiZ **2007** 212; *Meinhardt* Überlegungen zur Interpretation von § 303a StGB (1991); *Möhrenschlager* Das neue Computerstrafrecht, wistra **1986** 128; *Mühle* Hacker und Computer-Viren im Internet – eine strafrechtliche Beurteilung, Diss. Passau 1998; *Sanchez-Hermosilla* Neues Strafrecht für den Kampf gegen Computerkriminalität, CR **2003** 774; *Schlüchter* Zweites Gesetz zur Bekämpfung der Wirtschaftskriminalität (1987); *H. Schmitz* Computerkriminalität (1990); *Schreibauer/Hessel* Das 41. Strafrechtsänderungsgesetz zur Bekämpfung der Computerkriminalität, K&R **2007** 616; *Schultz* Neue Strafbarkeiten und Probleme – Der Entwurf des Strafrechtsänderungsgesetzes (StrafÄndG) zur Bekämpfung der Computerkriminalität vom 20.09.2006, DuD **2006** 778; *Schulze-Heiming* Der strafrechtliche Schutz der Computerdaten gegen Angriffsformen der Spionage, Sabotage und des Zeitdiebstahls (1995); *Schumann* Das 41. StrÄndG zur Bekämpfung der Computerkriminalität, NStZ **2007** 675; *Sieber* Computerkriminalität und Informationsstrafrecht, CR **1995** 100; *Sondermann* Computerkriminalität, Diss. Münster 1989; *Splitt* Der Rechtswidrigkeitsbegriff im Rahmen des § 303a StGB, Diss. Kiel 1999; *Volesky/Scholten* Computersabotage – Sabotageprogramme – Computerviren, iur **1987** 280; *Welp* Datenveränderung (§ 303a StGB), iur **1988** 443 u. SH **1988** 434.

Entstehungsgeschichte

Die §§ 303a Abs. 1 und 2 und 303b in einer abweichenden Fassung sind durch Art. 1 Nr. 17 des 2. WiKG vom 15. Mai 1986 (BGBl. I 721) in das StGB eingefügt worden und am 1. August 1986 in Kraft getreten. Diesem Gesetz waren zwei in wesentlichen Punkten übereinstimmende Entwürfe vorausgegangen, ein von der Bundesregierung eingebrachter Entwurf – BTDrucks. 10/318 – und ein Entwurf verschiedener Abgeordneter und der Fraktion der SPD – BTDrucks. 10/119 –; beide enthielten keine diesen §§ 303a f entsprechenden Vorschriften. Die Entwürfe wurden nach der ersten Lesung an den Rechtsausschuss des Bundestags überwiesen, der am 6. Juni 1984 eine öffentliche Anhörung u.a. zu Fragen betreffend Computerkriminalität, darunter, ob über bestehende und vorgeschlagene Strafvorschriften hinaus zusätzlicher Regelungsbedarf bestehe, durchführte (Protokoll Nr. 26). Auf dieser Grundlage kam der Rechtsausschuss zu der Überzeugung, dass der zunehmende Einsatz von Datenverarbeitungsanlagen in der Wirtschaft und in der Verwaltung neue Arten von Computerkriminalität zur Folge habe, die mit dem bisher geltenden Recht nicht oder nicht ausreichend bekämpft werden könnten. Zum Schließen von Strafbarkeitslücken schlug der Rechtsausschuss neben anderem die Einfügung von § 303a und § 303b in dieser ursprünglichen Fassung vor (Beschlussempfehlung u. Bericht des Rechtsausschusses BTDrucks. 10/5058). Dem sind Bundestag und Bundesrat gefolgt. Zur Vorgeschichte dieses Gesetzes siehe zum Beispiel näher *Achenbach* NJW **1986** 1835 und *Möhrenschlager* wistra **1986** 123 und 128.

Durch das 41. StrÄndG zur Bekämpfung der Computerkriminalität vom 7. August 2007, das am 10. August 2007 verkündet worden und am 11. August 2007 in Kraft getreten ist (BGBl. I 1786), ist – unter anderem – § 303a Abs. 3 angefügt (Art. 1 Nr. 5) und § 303b unter Erweiterung umgestaltet worden (Art. 1 Nr. 6). Dem Gesetz liegt ein von der Bundesregierung am 20. September 2006 beschlossener, einen Referentenentwurf vom 3. Mai 2006 sachlich unverändert übernehmender Regierungsentwurf zugrunde (BTDrucks. 16/3656 Anl. 1), zu dem der Bundesrat am 3. November 2006 teilweise kritisch Stellung genommen hat (BTDrucks. 16/3656 Anl. 2); die Bundesregierung hat demgegenüber in ihrer Gegenäußerung an dem Entwurf festgehalten (BTDrucks. 16/3656 Anl. 3) und ihn unter dem 29. November 2006 dem Bundestag zugeleitet. Dort ist der Entwurf am 14. Dezember 2006 erstmals beraten und in die Ausschüsse überwiesen worden (BTProtokoll 16/73 S. 7255 (D)). Diese hat der Entwurf, zu dem der Rechtsausschuss am 21. März 2007 eine Sachverständigenanhörung durchgeführt hatte (Protokoll des Rechtsausschusses des BT Nr. 54), unverändert passiert (Beschlussempfehlung und Bericht des Rechtsausschusses des BT – BTDrucks. 16/5449) und ist entsprechend vom Bundestag am 24. Mai 2007 in zweiter und dritter Lesung beraten und beschlossen worden (BTProtokoll 16/100 S. 10283 (A) – (C) u. Anl. 5, 6, 13). Zugleich ist ein Änderungsantrag der Fraktion Die Linke (BTDrucks. 16/5486) abgelehnt worden. Zu einem Einspruch des Bundesrates ist es nicht gekommen. Das 41. StrÄndG dient im Wesentlichen der Umsetzung des Übereinkommens des Europarates über Computerkriminalität (Convention on Cybercrime) vom 23. November 2001 und des Rahmenbeschlusses 2005/222/JI des Rates der Europäischen Union vom 24. Februar 2005 über Angriffe auf Informationssysteme (vgl. dazu Rdn. 47). Bei den Gesetzesberatungen stand der neu geschaffene § 202c – insbesondere § 202c Abs. 1 Nr. 2 – im Vordergrund, der über § 303a Abs. 3 und § 303b Abs. 5 auch für Datenveränderung und Computersabotage Bedeutung gewonnen hat. Aus der I(nformations)T(echnologie)-Branche wurde der auch vom Bundesrat aufgegriffene Vorwurf erhoben, die Vorschrift sei sehr weit gefasst und könne die Entwicklung und Verwendung zur Sicherheitsüberprüfung von IT-Systemen erfassen und damit ungewollte negative Auswirkungen haben. Auch bei der erwähnten Sachverständigenanhörung wurde dieser Standpunkt teilweise vertreten. Diese Bedenken sind letztlich als nicht durchschlagend eingeschätzt worden. Sie haben aber – etwas ungewöhnlich – dazu geführt, dass die die Beschlussempfehlung tragende Mehrheit des federführenden Rechtsausschusses eine enge Auslegung von § 202c vorgegeben und und hinzugefügt hat: „Der Gesetzgeber werde die Auswirkungen der neuen Strafvorschriften genau zu beobachten haben. Sollten doch Programmentwickler und Firmen, die nicht aus krimineller Energie heraus handelten, durch diese neuen Strafvorschriften in Ermittlungsverfahren einbezogen werden, werde auf solche Entwicklungen zeitnah reagiert werden müssen." (BTDrucks. 16/5449 S. 4, 5). Nach *Böcker* DuD **2007** 923 ist gegen § 202c Verfassungsbeschwerde eingelegt worden.

Übersicht

	Rdn.
I. Allgemeines	1
II. Rechtsgut des § 303a Abs. 1	4
III. Handlungsobjekt des § 303a Abs. 1	5
1. Der Begriff Daten	6
2. Beschränkter Schutz	7
3. Zu einem ungeschriebenen Tatbestandsmerkmal fremd	8
IV. Das Merkmal rechtswidrig	
1. Als Tatbestandsmerkmal	9
2. §§ 69a ff UrhG als Anknüpfung für die rechtliche Zuordnung der Daten	10
3. In Betracht kommende Fallgestaltungen	12
a) Das Schreiben und Speichern von Daten auf eigenem Datenträger oder auf fremdem Datenträger mit Einverständnis von dessen Eigentümer	12
b) Das unerlaubte Speichern von Daten auf fremdem Datenträger	13
c) In fremdem Auftrag erstellte Daten	14
d) Fehlerbeseitigung bei einem berechtigt benutzten Vervielfältigungsstück eines Computerprogramms	15
e) Unerlaubt kopierte Dateien	16
f) Berechtigung bei E-Mails	17
V. Tathandlung nach § 303a Abs. 1	
1. Allgemeines	18
2. Löschen	21
3. Unterdrücken	24
4. Unbrauchbarmachen	26
5. Verändern	27
6. Zum Einsatz von Computerviren und anderen Schadprogrammen	30
a) Computerviren	30
b) Andere Schadensprogramme	32
c) Zu Virenscanning und Spamfiltern	33
VI. Subjektiver Tatbestand des Delikts nach § 303a Abs. 1	34
VII. Rechtswidrigkeit als allgemeines Verbrechensmerkmal	35
VIII. Versuch und Vollendung	36

IX. Das Delikt nach § 303a Abs. 3		**X. Strafen**	44
1. Grundlagen. Zweck der Bestimmung	37	**XI. Konkurrenzen**	45
2. Objektiver Tatbestand	38	**XII. Recht des Einigungsvertrages. Europarechtliche Bezüge**	
a) Objektivierte Zweckbestimmung der Computerprogramme	39	1. Recht des Einigungsvertrages	48
b) Tathandlungsvarianten	40	2. Europarechtliche Bezüge	49
c) Inaussichtnahme einer Computerstraftat nach § 303a Abs. 1	41	**XIII. Sonstiges**	50
3. Subjektiver Tatbestand	42		
4. Tätige Reue	43		

I. Allgemeines

Nach den Vorstellungen des Gesetzgebers dient die Vorschrift des § 303a Abs. 1 und 2 dazu, als Daten dargestellte **Informationen** dagegen zu **schützen**, dass ihre **Verwendbarkeit beeinträchtigt oder beseitigt** wird. Der Tatbestand der Sachbeschädigung nach § 303 (Absatz 1) wurde dazu als nicht ausreichend angesehen.[1] Mit dem neu geschaffenen Tatbestand wollte man sich weitgehend an § 303 anlehnen. Durch sich teilweise überschneidende Tathandlungen soll erreicht werden, dass alle rechtswidrigen Beeinträchtigungen der Verwendbarkeit von Daten erfasst werden. Die Rechtswidrigkeit kann sich dabei nach den Überlegungen des Rechtsausschusses sowohl aus der Verletzung des Verfügungsrechts des Speichernden als auch aus der Verletzung von Interessen des vom Inhalt der Daten Betroffenen ergeben (s. zu Letzterem aber Rdn. 9). Anlass für die Neuregelung war, dass Computerdaten einen hohen wirtschaftlichen Wert haben können und eine wachsende Abhängigkeit in Wirtschaft und Verwaltung von ihnen einen zusätzlichen strafrechtlichen Schutz erforderlich erscheinen ließ. Siehe zu alldem den Bericht des Rechtsausschusses des Bundestags BTDrucksache 10/5058 S. 34. **1**

Gegen die Vorschrift des § 303a Abs. 1 ist *das Bedenken* erhoben worden, sie sei, weil es keine gesetzliche Regelung gebe, die die Verfügungsbefugnis an Daten festlege, in einem Maße unbestimmt, *dass die Verfassungsmäßigkeit zweifelhaft* oder zu verneinen sei.[2] Es liegt in dem Umstand begründet, dass Daten weder Sache (s. § 303 Rdn. 6) noch Recht sind, dass, anders als bei dem Merkmal fremd bei der Sachbeschädigung, nicht direkt an das Zivilrecht, insbesondere das Sachenrecht, angeknüpft werden kann, um festzustellen, wem Daten rechtlich zuzuordnen sind. Doch erlaubt inzwischen das **Urheberrechtsgesetz**, das nach Änderung in §§ 2 Abs. 1 Nr. 1, 69a ff Computerprogramme in **2**

---

1 Die Reformbedürftigkeit des seinerzeit geltenden Rechts blieb nicht unangezweifelt; dagegen sprach sich bereits *Sieber* in der Anhörung vor dem Rechtsausschuss des Bundestags aus (Protokoll Nr. 26 S. 272), später *Haft* NStZ **1987** 6, 10; *Maurach/Schroeder/Maiwald* BT I § 36 Rdn. 33; s. auch *Welp* iur **1988** SH S. 434, 438 f. Für eine entsprechende frühere Einschätzung vgl. z.B. *Tiedemann* WM **1983** 1326, 1329.

2 *Tolksdorf* LK[11] Rdn. 7; *Zaczyk* NK Rdn. 1; *Arzt/Weber* BT § 12 Rdn. 48 Anm. 46; *Maurach/Schroeder/Maiwald* BT I § 36 Rdn. 35; *Haß* Der strafrechtl. Schutz von Computerprogrammen, in Lehmann (Hrsg.) Rechtsschutz und Verwertung von Computerprogrammen[2] (1993) Rdn. 50 Anm. 172; *Meinhardt* S. 84 ff, 166; *Welp* iur **1988** 443, 447; aM z.B. *Otto* BT § 47 Rdn. 31; *Faßbender* S. 54; *Jüngel/Schwan/Neumann* MMR **2005** 820 Anm. 2; *Kutzer* JR **1994** 300, 303 f; *Mühle* S. 89; *Schlüchter* S. 84; vgl. auch BGHSt **38** 120, 121 f; *Hilgendorf* JuS **1996** 890, 892. Vgl. außerdem Stellungnahme des Bundesrats BTDrucks. 16/3656 Anl. 2 unter Nummer 1 cc und Gegenäußerung der Bundesregierung BTDrucks. 16/3656 Anl. 3 zu Nummer 1cc. In der Entscheidung BayObLG JR **1994** 476 f werden mögliche Bedenken gegen die Verfassungsmäßigkeit von § 303a nicht angesprochen.

recht weitgehendem Umfang erfasst, über die daraus abzuleitenden Verwertungsrechte in mindestens entsprechender Anwendung eine ausreichend konkrete Festlegung der Berechtigung an Daten (s. Rdn. 8 f). Eine Verletzung von Art. 103 Abs. 2 GG ist danach zu verneinen.

3 Die **praktische Bedeutung** der Vorschrift ist bisher nicht sehr erheblich. Die polizeiliche Kriminalstatistik weist für 2004 3130 Fälle der Datenveränderung und der Computersabotage – beide Delikte werden dort zusammen erfasst – bei einer Aufklärungsquote von 44, 2 Prozent aus; für 2005 sind 1609 Fälle bei einer Aufklärungsquote von 35,9 Prozent registriert; 2003 waren es 1705 Fälle. Siehe zu den Angriffen auf die Sicherheit, Zuverlässigkeit und Integrität von Daten auch den Ersten Periodischen Sicherheitsbericht der Bundesministerien des Innern und der Justiz (2002) S. 200 ff (2.7.3 ff); vgl. außerdem die Antwort der Bundesregierung vom 20. Juni 2001 auf eine Große Anfrage zum Schutz vor Computerattacken BTDrucks. 14/6321.

II. Rechtsgut des § 303a Abs. 1

4 Geschütztes Rechtsgut dieses Tatbestandes ist das **Interesse des Verfügungsberechtigten,** genauer des über ein den Bestand der Daten einschließendes Nutzungsrecht Verfügenden, **an der unversehrten Verwendbarkeit** der gespeicherten oder übermittelten Daten.[3]

III. Handlungsobjekt des § 303a Abs. 1

5 Handlungsobjekt sind alle nicht unmittelbar wahrnehmbaren Daten im Sinne des § 202a Abs. 2 (Bericht des Rechtsausschusses BTDrucks. 10/5058 S. 34), auf den § 303a Abs. 1 verweist.

6 **1.** Der Begriff der **Daten** ist im Gesetz nicht näher bestimmt worden (Bericht des Rechtsausschusses BTDrucks. 10/5058 S. 29). Der Rahmenbeschluss 2005/222/JI des

---

[3] BayObLG JR **1994** 476, 477 m. Anm. *Hilgendorf; Fischer* Rdn. 2; *Hoyer* SK Rdn. 2; *Kindhäuser* LPK Rdn. 1; *Lackner/Kühl* Rdn. 1; *Tolksdorf* LK[11] Rdn. 2; *Wieck-Noodt* MK Rdn. 2; *Arzt/Weber* BT § 12 Rdn. 44; *Otto* BT § 47 Rdn. 27; *Tiedemann* Wirtschaftsstrafrecht BT Rdn. 494; *Wessels/Hillenkamp* BT II Rdn. 50; *Bühler* MDR **1987** 448, 455; *Eiding* S. 95; *Ernst* NJW **2003** 3233, 3237; *ders.* Hacker pp. Rdn. 268; *Frommel* JuS **1987** 667; *Granderath* DB **1986** Beil. 18 S. 1, 3; *Heghmanns* VI 1 Rdn. 124; *Hilgendorf* JuS **1996** 890; *Krutisch* S. 144; *Mankowski* NJW **2002** 2822, 2825; *Möhrenschlager* wistra **1986** 128, 141; *Mühle* S. 85 f; *Schlüchter* S. 70 f; *Schulze-Heiming* S. 165 f; *Sondermann* S. 25; *Splitt* S. 24 ff. *Sch/Schröder/Stree* Rdn. 1; *Zaczyk* NK Rdn. 2, 4; *Bär* S. 841 (Rdn. 67); *Faßbender* S. 49 ff; *Frank* S. 41; *Gerhards* S. 25; *Hilgendorf/Frank/Valerius* Rdn. 192; *Hofer* Jur-PC **1991** 1367, 1370; *Malek* Rdn. 168; *Marberth-Kubicki* S. 47 f; *Preuße* Informationsdelikte im Internet (2000) 76 f; Volesky/*Scholten* iur **1987** 280, 281 sehen die Unversehrtheit der in den gespeicherten Daten enthaltenen Informationen als geschützt an. Nach *Haft* NStZ **1987** 6, 10 ist demgegenüber Rechtsgut das Vermögen in seiner spezialisierten Ausprägung in Daten, wobei fraglich ist, ob darin wirklich eine sachliche Abweichung liegt; vgl. auch *Mitsch* BT 2 § 5 Rdn. 198; *Welp* iur **1988** 433, 448 f. Nach *Maurach/Schroeder/Maiwald* BT I § 36 Rdn. 3 ist Rechtsgut über das Eigentum und die Rechte des Eigentümers des Datenträgers hinaus jedes Interesse an der Verwendbarkeit der Daten.

Rates der Europäischen Union und das Übereinkommen des Europarates über Computerkriminalität (s. dazu Rdn. 47) beziehen sich enger auf Computerdaten; die dortigen Begriffsbestimmungen (jeweils Artikel 1b)) lassen sich also nicht ohne weiteres übertragen. Allgemein sind Daten *Darstellungen von Informationen*, wobei unter Informationen, auf der semantischen Ebene, Angaben über einen Gegenstand oder Zustand der realen oder irrealen Welt zu verstehen sind, während auf der syntaktischen Ebene die Darstellung durch einen Code konventionell festgelegter Zeichen erfolgt (vgl. näher *Schünemann* LK[11] § 202a Rdn. 3 und ergänzend *Gribbohm* LK[11] § 268 Rdn. 8, § 269 Rdn. 6; *Tiedemann* LK[11] § 263a Rdn. 19 ff).[4] Der Begriff erstreckt sich auf Programme (Bericht des Rechtsausschusses BTDrucks. 10/5058 S. 29),[5] desgleichen Datenbanken (*Eiding* S. 45 ff). Ebenso sind E-Mails erfasst;[6] sowie Internetseiten (vgl. dazu z.B. *Köhntopp/Köhntopp* CR **2000** 248). Zu Hörstücken auf Audio-CDs als Daten siehe insbesondere *Abdallah/Gercke/Reinert* HRRS **2003** 134, 136 f. Im Rahmen des § 303a interessiert nur die syntaktische Ebene; es geht um die **Integrität** der – bereits entstandenen – Daten gegenüber Verlust und Beeinträchtigungen ihrer Verwendbarkeit. Eine besondere Zugangssicherung ist – anders als in § 202a Abs. 1 – nicht erforderlich.[7] Da der Informationsgehalt der Daten für § 303a bedeutungslos ist, müssen sie weder einen gedanklichen Inhalt haben[8] noch – anders als in § 274 Abs. 1 Nr. 2 – beweiserheblich sein;[9] auch ein wirtschaftlicher Wert muss ihnen nicht zukommen.[10]

2. § 303a Abs. 1 schützt Daten nicht umfassend, sondern **beschränkt den Schutz** über § 202a Abs. 2 auf solche Daten, die im Zeitpunkt der Tat elektronisch, magnetisch 7

---

4 Die in diesem Zusammenhang häufig erwähnte DINNorm 44300 ist nach Auskunft des Beuth-Verlags, Berlin, vom 4. Mai 2006 – der Verlag gibt die DINNormen heraus – ersatzlos zurückgezogen worden.

5 *Kindhäuser* LPK § 303b Rdn. 6; *Schünemann* LK[11] § 202a Rdn. 3; *Tiedemann* LK[11] § 263a Rdn. 20; *Tolksdorf* LK[11] Rdn. 3; *Wieck-Noodt* MK Rdn. 8; *Maurach/Schroeder/Maiwald* BT I § 36 Rdn. 36; *Bär* S. 834 (Rdn. 56), S. 841 (Rdn. 68); *Bühler* MDR **1987** 448, 451, 455; *Ernst* NJW **2003** 3233, 3237; *ders.* Hacker pp. Rdn. 268; *Haurand/Vahle* RDV **1990** 128, 130; *Heghmanns* VI 1 Rdn. 125; *Hilgendorf* JuS **1996** 509, 511; *Granderath* DB **1986** Beil. 18 S. 1, 2; *Meier* Jura **1991** 142, 143; *Möhrenschlager* wistra **1986** 128, 132, 141; *H. Schmitz* Computerkriminalität S. 114; *R. Schmitz* JA **1995** 478, 479; *Schulze-Heiming* S. 26 f; *Sondermann* S. 29; **aA** *v. Gravenreuth* NStZ **1989** 201, 203 f; *ders.* Computerviren[2] (1998) 88 f.

6 *Ernst* NJW **2003** 3233, 3237; *Hoeren* NJW **2004** 3513; *Mankowski* NJW **2002** 2822, 2825. Vgl. auch *Fischer* Rdn. 7, 10.

7 *Fischer* Rdn. 3; *Hoyer* SK Rdn. 3; *Sch/Schröder/Stree* Rdn. 2; *Tolksdorf* LK[11] Rdn. 3; *Wieck-Noodt* MK Rdn. 8; *Arzt/Weber* BT § 12 Rdn. 45; *Binder* RDV **1995** 116, 117; *Ernst* NJW **2003** 3233, 3237; *ders.* Hacker pp. Rdn. 268; *Faßbender* S. 53; *Frommel* JuS **1987** 667; *Hilgendorf/Frank/Valerius* Rdn. 193; *Marberth-Kubicki* S. 48; *Mühle* S. 86; *H. Schmitz* Computerkriminalität S. 114; *Sondermann* S. 32; *Welp* iur **1988** 443, 445 Fn. 15.

8 *Fischer* Rdn. 3; *Hoyer* SK Rdn. 4; *Heghmanns* VI 1 Rdn. 125; *Marberth-Kubicki* S. 48.

9 *Fischer* Rdn. 3; *Hoyer* SK Rdn. 4; *Sch/Schröder/Stree* Rdn. 2; *Tolksdorf* LK[11] Rdn. 3; *Wieck-Noodt* MK Rdn. 8; *Hilgendorf/Frank/Valerius* Rdn. 193; *Marberth-Kubicki* S. 48; *Mühle* S. 86; *Schlüchter* S. 71; *H. Schmitz* Computerkriminalität S. 114.

10 BayObLG JR **1994** 476, 477; *Lackner/Kühl* Rdn. 1; *Sch/Schröder/Stree* Rdn. 2; *Tolksdorf* LK[11] Rdn. 3; *Wieck-Noodt* MK Rdn. 8; *Ernst* NJW **2003** 3233, 3237; *ders.* Hacker pp. Rdn. 268; *Marberth-Kubicki* S. 48; *Meurer* Die Bekämpfung der Computerkriminalität in der Bundesrepublik Deutschland, Festschrift Kitagawa (1992), 971, 979; *Schulze-Heiming* S. 165 f; *Tiedemann* Wirtschaftsstrafrecht BT Rdn. 494; *Welp* iur **1988** 433, 449.

oder sonst nicht unmittelbar wahrnehmbar gespeichert sind oder, ebenfalls nicht unmittelbar wahrnehmbar, übermittelt werden; sie müssen also eine technische Umformung erfordern, um sie einer Sinneswahrnehmung zugänglich zu machen (s. ergänzend *Schünemann* LK[11] § 202a Rdn. 4). Unmittelbar wahrnehmbare Daten hat der Gesetzgeber anderweit als genügend geschützt angesehen (Bericht des Rechtsausschusses BTDrucks. 10/5058 S. 29). Welche Technologie bei der Speicherung und der Übermittlung von Daten, welch letztere ausdrückliche Erwähnung der Gesetzgeber lediglich als Klarstellung angesehen hat, ist ohne Bedeutung (Bericht des Rechtsausschusses BTDrucks. 10/5058 S. 29). Die **Speicherung**, verstanden als dauerhaftes Festhalten auf einem Datenträger (*Schünemann* LK[11] § 202a Rdn. 4; vgl. auch § 3 Abs. 4 S. 2 Nr. 1 BDSG), muss nicht in einer Datenverarbeitungsanlage erfolgen; ebensowenig muss die **Übermittlung**, die Übertragung der Daten ohne sinnliche Wahrnehmungsmöglichkeit von einer Datensammelstelle zu einer anderen (s. *Schünemann* LK[11] § 202a Rdn. 4), in eine oder aus einer Datenverarbeitungsanlage stattfinden (Bericht des Rechtsausschusses BTDrucks. 10/5058 S. 29). Das vorgegebene, elektronisch gespeicherte Steuerprogramm einer industriellen Fertigungsanlage ist danach ein geeignetes Tatobjekt; gleiches gilt beispielsweise für die Elektronik eines Kraftfahrzeugs oder in *Mikrochips* gespeicherte Daten zur Steuerung der Logistik von Waren oder Containern, die berührungslos und ohne Sichtkontakt über Funkfrequenzen gespeichert und gelesen werden können – R(adio)F(requency)ID(entification)-Technik. Von dem Begriff der Speicherung nicht umfasst ist die im Zuge einer Datenverarbeitung erfolgende, durch das Programm vorgegebene Zwischenablage von Daten in einem Arbeitsspeicher oder dem entsprechenden Speicher eines Netzwerks.[11] Die Fassung der Vorschrift und die Gründe für ihren Erlass legen es nahe, dass derartige maschineninterne Vorgänge nicht als schutzbedürftig angesehen wurden (vgl. auch § 3 Abs. 4 S. 2 Nr. 1 BDSG).

8 3. Der Tatbestand des § 303a Abs. 1 enthält anders als § 303 Abs. 1, an den sich der Gesetzgeber weitgehend anlehnen wollte, nicht das Merkmal fremd zur Kennzeichnung der rechtlichen Beziehung zwischen dem Tatobjekt einerseits und dem an den Daten Berechtigten bzw. dem Täter andererseits. Da Daten keine Sachen (vgl. § 303 Rdn. 6) sind, konnte eine dem § 303 Abs. 1 unmittelbar parallele Regelung nicht geschaffen werden, denn das Merkmal fremd ist in § 303 Abs. 1 zivilrechtsakzessorisch zu lesen, also nur auf Sachen anwendbar (§ 903 BGB). Ebensowenig war es möglich, unmittelbar auf eine Aussage über die Zuordnung von Rechten zurückzugreifen, weil Daten auch keine Rechte sind (vgl. auch *Lenckner/Winkelbauer* CR **1986** 824, 828). Um auszuschließen, dass der Tatbestand selbst dann eingreift, wenn der an den Daten Nutzungsberechtigte daran Veränderungen vornimmt, was weder vom Gesetzgeber beabsichtigt gewesen sein kann, noch sinnvoll wäre – die fortlaufende Veränderung von Daten entspricht gerade dem Wesen jedenfalls einer Datenverarbeitung –, wird in der Literatur teilweise der Standpunkt vertreten, der Tatbestand des § 303a Abs. 1 sei in Bezug auf die Daten um das *ungeschriebene Merkmal fremd* zu ergänzen; wobei es allerdings nicht im rechtstech-

[11] *Fischer* Rdn. 3; *Tolksdorf* LK[11] Rdn. 4; *Bär* MMR **2005** 434, 438. Vgl. auch *Volesky/Scholten* iur **1987** 280, 285. **AA** *Hoyer* SK Rdn. 3; *Hofer* Jur-PC **1991** 1367, 1370; *Welp* iur **1988** 443, 445; offenbar auch *Bär* S. 842 (Rdn. 70); *Ernst* NJW **2003** 3233, 3238; *ders.* Hacker pp. Rdn. 305; *Marberth-Kubicki* S. 56; sowie *Guder* S. 135 f, der daraus auf S. 139 ff die Konsequenz zieht, dass das Unterbrechen der Energiezufuhr tatbestandsmäßiges Löschen von Daten im Hauptspeicher sein kann. Differenzierend *R. Schmitz* JA **1995** 478, 480 f.

nischen Sinne verwendet wird.[12] Da das Merkmal rechtswidrig, wenn es auf die Tatbestandsebene gezogen wird, das Gleiche leisten kann (s. Rdn. 9 ff), erscheint es wenig sinnvoll, in die Vorschrift ein mit Grund nicht verwendetes Merkmal hineinzulesen, das zudem noch abweichend von seiner üblichen Bedeutung verstanden werden müsste, weswegen zusätzlich die Gefahr bestünde, dass damit nicht passende sachenrechtliche Vorstellungen verbunden würden. Die genannte – im Schrifttum wohl überwiegend vertretene – Meinung ist danach **abzulehnen.**[13] *Tolksdorf* (LK[11] Rdn. 5) weist im Übrigen zu Recht darauf hin, dass der Meinungsstreit keine großen praktischen Auswirkungen hat, weil über das Ergebnis, dass nur dem Täter rechtlich nicht (zur Nutzung) zuzuordnende Daten geschützt sind, Einigkeit besteht.[14]

IV. Das Merkmal rechtswidrig

1. Da der Gesetzgeber die Ausgestaltung von § 303a weitgehend an § 303 anlehnen **9**
wollte (Bericht des Rechtsausschusses BTDrucks. 10/5058 S. 34), liegt es auf den ersten Blick nahe, das Merkmal rechtswidrig wie bei § 303 Abs. 1 als allgemeines Verbrechensmerkmal aufzufassen. Dies wird im Schrifttum auch vertreten.[15] Doch stehen dem verschiedene Überlegungen entgegen. Nach der Begründung des Gesetzentwurfs durch den Rechtsausschuss des Bundestags (BTDrucks. 10/5058 S. 34) kann sich die Rechtswidrigkeit „aus der Verletzung des Verfügungsrechts des Speichernden" ergeben. Damit wird ein auf Tatbestandsebene liegender Umstand angesprochen und nicht die Einwilligung des Berechtigten als Rechtfertigungsgrund verstanden (so auch die Gegenäußerung der Bundesregierung zur Stellungnahme des Bundesrats zum Entwurf des 41. StrÄndG – BTDrucks. 16/3656 Anl. 3 zu Nummer 1 cc). Soweit an gleicher Stelle (BTDrucks. 10/5058 S. 34) erwähnt wird, dass sich die Rechtswidrigkeit auch aus der Verletzung von Interessen des vom Inhalt der Daten Betroffenen ergeben könne, hilft dieser Gesichtspunkt allerdings nicht weiter; nicht nur weil damit §§ 43, 44 BDSG unterlaufen würden,

---

12 *Fischer* Rdn. 4; *Hoyer* SK Rdn. 5 f; *Tolksdorf* LK[11] Rdn. 5; *Wieck-Noodt* MK Rdn. 9 (s. aber auch Rdn. 17, wo Rechtswidrigkeit als einschränkendes Tatbestandsmerkmal verstanden wird); *Arzt/Weber* BT § 12 Rdn. 46; *Abu-Zeitoun* S. 43 ff; *Eiding* S. 103 ff; *Ernst* Hacker pp. Rdn. 270; *Faßbender* S. 54 f; *Gerhards* S. 42 ff; *Heghmanns* VI 1 Rdn. 126; *Hilgendorf/Frank/Valerius* Rdn. 193; *Malek* Rdn. 169 ff; *Marberth-Kubicki* S. 48 f; *Mühle* S. 87 f; *H. Schmitz* Computerkriminalität S. 114 f; ähnlich *Maurach/Schroeder/Maiwald* BT I § 36 Rdn. 35; *Haß*, wie Fn. 2), Rdn. 50. Vgl. auch *Sch/Schröder/Stree* Rdn. 3; *Mitsch* BT 2 § 5 Rdn. 204; *Sondermann* S. 33 ff und *Welp* iur **1988** 443, 447.

13 *Tröndle*[48] Rdn. 9; *Otto* BT § 47 Rdn. 30; *Binder* RDV **1995** 116, 117; *Hilgendorf* JR **1994** 478; *ders.* JuS **1996** 890, 892; offenbar auch *Frommel* JuS **1987** 667. In der Entscheidung BayObLG JR **1994** 476 f wird die Frage nicht angesprochen, sondern an die Verfügungsberechtigung angeknüpft.

14 Z.B. *Welp* iur **1988** 443, 447; s. auch *Sch/Schröder/Stree* Rdn. 3; *Bär* S. 844 (Rdn. 74); *Krutisch* S. 144 ff; *Schulze-Heiming* S. 166 ff.

15 *Sch/Schröder/Stree* Rdn. 6; *Tolksdorf* LK[11] Rdn. 37; *Arzt/Weber* BT § 12 Rdn. 47; *Maurach/Schroeder/Maiwald* BT I § 36 Rdn. 38; *Abu-Zeitoun* S. 43; *Eiding* S. 103 ff; *Faßbender* S. 55; *Gerhards* S. 36 ff; *Haß*, wie Fn. 2, Rdn. 55; *Lenckner/Winkelbauer* CR **1986** 824, 829; *Möhrenschlager* wistra **1986** 128, 141; *Mühle* S. 87 f; *Welp* iur **1988** 443, 447 Fn. 35. *Bühler* MDR **1987** 448, 456 enthält sich einer dogmatischen Einordnung. Bei *Fischer* Rdn. 13 wird im Wesentlichen der Streitstand dargestellt; unter Randnummern 6 und 8 ist die Einwilligung des Berechtigten als tatbestandsausschließend behandelt; ähnlich *Mitsch* BT 2 § 5 Rdn. 201, 202, 211.

sondern auch weil das Gesetz unmittelbar nur die Daten und nur mittelbar die darin eingeschlossene Information schützt.[16] Es kommt hinzu, dass, wenn rechtswidrig als allgemeines Deliktsmerkmal aufgefasst wird, auf Tatbestandsebene kein geschriebenes Merkmal vorhanden ist, das die – notwendige – Tatbestandsbeschränkung übernehmen kann, die bei § 303 Abs. 1 das Merkmal fremd durch Verweisung auf die zivilrechtlich gesehene Eigentumslage wahrnimmt. Auf eine Aussage darüber, wem die Berechtigung an den von der Tathandlung betroffenen Daten zusteht, kann aber nicht verzichtet werden. Sie müsste gegebenenfalls als ungeschriebenes Merkmal eingefügt werden. Dann liegt es aber näher, das Merkmal rechtswidrig als **Tatbestandsmerkmal** aufzufassen, das seinerseits in das Zivilrecht verweist.[17] Es ist deshalb dahin zu verstehen, dass es die rechtliche Zuordnung der Daten in der Weise anspricht, dass sie rechtlich einem anderen als dem sie verändernden Täter zuzuordnen sein müssen. Die Ähnlichkeit des Tatbestandes mit § 303 Abs. 1 bleibt auch dann gewahrt.

10 2. Die **zivilrechtsakzessorische rechtliche Zuordnung** der Daten beginnt beim Speichernden (Bericht des Rechtsausschusses BTDrucks. 10/5058 S. 34), der häufig der Urheber sein wird, kann dort aber nicht stehenbleiben (s. insbes. BayObLG JR **1994** 476, 477). Kein geeigneter Anknüpfungspunkt sind das Eigentum oder sonstige Rechte am Datenträger,[18] denn diese erstrecken sich nicht ohne weiteres auf die Daten; Eigentum an letzteren ist gar nicht möglich. Datenträger lassen sich im Prinzip auch jederzeit austauschen; bei Übermittlungsvorgängen fehlt es sogar an einem Datenträger. Die Rechte am Datenträger und die Rechte an den Daten müssen also nicht dasselbe Schicksal haben. Eine bessere Anknüpfung erlauben die §§ 69a bis 69g **UrhG** betreffend Computerprogramme in Verbindung mit §§ 31 ff UrhG.[19] Diese Regelung erfasst wegen des sich heute

---

[16] *Kindhäuser* LPK Rdn. 10; *Sch/Schröder/Stree* Rdn. 3, 6; *Tolksdorf* LK[11] Rdn. 10; (wohl auch) *Wieck-Noodt* MK Rdn. 4; *Zaczyk* NK Rdn. 5; *Arzt/Weber* BT § 12 Rdn. 48; *Otto* BT § 47 Rdn. 31; *Wessels/Hillenkamp* BT II Rdn. 52; *Eiding* S. 95; *Haft* NStZ **1987** 6, 10; *Hilgendorf* JR **1994** 478 f; *ders.* JuS **1996** 890, 892; *Lenckner/Winkelbauer* CR **1986** 824, 829; *Marberth-Kubicki* S. 49; *Mühle* S. 90; *Schulze-Heiming* S. 28 ff; *Sondermann* S. 38 f; *Splitt* S. 45 ff; *Welp* iur **1988** 443, 448; **aM** *Lackner/Kühl* Rdn. 4; *Tröndle*[48] Rdn. 9; *Maurach/Schroeder/Maiwald* BT § 36 Rdn. 3; *Bühler* MDR **1987** 448, 455 f; *Gerhards* S. 22; *Granderath* DB **1986** Beil. 18 S. 3; *Heghmanns* VI 1 Rdn. 126 f; *Hofer* Jur-PC **1991** 1367, 1371; *Möhrenschlager* wistra **1986** 128, 141; zweifelnd in wistra **1991** 321, 326; zweifelnd auch *Schlüchter* S. 74. Die Frage ist offen gelassen in BayObLG JR **1994** 476, 477.

[17] *Hoyer* SK Rdn. 2, 12; *Kindhäuser* LPK Rdn. 9; *Tröndle*[48] Rdn. 9; *Wieck-Noodt* MK Rdn. 17 (s. aber auch Fn. 12); *Otto* BT § 47 Rdn. 30; *Wessels/Hillenkamp* BT II Rdn. 52; *Frommel* JuS **1987** 667; *Hilgendorf* JR **1994** 478; *ders.* JuS **1996** 890, 892; *Hilgendorf/Frank/Valerius* Rdn. 203; *Hofer* Jur-PC **1991** 1367, 1371. Auch in der Entscheidung BayObLG JR **1994** 476 f wird das Merkmal rechtswidrig ersichtlich der Tatbestandsebene zugeordnet; ebenso *Schulze-Heiming* S. 166 ff. Mindestens auch tatbestandseingrenzende Bedeutung messen dem Merkmal *Lackner/Kühl* Rdn. 4 und *Granderath* DB **1986** Beil. 18 S. 1, 3 zu. Von Doppelnatur spricht *Splitt* S. 12 ff. Vgl. auch *Schlüchter* S. 74 f; *Sondermann* S. 40 ff, 66 f. *Zaczyk* NK Rdn. 4 spricht dem Merkmal rechtswidrig die Eignung, der Auslegung eine Orientierung zu geben, ab.

[18] *Tröndle*[48] Rdn. 9; *Arzt/Weber* BT § 12 Rdn. 48; *Otto* BT § 47 Rdn. 31; *Faßbender* S. 57; *Hilgendorf* JR **1994** 479; *ders.* JuS **1996** 890, 892 f; *Meinhardt* S. 115 ff; *H. Schmitz* Computerkriminalität S. 115; *Sondermann* S. 35, 37 f; *Splitt* S. 45 ff; **aA** *Hoyer* SK Rdn. 6; *Bär* S. 844 (Rdn. 74); *Gerhards* S. 52 ff; *Welp* iur **1988** 443, 447 f. Vgl. auch BayObLG JR **1994** 476, 477; *Fischer* Rdn. 6; *Sch/Schröder/Stree* Rdn. 3.

[19] Eingefügt durch Art. 1 Nr. 3 des 2. G zur Änderung des Urheberrechtsgesetzes v.

sehr weit erstreckenden Urheberschutzes einen wesentlichen Teil der praktisch bedeutsamen Software (vgl. z.B. BGH NJW-RR **2005** 1403, 1404; *Grützmacher* in Wandtke/Bullinger (Hrsg.) UrhR² § 69a Rdn. 2 ff). Sie wird den Tatsachen gerecht, dass bei der Wertung von Computerprogrammen der geistige Gehalt im Vordergrund steht und es bei der Weitergabe von Programmen in der Regel um die Einräumung nach §§ 413, 398 BGB verfügungsfähiger, vertraglich unterschiedlich ausgestalteter Nutzungsrechte an einer geistigen Leistung geht.[20] Im Übrigen schützt auch das Urheberrecht nicht den Inhalt oder die Funktionalität als solche, sondern allein die Form des Programms (*Dreier/Schulze* UrhG (2004) § 69a Rdn. 2), so wie § 303a Abs. 1 nicht den Inhalt der Daten – unmittelbar – schützt. So weit das Urheberrechtsgesetz greift, erlauben seine Bestimmungen in Verbindung mit den jeweils zugrunde liegenden vertraglichen Vereinbarungen der Beteiligten eine sichere Aussage, wem an welchen Daten einer Software welche Nutzungsrechte wie lange (sie können auch zeitlich begrenzt sein) zustehen (die damit verbundenen zivilrechtlichen Vorfragen sind gegebenenfalls im Strafprozess zu klären). Das entsprechende *Nutzungsrecht* an einem Computerprogramm korrespondiert mit dem im Rahmen des § 303a Abs. 1 interessierenden *Verfügungsrecht* daran, denn für die Berechtigung zur Datenveränderung kommt es auf das Recht zur Nutzung an. Sind im Bereich des § 303a Abs. 1 die veränderten Daten ohne Urheberrechtsschutz, weil es sich nicht um Computerprogramme oder individuelle Werke im Sinne von § 69a Abs. 3 S. 1 UrhG handelt, liegt es nahe, die in den §§ 69a ff UrhG verwendeten Kriterien rechtlicher Zuordnung entsprechend anzuwenden. Die Standpunkte des Schrifttums gehen allerdings weit auseinander.[21]

---

9. Juni 1993 (BGBl. I 910), in Kraft getreten am 24. Juni 1993, in Umsetzung der Richtlinie 91/250/EWG des Rates v. 14. Mai 1991 über den Rechtsschutz von Computerprogrammen (ABl. EG Nr. L 122 v. 17. Mai 1991 S. 42), geändert durch Richtlinie 93/98/EWG des Rates v. 29. Oktober 1993 (ABl. EG Nr. L 290 v. 24. November 1993 S. 9). Vgl. auch §§ 87a bis 87e, 127a UrhG betreffend Datenbanken, eingefügt durch Art. 7 Nr. 6, 9 des Informations- und Kommunikationsdienste-Gesetzes v. 22. Juli 1997 (BGBl. I 1870), in Kraft getreten am 1. Januar 1998, in Umsetzung der Richtlinie 96/9/EG des Europäischen Parlaments und des Rates v. 11. März 1996 über den rechtlichen Schutz von Datenbanken (ABl. EG Nr. L 77 v. 27. März 1996 S. 20). Auf das UrhG verweisen z.B. auch *Abdallah/Gercke/Reinert* HRRS **2003** 134, 138 ff für den Spezialfall von Kopierschutzmaßnahmen auf Audio-CDs. Gegen die Heranziehung des Urheberrechtsgesetzes sprechen sich aus: *Tolksdorf* LK¹¹ Rdn. 6; *Hilgendorf* JuS **1996** 890, 893; *Meinhardt* S. 117 f.

20 Vgl. BFH BStBl. **1987** II 728, 731 f. *Welp* iur **1988** 443, 448 Fn. 45 hält denjenigen, dem schuldrechtlich ein Nutzungsrecht an Daten eingeräumt worden ist, demgegenüber im Regelfall nicht für darüber verfügungsbefugt; ebenso *Splitt* S. 116 ff.

21 *Hilgendorf* JR **1994** 479 u. JuS **1996** 890, 893 stellt für die Datenzuordnung grundsätzlich auf die Urheberschaft an den Daten ab, bei mehreren Beteiligten auf die zwischen ihnen bestehenden Rechtsbeziehungen; die Urheberschaft an den Daten zieht gleichfalls grundsätzlich heran *Hecker* JA **2004** 762, 765. *Welp* iur **1988** 443, 447 f stellt vorrangig auf den Skripturakt, daneben aber auch auf das Eigentum am Datenträger ab. *Otto* BT § 47 Rdn. 31 sieht als verfügungsberechtigt denjenigen an, der die Speicherung oder Übermittlung der Daten selbst unmittelbar bewirkt hat oder dem das Verfügungsrecht vom unmittelbar Verfügungsberechtigten übertragen wurde. *Meinhardt* S. 92 ff zieht für die Datenzuordnung die Speicherung und die Übertragung der Datenverfügungsbefugnis heran. Bei *Fischer* Rdn. 6 wird hauptsächlich das – in der Regel – vertragliche Rechtsverhältnis zwischen den Beteiligten, daneben das Eigentum am Datenträger und der Skripturakt herangezogen. *Hoyer* SK Rdn. 6 geht vom Eigentum am Datenträger aus, das aber durch beschränkte dingliche Rechte und schuldrechtlich eingeräumte Nutzungsberechtigungen überlagert werden

11 Bei alledem ist ohne Belang, dass das Urheberrechtsgesetz erst nach dem Inkrafttreten von § 303a um die §§ 69a ff ergänzt worden ist. Die strafrechtliche Bestimmung nimmt an dieser Entwicklung teil, wenn – wie bei § 303a – mit dem Merkmal rechtswidrig an das Zivilrecht angeknüpft wird.

3. Auf dieser Grundlage kommen im Wesentlichen **folgende Fallgestaltungen** in Betracht:

12 a) Wer *zu eigenen Zwecken Daten erstellt* und diese auf einem ihm gehörenden Datenträger speichert, ist alleiniger in Betracht kommender Berechtigter und kann durch Veränderung der Daten den Tatbestand nicht verwirklichen. Demgegenüber ist jeder **Dritte**, der diese Daten ohne Einwilligung des Berechtigten verändert, möglicher Täter (BayObLG JR **1994** 476, 477). Gleiches gilt für den Fall, dass jemand Daten erstellt und auf fremden Datenträger speichert, dessen *Eigentümer* damit *einverstanden* ist. Auch dann bleibt der Skribent und Speichernde alleiniger Berechtigter, auch im Verhältnis zum Eigentümer des Datenträgers, es sei denn, diesem ist, zum Beispiel vertraglich, ein Nutzungsrecht an den Daten eingeräumt. In diesen Fällen besteht über das Ergebnis kein Streit. Löscht der Skribent die Daten, bleiben sie aber durch geeignete Gestaltung des Computerprogramms rekonstruierbar, ändert sich an der Berechtigung nichts; sie werden dadurch nicht ohne weiteres für Eingriffe Dritter freigegeben (insoweit **aM** insbes. *Tolksdorf* LK[11] Rdn. 14). Anders wird man dies sehen müssen, wenn sie in den „Papierkorb" des Computers geschoben werden, auch wenn sie dort noch in der Regel wieder zugänglich gemacht werden können.

13 b) Werden *unerlaubt* Daten auf einem *einem Anderen gehörenden Datenträger gespeichert,* folgt die Berechtigung an den Daten nicht dem Eigentum am Datenträger, auch wenn der Eigentümer des Datenträgers zivilrechtlich berechtigt ist, die Störung seines Eigentums abzuwehren.[22] § 303a schützt nicht das Interesse an ungestörter Nutzung

---

kann; ähnlich *Wieck-Noodt* MK Rdn. 3, 10. *Lenckner/Winkelbauer* CR **1986** 824, 829 stellen darauf ab, ob dem Geschädigten eine „eigentümerähnliche Stellung" im Hinblick auf die Daten hat; so auch *Lackner/Kühl* Rdn. 4; *Sch/Schröder/Stree* Rdn. 3 (sie wird dort u.a. aus Besitz und Nutzungsrechten abgeleitet); *Binder* RDV **1995** 116, 117; *H. Schmitz* Computerkriminalität S. 115; ähnlich *Sondermann* S. 34 ff. *Splitt* S. 60 ff will § 950 BGB entsprechend anwenden; vgl. auch *Tolksdorf* LK[11] Rdn. 9. *Schulze-Heiming* S. 3 f, 28 ff, 166 ff zieht das Eigentum am Datenträger oder Übermittlungsmedium, die Urheberschaft an den Daten und berechtigtes formales Geheimhaltungsinteresse in interessengerechter Abwägung im Einzelfall heran. *Arzt/Weber* BT § 12 Rdn. 48 stellen auf das unmittelbare Interesse an der Unversehrtheit der Daten ab. Für eine Zuordnung analog § 274 Abs. 1 Nr. 2 spricht sich *Preuße*, wie Fn. 3, S. 78 ff aus. Für eine induktive Entwicklung von Kriterien der Datenzuordnung entscheidet sich *Tolksdorf* LK[11] Rdn. 8 ff; ähnlich *Maurach/Schroeder/Maiwald* BT I § 36 Rdn. 35; *Bär* S. 844 (Rdn. 74); *Marberth-Kubicki* S. 49 ff; dagegen z.B. *Hilgendorf* JR **1994** 478. Vgl. auch *Zaczyk* NK Rdn. 5; *Heghmanns* VI 1 Rdn. 127; *Faßbender* S. 55 ff sowie Guder S. 229 ff (der allerdings nur Konturen einer Beschränkung des Tatbestandes andeutet).

22 *Tolksdorf* LK[11] Rdn. 15 f; *Hilgendorf* JuS **1996** 890, 893; *Marberth-Kubicki* S. 50 f; *Schulze-Heiming* S. 171 (die allerdings aus der zivilrechtlichen Abwehrbefugnis einen Rechtfertigungsgrund ableitet; dagegen zu Recht *Tolksdorf* LK[11] Rdn. 16). Nach *Lackner/Kühl* Rdn. 4 kann das Verfügungsrecht an den Daten dem Speichernden, aber auch dem Eigentümer des Datenträgers zustehen; so auch *Wieck-Noodt* MK Rdn. 10. **AM** *Welp* iur **1988** SH S. 434, 448; *Heghmanns* VI 1 Rdn. 127 f und grundsätzlich auch *Hoyer* SK Rdn. 6. Vgl. auch *Sch/Schröder/Stree* Rdn. 5.

eines Datenträgers. Umgekehrt geht das Eigentum am Datenträger nicht über § 950 BGB verloren (im Ergebnis ebenso *Splitt* S. 109 ff), denn dieser ist nicht anwendbar (*Tolksdorf* LK[11] Rdn. 15). Dementsprechend kann der Skribent mit den Daten nach Belieben verfahren, während der Eigentümer des Datenträgers diese nicht einfach löschen darf, wenn er sich wieder in dessen Besitz gesetzt hat, es sei denn der Skribent ist damit einverstanden.

c) **In fremdem Auftrag erstellte Daten.** Für dem Urheberrechtsgesetz unterfallende **14**
Computerprogramme gibt § 69b UrhG vor, dass die daraus fließenden vermögensrechtlichen Befugnisse ausschließlich dem *Arbeitgeber* zuzurechnen sind, wenn sie ein Arbeitnehmer in Wahrnehmung seiner Aufgaben oder nach den Anweisungen seines Arbeitgebers geschaffen hat. Gleiches gilt für Dienstverhältnisse, das sind Beschäftigungsverhältnisse des öffentlichen Dienstes (*Dreier/Schulze* UrhG (2004) § 69b Rdn. 12 in Verb. m. § 43 Rdn. 7). Dies lässt sich auf § 303a Abs. 1 in dem Sinne übertragen, dass das Datenwerk einschließlich der dafür zur Verfügung gestellten Ausgangsdaten in seinem Bestand allein dem Arbeitgeber oder öffentlich-rechtlichen Dienstherrn zur Disposition steht. Das ist allerdings nicht dahin zu verstehen, dass bereits der Schaffensvorgang selbst ein Verändern im Sinne von § 303a Abs. 1 wäre, soweit es dabei um den ordnungsgemäßen Umgang mit den Daten geht. Wird ein Computerprogramm als Werk in Auftrag gegeben, geht die Berechtigung daran allerdings erst mit dem Zurverfügungstellen an den Auftraggeber an diesen über. Daneben kommen jedoch auch privatrechtliche Dienstverträge zur Softwareentwicklung in Betracht (vgl. BGH NJW-RR **2005** 1403, 1404 = CR **2005** 854 m. Anm. *Heymann*), die meist beratende oder unterstützende Tätigkeit zum Inhalt haben und bei denen der Auftragnehmer weitgehend weisungsgebunden ist und nur unselbständige Beiträge liefert (vgl. *Karger* CR **2001** 357, 359); hier dürfte das Nutzungsrecht an den Daten dem Auftraggeber zuzurechnen sein.[23]

d) § 69d UrhG erlaubt es dem zur Verwendung eines Vervielfältigungsstücks eines **15**
Computerprogramms Berechtigten auch ohne Zustimmung des Rechtsinhabers, *das Programm umzuarbeiten,* wenn dies für jeden Benutzer zur Benutzung des Programms einschließlich der Fehlerbeseitigung (zur zivilrechtlichen Sicht betreffend eine Fehlerbeseitigung vgl. BGH NJW **2000** 3212) *notwendig* ist. Derartige Veränderungen können auch im Strafrecht nicht tatbestandsmäßig werden. Gleiches gilt für die Einwirkung auf die Daten eines den Kilometerstand elektronisch speichernden *Wegstreckenzählers eines*

---

23 Während bei Datenverarbeitung in Arbeitsverhältnissen Einigkeit besteht, wird bei Fällen der Datenverarbeitung im Fremdauftrag, z.B. Buchhaltungs- und Bilanzerstellung durch ein damit beauftragtes Rechenzentrum, meist zwischen Dienst- und Werkvertragsverhältnissen nicht unterschieden. Die zur Verfügung gestellten Ausgangsdaten sind dem Auftraggeber zuzuordnen, *Sch/Schröder/Stree* Rdn. 3; *Hilgendorf* JuS **1996** 890, 893; *R. Schmitz* JA **1995** 478. Von jedenfalls grundsätzlicher Berechtigung des Auftraggebers an den auftragsgemäß geschaffenen Daten gehen aus: *Sch/Schröder/Stree* Rdn. 3; *Zaczyk* NK Rdn. 5; *Arzt/Weber* BT § 12 Rdn. 48; *Bär* S. 844 (Rdn. 74); *Lenckner/Winkelbauer* CR **1986** 824, 829. Dagegen sehen den Auftragnehmer bis zur Ablieferung des Ergebnisses als an den Daten berechtigt an: *Kindhäuser* LPK Rdn. 10; *Tolksdorf* LK[11] Rdn. 17; *Hilgendorf* JR **1994** 479 Anm. 17; *Malek* Rdn. 171; *Marberth-Kubicki* S. 52 f; *Splitt* S. 101 ff; *Welp* iur **1988** 443, 448. Ausnahmen werden teilweise von letzteren Autoren gemacht, wenn der Auftragnehmer in allen Einzelheiten nach den Weisungen des Auftraggebers handelt. Differenzierend *Fischer* Rdn. 6. Vgl. außerdem *Meinhardt* S. 122 ff.

Kraftfahrzeugs zum Zwecke der Reparatur, Justierung, Konvertierung oder Datenwiederherstellung (vgl. BVerfG NZV **2006** 482 f).

16 e) **Unerlaubt kopierte Dateien.** Daten auf einer unerlaubt hergestellten Kopie fallen nicht in das Nutzungsrecht desjenigen, dem die Daten auf dem Original, von dem die Kopie gezogen worden ist, zustehen. Da die Daten des Originals unverändert erhalten bleiben, greift § 303a Abs. 1 nicht ein. Werden anschließend die Daten auf der Kopie durch den Ersteller der Kopie verändert, ist dies keine strafrechtlich erhebliche Datenveränderung. Dementsprechend handelt nicht tatbestandsmäßig, wer die Daten der ihm von seiner Bank zur Verfügung gestellten EC-Karte auf seinen PC kopiert, dort verändert, die veränderten Daten auf eine Blankomagnetkarte überträgt und mit dieser Karte Geld vom *Geldautomaten* abhebt.[24]

17 f) Bei **E-Mails** kommen als an den Daten Nutzungsberechtigte der Absender und der Empfänger in Betracht. Letzterer wird berechtigt erst, wenn die E-Mail für ihn abrufbar gespeichert ist,[25] also mit dem Eingang der E-Mail in der für ihn bestehenden Mailbox bei seinem Mailserver oder – im Falle einer Quarantänelösung für möglicherweise virenverseuchte E-Mails – in dem dafür eingerichteten, ihm zugänglichen gesonderten Ordner oder bei Speicherung in seiner Datenverarbeitungsanlage. Nicht berechtigt an den Daten sind jedenfalls Provider und andere in den Datenübermittlungsvorgang eingeschaltete Institutionen wie Behörden, Unternehmen oder Hochschulen bzw. die für diese handelnden Personen (**aA** *Fischer* Rdn. 7). Dies hat für Virenscanning und Spamfilter Bedeutung (vgl. *Hoeren* NJW **2004** 3513 ff, der allerdings von alleiniger Berechtigung des Nutzers = Empfängers ausgeht; im Ergebnis ebenso *Kitz* CR **2005** 450, 454; s. erg. Rdn. 33).

V. Tathandlung nach § 303a Abs. 1

18 **1. Allgemeines.** Als Tathandlungen nennt das Gesetz Löschen, Unterdrücken, Unbrauchbarmachen oder Verändern. Dass sich diese unterschiedlichen Handlungen häufig *überschneiden* werden – zum Beispiel setzt das Verändern von Daten in vielen Fällen das

---

[24] *Fischer* Rdn. 6, 12; *Tolksdorf* LK[11] Rdn. 18; Zaczyk NK Rdn. 10; Hilgendorf JR **1994** 479 (dort auch für den Fall, dass vom Täter einem Anderen zuzuordnende veränderte Daten von ersterem in den ursprünglichen Zustand zurückversetzt werden); *ders.* JuS **1996** 890; *Marberth-Kubicki* S. 52, 55; *Splitt* S. 113 ff; **aA** AG Böblingen CR **1989** 308; *Richter* CR **1989** 303, 305 f.

[25] *Fischer* Rdn. 7; **aA** *Jüngel/Schwan/Neumann* MMR **2005** 820, 823. Mit Abruf der Daten durch den Adressaten hält Absender und Empfänger für kumulativ verfügungsberechtigt *Marberth-Kubicki* S. 52. Vgl. z.B. auch LG Ravensburg MMR **2003** 679 f m. Anm. *Bär*; *Hilgendorf* JuS **1997** 323, 325. Im Zivilrecht ist nach ganz herrschender Meinung eine per E-Mail übermittelte Willenserklärung zugegangen, wenn sie für den Empfänger bei dessen Auftreten mit einer Mailboxadresse im Rechtsverkehr in der Mailbox seines Providers oder in der eigenen Datenverarbeitungsanlage abrufbar gespeichert sowie dem Empfänger Kenntnisnahme möglich und nach der Verkehrsanschauung zu erwarten ist. Hat der Empfänger seine E-Mailadresse nicht zum Empfang rechtsgeschäftlicher Erklärungen bestimmt, ist Zugang erst bei Kenntnisnahme gegeben. Vgl. *Einsele* in MK z. BGB[4] § 130 Rdn. 18 f; *Palandt/Heinrichs/Ellenberger* BGB[67] § 130 Rdn. 7a; *Staudinger/Hertel* BGB Bearb. 2004 § 126a Rdn. 49 ff; jeweils mit weiteren Nachweisen. Dieser Grundsatz kann für das Strafrecht durchaus fruchtbar gemacht werden.

vorherige Löschen anderer Daten voraus (BayObLG JR **1994** 476, 477) –, ist beabsichtigt; dem Gesetzgeber kam es auf das Erfassen aller rechtswidrigen Beeinträchtigungen an (Bericht des Rechtsausschusses BTDrucks. 10/5058 S. 34). Teilweise hat der Gesetzgeber dabei an die Begriffsbestimmungen im *Bundesdatenschutzgesetz* angeknüpft (Bericht des Rechtsausschusses BTDrucks. 10/5058 S. 34 f), so dass diese zur Auslegung mit herangezogen werden können, soweit die unterschiedliche Zielrichtung des Bundesdatenschutzgesetzes einerseits und des § 303a andererseits dem nicht entgegenstehen.[26] Mit dem Unterdrücken ist zudem ein Verhalten erfasst, das auf § 303 Abs. 1 übertragen Sachentziehung wäre, die nicht zur Sachbeschädigung gerechnet wird (§ 303 Rdn. 19). Die Tathandlung kann auch in einem **Unterlassen** bestehen, z.B. wenn die Weiterverbreitung eines Virus über einen erkanntermaßen infizierten PC nicht verhindert wird (vgl. auch *Hilgendorf* JuS **1996** 1082, 1084). Doch ist nicht jedes Geschehenlassen einer Datenveränderung schon ein strafrechtlich erhebliches Unterlassen (vgl. OLG Hamburg NJW-RR **2004** 1688 f und zur Verantwortlichkeit des Inhabers eines W(ireless)L(ocal)-A(rea)N(etwork)-Anschlusses, der einen auch für Dritte offenen Internetzugang ermöglicht, *Hornung* CR **2007** 88 ff).

Bezugsobjekt aller Tathandlungen sind die geschützten Daten in ihrer jeweils gespeicherten Form (s. insbes. BayObLG JR **1994** 476, 477). Das Vorhandensein einer Kopie der vom Täter dann veränderten Daten beim Geschädigten schließt daher den tatbestandsmäßigen Erfolg nicht von vornherein aus.[27] Doch unterliegt auch § 303a Abs. 1 wie § 303 Abs. 1 der Einschränkung, dass bei **unerheblichen** Verletzungshandlungen der Tatbestand nicht eingreift. So wie eine Veränderung von Daten, die keinerlei negative Auswirkung auf den Inhalt oder Ablauf eines Programms hat, eine derartige unerhebliche Beeinträchtigung sein kann, kann das Vorliegen einer Kopie der unveränderten Daten, mit der der alte Zustand sofort und ohne nennenswerten *Aufwand* wieder hergestellt werden kann, dazu führen, dass eine strafbare Handlung zu verneinen ist.[28] Auch beim Unterdrücken von Daten, das sich nur für kurze Zeit auswirkt (vgl. Rdn. 24), kommen unerhebliche Beeinträchtigungen in Betracht. **19**

Aus der Einordnung des Merkmals rechtswidrig als Tatbestandsmerkmal folgt, dass Datenveränderungen, die von einem Dritten mit **Einverständnis** desjenigen, dem an den Daten das Nutzungsrecht zusteht, vorgenommen werden, nicht tatbestandsmäßig sind (s. Rdn. 14).[29] Andernfalls wäre eine Datenverarbeitung durch Dritte im Auftrag oder im Rahmen eines Arbeitsverhältnisses nicht möglich, ohne zugleich § 303a zu verletzen. Es wäre nicht sachgerecht, dies erst auf der Rechtfertigungsebene zu lösen.[30] Über diesen Weg werden auch Fälle zu entscheiden sein, in denen Computerprogramme veräußert **20**

---

[26] *Tolksdorf* LK[11] Rdn. 22; *Bühler* MDR **1987** 448, 455; *Granderath* DB **1986** Beil. 18 S. 1, 3; *Möhrenschlager* wistra **1986** 128, 141; *Sondermann* S. 45; *Tiedemann* JZ **1986** 865, 870.

[27] *Sch/Schröder/Stree* Rdn. 4; *Tolksdorf* LK[11] Rdn. 20; *Wieck-Noodt* MK Rdn. 12; *Bär* S. 842 (Rdn. 70); *Eiding* S. 97 f; *Gerhards* S. 66 f; *Heghmanns* VI 1 Rdn. 129; *Lenckner/Winkelbauer* CR **1986** 824, 829; *Marberth-Kubicki* S. 54; *Sondermann* S. 45 ff; *Welp* iur **1988** SH S. 434, 436; bei Vorhandensein einer Kopie verneint ein Unterdrücken *Schulze-Heiming* S. 178.

[28] *Tolksdorf* LK[11] Rdn. 20; *Zaczyk* NK Rdn. 11; *Mitsch* BT 2 § 5 Rdn. 205; *Frank* S. 42 f; *Hilgendorf* JuS **1996** 890, 891; *Hilgendorf/Frank/Valerius* Rdn. 194; *Mühle* S. 90 f; *Welp* iur **1988** SH S. 434, 436; **aA** *Fischer* Rdn. 10; *Splitt* S. 137 ff.

[29] *Fischer* Rdn. 6, 8; *Hoyer* SK Rdn. 12; *Zaczyk* NK Rdn. 11. Vgl. auch *Tolksdorf* LK[11] Rdn. 21 (gegen *Tolksdorf* aaO *Kutzer* JR **1994** 300, 304); *Mühle* S. 91 und *Schlüchter* S. 75.

[30] *Tolksdorf* LK[11] Rdn. 21; *Hilgendorf* JuS **1996** 890, 892; *Meinhardt* S. 23 ff.

werden, die zum Beispiel als *Kopierschutz* einen Programmteil enthalten, der im Falle des vertraglich ausgeschlossenen Kopierens durch den Erwerber zur Unbrauchbarkeit des Gesamtprogramms führt, sofern dies offengelegt wird; eine strafbare Datenveränderung durch den Programmveräußerer scheidet aus, wenn der Erwerber ein derartiges Programm vertragswidrig kopiert, denn dieser war mit der entsprechenden Programmgestaltung einverstanden.[31]

21 **2. Löschen.** Nach den Gesetzesmaterialien ist als Löschen von Daten zu verstehen, dass diese *unwiederbringlich vollständig unkenntlich gemacht werden*. Es entspricht dem Zerstören einer Sache in § 303 Abs. 1; vergleiche auch § 3 Abs. 4 S. 2 Nr. 5 BDSG (Bericht des Rechtsausschusses BTDrucks. 10/5058 S. 34). Dem wird zu folgen sein,[32] auch wenn *Tolksdorf* (LK[11] Rdn. 23) zu Recht darauf hinweist, dass dadurch der Anwendungsbereich der Handlungsvarianten Unbrauchbarmachen und Unterdrücken eingeschränkt wird. Zum Teil wird enger gefordert, dass die betroffenen Daten physisch beseitigt sein müssen, also ihre Verkörperung aufgehoben werden muss.[33]

22 Besteht das „Löschen" von Dateien programmgemäß darin, dass lediglich *im Inhaltsverzeichnis der Wegweiser* für den Computer zum Auffinden der Datei *beseitigt wird*, so werden durch Eingabe des Löschbefehls die in der betreffenden Datei gesammelten Daten nicht im Sinne von § 303a Abs. 1 gelöscht,[34] sondern allenfalls unterdrückt. Der Befehl bewirkt, dass auf dem Datenträger die für die „gelöschte" Datei reservierten Sektoren für die Überschreibung mit anderen Daten freigegeben sind. Bis es zur Überschreibung durch Speicherung anderer Daten kommt, sind die „gelöschten" Daten im Regelfall rekonstruierbar, d.h. nicht irrevisibel unkenntlich gemacht.[35] Dies gilt auch für den Verzeichniseintrag,[36] der ebenfalls ein Datum im Sinne des § 303a ist.

23 **Beispiele** für Löschen sind das Beschädigen oder Zerstören des Datenträgers,[37] der Austausch einer Festplatte einer Computeranlage bei Reparaturversuchen (OLG Karls-

---

31 Vgl. *Bydlinski* AcP **198** (1998) 287, 325; s. auch *Lenckner/Winkelbauer* CR **1986** 824, 829; *Rombach* CR **1990** 101. Zum Kopierschutz bei Audio-CDs vgl. *Abdallah/Gercke/Reinert* HRRS **2003** 134 ff; *dies.* ZUM **2004** 31, 37 ff.

32 *Fischer* Rdn. 9; *Kindhäuser* LPK Rdn. 5; *Lackner/Kühl* Rdn. 3; *Sch/Schröder/Stree* Rdn. 4; *Wieck-Noodt* MK Rdn. 12; *Zaczyk* NK Rdn. 7; *Arzt/Weber* BT § 12 Rdn. 49; *Otto* BT § 47 Rdn. 29; *Binder* RDV **1995** 116, 117; *Eiding* S. 97 f; *Granderath* DB **1986** Beil. 18 S. 1, 3; *Heghmanns* VI 1 Rdn. 129; *Hilgendorf* JuS **1996** 890, 891; *Krutisch* S. 146 f; *Malek* Rdn. 174; *Möhrenschlager* wistra **1986** 128, 141; *Mühle* S. 91 f; *Schlüchter* S. 73; *H. Schmitz* Computerkriminalität S. 115 f; *Schulze-Heiming* S. 172 ff; *Sondermann* S. 45 ff; *Tiedemann* JZ **1986** 865, 870; vgl. auch AG Brandenburg/H. CR **2002** 721.

33 *Tolksdorf* LK[11] Rdn. 23; *Bär* S. 842 (Rdn. 70); *Gerhards* S. 59; *Hofer* Jur-PC **1991** 1367, 1370; *Welp* iur **1988** SH S. 434 f; wohl auch *Hoyer* SK Rdn. 8 und *Mitsch* BT 2 § 5 Rdn. 206. Offen gelassen bei *Ernst* Hacker Rdn. 273.

34 *Fischer* Rdn. 5; *Tolksdorf* LK[11] Rdn. 25; *Bär* S. 842 (Rdn. 70); *Eiding* S. 97 f; *Ernst* Hacker Rdn. 273; *Faßbender* S. 61; *Frank* S. 42; *Haurand/Vahle* RDV **1990** 128, 129; *Heghmanns* VI 1 Rdn. 129; *Hilgendorf* JuS **1996** 890, 891; *Hofer* Jur-PC **1991** 1367, 1370; *Schulze-Heiming* S. 174; *Welp* iur **1988** SH S. 434, 435; **aA** *Bühler* MDR **1987** 448, 455; wohl auch *Sch/Schröder/Stree* Rdn. 4; *Wieck-Noodt* MK Rdn. 12; *Meurer*, wie Fn. 10, S. 971, 979 f; vgl. außerdem *Guder* S. 121 ff.

35 *Tolksdorf* LK[11] Rdn. 25; *Bär* S. 842 (Rdn. 70); *Welp* iur **1988** SH S. 434, 435.

36 *Tolksdorf* LK[11] Rdn. 25; *Mühle* S. 92 f; **aA** *Guder* S. 135; *Hofer* Jur-PC **1991** 1367, 1370; *Welp* iur **1988** SH S. 434, 435.

37 *Fischer* Rdn. 9; *Hoyer* SK Rdn. 8; *Sch/Schröder/Stree* Rdn. 4; *Tolksdorf* LK[11] Rdn. 24; *Wieck-Noodt* MK Rdn. 12; Eiding S. 97 f; *Malek* Rdn. 174; *Möhrenschlager* wistra **1986** 128, 141; *Mühle* S. 93; *Schulze-Heiming* S. 175; *Sondermann* S. 50 f; *Welp*

ruhe NJW **1996** 200, 201), das Überschreiben der Daten mit anderen Daten,[38] das Entfernen eines S(ubscriber)I(dentity)M(odule)-Lock-Schutzes, der bewirkt, dass nur der Betrieb in einem bestimmten Netz möglich ist, von Mobiltelefonen;[39] zum Einbau eines „expiration date" in ein Softwareprogramm vgl. OLG Köln NJW **1996** 733. Bei Datenübermittlungen können die Daten durch Beschädigung oder Zerstörung des Leitungskabels oder durch induktive Beeinflussung der elektromagnetischen Wellen gelöscht werden (vgl. *Guder* S. 142 f; *Zaczyk* NK Rdn. 6 bezweifelt die praktische Möglichkeit einer Datenbeeinträchtigung).

3. **Unterdrücken.** Das Unterdrücken von Daten liegt nach der Begründung des Rechtsausschusses vor, wenn diese *dem Zugriff des Berechtigten entzogen werden und deshalb nicht mehr verwendet werden können* (BTDrucks. 10/5058 S. 34 f).[40] Ihre physische Integrität ist also nicht beeinträchtigt (*Sondermann* S. 52 sieht Daten auch dann als unterdrückt an, wenn sie vernichtet sind). Die Entziehung kann, aber muss nicht auf Dauer geschehen; in diesem Punkte ist die Definition in den Gesetzesmaterialien zu ergänzen. Es genügt, wenn die Daten dem Berechtigten *zeitweilig* nicht mehr zur Verfügung stehen.[41] Unerheblich ist es, ob es dem Berechtigten möglich ist, die Daten mit mehr oder weniger großem Aufwand zugänglich und damit wieder verfügbar zu machen (**aA** *v. Gravenreuth* **24**

---

iur **1988** SH S. 434, 435; einschränkend *Guder* S. 137 f. Auch bei Datenübermittlungen kann es zu gewolltem Datenverlust durch Sacheinwirkung kommen, z.B. wenn Übertragungskabel angeschnitten werden, um übermittelte Daten verfügbar zu bekommen (bei Glasfaserkabeln genügt eine Signalextraktion durch Biegekoppler).

[38] *Fischer* Rdn. 9; *Hoyer* SK Rdn. 8; *Sch/Schröder/Stree* Rdn. 4; *Tolksdorf* LK[11] Rdn. 24; *Wieck-Noodt* MK Rdn. 12; *Bär* S. 842 (Rdn. 70); *Eiding* S. 97 f; *Hofer* Jur-PC **1991** 1367, 1370; *Malek* Rdn. 174; *Möhrenschlager* wistra **1986** 128, 141; *Schulze-Heiming* S. 175; *Sondermann* S. 50; *Welp* iur **1988** SH S. 434, 435.

[39] *Wessels/Hillenkamp* BT II Rdn. 52; vgl. außerdem OLG Frankfurt a.M. CR **2002** 806 f; *Busch/Giessler* MMR **2001** 586 ff; Strafbarkeit nach § 303a verneint *Sasdi* CR **2005** 235, 238 f.

[40] *Fischer* Rdn. 10; *Hoyer* SK Rdn. 9; *Kindhäuser* LPK Rdn. 6; *Lackner/Kühl* Rdn. 3; *Sch/Schröder/Stree* Rdn. 4; *Tolksdorf* LK[11] Rdn. 26; *Wieck-Noodt* MK Rdn. 13; *Zaczyk* NK Rdn. 8; *Arzt/Weber* BT § 12 Rdn. 49; *Mitsch* BT 2 § 5 Rdn. 207; *Otto* BT § 47 Rdn. 29; *Bär* S. 842 (Rdn. 71); *Binder* RDV **1995** 116, 117; *Bühler* MDR **1987** 448, 455; *Eiding* S. 99 f; *Ernst* Hacker pp. Rdn. 274; *Faßbender* S. 62; *Gerhards* S. 59 ff; *Granderath* DB **1986** Beil. 18 S. 1, 3; *Heghmanns* VI 1 Rdn. 130; *Hilgendorf* JuS **1996** 890, 891; *Lenckner/Winkelbauer* CR **1986** 824, 829; *Malek* Rdn. 175; *Möhrenschlager* wistra **1986** 128, 141; *Mühle* S. 93; *Schlüchter* S. 73; *H. Schmitz* Computerkriminalität S. 117; *Tiedemann* JZ **1986** 865, 870; *Welp* iur **1988** SH S. 434, 436. Vgl. auch *Guder* S. 153 ff.

[41] *Fischer* Rdn. 10; *Hoyer* SK Rdn. 9; *Kindhäuser* LPK Rdn. 6; *Lackner/Kühl* Rdn. 3; *Sch/Schröder/Stree* Rdn. 4; *Tolksdorf* LK[11] Rdn. 27; *Zaczyk* NK Rdn. 8; *Mitsch* BT 2 § 5 Rdn. 207; *Abu-Zeitoun* S. 51 f; *Bär* S. 842 (Rdn. 71); *Binder* RDV **1995** 116, 117; *Ernst* NJW **2003** 3233, 3237; *ders.* Hacker Rdn. 275; *Gerhards* S. 59 ff; *Haß*, wie Fn. 2), Rdn. 52; *Heghmanns* VI 1 Rdn. 130; *Hilgendorf* JuS **1996** 890, 891 und JuS **1997** 130, 133 (dort mit dem Beispiel, dass der Täter die ec-Karte seiner Freundin heimlich an sich nimmt, mit der Karte und der ihm bekannten Geheimnummer am Bankautomaten Geld für sich abhebt und die Karte wie geplant zurücklegt); *Hilgendorf/Frank/Valerius* Rdn. 196; *Jüngel/Schwan/Neumann* MMR **2005** 820, 821; *Krutisch* S. 146 f; *Lenckner/Winkelbauer* CR **1986** 824, 829; *Malek* Rdn. 175; *Marberth-Kubicki* S. 54; *Mühle* S. 94 f; *H. Schmitz* Computerkriminalität S. 117; *Schulze-Heiming* S. 179; *Sondermann* S. 53 f; offenbar auch *Wieck-Noodt* MK Rdn. 13. **AA** OLG Frankfurt a.M. MMR **2006** 547, 551 m. Anm. *Gercke; Samson* SK[5] Rdn. 20; *Altenhain* JZ **1997** 752, 753; *Welp* iur **1988** SH S. 434, 436.

NStZ **1989** 201, 206). Andernfalls wäre ein Unterdrücken kaum jemals gegeben, weil eine Rekonstruktion in der Regel möglich sein wird.

25 Auf die *Art und Weise des Eingriffs* kommt es nicht an. Denkbar sind: das Entziehen des Datenträgers;[42] die nachträgliche Installierung einer Programmsperre (etwa in Form eines Passwortes oder der Änderung eines Passwortes);[43] das Umbenennen von Dateien oder andere Formen von „logischem" Verstecken von Daten.[44] Beim Übermitteln können Daten dadurch unterdrückt werden, dass der Übermittlungsvorgang durch Umleiten oder Abfangen derart beeinflusst wird, dass die Daten beim Empfänger nicht ankommen.[45]

26 **4. Unbrauchbarmachen.** Daten sind unbrauchbar gemacht, wenn sie, zum Beispiel durch zusätzliche Einfügungen, so in ihrer *Gebrauchsfähigkeit beeinträchtigt* werden, dass sie nicht mehr ordnungsgemäß verwendet werden und damit ihren Zweck nicht mehr erfüllen können (Bericht des Rechtsausschusses BTDrucks. 10/5058 S. 35).[46] Damit entspricht das Unbrauchbarmachen dem Beschädigen bei § 303 Abs. 1.[47] Eine Veränderung der betroffenen Daten ist also nicht erforderlich, wenn zusätzliche Daten zu Funktionseinbußen des vorhandenen Datenbestandes führen oder das – bereits für sich tatbestandsmäßige – Löschen von Verknüpfungen mit weiteren Daten den Ausschluss der Gebrauchsfähigkeit zur Folge hat.[48] Auch Einwirkungen auf den Datenträger kommen in Betracht.[49]

---

[42] *Fischer* Rdn. 10; *Hoyer* SK Rdn. 9; *Sch/Schröder/Stree* Rdn. 4; *Tolksdorf* LK[11] Rdn. 26; *Wieck-Noodt* MK Rdn. 13; *Zaczyk* NK Rdn. 8; *Bär* S. 842 (Rdn. 71); *Eiding* S. 99 f; *Gerhards* S. 59 ff; *Guder* S. 155; *Mühle* S. 93; *H. Schmitz* Computerkriminalität S. 118; *Sondermann* S. 52 f; *Welp* iur **1988** SH S. 434, 436.

[43] LG Ulm CR **1989** 825; *Fischer* Rdn. 10; *Hoyer* SK Rdn. 9; *Sch/Schröder/Stree* Rdn. 4; *Tolksdorf* LK[11] Rdn. 26; *Wieck-Noodt* MK Rdn. 13; *Bär* S. 842 (Rdn. 71); *Eiding* S. 99 f; *Ernst* Hacker Rdn. 274; *Gerhards* S. 59 ff; *Heghmanns* VI 1 Rdn. 130; *Hofer* Jur-PC **1991** 1367, 1370; *Lenckner/Winkelbauer* CR **1986** 824, 829; *Malek* Rdn. 175; *Mühle* S. 93 f; *H. Schmitz* Computerkriminalität S. 118; *Sondermann* S. 53; *Welp* iur **1988** SH S. 434, 436; vgl. auch *Abdallah/Gercke/Reinert* HRRS **2003** 134, 140 und *Wuermeling* CR **1994** 585, 592.

[44] *Fischer* Rdn. 10; *Tolksdorf* LK[11] Rdn. 26; *Wieck-Noodt* MK Rdn. 13; *Zaczyk* NK Rdn. 8; *Bär* S. 842 (Rdn. 71); *Eiding* S. 99 f; *Ernst* Hacker Rdn. 275; *Gerhards* S. 59 ff; *Heghmanns* VI 1 Rdn. 130; *Malek* Rdn. 175; *Schulze-Heiming* S. 178; *Welp* iur **1988** SH S. 434, 436.

[45] *Eiding* S. 99 f; *Ernst* NJW **2003** 3233, 3237; *ders.* Hacker Rdn. 274, vgl. aber auch Rdn. 272; *Malek* Rdn. 175; *Mankowski* NJW **2002** 2822, 2825.

[46] *Fischer* Rdn. 11; *Hoyer* SK Rdn. 10; *Kindhäuser* LPK Rdn. 7; *Lackner/Kühl* Rdn. 3; *Sch/Schröder/Stree* Rdn. 4; *Tolksdorf* LK[11] Rdn. 28; *Wieck-Noodt* MK Rdn. 14; *Zaczyk* NK Rdn. 9; *Arzt/Weber* BT § 12 Rdn. 49; *Otto* BT § 47 Rdn. 29; *Bär* S. 842 f (Rdn. 72); *Binder* RDV **1995** 116, 117; *Bühler* MDR **1987** 448, 455; *Eiding* S. 100 f; *Ernst* Hacker Rdn. 276; *Gerhards* S. 62; *Granderath* DB **1986** Beil. 18 S. 1, 3; *Hilgendorf* JuS **1996** 890, 891; *Krutisch* S. 148; *Lenckner/Winkelbauer* CR **1986** 824, 829; *Malek* Rdn. 176; *Möhrenschlager* wistra **1986** 128, 141; *Mühle* S. 95; *H. Schmitz* Computerkriminalität S. 118; *Schlüchter* S. 73; *Schulze-Heiming* S. 180 f; *Sondermann* S. 55; *Tiedemann* JZ **1986** 867, 870; *Welp* iur **1988** SH S. 434, 435; **kritisch** *Maurach/Schroeder/Maiwald* BT I § 36 Rdn. 37; abweichend *Mitsch* BT 2 § 5 Rdn. 208. Vgl. auch *Guder* S. 189 ff.

[47] *Fischer* Rdn. 11; *Tolksdorf* LK[11] Rdn. 28; *Wieck-Noodt* MK Rdn. 14; *Arzt/Weber* BT § 12 Rdn. 49; *Bär* S. 842 f (Rdn. 72); *Eiding* S. 100 f; *Gerhards* S. 62; *Granderath* DB **1986** Beil. 18 S. 1, 3; *Mühle* S. 95; *Welp* iur **1988** SH S. 434, 435.

[48] *Fischer* Rdn. 11; *Sch/Schröder/Stree* Rdn. 4; *Tolksdorf* LK[11] Rdn. 28; *Wieck-Noodt* MK Rdn. 14; *Zaczyk* NK Rdn. 9; *Bär* S. 843 (Rdn. 72); *Ernst* Hacker Rdn. 276; *Lenckner/Winkelbauer* CR **1986** 824, 829; *Mühle* S. 96; *Sondermann* S. 55 f; *Welp* iur **1988** SH S. 434, 435.

[49] *Tolksdorf* LK[11] Rdn. 28; *Wieck-Noodt* MK Rdn. 14; *Bär* S. 843 (Rdn. 72); *Bühler* MDR

27 **5. Verändern.** Das Verändern von Daten erfasst das *Herbeiführen von Funktionsbeeinträchtigungen der Daten, die eine Änderung ihres Informationsgehalts oder des Aussagewerts zur Folge haben;* ein Beispiel ist inhaltliches Umgestalten (Bericht des Rechtsausschusses BTDrucks. 10/5058 S. 35; vgl. auch § 3 Abs. 4 S. 2 Nr. 2 BDSG).[50] Diese Variante setzt nicht unbedingt Manipulationen an dem Datensatz voraus, zu dem die im Ergebnis veränderten Daten gehören. Eine Änderung des Informationsgehalts kann auch dadurch bewirkt werden, dass der selber unveränderte Datensatz in einen anderen Zusammenhang gestellt oder aus dem ursprünglichen Zusammenhang gelöst wird.[51] Abweichend von seiner Bedeutung für den Bereich des Bundesdatenschutzgesetzes erfasst der Begriff des Veränderns zudem Einwirkungen, die unter Aufrechterhaltung des Informationsgehalts der Daten allein die *Form ihrer Darstellung* im Falle der Sichtbarmachung betreffen, also etwa Klartext durch Code ersetzen oder den Code durch einen anderen austauschen.[52] Ein Beispiel ist die Verschlüsselung des vorhandenen Datenbestandes durch ein mit Hilfe eines „Trojaners" (s. Rdn. 32) eingeschleusten Kryptographieprogramms zu Erpressungszwecken (Gpcode). Es genügt also ein gegenüber dem bisherigen abweichender Zustand der Daten (vgl. Bericht des Rechtsausschusses BTDrucks. 10/5058 S. 36).

28 Dementsprechend ist es sowohl bei der Änderung des Informationsgehalts als auch bei Einwirkung auf Art und Weise der Darstellung der Daten *ohne Bedeutung,* ob das Ergebnis der Veränderung *eine Verschlechterung* des bisherigen Zustands ist; selbst eine Verbesserung ändert an der Tathandlung nichts. Auch das Anbringen inhaltlicher oder

---

1987 448, 455; *Gerhards* S. 62; *Mühle* S. 95 f; *Welp* iur **1988** SH S. 434, 435.

[50] BayObLG JR **1994** 476, 477; AG Böblingen CR **1989** 308; *Fischer* Rdn. 12; *Hoyer* SK Rdn. 11; *Kindhäuser* LPK Rdn. 8; *Lackner/Kühl* Rdn. 3; *Sch/Schröder/Stree* Rdn. 4; *Tolksdorf* LK[11] Rdn. 29; *Wieck-Noodt* MK Rdn. 15; *Zaczyk* Rdn. 10; *Arzt/Weber* BT § 12 Rdn. 49; *Mitsch* BT 2 § 5 Rdn. 209; *Otto* BT § 47 Rdn. 29; *Bär* S. 843 (Rdn. 73); *Binder* RDV **1995** 116, 117; *Bühler* MDR **1987** 448, 455; *Ernst* NJW **2003** 3233, 3237; *ders.* Hacker Rdn. 277 f; *Granderath* DB **1986** Beil. 18 S. 1, 3 (der davon ausgeht, dass dieses Merkmal keine eigenständige Bedeutung erlangen wird); *Heghmanns* VI 1 Rdn. 131; *Hilgendorf* JuS **1996** 890, 891; *Hofer* Jur-PC **1991** 1367, 1370; *Krutisch* S. 148 f; *Malek* Rdn: 177; *Mankowski* NJW **2002** 2822, 2825; *Möhrenschlager* wistra **1986** 128, 141; *Mühle* S. 96; *Schlüchter* S. 73; *H. Schmitz* Computerkriminalität S. 118; *Sondermann* S. 58 f; *Tiedemann* JZ **1986** 865, 870; *Welp* iur **1988** SH S. 434, 435; vgl. auch *Eiding* S. 101 ff; *Schulze-Heiming* S. 181 ff. Das Merkmal will auf inhaltliche Umgestaltung des Informationsgehalts beschränken *Gerhards* S. 66. Vgl. auch *Gribbohm* LK[11] § 269 Rdn. 11 f. Zum unberechtigten Wiederaufladen abtelefonierter Telefonkarten als Verändern von Daten bei fortbestehender Berechtigung der Telefonkartengesellschaft an dem Ausweis durch die Karte, dass keine Berechtigung zum Telefonieren mehr besteht, vgl. BGH NStZ-RR **2003** 265, 266 (für Unanwendbarkeit von § 303a demgegenüber *Wessels/Hillenkamp* BT II Rdn. 52; *Hecker* JA **2004** 762, 765). Zur zivilrechtlichen Beurteilung von Telefonkartenverträgen vgl. BGHZ **148** 74, 77 ff. Siehe weiter LG Würzburg NStZ **2000** 374 f m. Anm. *Schnabel* NStZ **2001** 374 f u. Bespr. *Hefendehl* NStZ **2000** 348 ff und LG Frankfurt a.M. CR **1998** 269 ff sowie z.B. *Paul* NJW-CoR 5/94 S. 284 und *Scheffler* CR **2002** 151 ff zu Missbrauchsmöglichkeiten von Magnetstreifen- oder Speicherchipkarten. Vgl. schließlich BVerfG NZV **2006** 482 f.

[51] *Lackner/Kühl* Rdn. 3; *Tolksdorf* LK[11] Rdn. 29; *Bär* S. 843 (Rdn. 73); *Bühler* MDR **1987** 448, 455; *Ernst* Hacker Rdn. 277 f; *Hilgendorf* JuS **1996** 890, 891; *Mühle* S. 96; *Welp* iur **1988** SH S. 434, 435.

[52] *Fischer* Rdn. 12; *Tolksdorf* LK[11] Rdn. 29; *Bär* S. 843 (Rdn. 73); *Frank* S. 43; *Hilgendorf* JuS **1996** 890, 891; *Hofer* Jur-PC **1991** 1367, 1370; *Krutisch* S. 149; *Mühle* S. 97; *Welp* iur **1988** SH S. 434, 436; **aA** *Hoyer* SK Rdn. 11. Widersprüchlich *Wieck-Noodt* MK Rdn. 15.

formeller Korrekturen ist also einschlägig.[53] Allerdings ist in diesem Zusammenhang daran zu erinnern, dass der Tatbestand ein Handeln mit dem Willen des Berechtigten nicht erfasst und unerhebliche Veränderungen gleichfalls nicht tatbestandsmäßig sind.

29 *Das Kopieren von Daten* auf einen anderen Datenträger *ist*, weil es den Informationsgehalt und die Verkörperung der Information unbeeinträchtigt lässt, *kein Verändern*. Es lässt sich im Übrigen auch unter keine der anderen Tatmodalitäten subsumieren.[54] Der Kopierende macht sich auch dann nicht nach § 303a Abs. 1 strafbar, wenn er die Daten auf der Kopie verändert, benutzt und durch ihre Benutzung die Fortschreibung von Daten auf dem zur Herstellung der Kopie benutzten Original ausschaltet (vgl. Rdn. 16). Die Befugnis zur Nutzung der Daten auf der Kopie steht ihm, dem Kopierenden, zu. Zwar mögen die Originaldaten durch die Verhinderung der Fortschreibung unrichtig werden. Dies allein, also solange die Originaldaten nicht verändert werden, ist aber keine Datenveränderung im Sinne von § 303a.

6. Zum Einsatz von Computerviren und anderen Schadprogrammen

30 a) **Computerviren** sind in fremde Computerprogramme eingeschleuste Programme, die sich durch Selbstkopieren in ihren Wirtsprogrammen vermehren und zusätzlich mit selbsttätigen Funktionen ausgestattet sind, die den Ablauf des befallenen Programms mehr oder weniger stören. Ihr Eisatz kann sämtliche Handlungsvarianten des § 303a Abs. 1 ausfüllen. Die Ausbreitung von Viren, die, schon um Schutzprogramme zu überwinden, ständig fortentwickelt werden und sich deshalb laufend verändern,[55] durch Infektion anderer Programme, d.h. durch Einfügen einer Kopie des eigenen Programmcodes in das andere Programm, kann sich im Einzelnen auf sehr unterschiedliche Weise vollziehen. Der Virus kann so programmiert sein, dass er mit sich selbst das Zielprogramm teilweise überschreibt.[56] Er kann aber auch so gestaltet sein, dass er sich in das Zielprogramm kopiert, ohne dessen Funktionen zunächst zu beeinträchtigen.[57] Hinsicht-

[53] *Fischer* Rdn. 12; *Hoyer* SK Rdn. 11; *Tolksdorf* LK[11] Rdn. 30; *Wieck-Noodt* MK Rdn. 15; *Zaczyk* NK Rdn. 10; *Arzt/Weber* BT § 12 Rdn. 49; *Mitsch* BT 2 § 5 Rdn. 209; *Frank* S. 42; *Hilgendorf* JuS **1996** 890, 891 f; *Malek* Rdn. 177; *Sondermann* S. 61; **teilweise abweichend** *Abu-Zeitoun* S. 55.Vgl. auch *Hilgendorf/Frank/Valerius* Rdn. 194; *Mühle* S. 91.

[54] *Fischer* Rdn. 12; *Lackner/Kühl* Rdn. 3; *Tolksdorf* LK[11] Rdn. 31; *Wieck-Noodt* MK Rdn. 15; *Zaczyk* NK Rdn. 11; *Hilgendorf* JuS **1996** 890; *Marberth-Kubicki* S. 55; *Mühle* S. 96; **aM** *Richter* CR **1989** 303, 305.

[55] Siehe z.B. die Zusammenstellungen bei *Schultz* Computerkriminalität (1992) 35 ff; *Brunnstein* CR **1993** 456 ff; *Ernst* NJW **2003** 3233, 3234 f und *Malek* Rdn. 174 Anm. 334; dieser unter Rdn. 181 f auch zur bisherigen – vor Inkrafttreten von §§ 303a Abs. 3, 303b Abs. 5 – strafrechtlichen Einordnung des Anbietens von Virus Construction Kits und Hacker Tools (s. ergänzend dazu *Ernst* Hacker Rdn. 393 ff u. *Vetter* Gesetzeslücken bei der Internetkriminalität (2002) 93 ff). Nach einer Mitteilung der FAZ v. 10. Juli 2006 Nr. 157 S. 19 hat der amerikanische Sicherheitssoftwareanbieter McAfee in seiner Datenbank 200000 Computerschädlinge registriert; die Zahl der Einträge hat sich dabei in weniger als zwei Jahren verdoppelt. Zu Viren und anderen Schadprogrammen bei Mobiltelefonen s. z.B. *Hypponen* Spektrum der Wissenschaft **2/2007** 94.

[56] *Tolksdorf* LK[11] Rdn. 32; *Eichelberger* MMR **2004** 594, 595; *Hofer* Jur-PC **1991** 1367, 1368; *Marberth-Kubicki* S. 55 f; *Mühle* S. 33 f (dort auch zu speicherresidenten Viren); *Volesky/Scholten* iur **1987** 280, 287 f; *Welp* iur **1988** SH S. 434, 437.

[57] *Tolksdorf* LK[11] Rdn. 32; *Eichelberger* MMR **2004** 594, 595; *Hofer* Jur-PC **1991** 1367, 1368; *Mühle* S. 33; *Volesky/Scholten* iur **1987** 280, 287 f; *Welp* iur **1988** SH S. 434, 437.

lich der Störfunktionen sind ebenfalls unterschiedliche Gestaltungen gebräuchlich. Ihre Wirkung kann sich etwa auf mehr oder minder lustige Mitteilungen an den Programmanwender beschränken. Sie kann aber auch darin bestehen, dass beispielsweise der Programmablauf verlangsamt wird, dass Tastatur oder Bildschirm zeitweise ausfallen oder dass einzelne Daten oder Dateien oder ganze Programme bis zur Formatierung der Festplatte gelöscht werden.[58] Schließlich sind auch die Bedingungen für die Auslösung der Störfunktion beliebig programmierbar; sei es, dass an ein bestimmtes Systemdatum oder den Ablauf einer Frist angeknüpft wird, sei es, dass die Auslösung von dem Eintritt einer bestimmten Voraussetzung abhängig gemacht wird, zum Beispiel von der Eingabe eines Codeworts durch den Täter oder den gutgläubigen Anwender oder auch dem Ausbleiben eines bestimmten Ereignisses.[59] In ihren möglichen Auswirkungen vergleichbare Schadprogramme sind beispielsweise *„logische Bomben"*, sich nicht selbst vermehrende Programme mit zerstörerischer Wirkung auf das befallene Programm und einem integrierten Auslöser für die Schadwirkung, oder *„Würmer"*, manipulierende Programme, die Kopien von sich selbst erzeugen können, aber keine Wirtsprogramme infizieren, sondern als selbständiges Programm ablauffähig sind.[60] Vergleiche zur Charakteristik dieser unterschiedlichen und weiterer Schadprogramme insbesondere *Dierstein* NJW-CoR 4/90 S. 8, 5/90 S. 26 und 1/91 S. 26.

Häufig werden Daten des von dem Virus befallenen Programms schon bei der Einschleusung gelöscht, unbrauchbar gemacht oder verändert worden sein. Spätestens bei der Auslösung der Störfunktion wird dies, auch wenn der Virus nur zu Belästigungen führt, regelmäßig der Fall sein.[61] Der Nachweis einer Tathandlung wird deshalb in aller Regel keine Schwierigkeiten machen. In derartigen Fällen wird die Problematik meist bei der Ermittlung der überwiegend im Ausland agierenden Täter liegen und darin, ob auf sie gegebenenfalls das deutsche Strafrecht angewendet werden könnte. Das hängt in den Fällen, bei denen es erst bei Auslösen der Störfunktion zum zum Beispiel Löschen von Daten kommt, davon ab, wann der Versuch der Datenveränderung beginnt. Dazu sei auf die Randnummern 36 und 49 verwiesen. **31**

b) **Andere Schadensprogramme** können im Einzelfall zu einer Datenveränderung führen (vgl. z.B. *Paul/Schneider* CR **1990** 82 f betreffend ein Sabotageprogramm auf unverlangt zugesandter Diskette), haben aber häufig keine derartige Auswirkung; in diesen Fällen kann § 202a eingreifen. Dazu gehören Programme, die ohne Wissen des Benutzers beim Surfen im Internet auf den fremden Computer geschrieben werden, daraus die unterschiedlichsten Informationen ziehen und bei erneutem Zugriff auf das Internet wei- **32**

---

58 *Tolksdorf* LK[11] Rdn. 32; *Hofer* Jur-PC **1991** 1367, 1369; *Welp* iur **1988** SH S. 434, 437; vgl. auch *Volesky/Scholten* iur **1987** 280, 287.

59 *Tolksdorf* LK[11] Rdn. 32; *Hofer* Jur-PC **1991** 1367, 1368; *Volesky/Scholten* iur **1987** 280, 286 f; *Welp* iur **1988** SH S. 434, 437.

60 Beispielsweise wurde der Wurm Sober Ende 2005 als Anhang von E-Mails verbreitet, die angeblich vom Bundeskriminalamt stammten. Wurde der Anhang angeklickt, installierte sich das Programm unter Deaktivierung von vorhandenen Antivirenprogrammen auf dem Ziel-PC, griff auf das Adressverzeichnis des E-Mailprogramms zu und sandte die E-Mail mit Anhang unter der Identität des Ziel-PC weiter. Siehe FAZ Nr. 277 v. 28. November 2005 S. 1und 2.

61 Fehlt diese, ist eine Datenveränderung nicht von vornherein ausgeschlossen, vgl. *Eichelberger* MMR **2004** 594, 595. Allein als Sachbeschädigung wollen das Löschen von auf Datenträgern gespeicherten Daten durch Viren auch ohne Eingriff in die Sachsubstanz des Datenträgers erfassen: *Haft* NStZ **1987** 6, 10; *Rombach* CR **1990** 101, 104 f; *Winkelbauer* CR **1985** 40, 44.

tergeben – von Nutzungsgewohnheiten bis zum Abfangen von Passwörtern oder persönlichen Identifikationsnummern (PIN) und Transaktionsnummern (TAN) beim Onlinebanking als Grundlage des Plünderns fremder Konten. Letztere Informationen werden häufig auch über „Phishing" erlangt,[62] wobei Bank- oder Kreditkartenkunden über E-Mails oder Websites im Internet, die angeblich von ihrer Bank oder ihrem Kreditkartenunternehmen stammen (zur Verwendung falscher E-Mail-Absenderangaben vgl. z.B. *Buggisch* NJW **2004** 3519 ff; *Mankowski* NJW **2002** 2822 ff), unter einem Vorwand zur Preisgabe veranlasst werden, ohne dass es dabei allerdings zu einer Datenveränderung kommt. Insbesondere durch E-Mails oder über Websites im Internet lassen sich *„Trojanische Pferde" („Trojaner")* einschleusen; das sind Programme oder Programmteile, die neben einem harmlosen, dem Benutzer offen gelegten Teil einen verborgenen Teil enthalten, der etwas ganz anderes, meist unerwünschtes bewirkt.[63] „Trojanische Pferde" lassen sich zum Sammeln von Informationen ebenso benutzen wie zum Einschleusen von Viren, zur Errichtung von Botnetzen[64] oder zur Installierung von dem Computerbenutzer verborgen bleibender Dialer-Programme, mit denen zu seinem Schaden hohe Telefongebühren generiert werden.[65] Zu Datenveränderungen kommt es dabei je nach Ausgestaltung des Schadprogrammteils.

33 c) *Im Regelfalle keine Datenveränderung* im Sinne von § 303a Abs. 1 haben *D(enial)-O(f)-S(ervice)-Attacken,* bei denen Server oder Websites im Internet, auch über Internettelefonie, durch massenhafte Anfragen lahmgelegt werden (s. insbes. *Faßbender* S. 30 ff), oder *„Mailbombing"*, bei dem Mailboxen durch massenhafte E-Mails überflutet werden, zur Folge haben – s. jetzt aber § 303b Abs. 1 Nr. 2 n.F. (dort Rdn. 21, 28 f).[66]

---

[62] Zu Phishing vgl. z.B. AG Hamm CR **2006** 70 f m. Anm. *Werner*; *Gercke* CR **2005** 606 ff; *Graf* NStZ **2007** 129 ff; *Heghmanns* wistra **2007** 167 ff; *Stuckenberg* ZStW **118** (2006) 878 ff; *Popp* NJW **2004** 3517 f; *ders.* MMR **2006** 84 ff; zur zivilrechtlichen Sicht *Borges* NJW **2005** 3313 ff. Von der Aufnahme eines ausdrücklichen Phishing-Straftatbestandes in das 41. StrÄndG hat der Gesetzgeber abgesehen (BTDrucks. 16/3656 S. 19).

[63] Vgl. AG München CR **1998** 566 f; AG Pinneberg CR **1998** 692 f; LG Wiesbaden CR **1998** 691 f.

[64] Botnetze sind ferngesteuerte Netzwerke meist privater Rechner mit schnellem Internetanschluss, die ohne Wissen des berechtigten Benutzers z.B. für den Versand von unerwünschten Spam-E-Mails in kurzer Zeit und großer Zahl verwendet werden.

[65] Siehe zur Installierung von Dialer-Programmen AG Hamburg-St. Georg MMR **2006** 345 f; *Buggisch* NStZ **2002** 178 ff; *Hilgendorf* JuS **1997** 323, 327 ff. S. auch § 66f TKG und die dazugehörige Bußgeldvorschrift § 149 Abs. 1 Nr. 13h, jeweils i.d.F. des Gesetzes zur Änderung telekommunikationsrechtlicher Vorschriften v. 18. Februar 2007 – BGBl. I 106 –; die Regelung ist am 1. September 2007 in Kraft getreten.

[66] *Faßbender* S. 61 ff; *Hilgendorf/Frank/Valerius* Rdn. 197 (mit der Ausnahme, dass der Betreiber/Verfügungsberechtigte der Website auf die darauf befindlichen Daten nicht mehr zugreifen kann; für diesen Fall auch *Hilgendorf/Wolf* K&R **2006** 541, 546); ebenso *Heghmanns* VI 1 Rdn. 130; im Ergebnis auch *Mühle* S. 94; *Vetter,* wie Fn. 55, S. 55 ff. **AM** *Ernst* NJW **2003** 3233, 3238 f; *ders.* Hacker Rdn. 308 ff, s. aber auch Rdn. 305; *Frank* Zur strafrechtlichen Bewältigung des Spamming (2004) 162; *ders.* CR **2004** 123, 125 und in Hilgendorf Informationsstrafrecht und Rechtsinformatik S. 46 f; *Hilgendorf* JuS **1997** 323, 325, die das Verhindern des Zugangs von Daten – z.B. von Geschäftsbriefen – mit Unterdrücken gleichsetzen (so auch *Wieck-Noodt* MK Rdn. 13; *Mühle* S. 94); im Ergebnis auch *Gruhl* § 42 Rdn. 77; *Marberth-Kubicki* S. 56 f; *Rinker* MMR **2002** 663, 665. Vgl. auch AG Frankfurt a.M. NStZ **2006** 399 ff = MMR **2005** 863 m. Anm. *Gercke* (der im entschiedenen Fall zu Unrecht §§ 303a Abs. 1, 303b Abs. 1 Nr. 1 als ausgefüllt ansieht; ebenso CR **2006** 62, 67) = K&R **2005** 472 m. Anm. *Kraft/*

Auch *„Spamming"*, das massenhafte, unerwünschte, an wahllose Adressaten gerichtete Versenden von Werbebotschaften per E-Mail, bewirkt keine derartige Datenveränderung, weil dadurch beim Empfänger, jedenfalls solange es nicht bei ihm zum Datenverlust durch Systemabsturz kommt, keine Löschung oder Funktionsbeeinträchtigung der vorhandenen Daten eintritt; allenfalls kommt ein zeitweiliges Unterdrücken der Daten des Empfängers in Betracht, wenn dieser vorübergehend nicht mehr auf den eigenen Datenbestand zugreifen kann.[67] Zu einer Datenveränderung kann es jedoch kommen, wenn beim Provider oder bei Unternehmen, Behörden oder Hochschulen pp. Spamfilter eingesetzt werden, die an bestimmte Personen gerichtete spamverdächtige E-Mails herausfiltern (vgl. dazu auch OLG Hamm CR **2007** 530 ff m. Anm. *Ernst*) und löschen oder unterdrücken (die gleiche Problematik besteht beim Virenscanning mit anschließendem Löschen von eingehenden E-Mails). Eine Verletzung von § 303a Abs. 1 scheidet in derartigen Fällen aus, wenn sich der E-Mail-Empfänger mit solchen Abwehrmaßnahmen einverstanden erklärt hat, weil die Einwilligung tatbestandsausschließend wirkt (s. Rdn. 9 ff). Dies wird in Behörden oder Unternehmen meist der Fall sein, wenn die private Benutzung des E-Mailverkehrs im Internet oder Intranet erlaubt ist.[68] Probleme können sich ergeben, wenn es an dem Einverständnis des Empfängers mit derartigen Abwehrmaßnahmen fehlt, denn dann ist mindestens der objektive Tatbestand der Datenveränderung erfüllt.[69] Eine Lösung, die zur Straflosigkeit führt, wird sich wenn überhaupt nur noch auf der Rechtfertigungsebene finden lassen (s. aber Rdn. 35).

VI. Subjektiver Tatbestand des § 303a Abs. 1

Der Tatbestand des § 303a Abs. 1 verlangt **Vorsatz**. *Bedingter Vorsatz* genügt. Dabei muss der Täter auch wissen (oder für möglich halten), dass das Nutzungsrecht an den **34**

Meister S. 458 sowie die Besprechung von *Eichelberger* in DuD **2006** 490 ff, der auf S. 493 f die Anwendbarkeit von § 303a zutreffend verneint. Die dazu ergangene Revisionsentscheidung des OLG Frankfurt a.M. findet sich in MMR **2006** 547 ff m. Anm. *Gercke*; s. dazu auch *Hilgendorf/Wolf* K&R **2006** 541, 545 f.

67 Siehe dazu insbes. *Frank* Zur strafrechtlichen Bewältigung des Spamming (2004). **AA** wenn es wegen Überlastung des Servers zum Zusammenbruch des Systems kommt *Lackner/Kühl* Rdn. 3; *Frank* aaO S. 149; *Marberth-Kubicki* S. 57; vgl. auch *Hoeren* NJW **2004** 3513 f.

68 Die 63. Konferenz der Datenschutzbeauftragten des Bundes und der Länder vom 7./8. März 2002 hat sich mit dem Thema Datenschutzgerechte Nutzung von E-Mail und anderen Internet-Diensten am Arbeitsplatz befasst. Zu der dabei gefassten Entschließung hat ein Arbeitskreis der Konferenz eine Orientierungshilfe erarbeitet, die die Konferenz zustimmend zur Kenntnis genommen hat. In dieser Entschließung heißt es u.a.: II. Dienstliche Nutzung … i. Aus Gründen der Datensicherheit dürfen Teilinhalte oder Anlagen von E-Mails unterdrückt werden, die gefährlichen oder verdächtigen ausführbaren Code enthalten … III. Private Nutzung … 2. Besonderheiten bei E-Mail … b. … Wie bei der dienstlichen Nutzung … dürfen aus Gründen der Datensicherheit eingegangene private E-Mails oder deren Anhänge unterdrückt werden, wenn sie ein Format aufweisen, das ausführbaren Code enthalten kann. Die Verfahrensweise ist den Beschäftigten zuvor bekannt zu geben. Generell sind die Beschäftigten darüber zu unterrichten, wenn an sie gerichtete oder von ihnen abgesendete E-Mails ganz oder teilweise unterdrückt werden oder virenverseucht sind. Eine Untersuchung von virenverseuchten E-Mails mit Kenntnisnahme des Inhalts, etwa durch den Systemadministrator, ist nur unter Einbeziehung der betreffenden Beschäftigten zulässig.

69 Z.B. *Heidrich/Tschoepe* MMR **2004** 75, 79; *Kitz* CR **2005** 450, 453 f; *Spindler/Ernst* CR **2004** 437, 439; **aA** *Fischer* Rdn. 7.

beeinträchtigten Daten einem anderen zusteht. Kennt er die Umstände nicht, aus denen die Berechtigung des anderen folgt, oder geht er irrtümlich davon aus, dass allein er an den Daten nutzungsberechtigt sei, so handelt er nicht vorsätzlich.[70]

VII. Rechtswidrigkeit

35 Bei § 303a Abs. 1 ist das **Merkmal rechtswidrig** anders als bei § 303 Abs. 1 **nicht allgemeines Verbrechensmerkmal** (s. Rdn. 9). Die Einwilligung des an den Daten Berechtigten wirkt nicht rechtfertigend, sondern führt bereits zum Tatbestandsausschluss (s. Rdn. 9). Als Rechtfertigungsgrund wird danach hauptsächlich *mutmaßliche Einwilligung* des an den Daten Berechtigten eine Rolle spielen.[71] Wenn über das Internet verbreitete kinderpornographische Schriften und Darstellungen (vgl. dazu BGHSt **47** 55 ff = JZ **2002** 308 m. Anm. *Kudlich*) auf dem Server des Providers, auf dem sie eingestellt worden sind, gelöscht werden, sind §§ 7 Abs. 2 S. 2, 10 S. 1 Nr. 2 Telemediengesetz[72] als Rechtfertigungsgrund in Betracht zu ziehen (s. auch KG CR **2007** 263, 264). Kommt es beim Virenscanning oder der Spamabwehr bei eingehenden E-Mail-Sendungen durch Provider oder Unternehmen usw. zur Löschung oder Unterdrückung von Daten, ohne dass der Adressat der E-Mail damit einverstanden ist, stellt sich die Frage, ob das Löschen pp. gerechtfertigt ist. Letztlich wird das zu verneinen sein, auch wenn insbesondere das Virenscanning als solches häufig durch § 109 Abs. 1 Nr. 1, 2 Abs. 2 TKG gedeckt sein wird (vgl. *Cornelius/Tschoepe* K & R **2005** 269, 270 f; *Köcher* DuD **2005** 163, 165), denn es bestehen zum Beispiel durch Umleitung auf einen gesonderten Ordner, der auch dem Empfänger zugänglich gemacht wird, Möglichkeiten, diesen in die Entscheidung, ob die E-Mail trotz Viren- oder Spamverdachts angenommen werden soll, einzubinden, ohne dass zuvor Schäden entstehen, selbst wenn nach einer Frist die E-Mail dort automatisch gelöscht wird.[73]

VIII. Versuch und Vollendung

36 Der **Versuch** eines Deliktes nach § 303a Abs. 1 ist **nach Absatz 2 strafbar**. Der *Anfang der Ausführung* setzt, wenn ein Löschen usw. von dem Täter rechtlich nicht zustehenden Daten gewollt ist, ein, sobald der Täter Zugangssperren einer fremden Datenverarbeitungsanlage angreift oder das anvisierte Programm öffnet (*Fischer* Rdn. 16). Bei

---

[70] Vgl. *Sch/Schröder/Stree* Rdn. 5; *Tolksdorf* LK[11] Rdn. 36; *Zaczyk* NK Rdn. 13; *Abu-Zeitoun* S. 65 f; *Heghmanns* VI 1 Rdn. 133; *Hilgendorf* JuS **1996** 890, 894; *Krutisch* S. 149; *Marberth-Kubicki* S. 59; *Mühle* S. 105; *H. Schmitz* Computerkriminalität S. 118; *Sondermann* S. 64.

[71] *Fischer* Rdn. 13. Dort und bei *Lackner/Kühl* Rdn. 4 sowie *Hilgendorf* JuS **1996** 890, 894 werden auch Notwehr und Notstand angesprochen. Siehe außerdem *Sondermann* S. 69 ff.

[72] Art. 1 Elektronischer-Geschäftsverkehr-Vereinheitlichungsgesetz vom 26. Februar 2007 – BGBl. I 179 –, in Kraft getreten am 1. März 2007 – BGBl. I 251 –, durch das gleichlautende Vorschriften des Teledienstegesetzes – §§ 8 Abs. 2 S. 2, 11 Abs. 1 Nr. 2 – mit diesem außer Kraft getreten sind.

[73] *Spindler/Ernst* CR **2004** 437, 439; *Heidrich/Tschoepe* MMR **2004** 75, 78 f für Spam-Filterung, anders bei Virenscanning. Vgl. auch OLG Karlsruhe CR **2005** 288, 290 m. Anm. *Lejeune* = MMR **2005** 178 m. Anm. *Heidrich* = DuD **2005** 167 m. Anm. *Köcher* S. 163 (das OLG neigt beim Herausfiltern virenbehafteter E-Mails zur Rechtfertigung); *Jüngel/Schwan/Neumann* MMR **2005** 820, 823 f; *Kitz* CR **2005** 450, 453 f; *Schmidl* MMR **2005** 343.

Virusprogrammen und „Trojanischen Pferden“ hängt der Versuchsbeginn von der Vorgehensweise ab: Führt bereits das Einschleusen des Virus pp. zu einer Datenveränderung, setzt der Versuch mit dem Beginn des Einschleusens ein. Verändert der Virus pp. das Zielprogramm zunächst nicht und wird die Störfunktion erst durch eine später eintretende Voraussetzung ausgelöst, hängt der Versuchsbeginn von der Art der Voraussetzung ab (*Tolksdorf* LK[11] Rdn. 35), je nachdem ob der Täter den Vorgang damit bereits aus der Hand gegeben hat oder nicht. Nur in ersterem Falle liegt Versuch vor (vgl. auch *Ernst* Hacker Rdn. 288). *Vollendung* ist erst gegeben, wenn es zu einer Datenveränderung gekommen ist. Geschieht dies mit zeitlicher Verzögerung, weil das Virusprogramm entsprechend gestaltet ist, kommt zuvor lediglich Versuch in Betracht. Das Einschleusen eines Virusprogramms, das zunächst das Zielprogramm nicht beeinflusst, weil es nicht gleich zu einer Datenveränderung kommt und die Störfunktion erst später aktiviert wird, führt für sich gesehen nicht zur Vollendung.[74] Zwar ist bei der Installation des Virusprogramms Speicherplatz bei dem infizierten Computerprogramm verbraucht worden; doch schützt § 303a davor nicht.[75]

IX. Das Delikt nach § 303a Abs. 3

1. Grundlage und Zweck der Bestimmung. § 303a Abs. 3, nach dem auf die Vorbereitung einer Straftat der Datenveränderung nach § 303a Abs. 1 § 202c entsprechend anzuwenden ist (vgl. zu dieser Gesetzestechnik allgemein *Maties* JR **2007** 265 ff), dient der Umsetzung von Art. 6 Abs. 1a in Verbindung mit Art. 4 Abs. 1 des Übereinkommens des Europarates über Computerkriminalität (Convention on Cybercrime) vom 23. November 2001 (vgl. dazu Rdn. 47).[76] Der Gesetzgeber war bei der Schaffung des Delikts **37**

---

[74] *Fischer* Rdn. 12, 16; *Hoyer* SK Rdn. 14; *Sch/Schröder/Stree* Rdn. 7; *Tolksdorf* LK[11] Rdn. 35, 38; *Bär* S. 844 (Rdn. 75); *Ernst* NJW **2003** 3233, 3238; *Malek* Rdn. 180; *Mühle* S. 99 f (mit der Einschränkung, dass der Speicher des Rechners nicht bereits durch die Virusinfektion so überlastet wird, dass der Rechner ausfällt); vgl. auch *Hilgendorf* ZStW **113** (2001) 650, 655. *Frank* in Hilgendorf Informationsstrafrecht und Rechtsinformatik S. 48 ff sieht bereits im Einstellen von Schadprogrammen ins Internet Versuchsbeginn; ebenso *Mühle* S. 112 ff; dies jedoch zu Unrecht, s. nur BGHSt **48** 257, 268 f.

[75] *Eichelberger* MMR **2004** 594, 595; *Ernst* NJW **2003** 3233, 3238; *ders.* Hacker Rdn. 278; *Hilgendorf* JuS **1997** 323, 325; *Hofer* Jur-PC **1991** 1367, 1370; *Schulze-Heiming* S. 189.

[76] Artikel 6 der Cybercrime Convention – Misuse of devices – lautet auszugsweise: ***1 Each Party shall adopt such legislative and other measures as may be necessary to establish as criminal offences under its domestic law, when committed intentionally and without right a the production, sale, procurement for use, import, distribution or otherwise making available of: i a device, including a computer program, designed or adapted primarily for the purpose of committing any of the offences established in accordance with the above Articles 2 through 5; ii a computer password, access code, or similar data by which the whole or any part of a computer system is capable of being accessed, with intent that it be used for the purpose of committing any of the offences established in Articles 2 through 5; … 2 This article shall not be interpreted as imposing criminal liability where the production, sale, procurement for use, import, distribution or otherwise making available or possession referred to in paragraph 1 of this article is not for the purpose of committing an offence established in accordance with Article 2 through 5 of this Convention, such as for the authorised testing or protection of a computer system.…***

also, weil eine Ratifizierung des Übereinkommens beabsichtigt ist, teilweise völkerrechtlich festgelegt. Mit der Vorschrift, die mit § 263a Abs. 3 und 4 für den Computerbetrug und § 22b Abs. 1 Nr. 3 StVG für den Missbrauch von Wegstreckenzählern und Geschwindigkeitsbegrenzern in vergleichbarer Fassung bereits existierten, sollen bestimmte besonders *gefährliche Vorbereitungshandlungen* selbständig unter Strafe gestellt werden (BTDrucks. 16/3656 Anl. 1 S. 11). Dem Gesetzgeber ging es dabei, auch wenn das Gesetz anders gelesen werden könnte, nicht um die Bestrafung von bisher nicht strafbarer versuchter Beihilfe (BTDrucks. 16/3656 Anl. 1 S. 12); vielmehr stellt sich § 303a Abs. 3 in Verbindung mit § 202c Abs. 1 nach der Entwurfsbegründung als **abstraktes Gefährdungsdelikt** dar (BTDrucks. 16/3656 Anl. 1 S. 12; Bedenken, ob dies genügend deutlich wird, z.B. bei *Borges/Stuckenberg/Wegener* DuD **2007** 275 f; Kritik auch bei *Schultz* DuD **2006** 771, 781 ff). Erfasst werden sollen dabei insbesondere sog. *Hacker Tools* (s. auch Fußnote 55). Mit der Verweisung von § 303a Abs. 3 über § 202c Abs. 2 auf § 149 Abs. 2 und 3 ist weiter *Tätige Reue* als Strafaufhebungsgrund normiert.

38 2. **Objektiv** geht es um Vorbereitungshandlungen, die Passwörter oder sonstige Sicherungscodes, die den Zugang zu Daten ermöglichen, zum Inhalt haben, § 202c Abs. 1 Nr. 1 entsprechend, oder Computerprogramme betreffen, deren Zweck die Begehung einer Straftat nach § 303a Abs. 1 ist, § 202c Abs. 1 Nr. 2 entsprechend (**kritisch** gegenüber dieser Regelung z.B. *Schultz* DuD **2006** 778, 782).

39 a) Auch wenn das Gesetz die Begriffe Passwörter pp. im Plural verwendet, genügt es, wenn sich die Tathandlung auf ein Passwort usw. bezieht. Aus der Verwendung des Plurals lassen sich keine begrifflichen Folgerungen ziehen (BTDrucks. 16/3656 Anl. 1 S. 12). Ein vom Tatbestand erfasstes **Computerprogramm** muss bereits die **objektivierte Zweckbestimmung** aufweisen, Mittel zur Begehung einer Straftat nach § 303a Abs. 1 zu sein (BTDrucks. 16/3656 Anl. 1 S. 12; den Zweckbegriff halten für zu unbestimmt z.B. *Borges/Stuckenberg/Wegener* DuD **2007** 275 f). Dies kann eigentlich nur bedeuten, dass das Programm inhaltlich bzw. in seiner Funktionsweise zur Ausführung einer entsprechenden Straftat ausgestaltet ist, weil der Begriff Zweck nicht rein objektiv zu fassen ist (*Schreibauer/Hessel* K&R **2007** 616, 619; vgl. auch *Schumann* NStZ **2007** 675, 678). Diese Einschränkung gilt übrigens für Passwörter oder äußere Sicherungscodes nicht. Der Gesetzgeber möchte so sicherstellen, dass Programmier- und Anwendungsprogramme bereits aus dem objektiven Tatbestand herausfallen. In der Entwurfsbegründung hieß es allerdings weiter: „Das Programm muss aber nicht ausschließlich für die Begehung einer Computerstraftat bestimmt sein. Es reicht, wenn die objektive Zweckbestimmung des Tools auch die Begehung einer solchen Straftat ist" (BTDrucks. 16/3656 Anl. 1 S. 12). Auf das Bedenken des Bundesrats, „ob die aktuelle Ausgestaltung des § 202c StGB-E beim gutwilligen Umgang mit allgemeinen Programmier-Tools, -sprachen oder sonstigen Softwareprogrammen sowie „Hacker-Tools" zur Sicherheitsüberprüfung von IT-Systemen ausreichend vor einer ungewollten Kriminalisierung" schütze (BTDrucks. 16/3656 Anl. 2 Nummer 2a; ähnliche Bedenken wurden bei der Sachverständigenanhörung durch den Rechtsausschuss des Bundestages aufgegriffen), hat die Bundesregierung in ihrer Gegenäußerung geantwortet, die geäußerte Befürchtung sei unbegründet. Es müsse sich objektiv um ein Computerprogramm handeln, dessen Zweck die Begehung einer Computerstraftat ist, dem die illegale Verwendung immanent ist, das also nach Art und Weise des Aufbaus oder seiner Beschaffenheit auf die Begehung von Computerstraftaten angelegt ist (BTDrucks. 16/3656 Anl. 3 S. 18 f). Es heißt dort weiter: „Bei Programmen, deren funktionaler Zweck nicht eindeutig ein krimineller ist und die erst durch ihre Anwendung zu einem Tatwerkzeug eines Kriminellen oder zu einem legitimen Werkzeug (z.B.

bei Sicherheitsüberprüfungen oder im Forschungsbereich) werden (sog. dual use tools), ist der objektive Tatbestand des § 202c StGB-E nicht erfüllt. Die bloße Eignung von Software zur Begehung von Computerstraftaten ist daher nicht ausreichend, so dass auch solche Programme aus dem Tatbestand herausfallen, die lediglich zur Begehung von Computerstraftaten missbraucht werden können." Von diesem Verständnis von § 202c Abs. 1 Nr. 2 ist man im weiteren Gesetzgebungsverfahren ausgegangen (vgl. insbes. die Auslegungsvorgabe der Mehrheit des Rechtsausschusses des Bundestags – BTDrucks. 16/5449 S. 4; sowie BTProt. 16/100 Anl. 13 S. 10324 (B) ff). Diese Auslegung entspricht, auch nach dem Verständnis des Gesetzgebers, der Vorgabe durch Art. 6 des Übereinkommens des Europarats über Computerkriminalität und deckt sich mit der vom Bundesverfassungsgericht vertretenen Auslegung von § 22b Abs. 1 Nr. 3 StVG, wonach die von dieser Vorschrift geforderte Zweckbestimmung eine Eigenschaft des Computerprogramms darstellen muss (BVerfG NZV **2006** 482 f, die Entscheidung war im Gesetzgebungsverfahren für das 41. StrÄndG bekannt; vgl. auch *Popp* GA **2008** 375, 379 ff und ergänzend *Sch/Schröder/Cramer/Perron* § 263a Rdn. 33 zum Streitstand bei § 263a Abs. 3). Gemeint sind mit den in § 202c Abs. 1 Nr. 2 angesprochenen Computerprogrammen danach in erster Linie die bereits erwähnten *Hacker Tools,* sicherlich aber auch *Virus Construction Kits, „Trojanische Pferde"* und ähnliches; nicht dagegen Programme, die für Sicherheitsüberprüfungen oder zum Schutz von Datenverarbeitungsprogrammen entwickelt oder benutzt werden, auch wenn sie sich missbräuchlich einsetzen lassen, z.B. Passwortscanner (**aA** ersichtlich *Ernst* NJW **2007** 2661, 2663 und *Hofmann/Reiners* DuD **2007** 920 ff).

b) Mögliche Tathandlungen sind: das **Herstellen** als tatsächliches gebrauchsfähiges Fertigstellen verstanden; das **sich oder einem anderen Verschaffen,** wobei der Täter bewirken muss, dass er selbst oder ein anderer tatsächliche Verfügungsgewalt erlangt, ohne dass es darauf ankommt, auf welchem Wege dies geschieht (beispielsweise Kauf, Tausch, Diebstahl; vgl. auch BGHR StGB § 146 Abs. 1 Nr. 2 Sichverschaffen 6; BGHR AO § 374 Versuchte Steuerhehlerei 1); das **Verkaufen** als Abgabe gegen Entgelt (abweichend *Schumann* NStZ **2007** 675, 678); das **einem anderen Überlassen** als mindestens zeitweiliges, unentgeltliches Übertragen der tatsächlichen Verfügungsgewalt auf einen anderen oder das Dulden der Ansichnahme durch diesen; das **Verbreiten,** also das Zugänglichmachen an einen größeren, nicht notwendig unbestimmten, aber nicht individuell festgelegten Personenkreis; und das **sonst Zugänglichmachen** als das Ermöglichen der Kenntnisnahme vom Inhalt, eine Variante, die ersichtlich als Auffangmöglichkeit gedacht ist. In jedem Falle ist ein entsprechender *Erfolg* zu fordern, um den Anwendungsbereich der Vorschrift etwas zu begrenzen. Bei Computerprogrammen setzt dies voraus, dass sie in maschinenlesbarer Form gespeichert und übertragungsfähig sind (vgl. auch *Sch/Schröder/Cramer/Perron* § 263a Rdn. 34; *Fischer* § 263a Rdn. 33). **40**

c) Auch wenn der Gesetzeswortlaut eine andere Deutung zulässt, genügt es zur Ausfüllung des objektiven Tatbestandes nicht, wenn ein Computerprogramm hergestellt pp. wird, dessen Zweck die Begehung einer Datenveränderung ist. Vielmehr muss der Täter zusätzlich **eine eigene oder fremde derartige Computerstraftat in Aussicht genommen** haben (das entspricht auch der herrschenden Auffassung zu § 263a Abs. 3, vgl. z.B. *Sch/Schröder/Cramer/Perron* § 263a Rdn. 35; *Fischer* § 263a Rdn. 34). Dies ist nicht der Fall, wenn das Programm für Sicherheitsüberprüfungen, zur Entwicklung von Sicherheitssoftware oder als Schulungsmaterial im Sicherheitsbereich hergestellt, weitergegeben oder erworben wird (BTDrucks. 16/3656 Anl. 3 S. 19; BTProt. 16/100 Anl. 13, insbes. S. 10325 (C)). Im Grunde wird damit ein subjektives Moment in den objektiven Tatbestand ge- **41** zogen (BTDrucks. 16/3656 Anl. 1 S. 12 unter 3., Anl. 3 S. 18 f), das naheliegende Verteidigungsmöglichkeiten eröffnet. Durch dieses Erfordernis werden auch Fälle aus dem Anwendungsbereich des § 303a Abs. 3 herausgenommen, in denen beispielsweise jemand ein Passwort ohne jeden Bezug zu einer Straftat an einen Dritten weitergibt, dieser dann aber unter Verwendung des Passworts eine Datenveränderung nach § 303a Abs. 1 begeht. Die in Aussicht genommene Straftat nach § 303a Abs. 1 braucht dabei noch nicht, auch nicht in Grundzügen, konkretisiert zu sein.[77] Andernfalls würde der Deliktscharakter als abstraktes Gefährdungsdelikt unterlaufen und z.B. das Verbreiten von Hacker Tools über das Internet nur in Ausnahmefällen dem § 303a Abs. 3 unterfallen.

42 3. **Subjektiv** ist **Vorsatz** erforderlich. Dabei genügt bedingter Vorsatz (vgl. auch *Ernst* NJW **2007** 2661, 2664; *Schreibauer/Hessel* K&R **2007** 616, 619; *Schumann* NStZ **2007** 675, 679). Der Vorsatz muss sich auf die Zweckbestimmung des Computerprogramms im Sinne von § 202c Abs. 1 Nr. 2 entsprechend (s. dazu Rdn. 39) erstrecken (vgl. auch BVerfG NZV **2006** 482, 483; teilweise abweichend *Popp* GA **2008** 375, 391).

43 4. **Tätige Reue.** Da es sich bei einem Delikt nach § 303a Abs. 3 in Verbindung mit § 202c Abs. 1 im Rechtssinne um eine vollendete Tat handelt, ist für die Anwendung von § 24 kein Raum. In Parallele zu §§ 152a, 152b, 263a, 275 und 276 in Verbindung mit § 275 hat der Gesetzgeber deshalb **tätige Reue als persönlichen Strafaufhebungsgrund** vorgesehen (BTDrucks. 16/3656 Anl. 1 S. 12) und dafür über die Brücke des § 202c Abs. 2 auf § 149 Abs. 2 und 3 verwiesen. Das bedeutet, dass der Täter die vorbereitete Tat nach § 303a Abs. 1 *freiwillig – in gleichem Sinne wie bei § 24* (vgl. dazu *Lilie/Albrecht* LK § 24 Rdn. 220 ff) – aufgeben muss und darüberhinaus den *Erfolg seiner Tat rückgängig zu machen,* § 149 Abs. 2 entsprechend, oder sich mindestens freiwillig und ernsthaft darum zu bemühen hat, § 149 Abs. 3 entsprechend, um in den Genuss des Strafaufhebungsgrunds zu kommen. Die Erfolgsabwendung setzt voraus, dass der Täter entweder die von ihm verursachte, nicht notwendig verschuldete Gefahr, dass andere die Tat nach § 303a Abs. 1 weiter vorbereiten oder sie ausführen, durch Beseitigung seines Handlungsbeitrags, bevor es zum Versuch des Delikts nach § 303a Abs. 1 kommt, abwendet oder die Vollendung der Tat verhindert, § 149 Abs. 2 Nr. 1 entsprechend (vgl. dazu *Lilie/Albrecht* LK § 24 Rdn. 393 ff). Außerdem muss der Täter die zur vorbereiteten Tatbegehung hergestellten usw., noch vorhandenen, brauchbaren Passwörter, Sicherungscodes oder Computerprogramme im Sinne von § 149 Abs. 2 Nr. 2 unschädlich machen. Letzteres gilt auch im Falle des § 149 Abs. 3 entsprechend; nur die Beseitigung der Gefahr, dass die Tat durch andere vorbereitet oder ausgeführt wird, kann durch das ernsthafte Bemühen des Täters, dieses Ziel zu erreichen (vgl. *Lilie/Albrecht* LK § 24 Rdn. 423 ff) ersetzt werden, wenn die Gefahr der weiteren Tatvorbereitung oder -ausführung oder der Tatvollendung anderweit abgewendet wird. Ergänzend wird auf *Ruß* LK[11] § 149 Rdn. 9 ff verwiesen.

---

[77] *Schumann* NStZ **2007** 675, 678 f; abweichend *Gröseling/Höfinger* MMR **2007** 629. Vgl. auch *Popp* GA **2008** 375, 392. Bei § 263a Abs. 3 ist das erforderliche Maß der Konkretisierung gleichfalls strittig: vgl. *Sch/Schröder/Cramer/Perron* § 263a Rdn. 7 in Verb. m. *Sch/Schröder/Stree/Sternberg-Lieben* § 149 Rdn. 7 einerseits, *Lackner/Kühl* § 263a Rdn. 26c u. § 149 Rdn. 5 andererseits, jeweils mit Nachweisen; eine Mittelmeinung ist z.B. in *Fischer* § 263a Rdn. 34 vertreten.

X. Strafen

Für Delikte nach § 303a Abs. 1 sieht das Gesetz als Strafmöglichkeiten Freiheitsstrafe bis zu zwei Jahren oder Geldstrafe vor. Eine Tat nach § 303a Abs. 3 in Verbindung mit § 202c Abs. 1 kann mit Freiheitsstrafe bis zu einem Jahr oder Geldstrafe geahndet werden (den Strafrahmen hält *Schultz* DuD **2006** 778, 782 wenig überzeugend für unlogisch). **44**

XI. Konkurrenzen

Die gleichzeitige Verletzung mehrerer Tatmodalitäten von § 303a Abs. 1 führt nur zu einer Tat, nicht zu Idealkonkurrenz.[78] Wegen der unterschiedlichen Schutzrichtung der Tatbestände besteht im Verhältnis von § 303a Abs. 1 zu § 263a und §§ 269, 270 *Tateinheit*.[79] Auch mit § 202a ist Tateinheit möglich,[80] weiter mit § 240 und § 253, ebenso mit § 268.[81] Gleiches gilt für das Verhältnis von § 303a Abs. 1 zu § 303 Abs. 1.[82] Schließlich kommt Tateinheit mit § 22b Abs. 1 Nr. 1 StVG (vgl. zu dieser Vorschrift BVerfG NZV **2006** 482 f), § 44 BDSG (*Lackner/Kühl* Rdn. 6; *Arzt/Weber* BT § 12 Rdn. 48; *Otto* BT § 47 Rdn. 33) und § 108b UrhG in Betracht. Gegenüber § 274 Abs. 1 Nr. 2 als der spezielleren Vorschrift tritt § 303a Abs. 1 zurück.[83] **45**

Sobald der Täter eine Straftat nach § 303a Abs. 1 versucht (oder vollendet) oder er sich daran beteiligt, tritt eine darauf bezogene Vorbereitungshandlung nach § 303a Abs. 3 zurück.[84] Letzteres Delikt lebt allerdings wieder auf, wenn der Täter vom Versuch einer Datenveränderung nach § 303a Abs. 1 gemäß § 24 zurücktritt, es sei denn, es lägen auch die Voraussetzungen tätiger Reue nach § 303a Abs. 3 in Verbindung mit §§ 202c **46**

[78] *Sch/Schröder/Stree* Rdn. 8; *Wieck-Noodt* MK Rdn. 23; *Zaczyk* NK Rdn. 17; *H. Schmitz* Computerkriminalität S. 119.

[79] BayObLG JR **1994** 476, 477 f; AG Böblingen CR **1989** 308; *Fischer* Rdn. 18; *Hoyer* SK Rdn. 15; *Kindhäuser* LPK Rdn. 12; *Lackner/Kühl* Rdn. 6; *Sch/Schröder/Stree* Rdn. 11; *Tiedemann* LK § 263a Rdn. 85; *Tolksdorf* LK[11] Rdn. 39; *Wieck-Noodt* MK Rdn. 21; *Zaczyk* NK Rdn. 19; *Arzt/Weber* BT § 12 Rdn. 52; *Otto* BT § 47 Rdn. 33; *Abu-Zeitoun* S. 70; *Bär* S. 844 (Rdn. 75); *Hilgendorf* JuS 1996 890, 894; *Mühle* S. 115; *H. Schmitz* Computerkriminalität S. 93, 111, 119; *Sondermann* S. 79, 82 f. Für Subsidiarität von § 303a gegenüber §§ 263a, 269 *Heghmanns* VI 1 Rdn. 174.

[80] *Fischer* Rdn. 18; *Lackner/Kühl* Rdn. 6; *Wieck-Noodt* MK Rdn. 21; *Zaczyk* NK Rdn. 19; *Otto* BT § 47 Rdn. 33; *Abu-Zeitoun* S. 70; Hilgendorf JuS **1996** 702, 705 u. 890, 894; *Mühle* S. 115.

[81] *Lackner/Kühl* Rdn. 6; *Wieck-Noodt* MK Rdn. 21; *Hilgendorf* JuS **1996** 890, 894; *Sondermann* S. 79 ff.

[82] *Fischer* Rdn. 18; *Maurach/Schröder/Maiwald* BT I § 36 Rdn. 39; *Bär* S. 844 (Rdn. 75); *Bühler* MDR **1987** 448, 456; *Eiding* S. 87 ff; *H. Schmitz* Computerkriminalität S. 119; *Sondermann* S. 81 f; differenzierend *Hoyer* SK Rdn. 15; *Kindhäuser* LPK Rdn. 12; *Lackner/Kühl* Rdn. 6; *Tolksdorf* LK[11] Rdn. 39; *Wieck-Noodt* MK Rdn. 21; *Zaczyk* NK Rdn. 18; *Arzt/Weber* BT § 12 Rdn. 52; *Otto* BT § 47 Rdn. 33; *Wessels/Hillenkamp* BT II Rdn. 51; *Abu-Zeitoun* S. 70; *Meurer*, wie Fn. 10, S. 971, 980; *Mühle* S. 115. Für Subsidiarität von § 303 Abs. 1 *Heghmanns* VI Rdn. 123.

[83] *Fischer* Rdn. 18; *Hoyer* SK Rdn. 15; *Sch/Schröder/Stree* Rdn. 11; *Wieck-Noodt* MK Rdn. 22; *Mitsch* BT 2 § 5 Rdn. 198; *Abu-Zeitoun* S. 70; *Hilgendorf* JuS **1996** 890, 894; *Meurer*, wie Fn. 10, S. 971, 980; *Mühle* S. 115; *Schlüchter* S. 75; *Sondermann* S. 81. **Abweichend** *Kindhäuser* LPK Rdn. 12; *Tolksdorf* LK[11] Rdn. 39; *Zaczyk* NK Rdn. 18; *Arzt/Weber* BT § 12 Rdn. 52; *Maurach/Schroeder/Maiwald* BT I § 36 Rdn. 39.

[84] Vgl. z.B. *Sch/Schröder/Cramer/Perron* § 263a Rdn. 40; *Wohlers* MK § 263a Rdn. 68; *Heghmanns* wistra **2007** 167, 170; **teilweise abweichend** *Lackner/Kühl* § 263a Rdn. 27.

Abs. 2, 149 Abs. 2 und 3 vor (vgl. z.B. *Lackner/Kühl* § 263a Rdn. 27; *Sch./Schröder/Cramer/Perron* § 263a Rdn. 40).

47 § 303a kann taugliche Bezugstat nach § 130 OWiG sein und über diese Vorschrift eine Verantwortlichkeit einer juristischen Person nach § 30 OWiG begründen (vgl. auch BTDrucks. 16/3656 Anl. 1 S. 8 u. 14 sowie Art. 9 des EU-Rahmenbeschlusses). Zur Möglichkeit einer Ordnungswidrigkeit bei Spamming vergleiche §§ 6 Abs. 2, 16 Abs. 1 Telemediengesetz (zur Fassung s. bei Rdn. 35); siehe dazu *Spindler* CR **2007** 239, 243 f.

XII. Recht des Einigungsvertrages. Europarechtliche Bezüge

48 1. Zum **Recht des Einigungsvertrages** siehe *Tolksdorf* LK[11] § 303b Rdn. 32 f.

49 2. Für §§ 303a und b ist insbesondere der **Rahmenbeschluss 2005/222/JI des Rates der Europäischen Union über Angriffe auf Informationssysteme vom 24. Februar 2005** (ABl. EU Nr. L 69 v. 16. März 2005 S. 67) von Bedeutung,[85] der am 17. März 2005 in Kraft getreten (Art. 13) und bis zum 16. März 2007 umzusetzen war (Art. 12 Abs. 1). Er hat, soweit hier von Interesse, neben einigen Begriffsbestimmungen in Artikel 1 zum Inhalt:

Art. 3 Rechtswidriger Systemeingriff

Jeder Mitgliedstaat trifft die erforderlichen Maßnahmen, um sicherzustellen, dass die unbefugte vorsätzliche schwere Behinderung oder Störung des Betriebs eines Informationssystems durch Eingeben, Übermitteln, Beschädigen, Löschen, Verstümmeln, Verändern, Unterdrücken oder Unzugänglichmachen von Computerdaten, zumindest dann unter Strafe gestellt wird, wenn kein leichter Fall vorliegt.

Art. 4 Rechtswidriger Eingriff in Daten

Jeder Mitgliedstaat trifft die erforderlichen Maßnahmen, um sicherzustellen, dass das unbefugte vorsätzliche Löschen, Beschädigen, Verstümmeln, Verändern, Unterdrücken oder Unzugänglichmachen von Computerdaten eines Informationssystems zumindest dann unter Strafe gestellt wird, wenn kein leichter Fall vorliegt.

Art. 5 Anstiftung, Beihilfe und Versuch

(1) Jeder Mitgliedstaat stellt sicher, dass die Anstiftung oder Beihilfe zur Begehung einer der in den Art. ... 3 und 4 beschriebenen Straftaten unter Strafe gestellt wird.

(2) Jeder Mitgliedstaat stellt sicher, dass der Versuch der Begehung einer der in den Art. ... 3 und 4 beschriebenen Straftaten unter Strafe gestellt wird.

Außerdem trifft der Rahmenbeschluss in Art. 6 und 7 Regelungen für *Mindesthöchststrafen*. Diesen Anforderungen genügte § 303a, nicht jedoch § 303b, der den Schutz vor Computersabotage bisher lediglich für Betriebe, Unternehmen und Behörden vorsah. Der Rahmenbeschluss hat insbesondere Art. 31 Abs. 1 e) EUV als Rechtsgrundlage. Daneben steht als völkerrechtlicher Vertrag die am 1. Juli 2004 in Kraft getretene **Convention on Cybercrime des Europarates vom 23. November 2001** (ETS N° 185), die in Artikeln 4 und 5 ganz ähnliche Regelungen zum Inhalt hat, in Artikel 6 aber zusätzlich die strafrechtliche Sanktionierung des Missbrauchs von Vorrichtungen (Misuse of devices). Vergleiche zum Ganzen zum Beispiel *Sanchez-Hermosilla* CR **2003** 774 ff; zur Convention on Cybercrime *Gercke* CR **2004** 782 ff; *Schwarzenegger* Die internationale Harmonisie-

---

[85] Zur Bedeutung von derartigen Rahmenbeschlüssen für die Auslegung des nationalen Rechts vgl. EuGH StV **2006** 1 ff m. Anm. *Tinkl* S. 36 u. die Besprechung von *Gärditz/Gusy* GA **2006** 225 ff (dort auch zu weiteren Fundstellen der Entscheidung und Anmerkungen dazu).

rung des Computer- und Internetstrafrechts durch die Convention on Cybercrime vom 23. November 2001, Festschrift Trechsel (2002) 305 ff. Zu weiteren völkerrechtlichen Fragestellungen siehe zum Beispiel *Dittmar* Angriffe auf Computer Netzwerke Ius ad bellum und ius in bello (2005) sowie *Heintschel von Heinegg* Informationskrieg und Völkerrecht, Festschrift Ipsen (2000) 129 ff.

XIII. Sonstiges

50 Die Strafverfolgung eines Delikts nach § 303a Abs. 1 oder 2 setzt entweder einen **Strafantrag** desjenigen voraus, der zur Nutzung der gegen seinen Willen veränderten Daten berechtigt ist, oder die Staatsanwaltschaft als Strafverfolgungsbehörde muss **das besondere öffentliche Interesse an der Verfolgung** bejahen, § 303c. Siehe näher dort (Rdn. 9, 13). Datenveränderung ist jedoch anders als Sachbeschädigung kein Privatklagedelikt.

51 Zum **Ort der Tat** nach § 9 Abs. 1 bei Datenveränderungsfällen, die ihren Ausgang im Ausland nehmen, siehe BGHSt **46** 212, 220, 224 f: Es wird bei § 303a Abs. 1 auf den – mindestens gewollten – Erfolgseintritt im Inland abzustellen sein, dessen Festlegung keine Probleme bereitet, weil Datenveränderung nach § 303a Abs. 1 ein Erfolgsdelikt im Sinne der allgemeinen Tatbestandslehre ist und damit jedenfalls einen Erfolg im Sinne von § 9 Abs. 1 aufweist.[86] Für Fälle des § 303a Abs. 3 in Verbindung mit § 202c Abs. 1 wird die Praxis auf die erwähnte Entscheidung BGHSt **46** 212 ff zurückgreifen können. Siehe ergänzend *Werle/Jeßberger* LK § 9 Rdn. 27 ff, 73 ff. Hinweise zur Beweissicherung gibt z.B. *Fox* DuD **2007** 524.

52 Der **Rahmenbeschluss** des Rates vom 13. Juni 2002 **über den europäischen Haftbefehl** und die Übergabeverfahren zwischen den Mitgliedstaaten 2002/584/JI (ABl. EG L 190 v. 18. Juli 2002 S. 1), dessen Rechtsgrundlage im Wesentlichen Art. 31 Abs. 1 a) und b), Art. 34 Abs. 2 S. 2b) EUV sind (EuGH StrFo **2007** 238 ff, dort auch zur Zulässigkeit der Regelung durch Rahmenbeschluss), bezieht sich nach Artikel 2 Abs. 2 auch auf die Deliktsgruppe Cyberkriminalität, erfasst also auch Delikte nach §§ 303a f. Das deutsche Gesetz vom 21. April 2004, mit dem dieser Rahmenbeschluss umgesetzt gewesen war (BGBl. I 1748), war durch Urteil des Bundesverfassungsgerichts vom 18. Juli 2005 (BGBl. I 2005 S. 2300) für nichtig erklärt worden.[87] Zum neuen Entwurf eines Europäischen Haftbefehlsgesetzes vom 23. März 2006 mit Stellungnahme des Bundesrates und Gegenäußerung der Bundesregierung siehe BTDrucks. 16/1024. Das auf dieser Grundlage geänderte Gesetz vom 20. Juli 2006 ist am 25. Juli 2006 veröffentlicht worden (BGBl. I 1721) und nach Artikel 4 am 2. August 2006 in Kraft getreten. Es hat im Wesentlichen eine Anpassung des Gesetzes über die internationale Rechtshilfe in Strafsachen (IRG) an den erwähnten Rahmenbeschluss (s. insbes. die Bezugnahme auf den Rahmenbeschluss in § 81 Nr. 4 IRG) und die Vorgaben des Bundesverfassungsgerichts zum Inhalt (Art. 1). Siehe dazu z.B. *Böhm* NJW **2006** 2592 ff und *Hackner/Schomburg/Lagodny/Gleß* NStZ **2006** 663 ff.

---

[86] Siehe z.B. *Cornils* JZ **1999** 394, 395; *Heghmanns* VI 2 Rdn. 9; *Sieber* NJW **1999** 2065, 2066; *ders.* in *Hoeren/Sieber* (Hrsg.) Handbuch Multimediarecht Stand Dez. 2005 Nr. 19 Rdn. 399; *Vassilaki* CR **2001** 262, 263; enger *Breuer* MMR 1998 141 ff; *Hilgendorf* ZStW 113 (2001) 650, 659 ff.

[87] Die Entscheidung ist z.B. abgedruckt in NJW **2005** 2289 ff und besprochen von Hufeld JuS **2005** 865 ff, *Knopp* JR **2005** 448 ff, *Ranft* wistra **2005** 361 ff und *Schünemann* StV 2005 681 ff.

§ 303b
Computersabotage

(1) Wer eine Datenverarbeitung, die für einen anderen von wesentlicher Bedeutung ist, dadurch erheblich stört, dass er
1. eine Tat nach § 303a Abs. 1 begeht,
2. Daten (§ 202a Abs. 2) in der Absicht, einem anderen Nachteil zuzufügen, eingibt oder übermittelt oder
3. eine Datenverarbeitungsanlage oder einen Datenträger zerstört, beschädigt, unbrauchbar macht, beseitigt oder verändert,

wird mit Freiheitsstrafe bis zu drei Jahren oder mit Geldstrafe bestraft.

(2) Handelt es sich um eine Datenverarbeitung, die für einen fremden Betrieb, ein fremdes Unternehmen oder eine Behörde von wesentlicher Bedeutung ist, ist die Strafe Freiheitsstrafe bis zu fünf Jahren oder Geldstrafe.

(3) Der Versuch ist strafbar.

(4) In besonders schweren Fällen des Absatzes 2 ist die Strafe Freiheitsstrafe von sechs Monaten bis zu zehn Jahren. Ein besonders schwerer Fall liegt in der Regel vor, wenn der Täter
1. einen Vermögensverlust großen Ausmaßes herbeiführt,
2. gewerbsmäßig oder als Mitglied einer Bande handelt, die sich zur fortgesetzten Begehung von Computersabotage verbunden hat,
3. durch die Tat die Versorgung der Bevölkerung mit lebenswichtigen Gütern oder Dienstleistungen oder die Sicherheit der Bundesrepublik Deutschland beeinträchtigt.

(5) Für die Vorbereitung einer Straftat nach Absatz 1 gilt § 202c entsprechend.

Schrifttum siehe die Hinweise zu § 303a.

Entstehungsgeschichte

Vergleiche zunächst bei § 303a. § 303b enthielt in der ursprünglichen Fassung folgenden Absatz 1:

> *Wer eine Datenverarbeitung, die für einen fremden Betrieb, ein fremdes Unternehmen oder eine Behörde von wesentlicher Bedeutung ist, dadurch stört, daß er*
> *1. eine Tat nach § 303a Abs. 1 begeht oder*
> *2. eine Datenverarbeitungsanlage oder einen Datenträger zerstört, beschädigt, unbrauchbar macht, beseitigt oder verändert,*
> *wird mit Freiheitsstrafe bis zu fünf Jahren oder mit Geldstrafe bestraft.*

In Absatz 2 war die Strafbarkeit des Versuchs geregelt. Durch Art. 1 Nr. 6 des 41. StrÄndG ist der Absatz 1 durch die Absätze 1 und 2 ersetzt worden. Der bisherige Absatz 2 ist zu Absatz 3 geworden. Außerdem sind die Absätze 4 und 5 angefügt worden, wobei Absatz 5 dem Absatz 3 von § 303a entspricht.

Übersicht

Rdn.

I. **Allgemeines** 1
II. **Geschütztes Rechtsgut** 2
III. **Angriffsobjekt** 3
1. Datenverarbeitung 4
2. Datenverarbeitung mit wesentlicher Bedeutung für einen anderen, § 303b Abs. 1 n.F. 5
3. § 303b Abs. 2 als Qualifikationstatbestand zu § 303b Abs. 1 n.F 6
a) Einem Betrieb, einem Unternehmen oder einer Behörde zuzuordnende Datenverarbeitung 7
b) Das Merkmal fremd 8
c) Kriterien der Zuordnung der Datenverarbeitung 9
4. a) Das Merkmal von wesentlicher Bedeutung 10
b) Unabhängigkeit von Größe und Leistungsfähigkeit der Datenverarbeitungsanlage 12
c) Fälle der Datenverarbeitung für einen anderen Betrieb pp. 13
5. Mittel zur Störung der Datenverarbeitung 14
a) Angriffsobjekt sind bei § 303b Abs. 1 Nr. 1 Daten 15
b) Angriffsobjekt bei § 303b Abs. 1 Nr. 2 16
c) Angriffsobjekt Datenverarbeitungsanlage und Datenträger 17
IV. **Tathandlung** 19
1. § 303b Abs. 1 Nr. 1: Datenveränderung 20
2. Eingeben und Übermitteln i.S.v. § 303b Abs. 1 Nr. 2 21
3. Handlungen nach § 303b Abs. 1 Nr. 3 22
V. **Störung der Datenverarbeitung** 23
1. Art der Störung 24
2. Ausmaß der Störung 26
VI. **Subjektiver Tatbestand**
1. Vorsatz 27
2. Die Absicht, einem anderen Nachteile zuzufügen 28
VII. **Rechtswidrigkeit** 30
VIII. **Versuch und Vollendung** 31
IX. **Das Delikt nach § 303b Abs. 5** 32
X. **Strafen**
1. Strafrahmen bei § 303b Abs. 1, 2 und 5 33
2. Besonders schwere Fälle des § 303b Abs. 2 34
a) Vermögensverlust großen Ausmaßes 35
b) Gewerbsmäßiges Handeln und Handeln als Bandenmitglied . . . 36
c) Beeinträchtigung der Versorgung der Bevölkerung mit lebenswichtigen Gütern pp. oder der Sicherheit der BRD 38
XI. **Konkurrenzen** 39
XII. **Recht des Einigungsvertrages. Europarechtliche Bezüge** 40
XIII. **Sonstiges** 41

I. Allgemeines

Der ursprüngliche Tatbestand ist in das StGB aufgenommen worden, um der **gesteigerten Bedeutung der Datenverarbeitung in Wirtschaft und Verwaltung** Rechnung zu tragen. 1
Betriebe, Unternehmen und Behörden sind in zunehmendem Maße von einem störungsfreien Funktionieren einer eigenen oder einer fremden Datenverarbeitung, letzteres zum Beispiel in Rechenzentren, abhängig. Eingriffe in Daten oder Sabotagehandlungen gegen Datenverarbeitungsanlagen oder Datenträger können, wenn die gestörte Datenverarbeitung für ein Unternehmen von wesentlicher Bedeutung ist, zu beträchtlichen Schäden führen und bei nachhaltigen Beeinträchtigungen sogar zum wirtschaftlichen Ruin. Nach Auffassung insbesondere des Rechtsausschusses des Bundestags gewährleistete § 303 Abs. 1 – auch wegen des dafür geltenden Strafrahmens – keinen ausreichenden Schutz vor den in § 303b a.F. erfassten Störhandlungen als einer besonders gefährlichen Form der Wirtschaftssabotage (Zweifel bei *Meurer*, wie § 303a Fn. 10, S. 971, 980); von der Schaffung eines allgemeinen Straftatbestandes gegen *Betriebssabotage* hat der Gesetzgeber abgesehen (Bericht des Rechtsausschusses des BT BTDrucks. 10/5058 S. 35). Bei § 303b a.F. wurde – wie bei § 303a – teilweise mangelnde Bestimmtheit gerügt.[1] § 303b n.F. bie-

---

[1] *Zaczyk* NK Rdn. 2; *Guder* S. 254 f. Vgl. auch *Lackner/Kühl* Rdn. 2; *Tröndle/Fischer*[54] Rdn. 2. AM *Tolksdorf* LK[11] Rdn. 6; *Gerhards* S. 102 f; *Schlüchter* S. 84.

tet vergleichbare Angriffsflächen (*Fischer* Rdn. 2a). Doch lassen sich die Schwierigkeiten bei der Eingrenzung einzelner Tatbestandsmerkmale durch geeignete Auslegung überwinden. Die folgende Kommentierung geht auf beide Gesetzesfassungen ein, zumal § 303b Abs. 1 a.F. für eine Übergangszeit im Vordergrund stehen wird und in der Neufassung weiterhin sachlich enthalten ist.

II. Geschütztes Rechtsgut

2 Der Gesetzgeber hatte mit **§ 303b Abs. 1 Nr. 1 a.F.** eine **Qualifikation zu § 303a** geschaffen (Bericht des Rechtsausschusses BTDrucks. 10/5058 S. 36).[2] Geschütztes Rechtsgut dieser Tatbestandsalternative war deshalb im Ausgangspunkt das *Interesse des an den Daten Verfügungsberechtigten an der unversehrten Verwendbarkeit der gespeicherten oder übermittelten Daten* (§ 303a Rdn. 4; vgl. auch *Ernst* Hacker Rdn. 268, 279; **aM** *Abu-Zeitoun* S. 177; *Guder* S. 237). Mit dem Qualifikationstatbestand (nach *Zaczyk* NK Rdn. 13 und *Maurach/Schroeder/Maiwald* BT I § 36 Rdn. 44 handelt es sich bei § 303b Abs. 1 Nr. 1 a.F. um ein erfolgsqualifiziertes Delikt) wollte der Gesetzgeber nicht unerhebliche Beeinträchtigungen des reibungslosen Ablaufs wesentlicher, nicht dem Täter gehörender Datenverarbeitungen erfassen (Bericht des Rechtsausschusses BTDrucks. 10/5058 S. 35). Schutzobjekt waren danach auch diese Datenverarbeitungen. Mit der Einfügung von § 303b Abs. 1 Nr. 1 n.F. und der Umwandlung der bisherigen Fassung dieser Variante in einen **Qualifikationstatbestand nach § 303b Abs. 2 n.F.** hat sich daran in der Sache nichts geändert. Bei **§ 303b Abs. 1 Nr. 2 a.F., einem selbständigen Tatbestand** (vgl. Bericht des Rechtsausschusses BTDrucks. 10/5058 S. 36),[3] ging es entgegen dem ersten

---

[2] *Hoyer* SK Rdn. 5; *Lackner/Kühl* Rdn. 1; *Sch/Schröder/Stree* Rdn. 11; *Tolksdorf* LK[11] Rdn. 21; *Tröndle/Fischer*[54] Rdn. 1, 13; *Wieck-Noodt* MK Rdn. 23 u. § 303a Rdn. 22; *Zaczyk* NK Rdn. 2; *Arzt/Weber* BT § 12 Rdn. 55; *Maurach/Schroeder/Maiwald* BT I § 36 Rdn. 40; *Mitsch* BT 2 § 5 Rdn. 199; *Otto* BT § 47 Rdn. 34; *Wessels/Hillenkamp* BT II Rdn. 55; *Abu-Zeitoun* S. 181; *Bär* S. 845 (Rdn. 76); *Binder* RDV **1995** 116, 119; *Ernst* NJW **2003** 3233, 3238; *ders.* Hacker Rdn. 280; *Frank* in Hilgendorf Informationsstrafrecht und Rechtsinformatik S. 46; *Guder* S. 290; *Haß*, wie § 303a Fn. 2, Rdn. 61; *Heghmanns* VI 1 Rdn. 166; *Hilgendorf* JuS **1996** 1082; *Hilgendorf/Frank/Valerius* Rdn. 208; *Hofer* Jur-PC **1991** 1367, 1372; *Krutisch* S. 160; *Lenckner/Winkelbauer* CR **1986** 824, 831; *Malek* Rdn. 187; *Marberth-Kubicki* S. 60; *Mühle* S. 133; *Schlüchter* S. 81; *H. Schmitz* Computerkriminalität S. 123; *Tiedemann* JZ **1986** 865, 870; *Volesky/Scholten* iur **1987** 280, 282.

[3] *Lackner/Kühl* Rdn. 1; *Sch/Schröder/Stree* Rdn. 12; *Zaczyk* Rdn. 2; *Arzt/Weber* BT § 12 Rdn. 55; *Maurach/Schroeder/Maiwald* BT I § 36 Rdn. 40; *Mitsch* BT 2 § 5 Rdn. 199; *Otto* BT § 47 Rdn. 34; *Eiding* S. 113 f; *Ernst* NJW **2003** 3233, 3238; *ders.* Hacker Rdn. 281; *Frank*, wie Fn. 2, S. 46; *Haß*, wie § 303a Fn. 2, Rdn. 62; *Guder* S. 280, s. aber auch S. 290; *Hilgendorf* JuS **1996** 1082; *Hilgendorf/Frank/Valerius* Rdn. 208; *Krutisch* S. 160; *Lenckner/Winkelbauer* CR **1986** 824, 831; *Malek* Rdn. 188; *Marberth/Kubicki* S. 60; *H. Schmitz* Computerkriminalität S. 123 f; *Tiedemann* JZ **1986** 865, 870. *Wieck-Noodt* MK Rdn. 1 bezeichnet § 303b a.F. ohne Einschränkung als Sondertatbestand (s. aber auch bei Fn. 2). Nach *Tröndle/Fischer*[54] Rdn. 1 handelt es sich bei § 303b Abs. 1 Nr. 2 a.F. teilweise – soweit es um Beschädigung oder Zerstörung fremder Sachen geht – um eine Qualifikation des § 303, im Übrigen um einen selbständigen Tatbestand (nur in letzterem Sinne allerdings Randnummer 14); ebenso *Mühle* S. 133 f; ähnlich *Bär* S. 845 (Rdn. 76); *Heghmanns* VI 1 Rdn. 166; *Volesky/Scholten* iur **1987** 280, 282. Nach *Wessels/Hillenkamp* BT II Rdn. 55 geht es bei § 303b Abs. 1 Nr. 2 a.F. in der Regel um eine qualifizierte Sachbeschädigung; *Binder* RDV **1995** 116, 119 geht einschränkungslos von einer Qualifikation zu § 303 aus.

Anschein nicht um den Schutz von Datenverarbeitungsanlagen oder Datenträgern gegen Beschädigungen usw., also Eigentumsschutz dafür, denn diese Tatobjekte können dem Täter selbst gehören (Bericht des Rechtsausschusses BTDrucks. 10/5058 S. 36). *Geschützt* waren danach bei dieser Alternative allein *nicht dem Täter „gehörende" Datenverarbeitungen.*[4] Dies gilt für § 303b Abs. 1 Nr. 3 n.F. in gleicher Weise. Und auch § 303b Abs. 1 Nr. 2 n.F. schützt die *Funktionsfähigkeit von Datenverarbeitungen.* In der Begründung zum 41. StrÄndG ist das geschützte Rechtsgut des § 303b n.F. mit dem Interesse der Betreiber und Nutzer von Datenverarbeitungen allgemein an deren ordnungsgemäßer Funktionsweise umschrieben (BTDrucks. 16/3656 Anl. 1 S. 13; s. dazu auch *Fischer* Rdn. 2; *Schumann* NStZ **2007** 675, 679).

III. Angriffsobjekt

3 Als Angriffsobjekt steht im Vordergrund eine **Datenverarbeitung,** die entweder für einen anderen, § 303b Abs. 1 n.F., oder für einen fremden Betrieb, ein fremdes Unternehmen oder eine Behörde, Absatz 2 n.F., von wesentlicher Bedeutung ist. Vermittelt wird dieser Angriff durch Beeinträchtigung von Daten nach § 303a Abs. 1 (§ 303b Abs. 1 Nr. 1 a.F., § 303b Abs. 1 Nr. 1 n.F.), durch Eingeben oder Übermitteln von Daten in Nachteilsabsicht (§ 303b Abs. 1 Nr. 2 n.F.) oder durch Sacheinwirkungen auf Datenverarbeitungsanlagen oder Datenträger (§ 303b Abs. 1 Nr. 2 a.F., § 303b Abs. 1 Nr. 3 n.F.).

4 **1. Datenverarbeitung.** Nach den Vorstellungen des Gesetzgebers ist der Begriff Datenverarbeitung *weit* auszulegen. In der Begründung des Entwurfs der ursprünglichen Fassung von § 303b heißt es dazu: „Er umfaßt nicht nur den einzelnen Datenverarbeitungs-

---

[4] Ähnlich *Hilgendorf* JuS **1996** 1082, nach dem § 303b a.F. das störungsfreie Funktionieren von Datenverarbeitungen schützt und damit dem individuellen Vermögens- und Geheimnisschutz dient; sowie *Mitsch* BT 2 § 5 Rdn. 198; *Hilgendorf/Frank/Valerius* Rdn. 204. In ersterem Sinne auch *Lenckner/Winkelbauer* CR **1986** 824, 830; *Schulze-Heiming* S. 193 ff. Allgemeiner sieht *Tolksdorf* LK[11] Rdn. 2 als geschützt das Interesse von Wirtschaft und Verwaltung am störungsfreien Funktionieren einer Datenverarbeitung als wesentliche Voraussetzung für eine erfolgreiche Aufgabenerfüllung an; ebenso *Kindhäuser* LPK Rdn. 1; *Lackner/Kühl* Rdn. 1; *Sch/Schröder/Stree* Rdn. 1; *Wieck-Noodt* MK Rdn. 1; *Arzt/Weber* BT § 12 Rdn. 54; *Otto* BT § 47 Rdn. 34; *Binder* RDV **1995** 116, 118; *Eiding* S. 108; *Ernst* NJW **2003** 3233, 3238; *ders.* Hacker Rdn. 279; *Frank*, wie Fn. 2, S. 45; *Gerhards* S. 82; *Granderath* DB **1986** Beil. 18 S. 1, 3; *Guder* S. 237; *Haß*, wie § 303a Fn. 2, Rdn. 56; *Heghmanns* VI 1 Rdn. 134; *Hofer* Jur-PC **1991** 1367, 1371; *Krutisch* S. 155 f; *Marberth-Kubicki* S. 59 f; *Möhrenschlager* wistra **1986** 128, 142; *Mühle* S. 121 f; *Sondermann* S. 86; *Volesky/Scholten* iur **1987** 280. *Abu-Zeitoun* S. 177 sieht Datenverarbeitung und das Interesse an ihrem störungsfreien Funktionieren als gleichbedeutende Schutzgüter an. *Hoyer* SK Rdn. 1 sieht die Funktionsfähigkeit von Betrieben, Unternehmen und Behörden als geschützt an. Nach *Tröndle/Fischer*[54] Rdn. 2 sind geschützt Vermögen und staatliche Aufgabenerfüllung, durch Absatz 1 Nr. 2 a.F. auch Sacheigentum und die Verfügungsgewalt über elektronisch gespeicherte Daten; ähnlich *Malek* Rdn. 184 und auch *Marberth-Kubicki* S. 60. *Maurach/Schroeder/Maiwald* BT I § 36 Rdn. 3 sehen Eigentum und Verwaltung als geschützt an. Nach *Zaczyk* NK Rdn. 1 ist Rechtsgut das Recht an der eingerichteten und ausgeübten Organisation, soweit sie sich auf Datenverarbeitung stützt. *Achenbach* NJW **1986** 1835, 1838 sieht das störungsfreie Funktionieren datenverarbeitender Systeme als überindividuelles Rechtsgut als mitgeschützt an; ähnlich *Bär* S. 845 (Rdn. 76). Vgl. zum Ganzen auch *Schlüchter* S. 70 f.

vorgang, sondern auch den weiteren Umgang mit Daten und deren Verwertung. Eingeschränkt wird der Tatbestand dadurch, daß die Datenverarbeitung ‚von wesentlicher Bedeutung' sein muß" (Bericht des Rechtsausschusses BTDrucks. 10/5058 S. 35; vgl. auch § 3 Abs. 4 BDSG).[5] Er entspricht damit weitgehend der allgemeinen Definition von Datenverarbeitung als jedem Prozess, bei dem aus gegebenen Daten – Eingangsdaten – durch Erfassung, Aufbereitung, Speicherung, Umwandlung und Bearbeitung andere Daten – Ausgangsdaten – gewonnen werden (so z.B. Brockhaus Enzyklopädie 5. Bd. (1988) Stichwort: Datenverarbeitung). Allerdings bleibt bei der Entwurfsbegründung unklar, was mit weiterem Umgang der Daten und deren Verwertung gemeint ist. Sinnvollerweise wird der Begriff entsprechend seiner allgemeinen Bedeutung auf Vorgänge zu beschränken sein, bei denen Daten, auch automatisiert, erfasst und nach eventueller Aufbereitung, Umwandlung oder Bearbeitung gespeichert oder übermittelt werden. Dabei geht es, wie sich aus der Einbeziehung von § 303a Abs. 1 und der Gesetzesüberschrift, jetzt auch § 303b Abs. 1 Nr. 2 n.F., ergibt, um Vorgänge elektronischer, magnetischer oder sonst nicht unmittelbar wahrnehmbarer Speicherung oder Übermittlung im Sinne von § 202a Abs. 2.[6] Im Schrifttum wird teilweise dafür plädiert, unter Datenverarbeitung nicht auch einzelne Datenverarbeitungsvorgänge, sofern durch eine Datenveränderung pp. nicht die gesamte Datenverarbeitung beeinträchtigt wird, zu erfassen, um den Anwendungsbereich der Vorschrift einzuschränken.[7] Gesetzeswortlaut und Entstehungsgeschichte bieten dafür keine Handhabe; die erforderliche Einschränkung wird über andere Kriterien zu suchen sein (s. Rdn. 10 f, 26).[8]

5 2. Nach dem durch das 41. StrÄndG geschaffenen Tatbestand des § 303b Abs. 1 n.F. muss die gestörte Datenverarbeitung **für einen anderen** von wesentlicher Bedeutung sein. Der Gesetzgeber hat damit Art. 3 – Rechtswidriger Systemeingriff – des Rahmenbeschlusses 2005/222/JI des Rates der Europäischen Union und Art. 5 – System Interference – des Übereinkommens des Europarates über Computerkriminalität vom 23. No-

---

[5] Nach *Fischer* Rdn. 4 f umfasst der Begriff die Gesamtheit aller (automatisierten) elektronischen Rechenvorgänge einschließlich Eingabe, „Verarbeitung" i.e.S. und Übertragung in internen Netzwerken oder nach außen, nicht aber „weitere" Vorgänge, die nicht in der Form elektronischer Datenverarbeitung erfolgen; ähnlich *Hoyer* SK Rdn. 8; *Hilgendorf* JuS **1996** 1082; *Heghmanns* VI 1 Rdn. 135; *Malek* Rdn. 185; *Marberth-Kubicki* S. 61. Der Gesetzesbegründung folgen: *Kindhäuser* LPK Rdn. 3; *Lackner/Kühl* Rdn. 2; *Sch/Schröder/Stree* Rdn. 3; *Wieck-Noodt* MK Rdn. 6; *Zaczyk* NK Rdn. 3; *Arzt/Weber* BT § 12 Rdn. 56; *Maurach/Schroeder/Maiwald* BT I § 36 Rdn. 42; *Mitsch* BT 2 § 5 Rdn. 214; *Otto* BT § 47 Rdn. 35; *Wessels/Hillenkamp* BT II Rdn. 54; *Bär* S. 845 (Rdn. 77); *Binder* RDV **1995** 116, 119; *Eiding* S. 108 f; *Frank*, wie Fn. 2, S. 45; *Granderath* DB **1986** Beil. 18 S. 1, 3; *Haß*, wie § 303a Fn. 2, Rdn. 56; *Hilgendorf/Frank/Valerius* Rdn. 204; *Hofer* Jur-PC **1991** 1367, 1371; *Krutisch* S. 156; *Lenckner/Winkelbauer* CR **1986** 824, 830; *Schlüchter* S. 76; *H. Schmitz* Computerkriminalität S. 121; *Schulze-Heiming* S. 197 f; *Sondermann* S. 86 f; *Volesky/Scholten* iur **1987** 280, 284. *Gerhards* S. 83 f sieht als Datenverarbeitung jedes Speichern, Verändern, Übermitteln und Löschen an.

[6] *Tröndle/Fischer*[54] Rdn. 4 stellen nur auf elektronisch gespeicherte Daten ab; so auch *Malek* Rdn. 185; *Marberth-Kubicki* S. 61; *Schultz* DuD **2006** 778, 183. Für praktische Anwendbarkeit allein auf elektronische Datenverarbeitung auch *Tolksdorf* LK[11] Rdn. 4. Vgl. auch *Tiedemann* LK[11] § 263a Rdn. 22; *Schulze-Heiming* S. 213. **AA** *Guder* S. 241 f.

[7] *Lackner/Kühl* Rdn. 2; *Tolksdorf* LK[11] Rdn. 3, 15; *Hilgendorf* JuS **1996** 1082 f; *Krutisch* S. 155 f.

[8] Ablehnend z.B. auch *Fischer* Rdn. 4 f; *Hoyer* SK Rdn. 8; *Abu-Zeitoun* S. 181 f; *Möhrenschlager* wistra **1986** 128, 142; *Schulze-Heiming* S. 198.

vember 2001 (s. dazu § 303a Rdn. 47), die die bisherige Beschränkung auf für fremde Betriebe, fremde Unternehmen oder für Behörden bedeutsame Datenverarbeitungen nicht enthalten, umgesetzt, ohne sich allerdings in vollem Umfang an den Wortlaut dieser Regelungen zu halten. Er war damit sowohl europarechtlich als auch völkerrechtlich gebunden, eine derartige Gesetzeserweiterung vorzunehmen. Es sind mit der Neufassung also auch Computer- und Informationssysteme von *Privatpersonen* einbezogen (BTDrucks. 16/3656 Anl. 1 S. 12). Vorausgesetzt wird damit, dass die von der Störung betroffene Datenverarbeitung einem anderen als dem Täter (oder Teilnehmer) zuzuordnen ist (s. ergänzend Rdn. 7 ff).

3. Der bisherige § 303b Abs. 1 ist mit der Erweiterung von § 303b in § **303b Abs. 2 n.F.** aufgegangen, wobei es sich dabei nunmehr um einen **Qualifikationstatbestand** zu § 303b Abs. 1 n.F. handelt (BTDrucks. 16/3656 Anl. 1 S. 13). **6**

a) Die Datenverarbeitung muss im Rahmen von § 303b Abs. 2 n.F. **einem Betrieb, einem Unternehmen oder einer Behörde** zuzuordnen sein. Die Begriffe des Betriebs und des Unternehmens sind in demselben Sinn verwandt wie in § 14 Abs. 2 S. 1 und 2 (vgl. dazu *Schünemann* LK[11] § 14 Rdn. 54 f).[9] Die Beschränkung des Betriebs- und Unternehmensbegriffs, die § 265b Abs. 3 Nr. 1 für den Anwendungsbereich des § 265b Abs. 1 vorsieht, gilt nicht.[10] Ein nach Art und Umfang in kaufmännischer Weise eingerichteter Geschäftsbetrieb ist also nicht erforderlich. Ein wirtschaftlicher Zweck muss ebensowenig verfolgt werden; auch auf Rechtsform und Gewinnerzielungsabsicht kommt es nicht an.[11] Von § 303b Abs. 2 n.F. würde somit beispielsweise die Datenverarbeitung einer karitativen Einrichtung geschützt. Zur Bedeutung des Begriffs Behörde, den das StGB, anders als § 1 Abs. 4 VwVfG für die öffentlichrechtliche Verwaltungstätigkeit insbesondere des Bundes, der Länder und der Gemeinden bei der Anwendung von Bundesrecht, nicht definiert, § 11 Abs. 1 Nr. 7, sei auf *Hilgendorf* LK § 11 Rdn. 92 ff verwiesen. **7**

b) Betrieb und Unternehmen, für den oder das die Datenverarbeitung von wesentlicher Bedeutung ist, muss für den Täter **fremd** sein; bei Behörden bedarf es einer derartigen Einschränkung nicht, weil Eigentum daran nicht in Betracht kommt. Ausschlaggebend ist eine rechtlich-wirtschaftliche Betrachtung; der Täter darf also nicht alleiniger Inhaber des Betriebs oder Unternehmens sein.[12] Danach kann sich auch der Geschäfts- **8**

---

[9] *Fischer* Rdn. 15; *Hoyer* SK Rdn. 9; *Sch/Schröder/Stree* Rdn. 5; *Tolksdorf* LK[11] Rdn. 9; *Zaczyk* NK Rdn. 4; *Bär* S. 845 (Rdn. 77); *Eiding* S. 109 ff; *Faßbender* S. 70; *Granderath* DB **1986** Beil. 18 S. 1, 3; *Heghmanns* VI 1 Rdn. 137; *Krutisch* S. 156 f; *Lenckner/Winkelbauer* CR **1986** 824, 830; *Marberth-Kubicki* S. 61; *Möhrenschlager* wistra **1986** 128, 142; *H. Schmitz* Computerkriminalität S. 121. Vgl. auch *Schulze-Heiming* S. 200; *Sondermann* S. 88 f. **AA** *Guder* S. 243 ff.

[10] *Tolksdorf* LK[11] Rdn. 9; *Tröndle/Fischer*[54] Rdn. 7; *Bär* S. 845 (Rdn. 77); *Faßbender* S. 70 f; *Volesky/Scholten* iur **1987** 280.

[11] *Fischer* Rdn. 15; *Sch/Schröder/Stree* Rdn. 5; *Tolksdorf* LK[11] Rdn. 9; *Wieck-Noodt* MK Rdn. 6; *Zaczyk* NK Rdn. 4; *Otto* BT § 47 Rdn. 36; *Bär* S. 845 (Rdn. 77); *Faßbender* S. 70; *Gerhards* S. 84 ff; *Granderath* DB **1986** Beil. 18 S. 1, 3; *Heghmanns* VI 1 Rdn. 137; *Hofer* Jur-PC **1991** 1367, 1371; *Lenckner/Winkelbauer* CR **1986** 824, 830; *Marberth-Kubicki* S. 61; *H. Schmitz* Computerkriminalität S. 121; *Schulze-Heiming* S. 200; *Sondermann* S. 88 f; *Volesky/Scholten* iur **1987** 280, 281.

[12] *Kindhäuser* LPK Rdn. 5; *Sch/Schröder/Stree* Rdn. 6; *Tolksdorf* LK[11] Rdn. 10; *Tröndle/Fischer*[54] Rdn. 8; *Zaczyk* NK Rdn. 4; *Otto* BT § 47 Rdn. 37; *Bär* S. 845 (Rdn. 77); *Frank*, wie Fn. 2, S. 45; *Haß*, wie § 303a Fn. 2, Rdn. 59; *Heghmanns* VI 1 Rdn. 137; *Hilgendorf/Frank/Valerius* Rdn. 205; *Lenckner/*

führer einer GmbH, der nicht zugleich Alleingesellschafter ist, durch Störung der für die Gesellschaft wichtigen Datenverarbeitung nach § 303b Abs. 2 strafbar machen.[13] Weiter kommen neben Außenstehenden Betriebs- oder Unternehmensangehörige als Täter in Betracht.

9 c) Nach der Begründung des Entwurfs zur ursprünglichen Regelung macht sich derjenige nach § 303b nicht strafbar, welcher durch Handlungen nach Nummern 1 oder 2 a.F. nur seine eigene Datenverarbeitung stört; greift er hierbei in fremde Rechte ein, kann er insoweit nach § 303 bzw. § 303a bestraft werden (Bericht des Rechtsausschusses BTDrucks. 10/5058 S. 35). Allerdings spiegelte der Gesetzeswortlaut dies nicht unmittelbar wider. Nun war dies auch schlecht möglich, weil die Datenverarbeitung als Prozess nicht über das Merkmal fremd rechtlich zugeordnet werden konnte. Dennoch wird man den Willen des Gesetzgebers, der für § 303b Abs. 2 n.F. seine Bedeutung behalten hat, dadurch berücksichtigen können, dass die Datenverarbeitung, die gestört wird, als Voraussetzung der Tatbestandserfüllung dem *Rechtskreis des fremden Betriebs, des fremden Unternehmens oder der Behörde zuzurechnen* sein muss, während allein dem Rechtskreis desjenigen zuzuordnende Datenverarbeitungen, der diese stört, außerhalb des Tatbestandes bleiben, auch wenn sich dies zum Nachteil eines fremden Betriebs pp. auswirkt.[14] Dabei bieten sich als Kriterien der Zuordnung einer Datenverarbeitung zum Rechtskreis des Handelnden oder eines anderen die Maßstäbe rechtlicher Zuordnung von Daten an, wie sie bei § 303a entwickelt worden sind (§ 303a Rdn. 9 ff).

10 4. a) Die Datenverarbeitung muss für den anderen, § 303b Abs. 1 n.F., oder für den Betrieb usw., § 303b Abs. 2 n.F., **von wesentlicher Bedeutung** sein. Der Gesetzgeber hatte für die Ausgangsfassung von § 303b dabei insbesondere Daten in Rechenzentren von Großunternehmen und Anlagen im Auge, die die für die Funktionsfähigkeit von Unternehmen oder Behörden zentralen Informationen enthalten, während Sabotageakte von untergeordneter Bedeutung dem Tatbestand nicht unterfallen sollen (Bericht des Rechtsausschusses BTDrucks. 10/5058 S. 35). Hieran hat sich durch die Neufassung nichts geändert. Eine wesentliche Bedeutung kommt einer Datenverarbeitung für den Betrieb usw. zu, wenn sie *für die Organisation und die Verwaltungs- und Arbeitsabläufe grundlegend* ist, so dass ein Ausfall zur Folge hat, dass die dafür nötigen Daten und Datenverarbeitungsprozesse mindestens in wichtigen Teilbereichen jedenfalls auf Zeit nicht mehr zur Verfügung stehen oder nur mit erheblichem Mehraufwand Ausgleich geschaffen werden kann.[15] Das kann bei entsprechender Wichtigkeit auch einen einzelnen Datenverar-

---

Winkelbauer CR **1986** 824, 830; *Mühle* S. 126; *H. Schmitz* Computerkriminalitä S. 121 f; *Schultz* DuD **2006** 778, 783; *Sondermann* S. 94 ff. Auf rein rechtliche Betrachtung stellen *Hoyer* SK Rdn. 9; *Wieck-Noodt* MK Rdn. 7; *Krutisch* S. 157 und *Schulze-Heiming* S. 203 ff ab. Nach *Hilgendorf* JuS **1996** 1082, 1083 scheidet auch der vertretungsberechtigte Repräsentant als Täter aus; ebenso *Lackner/Kühl* Rdn. 2; *Zaczyk* NK Rdn. 4; *Marberth-Kubicki* S. 61.

[13] *Sch/Schröder/Stree* Rdn. 6; Tolksdorf LK[11] Rdn. 10; *Tröndle/Fischer* Rdn. 8; *Wieck-Noodt* MK Rdn. 7; *Zaczyk* NK Rdn. 4; *Bär* S. 845 (Rdn. 77); *Haß*, wie § 303a Fn. 2, Rdn. 59; *Lenckner/Winkelbauer* CR **1986** 824, 830; *Mühle* S. 126; *H. Schmitz* Computerkriminalität S. 122; *Sondermann* S. 95 f.

[14] Im Ergebnis ähnlich *Lackner/Kühl* Rdn. 2; *Wieck-Noodt* MK Rdn. 7; *Binder* RDV **1995** 116, 119; *Möhrenschlager* wistra **1986** 128, 142. *Granderath* DB **1986** Beil. 18 S. 1, 3 spricht von fremder Datenverarbeitung; ebenso *Haurand/Vahle* RDV **1990** 128, 130. Vgl. auch *Hoyer* SK Rdn. 4; *Tolksdorf* LK[11] Rdn. 27 f; *Volesky/Scholten* iur **1987** 280, 282. **Ablehnend** *Maurach/Schroeder/Maiwald* BT I § 36 Rdn. 42.

[15] Ähnlich *Sch/Schröder/Stree* Rdn. 7; *Zaczyk* NK Rdn. 6; *Otto* BT § 47 Rdn. 38; *Hilgen-*

beitungsvorgang betreffen.[16] Als Beispiele kommen Datenverarbeitungen in Betracht, mit deren Hilfe die Personalverwaltung geführt wird; ebenso Datenverarbeitungen zur Produktionssteuerung, zur Abwicklung von Einkauf und Vertrieb; zur Steuerung der Logistik, zur Buchhaltung und Bilanzierung, zu Controlling und zur datengestützten Vorbereitung von Planungen und Strategieentscheidungen bei Unternehmen,[17] aber auch die in einer Arztpraxis eingesetzte Software (LG Ulm CR **1989** 825 f). Man wird außerdem bei der heutigen Bedeutung, die das Internet insbesondere für die wirtschaftliche Tätigkeit von Unternehmen gewonnen hat, den elektronischen Austausch von Nachrichten der unterschiedlichsten Art über E-Mailverkehr und Websites häufig als für das Unternehmen von wesentlicher Bedeutung einstufen müssen (vgl. auch *Faßbender* S. 72 ff).

Entsprechend ist bei **Privatpersonen** als Geschädigten darauf abzustellen, ob die gestörte Datenverarbeitung für die *Lebensgestaltung* eines Betroffenen eine *zentrale Funktion* einnimmt (BTDrucks. 16/3656 Anl. 1 S. 13, wobei dort missverständlich auf die Datenverarbeitungsanlage abgestellt wird). In der Entwurfsbegründung werden als Beispiele von regelmäßig wesentlicher Bedeutung solche im Rahmen von Erwerbstätigkeit oder schriftstellerischer, wissenschaftlicher oder künstlerischer Tätigkeit angeführt, nicht aber jegliche Kommunikation im privaten Bereich oder etwa Computerspiele (BTDrucks. 16/3656 Anl. 1 S. 13; Inkonsequenz beanstandet *Schultz* DuD **2006** 778, 783; kritisch auch *Fischer* Rdn. 7). Dabei wird auf einen objektiven Maßstab abzustellen sein (**aA** **11**

---

dorf/Frank/Valerius Rdn. 205; *Lenckner/Winkelbauer* CR **1986** 824, 830; *Schlüchter* S. 77 ff. Die Definitionen sind sehr unterschiedlich: *Tolksdorf* LK[11] Rdn. 6 misst einer Datenverarbeitung für eine Einrichtung dann wesentliche Bedeutung zu, wenn diese aufgrund ihrer Arbeitsweise, Ausstattung und Organisation bei einem Ausfall der betreffenden Datenverarbeitung ihre Aufgabe nicht mehr oder nur noch mit nicht unerheblichem Mehraufwand erfüllen kann; ähnlich *Wieck-Noodt* MK Rdn. 8 f; *Hilgendorf* JuS **1996** 1082, 1083; *Gerhards* S. 82 ff; *Krutisch* S. 157 f; *Sondermann* S. 91 ff. *Tröndle/Fischer*[54] Rdn. 10 verlangen, dass die Funktionsfähigkeit der Einrichtung als Ganzer nach der jeweiligen Organisationsstruktur und Aufgabenstellung ganz oder jedenfalls überwiegend von ihr abhängig ist, ohne dass Abhilfemöglichkeiten und dafür erforderlicher Aufwand eine Rolle spielen; ähnlich *Kindhäuser* LPK Rdn. 4; *Lackner/Kühl* Rdn. 2; *Mitsch* BT 2 § 5 Rdn. 216; *Malek* Rdn. 186; *Marberth-Kubicki* S. 62; *H. Schmitz* Computerkriminalität S. 122. An die Funktionsfähigkeit des Betriebs pp. knüpfen auch *Wessels/Hillenkamp* BT II Rdn. 54; *Binder* RDV **1995** 116, 119; *Frank*, wie Fn. 2, S. 45; *Guder* S. 256 ff; *Haß*, wie § 303a Fn. 2, Rdn. 57 und *Mühle* S. 127 f an. *Hoyer* SK Rdn. 10 stellt auf eine Gefährdung des Nutzungsberechtigten in seiner Funktionsfähigkeit ab. Nach *Bär* S. 846 (Rdn. 78) muss der Betrieb auf die Erledigung der betroffenen Aufgabe durch eine EDV-Anlage nicht ohne nennenswerten Schaden verzichten können; so auch *Heghmanns* VI 1 Rdn. 138; *Volesky/Scholten* iur **1987** 280, 283. Nach *Hofer* Jur-PC **1991** 1367, 1371 muss es sich um eine Verwaltung von Daten handeln, die für den Arbeitsablauf grundlegend sind. *Frommel* JuS **1987** 667, 668 fordert in restrikiver Auslegung, dass die Funktionsfähigkeit der Datenverarbeitungsanlage so gestört ist, dass sie ihre Aufgabe für den Betrieb nicht mehr erfüllen kann. Nach *Ernst* NJW **2003** 3233, 3238; *ders.* Hacker Rdn. 280 ist wesentliche Bedeutung gegeben, wenn es sich um den einzigen Rechner oder den Zentralrechner handelt.

[16] *Hoyer* SK Rdn. 11; *Sch/Schröder/Stree* Rdn. 3. **AM** *Tolksdorf* LK[11] Rdn. 3, 15; ebenso *Lackner/Kühl* Rdn. 2. Die Wichtigkeit eines einzelnen Datenverarbeitungsvorgangs ist von *Meier* Jura **1991** 142, 145 zu Recht für den Fall einer unberechtigten Buchung eines Bankangestellten zu seinen Gunsten auf dem von der ihn beschäftigenden Bank für ihn geführten Gehaltskonto verneint.

[17] S. auch *Tolksdorf* LK[11] Rdn. 6; *Wieck-Noodt* MK Rdn. 8; *Ernst* NJW **2003** 3233, 3238; *Heghmanns* VI 1 Rdn. 138; *Mühle* S. 128; *Schlüchter* S. 77 f. **Einschränkend** *Maurach/Schroeder/Maiwald* BT I § 36 Rdn. 43.

Fischer Rdn. 6) und Einfluss haben, ob und mit welchem Aufwand eine Rekonstruktion der von der Störung der Datenverarbeitung betroffenen Datensätze möglich ist (vgl. auch *Ernst* NJW **2007** 2661, 2665 und *Schumann* NStZ **2007** 675, 679). Der Gesetzgeber war sich im Übrigen im klaren, dass § 303b Abs. 1 n.F. auch weniger schwer wiegende Fälle als § 303b Abs. 1 a.F. erfasst; daraus erklärt sich der abgesenkte Strafrahmen in Absatz 1 n.F. (BTDrucks. 16/3656 Anl. 1 S. 13).

12 b) Die wesentliche Bedeutung der Datenverarbeitung hängt nicht von der **Größe oder Leistungsfähigkeit** der dafür eingesetzten Datenverarbeitungsanlage ab.[18] *Fischer* (Rdn. 6) weist zu Recht darauf hin, dass die in der Gesetzesbegründung der Ausgangsfassung herangezogenen Beispiele für Sabotageakte untergeordneter Bedeutung, die Beeinträchtigung der Funktionsfähigkeit elektronischer Schreibmaschinen oder Taschenrechner (Bericht des Rechtsausschusses BTDrucks. 10/5058 S. 35),[19] von der technischen Entwicklung überholt sind: Elektronische Schreibmaschinen werden jedenfalls in Betrieben, Unternehmen oder Behörden kaum noch Verwendung finden; *Taschenrechner* oder andere Kleingeräte mit entsprechender Ausstattung (selbst z.B. sog. Smartphones, schon über Bluetooth-Verbindungen, einem Funkstandard zur Datenübertragung mit geringer Reichweite erreichbare, internettaugliche Mobiltelefone) können demgegenüber sehr leistungsfähig sein und sind dann durchaus für betriebswichtige Datenverarbeitungen einsetzbar. Die Größe oder Bedeutung des betroffenen Betriebs oder Unternehmens spielt gleichfalls keine Rolle, auch wenn der Gesetzgeber ausweislich der Gesetzesbegründung wohl eher an Großunternehmen gedacht hat; der Gesetzeswortlaut lässt keine entsprechende Einschränkung erkennen.

13 c) In Fällen der **Datenverarbeitung für einen anderen Betrieb** oder ein anderes Unternehmen, zum Beispiel Buchhaltung und Bilanzerstellung durch ein Rechenzentrum oder Entwicklung von Software im Auftrag durch ein darauf spezialisiertes Unternehmen, ist für die Frage der wesentlichen Bedeutung der Datenverarbeitung jedenfalls auch auf den Geschädigten abzustellen, in dessen Auftrag die Datenverarbeitung erfolgt.[20] Dabei ist jedoch die Einschränkung zu machen, dass es sich nicht um eine im Zeitpunkt der Störung allein dem die Datenverarbeitung Ausführenden zuzuordnende Datenverarbeitung handeln darf (s. Rdn. 9). Die Ansicht, es komme allein auf die Bedeutung für den von der Sabotage unmittelbar betroffenen Betrieb an,[21] hat eine Beschränkung des strafrechtlichen Schutzes zur Folge, die weder vom Wortlaut der Vorschrift noch von ihrem Sinn und Zweck nahe gelegt wird (vgl. auch Bericht des Rechtsausschusses BTDrucks. 10/5058 S. 35). Gegen sie kann auch nicht eingewandt werden, sie laufe auf eine systemwidrige Einbeziehung des bloßen Interesses an der Erfüllung schuldrechtlicher Verpflich-

---

[18] *Fischer* Rdn. 6; *Sch/Schröder/Stree* Rdn. 7; *Tolksdorf* LK[11] Rdn. 7; *Wieck-Noodt* MK Rdn. 8; *Granderath* DB **1986** Beil. 18 S. 1, 3; *v. Gravenreuth* NStZ **1989** 201, 206; *Lenckner/Winkelbauer* CR **1986** 824, 830; *H. Schmitz* Computerkriminalität S. 122.

[19] Zu Taschenrechnern vgl. z.B. *Lackner/Kühl* Rdn. 2; *Sch/Schröder/Stree* Rdn. 7; *Tolksdorf* LK[11] Rdn. 7; *v. Gravenreuth* NStZ **1989** 201, 206; *Schulze-Heiming* S. 206 ff.

[20] *Lackner/Kühl* Rdn. 2; *Tolksdorf* LK[11] Rdn. 8; *Wieck-Noodt* MK Rdn. 8; *Zaczyk* NK Rdn. 12; *Hilgendorf* JuS **1996** 1082, 1083; *Hilgendorf/Frank/Valerius* Rdn. 207; *Krutisch* S. 158; *Marberth-Kubicki* S. 62 f; *Mühle* S. 128, 132; *Sondermann* S. 99 ff. Einschätzend *Fischer* Rdn. 17.

[21] *Sch/Schröder/Stree* Rdn. 8; *Maurach/Schroeder/Maiwald* BT I § 36 Rdn. 41; *Gerhards* S. 89; *Lenckner/Winkelbauer* CR **1986** 824, 831; *H. Schmitz* Computerkriminalität S. 122; *Schulze-Heiming* S. 215.

tungen in den Schutzbereich des § 303b hinaus. Dieser Einwand erfasst nur Fälle, in denen der Inhaber des als Auftragnehmer datenverarbeitenden Betriebs für die Störung verantwortlich ist, betrifft aber nicht Fälle, in denen Personen die störenden Handlungen vornehmen, die keine vertraglichen Beziehungen zum Auftraggeber haben. Da zudem allein dem Auftragnehmer zuzuordnende Datenverarbeitungen auch bei störenden Handlungen im Sinne von § 303b durch ihn nicht tatbestandsmäßig sind, trägt das Argument insgesamt nicht.

5. **Mittel zur Störung der Datenverarbeitung** ist entweder die Veränderung von Daten im Sinne von §§ 303a Abs. 1, 202a Abs. 2 (§ 303b Abs. 1 Nr. 1) oder das Eingeben oder Übermitteln von Daten (§ 303b Abs. 1 Nr. 2) oder ein Sacheingriff in eine Datenverarbeitungsanlage oder einen Datenträger (§ 303b Abs. 1 Nr. 3). **14**

a) Angriffsobjekt sind danach bei der ersten Variante **Daten.** Insoweit kann auf den in § 303b einbezogenen § 303a (dort Rdn. 6 f) verwiesen werden. Im Rahmen des § 303b ergeben sich keine Abweichungen. Diese Daten dürfen auch bei § 303b rechtlich nicht dem sie verändernden Täter zuzuordnen sein (vgl. Bericht des Rechtsausschusses BTDrucks. 10/5058 S. 36 sowie dazu § 303a Rdn. 9 ff).[22] Da die Veränderung der Daten eine Störung einer Datenverarbeitung zur Folge haben muss, wenn der Tatbestand des § 303b ausgefüllt sein soll, müssen die Daten in dem Sinne zu der Datenverarbeitung gehören, dass ihre Veränderung diese negativ beeinflussen kann. Dabei kann sowohl der Datenverarbeitungsvorgang als solcher als auch der Informationsgehalt der Daten betroffen sein. Wie bei § 303a (Rdn. 6) müssen die Daten vorhanden sein (vgl. auch *Gröseling/Höfinger* MMR **2007** 626, 627); doch gilt dies nicht für die Datenverarbeitung; auch die Veränderung der Daten eines erst zu installierenden Programms mit der Folge, dass die angestrebte Datenverarbeitung gestört wird, kann tatbestandsmäßig sein.[23] **15**

b) Auch **bei § 303b Abs. 1 Nr. 2,** der durch Art. 3 des Rahmenbeschlusses des Rates der Europäischen Union und Art. 5 des Übereinkommens des Europarates über Computerkriminalität (vgl. Rdn. 5 u. § 303a Rdn. 47) im Wesentlichen vorgegeben war, geht es um **Daten im Sinne von § 202a Abs. 2** (kritisch dazu *Gröseling/Höfinger* MMR **2007** 626, 627). Allerdings spricht das Gesetz dabei nur solche an, die der Täter, der deshalb darauf Zugriff haben muss, *in die für einen anderen, § 303b Abs. 1 n.F., oder für einen fremden Betrieb pp., § 303b Abs. 2 n.F., bedeutsame Datenverarbeitung als Angriffsobjekt eingibt oder sie dazu übermittelt.* Es geht also um Daten, die in der Datenverarbeitung nicht vorhanden sind, sondern ihr erst zugeführt werden sollen. Auch hier genügt es aber, wenn die davon betroffene Datenverarbeitung im Werden ist. **16**

c) **Datenverarbeitungsanlage i.S. von § 303b Abs. 1 Nr. 2 a.F. bzw. § 303b Abs. 1 Nr. 3, Abs. 2 n.F.** ist die Funktionseinheit der für eine Datenverarbeitung eingesetzten Geräte, also die maschinentechnische Ausstattung.[24] Dazu gehören die Zentraleinheit **17**

---

[22] *Fischer* Rdn. 11; *Sch/Schröder/Stree* Rdn. 11; *Tolksdorf* LK[11] Rdn. 21. Die Erweiterung von §§ 303a f hat daran nichts geändert.

[23] *Fischer* Rdn. 5; *Tolksdorf* LK[11] Rdn. 21; *Schultz* DuD **2006** 778, 783. *Meier* Jura **1991** 142, 144 verneint in diesem Falle die wesentliche Bedeutung für das fremde Unternehmen.

[24] *Fischer* Rdn. 13; *Hoyer* SK Rdn. 16; *Sch/Schröder/Stree* Rdn. 13; *Tolksdorf* LK[11] Rdn. 22; *Wieck-Noodt* MK Rdn. 12; *Zaczyk* NK Rdn. 8; *Eiding* S. 108 f; *Faßbender* S. 75; *Heghmanns* VI 1 Rdn. 171; *Hilgendorf/Frank/Valerius* Rdn. 206; *Hofer* Jur-PC **1991** 1367, 1372; *Krutisch* S. 160; *Malek* Rdn. 188; *Marberth-Kubicki* S. 64; *Mühle* S. 134; **abweichend** *Abu-Zeitoun* S. 193;

(mit Prozessoren und Speichern), die Eingabegeräte (wie Tastatur, Lesestifte, Scanner, Grafiktableaus und ähnliches), die Ausgabegeräte (beispielsweise Bildschirm, Drucker, Plotter) und sonstige Peripheriegeräte.[25] Innerhalb eines zum Beispiel in einem Unternehmen oder einer Behörde eingerichteten der Datenverarbeitung dienenden Netzwerks gehören auch die Übertragungskabel zur Datenverarbeitungsanlage, während die für die Telekommunikation erforderlichen Kabel und Einrichtungen nicht dazu zählen, denn sie lassen sich nicht einer bestimmten Datenverarbeitungsanlage zuordnen.[26] **Datenträger** sind insbesondere Festplatten – sind sie im Computer installiert, sind sie Teil der Datenverarbeitungsanlage -, Magnetbänder oder -platten, DVD-ROMs, CD-ROMs, Disketten, überhaupt Medien zur elektronischen, magnetischen oder auch optischen Speicherung von Daten.[27]

18 Wem die Datenverarbeitungsanlage oder der Datenträger gehört, ist ohne Bedeutung; sie müssen also für den Täter **nicht fremd** sein.[28] Das ergibt sich eindeutig aus dem Gesetzeswortlaut, der in Bezug auf die Merkmale Datenverarbeitungsanlage und Datenträger nicht das zusätzliche Merkmal fremd enthält und dadurch von § 303 Abs. 1 abweicht. Es entspricht zudem den Vorstellungen des Gesetzgebers; in dem Bericht des Rechtsausschusses heißt es dazu: „Auch dann, wenn sich die einzelnen Tathandlungen gegen eigene Sachen richten, soll die Nummer 2 anwendbar sein, wenn dadurch die wesentliche Datenverarbeitung eines dem Täter nicht gehörenden Unternehmens oder einer Behörde gestört wird" (BTDrucks. 10/5058 S. 36). Demgegenüber wird im Schrifttum vertreten, dass § 303b Abs. 1 Nr. 2 a.F. (jetzt Nummer 3) restriktiv dahin auszulegen sei, dass der Eigentümer einer Datenverarbeitungsanlage, der an ihr Sabotagehandlungen vornehme, nur dann tatbestandsmäßig handele, wenn er die Anlage einem fremden Betrieb überlassen habe und dieser sie aufgrund eines Besitz- oder Nutzungsrechts unmittelbar für eigene Zwecke einsetzen könne; dagegen scheide der Anlageneigentümer und Auftragnehmer in Fällen der Datenverarbeitung in fremden Auftrag als Täter aus.[29] Dem ist entgegenzuhalten, dass ausschlaggebend die Zuordnung der Daten-

---

Guder S. 276 ff. Zu den Datenverarbeitungsanlagen zählen allerdings nicht *Industrieroboter*, denn sie sind zwar elektronisch gesteuert, dienen aber nicht der Datenverarbeitung, **aA** offenbar *Sch/Schröder/Stree* Rdn. 10; *Tolksdorf* LK[11] Rdn. 13; *Volesky/Scholten* iur **1987**280, 281; zweifelnd *Tröndle/Fischer*[54] Rdn. 12. Auch die vom Bundesrat im Rahmen des Gesetzgebungsverfahren zum 41. StrÄndG angesprochenen, in gewissem Umfang programmierbaren Haushaltsgeräte (BTDrucks. 16/3656 Anl. 2 unter Nummer 1b) dd)) wird man kaum als Datenverarbeitungsanlagen einstufen können.

25 *Sch/Schröder/Stree* Rdn. 13; *Tolksdorf* LK[11] Rdn. 22; *Tröndle/Fischer*[54] Rdn. 14; *Wieck-Noodt* MK Rdn. 12; *Bär* S. 847 (Rdn. 80); *Heghmanns* VI 1 Rdn. 171; *Hofer* Jur-PC **1991** 1367, 1372; *Krutisch* S. 160; *Marberth-Kubicki* S. 64; *Mühle* S. 134; *Sondermann* S. 103; *Volesky/Scholten* iur **1987** 280, 281.

26 *Tolksdorf* LK[11] Rdn. 23; *Faßbender* S. 75; *Hilgendorf/Frank/Valerius* Rdn. 206; *Mühle* S. 134. In letzterem Punkte abweichend offenbar *Wieck-Noodt* MK Rdn. 12.

27 *Fischer* Rdn. 13; *Hoyer* SK Rdn. 6; *Sch/Schröder/Stree* Rdn. 13; *Tolksdorf* LK[11] Rdn. 24; *Wieck-Noodt* MK Rdn. 12; *Bär* S. 847 (Rdn. 80); *Faßbender* S. 78; *Heghmanns* VI 1 Rdn. 167; *Hofer* Jur-PC **1991** 1367, 1372; *Malek* Rdn. 188; *Mühle* S. 135; *Sondermann* S. 103 ff. Vgl. auch *Guder* S. 278 ff.

28 *Fischer* Rdn. 13; *Hoyer* SK Rdn. 3; *Lackner/Kühl* Rdn. 5; *Wieck-Noodt* MK Rdn. 13; *Zaczyk* NK Rdn. 10; *Bär* S. 845 (Rdn. 77); *Binder* RDV **1995** 116, 119; *Granderath* DB **1986** Beil. 18 S. 1, 3; *Guder* S. 280 ff, s. aber auch S. 249 ff; *Möhrenschlager* wistra **1986** 128, 142; *ders.* **1991** 321, 326; *Schlüchter* S. 81; *Sondermann* S. 104 f; *Volesky/Scholten* iur **1987** 280, 282. Vgl. auch *Kindhäuser* LPK Rdn. 7.

29 *Hoyer* SK Rdn. 4, 6; *Sch/Schröder/Stree* Rdn. 14; *Tolksdorf* LK[11] Rdn. 27 f; *Wieck-Noodt* MK Rdn. 13; *Zaczyk* NK Rdn. 10; *Eiding* S. 110 f; *Gerhards* S. 102 f; *Haß*, wie

verarbeitung ist und diese vom Eigentum an der dazu benutzten Datenverarbeitungsanlage oder an dem Datenträger nicht abhängt. Fälle der Datenverarbeitung im Auftrag lassen sich sachgerecht über die Zuordnung der Datenverarbeitung zu einem fremden Betrieb oder Unternehmen oder einer Behörde lösen (vgl. Rdn. 9): Geht es um eine Datenverarbeitung in einem Arbeitsverhältnis oder aufgrund eines Dienstvertrags ist die Datenverarbeitung im Regelfall dem Arbeitgeber oder Dienstherrn zuzurechnen; ist Grundlage eines Datenverarbeitungsauftrags ein Werkvertrag, handelt es sich bis zur Abnahme des Werks um eine Datenverarbeitung des Auftragnehmers (vgl. § 303a Rdn. 14). Dementsprechend kann bei ersterer Sachlage § 303b Abs. 1 Nr. 3, Abs. 2 n.F. ausgefüllt sein, wenn der Verarbeitende dazu eigene Hardware benutzt und die Datenverarbeitung durch beispielsweise Beschädigung des Computers stört, während bei Handeln im Rahmen eines Werkvertrags, aber sonst gleicher Situation der Tatbestand nicht eingreift.[30]

IV. Tathandlung

§ 303b Abs. 1 Nr. 1, 2 und 3, auch in Verbindung mit Absatz 2, laufen insbesondere bei der Tathandlung, die **auch** in einem **Unterlassen** bestehen kann, auseinander. **19**

1. **Nummer 1** erfordert eine **Datenveränderung** im Sinne von § 303a Abs. 1. Dazu sei auf § 303a Rdn. 18 ff verwiesen. Abweichungen ergeben sich insoweit nicht. **20**

2. Bei **Nummer 2** geht es um das **Eingeben** und das **Übermitteln** von Daten in ein Computersystem (BTDrucks. 16/3656 Anl. 1 S. 13). Zur Eingabe von Daten gehört die Umwandlung von Information in technische Impulse, die in das Computersystem eingespeist werden; Übermittlung ist die Weiterleitung derartiger Impulse auf unkörperlichem, z.B. elektronischem Weg zu anderen Computern oder Datenspeichern (*Schünemann* LK[11] § 202a Rdn. 4). Im Vordergrund wird dabei On-line-Verkehr in Netzwerken stehen. Es handelt sich dabei zunächst einmal um neutrale Handlungen, die bei praktisch jeder Benutzung von Computersystemen ablaufen. Dem Gesetzgeber geht es jedoch nur um die Erfassung unbefugter oder missbräuchlicher Begehensweisen, die zu erheblichen Störungen von Datenverarbeitungen führen können. Als *Korrektiv* dient dabei, anders als in der europarechtlichen und völkerrechtlichen Vorgabe, wo das Merkmal unbefugt zur Abgrenzung strafrechtlichen Verhaltens dient, das subjektive Merkmal, dass die Dateneingabe oder -übermittlung in *Nachteilsabsicht* erfolgen muss (BTDrucks. 16/3656 Anl. 1 S. 13; s. dazu Rdn. 28). Die Tathandlungsvariante soll insbesondere D(enial)-o(f)-S(ervice)-Attacken treffen, die sich bisher von Ausnahmefällen vielleicht abgesehen weder über § 303a (vgl. § 303a Rdn. 33) noch über § 303b (s. Rdn. 25) erfassen ließen. Auch „Mailbombing“ kann darunter fallen. Problemfall könnte die Kampagne (u.a.) der Musikindustrie werden, die gegen die Nutzer von Internet-Tauschbörsen für urheber- **21**

---

§ 303a Fn. 2, Rdn. 63; *Haurand/Vahle* RDV **1990** 128, 130; *Lenckner/Winkelbauer* CR **1986** 824, 831; *Marberth-Kubicki* S. 64 f; *Mühle* S. 133, 137 ff; *Schulze-Heiming* S. 216; *Sondermann* S. 105 ff; wohl auch *Arzt/Weber* BT § 12 Rdn. 55 Fn. 62; vgl. zudem *Otto* BT § 47 Rdn. 39 f. **AM** ausdrücklich *Hilgendorf* JuS **1996** 1082, 1083.

[30] *Guder* S. 280 ff; differenzierend auch *Tröndle/Fischer*[54] Rdn. 11, 17. *Bär* S. 845 (Rdn. 77) rechnet die Datenverarbeitung in Auftragsverhältnissen dem Auftraggeber zu. Vgl. auch *Granderarth* DB **1986** Beil. 18 S. 1, 3; *Volesky/Scholten* iur **1987** 280, 282.

rechtlich geschützte Musiktitel (pp.) mit Hilfe einer speziell entwickelten Software vorgeht, mit der sie die Log-Dateien der Nutzer sichert, um sie als Grundlage von Strafanzeigen gegen die dann von den Strafverfolgungsbehörden zu ermittelnden Anschlussinhaber mit dem Ziel späterer Schadensersatzforderungen bei unberechtigtem Bezug der Musiktitel zu nutzen; vorausgesetzt es kommt dabei zu Störungen der Datenverarbeitung bei den Tauschbörsenteilnehmern (vgl. LG Mannheim CR **2007** 394 ff; *Beck/Kreißig* NStZ **2007** 304 ff). Die Speicherung der Dateien setzt zwangsläufig die Eingabe von Daten voraus, so dass es auf die Verneinung des subjektiven Merkmals ankommen würde (s. Rdn. 28).

22 3. Bei **Nummer** 3 muss die Datenverarbeitungsanlage oder der Datenträger zerstört, beschädigt, unbrauchbar gemacht, beseitigt oder verändert werden. Es handelt sich dabei um gleichwertige Varianten eines einheitlichen Tatbestandes, die sich teilweise überschneiden können. Die Begriffe **Zerstören** und **Beschädigen** decken sich mit denen des § 303 Abs. 1 (Bericht des Rechtsausschusses BTDrucks. 10/5058 S. 36);[31] dementsprechend sei dazu auf § 303 Rdn. 9 ff verwiesen. Nach der Gesetzesbegründung sind die genannten Gegenstände **unbrauchbar gemacht**, „wenn ihre Gebrauchsfähigkeit so stark beeinträchtigt wird, daß sie nicht mehr ordnungsgemäß verwendet werden können" (Bericht des Rechtsausschusses BTDrucks. 10/5058 S. 36).[32] Dies wird meist eine Beschädigung einschließen (vgl. auch *Hilgendorf* JuS **1996** 1082), so dass dieses Merkmal keine große praktische Bedeutung haben wird (*Zaczyk* NK Rdn. 9). **Beseitigen** bedeutet die Entfernung aus dem Verfügungs- oder Gebrauchsbereich des Berechtigten (Bericht des Rechtsausschusses BTDrucks. 10/5058 S. 36).[33] Dieser Begriff bringt eine Ortsveränderung des angesprochenen Gegenstandes zum Ausdruck. Damit lässt sich deshalb nicht der Fall erfassen, dass der Berechtigte vom Zugang, zum Beispiel zu der Datenverarbeitungsanlage, ausgeschlossen wird.[34] Zu dem Merkmal **Verändern** heißt es in der Geset-

---

31 *Fischer* Rdn. 13; *Hoyer* SK Rdn. 7; *Kindhäuser* LPK Rdn. 7; *Sch/Schröder/Stree* Rdn. 15; *Tolksdorf* LK[11] Rdn. 25; *Wieck-Noodt* MK Rdn. 14; *Zaczyk* NK Rdn. 9; *Bär* S. 847 (Rdn. 80); *Hofer* Jur-PC **1991** 1367, 1372; *Mühle* S. 135 f; *Schlüchter* S. 81; *H. Schmitz* Computerkriminalität S. 125; *Sondermann* S. 109 ff; *Tiedemann* JZ **1986** 865, 870; eine restriktive Auslegung von Beschädigen als Substanzverletzungen vertritt *Hilgendorf* JuS **1996** 1082.

32 *Fischer* Rdn. 13; *Hoyer* SK Rdn. 7; *Kindhäuser* LPK Rdn. 7; *Sch/Schröder/Stree* Rdn. 15 in Verb. m. *Sch/Schröder/Cramer/Sternberg-Lieben* § 316b Rdn. 7; *Tolksdorf* LK[11] Rdn. 25; *Wieck-Noodt* MK Rdn. 15; *Zaczyk* NK Rdn. 9; *Bär* S. 847 (Rdn. 80); *Granderath* DB **1986** Beil. 18 S. 1, 3; *Hilgendorf* JuS **1996** 1082; *Hofer* Jur-PC **1991** 1367, 1372; *Mühle* S. 136; *Schlüchter* S. 82; *H. Schmitz* Computerkriminalität S. 125; *Sondermann* S. 116 f; *Tiedemann* JZ **1986** 865, 870; *Volesky/Scholten* iur **1987** 280, 282. Vgl. auch § 303a Rdn. 26.

33 *Fischer* Rdn. 13; *Kindhäuser* LPK Rdn. 7; *Tolksdorf* LK[11] Rdn. 25; *Wieck-Noodt* MK Rdn. 16; *Zaczyk* NK Rdn. 9; *Otto* BT § 47 Rdn. 40; *Bär* S. 847 (Rdn. 80); *Granderath* DB **1986** Beil. 18 S. 1, 3; *Heghmanns* VI 1 Rdn. 168; *Hilgendorf* JuS **1996** 1082; *Hofer* Jur-PC **1991** 1367, 1372; *Tiedemann* JZ **1986** 865, 870; *Volesky/Scholten* iur **1987** 280, 282. **Abweichend** – Aufheben der Dispositionsmöglichkeit für den Berechtigten – *H. Schmitz* Computerkriminalität S. 125 f.

34 *Fischer* Rdn. 13; *Hilgendorf* JuS **1996** 1082; **aA** *Hoyer* SK Rdn. 7; *Sch/Schröder/Stree* Rdn. 15 in Verb. m. *Sch/Schröder/Eser* § 109e Rdn. 10; *Wieck-Noodt* MK Rdn. 16; *Zaczyk* NK Rdn. 9; *Abu-Zeitoun* S. 196; *Hilgendorf/Frank/Valerius* Rdn. 209; *Krutisch* S. 161; *Mühle* S. 136 f; *Schulze-Heiming* S. 220 f; *Sondermann* S. 111 f. Vgl. auch *Schroeder* LK[11] § 109e Rdn. 6; *König* LK[11] § 315 Rdn. 34.

zesbegründung nur, es liege vor, „wenn ein vom bisherigen abweichender Zustand herbeigeführt wird". Bei der Auslegung hilft das in § 303a Abs. 1 verwendete gleiche Merkmal nicht weiter, weil es sich dort auf Daten, hier auf Sachen bezieht. Die Änderung von auf einem Datenträger gespeicherten Daten kann als Veränderung des Datenträgers nicht gemeint sein, denn die Veränderung von Daten fällt bereits unter § 303b Abs. 1 Nr. 1 (*Tolksdorf* LK[11] Rdn. 25). Als Beispiel kommt in Betracht, dass der Täter eine Datenverarbeitungsanlage umbaut oder unter Verwendung neuer Komponenten umrüstet. Andere Veränderungen, die sich nicht als Zerstören, Beschädigen oder Unbrauchbarmachen darstellen und doch eine Störung der Datenverarbeitung bewirken, sind nur schwer vorstellbar.[35]

V. Störung der Datenverarbeitung

Der Gesetzgeber hat eine bloße Gefährdung der Datenverarbeitung durch eine der Handlungsvarianten nicht als ausreichend angesehen. Es muss vielmehr zu einer nicht unerheblichen Beeinträchtigung des reibungslosen Ablaufs der Datenverarbeitung kommen, ohne dass – jetzt im Falle des § 303b Abs 2. n.F. – eine Störung des Betriebs gefordert wird (Bericht des Rechtsausschusses BTDrucks. 10/5058 S. 35). Zur Erfüllung des objektiven Tatbestands bedarf es dieses durch die Tathandlung verursachten **Erfolgs.**[36] Dabei können Tathandlung und Erfolg zeitlich auseinanderfallen. Vollendung tritt in solchen Fällen erst ein, wenn der Erfolg vorliegt, wenn sich die Störung bei der Datenverarbeitung manifestiert.[37] **23**

1. Art der Störung. Die Störung kann darin liegen, dass der technische Ablauf innerhalb der Datenverarbeitungsanlage beeinträchtigt ist, sei es, dass mechanisch bewegte **24**

[35] *Fischer* Rdn. 13; *Tolksdorf* LK[11] Rdn. 25; *Zaczyk* NK Rdn. 9; *Bär* S. 847 (Rdn. 80); *Hofer* Jur-PC **1991** 1367, 1372; *Malek* Rdn. 188. *Hilgendorf* JuS **1996** 1082 legt das Merkmal als „sonstwie verändert" aus und bezieht auch positive Zustandsänderungen ein; demgegenüber wollen *Abu-Zeitoun* S. 196 f; *Schulze-Heiming* S. 221 und *Sondermann* S. 122 das Merkmal auf negative Veränderungen beschränken. Der Gesetzesbegründung folgen: *Hoyer* SK Rdn. 7; *Granderath* DB **1986** Beil. 18 S. 1, 3; *Tiedemann* JZ **1986** 865, 870; *Volesky/Scholten* iur **1987** 280, 282. Vgl. auch *Schlüchter* S. 83. *Kessler* Eine neue Form des Datenaustausches im Internet, in Hilgendorf (Hrsg.) Informationsstrafrecht und Rechtsinformatik (2004) 57, 64 f sieht – zu Unrecht – im Belegen von freiem Speicherplatz ein Verändern einer Datenverarbeitungsanlage.

[36] *Fischer* Rdn. 9; *Kindhäuser* LPK Rdn. 8; *Lackner/Kühl* Rdn. 3, 6; *Sch/Schröder/Stree* Rdn. 9; *Tolksdorf* LK[11] Rdn. 11; *Tröndle/Fischer*[54] Rdn. 12 (in Rdn. 10 wird § 303b dennoch als Gefährdungsdelikt gekennzeichnet); *Wieck-Noodt* MK Rdn. 2, 18; *Zaczyk* NK Rdn. 7, 11; *Mitsch* BT 2 § 5 Rdn. 220; *Otto* BT § 47 Rdn. 41; *Wessels/Hillenkamp* BT II Rdn. 55; *Bär* S. 846 (Rdn. 79); *Ernst* NJW **2003** 3233, 3238; *Granderath* DB **1986** Beil. 18 S. 1, 3; *Krutisch* S. 158 f; *Lenckner/Winkelbauer* CR **1986** 824, 830; *H. Schmitz* Computerkriminalität S. 123; *Sondermann* S. 98; *Volesky/Scholten* iur **1987** 280, 281 ff. *Hilgendorf* JuS **1996** 1082, 1083 führt aus, dass die Störung einer für den Betrieb wesentlichen Datenverarbeitung begriffsnotwendig zu einer Betriebsstörung führe; ebenso *Schulze-Heiming* S. 210. *Gerhards* S. 91 ff sieht eine Störung nur dann als gegeben an, wenn die Beeinträchtigung der Datenverarbeitung von wesentlicher Bedeutung für den Betrieb pp. ist; ähnlich *Hoyer* SK Rdn. 2, nach dem sich § 303b als konkretes Gefährdungsdelikt darstellt.

[37] *Tolksdorf* LK[11] Rdn. 20; *Tröndle/Fischer*[54] Rdn. 12; *Wieck-Noodt* MK Rdn. 22; *Eichelberger* MMR **2004** 594, 596; **aA** *Hoyer* SK Rdn. 10.

Teile einer Datenverarbeitungsanlage außer Funktion gesetzt werden, sei es, dass die Dateneingabe oder -ausgabe nicht mehr erfolgt, sei es, dass die Datenverarbeitung zu fehlerhaften Ergebnissen führt oder nicht mehr stattfindet, sei es, dass der Datenfluss innerhalb der Datenverarbeitungsanlage unterbrochen ist.[38] Solchen Störungen werden meist Tathandlungen nach § 303b Abs. 1 Nr. 3 n.F., zuvor § 303b Abs. 1 Nr. 2 a.F., vorausgegangen sein. Störungen können ihre Ursache aber ebensogut in Veränderungen der Software, also Tathandlungen nach § 303b Abs. 1 Nr. 1, haben, die zur Nichteinsetzbarkeit oder zum Ausfall von Programmen oder Programmteilen oder zur unterbundenen Zugänglichkeit oder zum Verlust von Daten bis hin zum Systemausfall führen.[39] Dabei genügt es, wenn ein einzelner Datenverarbeitungsvorgang betroffen ist, sofern er genügendes Gewicht hat.[40]

25 Eine Störung der Datenverarbeitung kann **durch Schadprogramme** der unterschiedlichsten Art ausgelöst werden; diese können sowohl die Voraussetzungen nach Absatz 1 Nr. 1 als auch nach Nummer 3 erfüllen (s. § 303a Rdn. 30).[41] Probleme bereitete dabei allerdings bisher die Erfassung von **Mailbombing und D(enial)-o(f)-S(ervice)-Attacken,** die zwar ohne weiteres zu einer Störung der Datenverarbeitung eines Betriebs usw. führen können (**aA** insoweit *Faßbender* S. 84 f), indem weiterer Dateneingang unmöglich gemacht wird, die aber weder eine Datenveränderung nach § 303a Abs. 1 bedeuten (s. zum Streitstand § 303a Rdn. 33), noch die Hardware im Sinne von § 303b Abs. 1 Nr. 2 a.F. beeinträchtigen.[42] Diese Lücke ist jetzt durch § 303b Abs. 1 Nr. 2 n.F., auch in Verbindung mit Absatz 2, geschlossen. Auch der Einsatz eines vom Programmierer bewusst fehlerhaft erstellten, für die beabsichtigte Datenverarbeitung unbrauchbaren Programms kann zu einer Störung einer Datenverarbeitung führen, erfüllte aber nicht die übrigen objektiven Voraussetzungen von § 303b Abs. 1 Nr. 1 oder Nr. 2 a.F.[43] Demgegenüber ist eine Subsumierung unter § 303b Abs. 1 Nr. 2 n.F. durchaus möglich.

---

38 *Fischer* Rdn. 9; *Zaczyk* NK Rdn. 11; *Heghmanns* VI 1 Rdn. 136; *Hilgendorf/Frank/Valerius* Rdn. 207; *Mühle* S. 131; *Sondermann* S. 98 ff.

39 LG Ulm CR **1989** 825; *Fischer* Rdn. 9; *Tolksdorf* LK[11] Rdn. 14 ff.

40 *Wieck-Noodt* MK Rdn. 18. **AA** *Tolksdorf* LK[11] Rdn. 15; *Heghmanns* VI 1 Rdn. 136.

41 *Wieck-Noodt* MK Rdn. 17; *Wessels/Hillenkamp* BT II Rdn. 55; *Ernst* NJW **2003** 3233, 3234, 3238; *ders.* Hacker Rdn. 283; *Hilgendorf* JuS **1996** 1082; *Hofer* Jur-PC **1991** 1367, 1371 f; *Malek* Rdn. 189; *Marberth-Kubicki* S. 66; *Mühle* S. 143; *Rombach* CR **1990** 101, 105. Vgl. auch *v. Gravenreuth* NStZ **1989** 201, 202; *Tolksdorf* LK[11] Rdn. 26, der allerdings die Zerstörung von Hardware durch Schadprogramme nur für eine theoretische Möglichkeit hält. *Guder* S. 282 ff verneint sie für Viren völlig, hält sie aber sonst grundsätzlich für möglich. *H. Schmitz* Computerkriminalität S. 126 sieht bereits in der Störung einer Datenverarbeitung durch Computerviren eine mögliche Verletzung von § 303b Abs. 1 Nr. 2 a.F., ohne dies näher zu begründen.

42 *Eichelberger* DuD **2006** 490, 494; *Faßbender* S. 78 ff; *Hilgendorf* JuS **1997** 323, 324; *Marberth-Kubicki* S. 66; vgl. auch *Guder* S. 289 f; *Hoeren* NJW **2004** 3513, 3514. *Heghmanns* VI 1 Rdn. 172 folgert aus der zeitweiligen Aufhebung der Funktion des Servers, den Datenverkehr mit fremden Internetnutzern zu ermöglichen, eine Verletzung von § 303b Abs. 1 Nr. 2 a.F.

43 *Tröndle/Fischer*[54] Rdn. 17; *Marberth-Kubicki* S. 65; *Sondermann* S. 118 f; sowie *Tolksdorf* LK[11] Rdn. 26; *Hilgendorf* JuS **1996** 1082, 1083 f; *Schulze-Heiming* S. 217 f (die letzteren gehen nur auf § 303b Abs. 1 Nr. 2 – a.F. – ein). Differenzierend *Mühle* S. 131 f, s. auch S. 136. **AM** *Granderath* DB **1986** Beil. 18 S. 1, 3; auch nach *Möhrenschlager* wistra **1986** 128, 142 könnte unter Umständen § 303b Abs. 1 Nr. 2 – a.F. – eingreifen. Vgl. außerdem *Volesky/Scholten* iur **1987** 280, 285.

26 **2. Ausmaß der Störung.** Die Störung muss schon nach der ursprünglichen Fassung von § 303b zu einer nicht unerheblichen Beeinträchtigung des reibungslosen Ablaufs der Datenverarbeitung führen; darauf ist bereits in der Gesetzesbegründung hingewiesen (s. Rdn. 23). Mit der Neufassung von § 303b hat der Gesetzgeber das Merkmal **erheblich** ausdrücklich in den Gesetzestext aufgenommen, damit aber nicht mehr als eine – durch die Gesetzeserweiterung auf Störungen privater Datenverarbeitungen ausgelöste – Klarstellung beabsichtigt (BTDrucks. 16/3656 Anl. 1 S. 13). Damit ist neben dem Merkmal, dass die gestörte Datenverarbeitung von wesentlicher Bedeutung sein muss, eine *weitere Einschränkung des Tatbestandes* zu berücksichtigen. Die Konkretisierung bereitet dabei weniger Schwierigkeiten in der Festlegung dessen, was eine erhebliche Störung ist, als in dem Ausscheiden unerheblicher Störungen. So ist es sicherlich eine erhebliche Beeinträchtigung, wenn die Datenverarbeitung ganz oder in ihren Hauptteilen lahmgelegt oder ein Großteil der gespeicherten Daten gelöscht worden ist.[44] Dagegen wird es als unerhebliche Störung anzusehen sein, wenn sich die Beeinträchtigung des Datenverarbeitungsablaufs durch Rückgriff auf Sicherungskopien ohne große Mühe, Kosten und Zeitaufwand beheben lässt.[45] Gleiches wird gelten, wenn eine beschädigte Datenverarbeitungsanlage durch eine einfache und billige Reparatur, wie Auswechslung einer Steckverbindung, wieder funktionstüchtig gemacht werden kann. Aus der Entbehrlichkeit einer Betriebsstörung im Falle von jetzt § 303b Abs. 2 (s. Rdn. 23) folgt nicht, dass der Einsatz einfacher Mittel zur Behebung von Störungen der Datenverarbeitung nicht zu berücksichtigen ist.[46] Unerheblich kann es im Einzelfall auch sein, wenn ein einzelner Datenverarbeitungsvorgang beeinträchtigt ist und dieser sich zum Beispiel auf anderem Wege störungsfrei wiederholen lässt oder keine Auswirkung auf andere Teile der Datenverarbeitung hat.[47]

VI. Subjektiver Tatbestand

27 1. Es ist hinsichtlich aller Merkmale **Vorsatz** nötig; bedingter Vorsatz genügt.[48] Der Täter muss dabei wissen (oder für möglich halten), dass die Datenverarbeitung für den von der Störung Betroffenen von wesentlicher Bedeutung ist und durch die Sabotage-

---

[44] LG Ulm CR **1989** 825 f; *Tolksdorf* LK[11] Rdn. 12 ff; *Bär* S. 846 (Rdn. 79); *Guder* S. 262; *Krutisch* S. 159; *Marberth-Kubicki* S. 63; *Mühle* S. 130; *Sondermann* S. 98; *Volesky/Scholten* iur **1987** 280, 283 f; vgl. auch *Hoyer* SK Rdn. 11. **Gegen** einen pauschalen Maßstab spricht sich *Schultz* DuD **2006** 778, 783 aus.

[45] *Hoyer* SK Rdn. 2, 8; *Sch/Schröder/Stree* Rdn. 10; *Tolksdorf* LK[11] Rdn. 11; *Abu-Zeitoun* S. 178; *Heghmanns* VI 1 Rdn. 138; *Marberth-Kubicki* S. 63; *Schumann* NStZ **2007** 675, 679. Vgl. auch *Bär* S. 846 (Rdn. 78 f) sowie *Möhrenschlager* wistra **1986** 128, 142 (zum Beispiel des Zerstörens leerer Datenträger).

[46] *Tolksdorf* LK[11] Rdn. 11; *Heghmanns* VI 1 Rdn. 138; *Schulze-Heiming* S. 211; *Sondermann* S. 102. Widersprüchlich *Mühle* S. 129 einerseits und S. 130 andererseits.

[47] Vgl. auch *Tolksdorf* LK[11] Rdn. 14 ff und *Bär* S. 846 f (Rdn. 79), die verlangen, dass eine Vielzahl von Datenverarbeitungsvorgängen betroffen ist.

[48] *Fischer* Rdn. 18; *Hoyer* SK Rdn. 12; *Lackner/Kühl* Rdn. 7; *Sch/Schröder/Stree* Rdn. 16; *Tolksdorf* LK[11] Rdn. 29; *Wieck-Noodt* MK Rdn. 19; *Otto* BT § 47 Rdn. 42; *Bär* S. 847 (Rdn. 81); *Ernst* NJW **2003** 3233, 3238; *ders.* Hacker Rdn. 280, 284; *Heghmanns* VI 1 Rdn. 139; *Krutisch* S. 162; *Mühle* S. 144; *H. Schmitz* Computerkriminalität S. 126; *Sondermann* S. 124. Auch *Zaczyk* NK Rdn. 13; *Maurach/Schroeder/ Maiwald* BT I § 36 Rdn. 44 verlangen Vorsatz für alle Merkmale, obwohl sie § 303b Abs. 1 Nr. 1 als erfolgsqualifiziertes Delikt ansehen. Nach *Schumann* NStZ **2007** 675, 679 genügt nur für § 303b Abs. 1 Nr. 1 und 3 Eventualvorsatz.

handlung erheblich beeinträchtigt wird.[49] Zum Vorsatz für § 303a Abs. 1 vergleiche auch § 303a Rdn. 34.

28 2. Bei § 303b Abs. 1 Nr. 2 n.F., auch in Verbindung mit Absatz 2, ist weiter die **Absicht** erforderlich, **einem anderen Nachteil zuzufügen.** Nach Auffassung des Gesetzgebers stellt dieses Merkmal sicher, dass beispielsweise in der Netzwerksgestaltung begründete gängige Aktivitäten oder andere zulässige Maßnahmen von Betreibern oder Unternehmern nur dann strafrechtlich erheblich sind, wenn sie *missbräuchlich* erfolgen. Dabei kann – so die Entwurfsbegründung – für die Auslegung der Nachteilszufügungsabsicht auf die Auslegung des entsprechenden Merkmals bei § 274 Abs. 1 Nr. 1 zurückgegriffen werden; erforderlich ist also das Bewusstsein, dass der Nachteil, der jede Beeinträchtigung umfassen kann, nicht nur einen Vermögensschaden, die notwendige Folge der Tat ist (BTDrucks. 16/3656 Anl. 1 S. 13). Das dabei zugrunde gelegte Verständnis von § 274 Abs. Nr. 1 lässt allerdings außer acht, dass dort nicht alle erwähnten Punkte unumstritten sind (vgl. *Gribbohm* LK[11] § 274 Rdn. 56 ff m. Nachw.). Doch kann weniger als das Bewusstsein, dass die Beeinträchtigung notwendige Folge der Dateneingabe oder -übermittlung ist, nicht verlangt werden, ohne die Tabestandsvariante überweit auszudehnen. Derjenige andere oder derjenige Betrieb usw., für den die Dateneingabe pp. von wesentlicher Bedeutung ist, muss im Übrigen nicht mit dem identisch sein, dem der Nachteil zugefügt werden soll. Der Nachteil muss weiter, anders als die Störung, nicht **tatsächlich** eintreten. Berücksichtigt man die Zielrichtung der Gesetzeserweiterung und ihre europarechtliche und völkerrechtliche Grundlage, den Schutz von Computersystemen vor bestimmten Angriffen wie DoS-Attacken durch Strafrecht zu bewirken, kann es bei den beabsichtigten Nachteilen lediglich um solche – auch mittelbare – gehen, die das Betreiben von Computersystemen beeinträchtigen, nicht aber beliebige Schäden.

29 Ein beabsichtigter Nachteil im Sinne der Vorschrift kann nicht dadurch in Frage gestellt sein, dass er auf durchaus *anerkennenswerten Motiven* beruht, also z.B. eine DoS-Attacke zur Förderung legitimer politischer Anliegen gestartet wird und planmäßig zur angestrebten erheblichen Störung der Datenverarbeitung bei dem als Ziel ausgewählten Unternehmen führt (vgl. den Sachverhalt, der den Entscheidungen AG Frankfurt a.M. NStZ **2006** 399 ff/OLG Frankfurt a.M. StV 2007 244 ff zugrunde lag; sowie BTProtokoll 16/100 S. 10325 (A)). Allerdings ist der Rechtsausschuss des Bundestags in seiner Mehrheit der Auffassung gewesen, bei Massen-E-Mail-Protesten fehle es an der Absicht der Nachteilszufügung, sie seien auch von der Meinungsfreiheit nach Art. 5 Abs. 1 GG gedeckt (Beschlussempfehlung und Bericht des Rechtsausschusses des Bundestags BTDrucks. 16/5449 S. 5; BTProtokoll 16/100 Anl. 13 S. 10327 (A), 10329 (A); so schon *Stuckenberg* Protokoll des Rechtsausschusses Nr. 54 S. 53). Doch gilt es hier zu differenzieren: Führt eine Vielzahl von nicht verabredeten E-Mails unterschiedlicher Absender, mit denen gegenüber dem Empfänger eine bestimmte Meinung vertreten werden soll, zu Störungen bei dessen Datenverarbeitung, weil der Empfangsserver bei ihm oder dem Provider überlastet wird, wird es in der Tat an Nachteilsabsicht des einzelnen Absenders feh-

---

[49] *Fischer* Rdn. 18; *Tolksdorf* LK[11] Rdn. 29; *Zaczyk* NK Rdn. 13; *Abu-Zeitoun* S. 197; *Bär* S. 847 (Rdn. 81); *Malek* Rdn. 191; *H. Schmitz* Computerkriminalität S. 126; *Sondermann* S. 124 f. Nach *Sch/Schröder/Stree* Rdn. 16 muss der Täter die Bewertung der Datenverarbeitung als von wesentlicher Bedeutung nicht teilen, es genüge, wenn er die maßgeblichen Umstände dafür kenne; so auch *Ernst* Hacker Rdn. 284; *Heghmanns* VI 1 Rdn. 139; *Marberth-Kubicki* S. 66; *Volesky/Scholten* iur **1987** 280, 282. *Wieck-Noodt* MK Rdn. 19 lässt Parallelwertung in der Laiensphäre ausreichen. Unklar *Mühle* S. 144.

len. Handelt es sich dagegen um eine organisierte *Aktion*, die dazu führen soll, den *Server des Empfängers* (oder des Providers) *lahmzulegen*, und dies auch erreicht, ist die nötige Nachteilsabsicht der an der Aktion Beteiligten durchaus gegeben. Ein derartiger Angriff wird auch nicht mehr durch das Grundrecht auf Meinungsfreiheit gedeckt, so wenig eine Sachbeschädigung durch das Grundrecht der Kunstfreiheit in Frage gestellt wird (§ 303 Rdn. 2 m. Nachw.). § 303b Abs. 1 Nr. 2 ist eine Strafnorm, die sich nicht speziell gegen Meinungsäußerungen, insbesondere nicht gegen deren Inhalt richtet. Vielmehr soll sie allgemein Dritte vor Schäden durch bestimmte Angriffsmethoden schützen. Es handelt sich deshalb um ein das Grundrecht der Meinungsfreiheit beschränkendes allgemeines Gesetz im Sinne von Art. 5 Abs. 2 GG (vgl. z.B. *Degenhart* Bonner Kommentar Aktualisierung Juli 2006 Art. 5 Rdn. 155; *Starck* in Mangoldt/Klein/Starck GG^5 (2005) Art. 5 Rdn. 253), dessen Wirkung auch nicht durch verfassungskonforme Auslegung in Frage gestellt wird. Andererseits muss es möglich sein, unter Dateneingabe im Internet bestimmte Informationen zu sammeln, die als *Beweismaterial für ein Strafverfahren* gegen Internetteilnehmer dienen sollen, mindestens solange dabei deren Datenverarbeitung nicht wesentlich gestört wird (vgl. das Beispiel der Aufzeichnung von Dateien von Tauschbörsenteilnehmern Rdn. 21), ohne sich seinerseits dem Verdacht der Computersabotage auszusetzen. Von einem Missbrauch lässt sich dabei schlecht sprechen.

VII. Rechtswidrigkeit

Die **Einwilligung** des Inhabers des fremden Betriebs oder Unternehmens bzw. des für die Behörde Vertretungsberechtigten, denen die gestörte Datenverarbeitung im Falle von § 303b Abs. 2 n.F. zuzuordnen ist (s. Rdn. 9), in die Störung wirkt als **Rechtfertigungsgrund**,[50] obwohl das für § 303b Abs. 1 Nr. 1 bedeutsame Merkmal rechtswidrig in § 303a Abs. 1 der Tatbestandsebene zugehört (vgl. § 303a Rdn. 9). Gehören Datenverarbeitungsanlage oder Datenträger in § 303b Abs. 1 Nr. 3 einem Dritten, ist dessen Einwilligung in die Zerstörung pp. für § 303b bedeutungslos. Auch mutmaßliche Einwilligung mag als Rechtfertigungsgrund vorkommen. Die sonstigen allgemeinen Rechtfertigungsgründe werden demgegenüber kaum jemals zum Tragen kommen. **30**

VIII. Versuch und Vollendung

Der **Versuch** ist nach § 303b Abs. 3 **strafbar**. Dies gilt auch für den erweiterten Grundtatbestand des § 303b Abs. 1 n.F. Der Versuch beginnt bei § 303b Abs. 1 Nr. 1, auch in Verbindung mit Absatz 2, bei entsprechendem Vorsatz mit dem Anfang der Ausführung der Tat nach § 303a Abs. 1 (vgl. dort Rdn. 36) gegenüber einer für einen anderen oder für einen fremden Betrieb pp. wesentlichen Datenverarbeitung, die gestört werden soll. Im Falle des § 303b Abs. 1 Nr. 3, auch in Verbindung mit Absatz 2, ist Versuchsbeginn das der Planung des Täters entsprechende *Ansetzen* zum Angriff gegen die Datenverarbeitungsanlage oder den Datenträger.[51] Im Falle des § 303b Abs. 1 Nr. 2, **31**

---

[50] *Mitsch* BT 2 § 5 Rdn. 222; *Hilgendorf* JuS **1996** 1082, 1083; *Schlüchter* S. 81; nach *Zaczyk* NK Rdn. 14 tatbestandsausschließend.

[51] **Abweichend** *Sondermann* S. 126 ff, der darauf abstellt, dass nach der Tätervorstellung aufgrund seiner Handlung die Störung der Datenverarbeitung des fremden Betriebs pp. unmittelbar bevorsteht; ebenso *Heghmanns* VI 1 Rdn. 140; *Mühle* S. 150 f. Vgl. auch *Wieck-Noodt* MK Rdn. 22.

auch in Verbindung mit Absatz 2, beginnt der Anfang der Ausführung mit dem von Vorsatz und Nachteilszufügungsabsicht getragenen Beginn des Eingabe- oder Übermittlungsvorgangs. Zur **Vollendung** ist in jedem Falle der Eintritt der Störung der Datenverarbeitung nötig (vgl. auch Rdn. 23).

IX. Das Delikt nach § 303b Abs. 5

32 Entsprechend der Regelung des § 303a Abs. 3 ist durch das 41. StrÄndG auch § 303b um den **Tatbestand der Vorbereitung einer Straftat nach § 303b Abs. 1** in Verbindung mit § 202c Abs. 1 erweitert worden (einschließlich der Möglichkeit tätiger Reue), Absatz 5 (BTDrucks. 16/3656 Anl. 1 S. 14). Von der vorbereiteten Straftat abgesehen ergeben sich dabei zwischen § 303a Abs. 3 und § 303b Abs. 5 keine sachlichen Unterschiede. Daher kann hier auf die Bemerkungen zu § 303a Abs. 3 (s. dort Rdn. 37 ff) Bezug genommen werden.

X. Strafen

33 1. Für den neu geschaffenen Tatbestand des **§ 303b Abs. 1** hat der Gesetzgeber den **Strafrahmen** im Vergleich zum bisherigen Rechtszustand auf Freiheitsstrafe bis zu drei Jahren – neben Geldstrafe – abgesenkt, weil diese Erweiterung auch weniger schwer wiegende Fälle erfasst; demgegenüber ist es für den Qualifikationstatbestand des **§ 303b Abs. 2** bei der bisherigen Strafdrohung verblieben (BTDrucks. 16/3656 Anl. 1 S. 13). Für Taten nach **§ 303b Abs. 5** in Verbindung mit § 202c Abs. 1 ist, wie bei § 303a Abs. 3, Freiheitsstrafe bis zu einem Jahr oder Geldstrafe vorgesehen.

34 2. Der Gesetzgeber hat im 41. StrÄndG über die europarechtlichen Vorgaben hinaus (vgl. dazu Art. 6, 7 des Rahmenbeschlusses 2005/222/JI des Rates der Europäischen Union – s. § 303a Rdn. 47) **für besonders schwere Fälle** des § 303b Abs. 2 mit § 303b Abs. 4 eine Strafzumessungsregel geschaffen, die **drei Regelbeispiele** enthält (vgl. zu Regelbeispielen allgemein *Theune* LK Vor §§ 46 ff Rdn. 15 ff). Er hat es dabei als sachgerecht angesehen, derartige Straftaten in der Regel mit einer höheren Strafe zu ahnden, wenn bei den betroffenen Behörden oder Unternehmen *hohe Vermögensverluste* entstehen (den Kreis der möglichen Geschädigten will offenbar weiter ziehen *Ernst* NJW **2007** 2661, 2665), wenn die Computersabotage *gewerbs- oder bandenmäßig* begangen wird oder wenn die Tat *schwere Folgen für die Allgemeinheit* nach sich zieht (BTDrucks. 16/3656 Anl. 1 S. 14). Für derartige besonders schwere Fälle ist Freiheitsstrafe von sechs Monaten bis zu zehn Jahren vorgesehen. Die erhöhte Mindeststrafe führt zur Unanwendbarkeit von § 47. Die Bejahung der Voraussetzungen eines der Regelbeispiele erlaubt es im Übrigen nicht, die damit verbundene Straferhöhung ohne weiteres anzuwenden. Vielmehr ist durch eine Gesamtbetrachtung tatrichterlich zu bewerten, ob tat- oder täterbezogene Umstände dafür sprechen, die Indizwirkung des Regelbeispiels aufzuheben und trotz seiner Verwirklichung einen besonders schweren Fall zu verneinen. Dafür werden insbesondere Fälle gewerbs- oder bandenmäßiger Begehung, bei denen ein Strafrahmen bis zu zehn Jahren Freiheitsstrafe recht hoch gegriffen erscheint, Anlass geben. Die Wertung hat sich andererseits auch darauf zu erstrecken, ob besondere Umstände einen unbenannten besonders schweren Fall begründen können (s. zu alldem z.B. BGHSt **48** 360, 364 f).

35 a) Ein besonders schwerer Fall liegt in der Regel vor, wenn der Täter einen **Vermögensverlust großen Ausmaßes** herbeiführt. Vorbild waren dabei § 263a Abs. 2 in Verbin-

dung mit § 263 Abs. S. 2 1. Altern. und § 269 Abs. 3 in Verbindung mit § 267 Abs. 3 S. 2 Nr. 2 (BTDrucks. 16/3656 Anl. 1 S. 13 f). Das Merkmal ist nach objektiven Gesichtspunkten zu bestimmen (s. insbes. BGHSt **48** 360, 362) und tatbestandsspezifisch auszulegen (BGHSt **48** 360, 364; *Fischer* § 263 Rdn. 122). Bei Betrugsfällen, die die Voraussetzungen von § 263 Abs. 3 S. 2 Nr. 2 1. Altern. erfüllen, hat sich insbesondere in der gerichtlichen Praxis eine Wertgrenze von 50000 Euro herausgebildet (BGHSt **48** 360, 361, dort auch Nachweise zum Meinungsstand; BGHR StGB § 263 Abs. 3 S. 2 Nr. 2 – Vermögensverlust 6). Dies wird sich, wie die Sachnähe von zunächst § 263 und § 263a und dann zwischen Computerbetrug und Computersabotage sowie ein Vergleich mit dem Gewicht der beiden anderen Regelbeispiele zeigt, auf § 303b Abs. 4 Nr. 1 übertragen lassen (*Fischer* Rdn. 23); zumal die Verweisungstechnik, die der Gesetzgeber dabei gewählt hat, eine übereinstimmende Grenzziehung nahelegt (vgl. BGHSt **48** 360, 364). Von dem zu fordernden Vermögensverlust wird nicht eine schadensgleiche Vermögensgefährdung erfasst, der Schaden muss tatsächlich eingetreten sein (vgl. BGHSt **48** 354, 356 ff; s. aber auch die Einschränkung in BGH NStZ **2002** 547; **aM** z.B. *Tiedemann* LK[11] § 263 Rdn. 298). Das schließt es aus, das Regelbeispiel auf eine versuchte Computersabotage nach § 303b Abs. 2 anzuwenden, bei der es bei der Absicht der Zufügung eines großen Vemögensverlustes geblieben ist (vgl. BGHR StGB § 263 Abs. 3 S. 2 Nr. 2 – Vermögensverlust 6). Unter den behandelten Kautelen wird man auch von einer ausreichenden Bestimmtheit der Regelung ausgehen können (vgl. BGHSt **48** 360, 361 f; **48** 354, 357).

b) Weiteres Regelbeispiel ist, wenn der Täter **gewerbsmäßig oder als Mitglied einer** **36**
Bande handelt, die sich zur fortgesetzten Begehung von Computersabotage verbunden hat. In der Gesetzesbegründung ist auf die parallelen Regelungen in § 263a Abs. 2 in Verbindung mit § 263 Abs. 3 S. 2 Nr. 1 und § 269 Abs. 3 in Verbindung mit § 267 Abs. 3 S. 2 Nr. 1 verwiesen (BTDrucks. 16/3656 Anl. 1 S. 13 f). Das im StGB mehrfach vorkommende subjektive Element der **Gewerbsmäßigkeit** setzt voraus, dass sich der Täter durch wiederholte Tatbegehung eine fortlaufende Einnahmequelle verschaffen will; dies kann schon bei der ersten geplanten Tat gegeben sein (*Rissing-van Saan* LK Vor § 52 Rdn. 80 m. Nachw.).

Alternatives Regelbeispiel ist **bandenmäßige Tatbegehung.** Der Begriff der Bande setzt **37**
den Zusammenschluss von mindestens drei Personen voraus, die sich mit dem Willen verbunden haben, künftig für eine gewisse Dauer mehrere selbständige, im Einzelnen noch ungewisse Straftaten des im Gesetz genannten Deliktstyps – hier also § 303b Abs. 2 – zu begehen; dazu sind weder ein „gefestigter Bandenwille" noch ein „Tätigwerden in einem übergeordneten Bandeninteresse" notwendig (BGHSt – GS – **46** 321, 325 ff). Die Bandenabrede muss nicht ausdrücklich getroffen werden; es genügt eine stillschweigende Vereinbarung, die aus dem wiederholten deliktischen Zusammenwirken mehrerer Personen herzuleiten sein kann (BGHSt **47** 214, 219 f). Mitglied einer Bande kann auch derjenige sein, dem lediglich eine Gehilfentätigkeit zufällt (BGHSt **47** 214, 216 f). Ein Beispiel wäre, dass eines der Mitglieder seinen PC für DoS-Attacken auf Unternehmen zur Verfügung stellt, die dort den unternehmenswichtigen Internetzugang lahmlegen sollen (vgl. AG Frankfurt a.M. NStZ **2006** 399 ff/OLG Frankfurt a.M. StV **2007** 244 ff).

c) Drittes Regelbeispiel für einen besonders schweren Fall ist es, wenn durch die Tat **38**
die **Versorgung der Bevölkerung mit lebenswichtigen Gütern oder Dienstleistungen oder die Sicherheit der Bundesrepublik Deutschland beeinträchtigt** wird. Die Variante entspricht überwiegend § 316b Abs. 3 (s. dazu *König* LK[11] § 316b Rdn. 37). Der Gesetzgeber will damit der Tatsache Rechnung tragen, dass die Verfahrensabläufe in zugunsten der Allgemeinheit besonders schützenswerten Infrastrukturen, wie „öffentlichen Versor-

gungswerken" und Krankenhäusern, heute überwiegend elektronisch abgewickelt werden und für sabotierende Eingriffe in die Datenverarbeitungen damit besonders anfällig sind; gleiches gilt für Strukturen, die der Versorgung der Bevölkerung mit lebenswichtigen Dienstleistungen – z.B. Energie- und Bankwirtschaft – dienen (BTDrucks. 16/3656 Anl. 1 S. 14). Für die Auslegung des gleichgestellten Begriffs der Beeinträchtigung der – inneren und äußeren – Sicherheit der Bundesrepublik Deutschland ist § 93 Abs. 3 Nr. 2 (s. *Laufhütte/Kuschel* LK § 92 Rdn. 9) heranzuziehen. Die Gleichstellung von Beeinträchtigungen der Sicherheit der Bundesrepublik Deutschland mit solchen der für die Bevölkerung lebenswichtigen Infrastruktur soll deutlich machen, dass die erhöhte Strafdrohung nur für Angriffe gegen die Sicherheit mit vergleichbar schweren Folgen gilt (BTDrucks. 16/3656 Anl. 1 S. 14). Allgemein gesprochen wird es um tiefgreifende Folgen auslösende Angriffe gegen Datenverarbeitungen gehen, die die Infrastruktur steuern, welche die allgemeine Versorgung und Sicherheit gewährleisten.[52]

XI. Konkurrenzen

39 Bei gleichzeitiger Erfüllung von § 303b Abs. 1 Nr. 1 und 2 a.F. bzw. § 303b Abs. 1 Nr. 1 bis 3 n.F., auch in Verbindung mit § 303b Abs. 2, liegt nur eine Tat vor (nicht Tateinheit), weil es nur um unterschiedliche Angriffsmodi gegen die Datenverarbeitung eines anderen oder eines fremden Betriebs usw. geht.[53] § 303b Abs. 2 n.F. verdrängt als spezielleres Delikt § 303b Abs. 1 n.F. Zum Verhältnis zwischen § 303b Abs. 5 und § 303b Abs. 1, 2 und 3 n.F. vergleiche bei § 303a Rdn. 45; es gilt das Gleiche wie im Verhältnis zwischen § 303a Abs. 3 und § 303a Abs. 1und 2 n.F. – § 303b Abs. 1 Nr. 1 a.F. bzw. § 303b Abs. 1 Nr. 1 n.F., auch in Verbindung mit § 303b Abs. 2 n.F., verdrängt als speziellere Vorschrift § 303a Abs. 1. § 303b Abs. 1 Nr. 2 a.F. oder § 303b Abs. 1 Nr. 3 n.F., auch in Verbindung mit § 303b Abs. 2 n.F., konsumiert bei einer Sachbeschädigung an fremder Datenverarbeitungsanlage oder fremdem Datenträger § 303 Abs. 1.[54] Zu Delikten nach §§ 88, 109e kann *Tateinheit* bestehen.[55] Das gilt auch zwischen § 303b und

---

[52] Solche Angriffe sind offenbar tatsächlich möglich und nicht jenseits jeder Wahrscheinlichkeit. Ende April/Anfang Mai 2007 waren in Estland Regierung, Behörden, Polizei und Banken durch konzertierte Internet-DoS-Attacken aus dem Ausland tagelang weitgehend funktionsunfähig (FAZ Nr. 138 v. 18. Juni 2007 S. 6).

[53] *Fischer* Rdn. 27; *Hoyer* SK Rdn. 13; *Sch/Schröder/Stree* Rdn. 20; *Tolksdorf* LK[11] Rdn. 30; *Wieck-Noodt* MK Rdn. 23; *Zaczyk* NK Rdn. 18; *Mühle* S. 153; *Schlüchter* S. 83; **aA** *Kindhäuser* LPK Rdn. 10. Abweichend *Abu-Zeitoun* S. 204.

[54] *Fischer* Rdn. 27; *Kindhäuser* LPK Rdn. 10; *Lackner/Kühl* Rdn. 8; *Zaczyk* NK Rdn. 18; *Arzt/Weber* BT § 12 Rdn. 59; *Maurach/Schroeder/Maiwald* BT I § 36 Rdn. 39, 45; *Mitsch* BT 2 § 5 Rdn. 199; *Hilgendorf* JuS **1996** 1082, 1084; *Mühle* S. 153. Nach *Otto* BT § 47 Rdn. 43 und *Heghmanns* VI 1 Rdn. 165, 174 verdrängt § 303b Abs. 1 Nr. 2 a.F. den § 303 Abs. 1 über den Grundsatz der Spezialität. Zwischen § 303b Abs. 1 Nr. 2 a.F. und § 303 (Abs. 1) nehmen Tateinheit an: *Sch/Schröder/Stree* Rdn. 20; *Wieck-Noodt* MK Rdn. 23 (im Regelfall); *Granderath* DB **1986** Beil. 18 S. 1, 3; *Lenckner/Winkelbauer* CR **1986** 824, 831; *Möhrenschlager* wistra **1986** 128, 142; *Schlüchter* S. 83; *H. Schmitz* Computerkriminalität S. 127; *Schulze-Heiming* S. 226 f; *Sondermann* S. 128 ff; differenzierend *Hoyer* SK Rdn. 13; *Tolksdorf* LK[11] Rdn. 30; *Bär* S. 847 (Rdn. 81).

[55] *Fischer* Rdn. 27; *Kindhäuser* LPK Rdn. 10; *Lackner/Kühl* Rdn. 8; *Sch/Schröder/Stree* Rdn. 20; *Tolksdorf* LK[11] Rdn. 30; *Wieck-Noodt* MK Rdn. 23; *Arzt/Weber* BT § 12 Rdn. 59; *Otto* BT § 47 Rdn. 43; *Hilgendorf* JuS **1996** 1082, 1084; *Lenckner/Winkelbauer* CR **1986** 824, 831; *Mühle* S. 153 f; *Sondermann* S. 132; *Volesky/Scholten* iur **1987** 280, 282. Nach *Maurach/Schroeder/*

§§ 202a, 263a, 268 und 269.[56] Tateinheit ist außerdem möglich mit Nötigung und Erpressung. Für das Verhältnis zu gemeingefährlichen Straftaten siehe jeweils dort. § 303b kann wie § 303a (s. dort Rdn. 45) taugliche Bezugstat nach § 130 OWiG sein und über diese Vorschrift eine Verantwortlichkeit einer juristischen Person nach § 30 OWiG begründen.

XII. Recht des Einigungsvertrages. Europarechtliche Bezüge

Siehe insoweit bei § 303a Rdn. 38 f. **40**

XIII. Sonstiges

Die Strafverfolgung nach § 303b a.F. und § 303b Abs. 1 bis 3 n.F. setzt entweder **41** einen **Strafantrag** voraus, **oder** die Staatsanwaltschaft als Strafverfolgungsbehörde muss das **besondere öffentliche Interesse an der Verfolgung** bejahen (s. § 303c Rdn. 10, 13). Unter bestimmten Voraussetzungen nimmt das Bundeskriminalamt die polizeilichen Aufgaben auf dem Gebiet der Strafverfolgung wahr, § 4 Abs. 1 S. 1 Nr. 5 BKAG. Eine Straftat nach § 303b, auch nach § 303b Abs. 5, kann Anlass bieten, das Delikt der Bildung einer terroristischen Vereinigung nach § 129a Abs. 2 Nr. 2 zu prüfen (vgl. BGH NStZ-RR **2006** 267 ff); die entsprechende Änderung von § 129a Abs. 2 Nr. 2 geht auf Art. 1 Nr. 1d des Gesetzes zur Umsetzung des Rahmenbeschlusses des Rates vom 13. Juni 2002 zur Terrorismusbekämpfung und zur Änderung anderer Gesetze vom 22. Dezember 2003 – BGBl. I 2836 – zurück. Siehe daneben § 129b Abs. 1. Siehe ergänzend auch bei § 303a Rdn. 51 f.

§ 303c
Strafantrag

In den Fällen der §§ 303, 303a Abs. 1 und 2 sowie § 303b Abs. 1 bis 3 wird die Tat nur auf Antrag verfolgt, es sei denn, daß die Strafverfolgungsbehörde wegen des besonderen öffentlichen Interesses an der Strafverfolgung ein Einschreiten von Amts wegen für geboten hält.

Entstehungsgeschichte

Das Strafantragserfordernis für § 303 war ursprünglich in § 303 Abs. 3 normiert. Durch das 22. StrÄndG vom 18. Juli 1985 (BGBl. I 1510) ist § 303 Abs. 3 um die Möglichkeit erweitert worden, Sachbeschädigung von Amts wegen zu verfolgen, wenn ein

---

Maiwald BT I § 36 Rdn. 45 tritt § 303b hinter §§ 88, 109e zurück; ebenso *Zaczyk* NK Rdn. 18.

[56] *Fischer* Rdn. 27; *Kindhäuser* LPK Rdn. 10; *Lackner/Kühl* Rdn. 8; *Wieck-Noodt* MK Rdn. 23; *Zaczyk* NK Rdn. 19; *Otto* BT § 47 Rdn. 43; *Bär* S. 847 (Rdn. 81); *Heghmanns* VI 1 Rdn. 174; *Hilgendorf* JuS **1996** 702, 705 und 1082, 1084; *H. Schmitz* Computerkriminalität S. 127, 111; *R. Schmitz* JA **1995** 478, 484; *Sondermann* S. 132; *Volesky/Scholten* iur **1987** 280, 282.

besonderes öffentliches Interesse daran besteht. Diese Regelung ist am 26. Juli 1985 in Kraft getreten. Sie geht auf einen Gesetzentwurf des Bundesrates zurück und hat zum Ziel, dass eine Sachbeschädigung auch dann verfolgt werden kann, wenn der Geschädigte infolge Einschüchterung oder aus Furcht vor Vergeltung nicht bereit ist, einen Strafantrag zu stellen, oder einen gestellten Antrag wieder zurücknimmt (s. insbes. Gesetzentwurf BTDrucks. 10/308 S. 4 ff sowie Beschlussempfehlung und Bericht des Rechtsausschusses des Bundestags BTDrucks. 10/3538 S. 3 f).

Durch Art. 1 Nr. 16 und 17 des 2. WiKG vom 15. Mai 1986 (BGBl. I 721), in Kraft getreten am 1. August 1986, ist § 303 Abs. 3 gestrichen und als § 303c unter Ausdehnung seines Anwendungsbereichs auf § 303a und § 303b eingefügt worden. Durch Einfügung des seit dem 8. September 2005 geltenden § 303 Abs. 2 n.F. (vgl. zur Entstehung dieser Änderung bei § 303) erstreckt sich das grundsätzliche Antragserfordernis auch auf das unbefugte Verändern des Erscheinungsbildes einer fremden Sache.

Mit Art. 1 Nr. 7 des 41. StrÄndG (s. dazu bei § 303a) ist § 303c auf § 303b Abs. 1 n.F. erstreckt worden (BTDrucks. 16/3656 Anl. 1 S. 13), während §§ 303a Abs. 3, 303b Abs. 5 keinen Strafantrag voraussetzen. Wegen der Ausgestaltung dieser Vorbereitungshandlungen als abstraktes Gefährdungsdelikt, das nicht an die Verletzung von Rechtsgütern Einzelner anknüpft, fehlt es an einem Geschädigten, dem die Antragsbefugnis zustehen könnte (BTDrucks. 16/3656 Anl. 1 S. 12).

Übersicht

	Rdn.
I. Sachbeschädigung, Datenveränderung und Computersabotage als Antragsdelikte; Antragsberechtigung des Verletzten	1
1. Verletzter im Sinne von § 303 Abs. 1	2
2. Verletzter im Sinne von § 303 Abs. 2	8
3. Antragsberechtigung bei § 303a	9
4. Antragsberechtigung bei § 303b	10
II. Besonderes öffentliches Interesse an der Strafverfolgung	11
1. Allgemeine Bedeutung des Merkmals	12
2. Erklärung der Staatsanwaltschaft	13

I. Sachbeschädigung, Datenveränderung und Computersabotage als Antragsdelikte. Antragsberechtigung des Verletzten

1 Sachbeschädigung, Datenveränderung und Computersabotage sind mit Ausnahme der Vorbereitungshandlungen der beiden Computerdelikte **grundsätzlich Antragsdelikte.** Dabei ist antragsberechtigt der **Verletzte,** § 77 Abs. 1. Das Antragserfordernis bei § 303b a.F. im Vergleich zu §§ 305, 305a, die von Amts wegen zu verfolgen sind, halten für rechtspolitisch wenig überzeugend zum Beispiel *Hilgendorf* JuS **1996** 1082, 1083 Fn. 37 und *Möhrenschlager* wistra **1986** 128, 142. Zur Möglichkeit gewillkürter Stellvertretung vergleiche *Jähnke* LK[11] § 77 Rdn. 51 ff und *Schmid* LK § 77 Rdn. 51 ff.

2 **1. Verletzter im Sinne von § 303 Abs. 1** ist, wer ein dingliches oder persönliches unmittelbares Recht an der beschädigten oder zerstörten Sache hat und wessen Recht durch die Tat verletzt wird.[1] Diese insbesondere in der Rechtsprechung und dort ständig

[1] RGSt **1** 306; **4** 326 ff; **63** 76 ff; **71** 137 f; RG JW **1935** 204; BayObLGSt **11** 1, 2; BayObLG NJW **1963** 1464; BayObLG NJW **1981** 1053 f; *Lackner/Kühl* Rdn. 2; *Wieck-Noodt* MK Rdn. 2; *Maurach/Schroeder/Maiwald* BT I § 36 Rdn. 25; *Schmittmann* CR **1995** 548, 552.

vertretene Auffassung lässt sich damit begründen, dass, wenn der Eigentümer seine Rechtsposition sachlichrechtlich oder schuldrechtlich teilweise auf einen anderen *überträgt* und die geschützte Sache dazu an diesen aus der Hand gibt, der so an der Sache unmittelbar Mitberechtigte im Falle ihrer Beschädigung auch Mitverletzter ist; Eigentumsschutz und Verletzteneigenschaft fallen deshalb bei dieser Auslegung des Gesetzes nicht auseinander. Demgegenüber wird im Schrifttum überwiegend vertreten, dass nur der (Mit-)Eigentümer strafantragsberechtigt ist, weil § 303 allein das Sacheigentum schützt.[2]

Einzelheiten: In dem erwähnten Sinne unmittelbar persönlich berechtigt und damit antragsberechtigt ist zum Beispiel der Entleiher einer Sache, nicht jedoch derjenige, der es übernommen hat, für eine Sache zu sorgen, und Anspruch auf Erstattung der dabei aufgewendeten Kosten hat (RGSt **4** 326 ff; RG HRR **1925** Nr. 1595); einen wirksamen Strafantrag kann ein Kind stellen, dessen Vater ihm ein in seinem Eigentum stehendes Pferd zum Reiten überlassen hat (OLG Düsseldorf VRS **71** 28 ff); dagegen sind Ehegatten nicht ohne weiteres für einander strafantragsberechtigt (BayObLGSt **27** 147 f); antragsberechtigt ist der Mieter einer Sache (RGSt **1** 306; RG Rspr. **6** 766 ff; RG JW **1935** 204); der Untermieter (RG JW **1935** 204); der Inhaber einer Werkswohnung (RGSt **71** 137 f); der Käufer einer Sache, auf den die Verlustgefahr übergegangen ist (BayObLG NJW **1963** 1464). Zum Strafantragsrecht eines Polizeibeamten bei Beschädigung seines Diensthemds vergleiche OLG Frankfurt a.M. NJW **1987** 389, 390. Bei Beschädigung einer aufgrund Werkvertrags in ein Grundstück eingefügten Sache ist vor Abnahme des Werks durch den Besteller auch der Werkunternehmer verletzt und deshalb antragsbefugt (RGSt **63** 76 ff). Bei Beschädigung von verkauften Gütern auf dem Versandwege ist der die Versendungsgefahr tragende Käufer antragsberechtigt (RGSt **63** 76, 78). Allerdings muss die Sachbeschädigung den Antragsteller unmittelbar treffen. Daher ist die Versicherungsgesellschaft, bei der die Sache gegen Beschädigung versichert war und die den Schaden decken muss, nicht antragsberechtigt (RG GA **50** 287). **3**

Eine **politische Partei** hat kein Strafantragsrecht in bezug auf beschädigte Wahlplakate, die sie an einer nicht ihr gehörenden Litfaßsäule hatte verkleben lassen (BayObLG NJW **1981** 1053 ff). Das gleiche gilt für ohne Einverständnis des Eigentümers auf einem Bauzaun aufgeklebte Wahlplakate, die durch Dritte beschädigt werden (OLG Karlsruhe NJW **1979** 2056). Werden dagegen ihre auf eigenen Stellwänden angebrachten Plakate beschädigt, ist sie selbstverständlich strafantragsberechtigt (BGH NStZ **1982** 508 f; OLG Hamburg NJW **1982** 395). Ebenso wird man einer politischen Partei ein Strafantragsrecht zubilligen müssen, wenn ihre auf einer von einer Stadt für allgemeine Wahlwerbung aufgestellte Plakattafel aufgeklebten Plakate beschädigt werden (offengelassen von OLG Oldenburg NJW **1982** 1166 f; nach *Fischer* Rdn. 4 ist dies fraglich). **4**

Wird Eigentum oder ein unmittelbares Recht an einer Sache einer **juristischen Person** verletzt, so ist der gesetzliche Vertreter antragsberechtigt. Wird **Staatseigentum** beschädigt oder zerstört, so ist die zur Verwaltung der Sache berufene Stelle oder Person antragsberechtigt (RGSt **51** 83 f; **65** 354, 357; RG GA **57** 201). Zum Strafantragsrecht **5**

---

2 *Fischer* Rdn. 3; *Hoyer* SK Rdn. 2; *Kindhäuser* LPK Rdn. 2; *Mitsch* in MK § 77 Rdn. 7; *ders.* BT 1 § 5 Rdn. 40; *Olshausen* § 303 Anm. 13a; *Sch/Schröder/Stree* Rdn. 2; *Zaczyk* NK Rdn. 2; *Wessels/Hillenkamp* BT II Rdn. 34; *Rommel* Zur einfachen Sachbeschädigung (1914) 84, 88; *Wolf* Graffiti als kriminologisches und strafrechtsdogmatisches Problem (2004) 95 ff; *Eifert* JuS **1993** 1032, 1038; *Rudolphi* JR **1982** 27; *Stree* JuS **1988** 187, 191 f; nach *Otto* Jura **1989** 200, 207 Fn. 135 der Sachherr als Träger des geschützten Rechtsguts; vgl. auch *ders.* BT § 47 Rdn. 44.

des Leiters einer Straßenmeisterei im Land Niedersachsen vgl. zum Beispiel OLG Celle NStZ **1981** 223, 224, zur möglichen Antragsbefugnis des Sachbearbeiters des Rechtsamts einer Großstadt OLG Köln NStZ **1982** 333 f.

6 Beim **Zusammentreffen mehrerer Antragsberechtigungen** hat jeder Antragsbefugte eine selbständige Berechtigung, § 77 Abs. 4 (RG HRR **1925** Nr. 1595; KG DJZ **1925** Sp. 1811).

7 Das Antragsrecht geht weder bei Ersatz des Schadens durch einen Dritten (RGSt **71** 137 f) oder den Täter noch dadurch verloren, dass der Antragsberechtigte nach der Beschädigung oder Zerstörung der Sache aufhört, Inhaber des verletzten Rechts zu sein.[3]

8 **2.** Die gleichen Grundsätze gelten bei einem Delikt nach **§ 303 Abs. 2.**

9 **3.** Für **§ 303a a.F., jetzt § 303a Abs. 1 und 2,** ergibt sich die **Antragsberechtigung** aus der unmittelbaren Berechtigung an den gespeicherten Daten, d.h. aus der den Bestand der Daten einschließenden *Nutzungsberechtigung* an den Daten.[4] Diese ist zu trennen vom Eigentum am Datenträger, kann aber natürlich mit diesem zusammenfallen und wird dies häufig tun. Die Berechtigung ergibt sich im Grundsatz aus dem Speichern der Daten durch den Urheber, dem Skripturakt, und folgt in Verhältnissen mit mehreren Beteiligten den §§ 69a ff in Verbindung mit §§ 31 ff UrhG in mindestens entsprechender Anwendung (s. näher § 303a Rdn. 10 ff). Daraus folgt, dass die Antragsberechtigung als Ausgangspunkt demjenigen zusteht, der die Daten zu eigenen Zwecken erstellt und sie auf einem Datenträger speichert, der nicht ihm gehören muss. Wird die Nutzungsberechtigung an den Daten durch Rechtsgeschäft übertragen, hängt es von den Vertragsabreden ab, in welchem Umfang die Berechtigung an den Daten und damit die Antragsberechtigung beim Übertragenden bleibt oder auf denjenigen übergeht, dem die Nutzungsberechtigung übertragen wird. Somit kommen zum Beispiel bei Miete oder Leasing von Software – allein oder in Verbindung mit Hardware – sowohl der Mieter oder Leasingnehmer als auch der Vermieter oder Leasinggeber als Antragsberechtigte in Betracht, wobei sich die Antragsberechtigungen überschneiden können, also beide antragsberechtigt sind. Werden Daten zur Speicherung, Bearbeitung oder Verarbeitung an einen Dritten gegeben, sind im Falle einer strafrechtlich relevanten Datenveränderung der Datengeber und der Dritte mögliche Antragsberechtigte. Das Betroffensein durch gespeicherte personenbezogene Daten allein genügt allerdings nicht für eine Antragsberechtigung;[5] ebensowenig das Eigentum am Datenträger (insoweit **aA** *Hoyer* SK Rdn. 4).

---

3 RGSt **71** 137 f; *Hoyer* SK Rdn. 3; *Sch/Schröder/Stree* Rdn. 2; *Wieck-Noodt* MK Rdn. 4.

4 *Fischer* Rdn. 6; *Hoyer* SK Rdn. 4; *Wieck-Noodt* MK Rdn. 5; *Ernst* Hacker, Cracker & Computerviren (2004) Rdn. 286. An die Verfügungsbefugnis über die Daten knüpfen die Antragsberechtigung an: *Sch/Schröder/Stree* Rdn. 3; *Zaczyk* NK Rdn. 4; *Abu-Zeitoun* Die Computerdelikte im deutschen Recht (2005), 71 f; *Mühle* Hacker und Computer-Viren im Internet – eine strafrechtliche Beurteilung, Diss. Passau 1998 S. 116; *H. Schmitz* Computerkriminalität (1990) 119; *Schulze-Heiming* Der strafrechtliche Schutz der Computerdaten gegen Angriffsformen der Spionage, Sabotage und des Zeitdiebstahls (1995) 227 f; *Sondermann* Computerkriminalität, Diss. Münster 1989 S. 134 f. Nach *Lackner/Kühl* Rdn. 3 ergibt sich die Antragsberechtigung aus der Rechtsposition, in die eingegriffen worden ist. Vgl. auch BGH NStZ **2005** 566.

5 *Fischer* Rdn. 6; *Sch/Schröder/Stree* Rdn. 3; *Zaczyk* NK Rdn. 4; *Abu-Zeitoun,* wie Fn. 4, S. 72; *Ernst,* wie Fn. 4, Rdn. 286; *Mühle,* wie Fn. 4, S. 116; nach *Lackner/Kühl* Rdn. 3; *Marberth-Kubicki* Computer- und Internetstrafrecht (2005) 59; *Sondermann,* wie Fn. 4, S. 134 nur ausnahmsweise.

4. Bei **§ 303b a.F. bzw. § 303b Abs. 2 n.F.**, auch als Versuch, ist **antragsberechtigt** der Inhaber des fremden Betriebs oder Unternehmens oder die Behörde, deren Datenverarbeitung gestört worden ist, wobei dies sowohl bei eigener Datenverarbeitung gilt als auch bei einer solchen durch einen Dritten (vgl. § 303b Rdn. 10). Außerdem kommt als Antragsberechtigter derjenige in Frage, der, wenn es um die Verarbeitung fremder Daten geht, diese Verarbeitung vornimmt.[6] Bei **§ 303b Abs. 1 n.F.** kommt als **Antragsteller** nur derjenige andere in Betracht, für den die vom Täter gestörte Datenverarbeitung von wesentlicher Bedeutung ist. **10**

II. Besonderes öffentliches Interesse an der Strafverfolgung

Die Verfolgung von Sachbeschädigung, Datenveränderung und Computersabotage ist auch ohne Strafantrag möglich, wenn die Staatsanwaltschaft ein **besonderes öffentliches Interesse** daran bejaht. Parallele Regelungen finden sich zum Beispiel in § 230 Abs. 1 S. 1 für vorsätzliche und fahrlässige Körperverletzung und in § 248a für Diebstahl und Unterschlagung geringwertiger Sachen sowie über § 263 Abs. 4 und § 263a Abs. 2 für Bagatell- und Computerbetrug. **11**

1. Zur **allgemeinen Bedeutung des Merkmals** eines besonderen öffentlichen Interesses an der Strafverfolgung kann weitgehend auf die Ausführungen von *Hirsch* LK[11] § 230 Rdn. 6 ff verwiesen werden. Besonderheiten ergeben sich im Rahmen des § 303c insoweit nicht. So kann auch das besondere öffentliche Interesse zum Beispiel an einer Sachbeschädigung noch in der Revisionsinstanz erklärt werden, weil die Erklärung nicht fristgebunden ist (BGHR StGB § 303c öffentliches Interesse 1; BayObLG JR **1994** 476, 477). Geht die Staatsanwaltschaft bei der Verfolgung einer Sachbeschädigung irrtümlich von einem gestellten Strafantrag aus, kann dies nicht als ein Einschreiten von Amts wegen nach § 303c angesehen werden (BGHR StGB § 303c Einschreiten 1; insoweit in BGHSt **35** 325 ff nicht abgedruckt), obwohl eine *konkludente* Bejahung des besonderen öffentlichen Interesses an der Strafverfolgung durchaus in Betracht kommt (BayObLG NJW **1990** 461 ff). Solange die Staatsanwaltschaft die Erklärung über das Vorliegen des besonderen öffentlichen Interesses nachbringen kann, darf kein Freispruch erfolgen (BayObLGSt **1991** 39 ff). **12**

2. Die **Erklärung der Staatsanwaltschaft** liegt in deren **pflichtgemäßem Ermessen.** Eine gerichtliche Überprüfung dieser Entscheidung ist grundsätzlich ausgeschlossen.[7] Wann ein besonderes öffentliches Interesse an der Strafverfolgung für die in § 303c auf- **13**

---

6 *Sondermann*, wie Fn. 4, S. 135. *Hoyer* SK Rdn. 5; *Lackner/Kühl* Rdn. 4; *Sch/Schröder/Stree* Rdn. 4; *Wieck-Noodt* MK Rdn. 6; *Zaczyk* NK Rdn. 5; *Lenckner/Winkelbauer* CR **1986** 824, 831 und *Schulze-Heiming*, wie Fn. 4, S. 227 f halten lediglich den Inhaber des Betriebs pp., dessen Datenverarbeitung gestört worden ist, für antragsberechtigt. Nach *Fischer* Rdn. 6 sind (auch) der Inhaber des fremden Betriebs sowie die Behörde antragsberechtigt, soweit ihr Nutzungsrecht an den Daten oder ihr Eigentum an einer DV-Anlage oder einem Datenträger verletzt ist; ebenso *Malek* Strafsachen im Internet (2005) Rdn. 194; ähnlich *H. Schmitz*, wie Fn. 4, S. 126.

7 BVerfGE **51** 176 ff; BGHSt **16** 225, 228 ff; *Zaczyk* NK Rdn. 10; *Böttcher* LR[26] § 23 EGGVG Rdn. 110 ff; *Heinrich* NStZ **1996** 110; jeweils mit weiteren Nachweisen; sowie *Heghmanns* in Achenbach/Ransiek (Hrsg.) Wirtschaftsstrafrecht Kap. VI 1 Rdn. 203; *Hoffmann* NStZ **2002** 566, 567; **aM** z.B. – ebenfalls mit Nachweisen – *Hirsch* LK[11] § 230 Rdn. 11 ff.

gezählten Delikte gegeben sein wird, lässt sich für die **Sachbeschädigung** weitgehend aus den gesetzgeberischen Motiven, die zur Schaffung dieser Verfolgungsmöglichkeit geführt haben, erschließen. So wird bei Sachbeschädigungen als Folge von gewaltsam verlaufenen Demonstrationen eine Strafverfolgung von Amts wegen ebenso nahe liegen, wie bei Fällen von Vandalismus zum Beispiel in Zusammenhang mit Sportveranstaltungen oder Rockkonzerten; im Grunde also bei allen Sachbeschädigungen, mit denen vom Tatgeschehen, von der Höhe des Schadens oder der Zahl der Einzelfälle her eine *nachhaltige Störung des allgemeinen Rechtsfriedens und des Sicherheitsgefühls der Bevölkerung* verbunden ist und bei denen erfahrungsgemäß von den Geschädigten aus Furcht vor unliebsamen Weiterungen kein Strafantrag gestellt wird.[8] Bei **§ 303a** werden Fälle schwerwiegender wirtschaftlicher oder sonstige allgemeine Interessen berührender Schäden im Vordergrund stehen.[9] Das gleiche gilt für **§ 303b a.F., jetzt § 303b Abs. 2**, dessen Tatbestandsfassung jedoch dafür spricht, dass das Gewicht einer derartigen Straftat meist eine Verfolgung von Amts wegen rechtfertigen wird.[10] Für **§ 303b Abs. 1 n.F.** gilt dies demgegenüber wohl nur ausnahmsweise.

14 In den *Richtlinien für das Straf- und Bussgeldverfahren* fehlt es, anders als mit Nummer 234 und 243 Abs. 3 für Körperverletzungen, an einer Konkretisierung des besonderen öffentlichen Interesses nach § 303c.

§ 304
Gemeinschädliche Sachbeschädigung

(1) Wer rechtswidrig Gegenstände der Verehrung einer im Staat bestehenden Religionsgesellschaft oder Sachen, die dem Gottesdienst gewidmet sind, oder Grabmäler, öffentliche Denkmäler, Naturdenkmäler, Gegenstände der Kunst, der Wissenschaft oder des Gewerbes, welche in öffentlichen Sammlungen aufbewahrt werden oder öffentlich aufgestellt sind, oder Gegenstände, welche zum öffentlichen Nutzen oder zur Verschönerung öffentlicher Wege, Plätze oder Anlagen dienen, beschädigt oder zerstört, wird mit Freiheitsstrafe bis zu drei Jahren oder mit Geldstrafe bestraft.

(2) Ebenso wird bestraft, wer unbefugt das Erscheinungsbild einer in Absatz 1 bezeichneten Sache oder eines dort bezeichneten Gegenstandes nicht nur unerheblich und nicht nur vorübergehend verändert.

(3) Der Versuch ist strafbar.

Schrifttum

Hönes Zum Schutz öffentlicher Denkmäler und Naturdenkmäler nach § 304 StGB, NuR **2006** 750; *Keller* Der strafrechtliche Schutz von Baudenkmälern unter Berücksichtigung der Bußgeldtatbestände in den Landesdenkmalgesetzen, Diss. Würzburg 1987; *Kudlich* Folgenlose Änderung oder

---

[8] *Fischer* Rdn. 7; *Sch/Schröder/Stree* Rdn. 7; *Wieck-Noodt* MK Rdn. 8 f; *Zaczyk* NK Rdn. 8; einschränkend *Hoyer* SK Rdn. 1, 6; *Lackner/Kühl* Rdn. 2.

[9] *Sch/Schröder/Stree* Rdn. 8; *Zaczyk* NK Rdn. 9; *Marberth-Kubicki*, wie Fn. 5, S. 59; *H. Schmitz*, wie Fn. 4, S. 119; einschränkend *Hoyer* SK Rdn. 1, 6; *Lackner/Kühl* Rdn. 3. Vgl. auch BayObLG JR **1994** 476; *Wieck-Noodt* MK Rdn. 10; *Abu-Zeitoun*, wie Fn. 4, S. 72 und *Mühle*, wie Fn. 4, S. 117; *Sondermann*, wie Fn. 4, S. 140.

[10] *Lackner/Kühl* Rdn. 4; *Sch/Schröder/Stree* Rdn. 6, 8; *Wieck-Noodt* MK Rdn. 11; *Zaczyk* NK Rdn. 9; einschränkend *Hoyer* SK Rdn. 1, 6; vgl. auch *Fischer* Rdn. 7.

inkonsequente Strafbarkeitsausweitung – zum zweifelhaften Regelungsgehalt des neuen § 304 II StGB, GA **2006** 38; *Loos* Gemeinschädliche Sachbeschädigung (§ 304 StGB) durch Überkleben von Wahlplakaten? – LG Wiesbaden, NJW 1978, 2107, JuS **1979** 699; *Molkentien/Weißenborn* Bäume – taugliche Objekte einer gemeinschädlichen Sachbeschädigung im Sinne von § 304 Abs. 1 StGB? UPR **1988** 426; *Rehborn* Das Verhältnis des § 304 Abs. 1 StGB zu den Bußgeldvorschriften in § 41 Abs. 1 Nr. 2 Denkmalschutzgesetz, NWVBl. **1988** 325; *Stree* Beschädigung eines Polizeistreifenwagens – BGHSt 31, 185, JuS **1983** 836; *Weber* Zum Verhältnis von Bundes- und Landesrecht auf dem Gebiet des straf- und bußgeldrechtlichen Denkmalschutzes, Festschrift Tröndle (1989) 337; *Wesenberg* Der strafrechtliche Schutz der geheiligten Gegenstände, Diss. Göttingen 1912.

Entstehungsgeschichte

§ 304 des Strafgesetzbuchs für das Deutsche Reich (RGBl. 1871 S. 127, 186 f), der in Absatz 2 vorsah, dass neben Gefängnisstrafe auf Verlust der bürgerlichen Ehrenrechte erkannt werden konnte, und die Strafbarkeit des Versuchs in Absatz 3 regelte, ist bis zum EGStGB 1974 praktisch unverändert geblieben. Zuvor war nur die Begrenzung der Geldstrafe auf fünfhundert Thaler entfallen sowie durch Art. 4 des 1. StrRG vom 25. Juni 1969 (BGBl. I 645) die angedrohte Gefängnisstrafe in Freiheitsstrafe übergeleitet worden. Auch die Umformulierung durch Art. 19 Nr. 162 und 207 EGStGB 1974 bedeutete keine sachliche Änderung von Absatz 1 und der Versuchsstrafbarkeit nach Absatz 2 a.F.

Durch Art. 1 Nr. 7 des 18. StrÄndG – Gesetzes zur Bekämpfung der Umweltkriminalität – vom 28. März 1980 (BGBl. I 373) ist in § 304 Abs. 1 nach den Worten „öffentliche Denkmäler“ das Wort „Naturdenkmäler“ eingefügt worden. Damit sollte der bis dahin landesrechtlich und unterschiedlich geregelte Fall der Beschädigung oder Zerstörung eines Naturdenkmals einheitlich normiert und in das Strafgesetzbuch aufgenommen werden (Begr. zum Regierungsentwurf – BTDrucksache 8/2382 S. 12 f). Dadurch wurde eine bereits in § 250 Abs. 1 Nr. 3 E 1962 vorgesehene Umgestaltung aufgegriffen.

Durch das 39. StrÄndG vom 1. September 2005 (BGBl. I 2674) ist der jetzige Absatz 2 eingefügt und der bisherige Absatz 2 zu Absatz 3 geworden; die Änderung ist am 8. September 2005 in Kraft getreten. Zu Zielrichtung und Entstehung dieses Gesetzes vergleiche bei § 303. Die parallele Änderung beider Vorschriften wurde schon in den vorangegangenen Entwürfen angestrebt, wobei durchgehend die Überlegungen zu § 303 im Vordergrund standen.

Übersicht

	Rdn.
I. Allgemeines	1
II. Tatobjekte	
1. Gegenstände der Verehrung einer im Staat bestehenden Religionsgesellschaft	3
2. Dem Gottesdienst gewidmete Sachen	4
3. Grabmäler	5
4. Öffentliche Denkmäler	6
5. Naturdenkmäler	8
6. In öffentlichen Sammlungen aufbewahrte oder öffentlich aufgestellte Gegenstände der Kunst, der Wissenschaft oder des Gewerbes	9
7. Zum öffentlichen Nutzen dienende Gegenstände	11
8. Zur Verschönerung öffentlicher Wege, Plätze oder Anlagen dienende Gegenstände	15
III. Die tatbestandsmäßige Handlung	
1. Beschädigen und Zerstören nach § 304 Abs. 1	16
2. Das unbefugte, nicht nur unerhebliche und nicht nur vorübergehende Verändern des Erscheinungsbildes nach § 304 Abs. 2	17
IV. Subjektiver Tatbestand	19
V. Rechtswidrigkeit	20
VI. Versuch	21
VII. Konkurrenzen	22
VIII. Sonstiges	23

I. Allgemeines

1 Die **gemeinschädliche Sachbeschädigung** ist in § 304 wegen des Angriffs auf bestimmte, unter besonderem Schutz stehende öffentliche Güter mit erhöhter Strafe bedroht. Dies gilt auch für § 304 Abs. 2. Sie ist kein erschwerter Fall des § 303, sondern ein eigenständiges Vergehen.[1] Der § 304 ist teils weiter, teils enger als die Tatbestände der einfachen Sachbeschädigung. Weiter insofern, als das Merkmal der fremden Sache nicht erforderlich ist;[2] daher kann auch bestraft werden, wer seine eigene oder eine herrenlose Sache beschädigt oder zerstört (BayObLGSt **20** 146, 150). Enger ist § 304 insoweit, als er nur bestimmte, genau bezeichnete Gruppen von Sachen schützt; dabei genügt die Beschädigung usw. einer Sache trotz des im Gesetzestext verwendeten Plurals (vgl. z.B. *Herzberg* GA **1997** 251, 252; *Ransiek* NStZ **1997** 519, 525; *Schlehofer* JuS **1992** 572, 574 f). **Maßgebend** ist bei § 304 nicht das Eigentumsinteresse, sondern das **Gemeininteresse** an der allgemeinen Nutzung bestimmter Güter; die „Vernichtung oder Brauchbarkeitsminderung von Kulturgütern" soll verhindert werden (*E. Wolf* ZAkDR **1938** 100, 101).[3] Durch § 304 Abs. 2 ist der Schutz nach den Vorstellungen des Gesetzgebers auf die Bewahrung des äußeren Erscheinungsbildes ausgedehnt worden (Begr. des Entwurfs BTDrucks. 15/5313 S. 3; s. dazu auch Rdn. 17).

2 Die **Aufzählung der** nach § 304 **geschützten Gegenstände**, d.h. körperlichen Sachen (BGHSt **5** 261, 266), **oder Sachen** – die Begriffe sind also synonym verwendet (*Graul* JuS **2000** 215, 219 Fn. 32) – ist **erschöpfend**.[4] Ihr gemeinsames Merkmal ist die Zweckbestimmung, den öffentlichen Interessen oder solchen Belangen zu dienen, welche vom Gesetzgeber den öffentlichen Interessen gleichgestellt sind. Diese Widmung muss zur Zeit der Tat bestehen.[5] Ob die Sache ursprünglich anderen Zwecken gewidmet war, ist unerheblich (RGSt **9** 26, 28; **34** 1, 2; **43** 240, 244). Die öffentliche Zweckbestimmung kann durch schlüssige Handlung geschehen (RG JW **1927** 126), insbesondere durch stillschweigende Billigung und Aufrechterhaltung eines bestehenden Zustandes. Ein tatsächlicher Zustand allein genügt jedoch nicht (RGSt **58** 346, 347; OLG Oldenburg NdsRpfl. **1987** 14, 16); er muss mit dem Willen des Verfügungs- oder Widmungsberechtigten übereinstimmen.[6] Andererseits muss zu der Widmung eine grundsätzlich gegebene tatsächliche Nutzungsmöglichkeit treten (*Fischer* Rdn. 3). An fehlender Widmung scheitert die Einbeziehung von kulturhistorisch wertvollen *Bodenfunden* bei „Raubgrabungen" an

---

1 *Fischer* Rdn. 2; *Hoyer* SK Rdn. 1; *Kindhäuser* LPK Rdn. 1; *Sch/Schröder/Stree* Rdn. 1; *Wieck-Noodt* MK Rdn. 2; *Zaczyk* NK Rdn. 1; *Arzt/Weber* BT § 12 Rdn. 34; *Wessels/Hillenkamp* BT II Rdn. 40; vgl. auch *Maurach/Schroeder/Maiwald* BT II § 57 Rdn. 1 f.

2 RGSt **43** 240, 242; RG Rspr. **10** 595, 596; BayObLGSt **20** 146, 150; *Fischer* Rdn. 3; *Hoyer* SK Rdn. 1; *Lackner/Kühl* Rdn. 1; *Sch/Schröder/Stree* Rdn. 1; *Wieck-Noodt* MK Rdn. 6, 8; *Wessels/Hillenkamp* BT II Rdn. 40.

3 *Hoyer* SK Rdn. 2; *Lackner/Kühl* Rdn. 1; *Sch/Schröder/Stree* Rdn. 1; *Wieck-Noodt* MK Rdn. 1; *Wessels/Hillenkamp* BT II Rdn. 40; *Fischer* Rdn. 2, wobei dort auch Aspekte des sog. öffentlichen Friedens als geschützt angesehen werden. Zum Rechtsgutbegriff siehe zudem *Wolf* Graffiti als kriminologisches und strafrechtsdogmatisches Problem (2004) 37.

4 *Fischer* Rdn. 3; *Hoyer* SK Rdn. 3; *Sch/Schröder/Stree* Rdn. 2; *Wieck-Noodt* MK Rdn. 7; *Zaczyk* NK Rdn. 1.

5 RGSt **34** 1, 2; **43** 240, 244 f; *Lackner/Kühl* Rdn. 3; *Sch/Schröder/Stree* Rdn. 2; *Wieck-Noodt* MK Rdn. 8; *Zaczyk* NK Rdn. 3; *Maurach/Schroeder/Maiwald* BT II § 57 Rdn. 3.

6 In diesem Sinne sind die Entscheidungen RGSt **5** 318, 319 und RG Rspr. **1** 134, 135 durch RGSt **9** 26, 28 richtiggestellt worden. Vgl. auch RGSt **43** 240 ff.

bisher unbekannten Fundstätten von Altertümern (*Koch* NJW **2006** 557, 559; **aA** *Hönes* NuR **2006** 750, 751).

II. Tatobjekte

Als Tatobjekte kommen nach der Aufzählung in der Vorschrift in Betracht:

1. **Gegenstände der Verehrung einer im Staat bestehenden Religionsgesellschaft.** Näheres über die Art der geschützten Gegenstände bei *Ruß* LK[11] § 243 Rdn. 25. Zu den angesprochenen Religionsgesellschaften siehe *Dippel* LK[11] § 166 Rdn. 59 ff; der in § 304 verwendete Ausdruck „im Staat bestehende Religionsgesellschaft" hat dieselbe Bedeutung wie der in §§ 166, 167 benutzte Begriff „im Inland bestehende Religionsgesellschaft". Der Ort, an welchem sich die Gegenstände der Verehrung befinden, muss mindestens zeitweise den Mitgliedern der Religionsgesellschaft zugänglich sein. Das Merkmal der Zugänglichkeit fehlt bei dem Kruzifix in einer Privatwohnung (BayObLGSt 7 284 f). Es ist vorhanden bei einem Kruzifix, einem Heiligenbild oder einer Reliquie, die in einer katholischen Kirche oder Kapelle aufgestellt sind. Kirchtürme und Kirchengebäude gehören nicht zu den Gegenständen der Verehrung einer im Staat bestehenden Religionsgesellschaft (RG Recht **1921** Nr. 2484; vgl. aber auch Rdn. 4 a.E., 6 und 12). **3**

2. Eine **Sache** ist **dem Gottesdienst gewidmet**, wenn sie die dauernde Bestimmung hat, bei Versammlungen einer Religionsgesellschaft in einer dem Zweck, den Vorschriften oder Gebräuchen dieser Gesellschaft entsprechenden Weise benutzt zu werden, wenn sie unmittelbar dazu dient, dass an oder mit ihr gottesdienstliche Handlungen vorgenommen werden (BGHSt **21** 64 f). Maßgebend sind also die Anschauungen der betreffenden Glaubensgemeinschaft (s. auch BVerfG DVBl. **2007** 119, 120). Solche Sachen sind: Altäre, Monstranzen, Kruzifixe und Kelche samt Zubehör, sowie Leuchter, Kanontafeln, Heiligengemälde, Skulpturen (BGHSt **21** 64 f); Altarkerzen (RGSt **53** 144 f); Abendmahlsgerät; Messgewänder; die Ewige Lampe (RG GA **67** 444); dagegen nicht der Opferstock (BGH LM StGB § 243 Abs. 1 Nr. 1) und der Klingelbeutel (vgl. *Arnold* SeuffBl. 3 313); auch nicht Sitzbänke und Stühle; Blumenvasen zum Schmuck des Altars (RG GA **57** 226 f). Gebet- und Gesangbücher sind wohl dann dem Gottesdienst gewidmet, wenn sie dauernd in der Kirche aufbewahrt werden.[7] Der Ausdruck Sachen, die dem Gottesdienst gewidmet sind, reicht in § 304 insofern weiter als in § 243 Abs. 1, als er auch Kirchen und Kapellen – also unbewegliche Gegenstände – umfasst (RG Recht **1921** Nr. 2848) einschließlich der Sakristei (vgl. RGSt **45** 243 ff; RG HRR **1935** Nr. 396; BGHSt **9** 140 ff) und der Fensterscheiben einer Kapelle (RG GA **57** 226 f). **4**

3. **Grabmäler** sind Erinnerungszeichen, die zum Gedächtnis Verstorbener auf oder an ihren Gräbern (zum Begriff des Grabes s. auch *Dippel* LK[11] § 168 Rdn. 52 ff) angebracht sind; nach BGHSt **20** 286 f: alle diejenigen dauerhaften Teile des Grabes, die – auch ohne Beschriftung – nach Art, Gestaltung und Ausführung in enger Verbindung mit sonstigen Anhaltspunkten auf den Toten hinweisen und damit nach der Lebensauffassung selbst den Charakter eines Erinnerungszeichens tragen (im entschiedenen Fall eine auf einem Steinsockel montierte bronzene Kreuzigungsgruppe, die zu einem gut gepflegten Grab **5**

[7] **AM** z.B. *Ruß* LK[11] § 243 Rdn. 25; *Wieck-Noodt* MK Rdn. 10; *Zaczyk* NK Rdn. 5; *Maurach/Schroeder/Maiwald* BT II § 61 Rdn. 21.

gehörte; **krit.** zu dieser Entscheidung *Maurach/Schroeder/Maiwald* BT II § 62 Rdn. 21). Übliche einfache *Grabsteine* fallen, weil zu geringfügig, nicht darunter (**aA** z.B. *Wieck-Noodt* MK Rdn. 11; vgl. auch RG GA 53 441). In RGSt **42** 116 f ist der Schutz auf Erinnerungszeichen beschränkt, welche dauernd diesem Zweck dienen. Diese Einschränkung ist nicht gerechtfertigt. Auch für den Schutz vorläufiger Erinnerungszeichen kann ein Bedürfnis bestehen, zum Beispiel in Kriegszeiten bei Soldatengräbern. Der strafrechtliche Schutz des Grabmals erlischt nicht mit dem Untergang des privatrechtlichen oder öffentlichrechtlichen Anspruchs auf Benutzung der Grabstätte. Er dauert über diesen Zeitpunkt hinaus fort, solange ein tatsächliches Pietätsinteresse an dem Weiterbestehen des Grabes erkennbar wird (RGSt **42** 116 f; teilweise weitergehend *Fischer* Rdn. 6), zum Beispiel durch Pflege und Ausschmückung. Abpflücken von Blumenschmuck ist nicht ohne weiteres Beschädigung eines Grabmals (RGSt **7** 190 ff; **9** 219, 220).

6 4. **Denkmäler** sind Erinnerungszeichen, welche das Andenken an Personen, Ereignisse oder Zustände dauernd erhalten sollen. Darunter fallen nicht nur zu diesem Zweck aufgestellte oder errichtete Standbilder, Säulen oder Bauwerke (zum Beispiel „Ruhmeshallen"), sondern auch Gegenstände, die „als kennzeichnende Reste eines früheren Kulturabschnitts von geschichtlicher, wissenschaftlicher oder künstlerischer Bedeutung sind" (RGSt **43** 240, 241; abl. aber *Frank* Anm. II 4). Ohne Belang ist, ob sie unversehrt oder nur in Bruchstücken erhalten sind. Als Beispiele seien genannt: Kirchen oder Kirchtürme (RGSt **43** 240 ff); Kapellen; Türme, Burgen; Festungswerke (LG Bamberg NJW **1953** 997, 998); Tore; Häuser. Ein Hünengrab kann ebenfalls die Eigenschaft eines kulturhistorischen Denkmals erlangen (OLG Celle NJW **1974** 1291 ff; vgl. auch RG GA **51** 49 f).

7 **Öffentlich** sind Denkmäler (zur Entstehungsgeschichte des Begriffs öffentliche Denkmäler *Hönes* NuR **2006** 750), die für öffentliche Zwecke bestimmt oder, wie es in RGSt **43** 240, 243 heißt, die der Öffentlichkeit gewidmet sind. Geschützt werden sollen nur Gegenstände, die den öffentlichen Schutz auch dem Eigentümer gegenüber, dessen Recht entsprechend eingeschränkt wird, erfordert. Ein ausdrücklicher Widmungsakt ist entbehrlich. Soweit nach den Landesdenkmalschutzgesetzen (s. dazu den Übersichtsartikel von *Hammer* Das Schutzsystem der deutschen Denkmalschutzgesetze, JuS **1997** 971 ff.) die Denkmalseigenschaft die *Eintragung* des zu schützenden Objekts in eine Liste oder ein Buch voraussetzt, hat dies für § 304 keine Bedeutung.[8] Daneben müssen Denkmäler, um öffentlich zu sein, sich an einem öffentlichen Ort befinden, also allgemein zugänglich sein (**aA** *Zaczyk* NK Rdn. 7; *Hönes* NuR **2006** 750, 752 f). Zu eng ist es jedoch, für einen öffentlichen Ort allein auf öffentliche Wege, Straßen und Plätze abzustellen (so *Frank* Anm. II 4).

8 5. **Naturdenkmäler.** Der Begriff des Naturdenkmals ist entsprechend der Bestimmung in § 17 Abs. 1 BNatSchG vom 20. Dezember 1976 (BGBl. I 3574)[9] auszulegen (Begr. zum Regierungsentwurf – BTDrucks. 8/2382 S. 12 f). Damit ist, soll strafrechtlicher Schutz bestehen, eine rechtsverbindliche Festsetzung als Naturdenkmal durch die dafür zuständige Verwaltungsbehörde nötig.[10] Dazu genügt nicht die Aufnahme in einen für

---

[8] *Zaczyk* NK Rdn. 7; *Hönes* NuR **2006** 750, 752. **AA** *Fischer* Rdn. 7; *Hoyer* SK Rdn. 7; *Lackner/Kühl* Rdn. 2; *Sch/Schröder/Stree* Rdn. 4; *Wieck-Noodt* MK Rdn. 3, 13; *Maurach/Schroeder/Maiwald* BT II § 57 Rdn. 4; *Weber* FS Tröndle, S. 339 ff (berechtigte Bedenken gegen die Überlegungen von *Weber* bei *Hettinger* JZ **1992** 244, 245).

[9] Inzwischen § 28 Abs. 1 BNatSchG vom 25. März 2002 (BGBl. I 1193), zuletzt geändert durch Gesetz v. 9. Dezember 2006 (BGBl. I 2833, 2851).

[10] *Fischer* Rdn. 8; *Sch/Schröder/Stree* Rdn. 4; *Wieck-Noodt* MK Rdn. 3, 15; *Zaczyk* NK Rdn. 8; *Hönes* NuR **2006** 750, 753; *Rogall* JZ-GD **1980** 101, 107; *Weber* FS Tröndle,

ein Flurbereinigungsverfahren erstellten landespflegerischen Begleitplan (OLG Oldenburg NJW **1988** 924). Insoweit ist § 304 also, wie sich aus der gegenüber dem Merkmal öffentliche Denkmäler abweichenden Entstehungsgeschichte dieses Merkmals ergibt, *Blankettstrafgesetz* (vgl. zur Bedeutung eines Blankettstrafgesetzes z.B. BGHStV **2007** 468). Schutz als Naturdenkmal setzt eine Einzelschöpfung der Natur voraus (inwieweit menschliche Eingriffe erlaubt sind, richtet sich nach Naturschutzrecht), die aus wissenschaftlichen, naturgeschichtlichen oder landeskundlichen Gründen oder wegen ihrer Seltenheit, Eigenart oder Schönheit schutzwürdig ist. Der Schutz kann sich erforderlichenfalls auch auf die Umgebung des Naturdenkmals erstrecken.

6. Im Sinne des § 304 ist ein **Gegenstand der Kunst, der Wissenschaft oder des Gewerbes** – die Begriffe, die Kulturgüter umreißen, sind weit auszulegen und lassen sich allgemeingültig kaum abgrenzen – nur dann *öffentlich aufgestellt*, wenn die Aufstellung an öffentlichen Orten auch einem öffentlichen Interesse dienen soll; § 304 unterscheidet sich auch insoweit von § 243 Abs. 1 Nr. 5 (vgl. *Ruß* LK[11] § 243 Rdn. 29). Daher liegt dieses Tatbestandsmerkmal nicht vor, wenn ein Händler zu Geschäftszwecken beispielsweise gewerbliche Erzeugnisse in seinem Schaufenster oder Verkaufsstand ausstellt. Als praktische Beispiele seien Gegenstände in Kunstausstellungen oder Kunst am Bau genannt. Es wird sich immer um Gegenstände handeln, die einerseits einen kulturellen, nicht notwendig materiellen Wert verkörpern, andererseits durch die öffentliche Aufstellung besonderer Gefährdung ausgesetzt sind. Die Eigentumslage ist ohne Bedeutung, so dass eine Kunstausstellung in einer Bank mit allgemeinem Publikumsverkehr vom Schutzbereich der Vorschrift erfasst ist. 9

Derartige Gegenstände sind **in öffentlichen Sammlungen aufbewahrt**, wenn die Sammlung der Allgemeinheit offensteht, auch wenn der Zutritt für den einzelnen von einer Erlaubnis oder sonstigen Bedingungen abhängig gemacht ist (BGHSt **10** 285 ff). Ist der Benutzerkreis beschränkt (wie zum Beispiel bei einer Außenstehenden nicht zugänglichen Behörden- oder Gerichtsbibliothek), so ist § 304 unanwendbar; es wird im Einzelfall also auf die Ausgestaltung der Benutzungsordnung ankommen. Die Eigentumslage ist auch hier unerheblich (vgl. RGSt **66** 203, 204); die Sammlung muss also nicht im Eigentum der öffentlichen Hand stehen. Staats- und Universitätsbibliotheken sind öffentliche Sammlungen (BGHSt **10** 285 ff). Dies gilt auch für Museen oder Kunsthallen (s. den Sachverhalt in OLG Hamburg NStZ-RR **2005** 40 ff). 10

7. Zum **öffentlichen Nutzen dienen Gegenstände**, wenn sie durch ihren Gebrauch oder in anderer Weise der Allgemeinheit **unmittelbar** nützen und dafür auch bestimmt sind.[11] Das Reichsgericht hat gelegentlich unter Widerspruch des Schrifttums auch Gegenstände einbezogen, die in „irgendeiner Beziehung" zum Nutzen des Publikums stehen.[12] Das geht zu weit, denn im Grunde nützen viele Dinge in irgendeiner Weise mittel- 11

S. 341 f; s. auch § 22 Abs. 1 BNatSchG in d. Fassung wie Fn. 9. **AM** offenbar OLG Oldenburg NdsRpfl. **1987 14**, 15 f.

[11] RGSt **58** 346 ff; **66** 203, 204; BGHSt **31** 185, 186 = JR **1984** 167 m. Anm. *Loos*, der in JuS **1979** 699, 700 Bedenken gegen die Funktionstüchtigkeit des Merkmals unmittelbar äußert; OLG Düsseldorf NuR **1996** 431 f; *Fischer* Rdn. 10; *Hoyer* SK Rdn. 10, 11; *Lackner/Kühl* Rdn. 3; *Sch/Schröder/Stree* Rdn. 5; *Stree* JuS **1983** 836, 837 f; *Wieck-Noodt* MK Rdn. 18; *Zaczyk* NK Rdn. 10; *Otto* BT § 47 Rdn. 25; *Wessels/Hillenkamp* BT II Rdn. 44 f.

[12] RGSt **5** 318 ff; **9** 26 ff; **31** 143 ff; **34** 1, 2; RG LZ **1916** Sp. 696.

bar auch der Allgemeinheit. Deshalb genügt auch nicht „eine nicht zu entfernte Beziehung zum Nutzen des Publikums". Der Maßstab liegt vielmehr darin, ob jedermann, wenn auch nach Erfüllung bestimmter allgemeingültiger Bedingungen, ohne Vermittlung dritter, zu beliebiger Auswahl der Teilnehmer befugter Personen aus dem Gegenstand oder aus dessen Erzeugnissen oder Wirkungen Nutzen ziehen kann.[13] Zu derartigen allgemeingültigen Zugangsbedingungen kann auch die Entrichtung eines Entgelts gehören (BGH JR **1984** 167, 168, insoweit in BGHSt **31** 185 ff nicht mit abgedruckt; vgl. auch BGHSt **22** 209 ff). Dagegen ist hier nicht wesentlich, dass der Gegenstand dem Publikum unmittelbar zugänglich ist (**aM** noch RG GA **60** 443 f).

12 Zu den Sachen, die der Allgemeinheit unmittelbar Nutzen bringen sollen, der mit Abstand bedeutsamsten Variante von § 304, gehören nach der Rechtsprechung: öffentliche Wege (RGSt **8** 399, 401; **28** 117 ff; BayObLGSt **24** 13 ff; OLG Hamm JMBlNRW **1972** 71 f); das Steinpflaster auf solchen Wegen (RG GA **60** 69 f); der Asphaltfußboden einer Fußgängerunterführung (OLG Karlsruhe Justiz **1978** 323); Brücken (BayKassH GA **24** 644); Schutzgeländer an Wegen und Brücken (RG Recht **1914** Nr. 1201); Verkehrszeichen (BGH VRS **19** 130, 132; OLG Köln NJW **1999** 1042, 1044 = NZV **1999** 134 m. Anm. *Dedy*); Straßenbegrenzungspfosten (BayObLG JZ **1985** 855, 856); Parkuhren (AG Nienburg NdsRpfl. **1961** 232 f); Wegweiser (OLG Dresden Annalen Bd. **12** 317); öffentliche Garten- und Parkanlagen (RGSt **5** 318 ff; **9** 26 ff); Friedhöfe (RGSt **7** 190 ff; **43** 31, 32; OLG Düsseldorf NuR **1996** 431 f); Bäume;[14] Ruhebänke in öffentlichen Anlagen (OLG München OLGSt **5** 352); ein allgemein nutzbarer Brunnen mit speisender Quelle und der verbindenden Rohrleitung (RGSt **39** 328, 330; **58** 346 ff); Eisenbahnüberführungen (RG HRR **1933** Nr. 350); Böschungskronen von zum Bahngelände gehörenden Abzugsgräben (OLG Rostock GA **40** 347); Wagen einer öffentlichen Eisenbahn oder Straßenbahn (RGSt **34** 1 ff; BGH bei Dallinger MDR **1952** 532); S- und U-Bahnwaggons sowie die Wände von U-Bahnhöfen (KG NStZ **2007** 223 f). Gleiches wird für Signalanlagen zu gelten haben, die erfolgte Privatisierung der deutschen Bundesbahn hat insoweit keine Bedeutung (LG Lüneburg, Urt. v. 11. April 2001 – 29 Ns 14/01 –, die gegen das Urteil gerichtete Revision des Angeklagten ist vom OLG Celle m. Beschluss v. 23. August 2001 – 32 Ss 78/01 – verworfen worden). Weiter: ein in Privateigentum stehender, aber im städtischen Liniendienst eingesetzter Bus (BGH StV **1997** 411); Teile einer öffentlichen Telegrafen- oder Fernsprechanlage (RGSt **34** 249, 252); eine öffentliche Fernsprechzelle (BGH, Urt. v. 6. Dezember 1960 – 1 StR 520/60 –; OLG Hamm NStZ **1983** 522 f); die Masten einer elektrischen Leitung (RG JW **1927** 126); Starkstromkästen (OLG Jena NJW **2008** 776); eine zur Stromversorgung einer Stadt bestimmte, bis auf den Leitungsanschluss fertiggestellte Windenergieanlage (BGHR StGB § 304 Nutzen 2); Maschinen eines öffentlichen Versorgungsbetriebs (RG JW **1922** 712, 713); ein öffentliches Schulhaus (RMG **16** 156; BGH, Entsch. v. 3. Oktober 1967 – 1 StR 379/67 –); das mit dem Schulgebäude baulich zusammenhängende Direktionsgebäude, auch wenn das Schulgebäude noch im Bau ist (OLG Celle HRR **1930** Nr. 1889); ein Gemeindespritzenhaus (RG GA **52** 399 f); Feuermelder (RGSt **65** 133, 134; RG LZ **1915** Sp. 1112; OLG Dresden LZ **1915** Sp. 1546); ein in einem U-Bahn-Bahnhof aufgehängter Feuerlöscher (BayObLGSt **1987** 20 f); Rettungsfahrzeuge der Werksfeuerwehr eines industriellen Großbetriebs (OLG Düsseldorf NJW **1986** 2122 ff = JuS **1986** 914 m. Anm. *Hassemer*);

---

[13] RGSt **58** 346, 348; **66** 203, 204; BGHSt **10** 285, 286; **31** 185, 186.

[14] RG Rspr. **1** 134 f; **10** 595 f; BayObLGSt **20** 146 ff; einschränkend OLG Düsseldorf NuR **1996** 431, 432; OLG Oldenburg NJW **1988** 924; vgl. auch *Molkentin/Weißenborn* UPR **1988** 426, 427 f.

Kirchtürme mit Glocken oder Uhren (RG Recht **1921** Nr. 2484); Litfaßsäulen, jedenfalls soweit sie dem Anschlag von Bekanntmachungen, Ankündigungen und Hinweisen von allgemeinem Interesse dienen (RGSt **66** 203 ff); Postbriefkästen (BayObLG JW **1931** 1620; OLG Darmstadt GA **43** 134); Wahlurnen für öffentliche Wahlen (RGSt **55** 60, 61), nicht dagegen die Wahlurne bei einer Betriebsratswahl (RG GA **69** 98); trigonometrische Marksteine (RGSt **39** 206 ff); ein aus längs dem Flussufer in den Boden eingelassenen Steinen bestehender Wasserstandsanzeiger (RGSt **31** 143 ff u. 329 ff). Ob ein Schild mit dem Hinweis: „Sie betreten die Hauptstadt der Deutschen Demokratischen Republik" dem öffentlichen Nutzen diente (so LG Berlin u. KG JZ **1976** 98 ff m. **abl.** Anm. *Schroeder*; vgl. auch BGH NJW **1975** 1610 f), erscheint fraglich (abl. auch *Hoyer* SK Rdn. 10; *Sch/Schröder/Stree* Rdn. 5; *Maurach/Schroeder/Maiwald* BT II § 57 Rdn. 9).

Sachen, die *nur mittelbar dem öffentlichen Nutzen dienen,* scheiden aus. Beispiele: **13**
Bienenvölker (**aA** RGSt **72** 1 ff: Die Vernichtung der Bienenvölker beeinträchtige fühlbar die Grundlagen der Ernährungswirtschaft); der „Deutsche Acker" (**aM** AG Burgau DJ **1937** 123); Kühe (**aA** OLG Dresden DJ **1939** 1004); alle drei erwähnten Entscheidungen lassen sich nur als zeitbedingt erklären. Als weitere Beispiele seien erwähnt: Industrieanlagen (RGSt **58** 346, 348); Gegenstände, die lediglich innerbehördlichen Zwecken dienen (RGSt **31** 143, 145), wie der Schreibtisch im Dienstzimmer eines Gemeindebeamten (RG GA **60** 443 f), ein Polizeifunkgerät (BGH, Beschl. vom 8. August 1967 – 1 StR 347/67 –) oder ein Polizeistreifenwagen,[15] der allerdings jetzt § 305a Abs. 1 Nr. 2 unterfällt; eine Bepflanzung allein für militärische Aufgaben (RGSt **5** 318 ff; **9** 26 ff); Wege, die nur einzelnen Grundeigentümern dienen (RGSt **8** 399, 401); ein Gemeindearmenhaus (BayObLGSt **11** 75 ff). Nichts anderes wird gelten können für die Umfassungsmauern und das Dach einer Justizvollzugsanstalt.[16] Dementsprechend dient auch eine Gefängniszelle oder sonstiges *Gefängnisinventar* lediglich mittelbar einem öffentlichen Nutzen (RG LZ **1916** Sp. 696; **aA** für eine durch Brandeinwirkung beschädigte Zellentür AG Buxtehude, Urt. v. 20. November 2001 – 2 Cs 115 Js 5339/01 –), wie etwa die Betten (RG HRR **1926** Nr. 2309). Dem § 304 unterfallen ebenfalls nicht: die Räume einer Bahnhofsgaststätte (AG Euskirchen MDR **1977** 335); das Inventar einer Stadthalle (BGH JR **1984** 167, 168 f, insoweit in BGHSt **31** 185 ff nicht abgedruckt); Wegmacherhütten mit darin aufbewahrten Geräten, Verkehrszeichen und Schneefangzäunen (BGH NJW **1990** 3029); der Zaun eines Friedhofs (OLG Düsseldorf NuR **1996** 431, 432). Auch Wahlplakate oder gemeindliche Plakatwände für Wahlwerbung dienen keinem unmittelbaren öffentlichen Nutzen.[17] Einer Skilanglaufloipe fehlt bereits die Sacheigenschaft, so dass sie deswegen aus dem Schutzbereich des § 304 herausfällt (vgl. § 303 Rdn. 3 mit Nachweisen). Das gleiche gilt mangels Körperlichkeit für das fließende Wasser eines Flusses (**aM** *Seier* JA **1985** 23, 25).

---

15 BGHSt **31** 185 ff = JR **1984** 167 m. Anm. *Loos*; **aM** OLG Hamm NStZ **1982** 31; *Lackner/Kühl* Rdn. 3; *Zaczyk* NK Rdn. 11; *Maurach/Schroeder/Maiwald* BT II § 57 Rdn. 9; vgl. auch *Stree* JuS **1983** 836 ff.

16 RG Recht **1921** Nr. 2483; *Lackner/Kühl* Rdn. 3; *Evers* NJW **1987** 153 ff; *Kühne* JuS **1987** 188, 190; wohl auch *Velten* StV **1987** 544, 546; **aM** OLG Koblenz NStZ **1983** 29; LG Koblenz MDR **1981** 956; *Fischer* Rdn. 11 (mit Erweiterung auf alle Sicherheitseinrichtungen von Justizvollzugsanstalten); *Hoyer* SK Rdn. 11; *Sch/Schröder/Stree* Rdn. 6; *Wieck-Noodt* MK Rdn. 19 (s. aber auch Rdn. 20); *Zaczyk* NK Rdn. 11; *Maurach/Schroeder/Maiwald* BT II § 57 Rdn. 9; *Dodegge* JuS **1987** 591 f. Ebenso für das Gitter am Fenster eines Justizvollzugskrankenhauses BGH NStZ **2006** 345.

17 LG Wiesbaden NJW **1978** 2107; *Fischer* Rdn. 11a; *Lackner/Kühl* Rdn. 3; *Sch/Schröder/Stree* Rdn. 6; *Wieck-Noodt* MK Rdn. 20; *Maurach/Schroeder/Maiwald* BT II § 57 Rdn. 9; *Loos* JuS **1979** 699 ff; *Wilhelm* JuS **1996** 424, 427 f.

14 § 304 setzt andererseits nicht voraus, dass der Gegenstand *ausschließlich dem öffentlichen Nutzen dient.* Er kann gleichzeitig noch anderen Zwecken gewidmet sein (RGSt 5 318, 319; **29** 244, 246; **34** 1, 3; **66** 203, 204). Ebensowenig schadet der vorübergehende Ausschluss der bestimmungsgemäßen Verwendung, solange die Zweckbestimmung erhalten bleibt; zum Beispiel bei Reparatur (OLG Celle HRR **1930** Nr. 1889; OLG Hamm JMBlNRW **1958** 8 f). Ob eine Sache dem öffentlichen Nutzen dient, hat der Strafrichter im Übrigen selbständig zu prüfen.

15 **8.** Zur **Verschönerung öffentlicher Wege, Plätze oder Anlagen** (vgl. zu den Begriffen öffentliche Wege usw. BGHSt **22** 209, 211 ff) dienen in der Regel Bäume, Sträucher und Blumen (OLG Rostock HRR **1929** Nr. 2057; OLG Schleswig SchlHA **1986** 102 f; vgl. auch RGSt 5 318, 320). Das Abreißen von einzelnen Blättern oder Zierstrauchteilen reicht zur Beschädigung aber noch nicht aus (RGSt 7 190, 191), auch nicht das Pflücken einzelner Blumen; wohl aber das einer kostbaren, die ganze Anlage beherrschenden Blüte (RGSt **9** 219, 220; Zweifel dagegen bei *Fischer* Rdn. 12), wofür es, wenn auch seltene, praktische Beispiele gibt. Werden in einem Park auf zahlreiche Bäume weiße Kreuze gemalt, ist § 304 erfüllt (LG München II NStE Nr. 1 zu § 304). Auch andere Gegenstände können zur Verschönerung öffentlicher Wege pp. **bestimmt** sein – die Tatbestandsvariante setzt also gleichfalls eine entsprechende Zweckbestimmung voraus (vgl. RGSt 5 318, 319 ff) –. Daher reicht ein zufälliger Verschönerungseffekt nicht aus (OLG Oldenburg NdsRpfl. **1987** 14, 16). Als Beispiele für weitere der Verschönerung dienende Dinge seien genannt: eine Ehrenpforte, sofern die Verschönerung nicht nur vorübergehend sein soll (OLG Celle GA **60** 301 f); eine Standbild (RGSt **43** 204 ff; OLG Karlsruhe GA **47** 453); nach RGSt **64** 250, 252; **65** 354, 356; BGH, Urt. vom 29. April 1954 – 3 StR 439/53 – unter Umständen eine gehisste Fahne, wenn sie von der dafür zuständigen Stelle zur Verschönerung der Straße bestimmt ist. Es sind allerdings nicht nur solche Gegenstände gemeint, die beweglich sind oder ursprünglich beweglich waren; die gefällige Gestaltung unbeweglicher Teile genügt (RGSt **28** 117, 118). Die Verschönerung muss weiter nicht der einzige Zweck der Anlage sein, wie sich schon aus der Gleichstellung mit öffentlichen Wegen und Plätzen ergibt, die regelmäßig in erster Linie Verkehrsfunktion haben werden. Eine Allee von Bäumen kann so zugleich der Holznutzung dienen. Als öffentliche Anlage kann auch eine Friedhof einzustufen sein (RGSt 7 190 ff; **9** 219 ff).

III. Die tatbestandsmäßige Handlung

16 **1. Beschädigen und Zerstören nach § 304 Abs. 1.** Die Begriffe Beschädigen oder Zerstören haben im Ausgangspunkt die gleiche Bedeutung wie bei § 303 Abs. 1. Die Erläuterungen unter § 303 Rdn. 9 ff gelten deshalb auch hier. Zur Substanzverletzung oder Brauchbarkeitsminderung muss bei § 304 Abs. 1 jedoch hinzutreten, dass die von der Eigentumslage unabhängige **besondere Zweckbestimmung** der Sache, um derentwillen § 304 sie anders als § 303 schützt, beeinträchtigt wird.[18] Fehlt es daran, greift unter seinen Voraussetzungen § 303 ein, andernfalls ist die Tat straflos, sofern nicht Versuch vorliegt (vgl. RGSt **65** 133, 134). Entschiedene Beispielsfälle für eine Verletzung allein von

[18] RGSt **9** 219, 220; **43** 31, 32; **66** 203, 205; BGH, Urt. v. 6. Juni 2001 – 2 StR 136/01 – S. 7, 12 f, insoweit in BGHSt **47** 52 ff nicht abgedruckt; BayObLG StV **1999** 543, 544; OLG Düsseldorf NuR **1996** 431 f; OLG Rostock HRR **1929** Nr. 2057. Dies ist auch allgemeine Meinung im Schrifttum.

§ 303 sind: Anbringen von Inschriften an einer Ruhebank (OLG München OLGSt 5 352); Abpflücken einzelner Blumen von Gräbern auf einem Kirchhof (RGSt **9** 219 ff); Bemalen der Wand einer Eisenbahnüberführung (RG HRR **1933** Nr. 350); Farbschmierereien oder Sprühaktionen an Brückenteilen, Straßen- und Wegeunter- und -überführungen und Eisenbahnwagen usw.[19] Auch in dem vom OLG Karlsruhe Justiz **1978** 323 entschiedenen Fall – Bemalen des Asphaltfußbodens einer Fußgängerunterführung mit großen Buchstaben – dürfte richtig allein § 303 erfüllt gewesen sein (**aM** *Sch/Schröder/Stree* Rdn. 9; vgl. auch *Hoyer* SK Rdn. 14).

2. Das unbefugte, nicht nur unerhebliche und nicht nur vorübergehende Verändern des Erscheinungsbildes nach § 304 Abs. 2

a) Bei Einfügung § 304 Abs. 2 n.F. ging es dem Gesetzgeber wie bei § 303 Abs. 2 n.F. **17** um den Schutz des äußeren Erscheinungsbildes der Tatobjekte dieser beiden Sachbeschädigungsdelikte insbesondere vor Graffiti, ohne dass dabei die Unterschiede von § 303 und § 304 näher beleuchtet worden wären (Gesetzentwurf BTDrucks. 15/5313). Beabsichtigt ist im Rahmen des § 304 Abs. 2 n.F. das Verhindern von Veränderungen, die dem Gestaltungswillen des Berechtigten zuwiderlaufen (BTDrucks. 15/5313 S. 3). Dabei kann es sich nicht um den Eigentümer handeln, denn § 304 enthält nicht das Merkmal fremd, auch der Eigentümer kann also Täter sein; es kann nur um den **Widmungsberechtigten** gehen (*Sch/Schröder/Stree* Rdn. 9a; *Wessels/Hillenkamp* BT II Rdn. 40), bei § 304 Abs. 1 5. Variante um die Verwaltungsbehörde, die die Festsetzung als Naturdenkmal trifft. Nun erfolgt die Widmung der von § 304 geschützten Gegenstände zu ganz unterschiedlichen Zwecken, bei denen das äußere Erscheinungsbild zwar teilweise von Bedeutung ist, teilweise, und gerade bei den praktisch im Vordergrund stehenden Gegenständen zum öffentlichen Nutzen, bei denen von der äußeren Gestaltung unabhängige Funktionen ausschlaggebend sind, aber keine Rolle spielt, den Widmungsberechtigten vielleicht noch nicht einmal interessieren wird. Es stellt sich deshalb die Frage, ob mit der Einfügung von § 304 Abs. 2 n.F. die Veränderung des äußeren Erscheinungsbildes auch solcher Gegenstände strafrechtlich erfasst werden sollte, bei denen die Schutzbedürftigkeit aus ihrem öffentlich bedeutsamen Nutzen durch – insbesondere – Gebrauch abgeleitet wird. Der Wortlaut von § 304 Abs. 2 spricht dafür; er lässt eine Einschränkung nicht erkennen. Weniger eindeutig sind die Gesetzesmaterialien, aus denen sich zwar einerseits die Tendenz zu einem möglichst weitgehenden Schutz gerade vor Graffiti, andererseits aber auch wieder das Bemühen um eine Beschränkung auf ein vernünftiges Maß des Strafschutzes erkennen lassen, ohne dass dabei das Problem des gegenüber § 303 andersgearteten Schutzes durch § 304 Abs. 1 ausdrücklich oder dem Sinne nach angesprochen würde. Eine dem Wortlaut entsprechende weite Auslegung von § 304 Abs. 2 hätte das merkwürdige Ergebnis zur Folge, dass das äußere Erscheinungsbild der Tatobjekte des § 304 im Einzelfalle in einem größeren Umfang geschützt würde, als es ihre die Anwendung von § 304 Abs. 1 rechtfertigende Zweckbestimmung hergibt, ohne dass dafür ein tragfähiger Grund erkennbar wäre. Dies wäre im Übrigen auch ein auffälliger Unterschied zu § 303. Es spricht deshalb mehr dafür, dass § 304 Abs. 2 *leerläuft,* soweit Veränderungen des äußeren Erscheinungsbildes von Gegenständen betroffen sind, bei denen selbst Substanzeingriffe in die äußere Gestaltung den § 304 Abs. 1 nicht verletzen wür-

[19] BGH, Urt. v. 6. Juni 2001- 2 StR 136/01 – S. 7, 12 f, insoweit in BGHSt **47** 52 nicht abgedruckt; BayObLG StV **1999** 543, 544; KG NStZ **2007** 223 f; OLG Schleswig SchlHA **2002** 148.

den.[20] Die eventuelle Möglichkeit einer Strafbarkeit nach § 303 Abs. 2 würde dadurch nicht berührt.

18 b) Mit dieser Einschränkung sind für die Merkmale des **unbefugten, nicht nur unerheblichen und nicht nur vorübergehenden Veränderns des äußeren Erscheinungsbildes** (s. dazu § 303 Rdn. 28) eines der Tatobjekte nach § 304 Abs. 1 die gleichen Maßstäbe heranzuziehen, wie sie für § 303 entwickelt worden sind (§ 303 Rdn. 29 ff). Allerdings ist für eine eventuelle Veränderungsbefugnis auf das Einverständnis des Widmungsberechtigten und nicht des Eigentümers abzustellen; ausschlaggebend ist, auch im Falle einer denkbaren Divergenz zwischen Widmungsberechtigtem und Eigentümer, falls Eigentum und Widmungsberechtigung nicht in einer Hand liegen, die Berechtigung zur den Schutz des § 304 auslösenden Widmung der Sache.

IV. Subjektiver Tatbestand

19 § 304 setzt sowohl bei Absatz 1 als auch bei Absatz 2 **Vorsatz** voraus. Bedingter Vorsatz genügt (BayObLGSt **24** 13, 15). Im Unterschied zu § 303 (vgl. dort Rdn. 22, 32) entfällt das Erfordernis des Wissens um die Fremdheit der Sache. Dafür muss die *Kenntnis der Eigenart* der in § 304 aufgeführten Gegenstände hinzutreten. Die Annahme, trotz Kenntnis aller Umstände kraft Eigentums schädigungs-, zerstörungs- oder veränderungsberechtigt zu sein, ist ein Verbotsirrtum.[21] Der Irrtum über die Art der Befriedung eines z.B. beschädigten Gegenstandes ist unerheblich. Zum Irrtum über das Blankettmerkmal der 5. Variante von Absatz 1 vgl. *Vogel* LK § 16 Rdn. 36 ff.

V. Rechtswidrigkeit

20 Zur **Rechtswidrigkeit** siehe bei § 303 Rdn. 23 ff, 33 entsprechend. Eine *Einwilligung* ist im Rahmen des § 304 Abs. 1, wo sie rechtfertigend wirkt, nur beachtlich, wenn sie von der zur Widmung berechtigten Stelle oder Person herrührt und im Rahmen der Zweckbestimmung bleibt, solange diese besteht; bei § 304 Abs. 2 wirkt die entsprechende Einwilligung tatbestandsausschließend (s. auch Rdn. 18). Die Beschädigung oder Zerstörung des eigenen Sache kann also rechtswidrig sein, wenn der Täter nicht die freie Verfügungsmacht darüber besitzt (RGSt **43** 240 ff; RG Rspr. **10** 595 ff). Demgemäß kann der Eigentümer gegen § 304 verstoßen, wenn die Einwirkung auf die dort aufgeführten

---

[20] Ähnlich OLG Jena NJW **2008** 776; *Kudlich* GA **2006** 38, 39 ff; *Satzger* Jura **2006** 428, 436. *Hoyer* SK Rdn. 14 bemisst die Erheblichkeit der Veränderung des Erscheinungsbilds ebenfalls an den Auswirkungen auf den Nutzen des Tatobjekts für die Allgemeinheit. Nach *Wessels/Hillenkamp* BT II Rdn. 47 und *Hillenkamp* FS Schwind, S. 927, 938 erfordert auch § 304 Abs. 2, dass der besondere Zweck beeinträchtigt ist, kraft dessen der Gegenstand zu den durch § 304 geschützten Objekten gehört; so auch *Lackner/Kühl* Rdn. 4. Laut *Eisenschmid* NJW **2005** 3033, 3035 bedeutet Absatz 2 eine Klarstellung, „dass das Interesse der Allgemeinheit auch dann geschützt werden soll, wenn die Sache „nur" in ihrem Erscheinungsbild und nicht nur unerheblich und nicht nur vorübergehend verändert wird". Letztlich offengelassen ist die Frage bei *Kindhäuser* LPK Rdn. 4 und *Fischer* Rdn. 13a.

[21] OLG Celle NJW **1974** 1291, 1293; *Fischer* Rdn. 14; *Hoyer* SK Rdn. 16; *Sch/Schröder/Stree* Rdn. 11; *Wieck-Noodt* MK Rdn. 26.

Gegenstände auch ihm untersagt ist. Zur Wirkung behördlicher Genehmigungen, die zur Beschädigung von Tatobjekten des § 304 Abs. 1 führen, siehe ergänzend *Rönnau* LK Vor §§ 32 ff Rdn. 273 ff.

VI. Versuch

Nach Absatz 3 ist sowohl der **Versuch** des Deliktes nach § 304 Abs. 1 als auch der **21**
einer Straftat nach § 304 Abs. 2 **strafbar.**

VII. Konkurrenzen

Zum Verhältnis zwischen § 304 Abs. 1 und Absatz 2 siehe bei § 303 Rdn. 35 entspre- **22**
chend. **Tateinheit** ist möglich mit: § 88 (*Laufhütte/Kuschel* LK § 88 Rdn. 14); § 90a (vgl. auch *Laufhütte/Kuschel* LK § 90a Rdn. 49); § 125; nach OLG Köln NJW **1999** 1042, 1044 mit § 132; § 136 (RGSt **65** 133, 135); § 145 Abs. 1; § 168, wenn außer dem Grabmal auch der Grabhügel oder die Einfriedung des Grabes z.B. beschädigt wird, wird dagegen dagegen das Grabmal allein beschädigt, verdrängt § 304 den § 168 (RG JW **1906** 790 f; RG GA **53** 441; RG GA **56** 76, 77; OLG Celle NdsRpfl. **1966** 225); Tateinheit auch, wenn beschimpfender Unsinn im Sinne des § 168 mit einer Beschädigung nach § 304 Abs. 1 zusammentrifft (RGSt **39** 155, 158); Tateinheit ist weiter möglich mit § 242 (BGHSt **20** 286 f; **aA** OLG Hamm MDR **1953** 568 f); § 274 Abs. 1 Nr. 3;[22] § 303.[23] – **Gesetzeseinheit:** Verdrängt wird § 304 Abs. 1 durch § 104; § 109e (**aA** – Idealkonkurrenz – z.B. *Schroeder* LK § 109e Rdn. 17); dagegen tritt § 145 Abs. 2 hinter § 304 Abs. 1 zurück. Bußgeldbestimmungen der Landesdenkmalgesetze und – naturschutzgesetze treten über § 21 OWiG zurück (*Fischer* Rdn. 17; **aA** OLG Oldenburg Nds-Rpfl. **1987** 14, 16).

Über das Verhältnis von gemeinschädlicher Sachbeschädigung zu weiteren Delikten des 27. Abschnitts und zu den gemeingefährlichen Straftaten siehe jeweils dort.

VIII. Sonstiges

Die **Strafverfolgung** tritt **von Amts wegen** ein, § 303c ist hier nicht anwendbar (vgl. **23**
RGSt **43** 240, 242). Anders als § 303 ist § 304, der keine privaten Rechte schützt, auch nicht Privatklagedelikt.

---

22 *Fischer* Rdn. 17; *WieckNoodt* MK Rdn. 30; **aA** *Hoyer* SK Rdn. 17; *Sch/Schröder/Stree* Rdn. 13.

23 *Hoyer* SK Rdn. 17 u. § 303 Rdn. 26; *Kindhäuser* LPK Rdn. 6 u. § 303 Rdn. 30; *Sch/Schröder/Stree* Rdn. 13; *Eisele* JA **2000** 101, 103; *Ranft* Jura **1986** 211, 214. Nach *Fischer* Rdn. 17 und *Wieck-Noodt* MK Rdn. 31 wird § 303 von § 304 verdrängt. Für Spezialität von § 304 (Abs. 1) im Verhältnis zu § 303 (Abs. 1) OLG Köln NJW **1999** 1042, 1044; OLG Schleswig SchlHA **1986** 102, 103; *Lackner/Kühl* Rdn. 7; für Konsumtion von § 303 *Arzt/Weber* BT § 12 Rdn. 34.

§ 305
Zerstörung von Bauwerken

(1) Wer rechtswidrig ein Gebäude, ein Schiff, eine Brücke, einen Damm, eine gebaute Straße, eine Eisenbahn oder ein anderes Bauwerk, welche fremdes Eigentum sind, ganz oder teilweise zerstört, wird mit Freiheitsstrafe bis zu fünf Jahren oder mit Geldstrafe bestraft.

(2) Der Versuch ist strafbar.

Entstehungsgeschichte

§ 305 des Strafgesetzbuchs für das Deutsche Reich (RGBl. 1871 S. 127, 186) gilt bis heute praktisch unverändert fort. Gegenüber der ursprünglichen Fassung sind sachlich neben der Umwandlung der zunächst angedrohten Gefängnisstrafe in Freiheitsstrafe durch das 1. StrRG vom 25. Juni 1969 (BGBl. I 645) allein eine Mindestfreiheitsstrafe von einem Monat in Fortfall gekommen und die Möglichkeit der Bestrafung mit Geldstrafe hinzugekommen (Art. 11, 12, 19 Nr. 162 und 207 EGStGB 1974).

Übersicht

	Rdn.
I. Allgemeines	1
II. Handlungsgegenstand	2
1. Bauwerke	3
2. Gebäude	5
3. Schiff	6
4. Brücke	7
5. Damm	8
6. Gebaute Straße	9
7. Eisenbahn	10
III. Tatbestandsmäßige Handlung Gänzliches oder teilweises Zerstören	11
IV. Subjektiver Tatbestand	13
V. Rechtswidrigkeit	14
VI. Versuch	15
VII. Konkurrenzen	16
VIII. Sonstiges	17

I. Allgemeines

1 Der Tatbestand der „gemeingefährlichen Sachzerstörung" (*Frank* Anm. I) bildet einen **besonders schweren Fall der Sachbeschädigung nach § 303 Abs. 1,** also eine Straftat gegen das Eigentum.[1] Infolgedessen umfasst er die Merkmale des gesetzlichen Tatbestandes der einfachen Sachbeschädigung im Sinne von § 303 Abs. 1, insbesondere auch das Merkmal, dass die Sache **fremd** sein muss (RGSt 8 399, 400). Zu diesem Begriff siehe bei § 303 Rdn. 8. Zu diesen allgemeinen Merkmalen treten – und daraus erklärt sich die im Vergleich zu § 303 Abs. 1 höhere Strafdrohung – zwei weitere hinzu: der Gegenstand muss zu den in § 305 Abs. 1 genannten Sachen gehören, der Katalog ist also **abschließend,**[2] und dieser Gegenstand muss ganz oder teilweise zerstört worden sein. Das

---

[1] *Fischer* Rdn. 1; *Hoyer* SK Rdn. 1; *Kindhäuser* LPK Rdn. 1; *Lackner/Kühl* Rdn. 1; *Sch/Schröder/Stree* Rdn. 1; *Wieck-Noodt* MK Rdn. 1 f; *Zaczyk* NK Rdn. 1; *Arzt/Weber* BT § 12 Rdn. 31; *Maurach/Schroeder/Maiwald* BT I § 36 Rdn. 28; *Mitsch* BT 1 § 5 Rdn. 4, 30; *Otto* BT § 47 Rdn. 18; *Wessels/Hillenkamp* BT II Rdn. 35.

[2] *Fischer* Rdn. 1, 2; *Hoyer* SK Rdn. 1; *Sch/Schröder/Stree* Rdn. 2; *Wieck-Noodt* MK Rdn. 1; *Zaczyk* NK Rdn. 1; *Wessels/Hillenkamp* BT II Rdn. 36.

teilweise Zerstören ist vom Gesetzgeber mittlerweile in den Brandstiftungsdelikten als Merkmal aufgegriffen worden. § 303 Abs. 2 n.F. spielt im Rahmen des § 305 keine Rolle.

II. Handlungsgegenstand

Handlungsgegenstand und daher besonders geschützt sind alle **Bauwerke**, die im Eigentum oder Miteigentum eines anderen stehen. Dabei ist der Begriff Bauwerk Oberbegriff für die im Gesetz aufgezählten Gegenstände und zugleich Auffangbegriff, umfasst also auch den Begriff Schiff (RGSt **15** 263, 264; in letzterem Punkte **aA** *Fischer* Rdn. 2). 2

1. Ein **Bauwerk** ist jedes selbständige Werk von einiger Bedeutung, das durch menschliche Arbeit geschaffen ist, (mit Ausnahme von Schiffen) auf dem Grund und Boden ruht, ohne notwendig fest mit ihm verbunden zu sein, und für gewisse Dauer bestimmt ist (BGHSt **41** 219, 221). Kunstgerechte Errichtung, wie in RGSt **30** 246, 248 anklingt, ist nicht Voraussetzung; auch eine sachwidrig errichtete Anlage ist ein schutzwürdiges Bauwerk (RG HRR **1930** Nr. 462; offengelassen in RGSt **8** 399 ff). Die Einbeziehung des *Schiffs* zeigt, dass der Begriff Bauwerk in § 305 Abs. 1 nicht auf unbewegliche Gegenstände beschränkt ist, sondern – ausnahmsweise – auch bewegliche Sachen umfasst. Das ist allerdings streitig. Die Rechtsprechung des Reichsgerichts hat unter Bauwerk nur unbewegliche Sachen verstanden und dies unter Hinweis darauf, dass Schiffe früher zuweilen unbeweglichen Sachen gleich behandelt worden seien, aus der Entstehungsgeschichte abgeleitet (RGSt **15** 263, 264; **33** 391 ff; RG Rspr. **2** 140 f; **6** 477 f). Auf dem gleichen Standpunkt steht ein Teil der Lehre.[3] Größere praktische Bedeutung hat der Meinungsstreit nicht. Auch lehrt der Begriff Gebäude, der kurzlebige Ausstellungs- und Zirkusgebäude einschließt (RGSt **70** 360, 361), dass die Bestandsdauer gering bemessen sein kann (nach *Hoyer* SK Rdn. 2 kann nicht darauf verzichtet werden, dass das Objekt zeitlich auf eine gewisse Dauer angelegt ist; ebenso *Zaczyk* NK Rdn. 1; *Maurach/Schroeder/Maiwald* BT I § 36 Rdn. 28). So bleibt als begriffswesentlich allein die selbständige, durch menschliche Arbeit errichtete Anlage (RGSt **15** 263, 265; RG Rspr. **6** 477 f) von gewisser Größe und Bedeutung (BGHSt **41** 219, 221) übrig. Die Verbindung mit dem Grund und Boden und die Bestimmung zu gewisser Dauer sind nur Regelerscheinungen, nicht Wesensmerkmale. 3

Zu den anderen Bauwerken hat die Rechtsprechung gerechnet: eine Gartenmauer (PrOT GA **24** 603); eine steinerne Grenz- und Scheidemauer (RG Rspr. **6** 477 f); ein Hoftor (RG Rspr. **2** 140 f); einen künstlichen Fischteich (RGSt **15** 263 ff); eine Stauanlage (RG Recht **1914** Nr. 716); eine Hüterhütte (RG HRR **1930** Nr. 462); einen freistehenden, auf Balkenfundament ruhenden, ausgemauerten und gedeckten Abtritt (RG Rspr. **9** 198 f); einen auf dem Boden errichteten, massiv ummantelten Tankbehälter mit einem Fassungsvermögen von mehreren Tonnen (BGHSt **41** 219 ff). Unerheblich ist es, ob das Bauwerk bereits vollendet ist (RGSt **30** 246 ff; BGHSt **6** 107 ff); die Brandmauer eines begonnenen Neubaus genügt (RG LZ **1914** Sp. 1568); ebenso eine Baugrube, die eine Zisternenanlage aufnehmen soll (OLG Naumburg HRR **1939** Nr. 1073); ferner teilweise 4

---

[3] *Fischer* Rdn. 2; *Frank* Anm. II 7; wie hier dagegen *Olshausen* Anm. 2; *Hoyer* SK Rdn. 2; *Sch/Schröder/Stree* Rdn. 4; *Wieck-Noodt* MK Rdn. 6; *Wessels/Hillenkamp* BT II Rdn. 36.

zerstörte Gebäude (OGHSt **2** 209, 210). Dagegen rechnet RGSt **27** 420 ff die Schornsteine einer Brandruine nicht zu den Bauwerken.

5 2. **Gebäude** ist im gleichen Sinne wie bei §§ 306 ff zu verstehen: ein durch Wände und Dach begrenztes, mit dem Erdboden fest – wenn auch nur durch die eigene Schwere – verbundenes Bauwerk, das den Eintritt von Menschen gestattet (vgl. BGHSt **1** 158, 163). Anders als bei § 243 Abs. 1 Nr. 1 (vgl. *Ruß* LK[11] § 243 Rdn. 7 ff) kommt es auf die Eignung zur Abhaltung Unbefugter nicht an. Deshalb sind Rohbauten einzubeziehen, wie in BGHSt **6** 107 ff überzeugend dargelegt ist.[4] Das Reichsgericht erfasste diese über den Begriff anderes Bauwerk (RGSt **30** 246 ff). Ein Gebäude soll danach Menschen, Tieren oder Sachen *Schutz* gegen äußere Einflüsse gewähren und eine seiner Zweckbestimmung entsprechende *Dauerhaftigkeit* und Festigkeit besitzen (RGSt **10** 103, 104; RG Rspr. **9** 198, 199). Eine dauernde Verbindung mit dem Erdboden ist nicht notwendig. Es genügt, dass das Bauwerk wegen seiner Schwere nicht fortbewegt werden kann, ohne seine Gestalt zu verändern (RG Rspr. **9** 198, 199). Demgemäß ist auch ein Holzschuppen, der ohne weitere Verbindung auf einem Fundament von gemauerten Steinen ruht, ein Gebäude (RG, Urt. vom 20. Januar 1911 – 5 D 834/10 –).

6 3. **Schiff.** Aus der Gleichstellung des Schiffs mit unbeweglichen Sachen und aus dem Zweck der Strafbestimmung ist zu folgern, dass eine gemeingefährliche Sachzerstörung lediglich an größeren Fahrzeugen begangen werden kann.[5] Der Begriff stimmt also nicht mit dem Begriff Wasserfahrzeuge in § 306 Abs. 1 Nr. 4 überein.

7 4. **Brücke.** Aus den gleichen Gründen ist auch der Begriff Brücke auf *Bauten von einiger Erheblichkeit* zu beschränken. Bloße Fußgängerstege, deren Größe, Festigkeit und Tragfähigkeit gering ist, kommen nicht in Betracht.[6] Nach RGSt **33** 391 ff muss der Bau auch bei einer Brücke mindestens durch die eigene Schwere derart an seinen Standort gebunden sein, dass er ohne Beeinträchtigung seiner Gestalt nicht an einen anderen Ort gebracht werden kann. Unerheblich ist es, ob die Anlage im Privateigentum steht und Privatgrundstücke miteinander verbindet (RGSt **24** 26 ff; RG Rspr. **5** 383 f).

8 5. **Damm.** Unter den Begriff Damm fallen nicht bloß Staudämme und Deiche zum Schutz gegen Wasser, sondern auch andere künstliche Erdaufschüttungen, soweit sie nicht Bestandteile einer gebauten Straße oder einer Eisenbahn sind.

9 6. Eine **gebaute Straße** ist eine feste Kunststraße im Gegensatz zu Wegen, die im Wesentlichen durch bloßen fortgesetzten Verkehr von selbst entstehen (RGSt **8** 399 ff; vgl. auch RGSt **74** 13, 14). *Kanäle* werden ebenfalls zu den gebauten Straßen gerechnet;[7] zumindest sind sie andere Bauwerke.

---

[4] *Fischer* Rdn. 3; *Kindhäuser* LPK Rdn. 2; *Lackner/Kühl* Rdn. 2; *Sch/Schröder/Stree* Rdn. 3; *Wieck-Noodt* MK Rdn. 7; *Zaczyk* NK Rdn. 2; *Otto* BT § 47 Rdn. 18; *Wessels/Hillenkamp* BT II Rdn. 36.

[5] *Fischer* Rdn. 3; *Frank* Anm. II 2; *Hoyer* SK Rdn. 3; *Kindhäuser* LPK Rdn. 2; *Lackner/Kühl* Rdn. 2; *Olshausen* Anm. 3b; *Sch/Schröder/Stree* Rdn. 3; *Wieck-Noodt* MK Rdn. 8; *Zaczyk* NK Rdn. 3; *Otto* BT § 47 Rdn. 18; *Wessels/Hillenkamp* BT II Rdn. 36. Vgl. auch *Tiedemann* LK[11] § 265 a.F. Rdn. 16 mit Nachw.

[6] RGSt **24** 26 ff; *Fischer* Rdn. 3; *Hoyer* SK Rdn. 3; *Kindhäuser* LPK Rdn. 2; *Lackner/Kühl* Rdn. 2; *Sch/Schröder/Stree* Rdn. 3; *Wieck-Noodt* MK Rdn. 9; *Zaczyk* NK Rdn. 4; *Otto* BT § 47 Rdn. 18; *Wessels/Hillenkamp* BT II Rdn. 36; vgl. auch RGSt **20** 353; RG Rspr. **5** 383 f; RG Recht **1914** Nr. 1201.

[7] *Fischer* Rdn. 3; *Frank* Anm. II 5; *Hoyer* SK Rdn. 3; *Kindhäuser* LPK Rdn. 2; *Lackner/Kühl* Rdn. 2; *Olshausen* Anm. 3e; *Sch/Schröder/Stree* Rdn. 3; *Wieck-Noodt* MK Rdn. 11; *Zaczyk* NK Rdn. 6.

7. Unter **Eisenbahn** im Sinne des § 305 Abs. 1 ist lediglich der *Bahnkörper*, also der Unterbau sowie Schwellen und Schienen als Oberbau zu verstehen (die Begriffsbestimmung in § 2 Abs. 1 AEG passt dementsprechend nicht, in heutiger Terminologie geht es um einen Teil der Eisenbahninfrastruktur); dabei kann die Trennung dieser Bestandteile auch ohne Substanzverletzung der Einzelteile Zerstörung sein.[8] Das rollende Material gehört nicht dazu. Klein- und Privatbahnen sind erfasst. Bahnen, deren Geleise in den Straßenkörper eingelassen sind – wie Straßenbahnen (vgl. SächsOAppG GA **24** 644 für eine Pferdebahn) –, bilden einen Teil der Straße (zur Eisenbahn rechnet sie *Hoyer* SK Rdn. 3). In Zweifelsfällen kann auf das umfassende andere Bauwerk zurückgegriffen werden. **10**

III. Tatbestandsmäßige Handlung

Tatbestandsmäßige Handlung ist bei § 305 die **gänzliche oder teilweise Zerstörung,** nicht auch bloßes Beschädigen. Zum Begriff der Zerstörung vergleiche § 303 Rdn. 21; es ergeben sich keine Unterschiede. Ein teilweises Zerstören ist nach der Rechtsprechung das völlige Unbrauchbarmachen hinsichtlich eines zwecknötigen Teils des Gegenstandes oder das Unbrauchbarmachen hinsichtlich einer von mehreren Zweckbestimmungen für nicht unbeträchtliche Zeit oder das Vernichten eines einzelnen Bestandteils der Sache, der, wie z.B. die Abteilung eines Gebäudes, für einen selbständigen Gebrauch eingerichtet und bestimmt ist; dabei ist die Zerstörung von Sachsubstanz nicht erforderlich.[9] Ähnliche Definitionen finden sich in der Literatur.[10] Auch schon beschädigte, in dem erörterten Sinne teilzerstörte Gegenstände können zerstört oder weiter zerstört werden (OGHSt **2** 209, 210). Gleiches gilt für noch unfertige Gegenstände (BGHSt **6** 107 ff). **11**

Teilweise Zerstörung wurde angenommen: bei der teilweisen Wegnahme eines Brückengeländers, so dass nur noch Fußgängerverkehr möglich war (RG Rspr. 7 274, 275); bei dem Herausschlagen von Stallwänden (RG GA **41** 137); bei dem Losreißen und Beseitigen der gemauerten Fundamente eines Kuhstalls (RG, Urt. vom 9. Mai 1924 – 4 D 305/24 –); beim Umstürzen zweier aufgemauerter Fensterpfeiler eines Wohnhausneubaus (RGSt **30** 246, 247); bei Lockerung der Schienen einer Eisenbahn durch Entfernen von Bolzen und Laschen (RGSt **55** 169, 170; vgl. auch LG Dortmund NStZ-RR **1998** 139, 140); beim Zerstören von Türen, Fenstern und des Inventars einer Synagoge (OGHSt **1** 53 ff; **1** 198 ff); beim Abbrennen der Isolierschicht eines Lecithintanks (BGHSt **41** 219, 221). Sie wurde verneint: beim Durchbrechen des Fußbodens einer Gefängniszelle (SächsOAppG GA **24** 644); beim Durchlöchern des Strohdachs eines Wohnhauses (RG Recht **1907** Nr. 970); beim gewaltsamen Aufbrechen eines Türschlosses (RGSt **54** 205, 206). **12**

---

8 RGSt **55** 169 f; *Fischer* Rdn. 3; *Hoyer* SK Rdn. 3; *Lackner/Kühl* Rdn. 2; *Sch/Schröder/Stree* Rdn. 3; *Wieck-Noodt* MK Rdn. 12; vgl. auch LG Dortmund NStZ-RR **1998** 139, 140 zur Strafbarkeit der öffentlichen Aufforderung zur Schienendemontage bei Castor-Transporten.

9 RGSt **54** 205, 206; **55** 169, 170; OGHSt **1** 53 ff; **2** 209, 210; BGHSt **41** 219, 221; **48** 14, 20 = NStZ **2003** 204 m. Anm. *Radtke* NStZ **2003** 432 = JR **2003** 389 m. Anm. *Wolff.*

10 *Fischer* Rdn. 5; *Frank* § 303 Anm. II 2; *Hoyer* SK Rdn. 4; *Kindhäuser* LPK Rdn. 3; *Sch/Schröder/Stree* Rdn. 5; *Wieck-Noodt* MK Rdn. 14; *Zaczyk* NK Rdn. 9; *Arzt/Weber* BT § 12 Rdn. 31; *Mitsch* BT 1 § 5 Rdn. 32; *Otto* BT § 47 Rdn. 18; *Wessels/Hillenkamp* BT II Rdn. 37.

IV. Subjektiver Tatbestand

13 Subjektiv ist **Vorsatz** nötig. Bedingter Vorsatz genügt. Zum Vorsatz gehört außer den bei § 303 Rdn. 22 erläuterten Merkmalen, soweit sie auch hier von Bedeutung sind, das Wissen des Täters um die *besonderen Eigenschaften der Sache*, die ihren verschärften Strafschutz begründen. Andernfalls ist allein der Grundtatbestand des § 303 Abs. 1 anwendbar.

V. Rechtswidrigkeit

14 Für die Rechtswidrigkeit gelten im Vergleich zu § 303 Abs. 1 keine Besonderheiten (vgl. dort Rdn. 23 ff).

VI. Versuch

15 Der Versuch ist **strafbar** (Absatz 2).

VII. Konkurrenzen

16 Tateinheit ist möglich mit § 124 sowie § 304 Abs. 1. § 305 verdrängt § 125. Das Gleiche gilt im Verhältnis zwischen § 305 Abs. 1 und § 303 Abs. 1; dagegen wird zwischen § 305 Abs. 2 und § 303 Abs. 1 Tateinheit anzunehmen sein.[11] Über das Verhältnis zu § 305a und zu den gemeingefährlichen Straftaten siehe jeweils dort. Straftaten nach § 305 können Anlass geben, das Verbrechen der Bildung einer terroristischen Vereinigung nach § 129a Abs. 2 Nr. 2 zu prüfen (die Änderung von § 129a Abs. 2 Nr. 2 geht auf Art. 1 Nr. 1d des Gesetzes zur Umsetzung des Rahmenbeschlusses des Rates vom 13. Juni 2002 zur Terrorismusbekämpfung und zur Änderung anderer Gesetze vom 22. Dezember 2003 – BGBl. I 2836 – zurück); vgl. auch § 129b Abs. 1.

VIII. Sonstiges

17 Führt **tätige Reue** bei einer Brandstiftung zur Strafaufhebung nach § 306e, wirkt sich dies auf eine zugleich gegebene Strafbarkeit nach § 305 nicht aus (vgl. näher bei § 306e). Ein **Strafantrag** ist bei § 305 nicht erforderlich (RGSt 43 240, 242). Anders als § 303 zählt § 305 auch nicht zu den Privatklagedelikten.

---

[11] *Fischer* Rdn. 8; *Hoyer* SK Rdn. 7; *Sch/Schröder/Stree* Rdn. 8; *Wieck-Noodt* MK Rdn. 22.

§ 305a
Zerstörung wichtiger Arbeitsmittel

(1) Wer rechtswidrig

1. **ein fremdes technisches Arbeitsmittel von bedeutendem Wert, das für die Errichtung einer Anlage oder eines Unternehmens im Sinne des § 316b Abs. 1 Nr. 1 oder 2 oder einer Anlage, die dem Betrieb oder der Entsorgung einer solchen Anlage oder eines solchen Unternehmens dient, von wesentlicher Bedeutung ist, oder**
2. **ein Kraftfahrzeug der Polizei oder der Bundeswehr**

ganz oder teilweise zerstört, wird mit Freiheitsstrafe bis zu fünf Jahren oder mit Geldstrafe bestraft.

(2) Der Versuch ist strafbar.

Entstehungsgeschichte

Die Vorschrift ist durch Art. 1 Nr. 4 des Gesetzes zur Bekämpfung des Terrorismus vom 19. Dezember 1986 (BGBl. I 2566) in das Strafgesetzbuch eingefügt worden und am 1. Januar 1987 in Kraft getreten. In dem Entwurf dieses Gesetzes, einem Initiativentwurf der Fraktionen der CDU/CSU und FDP, war eine solche Bestimmung noch nicht vorgesehen. Statt dessen war neben einer Erstreckung des Katalogs von § 129a unter anderem auf § 316b eine Erweiterung des Katalogs von § 308 (a.F.) um Personen- oder Lastkraftwagen und Baumaschinen vorgeschlagen (s. BTDrucks. 10/6286). Im Zuge des weiteren Gesetzgebungsverfahrens, das zu einer erheblichen Umgestaltung des gesamten Entwurfs geführt hat, ist der dann Gesetz gewordene § 305a geschaffen worden. „Damit (sollten) Tatbestände, deren geringe Schwere eine Einbeziehung in den § 129a und in den § 308 StGB nicht rechtfertigen, ausgesondert werden" (Bericht des Rechtsausschusses BT-Drucks. 10/6635 S. 9). Vorschläge für einen allgemeinen Straftatbestand der Betriebssabotage (z.B. § 179 AE [1977]; *Lampe* ZStW **89** [1977] 325) hat man auch bei dieser Gelegenheit nicht aufgegriffen (vgl. *König* LK[11] § 316b Entstehungsgeschichte II.).

Übersicht

	Rdn.
I. Allgemeines	1
II. Tatbestandsmäßige Handlung	3
III. Handlungsgegenstand nach Absatz 1 Nr. 1	4
1. Technisches Arbeitsmittel	5
2. Das Merkmal fremd	6
3. Zur Errichtung bestimmter Anlagen oder Unternehmen dienen	7
4. Das Merkmal von bedeutendem Wert	9
5. Das Merkmal von wesentlicher Bedeutung	10
IV. Das Tatobjekt im Sinne von Absatz 1 Nr. 2	12
1. Kraftfahrzeug der Polizei oder Bundeswehr	13
2. Polizei und Bundeswehr	15
V. Subjektiver Tatbestand	16
VI. Rechtswidrigkeit	17
VII. Versuch	18
VIII. Konkurrenzen	19
IX. Sonstiges	20

I. Allgemeines

Ausgangspunkt für die gesetzliche Regelung war das gesehene Bedürfnis, **Sabotageakten** gegen die Errichtung von Anlagen im **Energieversorgungsbereich** und **für öffentliche Verkehrsunternehmen** entgegenzuwirken. Dabei sollten zugleich wertvolle **Baufahrzeuge** und **Einsatzfahrzeuge** der Polizei sowie Fahrzeuge der Bundeswehr und der in der 1

Bundesrepublik Deutschland stationierten ausländischen Streitkräfte geschützt werden. Der Schutz durch insbesondere §§ 303 ff wurde insoweit nicht als ausreichend angesehen (Bericht des Rechtsausschusses BTDrucks. 10/6635 S. 13). Die Notwendigkeit einer entsprechenden Ergänzung der vorhandenen Strafvorschriften war bereits im Gesetzgebungsverfahren lebhaft umstritten; die Kritik ist auch seither nicht verstummt.[1] Die praktische Bedeutung der Vorschrift ist gering. In der polizeilichen Kriminalstatistik sind für 2005 558 Fälle bei einer Aufklärungsquote von 46,4 Prozent und für 2004 568 Fälle bei einer Aufklärungsquote von 51,2 Prozent erfasst; 2003 waren es 594 Fälle.

2 § 305a ist als **Qualifikationstatbestand zu § 303 Abs. 1** ausgestaltet und damit § 305 vergleichbar (Bericht des Rechtsausschusses BTDrucks. 10/6635 S. 14; s. auch BGHSt **41** 47, 53; **abl.** z.B. *Zaczyk* NK Rdn. 1). Jedoch fehlt bei § 305a Abs. 1 Nr. 2 das Erfordernis, dass es sich um ein fremdes Fahrzeug handelt. Insoweit besteht eher Parallelität zu § 304 Abs. 1, der allerdings Polizeifahrzeuge zum Beispiel nicht erfasst, weil sie nicht unmittelbar dem öffentlichen Nutzen dienen (vgl. § 304 Rdn. 13). Dabei fällt auf, dass § 304 Abs. 1 einen niedrigeren Strafrahmen enthält als § 305a Abs. 1. Ob dieser Unterschied sachlich gerechtfertigt ist, erscheint zweifelhaft (vgl. auch *Bohnert* JR **1988** 446 ff). § 305a Abs. 1 Nr. 1 regelt der Sache nach Delikte im Vorfeld des § 316b und wäre systematisch vielleicht besser dort angesiedelt worden. Ob die gesetzgeberischen Motive für die Schaffung des § 305a ausreichen, § 305a Abs. 1 Nr. 2 mit dem gleichen Strafrahmen zu bewehren wie das wohl meist schwerwiegendere Delikt des § 316b, erscheint ebenfalls zweifelhaft.

II. Tatbestandsmäßige Handlung

3 **Tatbestandsmäßige Handlung** ist **das ganz oder teilweise erfolgende Zerstören** der in Absatz 1 Nr. 1 und 2 aufgeführten Tatgegenstände, deren Schutz aus Gründen des **Allgemeininteresses** bezweckt ist. Insoweit gleicht das Delikt § 305. Dementsprechend kann für die Begriffe Zerstörung und teilweises Zerstören auf die Ausführungen zu § 305 (Rdn. 11 f) und § 303 (Rdn. 21) verwiesen werden. Entscheidend ist, ob die durch § 305a geschützten Gegenstände für ihre Zweckbestimmung ganz oder teilweise unbrauchbar geworden sind (s. auch *Hoyer* SK Rdn. 12).

III. Handlungsgegenstand nach Absatz 1 Nr. 1

4 Handlungsgegenstände sind **nach Absatz 1 Nr. 1** unter bestimmten ergänzenden Voraussetzungen **fremde technische Arbeitsmittel.**

5 1. Der Begriff **technisches Arbeitsmittel** ist sonst im StGB nicht verwendet, auch nicht in ähnlicher Form. Er ist in Anlehnung an § 2 Abs. 1 S. 1 des Gerätesicherheitsgesetzes vom 24. Juni 1968 (BGBl. I 717)[2] gewählt und erfasst insbesondere Arbeits- und Kraftmaschinen, Hebe- und Fördereinrichtungen und Beförderungsmittel; dabei sind Beförde-

---

[1] Z.B. *Fischer* Rdn. 2a; *Hoyer* SK Rdn. 1 ff; *Lackner/Kühl* Rdn. 1; *Zaczyk* NK Rdn. 1; *Maurach/Schroeder/Maiwald* BT II § 57 Rdn. 22; *Wessels/Hillenkamp* BT II Rdn. 38; *Dencker* StV **1987** 117, 122; *Kühl* NJW **1987** 737, 746.

[2] Inzwischen § 2 Abs. 1 Geräte- und Produktionssicherheitsgesetz v. 6. Januar 2004 (BGBl. I 2), zuletzt geändert durch Gesetz v. 7. Juli 2005 (BGBl. I 1970, 2014), in dem es heißt: „Technische Arbeitsmittel sind verwendungsfertige Arbeitseinrichtungen, die bestimmungsgemäß ausschließlich bei der Arbeit verwendet werden …"; s. ergänzend § 2

rungsmittel wie in § 315 der Beförderung von Menschen oder Sachen dienende bewegliche Einrichtungen, also vor allem Fahrzeuge einschließlich der Zugmaschinen (so Bericht des Rechtsausschusses BTDrucks. 10/6635 S. 14; s. auch *König* LK[11] § 315 Rdn. 29). Das Gerätesicherheitsgesetz zählte in § 2 Abs. 1 als weitere Beispiele Werkzeuge und Arbeitsgeräte auf und sprach von verwendungsfertigen Arbeitseinrichtungen als erläuterndem Oberbegriff.

2. Das technische Arbeitsmittel muss fremd sein, um den Schutz des § 305a zu genießen. Dieses Merkmal hat die gleiche Bedeutung wie in § 303 (vgl. dort Rdn. 8). Es muss also *Eigentum oder Miteigentum eines Dritten* an dem Arbeitsmittel bestehen. § 305a Abs. 1 Nr. 1 schützt daher das Eigentum, ohne dass dies, wie sich aus dem zusätzlichen Erfordernis ergibt, dass das Arbeitsmittel von wesentlicher Bedeutung für die Errichtung bestimmter öffentlicher Betriebe sein muss, die alleinige Schutzrichtung wäre; es werden zugleich öffentliche Interessen geschützt.[3] Allerdings scheidet der Eigentümer – anders als in § 304 Abs. 1 – als Täter aus, auch wenn die Zerstörung eines ihm gehörenden technischen Arbeitsmittels die Errichtung eines entsprechenden öffentlichen Betriebs in Gefahr bringt. 6

3. Das Arbeitsmittel muss der Errichtung bestimmter Anlagen oder Unternehmen dienen. Geht es um den Betrieb einer bereits fertiggestellten Anlage oder eines schon errichteten Unternehmens, kommt nicht § 305a sondern § 316b zur Anwendung.[4] Der Anwendungsbereich beider Vorschriften kann sich überschneiden, wenn für sich gesehen funktionstüchtige Anlagen- oder Unternehmensteile bereits in Betrieb, weitere Teile, zum Beispiel Erweiterungen, aber noch im Bau sind. 7

Die in § 305a angesprochenen Anlagen und Unternehmen sind zunächst die in § 316b Abs. 1 Nr. 1 und 2 aufgezählten: also solche, die der **öffentlichen Versorgung** mit Postdienstleistungen oder dem öffentlichen Verkehr dienen, sowie der öffentlichen Versorgung mit Wasser, Licht, Wärme oder Kraft dienende Anlagen oder für die Versorgung der Bevölkerung **lebenswichtige Unternehmen**. Insoweit kann auf die Erläuterungen zu § 316b Bezug genommen werden (*König* LK[11] § 316b Rdn. 5 ff). Es treten hinzu: Anlagen, die dem **Betrieb** oder der **Entsorgung** von Anlagen oder Unternehmen im Sinne des § 316b Abs. 1 Nr. 1 und 2 dienen. Damit sind beispielsweise gemeint Entsorgungseinrichtungen für gemeinschaftswichtige Betriebe oder Anlagen zur Sicherstellung des Energiebedarfs von Versorgungsbetrieben, selbst wenn sie nur mittelbar öffentlichen Zwecken dienen (Bericht des Rechtsausschusses BTDrucks. 10/6635 S. 14). 8

4. Es muss sich bei dem technischen Arbeitsmittel um ein solches **von bedeutendem Wert** handeln. In den Gesetzgebungsmaterialien ist dafür beispielhaft auf § 315 verwiesen (Bericht des Rechtsausschusses BTDrucks. 10/6635 S. 14). Ausschlaggebend ist danach der Verkehrswert, nicht der Funktionswert des technischen Arbeitsmittels.[5] Der Funk- 9

Abs. 4, 5 dieses Gesetzes und zur Bedeutung dieser gegenüber der früheren Fassung abweichenden Begriffsbestimmung *Erbs/Kohlhaas/Ambs* § 2 Geräte- und Produktionssicherheitsgesetz Rdn. 2.

[3] *Fischer* Rdn. 2; *Hoyer* SK Rdn. 1; *Lackner/Kühl* Rdn. 1; vgl. auch *Wieck-Noodt* MK Rdn. 1; *Zaczyk* NK Rdn. 3.

[4] *Fischer* Rdn. 7; *Hoyer* SK Rdn. 8; *Sch/Schröder/Stree* Rdn. 7; *Wieck-Noodt* MK Rdn. 16; *Zaczyk* NK Rdn. 5; *Wessels/Hillenkamp* BT II Rdn. 38.

[5] *Fischer* Rdn. 6 in Verb. mit § 315 Rdn. 16; *Hoyer* SK Rdn. 5; *Lackner/Kühl* Rdn. 2 in Verb. mit § 315c Rdn. 24; *Sch/Schröder/Stree* Rdn. 6; *Wieck-Noodt* MK Rdn. 12; *Otto* BT § 47 Rdn. 19; vgl. ergänzend *König* LK[11] § 315 Rdn. 82 ff.

tionswert wird vielmehr in dem kumulativ hinzutretenden zusätzlichen Merkmal angesprochen, dass das Arbeitsmittel für bestimmte Anlagen oder Unternehmen von *wesentlicher Bedeutung* sein muss. Die Grenze, ab wann ein wirtschaftlich bedeutender Wert zu bejahen ist, wird dabei in Parallele zum Beispiel zu § 315 zu bestimmen , also nicht unter 1000 Euro anzusetzen sein.[6] Der eingetretene oder drohende Schaden ist im Rahmen des Tatbestandes des § 305a ebensowenig von Bedeutung wie entstehende Reparaturkosten.

10 5. Als weiteres einschränkendes Merkmal ist zu verstehen, dass das Arbeitsmittel für die Errichtung **besonders schützenswerter Objekte** im Sinne von §§ 305a Abs. 1 Nr. 1, 316b Abs. 1 Nr. 1 und 2 von *wesentlicher Bedeutung* zu sein hat. Es sollen damit Sabotageakte untergeordneter Bedeutung ausgeschieden werden. Das spiegelt sich auch in der Überschrift zu § 305a wider, nach der es um die Zerstörung wichtiger Arbeitsmittel geht. Ein gleichlautendes Erfordernis enthält das Delikt der Computersabotage nach § 303b. Ein Arbeitsmittel wird dann für die Errichtung einer Anlage oder eines Unternehmens im Sinne des § 305a von wesentlicher Bedeutung sein, wenn der Errichtungsvorgang – insgesamt[7] – durch gänzliche oder teilweise Funktionsuntüchtigkeit des Arbeitsmittels ernstlich beeinträchtigt wird; sei es, dass sich der Errichtungsvorgang infolge des Ausfalls des Arbeitsmittels nennenswert verzögert, sei es, dass zum Ersatz oder Ausgleich des unbrauchbar gewordenen Arbeitsmittels erheblicher Mehraufwand vorzunehmen ist (*Hoyer* SK Rdn. 2 f, 9 verlangt zusätzlich, dass der durch die Errichtung der Anlage pp. zu erwartende öffentliche Nutzen konkret gefährdet erscheint; doch bietet das Gesetz dafür keine ausreichende Handhabe). Im Vordergrund werden dabei nicht ohne weiteres zu ersetzende Baumaschinen stehen.

11 Der Tatbestand erlaubt durch seine Häufung wenig präziser, zum Teil auch wertender Merkmale eine *weite Auslegung*. Demgegenüber sollte das Anliegen des Gesetzgebers, Sabotageakte von geringem Gewicht nicht in den Anwendungsbereich der Vorschrift einzubeziehen, nicht in Vergessenheit geraten.

IV. Tatobjekt im Sinne von Absatz 1 Nr. 2

12 **Tatobjekte, die Absatz 1 Nr. 2 unterfallen,** sind **Kraftfahrzeuge der Polizei oder der Bundeswehr.** Insoweit enthält der Tatbestand weder das Merkmal fremd noch die einschränkend gedachten Merkmale für Arbeitsmittel im Sinne des Absatzes 1 Nr. 1.

13 1. Für den Begriff **Kraftfahrzeug** ist an § 248b Abs. 4 anzuknüpfen,[8] so dass alle Fahrzeuge erfasst werden, die durch Maschinenkraft bewegt werden, also auch Hub-

[6] *Sch/Schröder/Stree* Rdn. 6 in Verb. mit *Sch/Schröder/Heine* vor § 306 Rdn. 15 – dort wird in Anschluss an BGHSt 48 14, 23 eine – nicht starre – Wertgrenze von 750 Euro vorgeschlagen –; ähnlich *Lackner/Kühl* Rdn. 2 in Verb. mit § 315c Rdn. 24; *Fischer* Rdn. 6 – dort sind 1300 Euro angesetzt –. *Hoyer* SK Rdn. 5 sieht als bedeutenden Wert einen Betrag an, der 50 Prozent des durchschnittlichen Monatseinkommens übersteigt; ebenso *Wieck-Noodt* MK Rdn. 12, die zugleich eine Mindestgrenze von ca 2000 Euro festlegt. *Otto* BT § 47 Rdn. 19 geht von rd. 600 Euro aus. Vgl. auch *König* LK[11] § 315 Rdn. 94 ff. Für einen erheblich höheren Wert – ca. 5000 Euro – spricht sich *Zaczyk* NK Rdn. 4 aus.

[7] *Fischer* Rdn. 7; *Lackner/Kühl* Rdn. 2; *Wieck-Noodt* MK Rdn. 16; *Zaczyk* NK Rdn. 5; offenbar auch *Hoyer* SK Rdn. 8. Nach *Sch/Schröder/Stree* Rdn. 8 reicht es aus, wenn die Erstellung der Anlage usw. zu einem wesentlichen Teil vom einwandfreien Funktionieren des Arbeitsmittels abhängt.

[8] *Fischer* Rdn. 8; *Hoyer* SK Rdn. 10; *Lackner/Kühl* Rdn. 3; *Sch/Schröder/Stree* Rdn. 9;

schrauber, Flugzeuge und motorgetriebene Wasserfahrzeuge; ausgenommen sind lediglich an Bahngleise gebundene maschinengetriebene Fahrzeuge.[9] Beispiele sind danach sämtliche Arten von motorisierten Einsatzfahrzeugen der Polizei, also Streifenwagen, Transportfahrzeuge, Motorräder, Wasserwerfer, Polizeihubschrauber, Boote der Wasserschutzpolizei. Dabei muss die dienstliche Verwendung nicht bereits äußerlich kenntlich sein. Ebenso sind in den Schutzbereich einbezogen alle schienenunabhängigen, motorgetriebenen Landfahrzeuge der Bundeswehr wie Lastkraftwagen (BGHSt 52 98, 99) Panzer, motorgetriebenes Räumgerät; Flugzeuge und Hubschrauber; Schiffe und Boote mit Maschinenantrieb.

Wem an diesen Kraftfahrzeugen das Eigentum zusteht, ist unerheblich. Entscheidend **14** ist allein, dass sie **für dienstliche Zwecke** von Polizei und Bundeswehr verwendet werden.[10] Täter kann jeder sein, dem über die ein Zerstören einschließende Verwendung des Kraftfahrzeugs für die dienstlichen Aufgaben von Polizei und Bundeswehr keine Entscheidungsbefugnis zukommt, mag er auch selbst Angehöriger von Polizei oder Bundeswehr sein.[11]

2. Zur **Polizei** gehören nicht nur Schutzpolizei, Bereitschaftspolizei und Kriminalpoli- **15** zei, sondern auch der Bundesgrenzschutz, durch Gesetz vom 21. Juni 2005 (BGBl. I 1818) umbenannt in Bundespolizei, wenn er für Polizeiaufgaben eingesetzt wird.[12] Dagegen genießen Fahrzeuge der Feuerwehr keinen Schutz nach § 305a. Der Schutzbereich der Vorschrift betreffend die **Bundeswehr** erfasst auch die Kraftfahrzeuge der in der Bundesrepublik Deutschland stationierten Truppen der nichtdeutschen Staaten des Nordatlantikpaktes, Art. 7 Abs. 2 Nr. 9a des 4. StrÄndG vom 11. Juni 1957 (BGBl. I 597), zuletzt geändert durch Gesetz vom 13. August 1997 (BGBl. I 2038).

V. Subjektiver Tatbestand

Der subjektive Tatbestand verlangt **Vorsatz**. Zum Vorsatz gehört zunächst neben dem **16** Wissen, dass die Einwirkung auf den Tatgegenstand diesen ganz oder teilweise zerstört, das Wollen, das Arbeitsmittel oder das Kraftfahrzeug ganz oder teilweise zu zerstören. Zusätzlich muss sich der Vorsatz auf die weiteren zuvor erörterten Merkmale des objektiven Tatbestandes erstrecken; also bei einem technischen Arbeitsmittel darauf, dass es fremd, von bedeutendem Wert und für die Errichtung einer Anlage pp. dient und dafür von wesentlicher Bedeutung ist, bei einem Kraftfahrzeug, dass es zur Erfüllung von Aufgaben der Polizei oder Bundeswehr dient. Weiß der Täter nicht um die besonderen Eigenschaften des Gegenstandes, die den verschärften Strafschutz begründen, scheidet § 305a aus. Bedingter Vorsatz genügt in allen Belangen.

Wieck-Noodt MK Rdn. 17; *Zaczyk* NK Rdn. 7; **aA** *Dencker* StV **1987** 117, 122, der auf § 1 Abs. 2 StVG abstellt.

9 *Fischer* Rdn. 8; *Hoyer* SK Rdn. 10; *Lackner/Kühl* Rdn. 3; *Sch/Schröder/Stree* Rdn. 9; *Wieck-Noodt* MK Rdn. 17; *Zaczyk* NK Rdn. 7; **aA** *Dencker* StV **1987** 117, 122; vgl. ergänzend *Ruß* LK[11] § 248b Rdn. 2.

10 *Fischer* Rdn. 9; *Hoyer* SK Rdn. 11; *Kindhäuser* LPK Rdn. 3; *Lackner/Kühl* Rdn. 3; *Sch/Schröder/Stree* Rdn. 9; *Wieck-Noodt* MK Rdn. 19, 20; *Mitsch* BT 1 § 5 Rdn. 38; *Otto* BT § 47 Rdn. 20.

11 *Fischer* Rdn. 9; *Sch/Schröder/Stree* Rdn. 9; *Wieck-Noodt* MK Rdn. 8, 20. *Zaczyk* NK Rdn. 9 sieht in entsprechender Verfügungsbefugnis einen Rechtfertigungsgrund.

12 *Fischer* Rdn. 8; *Hoyer* SK Rdn. 10; *Sch/Schröder/Stree* Rdn. 9; *Wieck-Noodt* MK Rdn. 18; *Zaczyk* NK Rdn. 8 Fn. 5.

VI. Rechtswidrigkeit

17 Die Rechtswidrigkeit ist wie bei § 303 oder § 305 **allgemeines Verbrechensmerkmal.** Neben den allgemeinen Rechtfertigungsgründen wie Notwehr, Notstand und Einwilligung ist an solche zu denken, die sich aus dem öffentlichen Recht ergeben.

VII. Versuch

18 Der Versuch ist nach § 305a Abs. 2 **strafbar.**

VIII. Konkurrenzen

19 Werden durch eine Handlung mehrere Arbeitsmittel oder mehrere Kraftfahrzeuge oder Arbeitsmittel und Kraftfahrzeuge im Sinne des § 305a zerstört, liegt nur eine Tat vor.[13] Kommen durch eine Handlung zugleich Tatobjekte des § 305a und des § 304 oder § 305 zu Schaden, kann Tateinheit zwischen diesen Delikten gegeben sein. § 303 Abs. 1 tritt gegenüber § 305a Abs. 1 zurück (nach *Hoyer* SK Rdn. 14 Tateinheit, wenn Polizei oder Bundeswehr nicht Eigentümer des Fahrzeugs ist); bleibt § 305a im Versuchsstadium stecken, während § 303 Abs. 1 vollendet ist, wird von Tateinheit auszugehen sein (*Sch/Schröder/Stree* Rdn. 12; *Fischer* Rdn. 14; *Wieck-Noodt* MK Rdn. 28). Tateinheit ist weiter möglich mit: § 88 (*Laufhütte/Kuschel* LK § 88 Rdn. 14); § 113; § 124; § 125. Über das Verhältnis zu den gemeingefährlichen Straftaten siehe jeweils dort. Straftaten nach § 305a können zur Annahme der Bildung einer terroristischen Vereinigung nach § 129a Abs. 2 Nr. 2 führen (BGHSt **41** 47, 53; vgl. aber auch BGHSt **52** 98 ff); vgl. weiter § 129b Abs. 1.

IX. Sonstiges

20 Die Strafverfolgung nach § 305a setzt keinen Strafantrag voraus. Auf § 7 Abs. 4 S. 1 Nr. 1b, S. 2 des Gesetzes zur Beschränkung des Brief-, Post- und Fernmeldegeheimnisses – Befugnis zur Weitergabe von durch bestimmte Telekommunikationsüberwachungsmaßnahmen erhobenen personenbezogenen Daten an mit polizeilichen Aufgaben betraute Behörden – wird hingewiesen.

---

[13] BGHSt **52** 98, 99; *Fischer* Rdn. 14; *Hoyer* SK Rdn. 14; *Sch/Schröder/Stree* Rdn. 15; *Wieck-Noodt* MK Rdn. 27.

Sachregister

Die fetten Zahlen verweisen auf die Kapitel der Einleitung bzw. auf die Paragraphen, die mageren auf die Randnummern.

Abnahme von Waren und Rechten
UWG-Strafbarkeit **Vor 287** 15
Absicht
Nachteilzufügungsabsicht
siehe dort
Absprache
und abgestimmtes Verhalten **298** 32
Finalität und Motivation, Kollusion **298** 37 ff
Kausalität **298** 31
Horizontale **298** 13, 14
Rechtswidrigkeit **298** 33 ff, 43
Vertikale **298** 14
Vertragspartner **298** 15, 32
Wettbewerbsbeschränkende Absprachen bei Ausschreibungen
siehe dort
Abstraktes Gefährdungsdelikt 298 8, 11; **299** 4 f, 43
Abwurfstangen
Jagdwilderei **292** 59
Additionsklausel
allgemein **291** 39
Einzelentgelte, einzubeziehende **291** 48
Mitwirkung mehrerer Personen **291** 40 ff
Nebentäterschaft **291** 49
Aktien (als Ware) 299 30
Aliud-Theorie
Jagdwilderei **292** 69
Amtsträgerkorruption
Vor 298 Entstehungsgeschichte; **298** 51; **299** 14, 16, 19, 24, 57, 61, 65, 70; **300** 4
Andeutungstheorie (Auslegung)
Gefährdung von Schiffen, Kraft- und Luftfahrzeugen durch Bannware **297** 1
Jagdwilderei **292** 97
Aneignungsrecht
Fischwilderei, Verletzung des **293** 1
Jagdwilderei **292** 7
Angebot 298 27, 28
Rücknahme **298** 30, 44, 45
Verspätung **298** 29, 30
Zugang **298** 29, 30
Angehöriger
Strafantrag bei Jagd- und Fischwilderei **294** 2
Angestellter Vor 298 22 ff; **299** 11 ff
Anlageberater **299** 10, 16
Annahme
von Vorteilen **299** 48
Anstiftung
Pfandkehr, Anstifter als Täter **289** 19
Antrag
siehe Strafantrag
Anwartschaftsrecht
Vereiteln der Zwangsvollstreckung **288** 11
Anzapfen 299 41
Anzeige
siehe Strafanzeige
AOK 299 14, 19, 22, 32
Arbeitsmittel, Zerstörung wichtiger
siehe Zerstörung wichtiger Arbeitsmittel
Architekt
als Täter **298** 14, 25; **299** 10, 16, 19
Wettbewerb **298** 25
ARGE 298 35, 43
Arrest
Vereiteln der Zwangsvollstreckung **288** 10, 17
Arzneimittel 299 32
Arzt
siehe Kassenarzt **299** 19, 30
Aufsichtsrat
als Täter **299** 16
Auftraggeber
öffentlicher **298** 20, 23, 53, 60; **299** 16 f, 43
privater **298** 20
Ausbesserung
als Sachbeschädigung **303** 18
Ausschlagung der Erbschaft
siehe Erbschaftsausschlagung
Ausschreibung
Arten **298** 21
Begriff **298** 19 ff
Veranstalter als Täter **298** 14, 47
Wettbewerbsbeschränkende Absprachen bei Ausschreibungen
siehe dort
Ausschreibungspflicht
Verletzung der **298** 60

Ausschreibungswettbewerb
Vor 298 1
Außenseiter
bei Kartellen **298** 15, 18, 31, 41, 46
Ausspielung
siehe auch Unerlaubte Veranstaltung einer Lotterie oder einer Ausspielung
Beispiele aus der Rechtsprechung **287** 15
Einsatz und Gewinn **287** 7 ff
Gefahr eines Vermögensverlustes **287** 10
Gratisausspielung **287** 8
Mehrzahl von Personen **287** 11
Spielplan, Unterschied zum Glücksspiel **287** 4 f
Zufall **287** 12
Ausspielung, unerlaubte Veranstaltung
siehe Unerlaubte Veranstaltung einer Lotterie oder einer Ausspielung
Aussteiger
aus Kartell **298** 15 f, 31

Baccara
Glücksspiel, unerlaubtes **Vor 284** 3
Bande
Bestechlichkeit und Bestechung im geschäftlichen Verkehr **300** 6
Computersabotage **303b** 36 f
Glücksspiel, unerlaubtes **284** 24
Bannware
Begriff **297** 1, 9 f
Baufahrzeug
Zerstörung **305a** 1 ff
Bauwerk
Begriff **305** 3 f
Zerstörung von
siehe Zerstörung von Bauwerken
Beauftragter Vor 298 22 ff; **299** 16
Befriedete Bezirke
Jagdwilderei **292** 10 ff
Begünstigung
Verhältnis zu Jagdwilderei **292** 83
Behörde
als Unternehmer **298** 14, 25; **299** 19
Behördliche Erlaubnis
siehe Erlaubnis, behördliche
Beihilfe
Gefährdung von Schiffen, Kraft- und Luftfahrzeugen durch Bannware **297** 23
Pfandkehr, Gehilfe als Täter **289** 19
Vereiteln der Zwangsvollstreckung **288** 41
Beiseiteschaffen 288 31
Beobachtungsspiele
Glücksspiel, unerlaubtes **284** 10
Berufssportler 299 32a

Beschädigen
Ausbesserung **303** 18
Begriff **303** 9 ff
Beschmutzungen **303** 15
Erheblichkeit der Beeinträchtigung **303** 17
Fischwilderei **293** 14
Gemeinschädliche Sachbeschädigung **304** 16
Graffiti **303** 16
Jagdwilderei **292** 62
Rechtsprechung, Beispiele **303** 12
Sachentziehung **303** 19
Substanzverletzung **303** 10 ff
Verbrauch einer Sache **303** 20
Vereiteln der Zwangsvollstreckung **288** 32
zusammengesetzte Sachen **303** 14
Beschaffungsstelle 299 14, 19
Beschlagnahme
Vereiteln der Zwangsvollstreckung **288** 13
Beschmutzungen
Sachbeschädigung **303** 15
Besonders schwerer Fall
Bestechlichkeit und Bestechung im geschäftlichen Verkehr **300** 1 ff
Computersabotage **303b** 34 ff
Jagdwilderei **292** 86 ff
Wucher **291** 68 ff
Bestechlichkeit
Bestechlichkeit und Bestechung im geschäftlichen Verkehr
siehe dort
Bestechlichkeit und Bestechung im geschäftlichen Verkehr
Absicht **299** 53 f
Aktunwert **299** 8 f
allgemein **299** 1 ff
Allgemeindelikt **299** 20
durch Angestellten **299** 11 ff
Antragsberechtigter **301** 2 ff
bandenmäßige Begehung **300** 6
durch Beauftragten **299** 16 ff
durch Berufssportler **299** 30 ff
besonderes öffentliches Interesse, Falltypen **301** 6 ff
besonders schwere Fälle **300** 1 ff
Bevorzugung bei Bezug von Waren oder Dienstleistungen **299** 30 ff
Einwilligung **299** 55
Gefährdungs- oder Verletzungsdelikt? **299** 6 f
Geschäftsherr, Schutz des **299** 2 f
gewerbsmäßige Begehung **300** 5
Handeln im geschäftlichen Verkehr **299** 21 ff
internationales Strafrecht **299** 63 ff
Irrtum **299** 50 ff
durch Kassenärzte **299** 30 ff

Konkurrenzen **299** 59 ff
Kunden- und Verbraucherschutz, mittelbarer **299** 4 f
Mitbewerber, Schädigung der **299** 37
Notstand **299** 56
Pflichtenkollision **299** 57
Pflichtwidrigkeit **299** 44 ff
Rechtfertigung **299** 55 ff
Rechtsgut **299** 1 ff
Regelbeispiele **300** 3 ff
relatives Antragsdelikt **301** 1
Rückwirkung **301** 12
Sonderdelikt, echtes **299** 10 ff
Sozialadäquanz **299** 58
Strafantrag **299** 67; **301** 1 ff
Strafanzeige der Finanzbehörde **299** 68 f
Strafverfolgung **299** 67 ff
Tateinheit **299** 60 f
Täterkreis **299** 10 ff
Tathandlung **299** 24 ff
Tatmehrheit **299** 62
Unlauterkeit **299** 39
Unrechtsvereinbarung **299** 29
durch Unternehmer **299** 19
Verfall, erweiterter **302** 1 ff
Verjährung **299** 70; **301** 13
Vollendung **299** 50
Vorsatz **299** 51 ff
Vorteil **299** 25 ff
Vorteil großen Ausmaßes **300** 3 f
Wettbewerbs- und Wettbewerberschutz **299** 1
Wettbewerbsverhältnis **299** 35 ff
Zeitpunkt der Bevorzugung **299** 36

Bestechung
durch Angestellte und Beauftragte **Vor 298** 22 ff
Bestechlichkeit und Bestechung im geschäftlichen Verkehr
siehe dort

Beteiligung am unerlaubten Glücksspiel
allgemein **285** 1 ff
Beginn des Spiels **285** 4
behördliche Erlaubnis **285** 5
innere Tatseite **285** 6
Lotterie- und Rennwettenbeteiligung **285** 9
Schuldfähigkeit **285** 10
Spielen zum Schein **285** 4a
Teilnahme **285** 7
verdeckter Ermittler **285** 3
Zusammentreffen **285** 8

Betriebsrat
als Täter **299** 14

Beute
Jagd- und Fischwilderei **295** 16

Bezug von Waren und Dienstleistungen **299** 31 ff

Bieteransprache **298**

Bietergemeinschaft **298** 35

Binnengewässer
Fischwilderei **293** 4

Black Jack
Glücksspiel, unerlaubtes **Vor 284** 3

Blankettmerkmal
Jagdwilderei **292** 34, 65 ff

Botnetz
Datenveränderung **303a** 32

Brücke
Zerstörung von Bauwerken **305** 7

Brutgelegenheit
Jagdwilderei **292** 61

Bundeskriminalamt
Unbedenklichkeitserklärung des, unerlaubtes Glücksspiel **Vor 284** 17 ff

Bundeswehr
Kraftfahrzeug, Zerstörung **305a** 13 ff

Carwalking
Sachbeschädigung **303** 9

Casinospiele
Glücksspiel, unerlaubtes **Vor 284** 22

Computerprogramm
Datenveränderung **303a** 15

Computersabotage
Absicht, einem anderen Nachteil zuzufügen **303b** 28 f
allgemein **303b** 1 ff
Angriffsobjekt **303b** 3 ff
banden- und gewerbsmäßige Begehung **303b** 36 f
besonders schwere Fälle **303b** 34 ff
Datenverarbeitung **303b** 4 f
Datenverarbeitungsanlage **303b** 17 f
Eingeben und Übermitteln **303b** 21
Einigungsvertrag, Recht des **303b** 40
Einwilligung **303b** 30
fremd, Merkmal **303b** 8
Konkurrenzen **303b** 39
Mailbombing **303b** 25
Mittel zur Störung der Datenverarbeitung **303b** 14 ff
Privatpersonen als Geschädigte **303b** 11
Qualifikationstatbestand **303b** 6 ff
Rechtsgut **303b** 2
Rechtswidrigkeit **303b** 30
Störung der Datenverarbeitung **303b** 23 ff
Strafantrag **303b** 41, **303c** 1 ff
Strafe **303b** 33 ff
Tathandlung **303b** 20 ff
Vermögensverlust großen Ausmaßes **303b** 35
Versuch und Vollendung **303b** 31

Vorsatz **303b** 27
wesentliche Bedeutung **303b** 10 ff
Computerviren
Datenveränderung **303a** 30 ff

Damm
Zerstörung von Bauwerken **305** 8
Daseinsvorsorge 299 14, 19
Datei
unerlaubt kopierte **303a** 16
Daten
Begriff **303a** 6
Computersabotage
siehe dort
Datenveränderung
siehe auch dort
303a 1 ff
Löschen von **303a** 21 ff
Sachbeschädigung **303** 6
Speicherung, Begriff **303a** 7
Übermittlung **303a** 7
Unbrauchbarmachen von **303a** 26
Unterdrücken von **303a** 24 f
Verändern von **303a** 27 ff
Datenträger
Datenveränderung **303a** 12 ff
Datenveränderung
allgemein **303a** 1 ff
Botnetz **303a** 32
Computerprogramm **303a** 15
Computerviren, Einsatz von **303a** 30 ff
Dateien, unerlaubt kopierte **303a** 16
Daten, Handlungsobjekt **303a** 6 ff
Datenträger, Schreiben und Speichern auf **303a** 12 ff
Dialer-Programme **303a** 32
Einigungsvertrag, Recht des **303a** 48 f
Einverständnis **303a** 20
E-Mails **303a** 17
Europäischer Haftbefehl **303a** 52
Konkurrenzen **303a** 45 ff
Löschen **303a** 21 ff
Mailbombing **303a** 33
Pishing **303a** 32
Rechtsgut **303a** 4
rechtswidrig, Tatbestandsmerkmal **303a** 9 ff
Rechtswidrigkeit **303a** 35
Schadprogramme, Einsatz von **303a** 30 ff
Spamfilter **303a** 33
Strafantrag **303a** 50; **303c** 1 ff
Strafe **303a** 44
subjektiver Tatbestand **303a** 34, 42
Tathandlung **303a** 18 ff
Tätige Reue **303a** 43
Trojaner **303a** 32
Unbrauchbarmachen **303a** 26
Unterdrücken **303a** 24 f
Unterlassen **303a** 18
Verändern, Tathandlung **303a** 27 ff
Versuch und Vollendung **303a** 36
Virenscanning **303a** 33
Vorbereitung **303a** 37 ff
Datenverarbeitung
Computersabotage **303b** 4 f
Störung der **303b** 23 ff
Datenverarbeitungsanlage
Computersabotage **303b** 17 f
Dauerdelikt
Gefährdung von Schiffen, Kraft- und Luftfahrzeugen durch Bannware **297** 15
DDR-Gewerbegesetz
Glücksspiel, unerlaubtes **284** 22b
Denkmäler, öffentliche
Gemeinschädliche Sachbeschädigung **304** 6 f
Dialer-Programme
Datenveränderung **303a** 32
Dienstleistung
Begriff **Vor 287** 15; **298** 25; **299** 30
Doppelirrtum
Jagdwilderei **292** 67, 74
Drittmittel (-Einwerbung) 299 57
Drittzueignung
Fischwilderei **293** 15
Jagdwilderei **292** 53
Dynamitfischerei
Fischwilderei **293** 20

Eier
Jagdwilderei **292** 60 f
Eigenjagdbezirk
Jagdwilderei **292** 8
Eigennutz, strafbarer
allgemein **Vor 284** 1 ff
Entstehungsgeschichte **Vor 284** 1 ff
Eigentum
Sachbeschädigung, Rechtsgut **303** 1
Eigentumsvorbehalt
Vereiteln der Zwangsvollstreckung **288** 22
Eignungsdelikt
Gefährdung von Schiffen, Kraft- und Luftfahrzeugen durch Bannware **297** 2, 13
Jagdwilderei **292** 49
Einheitstheorie
Vereiteln der Zwangsvollstreckung **288** 44
Einigungsvertrag, Recht des
Computersabotage **303b** 40
Datenveränderung **303a** 48 f
Sachbeschädigung **303** 41

Wucher **291** 76
Einsatz
bei Glücksspiel **284** 11 ff
Einsatzfahrzeug der Polizei
Zerstörung **305a** 12 ff
Einverständnis, mutmaßliches
Gefährdung von Schiffen, Kraft- und Luftfahrzeugen durch Bannware **297** 27
Einwilligung
Bestechlichkeit und Bestechung im geschäftlichen Verkehr **299** 55
Computersabotage **303b** 30
Gefährdung von Schiffen, Kraft- und Luftfahrzeugen durch Bannware **297** 27
des Jagdausübungsberechtigten **292** 21
Jagdwilderei **292** 76
Sachbeschädigung **303** 25
Einzelvollstreckung, drohende
Vereiteln der Zwangsvollstreckung **288** 7
Einziehung
Fischwilderei **295** 1 ff
Gefährdung von Schiffen, Kraft- und Luftfahrzeugen durch Bannware **297** 12
Glücksspiel, unerlaubtes **286** 1 ff
Jagdwilderei **295** 1 ff
Unerlaubte Veranstaltung einer Lotterie oder einer Ausspielung **287** 32
Vereiteln der Zwangsvollstreckung **288** 13
Eisenbahn
Zerstörung von Bauwerken **305** 10
E-Mails
Datenveränderung **303a** 17
Erbschaftsausschlagung
Vereiteln der Zwangsvollstreckung **288** 30
Erfolgsdelikt, kupiertes
Pfandkehr **289** 2, 24
Vereiteln der Zwangsvollstreckung **288** 6
Erlaubnis, behördliche
Auslandsbezug **287** 25
Beteiligung am unerlaubten Glücksspiel **285** 5
Glücksspiel **284** 22
Unerlaubte Veranstaltung einer Lotterie oder einer Ausspielung **287** 23 ff
Vorsatz **284** 23; **285** 5
Ermittler, verdeckter
siehe Verdeckter Ermittler
Erscheinungsbildveränderung, Sachbeschädigung
allgemein **303** 26 ff
äußeres Erscheinungsbild **303** 28
fremde Sache, Tatobjekt **303** 27
Gemeinschädliche Sachbeschädigung **304** 17 f
nicht nur unerheblich und nicht nur vorübergehend **303** 30
Rechtswidrigkeit **303** 33
unbefugt **303** 31
Verändern, Tathandlung **303** 29 ff
Erweiterter Verfall
Bestechlichkeit und Bestechung im geschäftlichen Verkehr **302** 1 ff
Glücksspiel, unerlaubtes **286** 1 ff
Europäischer Gerichtshof
Glücksspiel, unerlaubtes **Vor 284** 8c
Europäischer Haftbefehl
Datenveränderung **303a** 52

Fahrzeugführer
Gefährdung von Schiffen, Kraft- und Luftfahrzeugen durch Bannware **297** 20
Fairness
im Wettbewerb **Vor 298** 2, 4; **299** 1, 41 f
Fallwild
Jagdwilderei **292** 56
Federwild
Jagdwilderei **292** 60 f
Fernsehgewinnspiel
als Glücksspiel **284** 12a
Finalität
Wettbewerbsbeschränkende Absprachen bei Ausschreibungen **298** 37 ff
Fischbestand
Gefährdung des **293** 22
Fische
untermassige **293** 22
Fischereiausübungsrecht
fremdes, Verletzung des **293** 3 ff
siehe auch Fischwilderei
Fischereirecht
fremdes, Verletzung des **293** 3 ff
siehe auch Fischwilderei
Fischereischein
Begriff **293** 7
Fischfrevel 293 7
Fischweidgerechtigkeit
Grundsatz der **293** 4
Fischwilderei
allgemein **293** 1 ff
Aneignungsrecht, Verletzung des **293** 1
Beschädigen **293** 14
Beute des Wilderers **295** 16
Binnengewässer **293** 4
Drittzueignung **293** 15
Dynamitfischerei **293** 20
Einziehung **295** 1 ff
Fahrlässigkeit **293** 16
Fischen, Tathandlung **293** 8 ff
Fischereigeräte **295** 6 ff
Fischereischein **293** 7
Fischfrevel **293** 7
Gefährdung des Fischbestandes **293** 22

gewerbs- oder gewohnheitsmäßige Begehung **293** 23
Hegepflicht **293** 4
Hochseefischerei **293** 5
Hunde und andere Tiere **295** 13 f
Konkurrenzen **293** 24
Küstengewässer **293** 5
Nachtzeit **293** 18
ökologische Schutzinteressen **293** 1
Privatgewässer **293** 10
Rechtsgut **293** 1
schädliche Stoffe **293** 21
Schonzeit **293** 19
Sprengstoffe, Anwendung von **293** 20
Strafantrag **294** 1 ff
Strafzumessung **293** 17 ff
subjektiver Tatbestand **293** 16
Tatobjekt **293** 12
Unternehmensdelikt, unechtes **293** 11
Verletzung fremden Fischereirechts oder Fischereiausübungsrechts **293** 3 ff
Versuch **293** 13
Vorsatz **293** 16
Zerstören **293** 14
Zueignung **293** 14 f
Fordern
von Vorteilen **Vor 299** 48
Frankreich
Submissionsabsprachen **Vor 298** 14
Freie Berufe **298** 25; **299** 18, 21
Freihändige Vergabe
Begriff **298** 19 ff
Wettbewerbsbeschränkende Absprachen bei Ausschreibungen
siehe dort
Fremdheit
Arbeitsmittel, Zerstörung wichtiger **305a** 6
Begriff, Sachbeschädigung **303** 8
Computersabotage **303b** 8
Fußballbundesliga **299** 32a

Garantenstellung
Betriebsinhaber **298, 299**
Gefährdung von Schiffen, Kraft- und Luftfahrzeugen durch Bannware **297** 5
Vereiteln der Zwangsvollstreckung **288** 29
Gebäude
Zerstörung von Bauwerken **305** 5
Gefährdung von Schiffen, Kraft- und Luftfahrzeugen durch Bannware
allgemein **297** 1 ff
Andeutungstheorie **297** 1
Bannware **297** 1, 9 f
Beihilfe **297** 23
Beschlagnahme **297** 12
Beschlagnahmemöglichkeiten **297** 12
Dauerdelikt **297** 15
Deliktscharakter **297** 2
Eignungsdelikt **297** 2, 13
Einverständnis, mutmaßliches **297** 27
Einwilligung **297** 27
Einziehung **297** 12
Erfolgsmoment **297** 15
durch Fahrzeugführer **297** 20
Garantenstellung **297** 5
Gefährdungsdelikt **297** 2
Gefährdungsmoment **297** 12 ff
durch Halter **297** 19
Heimlichkeit **297** 17
Idealkonkurrenz **297** 28
instrumentum sceleris **297** 9
internationales Strafrecht **297** 6
Irrtum **297** 25
durch Jedermann **297** 21
Konkurrenzen **297** 28
Konterbande **297** 1, 9 f
Kriminalstrafe, drohende **297** 14
durch quivis ex populo **297** 21
Rechtsgut **297** 1
Rechtswidrigkeit **297** 26
durch Reeder **297** 19
durch Schiffsführer **297** 20
Sonderdelikt, echtes **297** 4, 16
Tateinheit **297** 28
Täterschaft **297** 18 ff
Tathandlung **297** 4 ff
Tatherrschaft **297** 22
Tatmittel **297** 9 f
Teilnahme **297** 22
Territorialitätsprinzip **297** 6
Transportmittel **297** 6 ff
Transportwesen **297** 1
Unterlassen **297** 5
durch Vertreter **297** 20
Vollendung **297** 15
Vorsatz **297** 24
Vorwissen **297** 17
Werkzeug **297** 4
Zollstrafe **297** 13
Gefährdungsdelikt
Gefährdung von Schiffen, Kraft- und Luftfahrzeugen durch Bannware **297** 2
Vereiteln der Zwangsvollstreckung **288** 6, 27, 33
Geldbuße
gegen juristische Person **298** 58, 60
Geldspielautomaten
Glücksspiel, unerlaubtes **284** 14
Geldstrafe
Vereiteln der Zwangsvollstreckung **288** 13

Gemeinschädliche Sachbeschädigung
allgemein **304** 1 ff
Beschädigen oder Zerstören **304** 16
Denkmäler, öffentliche **304** 6 f
Erscheinungsbild, Veränderung des **304** 17 f
Gottesdienst, gewidmete Sachen **304** 4
Grabmäler **304** 5
Kapellen **304** 4
Kirchen **304** 4
Konkurrenzen **304** 22
Naturdenkmäler **304** 8
Nutzen, öffentlicher **304** 11 ff
Rechtswidrigkeit **304** 20
Religionsgesellschaft, Verehrung von Gegenständen **304** 3
Sakristei **304** 4
Sammlungen, öffentliche **304** 9 f
subjektiver Tatbestand **304** 19
Tathandlung **304** 16 ff
Tatobjekte **304** 3 ff
Versuch **304** 21
Gemeinschaftsunternehmen 298 35
Geschäftlicher Verkehr Vor 287 16; **299**
Geschäftsführer der GmbH
als Täter **299** 14
Geschäftsherrenmodell 299
Geschicklichkeitsspiel
Glücksspiel, unerlaubtes **284** 9
Gesetz gegen Wettbewerbsbeschränkungen
siehe GWB
Gesetz gegen den unlauteren Wettbewerb
siehe UWG
Gewahrsam
Jagdwilderei **292** 53 f
Pfandkehr **289** 10 ff
Gewahrsamsbruch
Pfandkehr **289** 10
Gewährung besonderer Vorteile
UWG-Strafbarkeit **Vor 287** 17 ff
Gewerbeordnung
Spielrecht, Regelungsbereich **Vor 284** 13 ff
Gewerbliche Leistung
siehe Dienstleistung
Gewerbsmäßige Begehung
Bestechlichkeit und Bestechung im geschäftlichen Verkehr **300** 5
Computersabotage **303b** 36
Fischwilderei **293** 23
beim unerlaubten Glücksspiel **284** 24
Gewinn
bei Glücksspiel **284** 11 ff
Gewinnvereinbarungen, wirtschaftlich ausgerichtete
als Glücksspiel, unerlaubtes **284** 6
Gift
Jagdwilderei **292** 46
Gleichstellungsklausel
Glücksspiel, unerlaubtes **284** 16
Gleichwertigkeitstheorie
Jagdwilderei **292** 69
Glücksspiel
Siehe auch Glücksspiel, unerlaubtes
Beginn **285** 4
Begriff **284** 2 ff, 7 ff
Beispiele aus der Rechtsprechung **284** 14
Beobachtungsspiele **284** 10
Bereitstellen von Einrichtungen **284** 20
Einsatz und Gewinn **284** 11 ff
Fernseh- und Telefongewinnspiele **284** 12a
Geschicklichkeitsspiel **284** 9
Halten des **284** 19
im weiteren Sinn **287** 1
Lotterie und Ausspielung, Unterschied **287** 4 f
Teilnahme **284** 21
Unterhaltungsautomaten **284** 12b
Veranstalten eines **284** 18
Vermitteln **284** 18a
Vermögensverlust **284** 13
Vermögenswert von Einsatz und Gewinn **284** 12
Glücksspiel- und Wettsucht
siehe Sucht
Glücksspiel, ausländisches
über Internet **284** 20a
Glücksspiel, unerlaubtes
allgemein **Vor 284** 1 ff; **284** 1 ff
Baccara **Vor 284** 3
banden- und gewerbsmäßige Begehung **284** 24
Begehungsformen **284** 17 ff
Beteiligung
siehe Beteiligung am unerlaubten Glücksspiel
Black Jack **Vor 284** 3
Casinospiele **Vor 284** 22
DDR-Gewerbegesetz **284** 22b
Deliktscharakter **284** 1
Erlaubnis, behördliche **284** 22
Erscheinungsformen **Vor 284** 3
Geldspielautomaten **284** 14
gemeinschaftsrechtliches Herkunftslandprinzip **Vor 284** 8c
Gewinnvereinbarungen, wirtschaftlich ausgerichtete **284** 6
Gleichstellungsklausel **284** 16
Hütchenspiel **Vor 284** 3
innere Tatseite **284** 23
Kinder und Jugendliche **284** 27

Konkurrenzen **284** 26
durch Konzessionsinhaber **284** 18
kriminologische und kriminalpolitische Aspekte **Vor 284** 5
Kugelspiele **Vor 284** 19
Lotterien **Vor 284** 23
Öffentlichkeit **284** 15 f
Placanica-Verfahren **Vor 284** 8c f
Rechtsgut **Vor 284** 6
Renn- und Sportwetten **284** 5
Roulette **Vor 284** 3
Sanktionen **284** 27
Schuldfähigkeit, exzessive Spielmotivation **Vor 284** 26
Schutzzweck und Strafgrund **Vor 284** 7 ff
Staatsvertrag zum Glücksspielwesen **Vor 284** 9
statistische Übersicht **Vor 284** 4
Tatbestandsirrtum **284** 23
Unbedenklichkeitserklärung **Vor 284** 17 ff
Verbotsirrtum **284** 23
Vermögensstrafe, Erweiterter Verfall und Einziehung **286** 1 ff
Werben, unerlaubtes **284** 25
Wette **284** 3
Würfelspiele **Vor 284** 19
Glücksspielrecht
siehe auch Spielrecht
Begriff und Entwicklung **Vor 284** 2 f
Gottesdienst
Gemeinschädliche Sachbeschädigung **304** 4
Grabmäler
Gemeinschädliche Sachbeschädigung **304** 5
Graffiti
Sachbeschädigung **303** 16
Gratisausspielung oder -lotterie
Begriff **287** 8
Griechenland
Submissionsabsprachen **Vor 298** 20
Großbritannien
Submissionsabsprachen **Vor 298** 17 f
GWB
Akzessorietät des **298**
Reform von 2005 **298**

Halter
Gefährdung von Schiffen, Kraft- und Luftfahrzeugen durch Bannware **297** 19
Handeln im geschäftlichen Verkehr
UWG-Strafbarkeit **Vor 287** 16
Handeln mit Einfluss 299 12, 65, 73
Handelsvertreter 299 16
Hege
Fischwilderei **293** 4
Jagdwilderei **292** 2, 21
Hehlerei
und Jagdwilderei **292** 83
Heimlichkeit
Gefährdung von Schiffen, Kraft- und Luftfahrzeugen durch Bannware **297** 17
Hilfspersonen
Wettbewerbsbeschränkende Absprachen bei Ausschreibungen **298** 17
Hirschsprengen
Jagdwilderei **292** 46
Hochseefischerei
Fischwilderei **293** 5
Horizontalabsprachen
im Wettbewerb **298** 14, 33
Hütchenspiel
Glücksspiel, unerlaubtes **Vor 284** 3

Idealkonkurrenz
siehe auch Tateinheit
Gefährdung von Schiffen, Kraft- und Luftfahrzeugen durch Bannware **297** 28
Individualwucher
Begriff **291** 1
Industrieverkäufer 299 13
Innentendenz, überschießende
Vereiteln der Zwangsvollstreckung **288** 27
Insiderinformation 299 33
Insolvenz
Verbraucherinsolvenz
siehe dort
Vereiteln der Zwangsvollstreckung **288** 7, 23
Insolvenzverwalter 299 17
Instrumentum sceleris
Gefährdung von Schiffen, Kraft- und Luftfahrzeugen durch Bannware **297** 9
Internet
Glücksspiel, ausländisches **284** 20a
Inventarpfandrecht
Pfandkehr **289** 16
Wegnahme **289** 16
Irrtum
Bestechlichkeit und Bestechung im geschäftlichen Verkehr **299** 50 ff
Gefährdung von Schiffen, Kraft- und Luftfahrzeugen durch Bannware **297** 25
Jagdwilderei **292** 64 ff
Pfandkehr **289** 27 ff
Wettbewerbsbeschränkende Absprachen bei Ausschreibungen **298** 40 ff
Italien
Submissionsabsprachen **Vor 298** 15

Jagd- und Fischereigeräte
Begriff **295** 6 ff
Kraftfahrzeuge als Transportmittel **295** 11

mitgeführte Geräte **295** 10, 12
Jagdaufseher 292 23
Jagdausübungsrecht 292 7, 9
Übertragung, mangelhafte **292** 18 ff
Jagdbar 292 33 ff
Jagdbeschränkung
Zuwiderhandlung gegen **292** 31
Jagdbezirk 292 7 ff
Jagderlaubnis
beschränkte **292** 26
entgeltliche **292** 27
Form der **292** 24
gemeinsame Erteilung **292** 25
Jagderlaubnis, beschränkte
allgemein **292** 14 ff
Eigentümer ohne Jagderlaubnis **292** 15
Eigentümer, Überschreitung durch **292** 15
Nutzungsberechtigter **292** 17
Pächter **292** 16
Jagdfrevel 292 4, 102
Jagdgast 292 23
Jagdgenossenschaft 292 9
Jagdpachtvertrag
Nichtigkeitsfolgen **292** 18
Jagdrecht
allgemein **292** 7, 55
fremdes **292** 2
Jagdwilderei
abgetrennte wesentliche Teile des Wildes **292** 58
Abwurfstangen **292** 59
Aliud-Theorie **292** 69
allgemein **292** 1 ff
Andeutungstheorie **292** 97
Aneignungsrecht **292** 7
Beendigung **292** 82 f
befriedete Bezirke **292** 10 ff
Beihilfe zur Wilderei, Verhältnis zu Begünstigung und Hehlerei **292** 83
Beschädigen **292** 62
beschränkte Jagderlaubnis **292** 14 ff
siehe auch Jagderlaubnis, beschränkte
besonders schwerer Fall **292** 86 ff
Beute des Wilderers **295** 16
Bezirk **292** 7 ff
Blankettmerkmal **292** 34, 65 ff
Brutgelegenheit **292** 61
Deliktsstruktur **292** 4
Doppelirrtum **292** 67, 74
Drittzueignung **292** 53
dynamische Verweisung **292** 34, 66
Eier **292** 60 f
Eigenjagdbezirk **292** 8
Eignungsdelikt **292** 49
Einwilligung des Jagdausübungsberechtigten **292** 21
Einwilligung, Rechtfertigungsgrund **292** 76
Einziehung **295** 1 ff
entwendetes Wild **292** 57
Erfolgsdelikt **292** 55
Erlegen **292** 50, 52
ethische Einstellung **292** 94
Fallwild **292** 56
Fangen **292** 50 f
Federwild **292** 60 f
fortgesetzte Wilderei **292** 100
gemeinschaftlich mit Schusswaffe **292** 97
Gesamthandverhältnis **292** 28
Gewahrsam **292** 53 f
gewerbsmäßige Begehung **292** 88
gewohnheitsmäßige Begehung **292** 86
Giftzuführen **292** 46
Gleichwertigkeitstheorie **292** 69
Hege **292** 2, 21
Hehlerei **292** 83
Hirschsprengen **292** 46
Hunde und andere Tiere **295** 13 f
Irrtum **292** 64 ff
Jagdaufseher **292** 23
Jagdausübungsrecht **292** 7, 9
Jagdbar **292** 33 ff
Jagderlaubnis **292** 22 ff
Jagdfrevel **292** 4, 102
Jagdgast **292** 23
Jagdgeräte **295** 6 ff
Konkurrenzen **292** 100 ff
Kriminologie **292** 6
Kumulationsdelikt **292** 3
Mauswieselfall **292** 65
Mitpächter **292** 25, 28
Mittäter **292** 85
Nachstellen **292** 43 ff
Nebenfolgen, zulässige **292** 99
Notstand **292** 78
ökologische Schutzinteressen **292** 1
Person zur Jagdausübung **292** 32
Plus-Minus-Theorie **292** 69
Rechtfertigung **292** 76 ff
Rechtsgut **292** 1 ff
Rechtsirrtum **292** 70
Reformbestrebungen **292** 103
Regelbeispiele **292** 87
Schäden **292** 79 f
Strafantrag **294** 1 ff
subjektiver Tatbestand **292** 63 ff
Subsumtionsirrtum **292** 64
Tateinheit **292** 101
Tathandlung **292** 42 ff
Tatobjekt **292** 56 ff
Teilnahme **292** 81 ff

Teilpacht **292** 29
Tiere, Arten **292** 34 ff
totes Wild **292** 58
Treiben von Wild **292** 47 f, 85
Unternehmensdelikt, unechtes **292** 42
unweidmännische Begehung **292** 90 ff
siehe auch dort
verendetes Tier **292** 56, 58
Verhütung von Wildschäden **292** 79 f
Versuch **292** 42
Versuchstheorie **292** 49
Vollendung **292** 42, 55
Vorverlagerung der Strafbarkeit **292** 49
Wahndelikt **292** 70, 73
Wildfolge **292** 16, 20, 52
Zerstören **292** 62
Zueignung (Selbst- und Dritt-) **292** 50, 53 f
Zueignungsabsicht **292** 53 f
Zuwiderhandlung gegen Jagdbeschränkung **292** 31
Jugendliche
Glücksspiel, unerlaubtes **284** 27
Jump, Marketingspiel
allgemein **Vor 287** 7
Juristische Person
Organ als Täter, Vereiteln der Zwangsvollstreckung **288** 40

Kapelle
Gemeinschädliche Sachbeschädigung **304** 4
Kartell
siehe auch Absprachen
Submissionskartell
siehe Submissionsabsprachen
Kartellbehörde
Zuständigkeit **298** 58
Kassenarzt
Bestechlichkeit und Bestechung im geschäftlichen Verkehr **299** 18, 30 ff
Kaufvertrag
Vereiteln der Zwangsvollstreckung durch Abschluss **288** 30
Kaution
Vereiteln der Zwangsvollstreckung, Stellung einer **288** 43
Kettenbriefsysteme
Glücksspiel, unerlaubtes **Vor 284** 1
als progressives System **Vor 287** 5, 9, 19; **287** 17
Kinder
Glücksspiel, unerlaubtes **284** 27
Kirche
Gemeinschädliche Sachbeschädigung **304** 4
Konkurrenzen
Bestechlichkeit und Bestechung im geschäftlichen Verkehr **299** 59 ff
Computersabotage **303b** 39
Datenveränderung **303a** 45 ff
Fischwilderei **293** 24
Gefährdung von Schiffen, Kraft- und Luftfahrzeugen durch Bannware **297** 28
Gemeinschädliche Sachbeschädigung **304** 22
Glücksspiel, unerlaubtes **284** 26
Jagdwilderei **292** 100 ff
Pfandkehr **289** 31
Sachbeschädigung **303** 35 ff
Unbefugter Gebrauch von Pfandsachen **290** 11
Unerlaubte Veranstaltung einer Lotterie oder einer Ausspielung **287** 31
Vereiteln der Zwangsvollstreckung **288** 46
Wettbewerbsbeschränkende Absprachen bei Ausschreibungen **298** 49 ff
Wucher **291** 75
Zerstörung von Bauwerken **305** 16
Zerstörung wichtiger Arbeitsmittel **305a** 19
Konterbande
Gefährdung von Schiffen, Kraft- und Luftfahrzeugen durch Bannware **297** 1, 9 f
Konzessionsinhaber
als Strohmann **284** 18
Korkengeld-Fall **299** 2, 25, 40
Korruption
Wirtschaftskorruption
siehe dort
Kostenerstattungsanspruch
Vereiteln der Zwangsvollstreckung **288** 14
Kraftfahrzeug
Gefährdung durch Bannware
siehe Gefährdung von Schiffen, Kraft- und Luftfahrzeugen durch Bannware
Krankenkasse **299** 19, 22, 32
Kreditgewährung **299** 25, 34, 38, 46
Kreditwucherer **291** 8 ff, 33 f
Kugelspiele
Glücksspiel, unerlaubtes **Vor 284** 19
Kumulationsdelikt
Jagdwilderei **292** 3
Kundenbindung **299** 28 f, 41
Kundenwerbung, progressive **287** 16
Künstlerische Umgestaltung
Sachbeschädigung **303** 2
Kupiertes Erfolgsdelikt
siehe Erfolgsdelikt, kupiertes
Küstengewässer
Fischwilderei **293** 5

Labordienstleister 299 32, 35
Leihe
Vereiteln der Zwangsvollstreckung **288** 30
Leistungswettbewerb Vor 298 1, 3
Leistungswucherer
Begriff **291** 11, 35 ff
Life, Unternehmerspiel
allgemein **Vor 287** 7
Löschen
von Daten **303a** 21 ff
Lotterie
siehe auch Unerlaubte Veranstaltung einer Lotterie oder einer Ausspielung
Beispiele aus der Rechtsprechung **287** 14
Einsatz und Gewinn **287** 7 ff
Gefahr eines Vermögensverlustes **287** 10
Gratislotterie **287** 8
grenzüberschreitende Lotterieangebote **287** 20
Mehrzahl von Personen **287** 11
Spielplan, Unterschied zum Glücksspiel **287** 4 f
Zufall **287** 12
Zweitlotterie **287** 13
Lotterie, unerlaubte Veranstaltung
siehe Unerlaubte Veranstaltung einer Lotterie oder einer Ausspielung
Lotterielose
Glücksspielrecht **Vor 284** 21
Lotterien
Beteiligung am unerlaubten Glücksspiel **295** 9
Glücksspiel, unerlaubtes **Vor 284** 23
Luftfahrzeug
Gefährdung durch Bannware
siehe Gefährdung von Schiffen, Kraft- und Luftfahrzeugen durch Bannware

Mailbombing
Computersabotage **303b** 25
Datenveränderung **303a** 33
Marketingspiel Jump
allgemein **Vor 287** 7
Mauswieselfall
Jagdwilderei **292** 65
Miete
Pfandkehr **289** 16, 30
Vereiteln der Zwangsvollstreckung **288** 30
Mietwucherer 291 4 ff, 29 ff
Minderjährige
Glücksspiel, unerlaubtes **284** 27
Mitbewerber
Schädigung im Wettbewerbsstrafrecht **299** 37
Miteigentum
Pfandkehr, Miteigentümer als Täter **289** 19
Mittäter
Jagdwilderei **292** 85
Vereiteln der Zwangsvollstreckung **288** 39
Mittelbarer Täter
Vereiteln der Zwangsvollstreckung **288** 41
Multi-Level-Marketing
als progressives System **Vor 287** 6

Nachstellen 292 43 ff
Nachtat, straflose
Vereiteln der Zwangsvollstreckung **288** 46
Nachteilzufügungsabsicht
Computersabotage **303b** 28
Naturdenkmäler
Gemeinschädliche Sachbeschädigung **304** 8
Niederlande
Submissionsabsprachen **Vor 298** 19
Nießbrauch
Pfandkehr **289** 4
Vereiteln der Zwangsvollstreckung **288** 29, 39
Notlage, Wucher
siehe Zwangslage
Notstand
Bestechlichkeit und Bestechung im geschäftlichen Verkehr **299** 56
Jagdwilderei **292** 78
Sachbeschädigung **303** 25
Notwehr
Sachbeschädigung **303** 25

Objektive Zurechnung
siehe Zurechnung, objektive
Öffentlichkeit
allgemein **284** 15 f
Gleichstellungsklausel **284** 16
Unerlaubte Veranstaltung einer Lotterie oder einer Ausspielung **287** 21 f
Österreich
Submissionsabsprachen **Vor 298** 11 f
Oligopol Vor 298 1
Organ
Pfandkehr **289** 21
Vereiteln der Zwangsvollstreckung **288** 40
Organisationsherrschaft 298 48

Pfändung
Vereiteln der Zwangsvollstreckung **288** 22
Pfandkehr
Absicht, rechtswidrige **289** 24 ff
allgemein **289** 1 ff
Anstifter als Täter **289** 19
Beschädigung als Wegnahme **289** 17
Deliktserfolg **289** 2
Deliktsstruktur **289** 1 f
Eigentümer als Täter **289** 19

Entstehungsgeschichte **289** 1, 33
Erfolgsdelikt, kupiertes **289** 2, 24
Gebrauchsrecht **289** 4, 7
Gehilfe als Täter **289** 19
Gewahrsam **289** 10 ff
Gewahrsamsbruch **289** 10
Inventarpfandrecht und Wegnahme **289** 16
Irrtum **289** 27 ff
juristische Person, Organ als Täter **289** 21
Konkurrenzen **289** 31
Miete **289** 16, 30
Mitberechtigter als Täter **289** 20
Miteigentum und Wegnahme **289** 16
Miteigentümer als Täter **289** 19
Mitgebrauch und Wegnahme **289** 16
Nichteigentümer als Täter **289** 20
Nießbrauch, Nutzungsrecht **289** 4
Pfandrecht **289** 5, 13 f
Pfändung, private **289** 5
Pfändungspfandrecht **289** 6, 13 f
Rechtsgut **289** 1
Reformbestrebungen **289** 33
Strafantrag **289** 32
subjektiver Tatbestand **289** 22 ff
Tatbestandsirrtum **289** 28
Täterschaft **289** 19 ff
Tathandlung **289** 10 ff
Unbrauchbarmachung als Wegnahme **289** 17
Verbotsirrtum **289** 29
Vereitelungsvorsatz **289** 26
Versuch und Vollendung **289** 30
Vorsatz **289** 23
Wegnahme **289** 10 ff
Widerrechtlichkeit der Wegnahme **289** 18
Wissentlichkeit **289** 25
Zerstörung als Wegnahme **289** 17
Zurückbehaltungsrecht **289** 8 f

Pfandleiher, öffentlicher
Unbefugter Gebrauch von Pfandsachen **290** 2 f

Pfandrecht
Inventarpfandrecht
siehe dort

Pferderennen 299 32a

Pflichtenkollision
Bestechlichkeit und Bestechung im geschäftlichen Verkehr **299** 57

Pharmakorruption 299 28, 35

Pishing
Datenveränderung **303a** 32

Placanica-Verfahren
Glücksspiel, unerlaubtes **Vor 284** 8c f

Plus-Minus-Theorie
Jagdwilderei **292** 69

Polizei
Kraftfahrzeug, Zerstörung **305a** 13 ff

Prävention
gegen Korruption **Vor 298** Entstehungsgeschichte

Privatgewässer
Fischwilderei **293** 7

Progressive Systeme
allgemein **Vor 287** 1 ff
Idealkonkurrenz
siehe Tateinheit
Kettenbriefe **Vor 287** 5, 9
Lotterie und Ausspielung **287** 16 f
Multi-Level-Marketing **Vor 287** 6
Pyramidengewinnspiele **Vor 287** 2, 7
Rechtssprechungsentwicklung **Vor 287** 8 ff
Rechtsvergleichung **Vor 287** 23
Schneeballsysteme **Vor 287** 2, 22
Strafbarkeit nach UWG
siehe auch UWG
Vor 287 10, 12 ff
Strafwürdigkeit **Vor 287** 3
systemtypische Kennzeichen **Vor 287** 1 f
zivilrechtliche Beurteilung **Vor 287** 22

Prostituierte
Vermietung an, Wucher **291** 31

Pyramiden-Gewinnsysteme
Glücksspiel, unerlaubtes **Vor 284** 1
als progressives System **Vor 287** 2, 7

Quivis ex populo
Gefährdung von Schiffen, Kraft- und Luftfahrzeugen durch Bannware **297** 21

Rabattgewährung 299 25, 28

Radrennen 299 32a

Raubgrabungen
Sachbeschädigung **303** 9

Rechtfertigung
siehe Rechtswidrigkeit

Rechtsanwalt
als Täter **299** 16, 19, 29, 30

Rechtsirrtum
Jagdwilderei **292** 70

Rechtswidrigkeit
Absprachen, wettbewerbliche **298** 33 ff
Bestechlichkeit und Bestechung im geschäftlichen Verkehr **299** 55 ff
Computersabotage **303b** 30
Datenveränderung **303a** 35
Erscheinungsbildveränderung, Sachbeschädigung **303** 33
Gefährdung von Schiffen, Kraft- und Luftfahrzeugen durch Bannware **297** 26
Gemeinschädliche Sachbeschädigung **304** 20

Jagdwilderei **292** 76 ff
Sachbeschädigung **303** 23
Zerstörung wichtiger Arbeitsmittel **305a** 17
Reeder
Gefährdung von Schiffen, Kraft- und Luftfahrzeugen durch Bannware **297** 19
Regelbeispiele
siehe Besonders schwerer Fall
Reisegewerbe
Glücksspielrecht **Vor 284** 21
Religion
Verehrung von Gegenständen einer Religionsgesellschaft **304** 3
Renn- und Sportwetten
Beteiligung am unerlaubten Glücksspiel **285** 9
Glücksspiel, unerlaubtes **284** 5
verfassungsrechtliche Grenzen **284** 6a ff
Rennwettgesetz
Glücksspielrecht **Vor 284** 24
Röntgendienstleister 299 32
Roulette
Glücksspiel, unerlaubtes **Vor 284** 3
Rücktritt
Vereiteln der Zwangsvollstreckung **288** 33
Rückwirkung
Bestechlichkeit und Bestechung im geschäftlichen Verkehr **301** 12

Sachbeschädigung
allgemein **303** 1 ff
Ausbesserung als **303** 18
Beschädigen **303** 9 ff
siehe auch dort
Beschmutzungen **303** 15
Carwalking **303** 9
Computersabotage
siehe dort
Daten **303** 6
siehe auch Datenveränderung
Datenveränderung
siehe dort
Eigentum **303** 1
Einigungsvertrag, Recht des **303** 41
Einwilligung **303** 25
Erheblichkeit der Beeinträchtigung **303** 17
Erscheinungsbild, Veränderung des **303** 26 ff
fremde Sache, Tatobjekt **303** 3 ff
Graffiti **303** 16
innere Tatseite **303** 22
Konkurrenzen **303** 35 ff
Notstand **303** 25
Notwehr **303** 25
Raubgrabungen **303** 9
Rechtsgut **303** 1
Rechtswidrigkeit nach § 303 Abs. 1 **303** 23
Sachentziehung **303** 19
Strafantrag **303** 42; **303c** 1 ff
Substanzverletzung **303** 10 ff
Tathandlung **303** 9 ff
Umgestaltung, künstlerische **303** 2
unbefugt **303** 31
Verbrauch einer Sache **303** 20
Versuch **303** 34
wertlose Sache **303** 4
Zerstören **303** 21
Sachbeschädigung, gemeinschädliche
siehe Gemeinschädliche Sachbeschädigung
Sache
Begriff **303** 3 ff
wertlose **303** 4
Sachentziehung
als Sachbeschädigung **303** 19
Sakristei
Gemeinschädliche Sachbeschädigung **304** 4
Sammlungen, öffentliche
Gemeinschädliche Sachbeschädigung **304** 9 f
Sanktionen
Glücksspiel, unerlaubtes **284** 27
Schadwild
Schäden durch, Jagdwilderei **292** 79
Scheck
Wucher **291** 73
Scheingeschäft
Vereiteln der Zwangsvollstreckung **288** 31
Schiffe
Gefährdung durch Bannware
siehe Gefährdung von Schiffen, Kraft- und Luftfahrzeugen durch Bannware
Zerstörung von Bauwerken **305** 6
Schiffsführer
Gefährdung von Schiffen, Kraft- und Luftfahrzeugen durch Bannware **297** 20
Schneeballsystem
als progressives System **Vor 287** 2, 22
Schuldfähigkeit
Beteiligung am unerlaubten Glücksspiel **285** 10
Spielmotivation, exzessive **Vor 284** 26
Schutzgesetz
Vereiteln der Zwangsvollstreckung **288** 1
Schweiz
Submissionsabsprachen **Vor 298** 13
Sicherheitsleistung
Vereiteln der Zwangsvollstreckung
siehe Kaution
Sicherstellung
Vereiteln der Zwangsvollstreckung **288** 13
Sonderdelikt, echtes
Bestechlichkeit und Bestechung im geschäftlichen Verkehr **299** 10 ff

Gefährdung von Schiffen, Kraft- und Luftfahrzeugen durch Bannware **297** 4, 16
Vereiteln der Zwangsvollstreckung **288** 39
Sozialadäquanz
Bestechlichkeit und Bestechung im geschäftlichen Verkehr **299** 28, 58, 65
Spamfilter
Datenveränderung **303a** 33
Spanien
Submissionsabsprachen **Vor 298** 16
Speicherung
von Daten, Begriff **303a** 7
Spielbanken
Glücksspielrecht **Vor 284** 22 f
Spielrecht
erlaubnisbefreite Spiele **Vor 284** 20
Regelungsbereich **Vor 284** 13 ff
Reisegewerbe und Lotterielose **Vor 284** 21
Rennwettgesetz **Vor 284** 24
Spielbanken **Vor 284** 22 f
Spielgeräte mit Gewinnmöglichkeit **Vor 284** 15 f
Unterhaltungsautomaten, Weiterspielmarken **Vor 284** 20a
wettbewerbsrechtliche Schranken **Vor 284** 25
Zulassungsfähigkeit **Vor 284** 15 ff
Sponsoring 299 29
Sportkorruption 299 32a, 74
Sport- und Rennwetten
Glücksspiel, unerlaubtes **284** 5
verfassungsrechtliche Grenzen **284** 6a ff
Sportler, Berufssportler
Bestechlichkeit und Bestechung im geschäftlichen Verkehr **299** 32a, 74
Sprengstoff
Fischwilderei, Anwendung von **293** 20
Staatsanwaltschaft
Zuständigkeit **298** 58
Staatsvertrag zum Glücksspielwesen
allgemein **Vor 284** 9
Steuerberater 299 16, 19
Steuerliche Abzugsfähigkeit
von Schmiergeldern **Vor 298** Entstehungsgeschichte; **299** 68 f
Strafantrag
Bestechlichkeit und Bestechung im geschäftlichen Verkehr **299** 67; **301** 1 ff
Computersabotage **303b** 41; **303c** 1 ff
Datenveränderung **303a** 50; **303c** 1 ff
Fischwilderei **294** 1 ff
Jagdwilderei **294** 1 ff
Pfandkehr **289** 32
Sachbeschädigung **303** 42; **303c** 1 ff
Unbefugter Gebrauch von Pfandsachen **290** 12
Vereiteln der Zwangsvollstreckung **288** 45
Strafanzeige
Bestechlichkeit und Bestechung im geschäftlichen Verkehr **299** 68 f
Wettbewerbsbeschränkende Absprachen bei Ausschreibungen **298** 56
Strafbarer Eigennutz
allgemein **Vor 284** 1 ff
Entstehungsgeschichte **Vor 284** 1 ff
Strafbefreiung
Vereiteln der Zwangsvollstreckung **288** 44
Strafe
Wucher **291** 67 f
Strafvereitelung 298 56; **299** 68
Strafverteidiger
Vereiteln der Zwangsvollstreckung **288** 43
Strafzumessung
Fischwilderei **293** 17 ff
Straße
Zerstörung von Bauwerken **305** 9
Submissionsabsprachen
Frankreich **Vor 298** 14
Griechenland **Vor 298** 20
Großbritannien **Vor 298** 17 f
Italien **Vor 298** 15
Niederlande **Vor 298** 19
Österreich **Vor 298** 11 f
Schweiz **Vor 298** 13
Spanien **Vor 298** 16
Wettbewerb, Straftaten gegen den **Vor 298** 3
Substanzverletzung
Sachbeschädigung **303** 10 ff
Subsumtionsirrtum
Jagdwilderei **292** 64
Sucht
Glücksspiel- und Wettsucht **Vor 284** 9

Täterschaft und Teilnahme
siehe auch Teilnahme
UWG-Strafbarkeit **Vor 287** 20
Tatbestandsirrtum
Glücksspiel, unerlaubtes **284** 23
Pfandkehr **289** 28
Tateinheit
Siehe auch Idealkonkurrenz
Bestechlichkeit und Bestechung im geschäftlichen Verkehr **299** 60 f
Gefährdung von Schiffen, Kraft- und Luftfahrzeugen durch Bannware **297** 28
UWG-Strafbarkeit **Vor 287** 21
Vereiteln der Zwangsvollstreckung **288** 46
Wettbewerbsbeschränkende Absprachen bei Ausschreibungen **298** 50
Tatherrschaft

Gefährdung von Schiffen, Kraft- und Luftfahrzeugen durch Bannware **297** 22
Tätige Reue
Datenveränderung **303a** 43
Vereiteln der Zwangsvollstreckung **288** 33
Wettbewerbsbeschränkende Absprachen bei Ausschreibungen **298** 44 f
Tatmehrheit
Bestechlichkeit und Bestechung im geschäftlichen Verkehr **299** 62
Teilnahme
Beteiligung am unerlaubten Glücksspiel **285** 7
Gefährdung von Schiffen, Kraft- und Luftfahrzeugen durch Bannware **297** 22
am Glücksspiel **284** 21
Jagdwilderei **292** 81 ff
Unbefugter Gebrauch von Pfandsachen **290** 10
Unerlaubte Veranstaltung einer Lotterie oder einer Ausspielung **287** 28
UWG-Strafbarkeit **Vor 287** 20
Vereiteln der Zwangsvollstreckung **288** 41 ff
Wettbewerbsbeschränkende Absprachen bei Ausschreibungen **298** 46 ff
Wucher **291** 60 ff
Teilnahmewettbewerb 298 22
Teilpacht
Wilderei **292** 29
Telefongewinnspiel
als Glücksspiel **284** 12a
Territorialitätsprinzip
Gefährdung von Schiffen, Kraft- und Luftfahrzeugen durch Bannware **297** 6
Tiere
in Fallen **292** 40
gefangene **292** 38
gezähmte **292** 39
herrenlose **292** 36
jagdbare **292** 34
lebende **292** 35
in Tiergärten **292** 41
wildlebende **292** 36
Titan, Gewinnsystem
allgemein **Vor 287** 7
Transportwesen
Gefährdung von Schiffen, Kraft- und Luftfahrzeugen durch Bannware **297** 1
Trojaner
Datenveränderung **303a** 32

Umgestaltung, künstlerische
Sachbeschädigung **303** 2
Unbedenklichkeitserklärung des BKA
Glücksspiel, unerlaubtes **Vor 284** 17 ff
Unbefugter Gebrauch von Pfandsachen
allgemein **290** 1 ff
Konkurrenzen **290** 11
Pfandleiher, öffentlicher **290** 2 ff
Rechtsgut **290** 1
Strafantrag **290** 12
Teilnahme **290** 10
Unterlassen **290** 5
Unbrauchbarmachung
von Daten **303a** 26
Pfandkehr **289** 17
Unerlaubte Veranstaltung einer Lotterie oder einer Ausspielung
allgemein **287** 1 ff
Begehungsformen **287** 18 ff
behördliche Erlaubnis **287** 23 ff
Beispiele aus der Rechtsprechung **287** 14 f
Bundesverfassungsgerichtsentscheidung **287** 2
Einziehung **287** 32
Gegenstand und Grenzen **287** 1 ff
Glücksspiel im weiteren Sinn **287** 1
grenzüberschreitende Lotterieangebote **287** 20
innere Tatseite **287** 27
Konkurrenzen **287** 31
Lotterie und Ausspielung **287** 3 ff
Öffentlichkeit **287** 21 f
Teilnahme **287** 28
Veranstalten, Begriff **287** 18
Werben, unerlaubtes **287** 29 f
Unerlaubtes Glücksspiel
siehe Glücksspiel, unerlaubtes
Unlauterer Wettbewerb, Gesetz
siehe UWG
Unlauterkeit
Bestechlichkeit und Bestechung im geschäftlichen Verkehr **Vor 298** 4; **299** 39 ff, 57
Unrechtsvereinbarung
Bestechlichkeit und Bestechung im geschäftlichen Verkehr **299** 29
Unterdrücken
von Daten **303a** 24 f
Unterhaltsanspruch
Vereiteln der Zwangsvollstreckung **288** 11
Unterhaltungsautomaten
Begriff **284** 12b
Glücksspielrecht, allgemein **Vor 284** 20a
Unterlassen
Datenveränderung **303a** 18
Gefährdung von Schiffen, Kraft- und Luftfahrzeugen durch Bannware **297** 5
Unbefugter Gebrauch von Pfandsachen **290** 5
Vereiteln der Zwangsvollstreckung **288** 29
Unternehmen
Begriff **298** 25; **299** 19, 20
Unternehmensberater 299 10, 16

Unternehmensdelikt, unechtes
Fischwilderei **293** 6
Jagdwilderei **292** 42
Unternehmerspiel Life
allgemein **Vor 287** 7
Unweidmännische Begehung
Anwendung von Schlingen **292** 93
zur Nachtzeit **292** 91
zur Schonzeit **292** 92
UWG
Akzessorietät der **299 ff**
Progressive Systeme, Strafbarkeit **Vor 287** 10, 12 ff
UWG, Gefährdungstatbestand des § 16 Abs. 2
Abnahme von Waren und Rechten **Vor 287** 15
Gewährung besonderer Vorteile **Vor 287** 17 ff
Handeln im geschäftlichen Verkehr **Vor 287** 16
Schutzzweck **Vor 287** 12
tatbestandliche Ausrichtung **Vor 287** 14
tateinheitliches Zusammentreffen **Vor 287** 21
Täterschaft und Teilnahme **Vor 287** 20
Tathandlung **Vor 287** 13

Veranstalter
Ausschreibung **298**
Glücksspiel **284** 18; **287** 18
Veräußerung
Vereiteln der Zwangsvollstreckung **288** 28 f
Verbotsirrtum
Glücksspiel, unerlaubtes **284** 23
Pfandkehr **289** 29
Verbrauch einer Sache
als Sachbeschädigung **303** 20
Verbraucherinsolvenz
Vereiteln der Zwangsvollstreckung **288** 7
Verdeckter Ermittler
Beteiligung am unerlaubten Glücksspiel **285** 3
Vereiteln der Zwangsvollstreckung
Abschluss von Kaufvertrag **288** 30
Absicht **288** 35 ff
allgemein **288** 1 ff
Anfechtungsanspruch **288** 11
Anspruch des Gläubigers **288** 3, 5, 8, 11 f
Antragsberechtigter **288** 45
Anwartschaftsrecht **288** 11
Arrest **288** 10, 17
Auffangfunktion **288** 1
Befriedigungsrecht, sachliches **288** 2
Beihilfe **288** 41
Beiseiteschaffen **288** 31
Beschädigen **288** 32
Beschlagnahme **288** 13
Deliktsstruktur **288** 6
Eigentumsvorbehalt **288** 22
Einheitstheorie **288** 44
Einzelvollstreckung, drohende **288** 7
Einziehung **288** 13
Erbschaftsausschlagung **288** 30
Erfolgsdelikt, kupiertes **288** 6
Garantensonderdelikt **288** 40
Garantenstellung **288** 29
Gefährdungsdelikt **288** 6, 27, 33
Geldstrafe **288** 13
Grundstück, Belastung als Veräußerung **288** 29
inkongruente Deckung **288** 34
Innentendenz, überschießende **288** 27
Insolvenzfall **288** 23
Insolvenzstraftaten, Verhältnis zu **288** 7
juristische Person, Organ als Täter **288** 40
Kasuistik **288** 17
Kautionsstellung **288** 43
Klageerhebung **288** 17
kongruente Deckung **288** 30
Konkurrenzen **288** 46
Kostenerstattungsanspruch, zivilrechtlicher **288** 14
Mittäter **288** 39
Mittelbarer Täter **288** 41
Nachtat, straflose **288** 46
Nießbrauch **288** 29, 39
Pfändung **288** 22
Plombierungsfunktion **288** 1
qualifikationslos-doloses Werkzeug **288** 41
Rechtsgut, geschütztes **288** 2
Rechtskraft **288** 2 ff
Reformbestrebungen **288** 47
Risikoverringerung **288** 43
Rückgewinnungshilfe **288** 13, 43
Rücktritt **288** 33
Scheingeschäfte **288** 31
Schutzgesetz **288** 1
Sicherstellung **288** 13
Sonderdelikt, echtes **288** 39
Strafantrag **288** 45
Strafbefreiung **288** 44
Strafverteidiger **288** 43
Tateinheit **288** 46
Täterschaft **288** 39 ff
Tathandlung **288** 28, 31
Tätige Reue **288** 33
Tatzeitpunkt **288** 19
Teilnahme **288** 41 ff
ultima-ratio Funktion **288** 1
Unpfändbare Rechte und Sachen **288** 21
Unterhaltsanspruch **288** 11

Unterlassen **288** 29
Urteile **288** 2 f, 15
Veräußerung **288** 28 f
Verbergen, als Form des Beiseiteschaffens **288** 31
Verbraucherinsolvenz **288** 7
Vereitelungshandlung und -absicht **288** 35 ff
Verheimlichen **288** 32
Verleihen **288** 30
Vermieten **288** 30
Vermögen **288** 20 ff
Vermögenssanktion **288** 13
Verstecken, als Form des Beiseiteschaffens **288** 31
Vollendung **288** 33
Vollstreckungsrecht **288** 15
Vollstreckungsschuldner als Täter **288** 39 f
Vollstreckungsschutz **288** 18
Vollstreckungstitel, Erwirkung von **288** 17
Vormerkungseintragung **288** 29
Vorsatz **288** 34 f
Wahlfeststellung **288** 46
Zerstören als Form des Beiseiteschaffens **288** 31
Zurechnung, objektive **288** 43
Zurückbehaltungsrecht **288** 29
Zwangsverwaltung **288** 10
Zwangsvollstreckung, drohende **288** 3, 16 ff

Vereitelungsabsicht
Pfandkehr **289** 26

Verfall, erweiterter
siehe Erweiterter Verfall

Vergabe, freihändige
siehe Freihändige Vergabe

Vergabestelle
Korruption **298** 1, 14, 29, 38, 51

Vergabekammer **298** 27

Vergabeverfahren
Arten **298** 21

Vergabewesen
als Rechtsgut **Vor 298** 5; **298** 3, 20, 52, 60

Verhältnismäßigkeitsgrundsatz **299** 43

Verjährung
Bestechlichkeit und Bestechung im geschäftlichen Verkehr **299** 70; **301** 13
Wettbewerbsbeschränkende Absprachen bei Ausschreibungen **298** 57

Verkaufsprämie **299** 25, 41, 55

Vermieterpfandrecht
Pfandkehr **289** 12, 14

Vermittlung
Glücksspiel **284** 18a
Wirtschaftskorruption **299** 12, 73
Wucher **291** 12, 38

Vermögen
Vereiteln der Zwangsvollstreckung **288** 20 ff

Vermögensstrafe
Glücksspiel, unerlaubtes **286** 1 ff
Vereiteln der Zwangsvollstreckung **288** 13

Vermögensverlust
Glücksspiel **284** 13
Lotterie und Ausspielung **287** 10

Vermögenswert
bei Einsatz und Gewinn **284** 12

Versprechen
von Vorteilen **298** 32; **299** 48, 49

Versuch
Computersabotage **303b** 31
Datenveränderung **303a** 36
Fischwilderei **293** 13
Gemeinschädliche Sachbeschädigung **304** 21
Jagdwilderei **292** 42
Pfandkehr **289** 30
Sachbeschädigung **303** 34
Wucher **291** 66
Zerstörung von Bauwerken **305** 15
Zerstörung wichtiger Arbeitsmittel **305a** 18

Versuchstheorie
Jagdwilderei **292** 49

Verteidiger
siehe Strafverteidiger

Vertikalabsprachen
im Wettbewerb **298** 14, 23, 33, 61

Vertragsarzt
siehe Kassenarzt

Viren
siehe Computerviren

Vollstreckungsschutz
Vereiteln der Zwangsvollstreckung **288** 18

Vorbereitung
Datenveränderung **303a** 37 ff

Vormerkung
Vereiteln der Zwangsvollstreckung durch Eintragung einer **288** 29

Vorstand der AG
als Täter **299** 14

Vorteil **Vor 287** 18; **299** 25 ff

Vorteil großen Ausmaßes
Bestechlichkeit und Bestechung im geschäftlichen Verkehr **300** 3 f

Wahlfeststellung
Vereiteln der Zwangsvollstreckung **288** 46

Wahndelikt
Jagdwilderei **292** 70, 73

Ware
Begriff **Vor 287** 15; **298** 23 f; **299** 30 f

Wechsel
Wucher **291** 72
Wegnahme
Pfandkehr **289** 10 ff
Weiterspielmarken
Glücksspielrecht **Vor 284** 20a
Werben, unerlaubtes
beim Glücksspiel **284** 25
bei unerlaubter Veranstaltung einer Lotterie oder einer Ausspielung **287** 29 f
Werkzeug
Gefährdung von Schiffen, Kraft- und Luftfahrzeugen durch Bannware **297** 4
Werkzeug, qualifikationslos-doloses
Vereiteln der Zwangsvollstreckung **288** 41
Wertlose Sache
abstrakter
Sachbeschädigung **303** 4
Wettbewerb
abstrakter **299** 37 f
konkreter **299** 37 f
potentieller **299** 38
Straftaten gegen **Vor 298** 1 ff
Wettbewerb, unlauterer
Gesetz gegen
siehe UWG
Wettbewerbsbeschränkende Absprachen bei Ausschreibungen
Abgabe eines Angebotes **298** 26 ff
Absprache **298** 32
Aktunwert **298** 10
allgemein **298** 1 ff
Ausschreibung und freihändige Vergabe **298** 19 ff
Einwand mangelnder Gefährdung **298** 11
Finalität und Motivation, Kollusion **298** 37 ff
Gefährdungs- oder Verletzungsdelikt? **298** 8 f
durch Hilfspersonen **298** 17
internationales Strafrecht **298** 52 ff
Irrtum **298** 40 ff
Kartellrechtsakzessorietät **Vor 298** 5; **298** 33 ff
Kausalität einer Absprache **298** 31
Konkurrenzen **298** 49 ff
Rechtsgut **298** 6 f
Rechtswidrigkeit der Absprache **Vor 298** 5; **298** 33 ff
Reformanlässe **298** 1 ff
Sonderdelikt? **298** 13 ff
Strafanzeige **298** 56
Strafverfolgung **298** 56 ff
Tateinheit **298** 50
Täterkreis **298** 13 ff
Täterschaft und Teilnahme **298** 46 ff
Tathandlung **298** 26 ff
Tätige Reue **298** 44 f
Verjährung **298** 57
Vorsatz **298** 40 ff
Waren und Dienstleistungen **298** 23 ff
Zuständigkeit zur Strafverfolgung **298** 58
Wettbewerbsrecht
Auslandsrechte **Vor 298** 9 ff
Submissionsabsprachen **Vor 298** 10 ff
und Wettbewerbsschutz **Vor 298** 1 ff
Wirtschaftskorruption
siehe dort
Wettbewerbsverhältnis
Bestechlichkeit und Bestechung im geschäftlichen Verkehr **299** 35 ff
Wette
Glücksspiel, unerlaubtes **284** 3
Sport- und Rennwetten
siehe dort
Wild
als Tatobjekt **292** 33
Treiben von **292** 47
Wilderei
Fischwilderei
siehe dort
Jagdwilderei
siehe dort
Wildfolge
Jagdwilderei **292** 16, 20, 52
Wirtschaftskorruption
allgemein **Vor 298** Entstehungsgeschichte und 4
Wirtschaftsmoral Vor 298 4
Wirtschaftsstrafkammer
Zuständigkeit **298** 58; **299** 71
Wohnung
Begriff beim Wucher **291** 5
World Trading System
allgemein **Vor 287** 7
Wucher
Additionsklausel **291** 39 ff
siehe auch dort
allgemein **291** 1 ff
Ausbeutung, wucherische **291** 2, 24
Begriff **291** 1
besonders schwerer Fall **291** 68 ff
Bringen des Opfers in wirtschaftliche Not **291** 69
Dirnen, Vermietung an **291** 31
Einigungsvertrag, Recht des **291** 76
gewerbsmäßige Begehung **291** 70
Individualwucher **291** 1
innere Tatseite **291** 56 ff
Konkurrenzen **291** 75
Kreditwucherer **291** 8 ff, 33 f
Leistungen des Wucherers **291** 4 ff

Leistungen, verbotene/sittenwidrige **291** 37
Leistungswucherer **291** 35 ff
Mangel an Urteilsvermögen **291** 21
Mietwucherer **291** 4 ff, 29 ff
Missverhältnis zwischen Leistung und Gegenleistung **291** 25 ff
Notlage
siehe Zwangslage
Rechtsgut **291** 3
Regelstrafrahmen **291** 67
Schwächesituation des Opfers **291** 13 ff
Sichversprechenlassen wucherischer Vermögensvorteile durch Scheck **291** 73
Sichversprechenlassen wucherischer Vermögensvorteile durch Wechsel **291** 72
Strafe **291** 67 f
Strafverschärfung für besonders schwere Fälle **291** 68 ff
Täterschaft und Teilnahme **291** 60 ff
Tathandlung **291** 51 ff
Unerfahrenheit des Opfers **291** 19 f
Vermittlung von Leistungen **291** 12, 38
als Vermögensgefährdungstat **291** 3
Versuch **291** 66
Vollendung und Beendigung **291** 64 ff
Willensschwäche, erhebliche **291** 22
Zwangslage **291** 14 ff

Würfelspiel
Glücksspiel, unerlaubtes **Vor 284** 19

Zerstören
Fischwilderei **293** 14
Gemeinschädliche Sachbeschädigung **304** 16
Jagdwilderei **292** 62
Sachbeschädigung **303** 21

Zerstörung von Bauwerken
allgemein **305** 1 ff
Bauwerk **305** 3 f
Brücke **305** 7
Damm **305** 8
Eisenbahn **305** 10
Gebäude **305** 5
Konkurrenzen **305** 16
Rechtswidrigkeit **305** 14
Schiff **305** 6
Straße, gebaute **305** 9
subjektiver Tatbestand **305** 13
Tathandlung **305** 11
Versuch **305** 15

Zerstörung wichtiger Arbeitsmittel
allgemein **305a** 1 ff
Arbeitsmittel, technisches **305a** 5
bedeutender Wert **305a** 9
fremd, Merkmal **305a** 6
Konkurrenzen **305a** 19
Kraftfahrzeug der Polizei oder Bundeswehr **305a** 12 ff
Rechtswidrigkeit **305a** 17
subjektiver Tatbestand **305a** 16
Tathandlung **305a** 3 ff
Versuch **305a** 18
wesentliche Bedeutung **305a** 10 f

Zollstrafe
Gefährdung von Schiffen, Kraft- und Luftfahrzeugen durch Bannware **297** 13

Zueignungsabsicht
Jagdwilderei **292** 53 f

Zurechnung, objektive
Vereiteln der Zwangsvollstreckung **288** 43

Zurückbehaltungsrecht
Pfandkehr **289** 8 f
Vereiteln der Zwangsvollstreckung **288** 29

Zuschlag **298** 27, 44, 48, 57; **299** 33

Zwangslage
Wucher **291** 14 ff

Zwangsverwaltung
Vereiteln der Zwangsvollstreckung **288** 10

Zwangsvollstreckung, drohende
Vereiteln der Zwangsvollstreckung **288** 3, 16 ff

Zwangsvollstreckung, Vereiteln der
siehe Vereiteln der Zwangsvollstreckung

Zweitlotterie
siehe Lotterie